Revisaço®

CB122277

RACIOCÍNIO LÓGICO-MATEMÁTICO

Revisaço®

JOSIMAR PADILHA

RACIOCÍNIO LÓGICO-MATEMÁTICO

COORDENAÇÃO
Duda Nogueira

4ª edição | Revista atualizada ampliada

2025

EDITORA JusPODIVM
www.editorajuspodivm.com.br

EDITORA *Jus*PODIVM
www.editorajuspodivm.com.br

Rua Canuto Saraiva, 131 – Mooca – CEP: 03113-010 – São Paulo – São Paulo
Tel: (11) 3582.5757
• Contato: https://www.editorajuspodivm.com.br/central-de-relacionamento

Diagramação: SBNigri Artes e Textos Ltda. *(sbnigri@centroin.com.br)*

Capa: Ana Caquetti

R454 Revisaço - Raciocínio Lógico-Matemático - Mais de 1.500 Questões Comentadas / coordenado por Josimar Padilha – 4.ed., rev., atual. e ampl. - São Paulo: Editora JusPodivm, 2025.

1000 p.

Vários autores.
Inclui Bibliografia.
ISBN: 978-85-442-5824-8.

1. Matemática e Raciocínio Lógico. I. Padilha, Josimar. II. Título.

CDD 511.3

BIBLIOTECÁRIA RESPONSÁVEL

Ana Carolina Ribeiro Mois – CRB7 – RJ 007348/0

Apresentação da Coleção Revisaço

"REVISAÇO" é a consagrada coleção de questões comentadas da *Editora Juspodivm*.

Com cuidado, pensamos num formato que fosse além dos comentários das questões. Algo que realmente pudesse ajudar o aluno no estudo de concursos ou Exames de Ordem, principalmente na revisão final.

Para isso, estabelecemos a seguinte estrutura **didática**:

- **Questões divididas por matéria e assunto, comentadas assertiva por assertiva, item por item**, demonstrando tanto o que está certo como o que está errado na questão;
- Sempre que possível, há uma "nota do autor" em cada questão trazendo **comentários que vão além do assunto abordado no exercício**.

Ao final das disciplinas apresentamos dicas de estudo, funcionando como verdadeiro resumo da matéria.

A ideia, portanto, é apresentar a **prática do concurso** (questões) e a **doutrina para estudo** (dicas), formando o par necessário para uma revisão (verdadeiro REVISAÇO!) rumo ao sucesso na aprovação.

Vários livros compõem a coleção e, para todos, chamamos grandes nomes, professores experientes, profissionais de destaque e especialistas em cada área para que organizassem as obras e comentassem as questões.

Acreditamos que essa coleção será bastante útil aos candidatos de concursos públicos e Exame de Ordem.

EDITORA JUSPODIVM

www.editorajuspodivm.com.br

Apresentação

A obra possui 10 (dez) capítulos e é indicada aos candidatos que desejam se aperfeiçoar em Raciocínio Lógico-Matemático, uma vez que o material oferece ao concursando as seguintes vantagens:

1) **Questões separadas por assuntos – capítulos**: a ordem dos conteúdos segue um pré-requisito para melhor entendimento, bastando apenas seguir a ordem dos capítulos.
2) **Questões comentadas de diversas bancas:** nos comentários há indicação das bancas que exigem com maior frequência determinado assunto e qual o método mais eficiente para a resolução da questão. Em algumas resoluções (comentários) o leitor tem o privilégio de mais de uma forma de explicação, proporcionando assim maior competitividade ao leitor junto a concorrência nos processos seletivos.
3) **Nota do autor:** em algumas questões apresentamos uma explanação e dicas sobre o conteúdo exigido na questão e algumas indicações de métodos práticos desenvolvidos pelo autor para melhor aprendizado sobre o assunto, além de ressaltar a frequência daquele conteúdo nos processos seletivos realizados pela banca examinadora.
4) **Dicas**: ao final de cada capítulo fornecemos dicas para que o candidato possua uma fonte de pesquisa e entenda quais foram os métodos utilizados nas resoluções das questões, pois os métodos são baseados em fundamentos sistematizados nas dicas.
5) **Comentários e Dicas**: para melhor compressão, ao longo dos comentários das questões foram utilizadas ferramentas como: gráficos, tabelas e esquemas.

Sumário

Raciocínio Lógico-Matemático

Josimar Padilha

TABELA DE INCIDÊNCIA

Capítulos	Assuntos	Quantidade de questões
I	Fundamentos de Matemática – Teoria de Conjuntos	77
II	Lógica de Primeira Ordem	213
III	Tautologia, Contradição e Contingência	44
IV	Proposições Logicamente Equivalentes & Negações de Proposições Compostas	257
V	Diagramas Lógicos	84
VI	Inferência Lógica, Lógica de Argumentação e Raciocínio Analítico	148
VII	Lógica Quantitativa	133
VIII	Análise Combinatória	101
IX	Probabilidade	67
X	Problemas Aritméticos, Geométricos e Matriciais	410
Total		1.534

Capítulo I – Fundamentos de Matemática – Teoria de Conjuntos

01. Ano: 2024 Banca: IDECAN Órgão: CAERN Prova: IDECAN - 2024 - CAERN - Técnico em Instrumentação

Se dois conjuntos *A* e *B* tem juntos 30 elementos, A tem 22 elementos e há 5 elementos comuns, então o conjunto B tem:

Alternativas

A. 3 elementos.

B. 13 elementos.

C. 8 elementos.

D. 17 elementos.

COMENTÁRIO:

Vamos organizar os dados na linguagem dos conjuntos:

Os Dois conjuntos juntos possuem 30 elementos, ou seja:

$A \cup B = 30$

A tem 22 elementos e há 5 elementos comuns, ou seja:

$A = 22$

$A \cap B = 5$

Para saber os elementos que pertencem apenas ao conjunto B será igual a união dos conjuntos menos o conjunto A:

30 - 22 = 8

11 elementos pertencem apenas ao conjunto B, então se somarmos os 5 elementos da intersecção concluímos que o conjunto B possui: $8 + 5 = 13$ *elementos.*

Resposta: LETRA B

---

02. Ano: 2024 Banca: IDECAN Órgão: Prefeitura de João Pessoa - PB Prova: IDECAN - 2024 - Prefeitura de João Pessoa - PB - Agente de Mobilidade Urbana

Considere a seguinte pesquisa conduzida em um pet shop com 200 clientes, abordando suas preferências em relação aos serviços oferecidos para seus animais de estimação. Durante a coleta de dados, foram registradas as preferências individuais de cada cliente. Os resultados obtidos são os seguintes:

- 112 entrevistados afirmaram utilizar os serviços do pet shop para banho;
- 62 entrevistados revelaram apreciar tanto o serviço de banho quanto o de tosa;
- Um total de 58 entrevistados não expressou preferência por nenhum dos serviços, seja banho ou tosa.

O número de entrevistados que demonstram uma preferência exclusiva pelo serviço de tosa é de:

Alternativas

A. 232

B. 30

C. 92

D. 122

COMENTÁRIO

Observe que temos três conjuntos aqui:

A: serviço de banho

B: serviço de tosa

C: nenhum tipo de serviço

112 entrevistados afirmaram utilizar os serviços do pet shop para banho, significa que o conjunto *A* possui 112 elementos.

Um total de 58 entrevistados não expressou preferência por nenhum dos serviços, seja banho ou tosa, significa que o conjunto *C* possui 58 elementos.

• 62 entrevistados revelaram apreciar tanto o serviço de banho quanto o de tosa, significa que $A \cap B = 62$ elementos.

Como o conjunto *A* possui 62 elementos em comum com o conjunto *B*, a quantidade de elementos que fazem parte apenas de *A* é 112 - 62 = 50 *clientes*.

Como são 200 clientes entrevistados, se tirarmos a quantidade de clientes que não usa nenhum tipo de serviço temos:

200 - 58 = 142

Desses 142 clientes, 112 pertencem ao conjunto *A*, ou a $A \cap B$.

Logo, O número de entrevistados que demonstram uma preferência exclusiva pelo serviço de tosa é de: 142 - 112 = 30

Resposta: LETRA B

---

03. Ano: 2024 Banca: FGV Órgão: Prefeitura de Macaé - RJ Prova: FGV - 2024 - Prefeitura de Macaé - RJ - Professor C - Matemática

Sobre os conjuntos numéricos, considere as afirmativas a seguir.

I. O produto de dois números irracionais distintos é sempre um irracional.

II. O produto de dois números racionais é sempre um racional.

III. Todo número racional tem sucessor.

Está correto o que se afirma em

Alternativas

A. II, apenas.

B. I e II apenas.

C. I e III apenas.

D. II e III apenas.

E. I, II e III.

COMENTÁRIO

Vamos comentar cada item e verificar cada afirmação.

I. O produto de dois números irracionais distintos é sempre um irracional.

Errado. Podemos provar isso com um exemplo:

$\sqrt[3]{4}$ *e* $\sqrt[3]{2}$ são números irracionais e distintos, quando multiplicamos eles:

$$\sqrt[3]{4} \times \sqrt[3]{2} = \sqrt[3]{4 \times 2} = \sqrt[3]{8} = 2$$

Note que 2 é um número racional, logo a afirmação não é verdadeira

II. O produto de dois números racionais é sempre um racional.

Certo. É impossível multiplicar dois números racionais e aparecer um irracional.

III. Todo número racional tem sucessor.

Errado. Os únicos números que possuem sucessores e antecessores são os conjuntos dos números Naturais e dos números

Com isso, podemos concluir que apenas o item II está correto.

Resposta: LETRA A

---

04. (IBFC – 2023 – SEAD-GO – Técnico Ambiental) Um conjunto A tem 5 elementos distintos e um conjunto B tem 6 elementos distintos. Nessas condições, a única alternativa incorreta, é:

a) Se os conjuntos A e B forem disjuntos, então a união entre eles possui 11 elementos

b) Se os conjuntos A e B forem disjuntos, então a intersecção entre eles possui 0 (zero) elementos

c) Se os conjuntos A e B tiverem três elementos comuns, então a união entre eles terá 8 elementos

d) Se os conjuntos forem disjuntos, então a diferença entre os conjuntos A e B, nessa ordem, terá 5 elementos

e) Se os conjuntos forem disjuntos, então a diferença entre os conjuntos B e A, nessa ordem, terá somente 1 elemento

COMENTÁRIO

Para resolver essa questão vamos analisar alternativa por alternativa. Lembrando que buscamos a alternativa INCORRETA.

a) Se os conjuntos A e B forem disjuntos, então a união entre eles possui 11 elementos

Conjunto disjuntos são conjuntos que não possuem nenhum elemento em comum, então a união desses dois conjuntos terão 5+6=11 elementos. CORRETO.

b) Se os conjuntos A e B forem disjuntos, então a intersecção entre eles possui 0 (zero) elementos

Como vimos, os conjuntos disjuntos não possuem nenhum elemento em comum. Logo, a intersecção entre eles será igual a zero elementos. CORRETO.

c) Se os conjuntos A e B tiverem três elementos comuns, então a união entre eles terá 8 elementos.

Vamos supor que os conjuntos com três elementos em comum sejam representados por:

A={ a, b, c, d, e}

B={c, d, e, f, g, h, }

A União deles será: $A \cup B = \{a, b, c, d, e, f, g, h\}$, ou seja, 8 elementos. CORRETO.

d) Se os conjuntos forem disjuntos, então a diferença entre os conjuntos A e B, nessa ordem, terá 5 elementos

A diferença de conjuntos é representada pelos elementos de um conjunto que não aparecem no outro conjunto. A operação indicada é A – B (lê-se A menos B). Logo, a diferença será igual a 5. CORRETO.

e) Se os conjuntos forem disjuntos, então a diferença entre os conjuntos B e A, nessa ordem, terá somente 1 elemento

A operação indicada é B – A (lê-se B menos A). Logo, a diferença será igual a 6. INCORRETO.

Resposta : LETRA E

---

05. (Quadrix – 2023 – IPREV-DF – Analista Previdenciário – Especialista em Atuária) Dados os conjuntos numéricos $S = \{ x \in R | 0 \leq x < 10 \}$, $I =]\,5{,}7]$ e $C = \{ p/q \mid p \in Z, q \in Z^* \}$, julgue o item.

5,5 e 15/2 são exemplos de números contidos no conjunto $C \cap I$.

COMENTÁRIO

O símbolo "$\cap$" representa a intersecção entre os dois conjuntos C e I, ou seja, os elementos em comum que pertencem aos dois conjuntos.

Porém, observe que o número 15 *é igual a* 7,5 e esse número não está contido no conjunto I. Logo o item está incorreto.

Resposta: ERRADO.

---

06. (Quadrix – 2023 – IPREV-DF – Analista Previdenciário – Especialista em Atuária) Dados os conjuntos numéricos $S = \{ x \in R | 0 \leq x < 10 \}$, $I =]\,5{,}7]$ e $C = \{ p/q \mid p \in Z, q \in Z^* \}$, julgue o item.

O conjunto C contém apenas números racionais.

COMENTÁRIO

Para resolver essa questão basta apenas conhecer o conceito de números racionais.

Os números racionais são todos os números que podem ser escritos em forma de fração. Essa é justamente a condição do conjunto C. Logo, o item está correto.

Resposta: CERTO.

---

07. (Quadrix – 2023 – IPREV-DF – Analista Previdenciário – Especialista em Atuária) Dados os conjuntos numéricos $S = \{ x \in R | 0 \leq x < 10 \}$, $I =]\,5,7]$ e $C = \{ p/q \mid p \in Z, q \in Z^* \}$, julgue o item.

$I = \{ x \in R | \; 5 \leq x < 7 \}$

COMENTÁRIO

Ao escrever o conjunto I representado por] 5,7] o primeiro colchete está virado para fora, o que significa que o intervalo é aberto no ponto, ou seja, o número 5 não faz parte desse conjunto.

Desta forma, $x \neq 5$. O correto seria se fosse escrito utilizando apenas o sinal de maior que, e não o sinal de maior ou igual a.

Resposta: ERRADO.

---

08. (Quadrix – 2023 – IPREV-DF – Analista Previdenciário – Especialista em Atuária) Dados os conjuntos numéricos $S = \{ x \in R | 0 \leq x < 10 \}$, $I =]\,5,7]$ e $C = \{ p/q \mid p \in Z, q \in Z^* \}$, julgue o item.

$S \cap I = I$.

COMENTÁRIO

O símbolo representa a intersecção entre os dois conjuntos, ou seja, os elementos em comum.

Note que o conjunto I é um subconjunto de S, de modo que a quantidade de elementos em comum entre os dois conjuntos será o próprio conjunto I .

Resposta: CERTO.

---

09. (IDECAN – 2023 – SEFAZ-RR – Técnico em Infraestrutura de Tecnologia da Informação) A proposição "Se desenvolvo o *back-end*, então outro programador trabalha no *front-end* e diagrama o visual dos gráficos" pode ser expressa simbolicamente por:

a) $p \to q$

b) $(p \vee q) \to r$

c) $p \to (q \wedge r)$

d) $p \leftrightarrow (q \vee r)$

e) $(p \wedge r) \to q$

COMENTÁRIO

Vamos chamar de:

p: desenvolvo o *back-end*

q: outro programador trabalha no *front-end*

r: trabalha no diagrama o visual dos gráficos

A proposição principal apresentada é uma condicional do tipo *CAUSA → CONSEQUÊNCIA*.

Observe que a consequência dessa condicional é formada por um proposição composta, ou seja, uma conjunção (conectivo "e")

Desta forma a representação da sentença será:

$p \to (q \wedge r)$

GABARITO: LETRA C.

10. (Provas: IBFC – 2023 – SEAD-GO – Analista Ambiental – Direito) Se o total de multas aplicadas por um órgão ambiental é o mesmo que o total de elementos da operação A – B, onde A = {1,2,3,4,5,7,8} e B = {3,5,6,7,9}, então o total de multas aplicadas foi:

a) 2
b) 3
c) 4
d) 5
e) 6

COMENTÁRIO

A operação indicada é A – B (lê-se A menos B), ou seja, os elementos de A menos os elementos de B.

$A - B = \{1, 2, 3, 4, 5, 7, 8\} - \{3, 5, 6, 7, 9\} = \{1, 2, 4, 8\}$

Ou seja, 4 elementos.

Logo, foram aplicadas 4 elementos.

GABARITO: LETRA C.

---

11. (Unesc – 2023 – Prefeitura de Criciúma-SC – Motorista TDF) Dados os conjuntos A = {1, 3, 5, 7} e B = {2, 4, 5, 7}, o conjunto C = A ∩ B é:

a) C = { }
b) C = {5, 7}
c) C = {1, 3}
d) C = {2, 4}
e) C = {1, 2, 3, 4, 5, 7}

COMENTÁRIO

A operação indicada é $A \cap B$ (lê-se A intersecção B), ou seja, os elementos de A que também estão em B.

$A \cap B = \{1, 3, 5, 7\} \cap \{2, 4, 5, 7\} = \{5, 7\}$

Existem apenas dois elementos em comum.

GABARITO: LETRA B.

---

12. (IBFC – 2023 – UFPB – Assistente em Administração) Sejam os conjuntos finitos A = {0,1,2,3,5,6} e B = {0,2,3,5,8}, então podemos dizer que:

a) A união entre os conjuntos A e B possui exatamente 8 elementos
b) A – B possui exatamente 2 elementos
c) B – A possui exatamente 2 elementos
d) A intersecção entre os conjuntos A e B possui exatamente 3 elementos
e) Os conjuntos A e B são disjuntos

COMENTÁRIO

Vamos analisar cada alternativa de modo a encontramos a correta:

A. A união entre os conjuntos A e B possui exatamente 8 elementos

A união significa juntar todos os elementos em um único conjunto.

$A \cup B = \{0, 1, 2, 3, 5, 6, 8\}$

Ou seja, 7 elementos. Item errado.

B. A – B possui exatamente 2 elementos

Representa a quantidade de elementos que estão e A menos os elementos de B:

$A - B = \{1, 6\}$

Possui exatamente 2 elementos. Item certo.

C. B – A possui exatamente 2 elementos

Representa a quantidade de elementos que estão e B menos os elementos de A:

$B - A = \{8\}$

Apenas um elemento. Item errado.

D. A intersecção entre os conjuntos A e B possui exatamente 3 elementos

A intersecção é o conjunto dos elementos em comum nos dois conjuntos.

$A \cap B = \{0, 2, 3, 5\}$

Possui 4 elementos. Item errado.

E. Os conjuntos A e B são disjuntos

Conjuntos disjuntos são aqueles que não possuem nenhum elemento em comum. Item errado.

GABARITO: LETRA B.

---

13. (IADES – 2023 – GDF-SEEC – Analista em Políticas Públicas e Gestão Governamental – Tecnologia da Informação/Comunicação) Em determinada região administrativa, 240 famílias participam de pelo menos um entre três programas de políticas públicas: ambiental, econômico ou educacional. Quem participa dos programas ambiental ou educacional não participa do programa econômico. Sabe-se que 108 famílias participam do programa ambiental, 95 participam do programa educacional e 25 famílias participam dos dois programas. Quantas famílias participam do programa econômico?

a) 50

b) 57

c) 60

d) 62

e) 65

COMENTÁRIO

São três conjuntos:

$A = $ Ambiental

$B = $ Econômico

$C = $ Educacional

Quem participa dos programas ambiental ou educacional não participa do programa econômico, ou seja:

$A \cap B = \varnothing$

$C \cap B = \varnothing$

Sabe-se que 108 famílias participam do programa ambiental, 95 participam do programa educacional e 25 famílias participam dos dois programas.

Então $A \cap C = 25$

Logo, a quantidade de famílias que participam APENAS de A são: 108 – 25 = 83

E a quantidade de famílias que participam APENAS de C são: 95 – 25 = 70

Como são 240 famílias e não existe intersecção com o conjunto B, a quantidade de famílias que pertencem ao conjunto B será:

$240 - 25 - 83 - 70 = 62$

Então, B = 62.

GABARITO: LETRA D.

---

14. (IBFC – 2023 – Prefeitura de Cuiabá-MT – Agente de Saúde/Agente de Call Center) Na proposição composta "Se João foi ao mercado e comprou um produto, então pagou com desconto se, e somente se, o produto estava próximo da validade". Desse modo, o total de proposições simples na frase é igual a:

a) 5

b) 3

c) 2

d) 4

COMENTÁRIO.

Uma proposição composta é dada por proposições simples ligadas por conectivos.

Os conectivos utilizados na sentença dada são 3: Se... ,então; e; se, e somente se;

E as proposições simples são:

p: João foi ao mercado

q: comprou um produto

s: pagou com desconto

t: o produto estava próximo da validade

Ou seja, 4 proposições simples.

GABARITO: LETRA D.

---

15. (IBFC – 2023 – Prefeitura de Cuiabá-MT – Agente de Saúde/Agente de Call Center) Se os valores lógicos de duas proposições são falsos, então é correto afirmar que:

a) O valor lógico da disjunção entre as duas proposições é verdade

b) O valor lógico da conjunção entre as duas proposições é verdade

c) O valor lógico do condicional entre as duas proposições é verdade

d) O valor lógico do bicondicional entre as duas proposições é falso

COMENTÁRIO

Vamos verificar as possibilidades dadas pelas alternativas.

Disjunção: para se obter verdade, pelo menos uma das proposições deveria ser verdadeira.

Conjunção: para se obter o valor verdade, as duas proposições deveriam ser verdadeiras.

Condicional: quando as duas proposições possuem o mesmo valor a condicional entre elas sempre será verdadeira. Essa é a alternativa correta.

Bicondicional: quando as duas proposições possuem o mesmo valor a bicondicional entre elas sempre será verdadeira.

GABARITO: LETRA C.

---

16. (IBFC – 2023 – Prefeitura de Cuiabá-MT – Enfermeiro) O conectivo cujo valor lógico se altera se os valores lógicos das proposições entre ele se alternarem e forem diferentes, é chamado de:

a) Disjunção

b) Disjunção exclusiva

c) Bicondicional

d) Condicional

COMENTÁRIO

A condicional é uma operação que não aceita a propriedade comutativa, ou seja, a ordem dos elementos é de suma importância.

Com isso, se em uma condicional se as proposições possuem valores lógico diferentes o seu valor lógico será alterado se houver mudar a ordem dessas proposições.

GABARITO: LETRA D.

---

17. (IBFC – 2023 – Prefeitura de Cuiabá-MT – Enfermeiro) Com relação ao raciocínio lógico proposicional é correto afirmar que:

a) O valor lógico da disjunção entre duas proposições é verdade somente se os valores lógicos das duas proposições forem verdadeiros

b) O valor lógico da conjunção entre duas proposições é falso somente se os valores lógicos das duas proposições forem falsos

c) O valor lógico do bicondicional entre duas proposições é verdade somente se os valores lógicos das duas proposições forem verdadeiros

d) O valor lógico da disjunção exclusiva entre duas proposições é verdade somente se apenas um dos valores lógicos das proposições for verdadeiro

COMENTÁRIO

Vamos verificar as possibilidades dadas pelas alternativas.

Disjunção: para se obter verdade, pelo menos uma das proposições deveria ser verdadeira, não necessariamente as duas devem ser verdadeiras.

Conjunção: para se obter o valor verdade, as duas proposições deveriam ser verdadeiras, então basta que apenas uma seja falsa para tornar a proposição falsa.

Bicondicional: quando as duas proposições possuem o mesmo valor a bicondicional entre elas sempre será verdadeira. Podem ser as duas verdadeiras ou as duas falsas.

Disjunção exclusiva: Para se obter verdade as proposições devem ser diferentes. Logo obrigatoriamente uma deverá ser verdadeira e a outra falsa.

GABARITO: LETRA D.

---

18. (Quadrix – 2022 – CRESS-AP – Agente Fiscal) Considerando o conjunto A = {a, b, c, d, e, f}, julgue o item.

Se B = {a, b, c}, então B $\in$ A.

COMENTÁRIO

O símbolo $\in$ serve para expressar que um elemento pertença a um conjunto, como por exemplo o elemento $a \in A$.

Observe que não existe elemento B no conjunto A, então esse símbolo não pode ser usado nessa situação. Para dizer que B é um subconjunto de A usamos o símbolo de contido.

Então o correto seria: $B \subset A$.

GABARITO: ERRADO.

---

19. (Quadrix – 2022 – CRC-MG – Fiscal) Considerando $A = \{x \in Z_+ / -5 < x < 10\}$ e $B = \{x \in Z\_ / -5 < x < 10\}$, julgue o item.

O conjunto A ∪ B tem 14 elementos.

COMENTÁRIO

Primeiramente devemos encontrar os elementos de cada conjunto.

Conjunto A: Será os números não negativos entre o intervalo de -5 a 10.

$A = \{0, 1, 2, 3, 4, 5, 6, 7, 8, 9\}$

Conjunto B: Será os números não positivos entre o intervalo de -5 a 10.

$B = \{-4, -3, -2, -1, 0\}$

A união dos dois conjunto será:

$A \cup B = \{-4, -3, -2, -1, 0, 1, 2, 3, 4, 5, 6, 7, 8, 9\}$

Ou seja, 14 elementos.

GABARITO: CERTO.

---

20. (Quadrix – 2022 – CRC-MG – Fiscal) Considerando A = {x ∈ Z+I − 5 < x < 10} e B = {x ∈ Z_ I - 5 < x < 10}, julgue o item.

$A \cup B = \{x \in Z | -4 \leq x \leq 9\}$.

COMENTÁRIO

Primeiramente devemos encontrar os elementos de cada conjunto.

Conjunto A: Será os números não negativos entre o intervalo de -5 a 10.

$A = \{0, 1, 2, 3, 4, 5, 6, 7, 8, 9\}$

Conjunto B: Será os números não positivos entre o intervalo de -5 a 10.

$B = \{-4, -3, -2, -1, 0\}$

A união dos dois conjunto será:

$A \cup B = \{-4, -3, -2, -1, 0, 1, 2, 3, 4, 5, 6, 7, 8, 9\}$

Logo, $A \cup B = \{x \in Z| -4 \leq x \leq 9\}$.

Ou seja, 14 elementos.

GABARITO: CERTO.

---

21. (Quadrix – 2022 – CRC-MG – Fiscal) Considerando $A = \{x \in Z+| - 5 < x < 10\}$ e $B = \{x \in Z\_ | - 5 < x < 10\}$, julgue o item.

$A \cup B = \{x \in Z| -4 \leq x \leq 9\}$.

COMENTÁRIO

Primeiramente devemos encontrar os elementos de cada conjunto.

Conjunto A: Será os números não negativos entre o intervalo de -5 a 10.

$A = \{0, 1, 2, 3, 4, 5, 6, 7, 8, 9\}$

Conjunto B: Será os números não positivos entre o intervalo de -5 a 10.

$B = \{-4, -3, -2, -1, 0\}$

A união dos dois conjunto será:

$A \cup B = \{-4, -3, -2, -1, 0, 1, 2, 3, 4, 5, 6, 7, 8, 9\}$

Logo, $A \cup B = \{x \in Z| -4 \leq x \leq 9\}$.

GABARITO: CERTO.

---

22. (Quadrix – 2022 – CRC-MG – Fiscal) Considerando $A = \{x \in Z+| - 5 < x < 10\}$ e $B = \{x \in Z\_ | - 5 < x < 10\}$, julgue o item.

$A = B$.

COMENTÁRIO

Primeiramente devemos encontrar os elementos de cada conjunto.

Conjunto A: Será os números não negativos entre o intervalo de -5 a 10.

$A = \{0, 1, 2, 3, 4, 5, 6, 7, 8, 9\}$

Conjunto B: Será os números não positivos entre o intervalo de -5 a 10.

$B = \{-4, -3, -2, -1, 0\}$

Logo, $A \neq B$.

GABARITO: ERRADO.

---

23. (Quadrix – 2022 – CRC-MG – Fiscal) Considerando $A = \{x \in Z+ | - 5 < x < 10\}$ e $B = \{x \in Z\_ | - 5 < x < 10\}$, julgue o item.

$A \cap B = \emptyset$

COMENTÁRIO

Primeiramente devemos encontrar os elementos de cada conjunto.

Conjunto A: Será os números não negativos entre o intervalo de -5 a 10.

$A = \{0, 1, 2, 3, 4, 5, 6, 7, 8, 9\}$

Conjunto B: Será os números não positivos entre o intervalo de -5 a 10.

$B = \{-4, -3, -2, -1, 0\}$

Ou seja, entre os conjunto existe apenas o número zero como elemento em comum.

Logo, $A \cap B = \{0\}$ e não vazio, como afirma o item.

GABARITO: ERRADO.

---

24. (Quadrix – 2022 – CRBM 3ª Região – Fiscal Biomédico) Sendo A = {–5,1,3,5,7}, B = {2,3,4,6,8}, N o conjunto dos números naturais, Ø o conjunto vazio e Q o conjunto dos números racionais, julgue o item.

$(A \cap Q) \cup (B \cap Q) = A \cup B$

COMENTÁRIO

Para resolver essa questão primeiro devemos conhecer a linguagem utilizada.

$\cap$ = *intersecção* → Essa operação indica os elementos em comum entre os conjuntos.

$\cup$ = *união* → Essa operação corresponde a junção dos elementos dos conjuntos em apenas um.

Com isso vamos responder:

Observe que todos os elementos do conjunto A são números racionais, desta forma

$(A \cap Q) = A$

O mesmo acontece com o conjunto B:

$(B \cap Q) = B$

Logo:

$(A \cap Q) \cup (B \cap Q) = A \cup B$

GABARITO: CERTO.

---

25. (Quadrix – 2022 – CRBM 3ª Região – Fiscal Biomédico) Sendo A = {–5,1,3,5,7}, B = {2,3,4,6,8}, N o conjunto dos números naturais, Ø o conjunto vazio e Q o conjunto dos números racionais, julgue o item.

$(A - N) \cap (B - A) = \emptyset$

COMENTÁRIO

(A – N) lê-se A menos N. Ou seja, são os elementos de A menos os números naturais. Então:

$(A - N) = \{-5\}$

(B – A) lê-se B menos *A*. Ou seja:

$(B - A) = \{2, 4, 6, 8\}$

Observe que (B – A) e (*A* – N) são conjuntos disjuntos, ou seja, não possuem elementos em comum. Desta forma, podemos concluir que a intersecção entre eles será igual a um conjunto vazio.

GABARITO: CERTO.

---

26. (Quadrix – 2022 – CRBM 3ª Região – Fiscal Biomédico) Sendo A = {–5,1,3,5,7}, B = {2,3,4,6,8}, N o conjunto dos números naturais, Ø o conjunto vazio e Q o conjunto dos números racionais, julgue o item.

$(A \cup B) \cap N \neq \emptyset$

COMENTÁRIO

Para resolver essa questão primeiro devemos conhecer a linguagem utilizada.

$\cap$ = *intersecção* → Essa operação indica os elementos em comum entre os conjuntos.

$\cup$ = *união* → Essa operação corresponde a junção dos elementos dos conjuntos em apenas um.

Com isso vamos responder:

$(A \cup B) = \{-5, 1, 2, 3, 4, 5, 6, 7, 8\}$

Como, apenas o -5 não é um número natural, então:

$(A \cup B) \cap N = \{1, 2, 3, 4, 5, 6, 7, 8\}$

Observe que o conjunto possui 8 elementos e isso é diferente de um conjunto vazio.

GABARITO: CERTO.

27. (Quadrix – 2022 – CRN – 6ª Região (PE) Nutricionista Fiscal) Texto associado

Considere dois conjuntos, A e B, definidos da seguinte forma.

$A = \{x \in N \mid 1 < x \leq 10\}$.

$B = \{x \in N \mid 10 \leq x < 20\}$.

Com base nessas informações, julgue o item.

O número de elementos de A – B é igual a 9.

COMENTÁRIO

Primeiro passo é encontrar os elementos de A e de B:

$A = \{2, 3, 4, 5, 6, 7, 8, 9, 10\}$

$B = \{10, 11, 12, 13, 14, 15, 16, 17, 18, 19\}$

Logo:

$A - B = \{2, 3, 4, 5, 6, 7, 8, 9\}$

Note que são apenas 8 elementos.

GABARITO: ERRADO.

---

28. (Quadrix – 2022 – CRN – 6ª Região (PE) Nutricionista Fiscal) Texto associado

Considere dois conjuntos, A e B, definidos da seguinte forma.

$A = \{x \in N \mid 1 < x \leq 10\}$

$B = \{x \in N \mid 10 \leq x < 20\}$

Com base nessas informações, julgue o item.

$A \cup B = \varnothing$.

COMENTÁRIO

Primeiro passo é encontrar os elementos de A e de B:

$A = \{2, 3, 4, 5, 6, 7, 8, 9, 10\}$

$B = \{10, 11, 12, 13, 14, 15, 16, 17, 18, 19\}$

Logo:

$A \cup B = \{10\}$

Note que o conjunto possui um elemento.

GABARITO: ERRADO.

---

29. (Quadrix -- 2022 -- CRN -- 6ª Região (PE) – Nutricionista Fiscal) Texto associado

Considere dois conjuntos, A e B, definidos da seguinte forma.

$A = \{x \in N \mid 1 < x \leq 10\}$

$B = \{x \in N \mid 10 \leq x < 20\}$

Com base nessas informações, julgue o item.

O conjunto formado pela união de A com B é dado por $A \cup B = \{x \in N \mid 1 < x < 20\}$.

COMENTÁRIO

Primeiro passo é encontrar os elementos de A e de B:

$A = \{2, 3, 4, 5, 6, 7, 8, 9, 10\}$

$B = \{10, 11, 12, 13, 14, 15, 16, 17, 18, 19\}$

$\cup = união \rightarrow$ Essa operação corresponde a junção dos elementos dos conjuntos em apenas um.

Desta forma, temos:

$A \cup B = \{2, 3, 4, 5, 6, 7, 8, 9, 10, 11, 12, 13, 14, 15, 16, 17, 18, 19\}$

Note que esse conjunto pode ser representado por $A \cup B = \{x \in N \mid 1 < x < 20\}$.

GABARITO: CERTO.

30. (IBFC – 2021 – Prefeitura de São Gonçalo do Amarante-RN – Administrador) A figura abaixo representa o diagrama de Venn para os conjuntos A, B, C e D.

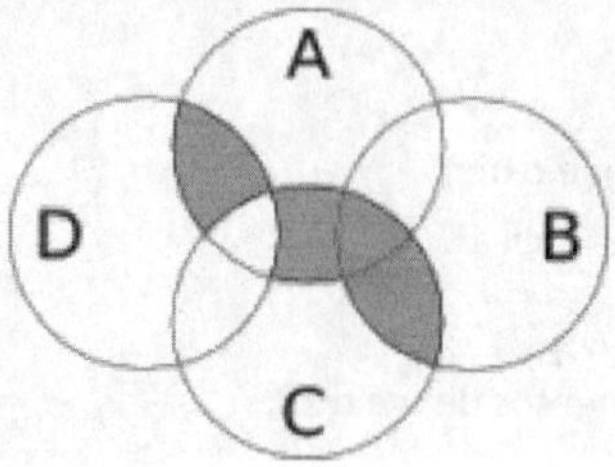

Assinale a alternativa que representa a região acinzentada.

a) (A ∩ C) ∪ (A ∩ D) ∪ (B ∩ C) - (C ∩ D)
b) (A ∪ C) ∩ (A ∪ D) ∩ (B ∩ C) - (C ∩ D)
c) (A ∩ B ∩ C ∩ D) - (C ∪ D)
d) (B ∩ C) ∪ (A ∩ C ∩ D) - (C ∪ D)

COMENTÁRIO

A parte acinzentada da região é composta pela intersecção dos conjuntos.

O que precisamos saber para resolver essa questão é o que cada símbolo significa.

∪ = *união.* Significa juntar todos os elementos dos conjuntos.

∩ = *intersecção* →. Significa apenas pegar os elementos em comum nos dois conjuntos.

– = *diferença.* Significa apenas pegar os elementos que pertence ao primeiro conjunto mas não pertence ao segundo conjunto.

Desta forma, podemos analisar os itens:

A. (A ∩ C) ∪ (A ∩ D) ∪ (B ∩ C) - (C ∩ D)

Traduzindo significa: a intersecção de A e C com a união de da intersecção de A e D com a união da intersecção de B e C com a diferença da intersecção de C com D.

Observe que essa situação descreve exatamente o desenho dado.

Essa é a nossa alternativa.

GABARITO: LETRA A.

---

31. (CESPE/CEBRASPE – 2021 – ADAPAR – Assistente de Defesa Agropecuária – Técnico de Manejo e Meio Ambiente) Considere as seguintes construções.- P:

"A plantação foi pulverizada".

- Q: "A ração e a vacina das aves".

No que se refere à lógica proposicional, assinale a opção correta

a) P é uma proposição simples cujo valor lógico pode ser verdadeiro ou falso; Q não é uma proposição.
b) P não é uma proposição; Q é uma proposição simples cujo valor lógico pode ser verdadeiro ou falso.
c) P é uma proposição simples cujo valor lógico pode ser verdadeiro ou falso; Q é uma proposição composta cujo valor lógico pode ser verdadeiro ou falso.
c) P é uma proposição composta cujo valor lógico pode ser verdadeiro ou falso; Q é uma proposição simples cujo valor lógico pode ser verdadeiro ou falso.
d) Nem P nem Q são proposições.

COMENTÁRIO

Uma proposição é uma sentença declarativa em que é possível atribuir um valor lógico de verdadeiro ou falso. Ela deve ter um sentido completo e deve possuir um VERBO.

Para ser uma proposição composta é necessário duas ou mais proposições simples que deverão estar ligadas por um conectivo lógico.

Sabendo disso vamos analisar as sentenças dadas:

- P: "A plantação foi pulverizada".

Note que a sentença possui uma única ideia e que pode ser valorada como verdadeira ou falsa.

Então temos uma proposição simples.

- Q: "A ração e a vacina das aves".

Observe que a sentença não possui um verbo. Logo Q não é uma proposição.

Com isso podemos marcar como alternativa correta a letra A.

A. P é uma proposição simples cujo valor lógico pode ser verdadeiro ou falso; Q não é uma proposição.

GABARITO: LETRA A.

---

32. (CESPE/CEBRASPE – 2021 – Polícia Federal – Escrivão de Polícia Federal) Considere os seguintes conjuntos:

P = {todos os policiais federais em efetivo exercício no país}

P1 = {policiais federais em efetivo exercício no país e que têm até 1 ano de experiência no exercício do cargo}

P2 = {policiais federais em efetivo exercício no país e que têm até 2 anos de experiência no exercício do cargo}

P3 = {policiais federais em efetivo exercício no país e que têm até 3 anos de experiência no exercício do cargo}

e, assim, sucessivamente.

Com base nessas informações, julgue o item que se segue.

P2 é subconjunto de P1.

COMENTÁRIO

O conjunto P2 é formado por policiais federais em efetivo exercício no país e que têm até 2 anos de experiência no exercício do cargo. Até 2 anos significa que pode ter policiais federais com menos tempo de experiencia.

Observe então, que o conjunto P1 está totalmente contido no conjunto P2. Logo p1 é subconjunto de P2 e não o contrário.

GABARITO: ERRADO.

---

33. (CESPE/CEBRASPE – 2021 – Polícia Federal – Escrivão de Polícia Federal) Considere os seguintes conjuntos:

P = {todos os policiais federais em efetivo exercício no país}

P1 = {policiais federais em efetivo exercício no país e que têm até 1 ano de experiência no exercício do cargo}

P2 = {policiais federais em efetivo exercício no país e que têm até 2 anos de experiência no exercício do cargo}

P3 = {policiais federais em efetivo exercício no país e que têm até 3 anos de experiência no exercício do cargo}

e, assim, sucessivamente.

Com base nessas informações, julgue o item que se segue.

O conjunto P é igual à união infinita dos conjuntos P1, P2, P3, ...

COMENTÁRIO

Observe que cada conjunto se refere a "até um período" de experiência.

A palavra "até" deixa evidenciado que o período pode ser menor que o estipulado. Isso faz com que um conjunto seja sempre subconjunto do seu posterior, ou seja:

$P1 \subset P2 \subset P3 \subset P4 \ldots$

De modo que todos os conjuntos serão referências a policiais federais em efetivo exercício no país.

Logo,

$P = P1 \cup P2 \cup P3 \ldots$

Com isso, o conjunto P é igual à união infinita dos conjuntos P1, P2, P3, ...

GABARITO: CERTO.

34. (CESPE/CEBRASPE – 2021 – Polícia Federal – Papiloscopista Policial Federal)

P1: Se a fiscalização foi deficiente, as falhas construtivas não foram corrigidas.

P2: Se as falhas construtivas foram corrigidas, os mutuários não tiveram prejuízos.

P3: A fiscalização foi deficiente.

C: Os mutuários tiveram prejuízos.

Considerando um argumento formado pelas proposições precedentes, em que C é a conclusão, e P1 a P3 são as premissas, julgue o item a seguir.

A tabela verdade da proposição condicional associada ao argumento tem menos de dez linhas.

COMENTÁRIO

A quantidade de linhas de uma tabela verdade é dada por 2^n, onde n = a quantidade de proposições simples que a formam.

Vamos identificar as proposições dadas no argumento:

p: a fiscalização foi deficiente

q: as falhas construtivas foram corrigidas

r: Os mutuários tiveram prejuízos

Observe que temos essas proposições e as suas negações expressas no argumento.

Como são apenas 3 proposições, temos $n = 3$:

$2^3 = 8$

Ou seja, a tabela será formada por 8 linhas.

GABARITO: CERTO.

---

35. (CESPE/CEBRASPE – 2021 – IBGE – Agente de Pesquisas e Mapeamento) A quantidade de linhas da tabela-verdade da proposição composta $P \rightarrow Q \vee R$, em que P, Q e R são proposições simples e independentes entre si, que apresentam o valor lógico F é igual a

a) 1.

b) 2.

c) 3.

d) 4.

e) 5.

COMENTÁRIO

Para resolver essa questão, vamos construir a tabela-verdade da proposição composta dada.

Observe que temos uma condicional, onde a única forma de obter falso é quando temos $V \rightarrow F$, e uma disjunção, em que a única forma de obter F é quando as duas proposições são F.

Então temos:

P	Q	R	$Q \vee R$	$P \rightarrow Q \vee R$
V	V	V	V	V
V	V	F	V	V
V	F	V	V	V
V	F	F	F	F
F	V	V	V	V
F	V	F	V	V
F	F	V	V	V
F	F	F	F	V

Logo, em apenas uma linha teremos o valor igual a F.

GABARITO: LETRA A.

36. (Quadrix – 2022 – CRP – 11ª Região (CE) – Psicóloga Fiscal) Sendo A ∪ B = {0, 1, 2, 3, 6, 7, 9}, A ∩ B = {0, 1, 2, 3} e A – B = {7}, julgue o item.

O conjunto dos subconjuntos de B tem 65 elementos.

COMENTÁRIO

Primeiro devemos descobrir quais os elementos do conjunto B.

A ∪ B = {0, 1, 2, 3, 6, 7, 9}, aqui temo A união de B, isso significa todos os elementos que estão em A e estão em B.

A ∩ B = {0, 1, 2, 3}: aqui temos a intersecção, ou seja os elementos em comum dos dois conjuntos. Isso significa que esses elementos estão em B.

A – B = {7}: A diferença de B, isso significa que de todos os elementos de A, o único que não . pertence a B é o número 7.

Então temos $B = \{0, 1, 2, 3, 6, 9\}$

Para encontramos a quantidade de subconjuntos basta usar a fórmula 2^n, onde n = o número de elementos do conjunto.

Como B possui 6 elementos no seu conjunto, então temos:

$2^6 = 2 \times 2 \times 2 \times 2 \times 2 \times 2 = 64$

Logo, a quantidade total de subconjuntos de B é igual a 64.

GABARITO: ERRADO.

---

37. (Quadrix – 2022 – CRP – 11ª Região (CE) Psicóloga Fiscal) Sendo A ∪ B = {0, 1, 2, 3, 6, 7, 9}, A ∩ B = {0, 1, 2, 3} e A – B = {7}, julgue o item.

∅ ∈ A.

COMENTÁRIO

Observe que ao fazer a união entre A e B são escritos todos os elementos que pertencem aos dois conjuntos.

A ∪ B = {0, 1, 2, 3, 6, 7, 9},

Ao calcular a diferença de A e B, conseguimos encontrar os elementos que pertence a A mas não pertencem a B, que no caso foi o elemento 7.

A – B = {7}.

Desta forma, ∅ ∉ A.

GABARITO: ERRADO.

---

38. (Quadrix – 2022 – CRP – 11ª Região (CE) – Psicóloga Fiscal) Sendo A ∪ B = {0, 1, 2, 3, 6, 7, 9}, A ∩ B = {0, 1, 2, 3} e A – B = {7}, julgue o item.

O número de elementos de A é igual a 6.

COMENTÁRIO

Vamos descobrir quais sãos os elementos do conjunto A.

A ∪ B = {0, 1, 2, 3, 6, 7, 9}, aqui temo A união de B, isso significa todos os elementos que estão em A e estão em B.

A ∩ B = {0, 1, 2, 3}: aqui temos a intersecção, ou seja os elementos em comum dos dois conjuntos. Isso significa que esses elementos estão em A.

A – B = {7}: A diferença de B, isso significa que de todos os elementos de A, o único que não . pertence a B é o número 7.

Então temos $B = \{0, 1, 2, 3, 6, 9\}$

Então, para encontrar A, colocamos todos os elementos da intersecção e o elemento da diferença: $A = \{0, 1, 2, 3, 7\}$

Desta forma A possui 5 elementos.

GABARITO: ERRADO.

39. (Quadrix – 2022 – CRP – 11ª Região (CE) Psicóloga Fiscal) Sendo $A \cup B = \{0, 1, 2, 3, 6, 7, 9\}$, $A \cap B = \{0, 1, 2, 3\}$ e $A - B = \{7\}$, julgue o item.

$B - A = \{6, 9\}$.

COMENTÁRIO

Como descobrimos na questão anterior

$B = \{0, 1, 2, 3, 6, 9\}$ e $A = \{0, 1, 2, 3, 7\}$

B – A, significa B diferença A, ou seja, todos os elementos que estão em B mas não estão em A.

Logo:

$B - A = \{6, 9\}$.

GABARITO: CERTO.

---

40. (Quad1rix – 2022 – CRC-PR – Assistente Administrativo) Na Matemática, um número inteiro positivo que pode ser escrito como a soma de dois ou mais números inteiros positivos consecutivos é dito educado. O número 10, por exemplo, é um número educado, pois $1 + 2 + 3 + 4 = 10$. Um número inteiro positivo que não é educado é chamado de mal-educado.

Considerando essas informações, julgue o item.

A interseção do conjunto dos números educados e do conjunto dos números mal-educados corresponde ao conjunto vazio.

COMENTÁRIO

A interseção de dois conjuntos é o mesmo que o conjunto de elementos em comum entre os conjuntos.

Observe que pela definição se um número é educado ele não pode ser considerado mal-educado. Dessa forma, não existe elemento em comum entre os conjuntos.

Sendo assim, a interseção entre os dois conjuntos corresponde ao conjunto vazio.

GABARITO: CERTO.

---

41. (IBFC – 2021 – SEAP-PR – Agente de Execução – Técnico em Enfermagem) Assinale a alternativa correta.

Um conjunto A possui 10 números distintos e um conjunto B possui 7 números distintos. Sabendo que o conjunto intersecção entre A e B possui exatamente 5 números, então o total de elementos do conjunto A – B é igual a:

a) 3
b) 4
c) 5
d) 6
e) 7

COMENTÁRIO

Para resolver essa questão precisamos entender a linguagem dos conjuntos.

Dizer que tem elementos distintos, significa dizer que não existe elementos repetidos.

Intersecção (∩): significa "elementos em comum"

Diferença (–): significa "elementos que estão no primeiro conjunto, mas não estão no segundo conjunto."

Assim sendo:

A: 10

$B = 7$

$A \cap B = 5$

Ou seja, existem 5 elemento de A que estão também em B. Logo:

$A - B = 5$

GABARITO: LETRA C.

42. (IBFC – 2020 – Prefeitura de Vinhedo-SP – Guarda Municipal) As afirmativas a seguir referem-se aos conjuntos A = {0, 1, {1}, 2, 3} e B = {1, 3 ,4}.

I. $1 \in A$

II. $\{2\} \in A$

III. A – B = {0, 2}

IV. B – A = {4}

Estão corretas as afirmativas:

a) I, II e III apenas

b) I e IV apenas

c) I, II, III e IV

d) II e III apenas

COMENTÁRIO

Essa é uma questão bem simples que envolve a linguagem de conjuntos.

Sabemos que a representação de um conjunto é dada pelo símbolo de chaves { }.

Então, quando temos uma { } dentro de outra, significa que um dos seus elementos é um conjunto.

Então vamos analisar cada item:

A = {0, 1, {1}, 2, 3} e B = {1, 3 ,4}

I. $1 \in A$

o símbolo $\in$ significa dizer que o elemento 1 pertence ao conjunto A. Isso é verdade. Logo esse item está correto.

II. $\{2\} \in A$

Podemos lê a sentença como: O conjunto 2 pertence ao conjunto A.

Isso não é verdade. Não temos esse conjunto dentro de A, temos apenas o elemento 2, que é algo distinto.

III. A – B = {0, 2}

Calcular a diferença significa dizer quais elementos que estão no primeiro conjunto, mas não estão no segundo conjunto, então temos:

A = {0, 1, {1}, 2, 3} e B = {1, 3 ,4}

A – B = {0, {1}, 2}.

Item errado também.

IV. B – A = {4}

Agora deveremos ver quais elementos que estão em B mas não estão em A.

B – A = {4}.

Item correto.

Logo, os únicos itens corretos são I e IV.

GABARITO: LETRA B.

---

43. (MPE-GO / Auxiliar Administrativo/ 2019). Uma pesquisa realizada entre os 80 formandos de uma turma de Direito, constatou que 20 deles cursaram a matéria optativa de Criminalística; 30 frequentaram a de Medicina Legal e 15 estudaram tanto Criminalística quanto Medicina Legal. Quantos alunos não fizeram nenhuma das duas matérias?

a) 30

b) 40

c) 45

d) 50

e) 60

COMENTÁRIO:

✪ **Nota do autor:** Teoria de conjuntos tem sido um assunto muito cobrado nos processos seletivos, além de ser um dos principais fundamentos da matemática e do desenvolvimento do raciocínio, logo sugiro ao leitor uma atenção especial a este capítulo. Uma dica é que, quando tivermos elementos que pertencem a mais de um conjunto, iremos construir diagramas de Venn com interseção. Vejamos:

Nessa questão iremos construir os diagramas de Euller Venn, vejamos:

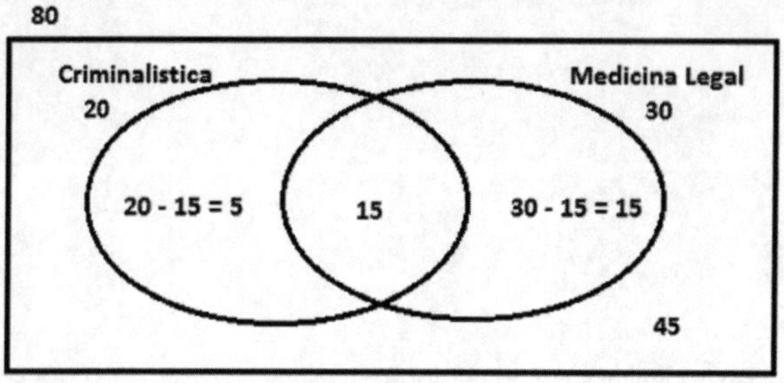

Vamos verificar a linguagem das quantidades em cada conjunto:

a) Criminalística = 20
b) Apenas Criminalística = 5
c) Criminalística e Medicina legal = 15
d) Medicina legal = 30
e) Apenas Medicina Legal = 15
f) Nenhum dos dois 45.
g) Medicina Legal ou Criminalística: 5 + 15 + 15 = 35

Resposta: C.

---

44. (IF-ES / Assistente em Administração/2019). Um shopping realizou uma pesquisa sobre a preferência do público quanto à premiação para quem realizar compras de final de ano nas lojas parceiras. Nessa pesquisa, foram entrevistadas 250 pessoas, entre homens e mulheres, escolhidas aleatoriamente. Desse grupo, 100 eram mulheres e dessas, 40 não preferem carro como premiação. Se o total de pessoas pesquisadas que têm preferência por carro foi de 170 pessoas, o número de homens que não têm preferência por carro como premiação de final de ano é igual a:

a) 150
b) 110
c) 60
d) 40
e) 20

COMENTÁRIO:

✪ **Nota do autor:** Nesta questão, iremos construir uma tabela para melhor interpretarmos a situação dada, uma vez que temos conjuntos disjuntos, ou seja, homens ou mulheres, bem como pessoas que preferem carro como premiação ou pessoas que não preferem carro como premiação. Os conjuntos são ditos disjuntos quando não possuem interseção, ou seja, $A \cap B = \emptyset$.

Segundo as informações dadas pela questão, iremos preencher as células:

	HOMENS	MULHERES	
Têm preferência por carro			**170**
Não têm preferência por carro	**?**	**40**	
		100	**Total= 250**

Segundo as informações acima podemos inferir os dados abaixo que estão nas células hachuradas:

	HOMENS	MULHERES	
Têm preferência por carro	**110**	**60**	**170**
Não têm preferência por carro	**?=40**	**40**	**80**
	150	**100**	**Total=250**

Desta forma podemos inferir que a quantidade de homens que não têm preferência por carro é igual a 40.

Resposta: D.

---

45. (IDECAN/ AGU – Administrador / 2019). Luna é uma menina muito esperta e possui 27 colegas meninos e 34 colegas meninas. Todas essas crianças juntas formam uma turma de alunos muito diferente, pois cada aluno ou adora matemática ou adora português. Sabendo que, nessa turma, 21 meninas adoram matemática e um total de 38 alunos adoram português, o número de meninos que adoram matemática é

a) 1.

b) 2.

c) 3.

d) 4.

e) 5.

COMENTÁRIO

✪ **Nota do autor:** Nesta questão, também iremos construir uma tabela para melhor interpretarmos a situação dada, uma vez que temos conjuntos disjuntos, ou seja, meninos ou meninas, bem como pessoas que ou adoram matemática, ou adoram português, ou seja, não temos elementos em comum devido o conectivo de disjunção exclusiva. Os conjuntos são ditos disjuntos quando não possuem interseção, ou seja, $A \cap B = \emptyset$.

Segundo as informações dadas pela questão, iremos preencher as células:

	MENINOS	MENINAS	
Adoram matemática	**?**	**21**	
Adoram português			**38**
	27	**35**	**Total = 27 +34 +1 = 62**

Obs.: Não esquecer de incluir Luna na turma de alunos, assim o total é de 62 alunos. Segundo as informações acima podemos inferir os dados abaixo que estão nas células hachuradas:

	MENINOS	MENINAS	
Adoram matemática	**? = 3**	**21**	**24**
Adoram português	**24**	**14**	**38**
	27	**35**	**Total = 27 +34 +1 = 62**

Resposta: C.

---

46. (AOCP /Soldado Combatente BM /2018). 70 soldados se inscreveram em três cursos, em que cada curso é direcionado para uma área de atuação de suas funções: Combate a Incêndio, Busca e Salvamento ou Atendimento Pré-hospitalar. Cada soldado podia optar por se inscrever em um, em dois ou nos três cursos disponibilizados e todos os soldados se inscreveram em pelo menos um dos três cursos oferecidos, da seguinte maneira:

- 59 soldados optaram por cursar Combate a Incêndio;
- 56 soldados optaram por cursar Busca e Salvamento;
- 33 soldados optaram por cursar Atendimento Pré-hospitalar;
- 50 soldados optaram por cursar Combate a Incêndio e Busca e Salvamento;
- 23 soldados optaram por cursar Busca e Salvamento e Atendimento Pré-hospitalar;
- 25 soldados optaram por cursar Atendimento Pré-hospitalar e Combate a Incêndio;
- 20 soldados optaram por cursar as três áreas oferecidas.

Dessa forma, o número de soldados que optaram por cursar somente uma das três áreas de atuação é igual a

a) 7.
b) 8.
c) 9.
d) 10.
e) 12.

COMENTÁRIO:

✪ **Nota do autor:** Teoria de conjuntos tem sido um assunto muito cobrado nos processos seletivos, além de ser um dos principais fundamentos da matemática e do desenvolvimento do raciocínio, logo sugiro ao leitor uma atenção especial a este capítulo.

Temos uma questão de aplicação de conjuntos (diagramas de Venn):

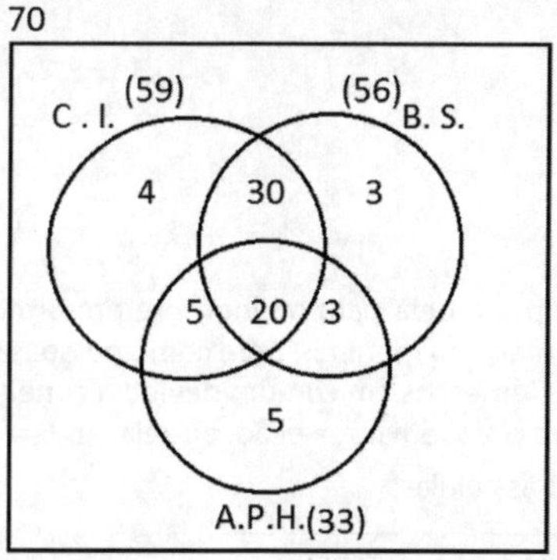

A questão solicita o número de soldados que optaram por cursar somente uma das três áreas de atuação, ou seja, a soma das exclusividades dos conjuntos, região destacada na figura abaixo:

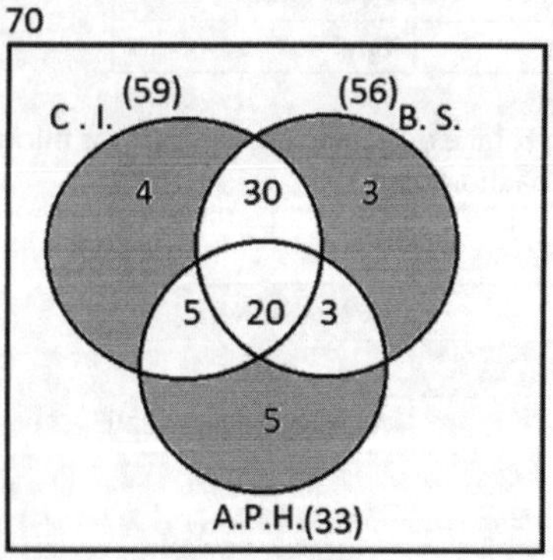

Somente um dos cursos: 4 + 3 + 5 = 12

Resposta: E.

---

47. (IAUPE-UPENET /Soldado– PM –PE /2018). Dos 500 aprovados em um concurso, 205 falam inglês, 210, espanhol, e 65, ambos os idiomas. Escolhendo ao acaso um dos aprovados, qual a probabilidade de ele não falar nenhum desses idiomas?

a) 40%
b) 25%
c) 30%

d) 45%

e) 35%

COMENTÁRIO:

✪ **Nota do autor:** Como já dito, a Teoria de conjuntos tem sido um assunto muito cobrado nos processos seletivos, além de ser um dos principais fundamentos da matemática e do desenvolvimento do raciocínio, logo iremos resolver uma questão de probabilidade aplicando tais conhecimentos, vejamos:

Vamos construir os diagramas para melhor interpretar a questão:

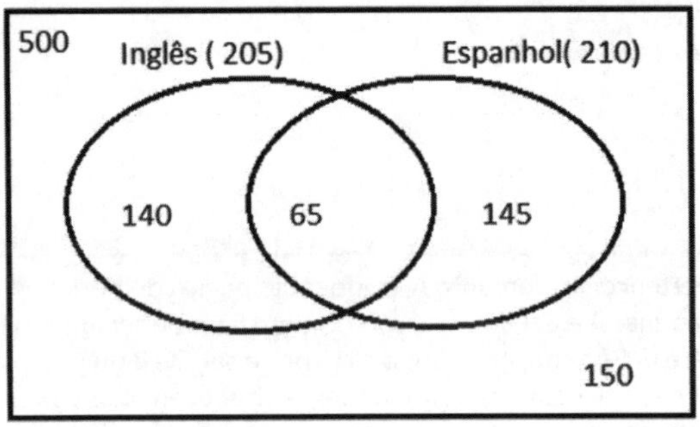

Falam ambos idiomas = 65

Falam apenas Inglês = 205 - 65 = 140

Falam apenas Espanhol = 210 - 65 = 145

Não falam nenhum dos dois: 500 - 145 - 140 - 65 = 150

Essa questão é de probabilidade, porém a sua resolução fica mais fácil quando aplicamos conhecimentos de teoria de conjuntos.

Agora é só aplicar a definição de probabilidade:

$$P(n) = \frac{casos\ favorávieis\,(serve)}{casos\ possíveis\ (tudo)} = \frac{150}{500} = 0{,}3 \times 100 = 30\%$$

Resposta: C.

---

48. (VUNESP/ Investigador de Polícia Civil / 2018). Uma enquete foi realizada com 427 pessoas, que haviam lido pelo menos um dentre os livros J, K e L. Dentre as pessoas que leram apenas um desses livros, sabe-se que 116 leram o livro K ou o livro L e que 55 pessoas leram o livro J. Dentre as pessoas que leram dois desses livros e apenas dois, sabe-se que 124 leram os livros J e L ou os livros J e K e que 65 pessoas leram os livros K e L.

A diferença entre o número de pessoas que leram o livro J e o número de pessoas que não leram esse livro é

a) 71.

b) 65.

c) 68.

d) 82.

e) 77.

COMENTÁRIO:

✪ **Nota do autor:** Observe como os diagramas de Euler oferecem uma interpretação concreta da situação, mesmo não possuindo todos os valores.

Faremos de maneira bem prática esta questão, apenas com os diagramas, vejamos:

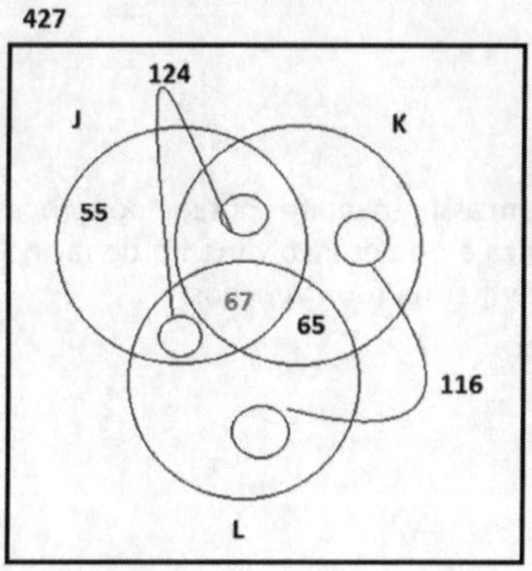

124 + 55 + 65 + 116 = 360

Encontrando a interseção :

427 - 360 = 67

Conjunto J = 124 + 55 + 67 = 246

Não conjunto J = 65 +116 = 181

Resultado = 246 - 181 = 65

Resposta: B.

---

49. (VUNESP/Escrivão de Polícia Civil / 2018) Pertencer ao conjunto A, pode ser apenas A ou pode ser apenas A e B ou pode ser A e B e C, mas não pode ser apenas A e C. Pertencer ao conjunto B, pode ser apenas B ou pode ser B e A ou pode ser B e C ou pode ser B e A e C. Pertencer ao conjunto C, pode ser C e B ou pode ser C e B e A, mas não pode ser C e A e não pode ser apenas C. Quanto às quantidades, e obedecendo às condições apresentadas, pertencer a apenas um conjunto, 5 elementos em cada caso; pertencer a apenas dois conjuntos, 10 elementos em cada caso; pertencer aos três conjuntos, 15 elementos. O número de elementos que pertencem aos conjuntos B ou C supera o número de elementos que pertencem ao conjunto A em um número igual a

a) 20.
b) 15.
c) 10.
d) 25.
e) 5.

COMENTÁRIO:

✪ **Nota do autor:** Observe que a questão introduz algumas condições, pertinência dos elementos aos seus respectivos conjuntos, sendo assim, para melhor compreensão, definiremos os elementos para os conjuntos A, B e C.

Vamos construir os conjuntos com seus elementos, conforme condições de pertinência citadas no comando:

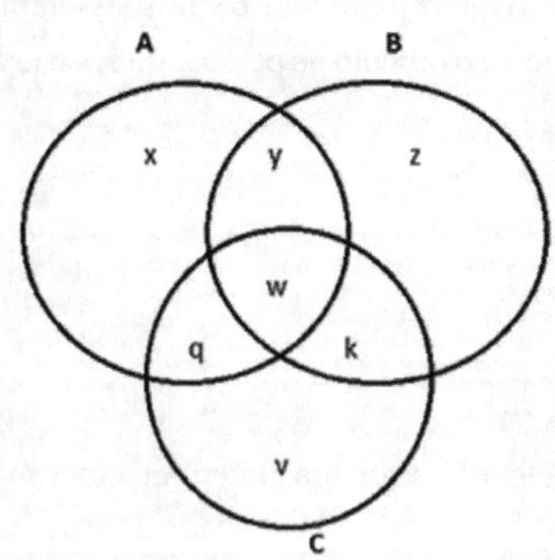

A = { x, y, w}

B= { z, y, w, k}

C= {k}

Sendo : x = 5; y = 10; z = 5; w = 15; k= 10.

B ou C = 40 **(Não somar letras iguais duas vezes)**
A = 30 **(Não somar letras iguais duas vezes)**

A - B = 40 -30 = 10

Observar que B ∪ C é igual a soma das letras {z+ y+ w+ k} , ou seja, 40. O conjunto A é igual a soma das letras { x +y + w}, ou seja, 30.

O número de elementos que pertencem aos conjuntos B ou C supera o número de elementos que pertencem ao conjunto A em um número igual a 10.

Resposta: C.

50. (CESPE/ EBSERH / Ano: 2018) Uma pesquisa revelou características da população de uma pequena comunidade composta apenas por casais e seus filhos. Todos os casais dessa comunidade são elementos do conjunto A∪B∪C, em que

A = {casais com pelo menos um filho com mais de 20 anos de idade};

B = {casais com pelo menos um filho com menos de 10 anos de idade};

C = {casais com pelo menos 4 filhos}.

Considerando que n (P) indique a quantidade de elementos de um conjunto P, suponha que n(A) = 18; n(B) = 20; n(C) = 25; n(A∩B) = 13; n(A∩C) = 11; n(B∩C) = 12 e n(A∩B∩C) = 8. O diagrama a seguir mostra essas quantidades de elementos.

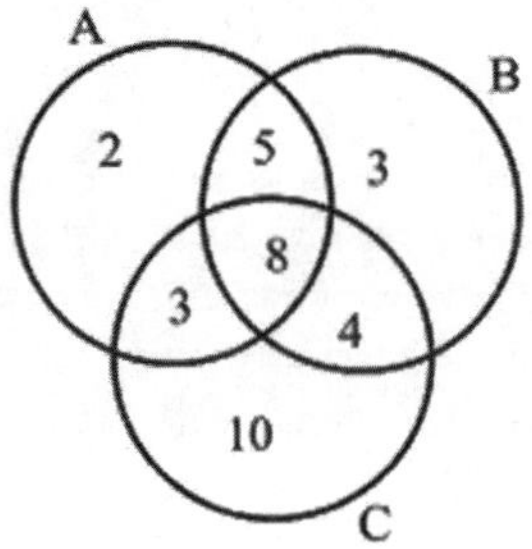

Com base nas informações e no diagrama precedentes, julgue o item a seguir.

A referida comunidade é formada por menos de 180 pessoas.

COMENTÁRIO:

Para que possamos encontrar a quantidade de pessoas temos que calcular os números de casais A, B e C e seus respectivos filhos:

Pelo diagrama temos:

Vamos iniciar pelo diagrama com a possibilidade da maior quantidade de filhos:

Conjunto C:

25(casais) x 2 = **50 (pais e mães)**

10 x 4 + 4 x 4 + 8 x 4 + 3 x 4 = **100 (filhos)**

Exclusivo do A:

2 x 1 = **2 (filhos)**

Exclusivo do B:

3 x 1 = **3 (filhos)**

Intersecção exclusiva do A e B:

5 x 2 = 10 (5 com + 20 anos e 5 com – 20 anos) = **10 (filhos)**

Casais restantes:

2+ 5 + 3 = 10 casais – **20 (pais e mães)**

Soma total: **185 pessoas**

Resposta: Errado.

---

51. (CESPE/ EBSERH / 2018) Uma pesquisa revelou características da população de uma pequena comunidade composta apenas por casais e seus filhos. Todos os casais dessa comunidade são elementos do conjunto A∪B∪C, em que

A = {casais com pelo menos um filho com mais de 20 anos de idade};

B = {casais com pelo menos um filho com menos de 10 anos de idade};

C = {casais com pelo menos 4 filhos}.

Considerando que n (P) indique a quantidade de elementos de um conjunto P, suponha que n(A) = 18; n(B) = 20; n(C) = 25; n(A∩B) = 13; n(A∩C) = 11; n(B∩C) = 12 e n(A∩B∩C) = 8. O diagrama a seguir mostra essas quantidades de elementos.

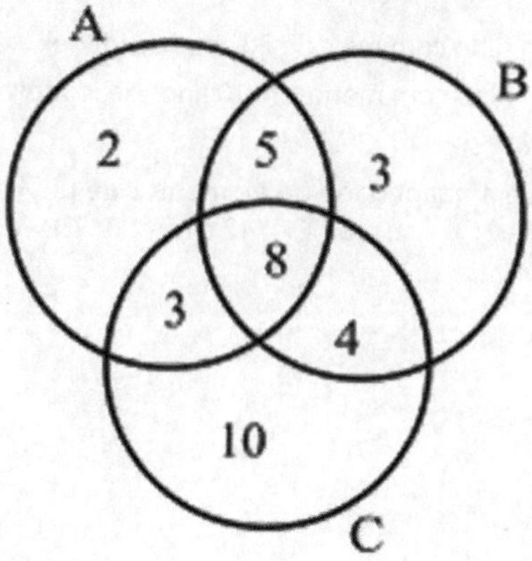

Com base nas informações e no diagrama precedentes, julgue o item a seguir.

Pelo menos 30 casais dessa comunidade têm 2 ou mais filhos

COMENTÁRIO:

No conjunto C temos 25 casais que tem pelo menos 4 filhos, logo têm 2 ou mais. Na exclusividade da interseção do A e B temos 5 casais que tem filhos com mais de 20 anos e menos de 10 anos, ou seja, pelo menos 02 filhos. Total de casais igual a 30.

Resposta: Certo.

---

52. (FUNDEP/ CODEMIG/ 2018). Observe a tabela que mostra o resultado de uma pesquisa de mercado feita por um sacolão para identificar a preferência de seus fregueses na compra de legumes, verduras e frutas.

80 pessoas gostam de legumes
78 pessoas gostam de verduras
85 pessoas gostam de frutas
42 pessoas gostam de legumes e verduras
36 pessoas gostam de verduras e frutas
39 pessoas gostam de legumes e frutas
25 pessoas gostam de verduras, legumes e frutas

O número de entrevistados foi:

a) 128.
b) 151.
c) 284.
d) 385.

COMENTÁRIOS

✪ **Nota do autor:** Teoria de conjuntos tem sido um assunto muito cobrado nos processos seletivos, além de ser um dos principais fundamentos da matemática e do desenvolvimento do raciocínio, logo sugiro ao leitor uma atenção especial a este capítulo.

Nessa questão temos três conjuntos e elementos que podem pertencer a mais de um deles simultaneamente, logo temos que construir diagramas para melhor interpretação. Vejamos a figura abaixo:

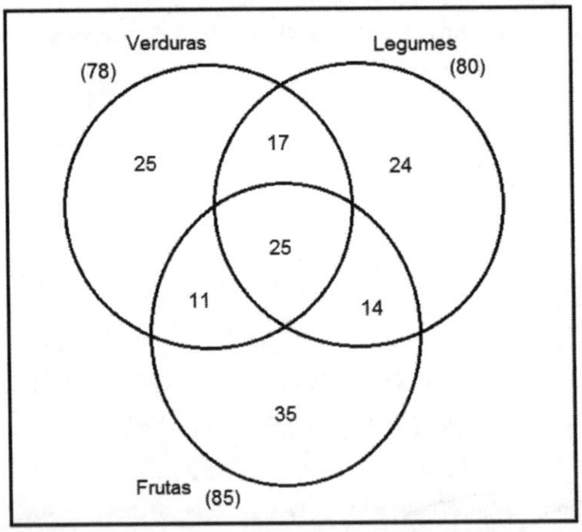

Passos a serem realizados para preencher o diagrama acima:

1º - Começa com verduras, legumes e frutas = 25

2º - Legumes e frutas = 39 - 25 = 14

3º - Verduras e frutas = 36 - 25 = 11

4º - Legumes e verduras = 42 - 25 = 17

5º - Somente frutas = 85 - 25 - 14 - 11 = 35

6º - Somente verduras = 78 - 25 - 17 - 11 = 25

7º - Somente legumes = 80 - 25 - 17 - 14 = 24

Para encontrarmos o total de entrevistados temos que somar os valores que se encontram dentro dos diagramas. Realidade = 25 + 14 + 11 + 17 + 35 + 25 + 24 = 151

Resposta: B.

---

53. (IBFC/ Soldado – PM SE/ 2018) Considere os conjuntos finitos A = {0,1,3,5,6}, B = {-1,0,2,4,5,6,7} e C = {1,2,3,4,7,8} e as afirmações:

I. O total de elementos do conjunto que representa a união entre os conjuntos A e B é igual a 8.

II. O total de elementos do conjunto que representa a intersecção entre os conjuntos A e C é igual a 3.

III. O total de elementos do conjunto que representa a diferença entre os conjuntos A e B, nessa ordem, é igual a 2.

IV. O total de elementos do conjunto que representa a diferença entre os conjuntos B e C, nessa ordem, é igual a 4.

Assinale a alternativa que apresenta o total exato de afirmações corretas:

a) 1

b) 2

c) 3

d) 4

COMENTÁRIO

✪ **Nota do autor:** Uma questão mais simples, porém importante para o nosso processo de aprendizagem.

Na primeira afirmação temos que a União será: A U B = { -1, 0 ,1,2,3,4,5,6,7}, logo temos 9 elementos. Errado.

Na segunda afirmação temos que a interseção é dada por: {1, 3}, logo 2 elementos. Errado.

Na terceira afirmação temos que a diferença é dada por: {1,3}, logo 2 elementos. Correto.

Na quarta afirmação temos que a diferença é dada por: { -1, 0, 5,6}, logo 4 elementos. Correto.

Apenas as afirmativas III e IV estão corretas.

Resposta: B.

54. (AOCP /Soldado Combatente BM /2018). Dados os conjuntos A = {1, 2, 3, 4} e B = {3, 4, 5}, então o número de elementos de A ∪ B é igual a

a) 3.
b) 4.
c) 5.
d) 6.
e) 7

COMENTÁRIO

✪ **Nota do autor:** Uma questão mais simples, porém importante para o nosso processo de aprendizagem. Construindo os diagramas com interseção, uma vez que temos elementos em comum, vejamos:

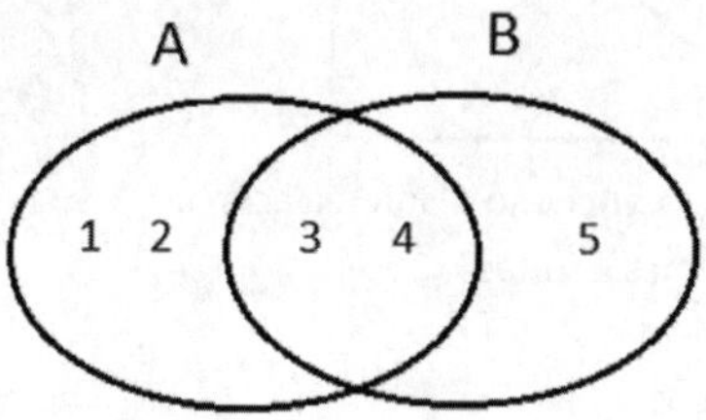

Temos uma união, um total de 5 elementos.

Resposta: C.

55. (FCC/ TCE-SP/ 2017). Considerando os conjuntos A, B e C e suas intersecções, não existem elementos na intersecção dos 3 conjuntos. O número de elementos dos conjuntos A, B e C são respectivamente 35, 32 e 33. O total de elementos que pertencem a apenas um desses conjuntos é igual a 46. O número total de elementos desses 3 conjuntos é

a) 87.
b) 54.
c) 73.
d) 64.
e) 59.

COMENTÁRIO

✪ **Nota do autor:** Nessa questão temos três conjuntos e elementos que podem pertencer a mais de um deles simultaneamente, logo o comando deixa claro que não temos elementos que pertencem aos 03 simultaneamente, para melhor interpretação vamos construir os diagramas abaixo. Vejamos a figura abaixo:

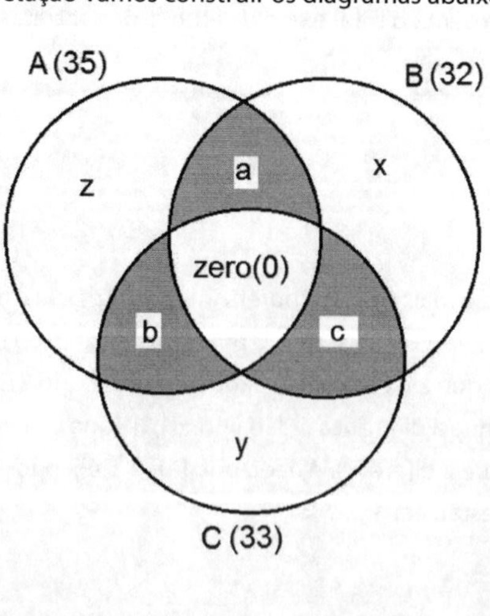

Sabendo que os conjuntos A, B e C e suas intersecções, não existem elementos na intersecção dos 3 conjuntos, o diagrama acima ilustra bem a situação real.

Ao somarmos os elementos dos conjuntos A, B e C que são respectivamente 35, 32 e 33, temos:

$35+32+33 = 100$

A questão afirma que $46(x + y + z)$ são os elementos que estão em apenas A, B e C, ou seja, vamos subtrair 46 de 100.

$100-46 = 54$.

Esses 54 elementos pertencem estão nas interseções (regiões hachuradas).

Vamos analisar cada um dos conjuntos separados:

$A= z + a +b + 0$

$B= a + c + x + 0$

$\underline{C= b+ c + y + 0}$

(Somando as equações)

$35+ 32+33 = z + x + y + 2a + 2b + 2c$

Substituindo $(x+ y + z)$ por 46

$100 = 46 - 2a+ 2b + 2c$

$100 - 46 = 2(a + b + c)$

$54 = 2(a + b + c)$

$a + b + c = 54/2$

$a + b + c = 27$

Total de elementos: $(a + b + c) + (x + y + z) = 27 + 46 = 73$.

Resposta: C.

---

56. (CESPE/ TRF – 1ª REGIÃO/2017). Em uma reunião de colegiado, após a aprovação de uma matéria polêmica pelo placar de 6 votos a favor e 5 contra, um dos 11 presentes fez a seguinte afirmação: "Basta um de nós mudar de ideia e a decisão será totalmente modificada. "

Considerando a situação apresentada e a proposição correspondente à afirmação feita, julgue o próximo item.

Se A for o conjunto dos presentes que votaram a favor e B for o conjunto dos presentes que votaram contra, então o conjunto diferença A\B terá exatamente um elemento.

COMENTÁRIO

✪ **Nota do autor:** Essa questão é interessante, pois iremos interpretar uma operação muito importante, que é a operação diferença, em que muitos alunos realizam de forma equivocada uma operação de subtração entre os elementos dos conjuntos, o que não é o raciocínio correto, vejamos:

A diferença entre conjuntos A e B, é dado por tudo que pertence ao conjunto A e não pertence a B.

Exemplo: $A = \{1,2,3,4, 6\}$ e $B = \{2,4,5\}$

$A - B = \{1, 3, 6\}$ tudo que tem em A e não tem em B

No exemplo temos interseção, portanto temos que retirá-la. A questão da prova afirma que são 02 conjuntos:

FAVOR {6 pessoas}

CONTRA {5 pessoas}

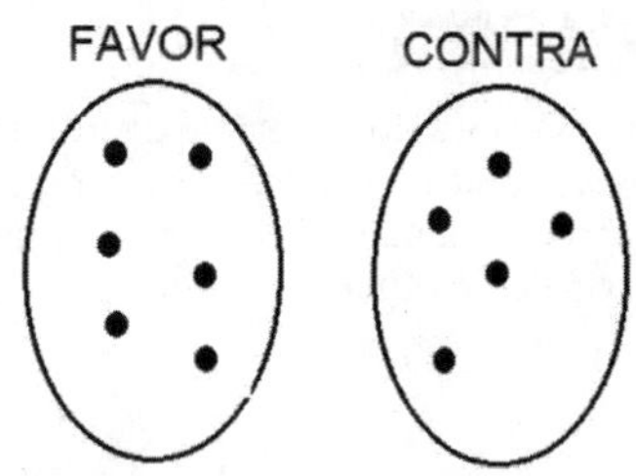

Sendo assim o conjunto diferença A\B terá exatamente um elemento 6 elementos que pertencem ao conjunto FAVOR e que não pertencem ao conjunto CONTRA.

Resposta: Errado.

57. (FGV/SEPOG – RO /2017) Cada um dos 40 funcionários de uma empresa tem pelo menos uma das habilidades A, B ou C. Nenhum deles tem as três habilidades. 21 deles não têm a habilidade A, 20 deles não têm a habilidade B e 24 deles não têm a habilidade C.

O número de funcionários dessa empresa que têm duas das habilidades A, B ou C é

a) 11.

b) 13.

c) 15.

d) 17.

e) 19.

COMENTÁRIO

Vamos construir os diagramas para melhor entendimento:

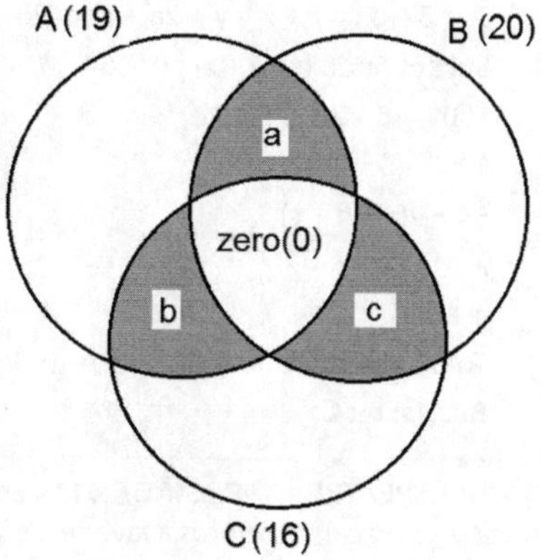

Sabendo que o total de pessoas é 40, podemos inferir as seguintes operações:

Se 21 pessoas não têm a habilidade "A" então 19 têm essa habilidade (a diferença entre 40 e 21): 40-21=19

Se 20 pessoas não têm a habilidade "B" então 20 possui essa habilidade (a diferença entre 40 e 20): 40-20=20

Se 24 pessoas não têm a habilidade "C" então 16 possuem essa habilidade (diferença entre 40 e 24) : 40-24=16

Agora somando os três conjuntos (A)19+ (B)20+ (C)16=55 .

Podemos interpretar que passaram 15 funcionários a mais do que a realidade que são 40, ou seja, aquilo que passa da realidade se encontra nas intersecções.

55 – 40 = 15 pessoas, significa que essas quinze pessoas que ultrapassaram são da interseção entre A, B e C.

a+ b + c= 15

Resposta: C.

58. (IBFC / TJ-PE/2017). Analisados 2300 processos em andamento verificou-se que 980 eram sobre pensão alimentícia, 860 eram sobre direitos trabalhistas e que 530 processos sobre nenhum dos dois. Nessas condições, e sabendo que pode haver, num mesmo processo, os dois assuntos, o total de processos que eram sobre somente um dos dois assuntos é igual a:

a) 1770

b) 1840

c) 1470

d) 460

e) 1700

COMENTÁRIO

✪ **Nota do autor:** Nessa questão temos uma interpretação que é importante para melhor intepretação nas operações com conjuntos, pois o número de elementos que se encontram na interseção (x) é calculado a partir do número de elementos que passam da realidade (conjunto universo). Esse raciocínio tem sido muito exigido nos últimos concursos.

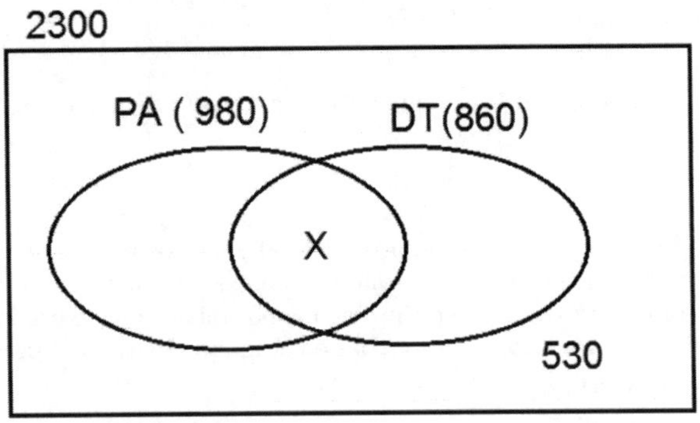

Fiz de outra forma;

Somamos 980+860+530 = 2370

Sabemos que a realidade é igual a 2300

Ao subtrairmos 2730 – 2300 = 70 (passa da realidade).

Esse 70 é o número de processos com os dois assuntos, ou seja, a interseção entre os conjuntos, assim podemos preencher o restante do diagrama com facilidade:

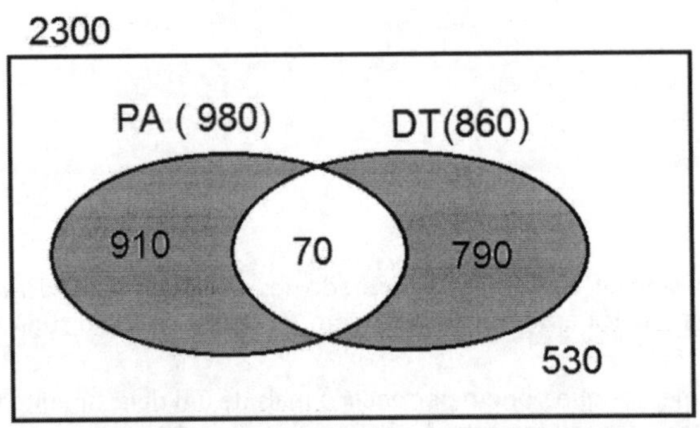

O total de processos que eram sobre somente um dos dois assuntos é igual a 910 + 790 = 1700

Resposta: E.

---

59. (IBFC/ TJ-PE/2017). Considere os conjuntos A = {0,2,3,5,6}; B = {2,3,5,6,9} e C = {0,2,4,6}. Sabe-se que a soma de todos os elementos do conjunto [A ∩ (C – B)] representa o total de processos que necessitam de um parecer técnico. Nessas condições, o total de processos sem parecer técnico é:

a) 0

b) 8

c) 7

d) 11

e) 2

COMENTÁRIO

Nessa questão temos três conjuntos e duas operações: interseção e diferença. Existem elementos que pertencem a mais de um dos conjuntos simultaneamente, logo temos que separar as operações para que possamos interpretar corretamente a questão.

O conjunto C – B é formado por todos os elementos que pertencem a C e não pertencem a B.

É a diferença: C – B = {0, 4} que é formado pelos elementos que pertencem a C e não pertencem a B.

A seguir, determinamos a interseção desse conjunto com A:

A = {0, 2, 3, 5, 6}

C – B = {0, 4}

A próxima operação será a interseção entre os conjuntos A e (C – B).

$A \cap (C - B)$

Repare que o único elemento comum é 0. Logo $A \cap (C - B) = \{0\}$, ou seja, o número de processos sem parecer técnico é igual a zero.

Resposta: A.

---

60. (FUNRIO / IF-BA/ 2016). Foram realizados testes com uma amostra de 380 produtos produzidos por diversos fabricantes distintos. Os testes mostraram que os produtos avaliados apresentavam vários problemas, sendo os principais a "inconformidade com relação ao peso", os "problemas na embalagem do produto" e "informações insuficientes sobre a composição do produto". Os resultados da pesquisa são os seguintes:

I. 50 apresentaram inconformidade com relação ao peso;

II. 120 apresentaram problemas na embalagem do produto;

III. 280 apresentaram informações insuficientes sobre a composição do produto;

IV. 10 apresentaram inconformidade com relação ao peso e problemas na embalagem do produto;

V. 40 apresentaram problemas na embalagem e informações insuficientes sobre a composição do produto.

Logo, a quantidade máxima de produtos que apresentou problemas de inconformidade com relação ao peso e informações insuficientes sobre a composição do produto foi

a) 20.

b) 15.

c) 10.

d) 25.

e) 30.

COMENTÁRIO

✪ **Nota do autor:** Teoria de conjuntos tem sido um assunto muito cobrado nos processos seletivos, além de ser um dos principais fundamentos da matemática e do desenvolvimento do raciocínio, logo sugiro ao leitor uma atenção especial a este capítulo.

Nessa questão temos três conjuntos e elementos que podem pertencer a mais de um deles simultaneamente, logo temos que construir diagramas para melhor interpretação. Vejamos a figura abaixo:

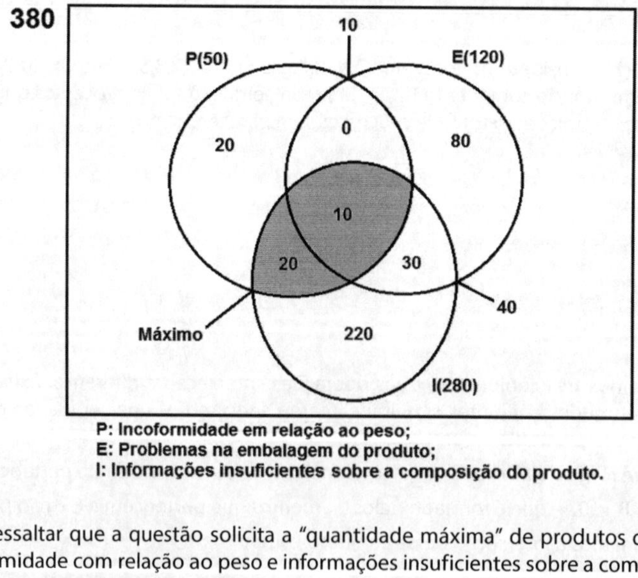

P: Incoformidade em relação ao peso;
E: Problemas na embalagem do produto;
I: Informações insuficientes sobre a composição do produto.

É importante ressaltar que a questão solicita a "quantidade máxima" de produtos que apresentou problemas de inconformidade com relação ao peso e informações insuficientes sobre a composição do produto, indicada no diagrama pela parte sombreada.

Para preenchimento dos diagramas procurei colocar a quantidade máxima de elementos na região indicada (sombreada) no gráfico, respeitando os limites (número de elementos) indicados pelas letras P, E e I, dessa forma a quantidade máxima de elementos será igual a 30 amostras.

Resposta: E.

---

61. (FUNRIO/ IF-PA/2016). Realizou-se uma pesquisa com 200 hipertensos para identificar a ocorrência dos seguintes fatores de risco dessa doença: sedentarismo, obesidade e histórico familiar. Desses hipertensos, cinqüenta são obesos, setenta são sedentários, oitenta possuem histórico de doença na família e cinqüenta não apresentam nenhum desses três fatores de risco. Assim sendo, a maior quantidade de hipertensos desse grupo que possui exatamente dois desses fatores de risco é

a) 20.

b) 25.

c) 30.

d) 40.

e) 50.

COMENTÁRIO

✪ **Nota do autor:** Temos observado que as bancas examinadoras estão exigindo dos candidatos uma interpretação mais profunda no que diz respeito a teoria de conjuntos, por meio de inferências e deduções. Logo sugiro mais uma vez ao leitor uma atenção especial a este capítulo.

Nessa questão temos novamente três conjuntos: sedentarismo, obesidade e histórico familiar e elementos que podem pertencer a mais de um deles simultaneamente, logo temos que construir diagramas para uma interpretação concreta da situação apresentada. Vejamos a figura abaixo:

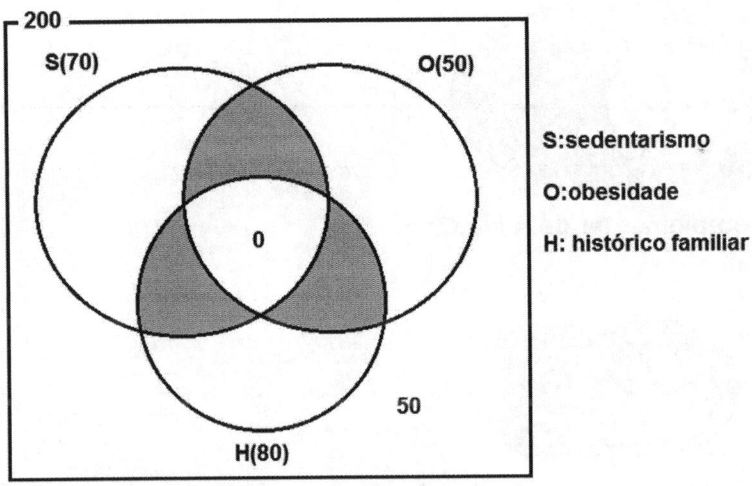

1. S(70) + O(50) + H(80) + NENHUM(50) = 250
2. REALIDADE = 200
3. O que passa da realidade se encontra na intersecção.

Mais uma vez é importante observar que a questão solicita a "maior quantidade" de hipertensos desse grupo que possui exatamente dois desses fatores de risco, indicada no diagrama pela parte sombreada.

Para preenchimento dos diagramas com a quantidade máxima de elementos na região indicada (sombreada) na ilustração acima, a interseção dos três conjuntos ficou com 0(zero) elementos.

Uma boa interpretação de interseção entre conjuntos é a seguinte: os elementos que são contados além da realidade (universo) se encontram na interseção. Com esse pensamento podemos resolver de maneira prática a referida questão.

Passos:

01. Somar os elementos dos 03(três) conjuntos, bem como aqueles que não pertencem a nenhum dos conjuntos citados: S (70) + O (50) + H (80) + NENHUM (50) = 250
02. Subtrair da realidade (200) a soma acima: 250- 200= 50
03. A diferença indica a quantidade de elementos que foram contados a mais, isto é, os elementos que estão nas interseções. Como a questão pergunta a maior quantidade de hipertensos desse grupo que possui exatamente dois desses fatores de risco, a resposta será igual a 50.

Resposta: E.

---

62. (CESPE / UnB – INSS/ 2016). Julgue os itens a seguir, relativos a raciocínio lógico e operações com conjuntos.

Se A, B e C forem conjuntos quaisquer tais que A, B $\subset$ C, então (C \ A) $\cap$ (A $\cup$ B) = C $\cap$ B.

COMENTÁRIOS

A questão apresenta uma sentença condicional em que o antecedente afirma que os conjuntos A e B estão contidos em C e o consequente indica a igualdade: " (C \ A) $\cap$ (A $\cup$ B) = C $\cap$ B". Nesse caso temos uma assertiva, logo para que seja verdadeira, a sentença " (C \ A) $\cap$ (A $\cup$ B) = C $\cap$ B" dever ser consequência obrigatória do antecedente, para todas as maneiras como os conjuntos se relacionam entre si.

Partindo do pressuposto acima, podemos representar uma maneira como os conjuntos se relacionam e verificar que a sentença condicional proposta pelo Cespe não é verdadeira.

Vejamos as figuras abaixo:

Figura nº.01.

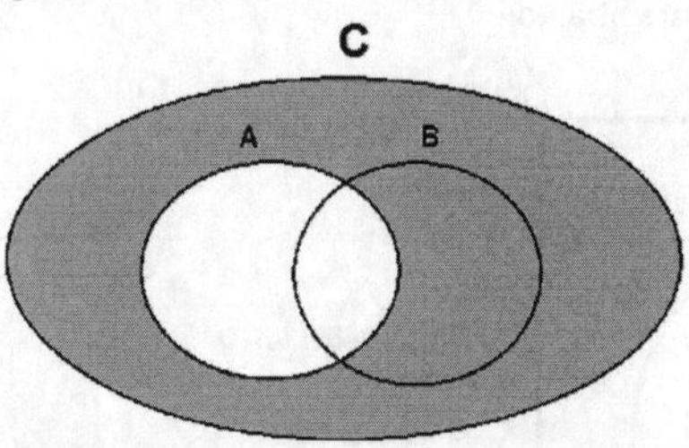

C\A : Complementar de A em C

Figura nº.02.

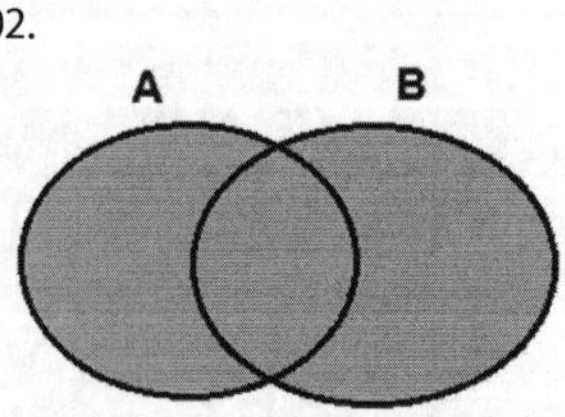

A U B : União dos conjuntos A e B

Figura nº.03.

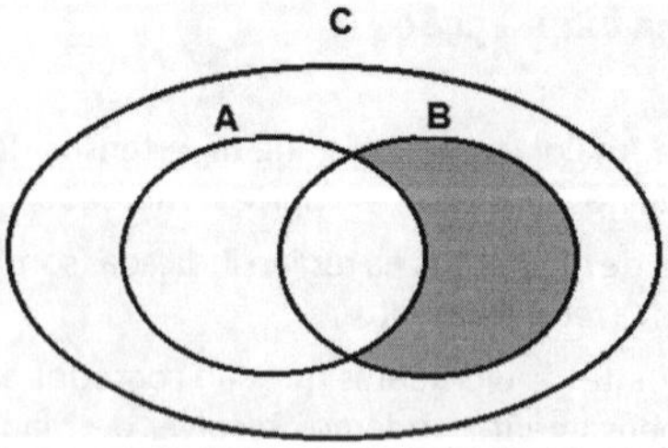

(C\A) ∩(A U B)

Figura nº.04.

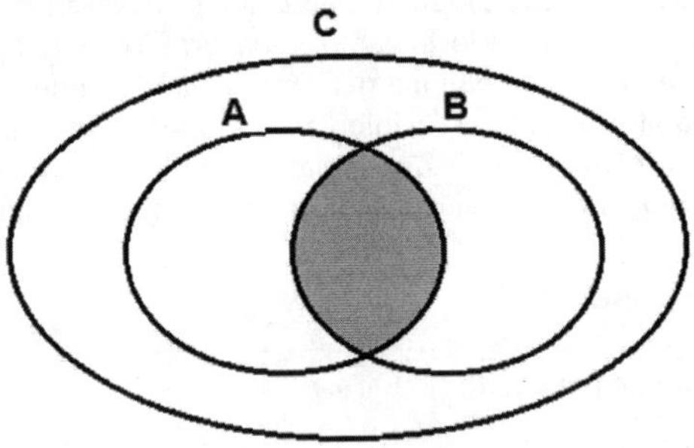

C ∩ B

Segundo os diagramas acima podemos inferir que as regiões das figuras 3 "(C \ A) ∩ (A ∪ B)" e 4 "C ∩ B" não possuem as mesmas áreas hachuradas. " (C \ A) ∩ (A ∪ B) = C ∩ B".

Resposta: Errado.

---

63. (FGV/SSP-AM/ASSISTENTE OPERACIONAL/2015). Em uma empresa trabalham homens e mulheres sendo, ao todo, 80 pessoas. Dentre elas, sabe-se que:

- 20 falam inglês;
- 45 são homens;
- 26 mulheres não falam inglês.

O número de homens que trabalham nessa empresa e não falam inglês é:

a) 32;
b) 34;
c) 35;
d) 37;
e) 39.

COMENTÁRIO

✪ **Nota do autor:** Um dos principais fundamentos da Matemática e da Lógica é a Teoria de Conjuntos, logo tal assunto torna-se presente em quase todos os concursos. Nesta questão, iremos construir uma tabela para melhor interpretarmos a situação dada, uma vez que temos conjuntos disjuntos, ou seja, homens ou mulheres, bem como pessoas que falam inglês ou não falam inglês. Os conjuntos são ditos disjuntos quando não possuem interseção, ou seja, A∩B = ø.

Segundo as informações dadas pela questão, iremos preencher as células:

	HOMENS	MULHERES	
Falam Inglês			**20**
Não Falam Inglês	**?**	**26**	
	45		**Total=80**

Segundo as informações podemos inferir os dados abaixo que estão nas células hachuradas:

	HOMENS	MULHERES	
Falam Inglês	**11**	**9**	**20**
Não Falam Inglês	**?=34**	**26**	**60**
	45	**35**	**Total=80**

Desta forma podemos inferir que a quantidade de homens que não falam inglês é igual a 34.

Resposta: B.

64. (FUNIVERSA/SESIPE/AGENTE PENITENCIÁRIO/2015) Dos 200 candidatos aprovados no concurso para o cargo de agente de atividades penitenciárias, 160 foram selecionados na ampla concorrência e 40 foram selecionados entre os candidatos que se declararam portadores de alguma deficiência. Sabe-se que, entre esses 200 aprovados, 80 são formados em direito, 90 são formados em sociologia, 55 são formados em história, 32 são formados em direito e sociologia, 23 são formados em história e direito, 16 são formados em sociologia e história e 8 são formados em direito, sociologia e história. Os demais não possuem nenhuma dessas formações.

Considerando essa situação hipotética, julgue os próximos itens.

64.01. I. Mais de 40 dessas pessoas são formadas unicamente em direito.

COMENTÁRIO

✪ **Nota do autor:** Temos uma questão de conjuntos devido à presença de elementos que pertencem a mais de um conjunto, neste caso, candidatos que são formados em direito, sociologia e história.

Dos 200 candidatos sabe-se que 160 foram selecionados na ampla concorrência e 40 foram selecionados entre os candidatos que se declararam portadores de alguma deficiência.

Construindo os diagramas e considerando D: formados em direito; S: formados em sociologia e H: formados em história.

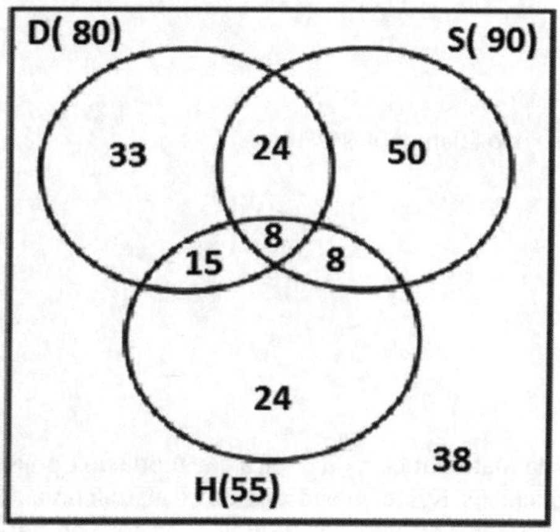

I.

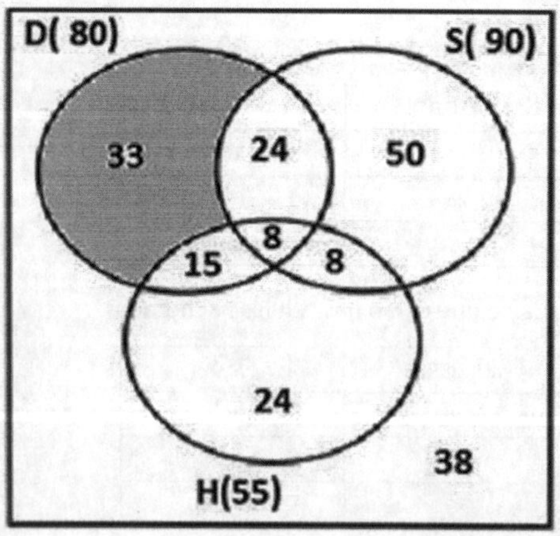

Um dos principais fundamentos da Matemática e da Lógica é a Teoria de Conjuntos, logo tal assunto torna-se presente em quase todos os concursos. Nesta questão vamos representar os conjuntos por diagramas de

Euler Venn para melhor interpretarmos a situação dada, pois temos elementos que pertencem a mais de um conjunto simultaneamente, ou seja, alunos formados em duas ou mais disciplinas. Neste item é importante observar a exclusividade do conjunto Direito, uma vez que cita o termo "unicamente".

Resposta: Errado.

64.02. II. É possível que todos os 40 selecionados entre os candidatos que se declararam portadores de alguma deficiência não sejam formados em direito, em sociologia nem em história.

COMENTÁRIO

✪ **Nota do autor: (Vide Nota do autor do item I)**

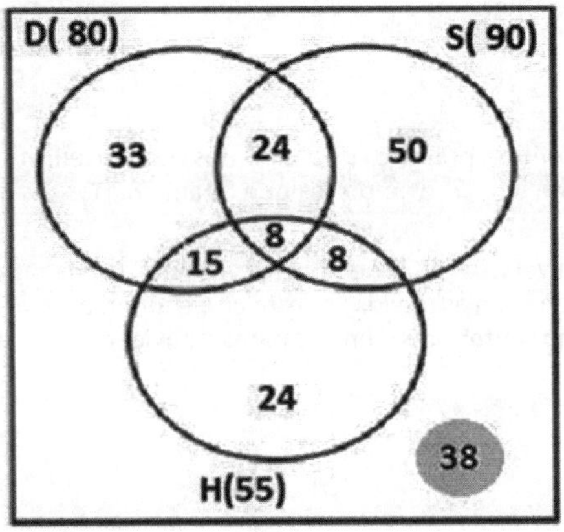

Temos apenas 38 selecionados entre os candidatos que se declararam portadores de alguma deficiência não sejam formados em direito, em sociologia nem em história.

Um dos principais fundamentos da Matemática e da Lógica é a Teoria de Conjuntos, logo tal assunto torna-se presente em quase todos os concursos. Nesta questão iremos novamente construir diagramas de Euler Venn para interpretarmos a situação de maneira concreta, sendo importante perceber que temos elementos que não pertencem a nenhum dos conjuntos citados no texto. Conforme o diagrama são os 38 elementos ilustrados na figura acima.

Resposta: Errado.

64.03. III. É possível que a única formação de todos os 40 selecionados entre os candidatos que se declararam portadores de alguma deficiência seja sociologia.

COMENTÁRIO

✪ **Nota do autor: (Vide Nota do autor do item I).**

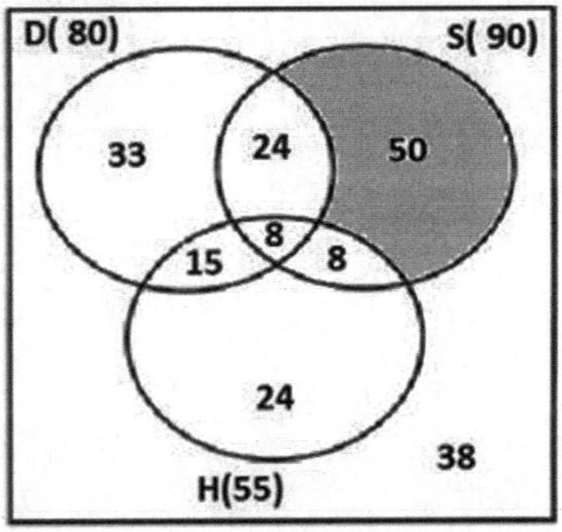

Um dos principais fundamentos da Matemática e da Lógica é a Teoria de Conjuntos. Nesta questão de conjuntos temos as mesmas observações citadas nas notas anteriores, sendo importante ressaltar que a questão se refere aos elementos que pertencem a área sombreada, ou seja, exclusividade do conjunto Sociologia.

Resposta: Correto.

---

65. (CESPE/MDIC/2014) Em um grupo de 2.000 empresas, 1/9 das que encerraram as atividades este ano foram abertas em anos anteriores, 1/10 das que foram abertas em anos anteriores encerraram as atividades este ano e 200 empresas não encerraram as atividades este ano e não foram abertas em anos anteriores. Julgue os itens.

65.01. I. O número de empresas que foram abertas em anos anteriores é superior ao número de empresas que encerraram as atividades este ano.

COMENTÁRIOS

✪ **Nota do autor:** Temos uma questão de conjuntos devido à presença de elementos que pertencem aos dois conjuntos: empresas que encerraram as atividades este ano (E) e empresas que foram abertas em anos anteriores (A).

A questão é de alta complexidade, pois temos um universo de 2000 empresas em que 200 não fazem parte dos conjuntos citados. Sabe-se que 1/9 das que encerraram as atividades este ano e foram abertas em anos anteriores é igual a 1/10 das que foram abertas em anos anteriores e encerraram as atividades este ano. Desta forma podemos escrever a seguinte equação:

$\frac{1}{9}E = X$

$\frac{1}{10}$ A = X, em que X são as empresas em comum.

Logo, podemos inferir que

$\frac{1}{9}$ E = X, isto significa que E = 9X

$\frac{1}{10}$ A = X, isto significa que a = 10X

Construindo o diagrama teremos:

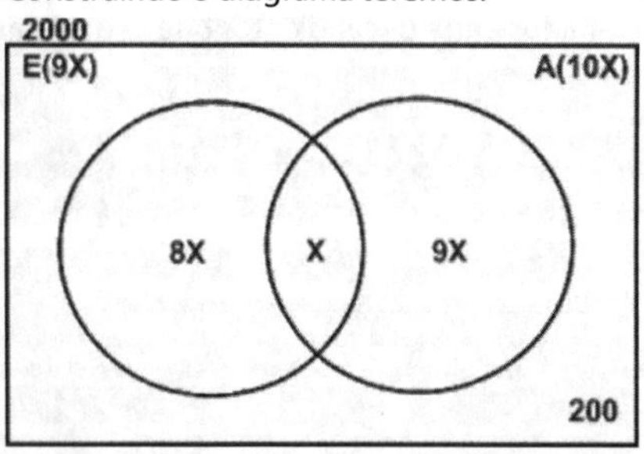

E= empresas que encerraram as suas atividades este ano;

A= empresas que foram abertas em anos anteriores.

8X + X + 9X + 200 = 2000

18X = 2000 – 200

18X = 1800

X = 100

X é a quantidade de empresas em comum em A e B

Substituindo os valores no diagrama teremos:

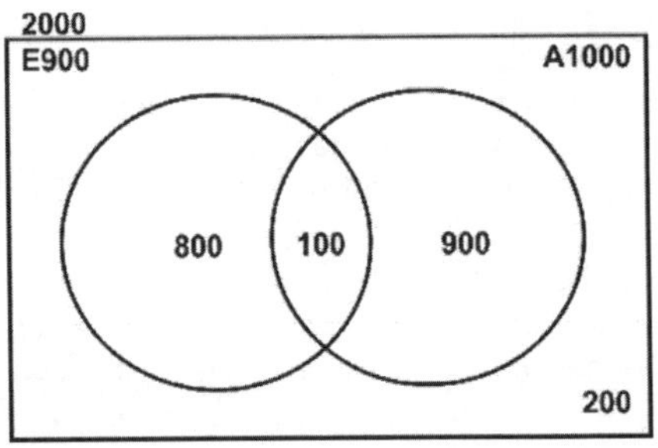

Julgando o item:

65.02. I. Essa questão apresenta maior complexidade, sendo importante observar sua resolução, pois exige do candidato uma interpretação algébrica.

O número de empresas que foram abertas em anos anteriores é superior ao número de empresas que encerraram as atividades este ano.

A > E, ou seja, 1000> 900.

Resposta: Correto.

65.03. II. O número de empresas que encerraram as atividades este ano e que foram abertas em anos anteriores é superior a 110.

COMENTÁRIO

✪ Nota do autor: (Vide Nota do autor do item I).

Julgando o item:

65.04. II. O número de empresas que encerraram as atividades este ano e que foram abertas em anos anteriores é superior a 110.

X é igual a 100.

Resposta: Errado.

65.05. III. Do grupo de 2.000 empresas, metade foi aberta em anos anteriores.

COMENTÁRIO

✪ Nota do autor: (Vide Nota do autor do item I).

Julgando o item.

65.06. III. Nesta questão é importante observar os termos que indicam a quantidade de elementos nos conjuntos, quando se trata de exclusividade ou quando se trata do conjunto no todo, isto é, se os elementos pertencem ao conjunto ou pertencem "apenas" ao conjunto.

Do grupo de 2.000 empresas, metade foi aberta em anos anteriores.

A = 1000, ou seja, A = 1/2 de 2000(total de empresas).

Resposta: Certo.

---

66. (CESPE/MPU/2013) Uma pesquisa realizada com um grupo de 35 técnicos do MPU a respeito da atividade I – planejamento estratégico institucional – e da atividade II – realizar estudos, pesquisas e levantamento de dados – revelou que 29 gostam da atividade I e 28 gostam da atividade II. Com base nessas informações, julgue os itens que se seguem.

66.01. I. A quantidade máxima de técnicos desse grupo que não gosta de nenhuma das duas atividades é inferior a 7.

COMENTÁRIO

✪ **Nota do autor:** Essa questão apresenta uma interpretação que é importante nos últimos concursos, pois se quisermos a maior quantidade de elementos que estejam do lado de fora, ou seja, que não pertencem a nenhum dos conjuntos citados, basta incluirmos o menor conjunto (II) dentro do maior conjunto (I). O CESPE tem cobrado esse raciocínio em vários itens nesses últimos concursos.

Temos uma questão de teoria de conjuntos em que o universo são 35 técnicos. São 02 (duas) atividades, sendo que 29 técnicos gostam da atividade I e 28 técnicos de atividade II. Logo podemos perceber que há técnicos que gostam de mais de uma atividade, desta forma iremos construir diagramas com interseção.

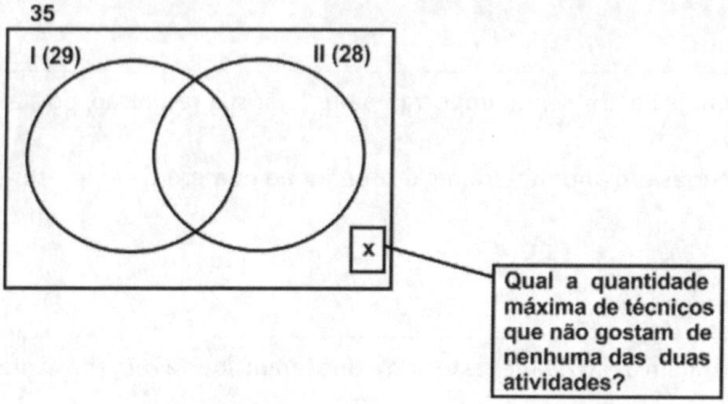

Para que possamos ter o número máximo de técnicos (X) que não gostam de nenhuma das duas atividades iremos colocar todos os elementos do conjunto II dentro doo conjunto I, assim teremos o máximo de elementos (X) que não gostam de nenhuma das duas atividades.

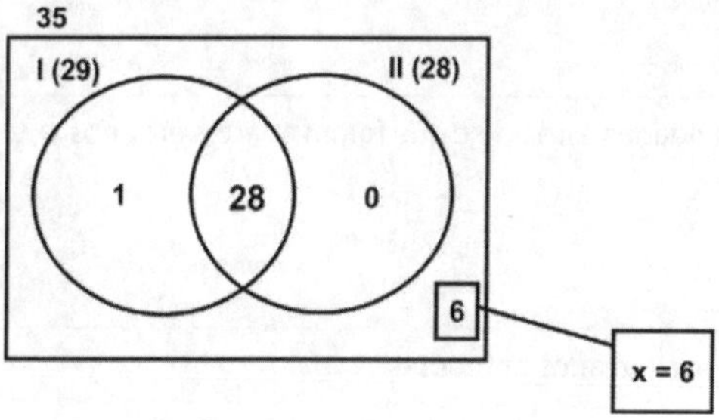

Resposta: Certo.

66.02. II. Se 4 técnicos desse grupo não gostam de nenhuma das atividades citadas, então mais de 25 técnicos gostam das duas atividades.

COMENTÁRIO

✪ **Nota do autor:** Nessa questão temos uma interpretação que é importante também, pois o número de elementos que se encontram na interseção (x) é calculado a partir do número de elementos que passam da realidade (conjunto universo). Esse raciocínio tem sido exigido nos últimos concursos.

Considerando o diagrama abaixo seguindo as informações dadas no comando, temos:

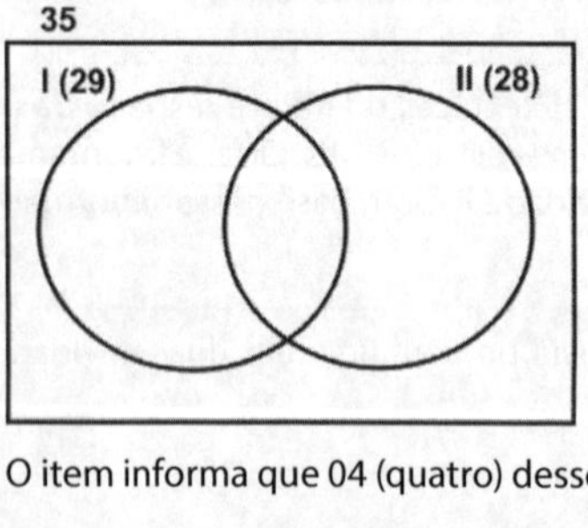

O item informa que 04 (quatro) desses técnicos não gostam de nenhum das atividades citadas:

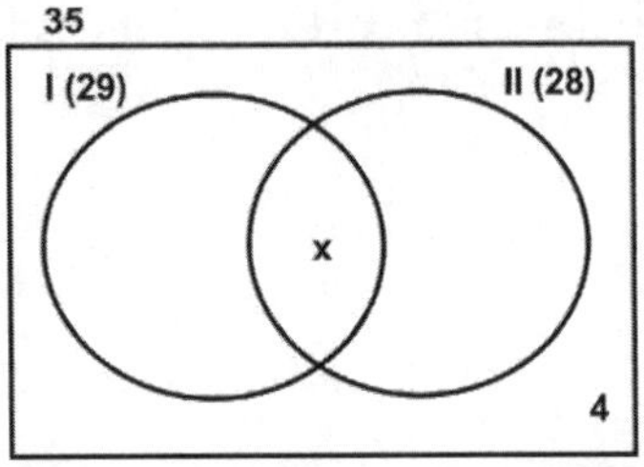

Para se calcular a interseção (X) basta pensarmos o seguinte:

I – **Forma prática:** os elementos que passam da realidade (35) estão na interseção:

$29 + 28 + 4 = \boxed{61}$

$\boxed{61} - \boxed{35} = \boxed{26} \rightarrow \boxed{x = 26}$

⇩ (35)

Realidade

II – **Forma algébrica:**

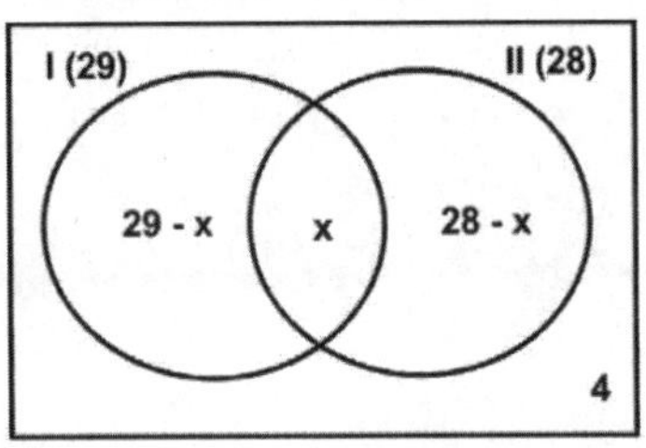

$$29 - \not{x} + \not{x} + 28 - x + 4 = 35$$
$$61 - x = 35$$
$$-x = -26 \ (-1)$$
$$\boxed{x = 26}$$

Resposta: Certo.

66.03. III. Infere-se dos dados que a quantidade mínima de técnicos desse grupo que gostam das duas atividades é superior a 20.

COMENTÁRIO

✪ **Nota do autor:** Nessa questão para adquirir o maior número de elementos na interseção é necessário colocamos 0 (zero) elementos do lado de fora, isto é, todos os elementos devem pertencer a pelos menos um dos conjuntos citados.

Considerando o diagrama abaixo segundo as informações do comando, temos:

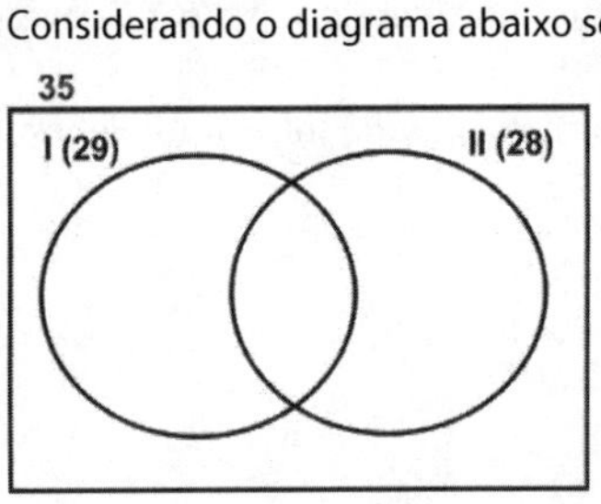

O item informa que a quantidade mínima de técnicos desse grupo que gostam das 02 (duas) atividades é superior a 20.

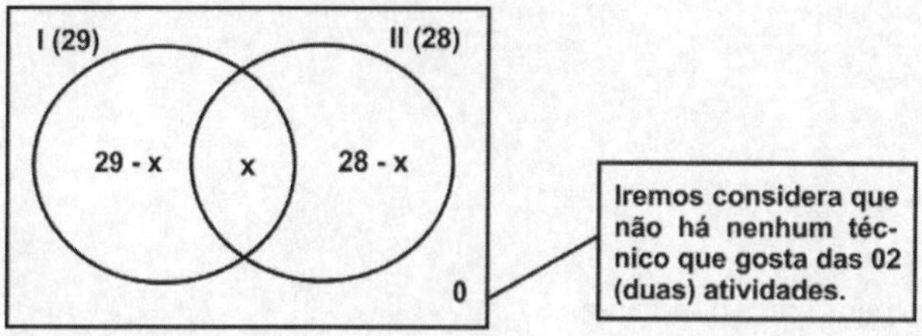

Para que possamos ter o mínimo de técnicos que gostam das 02 (duas) atividades basta considerarmos que não há técnicos que não gostam de nenhumas atividades, ou seja, todos gostam de pelo menos uma das atividades. Calculando temos:

I – **Forma prática:**

29 + 28 = 57 - 35 = 22 ⇨ Interseção

(35 ⇩ Realidade)

II – **Forma algébrica:**

$$29 - \cancel{x} + \cancel{x} + 28 - x + 0 = 35$$

$$-x + 57 = 35 - 57$$

$$-x = -22 \ (-1)$$

$$\boxed{x = 22}$$

Resposta: Certo.

---

67. (CESPE/PCDF/AGENTE/2013) O Instituto de Pesquisa Econômica Aplicada (Ipea) divulgou, em 2013, dados a respeito da violência contra a mulher no país. Com base em dados do Sistema de Informações sobre Mortalidade, do Ministério da Saúde, o instituto apresentou uma estimativa de mulheres mortas em razão de violência doméstica. Alguns dos dados apresentados nesse estudo são os seguintes:

- mais da metade das vítimas eram mulheres jovens, ou seja, mulheres com idade entre 20 e 39 anos: 31% estavam na faixa etária de 20 a 29 anos e 23% na faixa etária de 30 a 39 anos;
- 61% das vítimas eram mulheres negras;
- grande parte das vítimas tinha baixa escolaridade: 48% cursaram até o 8º ano.

Com base nessas informações e considerando que V seja o conjunto formado por todas as mulheres incluídas no estudo do IPEA; $A \subset V$, o conjunto das vítimas jovens; $B \subset V$, o conjunto das vítimas negras; e $C \subset V$, o conjunto das vítimas de baixa escolaridade – vítimas que cursaram até o 8° ano –, julgue os itens que se seguem.

67.01. I. Se $V \setminus C$ for o conjunto complementar de C em V, então $(V \setminus C) \cap A$ será um conjunto não vazio.

COMENTÁRIO

✪ **Nota do autor:** Nessa questão temos uma linguagem matemática que é importante para realização das operações com conjuntos, neste caso a operação "Complementar".

Temos uma questão que envolve três conjuntos de vítimas, ou seja, mulheres que sofreram violência, nas quais temos:

A: Mulheres Jovens $\begin{cases} \mathbf{20 - 29 = 31\%} \\ \mathbf{30 - 39 = 23\%} \end{cases}$ **Total: 54%**

B: Mulheres Negras: 61%

C: Mulheres com baixa escolaridade: 48%

V: $A \cup B \cup C$, o conjunto V é formado por todas as mulheres incluídas no estudo do IPEA, logo:

$A \subset V$

$B \subset V$

$C \subset V$

Construindo os diagramas:

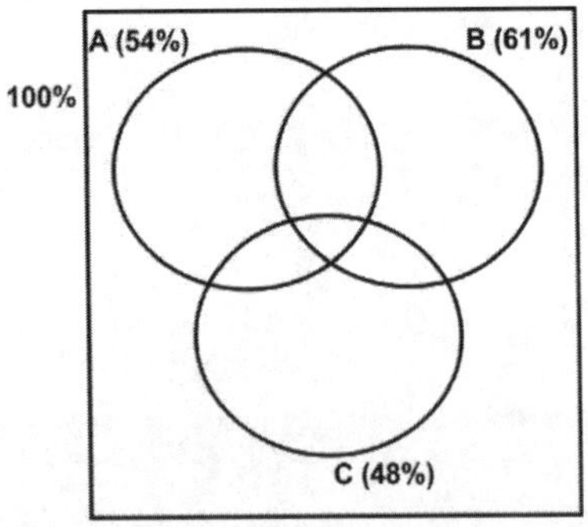

O item indica que V\C corresponde ao complemento do conjunto C em relação ao Universo (V), é que $(V \backslash C) \cap A \neq \emptyset$, ou seja, a interseção do complementar de C com o conjunto A deve ser diferente de vazio.

Vamos verificar tal afirmação no diagrama abaixo:

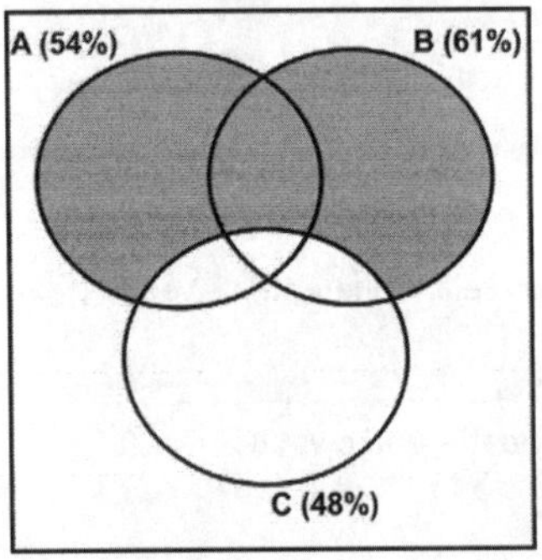

A parte hachurada do diagrama acima corresponde V\C, complementar de C.

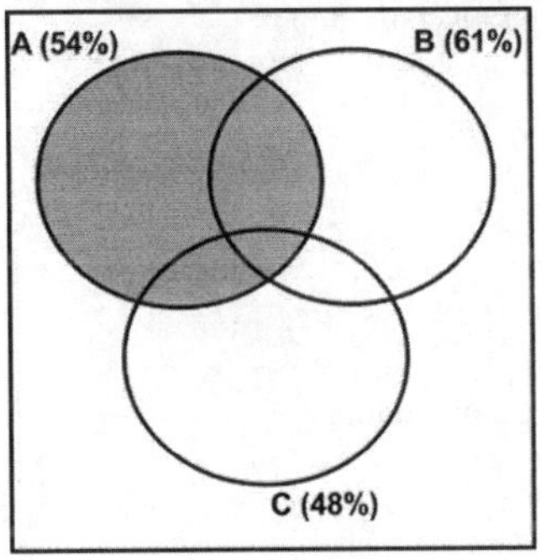

A parte hachurada acima corresponde ao conjunto A.

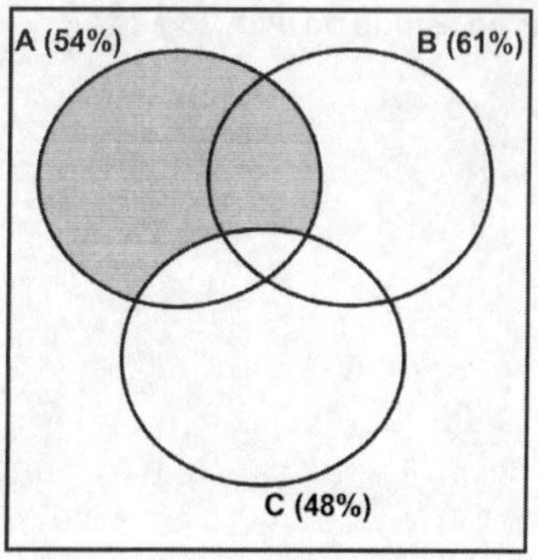

A parte hachurada acima corresponde ao conjunto (V|C) ∩ A.

Analisando o diagrama resultante podemos inferir o seguinte:

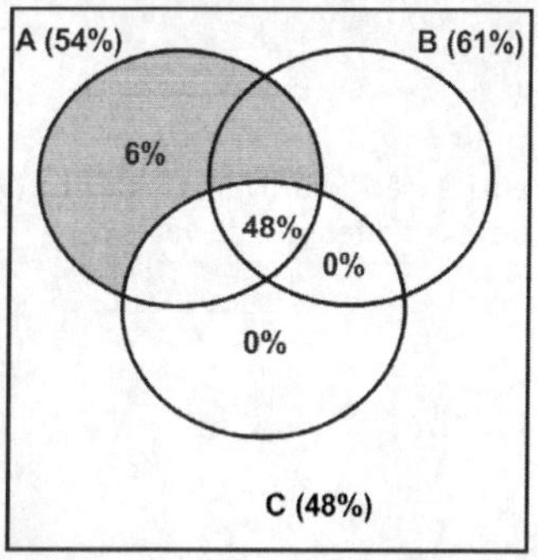

O valor mínimo que possamos ter na interseção de (V|C ∩ A) é 6%, ou seja, é diferente de vazio.

Resposta: Correto.

67.02. II. Se 15% das vítimas forem mulheres negras e com baixa escolaridade, então V = B ∪ C.

COMENTÁRIO

✪ **Nota do autor:** Nessa questão temos novamente a linguagem matemática que é importante para interpretação e realização das operações com conjuntos, neste caso a operação de "união".

Representando o diagrama temos:

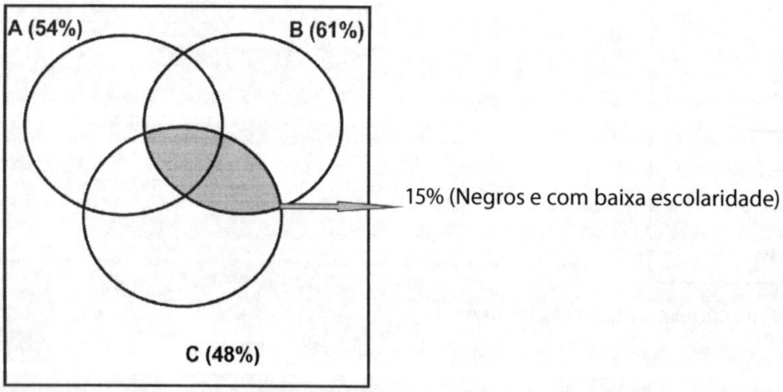

O item afirma que se 15% das vítimas forem negras e com baixa escolaridade, segundo representado acima no diagrama, estão o conjunto Universo (V) será V = B ∪C, isto é, V = 100%.

Vamos verificar se V = 100% no diagrama abaixo:

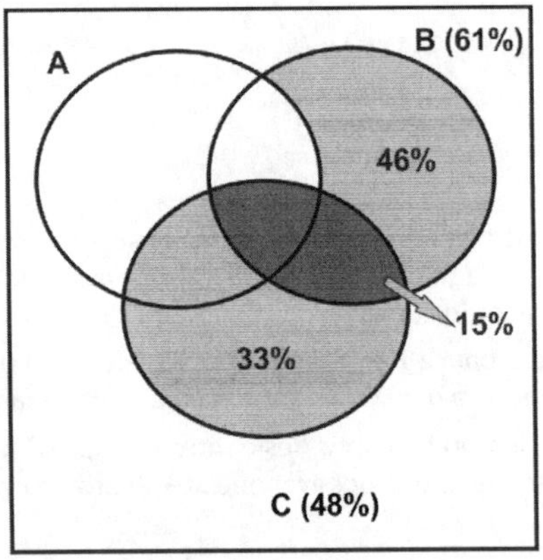

$B \cup C = 33\% + 15\% + 46\%$

$B \cup C = 94\%$

Logo podemos concluir que $B \cup C \neq 100\%$.

Resposta: errado.

67.03. III. Se V\A for o conjunto complementar de A em V, então 46% das vítimas pertencerão a V\A.

COMENTÁRIO

✪ **Nota do autor:** Nessa questão é importante ressaltar a operação "complementar" entre conjuntos e sua representação simbólica, sendo comum sua aplicação nos últimos concursos.

Se V\A representa o complementar de A, então 46% das vítimas pertencem a V\A.

Vamos verificar segundo o diagrama abaixo:

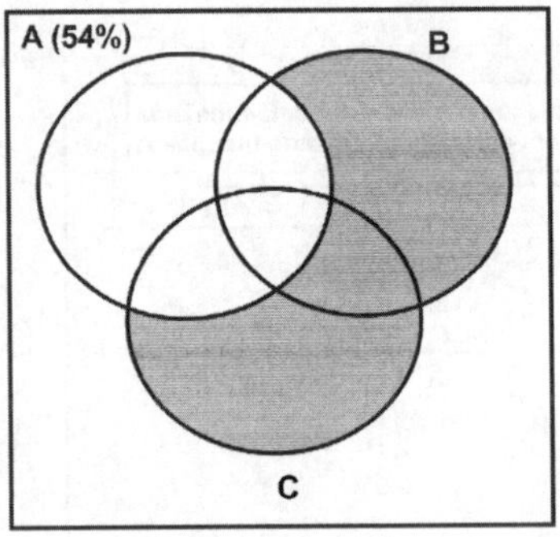

A parte hachurada acima representa o complementar do conjunto A, ou seja, se o conjunto A é igual a 54%, o seu complementar é dado por V\A = 100% - A

V\A = 100% - 54%

V\A = 46%

O complementar V\A significa os elementos que não estão no conjunto A, mas que pertencem a todo o universo (V)

Resposta: Correto.

---

68. (FUNIVERSA/ MÉDICO LEGISTA POLÍCIA CIVIL DF /2009) Em um grupo de 200 profissionais da área de saúde de determinado estado brasileiro, apenas 50 têm olhos verdes, apenas 100 são servidores públicos e apenas 83 residem na capital desse estado. Assinale a alternativa que apresenta o número máximo desses profissionais que podem, simultaneamente, ter olhos verdes, ser servidores públicos e residir na capital do estado.

a) 16.

b) 17.

c) 33.
d) 50.
e) 83.

COMENTÁRIO

✪ **Nota do autor:** se a questão formulada pela Universa tivesse dito que não havia uma inclusão entre os conjuntos, ou seja, deixasse clara tal situação, esta seria resolvida da maneira abaixo. É importante ressaltar que no gabarito preliminar da referida prova, a resposta está de acordo com a resolução a seguir.

No primeiro comentário, a resolução é trivial, uma vez que a banca não exime a possibilidade de uma inclusão entre os conjuntos. Se a banca tivesse realizado tal restrição, a questão se tornaria mais interessante.

Não há restrição a que o conjunto "olhos verdes" esteja contido no conjunto "residentes na capital" nem que esse esteja contido no conjunto "servidores públicos". Então, de fato, é possível que até 50 profissionais pertençam simultaneamente aos três conjuntos.

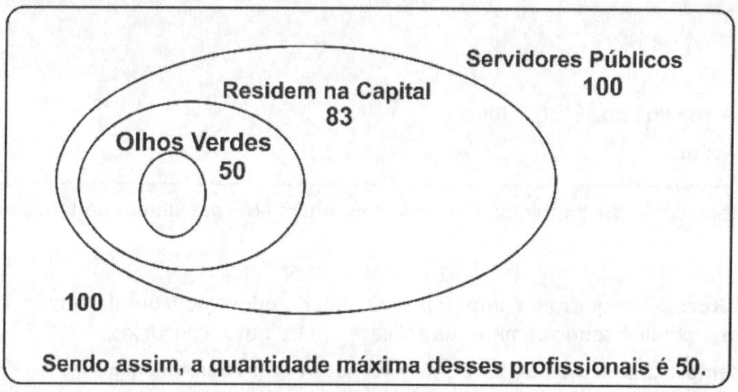

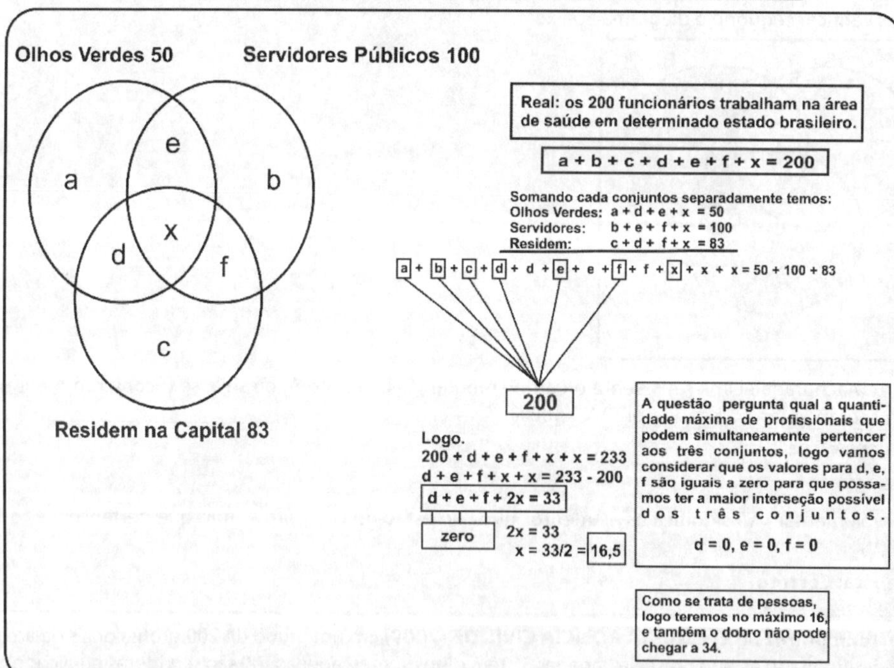

Porém temos que a maior interseção entre dois ou mais conjuntos será o menor deles, pois o menor cabe dentro do maior.

Resposta: D.

69. (CESPE/POLÍCIA FEDERAL/2012) Em uma página da Polícia Federal, na Internet, é possível denunciar crimes contra os direitos humanos. Esses crimes incluem o tráfico de pessoas – aliciamento de homens, mulheres e crianças para exploração sexual – e a pornografia infantil – envolvimento de menores de 18 anos de idade em atividades sexuais explícitas, reais ou simuladas, ou exibição dos órgãos genitais do menor para fins sexuais.

Com referência a essa situação hipotética e considerando que, após a análise de 100 denúncias, tenha-se constatado que 30 delas se enquadravam como tráfico de pessoas e como pornografia infantil; outras 30 não se enquadravam em nenhum desses dois crimes e que, em relação a 60 dessas denúncias, havia apenas a certeza de que se tratava de pornografia infantil, julgue os itens subsequentes, acerca dessas 100 denúncias analisadas.

69.01. I. Dez denúncias foram classificadas apenas como crime de tráfico de pessoas.

COMENTÁRIO

Tomando como TP = tráfico de pessoas e PI = pornografia infantil, para responder à questão vamos construir o seguinte diagrama:

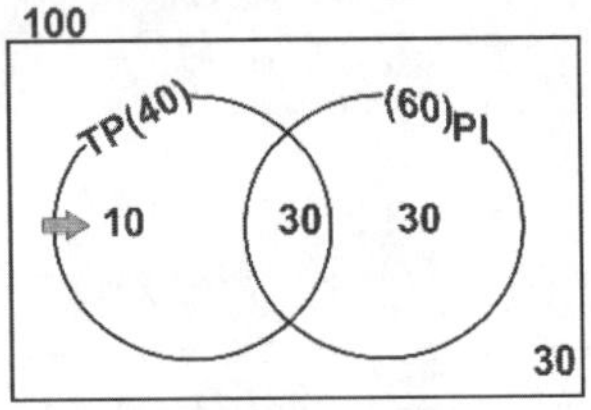

Pelo diagrama, podemos inferir que são 10 denúncias.

Resposta: Correto.

69.02. II. Os crimes de tráfico de pessoas foram mais denunciados que os de pornografia infantil.

COMENTÁRIO

Tomando como TP = tráfico de pessoas e PI = pornografia infantil, para responder à questão vamos construir o seguinte diagrama:

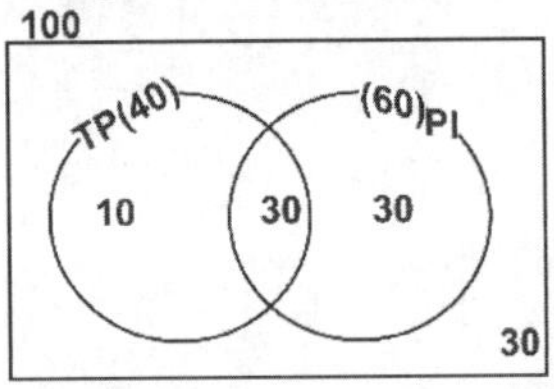

Pelo diagrama anterior, podemos inferir que TP < PI.

Resposta: errado.

70. (CESPE/PC/2009) Considere que em um canil estejam abrigados 48 cães, dos quais:

- 24 são pretos.
- 12 têm rabos curtos.
- 30 têm pelos longos.
- 4 são pretos, têm rabos curtos e não têm pelos longos.
- 4 têm rabos curtos e pelos longos e não são pretos.
- 2 são pretos, têm rabos curtos e pelos longos.

Com base nos dados acima, julgue o item.

I. Então, nesse canil, o número de cães abrigados que são pretos, têm pelos longos, mas não têm rabos curtos é superior a 3 e inferior a 8.

COMENTÁRIO

Considerando as informações dadas no comando temos o diagrama abaixo:

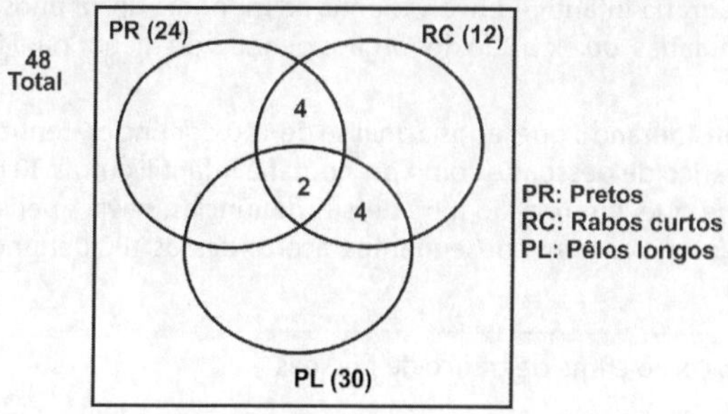

O item afirma que o número de cães abrigados que são pretos, têm pelos longos, mas não tem rabos curtos está entre 3 e 8.

Vejamos no diagrama abaixo:

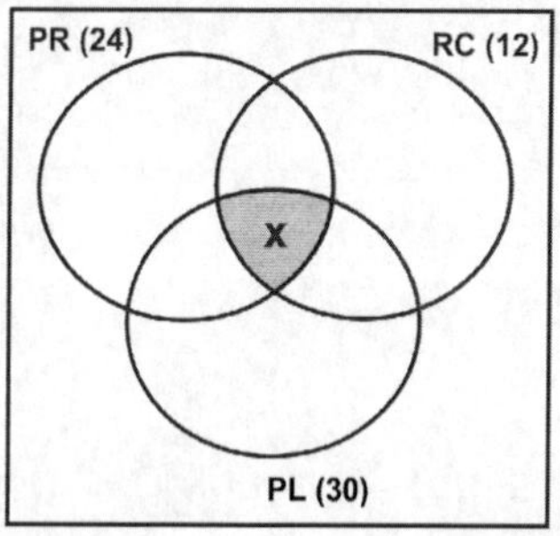

X é o valor que se deseja encontrar, logo iremos preenchendo o diagrama até determinar o valor de X.

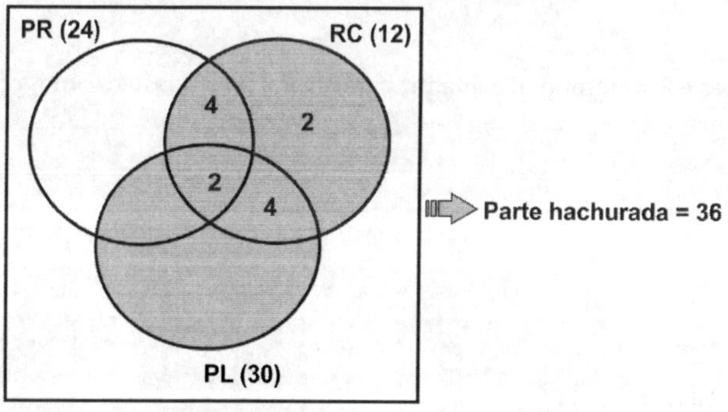

Logo podemos inferir que:

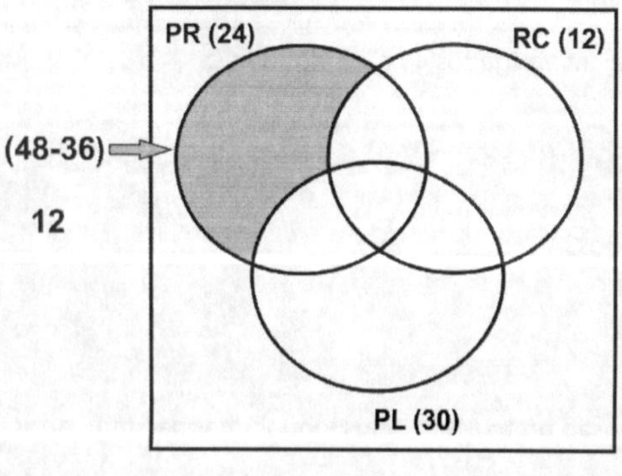

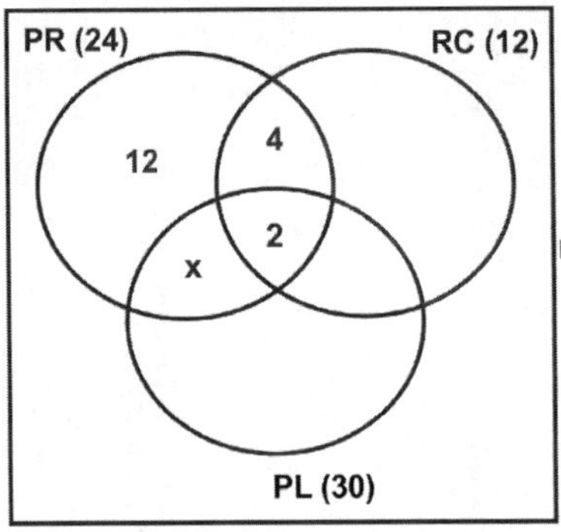

$$12 + 4 + 2 + x = 24$$
$$18 + x = 24$$
$$x = 24 - 18$$
$$x = 6$$

Resposta: correto.

---

71. (CESPE/STF/2008) Uma pesquisa envolvendo 85 juízes de diversos tribunais revelou que 40 possuíam o título de doutor, 50 possuíam o título de mestre, 20 possuíam somente o título de mestre e não eram professores universitários, 10 possuíam os títulos de doutor e mestre e eram professores universitários, 15 possuíam somente o título de doutor e não eram professores universitários e 10 possuíam os títulos de mestre e doutor e não eram professores universitários. Com base nessas informações, julgue os itens seguintes.

71.01. I. Menos de 35 desses juízes são professores universitários.

COMENTÁRIO

✪ **Nota do autor:** É importante ressaltar que esta questão não deixa claro que dos 85 juízes, podemos ter aqueles que não sejam doutores, mestres e professores universitários. Desta forma vamos considerar que dos juízes, ou eles são professores ou mestres ou doutores, uma vez que, se não considerarmos tal situação, dois itens são anulados.

Para resolver a questão vamos construir o diagrama abaixo e considerar que todos os juízes pertencem a pelo menos um dos conjuntos.

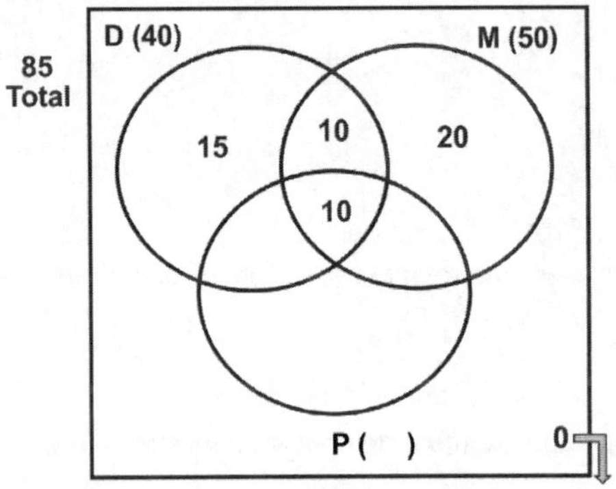

Não há juízes do lado de fora, ou seja, todos os juízes pertencem a pelo menos um dos conjuntos.

Após preencher os diagramas com as informações do comando vamos completar os pedaços vazios para posteriormente julgar os itens:

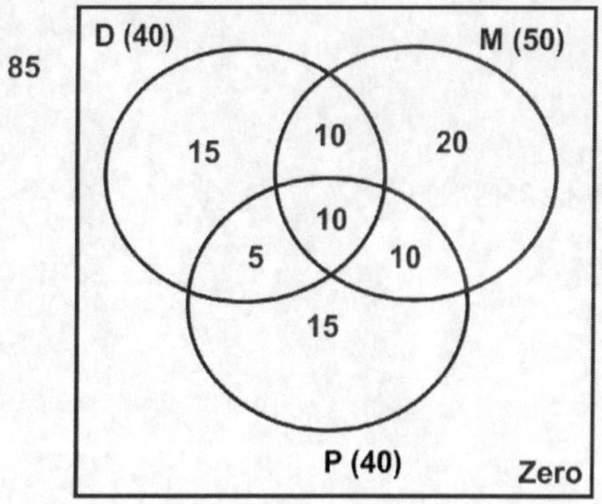

O item informa que menos de 35 juízes são professores universitários.

Resposta: Errado.

71.02. II. Mais de 10 desses juízes são professores universitários, mas não têm título de doutor nem de mestre.

COMENTÁRIO

✪ **Nota do autor: (Vide nota do item I).**

Temos 15 juízes que são professores universitários, mas não têm título de doutor nem de mestre. O item afirma mais de 10.

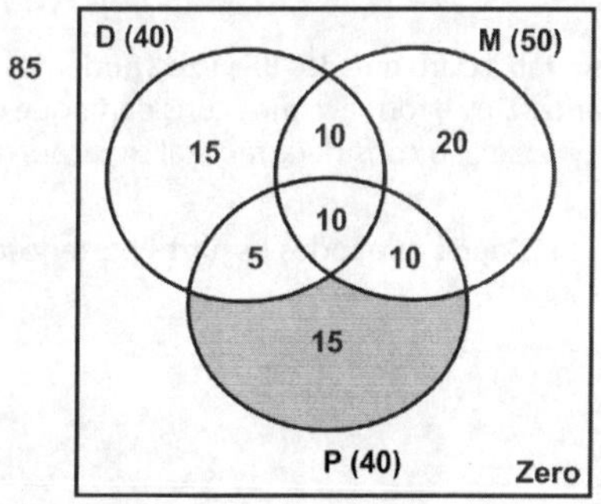

Resposta: Certo.

71.03. III. Menos de 50 desses juízes possuem o título de doutor ou de mestre, mas não são professores universitários.

COMENTÁRIO

✪ **Nota do autor: (Vide nota do item I).**

A parte hachurada abaixo corresponde os juízes que possuem o título de doutor ou mestre, mas não são professores universitários. A parte hachurada é igual a 45.

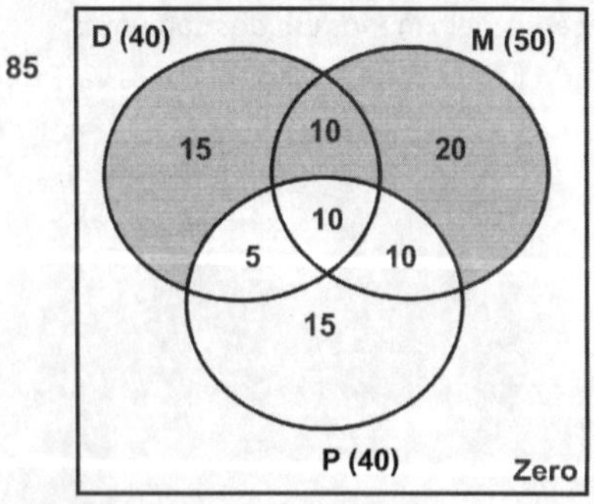

Resposta: Certo.

71.04. IV. Mais de 3 desses juízes possuem somente o título de doutor e são professores universitários.

COMENTÁRIO

✪ **Nota do autor: (Vide nota do item I)**

A parte hachurada corresponde aos juízes que possuem somente o título de doutor e são professores universitários. O item afirma que é mais de 3.

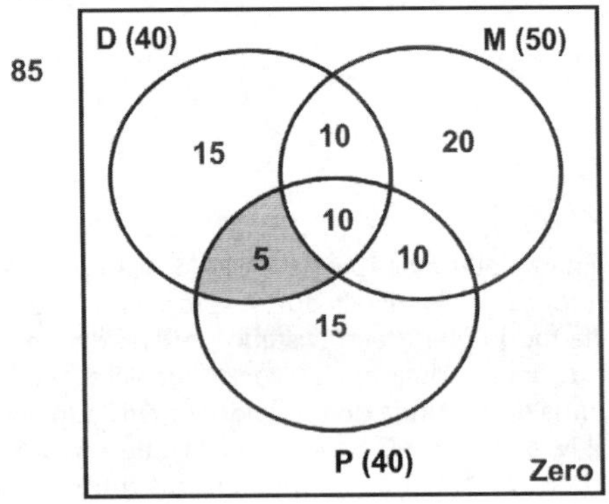

Resposta: Certo.

72. (CESPE/2008) Considere que determinado projeto apoiado pelo SEBRAE conte com a participação de diversas empresas com o seguinte perfil: 15 empresas atuam no ramo de comércio e serviços; 16 são indústrias; e 16 empresas atuam no ramo de agronegócios. Dessas organizações participantes do projeto, 6 atuam em comércio e serviços e também em agronegócios; 8 atuam em comércio e serviços e indústria; 5 atuam na indústria e em agronegócios, e 2 delas atuam nos três setores. Com base nessas informações, julgue os itens subsequentes.

72.01. I. Menos de 32 organizações participam desse projeto.

COMENTÁRIO

De acordo com o comando da questão vamos construir o diagrama:

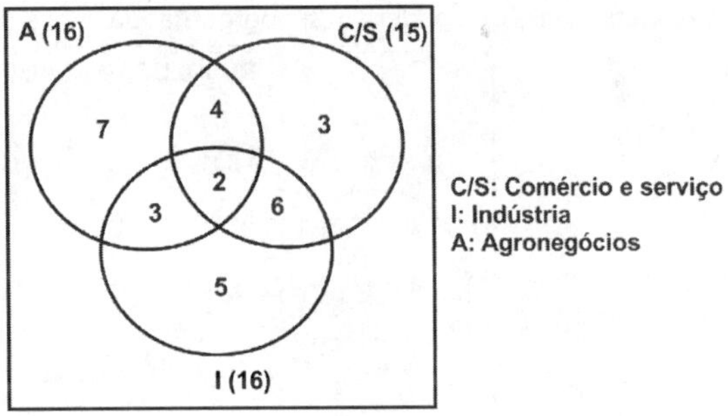

O item afirma que menos de 32 organizações participam desse projeto, ou seja, o número total de organizações será a região hachurada abaixo:

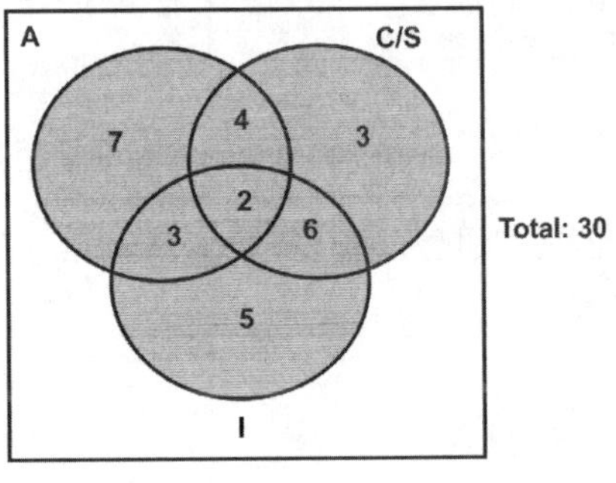

Resposta: Certo.

72.02. II. Das organizações participantes do projeto, 5 atuam exclusivamente na indústria.

COMENTÁRIO

O item afirma que das organizações do projeto, 05 atuam exclusivamente na indústria, de acordo com o diagrama abaixo será a área hachurada.

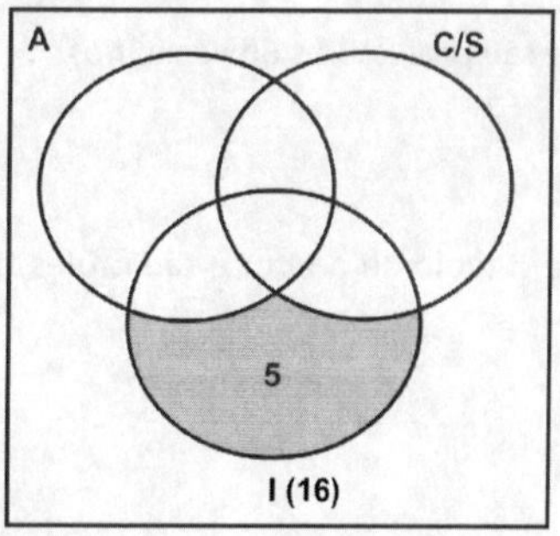

Resposta: Certo.

---

73. (ESAF /AFC / 2008) Foi feita uma pesquisa de opinião para determinar o nível de aprovação popular a três diferentes propostas de políticas governamentais para redução da criminalidade. As propostas (referidas como "A", "B" e "C") não eram mutuamente excludentes, de modo que o entrevistado poderia declarar-se ou contra todas elas, ou a favor de apenas uma, ou a favor de apenas duas, ou a favor de todas as três. Dos entrevistados, 78% declararam-se favoráveis a pelo menos uma delas. Ainda do total dos entrevistados, 50% declararam-se favoráveis à proposta A, 30% à proposta B e 20% à proposta C. Sabe-se, ainda, que 5% do total dos entrevistados declararam-se favoráveis a todas as três propostas. Assim, a percentagem dos entrevistados que se declararam favoráveis a mais de uma das três propostas foi igual a:

a) 17%.
b) 5%.
c) 10%.
d) 12%.
e) 22%.

COMENTÁRIO

✪ **Nota do autor:** Aproveitando a questão para uma análise mais profunda e melhor entendimento, fiz umas inferências que poderiam ser perguntas da banca examinadora em lide. Vejamos na figura abaixo

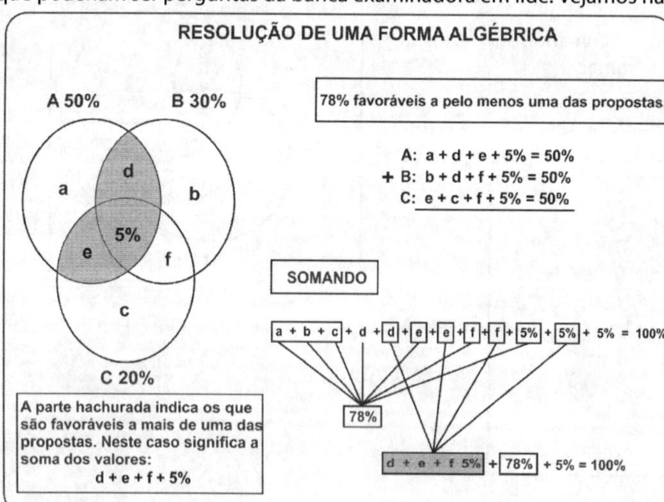

Resposta: $d + e + f + 5\% = 17\%$

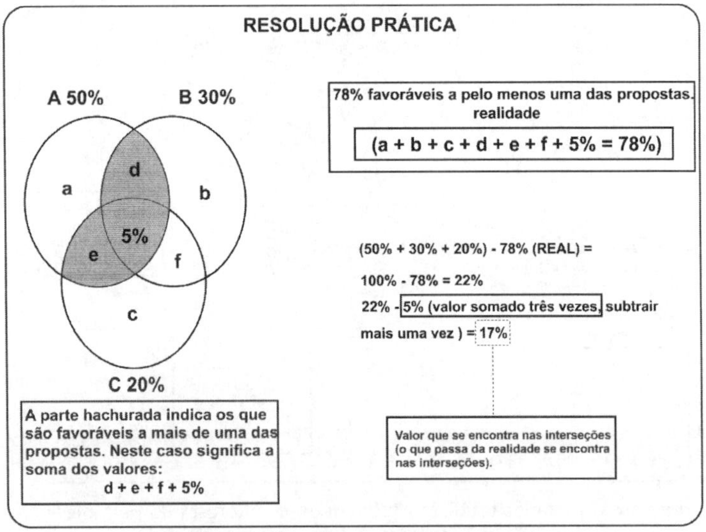

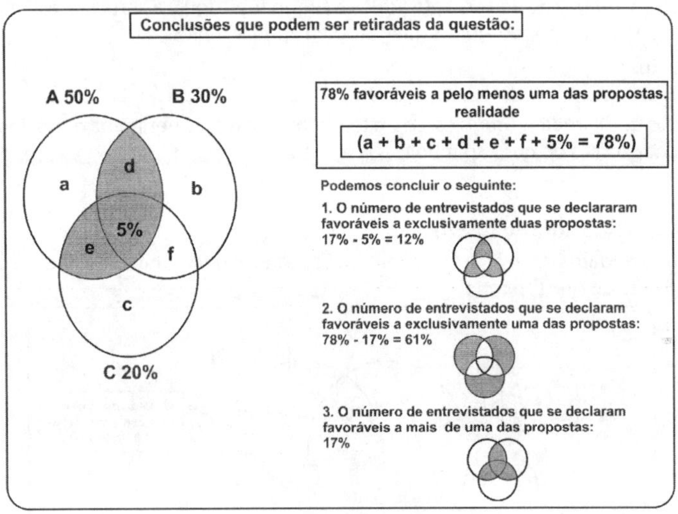

Resposta: A.

---

74. (CESPE/2008) No curso de línguas Esperanto, os 180 alunos estudam Inglês, Espanhol ou Grego. Sabe-se que 60 alunos estudam espanhol e que 40 estudam somente Inglês e Espanhol. Com base nessa situação, julgue os itens que se seguem.

74.01. I. Se 40 alunos estudam somente Grego, então mais de 90 alunos estudam somente Inglês.

COMENTÁRIO

✪ **Nota do autor:** Analisando a questão, temos que:

- 180 alunos estudam Inglês, Espanhol ou Grego, e representaremos da seguinte maneira ($I \cup E \cup G$);
- 60 estudam Espanhol ($E = 60$);
- 40 estudam somente Inglês e Espanhol ($(I \cap E) - G$).

Se 40 alunos estudam somente Grego, então mais de 90 alunos estudam somente Inglês.

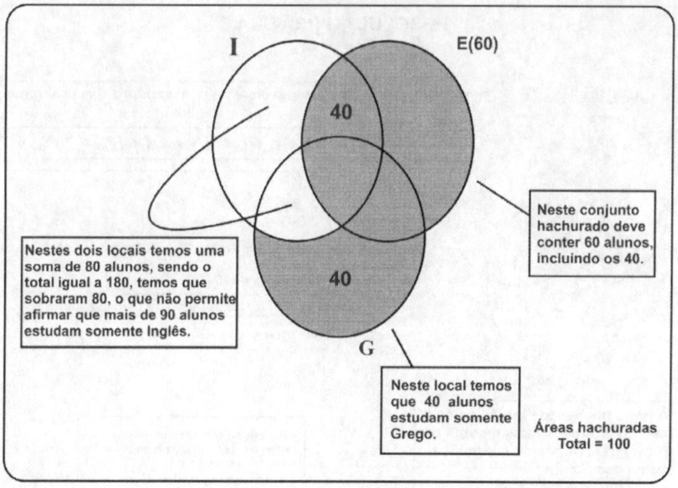

Vimos que as duas áreas pintadas totalizam 100 alunos, o que resta 80 para preencher os espaços em branco, supondo que a interseção de somente Inglês e Grego fosse igual a zero, ou seja, não tivesse nenhum aluno, mesmo assim, não teríamos 90 alunos que estudam apenas Inglês.

Resposta: Errado.

74.02. II. Se os alunos que estudam Grego estudam também Espanhol e nenhuma outra língua mais, então há mais alunos estudando Inglês do que Espanhol.

COMENTÁRIO

✪ Nota do autor: (Vide nota do item I).

Se os alunos que estudam Grego estudam também Espanhol e nenhuma outra língua mais, então há mais alunos estudando Inglês do que Espanhol.

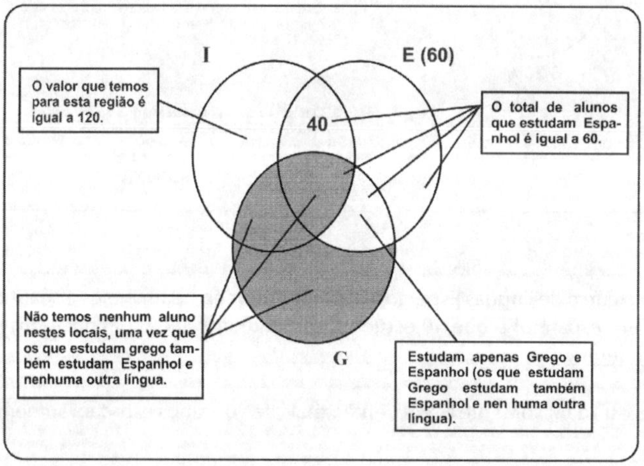

De acordo com o diagrama acima o item está certo.

Resposta: Certo.

74.03. III. Se os 60 alunos que estudam Grego estudam também Inglês e nenhuma outra língua mais, então há mais alunos estudando somente Inglês do que Espanhol.

COMENTÁRIO

✪ Nota do autor: (Vide nota do item I).

Se os 60 alunos que estudam Grego estudam também inglês e nenhuma outra língua mais, então há mais alunos estudando somente Inglês do que Espanhol.

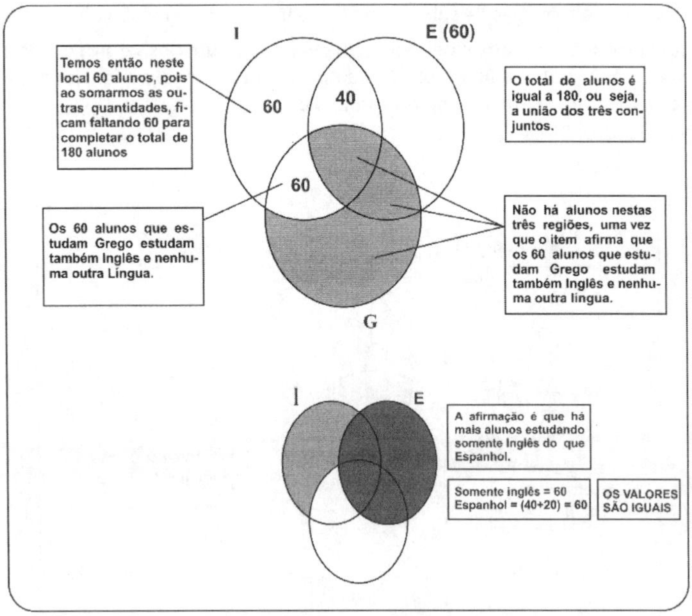

Resposta: Errado.

---

75. (CESPE/2007) Para preencher vagas disponíveis, o departamento de pessoal de uma empresa aplicou um teste em 44 candidatos, solicitando, entre outras informações, que o candidato respondesse se já havia trabalhado

I. em setor de montagem eletromecânica de equipamentos;
II. em setor de conserto de tubulações urbanas;
III. em setor de ampliações e reformas de subestações de baixa e de alta tensão.

Analisados os testes, o departamento concluiu que todos os candidatos tinham experiência em pelo menos um dos setores citados acima e que tinham respondido afirmativamente

- 28 pessoas à alternativa I.
- 4 pessoas somente à alternativa I.
- 1 pessoa somente à alternativa III.
- 21 pessoas às alternativas I e II.
- 11 pessoas às alternativas II e III.
- 13 pessoas às alternativas I e III.

Com base nas informações acima, assinale a opção incorreta.

a) Apenas 10 candidatos têm experiência nos 3 setores.
b) Somente 36 candidatos têm experiência no setor de conserto de tubulações urbanas.
c) Apenas 15 candidatos têm experiência no setor de ampliações e reformas de subestações.
d) Somente 2 candidatos têm experiência apenas nos setores de montagem e de ampliações e reformas de subestações.
e) Somente 1 candidato tem experiência apenas nos setores de conserto de tubulações urbanas e de ampliações e reformas de subestações.

COMENTÁRIO

Nesta questão são dados três conjuntos:

I. em setor de montagem eletromecânica de equipamentos;
II. em setor de conserto de tubulações urbanas;

III. em setor de ampliações e reformas de subestações de baixa e de alta tensão.

A questão deixa claro que todos têm experiência em pelo menos um dos setores citados, logo não existem elementos do lado de fora. De outro lado temos candidatos que possuem experiências nos três setores. Sendo assim, construiremos o diagrama para melhor interpretação.

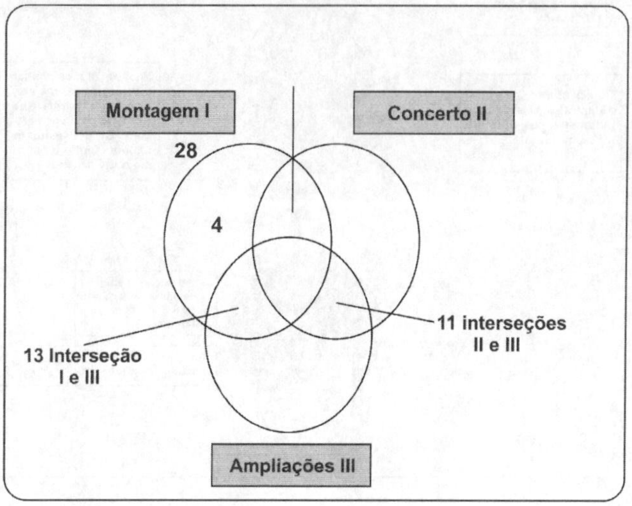

Vamos agora preencher o diagrama referente ao setor de montagem:

O setor de montagem possui 28 candidatos com experiência.

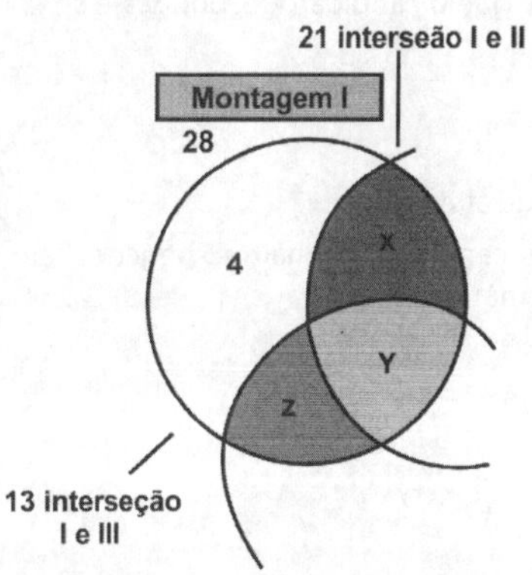

Ao analisar o diagrama, temos que 4 candidatos têm experiência apenas no setor de montagem, logo, podemos inferir que nos espaços (X + Y + Z) que estão hachuradas, sobraram (28 – 4) = 24 candidatos. De acordo com os valores dados de 21 candidatos nos setores (I e II) e 13 candidatos nos setores (I e III), se somarmos, temos: 21 + 13 = 34, mas a quantidade real das áreas pintadas é igual 24, logo, temos 10 candidatos a mais. O que passa da realidade encontra-se na interseção, pois é na interseção que os elementos são contados mais de uma vez, logo, temos 10 candidatos com experiências nos três setores (Y = 10).

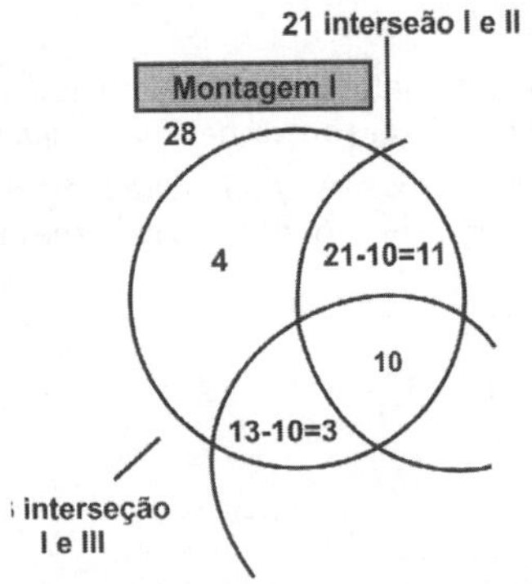

Segundo os valores encontrados, podemos agora preencher de forma completa o diagrama para julgar os itens, não esquecendo de que o total de candidatos, ou seja, a soma dos números abaixo deve totalizar 44 candidatos.

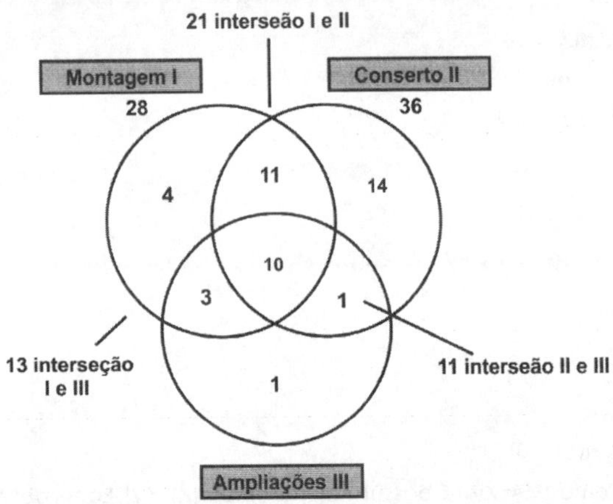

Com base nas informações adquiridas, assinale a opção incorreta.

a) Apenas 10 candidatos têm experiência nos 3 setores. (o item está de acordo)

b) Somente 36 candidatos têm experiência no setor de conserto de tubulações urbanas. (o item está de acordo)

c) Apenas 15 candidatos têm experiência no setor de ampliações e reformas de subestações. (o item está de acordo)

d) Somente 2 candidatos têm experiência apenas nos setores de montagem e de ampliações e reformas de subestações. **(o item está incorreto, pois temos 3 candidatos)**

e) Somente 1 candidato tem experiência apenas nos setores de conserto de tubulações urbanas e de ampliações e reformas de subestações. (o item está de acordo)

Resposta: D.

---

76. (ESAF/ ANEEL / TÉCNICO /2006) X e Y são dois conjuntos não vazios. O conjunto X possui 64 subconjuntos. O conjunto Y, por sua vez, possui 256 subconjuntos. Sabe-se, também, que o conjunto Z = X Ç Y possui 2 elementos. Desse modo, conclui-se que o número de elementos do conjunto P = Y – X é igual a:

a) 4.

b) 6.

c) 8.

d) vazio.

e) 1.

COMENTÁRIO

✪ **Nota do autor:** Essa questão exige conhecimento do número de subconjuntos de um conjunto e uma linguagem matemática, representação simbólica, que é importante para realização das operações com conjuntos.

Nessa questão são dados dois conjuntos não vazios, ou seja, possuem elementos, mas é fornecida a quantidade de subconjuntos de cada conjunto, em que deveremos encontrar o número de elementos da seguinte maneira:

Para o conjunto X temos que: P (X) = 64, sendo P(X) = 2^n. Logo,

$2^n = 64$, fatorando o número 64 temos que $64 = 2^6$

$2^n = 2^6$

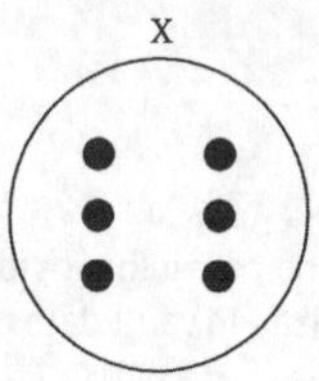

n = 6 (o número de elementos do conjunto n(X) = 6)

Para o conjunto Y temos que: P (Y) = 256, sendo P(Y) = 2^n. Logo,

$2^n = 256$, fatorando o número 256 temos que $256 = 2^8$

$2^n = 2^8$

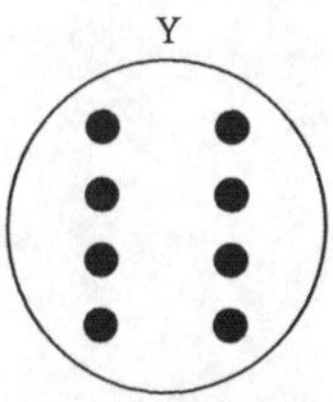

n = 8 (o número de elementos do conjunto n(Y) = 8)

Para o conjunto Z, segundo o enunciado, temos: $Z = X \cap Y$ possui 2 elementos (n(Z) = 2). Logo, observe o diagrama.

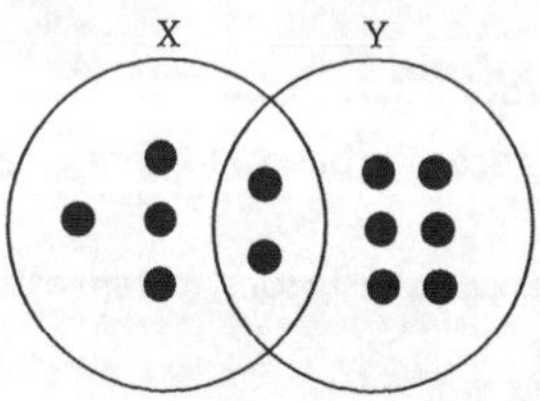

Após construirmos os diagramas e suas respectivas operações, temos que a questão solicita o número de elementos do conjunto P = Y – X. Sendo assim, trata-se da diferença entre os conjuntos Y e X, em que devemos selecionar os elementos pertencentes a Y mas não pertencentes a X.

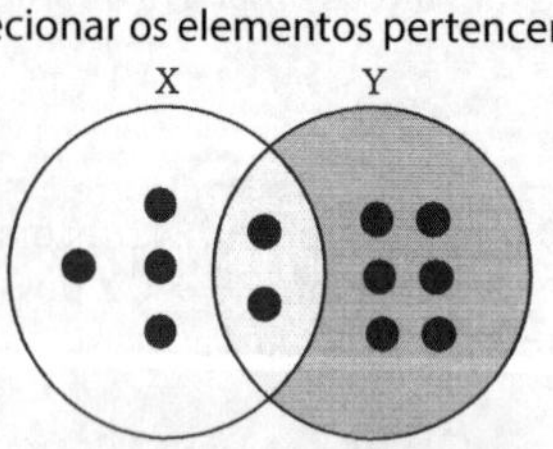

De acordo com o diagrama, temos que P = Y – X = 6 elementos.

Resposta: B.

---

77. (ESAF/AFC /2004) Uma escola de idiomas oferece apenas três cursos: um curso de Alemão, um curso de Francês e um curso de Inglês. A escola possui 200 alunos e cada aluno pode matricular-se em quantos cursos desejar. No corrente ano, 50% dos alunos estão matriculados no curso de Alemão, 30% no curso de Francês e 40% no de Inglês. Sabendo-se que 5% dos alunos estão matriculados em todos os três cursos, o número de alunos matriculados em mais de um curso é iguala:

a) 30.

b) 10.

c) 15.

d) 5.

e) 20.

COMENTÁRIO

A escola possui 200 alunos:

(a + b + c + d + e + f + 10 = 200)

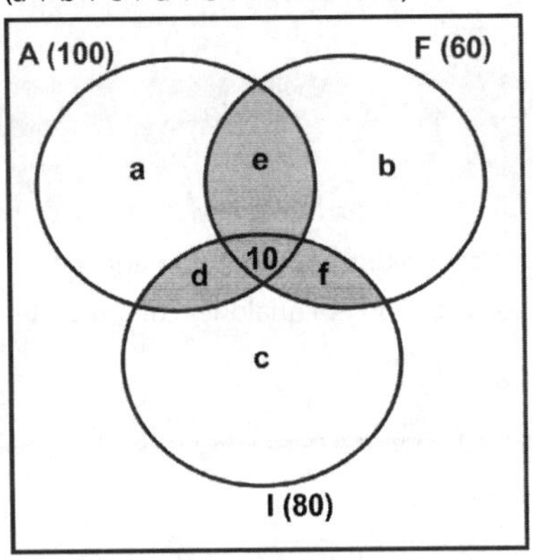

A: a + d + e + 10
F: b + e + f + 10 +
I: c + d + f + 10

Somando:

a + b + c + d + d + e + e + f + f + 10 + 10 + 10 = 240

200 + d + e + f + 10 = 240

d + e + f + 10 = 240 - 210

d + e + f + 10 = 30

A = Alemão = 50% de 200 =100

F= Francês = 30% de 200 = 60

I = Inglês = 40% de 200 = 80

A parte hachurada no diagrama indicada o número de alunos matriculados em mais de um curso.

d + e + f + 10

Resposta: A.

✦ DICAS

Propriedades da União

Sejam A, B e C três conjuntos quaisquer. Então são verdadeiras as seguintes propriedades:

1. Idempotência: $A \cup A = A$. A união de um conjunto qualquer A com ele mesmo é igual a A.
2. Comutativa: $A \cup B = B \cup A$.
3. Elemento Neutro: $\varnothing \cup A = A \cup \varnothing = A$. O conjunto Ø é o elemento neutro da união de conjuntos.
4. Associativa: $(A \cup B) \cup C = A \cup (B \cup C)$.

Propriedades da Intersecção

Sejam A, B e C três conjuntos quaisquer. Então são verdadeiras as seguintes propriedades:

1. Idempotência: $A \cap A = A$
2. Comutativa: $A \cap B = B \cap A$
3. Elemento Neutro: o conjunto universo U é o elemento neutro da intersecção de conjuntos: $A \cap U = A$
4. Associativa: $A \cap (B \cap C) = (A \cap B) \cap C$

Propriedades da União e Intersecção

Sejam A, B e C três conjuntos quaisquer, então valem as seguintes propriedades que inter-relacionam a união e intersecção de conjuntos:

1. $A \cup (A \cap B) = A$
2. $A \cap (A \cup B) = A$
3. $A \cup (B \cap C) = (A \cup B) \cap (A \cup C)$
4. $A \cap (B \text{ U } C) = (A \cap B) \cup (A \cap C)$

<u>Propriedades da Complementação</u>

Sendo B e C subconjuntos de A, valem as propriedades a seguir:

1. $C_A^B \cap B = \varnothing$ e $C_A^B \cup B = A$
2. $C_A^A = \varnothing$ e $C_A^\varnothing = A$
3. $C_A^{C_A^B} = B$
4. $C_A^{(B \wedge C)} = C_A^B \cup C_A^C$
5. $C_A^{(B \vee C)} = C_A^B \cap C_A^C$

<u>Número de Subconjuntos</u>

Exemplo de número de subconjuntos de um conjunto:

A = {a, b} = {a}, {b}, {a, b}, { }; temos neste caso 4 subconjuntos de um conjunto A com 2 elementos.

Conjunto vazio é aquele que não possui nenhum elemento e está contido em qualquer conjunto. Representação: Ø ou { }, nunca { Ø }.

Conjunto das partes:

Denotado por P(A) e possui todos os subconjuntos de A. $n(P(A)) = 2^{n(A)\text{ (número de elementos do conjunto)}}$.

C= {a, b, c} = {a}, {b}, {c}, {a, b}, {a, c}, {b, c}, {a, b, c}, { } = 2^3 = 8 subconjuntos.

<u>Intervalos</u>

Abordaremos agora o conceito de intervalo na reta real R, ou seja, dos subconjuntos de **R** que satisfazem à seguinte propriedade:

Se a e b pertencem a A⊂**R**, a ≤ b, então para todo c tal que a ≤ c ≤ b, então c pertence a A.

Podemos representar da seguinte maneira:

$A = \{c \in R \mid a \le c \le b\}$

Os intervalos podem ser classificados:

I – Características topológicas: abertos, fechados e semiabertos (fechados ou abertos à esquerda ou à direita).

II – Características métricas: comprimento nulo, finito não nulo ou infinito.

Notação

Utilizam os colchetes – "[" e "]" – para indicar que um dos limites do intervalo é parte deste intervalo e os parênteses – "(" e ")" – ou, também, os colchetes invertidos – "]" e "[" – para indicar o contrário.

Assim, por exemplo, dados **x** e **y** números reais, com x ≤ y, o intervalo W = (x, y] =]x, y] representa o conjunto dos a ∈ R, tal que x < a ≤ y. Note que **x** não faz parte do intervalo.

CONCEITOS:

01- Dados dois conjuntos quaisquer, A e B, chama-se união ou reunião de A e B o conjunto formado pelos elementos que pertencem a pelo menos um desses conjuntos (podendo, evidentemente, pertencer aos dois), isto é, o conjunto formado pelos elementos que pertencem a A ou a B. Em símbolos: $A \cup B = \{X \in U \mid X \in A \text{ ou } X \in B\}$;

02- Sejam A e B dois conjuntos quaisquer, chamaremos intersecção de A e de B (ou de A com B) a um novo conjunto, assim definido: $A \cap B = \{X \in U \mid X \in A \text{ e } X \in B\}$;

03- Sejam A e B dois conjuntos quaisquer, chamaremos a diferença entre A e B o conjunto dos elementos de A que não pertencem a B. Logo, $A - B = \{X \in U \mid X \in A \text{ e } X \notin B\}$

04- Dados os conjuntos A e B quaisquer, com B contido em A**,** chama-se complementar de B em relação a A o conjunto A – B, e indicamos como: $C_A^B = \overline{A} = A - B$.

Capítulo II – Lógica de Primeira Ordem

01. Ano: 2024 Banca: CESPE / CEBRASPE Órgão: CAGEPA - PB Provas: CESPE / CEBRASPE - 2024 - CAGEPA - PB - Técnico em Eletrônica

Assinale a opção em que é apresentada uma proposição simples.

Alternativas

A. Por que o estado da Paraíba não é o primeiro no ranking de qualidade de vida?

B. Viva a Paraíba!

C. Se a CAGEPA não existir, então não haverá tratamento de esgoto na Paraíba.

D. A Paraíba é um dos 26 estados do Brasil.

E. João Pessoa é a maior cidade do estado da Paraíba e Campina Grande é a segunda maior.

COMENTÁRIO

Para ser uma proposição a sentença deve apresentar uma ideia completa onde é possível fazer uma valoração sobre a afirmativa dada, ou seja, dizer se seu valor lógico é verdade ou falso.

Não são proposições frases:

- interrogativas,
- imperativas,
- Exclamativas
- sentenças abertas, sem verbos e paradoxos

Desta forma, vamos analisar as afirmativas dadas:

A. Por que o estado da Paraíba não é o primeiro no ranking de qualidade de vida?

É uma frase interrogativa, logo não é uma proposição.

B. Viva a Paraíba!

É uma frase exclamativa, logo não é uma proposição.

C. Se a CAGEPA não existir, então não haverá tratamento de esgoto na Paraíba.

A sentença acima é uma proposição composta com o conectivo "Se...então".

D. A Paraíba é um dos 26 estados do Brasil.

Observe que é possível valorar a afirmativa dada, ou seja, dizer se é verdadeira ou falsa. Logo, essa é a alternativa correta.

E. João Pessoa é a maior cidade do estado da Paraíba e Campina Grande é a segunda maior.

A sentença acima é uma proposição composta com o conectivo "E",ou seja, uma conjunção.

Resposta: LETRA D

02. Ano: 2024 Banca: CESPE / CEBRASPE Órgão: Prefeitura de Mossoró - RN Provas: CESPE / CEBRASPE - 2024 - Prefeitura de Mossoró - RN - Analista de Procuradoria – Especialidade: Contabilidade

O parágrafo primeiro do artigo 2.º da Lei de Introdução às Normas do Direito Brasileiro assim preceitua: "§ 1.º A lei posterior revoga a anterior quando expressamente o declare, quando seja com ela incompatível ou quando regule inteiramente a matéria de que tratava a lei anterior.".

Considerando esse dispositivo legal como a proposição P, julgue o item que se segue, acerca de aspectos da lógica proposicional nela presentes.

A tabela-verdade associada a P tem mais de 30 linhas.

COMENTÁRIO

A quantidade de linhas de uma tabela-verdade é dada por 2^n onde n é a quantidade de proposições dadas.

Então temos 4 proposições:

Q: A lei posterior revoga a anterior

R:quando expressamente o declare

S: quando seja com ela incompatível

T: quando regule inteiramente a matéria de que tratava a lei anterior

Para calcular a quantidade de linhas é só calcular:

$2^4 = 2 \times 2 \times 2 \times 2 = 16$ *linhas*

Ou seja, tem menos que 30 linhas.

Resposta: ERRADO

---

03. Ano: 2023 Banca: CESPE / CEBRASPE Órgão: TC-DF Prova: CESPE / CEBRASPE - 2023 - TC-DF - Analista Administrativo de Controle Externo

operação lógica	símbolo
conjunção	$\wedge$
disjunção	$\vee$
negação	~
condicional	$\rightarrow$
bicondicional	$\leftrightarrow$

Considerando que as proposições lógicas simples sejam representadas por letras maiúsculas e que os símbolos lógicos usuais estejam representados conforme a tabela precedente, julgue o próximo item, relacionados à proposição lógica $(P \wedge R) \rightarrow (\sim Q)$.

Considere-se que as primeiras três colunas da tabela-verdade referente à proposição lógica $(P \wedge R) \rightarrow (\sim Q)$ sejam as apresentadas a seguir.

P	*R*	*Q*
V	V	V
V	V	F
V	F	V
V	F	F
F	V	V
F	V	F
F	F	V
F	F	F

Nessa situação, é correto afirmar que a sequência de valores V ou F, tomados de cima para baixo, da última coluna dessa tabela-verdade será

F V V V F V V V.

P	*R*	*Q*	*~Q*	*P ∧ R*	*(P ∧ R) → (~Q)*
V	V	V	F	V	F
V	V	F	V	V	V
V	F	V	F	F	V

V	F	F	V	F	V
F	V	V	F	F	V
F	V	F	V	F	V
F	F	V	F	F	V
F	F	F	V	F	V

COMENTÁRIO

Essa é uma questão apenas de análise da tabela. Claramente vemos que na ultima coluna dessa tabela temos F V V V V V V V.

A alternativa colocou um F a mais: F V V V F V V V.

Resposta: ERRADO

---

04. Ano: 2023 Banca: IDECAN Órgão: SEFAZ-RR Provas: IDECAN - 2023 - SEFAZ-RR - Desenvolvedor de Software

Seja a proposição composta P(p, q)=~(p ∨ ~q), a tabela verdade da operação é dada abaixo

p	q	~(p ∨ ~q)
V	V	X
V	F	Y
F	V	Z
F	F	W

Conforme a tabela, assinale a alternativa correta.

Alternativas

A. X = V, Y = F, Z = V e W = F
B. X = F, Y = V, Z = V e W = F
C. X = F, Y = F, Z = F e W = F
D. X = F, Y = F, Z = V e W = V
E. X = F, Y = F, Z = V e W = F

COMENTÁRIO

Vamos construir a tabela colocando mais algumas colunas para chegar até a proposição desejada:

p	q	~q	p ∨ ~q	~(p ∨ ~q)
V	V	F	V	F
V	F	V	V	F
F	V	F	F	V
F	F	V	V	F

Logo:

X=F

Y=F

Z=V

W=F

Resposta: LETRA E

05. Ano: 2023 Banca: CESPE / CEBRASPE Órgão: MPE-RO Prova: CESPE / CEBRASPE - 2023 - MPE-RO - Analista em Jornalismo

Considerando que P, Q e R representem proposições lógicas simples, assinale a opção que expressa corretamente a seguinte proposição: A beleza esplendorosa da lua inspira todos os apaixonados como o mar cristalino inspira os mais belos sentimentos nos navegadores.

Alternativas

A. P

B. $P \wedge Q$

C. $P \wedge Q$

D. $P \wedge (Q \wedge R)$

E. $P \rightarrow Q$

COMENTÁRIO

Observando a proposição podemos destacar:

"A beleza esplendorosa da lua inspira todos os apaixonados como o mar cristalino inspira os mais belos sentimentos nos navegadores."

A palavra como serve como um conectivo de uma condicional ($\rightarrow$)

Outras palavras que servem como conectivo da condicional são:

Quando, como, sempre, desde que, pois.

Logo, a alternativa correta é $P \rightarrow Q$.

Resposta: LETRA E

06. Ano: 2023 Banca: CESPE / CEBRASPE Órgão: PO-AL Provas: CESPE / CEBRASPE - 2023 - PO-AL - Papiloscopista

Considere os conectivos lógicos usuais e assuma que as letras maiúsculas representam proposições lógicas simples. Com base nessas informações, julgue o item seguinte relativo à lógica proposicional.

Considere também que as primeiras três colunas da tabela-verdade da proposição lógica $P \rightarrow (Q \wedge R)$ sejam iguais a:

P	*Q*	*R*
V	V	V
V	V	F
V	F	V
V	F	F
F	V	V
F	V	F
F	F	V
F	F	F

COMENTÁRIO

Vamos construir a tabela-verdade, lembrando que em uma conjunção a única forma de obter verdade é quando as duas proposições simples forem verdadeiras. E vale lembrar também que em uma condicional a única forma de se obter falso é quando temos $V \rightarrow F$

P	**Q**	**R**	**$Q \wedge R$**	**$P \rightarrow (Q \vee R)$**
V	V	V	V	V
V	V	F	F	F

V	F	V	F	F
V	F	F	F	F
F	V	V	V	V
F	V	F	F	V
F	F	V	F	V
F	F	F	F	V

Observe que a última coluna tabela apresenta cinco valores V.

Resposta: ERRADO

---

07. Ano: 2023 Banca: CESPE / CEBRASPE Órgão: PO-AL Provas: CESPE / CEBRASPE - 2023 - PO-AL - Auxiliar de Perícia

Considerando os conectivos lógicos usuais e assumindo que as letras maiúsculas representam proposições lógicas, julgue o item seguinte, relativos à lógica proposicional.

Considere-se que as primeiras três colunas da tabela-verdade da proposição lógica $(Q \vee R) \wedge P$ sejam iguais a:

P	*Q*	*R*
V	V	V
V	V	F
V	F	V
V	F	F
F	V	V
F	V	F
F	F	V
F	F	F

Nessa situação, a última coluna dessa tabela-verdade apresenta valores V ou F, tomados de cima para baixo, na seguinte sequência:

V V V F V V F F.

COMENTÁRIO

Vamos construir a tabela-verdade, lembrando que em uma conjunção a única forma de obter verdade é quando as duas proposições simples forem verdadeiras. E vale lembrar também que em uma disjunção a única forma de se obter falso é quando temos $F \vee F$

P	**Q**	**R**	**$Q \vee R$**	**$(Q \vee R) \wedge P$**
V	V	V	V	V
V	V	F	V	V
V	F	V	V	V
V	F	F	V	V
F	V	V	V	F
F	V	F	F	F
F	F	V	V	F
F	F	F	F	F

Observe que a última coluna tabela apresenta a sequência V V V V F F F F

Resposta: ERRADO

08. Ano: 2023 Banca: CESPE / CEBRASPE Órgão: TJ-CE Provas: CESPE / CEBRASPE - 2023 - TJ-CE - Técnico Judiciário - Área: Judiciária

Supondo que P represente afirmação "Há 250 artigos na constituição brasileira" e que Q seja a afirmação "No Brasil existem mais de 34 mil leis" assinale a opção em que e apresentada a simbolização correta para a afirmação "Não há 250 artigos na constituição brasileira e no Brasil não existem mais de 34 mil leis".

Alternativas

A. $\sim(P \land Q)$

B. $\sim P \lor \sim Q$

C. $\sim P \land Q$

D. $\sim(P \lor Q)$

E. $\sim(P \to Q)$

COMENTÁRIO

$[(P \to Q) \land P] \to Qa$

Como a questão informou:

P: Há 250 artigos na constituição brasileira"

Q: "No Brasil existem mais de 34 mil leis"

~P: Não há 250 artigos na constituição brasileira

~Q: no Brasil não existem mais de 34 mil leis".

Desta forma:

Não há 250 artigos na constituição brasileira e no Brasil não existem mais de 34 mil leis".

$\sim P \land \sim Q$

Aplicando a Lei de Morgan:

$\sim P \land \sim Q = \sim(P \lor Q)$

Resposta: LETRA D

---

09. Ano: 2023 Banca: CESPE / CEBRASPE Órgão: Prefeitura de São Cristóvão - SE Provas: CESPE / CEBRASPE - 2023 - Prefeitura de São Cristóvão - SE - Guarda Municipal

Considerando as proposições P: "A Prefeitura de São Cristóvão/SE abre concurso." e Q: "Fico feliz.", assinale a opção que expressa corretamente a estrutura $P \to Q$.

Alternativas

A. A Prefeitura de São Cristóvão/SE abre concurso e fico feliz.

B. Ou a Prefeitura de São Cristóvão/SE abre concurso, ou fico feliz.

C. Se a Prefeitura de São Cristóvão/SE abre concurso, fico feliz.

D. A Prefeitura de São Cristóvão/SE abre concurso ou fico feliz.

COMENTÁRIO

As proposições dadas foram:

P: "A Prefeitura de São Cristóvão/SE abre concurso." e Q: "Fico feliz.

$P \to Q$

É uma condicional dada pelo conectivo (SE...ENTÃO). Desta forma:

Se a Prefeitura de São Cristóvão/SE abre concurso, então fico feliz.

Resposta: LETRA C

---

10. Ano: 2023 Banca: CESPE / CEBRASPE Órgão: FNDE Prova: CESPE / CEBRASPE - 2023 - FNDE - Especialista em Financiamento e Execução de Programas e Projetos Educacionais - Conhecimentos Básicos

Julgue o próximo item, relativos a lógica proposicional.

Considere-se que as primeiras três colunas da tabela-verdade referente à proposição lógica (P ∨ (~Q)) ↔ (~R) sejam as representadas a seguir, em que V corresponda ao valor lógico verdadeiro e que F corresponda ao valor lógico falso.

P	*Q*	*R*	(P ∨ (~Q)) ↔ (~R)
V	V	V	
V	V	F	
V	F	V	
V	F	F	
F	V	V	
F	V	F	
F	F	V	
F	F	F	

Nesse caso, para se completar corretamente essa tabela-verdade, deve-se preencher a coluna não preenchida com os valores V ou F, de cima para baixo, na seguinte sequência: F V F V F V V V.

COMENTÁRIO

A melhor forma para resolver a questão é terminando de construir a tabela:

Lembrando que em uma disjunção, a única forma de ter falso é quando as duas proposições forem falsas e que em uma bicondicional é necessário que as duas proposições tenham valores diferentes para receberem o valor de falso.

P	R	Q	~Q	P ∨ (~Q)	~R	(P ∨ (~Q)) ↔ (~R)
V	V	V	F	V	F	F
V	V	F	V	V	F	F
V	F	V	F	V	V	V
V	F	F	V	V	V	V
F	V	V	F	F	F	V
F	V	F	V	V	F	F
F	F	V	F	F	V	F
F	F	F	V	V	V	V

Desta forma, podemos concluir que a sequência correta seria : F F V V V F F V.

Resposta: ERRADO

11. Ano: 2023 Banca: CESPE / CEBRASPE Órgão: SEFIN de Fortaleza - CE Prova: CESPE / CEBRASPE - 2023 - SEFIN de Fortaleza - CE - Auditor do Tesouro Municipal

P: "Se a pessoa trabalha com o que gosta e está de férias, então é feliz ou está de férias."

Considerando a proposição P precedente, julgue o item seguinte.

O número de linhas da tabela-verdade associada à proposição P é inferior a 10.

COMENTÁRIO

Primeiro vamos encontrar a quantidade de proposições simples em P1:

"Se a pessoa trabalha com o que gosta e está de férias, então é feliz ou está de férias."

A: Se a pessoa trabalha com o que gosta

B: está de férias

C: é feliz

Note que temos apenas 3 proposições simples.

$(A \wedge B) \rightarrow (C \vee B)$

A quantidade de linhas da tabela verdade de uma proposição é dada por

2^n, onde n representa a quantidade de proposições simples. Logo:

$2^2 = 8$ linhas

Resposta: CERTO.

---

12. Ano: 2023 Banca: CESPE / CEBRASPE Órgão: AGER - Mato Grosso Prova: CESPE / CEBRASPE - 2023 - AGER - Mato Grosso - Inspetor Regulador

P: "O bom administrador diferencia entre a coisa pública e a privada e separa adequadamente o interesse privado do público."

O número de linhas da tabela-verdade associada à proposição P é igual a

Alternativas

A. 2.

B. 4.

C. 32.

D. 8.

E. 16.

COMENTÁRIO

Primeiro vamos encontrar a quantidade de proposições simples em P1:

"O bom administrador diferencia entre a coisa pública e a privada e separa adequadamente o interesse privado do público."

A: O bom administrador diferencia entre a coisa pública

B: separa adequadamente o interesse privado do público.

Note que temos apenas 2 proposições simples:

$(A \wedge B)$

A quantidade de linhas da tabela verdade de uma proposição é dada por

2^n, onde n representa a quantidade de proposições simples. Logo:

$2^2 = 4$ linhas

Resposta: LETRA B.

---

13. Ano: 2023 Banca: CESPE / CEBRASPE Órgão: DATAPREV Prova: CESPE / CEBRASPE - 2023 - DATAPREV - Auxiliar de Enfermagem do Trabalho

Julgue o item a seguir, relacionados à proposição lógica $P \rightarrow (\sim Q)$.

Considerando que V corresponda ao valor lógico verdadeiro e F corresponda ao valor lógico falso, caso a proposição P assuma, respectivamente, os valores V, V, F e F e a proposição Q assuma, respectivamente, os valores V, F, V e F, então a referida proposição lógica assumirá, respectivamente, os valores F, V, V e V.

COMENTÁRIO

Observe que os valores dados são de Q, então desta forma ~Q será F, V, F, V. respectivamente.

Fazendo agora a tabela verdade:

P	Q	~Q	$P \rightarrow (\sim Q)$
V	V	F	F
V	F	V	V
F	V	F	V
F	F	V	V

Logo, a última coluna será: F, V, V, V

Resposta: CERTO

---

14. Ano: 2023 Banca: CESPE / CEBRASPE Órgão: DATAPREV Prova: CESPE / CEBRASPE - 2023 - DATAPREV - Auxiliar de Enfermagem do Trabalho

Julgue o item a seguir, relacionados à proposição lógica P → (~Q).

A sentença "A diminuta produção anual de trigo no Centro-Oeste brasileiro é consequência da não existência de determinados nutrientes essenciais em seu solo" corresponde à referida proposição.

COMENTÁRIO

Em uma condicional a sua formação é dada pela CAUSA → *CONSEQUÊNCIA*.

Ou seja, a consequência é o que aparece após o símbolo do conectivo.

Desta forma, a forma correta para representar a sentença seria: ~P → Q

Resposta: ERRADO

---

15. Ano: 2023 Banca: CESPE / CEBRASPE Órgão: DATAPREV Provas: CESPE / CEBRASPE - 2023 - DATAPREV - Analista de Processamento

P1: "Se houver resistência de populares ou depredação de patrimônio, a polícia agirá."

P2: "Se a polícia agir, a ambulância será necessária."

P3: "Não houve depredação de patrimônio, mas a ambulância foi necessária."

C: "Houve resistência de populares."

Tomando por referência as proposições precedentes, julgue o item seguinte.

A tabela-verdade da proposição P1 tem menos de 6 linhas.

COMENTÁRIO

Primeiro vamos encontrar a quantidade de proposições simples em P1:

"Se houver resistência de populares ou depredação de patrimônio, a polícia agirá."

A: houve resistência de populares

B: houve depredação de patrimônio

C: a polícia age

Note que temos apenas 3 proposições simples.

A quantidade de linhas da tabela verdade de uma proposição é dada por

2^n, onde n representa a quantidade de proposições simples. Logo:

$2^2 = 8$ linhas

Resposta: ERRADO

---

16. Ano: 2023 Banca: CESPE / CEBRASPE Órgão: TBG Prova: CESPE / CEBRASPE - 2023 - TBG - Ênfase: Desenvolvimento de Software

Texto associado

P1: "Se o custo operacional aumenta, aumentamos o preço cobrado pelo nosso produto."

P2: "Se o preço do produto substituto aumenta, aumentamos o preço cobrado pelo nosso produto."

P3: "Aumentamos o preço cobrado pelo nosso produto, mas o custo operacional não aumentou."

C: "Logo, o preço do produto substituto aumentou."

Considerando o argumento constituído pelas premissas P1, P2 e P3 e pela conclusão C, anteriormente apresentadas, julgue o item seguinte.

A tabela-verdade da proposição P1 ∧ P2 contém mais de dez linhas.

COMENTÁRIO

Primeiro vamos encontrar a quantidade de proposições simples em P1 E P2:

P1: "Se o custo operacional aumenta, aumentamos o preço cobrado pelo nosso produto."

A: o custo operacional aumenta

B: aumentamos o preço cobrado pelo nosso produto.

P2: "Se o preço do produto substituto aumenta, aumentamos o preço cobrado pelo nosso produto."

C: o preço do produto substituto aumenta

B:aumentamos o preço cobrado pelo nosso produto."

Note que temos apenas 3 proposições simples.

A quantidade de linhas da tabela verdade de uma proposição é dada por

2^n, onde n representa a quantidade de proposições simples. Logo:

$2^2 = 8$ linhas

Resposta: ERRADO

---

17. Ano: 2023 Banca: CESPE / CEBRASPE Órgão: TRT - 8ª Região (PA e AP) Prova: CESPE / CEBRASPE - 2023 - TRT - 8ª Região (PA e AP) - Técnico Judiciário - Área Administrativa (Reaplicação)

Texto associado

Texto CB1A2-I

Considere-se a seguinte proposição P.

P: "O juiz atendeu ao pedido do promotor e determinou a suspensão do porte de arma do suspeito."

A quantidade de linhas da tabela-verdade associada à proposição P, mencionada no texto CB1A2-I, é igual a

Alternativas

A. 32.
B. 16.
C. 8.
D. 2.
E. 4.

COMENTÁRIO

A proposição dada pode ser separada nas seguintes proposições simples:

A: O juiz atendeu ao pedido do promotor.

B: determinou a suspensão do porte de arma do suspeito.

A quantidade de linhas da tabela verdade de uma proposição é dada por

2^n, onde n representa a quantidade de proposições simples. Logo:

$2^2 = 4$ linhas

Resposta: LETRA E

---

18. Ano: 2023 Banca: CESPE / CEBRASPE Órgão: MME Prova: CESPE / CEBRASPE - 2023 - MME - Administrador

Texto associado

P: "Desde que se esforce e seja disciplinado, João alcançará seu objetivo".

Em relação à proposição P anteriormente apresentada, julgue o item a seguir.

A tabela-verdade de P possui mais de seis linhas.

COMENTÁRIO

Observe que a proposição é formada por 3 proposições simples:

"Desde que se esforce e seja disciplinado, João alcançará seu objetivo".

A: se esforce

B: seja disciplinado

C: João alcançará seu objetivo

A quantidade de linhas da tabela verdade de uma proposição é dada por

2^n, onde n representa a quantidade de proposições simples. Logo:

$2^2 = 8$ linhas

Resposta: CERTO

---

19. Ano: 2023 Banca: IDECAN Órgão: SEFAZ-RR Prova: IDECAN - 2023 - SEFAZ-RR - Técnico em Infraestrutura de Tecnologia da Informação

A respeito do conceito de proposição, é correto afirmar que:

Alternativas

A. É uma sentença seja ela expressa de forma afirmativa ou negativa, na qual é possível atribuir um valor lógico verdadeiro, falso ou verdadeiro e falso.

B. Uma proposição sempre será considerada simples se puder ser expressa por símbolos.

C. A proposição "Fui ao supermercado fazer compras e transferir uma quantia para minha mãe" é classificada como proposição simples.

D. Sentenças interrogativas, imperativas e exclamativas são exemplo que não se classificam como proposição.

E. Uma frase imperativa pode ser uma proposição.

COMENTÁRIO

Vamos analisar as alternativas:

A. É uma sentença seja ela expressa de forma afirmativa ou negativa, na qual é possível atribuir um valor lógico verdadeiro, falso ou verdadeiro e falso.

Errado. Uma proposição ela receberá apenas uma valoração: Verdadeira OU Falsa, jamais as duas ao mesmo tempo.

B. Uma proposição sempre será considerada simples se puder ser expressa por símbolos.

Errado. Os símbolos são utilizados para representar proposições compostas.

C. A proposição "Fui ao supermercado fazer compras e transferir uma quantia para minha mãe" é classificada como proposição simples.

Temos duas proposições simples ligadas por um conectivo "E". Errado

D. Sentenças interrogativas, imperativas e exclamativas são exemplo que não se classificam como proposição.

CERTO. Esse tipo de sentença não podem ser chamadas de proposições.

E. Uma frase imperativa pode ser uma proposição.

Errada. No item anterior falamos sobre isso.

Logo a alternativa correta é a letra D

Resposta: LETRA D

---

20. (FUNDATEC – 2023 – BRDE – Analista de Projetos – Administrador) Complete a tabela com V ou F no lugar dos números:

p	~p	q	~q	p e q	~p ou ~q
V	F	V	F	**1**	F
V	F	F	V	F	V
F	V	V	F	**2**	V
F	V	F	V	F	**3**

A ordem correta de substituição dos números 1 – 2 – 3 é:

a) V – V – F.
b) V – F – V.
c) F – F – V.
d) F – V – F.
e) F – F – F.

COMENTÁRIO

O número 1 corresponde a uma conjunção, e sabemos que a única forma de se obter V em uma conjunção é quando as duas proposições são necessariamente V.

Ou seja, $V \wedge V = V$

Com isso já podemos concluir que 1 = V

Podemos concluir também que 2 = F, pois $F \wedge V = F$.

Para o número 3 temos uma disjunção. A única forma para obter FALSO em uma disjunção é quando as duas proposições são falsas. Ou seja, para que uma disjunção seja verdade basta que pelo menos uma das proposições dada seja verdadeira.

Então podemos concluir que 3 = V, pois $V \vee V = V$.

Logo, a sequência correta será V – F – V .

Resposta: LETRA B.

---

21. (FUNDATEC – 2023 – BRDE – Analista de Projetos – Administrador) Entre as alternativas abaixo, qual pode ser considerada uma proposição lógica?

a) Pedro é competente?
b) Qual é a sua comida preferida?
c) Pequim é encantadora.
d) Almir tem três carros.
e) Amor é verdadeiro.

COMENTÁRIO

São consideradas proposições lógicas as sentenças que podem ser valoradas. Ou seja, podem assumir um único valor: VERDADEIRO ou Falso.

Vale lembrar que não são proposições lógicas, ou seja, não podem receber o valor de F e V as sentenças:

1) Interrogativas;
2) Exclamativas
3) Sentenças abertas;
4) Opinativas;
5) Sem verbo.

Com isso podemos analisar as alternativas:

A. Pedro é competente?

É uma frase interrogativa, portanto não é uma proposição lógica.

B. Qual é a sua comida preferida?

É uma frase interrogativa, portanto não é uma proposição lógica.

C. Pequim é encantadora.

A sentença representa claramente uma opinião, portanto não é uma proposição lógica.

D. Almir tem três carros.

É uma proposição lógica.

E. Amor é verdadeiro.

A sentença representa claramente uma opinião, portanto não é uma proposição lógica.

Resposta: LETRA D.

---

22. (Unesc – 2023 – Prefeitura de Criciúma-SC – Médico ESF) Qual das proposições abaixo é classificada como composta?

a) João é graduado e pós-graduado.

b) É muito comum os jovens serem rebeldes.

c) Lúcia nunca sai de casa sozinha.

d) Murilo deseja ser pai um dia.

e) Felipe tem muitos sonhos.

COMENTÁRIO

Uma proposição lógica é composta quando há duas proposições simples ligadas por um conectivo. Cada proposição simples receberá uma valoração e isso implicará no valor lógico da proposição composta.

Sabendo dessas informações, vamos analisar cada alternativa.

A. João é graduado e pós-graduado.

Observe que essa sentença é formada por duas proposições simples "João é graduado" e "João é pós graduado". O conectivo utilizado é uma conjunção do tipo "e".

B. É muito comum os jovens serem rebeldes.

Possui apenas um verbo e uma única ideia. Logo é uma proposição simples

C. Lúcia nunca sai de casa sozinha.

Possui apenas um verbo e uma única ideia. Logo é uma proposição simples

D. Murilo deseja ser pai um dia.

Possui apenas um verbo e uma única ideia. Logo é uma proposição simples

E. Felipe tem muitos sonhos.

Possui apenas um verbo e uma única ideia. Logo é uma proposição simples

Resposta: LETRA A.

---

23. (IBFC – 2023 – SEAD-GO – Técnico Ambiental) Considere a afirmação a seguir e os cinco itens listados na sequência.

Se os valores lógicos de duas proposições simples são falsos, então o valor lógico do(a) ________ entre elas é verdade.

I. Disjunção.

II. Conjunção.

III. Condicional.

IV. Bicondicional.

V. Disjunção exclusiva.

Assinale a alternativa que apresenta as afirmativas que preencham corretamente a lacuna.

a) I, II e IV apenas

b) II, III e IV apenas

c) III e IV apenas

d) III, IV e V apenas

e) IV e V apenas

COMENTÁRIO

Para resolver essa questão basta conhecer a tabela-verdade de cada conectivo:

I. Disjunção.

A única forma de se obter falso em uma disjunção é quando as duas proposições são falsas.

$F \vee F = F$

Logo, a disjunção não se enquadra no conceito dado na questão.

II. Conjunção.

A conjunção só terá o valor lógico verdade quando as duas proposições são verdadeiras.

$F \wedge F = F$

III. Condicional.

A única forma que torna uma condicional falsa é quando a primeira proposição é verdadeira e a segunda é falsa. Logo:

$F \rightarrow F = V$

IV. Bicondicional.

Uma bicondicional só terá valor verdade quando as duas proposições possuírem o mesmo valor lógico. Logo:

$F \leftrightarrow F = V$

V. Disjunção exclusiva.

Uma disjunção exclusiva só terá valor verdade quando as duas proposições possuírem valores lógicos diferentes. Logo:

$F \underline{\vee} F = F$

Desta forma, preenche corretamente: III e IV.

Resposta: LETRA C.

---

24. (IBFC – 2023 – SEAD-GO – Analista Ambiental – Direito) O total de conectivos da proposição composta “Se o técnico ambiental fez o relatório, então a empresa foi multada se, e somente se, houve provas contundentes e o órgão comprovou o resultado ou a empresa aceitou sem recorrer”.

a) 3

b) 4

c) 5

d) 6

e) 7.

COMENTÁRIO

Os conectivos lógicos são usados para ligar duas proposições simples. São conectivos lógicos:

Tipo	Formato	Símbolo
Conjunção	“e”	$\wedge$
Disjunção	“ou”	$\vee$
Condicional	“Se... então”	$\rightarrow$
Bicondicional	“se e somente se”	$\leftrightarrow$
Disjunção exclusiva	“Ou... ou...”	V

Sabendo disso, vamos analisar a afirmativa dada e destacar os conectivos.

“Se o técnico ambiental fez o relatório, então (1)a empresa foi multada se, e somente se,(2) houve provas contundentes e(3) o órgão comprovou o resultado ou(4) a empresa aceitou sem recorrer”.

Ou seja, ao todo são 4 conectivos.

Resposta: LETRA B.

---

25. (IBFC – 2023 – SEAD-GO – Analista Ambiental – Direito) De acordo com a definição de valor lógico dos conectivos lógicos é correto afirmar que:

a) Se os valores lógicos de duas proposições forem falsos, então o valor lógico do condicional entre as proposições é falso
b) Se os valores lógicos de duas proposições forem falsos, então o valor lógico do bicondicional entre as proposições é falso
c) Se os valores lógicos de duas proposições forem falsos, então o valor lógico da conjunção entre as proposições é verdade
d) Se os valores lógicos de duas proposições forem falsos, então o valor lógico da disjunção entre as proposições é verdade
e) Se os valores lógicos de duas proposições forem falsos, então o valor lógico do condicional entre as proposições é verdade

COMENTÁRIO

Vamos analisar cada uma das alternativas:

A. Se os valores lógicos de duas proposições forem falsos, então o valor lógico do condicional entre as proposições é falso

Em uma condicional a única forma de se obter falso é quando a primeira proposição é V e a segunda é F. Logo, quando as duas proposições forem falsas, o valor lógico da condicional será verdadeiro. Item incorreto.

B. Se os valores lógicos de duas proposições forem falsos, então o valor lógico do bicondicional entre as proposições é falso

Em uma bicondicional quando as duas proposições possuem o mesmo valor lógico, o seu valor lógico também será verdadeiro. Item incorreto.

C. Se os valores lógicos de duas proposições forem falsos, então o valor lógico da conjunção entre as proposições é verdade

Para se obter verdade em uma conjunção é necessário que as duas proposições sejam verdadeiras. Item incorreto.

D. Se os valores lógicos de duas proposições forem falsos, então o valor lógico da disjunção entre as proposições é verdade

Para que uma disjunção seja verdadeira é necessário que pelo menos uma das proposições seja verdadeira. Item incorreto.

E. Se os valores lógicos de duas proposições forem falsos, então o valor lógico do condicional entre as proposições é verdade

Como vimos, em uma condicional a única forma de se obter falso é quando a primeira proposição é V e a segunda é F. Logo, quando as duas proposições forem falsas, o valor lógico da condicional será verdadeiro. Item correto.

Resposta: LETRA E.

---

26. (FUNDATEC – 2023 – BRDE – Assistente Administrativo) Complete a tabela com V ou F no lugar dos números:

p	~p	q	~q	p e q	~p ou ~q
V	F	V	**1**	V	F
V	F	F	V	**2**	V
F	V	V	F	F	**3**
F	V	F	V	F	V

A ordem correta de substituição dos números 1 – 2 – 3 é:

a) V – V – F.
b) V – F – V.
c) F – F – V.
d) F – V – F.
e) F – F – F.

COMENTÁRIO

Para responder essa questão precisamos saber que o símbolo ~ representa a negação da proposição, ou seja, a troca do seu valor lógico.

Desta forma, 1 = F.

O número 2 ocupa um lugar da conjunção: $V \wedge F = F$

Desta forma, 2 = F.

O número 3 ocupa um lugar de uma disjunção, se pelo menos uma proposição é verdadeira, logo a sentença será verdadeira: $V \vee F = V$

Então: 3 = V

Logo, a sequência correta será: F – F – V.

Resposta: LETRA C.

---

27. (FUNDATEC – 2023 – BRDE – Assistente Administrativo) Dentre as alternativas abaixo, qual NÃO pode ser considerada uma proposição lógica?

a) Paula é torcedora do Flamengo.
b) Pedro tem 5 cães.
c) Rio de Janeiro é no Brasil.
d) Maria tem bom coração.
e) 4 > 5.

COMENTÁRIO

São consideradas proposições lógicas as sentenças que podem ser valoradas. Ou seja, podem assumir um único valor: VERDADEIRO ou Falso.

Vale lembrar que não são proposições lógicas, ou seja, não podem receber o valor de F e V as sentenças:

I. Interrogativas;
II. Exclamativas
III. Sentenças abertas;
IV. Opinativas;
V. Sem verbo.

a) Paula é torcedora do Flamengo.
   É uma proposição, pois pode ser valorada como V ou F.
b) Pedro tem 5 cães.
   É uma proposição, pois pode ser valorada como V ou F.
c) Rio de Janeiro é no Brasil.
   É uma proposição, pois pode ser valorada como V ou F.
d) Maria tem bom coração.
   A sentença apresenta uma opinião. Ter um bom coração é algo subjetivo, impossível valorar. Logo, não é uma proposição.
e) 4 > 5.
   É uma sentença que pode ser valorada como F. Logo, é uma proposição.

Resposta: LETRA D.

---

28. (FUNDATEC – 2023 – BRDE – Assistente Administrativo) Dentre as alternativas abaixo, qual pode ser considerada uma proposição lógica?

a) Maria é linda.
b) Júlio tem dois gatos.
c) Rio de Janeiro é maravilhoso.

d) Qual é o seu carro preferido?

e) Tem muito dinheiro?

COMENTÁRIO

Como já vimos, são consideradas proposições lógicas as sentenças que podem ser valoradas. Ou seja, podem assumir um único valor: VERDADEIRO ou FALSO.

Vale lembrar que não são proposições lógicas, ou seja, não podem receber o valor de F e V as sentenças:

I. Interrogativas;

II. Exclamativas

III. Sentenças abertas;

IV. Opinativas;

V. Sem verbo.

Vamos analisar AS ALTERNATIVAS:

a) Maria é linda.

Observe que a sentença representa uma opinião, algo subjetivo. Desta forma, não é uma proporção.

b) Júlio tem dois gatos.

É possível valorar essa sentença como falso ou verdade. Logo é uma proposição

c) Rio de Janeiro é maravilhoso.

A sentença representa uma opinião, algo subjetivo. Desta forma, não é uma proporção.

d) Qual é o seu carro preferido?

É uma frase exclamativa, logo não é proposição.

e) Tem muito dinheiro?

É uma frase exclamativa, logo não é proposição.

Resposta: LETRA B.

---

29. (Unesc – 2023 – Prefeitura de Criciúma-SC – Motorista TDF) Observe as proposições abaixo:

p: Lucas aplica uma parte do seu salário todos os meses.

q: Lucas é econômico.

Qual das alternativas abaixo apresenta a tradução em linguagem simbólica da sentença "Se Lucas aplica uma parte do seu salário todos os meses, então Lucas é econômico".

a) $\sim p \leftrightarrow q$

b) $p \leftrightarrow q$

c) $\sim p \rightarrow q$

d) $p \rightarrow q$

e) $p \rightarrow \sim q$

COMENTÁRIO

Os conectivos lógicos são usados para ligar duas proposições simples. São conectivos lógicos:

Tipo	Formato	Símbolo
Conjunção	"e"	$\wedge$
Disjunção	"ou"	$\vee$
Condicional	"Se... então"	$\rightarrow$
Bicondicional	"se e somente se"	$\leftrightarrow$
Disjunção exclusiva	"Ou... ou..."	V

Vale lembrar que a negação de uma proposição é representado pelo símbolo "~"

Observe que a sentença dada utilizou o conectivo "Se...então" ou seja, uma condicional, representada pelo símbolo "→"

Logo, a sentença "Se Lucas aplica uma parte do seu salário todos os meses, então Lucas é econômico" pode ser representada por $p \rightarrow q$.

Resposta: LETRA D.

---

30. (IBFC – 2023 – SEJUSP-MG – Agente de Segurança Socioeducativo) Sejam as proposições lógicas simples:

p: O Brasil é um dos maiores exportadores de carne bovina.

q: O Brasil tem um sistema econômico dependente do agronegócio.

A proposição lógica composta p ∧ ~q corresponde a:

a) O Brasil é um dos maiores exportadores de carne bovina e tem um sistema econômico dependente do agronegócio

b) O Brasil é um dos maiores exportadores de carne bovina e não tem um sistema econômico dependente do agronegócio

c) O Brasil não é um dos maiores exportadores de carne bovina ou tem um sistema econômico dependente do agronegócio

d) O Brasil é um dos maiores exportadores de carne bovina ou não tem um sistema econômico dependente do agronegócio

COMENTÁRIO

Os conectivos lógicos são usados para ligar duas proposições simples. São conectivos lógicos:

Tipo	Formato	Símbolo
Conjunção	"e"	∧
Disjunção	"ou"	∨
Condicional	"Se... então"	→
Bicondicional	"se e somente se"	↔
Disjunção exclusiva	"Ou... ou..."	V

Vale lembrar que a negação de uma proposição é representado pelo símbolo "~"

Dada as sentenças:

p: O Brasil é um dos maiores exportadores de carne bovina.

q: O Brasil tem um sistema econômico dependente do agronegócio.

$p \wedge \sim q$: O Brasil é um dos maiores exportadores de carne bovina e NÃO tem um sistema econômico dependente do agronegócio.

Resposta: LETRA B.

---

31. (IBFC – 2023 – SEJUSP-MG – Agente de Segurança Socioeducativo) Sejam as proposições lógicas simples:

p: Eduarda gosta de voleibol.

q: Felipe é técnico de futebol.

A proposição lógica composta ~p ↔ q corresponde a:

a) Se Eduarda gosta de voleibol, então Felipe é técnico de futebol

b) Eduarda gosta de voleibol e Felipe é técnico de futebol

c) Eduarda não gosta de voleibol se, e somente se, Felipe é técnico de futebol

d) Eduarda não gosta de voleibol ou Felipe é técnico de futebol

COMENTÁRIO

Os conectivos lógicos são usados para ligar duas proposições simples. São conectivos lógicos:

Tipo	Formato	Símbolo
Conjunção	"e"	$\wedge$
Disjunção	"ou"	$\vee$
Condicional	"Se... então"	$\rightarrow$
Bicondicional	"se e somente se"	$\leftrightarrow$
Disjunção exclusiva	"Ou... ou..."	V

Vale lembrar que a negação de uma proposição é representado pelo símbolo "~"

Então *~p*: Eduarda não gosta de Voleibol.

Desta forma:

~p $\leftrightarrow$ *q:* Eduarda não gosta de Voleibol se, e somente se, Felipe é técnico de futebol.

Resposta: LETRA C.

---

32. (Unesc – 2023 – Prefeitura de Criciúma-SC – Assistente de Educação) Observe a tabela verdade dada abaixo.

P	Q	~P	~Q	~Qv~P
V	V	F	F	
V	F	F	V	
F	V	V	F	
F	F	V	V	

De cima para baixo, o resultado da operação lógica ~Qv~P é

a) F, V, V, V.

b) F, V, F, V.

c) F, F, V, V.

d) V, V, F, F.

e) V, F, F, V.

COMENTÁRIO

A coluna que está vazia tem o conectivo $\vee$ que representa uma disjunção.

Em uma disjunção para que se obtenha o valor lógico V é necessário que pelo menos uma das proposições seja verdadeira.

Então temos:

$F \vee F = F$

$V \vee F = V$

$F \vee V = V$

$V \vee V = V$

Logo, a sequência será F – V – V – V.

Resposta: LETRA A.

---

33. (Quadrix – 2023 – CRO-BA – Analista de Licitações e Contratos) Julgue o item.

O número de linhas da tabela-verdade da proposição composta $(p \wedge q) \leftrightarrow \sim(r \vee s)$ é um quadrado perfeito.

COMENTÁRIO

O número de linhas de uma tabela verdade é igual a 2^n, onde n é a quantidade de proposições.

Note que as proposições são: *p, q, r, s*, ou seja, são 4 proposições. Então temos:

$2^4 = 16$

O quadrado perfeito é um número que quando radicado possui um número inteiro como resposta.

Como $\sqrt{16} = 4$, então a afirmativa está certa.

Resposta: CERTO.

---

34. (Quadrix – 2023 – CRO-BA – Analista de Licitações e Contratos) Julgue o item.

A frase "Natal é tempo de renovação!" é considerada uma proposição.

COMENTÁRIO

São consideradas proposições lógicas as sentenças que podem ser valoradas. Ou seja, podem assumir um único valor: VERDADEIRO ou Falso.

Vale lembrar que não são proposições lógicas, ou seja, não podem receber o valor de F e V as sentenças:

i) Interrogativas;

ii) Exclamativas

iii) Sentenças abertas;

iv) Opinativas;

v) Sem verbo.

Observe que a frase dada é EXCLAMATIVA, logo não pode ser considerada como uma proposição.

Resposta: ERRADO.

---

35. (Quadrix – 2023 – CRO-BA – Analista de Licitações e Contratos) Julgue o item.

A proposição "Se a Bahia é a capital de Salvador, então o Brasil está localizado na Europa" é falsa.

COMENTÁRIO

Temos uma condicional, e como já vimos, a única forma para obter FALSO é quando a primeira proposição é V e a segunda é F.

Então vamos valorar as proposições simples:

Bahia é a capital de Salvador = FALSO. Sabemos que Salvador que é capital da Bahia.

Brasil está localizado na Europa = FALSO. Brasil não está localizado na Europa

Então teremos:

$F \rightarrow F = V$

Logo, a proposição é verdadeira.

Resposta: CERTO.

---

36. (Quadrix – 2023 – CREF – 3ª Região (SC) Assistente Administrativo) Texto associado

Três irmãos, André, Fernando e Paulo, estavam brincando na sala de estar quando, acidentalmente, um deles chutou uma bola de futebol em um vaso de flores. O vaso, infelizmente, caiu no chão, quebrou e fez um barulho enorme. Assustada, a mãe deles veio correndo e perguntou quem era o culpado. André respondeu: – "Eu quebrei o vaso!". Fernando respondeu: – "Eu não quebrei o vaso". Paulo, por sua vez, disse: – "O André não quebrou o vaso".

Sabe-se que apenas um deles está dizendo a verdade.

Com base nessa situação hipotética, julgue o item.

A frase "Eu quebrei o vaso!" é uma proposição exclamativa.

COMENTÁRIO

São consideradas proposições lógicas as sentenças que podem ser valoradas. Ou seja, podem assumir um único valor: VERDADEIRO ou Falso.

Vale lembrar que não são proposições lógicas, ou seja, não podem receber o valor de F e V as sentenças:

i) Interrogativas;

ii) Exclamativas

iii) Sentenças abertas;

iv) Opinativas;

v) Sem verbo.

Logo, a sentença dada não pode ser considerada uma proposição, muito menos uma proposição exclamativa, classificação que não existe.

Resposta: ERRADO.

---

37. (Quadrix – 2023 – CREF – 3ª Região (SC) Administrador) No que se refere à lógica proposicional, julgue o item.

A sentença "5 + 5 = 5 se, e somente se, 10 + 10 = 10" é verdadeira.

COMENTÁRIO

A proposição apresentada é uma bicondicional e nesse tipo de proposição para obtermos valor lógico verdade quando as duas proposições possuem o mesmo valor lógico.

5 + 5 = 5 possui valor lógico igual a F.

10 + 10 = 10 possui também valor lógico igual a F.

Logo:

$F \leftrightarrow F = V$

Então podemos concluir que a sentença é verdadeira.

Resposta: CERTO.

---

38. (Quadrix – 2023 – CREF – 3ª Região (SC) Administrador) No que se refere à lógica proposicional, julgue o item.

A sentença "x = 2.023" é uma proposição.

COMENTÁRIO

Como já vimos, NÃO são consideradas proposições:

1) Declarações interrogativas;
2) Declarações exclamativas
3) Sentenças abertas (que é o caso da questão)
4) Sentenças imperativas
5) Sem verbo.

A sentença é aberta, por isso não é uma proposição.

Resposta: ERRADO.

---

39. (Quadrix – 2023 – CREF – 3ª Região (SC) Administrador) No que se refere à lógica proposicional, julgue o item.

"Red Hot Chili Peppers é a maior banda de funk rock de todos os tempos!" é uma proposição.

COMENTÁRIO

São consideradas proposições lógicas as sentenças que podem ser valoradas. Ou seja, podem assumir um único valor: VERDADEIRO ou Falso.

Vale lembrar que não são proposições lógicas, ou seja, não podem receber o valor de F e V as sentenças:

1. Interrogativas;
2. Exclamativas
3. Sentenças abertas;
4. Opinativas;
5. Sem verbo.

A sentença claramente é uma sentença imperativa, ou seja, que expressa uma opinião.

Logo, a sentença não é uma proposição.

Resposta: ERRADO.

---

40. (IBFC – 2023 – UFPB – Administrador) Sabendo que os valores lógicos de duas proposições simples são falsos, então é correto afirmar que o valor lógico:

a) da Disjunção entre elas é verdade

b) da Conjunção entre elas é verdade

c) do Condicional entre elas é verdade

d) do Bicondicional entre elas é falso

e) da Disjunção Exclusiva entre elas é verdade

COMENTÁRIO

Vamos analisar cada uma das alternativas:

A. da Disjunção entre elas é verdade

Para que uma disjunção seja verdade é necessário que pelo menos um dos valores seja verdadeiro. Então $F \vee F = F$

B. da Conjunção entre elas é verdade

Para que uma conjunção seja verdade, é necessário que as duas proposições sejam verdades.

Então: $F \wedge F = F$

C. do Condicional entre elas é verdade

Em uma condicional é quando as duas proposições são falsas o resultado é verdadeiro.

Então: $F \rightarrow F = V$

D. do Bicondicional entre elas é falso

Em uma bicondicional quando os valores das proposições são iguais, a sentença será verdadeira. $F \leftrightarrow F = V$

E. da Disjunção Exclusiva entre elas é verdade

Quando duas proposições possuem o mesmo valor lógico a disjunção exclusiva entre elas será falsa.

Resposta: LETRA C.

---

41. (IBFC – 2023 – Prefeitura de Cuiabá-MT – Agente de Saúde/Agente de Call Center) O conectivo cujo valor lógico é falso se os valores lógicos das proposições conectadas por ele são verdadeiros é chamado de:

a) Disjunção

b) Disjunção exclusiva

d) Conjunção

e) Bicondicional

COMENTÁRIO

A operação da disjunção exclusiva indica que a expressão somente será verdadeira quando as duas proposições envolvidas possuem valores lógicos diferentes. Desta forma, quando os valores lógicos de duas proposições forem iguais a sua disjunção exclusiva sempre será falsa.

Logo, $V \veebar V = V$

GABARITO: LETRA B.

---

42. (Quadrix – 2023 – CRO-SC – Agente Fiscal) Considerando que a proposição "Sydney é a capital da Austrália" é falsa e que a proposição "A Austrália é localizada na Oceania" é verdadeira, julgue o item.

A proposição "Sydney não é a capital da Austrália e a Austrália não é localizada na Oceania" é verdadeira.

COMENTÁRIO

A proposição dada é uma conjunção. Vale lembrar que a tabela-verdade de uma conjunção é dada por:

P	Q	$P \wedge Q$
V	V	V
V	F	F
F	V	F
F	F	F

Então dada a proposição, podemos valorar:

"Sydney não é a capital da Austrália(V) e a Austrália não é localizada na Oceania(F)"

Logo:

$V \wedge F = F$, ou seja, a proposição será falsa.

GABARITO: ERRADO.

---

43. (Quadrix – 2023 – CRO – SC – Agente Fiscal) Considerando que a proposição "Sydney é a capital da Austrália" é falsa e que a proposição "A Austrália é localizada na Oceania" é verdadeira, julgue o item.

A proposição "Sydney é a capital da Austrália ou a Austrália é localizada na Oceania" é falsa.

COMENTÁRIO

A proposição dada é uma disjunção. Vale lembrar que a tabela-verdade de uma disjunção (ou) é dada por:

P	Q	$P \vee Q$
V	V	V
V	F	V
F	V	V
F	F	F

Então dada a proposição, podemos valorar:

"Sydney é a capital da Austrália(F) ou a Austrália é localizada na Oceania(V)"

Como vimos na tabela:

$F \vee V = V$, ou seja, a sentença é verdadeira.

GABARITO: ERRADO.

---

44. (Quadrix – 2023 – CRO – SC – Agente Fiscal) Considerando que a proposição "Sydney é a capital da Austrália" é falsa e que a proposição "A Austrália é localizada na Oceania" é verdadeira, julgue o item.

A proposição "Se Sydney é a capital da Austrália, então a Austrália é localizada na Oceania" é verdadeira.

COMENTÁRIO

A proposição dada é uma condicional. Vale lembrar que a tabela-verdade de uma condicional (Se..., então) é dada por:

P	Q	$P \rightarrow Q$
V	V	V
V	F	F
F	V	V
F	F	V

Então dada a proposição, podemos valorar:

Se Sydney é a capital da Austrália(F), então a Austrália é localizada na Oceania(V)"

Então teremos:

$F \rightarrow V = V$, logo, a proposição é verdadeira.

GABARITO: CERTO.

45. (Quadrix – 2023 – CRO – SC – Administrador) Com relação a equações e inequações e estruturas lógicas, julgue o item.

"Se o número 1 é um número primo, então a Terra é plana" é uma proposição falsa.

COMENTÁRIO

A proposição dada é uma condicional. Vale lembrar que a tabela-verdade de uma condicional (Se..., então) é dada por:

P	Q	$P \rightarrow Q$
V	V	V
V	F	F
F	V	V
F	F	V

Vamos olhar as proposições:

- O número 1 é um número primo – FALSO. Números primos são aqueles números que possuem exatamente dois divisores, o número um e ele mesmo.
- Terra é plana – FALSO. A Terra tem formato esférico.

Desta forma:

$F \rightarrow F = V$

A sentença é uma proposição verdadeira.

GABARITO: ERRADO.

46. (Quadrix – 2023 – CRO – SC – Administrador) Com relação a equações e inequações e estruturas lógicas, julgue o item.

"Pelé é o maior jogador de futebol de todos os tempos!" é uma proposição.

COMENTÁRIO

São consideradas proposições lógicas as sentenças que podem ser valoradas. Ou seja, podem assumir um único valor: VERDADEIRO ou Falso.

Vale lembrar que não são proposições lógicas, ou seja, não podem receber o valor de F e V as sentenças:

1) Interrogativas;
2) Exclamativas
3) Sentenças abertas;
4) Opinativas;
5) Sem verbo.

Podemos observar que a sentença é exclamativa, opinativa, ou seja, não pode ser considerada como uma proposição.

GABARITO: ERRADO.

47. (Quadrix – 2023 – CRO – SC – Administrador) Com relação a equações e inequações e estruturas lógicas, julgue o item.

A inequação $61x^2 - 61x > 0$ é uma proposição.

COMENTÁRIO.

São consideradas proposições lógicas as sentenças que podem ser valoradas. Ou seja, podem assumir um único valor: VERDADEIRO ou Falso.

Vale lembrar que não são proposições lógicas, ou seja, não podem receber o valor de F e V as sentenças:

1) Interrogativas;
2) Exclamativas

3) Sentenças abertas;
4) Opinativas;
5) Sem verbo.

Note que na inequação não é possível delimitar um valor para x, tornando a sentença aberta.

GABARITO: ERRADO.

---

48. (Quadrix – 2023 – CRO – SC – Administrador) Com relação a equações e inequações e estruturas lógicas, julgue o item.

Se $x^2 = x$, então $x = 1$.

COMENTÁRIO

Essa questão envolve também um conceito de equação do 2º grau.

O x^2 é o mesmo que $x \cdot x$

Observe que temos duas respostas possíveis:

$1^2 = 1$

Então x pode ser 1, ou pode também ser zero:

$0^2 = 0$

Logo a sentença está errada.

GABARITO: ERRADO.

---

49. (CESPE/CEBRASPE – 2023 – SEPLAN-RR – Analista de Planejamento e Orçamento – Especialidade: Planejamento e Orçamento) Considerando os conectivos lógicos usuais, que as letras maiúsculas representam proposições lógicas e que o símbolo ~ representa a negação de uma proposição, julgue o item subsecutivo.

A expressão $(A \vee B) \rightarrow C$ é equivalente à expressão $(\sim A \wedge \sim B) \vee C$.

COMENTÁRIO

A questão busca a equivalência da condicional. A condicional possui uma equivalência dada por uma disjunção:

1) Se p então q = Não p ou q.

$\sim p \vee q$

Ou seja, nega a primeira, troca o conectivo por OU e mantém a segunda.

Como a primeira parte é dada por uma disjunção a sua negação será:

$\sim(A \vee B) = \sim A \wedge \sim B$

Então a equivalência será: $(\sim A \wedge \sim B) \vee C$.

GABARITO: CERTO.

---

50. (CESPE/CEBRASPE – 2023 – SEPLAN-RR – Analista de Planejamento e Orçamento – Especialidade: Planejamento e Orçamento) Considerando os conectivos lógicos usuais, que as letras maiúsculas representam proposições lógicas e que o símbolo ~ representa a negação de uma proposição, julgue o item subsecutivo.

A sentença "O monte Roraima e o monte Caburaí são exemplos de formações geológicas decorrentes de movimentações de placas tectônicas ocorridas há centenas de milhões de anos" pode ser representada corretamente pela proposição lógica $R \rightarrow (P \wedge Q)$.

COMENTÁRIO

A estrutura apresentada possui apenas uma ideia (um verbo) e não há conectivos. Desta forma podemos concluir que é apenas uma proposição simples.

Logo não pode ser representada como uma proposição composta.

GABARITO: ERRADO.

51. (INSTITUTO AOCP – 2022 – BANESE – Técnico Bancário III – Área de Informática – Desenvolvimento)

Em Lógica, a Tabela Verdade tem os 5 símbolos seguintes ~, ∧, ∨, → e ↔. Então, a operação lógica de cada símbolo é, respectivamente:

a) afirmação, conjunção, disjunção, condicional e preposição.
b) negação, disjunção, conjunção, condicional e afirmação.
c) afirmação, conjunção, preposição, condicional e bicondicional.
d) negação, conjunção, disjunção, condicional e bicondicional.
e) conjunção, negação, disjunção, afirmação e condicional.

COMENTÁRIO

Os conectivos lógicos são usados para ligar duas proposições simples. São conectivos lógicos:

Tipo	Formato	Símbolo
Conjunção	"e"	∧
Disjunção	"ou"	∨
Condicional	"Se... então"	→
Bicondicional	"se e somente se"	↔
Disjunção exclusiva	"Ou... ou..."	V

Vale lembrar que a negação de uma proposição é representado pelo símbolo "~".

Dado os símbolos: ~, ∧, ∨, → e ↔.

Respectivamente são: negação, conjunção, disjunção, condicional e bicondicional.

GABARITO: LETRA D.

52. (Quadrix – 2022 – CRC-MG – Auxiliar Administrativo) Julgue o item, referente à compreensão de estruturas lógicas.

A frase "Você conhece o Elon Musk?" pode ser considerada uma proposição.

COMENTÁRIO

São consideradas proposições lógicas as sentenças que podem ser valoradas. Ou seja, podem assumir um único valor: VERDADEIRO ou Falso.

Vale lembrar que não são proposições lógicas, ou seja, não podem receber o valor de F e V as sentenças:

1) Interrogativas;
2) Exclamativas
3) Sentenças abertas;
4) Opinativas;
5) Sem verbo.

Como é uma sentença interrogativa, logo não é uma proposição.

GABARITO: ERRADO.

53. (Quadrix – 2022 – CREF – 5ª Região – Agente Administrativo) Considerando que p e q sejam proposições, julgue o item.

A proposição (p ∧ ~p) → q é logicamente falsa.

COMENTÁRIO

Note que a negação de uma proposição pode ser representada pelo símbolo ~.

Logo, *p* e *~p* sempre terão valores opostos.

Como a primeira proposição é uma conjunção e formada por proposições opostas então o seu valor lógico sempre será falso.

Observe que o conectivo principal é uma condicional e que a única forma de obter valor lógico falso é quando a primeira proposição é verdadeira e a segunda é falsa.

Como a primeira parte da condicional é falsa é impossível que essa proposição seja falsa.

GABARITO: ERRADO.

---

54. (Quadrix – 2022 – CREF – 5ª Região – Agente Administrativo) Considerando que p e q sejam proposições, julgue o item.

A proposição $p \rightarrow (q \rightarrow p)$ é verdadeira, independentemente dos valores lógicos de p e q.

COMENTÁRIO

Podemos montar uma tabela verdade para resolver essa questão. Como são condicionais, o único formato que terá uma valor lógico é quando $V \rightarrow F = F$

q	p	$(q \rightarrow p)$	$p \rightarrow (q \rightarrow p)$
V	V	V	V
V	F	F	V
F	V	V	V
F	F	V	V

Note que a proposição sempre será verdade

GABARITO: CERTO.

---

55. (Quadrix – 2022 – CRBM 3ª Região – Fiscal Biomédico) Sendo p, q e r três proposições, julgue o item.

Se p e q são verdadeiras e r é falsa, então a proposição $r \rightarrow (p \rightarrow q)$ é verdadeira.

COMENTÁRIO

Vamos substituir os valores dados nas proposição:

$r \rightarrow (p \rightarrow q)$

$F \rightarrow (V \rightarrow V)$

As operações indicam condicionais, e vale lembrar que a única forma de obter falso em uma condicional é quando $V \rightarrow F$.

Desta forma, podemos concluir que:

$F \rightarrow (V \rightarrow V)$

$F \rightarrow V = V$

GABARITO: CERTO.

---

56. (Quadrix – 2022 – CRP – SP – Assistente Administrativo) Considerando que as proposições "A comida favorita de Magali é melancia" e "Cascão tem medo de chuva" sejam verdadeiras, julgue o item.

A frase "Mônica é a dona da rua!" é uma proposição.

COMENTÁRIO

São consideradas proposições lógicas as sentenças que podem ser valoradas. Ou seja, podem assumir um único valor: VERDADEIRO ou Falso.

Vale lembrar que não são proposições lógicas, ou seja, não podem receber o valor de F e V as sentenças:

1) Interrogativas;
2) Exclamativas
3) Sentenças abertas;
4) Opinativas;
5) Sem verbo.

Podemos ver claramente que a questão é uma sentença exclamativas.

GABARITO: ERRADO.

---

57. (Quadrix – 2022 – CRP – SP – Assistente Administrativo) Considerando que as proposições "A comida favorita de Magali é melancia" e "Cascão tem medo de chuva" sejam verdadeiras, julgue o item.

A proposição composta "Cascão não tem medo de chuva se, e somente se, a comida favorita de Magali não é melancia" é falsa.

COMENTÁRIO

Para que uma bicondicional (se, somente se) seja considerada falsa, as proposições devem ter valor lógicos diferentes.

Valorando a sentença dada temos:

"Cascão não tem medo de chuva(F) se, e somente se, a comida favorita de Magali não é melancia(F)

Como as duas proposições possuem o mesmo valor lógico, essa sentença será verdadeira.

GABARITO: ERRADO.

---

58. (CESPE/CEBRASPE – 2022 – MC – Atividades Técnicas de Complexidade Intelectual – Cargo 2) Julgue o item a seguir, considerando que as proposições lógicas simples sejam representadas por letras maiúsculas e utilizem como conectivos lógicos os símbolos $\wedge$ (conjunção), $\vee$ (disjunção), $\rightarrow$ (condicional) e $\leftrightarrow$ (bicondicional).

A sentença "Céu bem azul e Dia de muita alegria são duas expressões equivalentes." pode ser corretamente representada por $P \leftrightarrow Q$.

COMENTÁRIO

A sentença dada apresenta apenas um verbo, isso torna a sentença simples. Em sentenças simples não há necessidade de conectivos.

Logo, o item está errado.

GABARITO: ERRADO.

---

59. (CESPE/CEBRASPE – 2022 – Prefeitura de São Cristóvão-SE – Agente Comunitário de Saúde – Edital nº 1) Texto associado

Considere as seguintes proposições.

P: "Se eu sou convidado para a festa do chefe e me recuso a ir, eu sou taxado de antissocial."

Q: "Se eu sou convidado para a festa do chefe e vou, eu sou taxado de puxa-saco."

R: "Se eu sou taxado de antissocial ou de puxa-saco, eu fico constrangido."

C: "Se eu sou convidado para a festa do chefe, eu fico constrangido."

Acerca dessas proposições, julgue o item a seguir.

A proposição R pode ser corretamente simbolizada por $u \wedge v \rightarrow w$, em que $\wedge$ e $\rightarrow$ representam conectivos lógicos, enquanto u, v e w são proposições simples afirmativas.

COMENTÁRIO

A proposição R: "Se eu sou taxado de antissocial ou de puxa-saco, eu fico constrangido."

Observe que o conectivo utilizado na sentença foi o "ou" que é uma disjunção.

O símbolo utilizado para representar uma disjunção é o "$\vee$" e não "$\wedge$" como foi indicado.

Logo a forma correta de representação de R seria: $(u \vee v) \rightarrow w$.

GABARITO: ERRADO.

---

60. (CESPE/CEBRASPE – 2022 – POLITEC – RO – Perito Criminal – Área 1 (Ciência Contábeis/Ciências Econômicas/Adm. de Empresas/Adm. Pública) Texto associado

Considerando a tabela CG1A3-I, as informações a ela relacionadas e que as primeiras três colunas da tabela-verdade da proposição lógica P ∧ (Q → R) sejam iguais a

P	Q	R
V	V	V
V	V	F
V	F	V
V	F	F
F	V	V
F	V	F
F	F	V
F	F	F

A última coluna dessa tabela-verdade apresenta valores V ou F, tomados de cima para baixo, na sequência.

a) V – F – V – V – F – F – F – F.

b) V – F – F – F – V – F – F – F.

c) V – V – F – F – V – V – F – F.

d) V – V – V – F – V – F – V – F.

e) V – F – V – F – V – F – V – F.

COMENTÁRIO

É uma questão que envolve dois operadores e a tabela verdade. Primeiro passo é resolver a operação que está dentro dos parênteses.

Observe que temos uma condicional, e que em uma condicional, a única forma de obtermos F é quando a primeira sentença é verdadeira e a segunda sentença é falsa. Então vamos observar apenas as colunas Q e R.

Q	R	Q → R
V	V	V
V	F	F
F	V	V
F	F	V
V	V	V
V	F	F
F	V	V
F	F	V

Sabendo o resultado dessa coluna agora vamos fazer a conjunção "∧".

Vale lembrar que em uma conjunção a única forma de se obter V é quando as duas sentenças que a formam são verdadeiras.

Então temos:

P	Q → R	P ∧ (Q → R)
V	V	V
V	F	F
V	V	V
V	V	V
F	V	F
F	F	F
F	V	F
F	V	F

Logo, a alternativa correta é a letra A.

GABARITO: LETRA A.

---

61. (CESPE/CEBRASPE – 2022 – PC-PB – Escrivão de Polícia) Considere os conectivos lógicos usuais e assuma que as letras maiúsculas P, Q e R representam proposições lógicas; considere também as primeiras três colunas da tabela-verdade da proposição lógica $(P \wedge Q) \vee R$, conforme a seguir.

P	Q	R
V	V	V
V	V	F
V	F	V
V	F	F
F	V	V
F	V	F
F	F	V
F	F	F

A partir dessas informações, infere-se que a última coluna da tabela-verdade, correspondente a $(P \wedge Q) \vee R$, apresenta valores V ou F, de cima para baixo, na seguinte sequência

a) V V F F V V V F.

b) V V F V F V F V.

c) V V V F V F V F.

d) V V V V V F F F.

COMENTÁRIO

O primeiro passo é resolver a operação que está indicada dentro dos parênteses, que foi indicado por uma conjunção "∧".

Como já vimos anteriormente a única forma de se obter verdade em uma conjunção é quando as duas proposições que a formam são verdadeiras. Então temos:

P	Q	$P \wedge Q$
V	V	V
V	V	V
V	F	F
V	F	F
F	V	F
F	V	F
F	F	F
F	F	F

Agora relacionamos essa coluna com a coluna R utilizando o conectivo da disjunção. Em uma disjunção a única forma de se obter F é quando as duas sentenças que a formam são falsas.

Sabendo disso temos:

$P \wedge Q$	R	$(P \wedge Q) \vee R$
V	V	V
V	F	V
F	V	V
F	F	F
F	V	V

F	F	F
F	V	V
F	F	F

Logo, a alternativa correta é a letra D.

GABARITO: LETRA D.

---

62. (CESPE/CEBRASPE – 2022 – PC-PB – Escrivão de Polícia) A Democracia e a Justiça Social estão sempre lado a lado, e a Justiça Social é consequência direta do nível de maturidade da sociedade e do aprendizado do significado de ser humano.

Considerando-se os conectivos lógicos usuais e assumindo-se que as letras maiúsculas P, Q, R e S representem proposições lógicas, o texto precedente pode ser expresso corretamente pela seguinte proposição lógica:

a) P.

b) $P \wedge Q$.

c) $P \wedge (Q \rightarrow R)$.

d) $(P \wedge Q) \rightarrow R$.

e) $(P \wedge Q) \rightarrow (R \wedge S)$.

COMENTÁRIO

Observe que a sentença dada possui apenas duas orações, pois há apenas dois núcleos verbais relacionando o sujeito cm o predicado:

A Democracia e a Justiça Social estão sempre lado a lado, e a Justiça Social é consequência direta do nível de maturidade da sociedade e do aprendizado do significado de ser humano.

Então temos:

P: A Democracia e a Justiça Social estão sempre lado a lado

Q: a Justiça Social é consequência direta do nível de maturidade da sociedade e do aprendizado do significado de ser humano

Conectivo: "e" – conjunção

Então temos:

$P \wedge Q$

GABARITO: LETRA B.

---

63. (CESPE/CEBRASPE – 2022 – Petrobras – Analista de Sistemas – Processos de negócio) Texto associado

Uma frase afirmativa que possa ser classificada em verdadeira ou falsa é uma proposição. Para formular composições de proposições simples, a lógica matemática faz uso de alguns conectivos padronizados: a conjunção (e, indicada por $\wedge$); a disjunção (ou, indicada por $\vee$); a condicional (se... então, indicada por $\rightarrow$); e a bicondicional (se, e somente se, indicada por $\leftrightarrow$). Também tem-se a negação, indicada por $\neg$, que age sobre uma proposição sozinha, negando seu sentido. Algumas sentenças, denominadas sentenças abertas, não são consideradas proposições porque seu valor-verdade depende de uma ou mais variáveis; elas podem ser transformadas em proposições pelo uso de um quantificador universal (para qualquer x) ou de um quantificador existencial (existe x).

Considerando essas informações, e que Z representa o conjunto dos números inteiros, julgue o item seguinte.

A seguinte afirmação é uma proposição: A quantidade de formigas no planeta Terra é maior que a quantidade de grãos de areia.

COMENTÁRIO

O que são proposições?

São sentenças declarativas que podem ser valoradas, ou seja, podem ser atribuído um valor lógico verdadeiro ou falso.

Observe que a sentença dada pode ser valorada como verdade ou como falso. Logo é uma proposição.

E o que não é uma proposição?

- Sentenças abertas: pois não há possibilidade de valorar objetos que não foram definidos. Exemplo: "x > 8".
- Interrogativas: Não podemos afirmar ou negar a pergunta propriamente dita.
- Imperativa: Não é possível valorar uma ordem.
- Exclamativas: São opiniões, expressam subjetividade.
- Paradoxos: Um exemplo seria "Essa frase é falsa".

GABARITO: CERTO.

---

64. (CESPE/CEBRASPE – 2022 – Petrobras – Análise – Comércio e Suprimento) Acerca de lógica matemática, julgue o item a seguir.

A frase "Saia daqui!" é uma proposição simples.

COMENTÁRIO

Como vimos anteriormente, não são consideradas proposições:

- Sentenças abertas: pois não há possibilidade de valorar objetos que não foram definidos. Exemplo: "x > 8".
- Interrogativas: Não podemos afirmar ou negar a pergunta propriamente dita.
- Imperativa: Não é possível valorar uma ordem.
- Exclamativas: São opiniões, expressam subjetividade.
- Paradoxos: Um exemplo seria "Essa frase é falsa".

A frase dada é uma exclamação, logo não é uma proposição.

GABARITO: ERRADO.

---

65. (CESPE/CEBRASPE – 2021 – BANESE – Técnico Bancário III – Área de Informática – Desenvolvimento) Com relação a estruturas lógicas, julgue o item a seguir, nos quais são utilizados os símbolos usuais dos conectivos lógicos e as letras P, Q, R e S representam proposições lógicas.

	P	Q
①	V	V
②	F	V
③	V	F
④	F	F

Considere que a figura acima apresenta as colunas iniciais de uma tabela verdade, com P e Q representando proposições lógicas. Nessa situação, a última coluna da tabela-verdade referente à proposição lógica $P \rightarrow (\sim Q)$, em que o símbolo ~ representa o conectivo de negação, quando escrita na posição horizontal, é igual a:

①	②	③	④
F	V	V	F

COMENTÁRIO

Vamos construir a tabela. Primeiro precisamos saber que na tabela ~Q é a valoração inversa de Q e que o símbolo $\rightarrow$ representa uma condicional.

Como já vimos anteriormente, a única forma de se obter falso em uma condicional é quando a primeira proposição é V e a segunda é F.

Então temos:

P	Q	~Q	P → (~Q)
V	V	F	F
F	V	F	F
V	F	V	V
F	F	V	V

Colocando na horizontal teríamos:

F – F – V – V .

GABARITO: ERRADO.

---

66. (CESPE / CEBRASPE - 2021 - BANESE - Técnico Bancário III - Área de Informática - Desenvolvimento) Com relação a estruturas lógicas, julgue o item a seguir, nos quais são utilizados os símbolos usuais dos conectivos lógicos e as letras P, Q, R e S representam proposições lógicas.

A frase "A capacidade hoteleira e o número de empregos cresceram 10% no ano de 2003 no Nordeste brasileiro, e isso foi consequência do total de 90 milhões de reais investidos na área de turismo pelo governo federal e pelos governos estaduais dessa região no ano de 2002" pode ser expressa corretamente pela proposição lógica $(P \wedge Q) \rightarrow (R \wedge S)$.

COMENTÁRIO

Primeiro vamos nomear as proposições. Vamos chamar de:

$P \wedge Q$ = A capacidade hoteleira e o número de empregos cresceram 10% no ano de 2003 no Nordeste brasileiro.

$R \wedge S$ = total de 90 milhões de reais investidos na área de turismo pelo governo federal e pelos governos estaduais dessa região no ano de 2002

Observe que a estrutura apresentada é uma condicional, e sabemos que em uma condicional a sua estrutura é formada por

Antecedente → Consequente

Note que $P \wedge Q$ é uma consequência do investimento relatado em $R \wedge S$.

Logo, a forma correta seria:

$(R \wedge S) \rightarrow (P \wedge Q)$

Desta forma, o item está errado.

GABARITO: ERRADO.

---

67. (CESPE / CEBRASPE - 2021 - PC-DF - Escrivão de Polícia da Carreira de Polícia Civil do Distrito Federal) Com relação a estruturas lógicas, lógica de argumentação e lógica proposicional, julgue o item subsequente.

A proposição $[p \wedge q] \rightarrow [p \vee (\sim q)]$, em que $(\sim q)$ denota a negação da proposição q, só apresenta resultado verdadeiro quando a proposição p for verdadeira e a proposição q for falsa.

COMENTÁRIO

Podemos fazer essa questão fazendo a tabela-verdade da proposição dada.

Observe que teremos uma coluna com a negação de q, logo após colocaremos a conjunção, a disjunção e por último a condicional:

p	q	~q	p ∧ q	p ∨ (~q)	(p ∧ q) → (p ∨ (~q))
V	V	F	V	V	V
V	F	V	F	V	V
F	V	F	F	F	V
F	F	V	F	V	V

Note que independentemente do valor de p e q a proposição sempre será verdadeira, e não em apenas uma situação específica.

GABARITO: ERRADO.

---

68. (Quadrix – 2022 – CRP – SP – Assistente Administrativo) Considerando que as proposições "A comida favorita de Magali é melancia" e "Cascão tem medo de chuva" sejam verdadeiras, julgue o item.

A frase "Mônica é a dona da rua!" é uma proposição.

COMENTÁRIO

Sabemos que são proposições as sentenças declarativas que podem ser valoradas como verdadeiras e falsas. Essas sentenças devem possuir sentido e um verbo.

E o que não é uma proposição?

- Sentenças abertas: pois não há possibilidade de valorar objetos que não foram definidos. Exemplo: "x > 8".
- Interrogativas: Não podemos afirmar ou negar a pergunta propriamente dita.
- Imperativa: Não é possível valorar uma ordem.
- Exclamativas: São opiniões, expressam subjetividade.
- Paradoxos: Um exemplo seria "Essa frase é falsa".

Observe que a sentença dada é uma sentença exclamativa, logo não será proposição.

GABARITO: ERRADO.

---

69. (Quadrix – 2022 – COREN-AP – Agente Administrativo) Julgue o item.

A frase "Diga não às drogas!" não é um exemplo de proposição.

COMENTÁRIO

O que não é uma proposição?

- Sentenças abertas: pois não há possibilidade de valorar objetos que não foram definidos. Exemplo: "x > 8".
- Interrogativas: Não podemos afirmar ou negar a pergunta propriamente dita.
- Imperativa: Não é possível valorar uma ordem.
- Exclamativas: São opiniões, expressam subjetividade.
- Paradoxos: Um exemplo seria "Essa frase é falsa".

Observe que a sentença dada é uma frase Imperativa. Logo, não é uma proposição.

GABARITO: CERTO.

---

70. (Quadrix – 2022 – CRA-PR – Auxiliar Administrativo) Sendo p , q e r três proposições, julgue o item.

Escolhendo-se ao acaso uma linha da tabela-verdade da proposição composta $(p \wedge q) \leftrightarrow (p \vee r)$, a probabilidade de ela ser verdadeira é de 25%.

COMENTÁRIO

Para resolver essa questão vamos construir a tabela verdade da proposição composta:

p	q	$p \wedge q$	$p \vee q$	$(p \wedge q) \leftrightarrow (p \vee q)$
V	V	V	V	V
V	F	F	V	F
F	V	F	V	F
F	F	F	F	V

Observe que a metade das linhas da última coluna são verdadeiras. Desta forma, a probabilidade será de 50%.

GABARITO: ERRADO.

71. (Quadrix – 2022 – CRMV-SP – Assistente Administrativo)

Em uma joalheria, é possível personalizar um colar, escolhendo-se o material da corrente (ouro ou prata) e três pedras, que são dispostas verticalmente. Atualmente, as pedras que a loja possui são 12 diamantes, 20 esmeraldas e 30 rubis.

Com base nessa situação hipotética, julgue o item.

A frase "Eu quero muito ouro!" é um exemplo de proposição lógica.

COMENTÁRIO

Como já vimos anteriormente, não é uma proposição:

- Sentenças abertas: pois não há possibilidade de valorar objetos que não foram definidos. Exemplo: "x > 8".
- Interrogativas: Não podemos afirmar ou negar a pergunta propriamente dita.
- Imperativa: Não é possível valorar uma ordem.
- Exclamativas: São opiniões, expressam subjetividade.
- Paradoxos: Um exemplo seria "Essa frase é falsa".

Observe que a frase dada é uma frase exclamativa, e por isso não pode ser valorada.

Logo, NÃO é uma proposição lógica.

GABARITO: ERRADO.

72. (IBFC – 2022 – IBGE – Agente Censitário de Administração e Informática – Edital nº 8) Sabendo que o valor lógico da proposição simples p: "Paulo colaborou na organização do posto de coleta" é verdadeira e que o valor lógico da proposição simples q: "O agente censitário recepcionou os colaboradores do IBGE" é falso, então é correto afirmar que o valor lógico da proposição composta:

a) p disjunção q é falso
b) p conjunção q é verdade
c) p condicional q é falso
d) p bicondicional q é verdade
e) p disjunção exclusiva q é falso

COMENTÁRIO

Essa é uma questão que conseguimos resolver apenas conhecendo a tabela verdade das proposições dadas.

Como foi dito, os valores lógicos das proposições são:

p: V

q: F

Então, vamos analisar as alternativas dadas verificando a tabela verdade de cada proposição:

A. p disjunção q é falso

p	q	$p \vee q$
V	V	V
V	F	V
F	V	V
F	F	F

Observe que $p \vee q = V$. Logo, o item está errado.

B. p conjunção q é verdade

p	q	$p \wedge q$
V	V	V
V	F	F
F	V	F
F	F	F

Observe que $p \wedge q = F$. Logo, o item está errado.

D. p condicional q é falso

p	q	$p \rightarrow q$
V	V	V
V	F	F
F	V	V
F	F	V

Observe que $p \rightarrow q = F$. Logo, o item está certo.

E. p bicondicional q é verdade

p	q	$p \leftrightarrow q$
V	V	V
V	F	F
F	V	F
F	F	V

Observe que $p \leftrightarrow q = F$. Logo, o item está errado.

H. p disjunção exclusiva q é falso

p	q	$p \veebar q$
V	V	F
V	F	V
F	V	V
F	F	F

Observe que $p \veebar q = V$. Logo, o item está errado.

GABARITO: LETRA C.

---

73. (IBFC – 2021 – MGS – Cargos de Nível Médio) Sabendo que o valor lógico do condicional entre duas proposições p e q, nessa ordem, é falso, então pode-se afirmar que:

a) o valor lógico de q é verdade e o valor lógico de p é falso

b) o valor lógico de p é verdade e o valor lógico de q é falso

c) os valores lógicos de ambas proposições são falsos

d) os valores lógicos de ambas proposições são verdadeiros

COMENTÁRIO

A proposição apresentada na questão é uma condicional. Então vamos relembrar algumas coisas importantes sobre esse tipo de proposição.

Uma condicional é formada pela seguinte estrutura: *Antecedente* $\rightarrow$ *Consequente*

Dada uma condicional do tipo $A \rightarrow B$ temos a seguinte tabela-verdade:

A	B	$A \rightarrow B$
V	V	V
V	F	F
F	V	V
F	F	V

Observe que a única forma de se obter falso é $V \rightarrow F$. (DICA: Esse é o famoso Vera - Fisher FALSO)

A questão coloca a proposição como P → Q, então como vimos a única forma para que isso seja falso é se P assumir o valor de verdade e o Q assumir o valor de falso.

Logo, a alternativa correta é a letra B.

GABARITO: LETRA B.

---

74. (IBFC – 2021 – MGS – Cargos de Nível Médio) Sabendo que o valor lógico de uma proposição simples p é verdade e o valor lógico de uma proposição simples q é falso, então é correto afirmar que:

a) o valor lógico da conjunção entre p e q é verdade

b) o valor lógico da disjunção entre p e q é falso

c) o valor lógico do bicondicional entre p e q é falso

e) o valor lógico do condicional entre p e q, nessa ordem, é verdade

COMENTÁRIO

Como a questão já informou, a valoração das proposições simples são:

p: V e q: F

Vamos comentar cada item para encontrar o verdadeiro.

A. o valor lógico da conjunção entre p e q é verdade

Em uma conjunção a única forma para obter verdade é quando as duas proposições simples são verdadeiras. Desta forma:

$V \wedge F = F.$

Item errado.

B. o valor lógico da disjunção entre p e q é falso

Em uma disjunção, a única forma de obter falso é quando as duas proposições simples possuem o valor de falso.

Então:

$V \vee F = V.$

Item errado.

C. o valor lógico do bicondicional entre p e q é falso

A relação de p e q somente será verdadeira se p e q forem falsos ou se p e q forem verdadeiros. Observe que na situação, p e q possuem valoração distinta. Logo:

$V \leftrightarrow F = F.$

Item Certo.

D. o valor lógico do condicional entre p e q, nessa ordem, é verdade

Como já mencionamos antes, a única forma para obter falso em uma condicional é quando o antecedente é V e o consequente é F. Observe que é exatamente essa forma que o item sugere.

Item errado.

GABARITO: LETRA C.

---

75. (IBFC – 2020 – SAEB-BA – Soldado) Conjunções são proposições compostas em que há a presença do conectivo "e" e podem ser representadas pelo símbolo "^". Sendo assim, assinale a alternativa correta.

a) Se P é verdadeira e Q é verdadeira, então P ∧ Q é falsa

b) Se P é verdadeira e Q é falsa, então P ∧ Q é falsa

c) Se P é falsa e Q é falsa, então P ∧ Q é verdadeira

d) Se P é falsa e Q é verdadeira, então P ∧ Q é verdadeira

e) P ∧ Q só será verdadeira se P e Q forem falsas

COMENTÁRIO

Para resolver essa questão basta apenas conhecer a tabela-verdade de uma conjunção.

P	Q	$P \wedge Q$
V	V	V
V	F	F
F	V	F
F	F	F

Note que a única forma para obter verdade em uma conjunção é quando as duas proposições que a formam são verdadeiras.

Desta forma, a única alternativa correta será a letra B.

GABARITO: LETRA B.

---

76. (IBFC – 2020 – EBSERH – Técnico em Contabilidade) Analise as sentenças a seguir.

I. Marie Curie foi a primeira mulher a ganhar um prêmio Nobel.

II. Os estudos sobre radioatividade são de extrema importância!

III. Como os estudos sobre radioatividade são realizados?

IV. Estude sempre para ampliar os conhecimentos.

De acordo com as sentenças apresentadas e sabendo que a uma proposição pode-se atribuir um valor lógico, assinale a alternativa incorreta.

a) A sentença I trata de uma proposição
b) As sentenças II, III e IV não possuem valor lógico atribuível
c) A sentença II não é uma proposição
d) A sentença III é uma sentença interrogativa
e) A sentença IV é uma proposição

COMENTÁRIO

A questão pede para marcar a alternativa incorreta, então vamos analisar cada alternativa.

A. A sentença I trata de uma proposição

Proposição é uma sentença declarativa a qual se pode atribuir um valor lógico.

Logo, o item I é sim uma proposição simples.

CERTO.

B. As sentenças II, III e IV não possuem valor lógico atribuível

Não são proposições lógicas:

Frases exclamativas; Frases interrogativas; Frases imperativas; Frases sem verbo; Frases abertas; Frases paradoxais.

O item II é uma frase exclamativa.

O item III é uma frase interrogativa.

O item IV é uma frase imperativa.

CERTO.

C. A sentença II não é uma proposição

Como vimos anteriormente, temos uma frase exclamativa.

CERTO.

D. A sentença III é uma sentença interrogativa

CERTO.

E. A sentença IV é uma proposição

Errado. O item IV é uma frase imperativa, portanto não é uma proposição.

GABARITO: LETRA E.

77. (IBFC – 2020 – SAEB-BA – Soldado) Observe as duas proposições P e Q apresentadas a seguir.

P: Ana é engenheira.

Q: Bianca é arquiteta.

Considere que Ana é engenheira somente se Bianca é arquiteta e, assinale a alternativa correta.

a) Ana ser engenheira não implica Bianca ser arquiteta
b) Ana ser engenheira é condição suficiente para Bianca ser arquiteta
c) Uma condição necessária para Bianca ser arquiteta é Ana ser engenheira
d) Ana é engenheira se e somente se Bianca não é arquiteta
e) Uma condição necessária para Bianca ser arquiteta é Ana não ser engenheira

COMENTÁRIO

A afirmativa dada é uma proposição composta com o conectivo "se somente se", ou seja, uma bicondicional.

Em uma bicondicional A ↔ B significa que A implica B e B implica A, ou seja, as proposições são equivalentes, em outras palavras, ambas são verdadeiras ou falsas ao mesmo tempo.

Outra informação importante é que sendo a bicondicional "Ana é engenheira somente se Bianca é arquiteta", então Ana ser engenheira é condição suficiente para Bianca ser arquiteta ou Bianca ser arquiteta é condição necessária para Ana ser engenheira.

Em outras palavras:

P é suficiente para Q

Q é necessário para P

Com isso, podemos verificar as alternativas e ver que a única correta é a letra B.

GABARITO: LETRA B.

78. (IBFC – 2020 – Prefeitura de Vinhedo-SP – Guarda Municipal)

Se o valor lógico da proposição composta "Se Marcos é professor, então Marcos trabalha 12 horas por dia" é verdade, então basta que:

A. o valor lógico da proposição "Marcos é professor" seja verdade
B. o valor lógico da proposição "Marcos trabalha 12 horas por dia" seja falso
C. o valor lógico da proposição "Marcos é professor" seja falso
D. o valor lógico da proposição "Marcos é professor" é verdade e o valor lógico da proposição "Marcos trabalha 12 horas por dia" é falso

COMENTÁRIO

Temos uma condicional. Vamos relembrar a tabela verdade de uma condicional.

A	B	A→B
V	V	V
V	F	F
F	V	V
F	F	V

Observe que a única forma para obter falso é quando a primeira proposição é verdadeira e a segunda é falsa.

Com isso, podemos concluir que se a última proposição for verdade independentemente do valor que a primeira proposição assumir, ela será sempre verdadeira.

E se o valor da primeira proposição for falso, independentemente do valor da segunda proposição, a sentença será verdadeira.

Logo, o item correto será a letra C.

GABARITO: LETRA C.

---

79. (IBFC – 2020 – EBSERH – Farmacêutico) Se A e B simbolizam, respectivamente, as proposições "João recebe uma promoção no emprego" e "João compra um carro novo", considere a proposição composta $A \rightarrow B$ para analisar as afirmações.

I. A proposição composta $A \rightarrow B$ é falsa se A é falsa e B é falsa.

II. A proposição composta $A \rightarrow B$ é verdadeira se B é verdadeira e A é verdadeira.

III. A proposição composta $A \rightarrow B$ é verdadeira se A é falsa e B é verdadeira.

Assinale a alternativa correta.

a) Apenas a segunda afirmação é verdadeira

b) Apenas a terceira afirmação é falsa

c) Apenas a segunda afirmação é falsa

d) Todas as afirmações são verdadeiras

e) Apenas a primeira afirmação é falsa

COMENTÁRIO

Vamos analisar cada item. Observe que temos apenas condicionais, e que a única forma para obter FALSO em uma condicional é quando o antecedente é verdadeiro e o consequente é falso.

Desta forma:

I. A proposição composta $A \rightarrow B$ é falsa se A é falsa e B é falsa.

$F \rightarrow F = V$.

Item errado.

II. A proposição composta $A \rightarrow B$ é verdadeira se B é verdadeira e A é verdadeira.

$V \rightarrow V = V$.

Item certo.

III. A proposição composta $A \rightarrow B$ é verdadeira se A é falsa e B é verdadeira.

$F \rightarrow V = V$.

Item certo.

GABARITO: LETRA E.

---

80. (CESPE/SEFAZ-DF/Auditor Fiscal/2020) Considerando a proposição P: "Se o servidor gosta do que faz, então o cidadão-cliente fica satisfeito", julgue o item a seguir.

P é uma proposição composta formada por duas proposições simples, de modo que sua tabela-verdade possui 2 linhas.

COMENTÁRIO

P é uma proposição composta, formada por uma condicional $A \rightarrow B$.

Como temos duas proposições, a tabela verdade será formada por $2^2 = 4$ linhas.

Resposta: Errado.

---

81. (IBFC/Soldado/CBM-BA/2020) Proposições compostas necessariamente contêm pelo menos um conectivo lógico. Sobre o conectivo lógico "e", assinale a alternativa que apresenta a afirmação correta.

a) Trata-se de uma proposição conjuntiva representada simbolicamente por $\vee$

b) Trata-se de uma proposição conjuntiva representada simbolicamente por $\wedge$

c) Trata-se de uma proposição disjuntiva representada simbolicamente por $\vee$

d) Trata-se de uma proposição disjuntiva representada simbolicamente por $\wedge$

e) Trata-se de uma proposição condicional representada simbolicamente por $\rightarrow$

COMENTÁRIO

Na linguagem da lógica formal o conectivo lógico "e" representa uma conjunção, onde se usa o símbolo "$\wedge$" para representa-la.

Resposta: B.

---

82. (IBFC/Soldado/CBM-BA/2020) O conceito mais fundamental de lógica é a proposição. Dentre as afirmações abaixo, assinale a alternativa correta que apresenta uma proposição.

a) Façam silêncio.
b) Que cansaço!
c) Onde está meu chaveiro?
d) Um belo exemplo de vida.
e) Ainda é cedo.

COMENTÁRIO

Na logica sentencial, denomina-se proposição uma frase que pode ser julgada como verdadeira (V) ou falsa (F), mas não como ambas. As alternativas "a", "b", "c", e "d" não podem ser consideradas proposições, pois respectivamente temos uma frase imperativa, uma frase exclamativa uma frase interrogativa e outra que não pode ser valorada. Isto é, são consideradas sentenças abertas, uma vez que não são passíveis de interpretação.

Logo a alternativa "e" é a única sentença que expressa um pensamento de sentido completo que pode ser atribuído um valor lógico.

Resposta: E.

---

83. (IBADE/IDAF-AC/Engenheiro Agrônomo/2020) Na proposição composta: ´Ou lógica é fácil ou João não gosta de lógica' temos um sentido de:

a) conjunção.
b) disjunção exclusiva.
c) disjunção inclusiva.
d) condicional.
e) bicondicional.

COMENTÁRIO

Na linguagem da lógica formal a expressão "ou...ou" significa uma disjunção exclusiva, que pode ser representada pelo símbolo $\veebar$.

Resposta: B.

---

84. (IBADE/IDAF-AC/Técnico em Defesa Agropecuária e Florestal/2020) Considerando a proposição: ´Fernando estuda e não passa no concurso`. Nesta proposição, o conectivo lógico é uma:

a) conjunção.
b) condicional.
c) disjunção inclusiva.
d) disjunção exclusiva.
e) bicondicional.

COMENTÁRIO

Na sentença "Fernando estuda e não passa no concurso" temos duas proposições simples ligadas pelo conectivo "e" que na linguagem da lógica formal representa uma conjunção.

Resposta: A.

85. (IBFC/PM-BA/Soldado/2020) Conjunções são proposições compostas em que há a presença do conectivo "e" e podem ser representadas pelo símbolo "$\wedge$". Sendo assim, assinale a alternativa correta.

a) Se P é verdadeira e Q é verdadeira, então $P \wedge Q$ é falsa

b) Se P é verdadeira e Q é falsa, então $P \wedge Q$ é falsa

c) Se P é falsa e Q é falsa, então $P \wedge Q$ é verdadeira

d) Se P é falsa e Q é verdadeira, então $P \wedge Q$ é verdadeira

e) $P \wedge Q$ só será verdadeira se P e Q forem falsas

COMENTÁRIO

O operador "e" tem sentindo de "ambos", "simultaneidade", "ao mesmo tempo". O operador "e" em operações de conjuntos transmite a ideia de "intersecção" e uma ideia de "multiplicação". De acordo com a tabela-verdade na lógica bivalente, em uma conjunção temos:

P	Q	$P \wedge Q$
V	V	V
V	F	F
F	V	F
F	F	F

Desta forma, a letra B é a alternativa que corresponde a tabela-verdade.

Resposta: B.

86. (IBFC/PM-BA/Soldado/2020) Considere que os símbolos $\rightarrow$, $\leftrightarrow$, $\wedge$ e $\vee$ representam os operadores lógicos "se… então", "se e somente se", "e" e "ou", respectivamente. Analise as sentenças abaixo e dê valores Verdadeiro (V) ou Falso (F).

( ) $(7 - 2 \div 2 = 5) \vee (3 > 2)$

( ) $(3 + 2 = 4) \leftrightarrow (1 > 3)$

( ) $(3 \times 5 + 6 = 21) \rightarrow (18 \div 3 - 1 = 7)$

( ) $(4 \times 4 + 3 = 19) \wedge (9 - 2 = 7)$

Assinale a alternativa que apresenta a sequência correta de cima para baixo.

a) V, V, F, V

b) F, V, F, V

c) V, V, V, F

d) V, F, F, V

e) V, V, F, F

COMENTÁRIO

Para valorar os itens é necessário realizar os cálculos de cada questão. Desta forma, vamos resolver item por item:

1º item: $(7 - 2 \div 2 = 5) \vee (3 > 2)$

$(6 = 5) \vee (3 > 2)$

Como 6 é diferente de 5 a primeira proposição tem valor lógico F, e como 3 é um número maior que 2, a segunda proposição tem valor V. Logo:

$F \vee V = V$

2ºitem: $(3 + 2 = 4) \leftrightarrow (1 > 3)$

$(5 = 4) \leftrightarrow (1 > 3)$

As duas proposições possuem valor lógico F, como o conectivo usado é uma bicondicional:

$F \leftrightarrow F = V$

3º item: $(3 \times 5 + 6 = 21) \rightarrow (18 \div 3 - 1 = 7)$

$(21 = 21) \rightarrow (5 = 7)$

A primeira proposição possui valor lógico V, e a segunda proposição valor lógico F. Essa é a única situação que em uma condicional temos F.

$V \rightarrow F = F$

4º item: $(4 \times 4 + 3 = 19) \wedge (9 - 2 = 7)$

$(19 = 19) \wedge (7 = 7)$

Em uma conjunção, se as duas sentenças tiverem valor lógico V, então o seu resultado será V:

$V \wedge V = V$

Resposta: A.

---

87. (IDESUL/Prefeitura de Lima Duarte-MG/Engenheiro Civil/2020) Analise as sentenças a seguir e marque a sequência correta das sentenças:

I. Donald Trump é Governador do Maranhão.
II. $5 + 5 = 10$
III. $A + B = 15$
IV. Ele é engenheiro.

a) Aberta – Aberta – Fechada – Verdadeira.
b) Aberta – Fechada – Verdadeira – Aberta.
c) Fechada – Fechada – Aberta – Aberta.
d) Fechada – Fechada – Aberta – Fechada.

COMENTÁRIO

Uma sentença será considerada logicamente fechada quando for possível fazer a sua valoração, ou seja, dizer se ela é verdade ou falso. Sabendo disso, são sentenças fechadas:

I. Donald Trump é Governador do Maranhão.
II. $5 + 5 = 10$

Observe que as sentenças III e IV não são possíveis de valor, visto que em III não se conhece quem são A e B e em II não é possível dizer quem é o sujeito.

Resposta: C.

---

88. (VUNESP/PM-SP/Cabo/2020) Os copos são frágeis ou estou com a mão molhada. Sendo falsa essa afirmação, é verdade afirmar que

a) os copos são frágeis.
b) estou com a mão firme.
c) não estou com a mão molhada.
d) estou com a mão molhada.

COMENTÁRIO

Em uma disjunção para que seja falsa as duas proposições que as formam deverão ser falsas. Ou seja, "Os copos são frágeis" tem valoração falsa e "estou com a mão molhada" também tem valoração falsa. Então é verdade: "Os copos NÃO são frágeis" e "NÃO estou com a mão molhada".

Resposta: C.

---

89. (IBFC/CBM-BA/Soldado/2020) Considere os operadores lógicos "e", "ou", "ou exclusivo", "se", e "se, somente se" representados, respectivamente, por $\wedge$, $\vee$, $\vee$, $\rightarrow$ e $\leftrightarrow$ e assinale a alternativa que apresenta a afirmação correta.

a) A proposição $(15 < 12) \rightarrow (4 > 2)$ é verdadeira
b) A proposição $(15 < 12) \wedge (4 > 2)$ é verdadeira

c) A proposição $(15 < 12) \vee (4 > 2)$ é falsa
d) A proposição $(15 < 12) \leftrightarrow (4 > 2)$ é verdadeira
e) A proposição $(15 < 12) \rightarrow (4 > 2)$ é falsa

COMENTÁRIO

Essa questão exige do candidato o conhecimento da tabela-verdade dos operadores lógicos citados. Sendo assim, vamos analisar cada item para concluir qual é a afirmativa correta.

Letra a: $(15 < 12) \rightarrow (4 > 2.)$ Temos aqui uma condicional (se… então).

$F \rightarrow V = V$ (Esse é o nosso gabarito)

Letra b: $(15 < 12) \wedge (4 > 2)$. Temos aqui uma conjunção (e).

$F \wedge V = F$

Letra c: $(15 < 12) \vee (4 > 2)$. Temos uma disjunção inclusiva (ou)

$F \vee V = V$

Letra d: $(15 < 12) \leftrightarrow (4 > 2)$. Temos aqui uma bicondicional (se e somente se).

$F \leftrightarrow V = F$

Letra e: $(15 < 12) \rightarrow (4 > 2)$. Temos aqui uma condicional (se… então).

$F \rightarrow V = V$

Resposta: A.

---

90. (IBFC/PM-BA/Soldado/2020) Observe as duas proposições P e Q apresentadas a seguir.

P: Ana é engenheira.

Q: Bianca é arquiteta.

Considere que Ana é engenheira somente se Bianca é arquiteta e, assinale a alternativa correta.

a) Ana ser engenheira não implica Bianca ser arquiteta
b) Ana ser engenheira é condição suficiente para Bianca ser arquiteta
c) Uma condição necessária para Bianca ser arquiteta é Ana ser engenheira
d) Ana é engenheira se e somente se Bianca não é arquiteta
e) Uma condição necessária para Bianca ser arquiteta é Ana não ser engenheira

COMENTÁRIO

A sentença acima é uma possui a expressão "somente se" que representam uma condicional "$P \rightarrow Q$". Desta forma "*P* é condição suficiente para *Q*" e "*Q* é condição necessária para *P*" . Ou seja, Ana ser engenheira é condição suficiente para Bianca ser arquiteta, e Bianca ser arquiteta é condição necessária para Ana ser engenheira.

Resposta: B.

---

91. (IBFC/CBM-BA/Soldado/2020) Considere que P e Q sejam duas proposições e analise as afirmações abaixo.

I. "P implica Q" corresponde à proposição bicondicional.
II. "P é condição suficiente para Q" é equivalente à "Se P, então Q".
III. "Se P então Q e se Q então P" é equivalente à "P se e somente se Q".
IV. "Se P então Q" corresponde à proposição condicional.

De acordo com as afirmações apresentadas, assinale a alternativa correta.

a) Apenas a afirmação I é verdadeira
b) Apenas a afirmação IV é verdadeira
c) Apenas as afirmações II, III e IV são verdadeiras
d) Apenas as afirmações II e IV são verdadeiras
e) Apenas as afirmações I e III são verdadeiras

COMENTÁRIO

Para resolver esta questão é necessário conhecer as estruturas lógicas da bicondicional e da condicional.

O item I é falso, pois o termo "P implica Q" corresponde à proposição condicional.

Em uma condicional "*P* é condição suficiente para *Q*" e "*Q* é condição necessária para *P*", então o item II é verdadeiro.

O item III é verdadeiro, pois uma bicondicional tem a sua estrutura formada por duas condicionais.

E para finalizar, o termo "se... então" representa o valor lógico de uma condicional.

Logo, podemos concluir que apenas os itens II, III e IV estão corretos.

Resposta: C.

---

92. (QUADRIX/CREFONO 1/Profissional Administrativo/2020) Sabendo que p, q e r são três proposições, julgue o item.

A frase "Que beleza! " é um exemplo de proposição.

COMENTÁRIO

Na frase "Que beleza!" não se pode atribuir um valor lógico V ou F. importante lembrar que sentenças exclamativas não são consideradas proposições.

Resposta: Errado.

---

93. (CESPE/TJ-PR/Técnico Judiciário/2019) Considere as seguintes sentenças.

I A ouvidoria da justiça recebe críticas e reclamações relacionadas ao Poder Judiciário do estado.

II Nenhuma mulher exerceu a presidência do Brasil até o ano 2018.

III Onde serão alocados os candidatos aprovados no concurso para técnico judiciário do TJ/PR?

Assinale a opção correta.

a) Apenas a sentença I é proposição.
b) Apenas a sentença III é proposição.
c) Apenas as sentenças I e II são proposições.
d) Apenas as sentenças II e III são proposições.
e) Todas as sentenças são proposições.

COMENTÁRIO

Nesta questão é possível verificar que os itens I e II podem ser valorados, ou seja, podem receber o valor lógico de verdadeiro ou falso, o que os tornam proposições.

Sobre o item III sabemos que frases interrogativas, imperativas, exclamativas, sentenças abertas, sem verbos e paradoxos não são proposições.

Resposta: C.

---

94. (CESPE/CGE-CE/2019)

Argumento CB1A5-II

No argumento seguinte, as proposições P1, P2 e P3 são as premissas, e C é a conclusão.

- P1: Se os recursos foram aplicados em finalidade diversa da prevista ou se a obra foi superfaturada, então a prestação de contas da prefeitura não foi aprovada.
- P2: Se a prestação de contas da prefeitura não foi aprovada, então a prefeitura ficou impedida de celebrar novos convênios ou a prefeitura devolveu o dinheiro ao governo estadual.
- P3: A obra não foi superfaturada, e a prefeitura não devolveu o dinheiro ao governo estadual.
- C: A prefeitura ficou impedida de celebrar novos convênios.

As proposições P1, P2, P3 e C, que integram o argumento CB1A5-II, são compostas por diversas proposições simples, e o argumento CB1A5-II pode ser escrito, na forma simbólica, como $P1 \wedge P2 \wedge P3 \rightarrow C$. Dessa forma, na tabela-verdade do argumento CB1A5-II, a quantidade mínima de linhas que precisam ser preenchidas para se determinar a validade ou invalidade do argumento é igual a

a) 4.
b) 8.
c) 16.
d) 32.
e) 64.

COMENTÁRIO

Observe que a questão quer saber a quantidade mínima de linhas que precisam ser preenchidas para se determinar a validade ou invalidade do argumento.

A preposição dada foi: $P1 \wedge P2 \wedge P3 \rightarrow C$.

Ao olhar as premissas dadas, é possível verificar que existem 5 proposições, e para encontrar a quantidade de linhas da tabela verdade, usamos a potenciação na base 2: $2^5 = 32$ *linhas*

Para que o argumento seja válido, as premissas deverão ser verdadeiras e a conclusão também. Desta forma, como são 32 linhas deverá ser falso em metade delas, isto é, em 16 linhas.

Logo, 16 linhas seriam necessárias para invalidar o argumento.

Resposta: C.

---

95. (CESPE/PGE-PE/Analista Administrativo de Procuradoria-Calculista/2019) Acerca da lógica sentencial, julgue o item que segue.

Se uma proposição na estrutura condicional — isto é, na forma $P \rightarrow Q$, em que P e Q são proposições simples — for falsa, então o precedente será, necessariamente, falso.

COMENTÁRIO

Em uma condicional para ser falsa devemos ter uma estrutura *VERDADEIRO → FALSO.* A questão usa a palavra "precedente" que é o mesmo que antecedente. Ora, o antecedente como dito, deverá ser necessariamente VERDADEIRO.

Resposta: Errado.

---

96. (FGV/MPE-RJ/Analista do Ministério Público-Administrativa/2019) Considere as proposições a seguir.

I. 30% de 120 = 36 e 25% de 140 = 36.
II. 30% de 120 = 36 ou 25% de 140 = 36.
III. Se 25% de 140 = 36, então 30% de 120 = 36.

É correto concluir que:

A. apenas a proposição I é verdadeira;
B. apenas a proposição II é verdadeira;
C. apenas as proposições II e III são verdadeiras;
D. todas são verdadeiras;
E. nenhuma é verdadeira.

COMENTÁRIO

Essa é uma questão que envolve proposições e porcentagens.

Vamos analisar cada item e verificar quais deles são verdades:

I. 30% de 120 = 36 e 25% de 140 = 36

Observe que é uma conjunção e que a tabela-verdade da conjunção é a seguinte:

A	B	A ∧ B
V	V	V
V	F	F
F	V	F
F	F	F

Observe que a única forma de ter verdade é quando ambas proposições são verdadeiras. Sendo assim:

30% de 120 = 0,3 × 120 = 36

25% de 140 = 0,25 × 140 = 35

30% de 120 = 36 (V) e 25% de 140 = 36(F) → FALSO

II. 30% de 120 = 36 ou 25% de 140 = 36.

Observe que é uma disjunção e que a tabela-verdade da disjunção é a seguinte:

A	B	A ∨ B
V	V	V
V	F	V
F	V	V
F	F	F

Basta que apenas uma das proposições seja verdadeira para que tenhamos verdade:

- 30% de 120 = 0,3 × 120 = 36
- 25% de 140 = 0,25 × 140 = 35

30% de 120 = 36 (V) ou 25% de 140 = 36 (F). → VERDADEIRA

III. Se 25% de 140 = 36, então 30% de 120 = 36.

Temos agora uma condicional, e a tabela-verdade da condicional é:

A	B	A → B
V	V	V
V	F	F
F	V	V
F	F	V

A única forma de se obter falso é quando tivermos $V \rightarrow F$

Então temos:

30% de 120 = 0,3 × 120 = 36

25% de 140 = 0,25 × 140 = 35

Se 25% de 140 = 36 (F), então 30% de 120 = 36.(V) → VERDADEIRA

Resposta: C.

---

97. (INSTITUTO AOCP/PC-ES/Investigador/2019) Considere a proposição: "O contingente de policiais aumenta ou o índice de criminalidade irá aumentar.". Nesse caso, a quantidade de linhas da tabela verdade é igual a

A. 2.
B. 4.
C. 8.
D. 16.
E. 32.

COMENTÁRIO

Cada proposição simples possui dois valores possíveis (V ou F). Desta forma, a quantidade de linhas de uma tabela-verdade é igual ao arranjo de dois elementos *n* a *n*, para *n* quantidade de proposições distintas.

Logo temos: 2^n

Então vamos contar quantas proposições temos:

O contingente de policiais aumenta (p) ou o índice de criminalidade irá aumentar(q).

Temos duas proposições, então n=2.

$2^2 = 4$ linhas

Resposta: B.

---

98. (INSTITUTO AOCP/Prefeitura de Umuarama-PR/Professor-Educação Especial/2019) Em raciocínio lógico, dadas duas proposições a e b, forma-se uma proposição composta por a com b acrescentando o conectivo "ou" ("∨") entre as duas, representada por "a ou b" ("a ∨ b"), denominada disjunção das proposições a e b. Considere:

a: "A altura de Abel é igual a 1,83 m.";

b: "A massa de Abel é inferior a 70 Kg.".

Com base nessas informações, como a disjunção "a ∨ b" pode ser descrita?

A. "Se a altura de Abel é igual a 1,83m, então necessariamente a sua massa é igual a 70 Kg."
B. "Se a massa de Abel é superior a 70 Kg, então necessariamente sua altura é inferior a 1,83m."
C. "A altura de Abel é igual a 1,83m se, e somente se, sua massa for inferior a 70 Kg."
D. "A altura de Abel é igual a 1,83 m ou a massa de Abel é inferior a 70 Kg."

COMENTÁRIO

Vale lembrar que o conectivo utilizado é o *V*, ou seja, uma disjunção (ou). Então vamos "juntar" as duas proposições com o conectivo:

"A altura de Abel é igual a 1,83 m OU a massa de Abel é inferior a 70 Kg."

Resposta: D.

---

99. (INSTITUTO AOCP/Câmara de Cabo de Santo Agostinho-PE/Auxiliar Administrativo/2019) Em questões de raciocínio lógico, utilizam-se sentenças, que são expressões de um pensamento completo, compostas por um sujeito e por um predicado. Por exemplo, "Joaquim trabalhou ontem no mercado" é uma sentença. Entre os vários tipos de sentenças, existe a "Imperativa", quando há uma mensagem de ordem.

Considerando essa informação, assinale a alternativa que apresenta uma sentença do tipo imperativa.

A. O dia está lindo!
B. O computador não liga.
C. Irá chover no próximo domingo?
D. Resolva sua prova com atenção.

COMENTÁRIO

Sabemos que sentenças imperativas são consideradas sentenças abertas.

Uma sentença imperativa expressa uma ordem, um conselho, sugestão ou pedido.

Logo assim, entre as alternativas, a única afirmativa que expressa uma ordem é a letra d.

A. O dia está lindo!

Sentença exclamativa

B. O computador não liga.

Temos aqui uma proposição simples

C. Irá chover no próximo domingo?

Sentença interrogativa.

D. Resolva sua prova com atenção.

Sentença imperativa.

Resposta: D.

100.(INSTITUTO AOCP/Prefeitura de Umuarama-PR/Professor-Educação Infantil/2019) Em raciocínio lógico, dadas duas proposições p e q, forma-se uma proposição composta de p com q, acrescentando o conectivo "e" ("∧") entre as duas, representada por "p e q" ("p ∧ q"), denominada conjunção das proposições p e q. Considere as proposições p e q:

p: "Três é maior que um.";

q: "Dois é diferente de 3.".

Nesse caso, utilizando uma simbologia matemática e o enunciado exposto, a conjunção "p ∧ q" pode ser descrita como

A. "$3 < 1$ se, e somente se, $2 = 3$".

B. "$3 > 1$ ou $2 \neq 3$".

C. "ou $3 > 1$ ou $2 = 3$".

D. "$3 > 1$ e $2 \neq 3$".

COMENTÁRIO

O conectivo utilizado em uma conjunção é o "E". Desta forma, basta substituirmos a simbologia por seu respectivo significado:

$p \wedge q$ = Três é maior que um **E** Dois é diferente de 3.".

$p \wedge q = 3 > 1$ E $2 \neq 3$.

Resposta: D.

---

101. (INSTITUTO AOCP/UFPB/Assistente da Tecnologia da Informação/2019) Considere as proposições:

p: Compro um computador. q: Compro uma tablet.

Dessa forma, como a sentença $\sim(p \vee q)$ pode ser escrita?

A. Somente compro um tablet se compro um computador.

B. Se compro um computador, então não compro um tablet.

C. Compro um computador e um tablet.

D. Não compro um computador e não compro um tablet.

E. Se não compro um tablet, então compro um computador

COMENTÁRIO

Temos nessa questão a aplicação da lei de Morgan:

1ª lei de Morgan	2ª lei de Morgan
$\sim(p \vee q) = \sim p \wedge \sim q$	$\sim(p \wedge q) = \sim p \vee \sim q$

Então temos $\sim p \wedge \sim q$

NÃO Compro um computador E não compro uma tablet.

Resposta: D.

102. (INSTITUTO AOCP/Câmara de Cabo de Santo Agostinho-PE/Advogado/2019) Em questões de raciocínio lógico, são utilizadas proposições, que são frases que podem ser julgadas como verdadeiras (V) ou falsas (F), mas não como ambas. Assim, assinale a alternativa que apresenta uma proposição.

A. Redija um texto.

B. A soma das idades de duas pessoas.

C. Neymar Jr. fez 10 gols para o time do Barcelona.

D. Qual o percentual de aumento no salário mínimo nos últimos dois anos?

COMENTÁRIO

São proposições sentenças que podem ser valoradas, ou seja, admitem julgamento como verdadeira ou falsa. É uma oração que possui sujeito e predicado.

Vale relembrar que são sentenças abertas as frases imperativas, exclamativas e interrogativas. Sentenças abertas não são proposições.

Com isso analisemos as alternativas:

A. Redija um texto.

Temos uma frase imperativa. Logo, sentença aberta. Não é proposição.

B. A soma das idades de duas pessoas.

Observe que não podemos valorar a sentença como falso ou verdadeiro, logo temos uma sentença aberta. Não é proposição.

C. Neymar Jr. fez 10 gols para o time do Barcelona.

Temos um sujeito, e um predicado e a sentença pode ser facilmente valorada. É uma proposição. (Nossa alternativa)

D. Qual o percentual de aumento no salário mínimo nos últimos dois anos?

Temos uma frase interrogativa. Logo, sentença aberta. Não é proposição.

Resposta: B.

---

103. (INSTITUTO AOCP/Câmara de Cabo de Santo Agostinho-PE/Contador/2019) Em questões de raciocínio lógico, é comum termos expressões e frases nas quais não conseguimos identificar um sujeito e nem um predicado. Por exemplo, "Quarenta e nove décimos" é uma expressão. Nesse sentido, assinale a alternativa que NÃO apresenta uma expressão.

A. O dobro de um número.

B. Vinte e cinco metros e 30 centímetros.

C. A altura de Pedro é igual a 1,80m.

D. Uma dúzia e meia.

COMENTÁRIO

Ao solicitar a alternativa que não apresenta uma expressão, é o mesmo que pedir para marcar a única proposição dada.

Então, resumindo temos: Toda proposição é uma oração, com sujeito e predicado. É também uma oração declarativa e tem um e somente um dos valores lógicos: ou é verdadeira (V) ou é falsa (F), não ambas.

Ao observar as alternativas, note que a única questão que possui sujeito e verbo é "A altura de Pedro é igual a 1,80m."

Resposta: C.

---

104. (IADES/CAU-AC/Analista de Fiscalização-Arquiteto e Urbanista/2019) Considere as seguintes proposições:

A: O número 10 é ímpar; B: A raiz quadrada de 16 é um número inteiro.

Com base no exposto, assinale a alternativa correta.

A. A conjunção entre as duas proposições tem valor lógico verdade.

B. A disjunção entre as duas proposições tem valor lógico falso.

C. A condicional entre as duas proposições tem valor lógico verdade.

D. A bicondicional entre as duas proposições tem valor lógico verdade.

E. A negação de ambas as proposições tem valor lógico falso.

COMENTÁRIO

É essencial conhecer a tabela-verdade de todas as proposições. A tabela-verdade, muitas vezes, será o marco inicial para resolver questões de raciocínio lógico.

Muitas questões também exigem conhecimento matemático ou conhecimentos gerais, onde serão necessários julgar a veracidade das sentenças dadas.

Então para resolver essa questão, o primeiro passo a ser dado é valorar as sentenças fornecidas como verdadeiras ou falsas.

A: O número 10 é ímpar;

A possui valor lógico F, pois sabemos que 10 é um número PAR.

B: A raiz quadrada de 16 é um número inteiro.

B possui valor lógico V, pois sabemos que a raiz quadrada de 16 é 4 que é um número inteiro.

Com isso julgamos as alternativas:

A. A conjunção entre as duas proposições tem valor lógico verdade.

A conjunção seria dada por $V \wedge F$ e sabemos que a única forma de se obter verdade em uma conjunção é quando as duas proposições são verdadeiras. Alternativa errada.

B. A disjunção entre as duas proposições tem valor lógico falso.

A disjunção seria dada por $V \wedge F$ e sabemos que a única forma de se obter falso em um disjunção é quando as duas proposições são falsas. Alternativa errada.

C. A condicional entre as duas proposições tem valor lógico verdade.

A condicional seria dada por $F \rightarrow V$ e sabemos que a única forma de se obter FALSO em uma condicional é quando temos $V \rightarrow F$, logo, temos uma verdade. Alternativa correta.

D. A bicondicional entre as duas proposições tem valor lógico verdade.

Temos aqui uma bicondicional no formato $F \leftrightarrow V$. Sabemos que para obter verdade em uma bicondicional as duas proposições devem obter o mesmo valor lógico. Então, a alternativa está errada também.

E. A negação de ambas as proposições tem valor lógico falso.

A negação de A terá valoração verdadeira. Alternativa errada

Resposta: C.

105.(INSTITUTO AOCP/Prefeitura de São Bento do Sul-SC/Auxiliar Administrativo/2019) Qual das seguintes proposições é verdadeira?

A. 1/2 = 0,5 e 5+3 = 7

B. 1/2 = 0,5 ou 5+3 = 7

C. 5-3 = 1 e 5+4 = 10

D. 5-3 = 1 ou 5+4 = 10

COMENTÁRIO

Vamos analisar cada alternativa para encontrar a verdadeira:

Para isso devemos lembrar da tabela verdade da conjunção e da disjunção:

Conjunção:

A	B	$A \wedge B$
V	V	V
V	F	F
F	V	F
F	F	F

Disjunção

A	B	$A \vee B$
V	V	V
V	F	V
F	V	V
F	F	F

A. 1/2 = 0,5 (V) e 5+3=7 (F)
$V \wedge F = F$

B. 1/2 = 0,5 (V) ou 5+3=7 (F)
$V \vee F = V$ (Nossa alternativa)

C. 5-3 = 1 (F) e 5+4 = 10(F)
$F \wedge F = F.$

D. 5-3 = 1 (F) ou 5+4 = 10 (F)
$F \vee F = F.$

Resposta: B.

106.(IADES/CAU-AC/Analista de Fiscalização-Arquiteto e Urbanista/2019) Considere as proposições a seguir.

p: Tony fala inglês; q: Antônio fala português.

Qual é a tradução para a linguagem corrente da proposição ($p \wedge \sim q$)?

A. Não é verdade que Tony fala inglês e que Antônio não fala português.
B. Tony fala inglês e Antônio não fala português.
C. Não é verdade que Tony fala inglês e que Antônio fala português.
D. Tony fala inglês ou Antônio não fala português.
E. Se Tony fala inglês, então Antônio fala português.

COMENTÁRIO

Precisamos conhecer a simbologia da estrutura lógica para resolver essa questão. Então vamos relembrar:

PALAVRA	SÍMBOLO	NOME
e	$\wedge$	Conjunção
ou	$\vee$	Disjunção inclusiva

não	$\sim$	Negação
Se... então	$\rightarrow$	Condicional
se e somente se	$\leftrightarrow$	Bicondicional
Ou...ou	$\veebar$	Disjunção exclusiva

Como vimos:

$\wedge$: representa conjunção, usa-se o conectivo "E".

$\sim$: é a negação de algo. Quando usada na frente de parênteses pode ser lido como "não é verdade que"

Logo, "Não é verdade que Tony fala inglês e que Antônio não fala português.".

Resposta: A.

---

107. (IADES/HEMOPA/Técnico de Enfermagem/2019) Considere como verdadeiras as sentenças a seguir.

I. Se um gerente quadriplica o próprio patrimônio, então ele é competente e carismático.
II. Se um gerente não é carismático, então ele não é promovido e não aparece na mídia.
III. Se um gerente é competente e é promovido, então ele cumpre metas.

Se Carlos é um gerente promovido, então ele

A. quadriplica o próprio patrimônio.
B. cumpre metas.
C. é competente.
D. é carismático.
E. não aparece na mídia.

COMENTÁRIO

Essa é uma questão que tem proposições de condicional. Antes de resolver essa questão, vamos rapidamente lembrar a tabela-verdade da condicional:

Condicional:

A	B	A→B
V	V	V
V	F	F
F	V	V
F	F	V

Observe que a única forma de se obter falso é $V \rightarrow F$. Isso é de suma importância para que possamos resolver essa questão, de forma que quando o antecedente for verdadeiro, para garantir que a proposição seja verdadeira o antecedente deverá ser verdadeiro também.

Observe que foi dito que Carlos é um gerente promovido, então vamos procurar quais das proposições dadas essa informação pode ser utilizada, pois sabemos que ela é verdadeira.

Por isso, vamos observar o item II:

Se um gerente não é carismático, então **ele não é promovido e não aparece na mídia**

Observe que o consequente, que foi destacado, é uma conjunção. A proposição "não é promovido" será falso, e uma conjunção se uma das partes for falsa, então essa conjunção terá valor falso.

Então podemos concluir que o consequente dessa condicional tem valor FALSO, de modo que para que essa condicional tenha valor lógico verdadeiro será necessário que o antecedente seja falso. Ou seja:

Se um gerente não é carismático (F), então ele não é promovido e não aparece na mídia(F)

Logo, Carlos é carismático.

Resposta: D.

---

108. (IADES/CAU-AC/Auxiliar Administrativo/2019)

p	q	$\sim q$	$p \vee \sim q$	$\sim(p \vee \sim q)$
V	V			
V	F			
F	V			
F	F			

Para construir a tabela verdade da proposição ~ (p ∨ ~q), um estudante montou o quadro apresentado.

Ao se preencher completamente e corretamente a tabela, o número de F encontrado na última coluna é igual a

A. 1.

B. 3.

C. 4.

D. 0.

E. 2.

COMENTÁRIO

Como vimos, essa questão exige um conhecimento da simbologia utilizada. Para resolver essa questão devemos saber que "~" representa negação e que "∨" é uma disjunção.

Como já vimos anteriormente, a única forma para se obter valor lógico F em uma disjunção é quando as duas proposições dadas são falsas. Assim, podemos preencher a tabela:

p	q	$\sim q$	$p \vee \sim q$	$\sim(p \vee \sim q)$
V	V	F	V	F
V	F	V	V	F
F	V	F	F	V
F	F	V	V	F

Logo, a quantidade de F que temos na última coluna é igual a 3.

Resposta: B.

---

109. (IADES/CAU-AC/Auxiliar Administrativo/2019) Considere as proposições a seguir.

p: Ricardo é arquiteto;

q: Fernando é acriano.

A proposição "Ricardo não é arquiteto e Fernando é acriano" é representada por

A. ~p ∨ ~q.

B. ~p ∧ ~q.

C. ~p ∨ q.

D. ~p ∧ q.

E. p ∧ ~q.

COMENTÁRIO

Como vimos, é muito importante conhecer a simbologia utilizada:

PALAVRA	SÍMBOLO	NOME
e	$\wedge$	Conjunção
ou	$\vee$	Disjunção inclusiva
não	~	Negação
Se... então	$\rightarrow$	Condicional
se e somente se	$\leftrightarrow$	Bicondicional
Ou...ou	$\veebar$	Disjunção exclusiva

Observe que "Ricardo não é arquiteto" é a negação de p. logo podemos representar como $\sim p$.

O conectivo utilizado foi uma conjunção "e" que é representado pelo símbolo $\wedge$.

Desta forma temos:

Ricardo não é arquiteto e Fernando é acriano $\rightarrow \sim p \wedge q$.

Resposta: D.

---

110. (INSTITUTO AOCP/UFPB/Assistente da Tecnologia da Informação/2019) Considere as proposições:

p: Compro um computador. q: Compro uma tablet.

Dessa forma, como a sentença $\sim (p \vee q)$ pode ser escrita?

A. Somente compro um tablet se compro um computador.

B. Se compro um computador, então não compro um tablet.

C. Compro um computador e um tablet.

D. Não compro um computador e não compro um tablet.

E. Se não compro um tablet, então compro um computador

COMENTÁRIO

Temos uma questão onde exige o conhecimento das Leis de Morgan. A questão quer saber a negação da sentença dada.

Para isso vamos relembrar as leis de Morgan:

1ª lei de Morgan	2ª lei de Morgan
$\sim(p \vee q) = \sim p \wedge \sim q$	$\sim(p \wedge q) = \sim p \vee \sim q$

Então temos a aplicação da 1ª lei de Morgan.

Logo $\sim p \wedge \sim q$ = Não compro um computador E não compro um tablete.

Resposta: B.

---

111. (INSTITUTO AOCP/UFPB/Assistente da Tecnologia da Informação/2019) Em relação às proposições utilizadas na lógica sentencial ou proposicional, informe se é verdadeiro (V) ou falso (F) o que se afirma a seguir e assinale a alternativa com a sequência correta.

( ) Toda proposição é uma oração, com sujeito e predicado.

( ) Toda proposição é uma oração declarativa.

( ) Toda proposição tem um e somente um dos valores lógicos: ou é verdadeira (V) ou é falsa (F), não ambas.

A. V – F – V.

B. V – V – F.

C. F – F – V.

D. F – V – F.

E. V – V – V.

COMENTÁRIO

Vamos analisar cada item e comentar um a um.

( ) Toda proposição é uma oração, com sujeito e predicado.

Uma proposição lógica é definida como uma oração que declare algo e que possa ser valorada como verdadeira ou falsa. Para que seja possível essa valoração, é necessário que essa oração tenha sujeito e predicado. Logo o item é VERDADEIRO.

( ) Toda proposição é uma oração declarativa.

Como citado no item anterior, proposição é uma oração que declare algo. Vale lembrar que a oração declarativa expressa uma declaração afirmativa ou negativa a respeito de algo. Logo o item é VERDADEIRO.

( ) Toda proposição tem um e somente um dos valores lógicos: ou é verdadeira (V) ou é falsa (F), não ambas.

A proposição não pode receber duas valorações simultaneamente. Logo o item é VERDADEIRO.

Resposta: E.

---

112. (CESPE / SEFAZ-RS/ Auditor Fiscal da Receita Estadual/ 2019)

TEXTO 1A10-I

No exercício de suas atribuições profissionais, auditores fiscais sempre fazem afirmações verdadeiras, ao passo que sonegadores sempre fazem proposições falsas.

Em uma audiência para tratar de autuações, formou-se uma fila de 200 pessoas, constituída apenas de auditores fiscais e sonegadores. A primeira pessoa da fila afirma que todos os que estão atrás dela são sonegadores. Todas as demais pessoas da fila afirmam que a pessoa que está imediatamente à sua frente é sonegadora.

Nessa situação hipotética, de acordo com o texto 1A10-I, a quantidade de sonegadores que estão nessa fila é igual a

a) 0.

b) 99.

c) 100.

d) 199.

e) 200.

COMENTÁRIO

✪ Nota do autor: observar a aplicação dos Princípios Fundamentais da Lógica Proposicional, ou seja, as Três Leis do Pensamento: Lei do Terceiro Excluído, da Não contradição e da identidade.

Neste tipo de questão, temos apenas dois tipos de profissionais conforme o texto 1A10-I , logo será aplicado o método da **experimentação,** pois não sabemos qual o tipo de profissional, auditor ou sonegador, que se encontra na primeira posição da fila. Primeiro atribuiremos a primeira pessoa da fila que ele fale **sempre a verdade (AUDITOR)**, então iremos realizar a análise; se houver alguma contradição, atribuiremos a primeira pessoa da fila que ele **sempre fale mentira (SONEGADOR)**. Uma das hipóteses dará certo, de acordo com as **leis do pensamento.**

Sendo assim temos:

a) Atribuindo a Primeira pessoa da fila: Auditor – V (verdade), acreditaremos no que ele disser, pois fala verdade. Logo, a primeira pessoa ao falar que todos os que estão atrás dela são sonegadores, temos que inferir que realmente todos são sonegadores (mentirosos). A questão afirma que todas as demais pessoas da fila afirmam que a pessoa que está imediatamente à sua frente é sonegadora, ou seja, partindo do pressuposto que todas são sonegadoras (mentirosas) iremos analisar a sua afirmação para garantir se não há uma contradição conforme o tipo de pessoas que elas são.

Analisando: quando as pessoas que estão atrás da primeira pessoa afirmam que os que estão na sua frente são sonegadores, o mesmo entra em **contradição**, pois ele disse a verdade, pois todos que estão atrás do primeiro são sonegadores, conforme a declaração da primeira pessoa que é auditor (fala a verdade) e afirmou que **todos** os que estão atrás dele são sonegadores, assim, um sonegador não pode falar a verdade, conforme o princípio da identidade, um sonegador tem que dizer que outro sonegador é auditor, isto é, mentir e não falar a verdade. Dessa forma não podemos ter a primeira pessoa da fila sendo um auditor. A possibilidade da primeira pessoa ser auditora está **inválida.**

A = auditor (verdade)

S= sonegador (Mente)

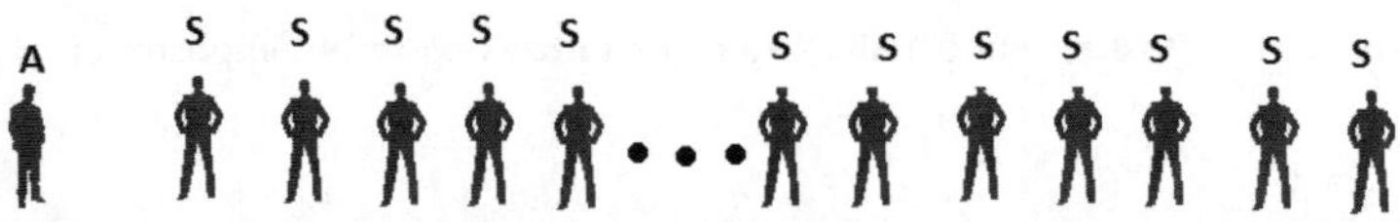

b) Atribuindo a primeira pessoa da fila: Sonegador – F (mentira), pegamos o oposto do que ele diz, pois ele sempre mente, logo quando a primeira pessoa (sonegadora) diz que todos que estão atrás dele são sonegadores, podemos inferir que **não são todos, e sim alguns**, dessa forma teremos auditores atrás do primeiro da fila . Ao analisar a frase de alguma da pessoas que está atrás do primeiro, que diz: Todas as demais pessoas da fila afirmam que a pessoa que está imediatamente à sua frente é sonegadora, podemos concluir que, sendo a primeira pessoa sonegadora, a segunda tem que ser auditora, se a segunda pessoa é auditora, a terceira tem que ser sonegadora, se a terceira pessoa é sonegadora, a quarta é auditora, e assim sucessivamente.

A = auditor (verdade)

S= sonegador (Mente)

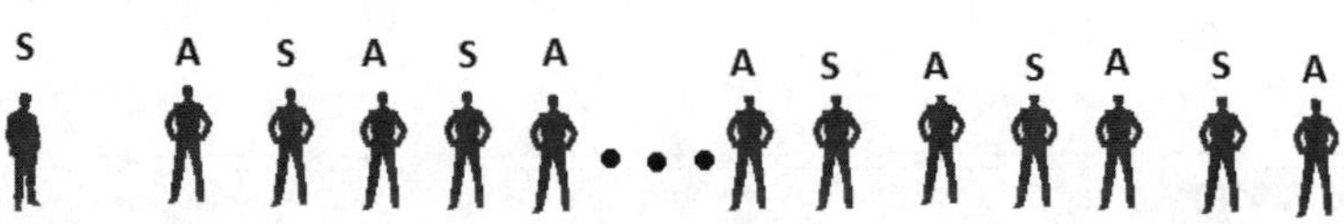

Dessa forma podemos ter a certeza que metade das pessoas que estão na fila são auditoras e a outra metade são sonegadoras. Como temos 200 pessoas, 100 auditores e 100 sonegadores.

Resposta: C.

---

113. (CESPE/ SEFAZ-RS/ Auditor Fiscal da Receita Estadual/ 2019)

TEXTO 1A10-I

No exercício de suas atribuições profissionais, auditores fiscais sempre fazem afirmações verdadeiras, ao passo que sonegadores sempre fazem proposições falsas.

Saulo, sonegador de impostos, fez a seguinte afirmação durante uma audiência para tratar de sua eventual autuação: "como sou um pequeno comerciante, se vendo mais a cada mês, pago meus impostos em dia".

Nessa situação hipotética, considerando as afirmações estabelecidas no texto 1A10-I, assinale a opção que apresenta uma afirmação verdadeira.

a) "Saulo não é um pequeno comerciante".

b) "Saulo vende mais a cada mês".

c) "Saulo não vende mais a cada mês".

d) "Saulo paga seus impostos em dia".

e) "Se Saulo vende mais em um mês, paga seus impostos em dia".

COMENTÁRIO

✪ **Nota do autor:** É importante observar que o texto afirma que os auditores sempre fazem afirmações verdadeiras, ao passo que sonegadores sempre fazem afirmações falsas. Dessa forma podemos concluir que a frase feita por Saulo é falsa, uma vez que ele é sonegador.

Nas questões de lógica de primeira ordem é de suma importância sabermos transcrever da linguagem natural (português) para a linguagem da lógica formal. Sendo assim, vamos simbolizar a afirmação de Saulo: "como sou um pequeno comerciante, se vendo mais a cada mês, pago meus impostos em dia".

Temos uma proposição condicional:

"**Se** sou um pequeno comerciante **e** se vendo mais a cada mês, **então** pago meus impostos em dia"

Simbolizando:

PC = pequeno comerciante

VM = vendo mais a cada mês

PI = pago meus impostos em dia

$(PC \wedge VM) \rightarrow (PI) = \mathbf{F}$ (falsa).

Aplicando a tabela- verdade da condicional, temos que o antecedente é verdadeiro e o consequente é falso, isso em uma proposição condicional para que seja falsa.

$$\overbrace{(\underset{V}{PC} \wedge \underset{V}{VM})}^{V} \rightarrow \overbrace{(\underset{F}{PI})}^{F} = \mathbf{F} \text{ (falsa).}$$

Dessa forma podemos concluir que Saulo:

PC = pequeno comerciante **(V)**

VM = vendo mais a cada mês **(V)**

PI = pago meus impostos em dia **(F)**

Resposta: B.

---

114. (IF-MS/ Pedagogo / 2019)

Sejam dadas as proposições simples abaixo:

A: Campo Grande é a capital de Mato Grosso do Sul.

B: Jair Bolsonaro foi eleito Presidente do Brasil nas eleições de 2018.

Considerando os valores lógicos de A e B, pode-se afirmar que:

a) a condicional $A \rightarrow B$ é verdadeira.
b) a bicondicional $A \leftrightarrow B$ é falsa.
c) a conjunção (e) entre ambas é falsa.
d) a disjunção (ou) entre ambas é falsa.
e) a disjunção exclusiva (ou...ou) é verdadeira.

COMENTÁRIO

Valorando as proposições A e B:

A: Campo Grande é a capital de Mato Grosso do Sul = **Verdadeiro**

B: Jair Bolsonaro foi eleito Presidente do Brasil nas eleições de 2018 = **verdadeiro**

Aplicando os valores e as tabelas-verdade, teremos:

a) a condicional $A \rightarrow B$ é verdadeiro. $V \rightarrow V = V$ (CERTO)
b) a bicondicional $A \leftrightarrow B$ é falsa. $V \leftrightarrow V = V$ (ERRADO)
c) a conjunção (e) entre ambas é falsa. $V \wedge V = V$ (ERRADO)
d) a disjunção (ou) entre ambas é falsa. $V \vee V = V$ (ERRADO)
e) a disjunção exclusiva (ou...ou) é verdadeira. $V \vee V = F$ (ERRADO)

Resposta: A.

115. (AOCP/SECOM-PA/Jornalista/2018) Define-se uma proposição como sendo uma sentença declarativa cujo conteúdo poderá ser considerado verdadeiro ou falso. Dessa forma, assinale a alternativa que identifica uma proposição.

a. Feliz Aniversário!

b. Que dia é hoje?

c. Se Pedro levantar mais cedo, então ele chegará no horário combinado.

d. Leia com mais frequência.

e. A idade do jogador multiplicada por R$50,00 será o valor do prêmio.

COMENTÁRIO

Como o próprio enunciado da questão já trouxe, para ser uma sentença fechada a sentença poderá ser valorada, caso não seja possível, teremos então uma sentença aberta.

Vale relembrar que são sentenças abertas as frases imperativas, exclamativas e interrogativas.

Com isso analisamos as alternativas:

a. Feliz Aniversário!

É uma frase exclamativa, logo é uma sentença aberta.

b. Que dia é hoje?

É uma frase interrogativa, ou seja, não pode ser valorada. Logo, uma sentença aberta

c. Se Pedro levantar mais cedo, então ele chegará no horário combinado.

Temos duas sentenças que podem ser valoradas, ou seja, proposições simples e um conectivo "se... então". Essa alternativa é o nosso gabarito.

d. Leia com mais frequência.

É uma frase imperativa, ou seja, não pode ser valorada. Logo, uma sentença aberta

e. A idade do jogador multiplicada por R$50,00 será o valor do prêmio.

Nessa alternativa não é possível valorar a sentença tendo em vista que a idade do jogador é desconhecida. Logo, não é proposição.

Resposta: C.

116. (AOCP/FUNPAPA/Técnico em Computação/2018) Analise a tabela a seguir, identifique qual operação lógica foi realizada e assinale a alternativa correta.

p	q	Valor lógico
1	1	1
1	0	1
0	1	1
0	0	0

a. Disjunção.

b. Conjunção.

c. Negação.

d. Disrupção.

e. Equação.

COMENTÁRIO

A tabela desenhada na questão é semelhante a tabela-verdade que já estudamos. Observe que a única diferença dessa tabela para a usual é que ao invés de serem utilizadas as valorações V ou F, foram utilizadas 0 e 1.

Então para ficar mais fácil de visualizar, vamos substituir: V = 1; F = 0.

p	q	Valor lógico
V	V	V
V	F	V
F	V	V
F	F	F

Pronto, agora basta identificar qual a operação em que é necessário que as duas premissas sejam falsas para obter falso na operação.

Se observarmos as alternativas, podemos logo eliminar as alternativas d e e, pois, sabemos que elas não são operações lógicas. A letra C também pode ser eliminada, pois não existe uma operação inicial para ser negada.

Então só nos resta as alternativas a e b. como sabemos que em uma conjunção a única forma para se obter verdade é se as duas proposições forem verdades, descartamos esta alternativa.

Logo, a tabela verdade apresentada é uma disjunção "∨".

Resposta: A.

---

117. (INSTITUTO AOCP/UFOB/Analista de Tecnologia da Informação-Infraestrutura/2018) A lógica matemática envolve compreensão e aplicação de estruturas lógicas. Em relação às estruturas lógicas, julgue o item a seguir.

Uma proposição é dita composta quando se pode extrair uma parte dela, uma nova proposição.

( ) Certo

( ) Errado

COMENTÁRIO

Uma proposição composta é formada por duas ou mais proposições simples. Então, é sim possível extrair dela uma nova proposição.

Resposta: CERTO.

---

118. (INSTITUTO AOCP/UFOB/Analista de Tecnologia da Informação-Infraestrutura/2018) A lógica matemática envolve compreensão e aplicação de estruturas lógicas. Em relação às estruturas lógicas, julgue o item a seguir.

Somente às sentenças declarativas pode-se atribuir valores de verdadeiro ou falso.

( ) Certo

( ) Errado

COMENTÁRIO

Como citado no item anterior, proposição é uma oração que declare algo. Vale lembrar que a oração declarativa expressa uma declaração afirmativa ou negativa a respeito de algo. Logo o item é VERDADEIRO.

Resposta: CERTO.

---

119. (INSTITUTO AOCP/UFOB/Analista de Tecnologia da Informação/2018) Texto associado

Um dos conceitos iniciais de lógica é o de estruturas lógicas. Em relação às estruturas lógicas, julgue, como VERDADEIRO ou FALSO, os itens a seguir.

Tabela-verdade é o conjunto de todas as possibilidades de avaliarmos uma proposição composta. O número de linhas da tabela-verdade depende do número de proposições e é calculado pela fórmula: 2.n, em que n é o número de preposições.

COMENTÁRIO

Cada proposição simples possui dois valores possíveis (V ou F). Desta forma, a quantidade de linhas de uma tabela-verdade é igual ao arranjo de dois elementos *n* a *n*, para *n* quantidade de proposições distintas.

Logo, para saber a quantidade de linhas de uma tabela-verdade, temos: 2^n.

Temos uma potenciação, diferente da multiplicação dada no item.

Resposta: ERRADO.

---

120. (INSTITUTO AOCP/UFOB/Analista de Tecnologia da Informação/2018) Um dos conceitos iniciais de lógica é o de estruturas lógicas. Em relação às estruturas lógicas, julgue, como VERDADEIRO ou FALSO, os itens a seguir.

A proposição composta P e Q é chamada conjunção de P com Q e é simbolizada por $P \wedge Q$. A conjunção $P \wedge Q$ só é verdadeira quando ambas são verdadeiras.

( ) Certo

( ) Errado

COMENTÁRIO

Para resolver essa questão, vamos relembrar a tabela verdade de uma conjunção:

A	B	A ∧ B
V	V	V
V	F	F
F	V	F
F	F	F

Observe que a única forma para se obter verdade é quando as duas proposições são verdadeiras.

Resposta: CERTO.

---

121. (INSTITUTO AOCP/UFOB/Analista de Tecnologia da Informação/2018) Texto associado

Um dos conceitos iniciais de lógica é o de estruturas lógicas. Em relação às estruturas lógicas, julgue, como VERDADEIRO ou FALSO, os itens a seguir.

Sentenças exclamativas, interrogativas e imperativas podem ser classificadas como proposições.

( ) Certo

( ) Errado

COMENTÁRIO

Vale relembrar que são sentenças abertas as frases imperativas, exclamativas e interrogativas. Para ser uma proposição, devemos ter sentenças fechadas.

Resposta: ERRADO.

---

122. (INSTITUTO AOCP/Prefeitura de Pinhais-PR/Médico da Família/2017) Em relação às noções de lógica, as assertivas a seguir representam proposições. Analise-as e assinale a alternativa que aponta as corretas.

I. $7 > 3$

II. 3 divide 13

III. $2x - 7 = 15$

IV. $\sqrt{7} \in Z$?

V. $22 + 3$

A. Apenas I, III e IV.

B. Apenas II, III e V.

C. Apenas I e II.

D. Apenas II e III.

E. Apenas III, IV e V.

COMENTÁRIO

Para resolver essa questão vale lembrar que uma proposição é uma sentença declarativa que pode ser julgada como verdadeira ou falsa.

Frases exclamativas, imperativas e interrogativas, não são proposições.

Então analisando os itens temos:

I. $7 > 3$ (podemos julgar como uma verdade)

II. 3 divide 13 (podemos julgar como FALSO)

III. $2x - 7 = 15$ (não sabemos os valores que x pode assumir, sendo assim, não podemos valorar)

IV. $\sqrt{7} \in Z$? (é uma frase interrogativa)

V. $22 + 3$ (não é possível valorar)

Então as únicas proposições são os itens I e II.

Resposta: C.

---

123. (INSTITUTO AOCP/ADAF-AM/Estatístico/2018) Considere as proposições: p – está calor e q – já é de manhã. Assinale a alternativa que traduz para a linguagem corrente a seguinte proposição: $p \rightarrow \sim q$.

A. Não está calor.

B. Está calor e já é de manhã.

C. Se está calor, então não é de manhã.

D. Está calor ou já é de manhã.

E. Está calor se e somente se está frio.

COMENTÁRIO

A única coisa precisamos saber nessa questão é que o símbolo ~ representa a negação e o símbolo ⊠ uma condicional (se, então)

Então reescrevendo:

$p \rightarrow \sim q$.

Se está calor, então não é de manhã.

Resposta: C.

---

124. (CESPE/ SEFAZ-RS/ Técnico Tributário da Receita Estadual/ 2018)

Considere que as seguintes proposições sejam verdadeiras.

- "Se José pagou o IPVA ou o IPTU, então ele comprou o apartamento e vendeu a casa".
- "José não comprou o apartamento".

Nessa situação, é correto inferir que

a) "José pagou somente um dos dois impostos, mas não é possível determinar qual deles".

b) "José pagou os dois impostos, mas ele não vendeu a casa".

c) "José não pagou o IPVA, mas pagou o IPTU".

d) "José não pagou o IPTU, mas pagou o IPVA".

e) "José não pagou o IPVA nem o IPTU".

COMENTÁRIO

Representando as proposições simples:

IPVA: José pagou IPVA

IPTU: José pagou IPTU

CA: José comprou apartamento

VC: José comprou a casa

Simbolizando as proposições (premissas) de acordo com a linguagem da lógica formal e partindo de que todas são verdadeiras, temos:

$$\overbrace{\text{P1: (IPVA } \textbf{(F)} \vee \text{IPTU } \textbf{(F)})}^{F} \rightarrow \overbrace{(\text{CA } \textbf{(F)} \wedge \text{VC}\textbf{(?)})}^{F} = \textbf{V}$$

P2: ~CA = **V**

Partindo da Premissa 2 como verdadeira, podemos inferir que:

José não pagou IPVA, José não pagou IPTU, José não comprou apartamento e não podemos valorar quanto a José vende a casa(?).

Resposta: E.

---

125. (IADES/IGEPREV-PA/Analista de Investimentos/2018) Considere as proposições a seguir.

P: trabalhar mais de 30 anos; Q: aposentar-se com salário integral; R: ser mulher.

A sentença lógica (P∧R) → Q significa que

A. aposentar-se com salário integral é necessário para ser mulher e trabalhar mais de 30 anos.

B. aposentar-se com salário integral é suficiente para ser mulher e trabalhar mais de 30 anos.

C. ser mulher ou trabalhar mais de 30 anos é necessário para aposentar-se com salário integral.

D. ser mulher e trabalhar mais de 30 anos é necessário para aposentar-se com salário integral.

E. ser mulher ou trabalhar mais de 30 anos é suficiente para aposentar-se com salário integral.

COMENTÁRIO

Sabemos que uma condicional é representada pelo conectivo "se...então" e pelo símbolo →. Será formada por:

Antecedente → Consequente.

Com isso temos que o que está à esquerda de → é sempre condição suficiente e o que está à direita é sempre condição necessária. *(p → q).*

Observe que a sentença dada possui no antecedente uma proposição composta que é uma conjunção. Então podemos escrever como:

(P∧R) → Q

Se trabalhar mais de 30 anos e ser mulher, então aposentar-se com salário integral.

Condição necessário: aposentar-se com salário integral.

Condição suficiente: trabalhar mais de 30 anos e ser mulher

Resposta: A.

---

126. (IADES/SES-DF/Técnico em Comunicação Social/2018) Considere as proposições a seguir.

P: Estudar matemática; Q: Aprender matemática; R: Gostar de matemática.

A sentença Q → (P∨R) significa, a respeito da matemática, que

A. aprender é necessário para gostar ou estudar.

B. gostar e estudar são suficientes para aprender.

C. aprender e gostar são necessários para estudar.

D. aprender é suficiente para gostar e estudar.

E. gostar ou estudar são necessários para aprender.

COMENTÁRIO

Sabemos que uma condicional é representada pelo conectivo "se...então" e pelo símbolo →. Será formada por:

Antecedente → Consequente.

Com isso temos que o que está à esquerda de $\rightarrow$ é sempre condição suficiente e o que está à direita é sempre condição necessária. ($p \rightarrow q$).

Observe que a sentença dada possui no consequente uma proposição composta que é uma disjunção. Então podemos escrever como:

"Se aprender matemática, então estuda ou gosta."

Condição necessária: estudar OU gostar de matemática

Condição suficiente: aprender matemática

Resposta: E.

---

127. (IADES/CAU-RO/Arquiteto e Urbanista/2018) João é arquiteto e Maria é engenheira civil. Ambos trabalham no CAU/RO. Considerando as informações apresentadas, assinale a alternativa que indica uma proposição com valor lógico verdadeiro.

A. João é arquiteto e Maria não é engenheira civil.
B. Se João não é arquiteto, então Maria é engenheira civil.
C. Se João é arquiteto, então Maria não é engenheira civil.
D. João não é arquiteto ou Maria não é engenheira civil.
E. João não é arquiteto e Maria não é engenheira civil.

COMENTÁRIO

A sentença dada é uma conjunção. Para que se obtenha verdade em uma conjunção é necessário que as duas proposições simples que a formam sejam verdadeiras:

João é arquiteto (V) e Maria é engenheira civil (V).

Com isso, vamos analisar as alternativas apresentadas:

A. João é arquiteto (V) e Maria não é engenheira civil(F).

$V \wedge F = F$

B. Se João não é arquiteto (F), então Maria é engenheira civil(V).

$F \rightarrow V = V$

C. Se João é arquiteto (V), então Maria não é engenheira civil (F).

$V \rightarrow F = F$

D. João não é arquiteto(F) ou Maria não é engenheira civil (F).

$F \vee F = F$

E. João não é arquiteto(F) e Maria não é engenheira civil. (F)

$F \wedge F = F$

Resposta: B.

---

128. (AOCP/UNIR/Assistente de Tecnologia da Informação/2018) Em raciocínio lógico matemático, denomina-se proposição toda sentença que pode ser julgada como verdadeira ou falsa, mas não ambas. Os conectivos têm a função de ligar sentenças simples e transformá-las em compostas. Em relação ao valor lógico das sentenças compostas, julgue, como VERDADEIRO ou FALSO, o item a seguir. "Se $2+2 = 4$ então $6+9 \neq 13$" é verdadeiro.

COMENTÁRIO

A proposição dada na questão é uma condicional, ou seja, possui o conectivo "se...então" que pode ser representado pelo símbolo .

Sabemos que uma condicional é formada por duas proposições simples, uma chamada de antecedente e a outra consequente, formando a seguinte estrutura:

ANTECEDENTE $\rightarrow$ CONSEQUENTE

Para resolver a questão, é preciso conhecermos a tabela verdade de uma condicional, que é a seguinte:

A	B	A→B
V	V	V
V	F	F
F	V	V
F	F	V

Com isso, notamos que a única forma para que a sentença seja falsa é se tivermos um antecedente verdadeiro e um consequente falso simultaneamente.

Então analisando o antecedente:

2+2 = 4 é verdade

Analisando o consequente:

6+9 ≠ 13 é verdade, pois sabemos que 6+9 é igual a 15 e consequentemente é diferente de 13.

Então temos: $V \rightarrow V = V$

Logo, o item está correto.

Resposta: CERTO.

---

129. (AOCP/UNIR/Assistente de Tecnologia da Informação/2018) Em raciocínio lógico matemático, denomina-se proposição toda sentença que pode ser julgada como verdadeira ou falsa, mas não ambas. Os conectivos têm a função de ligar sentenças simples e transformá-las em compostas. Em relação ao valor lógico das sentenças compostas, julgue, como VERDADEIRO ou FALSO, o item a seguir.

"25-15 = 9 e 15+15 = 30" é falso.

COMENTÁRIO

A proposição dada na questão é uma conjunção, ou seja, possui o conectivo "E" que pode ser representado pelo símbolo ∧.

Para resolver a questão, é preciso conhecermos a tabela verdade de uma conjunção, que é a seguinte:

A	B	A∧B
V	V	V
V	F	F
F	V	F
F	F	F

Ou seja, a única forma para se obter verdade é se as duas proposições simples forem verdades.

Então analisemos:

i) 25-15 = 9

Falso, pois sabemos que essa operação resultaria a 10.

ii) 15+15 = 30"

Verdadeiro, pois o resultado dessa soma é igual a 30.

Logo temos:

$F \wedge V = F$

Então a sentença é falsa.

Resposta: CERTO.

130. (AOCP/UNIR/Assistente de Tecnologia da Informação/2018) Em raciocínio lógico matemático, denomina-se proposição toda sentença que pode ser julgada como verdadeira ou falsa, mas não ambas. Os conectivos têm a função de ligar sentenças simples e transformá-las em compostas. Em relação ao valor lógico das sentenças compostas, julgue, como VERDADEIRO ou FALSO, o item a seguir. "5+6=11 ou 15+ 3 = 5" é falso.

COMENTÁRIO

A proposição dada na questão é uma disjunção, ou seja, possui o conectivo "ou" que pode ser representado pelo símbolo ∨.

Para resolver a questão, é preciso conhecermos a tabela verdade de uma disjunção, que é a seguinte:

A	B	A ∨ B
V	V	V
V	F	V
F	V	V
F	F	F

Ou seja, a única forma para se obter falso em uma disjunção é se as duas proposições simples que as formam forem FALSAS.

Então vamos analisar cada uma:

i) 5+6=11

Verdadeira, pois 11 é o resultado da soma.

ii) 15+ 3 = 5

Falso, pois sabemos que o resultado da soma de 15 e 3 é igual a 18.

Então temos: $V \vee F = F$

Logo, a sentença é VERDADEIRA.

Resposta: ERRADO.

---

131. (VUNESP/Escrivão de Polícia Civil/2018). Considere as afirmações:

Se Ana é costureira, então Bruno não é pedreiro.

Se Bruno não é pedreiro, então César é servente.

Se César é servente, então Débora não é faxineira.

Se Débora não é faxineira, então Eliana é cozinheira.

Se Eliana é cozinheira, então Francisco não é mecânico.

Francisco é mecânico.

A partir dessas afirmações, é correto concluir que

a) Eliana é cozinheira.

b) Bruno não é pedreiro.

c) Débora não é faxineira.

d) César não é servente.

e) Ana é costureira

COMENTÁRIO

Simbolizando as proposições (premissas) de acordo com a linguagem da lógica formal e partindo de que todas são verdadeiras, temos:

P1: Ana é costureira (F) $\rightarrow$ Bruno não é pedreiro. (F) = V

P2: Bruno não é pedreiro (F)$\rightarrow$ **César é servente. (F)** = V

P3: César é servente (F)$\rightarrow$ Débora não é faxineira. (F) = V

P4: Débora não é faxineira (F)$\rightarrow$ Eliana é cozinheira. (F) = V

P5: Eliana é cozinheira (F)$\rightarrow$ Francisco não é mecânico. (F) = V

P6: Francisco é mecânico. = V

Aplicando os axiomas segundo as tabelas-verdade, temos que César ser servente é falso, isto é, ele não é servente.

É importante ressaltar que temos uma proposição simples (P6), logo iremos começar por ela. As demais proposições serão valoradas a partir de P6 e de acordo com os conectivos lógicos em cada uma das premissas.

Resposta: D.

---

132. (VUNESP/ Escrivão de Polícia Civil / 2018) Considere falsa a afirmação "Cristiano é policial militar e Ana é policial civil" e verdadeira a afirmação "se Cristiano é policial militar, então Ana é policial civil".

Nessas condições, é necessariamente

a) falsidade que Ana é policial civil.

b) verdade que Cristiano e Ana são policiais civis.

c) verdade que Ana é policial civil.

d) falsidade que Cristiano é policial militar.

e) verdade que Cristiano é policial militar.

COMENTÁRIO

Temos uma questão de aplicação de tabela-verdade. Vamos simbolizar cada uma das proposições (afirmações) com seus respectivos conectivos lógicos e valoração já determina pelo comando da questão, vejamos:

P_1: CPM $\wedge$ APC = F

P_2: CPM $\rightarrow$ APC = V

Para as proposições acima temos duas possibilidades de valorações conforme os conectivos.

<u>1ª possibilidade:</u>

P_1: CPM(F) $\wedge$ APC(V) = F

P_2: CPM(F) $\rightarrow$ APC(V) = V

<u>2ª possibilidade:</u>

P_1: CPM(F) $\wedge$ APC(F) = F

P_2: CPM(F) $\rightarrow$ APC(F) = V

Para as duas possibilidades temos que será sempre falso que Cristiano é policial militar.

Resposta: D.

---

133. (VUNESP/ Escrivão de Polícia Civil / 2018) Se o depoente A compareceu ao plantão, então o boletim de ocorrência do depoente A foi lavrado. Se o depoente B compareceu ao plantão, então o boletim de ocorrência do depoente B foi lavrado. Sabendo-se que o boletim de ocorrência do depoente A não foi lavrado ou o boletim de ocorrência do depoente B não foi lavrado, então conclui-se, corretamente, que

a) o depoente A não compareceu ao plantão e o depoente B também não compareceu.

b) o depoente B não compareceu ao plantão.

c) o depoente A não compareceu ao plantão ou o depoente B não compareceu ao plantão.

d) o depoente A não compareceu ao plantão.

e) se o depoente A não compareceu ao plantão, então o depoente B também não compareceu.

COMENTÁRIO

✪ **Nota do autor:** Dilema destrutivo é uma regra de inferência válida da lógica proposicional. É a inferência que diz: se **P** implica **Q** e **R** implica **S**, e Q ou S é **falsa**, então **P** ou **R** deve ser **falsa**. Em suma, se duas condicionais são verdade, e pelo menos um de seus consequentes for falso, então um dos antecedentes tem que ser falso. Dilema destrutivo é a versão disjuntiva de modus tollens.

Representando as proposições, teremos:

P_1: ***ACP*** → BAL

P_2: ***BCP*** → BBL

P_3: ~BAL ∨ ~BBL

Temos nessa questão um dos tipos de argumentos (dilema destrutivo), comum nas provas da VUNESP.

Aplicando o dilema destrutivo:

Conclusão: ***~ ACP v ~BCP***

REPOSTA: C.

---

134. (VUNESP /Escrivão de Polícia Civil/ 2018)

De um argumento válido, sabe-se que suas premissas são:

I. Se a investigação é feita adequadamente e as provas são consistentes, então é certo que o réu será condenado.

II. O réu não foi condenado.

Dessa forma, uma conclusão para esse argumento está contida na alternativa:

a) A investigação não foi feita adequadamente e as provas não foram consistentes.
b) A investigação foi feita adequadamente ou as provas foram consistentes.
c) A investigação não foi feita adequadamente, mas as provas foram consistentes.
d) A investigação não foi feita adequadamente ou as provas não foram consistentes.
e) A investigação foi feita adequadamente, mas as provas não foram consistentes.

COMENTÁRIO

<u>Validade de um Argumento</u>

Um argumento será válido, legítimo ou bem construído quando a conclusão é uma consequência obrigatória do seu conjunto de premissas.

Sendo as premissas de um argumento verdadeiras, isso implica necessariamente uma conclusão verdadeira.

A validade de um argumento depende tão somente da relação existente entre as premissas e a conclusão.

$$p_1(V) \wedge p_2(V) \wedge p_3(V) \wedge p_4(V) \wedge p_5(V) \ldots p_n(V) \rightarrow C(V)$$

Percebemos que existe um conectivo de conjunção que opera as premissas. Logo, para que a conclusão seja verdadeira, torna-se necessário as premissas serem verdadeiras, até mesmo porque se uma das premissas for falsa tornará a conclusão falsa. Logo, temos que a verdade das premissas garante a verdade da conclusão o argumento.

Simbolizando as premissas do argumento, teremos:

P_1: (IFA ∧ PC) (F) → RC (F) = V

P_2: ~RC =V

A conclusão do argumento tem que ser consequência das premissas apresentadas, logo a alternativa que será verdadeira em decorrência da verdade das premissas será:

Conclusão: (~IFA v ~PC) = V

RESPOSTA: D.

135. (VUNESP/ Investigador de Polícia Civil /2018)

Considere verdadeiras as três afirmações seguintes:

- Ou Marta não é enfermeira, ou Clarice não é médica.
- Se Douglas não é professor, então Clarice é médica.
- Paulo é diretor ou Douglas não é professor.

Sabendo que Marta é enfermeira, a afirmação que possui um valor lógico verdadeiro é

a) se Clarice não é médica, então Marta não é enfermeira.

b) se Marta é enfermeira, então Douglas não é professor.

c) Paulo é diretor e Douglas não é professor.

d) Clarice é médica ou Paulo não é diretor

e) se Clarice é médica, então Douglas não é professor.

COMENTÁRIO

Temos uma questão de inferência lógica, em que iremos simbolizar as premissas e considerar que a proposição "Marta é enfermeira" é verdadeira, conforme indicado pelo comando da questão.

Vejamos:

$\mathbf{P_1}$**:** ~ME (F) V ~CM (V) = (V)

$\mathbf{P_2}$**:** ~DP (F) → CM (F) = (V)

$\mathbf{P_3}$**:** PD (V) V ~DP (F) = (V)

$\mathbf{P_{4:}}$ ME = (V)

Agora iremos valorar as proposições em cada uma das opções para encontra aquela que é verdadeira.

a) Se Clarice não é médica (V), então Marta não é enfermeira (F). = F

b) Se Marta é enfermeira (V), então Douglas não é professor (F). =F

c) Paulo é diretor (V) e Douglas não é professor (F). = F

d) Clarice é médica (F) ou Paulo não é diretor (F) = F

e) Se Clarice é médica (F), então Douglas não é professor (F) = V

Resposta: E.

136. (VUNESP/ Investigador de Polícia Civil / 2018)

Considere as afirmações e o respectivo valor lógico de cada uma.

I. Se Antônio canta bem, então Bruna não é atriz. VERDADEIRA

II. Carlos é dançarino ou Bruna não é atriz. FALSA

III. Daniela organiza tudo ou Antônio canta bem. VERDADEIRA

IV. Se Fernando não trouxe o almoço, então Daniela não organiza tudo. VERDADEIRA

A partir dessas afirmações, é correto concluir que

a) Fernando trouxe o almoço ou Antônio canta bem.

b) Carlos é dançarino e Fernando trouxe o almoço.

c) Carlos não é dançarino e Daniela não organiza tudo.

d) Ou Daniela organiza tudo ou Bruna é atriz.

e) Bruna não é atriz e Fernando não trouxe o almoço.

COMENTÁRIO

Nessa questão temos uma inferência lógica, em que iremos as simbolizar as proposições e em seguida aplicar as tabelas-verdade conforme as valorações dadas no comando:

P1: ACB (F) → ~BA(F) = V

P2: CD (F) ∨ ~BA (F) = F

P3: DOT (V) v ACB (F) = V

P4: ~FA (F) → ~DOT (F) = V

Para resolução é importante iniciar pela segunda proposição, pois no conectivo "ou" para ser falso, só se ambas as proposições forem falsas.

Analisando as alternativas segundo os operadores lógicos, temos:

a) Fernando trouxe o almoço (V) **ou** Antônio canta bem (F). = V
b) Carlos é dançarino (F) **e** Fernando trouxe o almoço (V). = F
c) Carlos não é dançarino (V) **e** Daniela não organiza tudo (F). = F
d) **Ou** Daniela organiza tudo (V) **ou** Bruna é atriz (V). = F
e) Bruna não é atriz (F) **e** Fernando não trouxe o almoço (F). = F

Resposta: A.

---

137. (CESPE/ PC-MA/ Investigador de Polícia/2018) A proposição: A qualidade da educação dos jovens sobe ou a sensação de segurança da sociedade diminui.

A quantidade de linhas da tabela-verdade correspondente à proposição é igual a

a) 32.
b) 2.
c) 4.
d) 8.
e) 16.

COMENTÁRIO

Na lógica bivalente, segundo os Princípios Fundamentais da Lógica Proposicional, temos que uma proposição será verdadeira ou Falsa, não admitindo um terceiro valor. O número de valorações possíveis para uma proposição, sendo ele simples ou composta será dada por:

Nº de linhas = 2^n, em que o "n" representa o número de proposições simples.

A proposição: "A qualidade da educação dos jovens sobe ou a sensação de segurança da sociedade" é formada por 02 pensamentos, isto é, por duas proposições simples.

2 proposições, nº de linhas será calculado por: $2^{(\text{nº de proposições})} = 2^2 = 4$.

A quantidade de linhas da tabela-verdade correspondente à proposição é igual a 4.

Resposta: C.

---

138. (IADES/Fundação Hemocentro de Brasília-DF/Técnico Administrativo/2017) Assinale a alternativa que apresenta uma proposição verdadeira.

A. $3 \times 2 = 6 \leftrightarrow 3^2 = 6$
B. $\sim (4^2 = 8 \vee 5^0 = 1)$
C. $10^2 = 100 \rightarrow 4^0 = 4$
D. $4 \neq 4 \wedge 5 \neq 5$
E. $\sim(5 + 5 = 10 \wedge 5 \times 5 = 10)$

COMENTÁRIO

Para resolver essa questão precisaremos utilizar um pouco de aritmética para concluir se as proposições são verdadeiras ou falsas. Vamos verificar cada alternativa:

A. $3 \times 2 = 6 \leftrightarrow 3^2 = 6$

Ora, sabemos que em uma bicondicional as duas proposições devem possuir a mesma valoração para que a sentença seja verdadeira. Logo $V \leftrightarrow F = F$.

B. $\sim (4^2 = 8 \vee 5^0 = 1)$

Temos aqui a negação da proposição sinalizada por ~:

$\sim(V \vee V)$

$\sim(V) = F$

Então essa sentença é FALSA

C. $10^2 = 100 \rightarrow 4^0 = 4$

Sabendo que todo número elevado a zero é igual a um, temos: $V \rightarrow F$

Como é uma condicional, $V \rightarrow F = F$

D. $4 \neq 4 \wedge 5 \neq 5$

Temos uma conjunção em que as duas proposições são falsas. $F \wedge F = F$

E. $\sim(5 + 5 = 10 \wedge 5 \times 5 = 10)$

Temos uma negação da conjunção. Então vamos valorar passo a passo:

$\sim(V \wedge F)$

$\sim(F) = V$

Logo, essa é a alternativa correta.

Resposta: E.

---

139. (IADES/CRF-DF/Assistente I – Administrativo/2017) Considerando os principais símbolos dos conectivos utilizados na lógica matemática, assinale a alternativa cujo valor lógico é verdadeiro.

A. A neve é branca $\wedge$ 2 é maior que 5.

B. Brasília é a capital do Brasil $\vee$ 10 é menor que 8.

C. Brasília está no Distrito Federal $\rightarrow$ 100 é maior que 1.000.

D. Goiânia está no Distrito Federal $\leftrightarrow$ 4 é menor que 12.

E. São Paulo é a capital do Brasil $\wedge$ 0 é menor que 1.

COMENTÁRIO

Vamos analisar cada alternativa para encontrarmos a proposição composta que possui valor lógico verdadeiro.

A. A neve é branca $\wedge$ 2 é maior que 5.

Sabemos que a neve é branca, porém o número 2 é menor que 5. Temos uma conjunção, e para obter verdade as duas proposições deveriam ser verdades.

$V \vee F = F$

B. Brasília é a capital do Brasil $\vee$ 10 é menor que 8.

Observe que temos duas proposições verdadeiras. Como é uma conjunção, basta que apenas uma proposição seja verdade, logo a sentença é verdadeira.

$V \vee V = V$

C. Brasília está no Distrito Federal $\rightarrow$ 100 é maior que 1.000.

Temos uma condicional, e podemos ver que o antecedente é verdadeiro, porém o consequente é falso.

$V \rightarrow F = F$

D. Goiânia está no Distrito Federal $\leftrightarrow$ 4 é menor que 12.

Nessa alternativa temos uma bicondicional. Como já vimos, em uma bicondicional para que seja uma verdade os valores lógicos das duas proposições devem ser iguais.

$F \leftrightarrow V = F$

E. São Paulo é a capital do Brasil $\wedge$ 0 é menor que 1.

Temos uma conjunção e sabemos que para ter verdade as duas proposições deveriam ser verdadeiras.

$F \wedge V = F$

Resposta: B.

140. (CESPE/ TRF – 1ª REGIÃO/ 2017)

Em uma reunião de colegiado, após a aprovação de uma matéria polêmica pelo placar de 6 votos a favor e 5 contra, um dos 11 presentes fez a seguinte afirmação: "Basta um de nós mudar de ideia e a decisão será totalmente modificada."

Considerando a situação apresentada e a proposição correspondente à afirmação feita, julgue o próximo item.

A tabela-verdade da referida proposição, construída a partir dos valores lógicos das proposições simples que a compõem, tem mais de 8 linhas.

COMENTÁRIO

Na lógica bivalente, segundo os Princípios Fundamentais da Lógica Proposicional, temos que uma proposição será verdadeira ou Falsa, não admitindo um terceiro valor. O número de valorações possíveis para uma proposição, sendo ele simples ou composta será dada por:

Nº de linhas = 2^n, em que o "n" representa o número de proposições simples.

A proposição: "Basta um de nós mudar de ideia e a decisão será totalmente modificada "é formada por 02 pensamentos, isto é, por 02 proposições simples.

2 proposições, nº de linhas será calculado por: $2^{(\text{nº de proposições})} = 2^2 = 4$.

A quantidade de linhas da tabela-verdade correspondente à proposição é igual a 4.

Resposta: Errado.

141. (CONSULPLAN/TRE-RJ/ 2017) De acordo com algumas implicações lógicas, analise as afirmativas a seguir.

I. Se p é verdadeira e q é verdadeira, então $p \land q$ é verdadeira.

II. Se p é verdadeira ou q é verdadeira, então $p \lor q$ é falsa.

III. Se p é verdadeira e $p \rightarrow q$ é verdadeira, então q é verdadeira.

IV. Se ~p é verdadeira e $p \lor q$ é verdadeira, então q é verdadeira.

V. Se ~q é verdadeira e $p \rightarrow q$ é verdadeira, então ~p é verdadeira.

VI. Se $p \lor q$ é verdadeira, $p \rightarrow r$ é verdadeira e $q \rightarrow r$ é verdadeira, então r é verdadeira.

VII. $p \lor [q \land (\sim q)] \Leftrightarrow p$.

VIII. $p \rightarrow q \Leftrightarrow (\sim p) \lor p$.

Estão INCORRETAS apenas as afirmativas

a) I e II.

b) II e VIII.

c) I, II, VI e VIII.

d) III, IV, V e VI.

COMENTÁRIO

Vamos analisar cada uma das afirmativas, é necessário ter conhecimento das tabelas-verdade, vejamos :

I. Se p é verdadeira e q é verdadeira, então $p \land q$ é verdadeira.

Para que uma proposição conjuntiva seja verdadeira, é necessário que ambas as proposições sejam V.

$p(V) \land q(V) = V$

Correto.

II. Se p é verdadeira ou q é verdadeira, então $p \lor q$ é falsa.

Na disjunção para a proposição ser verdadeira basta uma verdade, logo só será falsa quando ambas as proposições forem F.

$p\,(V) \lor q(F) = V$

$p(F) \lor q(V) = V$

Incorreto.

III. Se p é verdadeira e p ⟶ q é verdadeira, então q é verdadeira.

Em uma proposição condicional (⟶) só é F se o antecedente for V e o consequente for F. Como a assertiva diz, que p (antecedente) é V e a proposição p⟶q é V, logo q (consequente) deve ser V.

p(v) ⟶ q(v) = V

Correto.

IV. Se ~p é verdadeira e p v q é verdadeira, então q é verdadeira.

Na disjunção temos que ~p é verdadeira e que a proposição composta p v q é verdadeira, então temos:

p(F) v q = V

A proposição q tem que ser verdadeira.

Correto.

V. Se ~q é verdadeira e p ⟶ q é verdadeira, então ~p é verdadeira.

Se a proposição ~q é verdadeira, então a proposição q é falsa, se a proposição p ⟶ q é verdadeira, em que q é falsa, logo a proposição p (F) ⟶ q (F) = verdadeira. Se o consequente é falso, então o antecedente também é falso. Como p é falso, ~p é verdadeiro.

Correto.

VI. Se p V q é verdadeira, p ⟶ r é verdadeira e q ⟶ r é verdadeira, então r é verdadeira.

Em uma proposição condicional só teremos sendo falso caso o antecedente seja verdadeiro e o consequente seja falso. Sendo assim a proposição r sendo tem que ser verdadeira, uma vez que o p e o q podem ser ambos verdadeiros, ou até mesmo, uma verdadeira e outro falsa.

Correto.

VII. p v [q Λ (~q)]⇔ p.

A proposição p v [q Λ (~q)] é equivalente a proposição p, tem o mesmo valor?

A proposição q Λ (~q) será sempre falsa, uma vez que se trata de uma contradição. Sendo assim:

p v [q Λ (~q)]

p v F ⇔ p.

Vamos lá! Se o primeiro p for verdadeiro, então o segundo p continua sendo verdadeiro.

Correto.

VIII. p⟶ q⇔(~p) V p.

Se p⟶ q tem 3 valores verdadeiros e 1 falso. Já a proposição (~p) V p é uma tautologia, só tem valores verdadeiros.

Incorreto.

Resposta: B.

---

142. (IESES/ IGP-SC/ Perito Médico Legista/2017) Ou Nestor compra uma casa ou sua esposa, Lívia, vai viajar. Se Lívia vai viajar então seu filho Henrique compra um videogame. Se Henrique compra um videogame então seu irmão Celso não trabalha. Ora, sabe-se que Celso trabalha. Logo:

a) Nestor compra uma casa e Lívia vai viajar.

b) Nestor compra uma casa.

c) Nestor não compra uma casa.

d) Lívia vai viajar.

COMENTÁRIO

Representando as premissas e partindo que são todas verdadeiras, temos:

P1: Nestor compra uma casa (V) ∨ sua esposa, Lívia, vai viajar. (F) = (V)

P2: Lívia vai viajar (F)→ seu filho Henrique compra um videogame. (F) = (V)

P3: Henrique compra um vídeo game (F)→ seu irmão Celso não trabalha. (F) = (V)

P4: Sabe-se que Celso trabalha. = (V)

A ideia é começarmos com a proposição simples, logo será por P4. Daí em diante valoramos as demais proposições de acordo com as tabelas-verdade.

Vamos verificar qual dos itens será verdadeiro.

a) Nestor compra uma casa (V) e Lívia vai viajar. (F) = F
b) Nestor compra uma casa. (V)
c) Nestor não compra uma casa. (F)
d) Lívia vai viajar. (F)

Resposta: B.

---

143. (CRA-SC/2017) Leia as frases abaixo sobre lógica proposicional:

I. A frase "Amanhã é terça-feira? " é uma proposição.
II. A frase "São Paulo é a capital do Brasil" é uma proposição.
III. A frase "4 é maior que 1, se e somente se 1 for menor que 4" trata-se de uma bi implicação.
IV. A frase "Hoje está muito frio ou é sábado" é uma disjunção.

A sequência correta é:

a) apenas as assertivas II e IV estão corretas.
b) apenas as assertivas II, III e IV estão corretas.
c) apenas as assertivas II e III estão corretas.
d) apenas as assertivas I, III e IV estão corretas.

COMENTÁRIO

Vamos analisar cada uma das frases:

I. A frase "Amanhã é terça-feira? " é uma proposição.
Frases interrogativas são sentenças abertas, não são proposições.
II. A frase "São Paulo é a capital do Brasil" é uma proposição.
A frase é uma proposição, pois pode ser valorada.
III. A frase "4 é maior que 1, se e somente se 1 for menor que 4" trata-se de uma bi implicação.
A frase é uma bi implicação, pois comuta uma condicional, ou seja, $(A \rightarrow B) \wedge (B \rightarrow A)$.
IV. A frase "Hoje está muito frio ou é sábado" é uma disjunção.
A frase é uma proposição disjuntiva, pois temos a presença do conectivo "ou".

Resposta: B.

---

144. (FUNDATEC/CRQ – 5ª REGIÃO (RS) /2017)

Analise as cinco frases abaixo:

1. Pedro é matemático e Alexandre é bancário.
2. Vera é auditora fiscal ou Ana é bióloga.
3. Se Paulo é motorista então Joaquim é marinheiro.
4. Agnes é socióloga se, e somente se Luiz é filósofo.
5. A Cavalo dado não se olha os dentes.

A frase que NÃO possui uma característica lógica comum às outras é:

a) 1.
b) 2.
c) 3.
d) 4.
e) 5.

COMENTÁRIO

As primeiras quatro proposições são compostas, pois são formadas por mais de um pensamento ligados por um operador lógico. A proposição 5 é simples, isto é, tem apenas um pensamento. Desta forma podemos inferir que a proposição 5 não tem a mesma característica das demais.

Resposta: E.

---

145. (FCM/IF Baiano/Assistente em Administração/2017)

Considere que os valores lógicos de p e q são V e F, respectivamente, e avalie as proposições abaixo.

I. $p \rightarrow \sim (p \vee \sim q)$ é verdadeiro

II. $\sim p \rightarrow \sim p \wedge q$ é verdadeiro

III. $p \rightarrow q$ é falso

IV. $\sim (\sim p \vee q) \rightarrow p \wedge \sim q$ é falso

Está correto apenas o que se afirma em

a) I e III.

b) I, II e III.

c) I e IV.

d) II e III.

e) III e IV.

COMENTÁRIO

Uma questão simples que exige do candidato a aplicação dos conhecimentos quanto tabelas-verdade. Vejamos cada uma das proposições, sabendo que a proposição p é verdadeira e a proposição q é falsa.

I - $p \rightarrow \sim (p \vee \sim q)$ é verdadeiro

$V \rightarrow \sim$ (V ou V)

$V \rightarrow F = F$ (ERRADO)

II - $\sim p \rightarrow (\sim p \wedge q)$ é verdadeiro

$F \rightarrow$ (F e F)

$F \rightarrow F = V$ (CERTO)

III - $p \rightarrow q$ é falso

$V \rightarrow F = F$ (CERTO)

IV - $\sim(\sim p \vee q) \rightarrow (p \wedge \sim q)$ é falso

$\sim$ (F ou F) $\rightarrow$ (V e V)

$V \rightarrow V = V$ (ERRADO)

Resposta: D.

---

146. (IBFC/ Técnico em Regulação/2017)

Assinale a alternativa correta. O valor lógico do bicondicional entre duas proposições é falso se:

a) os valores lógicos das duas proposições forem falsos

b) o valor lógico de cada uma das proposições for verdade

c) o valor lógico da primeira proposição for falso

d) o valor lógico da segunda proposição for falso

e) somente uma das proposições tiver valor lógico falso

COMENTÁRIO

A bicondicional será falsa quando os seus valores lógicos forem diferentes, ou seja, valores diferentes, um falso e outro verdadeiro.

Nas dicas, final deste capítulo, temos uma fundamentação teórica sobra as tabelas verdade.

Portanto letra "e", somente uma das proposições tiver valor lógico falso.

Resposta: E.

147. (IADES/CRESS-MG/Auxiliar Administrativo/2016) Considere as proposições: p: Paulo é mineiro. q: Pedro é rico. Assinale a alternativa que indica a melhor tradução, em linguagem corrente, para a proposição $\sim p \wedge q$

A. Paulo é mineiro e Pedro é rico.

B. Paulo é goiano e Pedro é rico.

C. Paulo é mineiro ou Pedro não é rico.

D. Paulo não é mineiro ou Pedro é rico.

E. Paulo não é mineiro e Pedro é rico.

COMENTÁRIO

Observe que é uma questão de pura simbologia lógica. Fazendo um breve resumo temos:

PALAVRA	SÍMBOLO	NOME
e	$\wedge$	Conjunção
ou	$\vee$	Disjunção inclusiva
não	$\sim$	Negação
Se... então	$\rightarrow$	Condicional
se e somente se	$\leftrightarrow$	Bicondicional
Ou...ou	$\underline{\vee}$	Disjunção exclusiva

Desta forma $\sim p$ é a negação de p.

Então podemos escrever a sentença:

$\sim p \wedge q$ = Paulo não é mineiro e Pedro é rico

Resposta: E.

148. (IADES/Ceitec S.A/Analista Administrativo e Operacional/Arquivologia/2016) Considerando que ambos os valores lógicos das proposições p e q são F (Falsidade), a proposição cujo valor lógico corresponde a V (Verdade) é

A. $p \wedge \sim q$.

B. $p \vee q$.

C. $p \vee (p \vee q)$.

D. $\sim p \wedge (p \wedge q)$.

E. $\sim p \wedge \sim q$.

COMENTÁRIO

Para resolver essa questão, vamos rapidamente relembras as tabelas verdades da conjunção e da disjunção:

Conjunção:

A	B	$A \wedge B$
V	V	V
V	F	F
F	V	F
F	F	F

Disjunção

A	B	$A \vee B$
V	V	V
V	F	V
F	V	V
F	F	F

Agora vamos valorar cada alternativa e ver qual delas representa um valor lógico verdadeiro.

A. $p \wedge \sim q$.
Se q é falso, então ~q é verdade, logo temos $F \wedge V = F$

B. $p \vee q$.
Temos uma disjunção, então $F \vee F = F$

C. $p \vee (p \vee q)$.
Primeiro resolvemos o que está entre os parênteses.
$F \vee (F \vee F)$
$F \vee F = F$

D. $\sim p \wedge (p \wedge q)$.
Se p é falso então ~p será verdadeiro. Resolvemos primeiro o que está dentro dos parênteses.
$V \wedge (F \wedge F)$
$V \wedge F = F$

E. $\sim p \wedge \sim q$.
Observe que temos duas proposições verdadeiras, logo: $V \wedge V = V$

Resposta: E.

---

149. (IADES/Ceitec S.A/Analista Administrativo e Operacional/Ciências Contábeis/2016) Sabendo que a proposição "Está frio" é verdadeira (V) e "Chove muito" é falsa (F), os valores lógicos das proposições ($\sqrt{3} > 1 \rightarrow$ Está frio), ($\sqrt{3} < 1 \wedge$ Chove muito) e (Está frio $\vee$ chove muito) são, respectivamente,

A. V, F e V.
B. V, V e F.
C. V, F e F.
D. F, V e F.
E. F, F e V.

COMENTÁRIO

Foram dadas duas informações importantes: a proposição "Está frio" é verdadeira (V) e "Chove muito" é falsa (F).

Desta forma, vamos valorar as demais sentenças respeitando essas informações dadas e a tabela verdade de cada conectivo.

1ª. ($\sqrt{3} > 1 \rightarrow$ Está frio),

A raiz quadrada de 3 é aproximadamente 1,73, ou seja, é maior que 1. Assim temos: $V \rightarrow V$. Sabemos que na tabela verdade da condicional quando o antecedente e o consequente são verdades a sentença será uma verdade.

2ª. ($\sqrt{3} < 1 \wedge$ Chove muito)

Como vimos, $\sqrt{3}$ é um número maior que 1. Logo temos $F \wedge F = F$.

(Está frio $\vee$ chove muito)

Como já foram valoradas $V \vee F = V$.

Desta forma, os valores lógicos serão respectivamente: VFV

Resposta: A.

150. (CESPE/ INSS/ Técnico do Seguro Social/2016) Julgue os itens a seguir, relativos a raciocínio lógico e operações com conjuntos.

150.01. I. A sentença "Bruna, acesse a Internet e verifique a data da aposentadoria do Sr. Carlos! " é uma proposição composta que pode ser escrita na forma $p \wedge q$.

COMENTÁRIO

A sentença acima não pode ser considerada uma proposição, pois temos uma frase imperativa e uma frase exclamativa, isto é, são consideradas sentenças abertas, uma vez que não são passíveis de interpretação.

Resposta: Errado.

150.02. II. Caso a proposição simples "Aposentados são idosos" tenha valor lógico falso, então o valor lógico da proposição "Aposentados são idosos, logo eles devem repousar" será falso.

COMENTÁRIO

Temos uma questão que envolve tabelas-verdade e linguagem lógica formal. Primeiramente é necessário representar a proposição condicional: "Aposentados são idosos, logo eles devem repousar":

P: Aposentados são idosos.

Q: Aposentados devem repousar.

$P(F) \rightarrow Q(Q\ (V/F) = V$

Sendo a proposição P falsa, temos que independentemente do valor da proposição Q (consequente), a proposição composta será sempre verdadeira.

Resposta: Errado.

150.03. III. Dadas as proposições simples *p*: "Sou aposentado" e *q*: "Nunca faltei ao trabalho", a proposição composta "Se sou aposentado e nunca faltei ao trabalho, então não sou aposentado" deverá ser escrita na forma $(p \wedge q) \rightarrow \sim p$, usando-se os conectivos lógicos.

COMENTÁRIO

A questão refere-se a linguagem formal, isto é, transcrever da língua natural para linguagem da lógica de primeira ordem.

É importante perceber que a proposição composta $(p \wedge q) \rightarrow \sim p$ tem como pensamento principal uma condição. O antecedente é a proposição conjuntiva $(p \wedge q)$ e que o consequente é a proposição $\sim p$.

Resposta: Correto.

151. (IADES/EBSERH/Engenheiro de Segurança do Trabalho/2015) Considere as proposições a seguir.

p: Paulo é engenheiro de segurança do trabalho.

q: Paulo é amazonense.

A proposição R: $\sim p \wedge q$ garante que Paulo é

A. amazonense.
B. engenheiro de segurança do trabalho.
C. paraense.
D. engenheiro de segurança do trabalho e amazonense.
E. engenheiro de segurança do trabalho, mas não é amazonense.

COMENTÁRIO

Como dito anteriormente, o sinal de ~ representa a negação da proposição.

Então, ~p = Paulo não é engenheiro de segurança do trabalho.

Logo: $\sim p \wedge q$ = Paulo não é engenheiro de segurança do trabalho E Paulo é amazonense

Para que a conjunção seja verdade, as duas proposições devem ser verdadeiras. Assim, a proposição R garante que Paulo é amazonense.

Resposta: A.

---

152. (FUNIVERSA/PCDF/PAPILOSCOPISTA/2015). Considerando os conceitos básicos de lógica, assinale a alternativa correta.

a) Se A e B forem proposições falsas, então A v B ↔ (¬A) ∧ (¬B) é verdadeira.

b) Se R é o conjunto dos números reais, então a proposição (∀x) (x ∈ R) (∃y) (y∈R) (x + y = 0) é valorada como falsa.

c) Se A, B, C e D forem proposições simples e distintas, então a tabela verdade da proposição (A∧B) ↔ (C v D) é inferior a 15.

d) A proposição "Se 3 + 2 = 6, então o mosquito da dengue é inofensivo" é valorada como verdadeira.

e) Se A, B e C forem proposições valoradas como verdadeiras, então (¬A) →[(¬B) v C] é falsa.

COMENTÁRIO

✪ **Nota do autor:** Questão bem-feita pela banca, pois exige do candidato a linguagem da lógica de Primeira Ordem, quanto aos quantificadores lógicos- proposições categóricas.

a) Se A e B forem proposições falsas, então A v B↔ (¬A) ∧ (¬B) é verdadeira.

Substituindo as proposições por seus respectivos valores A v B↔ (¬A) ∧ (¬B) temos o seguinte:

A	B	A v B	¬A	¬B	(¬A) ∧ (¬B)	A v B ↔ (¬A) ∧ (¬B)
F	F	F	V	V	V	F

Alternativa errada.

b) Se R é o conjunto dos números reais, então a proposição (∀x)(x∈R)(∃y)(y∈R)(x + y = 0) é valorada como falsa.

Temos uma linguagem da lógica de Primeira Ordem, proposições formadas por quantificadores lógicos, onde podemos ter a seguinte interpretação:

(∀x) (x∈R) (∃y) (y∈R) (x + y = 0)
Para todo X, pertencente ao conjunto dos números Reais, existe um y, também pertence aos reais tal que x + y = o

Interpretando a proposição dada temos que será verdadeira e não falsa segundo o item, pois com certeza para todo x real existe um y real que se somarmos x+ y=0. Generalizando podemos afirmar que seria o seu oposto.

Alternativa errada.

c) Se A, B, C e D forem proposições simples e distintas, então a tabela verdade da proposição (A∧B) ↔ (C v D) é inferior a 15.

O número de linhas de uma tabela verdade na lógica bivalente é dado por 2^n em que "n" representa o número de proposições simples.

Desta forma temos que para a proposição (A ∧ B) ↔ (C v D) o número de linhas será dado por $2^4 = 16$, uma vez que temos 4 proposições simples.

Alternativa errada.

d) A proposição "Se 3 + 2 = 6, então o mosquito da dengue é inofensivo" é valorada como verdadeira.

O item se refere à aplicação de tabela-verdade, em que temos uma proposição condicional, e para tal devemos valora o antecedente "Se 3 + 2 = 6" e o consequente "o mosquito da dengue é inofensivo".

Assim temos que "3+2 =6" = F e "o mosquito da dengue é inofensivo"= F.

Aplicando a tabela verdade do operador condicional teremos F→ F = V, isto é, a proposição composta é verdadeira.

Alternativa correta.

e) Se A, B e C forem proposições valoradas como verdadeiras, então (¬A) →[(¬B) v C] é falsa.

Valorando as proposições temos:

A	B	C	¬A	¬B	(¬B) v C	(¬A) →[(¬B)vC]
V	**V**	**V**	**F**	**F**	**V**	**V**

Temos que a proposição composta é verdadeira segundo os valores dados acima.

Alternativa errada.

Resposta: D.

---

153. (FUNIVERSA/SESIPE/AGENTE PENITENCIÁRIO/2015) considere que P e Q sejam proposições simples. Então, completada a tabela a seguir, é correto concluir que os elementos da coluna correspondente à proposição composta (Q→P) →P, na ordem em que aparecem e de cima para baixo, são VVFV.

P	Q	Q→P	(Q→P) →P
V	V	V	V
V	F	V	V
F	F	V	F
F	V	F	V

COMENTÁRIO

✪ **Nota do autor:** Questão que exige do candidato estruturas lógicas, aplicação de tabela-verdade.

Temos uma questão de lógica proposicional, aplicação de tabelas verdade. É importante ressaltar que a ordem das linhas não está de forma convencional, porém não tendo nenhum problema, apenas observar a ordem dos valores estabelecida no item.

O operador condicional não possui a propriedade comutativa, em que devemos atentar para a ordem, isto é, operar do antecedente para o consequente.

A	B	A→B
V	V	**V**
V	F	**F**
F	V	**V**
F	F	**V**

Resposta: Correto.

---

154. (FUNIVERSA/SESIPE/AGENTE PENITENCIÁRIO/2015) Considere as seguintes proposições hipotéticas. P: Mário cumpre pena em regime fechado na penitenciária da Papuda. Q: Mário está de férias com a família nas praias do Ceará. Nesse caso, sendo Mário, tanto na proposição P quanto na proposição Q, a mesma pessoa, independentemente das valorações V ou F de P e Q, a proposição P∧Q é sempre falsa.

COMENTÁRIO

✪ **Nota do autor:** Questão que exige do candidato uma aplicação de tabelas-verdade, em que devemos valorar as proposições conforme a situação descrita no comando.

Temos uma questão de aplicação de tabelas-verdade, especificamente do operador conjuntivo. Primeiramente vamos valorar as proposições simples P e Q abaixo:

P: Mário cumpre pena em regime fechado na penitenciária da Papuda. (V)

Q: Mário está de férias com a família nas praias do Ceará. (F)

OU

P: Mário cumpre pena em regime fechado na penitenciária da Papuda. (F)

Q: Mário está de férias com a família nas praias do Ceará. (V)

É importante observar que as proposições são opostas, uma vez que se Mário cumpre pena em regime fechado na penitenciaria da Papuda for verdadeiro por hipótese, a proposição Mário está de férias com a família nas praias do Ceará tem que ser falsa, pois não há como uma pessoa estar ao mesmo tempo em regime fechado em uma penitenciária e com a família nas praias do Ceará.

Logo podemos inferir que a proposição P(V) ∧ Q(F) é falsa ou P(F) ∧ Q(V) é falsa.

Resposta: Correto.

---

155. (FUNIVERSA/SESIPE/AGENTE PENITENCIÁRIO/2015) Se uma proposição pode ser simbolizada na forma P↔Q, então ela é equivalente à proposição simbolizada na forma (P→Q)∧(Q→P), isto é, independentemente das valorações V ou F de P e Q, as proposições P↔Q e (P→Q)∧(Q→P) têm sempre as mesmas valorações.

COMENTÁRIO

Duas proposições são ditas equivalentes quando são formadas pelas mesmas proposições simples e os resultados das tabelas-verdade são idênticos.

A proposição [(A→B) /\ (B→A)] é equivalente a proposição [A↔B]

A	B	A→B	B→A	(A→B) ∧ (B→A)	A ↔B
V	**V**	**V**	**V**	**V**	**V**
V	**F**	**F**	**V**	**F**	**F**
F	**V**	**V**	**F**	**F**	**F**
F	**F**	**V**	**V**	**V**	**V**

As duas últimas colunas apresentam os mesmos valores lógicos em todas as linhas, logo as proposições [(A→B) /\ (B→A)] e [A↔B]

Resposta: Certo.

---

156. (FCC/METRÔ-SP/AGENTE DE SEGURANÇA/2015). Considere as afirmações verdadeiras:

– Se Lúcia chegar antes de soar o sinal das portas, então ela entra no metrô.
– Se Lúcia entra no metrô, então ela chega ao trabalho na hora certa.
– Se Lúcia corre, então ela chega antes de soar o sinal das portas do metrô.
– Lúcia correu.

A partir dessas afirmações é possível concluir corretamente que

a) Lúcia entrou no metrô e não chegou ao trabalho na hora certa.
b) Lúcia correu, mas não o suficiente, ou desistiu de chegar ao trabalho na hora certa.
c) Lúcia não entrou no metrô e não chegou ao trabalho na hora certa.
d) Lúcia chegou antes de soar o sinal das portas e não entrou no metrô.
e) Lúcia chegou ao trabalho na hora certa ou Lúcia correu.

COMENTÁRIO

✪ **Nota do autor:** Questão que exige do candidato uma noção de inferência lógica, em que devemos partir do pressuposto que todas as premissas são verdadeiras, uma vez que se trata de uma dedução, em que partimos de pensamentos universais para pensamentos particulares.

Representando as proposições temos:

(V) **(F)**
P1: (Lúcia chegou antes de soar o sinal das portas) → (Entra no metrô) = **V**

(V) **(V)**
P2: (Lúcia entra no metrô) → (Chega no trabalho na hora certa) = **V**
(V) **(V)**

P3: (Lúcia come) → (Chega antes de soar o sinal das portas) = **V**

P4: Lúcia correu = **V**

A partir da proposição P4, então iremos valorar as demais.

Resposta: E.

---

157. (FCC/TCE-CE/SUPORTE ADMINISTRATIVO/2015) Considere as afirmações:

I. Se a música toca no rádio, então você escuta.

II. A música não tocou no rádio.

III. Renato é bom em matemática ou é bom em português.

IV. Se as nuvens estão escuras, então vai chover.

Sabe-se que as afirmações I e II são verdadeiras, e as afirmações III e IV são falsas. A partir dessas afirmações, é correto concluir que

a) Você escutou a música, e Renato não é bom em matemática, e não é bom em português.

b) A música não tocou no rádio, e as nuvens não estão escuras, e vai chover.

c) Você escutou a música, e Renato é bom somente em matemática, e está chovendo.

d) A música não tocou no rádio, e Renato não é bom em português, e as nuvens estão escuras.

e) A música não tocou no rádio, e Renato não é bom em matemática, e é bom em português, e não vai chover.

COMENTÁRIO

✪ **Nota do autor:** Questão que exige do candidato uma noção de inferência lógica, em que devemos partir do pressuposto que todas as premissas são verdadeiras, uma vez que se trata de uma dedução, em que partimos de pensamentos universais para pensamentos particulares.

(F) **(V/F)**

I) A música toca no rádio → você escuta = **V**

(V)

II) A música não tocou no rádio = **V**

(V) **(F)**

III) Renato é bom em matemática ∨ bom em Português = **F**

(V) **(F)**

IV) As nuvens estão escuras → não vai chover = **F**

Resposta: D.

---

158. (FUNIVERSA/PCDF/PERITO/2015) Considere as nove seguintes proposições:

I: Todo quadrado é um trapézio.

II: Todo círculo é uma elipse.

III: Quaisquer três pontos distintos determinam um único plano.

IV: Os números primos formam um subconjunto dos números ímpares.

V: I→II

VI: I→III

VII: I→IV

VIII: III→IV

IX: III→II

Nesse caso, é correto afirmar que são valoradas como verdadeiras apenas as proposições

a) I, II, V, VIII e IX.

b) I, III, IV, VI e IX.

c) II, III, IV e VII.

d) II, IV, VII, VIII e IX.

e) III, V, VI, VII e VIII.

COMENTÁRIO

✪ **Nota do autor:** Questão que exige do candidato uma noção de geometria plana para valorar as proposições, logo é importante possuir conceitos e fundamentos dentro da matemática.

Interpretando (valorando) as proposições seguintes, temos:

I: Todo quadrado é um trapézio. **(V)**

Pelo diagrama de inclusão dos quadriláteros temos que:

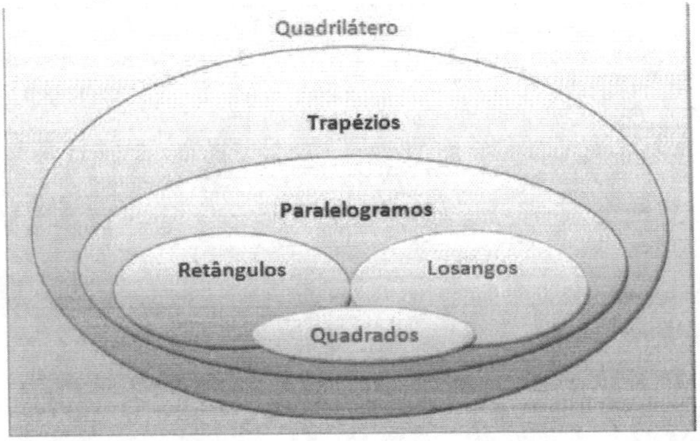

Todo quadrado é um trapézio é uma proposição verdadeira.

II: Todo círculo é uma elipse. **(V)**

Podemos dizer que um círculo continua sendo uma elipse com os dois focos no mesmo lugar.

A proposição é verdadeira.

III: Quaisquer três pontos distintos determinam um único plano. (F)

A proposição é falsa uma vez que se os pontos forem colineares não formaram um plano e sim uma reta.

IV: Os números primos formam um subconjunto dos números ímpares. (F)

A proposição é falsa uma vez que o número 2 é primo, porém não é ímpar.

V: I→II

De acordo com as valorações dadas as proposições I e II temos: V→V = **V**

VI: I→III

De acordo com as valorações dadas as proposições I e III temos: V→F = F

VII: I→IV

De acordo com as valorações dadas as proposições I e IV temos: V→F = F

VIII: III→IV

De acordo com as valorações dadas as proposições III e IV temos: F→F = **V**

IX: III→II

De acordo com as valorações dadas as proposições III e II temos: F→V = **V**

Resposta: A.

---

159. (FCC/TCE-CE/SUPORTE ADMINISTRATIVO/2015) Considere as afirmações verdadeiras: – Se compro leite ou farinha, então faço um bolo. – Se compro ovos e frango, então faço uma torta. – Comprei leite e não comprei ovos. – Comprei frango ou não comprei farinha. – Não comprei farinha. A partir dessas afirmações, é correto concluir que

a) fiz uma torta.

b) não fiz uma torta e não fiz um bolo.

c) fiz um bolo.

d) nada comprei.

e) comprei apenas leite e ovos.

COMENTÁRIO

✪ **Nota do autor:** Sendo uma dedução, em que a conclusão é consequência das premissas, vamos considerar que todas as premissas são verdadeiras para que possamos encontrar uma conclusão também verdadeira. Valorando as demais proposições a partir da P5 e P3 podemos inferir que a única opção verdadeira é a letra c.

Primeiramente iremos representar as proposições por meio da linguagem da lógica formal para realizarmos uma inferência lógica.

$$\text{P1: } \overbrace{(\overbrace{\text{compro leite}}^{\mathbf{V}} \vee \overbrace{\text{compro farinha}}^{\mathbf{F}})}^{\mathbf{V}} \rightarrow \overbrace{(\text{faço bolo})}^{\mathbf{V}} = \mathbf{V}$$

$$\text{P2: } \overbrace{(\text{compro ovos} \wedge \text{frango})}^{\mathbf{V}} \rightarrow \overbrace{(\text{faço uma torta})}^{\mathbf{V/F}} = \mathbf{V}$$

$$\text{P3: } \overbrace{(\text{comprei leite})}^{\mathbf{V}} \wedge \overbrace{(\text{não comprei ovos})}^{\mathbf{V}} = \mathbf{V}$$

$$\text{P4: } \overbrace{(\text{comprei frango})}^{\mathbf{V/F}} \vee \overbrace{(\text{não comprei farinha})}^{\mathbf{V}} = \mathbf{V}$$

$$\text{P5: } \overbrace{(\text{não comprei farinha})}^{\mathbf{V}} = \mathbf{V}$$

Resposta: C

---

160. (ESAF/MINISTÉRIO DO TURISMO/2014) As seguintes premissas são verdadeiras:

- Se Paulo não trabalha terça-feira, então Maria trabalha sábado.
- Se Ana não trabalha domingo, então Samuel não trabalha sexta-feira.
- Se Samuel trabalha sexta-feira, então Maria não trabalha sábado.
- Samuel trabalha sexta-feira.

Logo, pode-se afirmar que:

a) Paulo trabalha terça-feira e Maria trabalha sábado.
b) Paulo não trabalha terça-feira ou Maria trabalha sábado.
c) Maria trabalha sábado e Ana não trabalha domingo.
d) Ana não trabalha domingo e Paulo trabalha terça-feira.
e) Se Maria trabalha sábado, então Ana não trabalha domingo.

COMENTÁRIO

✪ **Nota do autor:** Podemos observar que na alternativa "e", apesar de termos duas proposições falsas, aplicando a tabela condicional, a proposição composta é verdadeira, pois Maria trabalha sábado (F) → Ana não trabalha Domingo (F) = V.

Representando as proposições abaixo, teremos:

$$P_1\text{: } \overset{\mathbf{(F)}}{\text{Paulo não trabalha terça-feira}} \rightarrow \overset{\mathbf{(F)}}{\text{Maria trabalha no sábado}} \Rightarrow \mathbf{V}$$

$$P_2\text{: } \overset{\mathbf{(F)}}{\text{Ana não trabalha domingo}} \rightarrow \overset{\mathbf{(F)}}{\text{Ana não trabalha sexta-feira}} \Rightarrow \mathbf{V}$$

$$P_3\text{: } \overset{\mathbf{(V)}}{\text{Samuel trabalha sexta-feira}} \Rightarrow \mathbf{V}$$

$$P_4\text{: } \overset{\mathbf{(V)}}{\text{Samuel trabalha sexta-feira}} \Rightarrow \mathbf{V}$$

A partir da proposição simples P_4 como verdadeira podemos valorar as demais proposições P_1, P_2 e P_3, observando os operadores lógicos e suas tabelas-verdade.

Resposta: E.

---

161. (ESAF/MINISTÉRIO DA FAZENDA/2014) Considere verdadeiras as premissas a seguir:

- se Ana é professora, então Paulo é médico;
- ou Paulo não é médico, ou Marta é estudante;
- Marta não é estudante.

Sabendo-se que os três itens listados acima são as únicas premissas do argumento, pode-se concluir que:

a) Ana é professora.

b) Ana não é professora e Paulo é médico.

c) Ana não é professora ou Paulo é médico.

d) Marta não é estudante e Ana é Professora.

e) Ana é professora ou Paulo é médico.

COMENTÁRIO

✪ **Nota do autor:** De acordo com as valorações dadas às proposições podemos inferir que a resposta é a Letra "C", pois "Ana não é professora (V) ou Paulo é médico (F)" = **V**

Representando as premissas acima temos:

(V) **(F)**

P_1: Ana é professora → Paulo e médico ➔ **V**

(F) **(F)**

P_2: Paulo não é médico $\underline{V}$ Marta é estudante ➔ **V**

(V)

P_3: Marta não é estudante ➔ **V**

Considerando P_3 com verdadeira podemos valorar as demais proposições.

Resposta: C.

---

162. (VUNESP/POLÍCIA CIVIL-SP/2013) Em um reino distante, um homem cometeu um crime e foi condenado à forca. Para que a sentença fosse executada, o rei mandou que construíssem duas forcas e determinou que fossem denominadas de Forca da Verdade e Forca da Mentira. Além disso, ordenou que na hora da execução o prisioneiro deveria proferir uma sentença assertiva qualquer. Se a sentença fosse verdadeira, ele deveria ser enforcado na Forca da Verdade. Se, por outro lado, a sentença fosse falsa, ele deveria ser enforcado na Forca da Mentira. Assim, no momento da execução, foi solicitado que o prisioneiro proferisse a sua asserção. Ao fazer isso, o carrasco ficou completamente sem saber o que fazer e a execução foi cancelada! Assinale qual das alternativas representa a asserção que o prisioneiro teria proferido.

a) "Está chovendo forte".

b) "O carrasco não vai me executar".

c) "A soma dos ângulos de um triângulo é cento e oitenta graus".

d) "Dois mais dois é igual a cinco".

e) "Serei enforcado na Forca da Mentira".

COMENTÁRIO

✪ **Nota do autor:** Questão muito interessante, pois temos uma aplicação real quanto a interpretação de uma sentença sendo aberta, não podendo ser valorada, e de uma sentença sendo fechada (proposição), podendo ser valorada. É importante também percebermos que as sentenças se encontram entre aspas, isto é, são passíveis de interpretação.

A Banca Vunesp exige um conhecimento de sentenças fechadas (proposições) e sentenças abertas. Uma bela questão em que o examinador soube aplicar de maneira concreta os princípios fundamentais da Lógica Proposicional.

Segundo a questão, existem duas forças para execução do prisioneiro, no qual, se proferisse uma sentença verdadeira, ele deveria ser enforcado na Forca da Verdade, mas, por outro lado, se a sentença fosse falsa, ele deveria ser enforcado na Forca da Mentira. À primeira vista, temos uma interpretação que tal situação é absurda, porém quando analisamos pelo ponto de vista lógico podemos interpretar que existem pensamentos passíveis de valoração (V ou F) dentro da lógica bivalente e pensamentos completos que não possuem interpretação, ou seja, sentenças abertas.

Nesse caso, o prisioneiro ao proferir a sentença deixou o carrasco completamente sem saber o que fazer, pois aquilo que ele ouviu não proporcionou a execução do prisioneiro, ou seja, uma sentença que não conduzia à forca da verdade nem à forca da mentira, sendo dessa forma a execução cancelada. Bem, isto se deve ao fato de que a sentença se tratava de um pensamento completo que não era nem verdadeiro nem falso, ou seja, uma SENTENÇA ABERTA.

Analisando as opções devemos encontrar a sentença aberta que o prisioneiro proferiu proporcionando sua absolvição.

a) "Está chovendo forte": É uma proposição, pois pode ser verdadeira ou falsa, seria executado de qualquer forma.
b) "O carrasco não vai me executar": É uma proposição, pois possui valoração, no caso falsa, seria executado na forca da mentira.
c) "A soma dos ângulos de um triângulo é cento e oitenta graus". É uma proposição, pois possui valoração, no caso verdadeira, seria executado na forca da verdade.
d) "Dois mais dois é igual a cinco". É uma proposição, pois possui valoração, no caso falsa, seria executado na forca da mentira.
e) "Serei enforcado na Forca da Mentira". A sentença não é nem verdadeira e nem falsa. Pois se tentarmos valorar como verdadeira, ela se torna falsa, e se tentarmos valorar como falsa se torna verdadeira, ou seja, não possui valoração – sentença aberta.

Resposta: E.

---

163. (VUNESP/POLICIA CIVIL-SP/2013) André tem um conjunto de cartas. Cada carta tem apenas um número em uma das faces e a foto de apenas um animal na outra. André dispôs quatro cartas sobre a mesa com as seguintes faces expostas: cisne, gato, número 7 e número 10, como se mostra:

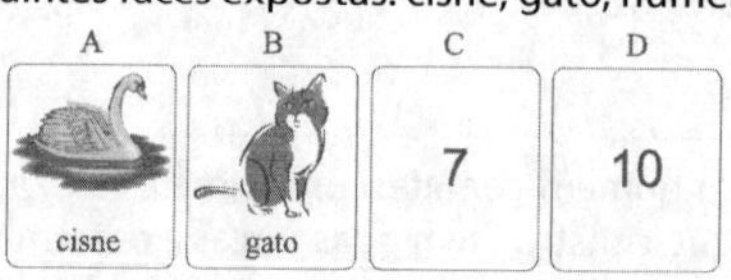

André disse: "Se na face de uma carta há número par, então no verso há um animal mamífero".

Para verificar se a afirmação de André está correta, é

a) suficiente que se verifiquem os versos das cartas B e C.
b) suficiente que se verifiquem os versos das cartas A e C.
c) suficiente que se verifiquem os versos das cartas A e D.
d) suficiente que se verifiquem os versos das cartas B e D.
e) necessário que se verifiquem os versos das quatro cartas.

COMENTÁRIO

✪ **Nota do autor:** importante interpretar que a questão trata de uma aplicação de tabela-verdade em que devemos analisar a proposição condicional, um dos conectivos mais cobrados em lógica proposicional.

A questão trata de uma aplicação de tabela-verdade em que devemos analisar a proposição condicional:

P: "Se na face de uma carta há um número par, então no verso há um animal mamífero".

De acordo com a tabela-verdade da condicional temos:

P	Q	P→Q
V	V	V
V	F	F
F	V	V
F	F	V

Quando a questão pergunta quais cartas devem ser viradas para a afirmação seja verdadeira, temos que verificar qual situação **não** torna a proposição P verdadeira:

Figura A:

Valorando as proposições simples que compõem a proposição P temos:

P: [face de uma carta há um número par **(V/F)**]→[no verso há um animal mamífero" **(F)**] = **(F/V)**

Neste caso **temos que virar a carta A**, pois não temos a certeza que a proposição P é verdadeira, ou seja, segundo as valorações acima temos que ela pode ser verdadeira ou falsa.

Figura B:

Valorando as proposições simples que compõem a proposição P temos:

P: "[face de uma carta há um número par **(V/F)**]→[no verso há um animal mamífero" **(V)**] = **(V)**

Neste caso **não precisamos virar a carta B**, pois temos a certeza que a proposição P é verdadeira, ou seja, segundo as valorações acima temos que ela pode sempre será verdadeira.

Figura C:

Valorando as proposições simples que compõem a proposição P temos:

P: "[face de uma carta há um número par **(F)**]→[no verso há um animal mamífero" **(V/F)**] = **(V)**

Neste caso **não precisamos virar a carta C**, pois temos a certeza que a proposição P é verdadeira, ou seja, segundo as valorações acima temos que ela sempre será verdadeira.

Figura D:

Valorando as proposições simples que compõem a proposição P temos:

P: "[face de uma carta há um número par **(V)**]→[no verso há um animal mamífero" **(V/F)**] = **(V/F)**

Neste caso **temos que virar a carta D**, pois não temos a certeza que a proposição P é verdadeira, ou seja, segundo as valorações acima temos que ela pode ser verdadeira ou falsa.

Resposta: C.

164.(CESPE/STF/2013-adaptada) Julgue os itens abaixo, relacionado à lógica proposicional.

164.01. I. A sentença: "Um governo efetivo precisa de regras rígidas, de tribunais que desempenhem suas funções com seriedade e celeridade e de um sistema punitivo rigoroso" pode ser corretamente representada pela expressão $(P \wedge Q) \wedge R$, em que P, Q e R sejam proposições convenientemente escolhidas.

COMENTÁRIO

✪ **Nota do autor:** é necessário ressaltar a importância da linguagem da lógica formal.

Para a banca Cespe a proposição é considerada simples, a única justificativa plausível seria termos apenas um pensamento, em que um governo precisa de um enumerado de aspectos para ser tornar efetivo.

Resposta: Errado.

164.02. II. A sentença "um ensino dedicado à formação de técnicos negligencia a formação de cientistas" constitui uma proposição simples.

COMENTÁRIO

✪ **Nota do autor:** é necessário ressaltar a importância da linguagem da lógica formal para que possamos interpretar corretamente os pensamentos, ou seja, proposições.

A sentença expressa apenas em pensamento e possui interpretação lógica, ou seja, é uma proposição simples

Resposta: Certo.

164.03. III. A sentença "A indicação de juízes para o STF deve ser consequência de um currículo que demonstre excelência e grande experiência na magistratura" pode ser corretamente representada na forma $P \rightarrow Q$, em que P e Q sejam proposições simples convenientemente escolhidas.

COMENTÁRIO

A proposição indicada não é composta e condicional. Desta forma temos uma proposição simples. É importante observar que o termo " consequência" não indica uma proposição condicional, pois temos apenas um pensamento.

Resposta: Errado.

---

165. (ESAF/MINISTÉRIO DO TURISMO/2012) Se Marta é estudante, então Pedro não é professor. Se Pedro não é professor, então Murilo trabalha. Se Murilo trabalha, então hoje não é domingo. Ora, hoje é domingo.

Logo,

a) Marta não é estudante e Murilo trabalha.
b) Marta não é estudante e Murilo não trabalha.
c) Marta é estudante ou Murilo trabalha.
d) Marta é estudante e Pedro é professor.
e) Murilo trabalha e Pedro é professor.

COMENTÁRIO

✪ **Nota do autor:** Sabendo que temos uma questão de inferência lógica, as proposições P_1, P_2, P_3 e P_4 são verdadeiras. Valorando as proposições P_1, P_2 e P_3 a partir de P_4 que é simples, temos que Marta não é estudante (V) $\wedge$ Murilo não trabalha (V) = V.

Representando as proposições abaixo, temos:

P_1: Marta é estudante (**F**) $\rightarrow$ Pedro não e professor (**F**) ➔ **V**

P_2: Pedro não é professor (**F**) $\rightarrow$ Murilo trabalha (**F**) ➔ **V**

P_3: Murilo trabalha (**F**) $\rightarrow$ Hoje não é domingo (**F**) ➔ **V**

P_4: Hoje é domingo (**V**) ➔ **V**

Resposta: B.

---

166. (ESAF/RECEITA FEDERAL/2012) Caso ou compro uma bicicleta. Viajo ou não caso. Vou morar em Pasárgada ou não compro uma bicicleta. Ora, não vou morar em Pasárgada. Assim,

a) não viajo e caso.
b) viajo e caso.
c) não vou morar em Pasárgada e não viajo.
d) compro uma bicicleta e não viajo.
e) compro uma bicicleta e viajo.

COMENTÁRIO

Simbolizando as proposições temos:

(V) **(F)**

P_1: Caso $\underline{V}$ compro uma bicicleta ➔**V**

(V) **(F)**

P_2: Viajo $\underline{V}$ Não caso ➔**V**

(V) **(F)**

P_3: Vou morar em Pasárgada $\underline{V}$ Não compro uma bicicleta ➔**V**

(F)

P_4: Não vou morar em Pasárgada ➔ **V**

Considerando todas as proposições verdadeiras e a partir de P_4 que é uma proposição simples podemos valorar as demais proposições aplicando a tabela-verdade do operador lógico disjuntivo.

A partir dos valores das proposições simples que compõem $P_{1,}$ $P_{2,}$ $P_{3,}$ P_4 podemos inferir que a Letra "B" está correta, pois Viajo (V) e Caso (V) = **V**:

Resposta: B.

---

167. (IADES/CONSELHO FEDERAL DE ADMINISTRAÇÃO/2010) É necessário que Beatriz durma para que Sérgio fiquei feliz. Quando Beatriz dorme, então Romério faz uma visita. É necessário e suficiente que Romério faça uma visita para que Amélia descanse. Logo, quando Sérgio fica feliz, então

a) Amélia descansa e Beatriz dorme.
b) Amélia não descansa ou Beatriz não dorme.
c) Beatriz não dorme e Romério faz uma visita.
d) Beatriz não dorme e Romério não faz uma visita.

COMENTÁRIO

Representando as proposições temos:

(V) **(V)**

P_1: (Sérgio feliz) $\rightarrow$ (Beatriz dormiu) ➔ **V**

(V) **(V)**

P_2: (Beatriz dorme) $\rightarrow$ (Romério faz uma visita) ➔ **V**

(V) **(V)**

P_3: (Romério faz uma visita) $\rightarrow$ (Amélia descanse) ➔ **V**

(V)

P_4: (Sérgio fica feliz) ➔ **V**

Valorando $P_{1,}$ $P_{2,}$ P_3 e P_4 como verdadeiras e partindo de P_4 podemos valorar as demais proposições.

De acordo com os valores atribuídos às proposições podemos inferir que a **resposta é a letra "A".**

Amélia descansa (V) $\wedge$ Beatriz dorme (V) =**V**

Resposta: A.

---

168. (ESAF/MPOG/2009) Há três suspeitos para um crime e pelo menos um deles é culpado. Se o primeiro é culpado, então o segundo é inocente. Se o terceiro é inocente, então o segundo é culpado. Se o terceiro é inocente, então ele não é o único a sê-lo. Se o segundo é culpado, então ele não é o único a sê-lo. Assim, uma situação possível é:

a) Os três são culpados.
b) Apenas o primeiro e o segundo são culpados.
c) Apenas o primeiro e o terceiro são culpados.
d) Apenas o segundo é culpado.
e) Apenas o primeiro é culpado.

COMENTÁRIO

Representando as proposições, temos:

(V) **(V)**
P_1: Primeiro é culpado → Segundo é inocente ➔ **V**

(F) **(F)**
P_2: Terceiro é inocente → Segundo é culpado ➔ **V**

(V)
(F) **(V)** **(V)**
P_3: Terceiro é inocente → (Primeiro inocente ∨ segundo inocente) ➔ **V**

(V)
(V) **(V)** **(V)**
P_4: Segundo é culpado → (Primeiro culpado ∨ terceiro culpado) ➔ **V**

É importante ressaltar que pelo menos um deles é culpado. Valorando as proposições P_1, P_2, P_3 e P_4 como verdadeiras e partindo que P_1 é verdadeira com a possibilidade do antecedente e consequente serem verdadeiros iremos valorar as demais proposições.

Segundo o esquema acima e as respectivas valorações dadas as proposições podemos concluir que o primeiro é culpado, segundo é inocente e terceiro é culpado.

Resposta: C.

---

169. (ESAF/MPOG/2009) Se f(x) = x, então g(x) = x. Se f(x) ≠ x, então ou g(x) = x, ou h(x) = x, ou ambas as funções, g(x) e h(x) são iguais a x, ou seja, g(x) = x e h(x) = x. Se h(x) ≠ x, então g(x) ≠ x. Se h(x) = x, então f(x) = x. Logo,

a) f(x) = x, e g(x) = x, e h(x) = x.
b) f(x) ≠ x, e g(x) ≠ x, e h(x) ≠ x.
c) f(x) = x, e g(x) ≠x, e h(x) ≠ x.
d) f(x) ≠ x, e g(x) = x, e h(x) = x.
e) f(x) = x, e g(x) = x, e h(x) ≠ x.

COMENTÁRIO

Representando as proposições temos:

(V) **(V)**
P_1: $[f(x) = x] \to [g(x) = x]$ ➔ **V**

(F)
(V) **(V)** **(V)**
P_2: $[f(x) \neq x] \to [g(x) = x$ **V** $h(x) = x]$ ➔ **V**

(V) **(V)**
P_3: $[g(x) = x] \wedge [h(x) = x]$ ➔ **V**

(V) **(V)**
P_4: $[h(x) \neq x] \wedge [f(x) = x]$ ➔ **V**

Valorando as proposições compostas como verdadeiras e partindo de P_3 como verdadeira, em que g(x) = x é verdadeira e h(x) = x é verdadeira podemos valorar as demais. Desta forma temos que $f(x) = x$, g(x) = x e h(x) = x são todas verdadeiras.

Resposta: A.

170. (CESPE/TRE-MA/2009) Gilberto, gerente de sistemas do TRE de determinada região, após reunir-se com os técnicos judiciários Alberto, Bruno, Cícero, Douglas e Ernesto para uma prospecção a respeito do uso de sistemas operacionais, concluiu que:

- se Alberto usa o Windows, então Bruno usa o Linux;
- se Cícero usa o Linux, então Alberto usa o Windows;
- se Douglas não usa o Windows, então Ernesto também não o faz;
- se Douglas usa o Windows, então Cícero usa o Linux.

Com base nessas conclusões e sabendo que Ernesto usa o Windows, é correto concluir que

a) Cícero não usa o Linux.
b) Douglas não usa o Linux.
c) Ernesto usa o Linux.
d) Alberto usa o Linux.
e) Bruno usa o Linux.

COMENTÁRIO

✪ **Nota do autor:** Importante perceber que a questão não deixa claro que é excludente o uso dos sistemas operacionais.

Representando as proposições temos:

P_1: [Alberto usa Windows] **(V)** → [Bruno usa Linux] **(V)** ➔ **V**

P_2: [Cícero usa Linux] **(V)** → [Alberto usa Windows] **(V)** ➔ **V**

P_3: [Douglas não usa Windows] **(F)** → [Ernesto não usa Windows] **(V)** ➔ **V**

P_4: [Douglas usa Windows **(V)** → [Cícero usa Linux] **(V)** ➔ **V**

P_5: [Ernesto usa Windows] **(V)** ➔ **V**

Considerando que as proposições compostas são todas verdadeiras, partindo de P_5 podemos valorar as demais. Analisando o esquema acima e interpretando cada item podemos afirmar que a resposta é a letra "e".

a) F
b) V/F (não temos certeza)
c) V/F (não temos certeza)
d) V/F (não temos certeza)
e) V

Resposta: E.

---

171. (CESPE/AGENTE DE POLÍCIA FEDERAL/2009) Considere que um delegado, quando foi interrogar Carlos e José, já sabia que, na quadrilha à qual estes pertenciam, os comparsas ou falavam sempre a verdade ou sempre mentiam. Considere, ainda, que, no interrogatório, Carlos disse: José só fala a verdade, e José disse: Carlos e eu somos de tipos opostos. Nesse caso, com base nessas declarações e na regra da contradição, seria correto o delegado concluir que Carlos e José mentiram.

COMENTÁRIO

✪ **Nota do autor:** É importante estudar as Três Leis do Pensamento, uma vez que as questões que envolvem verdades e mentiras apresentam a aplicação concreta das referidas Leis.

Nesse tipo de questão, temos apenas dois tipos de indivíduos, logo aplicaremos o método da **experimentação.**

Primeiro atribuiremos a Carlos que ele fala **sempre a verdade**, então iremos realizar a análise; se houver alguma contradição, atribuiremos a Carlos que ele **sempre fala mentira**. Uma das hipóteses dará certo de acordo com as **leis do pensamento**. Sendo assim temos:

Comparsa: Carlos (Fala a verdade) **Comparsa: José (Fala a verdade)**

a) Atribuindo a Carlos: V (verdade) acreditaremos no que ele disser, pois fala a verdade. Logo, se o indivíduo Carlos diz que José fala verdade, teremos que José **irá falar verdade também (V)**.

Analisando: quando José afirma que ele e a Carlos são tipos opostos, entra em **contradição**, o que não deveria acontecer, pois ele só fala a verdade.

Logo, essa análise está **inválida**.

Comparsa: Carlos (Fala a mentira) **Comparsa: José (Fala mentira)**

b) Atribuindo a Carlos F (mentira), pegamos o oposto do que ele disse, pois ele sempre mente, logo José F (mentira) irá mentir também, e, ao mentir, disse que Carlos fala verdade, o que é mentira, pois José é mentiroso. Assim, podemos concluir que os **dois mentem**.

Resposta: Certo.

---

172. (CESPE/2008) Se A, B, C e D forem proposições simples e distintas, então o número de linhas da tabela-verdade da proposição (A→B) ↔ (C→D) será superior a 15.

COMENTÁRIO

Vimos que o número de tabelas de valorações distintas (valorações possíveis) que podem ser obtidas para proposições com n variáveis proposicionais é igual a 2^n, logo temos: $2^4 = 16$. Sendo assim, temos que 16 é superior a 15.

Resposta: Certo.

---

173. (CESPE/SEBRAE/ 2008) Com relação à lógica formal, julgue o item.

Toda proposição lógica pode assumir no mínimo dois valores lógicos.

COMENTÁRIO

O item está errado, pois, segundo a informação da sentença, dá-se a entender que uma proposição pode assumir uma quantidade de dois ou mais valores lógicos, o que não respeita uma das leis do pensamento: Princípio do Terceiro Excluído.

Resposta: Errado.

---

174. (CESPE/BANCO DO BRASIL /2008) A frase "Quanto subiu o percentual de mulheres assalariadas nos últimos 10 anos?" não pode ser considerada uma proposição.

COMENTÁRIO

O item não é uma proposição, pois não pode ser valorado. É uma sentença interrogativa.

Resposta: Certo.

---

175. (CESPE/SEBRAE/ 2008) "A seguinte proposição "Ninguém ensina ninguém" é um exemplo de sentença aberta".

COMENTÁRIO

Esta questão é interessante, pois exige do candidato uma diferenciação entre os conceitos já citados, em que muitos iriam se deter em interpretar a frase sugerida. O que se deve perceber é que quando o Cespe cita que a proposição "Ninguém ..." é uma sentença aberta, torna-se uma contradição, uma vez que uma proposição pode ser valorada, o que não ocorre com uma sentença aberta (não há como se valorar.) Logo, o item está errado.

Resposta: Errado.

176. (CESPE/STF/ 2008) Leia atentamente as frases a seguir.

a) Filho meu, ouve minhas palavras e atenta para meu conselho.

b) A resposta branda acalma o coração irado.

c) O orgulho e a vaidade são as portas de entrada da ruína do homem.

d) Se o filho é honesto então o pai é exemplo de integridade.

Tendo como referência as frases acima, julgue os itens seguintes.

176.01. I. A primeira frase é composta por duas proposições lógicas simples unidas pelo conectivo de conjunção.

COMENTÁRIO

O item I está errado, uma vez que temos **duas** sentenças imperativas (*não são proposições*) ligadas por um conectivo de conjunção, logo podemos afirmar que não é uma proposição.

Resposta: Errado.

176.02. II. A segunda frase é uma proposição lógica simples.

COMENTÁRIO

O item II está certo, uma vez que temos apenas **uma** ideia completa (proposição simples).

Resposta: Certo.

176.03. III. A terceira frase é uma proposição lógica composta.

COMENTÁRIO

O item III está errado, pois temos apenas **uma** ideia completa (proposição simples).

Resposta: Errado.

176.04. IV. A quarta frase é uma proposição lógica em que aparecem dois conectivos lógicos.

COMENTÁRIO

O item IV está errado, uma vez que temos **duas** proposições simples (pensamentos) conectadas por um conectivo condicional "Se..., então...".

Resposta: Errado.

177. (CESPE/SEBRAE/2008) Com relação à lógica formal, julgue os itens subsequentes.

177.01. I. A frase "Pedro e Paulo são analistas do Sebrae" é uma proposição simples.

COMENTÁRIO

O primeiro item está certo, uma vez que temos apenas uma ideia completa (proposição simples).

Resposta: Certo.

177.02. II. A proposição "João viajou para Paris e Roberto viajou para Roma" é um exemplo de proposição formada por duas proposições simples relacionadas por um conectivo de conjunção.

COMENTÁRIO

O segundo item está certo, pois temos **duas** ideias completas conectadas (operadas) por um conectivo de conjunção "e".

Resposta: Certo.

178. (CESPE/SEBRAE/2008) Uma proposição é uma sentença afirmativa ou negativa que pode ser julgada como verdadeira (V) ou falsa (F), mas não como ambas. Nesse sentido, considere o seguinte diálogo:

(1) Você sabe dividir? — perguntou Ana.

(2) Claro que sei! — respondeu Mauro.

(3) Então, qual é o resto da divisão de onze milhares, onze centenas e onze por três? — perguntou Ana.

(4) O resto é dois. — respondeu Mauro, após fazer a conta.

(5) Está errado! Você não sabe dividir. — respondeu Ana.

A partir das informações e do diálogo acima, julgue os itens que se seguem.

178.01. I. A frase indicada por (3) não é uma proposição.

COMENTÁRIO

✪ **Nota do autor:** A banca interpretou o conteúdo da informação, logo observar que a frase exclamativa de Mauro pode ser valorada. Alguns materiais citam que frases exclamativas são sempre sentenças abertas, porém na questão em lide temos uma situação atípica, pois a frase (2) no diálogo é uma proposição.

Esta questão é interessante, uma vez que a banca introduz uma conversação para ser analisada.

Ana pergunta a Mauro se ele sabe dividir, o mesmo responde que sim, porém o número que Ana indica é o 12111 (11000 + 1100 + 11) que é divisível por 3, em que o resto é igual 0 (zero).

Mauro afirma que o resto é 2 (dois), uma resposta errada.

Após considerarmos o diálogo, segundo o enunciado, algumas frases podem ser valoradas da seguinte forma:

(1) Você sabe dividir? *(sentença aberta – não possui valoração)* — perguntou Ana.

(2) Claro que sei! *(sentença fechada – proposição – pode ser valorada de acordo com o diálogo)* — respondeu Mauro.

(3) Então, qual é o resto da divisão de onze milhares, onze centenas e onze por três? *(sentença aberta – não possui valoração)* — perguntou Ana.

(4) O resto é dois. *(sentença fechada – proposição – pode ser valorada de acordo com o diálogo* — respondeu Mauro, após fazer a conta.

(5) Está errado! Você não sabe dividir. *(sentença fechada (verdadeira) – proposição – pode ser valorada de acordo com o diálogo* — respondeu Ana.

A frase indicada por (3) não é uma proposição. **CERTO**

178.02. II. A sentença (5) é falsa.

COMENTÁRIO

✪ **Nota do autor: (Vide nota do item I).**

A sentença (5) é falsa. **ERRADO**

178.03. III. A frase (2) é uma proposição.

COMENTÁRIO

✪ **Nota do autor: (Vide nota do item I).**

A frase (2) é uma proposição. (certo, possui valoração) CERTO

---

179. (CESPE/MINISTÉRIO DAS RELAÇÕES EXTERIORES/2008) Proposições são sentenças que podem ser julgadas como verdadeiras (V) ou falsas (F), mas não cabem a elas ambos os julgamentos. As proposições simples são frequentemente simbolizadas por letras maiúsculas do alfabeto, e as proposições compostas são conexões de proposições simples. Uma expressão da forma $A \wedge B$ é uma proposição composta que tem valor lógico V quando A e B forem ambas V e, nos demais casos, será F, e é lida "A e B". A expressão $\neg A$, "não A", tem valor lógico F se A for V, e valor lógico V se A for F. A expressão $A \vee B$, lida como "A ou B", tem valor lógico F se ambas as proposições A e B forem F; nos demais casos, é V. A expressão $A \rightarrow B$ tem valor lógico F se A for V e B for F. Nos demais casos, será V, e tem, entre outras, as seguintes leituras: "se A então B", "A é condição suficiente para B", "B é condição necessária para A". Uma argumentação lógica correta consiste de uma sequência de proposições em que algumas são premissas, isto é, são verdadeiras por hipótese, e as outras, as conclusões, são obrigatoriamente verdadeiras por consequência das premissas.

Considerando as informações acima, julgue o item.

Considere a seguinte lista de sentenças:

I – Qual é o nome pelo qual é conhecido o Ministério das Relações Exteriores?

II – O Palácio Itamaraty em Brasília é uma bela construção do século XIX.

III – As quantidades de embaixadas e consulados gerais que o Itamaraty possui são, respectivamente, x e y.

IV – O barão do Rio Branco foi um diplomata notável.

(**E**) Nessa situação, é correto afirmar que entre as sentenças, apenas uma delas não é proposição.

COMENTÁRIO

A primeira sentença é interrogativa, logo não pode ser valorada, ou seja, é uma sentença aberta.

A segunda frase é uma proposição pois pode ser valorada, isto é, verdadeira ou falsa.

A terceira frase é uma sentença aberta, pois não se sabe o valor de x e y.

A quarta frase é uma proposição pois possui interpretação lógica.

Resposta: Errado.

---

180. (CESPE/STJ/ 2008) A lógica formal representa as afirmações que os indivíduos fazem em linguagem do cotidiano para apresentar fatos e se comunicar. Uma proposição é uma sentença que pode ser julgada como verdadeira (V) ou falsa (F) (embora não se exija que o julgador seja capaz de decidir qual é a alternativa válida).

A: 12 é menor que 6.

B: Para qual time você torce?

C: $x + 3 > 10$.

D: Existe vida após a morte.

(**C**) Nas sentenças acima, apenas A e D são proposições.

COMENTÁRIO

A sentença "A" é uma proposição pois pode ser valorada.

A sentença "B" é uma sentença aberta pois não possui interpretação lógica.

A sentença "C" é uma sentença aberta pois x é uma variável que não pode ser determinada.

A sentença "D" é uma proposição pois o termo "existe" é um quantificador lógico particular afirmativo que possui a função de transformar as sentenças abertas em sentenças fechadas.

Resposta: Certo.

---

181. (CESPE/PM/ACRE/2008) Na comunicação, o elemento fundamental é a sentença, ou proposição simples, constituída esquematicamente por um sujeito e um predicado, sempre nas formas afirmativa ou negativa, excluindo-se as interrogativas e exclamativas. Há expressões que não podem ser julgadas como V nem como F, por exemplo: "$x + 3 = 7$", "Ele foi um grande brasileiro". Nesses casos, as expressões constituem sentenças abertas e "x" e "Ele" são variáveis. Uma forma de passar de uma sentença aberta a uma proposição é pela quantificação da variável. São dois os quantificadores: "qualquer que seja", ou "para todo", indicado por $\forall$ e "existe", indicado por $\exists$. Por exemplo, a proposição "$(\forall x)(x \in R)\ (x + 3 = 7)$" é valorada como F, enquanto a proposição "$(\exists x)(x \in R)(x + 3 = 7)$" é valorada como V.

Com base nessas informações, julgue os itens seguintes.

Considere as seguintes sentenças:

I – O Acre é um estado da Região Nordeste.

II – Você viu o cometa Halley?

III – Há vida no planeta Marte.

IV – Se $x < 2$, então $x + 3 > 1$.

( ) Nesse caso, entre essas 4 sentenças, apenas duas são proposições.

COMENTÁRIO

✪ **Nota do autor:** Os quantificadores lógicos: Todo, algum e nenhum têm a função de transformar sentenças abertas em proposições.

A sentença I é uma proposição pois é sujeita a uma interpretação lógica.

A sentença II é uma frase interrogativa logo não pode ser valorada, não é proposição.

A sentença III é uma proposição, em que tem um quantificador particular afirmativo "Há", que possui a função de transformar uma sentença aberta em proposição.

A sentença IV é uma proposição, em que o operador "se..., então..." traz a mesma interpretação de "todo". Que é um quantificador universal afirmativo tem a função de transformar uma sentença aberta em Proposição.

Resposta: Certo.

---

182. (CESPE/2008) Uma proposição é uma afirmação que pode ser julgada como verdadeira (V) ou falsa (F), mas não como ambas. Uma proposição é denominada simples quando não contém nenhuma outra proposição como parte de si mesma, e é denominada composta quando for formada pela combinação de duas ou mais proposições simples. De acordo com as informações contidas no texto, julgue os itens a seguir.

182.01. I. A frase "Você sabe que horas são?" é uma proposição.

COMENTÁRIOS

A frase "Você sabe que horas são?" trata-se de uma sentença interrogativa, logo as sentenças interrogativas não são proposições, pois não podem ser valoradas. Logo, o item está errado.

Resposta: Errado.

182.02. II. A frase "Se o mercúrio é mais leve que a água, então o planeta Terra é azul", não é considerada uma proposição composta.

COMENTÁRIO

As proposições compostas expressam mais de um pensamento completo, sendo assim, os conectivos lógicos são utilizados para criar novas proposições, ou até mesmo modificá-las. Tomando a seguinte sentença: "Se o mercúrio é mais leve que a água, então o planeta Terra é azul", temos duas ideias conectadas por um conectivo condicional " Se,...então,...". Logo, o item também está errado.

Resposta: Errado.

---

183. (CESPE/2008) Considere que as letras P, Q e R representam proposições e os símbolos ¬, ∧ e → são operadores lógicos que constroem novas proposições e significam **não**, **e** e **então**, respectivamente. Na lógica proposicional que trata da expressão do raciocínio por meio de proposições que são avaliadas (valoradas) como verdadeiras (V) ou falsas (F), mas nunca ambos, esses operadores estão definidos, para cada valoração atribuída às letras proposicionais. Suponha que P represente a proposição "Hoje choveu", Q represente a proposição "José foi à praia" e R represente a proposição "Maria foi ao comércio". Com base nessas informações e no texto, julgue os itens seguintes:

Considere as seguintes proposições lógicas representadas pelas letras P, Q, R e S:

P: Nesse país o direito é respeitado.

Q: O país é próspero.

R: O cidadão se sente seguro.

S: Todos os trabalhadores têm emprego.

Considere também que os símbolos "∨", "∧", "→" e "¬" representem os conectivos lógicos "ou", "e", "se ... então" e "não", respectivamente. Com base nessas informações, julgue os itens seguintes.

183.01. I. A proposição "Nesse país o direito é respeitado, mas o cidadão não se sente seguro" pode ser representada simbolicamente por $P \wedge (\neg R)$.

COMENTÁRIO

O item está correto, pois temos o conectivo de conjunção representada pela palavra, "mas" e o segundo conjuntivo negativo: $\neg R$. Desta forma a simbolização está de acordo.

Resposta: Certo.

183.02. II. A proposição "Se o país é próspero, então todos os trabalhadores têm emprego" pode ser representada simbolicamente por $Q \rightarrow S$.

COMENTÁRIO

O item está correto, pois temos como antecedente a proposição "Q" e antecedente a proposição "S".

Resposta: Certo.

183.03. III. A proposição "O país ser próspero e todos os trabalhadores terem emprego é uma consequência de, nesse país, o direito ser respeitado" pode ser representada simbolicamente por $(Q \wedge S) \rightarrow P$.

COMENTÁRIO

A proposição: "O país ser próspero e todos os trabalhadores terem emprego" é o consequente, ou seja, temos uma proposição condicional é o antecedente é a proposição "Nesse país o direito e reservado".

Resposta: O item está errado, pois o conectivo condicional não possui a propriedade conotativa, ou seja, $(Q \wedge S) \rightarrow P$ não é equivalente a $P \rightarrow (Q \wedge S)$.

Resposta: Errado.

---

184. (ESAF/CGU/ 2008) Sou amiga de Abel ou sou amiga de Oscar. Sou amiga de Nara ou não sou amiga de Abel. Sou amiga de Clara ou não sou amiga de Oscar. Ora, não sou amiga de Clara. Assim,

a) não sou amiga de Nara e sou amiga de Abel.
b) não sou amiga de Clara e não sou amiga de Nara.
c) sou amiga de Nara e amiga de Abel.
d) sou amiga de Oscar e amiga de Nara.
e) sou amiga de Oscar e não sou amiga de Clara.

COMENTÁRIO

Simbolizando as proposições compostas temos:

(V) **(F)**
P_1: Sou amiga de Abel $\underline{V}$ Sou amiga de Oscar **➔V**

(F) **(F)**
P_2: Sou amiga de Nara $\underline{V}$ Não sou amiga de Abel **➔V**

(V) **(F)**
P_3: Sou amiga de Clara $\underline{V}$ Não sou amiga de Oscar **➔V**

(V)
P_4: Não sou amiga de Clara **➔ V**

Resposta: C, pois "Sou amiga de Nara" é Verdadeiro e "Amiga de Abel" é verdadeiro.

---

185. (CESPE/AGENTE DE POLÍCIA PRF/2008) Em um posto de fiscalização da PRF, cinco veículos foram abordados por estarem com alguns caracteres das placas de identificação cobertos por uma tinta que não permitia o reconhecimento, como ilustradas abaixo, em que as interrogações indicam os caracteres ilegíveis.

Os policiais que fizeram a abordagem receberam a seguinte informação: se todas as três letras forem vogais, então o número, formado por quatro algarismos, é par. Para verificar se essa informação está correta, os policiais deverão retirar a tinta das placas

a) I, II e V.
b) I, III e IV.
c) I, III e V.
d) II, III e IV.
e) II, IV e V.

COMENTÁRIO

✪ **Nota do autor: a questão feita pelo Cespe refere-se à aplicação de conceitos da lógica proposicional, em que temos aplicação de tabela-verdade do operador lógico condicional.**

A questão refere-se à aplicação de conceitos de lógica proposicional, em que temos uma sentença a ser interpretada.

No comando, o trecho: "Os policiais que fizeram a abordagem receberam a seguinte informação: **se todas as três letras forem vogais, então o número, formado por quatro algarismos, é par"** será interpretada do ponto de vista lógico. Sendo assim temos uma proposição composta condicional.

Representação da proposição:

P: todas as três letras forem vogais

Q: o número formado por quatro algarismos, é par.

A proposição $P \rightarrow Q$ é verdadeira de acordo com os axiomas da lógica, ou seja, sua tabela-verdade.

P	Q	$P \rightarrow Q$
V	V	V
V	F	F
F	V	V
F	F	V

Segundo o comando da questão temos ainda o trecho: "Para verificar se essa informação está correta, os policiais deverão retirar a tinta das placas", ou seja, com auxílio das placas verificaremos se a informação é verdadeira.

I

De acordo com a placa acima, as sentenças serão valoradas:

[todas as três letras forem vogais] → [o número formado por quatro algarismos é par]

V → V/F (?) = V/F(?)

A primeira sentença é verdadeira e a segunda sentença (aberta) não é verdadeira nem falsa, assim, operando os valores pelo conectivo condicional, temos um resultado que não é nem verdadeiro nem falso, **logo temos de retirar a tinta da placa para verificar se a sentença é verdadeira.**

II

De acordo com a placa acima, as sentenças serão valoradas:

[todas as três letras forem vogais] → [o número formado por quatro algarismos, é par]

F → V =V

A primeira sentença é falsa e a segunda é verdadeira, assim, operando os valores pelo conectivo condicional, temos um resultado que é verdadeiro, **logo não é necessário retirar a tinta dos caracteres ilegíveis para verificar se a sentença é verdadeira.**

III

De acordo com a placa acima, as sentenças serão valoradas:

[todas as três letras forem vogais] → [o número formado por quatro algarismos é par]

V/F(?) → V/F(?) = V/F(?)

A primeira sentença é aberta (não é falsa nem verdadeira) e a segunda é uma sentença aberta (não é falsa nem verdadeira), assim, operando os valores pelo conectivo condicional, temos um resultado que é indeterminado (nem verdadeiro nem falso), **logo é necessário retirar a tinta dos caracteres ilegíveis para verificar se a sentença é verdadeira.**

IV

De acordo com a placa acima, as sentenças serão valoradas:

[todas as três letras forem vogais] → [o número formado por quatro algarismos é par]

V/F(?) → V = V

A primeira sentença é aberta (não é falsa nem verdadeira) e a segunda é verdadeira, assim, operando os valores pelo conectivo condicional, temos um resultado verdadeiro independente do valor da primeira sentença (antecedente), **logo não é necessário retirar a tinta dos caracteres ilegíveis para verificar se a sentença é verdadeira.**

V

De acordo com a placa acima, as sentenças serão valoradas:

[todas as três letras forem vogais] → [o número formado por quatro algarismos, é par]

V/F(?) → F = V/F(?)

A primeira sentença é aberta (não é falsa nem verdadeira) e a segunda é falsa, assim, operando os valores pelo conectivo condicional, temos um resultado que não é nem verdadeiro nem falso, **logo é necessário retirar a tinta dos caracteres ilegíveis para verificar se a sentença é verdadeira.**

Resposta: C.

---

186. (CESPE/2008) Uma proposição é uma frase afirmativa que pode ser julgada como verdadeira ou falsa. Um argumento é considerado válido se, sendo sua hipótese verdadeira, a sua conclusão também é verdadeira. Considerando essas informações e a figura acima, em que estão colocadas algumas figuras geométricas conhecidas – quadrados, triângulos e pentágonos – dispostas em uma grade, julgue o item seguinte.

A afirmativa "**Existe um pentágono grande e todos os triângulos são pequenos**" é uma proposição falsa.

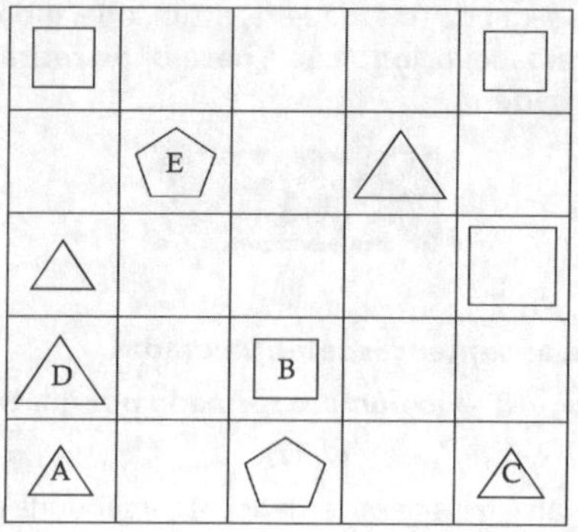

COMENTÁRIO

Analisando a grade, temos:

Existe um pentágono grande e **todos os triângulos são pequenos.**

V/F(?) ∧ **F** **= F**

Sendo a primeira proposição **"Existe um pentágono grande"** verdadeiro ou falso(?), pois, segundo a grade, temos apenas um tamanho de pentágono, o que não nos permite afirmar com certeza que ele é pequeno ou grande (uma sentença aberta – não valorada – não há referencial). A segunda proposição **"todos os triângulos são pequenos"** é falsa, pois, segundo a grade, temos triângulos grandes. Logo, pela conjunção temos um resultado falso, pois, se uma proposição é falsa, o resultado já é falso. O item está **correto** por afirmar que a proposição é falsa.

Resposta: Correto.

---

187. (FUNIVERSA/TÉCNICO PENITENCIÁRIO/ 2008) Os valores lógicos – verdadeiro e falso – podem constituir uma álgebra própria, conhecida como álgebra booleana. As operações com esses valores podem ser representadas em tabelas-verdade, como exemplificado a seguir:

A	B	A e B
falso	falso	falso
falso	verdadeiro	falso
verdadeiro	falso	falso
verdadeiro	verdadeiro	verdadeiro

As operações podem ter diversos níveis de complexidade e também diversas tabelas-verdade.

Analise as afirmativas e assinale a alternativa correta.

I – Se os valores lógicos de A, B e C na expressão (A e B e C) são, respectivamente, falso, falso e verdadeiro, então o valor lógico dessa expressão é falso.

II – Se os valores lógicos de A, B e C na expressão (A ou B ou C) são, respectivamente, falso, verdadeiro e falso, então o valor lógico dessa expressão é verdadeiro.

III – Se os valores lógicos de A, B e C na expressão [A e (B ou C)] são, respectivamente, falso, verdadeiro e verdadeiro, então o valor lógico dessa expressão é verdadeiro.

IV – Se os valores lógicos de A, B e C na expressão [A ou (B e C)] são, respectivamente, verdadeiro, falso e falso, então o valor lógico dessa expressão é falso.

a) Todas as afirmativas estão erradas.

b) Há apenas uma afirmativa certa.

c) Há apenas duas afirmativas certas.

d) Há apenas três afirmativas certas.

e) Todas as afirmativas estão certas.

COMENTÁRIO

Esta questão trata-se apenas da aplicação da tabela-verdade.

O item I – $A \wedge B \wedge C \Rightarrow F \wedge F \wedge V = F$ (certo)

O item II – $A \vee B \vee C \Rightarrow F \vee V \vee F = V$ (certo)

O item III – $[A \wedge (B \vee C)] \Rightarrow [F \wedge (V \vee V)] = F$ (errado)

O item IV – [A ou (B e C)] $\Rightarrow [V \vee (F \wedge F)] = V$ (errado)

Resposta: C.

---

188. (CESPE/BANCO DO BRASIL/2007) Observe as frases e julgue o item.

- "A frase dentro destas aspas é uma mentira. "
- A expressão X + Y é positiva.
- Pelé marcou dez gols para a seleção brasileira.
- O que é isto?

Na lista de frases apresentadas acima, há exatamente três proposições.

COMENTÁRIO

Nas frases acima temos quatro sentenças:

- **"A frase dentro destas aspas é uma mentira":** esta frase não possui uma interpretação lógica (V ou F), pois se valorarmos como verdadeira ela se tornará falsa, uma vez que informa que a frase é falsa; caso seja valorada como falsa, tornar-se-á verdadeira e assim por diante. Logo, é uma **sentença aberta.**
- **A expressão X + Y é positiva:** esta frase não possui uma interpretação lógica (V ou F), pois não sabemos quais são os valores de X e Y. Ex.: Se X = 1 e Y = 2, temos que 1 + 2 = 3 (positivo), mas se tivermos X = –1 e Y = -3, temos que –1+(–3) = –4 (negativo). Logo, é uma **sentença aberta.**
- **Pelé marcou dez gols para a seleção brasileira:** esta frase possui uma interpretação lógica, uma vez que Pelé marcou mais de dez gols para a seleção brasileira, sendo falsa a frase. Logo, é uma proposição.
- **O que é isto?:** esta frase não possui uma interpretação lógica (V ou F), pois trata-se de uma sentença interrogativa, a qual não pode ser valorada. Logo é uma sentença aberta.

Resposta: Errado.

---

189. (CESPE/2007) Na lógica de primeira ordem, uma proposição é funcional quando é expressa por um predicado que contém um número finito de variáveis e é interpretada como verdadeira (V) ou falsa (F) quando são atribuídos valores às variáveis e um significado ao predicado. Exemplo, a proposição "Para qualquer x, tem-se que x – 2 > 0" possui interpretação verdadeira quando x é um número real maior que 2 e possui interpretação falsa quando x pertence, por exemplo, ao conjunto {–4, –3, –2, –1, 0}.

Com base nessas informações, julgue os itens.

189.01. I. A proposição funcional "Para qualquer x, tem-se que $x^2 > x$" é verdadeira para todos os valores de x que estão no conjunto $\left\{5, \frac{5}{2}, 3, \frac{3}{2}, \frac{1}{2}\right\}$.

COMENTÁRIO

O primeiro item está errado, pois, quando atribuímos a x o valor de ½, a desigualdade torna-se falsa. Exemplo: "$\forall\ x^2 > x = V$"

$(½)^2 > ½ \Rightarrow ¼ > ½$ (F)

Resposta: Errado.

189.02. II. A proposição funcional "Existem números que são divisíveis por 2 e por 3" é verdadeira para elementos do conjunto {2, 3, 9, 10, 15, 16}.

COMENTÁRIO

O segundo item: "Existem números que são divisíveis por 2 e por 3" está errado, pois, se verificarmos os elementos do conjunto, eles não são divisíveis por 2 e 3 (ao mesmo tempo). Exemplo: o número 10 é divisível por 2, porém não é divisível por 3. O número 15 é divisível por 3, mas não é divisível por 2. Para que o item estivesse certo, a sentença deveria ser: "Existem números que são divisíveis por 2 **ou** por 3".

Resposta: Errado.

---

190. (CESPE/2006) Considere a seguinte lista de frases e julgue o item.

I – Rio Branco é a capital do estado de Rondônia.

II – Qual é o horário do filme?

III – O Brasil é pentacampeão de futebol.

IV – Que belas flores!

V – Marlene não é atriz e Djanira é pintora.

Nesta lista, há exatamente 4 proposições.

COMENTÁRIO

✪ **Nota do autor:** nesta questão caberia um raciocínio diferente, de acordo com o comentário realizado anteriormente, uma vez que proposições são sentenças fechadas (pensamentos completos) afirmativas ou negativas que podem ser valoradas; se fosse enumerada a quantidade de pensamentos teríamos quatro, o que faria o item correto, porém o Cespe referiu-se à quantidade (numeração) estabelecida no item.

Nesta questão temos as proposições:

- Rio Branco é a capital do estado de Rondônia. (uma proposição, um pensamento).
- Qual é o horário do filme? (sentença aberta)
- O Brasil é pentacampeão de futebol. (uma proposição, um pensamento).
- Que belas flores! (sentença aberta)
- Marlene não é atriz e Djanira é pintora. (duas proposições – 2 pensamentos, porém o Cespe ao afirmar sobre a quantidade de proposições, refere-se a quantidade de frases (de 1 a 5), logo teremos neste caso uma proposição composta). Sendo assim temos um total de 2 proposições simples e 1 composta. Logo, temos 3 proposições.

Resposta: Errado.

---

191. (FCC/2006) Das quatro frases abaixo, três delas têm uma mesma característica lógica e comum, enquanto uma delas não tem essa característica.

I – Que belo dia!

II – Josias é um excelente aluno de raciocínio lógico.

III – O jogo terminou empatado?

IV – Escreva uma poesia.

A frase que não possui essa característica comum é a:

a) IV.

b) III.

c) I.

d) II.

COMENTÁRIO

Das frases anteriores temos quatro sentenças:

I – Que belo dia! (não possui uma interpretação lógica – sentença exclamativa – **não há como valorar**.

II – Josias é um excelente aluno de raciocínio lógico – sentença afirmativa – **há como valorar**.

III – O jogo terminou empatado? – sentença interrogativa – **não há como valorar**.

IV – Escreva uma poesia. – sentença imperativa – **não há como valorar.**

Dentre as quatro sentenças apenas uma pode ser valorada, logo temos uma proposição.

Resposta: D.

---

192. (FCC/AFR SP/SEFAZ SP/ 2006) Considere as seguintes frases:

I – Ele foi o melhor jogador do mundo em 2005.

II – (x+y) / 5 é um número inteiro.

III – João da Silva foi o Secretário da Fazenda do Estado de São Paulo em 2000.

É verdade que **apenas**:

a) I é uma sentença aberta.

b) II é uma sentença aberta.

c) I e II são sentenças abertas.

d) I e III são sentenças abertas.

e) II e III são sentenças abertas.

COMENTÁRIO

No item I temos uma **sentença aberta**, pois não se pode determinar quem foi o melhor jogador do mundo em 2005.

No item II vários valores podem ser atribuídos a x ou a y para que a razão possua resultado inteiro. Ex.: x = 5 e y = 10, temos (5 + 10) / 5 = 3 (3 pertence aos inteiros); pode acontecer o mesmo com x = 20 e y = 10, temos (20 + 10)/5 = 6 e etc., logo a **sentença é aberta.**

No item III temos uma **sentença fechada**, pois sabemos determinar quem é o Secretário da Fazenda do Estado de São Paulo em 2000, ou seja, o sr. João da Silva.

Resposta: C.

---

193. (CESPE /UNB/ CENSIPAM /2006) Considere que P, Q, R e S representem proposições e que os símbolos ¬, ∧, ∨ e → sejam operadores lógicos que constroem novas proposições e significam "não", "e", "ou" e "então", respectivamente. Na lógica proposicional, cada proposição assume um único valor, verdadeiro (V) ou falso (F). Considere, ainda, que P, Q, R e S representem as sentenças listadas abaixo.

P: O homem precisa de limites.

Q: A justiça deve ser severa.

R: A repressão ao crime é importante.

S: A liberdade é fundamental.

Com base nessas informações, julgue os itens.

193.01. I. A sentença "A liberdade é fundamental, mas o homem precisa de limites", pode ser corretamente representada por $P \wedge \neg S$.

COMENTÁRIO

O item está errado pois se trata se uma proposição conjuntiva em que o primeiro conjuntivo é **"A liberdade é fundamental"** e como segundo conjuntivo "**O homem precisa de limites"** é representado simbolicamente por $S \wedge P$.

Resposta: Errado.

---

194. (CESPE /UNB/ CENSIPAM /2006) A sentença "A repressão ao crime é importante, se a justiça deve ser severa". Pode ser corretamente representada por $R \rightarrow Q$.

COMENTÁRIO

O item está errado pois se trata se uma proposição condicional em o antecedente é a proposição **"a justiça deve ser severa"** e o consequente é a proposição "**A repressão ao crime é importante".** É importante ressaltar que a proposição condicional é a única que não possui a propriedade comutativa, isto é, a representação simbólica correta é $\mathbf{Q \rightarrow R}$.

Resposta: Errado.

195. (CESPE /UNB/ CENSIPAM /2006) A sentença "Se a justiça não deve ser severa nem a liberdade fundamental, então repressão ao crime não é importante", pode ser corretamente representada por $(\neg Q) \wedge (\neg S) \rightarrow \neg R$.

COMENTÁRIO

O item está correto, pois se trata se uma proposição condicional em o antecedente é a proposição composta "**ajustiça não deve ser severa nem a liberdade fundamental"** e o consequente é a proposição negativa "**A repressão ao crime não é importante".**

Resposta: Correto.

196. (CESPE /UNB/ CENSIPAM /2006) A sentença "Ou o homem não precisa de limites e a repressão ao crime não é importante, ou a justiça deve ser severa", pode ser corretamente representada por $((\neg P) \wedge (\neg R)) \vee Q$.

COMENTÁRIO

O item está errado, pois trata- se uma proposição disjuntiva exclusiva, isto é, " ou...ou...", em que o conectivo correto seria $\underline{\vee}$.

Resposta: Errado.

197. (CESPE /UNB/ CENSIPAM /2006) A sentença "Se a justiça deve ser severa, então o homem precisa de limites" pode ser corretamente representada por $Q \rightarrow P$.

COMENTÁRIO

O item está correto, pois se trata se uma proposição condicional em o antecedente é a proposição "**a justiça deve ser severa "** e o consequente é a proposição "**O homem precisa de limites".**

Resposta: Correto

198. (ESAF/MPU/CONTROLE INTERNO/ 2004) Sabe-se que João estar feliz é condição necessária para Maria sorrir e condição suficiente para Daniela abraçar Paulo. Sabe-se, também, que Daniela abraçar Paulo é condição necessária e suficiente para Sandra abraçar Sérgio.

Assim, quando Sandra não abraça Sérgio:

a) João está feliz, Maria não sorri e Daniela abraça Paulo.
b) João não está feliz, Maria sorri e Daniela não abraça Paulo.
c) João está feliz, Maria sorri e Daniela não abraça Paulo.
d) João não está feliz, Maria não sorri e Daniela não abraça Paulo.
e) João não está feliz, Maria sorri e Daniela abraça Paulo.

COMENTÁRIO

Representando as proposições temos:

P_1: [Maria sorri] (**F**) → [João feliz] (**F**) ➔ **V**

P_2: [João feliz] (**F**) → [Daniela abraçou Paulo] (**F**) ➔ **V**

P_3: [Daniela abraça Paulo] (**F**) → [Sandra abraça Sérgio] (**F**) ➔ **V**

P_4: [Sandra não abraça Sérgio] (**V**) ➔ **V**

Valorando as proposições compostas P_1, P_2, P_3 e P_4 como verdadeiras e a partir de P_4 podemos valorar as demais proposições.

De acordo com os valores atribuídos as proposições podemos inferir que a resposta é a Letra "d".

João não está feliz (V), Maria não sorriu (V), Daniela não abraça Paulo (V).

Resposta: D.

199. (CESPE/TCU/2004) Considere que as letras P, Q e R representam proposições e os símbolos ¬, ∧ e → são operadores lógicos que constroem novas proposições e significam **não, e** e **então**, respectivamente. Na lógica proposicional que trata da expressão do raciocínio por meio de proposições que são avaliadas (valoradas) como verdadeiras (V) ou falsas (F), mas nunca ambos, esses operadores estão definidos, para cada valoração atribuída às letras proposicionais. Suponha que P represente a proposição "Hoje choveu", Q represente a proposição "José foi à praia" e R represente a proposição "Maria foi ao comércio". Com base nessas informações e no texto, julgue os itens seguintes:

199.01. I. A sentença "Hoje choveu e José não foi à praia" pode ser corretamente representada por P ∧ ¬Q.

COMENTÁRIO

O item está correto pois se trata se uma proposição conjuntiva, uma vez que o operador de conjunção traz o sentido principal da frase. Temos como primeiro conjuntivo **"Hoje choveu"** e como segundo conjuntivo a proposição negativa **"José não foi à praia".**

Resposta: Correto.

199.02. II. A sentença "Hoje não choveu então Maria não foi ao comércio e José não foi à praia" pode ser corretamente representada por ¬ P → (¬R ∧ ¬Q).

COMENTÁRIO

O item está correto pois se trata se uma proposição condicional, uma vez que o operador condicional traz o sentido principal da frase. De acordo com as proposições dadas no comando temos como antecedente a proposição **"Hoje não choveu"** e como consequente a proposição composta conjuntiva **"Maria não foi ao comércio e José não foi à praia".**

Resposta: Correto.

200. (CESPE /POLÍCIA FEDERAL/2004) Considere que as letras P, Q, R e T representem proposições e que os símbolos ¬, ∧, ∨ e → sejam operadores lógicos que constroem novas proposições e significam não, e, ou e então, respectivamente. Na lógica proposicional, cada proposição assume um único valor (valor-verdade), que pode ser verdadeiro (V) ou falso (F), mas nunca ambos.

Com base nas informações apresentadas no texto acima, julgue os itens a seguir.

Considere as sentenças.

I – Fumar deve ser proibido, mas muitos europeus fumam.

II – Fumar não deve ser proibido e fumar faz bem à saúde.

III – Se fumar não faz bem à saúde, deve ser proibido.

IV – Se fumar não faz bem à saúde e não é verdade que muitos europeus fumam, então fumar deve ser proibido.

V – Tanto é falso que fumar não faz bem à saúde como é falso que fumar deve ser proibido; consequentemente, muitos europeus fumam.

Considere também que P, Q, R e T representem as sentenças listadas na tabela a seguir.

P	Fumar deve ser proibido.
Q	Fumar deve ser encorajado.
R	Fumar não faz bem à saúde.
T	Muitos europeus fumam.

Com base nas informações acima e considerando a notação introduzida no texto, julgue os itens seguintes.

200.01. I. A sentença I pode ser corretamente representada por P ∧ (¬T).

COMENTÁRIO

O item está errado pois se trata se uma proposição conjuntiva em que o primeiro conjuntivo é **" A liberdade é fundamental"** e como segundo conjuntivo " **O homem precisa de limites"** é representado simbolicamente por S ∧ P .

Resposta: Errado.

200.02. II. A sentença II pode ser corretamente representada por $(\neg P) \wedge (\neg R)$.

COMENTÁRIO

O item está errado pois se trata se uma proposição conjuntiva em que o primeiro conjuntivo é **"A liberdade é fundamental"** e como segundo conjuntivo **"O homem precisa de limites"** é representado simbolicamente por $S \wedge P$.

Resposta: Errado.

200.03. III. A sentença III pode ser corretamente representada por $R \rightarrow P$.

COMENTÁRIO

O item está errado pois se trata se uma proposição conjuntiva em que o primeiro conjuntivo é **"A liberdade é fundamental"** e como segundo conjuntivo **"O homem precisa de limites"** é representado simbolicamente por $S \wedge P$.

Resposta: Errado.

200.04. IV. A sentença IV pode ser corretamente representada por $(R \wedge (\neg T)) \rightarrow P$.

COMENTÁRIO

O item está errado pois se trata se uma proposição conjuntiva em que o primeiro conjuntivo é **"A liberdade é fundamental"** e como segundo conjuntivo **"O homem precisa de limites"** é representado simbolicamente por $S \wedge P$.

Resposta: Errado.

200.05. V. A sentença V pode ser corretamente representada por $T \rightarrow ((\neg R) \wedge (\neg P))$.

COMENTÁRIO

O item está errado pois se trata se uma proposição conjuntiva em que o primeiro conjuntivo é **"A liberdade é fundamental"** e como segundo conjuntivo **" O homem precisa de limites"** é representado simbolicamente por $S \wedge P$.

Resposta: Errado.

---

201. (CESPE/POLÍCIA FEDERAL/2004) Na análise de um argumento, pode-se evitar considerações subjetivas, por meio da reescrita das proposições envolvidas na linguagem da lógica formal. Considere que P, Q, R e S sejam proposições e que "∧", "∨", "¬" e "→" sejam os conectores lógicos que representam, respectivamente "e", "ou", "negação" e o "conector condicional". Considere também a proposição a seguir.

"Quando Paulo vai ao trabalho de ônibus ou de metrô, ele sempre leva um guarda-chuva e também dinheiro trocado".

Assinale a opção que expressa corretamente a proposição acima em linguagem da lógica formal, assumindo que

P= "Quando Paulo vai ao trabalho de ônibus".

Q= "Quando Paulo vai ao trabalho de metrô".

R= "ele sempre leva um guarda-chuva".

S= "ele sempre leva dinheiro trocado".

a) $P \rightarrow (Q \vee R)$

b) $(P \rightarrow Q) \vee R$

c) $(P \vee Q) \rightarrow (R \wedge S)$

d) $P \vee (Q \rightarrow (R \wedge S))$.

COMENTÁRIO

O termo "Quando" tem a mesma interpretação do operador condicional "Se..., então...", logo temos como antecedente a proposição: $(P \lor Q)$ e como consequente: $(R \land S)$.

A proposição composta pode ser simbolizada da seguinte forma:

$(P \lor Q) \rightarrow (R \land S)$

Resposta: C.

---

202. (CESPE/BANCO DO BRASIL/2006) Há duas proposições no seguinte conjunto de sentenças:

I – O BB foi criado em 1980.

II – Faça seu trabalho corretamente.

III – Manuela tem mais de 40 anos de idade.

COMENTÁRIO

A sentença I é uma proposição, pois pode ser valorada como verdadeira ou falsa.

A sentença II é uma sentença aberta, pois é uma frase imperativa, isto é, não pode ser valorada.

A sentença III é uma proposição, pois pode ser valorada como verdadeira ou falsa.

Resposta: Certo.

---

203. (CESPE/POLÍCIA FEDERAL /2004) Denomina-se contradição uma proposição que é sempre falsa. Uma forma de argumentação lógica considerada válida é embasada na regra da contradição, ou seja, no caso de uma proposição ¬R verdadeira (ou R verdadeira), caso se obtenha uma contradição, então conclui-se que R é verdadeira (ou ¬R é verdadeira). Considerando essas informações e o texto de referência, e sabendo que duas proposições são equivalentes quando possuem as mesmas valorações, julgue o item que se segue.

Considere que, em um pequeno grupo de pessoas – G – envolvidas em um acidente, haja apenas dois tipos de indivíduos: aqueles que sempre falam a verdade e os que sempre mentem. Se, do conjunto G, o indivíduo P afirmar que o indivíduo Q fala a verdade, e Q afirmar que P e ele são tipos opostos de indivíduos, então, nesse caso, é correto concluir que P e Q mentem.

COMENTÁRIO

✪ **Nota do autor: observar a aplicação dos Princípios Fundamentais da Lógica Proposicional, ou seja, as Três Leis do Pensamento: Lei do Terceiro Excluído, da Não contradição e da identidade.**

Neste tipo de questão, temos apenas dois tipos de indivíduos, logo aplicaremos o método da **experimentação**. Primeiro atribuiremos a P que ele fale **sempre a verdade**, então iremos realizar a análise; se houver alguma contradição, atribuiremos a P que ele **sempre fale mentira**. Uma das hipóteses dará certo, de acordo com as **leis do pensamento**.

Sendo assim temos:

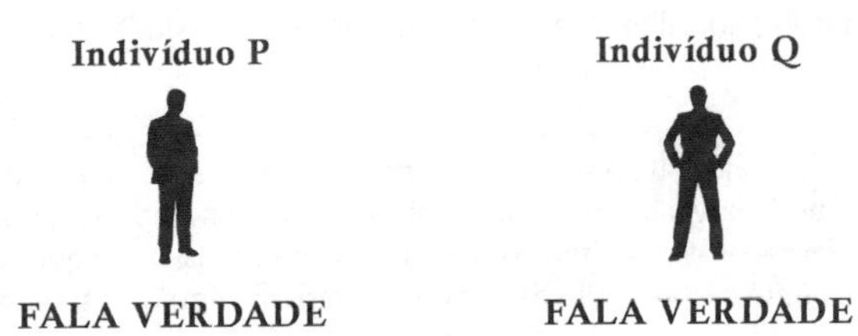

a) Atribuindo a P: V (verdade) acreditaremos no que ele disser, pois fala verdade. Logo, o indivíduo P ao falar que Q fala verdade, teremos que **Q irá falar verdade também (V).**

Analisando: quando Q afirma que ele e P são tipos opostos, o mesmo entra em **contradição**, o que não deveria acontecer, pois o mesmo só fala a verdade. Logo, esta análise está **inválida.**

Indivíduo P **Indivíduo Q**

FALA MENTIRA **FALA MENTIRA**

b) Atribuindo a P: F (mentira), pegamos o oposto do que ele disse, pois ele sempre mente, logo Q: F (mentira) irá mentir também, e ao mentir disse que P fala verdade, o que é mentira, pois o Q é mentiroso, logo os **dois mentem**. E assim podemos concluir que os dois mentem.

Resposta: C.

204.(ESAF/2004) Numa ilha há apenas dois tipos de pessoas: as que sempre falam a verdade e as que sempre mentem. Um explorador contrata um ilhéu chamado X para servir-lhe de intérprete. Ambos encontram outro ilhéu, chamado Y, e o explorador lhe pergunta se ele fala a verdade. Ele responde na sua língua e o intérprete diz – Ele disse que sim, mas ele pertence ao grupo dos mentirosos. Dessa situação é correto concluir que:

a) Y fala a verdade.
b) a resposta de Y foi **não**.
c) ambos falam a verdade.
d) ambos mentem.
e) X fala a verdade.

COMENTÁRIO

Não sabemos se o ilhéu X (intérprete) fala a verdade ou mente ao ser contratado pelo explorador, porém durante o diálogo poderemos identificar quais tipos de ilhéus são X e Y. A questão informa que o explorador pergunta ao ilhéu Y se ele fala a verdade, e ele responde em sua língua. É importante observar um detalhe, uma vez que se pergunta a uma pessoa: "Você fala a verdade?", temos duas situações:

1. Se ela fala a verdade, sua resposta será: "sim";
2. Se ela fala a mentira, sua resposta será: "sim".

Logo, podemos concluir que independentemente do tipo de ilhéu a pergunta feita pelo explorador ocasiona a uma única resposta, que no caso é "sim".

Sendo assim, quando o ilhéu X diz que: "Ele disse que sim, mas ele pertence ao grupo dos mentirosos" podemos ter a certeza que o ilhéu X está falando a verdade, pois a resposta do ilhéu Y foi sim, logo a afirmação de X é verdadeira. Analisando a informação do ilhéu X teremos:

Ilhéu X: "Ele disse que sim, mas ele pertence ao grupo dos mentirosos", temos, desta forma, que o ilhéu Y disse sim, porém é do grupo dos mentirosos.

Conclusão: Ilhéu X fala a verdade, Ilhéu Y é mentiroso e respondeu "sim".

Resposta: E.

205.(CESPE/2004) No final dos anos 70 do século passado, um importante lógico chamado Smullyan descreveu, em um livro, uma ilha onde havia apenas dois tipos de pessoas: mentirosas, pois só falavam mentiras, e honestas, pois só falavam verdades. Um visitante chega à ilha, aproxima-se de quatro nativos, chamados Jari, Marli, Geni e Marlim, e inicia uma conversação da qual se relatam os seguintes trechos.

Trecho 1	Trecho 2
Jari diz: Marli é honesta.	Geni diz a Marlim: nós dois somos honestos.
Marli diz: Jari e eu somos pessoas de tipos opostos.	Marlim diz: a Geni é mentirosa.

I. De acordo com o trecho 1 da conversa, está correto que o visitante conclua que Jari e Marli são ambos mentirosos.

II. De acordo com o trecho 2 da conversa, se o visitante concluiu que Geni é honesta e Marlim é mentiroso, então o visitante chegou a uma conclusão errada.

COMENTÁRIO

No trecho 1, temos: supondo que Jari (V) fala sempre a verdade, temos que Marli também falará a verdade, o que faz com que Marli entre em contradição, visto que afirma que eles são tipos opostos.

Então iremos supor agora que Jari (F) fala sempre a mentira, o que faz com que Marli fale mentira também, segundo a contradição. Supondo Marli com (F) falando a mentira temos que sua declaração deverá ser analisada de forma contrária, o que faz com que Jari também seja mentirosa. Logo, os dois mentem. O item está certo.

Resposta: correto.

No trecho 2, temos: neste caso é melhor começarmos a análise pelo Marlim, pois sua declaração é simples, então supondo Marlim (V) temos que Geni fala a mentira, o que faz com que este minta e ao mentir afirma que os dois são honestos, o que não é verdade pois, ao afirmar que os dois são honestos, ele está mentindo, o que deixa a questão com as seguintes valorações: Marlim (V) e Geni (F). O item está certo.

Resposta: correto.

No livro *Alice no País dos Enigmas*, o professor de matemática e lógica Raymond Smullyan apresenta vários desafios ao raciocínio lógico que têm como objetivo distinguir-se entre verdadeiro e falso. Considere o seguinte desafio inspirado nos enigmas de Smullyan. Duas pessoas carregam fichas nas cores branca e preta. Quando a primeira pessoa carrega a ficha branca, ela fala somente a verdade, mas, quando carrega a ficha preta, ela fala somente mentiras. Por outro lado, quando a segunda pessoa carrega a ficha branca, ela fala somente mentira, mas, quando carrega a ficha preta, fala somente verdades.

Com base no texto acima, julgue o item a seguir.

206.(CESPE/2004) Se a primeira pessoa diz "Nossas fichas não são da mesma cor" e a segunda pessoa diz "Nossas fichas são da mesma cor", então, pode-se concluir que a segunda pessoa está dizendo a verdade.

COMENTÁRIO

✪ **Nota do autor:** observar a aplicação dos Princípios Fundamentais da Lógica Proposicional, ou seja, as Três Leis do Pensamento.

Vamos resumir o texto da seguinte forma:

FP = ficha preta FB = ficha branca

	FP	FB
1ª pessoa	F	V
2ª pessoa	V	F

Supondo que a 1ª pessoa **fala verdade**, temos:

1ª pessoa (fala a verdade)

V (carrega ficha branca) ao falar que "Nossas fichas não são da mesma cor", isto é verdade, pois uma pessoa que fala verdade não pode mentir, logo a ficha da 2ª pessoa deverá ser preta. Sendo a ficha da 2ª pessoa preta, ela deverá falar a verdade. Verificando, temos: "Nossas fichas são da mesma cor", diz a 2ª pessoa, o que é verdade, algo que não pode acontecer, pois uma pessoa que fala a verdade não pode mentir. "Princípio da não contradição".

Supondo que a 1ª pessoa **fala mentira**, temos:

1ª pessoa (fala mentira)

F (carrega ficha preta) ao falar que "Nossas fichas não são da mesma cor", isto é mentira, pois uma pessoa que fala mentira não pode falar verdade, logo a ficha da segunda pessoa será preta. Sendo a ficha da segunda pessoa preta, ela deverá falar a verdade. Verificando, temos: "Nossas fichas são da mesma cor", diz a segunda pessoa, o que é verdade, logo os dois possuem fichas da mesma cor.

1ª pessoa – FP (F)

2ª pessoa – FP (V)

Resposta: C.

207. (CESPE/TCU/2004) Considere que as letras P, Q e R representam proposições e os símbolos ¬ e → são operadores lógicos que constroem novas proposições e significam **não, e, e então**, respectivamente. Na lógica proposicional que trata da expressão do raciocínio por meio de proposições que são avaliadas (valoradas) como verdadeiras (V) ou falsas (F), mas nunca ambos. Com base nessas informações e no texto, julgue o item seguinte.

1- O número de valorações possíveis para $(Q \wedge \neg R) \rightarrow \neg P$ é inferior a 9.

COMENTÁRIO

Como já visto, o número de tabelas de valorações distintas (valorações possíveis) que podem ser obtidas para proposições com n variáveis proposicionais é igual a 2^n, logo temos: $2^3 = 8$. Sendo assim, temos que 8 é inferior a 9.

Resposta: Certo.

208.(ESAF/2004) Homero não é honesto ou Júlio é justo. Homero é honesto ou Júlio é justo ou Beto é bondoso. Beto é bondoso ou Júlio não é justo. Beto não é bondoso ou Homero é honesto. Logo,

a) Beto é bondoso, Homero é honesto, Júlio não é justo.

b) Beto não é bondoso, Homero é honesto, Júlio não é justo.

c) Beto é bondoso, Homero é honesto, Júlio é justo.

d) Beto não é bondoso, Homero não é honesto, Júlio não é justo.

e) Beto não é bondoso, Homero é honesto, Júlio é justo.

COMENTÁRIO

Dica: "Na lógica, a interrogação é sempre esta: a conclusão a que se chegou deriva das premissas usadas ou pressupostas? Se as premissas fornecem bases ou boas provas para a conclusão, se a afirmação da verdade das premissas garante a afirmação da verdade da conclusão, então **o raciocínio é correto**".

Sendo assim, partiremos do princípio de que as proposições "premissas" são verdadeiras, o que teremos uma conclusão verdadeira.

Utilizando a dica temos que todas as proposições "premissas" são verdadeiras, logo, iremos valorá-las com V e aplicando a tabela-verdade do conectivo utilizado na proposição iremos valorando as proposições que compõem as premissas P_1, P_2, P_3 e P_4.

P_1: Homero não é honesto ou Júlio é justo. **➔V**

P_2: Homero é honesto ou Júlio é justo ou Beto é bondoso. **➔V**

P_3: Beto é bondoso ou Júlio não é justo. **➔V**

P_4: Beto não é bondoso ou Homero é honesto. **➔V**

Para que os resultados das premissas (P_1, P_2, P_3 e P_4) sejam verdadeiros temos de valorar as proposições simples sublinhadas de acordo com a tabela-verdade da **disjunção**. Então teremos:

(F) **(V)**
P_1: Homero não é honesto ou Júlio é justo. **➔V**

(V) **(V)** **(V)**
P_2: Homero é honesto ou Júlio é justo ou Beto é bondoso. **➔V**

(V) **(F)**
P_3: Beto é bondoso ou Júlio não é justo. **➔V**

(F) **(V)**
P_4: Beto não é bondoso ou Homero é honesto. **➔ V**

Resposta: Certo **➔V.**

209.(ESAF/2004) De três irmãos – José, Adriano e Caio. Sabe-se que ou José é o mais velho, ou Adriano é o mais moço. Sabe-se também que ou Adriano é o mais velho ou Caio é o mais velho. Então, o mais velho e o mais moço dos três irmãos são, respectivamente:

a) Caio e José.

b) Caio e Adriano.

c) Adriano e Caio.

d) Adriano e José.

e) José e Adriano.

COMENTÁRIO

Aplicando a dica acima temos que todas as proposições "premissas" são verdadeiras, logo, iremos valorá-las com V e aplicando a tabela-verdade do conectivo utilizado na proposição iremos valorando as proposições simples que compõem as premissas P_1 e P_2.

P_1: ou José é o mais velho ou Adriano é o mais moço **→V**

P_2: ou Adriano é o mais velho ou Caio é o mais velho **→V**

Para que os resultados das premissas (P_1 e P_2) sejam verdadeiros devemos valorar as proposições simples de acordo com a tabela-verdade da **disjunção exclusiva.** Então teremos:

(F) **(V)**

P_1: ou José é o mais velho ou Adriano é o mais moço **→V**

(F) **(V)**

P_2: ou Adriano é o mais velho ou Caio é o mais velho **→V**

Resposta: B.

---

210. (ESAF/2004) Maria tem três carros: um Gol, um Corsa e um Fiesta. Um dos carros é branco, o outro é preto e o outro é azul. Sabe-se que: 1) ou o Gol é branco, ou o Fiesta é branco; 2) ou o Gol é preto, ou o Corsa é azul; 3) ou o Fiesta é azul, ou o Corsa é azul; 4) ou o Corsa é preto, ou o Fiesta é preto.

Portanto, as cores do Gol, do Corsa e do Fiesta são, respectivamente,

a) branco, preto, azul.

b) preto, azul, branco.

c) azul, branco, preto.

d) preto, branco, azul.

e) branco, azul, preto.

COMENTÁRIO

(V) **(F)**

P_1: Gol é branco $\underline{V}$ Fiesta é branco **→V**

(F) **(V)**

P_2: Gol é preto $\underline{V}$ Corsa é azul **→V**

(V) **(V)**

P_3: Fiesta é azul $\underline{V}$ Corsa é azul **→V**

(F) **(V)**

P_4: Corsa é preto $\underline{V}$ Fiesta é preto **→ V**

Partindo de que todas as premissas são verdadeiras e que todas são compostas e disjuntivas, iremos valorar P_1 de acordo com a tabela-verdade, em que "O gol é branco" é $\underline{V}$ e o "Fiesta é branco" é $\underline{F}$, sendo as demais valorações das proposições seguintes consequências de $P_{1.}$

Assim temos o Gol branco, o Corsa azul e o Fiesta preto.

Resposta: E.

---

211. (ESAF/2004) Se o jardim não é florido, então o gato mia. Se o jardim é florido, então o passarinho não canta. Ora, o passarinho canta, logo:

a) O jardim é florido e o gato mia.

b) O jardim é florido e o gato não mia.

c) O jardim não é florido e o gato mia.

d) O jardim não é florido e o gato não mia.

e) Se o passarinho canta então o gato não mia.

COMENTÁRIO

Partindo do princípio de que todas as premissas são verdadeiras, temos:

(V) **(V)**

P_1: O jardim não é florido → o gato mia **(V)**

(F) **(F)**

P_2: O jardim é florido → o passarinho não canta **(V)**

(V)

P_3: O passarinho canta **(V)**

Partindo da premissa p_3 como verdadeira, temos as seguintes valorações para as demais proposições simples, de acordo com a tabela-verdade da condicional analisando as respostas:

a) O jardim é florido **e** o gato mia.
(F) ∧ (V) = F

b) O jardim é florido **e** o gato não mia.
(F) ∧ (F) = F

c) O jardim não é florido **e** o gato mia.
(V) ∧ (V) = V

d) O jardim não é florido **e** o gato não mia.
(V) ∧ (F) = F

e) Se o passarinho canta **então** o gato não mia.
(V) → (F) = F

Obs.: perceba que analisamos cada uma das opções para encontrar o item verdadeiro.

Resposta: C.

---

212. (ESAF/2004) Carlos não ir ao Canadá é condição necessária para Alexandre ir à Alemanha. Helena não ir à Holanda é condição suficiente para Carlos ir ao Canadá. Alexandre não ir à Alemanha é condição necessária para Carlos não ir ao Canadá. Helena ir à Holanda é condição suficiente para Alexandre ir à Alemanha. Portanto:

a) Helena não vai à Holanda, Carlos não vai ao Canadá, Alexandre não vai à Alemanha.
b) Helena vai à Holanda, Carlos vai ao Canadá, Alexandre não vai à Alemanha.
c) Helena não vai à Holanda, Carlos vai ao Canadá, Alexandre não vai à Alemanha.
d) Helena vai à Holanda, Carlos não vai ao Canadá, Alexandre vai à Alemanha.
e) Helena vai à Holanda, Carlos não vai ao Canadá, Alexandre não vai à Alemanha.

COMENTÁRIO

Primeiramente identificaremos os conectivos e construir a estrutura para chegarmos a uma conclusão verdadeira.

(F) **(F)**

P_1: Alexandre ir à Alemanha → Carlos não ir ao Canadá **(V)**

(V) **(V)**

P_2: Helena não ir à Holanda → Carlos ir ao Canadá **(V)**

(F) **(V)**

P_3: Carlos não ir ao Canadá→ Alexandre não ir à Alemanha **(V)**

(F) **(F)**

P_4: Helena ir à Holanda → Alexandre ir à Alemanha **(V)**

Logo, partindo de que todas as premissas (proposições) são verdadeiras e utilizando as tabelas-verdade valoramos as proposições simples.

Analisando os itens propostos pela questão para se chegar a uma conclusão verdadeira, temos:

a) Helena não vai à Holanda, Carlos não vai ao Canadá, Alexandre não vai à Alemanha.
$V \land F \land V = F$ (errado)

b) Helena vai à Holanda, Carlos vai ao Canadá, Alexandre não vai à Alemanha.
$F \land V \land V = F$ (errado)

c) Helena não vai à Holanda, Carlos vai ao Canadá, Alexandre não vai à Alemanha.
$V \land V \land V = V$ (certo)

d) Helena vai à Holanda, Carlos não vai ao Canadá, Alexandre vai à Alemanha.
$F \land F \land F = F$ (errado)

e) Helena vai à Holanda, Carlos não vai ao Canadá, Alexandre não vai à Alemanha.
$F \land F \land F = F$ (errado)

Resposta: C.

---

213. (ESAF/2004) Sabe-se que Beto beber é condição necessária para Carmem cantar e condição suficiente para Denise dançar. Sabe-se, também, que Denise dançar é condição necessária e suficiente para Ana chorar. Assim, quando Carmem canta,

a) Denise não dança ou Ana não chora.
b) nem Beto bebe nem Denise dança.
c) Beto bebe e Ana chora.
d) Beto não bebe ou Ana não chora.
e) Denise dança e Beto não bebe.

COMENTÁRIO

✪ **Nota do autor:** observar a aplicação das condições existentes nos operadores condicionais e bi condicionais, isto é, condição suficiente, condição necessária e condição necessária e suficiente, uma vez que as bancas utilizam esses termos para indicar os conectivos lógicos em uma inferência ou argumentação lógica.

Primeiramente vamos identificar os conectivos e construir a estrutura para chegarmos a uma conclusão verdadeira.

(V) **(V)**
P_1: Carmem cantar → Beto beber**(V)**

(V) **(V)**
P_2: Beto beber → Denise dançar**(V)**

(V) **(V)**
P_3: Denise dançar ↔ Ana chorar **(V)**

(V)
P_4: Carmem cantar **(V)**

Logo partindo de que todas as premissas (proposições) são verdadeiras e utilizando as tabelas-verdade valoramos as proposições simples.

Analisando os itens propostos pela questão para se chegar a uma conclusão verdadeira, temos:

(F) ∨ **(F)** = **(F)**
a) Denise não dança ou Ana não chora.

(F) ∧ **(F)** = **F**
b) Nem Beto nem Denise dançam.

(V) ∧ **(V)** = **V**
c) Beto bebe e Ana chora.

(F) ∧ **(F)** = **F**
d) Beto não bebe e Ana não chora.

(V) ∧ **(F)** = **F**
e) Denise dança e Beto não bebe.

Resposta: C.

✦ DICAS

A lógica formal não se ocupa com os conteúdos pensados ou com os objetos referidos pelo pensamento, mas apenas com a forma pura e geral dos pensamentos, expressa pela linguagem. O objeto da lógica é a proposição que exprime, por meio da linguagem, os juízos formulados pelo pensamento. A proposição é a atribuição de um predicado a um sujeito.

Percebemos que as sentenças podem ser:

Sentenças:

- **Afirmativas**
  Ex.: A lógica é uma ciência do raciocínio.
- **Negativas**
  Ex.: José não vai à festa.
- **Imperativas**
  Ex.: Faça seu trabalho com dedicação.
- **Exclamativas**
  Ex.: Que dia lindo!
- **Interrogativas**
  Ex.: Qual é o seu nome?

a) Sentenças Abertas

São as sentenças nas quais não podemos determinar o sujeito. Uma forma mais simples de identificá-las é o fato de que não podem ser nem V (verdadeiras) nem F (falsas). Ex.: Ela foi a melhor atleta da competição.

Algumas sentenças são chamadas abertas porque não são passíveis de interpretação para que possam ser julgadas como verdadeiras (V) ou falsas (F). Exemplo, se tivermos uma proposição expressa: "**Para todo a, P(a)**", em que **a** é um elemento qualquer do conjunto **U**, e P(**a**) é uma propriedade a respeito dos elementos de U, logo se torna necessário explicitar U e P para que seja possível valorar. Ex.: $\{x \in R / x > 2\}$, neste caso x pode ser qualquer número maior que 2, ou seja, não há um sujeito específico.

Há expressões às quais não se pode atribuir um valor lógico V ou F, por exemplo: "Ele é juiz do TRT da 1ª Região", ou "$x + 5 = 10$". O sujeito é uma variável que pode ser substituído por um elemento arbitrário, transformando a expressão em uma proposição que pode ser valorada como V ou F. Expressões dessa forma são denominadas sentenças abertas, ou funções proposicionais. Pode-se passar de uma sentença aberta a uma proposição por meio dos quantificadores "qualquer que seja", ou "para todo", indicado por $\forall$, e "existe", indicado por $\exists$. Por exemplo: a proposição $(\forall x)(x \in R)(x + 3 = 9)$ é valorada como F, enquanto a proposição $(\exists x)(x \in R)(x + 3 = 9)$ é valorada como V.

b) Sentenças Fechadas

São aquelas nas quais podemos determinar o sujeito da sentença.

Ex.: Antônio está de férias.

O professor Marcelo foi trabalhar.

> Na lógica sentencial, denomina-se proposição uma frase que pode ser julgada como verdadeira (V) ou falsa (F), mas não como ambas. Assim, frases como "Como está o tempo hoje?" e "Esta frase é falsa" não são proposições, porque **a primeira é pergunta (sentença interrogativa)** e **a segunda não pode ser nem V nem F.**

II – EXPRESSÕES

Por exclusão, temos que são aquelas que não são sentenças.

Ex.: Vinte e cinco centésimos.

A terça parte de um número.

III – PROPOSIÇÕES

Dá-se o nome de proposição a uma sentença (afirmativa ou negativa) formada por palavras ou símbolos que expressam um pensamento de sentido completo, as quais se podem atribuir um valor lógico, ou seja, **uma valoração (verdadeira ou falsa)**.

Esta valoração também é chamada de valor lógico ou valor-verdade.

DIAGRAMA

SÍMBOLOS UTILIZADOS NA LÓGICA MATEMÁTICA

Símbolo	Significado	Símbolo	Significado
¬ /~	não	∈	Pertence
∧	e	∉	Não pertence
∨	ou	∪	União
→	se ..., então...	∩	Intersecção
↔	se e somente se	⊃	Contém
|	tal que	⊂	Está contido
⇒	implica	=	Igual
⇔	equivalente	≠	Diferente
∃	existe, algum	∀	Qualquer que seja, todo
∃|	existe um e somente um	≤	Menor ou igual que
≥	Maior ou igual que	≡	Congruente
>	Maior que	<	Menor que
◊ / ⊻	Ou..., ou...		

Conectivos Operadores	Símbolos	Significados
Conjunção	∧	"e" / "mas"
Disjunção inclusiva	∨	"ou"
Disjunção exclusiva	⊻ / ◊	"ou...ou..."
Condicional	→	"Se...então.."/ "Quando"
Bicondicional	↔	"Se, e somente se"

AS TRÊS "LEIS DO PENSAMENTO" OU PRINCÍPIOS FUNDAMENTAIS DA LÓGICA PROPOSICIONAL

Os que definiram a Lógica como a ciência das leis do pensamento sustentaram, frequentemente, que existem exatamente três leis fundamentais do pensamento, as quais são necessárias e suficientes para que o pensar desenvolva-se de maneira "correta". Essas leis do pensamento receberam, tradicionalmente, os nomes de Princípio de Identidade, Princípio de Contradição (por vezes, Princípio da Não Contradição) e Princípio do Terceiro Excluído. Há formulações alternativas desses princípios, apropriadas a diferentes contextos. No nosso caso, as formulações apropriadas são as seguintes:

➢ **O Princípio de Identidade** afirma que *se qualquer enunciado é verdadeiro, então ele é verdadeiro.*

➢ **O Princípio da Não contradição** afirma que *nenhum enunciado pode ser verdadeiro* e *falso.*

➢ **O Princípio do Terceiro Excluído** afirma que *um enunciado ou é verdadeiro ou é falso.*

O **Princípio da Identidade** afirma que todo o enunciado da forma $p \supset p$ é verdadeiro, ou seja, todo o enunciado desse tipo é uma tautologia.

O **Princípio da Contradição** afirma que todo o enunciado da forma $p \wedge \neg p$ é falso, ou seja, todo o enunciado desse tipo é contraditório.

O **Princípio do Terceiro Excluído** afirma que todo o enunciado da forma $p \vee \neg$ pé verdadeiro, ou seja, todo o enunciado desse tipo é uma tautologia.

1. **Conjunção** é a proposição composta que assume o formato *"***proposição p e proposição q***"*. Uma conjunção somente será verdadeira se ambas as sentenças componentes também forem verdadeiras. A tabela-verdade de uma conjunção será, portanto, a seguinte:

P	Q	P∧Q
V	V	V
V	F	F
F	V	F
F	F	F

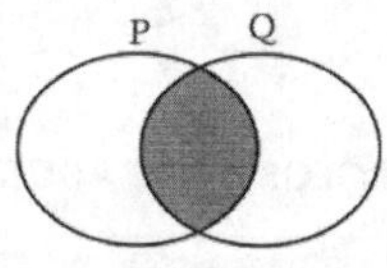

2. **Disjunção** é a proposição composta que assume o formato "**proposição p OU proposição q**". Para que uma disjunção seja verdadeira, basta que uma das sentenças componentes também o seja. A tabela-verdade de uma disjunção será, portanto, a seguinte:

P	Q	P∨Q
V	V	V
V	F	V
F	V	V
F	F	F

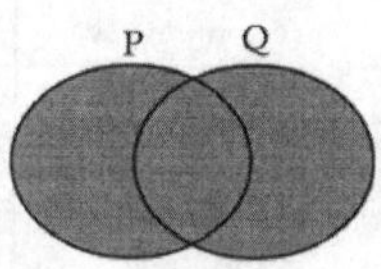

3. **Disjunção Exclusiva** é a proposição que tem o formato "**OU proposição p OU proposição q**". Na disjunção exclusiva, serve ($P \veebar Q$) ou ($Q \veebar P$). A tabela-verdade de uma disjunção exclusiva será, portanto, a seguinte:

P	Q	P⊻Q
V	V	F
V	F	V
F	V	V
F	F	F

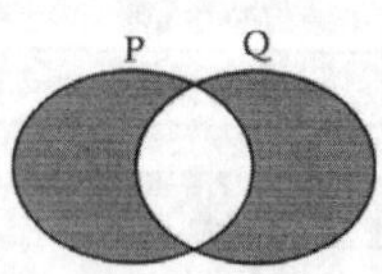

4. **Condicional** é a proposição composta que tem o formato ***"SE proposição p, ENTÃO proposição q"***. Para o melhor entendimento deste tipo de estrutura, somente para efeitos didáticos, lembraremos da seguinte proposição:

   "Se estudo bastante, então passarei no concurso".

   A estrutura condicional é de tal forma que "uma **condição suficiente** gera um **resultado necessário**". Ora, o fato de estudar bastante já é condição suficiente para o resultado necessário: passar no concurso.

   Pensando desta forma, a única maneira de tal estrutura tornar-se **falsa** seria no caso em que **existe a condição suficiente**, mas o resultado (que deveria ser necessário) não se verifica. Ou seja, só é falsa a condicional se a primeira proposição (condição suficiente) for **verdadeira** e a segunda proposição (resultado necessário) for **falsa**. A tabela-verdade de uma condicional será, portanto, a seguinte:

P	Q	P→Q
V	V	V
V	F	F
F	V	V
F	F	V

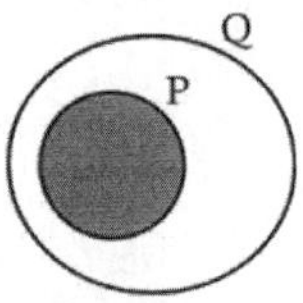

5. **Bicondicional** é a proposição composta com o formato "proposição p, **se e somente se**, proposição q". Só é falsa a bicondicional se a primeira proposição e a segunda proposição possuírem valorações diferentes. A tabela-verdade de uma bicondicional será, portanto, a seguinte:

P	Q	P↔Q
V	V	V
V	F	F
F	V	F
F	F	V

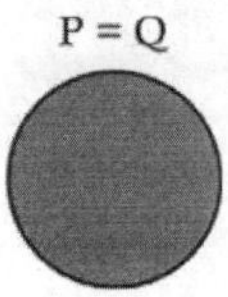

"É importante ressaltar que p é condição necessária e suficiente para q".

Capítulo III – Tautologia, Contradição e Contingência

01. Ano: 2023 Banca: CESPE / CEBRASPE Órgão: TC-DF Prova: CESPE / CEBRASPE - 2023 - TC-DF - Auditor de Controle Externo – Área Auditoria

operação lógica	símbolo
conjunção	$\wedge$
disjunção	$\vee$
negação	~
condicional	$\rightarrow$
bicondicional	$\leftrightarrow$

Assumindo que as proposições lógicas simples são representadas por letras maiúsculas e que a tabela precedente relaciona os símbolos lógicos usuais às operações lógicas que eles representam, julgue o item a seguir.

A proposição lógica $(A \rightarrow (B \rightarrow C)) \leftrightarrow ((A \wedge B) \rightarrow C)$ é uma tautologia.

COMENTÁRIO

Tautologia é quando a sentença é verdadeira independente da valoração das proposições que a formam.

Sabemos que a bicondicional só será verdadeira quando as duas partes que a forma for verdadeira.

Desta forma, para descobrirmos se a proposição é uma tautologia vamos tentar deixar a sentença falsa.

Outra forma de resolver a questão é também construindo a tabela verdade.

Note que a primeira parte da sentença possui apenas operação de condicional, desta forma, vamos utilizar a equivalência de uma condicional, da proposição dentro do parêntese $(B \rightarrow C)$: Nega a primeira proposição +OU+ mantém a segunda:

$(A \rightarrow (B \rightarrow C))$

Então ficará

$(A \rightarrow (\sim B \vee C))$

Agora aplicaremos de novo a mesma regra de equivalência da na condicional que sobrou:

$(A \rightarrow (\sim B \vee C))$

Então ficará:

$(\sim A \vee (\sim B \vee C))$

Agora vamos aplicar a mesma regra na segunda parte da bicondicional:

$((A \wedge B) \rightarrow C)$

Então ficará:

$(\sim A \vee \sim B) \vee C)$

Observe que ficou igual a primeira parte. Desta forma, a valoração sempre será a mesma: . Com isso podemos concluir que a proposição lógica sempre será verdadeira.

GABARITO: CERTO

---

02. Ano: 2023 Banca: CESPE / CEBRASPE Órgão: PO-AL Provas: CESPE / CEBRASPE - 2023 - PO-AL - Papiloscopista

Considere os conectivos lógicos usuais e assuma que as letras maiúsculas representam proposições lógicas simples. Com base nessas informações, julgue o item seguinte relativo à lógica proposicional.

A proposição lógica $(P \rightarrow Q) \leftrightarrow ((\sim P) \vee Q)$ é uma tautologia.

COMENTÁRIO

O conectivo principal da proposição dada é uma bicondicional, e ela sempre terá o valor lógico verdadeiro quando as suas duas partes possuírem a mesma valoração:

$V \leftrightarrow V = V$

$F \leftrightarrow F = V$

Observe que as duas partes das proposições que forma essa bicondicional são equivalentes.

Ou seja, temos a equivalência de uma condicional

$P \rightarrow Q = \sim P \vee Q$

Desta forma, a valoração sempre será igual que resultará em uma tautologia.

GABARITO: CERTO

---

03. Ano: 2023 Banca: CESPE / CEBRASPE Órgão: TJ-CE Provas: CESPE / CEBRASPE - 2023 - TJ-CE - Técnico Judiciário - Área: Judiciária

Sendo P e Q duas proposições lógicas, é correto afirmar que a proposição composta [(P->Q)^P] -> Q é uma

Alternativas

A. analogia.
B. contradição.
C. tautologia
D. falácia.
E. contingência.

COMENTÁRIO

Vamos construir a tabela verdade:

P	Q	$P \rightarrow Q$	$(P \rightarrow Q) \wedge P$	$[(P \rightarrow Q) \wedge P] \rightarrow Q$
V	V	V	V	V
V	F	F	F	V
F	V	V	F	V
F	F	V	F	V

Observe que a proposição possui apenas valor lógico verdadeiro, sendo assim, a proposição é uma tautologia.

GABARITO: LETRA C

---

04. (FUMARC – 2023 – AL-MG – Técnico de Apoio Legislativo) Considere as tabelas-verdade I, II e III a seguir:

TABELA I							
p	q	p ∧ q	~(pvq)	~p	~q	~p v ~q	~(p∧q)⇔(~p v ~q)
V	V	V	F	F	F	F	V
V	F	F	V	F	V	V	V
F	V	F	V	V	F	V	V
F	F	F	V	V	V	V	V

TABELA II						
p	q	~p	~q	p ∧ ~q	~p v q	(p ∧ ~q)⇔(~p v q)
V	V	F	F	V	F	F
V	F	F	V	V	F	F
F	V	V	F	F	V	F
F	F	V	V	V	F	F

TABELA III			
p	q	p v q	p v q⇔p
V	V	V	V
V	F	V	V
F	V	F	F
F	F	V	V

É CORRETO afirmar que:

A. A tabela I representa uma contradição.
B. A tabela I representa uma tautologia.
C. As tabelas I e III representam uma contradição.
D. As tabelas II e III representam uma tautologia.

COMENTÁRIO

Para resolver essa questão, basta apenas saber a definição do que é uma tautologia, uma contradição e uma contingência.

Tautologia: é uma proposição cujo o seu valor sempre será verdadeiro, independente da valoração das proposições simples que a forma.

Contradição: ao contrário das tautologias é uma proposição cujo o seu valor sempre será falso, independente da valoração das suas premissas.

Contingência: é quando as proposições cujo valor verdadeiro ou falso não dependerá do valor de suas premissas, portanto, não será verdadeiro nem falso.

Com isso, vamos analisar cada tabela. A tabela I, para todos os valores das proposições, a sua última coluna sempre será verdade, logo é uma tautologia.

Já a segunda tabela, para todos os valores das premissas a última coluna sempre será falso, então temos uma contradição.

A tabela III já é uma contingência.

GABARITO: LETRA B.

---

05. (Quadrix – 2022 – CRT-03 – Técnico Administrativo) Sendo verdadeiras as proposições "Se Marcelo é corinthiano, então André é flamenguista", "André é vascaíno e Lucca é botafoguense" e "Marcelo é palmeirense ou Lucca é gremista", julgue o item.

A proposição "Sarita é santista ou Sarita não é santista" é uma contradição.

COMENTÁRIO

Para resolver essa questão, basta apenas saber a definição do que é uma tautologia, uma contradição e uma contingência.

Tautologia: é uma proposição cujo o seu valor sempre será verdadeiro, independente da valoração das proposições simples que a forma.

Contradição: ao contrário das tautologias é uma proposição cujo o seu valor sempre será falso, independente da valoração das suas premissas.

Contingência: é quando as proposições cujo valor verdadeiro ou falso não dependerá do valor de suas premissas, portanto, não será verdadeiro nem falso.

Observe que os valores lógicos das premissas sempre serão opostos, e por ser uma disjunção o valor sempre será positivo:

$V \vee F = V$

$F \vee V = V$

Logo, a sentença é uma tautologia.

GABARITO: ERRADO.

---

06. (Quadrix – 2022 – CREF – 5ª Região – Agente Administrativo) Considerando que p e q sejam proposições, julgue o item.

A proposição ~p → (p → q) é uma tautologia.

COMENTÁRIO

Podemos montar uma tabela verdade para resolver essa questão. Como são condicionais, o único formato que terá uma valor lógico é quando $V \rightarrow F = F$.

p	q	$\sim p$	$(p \rightarrow q)$	$\sim p \rightarrow (q \rightarrow p)$
V	V	F	V	V
V	F	F	F	V
F	V	V	V	V
F	F	V	V	V

Para ser uma tautologia o seu valor sempre será verdadeiro, independente da valoração das proposições simples que a forma.

Note que a proposição é tautologia, pois ela sempre será verdade.

GABARITO: CERTO.

---

07. (Quadrix – 2022 – CRBM 3ª Região – Fiscal Biomédico) Sendo p, q e r três proposições, julgue o item.

A proposição (p ∨ ~q) ↔ (~p ∧ q) é uma tautologia.

COMENTÁRIO

Tautologia: é uma proposição cujo o seu valor sempre será verdadeiro, independente da valoração das proposições simples que a forma.

Para verificar se a proposição é uma tautologia, vamos construir a tabela-verdade.

p	q	$\sim p$	$\sim q$	$p \vee \sim q$	$\sim p \wedge q$	$(p \vee \sim q) \leftrightarrow (\sim p \wedge q)$
V	V	F	F	V	F	F
V	F	F	V	V	F	F
F	V	V	F	F	V	F
F	F	V	V	V	F	F

Observe que a questão não é uma tautologia, mas sim uma contradição.

GABARITO: ERRADO.

---

08. (CESPE / CEBRASPE – 2023 – TJ-CE – Técnico Judiciário – Área: Judiciária) Sendo P e Q duas proposições lógicas, é correto afirmar que a proposição composta

$[(P \rightarrow Q) \wedge P] \rightarrow Q$ é uma

A. analogia.

B. contradição.

C. tautologia
D. falácia.
E. contingência.

COMENTÁRIO

Vamos criar a tabela verdade da proposição para saber o seus possíveis valores:

p	q	$(p \to q)$	$(p \to q) \wedge p$	$[(p \to q) \wedge p] \to q$
V	V	V	V	V
V	F	F	F	V
F	V	V	F	V
F	F	V	F	V

Note que a proposição é na verdade é uma tautologia que é uma proposição cujo o seu valor sempre será verdadeiro, independente da valoração das proposições simples que a forma.

GABARITO: LETRA C.

---

09. (CESPE / CEBRASPE – 2022 – MC – Atividades Técnicas de Complexidade Intelectual – Cargo 2) Julgue o item a seguir, considerando que as proposições lógicas simples sejam representadas por letras maiúsculas e utilizem como conectivos lógicos os símbolos $\wedge$ (conjunção), $\vee$ (disjunção), $\to$ (condicional) e $\leftrightarrow$ (bicondicional).

A expressão $(Q \wedge (P \to Q)) \to P \vee Q$ é uma tautologia.

COMENTÁRIO

A tautologia é uma proposição analítica que permanece verdadeira independentemente da valoração das proposições simples que a compõem.

Então uma forma de resolver essa questão é utilizando a tabela verdade.

Como temos 2 proposições, a nossa tabela verdade terá 2^2 linhas, ou seja, 4 linhas.

Primeiro resolvemos a expressão que está entre parênteses.

P	Q	$P \to Q$	$Q \wedge (P \to Q)$	$P \vee Q$	$Q \wedge (P \to Q) \to P \vee Q$
V	V	V	V	V	V
V	F	F	F	V	V
F	V	V	V	V	V
F	F	V	F	F	V

Observe que a proposição, definida na última coluna da tabela, só possui valores lógicos igual a V. Logo a proposição é sim uma tautologia.

GABARITO: CERTO.

---

10. (CESPE / CEBRASPE – 2021 – DEPEN – Cargo 8 – Agente Federal de Execução Penal) Com relação a lógica proposicional, julgue o item a seguir.

Uma tautologia é uma proposição composta em que seu valor lógico será sempre verdadeiro, independentemente do valor lógico das proposições que a estruturam. Nesse sentido, considerando-se p e q como proposições, a proposição composta $p \wedge q \leftrightarrow \sim(p \to \sim q)$ é uma tautologia.

COMENTÁRIO

Podemos resolver essa questão fazendo a tabela verdade da proposição, desta forma podemos descobrir quais todas as valorações dessa proposição.

Vale lembrar que o símbolo $\leftrightarrow$ representa uma bicondicional, em que só obterá o valor igual a V quando as duas proposições assumirem o mesmo valor lógico.

Então temos:

p	q	$\sim q$	$p \wedge q$	$p \rightarrow \sim q$	$\sim(p \rightarrow \sim q)$	$p \wedge q \leftrightarrow \sim(p \rightarrow \sim q)$
V	V	F	V	F	V	V
V	F	V	F	V	F	V
F	V	F	F	V	F	V
F	F	V	F	V	F	V

Ou seja, independentemente dos valores lógicos que *p* e *q* assumirem, o valor lógico da proposição sempre será verdadeira. Logo, temos uma tautologia.

GABARITO: CERTO.

---

11. (Quadrix – 2 022 – CRA-PR – Auxiliar Administrativo) Sendo p, q e r três proposições, julgue o item.

A proposição $(p \wedge q) \leftrightarrow \sim (p \vee q)$ é uma tautologia.

COMENTÁRIO

Definimos como tautologia uma proposição composta que sempre será verdadeira independentemente do valor lógico das proposições.

Então podemos fazer a tabela verdade da proposição dada:

p	q	$p \wedge q$	$p \vee q$	$\sim(p \vee q)$	$(p \wedge q) \leftrightarrow \sim(p \vee q)$
V	V	V	V	F	F
V	F	F	V	F	V
F	V	F	V	F	V
F	F	F	F	V	F

Observe que a proposição possui valor lógico falso também. Logo a proposição não é uma tautologia.

GABARITO: ERRADO.

---

12. (IBFC – 2021 – MGS – Assistente Social) Sabendo que o conjunto A tem 12 elementos distintos e o conjunto B tem 14 elementos distintos e além disso, A e B são disjuntos, então pode-se afirmar que:

A. O conjunto união entre A e B possui menos de 26 elementos

B. O conjunto intersecção entre A e B não possui 2 elementos

C. O conjunto diferença entre A e B, nessa ordem, possui 12 elementos

D. O conjunto diferença entre B e A, nessa ordem, possui exatamente 2 elementos

COMENTÁRIO

Para resolver essa questão é preciso saber o que são conjuntos disjuntos.

Dizemos que dois ou mais conjuntos serão disjuntos quando não possuírem nenhum elemento em comum.

Vale lembrar que o conjunto A tem 12 elementos e B possui 14 elementos

Sabendo disso, vamos analisar cada alternativa para encontrarmos a correta.

A. O conjunto união entre A e B possui menos de 26 elementos

Errada. Se somarmos os dois conjuntos percebemos que eles possuem exatamente 26 elementos.

B. O conjunto intersecção entre A e B não possui 2 elementos

Os conjuntos são disjuntos, logo a intersecção será nula.

C. O conjunto diferença entre A e B, nessa ordem, possui 12 elementos

O conjunto diferença pode ser representado como $A - B$, ou seja, tudo que está em A que não está em B.

$A - B = 12$.

Item correto.

D. O conjunto diferença entre B e A, nessa ordem, possui exatamente 2 elementos

Errado, pois:

$B - A = 14$ elementos.

GABARITO: LETRA C.

---

13. (IBFC - 2020 - EBSERH - Assistente Administrativo) Em relação à lógica da argumentação, assinale a alternativa que preencha corretamente a lacuna.

"Os argumentos podem ter apenas uma premissa, ou várias; contudo, só haverá um(a) _____."

A. Intenção

B. Intuito

C. Objetivo

D. Conclusão

E. Diferença

COMENTÁRIO

Quando estudamos lógica proposicional, nos deparamos com três princípios fundamentais das proposições:

1. Princípio da Identidade: Uma proposição Verdadeira é Verdadeira, e uma proposição Falsa é Falsa
2. Princípio do Terceiro Excluído: Uma proposição ou é verdadeira ou falsa não existindo uma terceira possibilidade.
3. Princípio da Não-Contradição: Uma proposição não pode ser verdadeira e falsa simultaneamente.

Observe que para que não exista a contradição é necessário que a CONCLUSÃO do argumento seja única.

GABARITO: LETRA D.

---

14. (IBFC/CBM-BA/Soldado/2020) É sabido que tautologia é uma proposição cuja tabela-verdade sempre resulta em valores lógicos verdadeiros. Sendo P uma proposição lógica, assinale a alternativa **incorreta.**

a) (P ∨ ~P) é um caso de tautologia

b) (P ∧ ~P) não é um caso de tautologia

c) ~ (P ∧ ~P) não é um caso de tautologia

d) (P ↔ ~P) não é um caso de tautologia

e) ~ (P ↔ ~P) é um caso de tautologia

COMENTÁRIO

Tautologia é um assunto importante em raciocínio lógico, uma vez que é constante nos processos seletivos. Uma proposição composta formada por duas ou mais proposições é uma tautologia se ela for sempre verdadeira, independente da verdade de seus termos.

Na alternativa "a" temos uma disjunção formada por uma proposição e por sua negação, independentemente do valor que P assumir, a sentença sempre será verdadeira. Então temos uma tautologia.

Na alternativa "b" para se ter uma verdade as duas proposições que formam a conjunção deveriam ser verdades, porém isso não ocorre pois uma sempre será o contrário da outra. Então não é uma tautologia.

Na alternativa "c" temos algo parecido com a questão anterior, porém será a negação. Como vimos na questão anterior (P∧~P) será sempre falso, e a negação de algo falso será sempre verdade. Logo, é uma tautologia, e essa é a nossa resposta.

Nas letras "d" e "e" temos bicondicionais, no caso (P ↔ ~P) será sempre falso, não podendo ser uma tautologia e ~ (P ↔ ~P) sempre será verdade, sendo uma tautologia.

Resposta: C.

---

15. (IBFC/CBM-BA/Soldado/2020) Observe a sentença: (P → ~Q) ↔ (R∧P). Se a proposição lógica P é falsa, assinale a alternativa que apresenta uma afirmação correta.

a) A sentença é uma tautologia

b) A sentença é uma contradição
c) A sentença é verdadeira sempre que a proposição P é falsa
d) A sentença é falsa sempre que a proposição P é falsa
e) A sentença é verdadeira sempre que a proposição P é verdadeira

COMENTÁRIO

O enunciado da questão disse que a proposição lógica "P" é falso. Então temos:

(F→ ?) ↔ (?∧F).

Note que na primeira parte temos uma condicional, e para se ter falso em uma condicional seria necessário V→F, então esta parte sempre será verdadeira. Já na segunda parte temos uma conjunção, e para se ter verdade em uma conjunção seria necessário V∧V ou seja, a segunda parte sempre será falso. Como temos uma bicondicional entre as duas partes, ∨ ↔ F = **FALSO.**

Resposta: D.

---

16. (QUADRIX/CREFONO 1/Profissional Administrativo/2020) Sabendo que p, q e r são três proposições, julgue o item.

A proposição p∧~p é um exemplo de tautologia.

COMENTÁRIO

A proposição dada é uma conjunção. Para se ter verdade em uma conjunção deveríamos ter V∧V. observe que p sempre será o oposto de ~p, desta forma se um for verdadeiro, o outro será falso. Logo a sentença sempre será falsa de forma que não pode ser uma tautologia.

Resposta: Errado.

---

17. (INSTITUTO AOCP/Câmara de Maringá-PR/Contador/2017) Qual das proposições a seguir é uma contradição?

A. Uma pessoa mente se e somente se não fala a verdade.
B. Todos os cachorros são mamíferos, mas nem todos os mamíferos são cachorros.
C. Eu falo a verdade se e somente se eu minto.
D. Maria vai trabalhar ou Maria não vai trabalhar.
E. Um argumento verdadeiro não é falso.

COMENTÁRIO

Para resolver essa questão, primeiro vamos recapitular algumas definições:

Tautologia: é quando a proposição composta possui somente valor verdade, independentemente da valoração das proposições simples que a forma.

Contradição: é quando a proposição somente apresenta valores FALSOS

Contingência: quando a proposição composta pode ser Falsa ou Verdadeira.

Com isso, podemos analisar as alternativas e verificar qual delas é uma contradição:

A) Uma pessoa mente se e somente se não fala a verdade.

Observe que temos aqui uma Tautologia, pois mentir e não falar a verdade é a mesma coisa, então sempre terão valorações iguais. Como é uma bicondicional, valorações iguais sempre resultam em VERDADE.

B) Todos os cachorros são mamíferos, mas nem todos os mamíferos são cachorros.

Temos nessa alternativa, uma conjunção, que dependendo do valor atribuído as proposições que a formam pode se tornar verdadeira ou falsa. Logo temos um caso de Contingência.

C) Eu falo a verdade se e somente se eu minto.

Observe que falar a verdade e mentir são ideias contrarias, ou seja a valoração sempre serão contrárias. Em uma bicondicional quando as valorações são diferentes temos sempre um resultado FALSO. Portanto, está aqui a nossa CONTRADIÇÃO.

D) Maria vai trabalhar ou Maria não vai trabalhar.

Temos aqui uma disjunção, apesar das ideias serem contrarias, sabemos que em uma disjunção para se obter verdade basta que apenas uma das proposições seja verdadeira. Desta forma temos aqui uma tautologia.

E) Um argumento verdadeiro não é falso.

É uma proposição simples. Então não pode ser uma contradição

Resposta: C.

---

18. (IADES/CRF-DF/Analista I – Advogado/2017) Assinale a alternativa que apresenta uma tautologia.

A. $p \wedge v$.

B. $p \vee p$.

C. $p \wedge \sim p$.

D. $p \vee q \rightarrow p \wedge q$.

E. $p \vee \sim p$.

COMENTÁRIO

Primeiro precisamos entender o que é uma tautologia.

Teremos uma tautologia sempre que a sentença for verdadeira, independentemente da valoração das proposições que a formam.

Então vamos analisar as alternativas:

A. $p \wedge v$.

Temos uma conjunção. Observe que se p for V e v for F então a sentença será falso. Como dito anteriormente, para ser uma tautologia a sentença deveria ser verdadeira para qualquer valor que p e v assumissem.

B. $p \vee p$.

Temos uma disjunção. Se p for verdade teríamos: $V \vee V = V$, porém o p também pode assumir o valor F, e dessa forma não teríamos uma tautologia porque $F \vee F = F$.

C. $p \wedge \sim p$.

Novamente uma conjunção, e sabemos que em uma conjunção a única forma para obter verdade é quando as duas proposições serão verdadeiras. Porém, observe que as proposições serão sempre contrárias, pois temos uma proposição e sua negação. Então não temos uma tautologia.

D. $p \vee q \rightarrow p \wedge q$.

Nessa alternativa, podemos analisar por uma tabela verdade:

p	q	$p \vee q$	$p \wedge q$	$p \vee q \rightarrow p \wedge q$
V	V	V	V	V
V	F	V	F	F
F	V	V	F	F
F	F	F	F	V

Observe que na última coluna não obtemos apenas verdades. Logo, não é uma tautologia

E. $p \vee \sim p$.

Aqui temos uma tautologia. Observe que os valores de p e ~p serão sempre contrários e sabemos que em uma disjunção basta que apenas uma das proposições sejam verdadeiras.

Resposta: E.

---

19. (IF-SP/ Matemática/ 2019) Abner é aluno de um curso de Bacharelado em Ciência da Computação ofertado pelo IFSP. Em uma aula de Lógica Formal, seu professor propôs a construção da tabela verdade para a sentença lógica a seguir:

$$(p \leftrightarrow q) \rightarrow (p \vee r)'$$

Por uma questão de praticidade, o professor optou substituir o símbolo de negação, tradicionalmente, indicado por (~) por aspas simples ('). Desse modo, ao escrever, por exemplo, p', o professor refere-se a ~ p.

Contudo Abner foi desatento em suas anotações e não considerou o símbolo de negação colocado na sentença proposta pelo professor para fazer a tabela verdade. Ao compararmos as duas tabelas verdades, a proposta pelo professor e a resolvida por Abner, podemos afirmar que:

a) apenas a tabela verdade do professor é uma Tautologia.
b) apenas a tabela verdade do aluno é uma Tautologia.
c) as duas tabelas verdades são iguais.
d) os resultados das duas tabelas verdades diferem em 4 linhas.

COMENTÁRIO

✪ **Nota do autor:** Temos uma questão construção de tabelas-verdade, logo é importante sabermos calcular a quantidade de lindas de uma tabela, isto é, o número de linhas de uma tabela-verdade é dado por 2^n, em que n representa a quantidade de proposições simples.

Nesse caso teremos n = 3 {p, q, r}. Número de linhas será: $2^3 = 8$ linhas.

Construindo as tabelas do Aluno Abner e do professor:

a) Tabela do Aluno (Abner): $(p \leftrightarrow q) \rightarrow (p \vee r)$

p	q	r	$(p \leftrightarrow q)$	$(p \vee r)$	$(p \leftrightarrow q) \rightarrow (p \vee r)$
V	V	V	V	V	V
V	V	F	V	V	V
V	F	V	F	V	V
V	F	F	F	V	V
F	V	V	F	V	V
F	V	F	F	F	V
F	F	V	V	V	V
F	F	F	V	F	F

b) Tabela do Professor: $(p \leftrightarrow q) \rightarrow (p \vee r)'$

p	q	r	$(p \leftrightarrow q)$	$(p \vee r)$	$(p \vee r)'$	$(p \leftrightarrow q) \rightarrow (p \vee r)'$
V	V	V	V	V	F	F
V	V	F	V	V	F	F
V	F	V	F	V	F	V
V	F	F	F	V	F	V
F	V	V	F	V	F	V
F	V	F	F	F	V	V
F	F	V	V	V	F	F
F	F	F	V	F	V	V

Analisando as alternativas:

a) apenas a tabela verdade do professor é uma Tautologia. (temos uma contingência)
b) apenas a tabela verdade do aluno é uma Tautologia. (temos uma contingência)
c) as duas tabelas verdades são iguais. (as tabelas são diferentes)
d) os resultados das duas tabelas verdades diferem em 4 linhas. (podemos observar que as duas primeiras linhas e as duas últimas diferem).

Resposta: D.

20. (FEPESE/ DEINFRA – SC /2019) Em uma sorveteria um cliente declara: "Se eu não comer sorvete de baunilha, então não comerei de flocos, mas comerei de chocolate".

Assinale a alternativa que faz com que a declaração do cliente seja falsa.

a) O cliente comeu sorvete de baunilha.
b) O cliente comeu sorvete de baunilha e comeu sorvete de flocos.
c) O cliente comeu sorvete de baunilha, comeu sorvete de flocos e não comeu sorvete de chocolate.
d) O cliente não comeu sorvete de baunilha, mas não comeu sorvete de chocolate.
e) O cliente não comeu sorvete de baunilha, mas comeu sorvete de chocolate.

COMENTÁRIO

✪ **Nota do autor:** Importante ressaltar que a declaração é uma proposição conjuntiva, em que sua negação (contradição) é dada da seguinte forma: $P \wedge Q$ tem como negação $\sim P \vee \sim Q$.

Parece que o pensamento em seu todo, é uma proposição condicional, porém não é, uma vez que temos dois pensamentos, sendo o primeiro condicional e o segundo uma proposição simples. Observe que a segunda vírgula dá uma pausa no primeiro pensamento.

Podemos representar a declaração "Se eu não comer sorvete de baunilha, então não comerei de flocos, mas comerei de chocolate".

P: Se eu não comer sorvete de baunilha, então não comerei de flocos; **P:** 1º conjuntivo

Q: comerei de chocolate; **Q:** 2º conjuntivo.

Negação do 1º conjuntivo

$$[P \rightarrow Q] \longrightarrow [P \wedge \sim Q]$$

"Se eu não comer sorvete de baunilha, então não comerei de flocos" será "**Eu não comi o sorvete de baunilha e eu comerei o de flocos**".

Negação do 2º conjuntivo

"comerei de chocolate" será **"não comerei o de chocolate".**

Analisando as alternativas:

a) O cliente comeu sorvete de baunilha. (F)
b) O cliente comeu sorvete de baunilha(F) e($\wedge$) comeu sorvete de flocos(V) = F
c) O cliente comeu sorvete de baunilha(F),($\wedge$) comeu sorvete de flocos(V) e($\wedge$) não comeu sorvete de chocolate(V) = F
d) O cliente não comeu sorvete de baunilha(V), mas($\wedge$) não comeu sorvete de chocolate(V)= V
e) O cliente não comeu sorvete de baunilha(V), mas($\wedge$) comeu sorvete de chocolate(F) = F

Resposta: D.

---

21. (FUNDATEC/ SPGG – RS/ Analista de Planejamento, Orçamento e Gestão / 2018) Uma equivalência lógica é uma tautologia. Considerando os conetivos da disjunção inclusiva ($\vee$), conjunção ($\wedge$) e negação ($\neg$), há uma equivalência lógica na alternativa:

a) $(\neg A \rightarrow A)$
b) $\neg(\neg A \wedge B) \leftrightarrow (A \vee \neg B)$
c) $\neg(\neg A \rightarrow B) \leftrightarrow (\neg A \rightarrow \neg B)$
d) $A \wedge \neg(B \vee C) \leftrightarrow (A \wedge \neg B) \vee C$
e) $\neg(A \vee B) \vee C \leftrightarrow \neg A \vee (B \vee C)$

COMENTÁRIO

✪ **Nota do autor:** Tautologia é um assunto importante em raciocínio lógico, uma vez que é constante nos processos seletivos, logo é importante encontrar um caminho mais rápido, como proposto no comentário. Teremos a aplicação de leis de equivalências para facilitar a resolução, pois se formos construir tabelas-verdade será muito demorado.

Uma questão bem complexa, porém, iremos aplicar um método bem prático, ou seja, por meio das equivalências lógicas podemos verificar se a proposição é tautológica.

No caso da letra "a", podemos observar que temos uma contingência, pois o antecedente e o consequente são opostos e teremos um valor verdadeiro e outro falso nas possíveis respostas.

Para evitar construir várias tabelas-verdade nas demais opções, e observando que todos os conectivos principais são bicondicionais, uma boa saída é verificar se a primeira parte de proposição composta é igual à segunda, pois na tabela-verdade do "se, e somente se", caso os valores sejam iguais, teremos verdade com valor lógico. Dessa forma:

b) $\neg(\neg A \wedge B) \leftrightarrow (A \vee \neg B)$ "aplicando a Lei de De Morgan na primeira parte da proposição"

$(A \vee \neg B) \leftrightarrow (A \vee \neg B)$ "são iguais, logo possuem os mesmos valores lógicos"

$V \leftrightarrow V = V$

$F \leftrightarrow F = V$

É tautologia.

c) $\neg(\neg A \rightarrow B) \leftrightarrow (\neg A \rightarrow \neg B)$ "nega a primeira parte da proposição"

$(A \wedge B) \leftrightarrow (\neg A \rightarrow \neg B)$ "não são iguais, teremos uma contingência"

d) $A \wedge \neg(B \vee C) \leftrightarrow (A \wedge \neg B) \vee C$ "aplicando a Lei distributiva nas duas partes"

$(A \wedge \neg B) \vee (A \wedge C) \leftrightarrow (A \vee C) \wedge (\neg B \vee C)$ "não são iguais, teremos uma contingência"

e) $\neg(A \vee B) \vee C \leftrightarrow \neg A \vee (B \vee C)$

$(\neg A \wedge \neg B) \vee C \leftrightarrow \neg A \vee (B \vee C)$ "aplicando a Lei distributiva nas duas partes"

$(\neg A \vee C) \wedge (\neg B \vee C) \leftrightarrow (\neg A \vee B) \vee (C \vee \neg A)$ "não são iguais, teremos uma contingência"

Resposta: B.

---

22. (CESPE / EMAP/ 2018) Julgue o item seguinte, relativo à lógica proposicional e de argumentação.

Se P e Q são proposições lógicas simples, então a proposição composta $S = [P \rightarrow Q] \leftrightarrow [Q \vee (\sim P)]$ é uma tautologia, isto é, independentemente dos valores lógicos V ou F atribuídos a P e Q, o valor lógico de S será sempre V.

COMENTÁRIO

✪ **Nota do autor:** Para evitar construir várias tabelas-verdade, como visto na questão anterior, e observando que o conectivo principal é o bicondicional, uma boa saída é verificar se a primeira parte de proposição composta é igual à segunda, pois na tabela-verdade do "se, e somente se", caso os valores sejam iguais, teremos verdade com valor lógico. Assim:

$[P \rightarrow Q] \leftrightarrow [Q \vee (\sim P)]$

$[P \rightarrow Q] \leftrightarrow [(\sim P) \vee Q]$ "comutamos a segunda parte da proposição"

$[P \rightarrow Q] \leftrightarrow [(\sim P) \vee Q]$ "a primeira parte da proposição e a segunda são equivalentes – Lei condicional"

$[P \rightarrow Q] \leftrightarrow [(\sim P) \vee Q]$

$V \leftrightarrow V = V$

$F \leftrightarrow F = V$

É tautologia.

Resposta: Certo.

---

23. (CESPE / BNB / Especialista Técnico – Analista de Sistema /2018) Julgue o item que segue, a respeito de lógica proposicional.

Se P e Q forem proposições simples, então a proposição $\neg[P \vee (\neg Q)] \leftrightarrow [(\neg P) \wedge Q]$ é uma tautologia.

COMENTÁRIOS

✪ **Nota do autor:** Para evitar construir várias tabelas-verdade, como visto na questão anterior, e observando que o conectivo principal é o bicondicional, uma boa saída é verificar se a primeira parte de proposição composta é igual à segunda, pois na tabela-verdade do "se, e somente se", caso os valores sejam iguais, teremos verdade com valor lógico. Assim:

$\neg[P \vee (\neg Q)] \leftrightarrow [(\neg P) \wedge Q]$ "aplicando a lei de De Morgan na primeira parte da proposição"

$[(\neg P) \wedge Q] \leftrightarrow [(\neg P) \wedge Q]$ "temos que são equivalentes as duas partes"

$V \leftrightarrow V = V$

$F \leftrightarrow F = V$

É tautologia.

Resposta: Certo.

24. (Gestão Concurso/EMATER-MG/Assistente Administrativo II/ 2018) Considere a proposição simples p. É uma tautologia a proposição composta descrita em

a) $p \wedge \sim p$

b) $p \rightarrow \sim p$

c) $p \leftrightarrow \sim p$

d) $\sim (p \wedge \sim p)$

COMENTÁRIO

Nota do autor: Para evitar construir várias tabelas-verdade, como visto nas questões anteriores, vamos analisar cada uma das opções:

a) $p \wedge \sim p$

Temos uma contradição, pois quando a proposição p for verdadeira, ~p será falsa. No conectivo de conjunção será sempre falsa quando os valores forem diferentes.

b) $p \rightarrow \sim p$

Temos uma contingência, pois quando a proposição p for verdadeira, ~p será falsa. No conectivo de condicional teremos os dois valores, verdadeiro e falso para cada situação.

c) $p \leftrightarrow \sim p$

Temos uma contradição, pois quando a proposição p for verdadeira, ~p será falsa. No conectivo bicondicional será sempre falso quando os valores forem diferentes.

d) $\sim (p \wedge \sim p)$

Temos uma tautologia, pois aplicando a Lei de De Morgan teremos $(\sim p \vee p)$, em que na proposição disjuntiva teremos que a proposição composta será sempre verdadeira para qualquer valor atribuído a proposição p.

Resposta: D.

25. (Gestão Concurso / EMATER-MG / Assessor Jurídico/ 2018) Considere que temos três proposições, identificadas como p, q e r. Objetiva-se construir uma tabela-verdade para avaliar os valores lógicos que a proposição composta $p \vee \sim r \rightarrow q \wedge \sim r$ pode assumir.

A esse respeito, avalie as afirmações a seguir.

I. A tabela-verdade, nesse caso, terá seis linhas.

II. A tabela-verdade, nesse caso, terá oito linhas.

III. Haverá apenas três linhas da tabela-verdade na coluna correspondente à proposição composta $p \vee \sim r \rightarrow q \wedge \sim r$, que assumirá o valor verdadeiro.

Está correto apenas o que se afirma em

a) II.

b) III.

c) I e III.

d) II e III.

COMENTÁRIO

De acordo com a proposição $p \vee \sim r \rightarrow q \wedge \sim r$, vamos analisar cada uma das afirmações:

I. A tabela-verdade, nesse caso, terá seis linhas. **(incorreto)**

Temos 03 proposições simples, logo o número de linhas na tabela será dado por $2^n = 2^3 = 8$ linhas.

II. A tabela-verdade, nesse caso, terá oito linhas. **(correto)**

Temos 03 proposições simples, logo o número de linhas na tabela será dado por $2^n = 2^3 = 8$ linhas.

III. Haverá apenas três linhas da tabela-verdade na coluna correspondente à proposição composta $p \vee \sim r \rightarrow q \wedge \sim r$, que assumirá o valor verdadeiro. **(incorreto)**

Nesse caso iremos construir a tabela-verdade da proposição $p \vee \sim r \rightarrow q \wedge \sim r$

p	q	R	~r	p v ~ r	q ∧ ~ r	p v ~ r → q ∧ ~ r
V	V	V	F	V	F	F
V	V	F	V	V	V	V
V	F	V	F	V	F	F
V	F	F	V	V	F	F
F	V	V	F	F	F	V
F	V	F	V	V	V	V
F	F	V	F	F	F	V
F	F	F	V	V	F	F

Resposta: A.

26. (CESPE/ EMAP / Conhecimentos Básicos – Cargos de Nível Médio/ 2018) Julgue o seguinte item, relativo à lógica proposicional e à lógica de argumentação.

Se P e Q são proposições simples, então a proposição [P→Q]∧P é uma tautologia, isto é, independentemente dos valores lógicos V ou F atribuídos a P e Q, o valor lógico de [P P ∧P será sempre V.

COMENTÁRIO

Nessa questão iremos construir a tabela-verdade, uma vez que temos apenas duas proposições simples e o conectivo principal é uma conjunção.

P	Q	P → Q	[P → Q] ∧ P
V	V	V	V
V	F	F	F
F	V	V	F
F	F	V	F

Conforme o resultado da tabela-verdade trata-se de uma contingência, ou proposição indeterminada.

Resposta: Errado.

27. (FUNDATEC/AL-RS/Técnico Legislativo/2018) A tabela-verdade da fórmula ¬(P ∨ Q) → Q:

a) Só é falsa quando P e Q são falsos.
b) É uma tautologia.
c) É uma contradição.
d) Só é falsa quando P e Q são verdadeiros.
e) Só é falsa quando P é verdadeiro e Q é falso.

COMENTÁRIO

Como temos uma proposição composta formada por duas proposições simples, podemos construir a tabela-verdade:

P	Q	P∨Q	¬(P∨Q)	¬(P∨Q) →Q
V	V	V	F	V
V	F	V	F	V
F	V	V	F	V
F	F	F	V	F

Resposta: A.

28. (UTFPR/ UTFPR/ Pedagogo/2017) Considere as seguintes proposições:

I) p ∧ ~p

II) $p \rightarrow \sim p$

III) $p \vee \sim p$

IV) $p \rightarrow \sim q$

Assinale a alternativa correta.

a) somente I e II são tautologias.

b) somente II é tautologia.

c) somente III é tautologia.

d) somente III e a IV são tautologias.

e) somente a IV é tautologia.

COMENTÁRIO

É interessante ressaltar que muitas vezes a construção de tabelas-verdade pode ocasionar a perda de tempo durante a resolução da prova, sendo assim, sugiro um método prático para essa questão.

Torna-se mais prático tentar mostrar que a proposição composta é falsa, isto é, caso a proposição composta possa ser interpretada como falsa teremos a certeza que ela não é uma tautologia, porem se ocorrer algum absurdo lógico, ou até mesmo, uma contradição, a proposição será uma tautologia. Vejamos:

I) $p \wedge \sim p = F$

$V \wedge F = F$ (esta proposição pode ser falsa sem nenhum problema, logo não é uma tautologia)

II) $p \rightarrow \sim p$

$V \rightarrow F = F$ (esta proposição pode ser falsa sem nenhum problema, logo não é uma tautologia)

III) $p \vee \sim p$

$V \vee F = V$

$F \vee V = V$ (esta proposição não pode ser falsa, logo é uma tautologia)

IV) $p \rightarrow \sim q$

$V \rightarrow F = F$ (esta proposição pode ser falsa sem nenhum problema, logo não é uma tautologia)

Podemos verificar que se torna mais prático tentarmos mostrar que a proposição é falsa do que construir toda sua tabela verdade.

Resposta: C.

---

29. (IADES / Fundação Hemocentro de Brasília – DF/2017) Assinale a alternativa que apresenta uma tautologia.

a) $p \vee (q \wedge \sim p)$

b) $(q \rightarrow p) \rightarrow (p \rightarrow q)$

c) $p \rightarrow (p \rightarrow q \wedge \sim q)$

d) $p \vee \sim q \rightarrow (p \rightarrow \sim q)$

e) $p \vee q \rightarrow p \wedge q$

COMENTÁRIO

Assim como na questão anterior, ao invés de construirmos tabelas-verdade, vamos utilizar o método de tentar mostrar o contrário.

Torna-se mais prático tentar mostrar que a proposição composta é falsa, isto é, caso a proposição composta possa ser interpretada como falsa teremos a certeza que ela não é uma tautologia, porem se ocorrer algum absurdo lógico, ou até mesmo, uma contradição, a proposição será uma tautologia. Vejamos:

F (sobre p); ~~F~~ (sobre $(q \vee \sim p)$)

a) $p \vee (q \vee \sim p) =$ ~~F~~

$F \vee (? \vee V) = V$

$F \vee (? \vee V) = V$

$F \vee V = V$

Observe que tentamos fazer com que a proposição fosse falsa, ou seja, o conectivo de disjunção é falso quando tudo for falso, assim $p = F$ e $(q \vee \sim p) = F$, porém não conseguimos, logo se não é falsa, só pode ser uma tautologia.

Caso você queira testar, faça os demais itens, porém eles em algum momento poderão ser falsos.

b) $(q \rightarrow p) \rightarrow (p \rightarrow q)$

c) $p \rightarrow (p \rightarrow q \wedge \sim q)$

d) $p \vee \sim q \rightarrow (p \rightarrow \sim q)$

e) $p \vee q \rightarrow p \wedge q$

Resposta: A.

---

30. (IESES/IGP-SC/ Perito Criminal Geral/2017)

Indique a alternativa que representa uma tautologia.

a) Se Rafael é inteligente ou Fabrício é chato então Rafael é inteligente e Fabrício é chato.

b) Se Rafael é inteligente e Fabrício é chato então Rafael é inteligente ou Fabrício é chato.

c) Se Rafael é inteligente ou Fabrício é chato então Rafael não é inteligente e Fabrício não é chato.

d) Se Rafael é inteligente e Fabrício é chato então Rafael é inteligente e Fabrício não é chato.

COMENTÁRIO

Mais uma vez vamos tentar mostrar que a proposição composta é falsa, isto é, caso a proposição composta possa ser interpretada como falsa teremos a certeza que ela não é uma tautologia, porém se ocorrer algum absurdo lógico, ou até mesmo, uma contradição, a proposição será uma tautologia. Vamos analisar item por item até chegarmos à resposta:

a) Se Rafael é inteligente ou Fabrício é chato então Rafael é inteligente e Fabrício é chato.

Simbolizando a proposição e verificando se ela pode ser falsa, teremos:

$(RI \vee FC) \rightarrow (RI \wedge FC) = F$

$(V \vee F) \rightarrow (V \wedge F) = F$

$V \rightarrow F = F$ (NÃO É UMA TAUTOLOGIA, POIS PODE SER FALSA)

b) Se Rafael é inteligente e Fabrício é chato então Rafael é inteligente ou Fabrício é chato.

$\overbrace{(RI \wedge FC)}^{V} \rightarrow \overbrace{(RI \vee FC)}^{F} = F$, uma condicional falsa, o antecedente = V e consequente = F

$(V \wedge V) \rightarrow (V \vee V) = F$, observe que no consequente tem que ser falso, porém $RI = V$ e $FC = V$, o que não produz um resultado F, logo não temos o antecedente = V e consequente = F, isto significa que essa proposição composta não pode ser falsa, logo é uma tautologia.

Já chegamos na resposta, caso queira faça o mesmo procedimento nas demais opções para verificar se há como mostrar o contrário, ou seja, verificar se a proposição pode ser falsa.

Resposta: B.

---

31. (IADES/Ceitec S.A/Analista Administrativo e Operacional/Jornalismo/2016) Em relação à proposição $(p \leftrightarrow q) \wedge (p \rightarrow q)$, assinale a alternativa correta.

a. É uma tautologia.

b. É uma contingência.

c. É uma contradição.

d. A tabela verdade que a representa é formada por oito linhas.

e. É uma proposição composta formada a partir de três proposições simples.

COMENTÁRIO

Antes de analisarmos as alternativas disponíveis, vamos fazer a tabela-verdade da proposição fornecida:

p	q	$p \leftrightarrow q$	$p \rightarrow q$	$(p \leftrightarrow q) \wedge (p \rightarrow q)$
V	V	V	V	V
V	F	F	F	F
F	V	F	V	F
F	F	V	V	V

Agora vamos as alternativas:

a. É uma tautologia.

Como vimos anteriormente, teremos uma tautologia sempre que a sentença for verdadeira, independentemente da valoração das proposições que a formam. Observe que a última coluna não possui apenas V, então não temos uma tautologia.

b. É uma contingência.

Temos uma contingência quando a proposição composta pode ser Falsa ou Verdadeira. Como vimos na última coluna é uma contingencia. (nossa alternativa)

c. É uma contradição.

Termos uma Contradição apenas quando a proposição somente apresenta valores FALSOS.

d. A tabela verdade que a representa é formada por oito linhas.

Cada proposição simples possui dois valores possíveis (V ou F). Desta forma, a quantidade de linhas de uma tabela-verdade é igual ao arranjo de dois elementos *n* a *n*, para *n* quantidade de proposições distintas. Logo, para saber a quantidade de linhas de uma tabela-verdade, temos: 2^n.

Ou seja, $2^2 = 4$ linhas

e. É uma proposição composta formada a partir de três proposições simples.

A sentença possui apenas duas proposições simples: *p* e *q*.

Resposta: B.

---

32. (IADES/Ceitec S.A/Técnico Administrativo e Operacional/Administração/2016)

Considere a tabela-verdade a seguir.

p	q	$p \wedge (\sim q)$
V	V	
V	F	
F	V	
F	F	

Ao preencher corretamente a terceira coluna da tabela, o resultado ordenadamente obtido, de cima para baixo, é

a. V, F, F, F.

b. F, V, F, F.

c. F, F, V, F.

d. V, F, V, V.

e. F, V, V, V.

COMENTÁRIO

Para resolver essa questão, vamos acrescentar mais uma coluna na tabela verdade fornecida, para poder valor ~q.

Vale lembrar da simbologia empregada.

"~" é utilizado para representar a negação.

"∧" representa a operação de conjunção (conectivo E).

p	q	$\sim q$	$p \wedge (\sim q)$
V	V	F	F
V	F	V	V
F	V	F	F
F	F	V	F

Então, de cima para baixo temos: FVFF

Resposta: B.

---

33. (CESPE/INSS/Técnico do Seguro Social/2016)

Julgue o item a seguir, relativo a raciocínio lógico e operações com conjuntos.

Para quaisquer proposições p e q, com valores lógicos quaisquer, a condicional $p \rightarrow (q \rightarrow p)$ será, sempre, uma tautologia.

COMENTÁRIO

Uma proposição composta é uma tautologia quando suas interpretações (valores lógicos) forem todas verdadeiras. Desta forma podemos construir a tabela verdade da proposição $p \rightarrow (q \rightarrow p)$:

p	Q	$q \rightarrow p$	$p \rightarrow (q \rightarrow p)$
V	V	V	V
V	F	V	V
F	V	F	V
F	F	V	V

De acordo com a última coluna podemos inferir que se trata de uma tautologia.

É interessante ressaltar que muitas vezes a construção de tabelas-verdade pode ocasionar a perda de tempo durante a resolução da prova, sendo assim, sugiro um método prático para essa questão.

Torna-se mais prático tentar mostrar que a proposição $p \rightarrow (q \rightarrow p)$ é falsa, isto é, caso a proposição composta possa ser interpretada como falsa teremos a certeza que ela não é uma tautologia, porem se ocorrer algum absurdo lógico, ou até mesmo, uma contradição, a proposição será uma tautologia. Vejamos:

A proposição: p (V) $\rightarrow$ [(q (V) $\rightarrow$ p *(F)*)] (F) = F

Ao tentar mostrar que a proposição composta é falsa podemos observar que a proposição simples "p" é valorada como verdadeira e falsa simultaneamente, logo não conseguimos mostrar que a proposição composta é falsa, sendo assim, temos uma proposição que só pode ser verdadeira, ou seja, uma tautologia.

Resposta: correto.

---

34. (CESPE/INSS/Técnico do Seguro Social/2016) Com relação a lógica proposicional, julgue os itens subsequentes.

Considerando-se as proposições simples "Cláudio pratica esportes" e "Cláudio tem uma alimentação balanceada", é correto afirmar que a proposição "Cláudio pratica esportes ou ele não pratica esportes e não tem uma alimentação balanceada" é uma tautologia.

COMENTÁRIO

Representando as proposições:

P: "Cláudio pratica esportes"

Q: "Cláudio tem uma alimentação balanceada"

Temos a proposição composta: $(P \vee \sim P) \wedge \sim Q$. Para verificar se é uma tautologia iremos, de uma maneira mais prática, tentar mostrar que a proposição pode ser falsa.

$(P \vee \sim P) \quad \wedge \quad \sim Q \quad = F.$

$F \quad \wedge \quad (V/F) \quad = F.$

Observar que na primeira parte (1º conjuntivo) temos uma contradição (P ∨ ~P), ou seja, será sempre falso. Desta forma, para a proposição composta, o 2º conjuntivo (~Q) pode ser V ou F, porém o resultado da composta será falso, não sendo uma tautologia.

Resposta: errado.

---

35. (ESAF/MINISTÉRIO DO TURISMO/2014) Assinale qual das proposições das opções a seguir é uma tautologia.

a) $p \vee q \rightarrow q$

b) $p \wedge q \rightarrow q$

c) $p \wedge q \leftrightarrow q$

d) $(p \wedge q) \vee q$

e) $p \vee q \leftrightarrow q$

COMENTÁRIO

✪ **Nota do autor:** Tautologia é um assunto importante em raciocínio lógico, uma vez que é constante nos processos seletivos, logo é importante encontrar um caminho mais rápido, como proposto no comentário.

Em uma questão de múltipla escolha se o candidato for construir as tabelas-verdade irá gastar muito tempos, logo fica mais prático o contrário, ou seja, aquela opção que não pode ser falsa será tautologia.

a) $\underbrace{(\overset{V}{p} \vee \overset{F}{q})}_{V} \rightarrow \underbrace{q}_{F} = F$ (não é tautologia, pode ser falsa)

b) $\underbrace{(\overset{V}{p} \wedge \overset{F}{q})}_{\not{V}} \rightarrow \underbrace{q}_{F} = F$

(É tautologia, pois encontramos um absurdo no antecedente, uma vez que, V∧F≠V) não conseguimos mostrar que a proposição composta é falsa.

Resposta: B.

---

36. (ESAF/MINISTÉRIO DA FAZENDA/2014). Conforme a teoria da lógica proposicional, a proposição ~ *P∧P* é:

a) uma tautologia.

b) equivalente à proposição ~ *P∨P*.

c) uma contradição.

d) uma contingência.

e) uma disjunção.

COMENTÁRIO

✪ **Nota do autor:** Contradição é um assunto importante em raciocínio lógico, uma vez que é constante nos processos seletivos, logo é importante guardar seu conceito.

De forma simples vamos construir a tabela-verdade.

P	¬P	¬P∧P
V	F	F
F	V	F

É uma contradição, pois temos uma proposição composta que será sempre falsa independente dos valores das proposições simples que a compõem.

Resposta: C.

37. (CESPE/CADE/2013) A proposição (PVQ) ∧ (RVS)] ↔[Q ∧ (RVS)]V[(P∧R) ∨ (P∧S)] é uma tautologia.

COMENTÁRIO

✪ **Nota do autor:** Tautologia é um assunto importante em raciocínio lógico, uma vez que é constante nos processos seletivos, logo é importante encontrar um caminho mais rápido, como proposto no comentário. Teremos a aplicação de leis de equivalências para facilitar a resolução, pois se fôssemos construir tabelas-verdade seria muito demorado.

Uma questão bem complexa, porém, iremos aplicar um método bem prático, ou seja, por meio das equivalências lógicas podemos verificar se a proposição é tautológica. Já visto em questões anteriores.

$[(P\vee Q)\wedge(R\vee S)]\leftrightarrow[Q\wedge(R\vee S)]\vee[(P\wedge R)\vee(P\wedge S)]$

Colocar **P** em evidência

$[(P\vee Q)\wedge(R\vee S)]\leftrightarrow[Q\wedge(R\vee S)]\vee[P\wedge(R\vee S)]$

Colocar **(R∨S)** em evidência

$[(P\vee Q)\wedge(R\vee S)]\leftrightarrow[(R\vee S)\vee(P\vee Q)]$

São equivalente

V ↔ V = V é tautologia

F ↔ F = V é tautologia

Resposta: Certo.

38. (CESPE/DEPEN/2013) A proposição [(P∧Q)→ R] ∨ R é uma tautologia, ou seja, ela é sempre verdadeira independentemente dos valores lógicos de P, Q e R.

COMENTÁRIO

Com o mesmo raciocínio do comentário anterior iremos tentar mostrar o contrário, isto é, verificar se a proposição composta por ser falsa.

V F

$[(P\wedge Q)\rightarrow R]\vee R = F$

V V

F F

De acordo com as valorações podemos inferir que é possível a proposição composta ser falsa sem nenhum problema, logo não é uma tautologia.

Resposta: Errado.

39. (CESPE/PMDF/2009) A proposição (A ∧ B) → (A ∨ B) é uma tautologia.

COMENTÁRIO

Poderíamos até construir a tabela-verdade para verificar se a proposição é tautológica, porém vamos aplicar o seguinte raciocínio: É mais prático tentarmos mostrar que não é tautologia, ou seja, vamos pela contradição, isto é, ao tentar fazer a proposição composta ser falsa, e se conseguimos, não será tautologia, porém se não conseguirmos, será tautologia.

V V V V

$(A\wedge B)\rightarrow(A\vee B) = F$ (Verificar se pode ser falsa)

V F

Não temos como mostrar que a proposição composta pode ser falsa, pois o consequente "A∨B" sendo A=V e B=V, A∨B não pode ser falso, assim a proposição "(A ∧ B) → (A ∨ B)" só pode ser verdadeira, é tautologia.

Resposta: Certo.

40. (CESPE/2008) Se A e B são proposições, então a proposição A ∨ B ↔ (¬A) ∧ (¬B) é uma tautologia.

COMENTÁRIO

Resolução I – Uma proposição é tautologia quando possui todos as interpretações verdadeiras, sendo assim iremos construir a tabela verdade da proposição composta seguida:

A	B	A∨B	¬A	¬B	¬A¬B	(A∨B) ↔ (¬A)∧(¬B)
V	V	V	F	F	F	F
V	F	V	F	F	F	F
F	V	V	V	F	F	F
F	F	F	V	V	V	F

Resolução II – Uma maneira mais prática e rápida é perceber que temos uma proposição bi condicional formada por duas proposições contraditórias em que teremos:

(A∨B)↔(¬A∧¬B) , temos que: V↔F ou F↔V = F.

Resposta: Errado.

---

41. (CESPE/2008) A proposição "Se meu cliente fosse culpado, então a arma do crime estaria no carro. Portanto, ou meu cliente não é culpado ou a arma do crime estaria no carro. " Não é uma tautologia.

COMENTÁRIO

Simbolizando as proposições, temos:

P→Q portanto ¬P ∨̲Q, o termo "portanto" traz uma interpretação de equivalência, isto é, podemos inferir que tem o mesmo significado.

De acordo com a lei condicional: P→Q↔¬P∨Q, logo o item está errado uma vez que a banca propôs uma disjunção exclusiva.

Resposta: Errado.

---

42. (CESPE/2008) A proposição "Se meu cliente fosse culpado, então a arma do crime estaria no carro. Portanto, se a arma do crime não estava no carro, então meu cliente não é culpado. " É uma tautologia.

COMENTÁRIO

Podemos definir que tautologia é falar a mesma coisa com palavras diferentes, assim nesta questão a Banca CESPE traz uma interpretação de equivalência lógica como se fosse tautologia.

Pela lei condicional (contra positiva) temos que P→Q é logicamente equivalente a ¬Q→¬P.

Resposta: Certo.

---

43. (CESPE/2008). Uma proposição é uma contradição quando é sempre falsa. Verifique se a proposição composta P∧~P é uma contradição.

Considere a proposição: "Se meu cliente fosse culpado, então a arma do crime estaria no carro". Simbolizando por P o trecho **meu cliente fosse culpado** e simbolizando por Q o trecho **a arma estaria no carro**, obtém-se uma proposição implicativa, ou simplesmente uma implicação, que é lida: se P então Q, e simbolizada por P → Q. Uma tautologia é uma proposição que é sempre V (verdadeira). Uma proposição que tenha a forma P → Q é V sempre que P for F (falsa) e sempre que P e Q forem V. Com base nessas informações e na simbolização sugerida, julgue os itens subsequentes.

COMENTÁRIO

De forma simples vamos construir a tabela-verdade.

P	¬P	P∧¬P
V	F	F
E	V	F

É uma contradição.

Resposta: Certo.

44. (CESPE/CONSULTO DO SENADO FEDERAL/2002)

Tautologia/. ***S. f.***

1. Vício de linguagem que consiste em dizer, por formas diversas, sempre a mesma coisa: "A gramática usual é uma série de círculos viciosos, uma tautologia infinita. " (João Ribeiro, Cartas Devolvidas, p. 45).
2. *Filos.* Proposição que tem por sujeito e predicado um mesmo conceito, expresso ou não pelo mesmo termo.
3. *Filos.* Erro lógico que consiste em aparentemente demonstrar uma tese repetindo-a com palavras diferentes. (Novo Dicionário **Aurélio da Língua Portuguesa**. Rio de Janeiro: Nova Fronteira.)
4. Na linguagem da lógica proposicional, denomina-se tautologia a toda fórmula α (nessa linguagem) para a qual toda valoração verdadeira ou falsa dada a seus símbolos proposicionais resulta que α é verdadeira.

Considerando as acepções listadas acima, julgue, em cada item a seguir, se a proposição apresentada é uma tautologia de acordo com a acepção que a precede.

44.01. I. Acepção 2: o sal é salgado.

COMENTÁRIO

A proposição **"O sal é salgado"** está de acordo com a acepção 2, isto é, tem por sujeito e predicado o mesmo conceito expresso ou não pelo mesmo termo.

O sal (Sujeito) é salgado (Predicado)

Resposta: Certo.

44.02. II. Acepção 2: todo indivíduo gordo ingere mais alimentos do que necessita.

COMENTÁRIO

A proposição **"Todo indivíduo gordo ingere mais alimentos do que necessita"**, não está de acordo com a acepção 2.

Resposta: Errado.

44.03. III. Acepção 3: para provar que $0 < 1$, suponha que $1 > 0$; como isso é claramente verdade conclui-se que $0 < 1$.

COMENTÁRIO

Segundo a proposição "para provar que $0 < 1$, suponha que $1 > 0$; como isso é claramente verdade conclui-se que $0 < 1$" temos que está de acordo com acepção 3, isto é, erro lógico que aparentemente demonstra uma tese repetindo-a com palavras diferentes. É importante ressaltar que podemos definir que tal argumento é uma falácia.

Resposta: Certo.

44.04. IV. Acepção 4: se 7% dos candidatos inscritos no concurso público do Senado Federal concorrem a vagas para o cargo de Consultor de Orçamentos e 93% concorrem para Consultor Legislativo, então a maioria dos candidatos no concurso público do Senado Federal concorre para o cargo de Consultor Legislativo.

COMENTÁRIO

Representando a de maneira formal, temos:

A: 7% dos candidatos inscritos... cargo de consultor de orçamento.

B: 93% dos candidatos concorrem para consultor legislativo simbolizando a proposição propostas temos:

$(A \wedge B) \rightarrow B$, logo de acordo com a acepção 4, que é o conceito referente a lógica iremos verificar se a proposição é tautologia.

Construindo a tabela-verdade abaixo podemos

A	B	A∧B	(A∧B) →B
V	V	V	V
V	F	F	V
F	V	F	V
F	F	F	V

Inferir que se trata de uma tautologia.

Resposta: Certo.

44.05. V. Acepção 4: a gramática usual é uma série de círculos viciosos, uma tautologia infinita.

COMENTÁRIO

A proposição "a gramática usual é uma série de círculos viciosos, uma tautologia infinita" não está de acordo com a acepção.

Resposta: Errado.

✦ DICAS

TAUTOLOGIA

Uma proposição composta formada por duas ou mais proposições é uma tautologia se ela for sempre verdadeira, independente da verdade de seus termos.

Em **filosofia** e **outras áreas das ciências humanas, diz-se que um argumento é tautológico quando se explica por ele próprio, às vezes redundantemente ou falaciosamente**. Exemplo, dizer que "o mar é azul porque reflete a cor do céu e o céu é azul por causa do mar" é uma afirmativa tautológica. Da mesma forma, um **sistema** é **caracterizado como tautológico quando não apresenta saídas à sua própria lógica interna**; em outro exemplo, exige-se de um trabalhador que tenha curso universitário para ser empregado, mas ele precisa ter um emprego para receber salário e assim custear as despesas do curso universitário.

Quando uma proposição composta é sempre verdadeira, independentemente dos valores das proposições simples que a compõem, então teremos uma tautologia.

Ex.: $P(p, q) = (p \wedge q) \Leftrightarrow \sim (p \vee q)$.

Em uma tautologia, o valor lógico da proposição composta:

$P(p, q, s) = \{(p \wedge q) \vee (p \wedge s) \vee [p \wedge \sim(q \wedge s)]\} \rightarrow p$, será sempre verdadeiro.

Exemplo:

A	~A	B	A→B	~A v B	(A→ B) ↔ (~A v B)
V	F	V	V	V	**V**
V	F	F	F	F	**V**
F	V	V	V	V	**V**
F	V	F	V	V	**V**

A proposição (A → B) ↔ (~A v B) é uma tautologia.

CONTRADIÇÃO

Uma proposição composta formada por duas ou mais proposições é uma **contradição ou contra válida** se ela for sempre falsa, independente da verdade de seus termos.

A	~A	A↔~A
V	F	F
F	V	F

Exemplo:

A proposição A ↔ ~A é uma contradição.

CONTINGÊNCIA

Uma proposição composta será dita uma **contingência** sempre que não for uma tautologia nem uma contradição. Somente isso. Você pegará a proposição composta e construirá a sua tabela-verdade. Se, ao final, você verificar que aquela proposição nem é uma tautologia (só resultados **V**), e nem é uma contradição (só resultados **F**), então, por exceção, será dita uma contingência.

As contingências são também denominadas **proposições contingentes** ou **proposições indeterminadas.**

Capítulo IV – Proposições Logicamente Equivalentes & Negações de Proposições Compostas

---

01. Ano: 2024 Banca: CESPE / CEBRASPE Órgão: Prefeitura de Mossoró - RN Provas: CESPE / CEBRASPE - 2024 - Prefeitura de Mossoró - RN - Analista de Procuradoria – Especialidade: Contabilidade

O parágrafo primeiro do artigo 2.º da Lei de Introdução às Normas do Direito Brasileiro assim preceitua: "§ 1.º A lei posterior revoga a anterior quando expressamente o declare, quando seja com ela incompatível ou quando regule inteiramente a matéria de que tratava a lei anterior.".

Considerando esse dispositivo legal como a proposição P, julgue o item que se segue, acerca de aspectos da lógica proposicional nela presentes.

Considere as proposições R e S a seguir. R: "A lei posterior regula inteiramente a matéria de que tratava a lei anterior, é com ela incompatível ou expressamente declara sua revogação." S: "A lei posterior não regula inteiramente a matéria de que tratava a lei anterior, não é com ela incompatível, nem expressamente declara sua revogação."

A partir dessas informações, é correto afirmar que S é a negação de R.

Alternativas

COMENTÁRIO

O primeiro passo é reconhecer os conectivos na proposição R:

R: "A lei posterior regula inteiramente a matéria de que tratava a lei anterior OU é com ela incompatível OU expressamente declara sua revogação."

Podemos representar por $P \vee Q \vee R$

A negação disso, conforme a Lei de Morgan, é dada por $\sim P \vee \sim Q \vee \sim R$.

Ou seja:

A lei posterior não regula inteiramente a matéria de que tratava a lei anterior E não é com ela incompatível, nem expressamente declara sua revogação.

É exatamente a proposição S.

Logo, o item está certo.

GABARITO: CERTO

---

02. Ano: 2024 Banca: CESPE / CEBRASPE Órgão: Prefeitura de Cachoeiro de Itapemirim - ES Provas: CESPE / CEBRASPE - 2024 - Prefeitura de Cachoeiro de Itapemirim - ES - Farmacêutico

Texto associado

P: "Se não consigo vencê-lo, me juntarei a ele."

Julgue o item seguinte, relativo à proposição P, acima apresentada.

A negação da proposição P pode ser corretamente expressa por "Não consigo vencê-lo, mas não me juntarei a ele.".

COMENTÁRIO

Observe que a proposição dada é uma condicional do tipo "Se... então":

P: "Se não consigo vencê-lo, me juntarei a ele."

A: não consigo vencê-lo

B: me juntarei a ele."

A negação de uma condicional é dada por: "MA E NE": Mantem a primeira proposição +E+ nega a segunda proposição:

$\sim(A \rightarrow B) = A \wedge \sim B$

Então temos:

Não consigo vencê-lo e não me juntarei a ele.

Vale lembrar que a conjunção pode ser representada por "e" ou por "mas" como sugere o item.

Logo, o item é certo.

GABARITO: CERTO

---

03. Ano: 2024 Banca: CESPE / CEBRASPE Órgão: Prefeitura de Cachoeiro de Itapemirim - ES Provas: CESPE / CEBRASPE - 2024 - Prefeitura de Cachoeiro de Itapemirim - ES - Farmacêutico

Texto associado

P: "Se não consigo vencê-lo, me juntarei a ele."

Julgue o item seguinte, relativo à proposição P, acima apresentada.

A negação da proposição P pode ser corretamente expressa por "Consigo vencê-lo, mas me juntarei a ele.".

COMENTÁRIO

Observe que a proposição dada é uma condicional do tipo "Se... então":

P: "Se não consigo vencê-lo, me juntarei a ele."

A: não consigo vencê-lo

B: me juntarei a ele."

A negação de uma condicional é dada por: "MA E NE": Mantem a primeira proposição +E+ nega a segunda proposição:

$\sim(A \rightarrow B) = A \wedge \sim B$

Então temos:

Não consigo vencê-lo e não me juntarei a ele.

Bem diferente do que a questão sugere, logo o item está errado.

GABARITO: ERRADO

---

04. Ano: 2023 Banca: IDECAN Órgão: SEFAZ-RR Prova: IDECAN - 2023 - SEFAZ-RR - Técnico em Infraestrutura de Tecnologia da Informação

Qual proposição é equivalente logicamente a "se eu não desenvolvo um programa que cumpra as necessidades de um cliente, então não sou um profissional de excelência"?

Alternativas

A. Eu não desenvolvo um programa que cumpra as necessidades de um cliente e não sou um profissional de excelência.

B. Eu não desenvolvo um programa que cumpra as necessidades de um cliente se, somente se, não sou um profissional de excelência.

C. Se eu sou um profissional de excelência, então eu desenvolvo um programa que cumpra as necessidades de um cliente.

D. Eu desenvolvo um programa que cumpra as necessidades de um cliente ou não sou um profissional de excelência.

E. Se eu não sou um profissional de excelência, então eu não desenvolvo um programa que cumpra as necessidades de um cliente.

COMENTÁRIO

A proposição dada é uma condicional ($P \to Q$), que possui duas equivalências:

"Se eu não desenvolvo um programa que cumpra as necessidades de um cliente, então não sou um profissional de excelência

i) $\sim P \vee Q$

Nega a primeira proposição + ou + mantém a segunda proposição. Então temos:

"Eu desenvolvo um programa que cumpre as necessidades de um cliente ou não sou um profissional de excelência.

ii) $\sim Q \to \sim P$

Nega as duas proposições e troca as proposições de lugar.

"Se eu sou um profissional de excelência, então eu desenvolvo um programa que cumpra as necessidades de um cliente.

Note que é o que corresponde com o que está escrito na letra C.

GABARITO: LETRA C

---

05. Ano: 2024 Banca: IDECAN Órgão: Prefeitura de Mossoró - RN Prova: IDECAN - 2024 - Prefeitura de Mossoró - RN - Assistente Social

Sabendo que o alfabeto brasileiro contém 26 letras, analise a seguinte série lógica:

A, A, B, C, E, H, ...

O próximo termo da série é a letra:

Alternativas

A. S.
B. Q.
C. O.
D. M.
E. K.

COMENTÁRIO

Em questões de sequências lógicas o primeiro passo é encontrar a lei de formação da sequência, ou seja, a forma com que o próximo número é encontrado.

A sequência dada é um espelho da sequência de Fibonacci, onde o próximo número é encontrado a partir da soma dos dois termos anteriores:

1, 1, 2, 3, 5, 8, ...

Observe que:

A, A, B, C, E, H, ...

A=1

B=2

C=3

D=4

E=5

F= 6

G=7

H=8

A próxima letra da sequência é a soma de 8 + 5 = 13, ou seja, é a letra que ocupa a posição 13ª no alfabeto.

Continuando temos:

$\frac{I}{9^{a}}, \frac{J}{10^{a}}, \frac{K}{11^{a}}, \frac{L}{12^{a}}, \frac{\mathbf{M}}{\mathbf{13^{a}}}, \frac{N}{14^{a}}, \frac{O}{15^{a}}, \ldots$

Logo, a próxima letra será a letra M.

GABARITO: LETRA D

---

06. Ano: 2024 Banca: CESPE / CEBRASPE Órgão: Prefeitura de Mossoró - RN Provas: CESPE / CEBRASPE - 2024 - Prefeitura de Mossoró - RN - Analista de Procuradoria – Especialidade: Contabilidade

O parágrafo primeiro do artigo 2.º da Lei de Introdução às Normas do Direito Brasileiro assim preceitua: "§ 1.º A lei posterior revoga a anterior quando expressamente o declare, quando seja com ela incompatível ou quando regule inteiramente a matéria de que tratava a lei anterior.".

Considerando esse dispositivo legal como a proposição P, julgue o item que se segue, acerca de aspectos da lógica proposicional nela presentes.

A proposição P é equivalente a "Se a lei posterior expressamente declara a revogação da lei anterior, regula inteiramente a matéria de que esta tratava ou é com ela incompatível, então a revoga.".

COMENTÁRIO

A proposição dada foi:

"A lei posterior revoga a anterior quando expressamente o declare, quando seja com ela incompatível ou quando regule inteiramente a matéria de que tratava a lei anterior."

Observe que a questão é uma condicional que está escrita de forma indireta.

Como vimos, a proposição P pode ser escrita como:

Q: A lei posterior revoga a anterior

R:quando expressamente o declare

S: quando seja com ela incompatível

T: quando regule inteiramente a matéria de que tratava a lei anterior

Observe que temos uma condição para que a lei posterior revogue e a anterior, desta forma podemos escrever como:

$(R \vee S \vee T) \rightarrow Q$

Reescrevendo:

Se a lei posterior expressamente declara a revogação da lei anterior, regula inteiramente a matéria de que esta tratava ou é com ela incompatível, então a revoga."

GABARITO: CERTO

---

07. Ano: 2024 Banca: CESPE / CEBRASPE Órgão: SEFAZ-AC Prova: CESPE / CEBRASPE - 2024 - SEFAZ-AC - Técnico da Fazenda Estadual

Assinale a opção em que é corretamente apresentada uma proposição que é logicamente equivalente à proposição "Se não há débito fiscal, então não há cobrança.".

Alternativas

A. Há débito fiscal e há cobrança.

B. Há débito fiscal ou não há cobrança.

C. Não há débito fiscal ou não há cobrança.

D. Não há débito fiscal e não há cobrança.

E. Não há débito fiscal ou há cobrança.

COMENTÁRIO

A proposição é dada por uma condicional do tipo:

$P \rightarrow Q$

A equivalência de uma condicional pode ser dada pela regra NE Y MA : NEGA a primeira proposição mantém a segunda. Ou seja:

$\sim P \vee Q$

Então temos: "Há débito fiscal ou não há cobrança"

GABARITO: LETRA B

08. Ano: 2024 Banca: IDECAN Órgão: Prefeitura de João Pessoa - PB Prova: IDECAN - 2024 - Prefeitura de João Pessoa - PB - Guarda Civil Municipal

Considere a afirmação verdadeira: "É falso que todo gato tem um dono e sobe no telhado". Determine a única afirmação equivalente a esta.

Alternativas

A. Algum gato não tem dono e sobe no telhado.
B. Todo gato não tem dono e não sobe no telhado.
C. Algum gato não tem dono e não sobe no telhado.
D. Algum gato não tem dono ou não sobe no telhado.

COMENTÁRIO

A afirmação dada é uma conjunção e pode ser representada por:

$\sim(P \wedge Q)$

Isso é equivalente a:

$\sim(P \wedge Q) \leftrightarrow \sim P \vee \sim Q$

Ou seja, negamos as duas proposições e trocamos o conectivo por "ou".

Vale lembrar que a negação de "todos" pode ser dada por "algum", "existe um" ou "pelo menos um". Então temos:

Algum gato não tem dono ou não sobe no telhado.

GABARITO: LETRA D

---

09. Ano: 2023 Banca: IDECAN Órgão: Prefeitura de Maracanaú - CE Prova: IDECAN - 2023 - Prefeitura de Maracanaú - CE - Agente Fiscalizador de Trânsito e Transporte

Um agente fiscalizador de trânsito e transporte está investigando uma possível irregularidade no pagamento de multas em uma empresa. Considere o diálogo a seguir entre Marcos, o proprietário da empresa, e Camilo, o funcionário do departamento financeiro:

Marcos: – Danilo afirmou que todas as multas foram pagas pela empresa.

Camilo: – Essa afirmação de Danilo não é verdadeira.

Considerando que Marcos assumiu que o que Camilo falou é verdade, então é correto afirmar que

Alternativas

A. pelo menos uma multa não foi paga pela empresa.
B. apenas uma multa não foi paga pela empresa.
C. nenhuma multa foi paga pela empresa.
D. somente uma multa foi paga pela empresa.

COMENTÁRIO

Como Camilo falou que a afirmação de Danilo não é verdadeira, então a negação da sua afirmação será verdade.

Temos que negar "todas as multas foram pagas pela empresa."

A negação de "todas" pode ser representado por "pelo menos uma não" "algum não" "existe uma que não"

Logo a negação será "pelo menos uma multa não foi paga pela empresa".

GABARITO: LETRA A

---

10. Ano: 2023 Banca: FGV Órgão: MPE-SP Provas: FGV - 2023 - MPE-SP - Analista de Promotoria - Assistente Social

Considere a proposição: "Se estamos em fevereiro, então eu pago o IPVA". Assinale a opção que apresenta uma negação dessa proposição.

Alternativas

A. Estamos em fevereiro e eu não pago o IPVA.
B. Não estamos em fevereiro e eu não pago o IPVA.
C. Se estamos em fevereiro, então eu não pago o IPVA.
D. Se não estamos em fevereiro, então eu não pago o IPVA.
E. Se não estamos em fevereiro, então eu pago o IPVA.

COMENTÁRIO

A negação de uma condicional é dada por uma conjunção. Podemos usar a regra do MANE para ajudarmos a lembrar da forma da negação:

MANE: Mantém a primeira e nega a segunda

Então temos: "Se estamos em fevereiro, então eu pago o IPVA"

A negação será: "Estamos em fevereiro e eu não pago o IPVA.

GABARITO: LETRA A

---

11. Ano: 2023 Banca: CESPE / CEBRASPE Órgão: PO-AL Provas: CESPE / CEBRASPE - 2023 - PO-AL - Auxiliar de Perícia

Considerando os conectivos lógicos usuais e assumindo que as letras maiúsculas representam proposições lógicas, julgue o item seguinte, relativos à lógica proposicional.

A negação da sentença "Se eu me alimento de forma saudável, então terei uma boa qualidade de vida no período da terceira idade" corresponde à sentença "Se eu não me alimento de forma saudável, então não terei uma boa qualidade de vida no período da terceira idade".

COMENTÁRIO

A negação de uma condicional é dada pela regra do "MANE" (Mantém a primeira e nega a segunda)

Desta forma ao negar $P \rightarrow Q$ teremos:

$P \wedge \sim Q$.

Escrevendo a negação temos:

Eu me alimento de forma saudável e não terei uma boa qualidade de vida no período da terceira idade

Diferente do que o item propôs.

GABARITO: ERRADO

---

12. Ano: 2023 Banca: CESPE / CEBRASPE Órgão: DATAPREV Provas: CESPE / CEBRASPE - 2023 - DATAPREV - Analista de Processamento

P1: "Se houver resistência de populares ou depredação de patrimônio, a polícia agirá."

P2: "Se a polícia agir, a ambulância será necessária."

P3: "Não houve depredação de patrimônio, mas a ambulância foi necessária."

C: "Houve resistência de populares."

Tomando por referência as proposições precedentes, julgue o item seguinte.

A negação de P1 pode ser escrita como "Houve depredação de patrimônio ou a ambulância não foi necessária.".

COMENTÁRIO

A proposição dada é uma condicional e para negar uma condicional usamos a regra "MANE" – Mantém a primeira e nega a segunda

$\sim(P \rightarrow Q) = P \wedge \sim Q$

Desta forma, a negação de P1: "Se houver resistência de populares ou depredação de patrimônio, a polícia agirá." será:

Houve resistência de populares ou depredação de patrimônio e a polinão não agiu.

GABARITO: ERRADO

13. Ano: 2023 Banca: CESPE / CEBRASPE Órgão: TBG Prova: CESPE / CEBRASPE - 2023 - TBG - Ênfase: Desenvolvimento de Software

Texto associado

P1: "Se o custo operacional aumenta, aumentamos o preço cobrado pelo nosso produto."

P2: "Se o preço do produto substituto aumenta, aumentamos o preço cobrado pelo nosso produto."

P3: "Aumentamos o preço cobrado pelo nosso produto, mas o custo operacional não aumentou."

C: "Logo, o preço do produto substituto aumentou."

Considerando o argumento constituído pelas premissas P1, P2 e P3 e pela conclusão C, anteriormente apresentadas, julgue o item seguinte.

A proposição P3 pode ser vista como uma negação da proposição P1.

COMENTÁRIO

A proposição P1 é dada por uma condicional: "Se o custo operacional aumenta, aumentamos o preço cobrado pelo nosso produto."

$A \rightarrow B$

A negação de uma condicional é dada pela regra do "MANE" – Mantém a primeira e nega a segunda.

$A \wedge (\sim B)$

Ou seja, "O custo operacional aumenta e não aumentamos o preço cobrado pelo nosso produto."

Isso é diferente do que apresenta a proposição P3.

GABARITO: ERRADO

14. Ano: 2023 Banca: IDECAN Órgão: Prefeitura de São Caetano do Sul - SP Prova: IDECAN - 2023 - Prefeitura de São Caetano do Sul - SP - Auxiliar de Primeira Infância

Considere a afirmação da sentença que segue: "Natanael é bonito e Daniel é irritado". A negação desta sentença é dada por:

Alternativas

A. Natanael é feio ou Daniel é calmo.

B. Natanael é feio e Daniel é irritado.

C. Natanael é irritado e Daniel é bonito.

D. Natanael é feio e Daniel é calmo.

COMENTÁRIO

A negação de uma conjunção é dada por uma disjunção:

$\sim(P \wedge Q) = \sim P \vee \sim Q$

Desta forma, negamos as duas proposições e trocamos os conectivos de "e" para "ou":

Natanael é feio ou Daniel é calmo.

GABARITO: LETRA A

15. Ano: 2023 Banca: CESPE / CEBRASPE Órgão: TRT - 8ª Região (PA e AP) Prova: CESPE / CEBRASPE - 2023 - TRT - 8ª Região (PA e AP) - Técnico Judiciário - Área Administrativa (Reaplicação)

Texto associado

Texto CB1A2-I

Considere-se a seguinte proposição P.

P: "O juiz atendeu ao pedido do promotor e determinou a suspensão do porte de arma do suspeito."

Assinale a opção que indica corretamente a negação da proposição P, mencionada no texto CB1A2-I.

Alternativas

A. O juiz não atendeu ao pedido do promotor ou não determinou a suspensão do porte de arma do suspeito.

B. O juiz atendeu ao pedido do promotor, mas não determinou a suspensão do porte de arma do suspeito.

C. Ou o juiz não atendeu ao pedido do promotor ou não determinou a suspensão do porte de arma do suspeito.

D. O juiz não atendeu ao pedido do promotor, mas determinou a suspensão do porte de arma do suspeito.

E. O juiz não atendeu ao pedido do promotor e não determinou a suspensão do porte de arma do suspeito.

COMENTÁRIO

Para negar uma conjunção usarei a Lei de Morgan:

$\sim(A \wedge B) = \sim A \vee \sim B$

Ou seja, nega as duas proposições e troca o conectivo por OU.

Então a negação será: O juiz não atendeu ao pedido do promotor ou não determinou a suspensão do porte de arma do suspeito.

GABARITO: LETRA A

---

16. Ano: 2023 Banca: IADES Órgão: CRF-TO Prova: IADES - 2023 - CRF-TO - Assistente Administrativo

Assinale a alternativa que indica a negação da proposição: Maria estuda Administração e Sara estuda Economia.

Alternativas

A. Maria não estuda Administração e Sara não estuda Economia.

B. Maria não estuda Administração e Sara estuda Economia.

C. Maria não estuda Administração ou Sara não estuda Economia.

D. Maria estuda Administração e Sara não estuda Economia.

E. Maria estuda Administração ou Sara estuda Economia.

COMENTÁRIO

A negação de uma conjunção é dada por uma disjunção:

$\sim(A \wedge B) = \sim A \vee \sim B$

Ou seja, negamos as duas proposições e trocamos o conectivo por "OU".

Então teremos:

Maria NÃO estuda Administração OU Sara NÃO estuda Economia.

GABARITO: LETRA C

---

17. Ano: 2023 Banca: CESPE / CEBRASPE Órgão: MPE-RO Prova: CESPE / CEBRASPE - 2023 - MPE-RO - Analista em Jornalismo

Assinale a opção em que é apresentada a proposição lógica equivalente à proposição lógica $(P \rightarrow Q) \wedge (R \vee Q)$.

Alternativas

A. $Q \vee (\sim P \wedge R)$

B. $(P \wedge R) \vee (\sim Q \vee \sim P)$

C. $P \rightarrow (R \wedge Q)$

D. $\sim P \rightarrow (\sim Q \wedge R)$

E. $(P \rightarrow R) \vee (\sim Q \rightarrow \sim P)$

COMENTÁRIO

Vamos aplicar a equivalência na condicional: (Negar a primeira+ Ou +mantém a segunda)

$(P \rightarrow Q) \wedge (R \vee Q)$

$(\sim P \vee Q) \wedge (R \vee Q)$

Observe que só temos como operadores agora disjunção e conjunção, podemos aplicar a propriedade associativa, colocando Q em evidência.

$(\sim P \vee Q) \wedge (R \vee Q)$

$Q \vee (\sim P \wedge R)$

GABARITO: LETRA A

---

18. Ano: 2023 Banca: CESPE / CEBRASPE Órgão: MME Prova: CESPE / CEBRASPE - 2023 - MME - Administrador

Texto associado

P: "Desde que se esforce e seja disciplinado, João alcançará seu objetivo".

Em relação à proposição P anteriormente apresentada, julgue o item a seguir.

A negação de P está corretamente expressa por "Mesmo que se esforce e seja disciplinado, João não alcançará seu objetivo".

COMENTÁRIO

Para facilitar o entendimento vamos separar as proposições simples:

P: "Desde que se esforce e seja disciplinado, João alcançará seu objetivo".

A: se esforce

B: seja disciplinado

C: João alcançará seu objetivo

Observe que a virgula colocada depois da palavra disciplinado é para mostrar uma consequência, logo teremos uma condicional. Então a proposição P pode ser escrita como:

$(A \wedge B) \rightarrow C$

A negação de uma condicional é dada pela regra do "MANE" – Mantém a primeira e nega a segunda.

$(A \wedge B) \wedge \sim C$

Observe que é o mesmo que "Mesmo que se esforce e seja disciplinado, João não alcançará seu objetivo".

GABARITO: CERTO

---

19. Ano: 2023 Banca: CESPE / CEBRASPE Órgão: FNDE Prova: CESPE / CEBRASPE - 2023 - FNDE - Especialista em Financiamento e Execução de Programas e Projetos Educacionais - Conhecimentos Básicos

Julgue o próximo item, relativos a lógica proposicional.

As leis de Morgan garantem que a expressão $\sim(P \wedge (\sim R)) \vee (\sim Q)$ seja equivalente a $\sim((R \vee (\sim P)) \wedge Q)$.

COMENTÁRIO

Vamos partir da SEGUNDA expressão dada para tentar deixa-la igual a primeira: $\sim((R \vee (\sim P)) \wedge Q)$.

Aplicando a lei de Morgan (Negar as duas proposições e trocar o conectivo por ou vice e versa, então teremos:

$(\sim R) \wedge P \vee (\sim Q)$

Mesmo levando em consideração a propriedade associativa que existe na conjunção e na disjunção, ainda faltou um sinal de negação "~" na frente da expressão.

Logo, as sentenças não são equivalentes.

GABARITO: ERRADO

---

20. Ano: 2023 Banca: CESPE / CEBRASPE Órgão: TC-DF Prova: CESPE / CEBRASPE - 2023 - TC-DF - Analista Administrativo de Controle Externo

Texto associado

operação lógica	símbolo
conjunção	$\wedge$
disjunção	$\vee$

negação	~
condicional	→
bicondicional	↔

Considerando que as proposições lógicas simples sejam representadas por letras maiúsculas e que os símbolos lógicos usuais estejam representados conforme a tabela precedente, julgue o próximo item, relacionados à proposição lógica $(P \wedge R) \to (\sim Q)$.

A proposição lógica $P \wedge (R \wedge Q)$ é equivalente à negação da proposição $(P \wedge R) \to (\sim Q)$.

COMENTÁRIO

A negação de uma condicional é dada pela regra do "MANE" (Mantém a primeira e nega a segunda)

Desta forma ao negar $(P \wedge R) \to (\sim Q)$, teremos:

$(P \wedge R) \wedge \sim Q$.

Como a conjunção possui propriedade associativa, podemos concluir que $P \wedge (R \wedge Q)$ é equivalente à negação da proposição $(P \wedge R) \to (\sim Q)$.

GABARITO: CERTO

---

21. . Ano: 2023 Banca: CESPE / CEBRASPE Órgão: DATAPREV Prova: CESPE / CEBRASPE - 2023 - DATAPREV - Auxiliar de Enfermagem do Trabalho

Julgue o item a seguir, relacionados à proposição lógica $P \to (\sim Q)$.

A proposição lógica $P \wedge Q$ é equivalente à negação da proposição $P \to (\sim Q)$.

COMENTÁRIO

Vamos primeiramente negar a proposição $P \to (\sim Q)$.

Como é uma condicional, sabemos que a negação de uma condicional é dada pela regra MANE(mantém a primeira E nega a segunda)

A negação de $\sim Q = Q$

Desta forma, a negação de $P \to (\sim Q)$ será $P \wedge Q$

GABARITO: CERTO

---

22. Ano: 2023 Banca: FGV Órgão: MPE-SP Provas: FGV - 2023 - MPE-SP - Analista de Promotoria - Assistente Social

Considere a proposição: "Se estamos em fevereiro, então eu pago o IPVA". Assinale a opção que apresenta uma negação dessa proposição.

Alternativas

A. Estamos em fevereiro e eu não pago o IPVA.
B. Não estamos em fevereiro e eu não pago o IPVA.
C. Se estamos em fevereiro, então eu não pago o IPVA.
D. Se não estamos em fevereiro, então eu não pago o IPVA.
E. Se não estamos em fevereiro, então eu pago o IPVA.

COMENTÁRIO

A negação de uma condicional é dada por uma conjunção. Podemos usar a regra do MANE para ajudarmos a lembrar da forma da negação:

MANE: Mantém a primeira e nega a segunda

Então temos: "Se estamos em fevereiro, então eu pago o IPVA"

A negação será: "Estamos em fevereiro e eu não pago o IPVA.

GABARITO: LETRA A

Ano: 2023 Banca: CESPE / CEBRASPE Órgão: DATAPREV Provas: CESPE / CEBRASPE - 2023 - DATAPREV - Analista de Processamento

P1: "Se houver resistência de populares ou depredação de patrimônio, a polícia agirá."

P2: "Se a polícia agir, a ambulância será necessária."

P3: "Não houve depredação de patrimônio, mas a ambulância foi necessária."

C: "Houve resistência de populares."

Tomando por referência as proposições precedentes, julgue o item seguinte.

A proposição P2 é equivalente à proposição "Se a polícia não agir, a ambulância não será necessária.".

COMENTÁRIO

A equivalência procurada é a contrapositiva da condicional.

$P \rightarrow Q \leftrightarrow \sim Q \rightarrow \sim P$

Consiste em negar as duas proposições e inverter as suas posições:

Então a equivalência correta seria: Se a ambulância não é necessária então a polícia não agirá.

GABARITO: ERRADO

---

23. (FUNDATEC – 2023 – BRDE – Analista de Projetos – Administrador) Entre as proposições lógicas abaixo e suas respectivas negações, a alternativa INCORRETA é:

A. Júlio é arquiteto – Julio não é arquiteto.

B. Pedro é eletricista e mecânico – Pedro não é eletricista ou não é mecânico.

C. Olga é escritora – Olga não é cantora.

D. Juliano é calmo ou nervoso – Juliano não é calmo e nem nervoso.

E. Lara não é pianista – Lara é pianista.

COMENTÁRIO

Negar uma proposição significa trocar o seu valor lógico, ou seja, se a proposição possuir valor V então deveremos usar as informações dadas na própria proposição para torná-la F.

Observe que as alternativas dadas possuímos apenas proposições simples, conjunções e disjunções.

Vale lembrar as Leis da Morgan:

1) $\sim(A \wedge B) = \sim A \vee \sim B$

2) $\sim(A \vee B) = \sim A \wedge \sim B$

Porém, se observarmos entre as alternativas, vemos que a letra C traz duas informações inconsistentes. Na primeira diz que Olga é escritora e depois que Olga não é cantora. Ora, não ser cantora não é negação de ser escritora.

GABARITO LETRA C

---

24. (VUNESP / 2023 – TCM-SP – Auditor de Controle Externo – Especialidade: Administração) Considere falsa a afirmação I e verdadeira a afirmação II:

I. Camila é auditora de controle externo em Ciências Atuariais e Jorge é auditor de controle externo em Ciências Jurídicas. II. Se Camila é auditora de controle externo em Ciências Atuariais, então Jorge é auditor de controle externo em Ciências Jurídicas.

Nessas condições, é necessariamente

A. verdade que Jorge é auditor de controle externo em Ciências Jurídicas.

B. falsidade que Jorge é auditor de controle externo em Ciências Jurídicas.

C. verdade que Camila é auditora de controle externo em Ciências Atuariais.

D. falsidade que Camila é auditora de controle externo em Ciências Atuariais.

E. verdade que Camila e Jorge não são auditores de controle externo.

COMENTÁRIO

A questão afirma que a afirmação I é falsa, por se tratar de uma conjunção sabemos que a única forma de se obter verdade é quando as duas proposições simples que a formam são verdadeiras. As opções de condicional são:

$V \wedge V = V$

$V \wedge F = F$

$V \wedge F = F$

$F \wedge F = F$

A questão também afirma que a afirmação II é verdadeira, e por se tratar de uma condicional, sabemos que a única forma de se obter falso em uma condicional é quando a primeira proposição é verdadeira e a segunda é falsa. Então as formas da condicional que temos é:

$V \to F = F$

$V \to V = V$

$F \to V = V$

$F \to F = V$

Com isso, analisamos de forma conjunta as duas questões. Para que a primeira alternativa seja falsa precisamos que pelo menos uma das alternativas seja falsa. Observe que se garantirmos que a primeira proposição seja falsa, não importa o valor da segunda as duas exigências serão correspondidas.

Desta forma, podemos concluir que é falsidade que Camila é auditora de controle externo em Ciências Atuariais.

Resposta: LETRA D.

---

25. (VUNESP – 2023 – TCM-SP – Auditor de Controle Externo – Especialidade: Administração) Uma negação lógica para a afirmação "Sou feliz se, e somente se, você é feliz" está contida na alternativa:

A. Não sou feliz se, e somente se, você não é feliz.
B. Se eu não sou feliz, então você não é feliz.
C. Se você não é feliz, então eu não s
D. ou feliz.
E. Sou feliz e você não é feliz.
F. Ou eu sou feliz, ou você é feliz.

COMENTÁRIO

A afirmação dada é uma bicondicional (se, e somente se). A negação de uma bicondicional é dada por uma disjunção exclusiva (ou...ou). Ou seja, as proposições são mantidas e é trocado apenas o conectivo.

Desta forma, a negação dessa afirmativa será:

Ou eu sou feliz, ou você é feliz.

Resposta: LETRA E.

---

26. (VUNESP – 2023 – TCM-SP – Auditor de Controle Externo – Especialidade: Administração) Considere a seguinte afirmação: Se Carlos é médico, então Selma é auditora de controle externo e André é auxiliar técnico de controle externo.

Assinale a alternativa que contém uma equivalência lógica para a afirmação apresentada.

A. Se Selma não é auditora de controle externo e André não é auxiliar técnico de controle externo, então Carlos não é médico.
B. Se André não é auxiliar técnico de controle externo ou Selma não é auditora de controle externo, então Carlos não é médico.
C. Carlos é médico e Selma é auditora de controle externo, e André é auxiliar técnico de controle externo.
D. Carlos é médico, mas André não é auxiliar técnico de controle externo ou Selma não é auditora de controle externo.

E. Carlos é médico, mas Selma não é auditora de controle externo e André não é auxiliar técnico de controle externo.

COMENTÁRIO

A proposição apresentada possui a seguinte estrutura lógica:

Se Carlos é médico, então Selma é auditora de controle externo e André é auxiliar técnico de controle externo.

$P \rightarrow (Q \wedge R)$

A questão busca a equivalência da condicional. As equivalências da condicional são as seguintes:

1) Se p então q = Se não q então não p.

Ou seja, nega as duas proposições, inverte e mantém o conectivo.

Para negar as duas proposições devemos lembrar que a segunda parte é dada por uma conjunção e que a sua negação será uma disjunção. Então teremos:

$\sim(Q \wedge R) = \sim Q \vee \sim R$

Logo, a equivalência será: $(\sim Q \vee \sim R) \rightarrow \sim P$

"Se Selma não é auditora de controle externo ou André não é auxiliar técnico de controle externo, então Carlos não é médico."

2) Se p então q = Não p ou q.

Ou seja, nega a primeira, troca o conectivo por OU e mantém a segunda.

Então a equivalência será: $\sim P \vee (Q \wedge R)$

Carlos NÃO é médico OU Selma é auditora de controle externo e André é auxiliar técnico de controle externo.

Entre as alternativas disponíveis observe que temos a primeira equivalência feita na letra B. Apesar da estrutura não estar exatamente da forma que escrevemos, sabemos que a disjunção possui propriedade comutativa, ou seja, não é relevante a ordem em que aparece as proposições, o valor será o mesmo.

Resposta: LETRA B.

---

27. (FUNDATEC – 2023 – BRDE – Analista de Projetos – Administrador) A negativa da proposição lógica "Se perdermos, então vamos cancelar o projeto" é dada por:

A. Perdemos e não cancelamos o projeto.
B. Não perdemos e cancelamos o projeto.
C. Não cancelamos o projeto.
D. Não perdemos.
E. Perdemos e não houve projeto.

COMENTÁRIO

A proposição apresentada é uma condicional e a negação de uma condicional é dada por uma conjunção, conhecida como a regra do MANE (mantém a primeira e nega a segunda).

Ou seja:

$\sim(P \rightarrow Q) = P \wedge \sim Q$

Então a negação será: Perdemos e não cancelamos o projeto.

Resposta: LETRA A.

---

28. (Unesc – 2023 – Prefeitura de Criciúma-SC – Médico ESF) Segundo a Lei de Morgan, a negação da afirmação "Pedro é honesto ou Júlio é desleal" é:

A. Pedro não é honesto e Júlio é desleal.
B. Pedro não é honesto e Júlio não é desleal.
C. Pedro é honesto e Júlio não é desleal.

D. Pedro não é honesto ou Júlio não é desleal.

E. Pedro é honesto e Júlio é desleal.

COMENTÁRIO

A proposição dada é uma disjunção e sabemos que a sua negação é feita por uma conjunção. Note:

$\sim(P \vee Q) = \sim P \wedge \sim Q$

Ou seja, nega-se as proposições e troca o conectivo por "e".

Então a negação será: "Pedro NÃO é honesto E Júlio NÃO é desleal"

Resposta: LETRA B.

---

29. (FGV – 2023 – MPE-SP – Analista de Promotoria – Assistente Social) Considere a proposição: "Se estamos em fevereiro, então eu pago o IPVA". Assinale a opção que apresenta uma negação dessa proposição.

A. Estamos em fevereiro e eu não pago o IPVA.

B. Não estamos em fevereiro e eu não pago o IPVA.

C. Se estamos em fevereiro, então eu não pago o IPVA.

D. Se não estamos em fevereiro, então eu não pago o IPVA.

E. Se não estamos em fevereiro, então eu pago o IPVA.

COMENTÁRIO

A negação de uma condicional é dada por uma conjunção. Podemos usar a regra do MANE para ajudarmos a lembrar da forma da negação:

MANE: Mantém a primeira e nega a segunda

Então temos: "Se estamos em fevereiro, então eu pago o IPVA"

A negação será: "Estamos em fevereiro e eu não pago o IPVA.

Resposta: LETRA A.

---

30. (Instituto Consulplan – 2023 – MPE-BA – Assistente Técnico-Administrativo) Considere que um candidato ao concurso do MPBA fez a seguinte afirmação:

"Se irei trabalhar no MPBA, farei um bom trabalho ou serei reprovado no estágio probatório".

Dentro das regras da lógica, qual é a negação dessa proposição?

A. Irei trabalhar no MPBA e não farei um bom trabalho e não serei reprovado no estágio probatório.

B. Irei trabalhar no MPBA e não farei um bom trabalho ou não serei reprovado no estágio probatório.

C. Se irei trabalhar no MPBA, não farei um bom trabalho ou não serei reprovado no estágio probatório.

D. Se não irei trabalhar no MPBA, não farei um bom trabalho ou não serei reprovado no estágio probatório.

E. Se não farei um bom trabalho e não serei reprovado no estágio probatório, então irei trabalhar no MPBA.

COMENTÁRIO

A negação de uma condicional é dada por uma conjunção:

$\sim(P \rightarrow Q) = P \wedge \sim Q$

Ou seja, mantém a primeira, nega a segunda e troca o conectivo por "e".

"Se irei trabalhar no MPBA, farei um bom trabalho ou serei reprovado no estágio probatório"

Observe que a consequência dessa condicional é dada por uma disjunção, e como devemos negar a segunda parte precisamos lembrar que a negação de uma disjunção é dada por uma conjunção. Ou seja:

$\sim(A \vee B) = \sim A \wedge \sim B$

Logo, a sua negação será:

"Irei trabalhar no MPBA e não farei um bom trabalho e não serei reprovado no estágio probatório."

Resposta: LETRA A.

31. (Instituto Consulplan – 2023 – MPE-BA – Assistente Técnico-Administrativo) Um assistente técnico-administrativo estava trabalhando na digitação de uma sustentação oral de um Promotor, que atuava na acusação de um réu. Ao final de sua oratória, o Promotor afirmou que:

"Sempre que um criminoso é perdoado pelas falhas do sistema, a sociedade leva um tapa na cara".

O assistente técnico-administrativo escreveu a afirmação feita pelo Promotor de forma distinta, mas mantendo-se a equivalência lógica. Trata-se de uma possível escrita feita pelo assistente técnico-administrativo:

A. Se a sociedade não leva um tapa na cara, um criminoso não é perdoado pelas falhas do sistema.
B. Se um criminoso não é perdoado pelas falhas do sistema, a sociedade não leva um tapa na cara.
C. Sempre que a sociedade leva um tapa na cara, um criminoso é perdoado pelas falhas do sistema.
D. Sempre que um criminoso não é perdoado pelas falhas do sistema, a sociedade não leva um tapa na cara.
E. A sociedade levar um tapa na cara é condição suficiente para um criminoso ser perdoado pelas falhas do sistema.

COMENTÁRIO

A afirmativa do promotor é dada por uma condicional.

"Sempre que um criminoso é perdoado pelas falhas do sistema, a sociedade leva um tapa na cara".

Que pode ser escrita no formato: "Se um criminoso é perdoado pelas falhas do sistema, então a sociedade leva um tapa na cara".

Outra informação importante é que por definição, uma condição suficiente é a antecedente de uma condicional, e uma condição necessária é a consequente de uma condicional.

Com isso vamos encontrar alguma equivalência da condicional, vale lembrar que são duas possíveis:

1º) $P \to Q = {\sim}Q \to {\sim}P$

Nega as duas proposições e troca a ordem. Chamada de contrapositiva.

"Se a sociedade não leva um tapa na cara, então um criminoso não é perdoado pelas falhas do sistema"

2º) $P \to Q = {\sim}P \vee Q$

Nega a primeira + ou + mantém a segunda.

"Um criminoso não é perdoado pelas falhas do sistema ou a sociedade leva um tapa na cara".

Então temos a contrapositiva como resposta.

Resposta :LETRA A

32. (FUNDATEC – 2023 – BRDE – Assistente Administrativo) Dentre as proposições lógicas abaixo e suas respectivas negações, a alternativa INCORRETA é:

A. Carlos é carpinteiro – Carlos não é carpinteiro.
B. Marcia é secretária – Marcia não é professora.
C. Roger é eletricista e mecânico – Roger não é eletricista ou não é mecânico.
D. Juliano é lateral direito ou centroavante – Juliano não é centroavante e nem lateral direito.
E. Lídia não é secretária – Lídia é secretária.

COMENTÁRIO

Negar uma proposição significa trocar o seu valor lógico, ou seja, se a proposição possuir valor V então deveremos usar as informações dadas na própria proposição para torná-la F.

Observe que as alternativas dadas possuímos apenas proposições simples, conjunções e disjunções.

A negação de uma conjunção é dada por uma disjunção: ${\sim}(P \wedge Q) = {\sim}P \vee {\sim}Q$

E a negação de uma disjunção é dada por uma conjunção: ${\sim}(P \vee Q) = {\sim}P \wedge {\sim}Q$

Porém, se observarmos entre as alternativas, vemos que a letra B traz duas informações inconsistentes. Na primeira diz que Márcia é secretária e depois que Márcia não é professora. Ora, não ser professora não é negação de ser secretária.

Resposta :LETRA B.

33. (FUNDATEC – 2023 – BRDE – Assistente Administrativo) A negativa da proposição lógica "Se chover, então não jogaremos basquete" é dada por:

A. Não choveu.

B. Não choveu e não jogamos basquete.

C. Não jogamos basquete.

D. Choveu e jogamos basquete.

E. Choveu e não jogamos basquete.

COMENTÁRIO

A negação de uma condicional é dada por uma conjunção, onde consiste em manter a primeira proposição e negar a segunda (MANE).

Desta forma, tendo a proposição: "Se chover, então não jogaremos basquete"

A negação será: " Chove E jogamos basquete."

Resposta: LETRA D.

---

34. (FUNDATEC – 2023 – BRDE – Assistente Administrativo) A negação de "Mário come laranjas e maçãs" é:

A. Mário não come laranjas e maçãs.

B. Mário come laranjas e maçãs quase nunca.

C. Mário não come laranjas ou não come maçãs.

D. Mário come tangerina e melancia.

E. Mário não come frutas.

COMENTÁRIO

A sentença dada é uma conjunção e a negação de uma conjunção é dada por uma disjunção.

$\sim(P \wedge Q) = \sim P \vee \sim Q$

Então, dada a proposição "Mário come laranjas e maçãs" a sua negação será:

"Mario não come laranjas ou não come maças".

Resposta : LETRA C

---

35. (Unesc – 2023 – Prefeitura de Criciúma-SC – Farmacêutico) Segundo a Lei de Morgan, a negação da afirmação "Pedro é honesto ou Júlio é desleal" é:

A. Pedro é honesto e Júlio não é desleal.

B. Pedro é honesto e Júlio é desleal.

C. Pedro não é honesto e Júlio não é desleal.

D. Pedro não é honesto ou Júlio não é desleal.

E. Pedro não é honesto e Júlio é desleal.

COMENTÁRIO

A Lei de Morgan diz que a negação de uma disjunção é dada por uma conjunção e a negação de uma conjunção é dada por uma disjunção.

A sentença dada é uma disjunção:

$\sim(P \vee Q) = \sim P \wedge \sim Q$

Ou seja, negamos as duas proposições e trocamos o conectivo:

"Pedro é honesto ou Júlio é desleal" é:

A negação será: Pedro não é honesto e Júlio não é desleal.

Resposta: LETRA C.

36. (IBFC – 2023 – SEJUSP-MG – Agente de Segurança Socioeducativo) Assinale a alternativa que representa uma equivalência da proposição lógica "Se Ana trabalhou, então foi remunerada pelos seus serviços prestados".

A. Ana trabalhou ou não foi remunerada pelos seus serviços prestados
B. Ana não trabalhou ou não foi remunerada pelos seus serviços prestados
C. Ana não trabalhou e não foi remunerada pelos seus serviços prestados
D. Ana não trabalhou ou foi remunerada pelos seus serviços prestados

COMENTÁRIO

A questão busca a equivalência da condicional. As equivalências da condicional são as seguintes:

1) Se p então q = Se não q então não p.

$p \to q = \sim q \to \sim p$

Ou seja, nega as duas proposições, inverte e mantém o conectivo.

Logo, a equivalência será:

"Se Ana não foi remunerada pelos seus serviços prestados, então não trabalhou."

2) Se p então q = Não p ou q.

$p \to q = \sim p \vee q$

Ou seja, nega a primeira, troca o conectivo por OU e mantém a segunda.

Então a equivalência será:

"Ana não trabalhou ou foi remunerada pelos seus serviços prestados.

Note que a resposta correta corresponde a essa segunda equivalência.

Resposta: LETRA D.

---

37. (IBFC – 2023 – SEJUSP-MG – Agente de Segurança Socioeducativo) Uma frase que representa uma negação da proposição lógica "João dançará ou irá tirar fotos com os amigos" é:

A. João não dançará e não irá tirar fotos com os amigos
B. João dançará ou não irá tirar fotos com os amigos
C. João não dançará ou não irá tirar fotos com os amigos
D. João não dançará e irá tirar fotos com os amigos

COMENTÁRIO

A Lei de Morgan diz que a negação de uma disjunção é dada por uma conjunção e a negação de uma conjunção é dada por uma disjunção.

A sentença dada é uma disjunção:

$\sim(P \vee Q) = \sim P \wedge \sim Q$

Ou seja, negamos as duas proposições e trocamos o conectivo:

"João dançará ou irá tirar fotos com os amigos"

A negação será: "João NÃO dançará E NÃO irá tirar fotos com os amigos"

Resposta: LETRA A.

---

38. (FUNDATEC – 2023 – SPGG – RS – Médico (Clínica Geral)) A frase "Se Cristiano Ronaldo vai ficar no banco de reservas, então Portugal vai golear a Croácia" é uma frase logicamente falsa. Sendo assim, podemos afirmar que é verdade:

A. Cristiano Ronaldo vai ficar no banco de reservas e Portugal vai golear a Croácia.
B. Portugal vai golear a Croácia.
C. Portugal vai golear a Croácia e Portugal não vai ser campeão do mundo.
D. Cristiano Ronaldo não vai ficar no banco de reservas ou Portugal vai golear a Croácia.
E. Cristiano Ronaldo vai ficar no banco de reservas.

COMENTÁRIO

Se a sentença dada é falsa, então a sua negação será verdade.

A negação de uma condicional é feita por uma disjunção onde a regra é: Mantém a primeira proposição E nega a segunda.

"Se Cristiano Ronaldo vai ficar no banco de reservas, então Portugal vai golear a Croácia!

A negação será:

Cristiano Ronaldo vai ficar no banco de reservas E Portugal não vai golear a Croácia.

Como essa conjunção é verdade, então as duas proposições que a compõem são verdadeiras

Cristiano Ronaldo vai ficar no banco de reservas(V) E Portugal não vai golear a Croácia (V).

Resposta: LETRA E.

---

39. (FUNDATEC – 2023 – SPGG – RS – Médico (Clínica Geral)) De acordo com as regras da lógica, a negação da sentença quantificada: "Todo jogador de futebol quer ser campeão do mundo" é:

A. Existe jogador de futebol que não quer ser campeão do mundo.
B. Existe jogador de futebol que quer ser campeão do mundo.
C. Todo jogador de futebol não quer ser campeão do mundo.
D. Todo mundo que não é jogador de futebol quer ser campeão do mundo.
E. Nenhum jogador de futebol quer ser campeão do mundo.

COMENTÁRIO

Temos uma proposição categórica, no caso uma proposição categórica universal com o quantificador "todos".

Para negar uma proposição categórica universal utilizamos uma proposição particular. No caso do quantificador "todos" sua negação pode ser feita por "existe um que não é", "algum que não é", "pelo menos um que não é".

Então a negação será:

Existe jogador de futebol que não quer ser campeão do mundo".

Resposta: LETRA A.

---

40. (IADES – 2023 – GDF-SEEC – Gestor em Políticas Públicas e Gestão Governamental – Administração) Considerando a proposição composta "Se Pedro é gestor de políticas públicas, então Paulo é analista de políticas públicas", assinale a alternativa que apresenta a negação dessa proposição.

A. Pedro não é gestor de políticas públicas ou Paulo é analista de políticas públicas.
B. Pedro é gestor de políticas públicas e Paulo não é analista de políticas públicas.
C. Se Pedro não é gestor de políticas públicas, então Paulo não é analista de políticas públicas.
D. Pedro é gestor de políticas públicas ou Paulo não é analista de políticas públicas.
E. Pedro não é gestor de políticas públicas e Paulo não é analista de políticas públicas.

COMENTÁRIO

A proposição composta apresentada é uma condicional e a sua negação é dada por uma conjunção.

A regra é a MANE – MAntém a primeira e NEga a segunda.

Dada a proposição: "Se Pedro é gestor de políticas públicas, então Paulo é analista de políticas públicas"

A sua negação será: "Pedro é gestor de políticas públicas e Paulo não é analista de políticas públicas".

Resposta: LETRA B.

---

41. (FCM – 2023 – IFB – Professor – Fundamentos de Audiovisual) Considere a proposição a seguir:

"Ou eu estou cansado ou eu vou dormir."

A negação dessa proposição está indicada em

A. Eu vou dormir se estou cansado.

B. Se eu vou dormir então eu estou cansado.

C. Eu não estou cansado ou eu não vou dormir.

D. Se eu estou cansado então eu não vou dormir.

E. Vou dormir se, e somente se, estou cansado.

COMENTÁRIO

A proposição apresentada é uma disjunção exclusiva e a sua negação é dada por uma bicondicional:

$\sim(P \vee Q) = P \leftrightarrow Q$

Então, dada a proposição: "Ou eu estou cansado ou eu vou dormir."

A sua negação será: Vou dormir se, e somente se, estou cansado.

Resposta: LETRA E.

---

42. (FCM – 2023 – IFB – Professor – Fundamentos de Audiovisual) Uma sentença logicamente equivalente a "Se João é pescador então Antônio é baiano" é

A. João é pescador ou Antônio é baiano.

B. João é pescador e Antônio é baiano.

C. Se João não é baiano então Antônio não é pescador.

D. Se João não é pescador então Antônio não é baiano.

E. Se Antônio não é baiano então João não é pescador.

COMENTÁRIO

A proposição apresentada possui a seguinte estrutura lógica:

"Se João é pescador então Antônio é baiano"

A questão busca a equivalência da condicional. As equivalências da condicional são as seguintes:

1) Se p então q = Se não q então não p.

$P \rightarrow Q = \sim Q \rightarrow \sim P$

Ou seja, nega as duas proposições, inverte e mantém o conectivo. Então teremos:

"Se Antônio não é baiano, então João não é pescador."

2) Se p então q = Não p ou q.

$P \rightarrow Q = \sim P \vee Q$

Ou seja, nega a primeira, troca o conectivo por OU e mantém a segunda. Então a equivalência será:

"João não é pescador ou Antônio é baiano."

Resposta: LETRA E.

---

43. (FCM – 2023 – IFB – Professor – Fundamentos de Audiovisual) Considere a sentença a seguir constituída de uma disjunção exclusiva:

"Ou vou trabalhar de carro ou irei ao dentista."

Assim, a negação dessa sentença pode ser dada, corretamente, por

A. se eu for trabalhar de carro então irei ao dentista.

B. se eu for trabalhar de carro então não irei ao dentista.

C. eu vou trabalhar de carro se, e somente se, eu for ao dentista.

D. eu vou trabalhar de carro e não irei ao dentista.

E. eu não vou trabalhar de carro e nem irei ao dentista.

COMENTÁRIO

A proposição apresentada é uma disjunção exclusiva e a sua negação é dada por uma bicondicional:

$\sim(P \vee Q) = P \leftrightarrow Q$

Então, dada a proposição: "Ou vou trabalhar de carro ou irei ao dentista"

A sua negação será: Vou trabalhar de carro se, e somente se, irei ao cinema.

Resposta: LETRA C.

---

44. (Quadrix – 2023 – IPREV-DF – Analista Previdenciário – Especialista em Atuária) A barata sempre mente. A barata tem uma saia de filó. A barata disse: "Todas as minhas saias são de filó".

Admitindo a veracidade das três afirmações acima, julgue o item.

A negação de "A barata sempre mente" é "A barata nunca mente".

COMENTÁRIO

Essa é uma proposição categórica universal com o quantificador sempre. Toda proposição categórica universal será negada por uma quantificador particular.

A proposição dada como negação é outra proposição universal.

Uma negação possível seria "A barata às vezes fala a verdade".

Resposta: ERRADO.

---

45. (Instituto Consulplan – 2023 – SEGER-ES – Analista do Executivo – Arquivologia) Um servidor da SEGER/ES afirmou que "todos os servidores da SEGER/ES trabalham aos domingos". Sabendo-se que a afirmação que possui caráter hipotético feita pelo servidor é FALSA, pode-se concluir que:

A. Algum servidor da SEGER/ES não trabalha aos domingos.
B. Nenhum dos servidores da SEGER/ES trabalha aos domingos.
C. Pelo menos um servidor da SEGER/ES trabalha aos domingos.
D. Todos os servidores da SEGER/ES nunca trabalham aos domingos.
E. Os servidores da SEGER/ES trabalham somente de segunda-feira a sábado.

COMENTÁRIO

A proposição a ser analisada é: "todos os servidores da SEGER/ES trabalham aos domingos"

Essa é uma proposição categórica universal com o quantificador "todos". Como a questão afirmou que essa afirmação é falsa, então a sua negação será uma verdade.

Sabemos que toda proposição categórica universal será negada por uma quantificador particular. Ou seja, a negação de todos pode ser feita por: pelo menos um NÃO trabalha, existe um que NÃO trabalha, algum NÃO trabalha.

Desta forma, a alternativa correta será: Algum servidor da SEGER/ES não trabalha aos domingos.

Resposta: LETRA A.

---

46. (Instituto Consulplan – 2023 – SEGER-ES – Analista do Executivo – Arquivologia) Um analista executivo da SEGER/ES avaliou um projeto no qual deveria dar continuidade e constatou que "se o esboço está em conformidade com o marco regulatório, então o projeto deve ser executado". Sabendo-se que a proposição anterior é falsa, pode-se concluir como verdade que:

A. O projeto deve ser executado e o esboço está em conformidade com o marco regulatório.
B. O esboço não está em conformidade com o marco regulatório ou o projeto deve ser executado.
C. O esboço está em conformidade com o marco regulatório, mas o projeto não deve ser executado.
D. O esboço não está em conformidade com o marco regulatório e o projeto não deve ser executado.
E. Se o projeto não deve ser executado, então o esboço não está em conformidade com o marco regulatório.

COMENTÁRIO

A proposição dada é uma condicional do tipo: Se A, então B.

A negação de uma condicional é dada por $A \wedge \sim B$.

Conhecida como a regra MANÉ : Mantém a primeira e nega a segunda.

Logo: "se o esboço está em conformidade com o marco regulatório, então o projeto deve ser executado"

A negação será: " O esboço está em conformidade com o marco regulatório e (MAS) o projeto não deve ser executado.

Resposta: LETRA C.

---

47. (IDECAN – 2023 – SEFAZ-RR – Técnico em Infraestrutura de Tecnologia da Informação) Considere as seguintes afirmações:

I. ~(p → ~q) é logicamente equivalente à (q → ~p)

II. p ∧ (~q) é logicamente equivalente à ~(p ∨ q).

III. p → q é logicamente equivalente à ~(q → p).

Assinale

A. se somente I está correto.

B. se somente II está correto.

C. se somente III está correto.

D. se somente I e II estão corretos.

E. se nenhum item estiver correto.

COMENTÁRIO

Vamos analisar cada afirmativa:

I. ~(p → ~q) é logicamente equivalente à (q → ~p)

A questão fala de uma negação de uma condicional. A negação de uma condicional é dada pela regra MANÉ – Mantém a primeira e Nega a segunda ou seja, $p \wedge q$.

Logo o item está errado

II. p ∧ (~q) é logicamente equivalente à ~(p ∨ q).

~(p ∨ q) é a negação de uma disjunção, ou seja, $\sim p \wedge \sim q$. Diferente do que está na afirmativa. O item está errado.

III. p → q é logicamente equivalente à ~(q → p).

Como vimos no primeiro item, a negação de uma condicional é dada pela regra MANÉ – Mantém a primeira e Nega a segunda ou seja, a negação de $\sim(q \rightarrow p)$ é $q \wedge \sim p$.

O item está errado.

Logo, nenhum dos itens está correto.

Resposta: LETRA E.

---

48. (IDECAN – 2023 – SEFAZ-RR – Técnico em Infraestrutura de Tecnologia da Informação) Qual a negação da proposição "O Brasil foi campeão da copa do mundo de 1994 e o prêmio FIFA de melhor jogador foi para Romário"?

A. O Brasil não foi campeão da copa do mundo de 1994 ou o prêmio FIFA de melhor jogador não foi para Romário.

B. O Brasil não foi campeão da copa do mundo de 1994 e o prêmio FIFA de melhor jogador não foi para Romário.

C. Se o Brasil não foi campeão da copa do mundo de 1994, então o prêmio FIFA de melhor jogador não foi para Romário.

D. O Brasil não foi campeão da copa do mundo de 1994, se e somente se, o prêmio FIFA de melhor jogador não tiver sido para Romário.

E. O Brasil não foi campeão da copa do mundo de 1994 ou o prêmio FIFA de melhor jogador foi para Romário.

COMENTÁRIO

A proposição dada é uma conjunção do tipo: $A \wedge B$

A negação de uma conjunção é dada por uma disjunção, ou seja:

$\sim(A \wedge B) = \sim A \vee \sim B$

Então escrevendo a negação temos:

O Brasil NÃO foi campeão da copa do mundo de 1994 OU o prêmio FIFA de melhor jogador NÃO foi para Romário

GABARITO: LETRA A.

---

49. (INQC – 2023 – COMDEP – RJ – Cargos de Nível Médio) Valéria foi à academia e, chegando lá, ouviu de um funcionário o seguinte: "se você não se apressar, então não conseguirá usar a esteira". A afirmação do funcionário é logicamente equivalente à seguinte proposição:

A. você se apressa ou não conseguirá usar a esteira

B. você não se apressa e não consegue usar a esteira

C. se você se apressar, então conseguirá usar a esteira

D. se você não conseguir usar a esteira, então você não se apresso

COMENTÁRIO

A proposição dada é uma condicional. Sabemos que existem duas equivalências da condicional.

1º $A \rightarrow B \leftrightarrow \sim A \vee B$

Essa primeira equivalência da condicional consiste em: "negar a primeira proposição + ∨ + mantém a segunda proposição."

Então a equivalência será: "Você se apressar ou não conseguirá usar a esteira"

2º $A \rightarrow B \leftrightarrow \sim B \rightarrow \sim A$

A segunda equivalência da condicional consiste em: "negar as duas proposições, inverte as duas proposições e mantém o conectivo de condicional."

Então a equivalência será: "se você conseguir usar a esteira, então você se apressou"

Como podemos observar, a alternativa correta corresponde a primeira equivalência feita.

GABARITO: LETRA A.

---

50. (INQC – 2023 – COMDEP – RJ – Cargos de Nível Médio) O professor José, em um conselho de classe, afirmou que "o Márcio precisa prestar mais atenção ou ficará em recuperação". Se a afirmação do professor José é falsa, então é necessariamente verdadeiro que:

A. se Márcio ficar em recuperação, então precisa prestar mais atenção

B. Márcio não precisa prestar mais atenção ou ficará em recuperação

C. se Márcio precisa prestar mais atenção, então ficará em recuperação

D. Márcio não precisa prestar mais atenção e não ficará em recuperação

COMENTÁRIO

Se essa afirmação é falsa, a proposição verdadeira será a sua negação.

A negação de uma disjunção é dada por uma conjunção.

Ou seja: $\sim(A \vee B) \leftrightarrow \sim A \wedge \sim B$

Então a negação da proposição será: "o Márcio NÃO precisa prestar mais atenção E NÃO ficará em recuperação.

GABARITO: LETRA D.

---

51. (INQC – 2023 – COMDEP – RJ – Cargos de Nível Médio) Jandira reclamou com seus colegas quando chegou ao trabalho numa segunda-feira: "toda segunda-feira é um dia ruim". Uma proposição logicamente equivalente à afirmação de Jandira é:

A. se é um dia ruim, então é segunda-feira

B. se não é um dia ruim, então é segunda-feira

C. se é um dia ruim, então não é segunda-feira

D. se não é um dia ruim, então não é segunda-feira

COMENTÁRIO

A proposição dada "toda segunda-feira é um dia ruim" pode ser escrita como uma condicional:

"Se é segunda-feira, então é um dia ruim".

Entre as alternativas dessa questão vemos apenas a ideia da equivalência da contrapositiva que consiste em negar as duas proposições e então trocar as suas posições.

Então assim temos a proposição equivalente:

"Se não é um dia ruim, então não é segunda-feira".

GABARITO: LETRA D.

---

52. (INQC – 2023 – COMDEP – RJ – Cargos de Nível Médio) A afirmação "O Senegal vencer o Equador é condição suficiente para que o Equador não se classifique" é logicamente equivalente a:

A. se o Senegal vencer o Equador, então o Equador não se classifica

B. se o Equador não se classifica, então o Senegal vence o Equador

C. o Equador não se classifica ou o Senegal vence o Equador

D. o Equador não se classifica e o Senegal vence o Equador

COMENTÁRIO

Em uma condicional, a sua estrutura é formada por *CAUSA* $\rightarrow$ *CONSEQUÊNCIA*

Com isso podemos concluir que a causa é a condição suficiente da proposição, enquanto a consequência é condição necessária.

Desta forma temos: *CONDIÇÃO SUFICIENTE* $\rightarrow$ *CONDIÇÃO NECESSÁRIA*

Logo:

Se o Senegal vencer o Equador então o Equador não se classifica.

GABARITO: LETRA A.

---

53. (FUMARC – 2023 – AL-MG – Técnico de Apoio Legislativo – Policial Legislativo) Considerando as proposições p: 12 é um número composto e q: 3 é um número primo, é CORRETO afirmar que a negação de $p \vee q$ logicamente representada por $\sim(p \vee q)$ é a proposição:

A. 12 é um número composto ou 3 não é um número primo.

B. 12 não é um número composto e 3 é um número primo.

C. 12 não é um número composto e 3 não é um número primo.

D. 12 não é um número composto ou 3 não é um número primo.

COMENTÁRIO

A proposição pode ser escrita como:

$p \vee q$: 12 é um número composto ou 3 é um número primo.

A negação da disjunção é dada por uma conjunção, ou seja: $\sim(p \vee q) = \sim p \wedge \sim q$

Então reescrevendo temos:

12 não é um número composto e 3 não é um número primo.

GABARITO: LETRA C.

---

54. (FUMARC – 2023 – AL-MG – Técnico de Apoio Legislativo) Considerando a sentença p: "todos os homens são bons calculistas", então é CORRETO afirmar que a negação de p é a sentença:

A. Nenhum homem é bom calculista.

B. Pelo menos um homem é mau calculista.

C. Todas as mulheres são boas calculistas.

D. Todos os homens são maus calculistas.

COMENTÁRIO

A proposição dada é uma proposição categórica em que o quantificador universal lógico é a palavra "todos".

Para negar uma proposição universal, utilizamos uma proposição particular. Nesse caso, para negar "todos" temos: pelo menos um não é; existe um que não é .

Então temos : Pelo menos um homem é mau calculista.

GABARITO: LETRA B.

---

55. (FUNDATEC – 2023 – BRDE – Analista de Projetos – Administrador) A negação de "Carlos come pudim e massa" é:

A. Carlos não come pudim e massa.
B. Carlos come pudim e massa quase nunca.
C. Carlos não come nada.
D. Carlos come sagu e lasanha.
E. Carlos não come pudim ou não come massa.

COMENTÁRIO

A proposição dada é uma conjunção. A negação de uma conjunção é dada por uma disjunção, ou seja:

$\sim(p \wedge q) \leftrightarrow \sim p \vee \sim q$

Chamando de:

p: Carlos come pudim

q: Carlos come massa

Então, a negação será: " Carlos não come pudim ou não come massa.

GABARITO: LETRA E.

---

56. (FCM – 2023 – IFB – Técnico de Laboratório – Vestuário) Considere a proposição:

"Se João é médico então Maria é dentista."

É correto afirmar que a negação da recíproca dessa proposição é

A. se Maria não é dentista então João não é médico.
B. se Maria é dentista então João é médico.
C. João não é médico ou Maria não é dentista.
D. Maria é dentista e João não é médico.
E. João é médico e Maria não é dentista.

COMENTÁRIO

A proposição apresentada é uma condicional e a negação de uma condicional é dada por uma conjunção, conhecida como a regra do MANE (mantém a primeira e nega a segunda).

Ou seja:

$\sim(P \rightarrow Q) = P \wedge \sim Q$

Então a negação será: João é médico E Maria não é dentista.

GABARITO: LETRA E.

---

57. (FCM – 2023 – IFB – Técnico de Laboratório – Vestuário) A contra positiva da frase "Se essa rua fosse minha eu mandava ladrilhar", famosa por ser um trecho musical, é:

A. A rua não é minha e não foi ladrilhada.
B. Se eu não mandei ladrilhar então a rua não é minha.
C. Se a rua não é minha, não mandei ladrilhar.
D. Mandarei ladrilhar a rua se e só se ela for minha.
E. A rua é minha ou não mandarei ladrilhar.

COMENTÁRIO

Como é uma condicional, podemos usar a ideia de equivalência. A contra positiva dessa sentença será (nega tudo e inverte a sentença):

$p \rightarrow q = \sim q \rightarrow \sim p$

Dada a sentença: "Se essa rua fosse minha eu mandava ladrilhar",

A contra positiva será: Se eu não mandei ladrilhar, então a rua não é minha.

GABARITO: LETRA B.

---

58. (FCM – 2023 – IFB – Pedagogo/Área) Considere verdadeira a afirmação a seguir:

"Eu passeio de bicicleta se e somente se é domingo."

A negação dessa afirmativa está representada em

A. Ou eu passeio de bicicleta ou é domingo.
B. Ou eu não passeio de bicicleta ou é domingo.
C. Eu não passeio de bicicleta ou não é domingo.
D. Se eu não passeio de bicicleta então não é domingo.
E. Eu não passeio de bicicleta se e somente se não é domingo.

COMENTÁRIO

A afirmação dada é uma bicondicional (se, e somente se). A negação de uma bicondicional é dada por uma disjunção exclusiva (ou...ou). Ou seja, as proposições são mantidas e é trocado apenas o conectivo.

Desta forma, a negação dessa afirmativa será:

Ou eu passeio de bicicleta ou é domingo."

GABARITO: LETRA A.

---

59. (FCM – 2023 – IFB – Pedagogo/Área) A contrapositiva da proposição

"Se o jogador não estava impedido, então o gol foi validado"

Será dada por:

A. Se o jogador estava impedido, então o gol não foi validado.
B. Se o gol foi validado, então o jogador não estava impedido.
C. Se o gol não foi validado, então o jogador estava impedido.
D. Ou o jogador não estava impedido ou o gol não foi validado.
E. O jogador estava impedido e o gol foi validado.

COMENTÁRIO

Como é uma condicional, podemos usar a ideia de equivalência. A contra positiva dessa sentença será (nega tudo e inverte a sentença):

$p \rightarrow q = \sim q \rightarrow \sim p$

Dada a sentença: "Se o jogador não estava impedido, então o gol foi validado"

A contra positiva será: Se o gol não foi validado, então o jogador estava impedido.

GABARITO: LETRA C.

---

60. (VUNESP – 2022 – HORTOPREV – SP – Assistente Técnico Legislativo) Considere a seguinte afirmação baseada em estimativas do IBGE: "Hortolândia possui 230851 habitantes". Assumindo essa afirmação como verdadeira, então é correto afirmar:

A. se uma certa cidade possuir 230851 habitantes, então essa cidade será Hortolândia.
B. se uma cidade não possuir 230851 habitantes, então essa cidade não será Hortolândia.
C. se uma cidade não for Hortolândia, então não possui 230851 habitantes.

D. uma condição suficiente para que uma cidade seja Hortolândia é que ela possua 230851 habitantes.

E. uma condição necessária para que uma cidade tenha 230851 habitantes é que ela seja Hortolândia.

COMENTÁRIO

Note que a afirmação baseada em estimativas do IBGE pode ser escrita como uma condicional:

"Se a cidade é Hortolândia, então essa cidade possui 230851 habitantes."

Desta forma, podemos encontrar a equivalência da condicional chamada contra positiva:

$P \to Q = {\sim}Q \to {\sim}P$

Ou seja,

Se uma cidade não possuir 230851 habitantes, então essa cidade não será Hortolândia.

GABARITO: LETRA B.

---

61. (VUNESP – 2022 – Câmara Municipal de São José dos Campos-SP – Técnico Legislativo) Considere a afirmação: "Ou arranjo emprego ou não me caso". A negação dessa afirmação é:

A. Se eu arranjo emprego, então eu me caso.

B. Se eu não arranjo emprego, então eu me caso.

C. Ou não arranjo emprego ou me caso.

D. Ou não arranjo emprego ou não me caso.

E. Arranjo emprego e não me caso.

COMENTÁRIO

Para negarmos uma proposição com a estrutura de uma disjunção exclusiva, devemos transformá-las em uma estrutura bicondicional. Ou podemos negar também, mantendo a disjunção exclusiva e negando apenas uma das proposições simples.

Vejamos;

"Ou arranjo emprego ou não me caso".

- P= arranjo emprego
- Q= não me caso

Negando-a temos;

"Arranjo emprego se e somente se não me caso".

Ou

"Ou não arranjo emprego ou não me caso"

Ou

"Ou arranjo emprego ou me caso".

Dentre as alternativas possíveis temos a letra D.

GABARITO LETRA D

---

62. (IBADE – 2022 – Faceli – Contador) A negação da proposição "Vilma tem uma irmã ou Sérgio é vereador" é representada pela proposição:

A. Vilma tem uma irmã ou Sérgio não é vereador

B. Vilma não tem uma irmã ou Sérgio não é vereador.

C. Vilma não tem uma irmã e Sérgio não é vereador.

D. Vilma tem uma irmã e Sérgio não é vereador.

E. Vilma tem várias irmãs e Sérgio vários irmãos.

COMENTÁRIO

A Lei de Morgan diz que a negação de uma disjunção é dada por uma conjunção e a negação de uma conjunção é dada por uma disjunção.

A sentença dada é uma disjunção:

$\sim(P \vee Q) = \sim P \wedge \sim Q$

Ou seja, negamos as duas proposições e trocamos o conectivo:

"Vilma não tem uma irmã e Sérgio não é vereador"

GABARITO: LETRA C.

---

63. (Quadrix – 2022 – CRF-PR – Técnico em Informática) A negação de "Todos os cães merecem o céu" é

A. "Se é cão, então não merece o céu".

B. "Se não merece o céu, então não é cão".

C. "Todos os cães não merecem o céu".

D. "Nenhum cão merece o céu".

E. "Algum cão não merece o céu".

COMENTÁRIO

Temos uma proposição categórica, no caso uma proposição categórica universal com o quantificador "todos".

Para negar uma proposição categórica universal utilizamos uma particular. No caso do quantificador "todos" sua negação pode ser feita por "existe um que não é", "algum que não é", "pelo menos um que não é".

Então, a negação será:

"Algum cão não merece o céu."

GABARITO: LETRA E.

---

64. (Quadrix – 2022 – CRT-03 – Analista Administrativo) Acerca de estruturas lógicas, julgue o item.

A negação de "Alex troca de carro se, e somente se, ele não tiver que pagar plano de saúde" é "Alex não troca de carro e não tem que pagar plano de saúde ou Alex troca de carro e tem que pagar plano de saúde".

COMENTÁRIO

A negação de uma bicondicional pode ser feita de duas formas

Pode ser feita de duas formas:

1. $\sim(p \leftrightarrow q) = p \veebar q$

Essa primeira forma é uma disjunção exclusiva

2. $\sim(p \leftrightarrow q) = (\sim p \wedge q) \vee (q \wedge \sim p)$

É dessa negação que consiste a afirmativa.

GABARITO: CERTO.

---

65. (Quadrix -- 2022 -- CRT-03 -- Analista Administrativo) Acerca de estruturas lógicas, julgue o item.

A negação de "Algum aluno está doente" é "Nenhum aluno está doente".

COMENTÁRIO

Para negar uma proposição categórica é bem simples:

- Se o quantificador utilizado for universal, a negação utilizará um quantificador particular.
- Se o quantificador utilizado for particular, a negação utilizará um quantificador universal.

A afirmativa dada traz o quantificador "Algum", ou seja é um quantificador particular, então a sua negação será feita por um quantificador universal.

"Nenhum aluno está doente".

GABARITO: CERTO.

---

66. (Quadrix – 2022 – CRT-03 – Analista Administrativo) Acerca de estruturas lógicas, julgue o item.

A negação de "Todo administrador é cauteloso" é "Todo administrador não é cauteloso".

COMENTÁRIO

Para negar uma proposição categórica é bem simples:

- Se o quantificador utilizado for universal, a negação utilizará um quantificador particular.
- Se o quantificador utilizado for particular, a negação utilizará um quantificador universal.

A afirmativa dada traz o quantificador "TODOS", ou seja é um quantificador UNIVERSAL, então a sua negação será feita por um quantificador PARTICULAR.

Uma forma de negar seria: "Existe um administrador que não é cauteloso."

GABARITO: ERRADO.

---

67. (Quadrix – 2022 – Câmara de Goianésia-GO – Auxiliar Administrativo Legislativo) A negação da proposição "Nenhum homem é uma ilha." é

A. "Algum homem é uma ilha.".

B. "Todo homem é uma ilha.".

C. "Se é homem, então é uma ilha.".

D. "É homem se, e somente se, é uma ilha.".

E. "Se é uma ilha, então é homem.".

COMENTÁRIO

Como vimos anteriormente, para negar uma proposição categórica é bem simples:

- Se o quantificador utilizado for universal, a negação utilizará um quantificador particular.
- Se o quantificador utilizado for particular, a negação utilizará um quantificador universal.

A afirmativa dada traz o quantificador "Nenhum", ou seja é um quantificador UNIVERSAL, então a sua negação será feita por um quantificador PARTICULAR.

A negação será: "Algum homem é uma ilha"

GABARITO: LETRA A.

---

68. (Quadrix – 2022 – CRC-MG – Auxiliar Administrativo) Julgue o item, referente à compreensão de estruturas lógicas.

A negação da proposição "Cristiano é português se, e somente se, Lionel é argentino." é "Cristiano não é português e Lionel é argentino ou Cristiano é português e Lionel não é argentino.".

COMENTÁRIO

A negação de uma bicondicional pode ser feita de duas formas

Pode ser feita de duas formas:

1. $\sim(p \leftrightarrow q) = p \veebar q$

   Essa primeira forma é uma disjunção exclusiva

2. $\sim(p \leftrightarrow q) = (\sim p \wedge q) \vee (q \wedge \sim p)$

   Observe que a sentença dada é exatamente representada pela segunda forma mostrada.

GABARITO: CERTO.

---

69. (Quadrix – 2022 – PRODAM-AM – Programador – Desenvolvedor) Admitindo que p, q e r sejam três proposições, assinale a alternativa que apresenta a negação da proposição $p \rightarrow (q \wedge r)$.

A. $\sim p \rightarrow (\sim q \vee \sim r)$

B. $(\sim q \vee \sim r) \rightarrow \sim p$

C. $p \wedge (\sim q \vee \sim r)$

D. $\sim p \wedge (\sim q \vee \sim p)$

E. $\sim p \vee (q \wedge r)$

COMENTÁRIO

O conectivo principal é uma condicional. A proposição apresentada é uma condicional e a negação de uma condicional é dada por uma conjunção, conhecida como a regra do MANE (mantém a primeira e nega a segunda).

Como a segunda proposição é uma conjunção devemos negá-la.

A negação de uma conjunção é dada por uma disjunção:

$\sim(q \wedge r) = \sim q \vee \sim r$

Logo, a negação dessa sentença será:

$p \wedge (\sim q \vee \sim r)$

GABARITO: LETRA C.

---

70. (Quadrix – 2022 – PRODAM-AM – Programador – Desenvolvedor) Assinale a alternativa que apresenta a negação da proposição "Se André é corajoso, então Magali é natural de Magdala.".

A. Se André não é corajoso, então Magali não é natural de Magdala.

B. Se Magali não é natural de Magdala, então André não é corajoso.

C. André não é corajoso ou Magali é natural de Magdala.

D. André é corajoso e Magali não é natural de Magdala.

E. André é corajoso ou Magali não é natural de Magdala.

COMENTÁRIO

A proposição apresentada é uma condicional e a negação de uma condicional é dada por uma conjunção, conhecida como a regra do MANE (mantém a primeira e nega a segunda).

Ou seja:

$\sim(P \rightarrow Q) = P \wedge \sim Q$

Então a negação da sentença será:

"André é corajoso e Magali não é natural de Magdala."

GABARITO: LETRA D.

---

71. (Quadrix – 2022 – CRP 9ª Região (GO e TO) – Analista Administrativo) Admitindo que as proposições "Psi é a penúltima letra do alfabeto grego." e "A psicologia é o estudo da alma." são verdadeiras e que a proposição "Todo psicólogo é vidente." é falsa, julgue o item.

A negação de "Todo psicólogo é vidente." é "Nenhum psicólogo é vidente.".

COMENTÁRIO

Temos uma proposição categórica, no caso uma proposição categórica universal com o quantificador "todos".

Para negar uma proposição categórica universal utilizamos uma particular. No caso do quantificador "todos" sua negação pode ser feita por "existe um que não é", "algum que não é", "pelo menos um que não é".

Então negando temos: Pelo menos um psicólogo não é vidente.

GABARITO: ERRADO.

---

72. (Quadrix – 2022 – CRO – RS – Agente Administrativo) A negação de "Se Cristiano Ronaldo é argentino, então Messi é português" é

A. "Se Messi não é português, então Cristiano Ronaldo não é argentino".

B. "Cristiano Ronaldo é argentino e Messi não é português".

C. "Cristiano Ronaldo é argentino ou Messi é português".

D. "Messi é argentino e Cristiano Ronaldo é português".

E. "Se Cristiano Ronaldo não é argentino, então Messi não é português".

COMENTÁRIO

A proposição apresentada é uma condicional e a negação de uma condicional é dada por uma conjunção, conhecida como a regra do MANE (mantém a primeira e nega a segunda).

Ou seja:

$\sim(P \to Q) = P \wedge Q$

Então a negação será: Cristiano Ronaldo é argentino e Messi não é português.

GABARITO: LETRA B.

---

73. (Quadrix -- 2022 -- CRA-SC -- Agente Administrativo) A negação da proposição "Toda mulher é linda naturalmente" é

A. "Toda mulher não é linda naturalmente".

B. "Se é mulher, então não é linda naturalmente".

C. "Alguma mulher não é linda naturalmente".

D. "Nenhuma mulher é linda naturalmente".

E. "Não é mulher e não é linda naturalmente".

COMENTÁRIO

Temos uma proposição categórica, no caso uma proposição categórica universal com o quantificador "todos".

Para negar uma proposição categórica universal utilizamos uma particular. No caso do quantificador "todos" sua negação pode ser feita por "existe um que não é", "algum que não é", "pelo menos um que não é".

Então negando temos: Alguma mulher não é linda naturalmente.

GABARITO: LETRA C.

---

74. (Quadrix – 2022 – CRBM 3ª Região – Fiscal Biomédico) Sendo p, q e r três proposições, julgue o item.

As proposições p → q e ~p → ~q são logicamente equivalentes.

COMENTÁRIO

A equivalência de uma condicional que é dada por outra condicional é chamada de contra positiva que consiste em negar as duas proposições e inverter a ordem.

Então o correto seria:

$p \to q = \sim q \to \sim p$

GABARITO: ERRADO.

---

75. (Quadrix – 2022 – CRBM 3ª Região – Fiscal Biomédico) Sendo p, q e r três proposições, julgue o item.

A negação de p ∧ q é ~p ∧~q.

COMENTÁRIO

O conectivo utilizado é uma conjunção e segundo a Lei de Morgan, a negação de uma conjunção é dada por uma disjunção.

Desta forma:

$\sim(p \wedge q) = \sim p \vee \sim q$

GABARITO: ERRADO.

---

76. (Quadrix – 2022 – CREMERN – Agente Fiscal) Com base na compreensão de estruturas lógicas e na lógica de argumentação, julgue o item.

Se a proposição "Oscar é jogador de basquete" é verdadeira, então a proposição "Se Gael é tenista, então Oscar é jogador de basquete" é, necessariamente, verdadeira.

COMENTÁRIO

Para que uma condicional seja necessariamente verdadeira a sua primeira parte deverá ter o valor lógico igual a FALSO, visto que se a primeira proposição for verdadeira pode ocorrer uma situação de falsidade ($V \to F$), ou a segunda proposição tem que ser verdade.

Observe que a segunda parte da condicional é verdade, logo não importa o valor da primeira proposição, ela sempre será positiva.

GABARITO: CERTO.

---

77. (Quadrix – 2022 – CREMERN – Agente Fiscal) Com base na compreensão de estruturas lógicas e na lógica de argumentação, julgue o item.

A negação de "Se Pelé é rei, então Marta é rainha" é "Pele é rei e Marta não é rainha".

COMENTÁRIO

A proposição apresentada é uma condicional e a negação de uma condicional é dada por uma conjunção, conhecida como a regra do MANE (mantém a primeira e nega a segunda).

Ou seja:

$\sim(P \to Q) = P \wedge \sim Q$

Então a negação será: Pelé é rei e Marta não é rainha.

GABARITO: CERTO.

---

78. (Quadrix – 2022 – CREMERN – Agente Fiscal) Com base na compreensão de estruturas lógicas e na lógica de argumentação, julgue o item.

As frases "Se Rayssa é skatista, então Giba é voleibolista" e "Se Giba não é voleibolista, então Rayssa não é skatista" são equivalentes.

COMENTÁRIO

A equivalência de uma condicional que é dada por outra condicional é chamada de contra positiva que consiste em negar as duas proposições e inverter a ordem.

Ou seja: $p \to q = \sim q \to \sim p$

Essa é exatamente a estrutura apresentada no item.

GABARITO: CERTO.

---

79. (Quadrix – 2022 – CREMERN – Agente Fiscal) Com base na compreensão de estruturas lógicas e na lógica de argumentação, julgue o item.

A negação de "Maguila é boxeador e Pelé é futebolista" é "Maguila não é boxeador e Pelé não é futebolista".

COMENTÁRIO

A Lei de Morgan diz que a negação de uma disjunção é dada por uma conjunção e a negação de uma conjunção é dada por uma disjunção.

A proposição dada é uma conjunção, logo a sua negação será:

$\sim(p \wedge q) = \sim p \vee \sim q$

Então será: "Maguila não é boxeador OU Pelé não é futebolista"

GABARITO: ERRADO.

---

80. (Quadrix – 2022 – CREMERN – Agente Fiscal) Com base na compreensão de estruturas lógicas e na lógica de argumentação, julgue o item.

A negação de "Todo judoca inicia no judô na faixa branca" é "Pelo menos um judoca não inicia no judô na faixa branca".

COMENTÁRIO

Temos uma proposição categórica, no caso uma proposição categórica universal com o quantificador "todos".

Para negar uma proposição categórica universal utilizamos uma particular. No caso do quantificador "todos" sua negação pode ser feita por "existe um que não é", "algum que não é", "pelo menos um que não é".

Então negando temos: é "Pelo menos um judoca não inicia no judô na faixa branca".

GABARITO: CERTO.

---

81. (Quadrix – 2022 – CREMERO – Controle Interno) Um número natural e primo é dito pitagórico quando o resto da sua divisão por 4 é igual a 1. Tendo como referência essa definição, julgue o item.

A negação da proposição "Todos os números primos pitagóricos são ímpares" é "Todos os números primos pitagóricos são pares".

COMENTÁRIO

Como vimos a proposição apresenta um quantificador universal "todos".

Para negar uma proposição categórica universal utilizamos uma particular. No caso do quantificador "todos" sua negação pode ser feita por "existe um que não é", "algum que não é", "pelo menos um que não é".

Então negando temos: Existe um número primo pitagórico que não é ímpar.

GABARITO: ERRADO.

---

82. (Quadrix – 2022 – CRP – SP – Assistente Administrativo) Considerando que as proposições "A comida favorita de Magali é melancia" e "Cascão tem medo de chuva" sejam verdadeiras, julgue o item.

A negação de "Se Cebolinha tem dislalia, então Zé Lelé é primo de Chico Bento" é "Cebolinha tem dislalia e Zé Lelé não é primo de Chico Bento".

COMENTÁRIO

A questão fala de uma negação de uma condicional. A negação de uma condicional é dada pela regra MANÉ – Mantém a primeira e Nega a segunda ou seja

$\sim(P \rightarrow Q) = P \wedge \sim Q$

Escrevendo: Cebolinha tem dislalia e Zé Lelé não é primo de Chico Bento

GABARITO: CERTO.

---

83. (Quadrix – 2022 – CRM-SC – Advogado) Com relação a estruturas lógicas, julgue o item.

As proposições "Se eu vou para Florianópolis, eu me divirto" e "Eu me diverti, então eu fui para Florianópolis" são equivalentes.

COMENTÁRIO

Não existe propriedade comutativa na condicional, ou seja, ao trocar as proposições de lugares pode mudar o valor lógico da proposição.

Logo, as proposições não são equivalentes.

GABARITO: ERRADO.

---

84. (VUNESP – 2023 – TCM-SP – Auxiliar Técnico de Controle Externo – Suporte Administrativo) Considere a seguinte afirmação: Hélio é casado ou Luana é solteira.

Uma equivalência lógica para a proposição apresentada está contida na alternativa:

A. Se Hélio não é casado, então Luana é solteira.
B. Hélio e Luana são solteiros.
C. Se Hélio é solteiro, então Luana é casada.
D. Hélio e Luana são casados.
E. Se Hélio é casado, então Luana não é solteira.

COMENTÁRIO

Umas das equivalências da condicional é dada por uma disjunção:

$P \to Q = \sim P \vee Q$

Desta forma, se considerarmos

~P: Hélio é casado.

Então: *P: Hélio não é casado.*

Sendo *Q: Luana é solteira.*

Logo, Hélio é casado ou Luana é solteira = $\sim P \vee Q$.

A condicional será: $P \to Q$ = *Se Hélio não é casado, então Luana é solteira.*

GABARITO: LETRA A.

---

85. (CESPE / CEBRASPE – 2023 – TJ-CE – Técnico Judiciário – Área: Judiciária) Supondo que P represente afirmação "Há 250 artigos na constituição brasileira" e que Q seja a afirmação "No Brasil existem mais de 34 mil leis" assinale a opção em que e apresentada a simbolização correta para a afirmação "Não há 250 artigos na constituição brasileira e no Brasil não existem mais de 34 mil leis".

A. $\sim(P \wedge Q)$

B. $\sim P \vee \sim Q$

C. $\sim P \wedge Q$

D. $\sim(P \vee Q)$

E. $\sim(P \to Q)$

COMENTÁRIO

A negação de uma proposição pode ser representada pelo símbolo ~. Desta forma:

P: Há 250 artigos na constituição brasileira

~P: Não há 250 artigos na constituição brasileira

Q: No Brasil existem mais de 34 mil leis

~Q: No Brasil não existem mais de 34 mil leis

O conectivo utilizado foi "e", que pode ser representado pelo símbolo $\wedge$.

Logo,

"Não há 250 artigos na constituição brasileira e no Brasil não existem mais de 34 mil leis".

$\sim P \wedge \sim Q$

Segundo a lei de Morgan,

$\sim P \wedge \sim Q = \sim(P \vee Q)$

GABARITO: LETRA D.

---

86. (SELECON – 2023 – Prefeitura de Nova Mutum-MT – Agente de Fiscalização Tributária) Considere a seguinte proposição:

"Se amanhã for feriado, então Ricardo não irá trabalhar." A negação dessa proposição está corretamente indicada na seguinte alternativa:

A. Amanhã é feriado e Ricardo irá trabalhar.

B. Amanhã não é feriado e Ricardo irá trabalhar.

C. Amanhã é feriado ou Ricardo não irá trabalhar.

D. Amanhã não é feriado ou Ricardo irá trabalhar.

COMENTÁRIO

A proposição apresentada é uma condicional e a negação de uma condicional é dada por uma conjunção, conhecida como a regra do MANE (mantém a primeira e nega a segunda).

Ou seja:

$\sim(P \to Q) = P \wedge \sim Q$

Então a negação será: Amanhã é feriado e Ricardo irá trabalhar

GABARITO: LETRA A.

---

87. (Quadrix – 2022 – CRM-SC – Advogado) Com relação a estruturas lógicas, julgue o item.

"Joinville é a cidade mais bonita do mundo" é a negação de "Florianópolis é a cidade mais bonita do mundo".

COMENTÁRIO

A negação de uma proposição é o mesmo que trocar o valor lógico dessa proposição.

Então a forma correta de fazer a negação de "Joinville é a cidade mais bonita do mundo" seria "Joinville NÃO é a cidade mais bonita do mundo"

GABARITO: ERRADO.

---

88. (Quadrix – 2022 – COREN-AP – Analista Administrativo – Contador) Julgue o item.

A proposição composta "Se o Brasil é um país da Europa, então a Argentina é um país da Ásia" é falsa.

COMENTÁRIO

Temos uma condicional, e como vimos anteriormente, a única forma de se obter falso é quando a primeira proposição é verdadeira e a segunda proposição é falsa.

Desta forma, vamos valorar as proposições:

"O Brasil é um país da Europa"

Sabemos que é o Brasil é um país da América do Sul, logo a proposição possui um valor falso.

"a Argentina é um país da Ásia"

A Argentina é um país que pertencia a América do Sul, logo essa proposição é falsa também.

Sendo assim temos:

$F \to F = V$

Logo, a condicional é verdadeira.

GABARITO: ERRADO.

---

89. (Quadrix – 2022 – CRA-PR – Auxiliar Administrativo) Sendo p , q e r três proposições, julgue o item.

As proposições ~(p ∨ q) e ~p ∧ ~q são equivalentes.

COMENTÁRIO

Uma forma de verificar essa equivalência é construindo a tabela verdade de cada uma das proposições dadas. Se elas possuírem a mesma valoração serão equivalentes.

Dada a proposição $\sim(p \vee q)$:

p	q	$p \vee q$	$\sim(p \vee q)$
V	V	V	F
V	F	V	F
F	V	V	F
F	F	F	V

Dada a proposição: $\sim p \wedge \sim q$

p	q	~p	~q	$\sim p \wedge \sim q$
V	V	F	F	F
V	F	F	V	F

F	V	V	F	F
F	F	V	V	V

Observe que as duas proposições possuem o mesmo valor, logo as proposições são equivalentes.

GABARITO: CERTO.

---

90. (IBFC – 2022 – IBGE – Agente Censitário de Administração e Informática – Edital nº 8) "Rosana inseriu os dados no sistema informatizado ou protocolou o documento em tempo hábil". De acordo com a equivalência de proposições compostas, a negação da frase pode ser descrita como:

A. Rosana não inseriu os dados no sistema informatizado e não protocolou o documento em tempo hábil
B. Rosana inseriu os dados no sistema informatizado ou protocolou o documento em tempo hábil
C. Rosana não inseriu os dados no sistema informatizado ou protocolou o documento em tempo hábil
D. Rosana inseriu os dados no sistema informatizado ou não protocolou o documento em tempo hábil
E. Rosana inseriu os dados no sistema informatizado e protocolou o documento em tempo hábil

COMENTÁRIO

A proposição dada é uma disjunção dada pelo conectivo "ou". Desta forma, para fazer a negação de uma disjunção usaremos a segunda lei de Morgan.

$\sim(p \vee q) = \sim p \wedge \sim q$

Sejam:

p: Rosana inseriu os dados no sistema informatizado

q: protocolou o documento em tempo hábil

$\sim p \wedge \sim q$ = Rosana NÃO inseriu os dados no sistema informatizado E NÃO protocolou o documento em tempo hábil"

GABARITO: LETRA A.

---

91. (IBFC – 2022 – IBGE – Agente Censitário de Administração e Informática – Edital nº 8) De acordo com a proposição lógica a frase "O agente censitário não transcreveu o texto em planilha eletrônica ou o trabalho foi realizado com sucesso" é equivalente a frase:

A. Se o agente censitário não transcreveu o texto em planilha eletrônica, então o trabalho não foi realizado com sucesso
B. O agente censitário transcreveu o texto em planilha eletrônica e o trabalho não foi realizado com sucesso
C. O agente censitário transcreveu o texto em planilha eletrônica ou o trabalho não foi realizado com sucesso
D. Se o trabalho foi realizado com sucesso, então o coordenador não realizou a previsão orçamentária
E. Se o trabalho não foi realizado com sucesso, então o agente censitário não transcreveu o texto em planilha eletrônica

COMENTÁRIO

Ao estudarmos os tipos de equivalências de uma condicional, vimos um caso de uma disjunção.

Sendo assim, a disjunção pode ser escrita no formato de uma condicional

$A \rightarrow B = \sim A \vee B$

Então vamos chamar de:

$\sim A$: O agente censitário não transcreveu o texto em planilha eletrônica

B: o trabalho foi realizado com sucesso

Logo, a equivalência condicional será:

SE agente censitário transcreveu o texto em planilha eletrônica, ENTÃO o trabalho foi realizado com sucesso.

Observe que não há entre as alternativas essa condicional pois na verdade ela veio escrita no formato da sua contrapositiva.

$A \to B = \sim B \to \sim A$

SE o trabalho NÃO foi realizado com sucesso, ENTÃO o agente censitário NÃO transcreveu o texto em planilha eletrônica.

GABARITO: LETRA E.

---

92. (IBFC – 2022 – IBGE – Coordenador Censitário de Área – Edital nº 7) De acordo com a proposição lógica a frase "Se o coordenador realizou a previsão orçamentária, então o trabalho foi realizado com sucesso" é equivalente a frase:

A. Se o coordenador não realizou a previsão orçamentária, então o trabalho não foi realizado com sucesso
B. O coordenador realizou a previsão orçamentária e o trabalho foi realizado com sucesso
C. O coordenador realizou a previsão orçamentária ou o trabalho foi realizado com sucesso
D. Se o trabalho não foi realizado com sucesso, então o coordenador não realizou a previsão orçamentária
E. Se o trabalho foi realizado com sucesso, então o coordenador realizou a previsão orçamentária

COMENTÁRIO

A proposição dada é uma condicional, e sabemos que a condicional possui duas equivalências

Dada uma condicional no formato: $A \to B$

A: o coordenador realizou a previsão orçamentária

B: o trabalho foi realizado com sucesso

1ª equivalência: $\sim B \to \sim A$

Essa é a chamada contrapositiva, onde cabe negar as duas proposições e inverter o antecedente com o consequente.

Então teremos: "Se o trabalho não foi realizado com sucesso, então o coordenador não realizou a previsão orçamentária.

2ª equivalência: $\sim A \vee B$

A regra é simples: NEGA a primeira + conectivo ou + MANTÉM a segunda.

Então teremos: O coordenador NÃO realizou a previsão orçamentária OU o trabalho foi realizado com sucesso.

A alternativa correta é a contrapositiva.

GABARITO: LETRA D.

---

93. (IBFC – 2022 – IBGE – Coordenador Censitário de Área – Edital nº 7) "Ana analisou o trabalho de um recenseador e autorizou a prorrogação de seu contrato". De acordo com a equivalência de proposições compostas, a negação da frase pode ser descrita como:

A. Ana não analisou o trabalho de um recenseador e não autorizou a prorrogação de seu contrato
B. Ana não analisou o trabalho de um recenseador ou autorizou a prorrogação de seu contrato
C. Ana não analisou o trabalho de um recenseador ou não autorizou a prorrogação de seu contrato
D. Ana analisou o trabalho de um recenseador e não autorizou a prorrogação de seu contrato
E. Ana analisou o trabalho de um recenseador ou não autorizou a prorrogação de seu contrato

COMENTÁRIO

A proposição dada é uma conjunção dada pelo conectivo "e". Desta forma, para fazer a negação de uma conjunção usaremos a primeira lei de Morgan, ou seja, usaremos uma disjunção:

$\sim(p \wedge q) = \sim p \vee \sim q$

Sejam:

p: Ana analisou o trabalho de um recenseador

q: autorizou a prorrogação de seu contrato

$\sim p \vee \sim q$ = Ana NÃO analisou o trabalho de um recenseador OU NÃO autorizou a prorrogação de seu contrato.

Desta forma, nossa alternativa é a letra C.

GABARITO: LETRA C.

---

94. (Prova: IBFC – 2021 – MGS – Assistente Social) A negação da proposição composta "Ana é assistente social e completou o ensino superior" pode ser descrita logicamente como:

A. Ana não é assistente social e não completou o ensino superior

B. Ana não é assistente social ou não completou o ensino superior

C. Ana não é assistente social ou completou o ensino superior

D. Ana é assistente social ou não completou o ensino superior

COMENTÁRIO

A sentença dada é uma conjunção representada pelo conectivo "E".

Então vamos relembrar a negação de uma conjunção (∧):

Conjunção	Negação
$A \wedge B$	$\sim A \vee \sim B$

Essa negação é conhecida como a 2ª Lei de Morgan, ou seja, negamos as duas proposições e trocamos o conectivo por uma disjunção (ou).

Sendo a sentença: "Ana é assistente social e completou o ensino superior"

P: Ana é assistente social

Q: Ana completou o ensino superior

Então temos: $P \wedge Q$

A negação: $\sim P \vee \sim Q$

Reescrevendo temos:

Conjunção	Negação
Ana é assistente social e completou o ensino superior"	Ana não é assistente social ou não completou o ensino superior"

GABARITO: LETRA B.

---

95. (IBFC – 2021 – MGS – Cargos de Nível Médio) A negação da proposição composta "Ana é professora ou José é auxiliar de classe" pode ser descrita logicamente como:

A. Ana não é professora ou José não é auxiliar de classe

B. Ana não é professora e José é auxiliar de classe

C. Ana não é professora e José não é auxiliar de classe

D. Ana é professora e José não é auxiliar de classe

COMENTÁRIO

Essa é uma questão em que procura a negação de uma disjunção. Então vamos relembrar a negação de uma disjunção (ou):

Disjunção	Negação
$A \vee B$	$\sim A \wedge \sim B$

Essa negação é conhecida como a 1ª Lei de Morgan, ou seja, negamos as duas proposições e trocamos o conectivo por uma conjunção (E).

Sendo a sentença: "Ana é professora ou José é auxiliar de classe".

P: Ana é professora

Q: José é auxiliar de classe.

Então temos: $P \vee Q$

A negação: $\sim P \wedge \sim Q$

Reescrevendo temos:

Disjunção	Negação
Ana é professora ou José é auxiliar de classe	Ana não é professora e José não é auxiliar de classe

GABARITO: LETRA C.

---

96. (IBFC – 2021 – Prefeitura de São Gonçalo do Amarante-RN – Agente Administrativo) Uma pessoa procura argumentar listando as premissas.

P1: Toda autoridade pública ao cometer crime deve ser afastada.

P2: Essa autoridade pública cometeu crime.

De P1 e P2 a pessoa extrai a conclusão adotando um tipo de raciocínio lógico

- C: "Logo, essa autoridade deve ser afastada".

Essa frase é, então, formulada pela pessoa na forma de uma proposição, formulada com o conectivo lógico condicional:

"Se a autoridade cometeu esse crime, então a autoridade deve ser afastada."

Assinale a alternativa que identifica corretamente o tipo de raciocínio lógico envolvido na construção da conclusão C do argumento, e uma afirmação equivalente à proposição condicional formulada acima.

A. Indução; "A autoridade cometeu esse crime ou a autoridade deve ser afastada."

B. Dedução; "Se a autoridade não cometeu esse crime, então a autoridade não deve ser afastada."

C. Indução; "A autoridade não cometeu esse crime e a autoridade não deve ser afastada."

D. Dedução; "Se a autoridade não deve ser afastada, então a autoridade não cometeu esse crime."

COMENTÁRIO

Primeiro vamos entender os tipos de raciocínio:

Indução: do Particular para o Geral

Dedução: do Geral para o particular.

Então podemos ver que se trata de uma dedução

A questão busca uma proposição que seja equivalente a condicional dada.

Dada uma condicional no formato: $A \rightarrow B$

1ª equivalência: $\sim B \rightarrow \sim A$

Essa é a chamada contrapositiva, onde cabe negar as duas proposições e inverter o antecedente com o consequente.

2ª equivalência: $\sim A \vee B$

A regra é simples: NEGA a primeira + conectivo ou + MANTÉM a segunda.

Entre as alternativas com dedução, podemos ver que a questão pede a contrapositiva da condicional:

Condicional	Contrapositiva
"Se a autoridade cometeu esse crime, então a autoridade deve ser afastada."	Se a autoridade não deve ser afastada, então a autoridade não cometeu esse crime.

GABARITO: LETRA D.

---

97. (VUNESP – 2021 – TJM-SP – Técnico em Comunicação e Processamento de Dados Judiciário (Desenvolvedor)) Considere as proposições p e q, em que:

p: o dia está ensolarado e a temperatura é baixa.

q: é inverno.

A negação da condicional p → q está corretamente representada por:

A. Se o dia não está ensolarado ou a temperatura não está baixa, então não é inverno.
B. Se o dia não está ensolarado ou a temperatura não está baixa, então é inverno.
C. Se o dia não está ensolarado e a temperatura não está baixa, então é inverno.
D. O dia não está ensolarado ou a temperatura não é baixa e é inverno.
E. O dia está ensolarado e a temperatura é baixa e não é inverno.

COMENTÁRIO

Essa é uma questão em que procura a negação de uma condicional. Então vamos relembrar a negação de uma condicional (se...então):

Condicional	Negação
$p \to q$	$p \wedge (\sim q)$

Ou seja, mantém a primeira proposição, nega a segunda e troca o conectivo por uma conjunção (E).

Então aplicando a regra temos:

Condicional	Negação
Se o dia está ensolarado e a temperatura é baixa, então é inverno.	O dia está ensolarado e a temperatura é baixa e não é inverno..

GABARITO LETRA E

---

98. (VUNESP – 2020 – Prefeitura de Ferraz de Vasconcelos-SP – Guarda Municipal) Considere a afirmação:

Se Fulano é guarda civil, então Beltrano é policial militar.

Uma afirmação logicamente equivalente à afirmação acima é:

A. Se Fulano é policial militar, então Beltrano é guarda civil.
B. Se Fulano não é guarda civil, então Beltrano não é policial militar.
C. Se Beltrano não é policial militar, então Fulano não é guarda civil.
D. Se Beltrano é policial militar, então Fulano é guarda civil.
E. Se Fulano não é policial militar, então Beltrano não é guarda civil.

COMENTÁRIO

Em relação a condicionais, existem duas formas de equivalências, vamos relembra-las:

Dada uma condicional no formato: $A \to B$

1ª equivalência: $\sim B \to \sim A$

Essa é a chamada contrapositiva, onde cabe negar as duas proposições e inverter o antecedente com o consequente.

2ª equivalência: $\sim A \vee B$

A regra é simples: NEGA a primeira + conectivo ou + MANTÉM a segunda.

Com isso podemos resolver a questão:

Condicional	1ª equivalência	2ª equivalência
$P \to Q$	$\sim Q \to \sim P$	$\sim P \vee Q$
Se Fulano é guarda civil, então Beltrano é policial militar.	Se Beltrano não é policial militar, então Fulano não é guarda civil.	Fulano não é guarda civil ou Beltrano é policial militar.

Observe que entre as alternativas a questão pede a contrapositiva.

GABARITO: LETRA C.

---

99. (VUNESP – 2021 – TJ-SP – Escrevente Técnico Judiciário) Identifique a afirmação que corresponda à negação lógica da afirmação a seguir:

Se a questão é fácil, então todos os candidatos acertam.

A. A questão é fácil ou pelo menos um candidato acerta.

B. A questão é fácil e pelo menos um candidato não acerta.

C. Se a questão não é fácil, então nenhum candidato acerta.

D. Se todos os candidatos não acertam, então a questão não é fácil.

E. A questão não é fácil e todos os candidatos acertam.

COMENTÁRIO

Essa é uma questão em que procura a negação de uma condicional. Então vamos relembrar a negação de uma condicional (se...então):

Condicional	Negação
$p \rightarrow q$	$p \wedge (\sim q)$

Ou seja, mantém a primeira proposição, nega a segunda e troca o conectivo por uma conjunção (E).

Observe que essa é uma questão que trabalha com proposições categóricas.

Mas o que são sentenças categóricas?

Na lógica, uma proposição categórica, é uma proposição que afirma ou nega que todos ou alguns dos membros de uma categoria estão incluídos em outro.

Desta forma, para resolver essa questão vamos relembrar algumas regrinhas de negação das proposições categóricas. São elas:

1ª) negação de TODO = pelo menos um/ existe um/ algum + NÃO

2ª) negação de ALGUM = Nenhum / todo não

3º) negação de NENHUM = Pelo menos um/ existe um

A negação de "todos os candidatos acertam" é "pelo menos um candidato não"

Então aplicando a regra temos:

Condicional	Negação
Se a questão é fácil, então todos os candidatos acertam.	A questão é fácil E pelo menos um candidato não acerta.

GABARITO LETRA B

---

100. (VUNESP – 2020 – Prefeitura de Ferraz de Vasconcelos-SP – Guarda Municipal) Considere a seguinte ordem dada:

Ligue a sirene e leve a viatura até o local da ocorrência.

Assinale a alternativa que contém uma negação lógica da ordem dada.

A. Não ligue a sirene e leve a viatura até o local da ocorrência.

B. Não ligue a sirene ou leve a viatura até o local da ocorrência.

C. Não leve a viatura até o local da ocorrência e ligue a sirene.

D. Não leve a viatura até o local da ocorrência ou não ligue a sirene.

E. Não leve a viatura até o local da ocorrência e não ligue a sirene.

COMENTÁRIO

A sentença dada é uma conjunção representada pelo conectivo "E".

Então vamos relembrar a negação de uma conjunção ($\wedge$):

Conjunção	Negação
$A \wedge B$	$\sim A \vee \sim B$

Essa negação é conhecida como a 2ª Lei de Morgan, ou seja, negamos as duas proposições e trocamos o conectivo por uma disjunção (ou).

Sendo a sentença: "Ligue a sirene e leve a viatura até o local da ocorrência.".

P: Ligue a sirene.

Q: leve a viatura até o local da ocorrência

Então temos: $P \wedge Q$

A negação: $\sim P \vee \sim Q$

Reescrevendo temos:

Conjunção	Negação
Ligue a sirene e leve a viatura até o local da ocorrência.	Não ligue a sirene ou não leve a viatura até o local da ocorrência

Como a disjunção é comutativa, isso é o mesmo que: " Não leve a viatura até o local da ocorrência ou não ligue a sirene."

GABARITO LETRA D

---

101. (IBFC – 2021 – Prefeitura de São Gonçalo do Amarante-RN – Agente Administrativo) Considere a proposição lógica composta abaixo, baseada nos versos de Samba da Minha Terra, de Dorival Caymmi.

"Eu nasci com o samba e no samba me criei, e do danado do samba nunca me separei"

Temos encadeadas as três proposições simples (A, B e C) pelo conectivo lógico "e": "(A e B) e C". Assumindo que a negação de "nunca" (advérbio de tempo) se dá pelo emprego da palavra "sempre", assinale a alternativa que indica a negação da proposição.

A. Eu não nasci com o samba ou no samba não me criei, ou do danado do samba sempre me separei

B. Se eu não nasci com o samba, então no samba não me criei e do danado do samba sempre me separei

C. Eu não nasci com o samba, e no samba não me criei, e do danado do samba me separei

D. Eu não nasci com o samba, ou no samba me criei e do danado do samba sempre me separei

COMENTÁRIO

Dada a proposição composta

"Eu nasci com o samba e no samba me criei, e do danado do samba nunca me separei"

Tem sua estrutura lógica como $(A \wedge B) \wedge C$

Para negar conjunção e disjunções utilizamos as leis de Morgan:

1ª lei de Morgan	2ª lei de Morgan
$\sim(p \vee q) = \sim p \wedge \sim q$	$\sim(p \wedge q) = \sim p \vee \sim q$

Então a negação será $(\sim A \vee \sim B) \vee \sim C$

Reescrevendo então:

"Eu não nasci com o samba ou no samba não me criei, ou do danado do samba sempre me separei"

GABARITO: LETRA A.

---

102. (Provas: IBFC – 2021 – Prefeitura de São Gonçalo do Amarante-RN – Administrador) O trecho abaixo é do soneto XLIV, de Pablo Neruda, retirado de uma tradução para o Português popular na rede de computadores. (...) Amo-te para começar a amar-te, para recomeçar o infinito e para não deixar de amar-te nunca: por isso não te amo ainda. (...) Neste trecho vemos um conflito que inspira o poeta, que pode ser trocado pela proposição composta: "Se começa, então termina". A partir dela considere as afirmações derivadas abaixo.

I. Se não termina, então não começa.

II. Não começa ou termina.

III. Começa e não termina.

Com respeito à lógica proposicional assinale a alternativa que caracteriza cada afirmativa com respeito à proposição original

A. I – negação; II – negação; III – equivalência

B. I – equivalência; II – equivalência; III – negação

C. I – negação; II – equivalência; III – negação

D. I – negação; II – negação; III – negação

COMENTÁRIO

A proposição composta a ser analisada será:

"Se começa, então termina".

É uma condicional, e sabemos que a condicional possui duas equivalências

Dada uma condicional no formato: $A \to B$

1ª equivalência: ~B → ~A

Essa é a chamada contrapositiva, onde cabe negar as duas proposições e inverter o antecedente com o consequente.

Então teremos: "Se não termina, então não começa".

Esse é o item I.

2ª equivalência: ~A ∨ B

A regra é simples: NEGA a primeira + conectivo ou + MANTÉM a segunda.

Então teremos: Não começa ou termina.

Esse é o item II.

A negação de uma condicional (se...então):

Condicional	Negação
$p \to q$	$p \wedge (\sim q)$

Ou seja, mantém a primeira proposição, nega a segunda e troca o conectivo por uma conjunção (E).

Então teremos: Começa e não termina.

Item III.

Logo,

I Equivalência, II equivalência; III negação.

GABARITO: LETRA D.

---

103. (VUNESP – 2021 – TJ-SP – Escrevente Técnico Judiciário) Uma afirmação equivalente à afirmação 'Se Alice estuda, então ela faz uma boa prova, e se Alice estuda, então ela não fica triste' é

A. Se Alice estuda, então ela não faz uma boa prova ou ela fica triste.

B. Se Alice fica triste e não faz uma boa prova, então ela não estuda.

C. Se Alice estuda, então ela faz uma boa prova e ela não fica triste.

D. Alice estuda e ela faz uma boa prova e não fica triste.

E. Alice não estuda, e ela faz uma boa prova ou não fica triste.

COMENTÁRIO

A proposição apresentada na questão é uma condicional. Então vamos relembrar algumas coisas importantes sobre esse tipo de proposição.

Em relação a condicionais, existem duas formas de equivalências, vamos relembrá-las:

Dada uma condicional no formato: $A \to B$

1ª equivalência: ~B → ~A

Essa é a chamada contrapositiva, onde cabe negar as duas proposições e inverter o antecedente com o consequente.

2ª equivalência: ~A ∨ B

A regra é simples: NEGA a primeira + conectivo ou + MANTÉM a segunda.

Outra informação importante é $(A \to B) \wedge (A \to C) = A \to (B \wedge C)$

Sabendo disso, vamos analisar e responder a questão:

'Se Alice estuda, então ela faz uma boa prova, e se Alice estuda, então ela não fica triste'

A: Alice estuda

B: Ela faz uma boa prova

C: Ela fica feliz

$(A \rightarrow B) \wedge (A \rightarrow C) = A \rightarrow (B \wedge C)$

Logo, reescrevendo:

"Se Alice estuda, então ela faz uma boa prova e ela não fica triste".

Temos então a alternativa C como a correta.

GABARITO LETRA C

---

104. (VUNESP – 2021 – TJM-SP – Analista em Comunicação e Processamento de Dados Judiciário (Analista de Redes)) Uma proposição equivalente a "Se acordei cedo e me alimentei, então tenho um dia produtivo" é a proposição:

A. Não tenho um dia produtivo e não acordei cedo e não me alimentei.

B. Tenho um dia produtivo e não acordei cedo e não me alimentei.

C. Se não tenho um dia produtivo, então não acordei cedo ou não me alimentei.

D. Se não tenho um dia produtivo, então não acordei cedo e não me alimentei.

E. Se tenho um dia produtivo, então acordei cedo ou me alimentei.

COMENTÁRIO

A proposição dada é uma condicional e sabemos que uma condicional é formada pela seguinte estrutura: *Antecedente* $\rightarrow$ *Consequente*

Dada uma condicional no formato: $A \rightarrow B$

1ª equivalência: ~B → ~A

Essa é a chamada contrapositiva, onde cabe negar as duas proposições e inverter o antecedente com o consequente.

2ª equivalência: ~A ∨ B

A regra é simples: NEGA a primeira + conectivo ou + MANTÉM a segunda.

A afirmativa dada possui em seu antecedente uma proposição composta que é uma conjunção. Então podemos escrever com a seguinte simbologia:

"Se acordei cedo e me alimentei, então tenho um dia produtivo"

P: Acordei cedo

Q: Me alimentei

R: tenho um dia produtivo

$(P \wedge Q) \rightarrow R$

Encontrando as suas equivalências:

1ª: negar as duas proposições e inverter o antecedente com o consequente.

$\sim R \rightarrow (\sim P \vee \sim Q)$

"Se não tenho um dia produtivo, então não acordei cedo ou não me alimentei.

2ª: Nega a primeira + conectivo ou + mantém a segunda.

$(\sim P \vee \sim Q) \vee R$

"Não acordei cedo ou não me alimentei ou tenho um dia produtivo".

Observe que entre as alternativas, a correta é a contrapositiva que encontramos.

GABARITO LETRA C

---

105. (IBFC – 2021 – SEAP-PR – Agente Profissional – Engenheiro Civil) A frase "Se a floresta foi explorada, então os animais estão ameaçados" é logicamente equivalente a frase:

A. Se a floresta não foi explorada, então os animais estão ameaçados

B. Se a floresta não foi explorada, então os animais não estão ameaçados
C. Se a floresta foi explorada, então os animais não estão ameaçados
D. Se os animais não estão ameaçados, então a floresta não foi explorada
E. Se os animais estão ameaçados, então a floresta foi explorada

COMENTÁRIO

Temos uma condicional, e sabemos que a condicional possui duas equivalências

Dada uma condicional no formato: $A \to B$

"Se a floresta foi explorada, então os animais estão ameaçados"

1ª equivalência: ~B → ~A

Essa é a chamada contrapositiva, onde cabe negar as duas proposições e inverter o antecedente com o consequente.

Então teremos: "Se os animais não estão ameaçados, então a floresta não foi explorada".

2ª equivalência: ~A ∨ B

A regra é simples: NEGA a primeira + conectivo ou + MANTÉM a segunda.

Então teremos: "A floresta não foi explorada ou os animais estão ameaçados"

Observe que temos uma contrapositiva.

GABARITO: LETRA D.

---

106. (VUNESP – 2021 – Semae de Piracicaba-SP – Programador Junior) Considere a seguinte afirmação: Anderson é analista programador se, e somente se, Débora é analista de software. Assinale a alternativa que contém uma negação lógica para a afirmação apresentada.

A. Anderson não é analista programador se, e somente se, Débora não é analista de software.
B. Ou Anderson é analista programador, ou Débora é analista de software.
C. Débora não é analista de software e Anderson não é analista programador.
D. Se Anderson não é analista programador, então Débora não é analista de software.
E. Se Débora não é analista de software, então Anderson não é analista programador.

COMENTÁRIO

Para negarmos uma proposição com a estrutura de uma bicondicional devemos transformá-las em uma estrutura disjunção exclusiva. Ou podemos negar também, mantendo a bicondicional e negando apenas uma das proposições simples.

Vejamos:

$\sim(P \leftrightarrow Q) = P \veebar Q$

$\sim(P \leftrightarrow Q) = \sim P \leftrightarrow Q$

$\sim(P \leftrightarrow Q) = P \leftrightarrow \sim Q$

Aplicando:

"Anderson é analista programador se, e somente se, Débora é analista de software.".

- P= Anderson é analista programador
- Q= Débora é analista de software

Negando-a temos;

"Ou Anderson é analista programador ou Débora é analista de software".

Ou

"Anderson não é analista programador se e somente se Débora é analista de software"

Ou

"Anderson é analista programador se e somente se Débora não é analista de software"

Dentre as alternativas possíveis temos a letra B.

GABARITO LETRA B

107. (IBFC – 2021 – SEAP-PR – Agente de Execução – Técnico em Enfermagem) Considerando a frase "Se a chuva foi forte, então a maré subiu". Assinale a alternativa que apresenta uma frase que é logicamente equivalente a ela.

A. Se a maré não subiu, então a chuva não foi forte
B. Se a maré não subiu, então a chuva foi forte
C. Se a maré subiu, então a chuva não foi forte
D. Se a maré subiu, então a chuva foi forte
E. A chuva não foi forte ou a maré não subiu

COMENTÁRIO

Dada uma condicional no formato: $A \to B$. Existem duas equivalências.

"Se a chuva foi forte, então a maré subiu".

1ª equivalência: $\sim B \to \sim A$

Essa é a chamada contrapositiva, onde cabe negar as duas proposições e inverter o antecedente com o consequente.

Então teremos: "Se a maré não subiu, então a chuva não foi forte.".

2ª equivalência: $\sim A \vee B$

A regra é simples: NEGA a primeira + conectivo ou + MANTÉM a segunda.

Então teremos: "A chuva NÃO foi forte ou a maré subiu".

GABARITO: LETRA A.

108. (IBFC – 2020 – EBSERH – Farmacêutico) Dada a sentença

"Ou Camila é médica ou Ana é dentista."

Assinale a alternativa que apresenta a negação das proposições anteriores.

A. Camila não é médica e Ana não é dentista
B. Camila não é médica ou Ana não é dentista
C. Se Camila não é médica então Ana não é dentista
D. Camila é médica se e somente se Ana é dentista
E. Se Camila é médica então Ana é dentista

COMENTÁRIO

A proposição composta traz o conectivo "ou...ou" que identificamos como uma disjunção exclusiva.

A negação de uma disjunção exclusiva é dada por uma bicondicional:

$\sim(P \veebar Q) = P \leftrightarrow Q$

Logo, a negação de "Ou Camila é médica ou Ana é dentista." Será:

Camila é médica se e somente se Ana é dentista.

GABARITO: LETRA D.

109. (IBFC – 2020 – SAEB-BA – Soldado) Observe a disjunção: "Marcelo não gosta de futebol ou Bruno não gosta de natação", assinale a alternativa correta que apresenta a negação dessa disjunção.

A. Marcelo gosta de futebol e Bruno não gosta de natação
B. Marcelo gosta de futebol se e somente se Bruno gosta de natação
C. Ou Marcelo gosta de futebol ou Bruno gosta de natação
D. Marcelo gosta de futebol e Bruno gosta de natação
E. Marcelo não gosta de futebol e Bruno não gosta de natação

COMENTÁRIO

Temos uma disjunção, e para nega-la utilizamos a lei de Morgan.

P: Marcelo não gosta de futebol

~P: Marcelo gosta de futebol

Q: Bruno não gosta de natação

~Q: Bruno gosta de Natação.

1ª lei de Morgan	2ª lei de Morgan
$\sim(p \vee q) = \sim p \wedge \sim q$	$\sim(p \wedge q) = \sim p \vee \sim q$

Logo, $\sim(P \vee Q) = \sim P \wedge \sim Q$

Reescrevendo:

Marcelo gosta de futebol E Bruno gosta de natação.

GABARITO: LETRA D.

---

110. (VUNESP – 2020 – EBSERH – Técnico em Análises Clínicas) Considere a seguinte afirmação:

O técnico em análises clínicas realiza testes laboratoriais e faz análises microscópicas.

Uma negação lógica para a afirmação apresentada está contida na alternativa:

A. O técnico em análises clínicas não realiza testes laboratoriais e não faz análises microscópicas.
B. O técnico em análises clínicas não realiza testes laboratoriais ou não faz análises microscópicas.
C. O técnico em análises clínicas não realiza testes laboratoriais, mas faz análises microscópicas.
D. Quem realiza testes laboratoriais e faz análises microscópicas não é técnico em análises clínicas.
E. Quem não realiza testes laboratoriais e não faz análises microscópicas é técnico em análises clínicas.

COMENTÁRIO

A sentença dada é uma conjunção representada pelo conectivo "E".

Então vamos relembrar a negação de uma conjunção (∧):

Conjunção	Negação
$A \wedge B$	$\sim A \vee \sim B$

Essa negação é conhecida como a 2ª Lei de Morgan, ou seja, negamos as duas proposições e trocamos o conectivo por uma disjunção (ou).

Sendo a sentença: "O técnico em análises clínicas realiza testes laboratoriais e faz análises microscópicas."

P: O técnico em análises clínicas realiza testes

Q: faz análises microscópicas

Então temos: $P \wedge Q$

A negação: $\sim P \vee \sim Q$

Reescrevendo temos:

Conjunção	Negação
O técnico em análises clínicas realiza testes laboratoriais e faz análises microscópicas	O técnico em análises clínicas não realiza testes laboratoriais OU não faz análises microscópicas

GABARITO LETRA B

---

111. (VUNESP – 2020 – Prefeitura de Ilhabela-SP – Analista – Tecnologia da Informação e Comunicação) Considere a afirmação: Se a ampulheta está quebrada, então o tempo não pode ser medido. Uma afirmação que corresponde à sua negação lógica é:

A. A ampulheta está quebrada, e o tempo pode ser medido.

B. Se a ampulheta não está quebrada, então o tempo pode ser medido
C. A ampulheta não está quebrada, e o tempo não pode ser medido.
D. Se o tempo pode ser medido, então a ampulheta não está quebrada.
E. O tempo não pode ser medido ou a ampulheta está quebrada.

COMENTÁRIO

Essa é uma questão em que procura a negação de uma condicional. Então vamos relembrar a negação de uma condicional (se...então):

Condicional	Negação
$p \rightarrow q$	$p \wedge (\sim q)$

Ou seja, mantém a primeira proposição, nega a segunda e troca o conectivo por uma conjunção (E).

Então aplicando a regra temos:

Condicional	Negação
Se a ampulheta está quebrada, então o tempo não pode ser medido	A ampulheta está quebrada e o tempo pode ser medido

GABARITO: LETRA A.

---

112. (VUNESP – 2020 – Prefeitura de Ilhabela-SP – Analista – Tecnologia da Informação e Comunicação) Considere a afirmação: Se a ampulheta está quebrada, então o tempo não pode ser medido. Uma afirmação que corresponde à sua negação lógica é:

F. A ampulheta está quebrada, e o tempo pode ser medido.
G. Se a ampulheta não está quebrada, então o tempo pode ser medido
H. A ampulheta não está quebrada, e o tempo não pode ser medido.
I. Se o tempo pode ser medido, então a ampulheta não está quebrada.
J. O tempo não pode ser medido ou a ampulheta está quebrada.

COMENTÁRIO

Essa é uma questão em que procura a negação de uma condicional. Então vamos relembrar a negação de uma condicional (se...então):

Condicional	**Negação**
$p \rightarrow q$	$p \wedge (\sim q)$

Ou seja, mantém a primeira proposição, nega a segunda e troca o conectivo por uma conjunção (E).

Então aplicando a regra temos:

Condicional	**Negação**
Se a ampulheta está quebrada, então o tempo não pode ser medido	A ampulheta está quebrada e o tempo pode ser medido

GABARITO: LETRA A.

---

113. (CESPE/SEFAZ-DF/Auditor Fiscal/2020)

Considerando a proposição P: "Se o servidor gosta do que faz, então o cidadão-cliente fica satisfeito", julgue o item a seguir.

A proposição "O servidor não gosta do que faz, ou o cidadão-cliente não fica satisfeito" é uma maneira correta de negar a proposição P.

COMENTÁRIO

A proposição P tem o formato de uma condicional do tipo $A \to B$, e a negação de uma condicional é dada por $A \wedge \neg B$.

Logo, a negação correta seria: "O servidor gosta do que faz e o cidadão-cliente não fica satisfeito

Resposta: Errado.

---

114. (CESPE-CEBRASPE/SEFAZ-AL/Auditor Fiscal da Receita Estadual/2020) Considerando esse argumento, julgue o item seguinte.

No argumento seguinte, as proposições P1, P2, P3 e P4 são as premissas, e C é a conclusão.

- P1: "Se há carência de recursos tecnológicos no setor Alfa, então o trabalho dos servidores públicos que atuam nesse setor pode ficar prejudicado.".
- P2: "Se há carência de recursos tecnológicos no setor Alfa, então os beneficiários dos serviços prestados por esse setor podem ser mal atendidos.".
- P3: "Se o trabalho dos servidores públicos que atuam no setor Alfa fica prejudicado, então os servidores públicos que atuam nesse setor padecem.".
- P4: "Se os beneficiários dos serviços prestados pelo setor Alfa são mal atendidos, então os beneficiários dos serviços prestados por esse setor padecem.".
- C: "Se há carência de recursos tecnológicos no setor Alfa, então os servidores públicos que atuam nesse setor padecem e os beneficiários dos serviços prestados por esse setor padecem.".

A proposição $P1 \wedge P2$ é equivalente à proposição "Se há carência de recursos tecnológicos no setor Alfa, então o trabalho dos servidores públicos que atuam nesse setor pode ficar prejudicado e os beneficiários dos serviços prestados por esse setor podem ser mal atendidos.".

COMENTÁRIO

Nesta questão trabalhamos a ideia de equivalência. Observe que P1 e P2 repetem a mesma proposição: "Se há carência de recursos tecnológicos no setor Alfa", desta forma, vamos chama-la de **P.**

Então podemos representar as sentenças P1 e P2 da seguinte forma:

P1: $P \to Q$ equivalente a $\sim P \vee Q$

P2: $P \to R$ equivalente a $\sim P \vee R$

A questão pede a conjunção das proposições: $(P \to Q) \wedge (P \to R)$.

Substituindo pela equivalência temos:

$(\sim P \vee Q) \wedge (\sim P \vee R)$.

Agora aplicamos a propriedade distributiva, colocando *P* em evidência:

$P \vee (Q \wedge R)$.

Que é equivalente a:

$P \to (Q \wedge R)$.

Resposta: CERTO.

---

115. (CESPE-CEBRASPE/SEFAZ-AL/Auditor Fiscal da Receita Estadual/2020)

No argumento seguinte, as proposições P1, P2, P3 e P4 são as premissas, e C é a conclusão

- P1: "Se há carência de recursos tecnológicos no setor Alfa, então o trabalho dos servidores públicos que atuam nesse setor pode ficar prejudicado.".
- P2: "Se há carência de recursos tecnológicos no setor Alfa, então os benefícios dos serviços prestados por esse setor podem ser mal atendidos.".
- P3: "Se o trabalho dos servidores públicos que atuam no setor Alfa fica prejudicado, então os servidores públicos que atuam nesse setor padecem.".
- P4: "Se os benefícios dos serviços prestados pelo setor Alfa são mal atendidos, então os beneficiários dos serviços prestados por esse setor padecem.".
- C: "Se há carência de recursos tecnológicos no setor Alfa, então os servidores públicos que atuam nesse setor padecem e os beneficiários dos serviços prestados por esse setor padecem.".

Considerando esse argumento, julgue o item seguinte.

A proposição P3 é equivalente à proposição "Se os servidores públicos que atuam nesse setor não padecem, então o trabalho dos servidores públicos que atuam no setor Alfa não fica prejudicado. ".

COMENTÁRIO

Nesta questão é trabalhado a ideia de equivalência da condicional. Observe que podemos representar P3 como: $A \to B$, onde A = "O trabalho dos servidores públicos que atuam no setor Alfa fica prejudicado", e B = "Os servidores públicos que atuam nesse setor padecem".

Uma das equivalências da condicional é a contrapositiva onde: $A \to B \leftrightarrow (\neg B) \to (\neg A)$. Ou seja, nega a duas proposições e inverte.

Logo teremos: Se os servidores públicos que atuam nesse setor NÃO padecem, então o trabalho dos servidores públicos que atuam no setor Alfa NÃO fica prejudicado.

Resposta: Certo.

---

116. (VUNESP/FITO/2020) Uma afirmação logicamente equivalente a "Se carros elétricos não poluem o ar, então eu não destruo a atmosfera" é:

a) Carros elétricos poluem o ar ou eu destruo a atmosfera.

b) Carros elétricos poluem o ar ou eu não destruo a atmosfera.

c) Carros elétricos não poluem o ar e eu não destruo a atmosfera.
d) Carros elétricos poluem o ar e eu destruo a atmosfera.
e) Carros elétricos não poluem o ar e eu destruo a atmosfera.

COMENTÁRIO

Essa é uma questão de equivalência lógica. A sentença dada tem o formato de uma condicional que pode ser representada por $A \rightarrow B$. Onde:

A: Carros elétricos não poluem o ar

B: eu não destruo a atmosfera

Uma das equivalências da condicional é dada por $\sim A \vee B$ ou seja, nega a primeira proposição, troca o conectivo por uma disjunção e mantém a última proposição.

Logo, Carros elétricos poluem o ar OU eu não destruo a atmosfera.

Resposta: B.

---

117. (IBADE/IDAF-AC/Técnico em Defesa Agropecuária e Florestal/2020) A negação da proposição: "Todas as lâmpadas estão acesas" é:

a) todas as lâmpadas estão apagadas.
b) apenas uma das lâmpadas está apagada.
c) apenas uma das lâmpadas está acesa.
d) pelo menos uma lâmpada está apagada.
e) pelo menos uma lâmpada está acesa.

COMENTÁRIO

A negação de "Todo" pode ser:

i. "Algum...não"
ii. "Existe um que não"
iii. "Pelo menos um não"

Com isso, a negação será: Pelo menos uma das lâmpadas está apagada.

Resposta: D.

---

118. (IBFC/PM-BA/Soldado/2020) Considere a proposição:

"Todo pesquisador é estudioso. "

Assinale a alternativa que não apresenta uma negação da proposição anterior.

a) Existe algum pesquisador que não é estudioso
b) Algum pesquisador não é estudioso
c) Pelo menos um pesquisador não é estudioso
d) Existe pesquisador que não é estudioso
e) Nenhum pesquisador é estudioso

COMENTÁRIO

A negação de "Todo" pode ser:

i. "Algum...não"
ii. "Existe um que não"
iii. "Pelo menos um não"

Logo, a única alternativa que NÃO pode ser uma negação da afirmativa é Nenhum pesquisador é estudioso.

Resposta: E.

119. (FEPESE/Pref. Itajaí/Assistente Jurídico/2020) Assinale a alternativa que representa uma afirmação logicamente equivalente a "Se Victor é inteligente e Joana não é ponderada, então Sabrina é bonita ou Bernardo é narcisista".

a) Se Sabrina não é bonita ou Bernardo não é narcisista, então Victor não é inteligente e Joana é ponderada.
b) Se Victor não é inteligente e Joana é ponderada, então Sabrina não é bonita ou Bernardo não é narcisista.
c) Se Victor não é inteligente ou Joana é ponderada, então Sabrina não é bonita e Bernardo não é narcisista.
d) Se Sabrina não é bonita e Bernardo não é narcisista, então Victor não é inteligente ou Joana é ponderada.
e) Se Sabrina é bonita ou Bernardo é narcisista, então Victor é inteligente e Joana não é ponderada.

COMENTÁRIO

Questões de equivalência de condicionais são muito recorrentes em processos seletivos, sendo de suma importância conhecer os tipos de variações que podem terr. Em uma condicional do tipo $A \to B$ temos as seguintes equivalências:

$\sim A \vee B$

$\sim B \to \sim A$

Observando as alternativas dadas, é possível verificar que a questão está abordando a equivalência II. Então, negando as duas proposições e invertendo a ordem teríamos:

Se Sabrina NÃO é bonita E Bernardo NÃO é narcisista, então Victor NÃO é inteligente OU Joana é ponderada

Resposta: D.

---

120. (IBADE/IDAF-AC/Técnico em Defesa Agropecuária e Florestal/2020) A negação da proposição: ´Todas as lâmpadas estão acesas` é:

a) todas as lâmpadas estão apagadas.
b) apenas uma das lâmpadas está apagada.
c) apenas uma das lâmpadas está acesa.
d) pelo menos uma lâmpada está apagada.
e) pelo menos uma lâmpada está acesa.

COMENTÁRIO

A negação de "Todo" pode ser:

i. "Algum...não"
ii. "Existe um que não"
iii. "Pelo menos um não"

Com isso, a negação será: Pelo menos uma das lâmpadas está apagada.

Resposta: D.

---

121. (QUADRIX/CREFONO 1/Profissional Administrativo/2020) Sabendo que p, q e r são três proposições, julgue o item.

As proposições $\sim(p \wedge q)$ e $\sim p \vee \sim q$ são equivalentes.

COMENTÁRIO

Falar que as proposições são equivalentes significa dizer que as duas representam a mesma coisa. O símbolo "~" é utilizado para representar a negação de uma proposição, então $\sim(p \wedge q)$ significa dizer que é a negação de $(p \wedge q)$. A negação de uma conjunção é dada por uma disjunção, e a negação de $p \wedge q$ é $\sim p \vee \sim q$. então, as proposições são equivalentes.

Resposta: Certo.

---

122. (IBADE/IDAF-AC/Engenheiro Agrônomo/2020) Afirmar que: ´Antônio não é engenheiro ou João é pernambucano', logicamente, é o mesmo que dizer que:

a) se Antônio é engenheiro, então João é pernambucano.
b) se Antônio não é engenheiro, então João não é pernambucano.

c) se João é pernambucano, então Antônio é engenheiro.
d) se Antônio é engenheiro, então João não é pernambucano.
e) se Antônio não é engenheiro, então João é pernambucano.

COMENTÁRIO

Olhando as alternativas disponíveis é possível verificar que a questão trouxe no enunciado uma equivalência da condicional.

Sabemos que $\sim A \vee B$ é equivalente a $A \rightarrow B$.

Considerando então ~A: "Antônio não é engenheiro" e B: "João é pernambucano", a condicional equivalente será:

Se Antônio é engenheiro então João é pernambucano'

Resposta: A.

---

123. (IBFC/PM-BA/Soldado/2020) Observe a disjunção: "Marcelo não gosta de futebol ou Bruno não gosta de natação", assinale a alternativa correta que apresenta a negação dessa disjunção.

a) Marcelo gosta de futebol e Bruno não gosta de natação
b) Marcelo gosta de futebol se e somente se Bruno gosta de natação
c) Ou Marcelo gosta de futebol ou Bruno gosta de natação
d) Marcelo gosta de futebol e Bruno gosta de natação
e) Marcelo não gosta de futebol e Bruno não gosta de natação

COMENTÁRIO

Considerando P= Marcelo não gosta de futebol e Q= Bruno não gosta de natação, temos uma disjunção: $P \vee Q$.

A negação dessa disjunção: $\sim P \wedge \sim Q$. Ou seja, nega as duas proposições e troca o conectivo por uma conjunção:

Marcelo gosta de futebol E Bruno gosta de natação

Resposta: D.

---

124. (Instituto AOCP/Pref. Cariacica/Fiscal de Tributos Municipais I/2020) Segundo o raciocínio lógico, por definição, a negação da proposição composta "Matemática é fácil ou Física tem poucas fórmulas" é dada por

a) "Matemática é fácil e Física não tem poucas fórmulas".
b) "Matemática não é fácil e Física tem poucas fórmulas".
c) "Matemática não é fácil e Física não tem poucas fórmulas".
d) "Matemática não é fácil ou Física não tem poucas fórmulas".

COMENTÁRIO

Considerando P= Matemática é fácil e Q= Física tem poucas fórmulas, temos uma disjunção: $P \vee Q$.

A negação de uma disjunção é dada por: $\sim P \wedge \sim Q$. Ou seja, nega as duas proposições e troca o conectivo por uma conjunção:

Matemática NÃO é fácil E Física NÃO tem poucas fórmulas

Resposta: C.

---

125. (VUNESP/FITO/Técnico em Gestão-Informática/2020) Para negar logicamente a afirmação: "Hoje eu corro 15 km ou faço 1000 abdominais", é correto dizer:

A) Hoje eu não corro 15 km ou não faço 1000 abdominais.
B) Hoje eu não corro 15 km e faço 1000 abdominais.
C) Hoje eu não corro 15 km e não faço 1000 abdominais.
D) Hoje eu corro 15 km e não faço 1000 abdominais.
E) Hoje eu corro 14 km ou faço 900 abdominais.

COMENTÁRIO

A sentença dada "Hoje eu corro 15 km ou faço 1000 abdominais" é uma disjunção que tem o formato $A \vee B$. Sabendo que a negação de uma disjunção é dada por uma conjunção, então a negação da sentença terá o formato de $\sim A \wedge \sim B$. Logo: Hoje eu NÃO corro 15 km E NÃO faço 1000 abdominais".

Resposta: C.

---

126. (CESPE-CEBRASPE/PGE-PE/Analista Administrativo de Procuradoria/Calculista/2019) Acerca da lógica sentencial, julgue o item que se segue.

Se P, Q, R e S forem proposições simples, então as proposições $P \vee R \rightarrow Q \wedge S$ e $(\sim Q) \vee (\sim S) \rightarrow (\sim P) \wedge (\sim R)$ serão equivalentes

COMENTÁRIO

Essa questão trabalha com a equivalência da condicional, a contrapositiva, onde nega as duas proposições e inverte: $A \rightarrow B \leftrightarrow (\sim B) \rightarrow (\sim A)$.

Então, deve-se negar $P \vee R$ e negar também $Q \wedge S$.

A negação de uma disjunção é dada por uma conjunção: $P \vee R$ é $(\sim P) \wedge (\sim R)$. E a negação de conjunção é dada por uma disjunção: $Q \wedge S$ será $(\sim Q) \vee (\sim S)$.

Logo, $P \vee R \rightarrow Q \wedge S$ será equivalente a $(\sim Q) \vee (\sim S) \rightarrow (\sim P) \wedge (\sim R)$, o que torna o item correto.

Resposta: Certo.

---

127. (CESPE-CEBRASPE/TJ-PR/Técnico Judiciário/2019) Assinale a opção que apresenta a proposição lógica que é equivalente à seguinte proposição:

"Se Carlos foi aprovado no concurso do TJ/PR, então Carlos possui o ensino médio completo."

a) "Carlos não foi aprovado no concurso do TJ/PR ou Carlos possui o ensino médio completo."
b) "Se Carlos não foi aprovado no concurso do TJ/PR, então Carlos não possui o ensino médio completo."
c) "Carlos possuir o ensino médio completo é condição suficiente para que ele seja aprovado no concurso do TJ/PR."
d) "Carlos ser aprovado no concurso do TJ/PR é condição necessária para que ele tenha o ensino médio completo. "
e) "Carlos possui o ensino médio completo e não foi aprovado no concurso do TJ/PR."

COMENTÁRIO

Nesta questão é preciso saber sobre as propriedades e equivalências de uma condicional

Primeiramente precisamos saber que ao estudar estruturas lógicas, precisamos saber o que uma condição necessária e o que é uma condição suficiente.

Em uma proposição condicional, o antecedente sempre será condição suficiente para o consequente, e por final, o consequente sempre será uma condição necessária para o antecedente.

Logo, Carlos ser aprovado no concurso do TJ/PR é uma condição suficiente para Carlos possuir o ensino médio completo. E Carlos possuir o ensino médio completo é uma condição necessária para ser aprovado no concurso do TJ/PR.

Como não há nenhuma alternativa, vamos pensar na equivalência.

Em uma proposição condicional temos duas formas de equivalências. A primeira é conhecida por contra positiva, que é nada mais do que negar as duas proposições e trocar de lugar antecedente e consequente.

A segunda equivalência é conhecida como a Lei de Morgan, que consiste em negar o antecedente e trocar o conectivo para uma disjunção. Nessa equivalência o consequente não será alterado.

Dada a sentença: "Se Carlos foi aprovado no concurso do TJ/PR, então Carlos possui o ensino médio completo. "

Podemos ver que a sua contra positiva será: "Se Carlos NÃO possui o ensino médio completo, então Carlos NÃO foi aprovado no concurso do TJ/PR, então. "

A equivalência pela Lei de Morgan será: "Carlos NÃO foi aprovado no concurso do TJ/PR, OU Carlos possui o ensino médio completo."

Como a disjunção é comutativo, temos como resposta a letra A.

Resposta: A.

---

128. (FGV/IBGE/Coordenador Censitário Subárea/2020) Considere a afirmação: "A criança tomou vacina e não chorou." A negação lógica dessa afirmação é:

A. A criança tomou vacina e chorou;
B. A criança não tomou vacina e não chorou;
C. A criança não tomou vacina e chorou;
D. A criança tomou vacina ou chorou;
E. A criança não tomou vacina ou chorou.

COMENTÁRIO

A afirmação dada é uma conjunção e a negação de uma conjunção é dada por:

Conjunção	Negação
$p \wedge q$	$(\sim p) \vee \sim(q)$

Ou seja, negamos as duas proposições e trocamos o conectivo por uma disjunção.

Então chamando de:

p: A criança tomou vacina

q: não chorou

Lembrando que o símbolo ~ é utilizado para negar a proposição.

A negação será:

A criança não tomou a vacina OU chorou

Resposta: E.

---

129. (FGV/Prefeitura de Angra dos Reis-RJ/Docente II-Arte/2019) Considere a sentença:

"Se João gosta de goiaba, então gosta de abacate."

Uma sentença logicamente equivalente à sentença dada é

A. "João não gosta de goiaba ou gosta de abacate".
B. "Se João não gosta de goiaba, então não gosta de abacate."
C. "Se João gosta de abacate, então gosta de goiaba."
D. "João gosta de goiaba e não gosta de abacate."
E. "João gosta de goiaba ou gosta de abacate.

COMENTÁRIO

Temos aqui uma questão da propriedade de equivalência da condicional. Existem duas formas de equivalências, vamos relembra-las:

Dada uma condicional no formato: $p \rightarrow q$

1ª equivalência: $\sim q \rightarrow \sim p$

Essa é a chamada contrapositiva, onde cabe negar as duas proposições e inverter o antecedente com o consequente.

2ª equivalência: $\sim p \vee q$

A regra é simples: NEGA a primeira + conectivo ou + mantém a segunda.

Então vamos escrever as duas equivalências possíveis:

"Se João gosta de goiaba, então gosta de abacate."

p: João gosta de goiaba

q: João gosta de abacate

1ª: Se João não gosta de abacate, então não gosta de goiaba.

2ª: João não gosta de goiaba ou gosta de abacate.

Entre as alternativas, temos a segunda equivalência dada.

Resposta: A

---

130. (FGV/Prefeitura de Salvador-BA/Analista-Engenharia Civil/2019) Considere a afirmativa:

"Este mês tem 31 dias e o mês que vem também terá"

A negação dessa afirmativa é

A. "Este mês tem 30 dias e o mês que vem terá 31".

B. "Este mês não tem 31 dias e o mês que vem também não terá"

C. "Este mês tem 31 dias e o mês que vem não terá".

D. "Este mês tem 30 dias ou o mês que vem também terá".

E. "Este mês não tem 31 dias ou o mês que vem não terá 31 dias".

COMENTÁRIO

A sentença dada é uma conjunção e a negação de uma conjunção é dada por:

Conjunção	Negação
$p \wedge q$	$(\sim p) \vee \sim(q)$

Então seja:

p: Este mês tem 31 dias

q: mês que vem também terá

Logo a negação será:

Conjunção	Negação
ESTE MÊS TEM 31 DIAS E O MÊS QUE VEM TAMBÉM TERÁ"	Este mês NÃO tem 31 dias OU o mês que vem não terá 31 dias"

Resposta: E.

---

131. (FGV/Prefeitura de Angra dos Reis-RJ/Especialista em Desportos/2019) Considere a sentença:

"Se pratico esportes, então fico feliz".

A negação lógica dessa sentença é

A. "Se não pratico esportes, então não fico feliz."

B. "Se não pratico esportes, então fico feliz."

C. "Se pratico esportes, então não fico feliz."

D. "Pratico esportes e não fico feliz."

E. "Não pratico esportes e fico feliz."

COMENTÁRIO

Essa é uma questão que trabalha a ideia da negação de uma proposição. Então vamos relembrar a negação de uma condicional (se...então):

Condicional	Negação
$p \rightarrow q$	$p \wedge (\sim q)$

Ou seja, mantém a primeira proposição, nega a segunda e troca o conectivo por uma conjunção.

Então aplicando a regra temos:

Condicional	Negação
SE PRATICO ESPORTES, ENTÃO FICO FELIZ.	Pratico esportes e não fico feliz.

Resposta: D.

132. (FGV/Prefeitura de Angra dos Reis-RJ/Inspetor de Alunos/2019) Considere a sentença:

"Renato viajou e não telefonou para sua mãe".

A negação lógica dessa sentença é

A. "Renato viajou e telefonou para sua mãe."
B. "Renato não viajou e não telefonou para sua mãe."
C. "Renato não viajou ou telefonou para sua mãe."
D. "Renato viajou ou não telefonou para sua mãe."
E. "Renato não viajou ou não telefonou para sua mãe."

COMENTÁRIO

A proposição dada é uma conjunção e a negação de uma conjunção, como já vimos, é dada por:

Conjunção	Negação
$p \wedge q$	$(\sim p) \vee \sim(q)$

Ou seja, negamos as duas proposições e trocamos o conectivo por uma disjunção (ou).

Assim teremos

Conjunção	Negação
"Renato viajou e não telefonou para sua mãe".	Renato não viajou OU telefonou para sua mãe.

Resposta: C.

133. (FGV/IBGE/Agente Censitário Operacional/2019) Considere a sentença: "Se corro ou faço musculação, então fico cansado".

Uma sentença logicamente equivalente a essa é:

A. Se não corro ou faço musculação, então não fico cansado;
B. Se não corro e não faço musculação, então não fico cansado;
C. Não corro e não faço musculação ou fico cansado;
D. Corro ou faço musculação e não fico cansado;
E. Não corro ou não faço musculação e fico cansado.

COMENTÁRIO

A sentença dada é uma condicional, porém existe uma disjunção (ou) no seu antecedente.

Então podemos representar a sentença por:

"Se corro ou faço musculação, então fico cansado".

$(a \vee b) \rightarrow c$

Dada uma condicional no formato: $p \rightarrow q$

1ª equivalência: $\sim q \rightarrow \sim p$

Essa é a chamada contrapositiva, onde cabe negar as duas proposições e inverter o antecedente com o consequente.

Vale lembrar que a negação de uma disjunção é dada por uma conjunção, assim teríamos:

"Se não fico cansado, então não corro e não faço musculação".

2ª equivalência: $\sim p \vee q$

A regra é simples: NEGA a primeira + conectivo ou + mantém a segunda.

Então teríamos:

Não corro e não faço musculação ou fico cansado.

Resposta: C.

---

134. (FGV/IBGE/Agente Censitário Operacional/2019) Considere a sentença: "Rubens tem mais de 18 anos e sabe dirigir".

A negação lógica dessa sentença é:

A. Rubens não tem mais de 18 anos e não sabe dirigir;

B. Rubens não tem mais de 18 anos ou não sabe dirigir;

C. Rubens tem mais de 18 anos e não sabe dirigir;

D. Rubens não tem mais de 18 anos e sabe dirigir;

E. Rubens tem mais de 18 anos ou sabe dirigir.

COMENTÁRIO

Temos mais uma conjunção e a negação de uma conjunção, como já vimos, é dada por:

Conjunção	Negação
$p \wedge q$	$(\sim p) \vee \sim(q)$

Ou seja, negamos as duas proposições e trocamos o conectivo por uma disjunção (ou).

Assim teremos

Conjunção	Negação
Rubens tem mais de 18 anos e sabe dirigir	Rubens não tem mais de 18 anos ou não sabe dirigir

Resposta: B.

---

135. (FGV/MPE-RJ/Oficial do Ministério Público/2019) Considere a sentença: "João não tomou café e saiu de casa".

A negação dessa sentença é:

A. João tomou café e saiu de casa;

B. João não tomou café e não saiu de casa;

C. João tomou café e não saiu de casa;

D. João não tomou café ou saiu de casa;

E. João tomou café ou não saiu de casa.

COMENTÁRIO

Assim como na questão anterior:

Conjunção	Negação
$p \wedge q$	$(\sim p) \vee \sim(q)$

Ou seja, negamos as duas proposições e trocamos o conectivo por uma disjunção (ou).

Assim teremos

Conjunção	Negação
João não tomou café e saiu de casa	João tomou café ou não saiu de casa

Resposta: E.

136. (FGV/MPE-RJ/Analista do Ministério Público-Administrativa/2019) Considere a sentença: "Se não estou cansado, então vejo televisão ou vou ao cinema".

A negação lógica dessa sentença é:

A. Se estou cansado, então não vejo televisão e não vou ao cinema;

B. Se estou cansado, então vejo televisão ou vou ao cinema;

C. Se não vejo televisão e não vou ao cinema, então estou cansado;

D. Não estou cansado e não vejo televisão e não vou ao cinema;

E. Estou cansado ou vejo televisão ou vou ao cinema.

COMENTÁRIO

Essa é uma questão que trabalha a ideia da negação de uma proposição CONDICIONAL. Observe que ela pode ser representada como:

$a \rightarrow (b \vee c)$

a: não estou cansado

b: vejo televisão

c: vou ao cinema

Então vamos relembrar a negação de uma condicional (se...então):

Condicional	Negação
$p \rightarrow q$	$p \wedge (\sim q)$

Ou seja, **mantém a primeira proposição, nega a segunda e troca o conectivo por uma conjunção.**

Então aplicando a regra temos:

Vale lembrar que a negação de $(b \vee c)$ é dada por $(\sim b \wedge \sim c)$. Onde "~" representa a negação da sentença.

"Não estou cansado e não vejo televisão e não vou ao cinema"

Resposta: D.

137. (INSTITUTO AOCP/PC-ES/Auxiliar Perícia Médico-Legal/2019) Em uma cena de crime, encontram-se digitais e DNA de várias pessoas, porém nem sempre são encontrados as digitais e o DNA do culpado. Considere verdade que: "Se a digital do culpado estiver na cena do crime, então o DNA não estará.".

Essa afirmação é equivalente a

A. "Se o DNA estiver na cena do crime, então a digital do culpado não estará.".

B. "Se a digital do culpado não estiver na cena do crime, então o DNA estará.".

C. "Se a digital do culpado não estiver na cena do crime, então o não DNA estará.".

D. "Se o DNA estiver na cena do crime, então a digital do culpado estará.".

E. "Se o DNA não estiver na cena do crime, então a digital do culpado estará.".

COMENTÁRIO

Temos mais uma questão que busca a contrapositiva da condicional dada.

$p \rightarrow q \leftrightarrow \sim q \rightarrow \sim p$

Ou seja, negamos as duas proposições, e trocamos de lugar o antecedente com o consequente.

"Se a digital do culpado estiver na cena do crime, então o DNA não estará." $\leftrightarrow$ Se o DNA estiver na cena do crime, então a digital do culpado não estará."

Resposta: A.

138. (INSTITUTO AOCP/PC-ES/Auxiliar Perícia Médico-Legal/2019) Assinale a alternativa que apresenta a negação da seguinte afirmação: "Se o DNA encontrado for compatível e se as digitais forem as mesmas, o crime estará solucionado.".

A. "O DNA encontrado é compatível e as digitais são as mesmas, e o crime não foi solucionado.".

B. "O DNA encontrado é compatível e as digitais são as mesmas ou o crime não foi solucionado.".

C. "O DNA encontrado não é compatível e as digitais não são as mesmas, e o crime não foi solucionado.".

D. "Se o DNA encontrado não for compatível e se as digitais não forem as mesmas, o crime não estará solucionado.".

E. "Se o DNA encontrado for compatível e se as digitais forem as mesmas, o crime não estará solucionado.".

COMENTÁRIO

É uma negação de uma condicional.

Então vamos relembrar a negação de uma condicional (se...então):

Condicional	Negação
$p \to q$	$p \wedge (\sim q)$

Ou seja, mantém a primeira proposição, nega a segunda e troca o conectivo por uma conjunção.

Porém, observe que a sentença dada tem no antecedente uma conjunção:

"Se o DNA encontrado for compatível e se as digitais forem as mesmas, o crime estará solucionado." $(A \wedge B) \to Q$

Como não precisamos negar o antecedente, temos:

Condicional	Negação:
"SE O DNA ENCONTRADO FOR COMPATÍVEL E SE AS DIGITAIS FOREM AS MESMAS, O CRIME ESTARÁ SOLUCIONADO."	"O DNA encontrado é compatível e as digitais são as mesmas e o crime não foi solucionado."

Resposta: A.

---

139. (INSTITUTO AOCP/PC-ES/Auxiliar Perícia Médico-Legal/2019) Assinale a alternativa que apresenta uma afirmação semelhante à seguinte: "Se eu estivesse atento, teria solucionado o crime.".

A. "Estava atento e solucionei o crime.".

B. "Se eu solucionei o crime, então estava atento.".

C. "Se eu não estava atento, então não solucionei o crime.".

D. "Não estava atento e não solucionei o crime.".

E. "Se eu não solucionei o crime, então eu não estava atento.".

COMENTÁRIO

Observe que buscar uma afirmação semelhante é o mesmo que buscar uma equivalência.

Temos mais uma questão que busca a contrapositiva da condicional dada.

$p \to q \leftrightarrow \sim q \to \sim p$

Ou seja, negamos as duas proposições, e trocamos de lugar o antecedente com o consequente.

"Se eu estivesse atento, teria solucionado o crime." $\leftrightarrow$ "Se eu não solucionei o crime, então eu não estava atento.".

Resposta: E.

---

140. (INSTITUTO AOCP/Prefeitura de Umuarama-PR/Professor-Educação Especial/2019) Com base nos conceitos de raciocínio lógico, considere a seguinte sentença: "O lápis é azul ou a caneta é vermelha".

A negação dessa sentença será dada por

A. "O lápis não é azul e a caneta não é vermelha."

B. "O lápis é azul ou a caneta não é vermelha."

C. "O lápis não é azul ou a caneta é vermelha."

D. "O lápis é azul e a caneta é vermelha."

COMENTÁRIO

Temos aqui mais uma questão de negação, agora uma negação de uma disjunção (ou).

A sentença dada: "O lápis é azul ou a caneta é vermelha".

Vamos chamar de:

P: O lápis é azul

Q: a caneta é vermelha

Para isso vamos relembrar as leis de Morgan:

1ª lei de Morgan	2ª lei de Morgan
$\sim(p \vee q) = \sim p \wedge \sim q$	$\sim(p \wedge q) = \sim p \vee \sim q$

A proposição fornecida é uma disjunção, ou seja, utilizaremos a 1ª lei de Morgan, vamos negar as duas proposições e trocar o conectivo por uma conjunção (e):

O lápis NÃO é azul E a caneta NÃO é vermelha.

Resposta: A.

---

141. (INSTITUTO AOCP/UFOB/Técnico de Tecnologia da Informação/2018) A lógica sentencial ou proposicional pressupõe que algumas relações entre fatos podem ser válidas ou não, sem precisar de premissas. Em relação à lógica sentencial ou proposicional, julgue o item a seguir.

A contrapositiva da proposição composta "Se Ana finalizar sua proposta com o cliente então Pedro consegue adquirir um imóvel" é dada por "Se Pedro não consegue finalizar seu trabalho então Ana não finaliza sua proposta com o cliente".

( ) Certo

( ) Errado

COMENTÁRIO

Relembrando que a contrapositiva de uma condicional é dada por:

Condicional	Contrapositiva
$p \rightarrow q$	$(\sim q) \rightarrow (\sim p)$

Ou seja, inverte as duas proposições e nega as duas:

Seja:

P: Ana finalizar sua proposta com o cliente

Q: Pedro consegue adquirir um imóvel"

Logo, a contrapositiva será:

"Se Pedro NÃO consegue adquirir um imóvel, então Ana não finaliza sua proposta com o cliente".

Logo, o item está errado.

Resposta: ERRADO.

---

142. (INSTITUTO AOCP/Câmara de Cabo de Santo Agostinho-PE/Auxiliar Administrativo/2019) Considere a seguinte proposição condicional: "Se o desconto for de 30%, então comprarei o fogão." Por definição, a contrapositiva dessa proposição condicional será dada por

A. "Se eu comprar o fogão, então o desconto não foi de 30%."

B. "Se eu não comprar o fogão, então o desconto não foi de 30%."

C. "Se eu não comprar o fogão, então o desconto foi de 30%."

D. "Se o desconto não foi de 30%, então comprarei o fogão."

COMENTÁRIO

Assim como na questão anterior, temos:

Condicional	Contrapositiva
$p \rightarrow q$	$(\sim q) \rightarrow (\sim p)$

Sendo a sentença: Se o desconto for de 30%, então comprarei o fogão

Vamos chamar de

- p: O desconto for de 30%
- q: comprarei o fogão

Logo, a contrapositiva pode ser rescrita como:

Se eu não comprar o fogão, então o desconto não foi de 30%.

Resposta: B.

---

143. (INSTITUTO AOCP/EMPREL/Analista de Sistemas/2019) Considere a seguinte proposição: "Se eu sou bom em informática, então passarei no concurso". Qual é a negação dessa proposição?

A. "Sou bom em informática e não passarei no concurso".

B. "Sou bom em informática ou não passarei no concurso".

C. "Não sou bom em informática e não passarei no concurso".

D. "Se eu não sou bom em informática, então passarei no concurso".

E. "Se eu não sou bom em informática, então não passarei no concurso".

COMENTÁRIO

Temos mais uma questão de negação de uma condicional do tipo $P \rightarrow Q$.

Condicional	Negação
$p \rightarrow q$	$p \wedge (\sim q)$

Ou seja, mantém a primeira proposição, nega a segunda e troca o conectivo por uma conjunção.

Assim teremos:

Condicional	Negação
"Se eu sou bom em informática, então passarei no concurso"	"Sou bom em informática e NÃO passarei no concurso"

Resposta: A.

---

144. (INSTITUTO AOCP/Câmara de Cabo de Santo Agostinho-PE/Arquivista/2019) Assinale a alternativa que apresenta a negação da proposição "Se Lucas vai à lanchonete, então Maria vai ao cinema.".

A. Lucas vai à lanchonete e Maria não vai ao cinema.

B. Lucas não vai à lanchonete e Maria vai ao cinema.

C. Se Lucas não vai à lanchonete, então Maria vai ao cinema.

D. Lucas não vai à lanchonete ou Maria não vai ao cinema.

COMENTÁRIO

Observe que as questões da banca são bem semelhantes. Como já resolvemos em algumas questões anteriores, a negação de uma condicional é dada por:

Condicional	Negação
$p \rightarrow q$	$p \wedge (\sim q)$

Ou seja, mantemos a primeira + conectivo E+ Nega a segunda proposição.

De forma, teremos:

Condicional	Negação
"Se Lucas vai à lanchonete, então maria vai ao cinema."	"Lucas vai à lanchonete E Maria não vai ao cinema"

Resposta: A.

---

145. (INSTITUTO AOCP/Câmara de Cabo de Santo Agostinho-PE/Contador/2019) Considere a seguinte proposição condicional: "Se você usar a pasta dental XYZ, então seus dentes ficarão mais claros". Por definição, a recíproca dessa proposição condicional será dada por

A. "Se você não usou a pasta dental XYZ, então seus dentes não estão mais claros."

B. "Se você não usou a pasta dental XYZ, então seus dentes estão mais claros."

C. "Se seus dentes não estão mais claros, então você usou a pasta dental XYZ."

D. "Se seus dentes ficaram mais claros, então você usou a pasta dental XYZ."

COMENTÁRIO

Nesse caso, quando a questão pediu a recíproca na verdade ela só quer saber a implicação. Ou seja, apenas invertemos a ordem.

$A \rightarrow B$

$B \rightarrow A$

Assim teremos

Condicional	Recíproca
"SE VOCÊ USAR A PASTA DENTAL XYZ, ENTÃO SEUS DENTES FICARÃO MAIS CLAROS"	"Se os seus dentes ficaram mais claros, então você usou a pasta dental XYZ"

Resposta: E.

---

146. (INSTITUTO AOCP/Câmara de Cabo de Santo Agostinho-PE/Advogado/2019) Considere a seguinte proposição condicional: "Se gosto de Matemática, então gosto de Química". Por definição, a negação dessa proposição condicional será dada por

A. "Ou gosto de Matemática ou não gosto de Química."

B. "Gosto de Matemática e não gosto de Química."

C. "Gosto de Matemática e gosto de Química."

D. "Gosto de Química se, e somente se, gosto de Matemática".

COMENTÁRIO

Observe que as questões da banca são sempre bem semelhantes. Como já resolvemos em algumas questões anteriores, a negação de uma condicional é dada por:

Condicional	Negação
$p \rightarrow q$	$p \wedge (\sim q)$

Ou seja, mantemos a primeira + conectivo E+ Nega a segunda proposição.

De forma, teremos:

Condicional	Negação
"SE GOSTO DE MATEMÁTICA, ENTÃO GOSTO DE QUÍMICA"	Gosto de Matemática E NÃO gosto de Química"

Resposta: B.

147. (INSTITUTO AOCP/EMPREL/Analista de Sistemas/2019) Considere a seguinte proposição: "Se eu sou bom em informática, então passarei no concurso". Qual é a negação dessa proposição?

A. "Sou bom em informática e não passarei no concurso".

B. "Sou bom em informática ou não passarei no concurso".

C. "Não sou bom em informática e não passarei no concurso".

D. "Se eu não sou bom em informática, então passarei no concurso".

E. "Se eu não sou bom em informática, então não passarei no concurso".

COMENTÁRIO

Como já vimos anteriormente, temos uma questão que trabalha ideia de negação da condicional:

Condicional	Negação
$p \to q$	$p \wedge (\sim q)$

Muitos gostam até de brincar chamando essa regra de "REGRA DA AMANTE". Sabe por que? Mantém a primeira E NEGA a segunda.

Brincadeiras à parte, essa é a regra: mantemos a primeira proposição + conectivo E + nega a segunda proposição.

Assim teremos:

CONDICIONAL	NEGAÇÃO
"Se eu sou bom em informática, então passarei no concurso".	sou bom em informática E NÃO passarei no concurso".

Resposta: A.

148. (INSTITUTO AOCP/EMPREL/Assistente de Operações e Monitoramento/2019) Considere a seguinte proposição: "Se um profissional da tecnologia não se aprimorar, então ele não irá conseguir acompanhar todos os avanços tecnológicos.". Qual é a proposição logicamente equivalente a essa?

A. "Se um profissional da tecnologia conseguir acompanhar todos os avanços tecnológicos, então ele se aprimorou".

B. "Se um profissional da tecnologia se aprimorar, então ele irá conseguir acompanhar todos os avanços tecnológicos".

C. "Se um profissional da tecnologia conseguir acompanhar todos os avanços tecnológicos, então ele não se aprimorou".

D. "Se um profissional da tecnologia não se aprimorar, então ele irá conseguir acompanhar todos os avanços tecnológicos".

E. "Se um profissional da tecnologia não conseguir acompanhar todos os avanços tecnológicos, então ele não se aprimorou".

COMENTÁRIO

Novamente temos aqui uma questão da propriedade de equivalência da condicional. Como vimos anteriormente, existem duas formas de equivalências:

Dada uma condicional no formato: $p \to q$

1ª equivalência: $\sim q \to \sim p$

Essa é a chamada contrapositiva, onde cabe negar as duas proposições e inverter o antecedente com o consequente.

2ª equivalência: $\sim p \vee q$

A regra é simples: NEGA a primeira + conectivo ou + MANTÉM a segunda.

Observe que a questão quer a 1ª equivalência aplicada:

Afirmativa	Equivalência
"Se um profissional da tecnologia não se aprimorar, então ele não irá conseguir acompanhar todos os avanços tecnológicos."	"Se um profissional conseguir acompanhar todos os avanços tecnológicos da tecnologia, então ele se aprimorou."

Resposta: A.

---

149. (INSTITUTO AOCP/Prefeitura de São Bento do Sul-SC/Fiscal de Tributos/2019) Dada a proposição: "Se você passou no concurso, então terá estabilidade", assinale a alternativa que apresenta uma frase equivalente.

A. "Você não passou no concurso e terá estabilidade."

B. "Você não passou no concurso e não terá estabilidade."

C. "Você passou no concurso ou não terá estabilidade."

D. "Você não passou no concurso ou terá estabilidade."

COMENTÁRIO

Temos aqui uma questão da propriedade de equivalência da condicional. Existem duas formas de equivalências, vamos relembra-las:

Dada uma condicional no formato: $p \rightarrow q$

1ª equivalência: $\sim q \rightarrow \sim p$

Essa é a chamada contrapositiva, onde cabe negar as duas proposições e inverter o antecedente com o consequente.

2ª equivalência: $\sim p \vee q$

É exatamente essa equivalência que a questão quer. A regra é simples: NEGA a primeira + conectivo ou + MANTÉM a segunda.

Assim teremos:

Você não passou no concurso ou terá estabilidade

Resposta: D.

---

150. (INSTITUTO AOCP/IBGE/Analista Censitário – Análise de Sistemas – Suporte Operacional e de Tecnologia/2019) Se não é verdade que, se o carro é um Fiesta, então sua cor não é azul, é correto afirmar que

A. o carro é um Fiesta e sua cor é azul.

B. ou o carro não é um Fiesta ou sua cor não é azul, nunca ambos.

C. se o carro é azul, então ele não é um Fiesta.

D. ou o carro é um Fiesta ou o carro é azul, nunca ambos.

E. o carro não é um Fiesta e sua cor não é azul.

COMENTÁRIO

Essa é uma questão que trabalha a ideia da negação de uma proposição. Note que a questão colocou a expressão "não é verdade que", ou seja, ela busca a negação da afirmativa que vem após.

Então vamos relembrar a negação de uma condicional (se...então):

Condicional	Negação
$p \rightarrow q$	$p \wedge (\sim q)$

Ou seja, mantém a primeira proposição, nega a segunda e troca o conectivo por uma conjunção.

Então aplicando a regra temos:

O carro é um Fiesta E sua cor é azul.

Resposta: A.

151. (INSTITUTO AOCP/UFFS/Bibliotecário-Documentalista/2019) Considere as três proposições compostas a seguir:

- P1. O juiz de futebol errou a marcação de pênalti e o jogador não fez falta.
- P2. Pedro faz exercícios ou faz caminhada.
- P3. Se o carro funcionar, então haverá aula prática de direção.

Assim, é correto afirmar que

A. a negação de P1 é "o juiz de futebol não errou a marcação de pênalti e o jogador não fez falta".

B. a negação de P2 é "Pedro não faz exercícios ou faz caminhada".

C. a contrapositiva de P3 é "Se não houver aula prática de direção, então o carro funciona".

D. a recíproca de P3 é "Se houver aula prática de direção, então o carro não funciona".

E. a negação de P3 é "O carro funciona e não haverá aula prática de direção".

COMENTÁRIO

Vamos analisar cada alternativa para encontrar a correta.

A. a negação de P1 é "o juiz de futebol não errou a marcação de pênalti e o jogador não fez falta".

P1 é uma conjunção e a negação de uma conjunção é dada por:

Conjunção	Negação
$p \wedge q$	$(\sim p) \vee \sim(q)$

Então negando P1 teríamos:

O juiz de futebol NÃO errou a marcação de pênalti OU o jogador fez falta.

Observe que a alternativa possui dois erros, o conectivo e a segunda proposição não foi negada. Item errado.

B. a negação de P2 é "Pedro não faz exercícios ou faz caminhada".

A negação de uma disjunção é dada por:

Disjunção	Negação
$p \vee q$	$(\sim p) \wedge \sim(q)$

Então, negando P2 teríamos:

Pedro NÃO faz exercícios E NÃO faz caminhada.

Observe que a segunda proposição não foi negada. Item errado.

C. a contrapositiva de P3 é "Se não houver aula prática de direção, então o carro funciona".

Relembrando que a contrapositiva de uma condicional é dada por:

Condicional	Contrapositiva
$p \rightarrow q$	$(\sim q) \rightarrow (\sim p)$

Ou seja, inverte as duas proposições e nega as duas:

Se não haver aula prática de direção, então o carro NÃO funciona.

Observe que a segunda proposição não foi negada. Item errado.

D. a recíproca de P3 é "Se houver aula prática de direção, então o carro não funciona".

Como vimos na questão anterior, a recíproca correta seria: "Se não haver aula prática de direção, então o carro NÃO funciona."

Logo, o item está errado.

E. a negação de P3 é "O carro funciona e não haverá aula prática de direção".

E por último, vale relembrar que a negação de uma condicional é dada por:

Condicional	Negação
$p \to q$	$p \wedge (\sim q)$

Ou seja, mantém a primeira proposição, nega a segunda e troca o conectivo por uma conjunção.

Então teríamos:

"O carro funciona E NÃO haverá aula prática de direção.

Essa é alternativa correta.

Resposta: E.

---

152. (IADES/CRF-TO/Analista de TI/2019) Assinale a alternativa que é logicamente equivalente à sentença "Se Manoel instalou a rede de computadores, então Joaquim configurou a rede de computadores".

A. Manoel instalou a rede de computadores ou Joaquim configurou a rede de computadores.

B. Manoel instalou a rede de computadores ou Joaquim não configurou a rede de computadores.

C. Se Joaquim não configurou a rede de computadores, então Manoel não instalou a rede de computadores.

D. Se Manoel instalou a rede de computadores, então Joaquim não configurou a rede de computadores.

E. Se Manoel não instalou a rede de computadores, então Joaquim não configurou a rede de computadores.

COMENTÁRIO

Temos aqui uma questão da propriedade de equivalência da condicional. Existem duas formas de equivalências, vamos relembra-las:

Dada uma condicional no formato: $p \to q$

1ª equivalência: $\sim q \to \sim p$

Essa é a chamada contrapositiva, onde cabe negar as duas proposições e inverter o antecedente com o consequente.

2ª equivalência: $\sim p \vee q$

A regra é simples: NEGA a primeira + conectivo ou + MANTÉM a segunda.

Então vamos aplicar as duas equivalências possíveis:

"Se Manoel instalou a rede de computadores, então Joaquim configurou a rede de computadores".

1ª) Se Joaquim NÃO configurou a rede de computadores, então Manoel NÃO instalou a rede de computadores

2ª) Manoel NÃO instalou a rede de computadores OU Joaquim configurou a rede de computadores.

Resposta: C.

---

153. (IADES/CRF-TO/Assistente Administrativo/2019) Assinale a alternativa que corresponde à negação lógica da proposição: "Pedro não é farmacêutico e João não é analista de sistemas".

A. Pedro é farmacêutico ou João é analista de sistemas.

B. Pedro não é farmacêutico ou João não é analista de sistemas.

C. Se Pedro é farmacêutico, então João é analista de sistemas.

D. Pedro é farmacêutico e João é analista de sistemas.

E. Pedro é farmacêutico ou não é analista de sistemas.

COMENTÁRIO

Temos uma questão onde exige o conhecimento das Leis de Morgan. A questão quer saber a negação da sentença dada.

Para isso vamos relembrar as leis de Morgan:

1ª lei de Morgan	2ª lei de Morgan
$\sim(p \vee q) = \sim p \wedge \sim q$	$\sim(p \wedge q) = \sim p \vee \sim q$

Observe que a sentença é a negação de uma conjunção

Então temos a aplicação da 2ª lei de Morgan.

Logo:

Conjunção	Negação
Pedro não é farmacêutico e João não é analista de sistemas".	Pedro é farmacêutico OU João é analista de sistemas".

Resposta: A.

---

154. (INSTITUTO AOCP/PC-ES/Investigador/2019) Dada a afirmação: "Todo político é corrupto.", assinale a alternativa que seja uma afirmação logicamente equivalente.

A. "Todo corrupto é político.".

B. "Quem não é político não é corrupto.".

C. "Um homem é político ou é corrupto.".

D. "Um homem não é corrupto ou não é político.".

E. "Todos que não são corruptos não são políticos.".

COMENTÁRIO

Observe que a afirmativa dada pode ser escrita como uma condicional:

"Todo político é corrupto." = "Se Político, então corrupto."

Desta forma, basta que encontremos uma equivalência dessa condicional.

Então vamos aplicar a contrapositiva : $p \rightarrow q \leftrightarrow {\sim}q \rightarrow {\sim}p$

Resultamos em: "Se não são corruptos, então não são políticos".

Resposta: E.

---

155. (INSTITUTO AOCP/PC-ES/Investigador/2019) Dada a proposição: "Se eu investigar, eu descubro o assassino.", é correto afirmar que ela pode ser reescrita, sem alterar o sentido lógico, igual a alternativa:

A. "Se eu não investigar, eu não descubro o assassino.".

B. "Se eu não descobri o assassino, eu não investiguei.".

C. "Descobri o assassino e não investiguei.".

D. "Investiguei e não descobri o assassino.".

E. "Se eu descobri o assassino, eu não investiguei.".

COMENTÁRIO

Temos aqui uma questão da propriedade de equivalência da condicional. Como vimos anteriormente, existem duas formas de equivalências, vamos relembra-las:

Dada uma condicional no formato: $p \rightarrow q$

1ª equivalência: ${\sim}q \rightarrow {\sim}p$

Essa é a chamada contrapositiva, onde cabe negar as duas proposições e inverter o antecedente com o consequente.

2ª equivalência: ${\sim}p \vee q$

A regra é simples: NEGA a primeira + conectivo ou + MANTÉM a segunda.

Chamamos de:

p: eu investigar

q: eu descubro o assassino

Então aplicando a contrapositiva teremos:

"Se eu não descobri o assassino, eu não investiguei.".

Resposta: B

156. (VUNESP/TJ-SP/Administrador/2019) Considere a seguinte afirmação: Se Ana e Maria foram classificadas para a segunda fase do concurso, então elas têm chance de aprovação. Assinale a alternativa que contém uma negação lógica para essa afirmação.

a) Se Ana e Maria não foram classificadas para a segunda fase do concurso, então elas não têm chance de aprovação.
b) Ana ou Maria não têm chance de aprovação e não foram classificadas para a segunda fase do concurso.
c) Se Ana ou Maria não têm chance de aprovação, então elas não foram classificadas para a segunda fase do concurso.
d) Ana e Maria foram classificadas para a segunda fase do concurso, mas elas não têm chance de aprovação.
e) Se Ana ou se Maria, mas não ambas, não foi classificada para o concurso, então ela não tem chance de aprovação.

COMENTÁRIO

✪ **Nota do autor:** A negação de proposições compostas é um assunto muito importante em concursos públicos devido a sua grande incidência. Sendo assim, é importante guardar as leis de negações que estão no final deste capítulo.

A afirmação dada na questão é uma proposição condicional, em que sua negação é dada da seguinte forma: mantém o antecedente e nega o consequente, ou seja, $P \rightarrow Q$ tem como negação $P \wedge \sim Q$.

Podemos representar a declaração "Se Ana e Maria foram classificadas para a segunda fase do concurso, então elas têm chance de aprovação".

P: Ana e Maria foram classificadas para a segunda fase do concurso; **P**: antecedente

Q: elas têm chance de aprovação; **Q:** consequente

~Q: elas não têm chance de aprovação.

Negação

$[P \rightarrow Q] \longrightarrow [\mathbf{P} \wedge \sim Q]$

Resposta: D.

157. (VUNESP/ TJ-SP/Enfermeiro Judiciário/2019) 'Gosto de ouvir clássicos e amo cantar forró ou troco isso por uma praia'. Uma afirmação que corresponda a uma negação lógica dessa afirmação é

a) Não gosto de ouvir clássicos e amo cantar forró, e troco isso por uma praia.
b) Gosto de ouvir clássicos e não amo cantar forró, e troco isso por uma praia.
c) Não gosto de ouvir clássicos e não amo cantar forró ou não troco isso por uma praia.
d) Não gosto de ouvir clássicos ou não amo cantar forró, e não troco isso por uma praia.
e) Gosto de ouvir clássicos e amo cantar forró e não troco isso por uma praia.

COMENTÁRIO

✪ **Nota do autor:** A negação de proposições compostas é um assunto muito importante em concursos públicos devido a sua grande incidência. Sendo assim, é importante guardar as leis de negações que estão no final deste capítulo

Duas proposições compostas, uma será a negação da outra quando forem formadas pelas mesmas proposições simples e os resultados de suas tabelas-verdade forem contrárias.

Afirmação	Negação
$P \wedge Q \vee R$ Gosto de ouvir clássicos e amo cantar forró ou troco isso por uma praia	$\sim P \vee \sim Q \wedge \sim R$ Não gosto de ouvir clássicos ou não amo cantar forró, e não troco isso por uma praia

É importante ressaltar que podemos ter proposições simples afirmativas ou negativas, desta forma, uma maneira prática de negarmos uma proposição composta disjuntiva ou conjuntiva é: negamos as proposições simples e trocamos a disjunção "ou" por uma conjunção "e", e vice versa.

A negação de "Gosto de ouvir clássicos e amo cantar forró ou troco isso por uma praia" é "Não gosto de ouvir clássicos ou não amo cantar forró, e não troco isso por uma praia".

Resposta: D.

---

158. (VUNESP/TJ-SP Prova: Contador Judiciário/2019) A negação lógica da afirmação – 'Se acabou a energia elétrica ou não tive tempo, então fui trabalhar com a roupa amassada' –, é:

a) Acabou a energia elétrica, e não tive tempo, e não fui trabalhar com a roupa amassada.

b) Se não acabou a energia elétrica e tive tempo, então não fui trabalhar com a roupa amassada.

c) Se não fui trabalhar com a roupa amassada, então tive tempo e não acabou a energia elétrica.

d) Não acabou a energia elétrica e tive tempo, e fui trabalhar com a roupa amassada.

e) Acabou a energia elétrica ou não tive tempo, e não fui trabalhar com a roupa amassada.

COMENTÁRIO

✪ **Nota do autor:** Importante ressaltar que a declaração é uma proposição condicional, em que sua negação é dada da seguinte forma: mantém o antecedente e nega o consequente, ou seja, $P \rightarrow Q$ tem como negação $P \wedge \sim Q$. A negação de proposições compostas é um assunto muito importante em concursos públicos devido a sua grande incidência. Sendo assim, não se esqueça de guardar as leis de negações que estão no final deste capítulo

Podemos representar a declaração 'Se acabou a energia elétrica ou não tive tempo, então fui trabalhar com a roupa amassada'.

P: acabou a energia.

Q: Não tive tempo.

R: Fui trabalhar com roupa amassada.

[P $\vee$ Q]: antecedente

R: consequente

Negação

$[P \vee Q] \rightarrow R \longrightarrow [P \vee Q] \wedge \sim R$

Resposta: E.

---

159. (FCC / AFAP/Assistente Administrativo de Fomento/2019)

A negação da afirmação condicional "Se Carlos não foi bem no exame, vai ficar em casa" é:

a) Se Carlos for bem no exame, vai ficar em casa.

b) Carlos foi bem no exame e não vai ficar em casa.

c) Carlos não foi bem no exame e vai ficar em casa.

d) Carlos não foi bem no exame e não vai ficar em casa.

e) Se Carlos não foi bem no exame então não vai ficar em casa.

COMENTÁRIO

✪ **Nota do autor:** Importante ressaltar que a declaração é uma proposição condicional, em que sua negação é dada da seguinte forma: mantém o antecedente e nega o consequente, ou seja, $P \rightarrow Q$ tem como negação $P \wedge \sim Q$.

Podemos representar a declaração "Se Carlos não foi bem no exame, vai ficar em casa"

P: Carlos não foi bem no exame; **P**: antecedente

Q: ficar em casa; **Q:** consequente

~Q: não vai ficar em casa

Negação

$[P \rightarrow Q] \longrightarrow [P \wedge \sim Q]$

Resposta: D.

160. (AOCP/Prefeitura de Belém-PA/Técnico em Radiografia/2018) A negação da proposição composta "Raul é secretário e Isabel não é diretora" é

a. "Raul não é secretário ou Isabel não é diretora".
b. "Raul não é secretário e Isabel é diretora".
c. "Raul é secretário ou Isabel é diretora".
d. "Raul é secretário e Isabel é diretora".
e. "Raul não é secretário ou Isabel é diretora".

COMENTÁRIO

A proposição dada utiliza o conectivo "e", ou seja, temos uma conjunção.

Para negarmos uma conjunção, utilizamos a lei de Morgan, onde:

$\sim(p \wedge q) = \sim p \vee \sim q$

Ou seja, negamos as duas proposições simples e trocamos por uma operação de disjunção. Desta forma teremos:

"Raul não é secretário OU Isabel é diretora".

Resposta: E.

---

161. (FGV/AL-RO/Assistente Legislativo/Técnico em Informática/2018) Considere verdadeira a afirmação:

"Todo parlamentar conhece bem a Constituição".

É correto concluir que

A. "Se uma pessoa conhece bem a Constituição então é parlamentar."
B. "Se uma pessoa não é um parlamentar então não conhece bem a Constituição."
C. "Se uma pessoa não conhece bem a constituição então não é parlamentar."
D. "Existe um parlamentar que não conhece bem a Constituição."
E. "Não existe pessoa que conheça bem a Constituição e não seja parlamentar."

COMENTÁRIO

Note que a sentença dada pode ser representada como:

"Todo parlamentar conhece bem a Constituição". → Se parlamentar, então conhece bem a Constituição.

Então temos uma questão da propriedade de equivalência da condicional. Existem duas formas de equivalências, vamos relembra-las:

Dada uma condicional no formato: $p \to q$

1ª equivalência: $\sim q \to \sim p$

Essa é a chamada contrapositiva, onde cabe negar as duas proposições e inverter o antecedente com o consequente.

2ª equivalência: $\sim p \vee q$

A regra é simples: NEGA a primeira + conectivo ou + mantém a segunda.

Então vamos escrever as duas equivalências possíveis:

"Se parlamentar, então conhece bem a Constituição."

p: é parlamentar

q: conhece bem a Constituição

1ª) $\sim q \to \sim p$: Se não conhece bem a Constituição, então não é parlamentar

2ª) $\sim p \vee q$: Não é parlamentar OU conhece bem a Constituição

Resposta: C.

---

162. (AOCP/UNIR/Analista de Tecnologia da Informação/2018) Considere a proposição "Lucas foi ao teatro ou não foi ao cinema". Em relação à negação dessa proposição, julgue o item a seguir.

"Lucas não foi ao teatro ou foi ao cinema"

COMENTÁRIO

A proposição dada na questão é uma disjunção inclusiva que é representada pelo conectivo *"ou"* representado pelo símbolo $\vee$.

Ou seja, podemos representar a proposição da seguinte forma: $A \vee \sim B$

Onde:

A: Lucas foi ao teatro

B: Lucas foi ao cinema

Logo:

~A: Lucas NÃO foi ao teatro

~B: Lucas NÃO foi ao cinema

Lembre-se que o símbolo ~ é utilizado para representar a negação de uma proposição.

Para se ter uma negação de uma disjunção é necessário que as duas proposições simples dadas sejam negadas, e que o conectivo seja trocado por um conectivo da disjunção.

Então, a negação será:

DISJUNÇÃO	NEGAÇÃO
$A \vee \sim B$	$\sim A \wedge B$

Então reescrevendo a negação temos:

$\sim A \wedge B$: Lucas não foi ao teatro E foi ao cinema.

Observe que o item está com o conectivo trocado, logo a questão está errada.

Resposta: ERRADO.

---

163. (AOCP/Prefeitura de Feira de Santana-BA/Professor Matemática/2018) Dadas duas proposições p e q, a equivalência lógica da implicação $p \rightarrow q$ será dada por

a. $p \rightarrow \sim q$

b. $\sim q \rightarrow \sim p$

c. $\sim p \rightarrow q$

d. $\sim q \rightarrow p$

e. $q \rightarrow p$

COMENTÁRIO

Temos nessa questão uma situação de equivalência lógica da condicional.

Para isso vamos relembrar as duas formas possíveis de uma equivalência de uma condicional.

Seja:

Condicional	1ª equivalência	2ª equivalência
$p \rightarrow q$	$\sim p \vee q$	$\sim q \rightarrow \sim p$
	Regra: Nega a primeira proposição + conectivo OU + mantém a segunda proposição.	Regra: Nega as duas proposições e inverte as posições. O conectivo "se... então" será mantido.

Com esse pequeno resumo já conseguimos marcar a alternativa correta, observe que as alternativas sugerem o segundo tipo de equivalência em que a condicional é mantida.

Resposta: B.

---

164. (AOCP/Prefeitura de Feira de Santana-BA/Professor Matemática/2018) Se não é verdadeiro que "Carlos não conseguiu atingir a média e Augusto comprou um novo caderno", então

a. Carlos conseguiu atingir a média e Augusto não comprou um novo caderno.

b. Carlos não conseguiu atingir a média ou Augusto comprou um novo caderno.

c. Carlos conseguiu atingir a média ou Augusto não comprou um novo caderno.
d. Carlos não conseguiu atingir a média e Augusto não comprou um novo caderno.
e. Carlos não conseguiu atingir a média e Augusto comprou um novo caderno.

COMENTÁRIO

Temos uma questão onde exige o conhecimento das Leis de Morgan. A questão quer saber a negação da sentença dada.

Para isso vamos relembrar as leis de Morgan:

1ª lei de Morgan	2ª lei de Morgan
$\sim(p \vee q) = \sim p \wedge \sim q$	$\sim(p \wedge q) = \sim p \vee \sim q$

A proposição fornecida é uma conjunção, ou seja, utilizaremos a 2ª lei de Morgan, vamos negar as duas proposições e trocar o conectivo por uma disjunção:

Carlos conseguiu atingir a média OU Augusto não comprou um novo caderno.

Resposta: C.

---

165. (INSTITUTO AOCP/UFOB/Técnico de Tecnologia da Informação/2018)

A lógica sentencial ou proposicional pressupõe que algumas relações entre fatos podem ser válidas ou não, sem precisar de premissas. Em relação à lógica sentencial ou proposicional, julgue o item a seguir.

A negação da proposição "x é um número fracionário ou y não é um número irracional" será dada por "x não é um número fracionário ou y é um número irracional".

( ) Certo

( ) Errado

COMENTÁRIO

A sentença dada é formada por uma disjunção do tipo $P \vee Q$

Desta forma:

$\sim(P \vee Q) = (\sim P \wedge \sim Q)$

De forma temos:

Disjunção	Negação
x é um número fracionário ou y não é um número irracional	x não é um número fracionário E y é um número irracional

Observe que o conectivo está trocado.

Resposta: ERRADO.

---

166. (INSTITUTO AOCP/UFOB/Analista de Tecnologia da Informação-Infraestrutura/2018) Duas proposições são logicamente equivalentes quando são compostas pelas mesmas proposições simples e suas tabelas-verdade são idênticas. Em consequência, ao trocar certa proposição por outra equivalente, muda-se apenas o modo de dizê-la. Em relação às proposições logicamente equivalentes, julgue o item a seguir.

$A \vee (B \wedge C) \leftrightarrow (A \wedge B) \vee (B \wedge C)$

( ) Certo

( ) Errado

COMENTÁRIO

Temos aqui uma questão em que precisamos aplicar a propriedade distributiva. Vamos relembra-la.

Propriedade Distributiva: Utilizando os conectivos E e OU pode-se distribuir o conectivo de fora dos parênteses para dentro.

Conjunção:

$P \wedge (Q \vee R) \leftrightarrow (P \wedge Q) \vee (P \wedge R)$

Disjunção:

$P \vee (Q \wedge R) \leftrightarrow (P \vee Q) \wedge (P \vee R)$

Desta forma, podemos concluir que o correto seria:

$A \vee (B \wedge C) \leftrightarrow (A \vee B) \wedge (A \vee C)$

Resposta: ERRADO.

---

167. (INSTITUTO AOCP/PRODEB/Analista de TIC I/Arquitetura de Soluções/2018) A negação da proposição composta "Abel toma café ou Valter não toma chá" será dada por

A. "Abel não toma café e Valter não toma chá".

B. "Valter toma chá ou Abel não toma café".

C. "Abel não toma café e Valter toma chá".

D. "Valter toma chá ou Abel toma café".

E. "Abel toma chá e Valter não toma café".

COMENTÁRIO

Como já estudamos anteriormente, temos a negação de uma disjunção inclusiva:

disjunção	Negação
$p \vee q$	$(\sim p) \wedge \sim(q)$

Ou seja, nega as duas proposições simples e trocamos o conectivo por uma conjunção "E".(Lei de Morgan).

Logo temos:

Afirmativa: Abel toma café ou Valter não toma chá.

Negação: Abel NÃO toma café E Valter toma chá.

Resposta: C.

---

168. (INSTITUTO AOCP/UFOB-Analista de Tecnologia da Informação-Infraestrutura/2018) Duas proposições são logicamente equivalentes quando são compostas pelas mesmas proposições simples e suas tabelas-verdade são idênticas. Em consequência, ao trocar certa proposição por outra equivalente, muda-se apenas o modo de dizê-la. Em relação às proposições logicamente equivalentes, julgue o item a seguir.

$A \rightarrow B \leftrightarrow \neg B \vee A$

( ) Certo

( ) Errado

COMENTÁRIO

Temos aqui uma questão da propriedade de equivalência da condicional. Existem duas formas de equivalências, vamos relembra-las:

Dada uma condicional no formato: $p \rightarrow q$

1ª equivalência: $\sim q \rightarrow \sim p$

Essa é a chamada contrapositiva, onde cabe negar as duas proposições e inverter o antecedente com o consequente.

2ª equivalência: $\sim p \vee q$

É exatamente essa equivalência que a questão quer. A regra é simples: NEGA a primeira + conectivo ou + MANTÉM a segunda.

Assim teremos:

$A \rightarrow B \leftrightarrow \neg A \vee B$

Resposta: ERRADO.

---

169. (INSTITUTO AOCP/PRODEB/Analista de TIC I-Arquitetura de Soluções/2018) Sejam dadas as proposições p e q a seguir:

p: "José resolve exercícios de Álgebra" q: "Maria resolve exercícios de Geometria"

Entre as alternativas a seguir, assinale aquela que representa, na linguagem simbólica, a seguinte proposição composta, que utiliza as proposições p e q: "José resolve exercícios de Álgebra e Maria não resolve exercícios de Geometria"

A. $\sim(p \vee q)$.
B. $\sim(\sim p \vee q)$.
C. $\sim(p \wedge \sim q)$.
D. $\sim(\sim p \wedge q)$.
E. $\sim(\sim p \vee \sim q)$.

COMENTÁRIO

A afirmativa a ser analisada é: "José resolve exercícios de Álgebra e Maria não resolve exercícios de Geometria".

Temos como conectivo uma conjunção representada por "E" e que é representado pelo símbolo $\wedge$.

Vale lembrar também que o símbolo ~ é utilizado para representar a negação de uma proposição.

Sabendo disso a afirmativa pode ser escrita utilizando a seguinte simbologia:

$p \wedge (\sim q)$

Porém não há nenhuma alternativa com essa resposta, então devemos encontrar algo que represente isso. Como temos uma conjunção, vale lembrar as duas leis de Morgan:

1ª lei de Morgan	2ª lei de Morgan
$\sim(a \vee b) = \sim a \wedge \sim b$	$\sim(a \wedge b) = \sim a \vee \sim b$

Observe que é o processo inverso da 1ª lei de Morgan.

Desta forma, sabemos que isso será equivalente a: $\sim(\sim p \vee q)$.

Resposta: B.

---

170. (INSTITUTO AOCP/PRODEB/Analista de TIC I-Arquitetura de Soluções/2018) A contrapositiva da proposição condicional "Se Marcos é escritor, então Paulo é professor" será dada por

A. "Se Paulo não é professor, então Marcos é escritor".
B. "Se Paulo não é escritor, então Marcos é professor".
C. "Se Paulo é professor, então Marcos é escritor".
D. "Se Paulo é professor, então Marcos não é escritor".
E. "Se Paulo não é professor, então Marcos não é escritor.

COMENTÁRIO

Como vimos anteriormente, a representação da contrapositiva de uma condicional é dada por:

Condicional	Contrapositiva
$p \to q$	$(\sim q) \to (\sim p)$

Ou seja, negamos as duas proposições e invertemos o antecedente e o consequente.

Afirmativa: Se Marcos é escritor, então Paulo é professor

Contrapositiva: Se Paulo NÃO é professor, então Marcos NÃO é escritor.

Resposta: E.

---

171. (IADES/CAU-RO-Assistente Administrativo/2018) João e Maria são assistentes administrativos, trabalham no CAU/BR, se a chefia imediata de ambos fez a seguinte afirmação: se João gozará de suas férias em janeiro, então Maria gozará de suas férias em fevereiro.

Do ponto de vista da lógica matemática, qual é a negação dessa proposição?

A. Se João não gozará de suas férias em janeiro, então Maria gozará de suas férias em fevereiro.
B. Se João não gozará de suas férias em janeiro, então Maria não gozará de suas férias em fevereiro.
C. Se João gozará de suas férias em janeiro, então Maria não gozará de suas férias em fevereiro.

D. João gozará de suas férias em janeiro e Maria não gozará de suas férias em fevereiro.

E. João não gozará de suas férias em janeiro ou Maria não gozará de suas férias em fevereiro.

COMENTÁRIO

Essa é uma questão que trabalha a ideia da negação de uma proposição. Então vamos relembrar a negação de uma condicional (se...então):

Condicional	Negação
$p \to q$	$p \wedge (\sim q)$

Ou seja, **mantém a primeira proposição, nega a segunda e troca o conectivo por uma conjunção.**

Então aplicando a regra temos:

Condicional	Negação
Se João gozará de suas férias em janeiro, então maria gozará de suas férias em fevereiro.	João gozará de suas férias em janeiro e Maria não gozará de suas férias em fevereiro.

Resposta: D.

---

172. (INSTITUTO AOCP/ADAF-AM/Agente de Fiscalização Agropecuária/2018) A contrapositiva da condicional "Se não chove, então ocorre o jogo de futebol no parque" será dada por

A. "Se ocorre o jogo de futebol no parque, então chove".

B. "Se não ocorre o jogo de futebol no parque, então chove".

C. "Se não ocorre o jogo de futebol no parque, então não chove".

D. "Se chove, então ocorre o jogo de futebol no parque".

E. "Se não chove, então não ocorre o jogo de futebol no parque".

COMENTÁRIO

Como vimos anteriormente, a representação da contrapositiva de uma condicional é dada por:

Condicional	Contrapositiva
$p \to q$	$(\sim q) \to (\sim p)$

Ou seja, negamos as duas proposições e invertemos o antecedente e o consequente.

Afirmativa: Se não chove, então ocorre o jogo de futebol no parque

Contrapositiva: Se não ocorre o jogo de futebol no parque, então chove.

Resposta: B.

---

173. (INSTITUTO AOCP/PRODEB/Analista Organizacional-Processos/2018)

A negação da proposição composta "Osvaldo é brasileiro e Lauro é Chileno." será dada por

A. "Osvaldo não é brasileiro e Lauro não é chileno."

B. "Osvaldo é brasileiro e Lauro não é chileno."

C. "Osvaldo é brasileiro ou Lauro é chileno."

D. "Osvaldo não é brasileiro ou Lauro é chileno."

E. "Osvaldo não é brasileiro ou Lauro não é chileno."

COMENTÁRIO

Temos aqui mais uma questão de negação, agora uma negação de uma conjunção (e).

A sentença dada: "Osvaldo é brasileiro e Lauro é Chileno."

Vamos chamar de:

P: Osvaldo é brasileiro

Q: Lauro é Chileno.

Para isso vamos relembrar as leis de Morgan:

1ª lei de Morgan	2ª lei de Morgan
$\sim(p \vee q) = \sim p \wedge \sim q$	$\sim(p \wedge q) = \sim p \vee \sim q$

A proposição fornecida é uma conjunção, ou seja, utilizaremos a 2ª lei de Morgan, vamos negar as duas proposições e trocar o conectivo por uma disjunção (ou):

"Osvaldo não é brasileiro ou Lauro não é Chileno."

Resposta: E.

---

174. (INSTITUTO AOCP/ADAF-AM/Administrador/2018) A negação da proposição composta condicional "Se o carro é novo, então está em boa condição de uso" será dada por

A. "O carro não é novo ou não está em boa condição de uso".
B. "O carro não é novo e está em boa condição de uso".
C. "O carro é novo e está em boa condição de uso".
D. "O carro é novo e não está em boa condição de uso".
E. "O carro está em boa condição de uso e é novo".

COMENTÁRIO

Como já vimos anteriormente, a negação de uma condicional pode ser dada por:

Condicional	Negação
$p \rightarrow q$	$p \wedge (\sim q)$

Ou seja, mantém a primeira proposição, nega a segunda e troca o conectivo por uma conjunção.

Assim teremos:

Condicional	Negação
"Se o carro é novo, então está em boa condição de uso"	O carro é novo E NÃO está em boa condição de uso.

Resposta: D.

---

175. (FGV/Prefeitura de Niterói-RJ/Analista de Políticas Públicas e Gestão Governamental/Gestão de Tecnologia/2018)

A negação de "Nenhum analista é magro" é

A. "Há pelo menos um analista magro".
B. "Alguns magros são analistas".
C. "Todos os analistas são magros".
D. "Todos os magros são analistas"
E. "Todos os analistas não são magros".

COMENTÁRIO

Para resolver essa questão vamos relembrar algumas regrinhas de negação das proposições categóricas. São elas:

1ª) negação de TODO = pelo menos um/ existe um/ algum + NÃO

2ª) negação de ALGUM = Nenhum / todo não

3º) negação de NENHUM = Pelo menos um/ existe um

Temos aqui a negação de "nenhum", então temos a 3ª regar citada. Ou seja, há pelo menos um analista magro.

Resposta: A.

176. (IBADE / Câmara de Porto Velho-RO / Analista de Tecnologia e Informática / 2018)

A negação lógica da sentença "se estou de dieta, então fecho a boca" é:

a) Se não estou de dieta, então não fecho a boca.

b) Se estou de dieta, então não fecho a boca.

c) Estou de dieta e não fecho a boca.

d) Se fecho a boca, então estou de dieta.

e) Estou de dieta ou não fecho a boca.

COMENTÁRIO

✪ Nota do autor: Importante ressaltar que a declaração é uma proposição condicional, em que sua negação é dada da seguinte forma: mantém o antecedente e nega o consequente, ou seja, $P \to Q$ tem como negação $P \wedge \sim Q$.

Podemos representar a declaração "se estou de dieta, então fecho a boca"

P: Estou de dieta; **P**: antecedente

Q: Fecho a boca; **Q:** consequente

Negação

$[P \to Q] \xrightarrow{\quad\quad} [P \wedge \sim Q]$

Resposta: C.

---

177. (VUNESP / Prefeitura de São Paulo-SP / 2018)

Uma afirmação logicamente equivalente à afirmação: 'Se planto no tempo certo, então a colheita é melhor', é:

a) Ou planto no tempo certo ou a colheita é melhor.

b) Não planto no tempo certo e a colheita é melhor.

c) Se não planto no tempo certo, então a colheita não é melhor.

d) A colheita é melhor ou não planto no tempo certo.

e) Se a colheita é melhor, então planto no tempo certo.

COMENTÁRIO

A proposição composta é uma proposição condicional, assim temos duas possíveis equivalências lógicas:

$$A \to B \begin{cases} \leftrightarrow \quad \neg B \to \neg A \text{ (Contra positiva)} \\ \\ \leftrightarrow \quad \neg A \vee B \end{cases}$$

$A \to B$ é equivalente a $\sim B \to \sim A$ (contra positiva)

$A \to B$ é equivalente a $\sim A \vee B$.

Dessa forma a equivalência de 'Se planto no tempo certo, então a colheita é melhor' pode ser:

"Se a colheita não é melhor, então não planto no tempo certo".

Ou

"Não planto no tempo certo ou a colheita é melhor" ou "A colheita é melhor ou não planto no tempo certo". (podemos comutar na proposição disjuntiva)

Resposta: D.

---

178. (VUNESP/ Prefeitura de São Paulo-SP/ 2018)

Uma negação lógica da afirmação: 'Se a noite vira dia, então o animal da noite volta para a toca. ' é:

a) A noite vira dia e o animal da noite não volta para a toca.

b) A noite não vira dia ou o animal da noite não volta para a toca.

c) Se o animal da noite volta para a toca, então a noite vira dia.

d) Se a noite não vira dia, então o animal da noite não volta para a toca.

e) Se o animal da noite não volta para a toca, então a noite não vira dia.

COMENTÁRIO

✪ **Nota do autor:** Importante ressaltar que a declaração é uma proposição condicional, em que sua negação é dada da seguinte forma: mantém o antecedente e nega o consequente, ou seja, $P \rightarrow Q$ tem como negação $P \wedge \sim Q$.

Podemos representar a declaração "Se a noite vira dia, então o animal da noite volta para a toca"

P: A noite vira dia; **P**: antecedente

Q: O animal da noite volta para a toca; **Q:** consequente

Negação

$[P \rightarrow Q]$ ——→ **$[P \wedge \sim Q]$ (A noite vira dia e o animal da noite não volta para a toca)**

Resposta: A.

---

179. (CESPE/ SEFAZ-RS/Técnico Tributário da Receita Estadual/2018)

A negação da proposição "O IPTU, eu pago parcelado; o IPVA, eu pago em parcela única" pode ser escrita como

a) "Eu não pago o IPTU parcelado e não pago o IPVA em parcela única".

b) "Eu não pago o IPTU parcelado e pago o IPVA parcelado".

c) "Eu não pago o IPTU parcelado ou não pago o IPVA em parcela única"

d) "Eu pago o IPTU em parcela única e pago o IPVA parcelado".

e) "Eu pago o IPTU em parcela única ou pago o IPVA parcelado".

COMENTÁRIO

✪ **Nota do autor:** Duas proposições compostas, uma será a negação da outra quando forem formadas pelas mesmas proposições simples e os resultados de suas tabelas-verdade forem contrárias. Importante também interpretar que temos uma proposição conjuntiva, ou seja, o conectivo "e" está implícito.

Afirmação	Negação
$P \wedge Q$ O IPTU, eu pago parcelado; o IPVA, eu pago em parcela única	$\sim P \vee \sim Q$ **Eu não pago o IPTU parcelado ou não pago o IPVA em parcela única**

Volto a ressaltar que podemos ter proposições simples afirmativas ou negativas, desta forma, uma maneira prática de negarmos uma proposição composta disjuntiva ou conjuntiva é: negamos as proposições simples e trocamos a disjunção "ou" por uma conjunção "e", e vice versa.

Resposta: C.

---

180. (COSEAC/Prefeitura de Maricá – RJ/2018)

A negação lógica da afirmação condicional "se Ana adoece, então Pedro fica triste" é:

a) se Ana não adoece, Pedro não fica triste.

b) se Ana adoece, então Pedro não fica triste.

c) Ana adoece ou Pedro não fica triste.

d) Ana adoece e Pedro não fica triste.

e) se Pedro fica triste, Ana adoece.

COMENTÁRIO

✪ **Nota do autor:** Importante ressaltar que a declaração é uma proposição condicional, em que sua negação é dada da seguinte forma: mantém o antecedente e nega o consequente, ou seja, $P \rightarrow Q$ tem como negação $P \wedge \sim Q$.

Podemos representar a declaração "se Ana adoece, então Pedro fica triste"

P: Ana adoece; **P**: antecedente

Q: Pedro fica triste; **Q:** consequente

Negação

[P →Q] ——→ **[P ∧~ Q] (Ana adoece e Pedro não fica triste)**

Resposta: D.

---

181. (VUNESP/PC-SP/Agente Policial/2018)

Considere a afirmação: "Mateus não ganha na loteria ou ele compra aquele carrão". Uma afirmação equivalente a essa afirmação é:

a) Mateus ganha na loteria e não compra aquele carrão.
b) Ou Mateus não compra aquele carrão ou ele não ganha na loteria.
c) Mateus ganha na loteria ou ele compra aquele carrão.
d) Se Mateus ganha na loteria, então ele compra aquele carrão.
e) Se Mateus não ganha na loteria, então ele não compra aquele carrão.

COMENTÁRIO

✪ **Nota do autor:** Duas proposições compostas, uma será a negação da outra quando forem formadas pelas mesmas proposições simples e os resultados de suas tabelas-verdade forem contrárias. Importante também interpretar que temos uma proposição conjuntiva, ou seja, o conectivo "e" está implícito.

Afirmação	Negação
~P∧ Q Mateus não ganha na loteria ou ele compra aquele carrão	P ∨~ Q ⇔ P → Q (**equivalentes**) Mateus ganha na loteria ou não compra aquele carrão **ou** **Se Mateus ganha na loteria, então ele compra aquele carrão**

Volto a ressaltar que podemos ter proposições simples afirmativas ou negativas, desta forma, uma maneira prática de negarmos uma proposição composta disjuntiva ou conjuntiva é: negamos as proposições simples e trocamos a disjunção "ou" por uma conjunção "e", e vice versa.

Nessa questão temos a negação mais convencional, porém a banca fez uma equivalência do que seria a resposta. Achei bacana, pois além de exigir conhecimento de negações, o candidato deve saber também equivalências lógicas.

Resposta: D.

---

182. (FGV/SEFIN-RO/Contador/2018)

Considere a sentença

"Se Arquimedes é torcedor do Ji-Paraná, então Sócrates é torcedor do Rondoniense".

A negação lógica dessa sentença é:

a) "Se Arquimedes é torcedor do Ji-Paraná, então Sócrates não é torcedor do Rondoniense".
b) "Se Arquimedes não é torcedor do Ji-Paraná, então Sócrates é torcedor do Rondoniense".
c) "Se Arquimedes não é torcedor do Ji-Paraná, então Sócrates não é torcedor do Rondoniense".
d) "Arquimedes é torcedor do Ji-Paraná e Sócrates não é torcedor do Rondoniense".
e) "Arquimedes é torcedor do Ji-Paraná ou Sócrates não é torcedor do Rondoniense".

COMENTÁRIO

Temos uma questão que trata de estruturas lógicas, especificamente, uma negação de proposições compostas. Sabemos que duas proposições compostas, uma será a negação da outra, quando são formadas pelas mesmas proposições simples e os resultados de suas tabelas-verdade são contrárias. Sendo assim temos que a proposição: "Se Arquimedes é torcedor do Ji-Paraná, então Sócrates é torcedor do Rondoniense" é uma proposição condicional, logo: (A →B), a negação será: (A ∧ ~B), ou seja, mantém o antecedente e nega o consequente.

Logo teremos: "Se Arquimedes é torcedor do Ji-Paraná, então Sócrates é torcedor do Rondoniense" possui sua negação "Arquimedes é torcedor do Ji-Paraná e Sócrates não é torcedor do Rondoniense".

Resposta: D.

---

183. (IBFC/Concurso da Polícia Militar-PM/PB/2018) A negação da frase "Marcos é jogador de futebol e Ana é ciclista" é:

a) Marcos não é jogador de futebol e Ana não é ciclista.

b) Marcos não é jogador de futebol ou Ana não é ciclista.

c) Marcos não é jogador de futebol ou Ana é ciclista.

d) Marcos não é jogador de futebol se, e somente se, Ana não é ciclista.

COMENTÁRIO

✪ **Nota do autor:** A negação de proposições compostas é um assunto muito importante em concursos públicos devido a sua grande incidência. Sendo assim, é importante guardar as leis de negações que estão no final deste capítulo.

Duas proposições compostas, uma será a negação da outra quando forem formadas pelas mesmas proposições simples e os resultados de suas tabelas-verdade forem contrárias.

Representando as proposições simples por "p" e "q", e sabendo que temos uma proposição composta conjuntiva " $p \wedge q$" , basta aplicarmos o seguinte pensamento: negamos as proposições simples e de uma maneira prática trocamos a conjunção "e" por uma disjunção "ou".

p = Marcos é jogador de futebol

q = Ana é ciclista

A negação é dada por "~p ou ~q", ou seja: Marcos NÃO é jogador de futebol OU Ana NÃO é ciclista.

Resposta: B.

---

184. (VUNESP/Escrivão de Polícia Civil/2018) Uma afirmação que seja equivalente à afirmação – Se os conselhos foram ouvidos, então a decisão foi acertada – é

a) os conselhos não foram ouvidos ou a decisão não foi acertada.

b) os conselhos não foram ouvidos ou a decisão foi acertada.

c) os conselhos não foram ouvidos e a decisão não foi acertada.

d) os conselhos foram ouvidos e a decisão foi acertada.

e) se a decisão foi acertada, então os conselhos foram ouvidos

COMENTÁRIO

A proposição composta é uma proposição condicional, assim temos duas possíveis equivalências lógicas:

$$A \rightarrow B \begin{cases} \leftrightarrow \quad \neg B \rightarrow \neg A \text{ (Contra positiva)} \\ \leftrightarrow \quad \neg A \vee B \end{cases}$$

$A \rightarrow B$ é equivalente a $\sim B \rightarrow \sim A$ (contra positiva)

$A \rightarrow B$ é equivalente a $\sim A \vee B$.

Dessa forma a equivalência de "Se os conselhos foram ouvidos, então a decisão foi acertada" pode ser:

"Os conselhos não foram ouvidos ou a decisão foi acertada".

Ou

" Se a decisão não foi acertada, então os conselhos não foram ouvidos".

Resposta: B.

---

185. (VUNESP/Escrivão de Polícia Civil/2018) Uma afirmação que corresponde à negação lógica da afirmação – Leonardo é dentista ou Marcelo não é médico – é

a) Ou Leonardo não é dentista ou Marcelo é médico.

b) Leonardo não é dentista e Marcelo é médico.

c) Leonardo é dentista e Marcelo é médico.

d) Se Leonardo é dentista, então Marcelo não é médico.

e) Leonardo não é dentista ou Marcelo não é médico.

COMENTÁRIO

✪ **Nota do autor:** A negação de proposições compostas é um assunto muito importante em concursos públicos devido a sua grande incidência. Sendo assim, é importante guardar as leis de negações que estão no final deste capítulo

Duas proposições compostas, uma será a negação da outra quando forem formadas pelas mesmas proposições simples e os resultados de suas tabelas-verdade forem contrárias.

Afirmação	Negação
$P \vee \neg Q$ "Leonardo é dentista ou Marcelo não é médico"	$\sim P \wedge Q$ "Leonardo não é dentista e Marcelo é médico".

A negação da proposição $A \vee B$ é dada por $\sim A \wedge \sim B$.

É importante ressaltar que podemos ter proposições simples afirmativas ou negativas, desta forma, uma maneira prática de negarmos uma proposição composta disjuntiva é: negamos as proposições simples e trocamos a disjunção "ou" por uma conjunção "e".

A negação de "Leonardo é dentista ou Marcelo não é médico" é "Leonardo não é dentista e Marcelo é médico".

Resposta: B.

186.(FCC/TCE-SP/Agente de Fiscalização/Administração/2018) Uma afirmação que corresponda à negação lógica da afirmação "Pedro distribuiu amor e Pedro colheu felicidade" é:

a) Pedro não distribuiu amor ou Pedro não colheu felicidade.

b) Pedro distribuiu ódio e Pedro colheu infelicidade.

c) Pedro não distribuiu amor e Pedro não colheu felicidade.

d) Se Pedro colheu felicidade, então Pedro distribuiu amor.

e) Pedro não distribuiu ódio e Pedro não colheu infelicidade.

COMENTÁRIO

✪ **Nota do autor:** A negação de proposições compostas é um assunto muito importante em concursos públicos devido a sua grande incidência. Sendo assim, é importante guardar as leis de negações que estão no final deste capítulo

Duas proposições compostas, uma será a negação da outra quando forem formadas pelas mesmas proposições simples e os resultados de suas tabelas-verdade forem contrárias.

Afirmação	Negação
$P \wedge Q$ "Pedro distribuiu amor e Pedro colheu felicidade"	$\neg P \vee \neg Q$ "Pedro não distribuiu amor ou Pedro não colheu felicidade".

Resposta: A.

---

187. (VUNESP/Escrivão de Polícia Civil/2018) Uma equivalência lógica para a proposição Marcelo é inocente ou Alice é culpada está contida na alternativa:

a) Marcelo e Alice são culpados.

b) Se Marcelo não é inocente, então Alice é culpada.

c) Marcelo é inocente se, e somente se, Alice é culpada.

d) Se Marcelo é inocente, então Alice não é culpada.

e) Marcelo e Alice são inocentes.

COMENTÁRIO

A proposição composta é uma proposição condicional, assim temos duas possíveis equivalências lógicas:

$$\mathbf{A \rightarrow B} \begin{cases} \leftrightarrow \quad \neg B \rightarrow \neg A \text{ (Contra positiva)} \\ \leftrightarrow \quad \neg \mathbf{A} \vee \mathbf{B} \end{cases}$$

A → B é equivalente a ~ B → ~A (contra positiva)

A → B é equivalente a ~ A v B.

Dessa forma a equivalência de "Marcelo é inocente ou Alice é culpada" pode ser:

"Se Marcelo não é inocente, então Alice é culpada".

Ou

"Se Alice não é culpada, então Marcelo é inocente".

Iremos neste caso utilizar a equivalência partindo da disjunção para condicional, logo teremos: "Marcelo é inocente ou Alice é culpada" ↔ "Se Marcelo não é inocente, então Alice é culpada. "

Uma dica seria a seguinte, da disjunção para a condicional, em uma equivalência, negamos a primeira proposição em seguida, mantemos a segunda.

RESPOSTA: B.

---

188. (VUNESP/ Investigador de Polícia Civil/2018)

Considere a afirmação:

Se João calçou as botas, então ele não escorregou.

A alternativa que contém uma afirmação equivalente é:

a) Se João não escorregou, então ele calçou as botas.
b) João calçou as botas e não escorregou.
c) Se João calçou as botas, então ele escorregou.
d) João não calçou as botas ou ele não escorregou.
e) João calçou as botas ou ele não escorregou.

COMENTÁRIO

A proposição composta é uma proposição condicional, assim temos duas possíveis equivalências lógicas:

$$\mathbf{A \rightarrow B} \begin{cases} \leftrightarrow \quad \neg B \rightarrow \neg A \text{ (Contra positiva)} \\ \leftrightarrow \quad \neg \mathbf{A} \vee \mathbf{B} \end{cases}$$

Se João calçou botas, então ele não escorregou, temos a segunda equivalência:

Uma dica seria a seguinte, da condicional para a disjunção, em uma equivalência, negamos a primeira proposição em seguida, mantemos a segunda.

João não calçou botas ou ele não escorregou.

RESPOSTA: D.

---

189. (VUNESP/Investigador de Civil/2018)

Considere a afirmação:

Se os carregadores são fortes, então eles terminam rápido e não ficam cansados.

Uma alternativa que contém a negação lógica dessa afirmação é:

a) Os carregadores são fortes e, eles não terminam rápido ou ficam cansados.
b) Se os carregadores ficam cansados e não terminam rápido, então eles não são fortes.
c) Se os carregadores não são fortes, então eles não terminam rápido ou ficam cansados.
d) Os carregadores não são fortes e, eles não terminam rápido e ficam cansados.
e) Se os carregadores não são fortes, então eles terminam rápido e não ficam cansados.

COMENTÁRIO

✪ **Nota do autor:** Duas proposições compostas, uma e a negação da outra, quando forem formadas pelas mesmas proposições simples e os resultados de suas tabelas-verdades são contrários. Uma das principais negações é a condicional, pois além de ser a mais complexa para memorizar, é a mais cobrada em concursos públicos.

Temos uma proposição composta condicional, em que a negação é dada por $p \wedge \neg q$, isto é, afirma o antecedente e nega o consequente. Desta forma a negação da proposição será: Os carregadores são fortes e eles não terminam rápido ou ficam cansados.

Resposta: A.

---

190. (VUNESP/Delegado Policia Civil/2018) Uma equivalente lógica para a proposição – Se Marta é casada, então Dionísio é divorciado – está contida na alternativa:

a) Marta não é casada ou Dionísio é divorciado.
b) Marta não é casada e Dionísio é divorciado.
c) Marta é casada ou Dionísio é divorciado.
d) Marta é casada e Dionísio é divorciado.
e) Marta é casada ou Dionísio não é divorciado.

COMENTÁRIO

A proposição composta é uma proposição condicional, assim temos duas possíveis equivalências lógicas:

$$\mathbf{A \rightarrow B} \begin{cases} \leftrightarrow & \neg B \rightarrow \neg A \text{ (Contra positiva)} \\ \leftrightarrow & \mathbf{\neg A \vee B} \end{cases}$$

A proposição: Se Marta é casada, então Dionísio é divorciado, possui as seguintes equivalências:

Se Dionísio não é divorciado, então Marta não é casada

Ou

Marta não é casada ou Dionísio é divorciado

Resposta: A.

---

191. (AOCP/Soldado Combatente BM/2018) Em um teste de aptidão física de dois soldados, X e Y, um sargento afirmou aos seus superiores que "ou o soldado X foi aprovado ou o soldado Y foi reprovado". A negação dessa afirmação é

a) "O soldado X foi reprovado e o soldado Y foi reprovado".
b) "O soldado X foi aprovado ou o soldado Y foi aprovado".
c) "O soldado X foi aprovado e o soldado Y foi aprovado".
d) "O soldado X foi aprovado se, e somente se o soldado Y foi reprovado".
e) "Se o soldado X foi reprovado, então o soldado Y foi reprovado".

COMENTÁRIO

✪ **Nota do autor:** Duas proposições, uma é a negação da outra, quando são formadas pelas mesmas proposições simples e os resultados de sua tabela-verdade são opostos.

Afirmação	Negação
$A \vee B$	$A \leftrightarrow B$
F	V
V	F
V	F
F	V

A Negação da proposição $A \underline{\vee} B$ (disjunção exclusiva) é $A \leftrightarrow B$ (bicondicional), uma vez que elas produzem tabelas-verdades opostas.

Desta forma a negação será " O soldado X foi aprovado se, e somente se o soldado Y foi reprovado".

Resposta: D.

---

192. (INSTITUTO AOCP/Câmara de Maringá-PR/Assistente Administrativo/2017) A afirmação "Se o Sol brilha, então é dia" é logicamente equivalente à afirmação

A. "Se o Sol não brilha, então não é dia."
B. "Se não é dia, então o Sol não brilha."
C. "É dia e o Sol não brilha."
D. "Não é dia e o Sol brilha."
E. "O Sol brilha ou não é dia."

COMENTÁRIO

Temos aqui uma questão da propriedade de equivalência da condicional. Existem duas formas de equivalências, vamos relembra-las:

Dada uma condicional no formato: $p \rightarrow q$

1ª equivalência: $\sim q \rightarrow \sim p$

Essa é a chamada contrapositiva, onde cabe negar as duas proposições e inverter o antecedente com o consequente.

2ª equivalência: $\sim p \vee q$

É exatamente essa equivalência que a questão quer. A regra é simples: NEGA a primeira + conectivo ou + MANTÉM a segunda.

Assim teremos duas formas de representar a condicional dada: " Se o Sol brilha, então é dia"

1ª.Se NÃO é dia, então o sol NÃO brilha

2ª: O Sol NÃO brilha OU é dia

Resposta: B.

---

193. (INSTITUTO AOCP/Câmara de Maringá-PR/Assistente Legislativo/2017) A afirmação "Se Pedro mente, então é segunda-feira" é logicamente equivalente à afirmação

A. "Pedro mente todas as segundas-feiras".
B. "Se Pedro não mente, então não é segunda-feira".
C. "Se não é segunda-feira, então Pedro não mente".
D. "Pedro mente, ou é segunda-feira".
E. "Se não é segunda-feira, então Pedro mente".

COMENTÁRIO

Assim como a questão anterior, temos equivalência da condicional. Como vimos, existem duas formas de equivalências:

Dada uma condicional no formato: $p \rightarrow q$

1ª equivalência: $\sim q \rightarrow \sim p$

Essa é a chamada contrapositiva, onde cabe negar as duas proposições e inverter o antecedente com o consequente.

2ª equivalência: $\sim p \vee q$

É exatamente essa equivalência que a questão quer. A regra é simples: NEGA a primeira + conectivo ou + MANTÉM a segunda.

"Se Pedro mente, então é segunda-feira"

Reescrevendo as duas formas possíveis:

1ª: "Se NÃO é segunda-feira, então Pedro não mente."

2ª: "Pedro NÃO mente, OU é segunda-feira"

Resposta: C.

194. (INSTITUTO AOCP/Câmara de Maringá-PR/Contador/2017) Denote como (p), (q) e (r) são três proposições lógicas. Usando a notação padrão para a disjunção, conjunção, condicional e negação lógicas (∨, ∧, → e ¬, respectivamente) e considerando que V e F são abreviações para os valores lógicos verdadeiro e falso, assinale a alternativa INCORRETA.

A. ¬ (p ∧ q) é equivalente a (¬ p ∨ ¬ q).

B. (p → q) é logicamente equivalente a (¬ q → ¬ p).

C. Se (p) é F e (q) é V, então (p ∨ q) é V.

D. (p ∨ ¬ q) é V sempre que (p) é V e (q) é (V).

E. Se (p) é F, (q) é V e (r) é V, então ((¬ p ∧ ¬ q) ∨ r) é F.

COMENTÁRIO

Para resolver essa questão, vamos analisar todas alternativas e comentar sobre elas:

A. ¬ (p ∧ q) é equivalente a (¬ p ∨ ¬ q).
Correto. Essa é a 2ª lei de Morgan. A negação de uma conjunção é dada por uma disjunção.

B. (p → q) é logicamente equivalente a (¬ q → ¬ p).
Correto. Sabemos que existem duas equivalências da condicional, essa é uma delas. Consiste em negar as proposições e trocar antecedente com o consequente.

C. Se (p) é F e (q) é V, então (p ∨ q) é V.
Correto. Na tabela verdade de uma disjunção, para que se tenha verdade, basta que apenas umas das proposições seja verdadeira.

D. (p ∨ ¬ q) é V sempre que (p) é V e (q) é (V).
Correto. Acabamos de comentar no item anterior que uma disjunção, para que se tenha verdade, basta que apenas umas das proposições seja verdadeira.

E. Se (p) é F, (q) é V e (r) é V, então ((¬ p ∧ ¬ q) ∨ r) é F.
ERRADA. Para ficar mais fácil vamos substituir os valores, lembrando que se *p* é F então ¬*p* é verdadeiro:
((¬*p* ∧ ¬*q*) ∨ *r*)
((V∧ F) ∨ V)
Resolvendo a conjunção (∧) primeiro:
(F ∨ V) = V
Ou seja, é V e não F como a afirmativa diz.
Resposta: E.

195. (IADES/Correios-Engenheiro de Segurança do Trabalho Júnior/2017) Qual é a negação da proposição "Engenheiros gostam de biológicas e médicos gostam de exatas."?

A. Engenheiros não gostam de biológicas ou médicos não gostam de exatas.

B. Engenheiros não gostam de biológicas e médicos gostam de exatas.

C. Engenheiros não gostam de biológicas ou médicos gostam de exatas.

D. Engenheiros gostam de biológicas ou médicos não gostam de exatas.

E. Engenheiros não gostam de biológicas e médicos não gostam de exatas.

COMENTÁRIO

Temos uma questão onde exige o conhecimento das Leis de Morgan. A questão quer saber a negação da sentença dada.

Para isso vamos relembrar as leis de Morgan:

1ª lei de Morgan	2ª lei de Morgan
~(p ∨ q) = ~p ∧ ~q	~(p ∧ q) = ~p ∨ ~q

Temos a negação de uma conjunção, então temos a aplicação da 2ª lei de Morgan.

Logo ~*p* ∨ ~*q* = Engenheiros NÃO gostam de biológicas OU médicos NÃO gostam de exatas.

Resposta: A.

---

196. (FCC/FUNAPE/Analista em Gestão Previdenciária/2017) Considere a afirmação abaixo.

Se contratei um empréstimo com juros maiores do que antes, então pagarei um montante maior.

A afirmação que corresponde à negação lógica desta é

a) se não paguei um montante maior, então não contratei um empréstimo com juros maiores.
b) contratei um empréstimo com juros maiores do que antes ou pagarei um montante maior.
c) se contratei um empréstimo com juros menores do que antes, então pagarei um montante maior.
d) contratei um empréstimo com juros maiores do que antes e não pagarei um montante maior.
e) não contratei um empréstimo com juros maiores do que antes ou não pagarei um montante maior.

COMENTÁRIO

Temos uma questão que trata de estruturas lógicas, especificamente, uma negação de proposições compostas. Sabemos que duas proposições compostas, uma será a negação da outra, quando são formadas pelas mesmas proposições simples e os resultados de suas tabelas-verdade são contrárias. Sendo assim temos que a proposição: "Se contratei um empréstimo com juros maiores do que antes, então pagarei um montante maior" é uma proposição condicional, logo: (A →B), a negação será: (A ∧ ~B), ou seja, mantém o antecedente e nega o consequente.

Logo teremos: "Se contratei um empréstimo com juros maiores do que antes, então pagarei um montante maior" possui sua negação "contratei um empréstimo com juros maiores do que antes e não pagarei um montante maior".

Resposta: D.

---

197. (INSTITUTO AOCP/Câmara de Maringá-PR/Contador/2017) Denote como (p), (q) e (r) são três proposições lógicas. Usando a notação padrão para a disjunção, conjunção, condicional e negação lógicas (∨, ∧, → e ¬, respectivamente) e considerando que V e F são abreviações para os valores lógicos verdadeiro e falso, assinale a alternativa INCORRETA.

A. ¬ (p ∧ q) é equivalente a (¬ p ∨ ¬ q).
B. (p → q) é logicamente equivalente a (¬ q → ¬ p).
C. Se (p) é F e (q) é V, então (p ∨ q) é V.
D. (p ∨ ¬ q) é V sempre que (p) é V e (q) é (V).
E. Se (p) é F, (q) é V e (r) é V, então ((¬ p ∧ ¬ q) ∨ r) é F.

COMENTÁRIO

Para resolver essa questão, vamos analisar todas alternativas e comentar sobre elas:

A. ¬ (p ∧ q) é equivalente a (¬ p ∨ ¬ q).

Correto. Essa é a 2ª lei de Morgan. A negação de uma conjunção é dada por uma disjunção.

B. (p → q) é logicamente equivalente a (¬ q → ¬ p).

Correto. Sabemos que existem duas equivalências da condicional, essa é uma delas. Consiste em negar as proposições e trocar antecedente com o consequente.

C. Se (p) é F e (q) é V, então (p ∨ q) é V.

Correto. Na tabela verdade de uma disjunção, para que se tenha verdade, basta que apenas umas das proposições seja verdadeira.

D. (p ∨ ¬ q) é V sempre que (p) é V e (q) é (V).

Correto. Acabamos de comentar no item anterior que uma disjunção, para que se tenha verdade, basta que apenas umas das proposições seja verdadeira.

E. Se (p) é F, (q) é V e (r) é V, então ((¬ p ∧ ¬ q) ∨ r) é F.

ERRADA. Para ficar mais fácil vamos substituir os valores, lembrando que se *p* é F então ¬*p* é verdadeiro:

$((\neg p \wedge \neg q) \vee r)$

$((V \wedge F) \vee V)$

Resolvendo a conjunção (∧) primeiro:

$(F \vee V) = V$

Ou seja, é V e não F como a afirmativa diz.

Resposta: E

---

198. (FGV/TRT – 12ª Região/Técnico Judiciário – Área Administrativa /2017) Os advogados Miguel e Lucas conversam sobre determinado processo que vão receber.

– Miguel: Se esse processo é de "danos morais" então tem 100 páginas ou mais.

– Lucas: Não é verdade.

O que Lucas disse é logicamente equivalente a:

a) esse processo não é de danos morais e tem 100 páginas ou mais;

b) esse processo não é de danos morais ou tem menos de 100 páginas;

c) se esse processo não é de danos morais então tem 100 páginas ou mais;

d) se esse processo é de danos morais então tem 100 páginas ou menos;

e) esse processo é de danos morais e tem menos de 100 páginas.

COMENTÁRIO

Temos uma questão que trata de estruturas lógicas, especificamente, uma negação de proposições compostas. Sabemos que duas proposições compostas, uma será a negação da outra, quando são formadas pelas mesmas proposições simples e os resultados de suas tabelas-verdade são contrárias. Sendo assim temos que a proposição: "Se esse processo é de "danos morais" então tem 100 páginas ou mais" é uma proposição condicional, logo: $(A \rightarrow B)$, a negação será: $(A \wedge \sim B)$, ou seja, mantém o antecedente e nega o consequente.

Logo teremos: "Se esse processo é de "danos morais" então tem 100 páginas ou mais " possui sua negação "esse processo é de danos morais e tem menos de 100 páginas".

Obs.: A negação de maior ou igual é menor. Veremos mais a frente uma explicação sobre as negações dessas desigualdades.

Resposta: E.

---

199. (FGV/TRT-12ª Região/Analista Judiciário – Área Administrativa/2017) Considere a sentença: "Se Pedro é torcedor do Avaí e Marcela não é torcedora do Figueirense, então Joana é torcedora da Chapecoense".

Uma sentença logicamente equivalente à sentença dada é:

a) Se Pedro não é torcedor do Avaí ou Marcela é torcedora do Figueirense, então Joana não é torcedora da Chapecoense.

b) Se Pedro não é torcedor do Avaí e Marcela é torcedora do Figueirense, então Joana não é torcedora da Chapecoense.

c) Pedro não é torcedor do Avaí ou Marcela é torcedora do Figueirense ou Joana é torcedora da Chapecoense.

d) Se Joana não é torcedora da Chapecoense, então Pedro não é torcedor do Avaí e Marcela é torcedora do Figueirense.

e) Pedro não é torcedor do Avaí ou Marcela é torcedora do Figueirense e Joana é torcedora da Chapecoense.

COMENTÁRIO

A proposição composta é uma proposição condicional, assim temos duas possíveis equivalências lógicas:

$$A \rightarrow B \begin{cases} \leftrightarrow \quad \neg B \rightarrow \neg A \text{ (Contra positiva)} \\ \\ \leftrightarrow \quad \neg A \vee B \end{cases}$$

$A \to B$: "Se Pedro é torcedor do Avaí e Marcela não é torcedora do Figueirense, então Joana é torcedora da Chapecoense".

$\neg B \to \neg A$: "Se Joana não é torcedora da Chapecoense, então Pedro não é torcedor do Avaí ou Marcela é torcedora do Figueirense".

$\neg A \lor B$: "Pedro não é torcedor do Avaí ou Marcela é torcedora do Figueirense ou Joana é torcedora da Chapecoense".

As três proposições acima são equivalentes, a alternativa correta está indicada pela proposição composta disjuntiva.

Resposta: C.

200.(INSTITUTO AOCP / Câmara de Maringá- PR/Assistente Administrativo/2017) A afirmação "Se o Sol brilha, então é dia" é logicamente equivalente à afirmação

a) "Se o Sol não brilha, então não é dia."

b) "Se não é dia, então o Sol não brilha. "

c) "É dia e o Sol não brilha. "

d) "Não é dia e o Sol brilha. "

e) "O Sol brilha ou não é dia."

COMENTÁRIO

A proposição composta é uma proposição condicional, assim temos duas possíveis equivalências lógicas:

$$A \to B \begin{cases} \leftrightarrow \quad \neg B \to \neg A \text{ (Contra positiva)} \\ \leftrightarrow \quad \neg A \lor B \end{cases}$$

$A \to B$: "Se o Sol brilha, então é dia".

$\neg B \to \neg A$: " Se não é dia, então o Sol não brilha"

$\neg A \lor B$: " O sol não brilha ou é dia"

Nesta questão a banca utilizou a equivalência contra positiva.

Resposta: B.

---

201. (IADES/Ceitec S.A/Técnico Administrativo e Operacional/Administração/2016) Assinale a alternativa que indica a negação da proposição "Paulo é estudante e Rafael é engenheiro".

A. Paulo não é estudante e Rafael não é engenheiro.

B. Paulo é professor e Rafael é químico.

C. Paulo não é estudante ou Rafael não é engenheiro.

D. Paulo não é estudante ou Rafael é engenheiro.

E. Paulo não é estudante e Rafael é engenheiro.

COMENTÁRIO

Temos aqui mais uma questão de negação, agora uma negação de uma conjunção (e).

A sentença dada: "Paulo é estudante e Rafael é engenheiro."

Vamos chamar de:

P: Paulo é estudante

Q: Rafael é engenheiro.

Para isso vamos relembrar as leis de Morgan:

1ª lei de Morgan	2ª lei de Morgan
$\sim(p \lor q) = \sim p \land \sim q$	$\sim(p \land q) = \sim p \lor \sim q$

A proposição fornecida é uma conjunção, ou seja, utilizaremos a 2ª lei de Morgan, vamos negar as duas proposições e trocar o conectivo por uma disjunção (ou):

"Paulo NÃO é estudante OU Rafael NÃO é engenheiro".

Resposta: C.

202.(IADES/CRESS-MG/Auxiliar Administrativo/2016) Assinale a alternativa que indica a negação da proposição "Não é verdade que o irmão de Pedro é carioca ou que a irmã é paulista".

A. O irmão de Pedro não é carioca ou a irmã não é paulista.

B. O irmão de Pedro é carioca e a irmã não é paulista.

C. O irmão de Pedro é mineiro e a irmã é goiana.

D. O irmão de Pedro não é carioca e a irmã é paulista.

E. O irmão de Pedro não é carioca e a irmã não é paulista.

COMENTÁRIO

O termo "não é verdade" representa a negação da proposição dada.

A sentença dada: "Não é verdade que o irmão de Pedro é carioca ou que a irmã é paulista".

Vamos chamar de:

P: irmão de Pedro é carioca

Q: irmã é paulista.

Representando temos $\sim P \vee Q$

Para isso vamos relembrar as leis de Morgan:

1ª lei de Morgan	2ª lei de Morgan
$\sim(p \vee q) = \sim p \wedge \sim q$	$\sim(p \wedge q) = \sim p \vee \sim q$

A proposição fornecida é uma disjunção, ou seja, utilizaremos a 1ª lei de Morgan, vamos negar as duas proposições e trocar o conectivo por uma disjunção (ou):

$\sim(\sim P \vee Q) = P \wedge \sim Q$

Ou seja: o irmão de Pedro é carioca E a irmã NÃO é paulista

Resposta: B.

203.(IADES/CRESS-MG/Auxiliar Administrativo/2016) Assinale a alternativa que apresenta a negação da proposição "Pedro é advogado e estuda".

A. Pedro não é advogado ou não estuda.

B. Pedro não é advogado e não estuda.

C. Pedro é médico e não trabalha.

D. Pedro não é advogado e estuda.

E. Pedro é advogado e não estuda.

COMENTÁRIO

Temos aqui mais uma questão de negação, agora uma negação de uma conjunção (e).

A sentença dada: "Pedro é advogado e estuda".

Vamos chamar de:

P: Pedro é advogado

Q: estuda

Para isso vamos relembrar as leis de Morgan:

1ª lei de Morgan	2ª lei de Morgan
$\sim(p \vee q) = \sim p \wedge \sim q$	$\sim(p \wedge q) = \sim p \vee \sim q$

A proposição fornecida é uma conjunção, ou seja, utilizaremos a 2ª lei de Morgan, vamos negar as duas proposições e trocar o conectivo por uma disjunção (ou):

"Pedro não é advogado OU não estuda".

Resposta: A.

204.(IADES/Ceitec S.A/Analista Administrativo e Operacional/Ciências Contábeis/2016) Sob o ponto de vista da lógica proposicional, a negação da proposição "Se Paulo trabalha, então Mariana dorme" é a seguinte:

A. Paulo trabalha e Mariana não dorme.
B. Paulo trabalha ou Mariana não dorme.
C. Paulo não trabalha ou Mariana dorme.
D. Paulo trabalha e Mariana dorme.
E. Paulo não trabalha e Mariana dorme.

COMENTÁRIO

Observe que as questões da banca são sempre bem semelhantes. Como já resolvemos em algumas questões anteriores, a negação de uma condicional é dada por:

Condicional	Negação
$p \to q$	$p \wedge (\sim q)$

Ou seja, mantemos a primeira + conectivo E+ Nega a segunda proposição.

De forma, teremos:

Condicional	Negação
"Se Paulo trabalha, então Mariana dorme"	Paulo trabalha E Mariana NÃO dorme"

Resposta: A.

205.(IADES/PC-DF/Perito Criminal-Ciências Contábeis/2016) Assinale a alternativa que apresenta a negação da proposição "Se o suspeito está na cena do crime, a vítima foi assassinada".

A. O suspeito está na cena do crime e a vítima não foi assassinada.
B. Se o suspeito não está na cena do crime, a vítima não foi assassinada.
C. Se o suspeito está na cena do crime, a vítima não foi assassinada.
D. O suspeito não está na cena do crime e a vítima foi assassinada.
E. Se o suspeito não está na cena do crime, a vítima foi assassinada.

COMENTÁRIO

Novamente temos uma negação de uma condicional. Observe que as questões da banca são sempre bem semelhantes. Como já resolvemos em algumas questões anteriores, a negação de uma condicional é dada por:

Condicional	Negação
$p \to q$	$p \wedge (\sim q)$

Ou seja, mantemos a primeira + conectivo E+ Nega a segunda proposição.

De forma, teremos:

Condicional	Negação
"SE O SUSPEITO ESTÁ NA CENA DO CRIME, A VÍTIMA FOI ASSASSINADA".	O suspeito está na cena do crime E a vítima NÃO foi assassinada".

Resposta: A.

206.(ANAC/ESAF/ANALISA/2016) A negação da proposição "se choveu, então o voo vai atrasar" pode ser logicamente descrita por:

a) não choveu e o voo não vai atrasar.

b) choveu e o voo não vai atrasar.

c) não choveu ou o voo não vai atrasar.

d) se não choveu, então o voo não vai atrasar.

e) choveu ou o voo não vai atrasar.

COMENTÁRIO

Temos uma questão que trata de estruturas lógicas, especificamente, uma negação de proposições compostas. Sabemos que duas proposições compostas, uma será a negação da outra, quando são formadas pelas mesmas proposições simples e os resultados de suas tabelas-verdade são contrárias. Sendo assim temos que a proposição: "se choveu, então o voo vai atrasar" é uma proposição condicional, logo: $(A \rightarrow B)$: se choveu, então o voo vai atrasar A negação será: $(A \wedge \sim B)$: choveu e o voo não vai atrasar, ou seja, mantém o antecedente e nega o consequente.

Resposta: B.

---

207. (FUNAI/ESAF /2016). Seja NE a abreviatura de Nordeste. A negação de "O Piauí faz parte do NE ou o Paraná não faz parte do NE" é:

a) o Piauí não faz parte do NE.

b) o Paraná faz parte do NE.

c) o Piauí não faz parte do NE ou o Paraná faz parte do NE.

d) o Piauí não faz parte do NE e o Paraná faz parte do NE.

e) o Piauí e o Paraná fazem parte do NE.

COMENTÁRIO

A negação da proposição composta: " O Piauí faz parte do NE ou o Paraná não faz parte do NE" será **"** O Piauí não faz parte do NE e o Paraná faz parte do NE", uma vez que os resultados de suas tabelas-verdade são contrários.

Resposta: D.

208.(FUNAI/ ESAF/2016). Sejam as proposições p e q onde p implica logicamente q. Diz-se de maneira equivalente que:

a) p é condição suficiente para q.

b) q é condição suficiente para p.

c) p é condição necessária para q.

d) p é condição necessária e suficiente para q.

e) q não é condição necessária para p.

COMENTÁRIO

Na proposição composta condicional temos que p implica q, o mesmo que "Se p, então q". Nesta questão, quando se pede uma equivalência, significa "dizer o mesmo".

Dada a proposição, temos:

$p \rightarrow q$.

O antecedente **(p) é condição suficiente** para o consequente **(q).**

O consequente **(q) é condição necessária** para o antecedente **(p).**

Resposta: A.

209.(FUNAI/ ESAF/2016). Sejam as proposições (p) e (q) onde (p) é V e (q) é F, sendo V e F as abreviaturas de verdadeiro e falso, respectivamente. Então com relação às proposições compostas, a resposta correta é:

a) (p) e (q) são V.
b) Se (p) então (q) é F.
c) (p) ou (q) é F.
d) (p) se e somente se (q) é V.
e) Se (q) então (p) é F.

COMENTÁRIO

De acordo com as valorações atribuídas a p (V) e q (F) vamos substituir em cada opção abaixo:

a) (p) e (q) são V, Não pode ser esta opção uma vez que em uma conjunção, p(V) e q(F) será sempre F.
b) Se (p) então (q) é F. Será esta letra, pois em uma proposição condicional "Se p (V), então q(F) será F".
c) (p) ou (q) é F. Não pode ser esta letra, pois p(V) ou q(F) será sempre V.
d) (p) se e somente se (q) é V. Não pode ser esta letra, pois na proposição bicondicional p(V) se e somente se q(F) será sempre F.
e) Se (q) então (p) é F. Não pode ser esta letra, pois se q(F), então p(V) será sempre V.

Resposta: B.

---

210. (CESGRANRIO/IBGE/AGENTE DE PESQUISA E MAPEAMENTO/2016) Maria disse que sua família possui um único carro. Se Maria mentiu, então a sua família

a) não possui carro, ou possui mais de um carro.
b) não possui carro.
c) possui outro tipo de veículo.
d) não gosta de carros.
e) possui mais de um carro.

COMENTÁRIO

✪ **Nota do autor:**

Negação de uma Sentença	
Afirmação	**Negação**
$X > A$	$X \leq A$
$X < A$	$X \geq A$
$X = A$	$X \neq A$

A questão afirma que Maria mentiu, logo, temos de negar o que Maria disse: "sua família possui um único carro".

O raciocínio será o seguinte: A negação de não ter um único carro significa dizer que a quantidade de carros dever ser diferente de 1(um), ou seja, pode ser zero (não ter carro) ou pode ser maior que um (mais de um carro).

Resposta: A.

A respeito de lógica proposicional e de argumentação, julgue a seguir:

---

211. (FUNIVERSA/SESIPE/AGENTE PENITENCIÁRIO/2015) Considere que a proposição "O agente Pedro nasceu em Brasília e cuida do serviço de vigilância" seja escrita simbolicamente na forma $P \wedge Q$. Nesse caso, é correto afirmar que a negativa dessa proposição é simbolizada na forma $\neg P \wedge \neg Q$, isto é: "O agente Pedro não nasceu em Brasília nem cuida do serviço de vigilância".

COMENTÁRIO

✪ **Nota do autor:** A negação de proposições compostas é um assunto muito importante em concursos públicos devido a sua grande incidência. Sendo assim, é importante guardar as leis de negações que estão no final deste capítulo

Duas proposições compostas, uma será a negação da outra quando forem formadas pelas mesmas proposições simples e os resultados de suas tabelas-verdade forem contrárias.

Afirmação	Negação
P∧Q "O agente Pedro nasceu em Brasília e cuida do serviço de vigilância"	¬PV¬Q "O agente Pedro não nasceu em Brasília ou não cuida do serviço de vigilância".

Resposta: Errado.

---

212. (FCC/TCE-CE/SUPORTE ADMINISTRATIVO/2015) Um casal está no supermercado fazendo compras do mês e o marido diz para a esposa: "Vamos comprar macarrão ou arroz integral". A esposa negando a afirmação diz:

a) Se vamos comprar macarrão, então não vamos comprar arroz integral.

b) Não vamos comprar macarrão ou não vamos comprar arroz integral.

c) Se não vamos comprar macarrão, então não vamos comprar arroz integral.

d) Não vamos comprar macarrão e não vamos comprar arroz integral.

e) Se não vamos comprar macarrão, então vamos comprar arroz integral.

COMENTÁRIO

A negação da proposição composta A∨B é dada por ¬A∧¬B, pois possuem interpretações contrárias (Tabelas-verdades). Desta forma a negação de "Vamos comprar macarrão ou arroz integral" é dada por "Não vamos comprar macarrão e não vamos comprar arroz integral".

Resposta: D.

---

213. (FCC/TCE-CE/SUPORTE ADMINISTRATIVO/2015) A afirmação que é logicamente equivalente à afirmação: "Se faço karatê, então sei me defender" é

a) Se não faço karatê, então não sei me defender.

b) Se sei me defender, então faço karatê.

c) Se não sei me defender, então não faço karatê.

d) Se não sei me defender, então faço karatê.

e) Se faço karatê, então não sei me defender.

COMENTÁRIO

A equivalência da proposição condicional A→B é dada por ¬B→¬A, isto é, devido as tabelas-verdade serem idênticas. Representando a proposição: "Faço karatê → sei me defender" a equivalência será "Se não sei me defender, então não faço karatê". Foi aplicado a lei condicional (contra positiva).

Resposta: C.

---

214. (FCC/TCE-CE/SUPORTE ADMINISTRATIVO/2015) Dois amigos estavam conversando sobre exercícios físicos quando um deles disse: "Se você fizer esteira, então você emagrecerá e melhorará o condicionamento físico". O outro amigo, para negar a afirmação, deverá dizer:

a) Faça esteira e você não emagrecerá e não melhorará o condicionamento físico.

b) Faça esteira e você não emagrecerá ou não melhorará o condicionamento físico.

c) Se você fizer esteira e não emagrecer, então não vai melhorar o condicionamento físico.

d) Faça esteira e você emagrecerá e não melhorará o condicionamento físico.

e) Se você fizer esteira e emagrecer, então não melhorará o condicionamento físico.

COMENTÁRIO

✪ **Nota do autor:** Uma das principais negações é a condicional, pois além de ser a mais complexa para memorizar, é a mais cobrada em concursos públicos.

Temos uma proposição composta condicional, em que a negação é dada por p∧¬q, isto é, afirma o antecedente e nega o consequente. Duas proposições compostas, uma e a negação da outra, quando forem formadas pelas mesmas proposições simples e os resultados de suas tabelas-verdades são contrários. Desta forma a negação da proposição será: Faça esteira e você não emagrecerá ou não melhorará o condicionamento físico.

Resposta: B.

---

215. (CESPE/TCDF/ANALISTA DE ADMINISTRAÇÃO PÚBLICA/2014) Julgue os itens que se seguem, considerando a proposição P a seguir: Se o tribunal entende que o réu tem culpa, então o réu tem culpa.

215.01. I. Se a proposição "O tribunal entende que o réu tem culpa" for verdadeira, então a proposição P também será verdadeira, independentemente do valor lógico da proposição "o réu tem culpa".

COMENTÁRIO

Dada a proposição P condicional e valorando de acordo com o comando temos:

O tribunal entende que o réu tem culpa (V) → o réu tem culpa. (V/F) = V /F

Podemos inferir que a proposição P será V ou F, uma vez que, se o antecedente é V e o consequente for falso, a proposição condicional será falsa e se o antecedente for V e o consequente for V a proposição P será V.

Resposta: Errado.

215.02. II. A negação da proposição "O tribunal entende que o réu tem culpa" pode ser expressa por "O tribunal entende que o réu não tem culpa".

COMENTÁRIO

✪ **Nota do autor:** Nas últimas provas realizadas pela banca Cespe tem sido cobrado bastante a negação de proposições simples, assim é importante observar o comentário acima.

A proposição "O tribunal entende que o réu tem culpa" é uma proposição simples em que possuímos um sujeito e um predicado, logo é importante ressaltar que a ideia é negar o sentido principal da frase, isto é, a ação do sujeito. Desta forma a negação será: "O tribunal **não** entende que o réu tem culpa".

Resposta: Errado.

---

216. (CESPE/TCDF/ANALISTA DE ADMINISTRAÇÃO PÚBLICA/2014) Considere as proposições P1, P2, P3 e P4, apresentadas a seguir.

P1: Se as ações de um empresário contribuírem para a manutenção de certos empregos da estrutura social, então tal empresário merece receber a gratidão da sociedade.

P2: Se um empresário tem atuação antieconômica ou antiética, então ocorre um escândalo no mundo empresarial.

P3: Se ocorre um escândalo no mundo empresarial, as ações do empresário contribuíram para a manutenção de certos empregos da estrutura social.

P4: Se um empresário tem atuação antieconômica ou antiética, ele merece receber a gratidão da sociedade.

Tendo como referência essas proposições, julgue os itens seguintes.

216.01. I. A proposição P1 é logicamente equivalente à proposição "Se um empresário não mereceu receber a gratidão da sociedade, então as ações de tal empresário não contribuíram para a manutenção de certos empregos da estrutura social".

COMENTÁRIO

Dada a proposição condicional:

P1: (As ações de um empresário contribuírem para a manutenção de certos empregos da estrutura social) → (tal empresário merece receber a gratidão da sociedade.)

A proposição composta é uma proposição condicional assim temos duas possíveis equivalências lógicas:

$$A \rightarrow B \begin{cases} \leftrightarrow \quad \neg B \rightarrow \neg A \text{ (Contra positiva)} \\ \leftrightarrow \quad \neg A \vee B \end{cases}$$

O item sugere a equivalência "contra positiva" (Se um empresário não mereceu receber a gratidão da sociedade), então (as ações de tal empresário não contribuíram para a manutenção de certos empregos da estrutura social).

Resposta: Certo.

216.02. II. Caso sejam falsas as proposições "Um empresário tem atuação antieconômica ou antiética" e "Ele merece receber a gratidão da sociedade", então a proposição P4 também será falsa.

COMENTÁRIO

✪ **Nota do autor:** Temos mais uma vez a aplicação de tabela-verdade condicional, exigindo também a transcrição da linguagem natural para linguagem da lógica formal (simbologia) da proposição P4.

Representando a proposição P4 temos:

P4: (Um empresário tem atuação antieconômica ou antiética) (F) → (ele merece receber a gratidão da sociedade) (F) = V

Podemos observar que temos uma proposição composta condicional em que o antecedente é falso e o consequente é falso, logo pela tabela-verdade podemos inferir que a proposição P4 é verdadeira.

Resposta: Errado.

216.03. III. A negação da proposição "Um empresário tem atuação antieconômica ou antiética" pode ser expressa por "Um empresário não tem atuação antieconômica ou não tem atuação antiética".

COMENTÁRIO

No item acima temos uma proposição composta disjuntiva em que a negação de A $\vee$B será ($\neg$A $\wedge\neg$ B), uma vez que essas duas proposições são formadas pelas mesmas proposições simples e os resultados de suas tabelas-verdade são contrários.

Desta forma vamos conferir se o item está de acordo:

Afirmação: "Um empresário tem atuação antieconômica ou antiética"

Negação: "Um empresário **não** tem atuação antieconômica **e não** tem atuação antiética"

Resposta: Errado.

---

217. (CESPE/TCDF/TÉCNICO DE ADMINISTRAÇÃO PÚBLICA/2014) Considere a proposição P a seguir.

P: Se não condenarmos a corrupção por ser imoral ou não a condenarmos por corroer a legitimidade da democracia, a condenaremos por motivos econômicos. Tendo como referência a proposição apresentada, julgue os itens seguintes.

217.01. I. A negação da proposição "Não condenamos a corrupção por ser imoral ou não condenamos a corrupção por corroer a legitimidade da democracia" está expressa corretamente por "Condenamos a corrupção por ser imoral e por corroer a legitimidade da democracia".

COMENTÁRIO

O item está de acordo uma vez que a negação da proposição:

"Não condenamos a corrupção por ser imoral ou não condenamos a corrupção por corroer a legitimidade da democracia". ($\neg$ A $\vee\neg$ B)

"Condenamos a corrupção por ser imoral e por corroer a legitimidade da democracia". (A $\wedge$ B)

Resposta: Correto.

217.02. II. A proposição P é logicamente equivalente à proposição "Se não condenarmos a corrupção por motivos econômicos, a condenaremos por ser imoral e por corroer a legitimidade da democracia".

COMENTÁRIO

Dada a proposição P:

P: (Não condenarmos a corrupção por ser imoral $\vee$ não a condenarmos por corroer a legitimidade da democracia) $\rightarrow$ (a condenaremos por motivos econômicos).

Usando a equivalência da contra positiva $\neg B \rightarrow \neg A$ temos:

(Se não condenarmos a corrupção por motivos econômicos) $\rightarrow$ (a condenaremos por ser imoral $\wedge$ por corroer a legitimidade da democracia).

Resposta: Correto.

217.03. III. A proposição P é logicamente equivalente à proposição "Condenaremos a corrupção por ser imoral ou por corroer a legitimidade da democracia ou por motivos econômicos".

COMENTÁRIO

Dada a proposição P:

P: (Não condenarmos a corrupção por ser imoral $\vee$ não a condenarmos por corroer a legitimidade da democracia) $\rightarrow$ (a condenaremos por motivos econômicos).

$A \rightarrow B \leftrightarrow \neg A \vee B$

Equivalência: (condenarmos a corrupção por ser imoral $\wedge$a condenarmos por corroer a legitimidade da democracia) $\vee$ (a condenaremos por motivos econômicos).

Resposta: Errado.

217.04. IV. Se a proposição P for verdadeira, então será verdadeira a proposição "Condenaremos a corrupção por motivos econômicos".

COMENTÁRIO

Uma possibilidade para a proposição P ser verdadeira é que o antecedente seja Falso e o consequente seja Falso, logo o item está errado, uma vez que a proposição "Condenaremos a corrupção por motivos econômicos" pode ser falsa. Vejamos: (não condenarmos a corrupção por ser imoral $\vee$não a condenarmos por corroer a legitimidade da democracia) (F) $\rightarrow$ (a condenaremos por motivos econômicos) (F) = V

Na proposição composta condicional podemos ter o antecedente e o consequente falsos, e ainda assim, a proposição composta será verdadeira.

Resposta: Errado.

---

218. (ESAF/MINISTÉRIO DO TURISMO/2014) A proposição "se Catarina é turista, então Paulo é estudante" é logicamente equivalente a:

a) Catarina não é turista ou Paulo não é estudante.
b) Catarina é turista e Paulo não é estudante.
c) Se Paulo não é estudante, então Catarina não é turista.
d) Catarina não é turista e Paulo não é estudante.
e) Se Catarina não é turista, então Paulo não é estudante.

COMENTÁRIO

A proposição composta é uma proposição condicional assim temos duas possíveis equivalências lógicas:

$$A \rightarrow B \begin{cases} \leftrightarrow \quad \neg B \rightarrow \neg A \text{ (Contra positiva)} \\ \leftrightarrow \quad \neg A \vee B \end{cases}$$

A proposição: "Catarina é turista $\rightarrow$ Paula e estudante é equivalente pela contra positiva a "Paulo não estudante $\rightarrow$ Catarina não é estudante".

Resposta: C.

---

219. (IADES/HUOL/2014) Considerando a afirmação "Se eu for aprovado no concurso, viajarei de férias" como verdadeira, assinale a alternativa correta.

a) A afirmação "Se eu não for aprovado no concurso, viajarei de férias" é verdadeira.

b) A afirmação "Se eu for aprovado no concurso, viajarei de férias" é verdadeira.

c) A afirmação "Se eu não viajar de férias, terei sido aprovado no concurso" é verdadeira.

d) A afirmação "Se eu for não aprovado no concurso, não viajarei de férias" é equivalente à afirmativa.

e) A afirmação "Se eu não viajar de férias, não terei sido aprovado no concurso" é equivalente à afirmativa dada.

COMENTÁRIO

A → B é a equivalente ¬B → ¬A

Pela lei condicional (contra positiva) temos como equivalência da proposição dada a seguinte frase.

"Se eu não viajar de férias, então não teria sido aprovado no concurso"

Resposta: E.

---

220. (CESPE/MPU/2013) Nos termos da Lei nº 8.666/1993, "É dispensável a realização de nova licitação quando não aparecerem interessados em licitação anterior e esta não puder ser repetida sem prejuízo para a administração". Considerando apenas os aspectos desse mandamento atinentes à lógica e que ele seja cumprido se, e somente se, a proposição nele contida, – proposição P – for verdadeira, julgue o item seguinte.

A proposição P é equivalente a "Se não apareceram interessados em licitação anterior e esta não puder ser repetida sem prejuízo para a administração, então é dispensável na realização de nova licitação".

COMENTÁRIO

✪ **Nota do autor:** É importantíssima a questão a linguagem da lógica formal, pois a banca exige do candidato uma interpretação no que diz respeito a passagem da linguagem natural para a linguagem da lógica formal. Nessa prova para julgar os demais itens é fundamental que o candidato tenha representado corretamente a proposição P.

A questão exige do candidato uma interpretação lógica, isto é, a banca quer verificar se o candidato sabe a linguagem da Lógica formal.

O termo "quando" indica um conectivo condicional, sendo que o mesmo não possui a propriedade comutativa, isto é, P → Q não é equivalente a Q → P.

Para representar a preposição P o termo "quando" anuncia o antecedente "não apareceram interessados em licitação anterior e está não pode ser repetida sem prejuízos para administração" e o consequente será "É dispensável a realização de nova licitação".

Resposta: Certo.

— Mário, você não vai tirar férias este ano de novo? Você trabalha demais!

— Ah, João, aquele que trabalha com o que gosta está sempre de férias.

---

221. (CESPE/SERPRO/2013) Considerando o diálogo acima, julgue os itens seguintes, tendo como referência a declaração de Mário.

221.01. I. A declaração de Mário é equivalente a "Se o indivíduo trabalhar com o que gosta, então ele estará sempre de férias".

COMENTÁRIO

A banca nesta questão exige do candidato uma interpretação quando a linguagem da lógica formal.

A preposição "Aquele que trabalha com o que gosta está sempre de férias" tem o mesmo significado de uma preposição condicional "Se o indivíduo trabalha com que gosta, então ele trabalha com que gosta".

Resposta: Certo.

221.02. II. A proposição "Enquanto trabalhar com o que gosta, o indivíduo estará de férias" é uma forma equivalente à declaração de Mário.

COMENTÁRIO

De uma maneira mais interpretativa, ou seja, informal a proposição "Enquanto trabalha com o que gosta, o indivíduo estará de férias" tem o mesmo significado.

Resposta: Certo.

221.03. III. "Se o indivíduo estiver sempre de férias, então ele trabalha com o que gosta" é uma proposição equivalente à declaração de Mário.

COMENTÁRIO

✪ **Nota do autor:** É importantíssimo a questão a linguagem formal, pois a banca exige do candidato uma interpretação lógica no que diz respeito a passagem da linguagem natural para a linguagem da lógica formal. Podemos ressaltar que o único conectivo lógico que não possui a propriedade comutativa é o condicional.

De acordo com a proposição feita por Mário, temos que se trata de uma condicional, em que a mesma não possui a propriedade comutativa, ou seja, $P \rightarrow Q$ não é equivalente a $Q \rightarrow P$.

O item apresenta uma proposição em que se comuta o antecedente e consequente, o que não é permitido, uma vez, que as interpretações não são as mesmas (Não produzem as mesmas tabelas -verdades).

Resposta: Errado.

222.(CESPE/MI/2013) Ao comentar a respeito da qualidade dos serviços prestados por uma empresa, um cliente fez as seguintes afirmações:

P1: Se for bom e rápido, não será barato.

P2: Se for bom e barato, não será rápido.

P3: Se for rápido e barato, não será bom.

Com base nessas informações, julgue os itens seguintes.

222.01. I. A proposição P1 é logicamente equivalente a "Se o serviço for barato, não será bom nem será rápido".

COMENTÁRIO

Representando a proposição temos:

P1: (Foi bom $\wedge$ rápido) $\rightarrow$ (não será barato)

Aplicando a lei condicional (contra positiva)

$A \rightarrow B$ é equivalente a $\neg B \rightarrow \neg A$,

Podemos inferir que a equivalência será

"Serviço foi barato $\rightarrow$ (não será bom $\vee$ não será rápido) "

Resposta: Errado.

222.02. II. A proposição P2 é logicamente equivalente a "Ou o serviço é bom e barato, ou é rápido".

COMENTÁRIO

✪ **Nota do autor:** Temos nesta questão uma proposição composta em que a banca cobrou do candidato a diferença entre a disjunção inclusiva e a disjunção exclusiva.

Representando a proposição temos:

P2: (Foi bom $\wedge$ Rápido) $\rightarrow$ (não será rápido)

Aplicando a lei condicional.

$A \rightarrow B$ será equivalente a $\neg A$ V B

Podemos inferir que será:

"O serviço não é bom ou não é barato, ou não será rápido"

Resposta: Errado.

223.(CESPE/MPU/2013) Ao comentar a respeito da instabilidade cambial de determinado país, um jornalista fez a seguinte colocação: "Ou cai o ministro da Fazenda, ou cai o dólar".

Acerca desse comentário, que constitui uma disjunção exclusiva, julgue os itens seguintes.

223.01. I. A proposição do jornalista é equivalente a "Se não cai o ministro da Fazenda, então cai o dólar".

COMENTÁRIO

Duas proposições são equivalentes quando produzem as mesmas interpretações, ou seja, tabelas-verdades idênticas.

Representando as proposições temos:

Caio o Ministro da Fazenda $\vee$ Caio o dólar.

(P) **(Q)**

Em que sua tabela-verdade não é idênticas a da proposição.

Se não Caio o Ministro da Fazenda, então cai o dólar.

(¬P) **(Q)**

Analisando as tabelas:

P	Q	¬P	$P \veebar Q$	$\neg P \rightarrow Q$
V	V	F	F	V
V	F	F	V	V
F	V	V	V	V
F	F	V	F	F

Os resultados não são idênticos.

Resposta: Errado.

224.(IADES/ EBSERH/ 2013) Considere o teorema de Pitágoras na forma: "se um triângulo de lados **a**, **b** e **c** é um triângulo retângulo, e **c** é sua hipotenusa, então vale $\mathbf{c^2 = a^2 + b^2}$. Do ponto de vista lógico, assinale a alternativa equivalente a essa afirmação.

a) Se $\mathbf{c^2 \neq a^2 + b^2}$, então o triângulo de lados **a**, **b** e **c**, onde **c** é a hipotenusa, é um triângulo retângulo não isósceles.

b) Se $\mathbf{c^2 \neq a^2 + b^2}$, então o triângulo de lados **a**, **b** e **c** com hipotenusa **c** não é um triângulo retângulo.

c) Se $\mathbf{c^2 \neq a^2 + b^2}$, então o triângulo de lados **a**, **b** e **c** é um triângulo retângulo, tendo **c** como hipotenusa, ou é um triângulo equilátero.

d) Se um triângulo de lados **a**, **b** e **c**, onde **c** é a hipotenusa, é um triângulo retângulo, então esse retângulo é isósceles e vale $\mathbf{c^2 = a^2 + b^2}$.

e) Se um triângulo de lados **a**, **b** e **c** é um triângulo retângulo, então $\mathbf{c^2 \neq a^2 + b^2}$ou o triângulo é isósceles.

COMENTÁRIO

Temos uma proposição condicional em que representamos o antecedente pela letra P: Um triângulo de lados a, b, c é triângulo retângulo, e c é sua hipotermia "e o consequente pela letra Q:"$c^2 = a^2 + b^2$", desta forma temos: $P \rightarrow Q$. A equivalência da condicional pode ser representada por $\neg Q \rightarrow \neg P$ (contra positiva), sendo assim, a resposta é a letra "b".

Resposta: B.

225.(FUNCAB/AGENTE ADMINISTRATIVO/ 2013) Dizer que "Augusto é agente administrativo ou Simone não é supervisora" é logicamente equivalente a dizer que:

a) Augusto não é agente administrativo e Simone é supervisora.

b) Se Simone é supervisora, então Augusto é agente administrativo.

c) Se Augusto não é agente administrativo, então Simone é supervisora.

d) Se Augusto é agente administrativo, então Simone não é supervisora.

e) Augusto é agente administrativo se, e somente se Simone não é supervisora.

COMENTÁRIO

A proposição composta pode ser representada por "Augusto é agente administrativa ∨ Simone não é supervisora" (A∨¬B).

Do ponto de vista lógico uma proposição equivalente a proposição A∨¬B↔¬A→¬B↔ B → A.

Desta forma podemos inferir que a resposta é B → A (Se Simone é supervisora, então Augusto é agente administrativo).

Resposta: B.

226.(FUNCAB/POLÍCIA CIVIL ES /2013) "Se Elisângela é psicóloga, então ela é observadora. " Logo:

a) Se Elisângela é psicóloga, então ela não é observadora.

b) Se Elisângela não é psicóloga, então ela é observadora.

c) Se Elisângela é observadora, então ela não é psicóloga.

d) Se Elisângela é observadora, então ela é psicóloga.

e) Se Elisângela não é observadora, então ela não é psicóloga.

COMENTÁRIO

Pela lei condicional (contra positiva) temos que: A→B↔¬B →¬A, logo podemos inferir que a equivalência da proposição é.

"Se Elisângela não é observadora, então ela não é psicóloga".

Resposta: E.

Nos termos da Lei nº 8.666/1993, "É dispensável a realização de nova licitação quando não aparecerem interessados em licitação anterior e esta não puder ser repetida sem prejuízo para a administração". Considerando apenas os aspectos desse mandamento atinentes à lógica e que ele seja cumprido se, e somente se, a proposição nele contida, – proposição P – for verdadeira, julgue os itens seguintes.

---

227. (CESPE/MPU/2013) A negação da proposição "A licitação anterior não pode ser repetida sem prejuízo para a administração" está corretamente expressa por "A licitação anterior somente poderá ser repetida com prejuízo para a administração".

COMENTÁRIO

✪ **Nota do autor:** Nas últimas provas realizadas pela banca CESPE observei que tem ocorrido o bastante a negação de proposições simples.

É importante ressaltar que se trata de uma proposição simples, ou seja, apenas com pensamento. Desta forma a negação da proposição será: "A licitação anterior pode ser repetida sem prejuízo para a administração". Devemos negar o pensamento principal.

Resposta: Errado.

228.(CESPE/MPU/2013) A negação da proposição "Não apareceu interessados na licitação anterior e ela não pode ser repetida sem prejuízo para a administração" está corretamente expressa por "Apareceram interessados na licitação anterior ou ela pode ser repetida sem prejuízo para a administração".

COMENTÁRIO

Duas proposições composta, uma é a negação da outra, quando são formadas pelas mesmas proposições simples, e os resultados de suas tabelas-verdades são contrárias. Nesse caso temos: ¬A ∧ ¬B e sua negação A∨B.

Representando adequando as proposições temos:

A	B	¬A	¬B	A ∨ B	¬A ∧ ¬B
V	V	F	F	**V**	**F**
V	F	F	V	**V**	**F**
F	V	V	F	**V**	**F**
F	F	V	V	**F**	**V**

Resposta: Certo.

— Mário, você não vai tirar férias este ano de novo? Você trabalha demais!

— Ah, João, aquele que trabalha com o que gosta está sempre de férias.

229.(CESPE/SERPRO/2013) Considerando o diálogo acima, julgue o item seguintes, tendo como referência a declaração de Mário.

229.01. I. A negação da declaração de Mário pode ser corretamente expressa pela seguinte proposição: "Aquele que não trabalha com o que não gosta não está sempre de férias".

COMENTÁRIO

✪ **Nota do autor:** Importante ressaltar que a declaração de Mário é uma proposição composta condicional.

Podemos representar a declaração de Mário da seguinte forma: "Se trabalha com o que gosta, então está sempre de férias".

Negação

P →Q ———► P∧ ¬Q.

Resposta: Errado.

229.02. II. A negação da proposição "O síndico troca de carro ou reforma seu apartamento" pode ser corretamente expressa por "O síndico não troca de carro nem reforma seu apartamento".

COMENTÁRIO

A negação da proposição composta:

"O síndico troca de carro ∨ reforma seu apartamento."

(A) **(B)**

Será:

"O síndico não troca de carro ∧ não reforma seu apartamento."

(¬A) **(¬B)**

Resposta: Certo.

230.(CESPE/MI/2013) comentar a respeito da qualidade dos serviços prestados por uma empresa, um cliente fez as seguintes afirmações:

P1: Se for bom e rápido, não será barato.

P2: Se for bom e barato, não será rápido.

P3: Se for rápido e barato, não será bom.

Com base nessas informações, julgue o item seguinte.

Se P3 for falsa, então o serviço prestado é bom, é rápido e é barato.

COMENTÁRIO

Representando a proposição condicional temos:

Afirmação- P3: (Rápido ∧ barato) → (não é bom)

Negação- ¬ (P3): (Rápido ∧ barato) ∧(bom).

Lei da Negação de uma proposição condicional:

A → B ———► A ∧ ¬B

Resposta: Certo.

---

231. (CESPE/MPU/2013) Ao comentar a respeito da instabilidade cambial de determinado país, um jornalista fez a seguinte colocação: "Ou cai o ministro da Fazenda, ou cai o dólar".

Acerca desse comentário, que constitui uma disjunção exclusiva, julgue o item seguinte.

A negação da colocação do jornalista é equivalente a "Cai o ministro da Fazenda se, e somente se, cai o dólar".

COMENTÁRIO

✪ **Nota do autor:** Negações de proposições compostas, sempre presente nas provas do CESPE.

Duas proposições, uma é a negação da outra, quando são formadas pelas mesmas proposições simples e os resultados de sua tabela-verdade são opostos.

Afirmação	Negação
A ∨ B	A ↔ B
F	V
V	F
V	F
F	V

Resposta: Certo.

---

232. (CESPE/PRF/AGENTE ADMINISTRATIVO/2012) Um jovem, visando ganhar um novo smartphone no dia das crianças, apresentou à sua mãe a seguinte argumentação: "Mãe, se tenho 25 anos, moro com você e papai, dou despesas a vocês e dependo de mesada, então eu não ajo como um homem da minha idade. Se estou há 7 anos na faculdade e não tenho capacidade para assumir minhas responsabilidades, então não tenho um mínimo de maturidade. Se não ajo como um homem da minha idade, sou tratado como criança. Se não tenho um mínimo de maturidade, sou tratado como criança. Logo, se sou tratado como criança, mereço ganhar um novo smartphone no dia das crianças".

Com base nessa argumentação, julgue os itens a seguir.

232.01. I. A proposição "Se estou há 7 anos na faculdade e não tenho capacidade para assumir minhas responsabilidades, então não tenho um mínimo de maturidade" é equivalente a "Se eu tenho um mínimo de maturidade, então não estou há 7 anos na faculdade e tenho capacidade para assumir minhas responsabilidades".

COMENTÁRIO

✪ **Nota do autor:** observar que neste item temos uma equivalência lógica e uma negação de proposições compostas.

A proposição: [estou há 7 anos na faculdade (A) ∧ não tenho capacidade para assumir minhas responsabilidades (B)]→ [não tenho um mínimo de maturidade (C)] é equivalente à proposição: [eu tenho um mínimo de maturidade (~C)] →[não estou há 7 anos na faculdade (~A) ∧ tenho capacidade para assumir minhas responsabilidades (~B)]

Pela Lei condicional, aplicando a contra positiva, temos: A→ B é equivalente ¬ A →¬ B, teríamos o como equivalente a segunda proposição da seguinte forma: [eu tenho um mínimo de maturidade (~C)] → [não estou há 7 anos na faculdade (~A) V tenho capacidade para assumir minhas responsabilidades (~B)]

O único problema foi que no consequente seria uma proposição disjuntiva, e não conjuntiva.

Resposta: Errado.

232.02. II. A proposição "Se não ajo como um homem da minha idade, sou tratado como criança, e se não tenho um mínimo de maturidade, sou tratado como criança" é equivalente a "Se não ajo como um homem da minha idade ou não tenho um mínimo de maturidade, sou tratado como criança".

COMENTÁRIO

✪ **Nota do autor:** É importante perceber que muitas questões podem ser resolvidas por teoria de conjuntos, que é um dos principais fundamentos da matemática e do desenvolvimento do raciocínio.

Para verificar se a proposições são equivalentes, é necessário que suas tabelas-verdade produzam os mesmos resultados, porém percebemos que são três proposições, o que faz uma tabela com oito linhas, ficando inconveniente fazê-la, logo iremos resolver por teoria de conjuntos, sabendo que conjunção é uma interseção de conjuntos, disjunção é uma união de conjuntos e condicional é uma inclusão de conjuntos.

Representando as proposições temos:

P: não ajo como um homem da minha idade.

Q: sou tratado como criança.

R: não tenho um mínimo de maturidade.

P1: [(não ajo como um homem da minha idade → sou tratado como criança)] ∧ [não tenho um mínimo de maturidade → sou tratado como criança]

Representação por Diagrama:

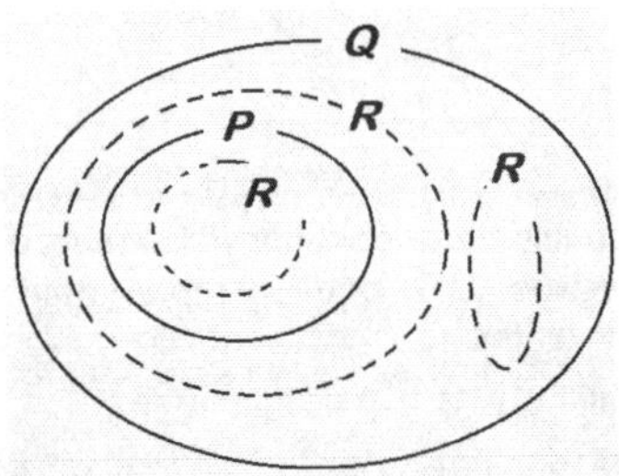

Os conjuntos pontilhados são as possibilidades da localização do diagrama.

P2: [(não ajo como um homem da minha idade V não tenho um mínimo de maturidade)] [(sou tratado como criança)].

Podemos inferir que a proposição P2 também pode ser representada pelo mesmo diagrama, pois o antecedente, que é a união de P e R, está contido no conjunto Q.

Resposta: Certo.

232.03. (POLÍCIA CIVIL-CE/2012) O exercício da atividade policial exige preparo técnico adequado ao enfrentamento de situações de conflito e, ainda, conhecimento das leis vigentes, incluindo interpretação e forma de aplicação dessas leis nos casos concretos. Sabendo disso, considere como verdadeiras as proposições seguintes.

P1: Se se deixa dominar pela emoção ao tomar decisões, então o policial toma decisões ruins.

P2: Se não tem informações precisas ao tomar decisões, então o policial toma decisões ruins.

P3: Se está em situação de estresse e não teve treinamento adequado, o policial se deixa dominar pela emoção ao tomar decisões.

P4: Se teve treinamento adequado e se dedicou nos estudos, então o policial tem informações precisas ao tomar decisões.

Com base nessas proposições, julgue os itens a seguir.

232.04. I. A proposição formada pela conjunção de P1 e P2 é logicamente equivalente à proposição "Se se deixa dominar pela emoção ou não tem informações precisas ao tomar decisões, então o policial toma decisões ruins".

COMENTÁRIO

✪ **Nota do autor:** É importante perceber que muitas questões podem ser resolvidas por teoria de conjuntos, que é um dos principais fundamentos da matemática e do desenvolvimento do raciocínio. Essa questão é idêntica à questão anterior, em que podemos resolver pelas leis de equivalência.

A conjunção será $P_1 \wedge P_2$.

[(se deixa dominar pela emoção ao tomar decisões→ o policial toma decisões ruins)] ∧ [(não tem informações precisas ao tomar decisões →então o policial toma decisões ruins)] é equivalente a [(se deixa dominar pela emoção v não tem informações precisas ao tomar decisões)] → (o policial toma decisões ruins).

I – Resolução por Diagramas:

Para verificar se a proposições são equivalentes, é necessário que suas tabelas-verdade produzam os mesmos resultados, porém percebemos que são três proposições, o que faz uma tabela com oito linhas, ficando inconveniente fazê-la, logo iremos resolver por teoria de conjuntos, sabendo que conjunção é uma interseção de conjuntos, disjunção é uma união de conjuntos e condicional é uma inclusão de conjuntos.

Representando a conjunção de P1 e P2, temos:

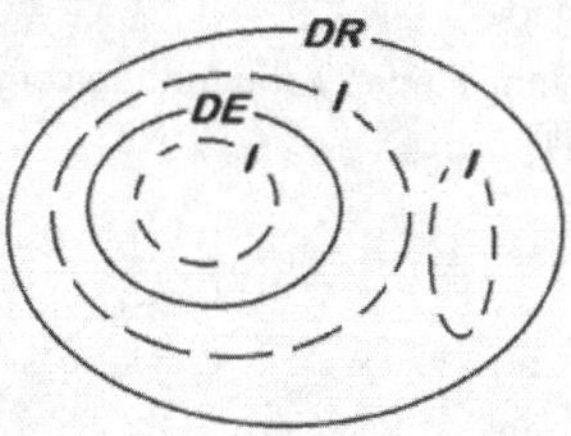

Podemos inferir que a proposição [(se deixa dominar pela emoção v não tem informações precisas ao tomar decisões)] → (o policial toma decisões ruins) pode ser representada pelo diagrama acima também, logo as proposições são logicamente equivalentes.

II – Resolução pelas Leis de Equivalências:

[(se deixa dominar pela emoção ao tomar decisões → o policial toma decisões ruins)] ∧ [(não tem informações precisas ao tomar decisões → então o policial toma decisões ruins)] Equivalente [(se deixa dominar pela emoção ∨ não tem informações precisas ao tomar decisões] → (o policial toma decisões ruins)

Representando as proposições simples temos:

DE: deixa dominar pela emoção ao tomar decisões

DR: o policial toma decisões ruins

IP: tem informações precisas ao tomar decisões

SIMBOLIZANDO AS PROPOSIÇÕES COMPOSTAS:

{[DE → DR] ∧ [~IP → DR]} ↔ {[DE ∨ ~IP] → [DR]}

Aplicando a Lei condicional, passando de uma condicional para uma disjunção temos:

{[~DE ∨ DR] ∧ [IP ∨ DR]} ↔ {[~DE ∧ IP] ∨ [DR]}

Aplicando a Lei Distributiva em {[~DE ∧ IP] v [DR]} temos {[~DE ∨ DR] ∧ [IP v DR]}

Resposta: C.

232.05. (ESAF/MINISTÉRIO DA FAZENDA/2012) A proposição $p \wedge (p \rightarrow q)$ é logicamente equivalente à proposição:

a) $p \vee q$

b) $\sim p$

c) p

d) $\sim q$

e) $p \wedge q$

COMENTÁRIO

Ao construir a tabela-verdade da proposição $P \wedge (P \rightarrow Q)$ temos:

P	Q	$P \rightarrow Q$	$P \wedge (P \rightarrow Q)$
V	V	V	**V**
V	F	F	**F**
F	V	V	**F**
F	F	V	**F**

Podemos inferir que possui as mesmas valorações da proposição conjuntiva $P \wedge Q$.

P	Q	$P \wedge Q$
V	V	**V**
V	F	**F**
F	V	**F**
F	F	**F**

Resposta: E.

232.06. (ESAF/CGU/2012) Seja D um conjunto de pontos da reta. Sejam K, F e L categorias possíveis para classificar D.

Uma expressão que equivale logicamente à afirmação "D é K se e somente se D é F e D é L" é:

a) Se D é F ou D é L, então D é K e, se D não é K, então D não é F e D não é L.

b) Se D é F e D é L, então D é K e, se D não é K, então D não é F ou D não é L.

c) D não é F e D não é L se e somente se D não é K.

d) Se D é K, então D é F e D é L e, se D não é K, então D não é F ou D não é L.

e) D é K se e somente se D é F ou D é L.

COMENTÁRIO

✪ **Nota do autor:** Essa questão traz a aplicação de duas leis de equivalências importantes: Condicional e Bicondicional.

Simbolizando linguagem formal a proposição dada pela questão e aplicando a lei condicional:

$(\text{D é K}) \leftrightarrow \left[(\text{D é K}) \wedge (\text{D é L})\right]$ Será equivalente a (Lei Bicondicional)

$$\underbrace{\left\{(\text{D é K}) \rightarrow \left[(\text{D é F}) \wedge (\text{D é L})\right]\right\}} \wedge \underbrace{\left\{\left[(\text{D é F}) \wedge (\text{D é L})\right] \rightarrow (\text{D é K})\right\}}$$

Repetir Aplicar a lei condicional (contra positiva)

⬇ ⬇

$$\left\{(\text{D é K}) \rightarrow \left[(\text{D é F}) \wedge (\text{D é L})\right]\right\} \wedge \left\{(\text{Dñ é K}) \rightarrow \left[(\text{Dñ é F}) \vee (\text{Dñ é L})\right]\right\}$$

Resposta: D.

232.07. (ESAF/RECEITA FEDERAL/2012) A afirmação "A menina tem olhos azuis ou o menino é loiro" tem como sentença logicamente equivalente:

a) se o menino é loiro, então a menina tem olhos azuis.

b) se a menina tem olhos azuis, então o menino é loiro.

c) se a menina não tem olhos azuis, então o menino é loiro.

d) não é verdade que se a menina tem olhos azuis, então o menino é loiro.

e) não é verdade que se o menino é loiro, então a menina tem olhos azuis.

COMENTÁRIO

Temos uma questão que se refere a proposições logicamente equivalentes. Para que as proposições sejam equivalentes, elas devem ser formadas pelas mesmas proposições simples e os resultados de suas tabelas-verdades sejam idênticas.

Nesse caso, a proposição "A menina tem olhos azuis ∨ o menino é loiro", aplicando a lei condicional temos $\neg A \vee B \leftrightarrow A \rightarrow B$, logo "Se a menina não tem olhos azuis então o menino e loiro".

Resposta: C.

232.08. (ESAF/DNIT/2012) A proposição composta $p \rightarrow p \wedge q$ é equivalente à proposição:

a) $p \vee q$

b) $p \wedge q$

c) p

d) $\sim p \vee q$

e) q

COMENTÁRIO

Construindo a tabela-verdade da proposição:

$P \rightarrow (P \wedge Q)$ temos:

P	Q	P ∧Q	P → (P ∧Q)
V	V	V	**V**
V	F	F	**F**
F	V	F	**V**
V	F	F	**V**

Pelo resultado podemos inferir que possui as mesmas valorações que a proposição $\sim P \vee Q$.

Resposta: D.

---

233. (CESPE/POLÍCIA CIVIL-CE/2012) O exercício da atividade policial exige preparo técnico adequado ao enfrentamento de situações de conflito e, ainda, conhecimento das leis vigentes, incluindo interpretação e forma de aplicação dessas leis nos casos concretos. Sabendo disso, considere como verdadeiras as proposições seguintes.

P1: Se se deixa dominar pela emoção ao tomar decisões, então o policial toma decisões ruins.

P2: Se não tem informações precisas ao tomar decisões, então o policial toma decisões ruins.

P3: Se está em situação de estresse e não teve treinamento adequado, o policial se deixa dominar pela emoção ao tomar decisões.

P4: Se teve treinamento adequado e se dedicou nos estudos, então o policial tem informações precisas ao tomar decisões.

Com base nessas proposições, julgue o item a seguir.

233.01. I. A negação de P4 é logicamente equivalente à proposição "O policial teve treinamento adequado e se dedicou nos estudos, mas não tem informações precisas ao tomar decisões".

COMENTÁRIO

✪ **Nota do autor:** A negação de proposições compostas é um assunto muito importante em concursos devido a sua grande incidência em provas. Sendo assim, é importante guardar as leis de negações.

A negação da proposição condicional P4 "Se teve treinamento adequado e se dedicou nos estudos, então o policial tem informações precisas ao tomar decisões" temos que a negação da proposição condicional $A \rightarrow B$ será $A \wedge \neg B$, isso porque as proposições compostas produzem tabelas-verdade opostas. Sendo assim, temos que afirmar o antecedente e negar o consequente.

Logo, a negação será: "Teve treinamento adequado e se dedicou nos estudos, mas o policial não tem informações precisas ao tomar decisões".

Resposta: C.

234.(CESPE/POLÍCIA FEDERAL/2012) Um jovem, ao ser flagrado no aeroporto portando certa quantidade de entorpecentes, argumentou com os policiais conforme o esquema a seguir:

Premissa 1: Eu não sou traficante, eu sou usuário.

Premissa 2: Se eu fosse traficante, estaria levando uma grande quantidade de droga e a teria escondido.

Premissa 3: Como sou usuário e não levo uma grande quantidade, não escondi a droga.

Conclusão: Se eu estivesse levando uma grande quantidade, não seria usuário.

Considerando a situação hipotética apresentada acima, julgue o item a seguir.

234.01. I. A proposição correspondente à negação da premissa 2 é logicamente equivalente a "Como eu não sou traficante, não estou levando uma grande quantidade de droga ou não a escondi".

COMENTÁRIO

Temos uma proposição condicional A→ B que a negação será A ∧ ¬B.

[(eu fosse traficante)] → [(estaria levando uma grande quantidade de droga ∧ a teria escondido)]

Afirma o antecedente e nega o consequente, logo temos como negação a proposição: "Sou traficante e não estou levando uma grande quantidade de drogas ou não teria escondido"

Resposta: C.

O cenário político de uma pequena cidade tem sido movimentado por denúncias a respeito da existência de um esquema de compra de votos dos vereadores. A dúvida quanto a esse esquema persiste em três pontos, correspondentes às proposições P, Q e R, abaixo:

P: O vereador Vitor não participou do esquema.

Q: O prefeito Pérsio sabia do esquema.

R: O chefe de gabinete do prefeito foi o mentor do esquema.

Os trabalhos de investigação de uma CPI da câmara municipal conduziram às premissas P_1, P_2 e P_3 seguintes:

P_1: Se o vereador Vitor não participou do esquema, então o prefeito Pérsio não sabia do esquema.

P_2: Ou o chefe de gabinete foi o mentor do esquema, ou o prefeito Pérsio sabia do esquema, mas não ambos.

P_3: Se o vereador Vitor não participou do esquema, então o chefe de gabinete não foi o mentor do esquema.

235.(TRE-RJ/2012) Considerando essa situação hipotética, julgue o item seguinte, acerca de proposições lógicas.

A negação da proposição "Se eu não registrar minha candidatura dentro do prazo, também não poderei concorrer a nenhum cargo" estará corretamente expressa por "Se eu registrar minha candidatura dentro do prazo, então poderei concorrer a algum cargo".

COMENTÁRIO

No item, temos a negação de uma proposição condicional A→ B será A ∧ ¬B.

Dessa forma, a negação proposta pelo item não está de acordo.

Resposta: E.

Em ação judicial contra operadora de telefonia móvel, o defensor do cliente que interpôs a ação apresentou a argumentação a seguir.

P1: A quantidade de interrupções nas chamadas realizadas de aparelhos cadastrados em planos tarifados por ligações é quatro vezes superior à quantidade de interrupções nas chamadas realizadas de aparelhos cadastrados em planos tarifados por minutos.

P2: Se ocorrer falha técnica na chamada ou a operadora interromper a chamada de forma proposital, então ocorrerá interrupção nas chamadas de meu cliente.

P3: Se a quantidade de interrupções em chamadas realizadas de aparelhos cadastrados em planos tarifados por ligações for quatro vezes superior à quantidade de interrupções nas chamadas realizadas de aparelhos cadastrados em planos tarifados por minutos, então não ocorrerá falha técnica na chamada.

P4: Ocorre interrupção na chamada de meu cliente.

Logo, a operadora interrompeu a chamada de forma proposital.

---

236. (ANATEL/CESPE /2012) Com base nas proposições acima, julgue o item subsecutivo.

A negação de P1 é corretamente expressa por "A quantidade de interrupções nas chamadas realizadas de aparelhos cadastrados em planos tarifados por ligações é quatro vezes inferior à quantidade de interrupções nas chamadas realizadas de aparelhos cadastrados em planos tarifados por minutos".

COMENTÁRIO

✪ **Nota do autor:** A negação de sentenças também é um assunto muito importante em concursos devido a sua grande incidência em provas. Sendo assim, é importante guardar as negações na tabela acima.

É importante ressaltar o seguinte: **Negação de uma Sentença**	
Afirmação	**Negação**
X>A	**X≤A**
X<A	**X≥A**
X=A	**X≠A**

A negação da proposição P1: "A quantidade de interrupções nas chamadas realizadas de aparelhos cadastrados em planos tarifados por ligações é quatro vezes **superior** à quantidade de interrupções nas chamadas realizadas de aparelhos cadastrados em planos tarifados por minutos" não será "A quantidade de interrupções nas chamadas realizadas de aparelhos cadastrados em planos tarifados por ligações é quatro vezes **inferior** à quantidade de interrupções nas chamadas realizadas de aparelhos cadastrados em planos tarifados por minutos".

Resposta: E.

Para descobrir qual dos assaltantes — Gavião ou Falcão — ficou com o dinheiro roubado de uma agência bancária, o delegado constatou os seguintes fatos:

F1 – se Gavião e Falcão saíram da cidade, então o dinheiro não ficou com Gavião;

F2 – se havia um caixa eletrônico em frente ao banco, então o dinheiro ficou com Gavião;

F3 – Gavião e Falcão saíram da cidade;

F4 – havia um caixa eletrônico em frente ao banco ou o dinheiro foi entregue à mulher de Gavião.

---

237. (CESPE/PCES/2010) Considerando que as proposições F1, F2, F3 e F4 sejam verdadeiras, julgue os itens subsequentes, com base nas regras de dedução.

237.01. I. A proposição F2 é logicamente equivalente à proposição "Se o dinheiro não ficou com Gavião, então não havia um caixa eletrônico em frente ao banco".

COMENTÁRIO

Representando a proposição F2, temos:

F_2: Havia caixa eletrônico em frente ao Banco →Dinheiro ficou com Gavião.

Podemos aplicar a lei condicional:

$A \to B \leftrightarrow \neg B \to \neg A$, desta forma será equivalente a "Se o dinheiro não ficou com Gavião, então não havia um caixa eletrônico em frente ao Banco".

Resposta: Certo.

Para descobrir qual dos assaltantes — Gavião ou Falcão — ficou com o dinheiro roubado de uma agência bancária, o delegado constatou os seguintes fatos:

F1 – se Gavião e Falcão saíram da cidade, então o dinheiro não ficou com Gavião.

F2 – se havia um caixa eletrônico em frente ao banco, então o dinheiro ficou com Gavião.

F3 – Gavião e Falcão saíram da cidade.

F4 – havia um caixa eletrônico em frente ao banco ou o dinheiro foi entregue à mulher de Gavião.

238.(CESPE/PC-ES/2010) Considerando que as proposições F1, F2, F3 e F4 sejam verdadeiras, julgue os itens subsequentes, com base nas regras de dedução.

238.01. I. A proposição F2 é logicamente equivalente à proposição "Se o dinheiro não ficou com Gavião, então não havia um caixa eletrônico em frente ao banco".

COMENTÁRIO

Dada a proposição F2 – se havia um caixa eletrônico em frente ao banco, então o dinheiro ficou com Gavião – temos uma proposição condicional.

Na Lei condicional, temos que as proposições A→ B, ~B→ ~A e ~A V B são equivalentes entre si, pois produzem as mesmas tabelas-verdade.

Dessa forma, temos que as proposições são equivalentes, pois: A→ B, ~B → ~A (contra positiva).

Resposta: Certo.

Para descobrir qual dos assaltantes – Gavião ou Falcão – ficou com o dinheiro roubado de uma agência bancária, o delegado constatou os seguintes fatos:

F1 – Se Gavião e Falcão saíram da cidade, então o dinheiro não ficou com Gavião.

F2 – Se havia um caixa eletrônico em frente ao banco, então o dinheiro ficou com Gavião.

F3 – Gavião e Falcão saíram da cidade.

F4 – Havia um caixa eletrônico em frente ao banco ou o dinheiro foi entregue à mulher de Gavião.

238.02. (PC-ES/2010) Considerando que as proposições F1, F2, F3 e F4 sejam verdadeiras, julgue os itens subsequentes, com base nas regras de dedução.

A negação da proposição F4 é logicamente equivalente à proposição "Não havia um caixa eletrônico em frente ao banco ou o dinheiro não foi entregue à mulher de Gavião".

COMENTÁRIO

A negação da proposição (A v B) é (~A ∧ ~B).

A proposição F4 é: "havia um caixa eletrônico em frente ao banco ou o dinheiro foi entregue à mulher de Gavião".

A negação proposta pelo item é: "Não havia um caixa eletrônico em frente ao banco ou o dinheiro não foi entregue à mulher de Gavião".

Dessa forma, percebemos que a negação não está de acordo.

Resposta: Errado.

239.(ESAF/MPOG/2009). Sejam F e G duas proposições e ~F e ~G suas respectivas negações. Marque a opção que equivale logicamente à proposição composta: F se e somente G.

a) F implica G e ~G implica F.

b) F implica G e ~F implica ~G.

c) Se F então G e se ~F então G.

d) F implica G e ~G implica ~F.

e) F se e somente se ~G.

COMENTÁRIO

Temos uma proposição bi condicional:

F ↔ G que podemos aplicar a lei bi condicional para encontrarmos a equivalência:

A↔B equivale a (A→B) ∧ (B→A).

A proposição bi condicional é a condicional indo e voltando, isto é, condição necessária e suficiente. Representando a proposição proposta pela questão:

F ↔ G equivalente (F→G) ∧ (G→F)

↓ (Contra positiva)

F ↔ G equivalente (F→G) ∧ (¬F→¬G)

{F implica G e se ¬F implica ¬G}

Resposta: B.

240.(POLÍCIA FEDERAL/2009) As proposições "Se o delegado não prender o chefe da quadrilha, então a operação agarra não será bem-sucedida" e "Se o delegado prender o chefe da quadrilha, então a operação agarra será bem-sucedida" são equivalentes.

COMENTÁRIO

Representando as proposições temos:

A: O delegado prender o chefe da quadrilha.

B: A operação agarra será bem-sucedida.

Representando a proposição: "Se o delegado não prender o chefe da quadrilha, então a operação agarra não será bem-sucedida", temos ¬ A → ¬ B.

Representando a proposição: "Se o delegado prender o chefe da quadrilha, então a operação agarra será bem-sucedida", temos A → B.

Para verificar se a proposições são equivalentes, é necessário que suas tabelas-verdade produzam os mesmos resultados.

A	B	¬ A	¬ B	**A → B**	**¬ A → ¬ B**
V	V	F	F	**V**	**V**
V	F	F	V	**F**	**V**
F	V	V	F	**V**	**F**
F	F	V	V	**V**	**V**

Os resultados não são iguais, logo as proposições não são equivalentes.

Resposta: E.

---

241. (FUNIVERSA/PC-DF/2009) Uma proposição logicamente equivalente à negação da proposição "se o cão mia, então o gato não late" é a proposição:

a) o cão mia ou o gato late.
b) o cão mia e o gato late.
c) o cão não mia ou o gato late.
d) o cão não mia e o gato late.
e) o cão não mia ou o gato não late.

COMENTÁRIO

A negação da proposição condicional:

"O cão mia → gato não late"

(A) **(B)**

Será:

"O cão mia $\wedge$ gato late".

(A) **(¬B)**

Resposta: B.

242.(CESPE/2008) Os conectivos **e, ou, não** e o condicional **se... então** são, simbolicamente, representados por $\wedge$, $\vee$, $\neg$ e $\rightarrow$, respectivamente. As letras maiúsculas do alfabeto, como P, Q e R, representam proposições. As indicações V e F são usadas para valores lógicos verdadeiro e falso, respectivamente, das proposições. Com base nessas informações, julgue o item seguinte.

A proposição $\neg(P \wedge Q)$ é equivalente à proposição $(\neg P) \vee (\neg Q)$.

COMENTÁRIO

A proposição composta: $\neg(P \wedge Q)$ "não é verdade que P e Q", ao aplicar **a Lei de De Morgan** temos: $(\neg P) \vee (\neg Q)$. As suas tabelas-verdades são idênticas.

Resposta: C.

243.(CESPE/2008) Com relação à lógica formal, julgue o item subsequente.

() A negação da proposição "2 + 5 = 9" é a proposição "2 + 5 = 7".

COMENTÁRIO

A negação da sentença "2 + 5 = 9" é "2 + 5 ≠ 9", sendo assim temos que o item está errado.

Resposta: Errado.

244.(CESPE/2008) As afirmações que podem ser julgadas como verdadeiras (V) ou falsas (F), mas não ambas, são chamadas proposições. As proposições são usualmente simbolizadas por letras maiúsculas: A, B, C etc. A expressão $A \rightarrow B$, lida, entre outras formas, como "se A então B", é uma proposição que tem valoração F quando A é V e B é F, e tem valoração V nos demais casos. Uma expressão da forma $\neg A$, lida como "não A", é uma proposição que tem valoração V quando A é F, e tem valoração F quando A é V. A expressão da forma $A \wedge B$, lida como "A e B", é uma proposição que tem valoração V apenas quando A e B são V, nos demais casos tem valoração F. Uma expressão da forma $A \vee B$, lida como "A ou B", é uma proposição que tem valoração F apenas quando A e B são F; nos demais casos é V. Com base nessas definições, julgue o item que se segue.

- Uma expressão da forma $\neg(A \wedge \neg B)$ é uma proposição que tem exatamente as mesmas valorações V ou F da proposição $A \rightarrow B$.

COMENTÁRIO

Se uma questão afirmar ou perguntar sobre proposições que possuem as mesmas valorações, está implícito que se trata de uma equivalência lógica, o que no caso podemos ganhar tempo aplicando uma das leis.

A proposição composta: $\neg(A \wedge \neg B)$ "não é verdade que A e não B", ao aplicar **a Lei de De Morgan** temos: $(\neg A) \vee (B)$, logo pela Lei Condicional $[A \rightarrow B \Leftrightarrow (\neg A) \vee (B)]$,"As suas tabelas-verdades são idênticas."

Resposta: C.

245.(ESAF/AFC/2008) Ao resolver um problema de matemática, Ana chegou à conclusão de que: x = a e x = p, ou x = e. Contudo, sentindo-se insegura para concluir em definitivo a resposta do problema, Ana telefona para Beatriz, que lhe dá a seguinte informação: x ≠ e. Assim, Ana corretamente conclui que:

a) x ≠ a ou x ≠ e

b) x = a e x = p

c) x = a ou x = p

d) x = a e x ≠ p

e) x ≠ a e x ≠ p

COMENTÁRIO

Representando a proposição de Ana temos:

$(x= a \wedge x= p) \vee x = e$, segundo o telefonema recebido por Beatriz $x \neq c = v$, logo podemos infere que:

$(x= a \wedge x= p) \vee (x= e) =$ **V**

(V) **(F)**

Desta forma será verdadeira a proposição $(x= a \wedge x= p)$

Resposta: B.

246.(ESAF/APO/2008) Dois colegas estão tentando resolver um problema de matemática. Pedro afirma para Paulo que X = B e Y = D. Como Paulo sabe que Pedro sempre mente, então, do ponto de vista lógico, Paulo pode afirmar corretamente que:

a) $X \neq B$ e $Y \neq D$

b) $X = B$ ou $Y \neq D$

c) $X \neq B$ ou $Y \neq D$

d) se $X \neq B$, então $Y \neq D$

e) se $X \neq B$, então $Y = D$

COMENTÁRIO

Segundo a afirmação de Pedro que é:

$(X= B \wedge y = D)$, é sabendo que ele é mentiroso, basta negarmos do ponto de vista lógico tal proposição composta.

Afirmação	Negação
$A \wedge B$	$\neg A \vee \neg B$

Desta forma a negação será:

$X \neq B \vee y \neq D$.

Resposta: C.

---

247. (ESAF/ANEL/2006) Se Elaine não ensaia, Elisa não estuda. Logo,

a) Elaine ensaiar é condição necessária para Elisa não estudar.

b) Elaine ensaiar é condição suficiente para Elisa estudar.

c) Elaine não ensaiar é condição necessária para Elisa não estudar.

d) Elaine não ensaiar é condição suficiente para Elisa estudar.

e) Elaine ensaiar é condição necessária para Elisa estudar.

COMENTÁRIO

✪ **Nota do autor:** Observar que as proposições condicionais e bicondicionais apresentam condições que são importantes para a linguagem e interpretação lógica, logo se torna importantíssimo saber tais condições para representação simbólica.

Dada a proposição, temos:

Elaine não ensaia → Elisa não estuda.

O antecedente (**Elaine não ensaia) é condição suficiente** para o consequente **(Elisa não estuda).**

O consequente **(Elisa não estuda) é condição necessária** para o antecedente (**Elaine não ensaia).**

Segundo os itens da questão, não temos nenhum que esteja de acordo com o comentário realizado anteriormente.

O que fazer?

Percebemos que as respostas propostas pela ESAF não satisfazem a proposição: **Se Elaine não ensaia, Elisa não estuda.** Sendo assim, podemos concluir que não foi utilizada esta proposição, porém será usada outra proposição logicamente equivalente à dada pelo enunciado da questão.

A lei condicional, **contra positiva**, possui as condições que a questão exige.

Aplicando a lei condicional:

Elaine não ensaia → Elisa não estuda. ⇔ Elisa estuda → Elaine ensaia

Agora sim, temos que:

I – Elisa estudar é condição suficiente para Elaine ensaiar.

II – Elaine ensaiar é condição necessária para Elisa estudar.

Resposta: E.

248.(ESAF/ANEEL / TÉCNICO/2006) Uma sentença logicamente equivalente a "Se Ana é bela, então Carina é feia" é:

a) Se Ana não é bela, então Carina não é feia.

b) Ana é bela ou Carina não é feia.

c) Se Carina é feia, Ana é bela.

d) Ana é bela ou Carina é feia.

e) Se Carina não é feia, então Ana não é bela.

COMENTÁRIO

✪ **Nota do autor:** Observar que as proposições condicionais e bicondicionais apresentam condições que são importantes para a linguagem e interpretação lógica, logo se torna importantíssimo saber tais condições para representação simbólica.

Dada a proposição, temos:

Ana é bela → Carina é feia.

Segundo a **lei condicional**, temos duas equivalências:

I – Se Carina não é feia, então Ana não é bela.

II – Ana não é bela ou Carina é feia.

Resposta: E.

249.(CESPE/ TER RJ/2012) O cenário político de uma pequena cidade tem sido movimentado por denúncias a respeito da existência de um esquema de compra de votos dos vereadores. A dúvida quanto a esse esquema persiste em três pontos, correspondentes às proposições P, Q e R, abaixo:

P: O vereador Vitor não participou do esquema.

Q: O prefeito Pérsio sabia do esquema.

R: O chefe de gabinete do prefeito foi o mentor do esquema.

Os trabalhos de investigação de uma CPI da Câmara Municipal conduziram às premissas P_1, P_2 e P_3 seguintes:

P_1: Se o vereador Vitor não participou do esquema, então o prefeito Pérsio não sabia do esquema.

P_2: Ou o chefe de gabinete foi o mentor do esquema, ou o prefeito Pérsio sabia do esquema, mas não ambos.

P_3: Se o vereador Vitor não participou do esquema, então o chefe de gabinete não foi o mentor do esquema.

Considerando essa situação hipotética, julgue o item seguinte, acerca de proposições lógicas.

A premissa P3 é logicamente equivalente à proposição "O vereador Vitor participou do esquema ou o chefe de gabinete não foi o mentor do esquema".

COMENTÁRIO

Dada a proposição P3, temos: "Se o vereador Vitor não participou do esquema, então o chefe de gabinete não foi o mentor do esquema".

Na Lei condicional, temos que as proposições A→ B, ~B → ~A e ~A V B são equivalentes entre si, pois produzem as mesmas tabelas-verdade.

Dessa forma, temos que as proposições são equivalentes, pois: A→ B e ~A V B produzem as mesmas tabelas-verdade.

Resposta: Certo.

250. (FGV/2006) Suponha que "Se X = 1, então Y > 7". Assinale a conclusão correta.

a) Se X ≠ 1, então Y < 7.
b) Se X ≠ 1, então Y ≤ 7.
c) Se Y > 7, então X = 1.
d) Se Y ≤ 7, então X ≠ 1.
e) Se Y = 7, então X = 1.

COMENTÁRIO

E importando ressalta as negações abaixo:

Afirmação	Negação
x = a	x ≠ a
x > a	x ≤ a
x < a	x ≥ a

A proposição composta condicional tem como equivalência as seguintes proposições:

$$A \rightarrow B \begin{cases} \neg B \rightarrow A \text{ (contra positiva)} \\ \neg A \vee B \end{cases}$$

Para a proposição (x = 1) → (y > 7) é equivalente peça contra positiva a (y ≤ 7) → (x ≠ 1).

Resposta: D.

251. (ESAF/ MINISTÉRIO DO PLANEJAMENTO/2006) Dizer que "Ana não é alegre ou Beatriz é feliz" é do ponto de vista lógico, o mesmo dizer que:

a) Se Ana não é alegre, então Beatriz é feliz.
b) Se Beatriz é feliz, então Ana é alegre.
c) Se Ana é alegre, então Beatriz é feliz.
d) Se Ana é alegre, então Beatriz não é feliz.
e) Se Ana não é alegre, então Beatriz não é feliz.

COMENTÁRIO

Pela lei condicional temos:
$A \rightarrow B \leftrightarrow \neg A \vee B$.
Desta forma a equivalência:
Ana não é alegre ∨ Beatriz é feliz.
(¬A) (B)
Ana é alegre → Beatriz é feliz.
(A) → (B)

Resposta: B.

252. (CESPE/CONSULTOR DO SENADO FEDERAL/2002) O Teorema Fundamental da Aritmética afirma que:

> Se ***n*** for um número natural diferente de 1, então ***n*** pode ser decomposto como um produto de fatores primos, de modo único, a menos da ordem dos fatores.

Julgue se cada um dos itens subsequentes reescreve, de modo correto e equivalente, o enunciado acima.

252.01. I. É condição suficiente que ***n*** seja um número natural para que ***n*** possa ser decomposto como um produto de fatores primos, de modo único, a menos da ordem dos fatores.

COMENTÁRIO

Representando a proposição condicional temos:

[n é IN, N ≠ 1] →[não pode ser de composto como um produto de fatores primos de nada único, a menos
(A) **(B)**
da ordem dos fatores]

O item está errado devido ao antecedente (A) não estar escrito corretamente. A condição está correta, porém a proposição não foi reescrita corretamente, pois n é N diferente de 1.

Resposta: Errado.

252.02. II. É condição necessária que ***n*** seja um número natural para que ***n*** possa ser decomposto como um produto de fatores primos, de modo único, a menos da ordem dos fatores.

COMENTÁRIO

Na proposição condicional temos as seguintes condições:

A → B

Desta forma o item está errado pois a condição é suficiente e também a proposição antecedente foi reescrita de forma errada.

Resposta: Errado.

252.03. III. Se ***n*** não possuir decomposição como um produto de fatores primos, que seja única, a menos da ordem dos fatores, então ***n*** não é um número natural diferente de 1.

COMENTÁRIO

Neste item foi aplicada a lei condicional, contra positiva A→B↔¬B→¬A, ou seja.

Resposta: Certo.

252.04. IV. Ou ***n*** não é um número natural diferente de 1, ou ***n*** tem uma decomposição como um produto de fatores primos, que é única, a menos da ordem dos fatores.

COMENTÁRIO

Representando a proposição do comando temos:

A→B, e de acordo com o item que propõe como equivalente a seguinte proposição ¬A ∨ B podemos inferir que não são equivalentes pois não produzem os mesmos valores em suas tabelas-verdade.

Resposta: Errado.

252.05. V. *n* é um número natural diferente de 1 se puder ser decomposto como um produto de fatores primos, de modo único, a menos da ordem dos fatores.

COMENTÁRIO

Na proposição condicional o termo "se" anuncia o antecedente, logo na linguagem da lógica formal a representação seria B→A. Desta forma houve uma comutação, o que não é permitido na proposição condicional.

A→B ⟷̸ B→A.

Resposta: Errado.

253.(CESPE/CONSULTOR DO SENADO FEDERAL/2002) A noção de conjunto fornece uma interpretação concreta para algumas ideias de natureza lógica que são fundamentais para a Matemática e o desenvolvimento do raciocínio. Por exemplo, a implicação lógica denotada por p → q pode ser interpretada como uma inclusão entre conjuntos, ou seja, como P ⊂ Q, em que P é o conjunto cujos objetos cumprem a condição p, e Q é o conjunto cujos objetos cumprem a condição q. Com o auxílio do texto acima, julgue se a proposição apresentada em cada item a seguir é equivalente à sentença abaixo.

Se um indivíduo está inscrito no concurso do Senado Federal, então ele pode ter acesso às provas desse concurso.

253.01. I. Se um indivíduo não pode ter acesso às provas do concurso do Senado Federal, então ele não está inscrito nesse concurso.

COMENTÁRIO

Representando as proposições

A: O indivíduo está inscrito no concurso do Senado Federal.

B: Pode ter avesso às provas desse concurso.

Simbolizando a proposição condicional $A \rightarrow B$.

De acordo com o item temos: $\neg B \rightarrow \neg A$, desta forma temos a aplicação da lei condicional (contra positiva).

Resposta: Certo.

253.02. II. O conjunto de indivíduos que não podem ter acesso às provas do concurso do Senado Federal e que estão inscritos nesse concurso é vazio.

COMENTÁRIO

✪ **Nota do autor:** Observar a importância de teoria de conjuntos que está sempre presente nas provas do CESPE e proporciona uma interpretação concreta do raciocínio lógico.

Representando por conjunto a proposição temos:

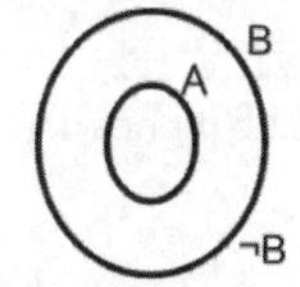

A: O indivíduo está inscrito

B: Pode ter acesso às provas

¬B: O indivíduo não tem acesso às provas.

O item afirma que $\neg B \cap A = \phi$, ou seja, não tem elementos que pertençam aos conjuntos A e ¬B simultaneamente.

Resposta: Certo.

253.03. III. Se um indivíduo pode ter acesso às provas do concurso do Senado Federal, então ele está inscrito nesse concurso.

COMENTÁRIO

A proposição dada pelo comando pode ser representada por $A \rightarrow B$.

O item afirma que será equivalente a $B \rightarrow A \leftrightarrow B \rightarrow A$, o que não pode ser uma vez que o conectivo condicional não possui a propriedade conotativa.

Resposta: Errado.

253.04. IV. Conjunto de indivíduos que podem ter acesso às provas do concurso do Senado Federal é igual ao conjunto de indivíduos que estão inscritos nesse concurso.

COMENTÁRIO

A proposição $A \rightarrow B$ tem o mesmo significado $A \subset B$, o que pode ser representado pelo seguinte diagrama:

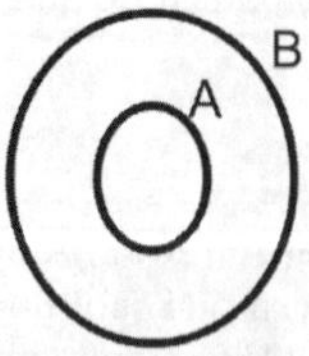

O item afirma que os conjuntos são iguais, o que não pode ser.

Resposta: Errado.

253.05. V. O conjunto de indivíduos que estão inscritos no concurso do Senado Federal ou que podem ter acesso às provas desse concurso está contido neste último conjunto.

COMENTÁRIO

Representando por diagrama a proposição A→B, temos:

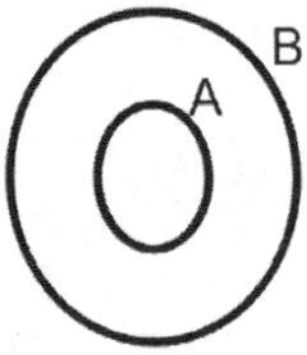

A: O indivíduo está inscrito.

B: O indivíduo tem acesso.

O item afirma a partir do diagrama podemos inferir:

$(A \cup B) \subset B$

$B \subset B$ Uma propriedade importante em teoria de conjunto é que todo conjunto tem como subconjunto ele mesmo. Desta forma o conjunto B está contido nele mesmo.

Resposta: Certo.

254.(ESAF/AFRF /2006) A negação da proposição "A seleção brasileira classificou-se para a copa do mundo, mas não jogou bem" é:

a) A seleção brasileira não se classificou para a copa do mundo e não jogou bem.
b) A seleção brasileira classificou-se para a copa do mundo ou não jogou bem.
c) A seleção brasileira não se classificou para a copa do mundo, mas jogou bem.
d) A seleção brasileira não se classificou para a copa do mundo ou jogou bem.
e) A seleção brasileira classificou-se para a copa do mundo e não jogou bem.

COMENTÁRIO

Temos uma proposição composta conjuntiva:

"A seleção brasileira classificou-se para a copa do mundo $\wedge$ não jogou bem"

(A) $\wedge$ **(B)**

A negação será: $\neg A \vee \neg B$

"A seleção brasileira não se classificou para a copa do mundo $\vee$ jogou bem"

(¬A) $\vee$ **(¬B)**

Resposta: D.

255.(NCE/RJ/MAPA /2004) A negação da afirmativa "Me caso ou compro sorvete" é:

a) Me caso e não compro sorvete.
b) Não me caso ou não compro sorvete.
c) Não me caso e não compro sorvete.
d) Não me caso ou compro sorvete.
e) Se me casar, então não compro sorvete.

COMENTÁRIO

A negação da proposição composta disjuntiva:

"me caso ou compro sorvete"

(A) $\vee$ **(B)**

é dada por,

"Não me caso ∧ não compro sorvete"

(¬A) ∧ **(¬B)**

Resposta: C.

256.(ESAF/ANEEL/2006) A negação da afirmação condicional "Se Ana viajar, Paulo vai viajar" é:

a) Ana não está viajando e Paulo vai viajar.
b) Se Ana não viajar, Paulo vai viajar.
c) Ana está viajando e Paulo não vai viajar.
d) Ana não está viajando e Paulo não vai viajar.
e) Se Ana estiver viajando, Paulo não vai viajar.

COMENTÁRIO

A negação da proposição condicional:

"Ana viaja →Paulo vai viajar"

(A) **(B)**

é dada por,

A∧¬B, ou seja, afirma o antecedente e nega o consequente.

Resposta: D.

---

257. (UFG/2006).A negação de "$x \geq -2$" é:

a) $x \geq 2$.
b) $x \leq -2$.
c) $x < -2$.
d) $x < 2$.
e) $x \leq 2$.

COMENTÁRIO

É importante ressaltar o seguinte: **Negação de uma Sentença**	
Afirmação	**Negação**
X >A	**X ≤ A**
X < A	**X ≥ A**
X = A	**X ≠ A**

Segundo a tabela acima temos que a negação de $x \geq -2$ é $x < -2$.

Resposta: C.

✦ DICAS

EQUIVALÊNCIAS LÓGICAS

Duas proposições são ditas equivalentes quando são formadas pelas mesmas proposições simples e os resultados das tabelas-verdade são idênticos.

1) Leis Distributivas

a) $A \wedge (B \vee C) \Leftrightarrow (A \wedge B) \vee (A \wedge C)$
b) $A \vee (B \wedge C) \Leftrightarrow (A \vee B) \wedge (A \vee C)$

Demonstração: A ∧ (B ∨ C) ⇔ (A ∧ B) ∨ (A ∧ C)

A	B	C	BVC	A∧(B∨C)	A∧B	A∧C	(A∧B)∨(A∧C)
V	V	V	V	V	V	V	V
V	V	F	V	V	V	F	V
V	F	V	V	V	F	V	V
V	F	F	F	F	F	F	F
F	V	V	V	F	F	F	F
F	V	F	V	F	F	F	F
F	F	V	V	F	F	F	F
F	F	F	F	F	F	F	F

2) Lei da Dupla Negação

a) ~(~A) ⇔ A

Demonstração: ~(~A) ⇔ A

A	~A	~(~A)
V	F	V
F	V	F

3) Equivalência da Condicional

a) (A → B ⇔ ~A ∨ B) / (A → B ⇔ ~B → ~A)

I) A → B ⇔ ~A ∨ B

Demonstração: A → B ⇔ ~A ∨ B

A	B	~A	A→B	~A ∨ B
V	V	F	V	V
V	F	F	F	F
F	V	V	V	V
F	F	V	V	V

As duas últimas colunas apresentam os mesmos valores lógicos em todas as linhas, logo, as proposições A → B e ~A ∨ B são proposições logicamente equivalentes, isto é: A → B ⇔ ~A ∨ B.

II) A → B ⇔ ~B → ~A (Teorema da Contra Recíproca ou Contra Positiva)

Demonstração: A → B ⇔ ~B → ~A

A	B	~A	~B	A→B	~B→~A
V	V	F	F	V	V
V	F	F	V	F	F
F	V	V	F	V	V
F	F	V	V	V	V

4) Lei de Augustus De Morgan

a) ~(A ∧ B) ⇔ (~A) ∨ (~B) / ~(A ∨ B) ⇔ (~A) ∧ (~B)

I) ~(A ∧ B) ⇔ (~A) ∨ (~B)

Demonstração: ~(A ∧ B) ⇔ (~A) ∨ (~B)

A	B	A ∧ B	~(A ∧ B)	~A	~B	(~A) ∨ (~B)
V	V	V	F	F	F	F
V	F	F	V	F	V	V
F	V	F	V	V	F	V
F	F	F	V	V	V	V

As duas últimas colunas apresentam os mesmos valores lógicos em todas as linhas, logo, as proposições ~(A ∧ B) e (~A) ∨ (~B) são proposições logicamente equivalentes, isto é: ~(A ∧ B) ⇔ ~A ∨ ~ B.

II) ~(A ∨ B) ⇔ (~A) ∧ (~B)

Demonstração: ~(A ∨ B) ⇔ (~A) ∧ (~B)

A	B	A ∨ B	~(A ∨ B)	~A	~B	(~A) ∧ (~B)
V	V	V	F	F	F	F
V	F	V	F	F	V	F
F	V	V	F	V	F	F
F	F	F	V	V	V	V

As duas últimas colunas apresentam os mesmos valores lógicos em todas as linhas, logo, as proposições ~(A ∨ B) e (~A) ∧ (~B) são proposições logicamente equivalentes, isto é: ~(A ∨ B) ⇔ ~A ∧ ~B.

5) Equivalência da Bicondicional

a) [(A → B) ∧ (B → A)] ⇔ [A ↔ B]

Demonstração

A	B	A→B	B→A	(A→B) ∧ (B→A)	A ↔ B
V	**V**	**V**	**V**	**V**	**V**
V	**F**	**F**	**V**	**F**	**F**
F	**V**	**V**	**F**	**F**	**F**
F	**F**	**V**	**V**	**V**	**V**

As duas últimas colunas apresentam os mesmos valores lógicos em todas as linhas, logo as proposições [(A → B) ∧ (B → A)] e [A ↔ B].

6) Lei Comutativa

Como já visto ao estudarmos as tabelas-verdade, foi comentado que os conectivos: conjuntivo, disjuntivo, disjuntivo exclusivo e bicondicional possuem a propriedade comutativa, isto é, ao trocarmos a ordem das proposições simples, os resultados das tabelas-verdade permanecem idênticos.

Com relação ao conectivo condicional não ocorre o mesmo, uma vez que os resultados de suas tabelas-verdade não serão os mesmos. Resumindo, o conectivo condicional não possui a propriedade comutativa.

(A) ∧ (B) ⇔ (B) ∧ (A)
(A) ∨ (B) ⇔ (B) ∨ (A)
(A) ↔ (B) ⇔ (B) ↔ (A)
(A) ⊻ (B) ⇔ (B) ⊻ (A)
} COMUTAM

(A) ↛ (B) ⇔ (B) → (A) NÃO COMUTA

NEGAÇÃO DE PROPOSIÇÕES COMPOSTAS

Duas proposições; uma é negação da outra quando são formadas pelas mesmas proposições simples e os resultados das tabelas-verdade são contrários.

	A	B	A ∧ B	A ∨ B	A→B	A↔B
AFIRMAÇÃO	V	V	V	V	V	V
	V	F	F	V	F	F
	F	V	F	V	V	F
	F	F	F	F	V	V

	¬A	¬B	¬A ∨ ¬B	¬A ∧ ¬B	A ∧ ¬B	$A \underline{\vee} B$
NEGAÇÃO	F	F	F	F	F	F
	F	V	V	F	V	V
	V	F	V	F	F	V
	V	V	V	V	F	F

Capítulo V – Diagramas Lógicos

01. Ano: 2024 Banca: IDECAN Órgão: Prefeitura de Mossoró – RN Prova: IDECAN – 2024 – Prefeitura de Mossoró – RN – Agente Administrativo

Analise o diagrama lógico a seguir:

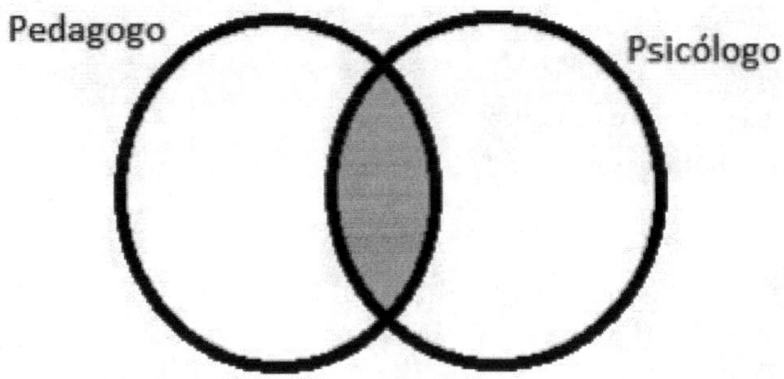

Sobre a região pintada, é correto afirmar que:

Alternativas

A. Algum pedagogo não é psicólogo.

B. Todo pedagogo é psicólogo.

C. Algum pedagogo é psicólogo.

D. Nenhum pedagogo é psicólogo.

E. Algum psicólogo não é pedagogo.

COMENTÁRIO

A região pintada é justamente a intersecção entre os conjuntos, ou seja os elementos que fazem parte tanto do conjunto de Pedagogos como também faz parte do conjunto de psicólogos.

Desta forma, existem psicólogos que são pedagogos e vice versa.

Sendo assim, a alternativa correta é "Algum pedagogo é psicólogo."

GABARITO: LETRA C

---

02. Ano: 2024 Banca: IDECAN Órgão: Prefeitura de Mossoró – RN Prova: IDECAN – 2024 – Prefeitura de Mossoró – RN – Assistente Social

Se "alguns cientistas são agnósticos" e "todos os agnósticos são críticos", então necessariamente:

Alternativas

A. Algum cientista é crítico.

B. Todo crítico é agnóstico.

C. Nenhum crítico é cientista.

D. Todo agnóstico é cientista.

E. Nenhum cientista não é crítico.

COMENTÁRIO

Podemos resolver essa questão usando diagramas

"alguns cientistas são agnósticos"

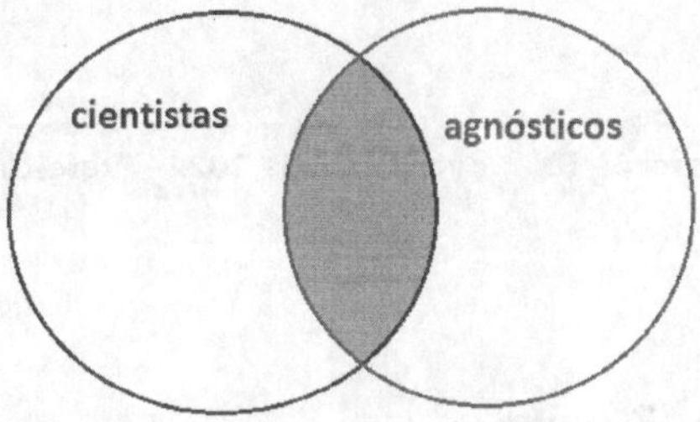

Observe que existem cientistas que não são diagnósticos.

Continuando a análise: "todos os agnósticos são críticos"

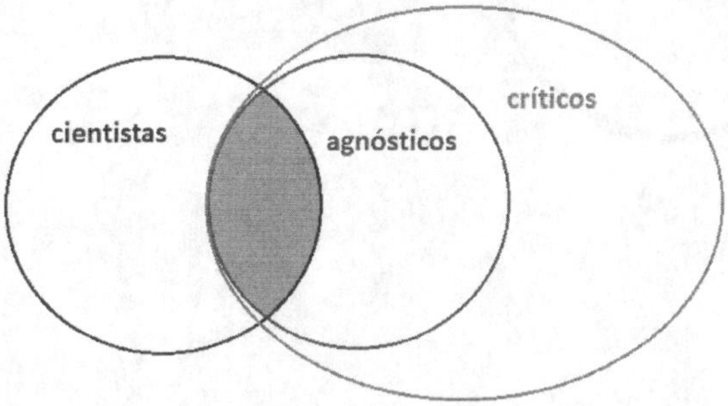

Ou seja, existe algum cientista que é crítico.

GABARITO: LETRA A

---

03. Ano: 2024 Banca: IDECAN Órgão: Prefeitura de João Pessoa – PB Prova: IDECAN – 2024 – Prefeitura de João Pessoa – PB – Agente de Mobilidade Urbana

Considere a seguinte pesquisa conduzida em um pet shop com 200 clientes, abordando suas preferências em relação aos serviços oferecidos para seus animais de estimação. Durante a coleta de dados, foram registradas as preferências individuais de cada cliente. Os resultados obtidos são os seguintes:

- 112 entrevistados afirmaram utilizar os serviços do pet shop para banho;
- 62 entrevistados revelaram apreciar tanto o serviço de banho quanto o de tosa;
- Um total de 58 entrevistados não expressou preferência por nenhum dos serviços, seja banho ou tosa.

O número de entrevistados que demonstram uma preferência exclusiva pelo serviço de tosa é de:

Alternativas

A. 232

B. 30

C. 92

D. 122

COMENTÁRIO

Observe que temos três conjuntos aqui:

A: serviço de banho

B: serviço de tosa

C: nenhum tipo de serviço

112 entrevistados afirmaram utilizar os serviços do pet shop para banho, significa que o conjunto A possui 112 elementos.

Um total de 58 entrevistados não expressou preferência por nenhum dos serviços, seja banho ou tosa, significa que o conjunto C possui 58 elementos.

• 62 entrevistados revelaram apreciar tanto o serviço de banho quanto o de tosa, significa que $A \cap B = 62$ elementos.

Como o conjunto A possui 62 elementos em comum com o conjunto B, a quantidade de elementos que fazem parte apenas de A é 112 – 62 = 50 *clientes*.

Como são 200 clientes entrevistados, se tirarmos a quantidade de clientes que não usa nenhum tipo de serviço temos:

200 – 58 = 142

Desses 142 clientes, 112 pertencem ao conjunto A, ou a $A \cap B$.

Logo, O número de entrevistados que demonstram uma preferência exclusiva pelo serviço de tosa é de:

142 – 112 = 30

GABARITO: LETRA B

---

04. Ano: 2024 Banca: IDECAN Órgão: ALEPI Prova: IDECAN – 2024 – ALEPI – Analista Legislativo – Biblioteconomia

Uma pastelaria atendeu em uma noite 230 clientes. O dono do estabelecimento fez a seguinte anotação:

- 171 clientes consumiram pastéis salgados;
- 80 clientes consumiram pastéis doces;
- 45 clientes consumiram dos dois tipos.

A quantidade de clientes que não consumiu pastel foi de

Alternativas

A. 28.

B. 22.

C. 24.

D. 26.

E. 27.

COMENTÁRIO

Vamos chamar de PS o conjunto de clientes que consumiram pastéis salgados e PD o conjunto de clientes que consumiram pastéis doces.

A intersecção é dos conjuntos é dada pela quantidade de clientes que consumiram os dois tipos de pastéis:

$PS \cap PD = 45$

A quantidade de clientes que consumiram APENAS pastel doce será igual a quantidade de elementos do conjunto PD menos a intersecção:

80 – 45 = 35

Da mesma forma, a quantidade de clientes que consumiram APENAS pastel salgado é igual a quantidade de elementos do conjunto PS menos a intersecção:

171 – 45 = 126

Desta forma temos:

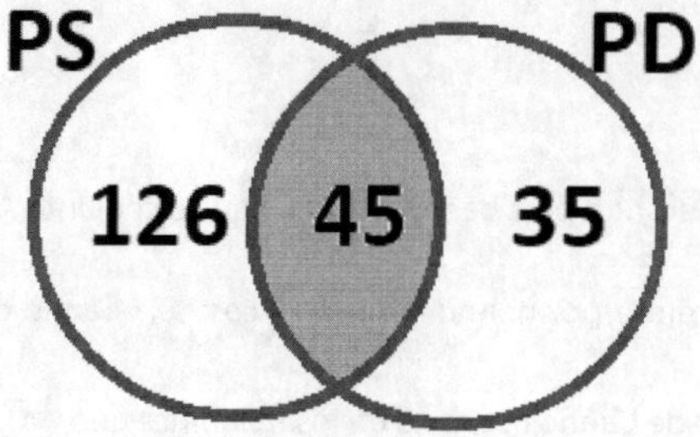

A quantidade de clientes que consumiu algum tipo de pastel é igual a:

126 + 45 + 35 = 206 *clientes.*

Como foram atendidos 230 clientes, 230 – 206 = 24 clientes não consumiram nenhum tipo de pastel.

GABARITO: LETRA C

---

05. Ano: 2024 Banca: IDECAN Órgão: Prefeitura de João Pessoa – PB Prova: IDECAN – 2024 – Prefeitura de João Pessoa – PB – Guarda Civil Municipal

Em uma escola, 60 estudantes estão matriculados em Matemática, 45 em Física e 30 em Química. Sabe-se que 15 estudantes estão matriculados em Matemática e Física, 10 em Física e Química, e 5 em Matemática e Química. Se 3 estudantes estão matriculados em todos os três cursos, calcule quantos estudantes, no total, estão matriculados em pelo menos um dos cursos.

Alternativas

A. 112.
B. 105.
C. 108.
D. 110.

COMENTÁRIO

Temos três conjuntos:

Matemática = M

Física = F

Química = Q

Podemos utilizar diagramas para resolver esse tipo de questão. Começamos sempre pela intersecção dos três conjuntos: 3 estudantes estão matriculados em todos os três cursos

Começamos pela intersecção

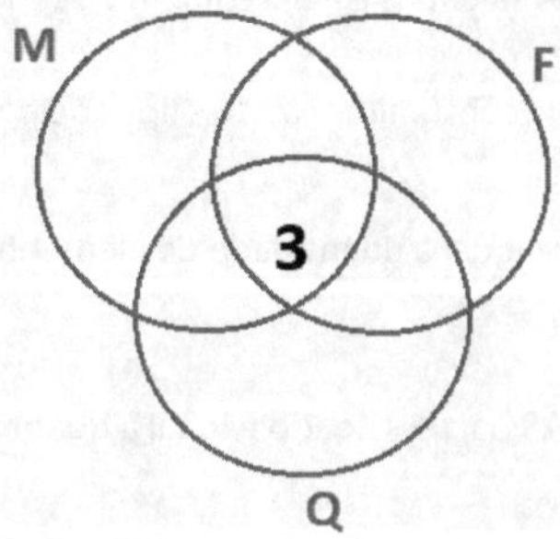

- 15 estudantes estão matriculados em Matemática e Física, como já temos 3 na intersecção dos três conjuntos: 15 – 3 = 12
- 10 em Física e Química. Como já temos 3 na intersecção dos três conjuntos: 10 – 3 = 7
- 5 em Matemática e Química. Como já temos 3 na intersecção dos três conjuntos: 5 – 3 = 2

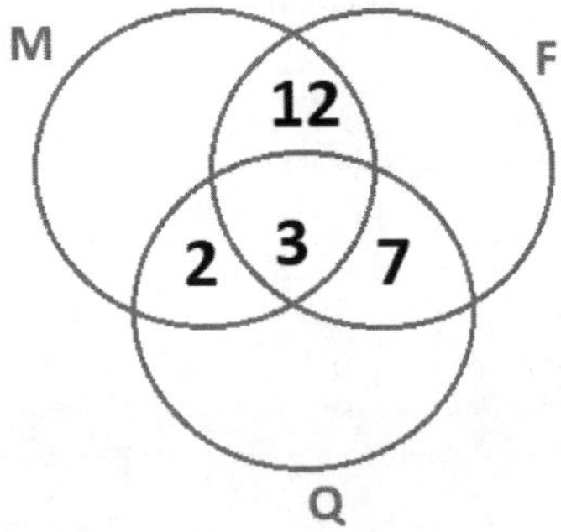

Agora vamos para a quantidade total de cada conjunto:

- 60 estudantes estão matriculados em Matemática. Tirando as intersecções: 60 – 12 – 3 – 2 = 43
- 45 em Física: 45 – 12 – 3 – 7 = 23
- 30 em Química: 30 – 2 – 3 – 7 = 18

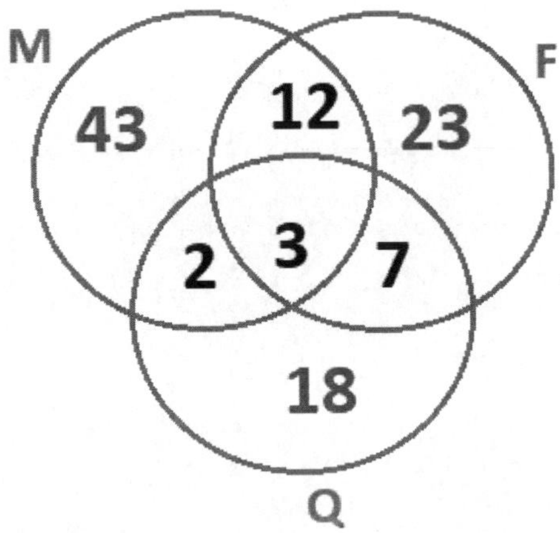

Para sabermos a quantidade de alunos que estão matriculados em pelo menos um dos cursos somamos todos os números do diagrama:

43 + 12 + 23 + 2 + 3 + 7 + 18 = 108

GABARITO: LETRA C

---

06. Ano: 2024 Banca: IDECAN Órgão: Prefeitura de Mossoró – RN Prova: IDECAN – 2024 – Prefeitura de Mossoró – RN – Agente Administrativo

Camila, professora do 5º ano, realizou uma pesquisa com seus alunos para descobrir a popularidade de três atividades lúdicas: piquenique, gincana e jogos de tabuleiro. Considerando que a turma é composta por 35 alunos e que eles poderiam votar em nenhuma, uma ou mais de uma atividade, o resultado obtido foi o seguinte:

- 10 crianças gostam de participar de piqueniques;
- 14 crianças adoram competir em gincanas;

- 9 crianças se interessam por brincar com jogos de tabuleiro;
- 5 crianças gostam tanto de ir a piqueniques quanto de competir em gincana:
- 4 crianças adoram fazer piquenique e brincar com e jogos de tabuleiro;
- 6 crianças gostam de competir em gincanas e se interessam por jogos de tabuleiros;
- 3 crianças votaram nas três opções de atividades possíveis (piquenique, gincana e jogos de tabuleiro.

Diante do exposto, o número de crianças que não gosta de nenhuma das atividades citadas é de:

Alternativas

A. 18.

B. 10.

C. 12.

D. 14.

E. 16.

COMENTÁRIO

Vamos chamar os conjuntos de:

P: Piquenique

G: gincana

J: jogo de tabuleiro

Podemos utilizar diagramas para resolver esse tipo de questão. Começamos sempre pela intersecção dos três conjuntos: 3 crianças votaram nas três opções de atividades

Começamos pela intersecção:

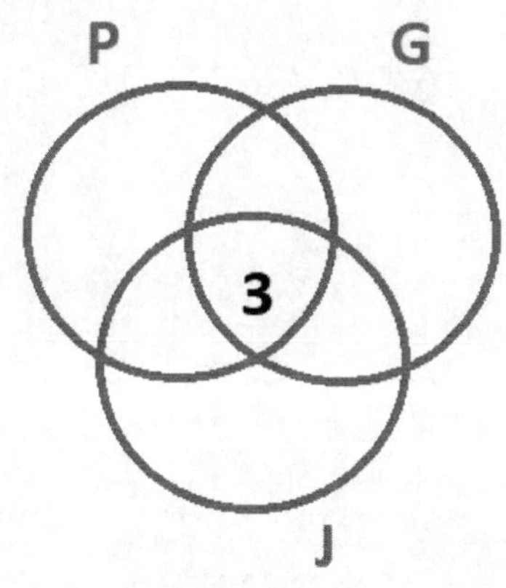

- 5 crianças gostam tanto de ir a piqueniques quanto de competir em gincana. Como já temos 3 na intersecção: 5 – 3 = 2
- 4 crianças adoram fazer piquenique e brincar com e jogos de tabuleiro. Como já temos 3 na intersecção: 4 – 3 = 1
- 6 crianças gostam de competir em gincanas e se interessam por jogos de tabuleiros. Como já temos 3 na intersecção: 6 – 3 = 3

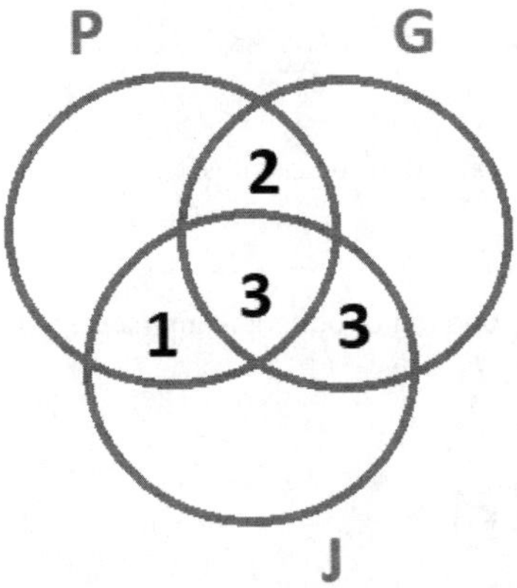

Após, vamos colocar a quantidade de crianças que pertencem apenas a um conjunto, para isso subtraímos as intersecções:

- 10 crianças gostam de participar de piqueniques: 10 – 2 –3 – 1 = 4
- 14 crianças adoram competir em gincanas: 14 – 2 – 3 – 3 = 6
- 9 crianças se interessam por brincar com jogos de tabuleiro: 9 – 3 – 3 – 1 = 2

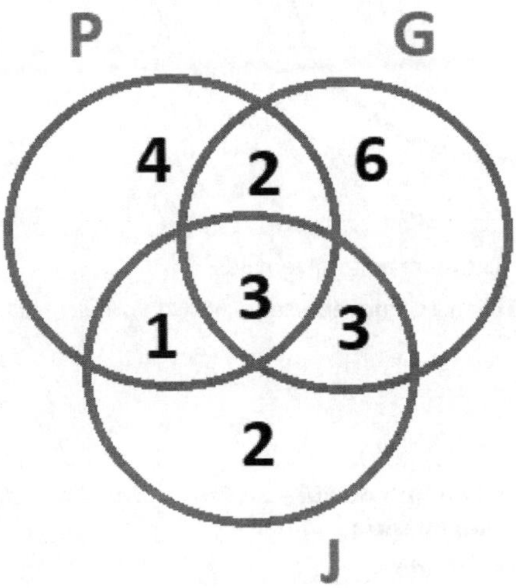

Vamos descobrir a quantidade de crianças que votaram em alguma das atividades lúdicas: 4 + 2 + 6 + 1 + 3 + 3 + 2 = 21

Como são 35 alunos, o número de crianças que não gosta de nenhuma das atividades citadas é de: 35 – 21 = 14 *alunos*

GABARITO: LETRA D

---

07. Ano: 2024 Banca: CETAP Órgão: Prefeitura de Castanhal – PA Prova: CETAP – 2024 – Prefeitura de Castanhal – PA – Agente Administrativo

A proprietária de um salão observou os tipos de serviços que os clientes dela pediram com maior frequência na última semana. Veja os resultados: 45% pediram corte de cabelo, 30% pediram tintura, e 15% pediram corte de cabelo e tintura. Qual a porcentagem de clientes que pediram outro tipo de serviço?

Alternativas

A. 50%.

B. 60%.

C. 40%.

D. 30%.

COMENTÁRIO

Para facilitar o pensamento, vamos supor que essa proprietária atendeu 100 clientes.

45% pediram corte de cabelo, ou seja 45 clientes

30% pediram tintura, ou seja 30 clientes

e 15% pediram corte de cabelo e tintura,15 clientes. Observe que temos aqui uma intersecção dos conjuntos:

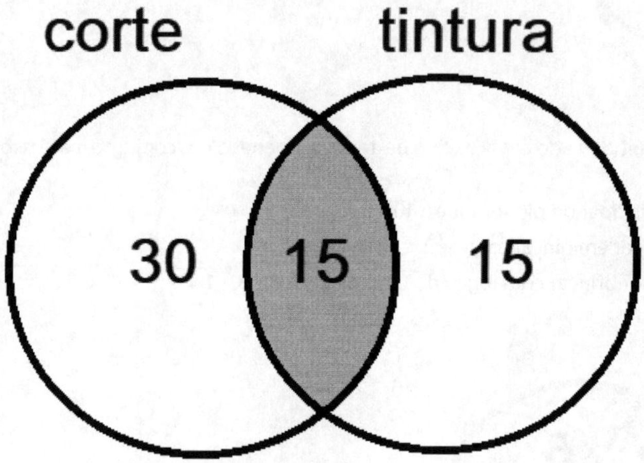

Observe que o diagrama do corte ao total soma 45 e o da tintura ao total tem 30.

Com isso, nesses dois serviços temos: 30 + 15 + 15 = 60 clientes, que representa 60% do público, faltando 40% para completar os 100% dos clientes

Logo, 40% dos clientes escolheram outro tipo de serviço.

GABARITO: LETRA C

---

08. Ano: 2023 Banca: IDECAN Órgão: Prefeitura de São Caetano do Sul – SP Prova: IDECAN – 2023 – Prefeitura de São Caetano do Sul – SP – Auxiliar de Primeira Infância

Assinale a alternativa que apresenta um argumento lógico válido.

Alternativas

A. Todos os matemáticos são feios e Maria não é matemática, logo Maria é bonita.

B. Todos os peixes são humanos e nenhum gato é humano, logo nenhum gato é peixe.

C. Não existem matemáticos loucos e David não é louco. Logo, David é um matemático.

D. Em Mossoró moram muitos servidores da Petrobrás e André é servidor da Petrobrás, logo este mora em Mossoró.

COMENTÁRIO

Vamos analisar cada item:

A. Todos os matemáticos são feios e Maria não é matemática, logo Maria é bonita.

Note que só temos informação sobre os matemáticos. Maria não é matemática, mas ela pode estar inclusa no conjunto dos feios mesmo não sendo matemática.

Item errado.

B. Todos os peixes são humanos e nenhum gato é humano, logo nenhum gato é peixe.

Note que o conjunto de peixes está totalmente incluso no conjunto dos humanos e o conjunto dos gatos não faz parte do conjunto dos humanos. Logo não existem elementos em comum entre o conjunto de peixes e o conjunto de gatos. Então, nenhum gato é peixe.

Item correto.

C. Não existem matemáticos loucos e David não é louco. Logo, David é um matemático.

Note que pode existir outros não loucos que não sejam matemáticos. Então não podemos concluir nada sobre David.

Item errado.

D. Em Mossoró moram muitos servidores da Petrobrás e André é servidor da Petrobrás, logo este mora em Mossoró.

Observe que em Mossoró moram muitos servidores e não TODOS. Então não podemos concluir nada sobre onde André mora.

Item errado.

GABARITO: LETRA B

---

09. Ano: 2023 Banca: IDECAN Órgão: Prefeitura de São Caetano do Sul – SP Prova: IDECAN – 2023 – Prefeitura de São Caetano do Sul – SP – Merendeira

Determine qual das seguintes afirmações é uma conclusão lógica baseada nas premissas dadas: 1. Todos os mamíferos têm pelos. 2. O cachorro é um mamífero.

Alternativas

A. Todos os animais com pelos são cachorros.

B. Todos os mamíferos são cachorros.

C. Alguns mamíferos não têm pelos.

D. O cachorro tem pelos.

COMENTÁRIO

Note que o conjunto dos mamíferos está completamente incluso no conjunto dos que têm pelo.

Como o cachorro é uma mamífero, ele faz parte do conjunto dos que têm pelo.

Logo, o cachorro tem pelo.

GABARITO: LETRA D

---

10. Ano: 2023 Banca: CESPE / CEBRASPE Órgão: CGDF Prova: CESPE / CEBRASPE – 2023 – CGDF – Auditor De Controle Interno Do Distrito Federal – Especialidade Planejamento E Orçamento

"Os auditores de controle interno são famosos por serem todos surfistas especialistas em ondas gigantes, pois todos os auditores que nasceram no Amazonas têm a habilidade de cantar; todos os auditores que têm a habilidade de cantar são surfistas especialistas em ondas gigantes; e todos os auditores de controle interno nasceram em Manaus." Considerando o argumento precedente, assinale a opção correta.

Alternativas

A. A proposição "todos os auditores que nasceram no Amazonas têm a habilidade de cantar" é uma proposição lógica composta.

B. O argumento apresentado é inválido, pois a conclusão é falsa.

C. A frase "todos os auditores de controle interno nasceram em Manaus" é a conclusão do argumento apresentado.

D. O referido argumento é válido e tem mais de duas premissas.

COMENTÁRIO

Vamos comentar cada uma das alternativas:

A. A proposição "todos os auditores que nasceram no Amazonas têm a habilidade de cantar" é uma proposição lógica composta.

Observe que a proposição dada é simples pois não possui nenhum tipo de conectivo, e apresenta apenas uma única ideia. (errado)

B. O argumento apresentado é inválido, pois a conclusão é falsa.

O argumento dado não apresenta conclusão, apenas premissas. (errado)

C. A frase "todos os auditores de controle interno nasceram em Manaus" é a conclusão do argumento apresentado.

O argumento dado não apresenta conclusão, apenas premissas. (errado)

D. O referido argumento é válido e tem mais de duas premissas.

O argumento possui três premissas. Item certo.

GABARITO: LETRA D

---

11. (Unesc – 2023 – Prefeitura de Criciúma-SC – Médico ESF) Qual das alternativas dadas descreve uma sentença lógica do diagrama abaixo?

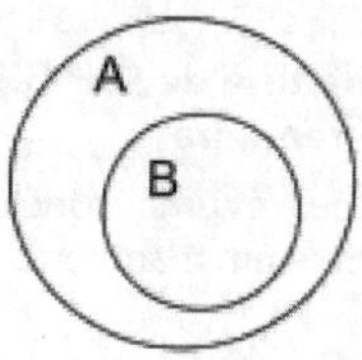

A. Se B, então A.
B. Nenhum A é B.
C. Nem todo B é A.
D. Nenhum B é A.

COMENTÁRIO

Observe que o conjunto B está totalmente inserido no conjunto A, ou seja, B é subconjunto de A.

Com isso, podemos concluir que TODOS os elementos de B são também elementos de A. então temos: "Todo B é A", que pode ser escrito no formato de uma condicional "Se B, então A."

Resposta: Letra A.

---

12. (IBFC – 2023 – SEAD-GO – Técnico Ambiental) Se todo professor é graduado e todo graduado é contratado, então é correto afirmar que:

A. Todo contratado é professor
B. Todo graduado é professor
C. Não pode haver contratado que é professor
D. Não pode haver contratado que não é graduado
E. Pode haver professor que não é contratado

COMENTÁRIO

Para resolver essa questão vamos escrever em formato de condicional:

Se é contratado então é graduado.

Como é uma condicional, podemos usar a ideia de equivalência. A contrapositiva dessa sentença será (nega tudo e inverte a sentença):

Se não é graduado, então não é contratado.

Desta forma, a alternativa correta é: Não pode haver contratado que não é graduado

Resposta: LETRA D.

13. (INSTITUTO AOCP – 2023 – PC-GO – Escrivão de Polícia da 3ª Classe) Afirma-se que "todo Escrivão de Polícia da 3ª Classe trabalha em Goiás". Se essa afirmação é falsa, pode-se concluir corretamente que

A. algum Escrivão de Polícia da 3ª Classe não trabalha em Goiás.

B. nenhum Escrivão de Polícia da 3ª Classe trabalha em Goiás.

C. algum Escrivão de Polícia da 3ª Classe trabalha em Goiás.

D. todo Escrivão de Polícia da 3ª Classe trabalha em outro estado da Federação.

E. alguém que trabalha em Goiás é Escrivão de Polícia da 3ª Classe.

COMENTÁRIO

Se a afirmação é falsa, a sua negação será verdade. Então vamos negar a proposição.

Temos uma proposição categórica, no caso uma proposição categórica universal com o quantificador "todos".

Para negar uma proposição categórica universal utilizamos uma particular. No caso do quantificador "todos" sua negação pode ser feita por "existe um que não é", "algum que não é", "pelo menos um que não é".

Então negando temos: Algum Escrivão de Polícia da 3ª Classe NÃO trabalha em Goiás

Resposta: LETRA A.

---

14. (IBFC – 2023 – UFPB – Administrador) Sabendo que todo médico é formado e que todo formado é brasileiro, podemos afirmar que:

A. Todo brasileiro é formado

B. Todo brasileiro é médico

C. Pode haver médico que não é brasileiro

D. Pode haver brasileiro que é médico

E. Não pode haver brasileiro que não é formado

COMENTÁRIO

Podemos resolver essa questão usando a ideia de diagramas.

"todo médico é formado"

Observe que o conjunto de médicos é subconjunto do conjunto formado.

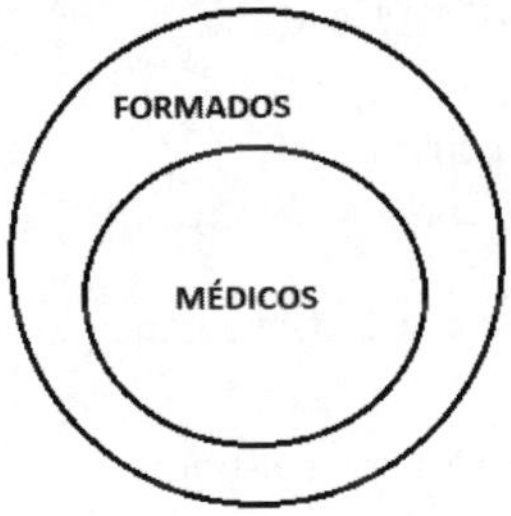

"todo formado é brasileiro"

Note que ser formado é subconjunto de ser brasileiro.

Então temos:

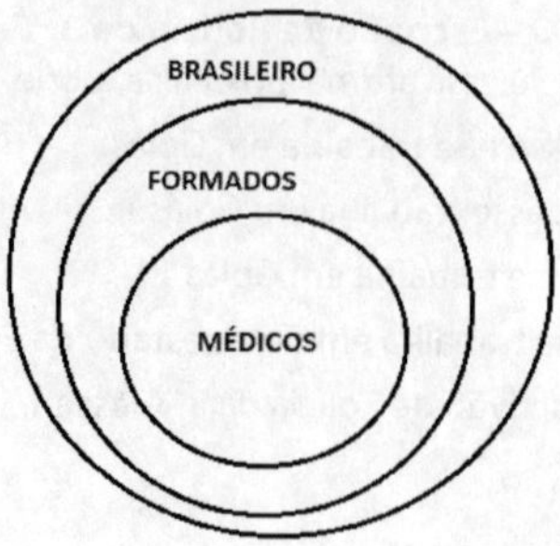

Vamos analisar as alternativas:

A. Todo brasileiro é formado

Observe que existem elementos do conjunto brasileiro que não está no conjunto dos formados. Item errado.

B. Todo brasileiro é médico

Observe que existem elementos do conjunto brasileiro que não está no conjunto dos médicos. Item errado.

C. Pode haver médico que não é brasileiro

Todo o conjunto de médicos está totalmente inserido no conjunto de brasileiros. Item errado.

D. Pode haver brasileiro que é médico

Certo, pois o conjunto de médicos é subconjunto do conjunto dos brasileiros.

E. Não pode haver brasileiro que não é formado

Errado. O conjunto formados é subconjunto dos brasileiros.

Resposta: LETRA D.

---

15. (IBFC – 2023 – UFPB – Assistente em Administração) Se todo trabalhador é registrado e todo paulista é trabalhador, então é correto afirmar que:

A. Todo registrado é paulista
B. Não pode haver trabalhador que não é paulista
C. Pode haver registrado que não é trabalhador
D. Todo trabalhador é paulista
E. Não pode haver registrado que não é paulista

COMENTÁRIO

Podemos resolver essa questão usando a ideia de diagramas

"todo trabalhador é registrado"

Note que ser trabalhador é subconjunto de ser registrado.

"todo paulista é trabalhador"

Ser paulista é subconjunto de ser trabalhador.

Então vamos analisar as alternativas:

A. Todo registrado é paulista

Errado. O correto seria todo paulista é registrado.

B. Não pode haver trabalhador que não é paulista

Errado. Existe sim trabalhador que não é paulista.

C. Pode haver registrado que não é trabalhador

Certo, visto que trabalhador é subconjunto de registrado.

D. Todo trabalhador é paulista

Errado. O certo seria todo paulista é trabalhador.

E. Não pode haver registrado que não é paulista

Errado. Paulista é apenas um subconjunto de registrado.

Resposta: LETRA C.

---

16. (IBFC – 2023 – UFPB – Assistente em Administração) Se os valores lógicos de duas proposições forem iguais, então o conectivo entre as duas proposições cujo valor lógico é sempre falso é denominado:

A. Bicondicional

B. Disjunção

C. Conjunção

D. Condicional

E. Disjunção exclusiva

COMENTÁRIO

A operação da disjunção exclusiva indica que a expressão somente será verdadeira quando as duas proposições envolvidas possuem valores lógicos diferentes. Desta forma, quando os valores lógicos de duas proposições forem iguais a sua disjunção exclusiva sempre será falsa.

Resposta: LETRA E.

---

17. (FUNDATEC – 2023 – SPGG – RS – Médico (Clínica Geral)) Considere as seguintes afirmações:

"Toda flor amarela é perfumada". "O girassol é uma flor amarela".

Sabendo que as afirmações apresentadas acima são verdadeiras, é possível deduzir que:

A. O girassol não tem perfume.

B. Toda flor é perfumada.

C. Nenhuma flor é amarela.

D. O girassol é perfumado.

E. Toda flor perfumada é amarela

COMENTÁRIO

Podemos representar por diagramas:

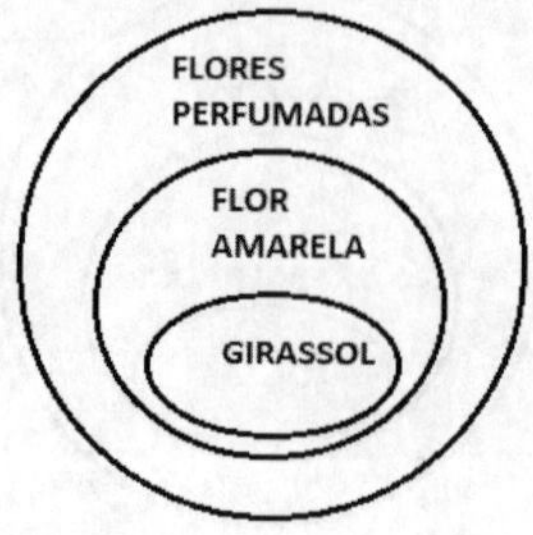

Com isso podemos concluir que o conjunto dos girassóis é subconjunto do grupo de flores perfumadas. Logo, o girassol é perfumado.

Resposta: LETRA D.

---

18. (FUNDATEC – 2023 – SPGG – RS – Médico (Clínica Geral)) Usando as regras de De Morgan, podemos afirmar que a negação da sentença "O Brasil foi eliminado da copa e Tite não é mais o técnico da seleção" é a apresentada em qual alternativa?

A. O Brasil foi eliminado da copa ou Tite não é mais o técnico da seleção.

B. O Brasil não foi eliminado da copa e Tite é o técnico da seleção.

C. O Brasil não foi eliminado da copa ou Tite é o técnico da seleção.

D. O Brasil não foi eliminado da copa se, e somente se, Tite é o técnico da seleção.

E. O Brasil foi eliminado da copa ou Tite é o técnico da seleção.

COMENTÁRIO

A Lei de Morgan diz que a negação de uma disjunção é dada por uma conjunção e a negação de uma conjunção é dada por uma disjunção.

A proposição dada é uma conjunção, logo a sua negação será:

$\sim(p \wedge q) = \sim p \vee \sim q$

Então será: O Brasil não foi eliminado da copa OU Tite é o técnico da seleção.

Resposta: LETRA C.

---

19. (Unesc – 2023 – Prefeitura de Criciúma-SC – Auxiliar em Farmácia) Observe o diagrama lógico dado na imagem abaixo:

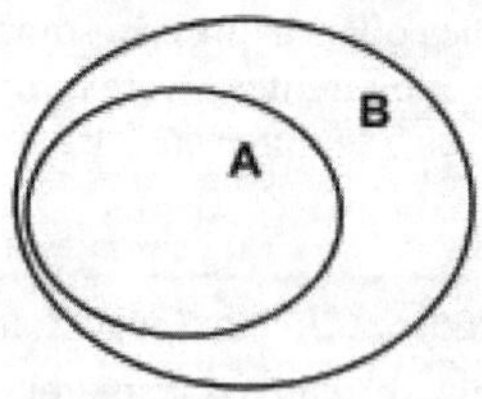

Uma análise lógica deste diagrama nos permite afirmar que:

A. Todo B é A.

B. Existe A que não é B.

C. Nem todo A é B.

D. Existe B que não é A.

E. Nenhum A é B.

COMENTÁRIO

Note que o conjunto A está totalmente inserido no conjunto B. Desta forma, todos os elementos de A também pertencem a B.

Note porém o conjunto A não é coincidente com o conjunto B, ou seja, existe elementos de B que não estão em A.

GABARITO: LETRA D.

---

20. (Instituto Consulplan – 2023 – Câmara de Tremembé-SP – Oficial Legislativo – Compras) Os diretores de uma determinada escola fizeram uma enquete para que cada um dos responsáveis pelos alunos de determinado ano escolar opinasse a respeito de duas metodologias de ensino (A e B) conforme o esquema a seguir:

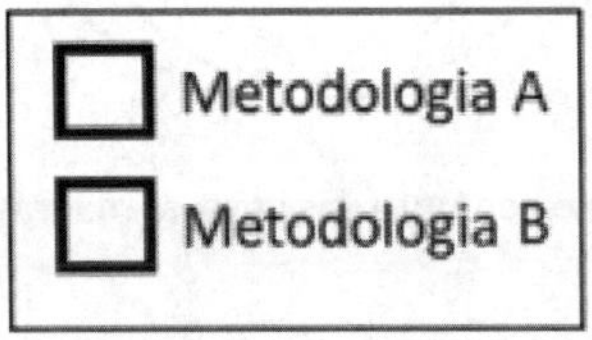

O resultado da enquete apontou que 128 responsáveis opinaram em pelo menos uma das metodologias. Além disso, 66 responsáveis marcaram a metodologia A e 74 responsáveis marcaram a metodologia B. Com base nessas informações, quantos responsáveis marcaram apenas uma metodologia na enquete?

A. 54

B. 62

C. 98

D. 116

COMENTÁRIO

A enquete apontou que 128 responsáveis opinaram.

Como a metodologia A recebeu 66 votos, e a metodologia B recebeu 74 votos, a quantidade total de votos foi igual a $66 + 74 = 140$ *votos*

Como temos apenas 128 pessoas, significa que temos pessoas que votaram duas vezes, ou seja, votaram na metodologia A e na metodologia B.

Para saber a quantidade de pessoas que votaram duas vezes basta calcular a diferença entre a quantidade de votos e a quantidade de pessoas: 140 – 128:12 *pessoas*.

Então, para saber quantos responsáveis marcaram apenas uma metodologia na enquete, tiramos a quantidade de pessoas que votaram duas vezes.

Metodologia A:

$66 - 12 = 54$ pessoas

Metodologia B:

$74 - 12 = 62$ pessoas.

Logo, o total foi de:

$54 + 62 = 116$

GABARITO: LETRA D.

---

21. (FCC – 2022 – TRT – 19ª Região (AL) – Analista Judiciário – Área Apoio Especializado Especialidade: Tecnologia da Informação) Todas as bailarinas são magras. Logo, necessariamente,

A. o conjunto das bailarinas contém o conjunto das pessoas magras.

B. o conjunto das pessoas magras contém o conjunto das bailarinas.

C. todas as mulheres magras são bailarinas.

D. alguma bailarina não é magra.

E. toda mulher magra não é bailarina.

COMENTÁRIO

Note que o conjunto das bailarinas é um subconjunto de pessoas magras.

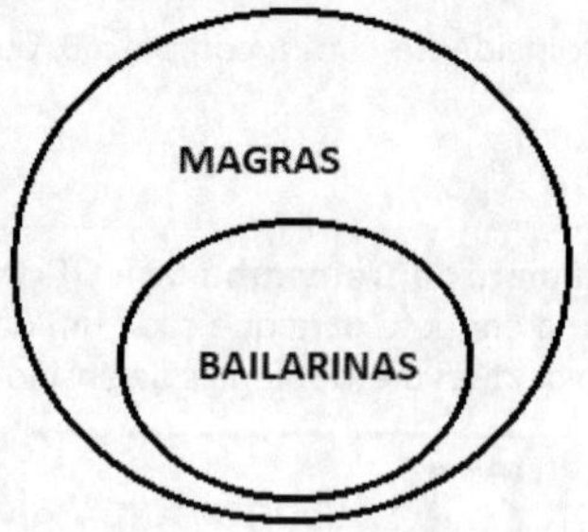

Desta forma podemos concluir que o conjunto das pessoas magras contém o conjunto das bailarinas.

GABARITO: LETRA B.

---

22. (IBFC – 2021 – IAP – PR – Agente Profissional – Arquiteto) Num prédio residencial com 142 moradores, sabe-se que 58 frequentam a academia e 23 frequentam tanto a academia quanto a piscina. Se 24 moradores não frequentam nem a piscina e nem a academia, então o total de moradores que frequentam a piscina é:

a) 60
b) 83
c) 37
d) 78
e) 54

COMENTÁRIO

Essa é uma questão de conjuntos que conseguimos resolver facilmente se utilizarmos desenhos de diagramas.

Temos três conjuntos: moradores que frequentam a academia, moradores que frequentam a piscina, e moradores que não frequentam nada.

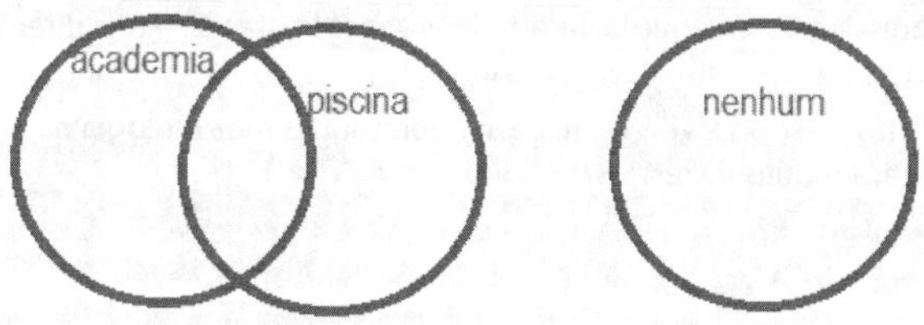

Foi mencionado que 24 moradores não frequentam nem a piscina e nem a academia:

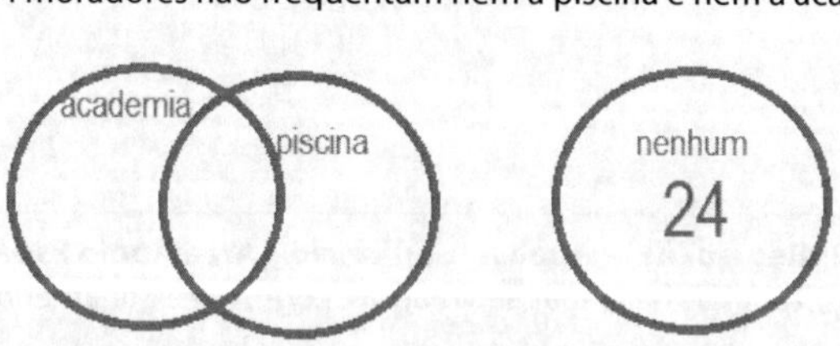

Então, restam 142 – 24 = 118 *moradores*.

Sabe-se que 23 frequentam tanto a academia quanto a piscina, ou seja, a intersecção dos dois conjuntos.

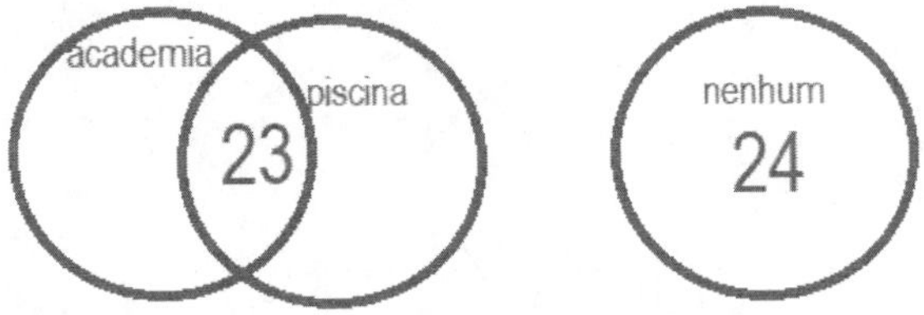

Como 58 frequentam a academia para não repetir elementos que estão na intersecção temos: 58 – 23 = 35. E o restante será os que frequentam apenas a piscina. Então:

142 – 58 – 23 = 60

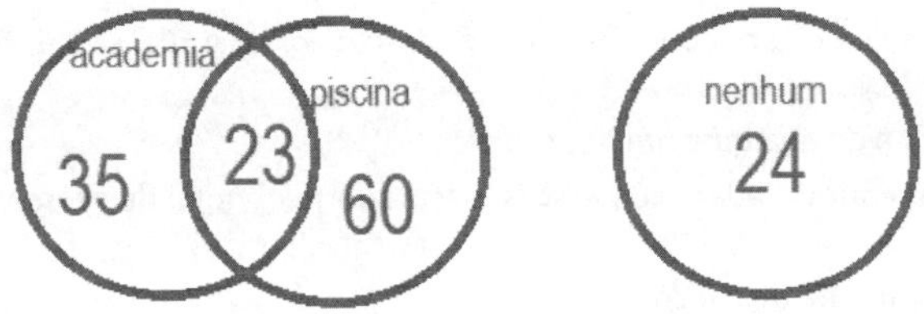

Então a quantidade de moradores que frequentam a piscina é igual a:

23 + 60 = 83.

GABARITO: LETRA B.

---

23. (IBFC – 2021 – MGS – Assistente Social) Numa entrevista com 240 pessoas sobre a preferência entre duas sobremesas, o resultado foi o seguinte: 124 gostam de sorvete, 116 gostam de chocolate e 23 gostam de ambos os sabores. Se cada entrevistado opinou uma única vez, então é correto afirmar que:

A. 227 gostam de pelo menos um dos sabores

B. 15 pessoas não gostam de qualquer um dos sabores

C. 93 pessoas gostam somente de chocolate

D. 103 pessoas gostam, somente de pudim

COMENTÁRIO

Temos aqui uma questão de conjuntos que podemos resolver utilizando o desenho de diagramas.

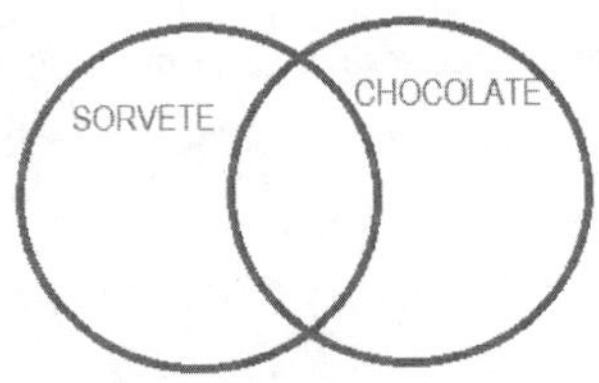

Sempre começamos preencher pela intersecção: 23 gostam de ambos os sabores.

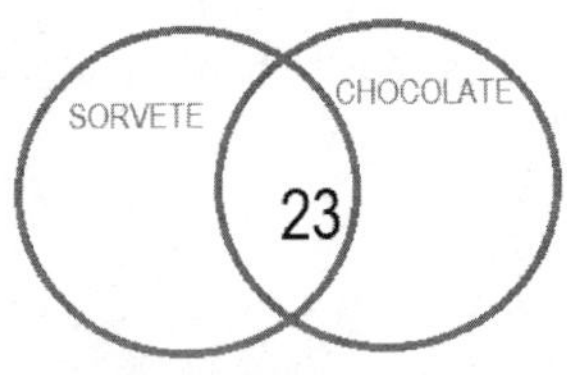

Outra informação dada é que 124 gostam de sorvete, 116 gostam de chocolate, porém temos que retirar o valor da intersecção para não contar a mesma pessoa duas vezes.

124 – 23 = 101.

116 – 23 = 93.

Agora podemos analisar as afirmativas dadas:

A. 227 gostam de pelo menos um dos sabores

São todas as pessoas que estão representadas no nosso diagrama: 101 + 23 + 93 = 217 pessoas. Logo o item está incorreto.

B. 15 pessoas não gostam de qualquer um dos sabores

Como no total foram entrevistadas 240 pessoas, basta subtrair o total de pessoas que gostam: 240 – 217 = 23 pessoas.

C. 93 pessoas gostam somente de chocolate

Certo. Essa é a nossa alternativa.

D. 103 pessoas gostam, somente de pudim

A questão nem fala nada sobre pudim.

GABARITO: LETRA C.

---

24. (IBFC – 2021 – MGS – Cargos de Nível Médio) Se todo elemento de A está em B e alguns elementos de C estão em A, é correto afirmar que:

A. Todo elemento de C está em B

B. Pode haver elemento de C que não está em B

C. Todo elemento de B está em C

D. Todo elemento de A está em C

COMENTÁRIO

Para ficar mais fácil interpretar essa questão, vamos utilizar o desenho de diagramas para encontrar a alternativa correta.

Todo elemento de A está em B, significa que todo o conjunto de A está dentro do conjunto B:

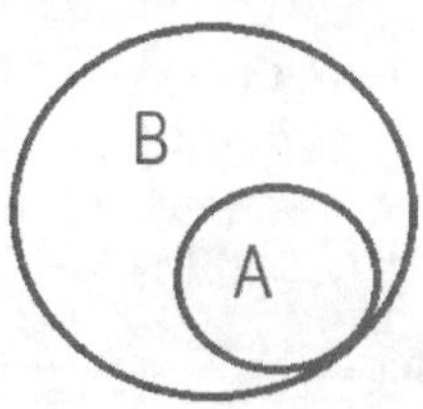

Alguns elementos de C estão em A. Observe que só temos informação de alguns elementos de C, não de todos, então uma possível representação seria:

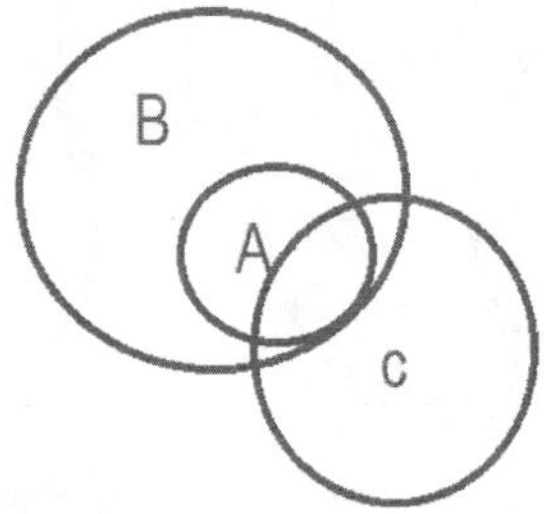

Com isso, vamos verificar as alternativas agora:

A. Todo elemento de C está em B

Errado. Pelo nosso diagrama podemos ver que existe a possibilidade de ter elementos em C que não pertence a B.

B. Pode haver elemento de C que não está em B

Certo. Como vimos anteriormente, existe a possibilidade de ter elementos em C que não pertence a B.

C. Todo elemento de B está em C

Errado. Observe que nem todo elemento de B está incluso em C.

D. Todo elemento de A está em C

Errado. Observe que não podemos afirmar isso.

GABARITO: LETRA B.

---

25. (IBFC – 2021 – IAP – PR – Agente Profissional – Arquiteto) Num prédio residencial com 142 moradores, sabe-se que 58 frequentam a academia e 23 frequentam tanto a academia quanto a piscina. Se 24 moradores não frequentam nem a piscina e nem a academia, então o total de moradores que frequentam a piscina é:

a) 60
b) 83
c) 37
d) 78
e) 54

COMENTÁRIO

Essa é uma questão de conjuntos que conseguimos resolver facilmente se utilizarmos desenhos de diagramas.

Temos três conjuntos: moradores que frequentam a academia, moradores que frequentam a piscina, e moradores que não frequentam nada.

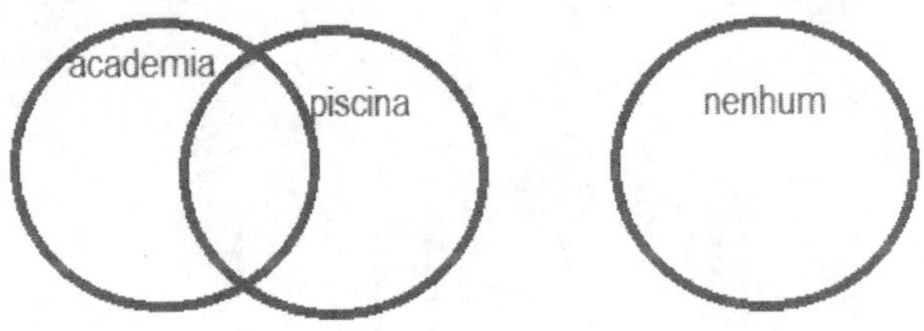

Foi mencionado que 24 moradores não frequentam nem a piscina e nem a academia:

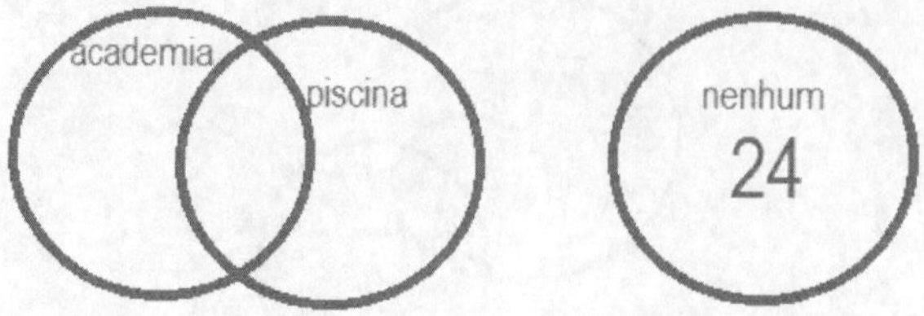

Então, restam 142 – 24 = 118 *moradores*.

Sabe-se que 23 frequentam tanto a academia quanto a piscina, ou seja, a intersecção dos dois conjuntos.

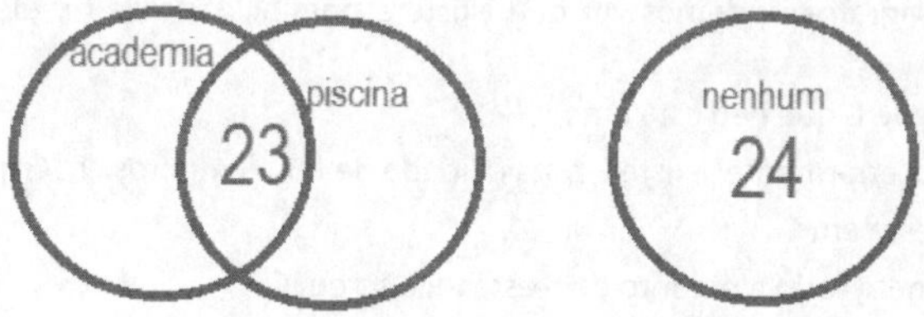

Como 58 frequentam a academia para não repetir elementos que estão na intersecção temos: 58 – 23 = 35. E o restante será os que frequentam apenas a piscina. Então:

142 – 58 – 23 = 60

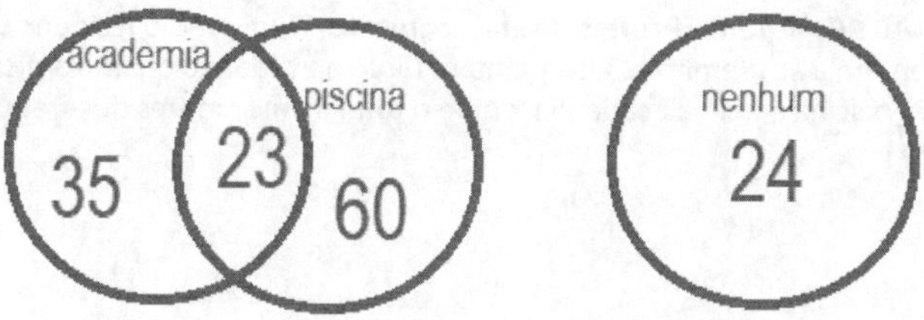

Então a quantidade de moradores que frequentam a piscina é igual a:

23 + 60 = 83.

GABARITO: LETRA B.

---

26. (IBFC – 2021 – Prefeitura de São Gonçalo do Amarante-RN – Administrador) A figura abaixo representa o diagrama de Venn para os conjuntos A, B, C e D.

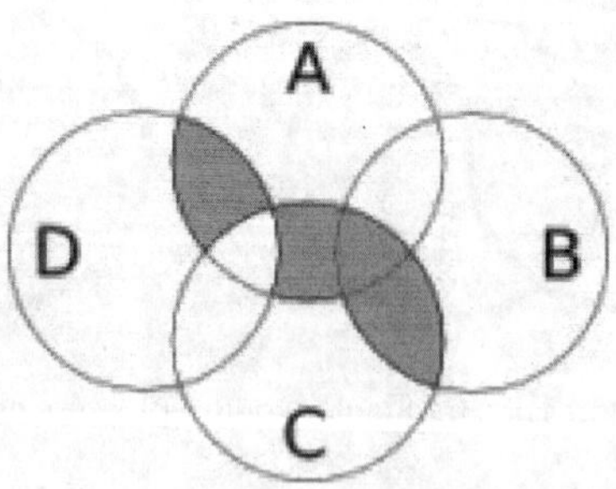

Assinale a alternativa que representa a região acinzentada.

A. $(A \cap C) \cup (A \cap D) \cup (B \cap C) - (C \cap D)$

B. $(A \cup C) \cap (A \cup D) \cap (B \cap C) - (C \cap D)$

C. $(A \cap B \cap C \cap D) - (C \cup D)$

D. $(B \cap C) \cup (A \cap C \cap D) - (C \cup D)$

COMENTÁRIO

A parte acinzentada da região é composta pela intersecção dos conjuntos.

O que precisamos saber para resolver essa questão é o que cada símbolo significa.

$\cup$ = *união*. Significa juntar todos os elementos dos conjuntos.

$\cap$ = *intersecção*. Significa apenas pegar os elementos em comum nos dois conjuntos.

– = *diferença*. Significa apenas pegar os elementos que pertence ao primeiro conjunto mas não pertence ao segundo conjunto.

Desta forma, podemos analisar os itens:

B. $(A \cap C) \cup (A \cap D) \cup (B \cap C) - (C \cap D)$

Traduzindo significa: a intersecção de A e C com a união de da intersecção de A e D com a união da intersecção de B e C com a diferença da intersecção de C com D.

Observe que essa situação descreve exatamente o desenho dado.

Essa é a nossa alternativa.

GABARITO: LETRA A.

---

27. (IBFC – 2021 – SEAP-PR – Técnico de Manejo e Meio Ambiente) De acordo com as afirmações abaixo:

- Todo ambientalista é formado. - Alguns formados são supervisores. - Nenhum supervisor é ambientalista.

É correto afirmar que:

A. Todo formado é ambientalista

B. Pode haver ambientalista não formado

C. Existe ambientalista que é supervisor

D. Pode haver supervisor que não é formado

E. Existe supervisor formado e ambientalista

COMENTÁRIO

Podemos resolver essa questão utilizando desenhos de diagramas:

- Todo ambientalista é formado.

Isso significa dizer que o conjuntos dos ambientalistas é um subconjunto do conjunto dos formados.

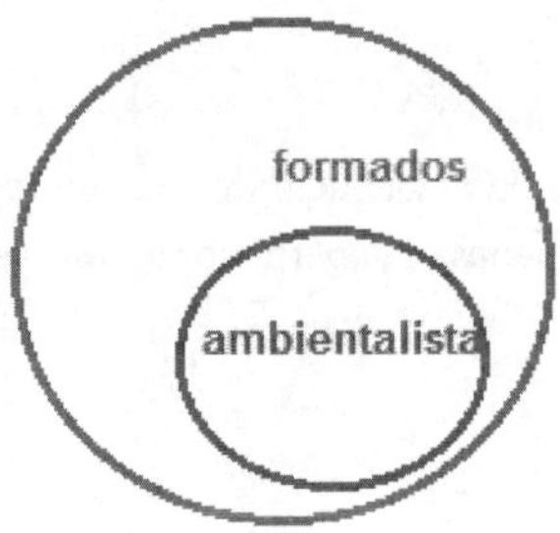

- Alguns formados são supervisores.

Isso significa dizer que existe uma intersecção entre os dois conjuntos.

- Nenhum supervisor é ambientalista.

Isso significa dizer que não há elementos em comum entre o conjunto de supervisores e ambientalistas. Então desenhando temos:

Com isso podemos marcar a única alternativa correta, letra D.

GABARITO: LETRA D.

28. (IBFC – 2021 – SEAP-PR – Agente Profissional – Enfermeiro) Se é verdade que "Alguns A são B" e que "Nenhum C é B", então é necessariamente verdadeiro que:

A. Algum A é C

B. Nenhum A é C

C. Nenhum C é A

D. Algum C é A

E. Algum A não é C

COMENTÁRIO

Uma dica importante para resolver esse tipo de questão é saber que as palavras "ALGUNS" e "NENHUM" são comutativas.

Ou seja, dizer "Algum A é C" é o mesmo que dizer que "Algum C é A"

Desta forma podemos concluir que as alternativas A e D são iguais, então podemos eliminar essas duas alternativas.

Observe também que dizer "Nenhum A é C" é o mesmo que dizer que "Nenhum C é A".

Assim podemos eliminar também outras duas alternativas, as letras B e C.

Só sobrou a letra E.

GABARITO: LETRA E.

29. (IBFC – 2021 – SEAP-PR – Agente de Execução – Técnico em Enfermagem) Analise as afirmativas abaixo:

I. Todo A é B.

II. Todo C é B.

III. Algum C é A.

Assinale a alternativa incorreta.

A. Pode haver B que não é C

B. Pode haver C que é A

C. Nenhum B é C

D. Pode haver B que não é A

E. Pode haver C que não é A

COMENTÁRIO

Como já vimos anteriormente, a dica é:

Quando aparecer a palavra "TODO" significa que todo o conjunto está incluso em outro.

A palavra "ALGUNS" significa que apenas uma parte do conjunto está incluso em outro conjunto.

Colocando em diagramas teremos:

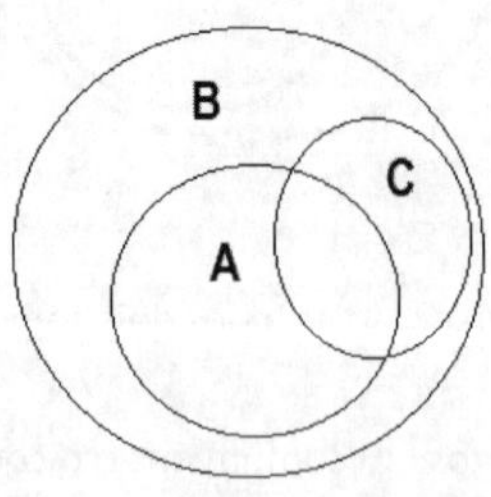

Com isso analisamos os itens, lembrando que temos que marcar o item errado:

A. Pode haver B que não é C

Certo. Observe que o C é subconjunto de B, então B pode ter elementos que C não contem.

B. Pode haver C que é A

Certo. Olhe no diagrama e veja que existe a possibilidade de intersecção entre os dois conjuntos.

C. Nenhum B é C

Errado. C é subconjunto de B.

D. Pode haver B que não é A.

Certo. A é subconjunto de B, então A pode ter elementos a menos que o conjunto B.

E. Pode haver C que não é A

Certo. O conjunto C não está totalmente incluído no conjunto A.

GABARITO: LETRA C.

---

30. (VUNESP – 2021 – Semae de Piracicaba-SP – Programador Junior) Em determinada cidade, alguns médicos são professores e todo professor é concursado. Sendo assim, nessa cidade, é

A. verdade que todo concursado é médico.

B. verdade que todo médico é concursado.

C. verdade que não existe professor que é médico e concursado.

D. falsidade que existe médico que é professor e concursado.

E. falsidade que todo médico é professor.

COMENTÁRIO

Temos uma questão com proposições categóricas que podemos resolver usando diagramas:

Começamos pelo conjunto de concursados:

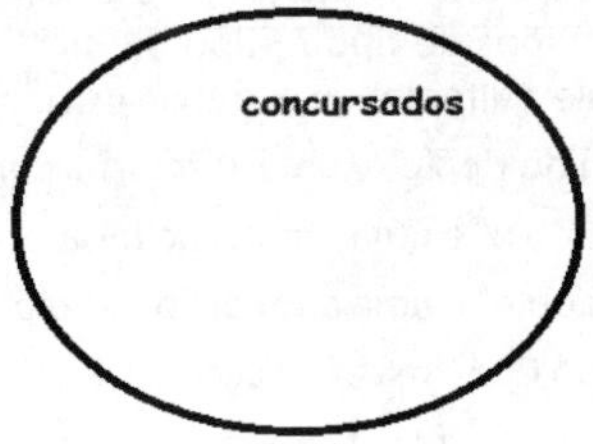

todo professor é concursado:

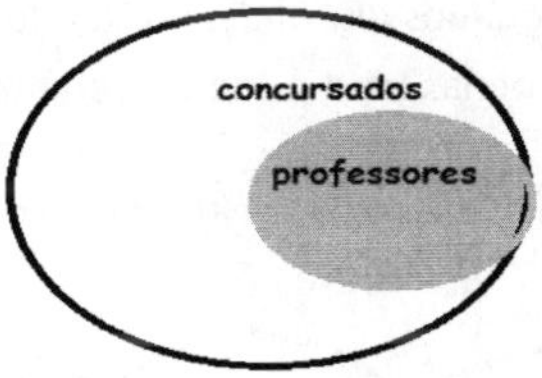

alguns médicos são professores, ou seja, não serão todos:

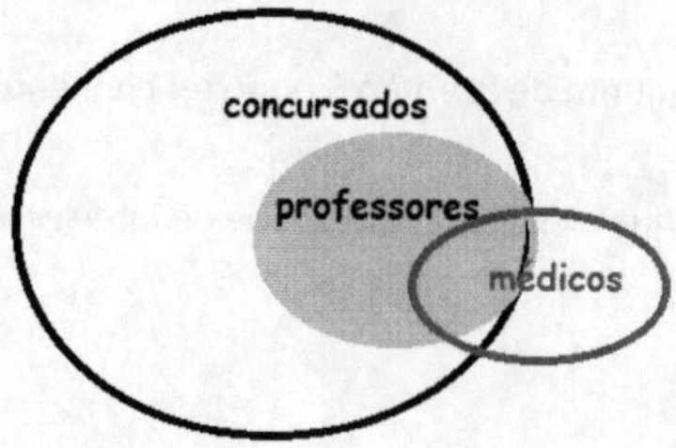

Com isso, vamos analisar as alternativas:

A. verdade que todo concursado é médico.

Observe que essa alternativa é errada, pois o grupo de concursados não está totalmente contido no grupo dos médicos.

B. verdade que todo médico é concursado.

Alternativa errada, pois existem médicos que não estão contidos no conjunto dos concursados.

C. verdade que não existe professor que é médico e concursado.

Errado. Observe que a intersecção dos três conjuntos não é vazia.

D. falsidade que existe médico que é professor e concursado.

Errado. Essa é a intersecção dos três conjuntos

E. falsidade que todo médico é professor.

Certo. São apenas alguns médicos que são professores

GABARITO LETRA E

---

31. (IBFC – 2020 – EBSERH – Técnico em Contabilidade) Uma empresa é especialista na fabricação de três tipos de produtos, eles aqui serão chamados de tipo A, tipo B e tipo C. Considere que "Algum B é C", que "Algum A é B" e "Nenhum C é A" e assinale a alternativa correta.

A. "Algum produto do tipo A é também do tipo C" é uma afirmação correta

B. "Algum produto do tipo C não é do tipo B" é uma afirmação falsa

C. "Algum produto do tipo B não é do tipo A" é uma afirmação correta

D. "Todo produto do tipo A não é do tipo C" é uma afirmação falsa

E. "Nenhum produto do tipo B é do tipo C" é uma afirmação correta

COMENTÁRIO

Essa é mais uma questão que conseguimos responder utilizando diagramas.

A palavra "ALGUNS" significa que apenas uma parte do conjunto está incluso em outro conjunto, não necessariamente todos.

A palavra "NENHUM" significa que não existem elementos em comum.

Então fazemos o diagrama:

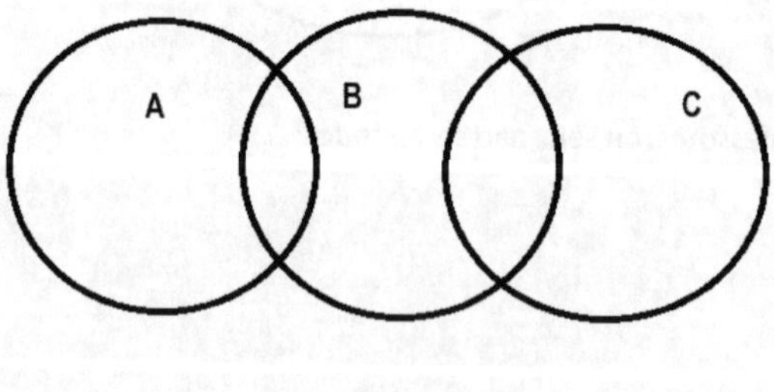

Com isso vamos analisar as alternativas.

A. "Algum produto do tipo A é também do tipo C" é uma afirmação correta

Observe que não existe intersecção entre os conjuntos A e nem C. Então essa é uma afirmação errada.

B. "Algum produto do tipo C não é do tipo B" é uma afirmação falsa

Observe que pode haver elementos de C que não pertença ao conjunto B. Então essa é uma afirmação verdadeira.

C. "Algum produto do tipo B não é do tipo A" é uma afirmação correta

Observe que existe uma intersecção com o conjunto C e nenhum C é A. Então obrigatoriamente algum do tipo B não é do tipo A. afirmação correta.

Essa é a nossa alternativa.

D. "Todo produto do tipo A não é do tipo C" é uma afirmação falsa.

Observe que não existe intersecção entre os conjuntos. Afirmação correta.

E. "Nenhum produto do tipo B é do tipo C" é uma afirmação correta

Errado. Observe que existe uma intersecção entre os conjuntos.

GABARITO: LETRA C.

---

32. (IBFC – 2020 – Prefeitura de Vinhedo-SP – Guarda Municipal) 150 pessoas realizaram um teste com duas questões. Se 70 pessoas acertaram somente a primeira questão, 50 pessoas acertaram a segunda questão e 25 pessoas acertaram as duas, então o total de pessoas que erraram as duas questões foram:

A. 30

B. 55

C. 5

D. 45

COMENTÁRIO

Observe que essa é uma questão que podemos resolver utilizando a ideia de conjuntos.

Foi mencionado a intersecção, 25 pessoas acertaram as duas questões.

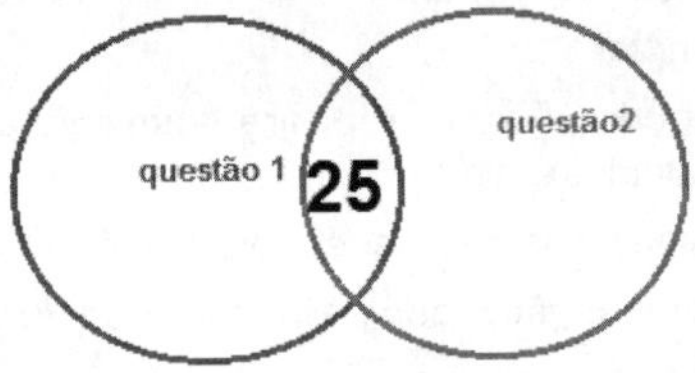

Se 70 pessoas acertaram somente a primeira questão, temos:

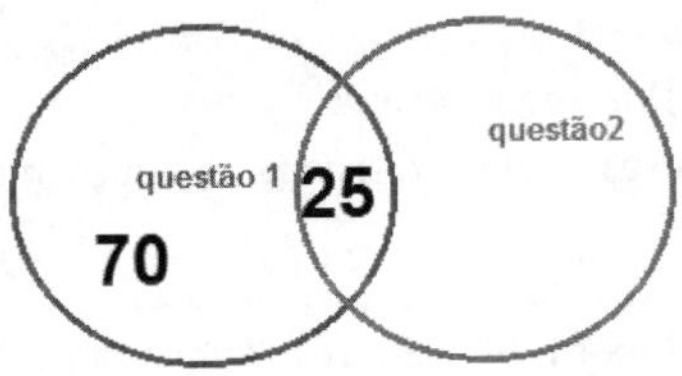

E 50 pessoas acertaram a segunda questão. Observe que aqui devemos excluir as pessoas que estão na intersecção, pois não há exclusividade em acertar apenas a segunda questão:

$50 - 25 = 25$

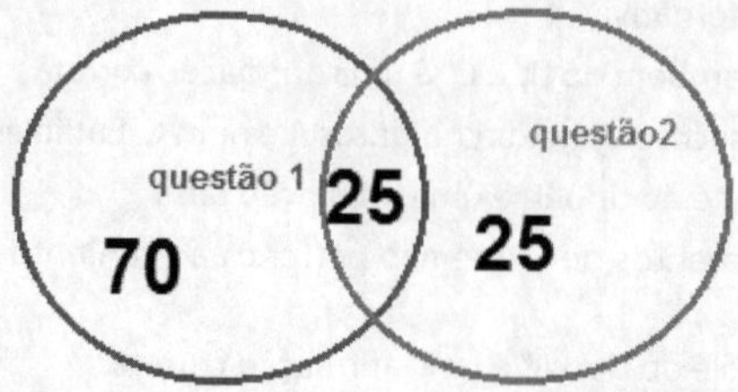

Logo a quantidade de pessoas que acertaram pelo menos uma questão é igual a:

70 + 25 + 25 = 120 pessoas.

Como foram 150 pessoas que realizaram a prova, podemos concluir que a quantidade de pessoas que erraram as duas questões é igual a:

150 – 120 = 130 *pessoas.*

GABARITO: LETRA A.

---

33. (IBFC – 2020 – SAEB-BA – Soldado) Considere a proposição:

"Todo pesquisador é estudioso."

Assinale a alternativa que não apresenta uma negação da proposição anterior.

A. Existe algum pesquisador que não é estudioso

B. Algum pesquisador não é estudioso

C. Pelo menos um pesquisador não é estudioso

D. Existe pesquisador que não é estudioso

E. Nenhum pesquisador é estudioso

COMENTÁRIO

Dizer que "Todo pesquisador é estudioso" significa dizer que o conjunto de pesquisadores é um subconjunto de estudioso.

Aqui temos uma proposição categórica, onde precisamos conhecer a forma de negar a palavra "todos"

Mas o que são sentenças categóricas?

Na lógica, uma proposição categórica, é uma proposição que afirma ou nega que todos ou alguns dos membros de uma categoria estão incluídos em outro.

A negação de TODO pode ser dada pelas expressões pelo menos um/ existe um/ algum + NÃO

Desta forma, podemos negar a proposição "Todo pesquisador é estudioso." Da seguinte forma:

1ª PELO MENOS UM pesquisador NÃO é estudioso

2ª. EXISTE UM pesquisador que NÃO é estudioso.

3ª ALGUM pesquisador NÃO é estudioso.

Observe que as alternativas A e D são equivalentes.

Logo, a única alternativa que não é nenhuma das negações que vimos anteriormente é a letra E.

GABARITO: LETRA E.

---

34. (IBFC – 2020 – Prefeitura de Vinhedo-SP – Guarda Municipal) Se "Alguns cantores são líricos" e "Todos os líricos são românticos", então, necessariamente:

A. Todo romântico é lírico

B. Todo lírico é cantor

C. Algum cantor é romântico

D. Nenhum romântico é lírico

COMENTÁRIO

Como já vimos anteriormente, dizer que "Alguns cantores são líricos" significa dizer que não necessariamente todos os cantores serão líricos.

Dizer que "Todos os líricos são românticos", significa dizer que o conjunto de líricos está totalmente incluso dentro do conjunto dos românticos.

Diagrama:

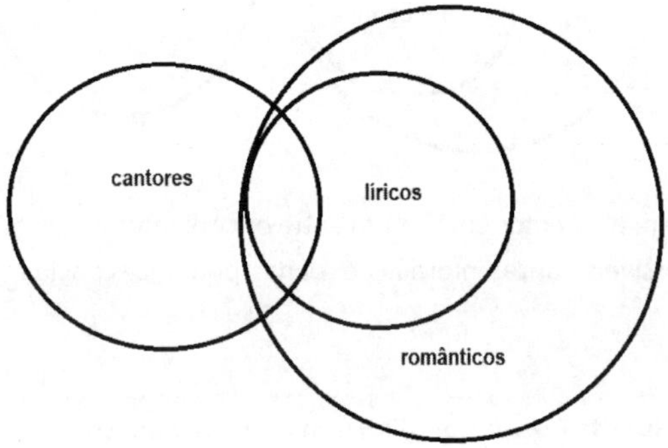

Comentando as alternativas, teremos:

A. Todo romântico é lírico

Errado. Existem elementos do conjunto romântico que não pertencem ao conjunto dos líricos.

B. Todo lírico é cantor

Errado. Podem existir líricos que não pertençam ao conjunto dos cantores.

C. Algum cantor é romântico

Certo. Existe uma intersecção entre esses conjuntos.

D. Nenhum romântico é lírico

Errado. Observe que o conjunto dos líricos está totalmente incluso dentro do conjuntos dos românticos.

GABARITO: LETRA C.

---

35. (IBFC – 2020 – Prefeitura de Vinhedo-SP – Guarda Municipal) Todo advogado é formado. Nenhum formado usa celular. Podemos concluir que:

A. Algum advogado usa celular
B. Algum advogado não é formado
C. Algum formado usa celular
D. Pode haver formado que não é advogado

COMENTÁRIO

Vamos iniciar fazendo os diagramas.

Todo advogado é formado.

Nenhum formado usa celular

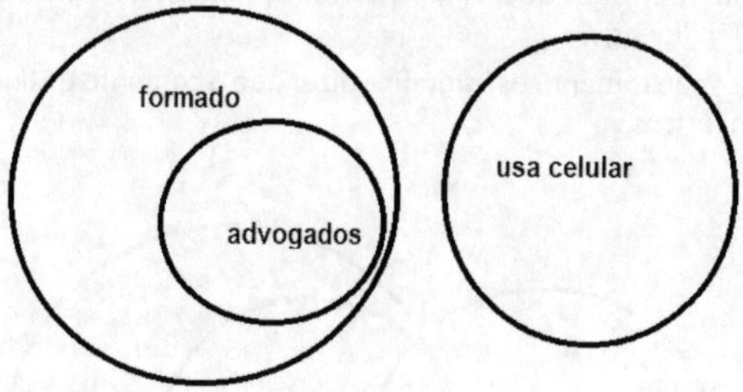

Observe que não existem elementos em comum entre os conjuntos.

Entre as alternativas possíveis, com as informações dadas, podemos concluir que pode haver formado que não é advogado.

GABARITO: LETRA D.

---

36. (CONSULPLAN/CDP/Guarda Portuário/2020) Considere as premissas sobre as pessoas de uma família:

Alguma pessoa chata; e,

Toda pessoa é feliz.

Dessa forma, assinale a alternativa correta,

a) Toda pessoa chata é feliz.
b) Toda pessoa feliz é chata.
c) Toda pessoa chata não é feliz.
d) Alguma pessoa chata não é feliz.
e) Algumas pessoa não chata não é feliz.

COMENTÁRIO

Construindo um diagrama para representar a sentenças temos:

Observe que o grupo de "pessoas chatas" está inserido dentro do rupo de pessoas felizes, visto que para ser chata precisa ser uma pessoa, e toda pessoa é feliz.

Logo, a alternativa correta é letra A.

Resposta: A.

---

37. (Quadrix/CRMV-AM/Serviços Gerais/2020) Uma empresa de serviços gerais treina pessoas para trabalhar em limpeza, segurança e manutenção. No mês passado, a empresa treinou as equipes cujos nomes estão mostrados nos diagramas a seguir, agrupados de acordo com o treinamento que receberam. Por exemplo, Carlos foi treinado para segurança e limpeza. Cada pessoa treinada por essa empresa recebe um número de matrícula.

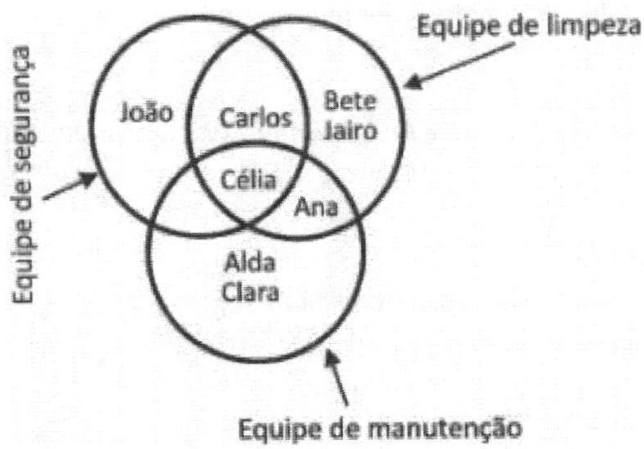

Com base nesse caso hipotético, julgue o item.

- O número de matrícula de Bete é 32 e é o predecessor da matrícula de Jairo. Portanto, a matrícula de Jairo é 33.

COMENTÁRIO

A palavra predecessor significa precede, ou seja, vem antes. Logo a matrícula de Bete é antecessora da matricula de Jairo. Então a matrícula de Jairo será 33.

Resposta: CORRETO.

---

38. (VUNESP/Cabo da Polícia Militar do Estado de São Paulo/Graduação/2020) Considere verdadeiras as seguintes afirmações:

I. Todos os tutores são professores.
II. Alguns coordenadores são professores.

A partir dessas afirmações, é correto afirmar que

a) há coordenadores que são tutores.
b) há tutores que não são professores.
c) há professores que são tutores.
d) todos os coordenadores são professores.

COMENTÁRIO

Essa é uma questão de diagrama lógico. Desta forma, vamos utilizar as informações e desenhar o diagrama de Venn para resolver a questão:

1º Todos os tutores são professores. Então o conjunto dos tutores está todo incluso no conjunto dos professores.

2º Alguns coordenadores são professores. Ou seja, existe uma interseção entre o conjunto dos professores e o conjunto dos coordenadores. Observe que não há relação com o conjunto dos tutores.

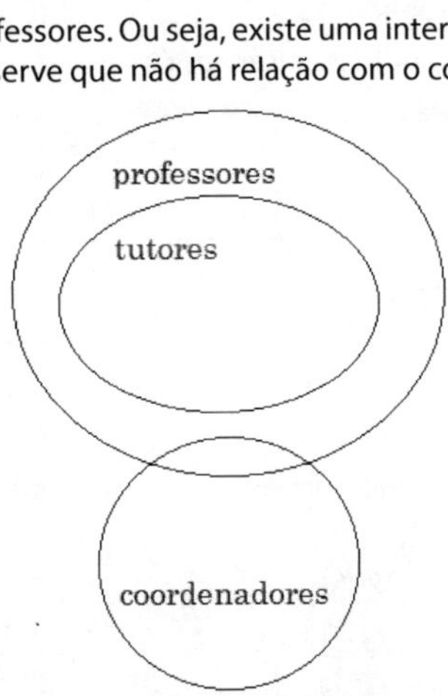

Com isso podemos concluir que há professores que são tutores.

Resposta: C.

---

39. (QUADRIX/METRO SP/Oficial Logística Almoxarifado/Promoção/2020) Em uma orquestra sinfônica, todos os pianistas tocam violino. Alguns coristas são pianistas. Diante do exposto, é possível afirmar que

a) todos os coristas tocam violino.
b) nenhum corista toca violino.
c) todos os coristas que não são pianistas tocam violino.
d) alguns pianistas são coristas.

COMENTÁRIO

Essa é uma questão também é resolvida utilizando a ideia de diagrama lógico. Desta forma, vamos utilizar as informações e desenhar o diagrama de Venn para resolver a questão:

1º todos os pianistas tocam violino. Então o conjunto dos pianistas está incluso completamente dentro do conjunto dos que tocam violino.

2º Alguns coristas são pianistas. Ou seja, existe uma interseção entre coristas e pianistas.

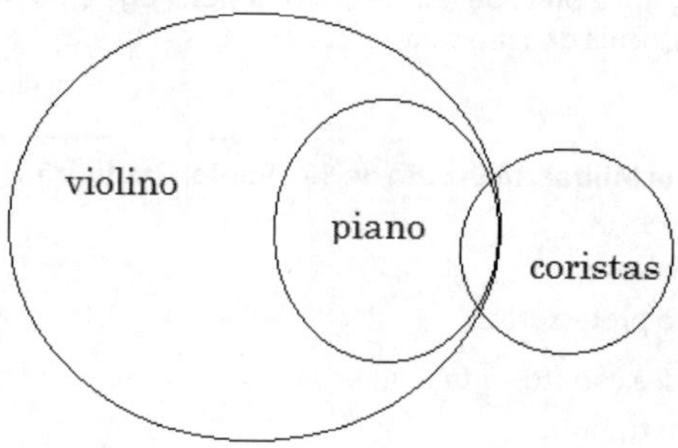

Logo, alguns pianistas são coristas.

Resposta: D.

---

40. (INSTITUTO AOCP/EMPREL/Analista de Sistemas/2019) Todos que utilizam o servidor X e o servidor Y preferem o servidor Y. Alguns que utilizam o servidor Y não gostam dele. Logo,

A. Todos que utilizam o servidor Y gostam dele.
B. Ninguém gosta do servidor Y.
C. Quem utiliza o servidor X gosta do servidor Y.
D. Alguns que utilizam o servidor Y não utilizam o servidor X.
E. Só quem utiliza o servidor X e Y gosta de Y.

COMENTÁRIO

Para resolver essa questão vamos comentar cada alternativa para encontrarmos a alternativa correta.

A. Todos que utilizam o servidor Y gostam dele.

De acordo com a segunda afirmativa dada, alguns que utilizam Y não gostam dele. Logo, esse item está errado.

B. Ninguém gosta do servidor Y.

Essa alternativa também está errada, pois primeira sentença afirma que existem pessoas que preferem o servidor Y.

C. Quem utiliza o servidor X gosta do servidor Y.

Errado. Observe que podem existir pessoas que utilizam APENAS o servidor x. Só prefere o y quem utiliza o x e o y simultaneamente.

D. Alguns que utilizam o servidor Y não utilizam o servidor X.

Está aqui a nossa alternativa correta. Observe que se existem alguns que não gostam de Y, então eles não utilizam X e Y ao simultaneamente. Ora, caso utilizassem, prefeririam a Y.

E. Só quem utiliza o servidor X e Y gosta de Y.

Errado. Não se pode afirmar isso apenas com os dados fornecidos.

Resposta: D.

---

41. (INSTITUTO AOCP/Prefeitura de São Bento do Sul-SC/Administrador/2019) Considere as seguintes proposições:

P1: "Todos os Tupis são Guaranis".

P2: "Alguns Tupis são Guaiapós".

Sabendo que ambas são verdadeiras, é possível concluir que

A. todos os Guaranis são Guaiapós.

B. alguns Guaranis são Guaiapós.

C. todos os Tupis são Guaiapós.

D. nenhum Guarani pode ser um Guaiapó.

COMENTÁRIO

De acordo com P1: "Todos os Tupis são Guaranis", ou seja, se for Tupi obrigatoriamente será Guaranis.

Desta forma, ao olhar para P2 podemos afirmas que alguns Tupis (que necessariamente são Guaranis) são Guaiapós".

Então concluímos que: Alguns Guaranis são Guaiapós.

Resposta: B.

---

42. (IADES/CRF-RO/Contador/2019)

A negação da proposição: "Todos os contadores são bons matemáticos." é a seguinte:

A. todos os matemáticos são bons contadores.

B. alguns contadores são bons matemáticos.

C. nenhum contador é mau matemático.

D. todos os contadores são maus matemáticos.

E. pelo menos um contador é mau matemático.

COMENTÁRIO

Temos aqui uma questão que envolve proposições categóricas.

Uma **proposição categórica** é uma proposição que afirma ou nega que todos ou alguns dos membros de uma categoria, que chamamos de sujeito, estão incluídos em outro, no predicado.

Para resolver essa questão vamos relembrar algumas regrinhas de negação das proposições categóricas que serão bem uteis para resolver questões como essas. São elas:

1ª) negação de TODO = pelo menos um/ existe um/ algum + NÃO

2ª) negação de ALGUM = Nenhum / todo não

3º) negação de NENHUM = Pelo menos um/ existe um

Temos aqui a negação de "todos", então temos a 1ª regra citada. Ou seja, pelo menos um contador é mau matemático.

Resposta: E.

43. (IADES/BRB/Analista de Tecnologia da Informação/2019) Considere a seguinte sentença: "O bancário será aprovado no concurso, pois é um candidato estudioso e candidatos estudiosos passam no concurso." A conclusão do argumento expresso por essa sentença é a de que

A. o bancário é estudioso.

B. existem candidatos estudiosos.

C. o bancário é estudioso ou existem alunos estudiosos.

D. candidatos estudiosos passam no concurso.

E. o bancário será aprovado no concurso.

COMENTÁRIO

O que precisamos saber para resolver essa questão é que existem várias formas de representar uma condicional (se..., então).

Uma condicional é formada pela seguinte estrutura: *Antecedente* $\rightarrow$ *Consequente*

O conectivo utilizado na sentença dada foi "pois" que é um sinônimo da condicional. Temos algo do tipo:

"A, pois B".

Observe que B será o argumento(antecedente) para a conclusão (consequente) que será A. Então podemos escrever na condicional como $B \rightarrow A$.

Então reescrevendo na forma da condicional teríamos: Se é um candidato estudioso e candidatos estudiosos passam no concurso, então bancário será aprovado no concurso.

Como vimos, A será o consequente, ou seja, a conclusão. Podemos concluir então que o "bancário será aprovado no concurso".

Resposta: E.

---

44. (IADES/HEMOPA/Assistente Social/2019) Assumindo verdadeiras as sentenças "todos os ricos são felizes", "alguns felizes são pobres", "alguns militares são ricos" e "o pai de Davi é feliz", é correto inferir que

A. o pai de Davi é rico.

B. o pai de Davi é militar.

C. alguns militares são pobres.

D. alguns militares são felizes.

E. algum pobre não é feliz.

COMENTÁRIO

Esse é o tipo de questão que podemos resolver rapidamente se utilizarmos a construção de diagramas.

Os diagramas são utilizados como uma representação gráfica de proposições relacionadas. Podem ser utilizados em questões que envolvem o termo "todo", "algum" e "nenhum".

Com o desenho de diagramas fica mais evidente a visualização das possibilidades existentes, de acordo com as proposições dadas.

A primeira sentença dada: "todos os ricos são felizes". Note que o conjunto de ricos está totalmente inserido dentro do conjunto de felizes.

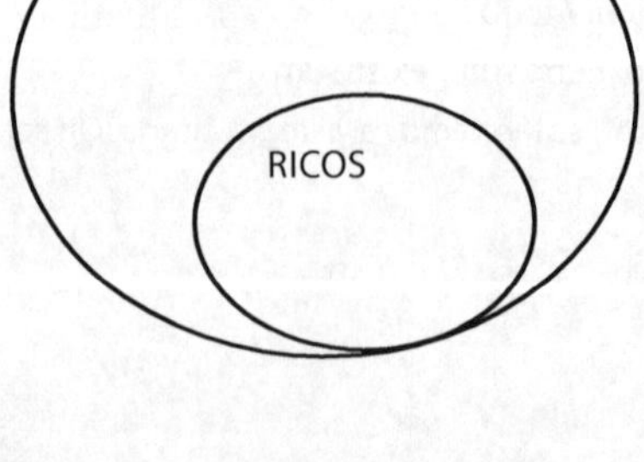

a próxima sentença: "alguns felizes são pobres". Ou seja, existe uma parte do conjunto de pobres que está dentro do conjunto de felizes, porém existe uma parte que está fora também.

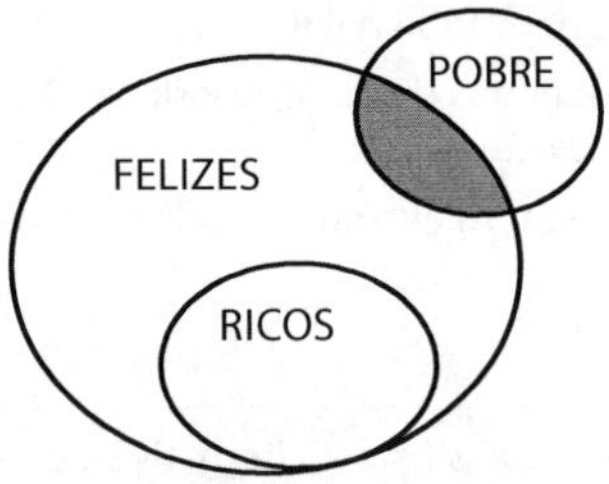

As duas últimas informações serão: "alguns militares são ricos" e "o pai de Davi é feliz".

Agora vamos analisar as afirmativas:

A. o pai de Davi é rico.

Observe que o pai de Davi é feliz apenas, não necessariamente precisa estar dentro do conjunto dos ricos.

B. o pai de Davi é militar.

Observe que o pai de Davi é feliz apenas, não necessariamente precisa estar dentro do conjunto dos militares.

C. alguns militares são pobres.

A única implicação que devemos ter é que alguns militares são ricos, então pode haver militares que não são nem ricos e nem pobres.

D. alguns militares são felizes.

CERTO. Existem militares que são felizes porque existem militares ricos.

E. algum pobre não é feliz.

Errado, pois existem pobres felizes.

Resposta: D.

---

45. (IADES/CAU-AC/Auxiliar Administrativo/2019) Sabe-se que existe pelo menos um acriano que é arquiteto. Sabe-se ainda que todo acriano é brasileiro. Segue-se, portanto, necessariamente que

A. todo brasileiro é arquiteto.

B. todo brasileiro é acriano.

C. algum acriano é brasileiro.

D. nenhum brasileiro é arquiteto.

E. algum acriano não é brasileiro.

COMENTÁRIO

Temos aqui mais uma questão que envolve proposições categóricas. Para resolver essa questão vamos relembrar algumas regrinhas de equivalência das proposições categóricas.

1ª) Nenhum A é B é equivalente a Todo A não é B.

2ª) Todo A é B é equivalente a nenhum A não é B

3ª) Algum A não é B é equivalente a nem Todo A é B.

É importante saber que existem sinônimos dessas proposições. No caso dessa questão, são equivalentes os termos "algum", "pelo menos um" e "existe um".

Com isso temos que se **todo** acriano é brasileiro então "pelo menos um", pelo menos dois, pelo menos três e assim por diante será brasileiro.

Resposta: C.

---

46. (IADES/CRF-TO/Analista de TI/2019) Assinale a alternativa que corresponde à negação de "Todos os analistas de tecnologia da informação são bons desenvolvedores".

A. Pelo menos um analista de tecnologia da informação não é bom desenvolvedor.

B. Nenhum analista de tecnologia da informação é bom desenvolvedor.

C. Todos os analistas de tecnologia da informação não são bons desenvolvedores.

D. Alguns analistas de tecnologia da informação são bons desenvolvedores.

E. Todos os desenvolvedores não são analistas de tecnologia da informação.

COMENTÁRIO

Para resolver essa questão vamos relembrar novamente algumas regrinhas de **negação** das proposições categóricas, que já vimos em algumas questões anteriores. São elas:

1ª) negação de TODO = pelo menos um/ existe um/ algum + NÃO

2ª) negação de ALGUM = Nenhum / todo não

3º) negação de NENHUM = Pelo menos um/ existe um

Temos aqui a negação de "todos", então temos a 1ª regra citada. Ou seja, "Pelo menos um analista de tecnologia da informação não é bom desenvolvedor."

Resposta: A

---

47. (FCC/ Banrisul/Escriturário/ 2019) Dentre os funcionários de uma determinada agência bancária, os gerentes são todos casados e têm filhos. Nenhum funcionário casado mora na capital, mas há funcionários que moram na capital e têm filhos. Nessas condições,

a) todos os funcionários que têm filhos moram na capital.

b) nenhum funcionário que mora na capital é gerente.

c) nenhum funcionário que tem filhos é casado.

d) todos os funcionários que têm filhos são casados.

e) há gerentes que moram na capital.

COMENTÁRIO

✪ **Nota do autor:** Na lógica de Primeira Ordem é importante conhecermos sobre Teoria de Conjuntos, uma vez que são utilizados os diagramas de Venn para representar os quantificadores lógicos. Torna-se necessário conhecer a linguagem matemática, ou seja, os símbolos e suas relações, assunto visto no primeiro capítulo deste livro.

Quanto aos quantificadores lógicos e seus diagramas, verifique o final deste capítulo com as fundamentações teóricas.

Temos as seguintes proposições (premissas):

P_1: Os gerentes são todos casados e têm filhos;

P_2: Nenhum funcionário casado mora na capital;

P_3: há funcionários que moram na capital e têm filhos

Representando as premissas por diagramas, temos:

P_1: Os gerentes são todos casados e têm filhos;

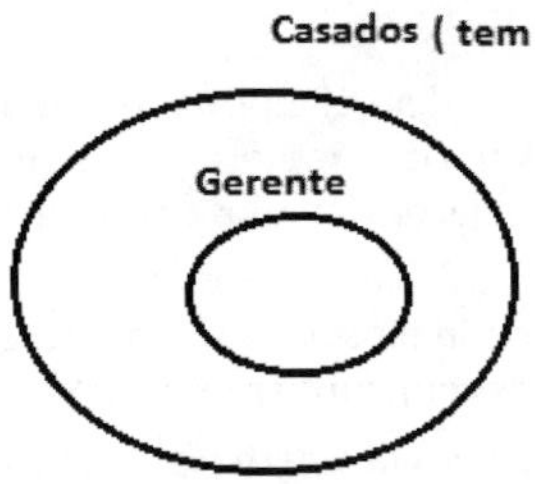

P_2: Nenhum funcionário casado mora na capital;

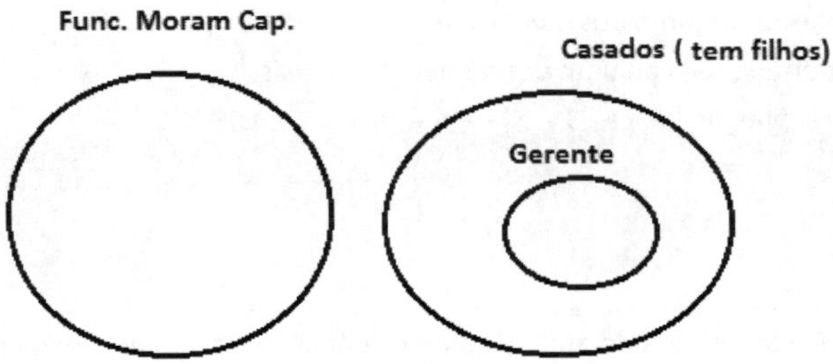

P_3: há funcionários que moram na capital e têm filhos

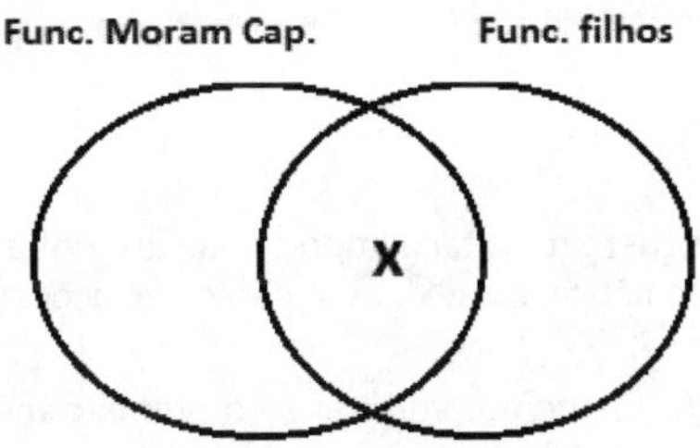

Agora realizando a interseção das informações (premissas), teremos:

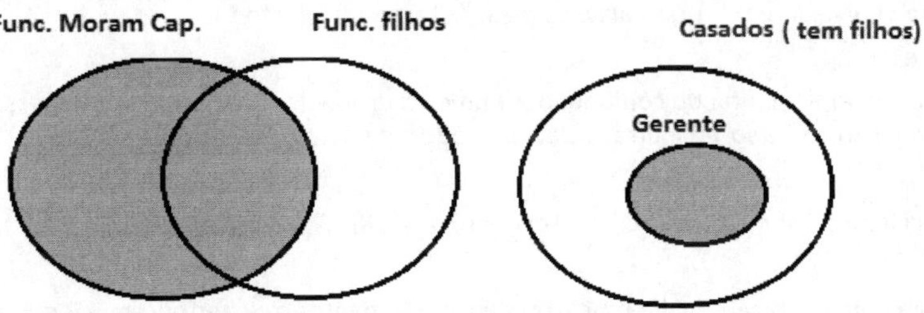

Podemos inferir que "NENHUM funcionário que mora na capital é gerente".

Resposta: B.

---

48. (Quadrix/CRESS-SC/2019) Considerando N como o conjunto dos números naturais, Z como o conjunto dos números inteiros, Q como o conjunto dos números racionais, R como o conjunto dos números reais e X^C como o complementar do conjunto X, julgue o item acerca dos conjuntos numéricos, de suas operações, propriedades e aplicações, das operações com conjuntos e da compreensão das estruturas lógicas e dos respectivos diagramas.

O valore do item acerca dos conjuntos numérico $(\pi \in R) \wedge (\sqrt{3} \in Q))$ é V.

COMENTÁRIO

✪ **Nota do autor:** Na lógica de Primeira Ordem é importante conhecermos sobre Teoria de Conjuntos, uma vez que são utilizados os diagramas de Venn para representar os quantificadores lógicos. Torna-se necessário conhecer a linguagem matemática, ou seja, os símbolos e suas relações, assunto visto no primeiro capítulo deste livro.

Temos uma proposição condicional, onde iremos valorar o antecedente e o consequente, conforme as relações de pertinência dos elementos com os conjuntos apresentados. Vejamos:

Antecedente: $(-3 \in N) = F$ (números negativos não pertencem ao conjunto dos números naturais)

Consequente: $(\pi \in R) \wedge (\sqrt{3} \in Q)$

$(V) \wedge (F) = F$

O número π pertence ao conjunto dos números reais;

O número $\sqrt{3}$ não pertence ao conjunto dos números racionais.

O valor-verdade da expressão lógica $(-3 \in N) \rightarrow (\pi \in R) \wedge (\sqrt{3} \in Q)$ é V.

$F \rightarrow (V \wedge F)$

$F \rightarrow F = V$

Resposta: Certo.

---

49. (Quadrix/CRESS-SC/2019) Considerando N como o conjunto dos números naturais, Z como o conjunto dos números inteiros, Q como o conjunto dos números racionais, R como o conjunto dos números reais e X^C como o complementar do conjunto X, julgue o item acerca dos conjuntos numéricos, de suas operações, propriedades e aplicações, das operações com conjuntos e da compreensão das estruturas lógicas e dos respectivos diagramas.

$(N^C N^C) = (R - Z)$.

COMENTÁRIO

✪ **Nota do autor:** Mais uma vez quero ressaltar a importância do conhecimento quanto a Teoria de Conjuntos, bem como a linguagem matemática, ou seja, os símbolos, relações e operações. Esses assuntos são vistos no primeiro capítulo deste livro.

Dada a igualdade $(N^C \cap Q^C) = (R - Z)$, iremos verificar se o primeiro membro corresponde ao segundo membro.

$(N^C \cap Q^C)$:

N^C significa o complementar do conjunto dos números naturais, ou seja, os conjuntos que complementam para se chegar ao universo, em outras palavras, o que falta para o meu todo.

N^C: { Z, Q , I e R}

Q^C: significa o complementar do conjunto dos números racionais, ou seja, os conjuntos que complementam para se chegar ao universo, em outras palavras, o que falta para o meu todo.

Q^C: { I e R}

Dessa forma temos: **$(N^C \cap Q^C)$ =** {Z, Q, I e R} $\cap$ { I e R} = **{ I e R}**

(R - Z):

Temos agora uma operação de diferença, ou seja, os elementos que pertencem a R que não pertencem a Z.

R= Q $\cup$ I

Z = {N, Z}

(R - Z) = {Q e I}

Analisando a igualdade, temos:

$(N^C \cap Q^C) = (R - Z)$.

{ I e R} $\neq$ **{Q e I}**, ou seja, são diferentes e não iguais.

Resposta: Errado.

50. (Quadrix/CRESS-SC/2019) Considerando N como o conjunto dos números naturais, Z como o conjunto dos números inteiros, Q como o conjunto dos números racionais, R como o conjunto dos números reais e X^C como o complementar do conjunto X, julgue o item acerca dos conjuntos numéricos, de suas operações, propriedades e aplicações, das operações com conjuntos e da compreensão das estruturas lógicas e dos respectivos diagramas.

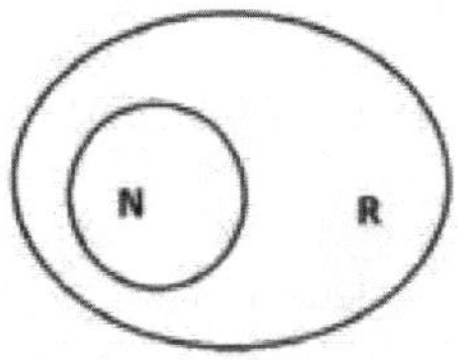

É correto afirmar que o diagrama acima representa corretamente a afirmação: "Se não é um número real, então não é um número natural".

COMENTÁRIO

✪ **Nota do autor:** o operador condicional "se..., então..." possui o mesmo diagrama do quantificador universal afirmativo, ou seja, uma relação de inclusão entre conjuntos.

Ao final deste capítulo você pode conferir os diagramas para cada quantificador lógico.

A proposição A →B, tem o mesmo significado para todo A é B. Vejamos o diagrama:

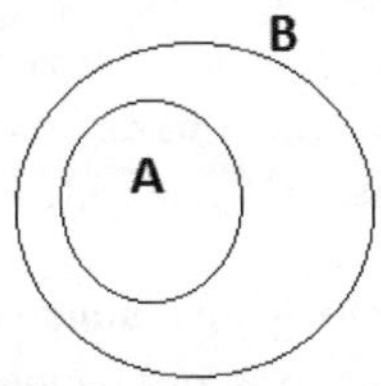

Agora podemos de uma maneira tranquila responder a questão que diz:

"Se não é um número real, então não é um número natural".

Utilizando uma afirmação equivalente (contrapositiva) a essa:

"Se um número é natural, então ele é real", onde podemos representar pelo seguinte diagrama:

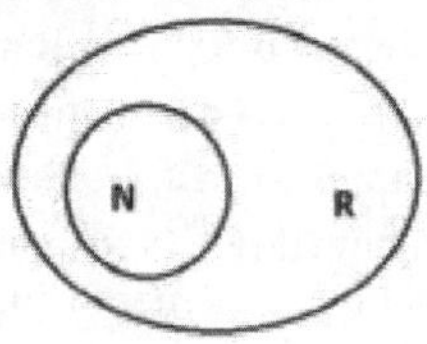

Resposta: Certo.

51. (VUNESP/TJ-SP/Enfermeiro Judiciário/2019)

Considere que haja elementos em todas as seções e interseções do diagrama.

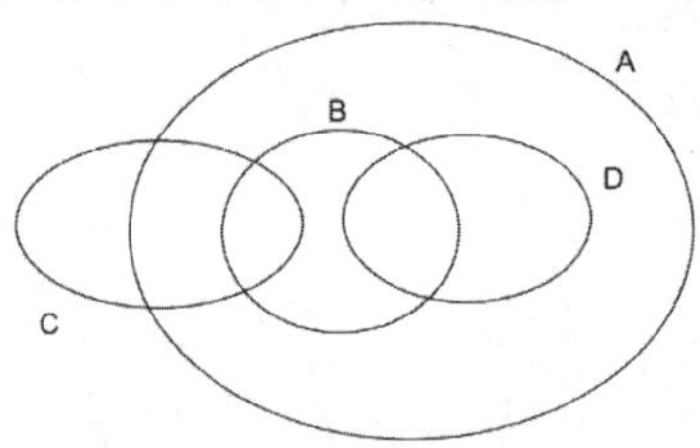

A partir dessas informações, é correto afirmar que

a) todos os elementos de A, que não são elementos de B, são elementos de C ou de D.

b) não há elemento de B que seja elemento de três conjuntos ao mesmo tempo.

c) todos os elementos de C, que não são elementos apenas de C, ou são também elementos de B ou são também elementos de D.

d) há elemento de B que seja elemento de outros três conjuntos além do B.

e) qualquer elemento de D, que não é elemento de B, é também elemento de C ou elemento de A.

COMENTÁRIO

Para melhor interpretação, iremos colocar elementos {1, 2, 3, 4, 5, 6, 7} em todas as seções e interseções do diagrama, vejamos a seguir:

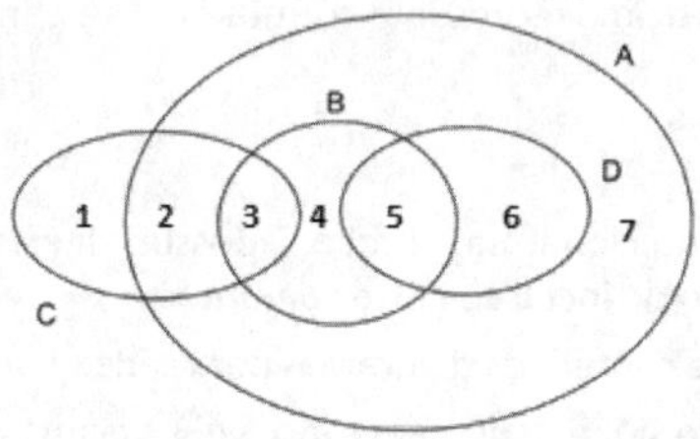

Analisando cada uma das opções, conforme os elementos e seus conjuntos:

a) todos os elementos de A, que não são elementos de B, são elementos de C ou de D.

Não necessariamente, pois temos o elemento {7} que pertence ao conjunto A, não pertence a B e também não pertence a C ou D.

b) não há elemento de B que seja elemento de três conjuntos ao mesmo tempo.

Não necessariamente, pois temos o elemento {4}, que pertence a B, porém não pertence ao conjunto C.

c) todos os elementos de C, que não são elementos apenas de C, ou são também elementos de B ou são também elementos de D.

Sabemos que "todos os elementos de C, que não são elementos apenas de C" corresponde aos elementos {2,3}, e a opção afirma que "ou são também elementos de B ou são também elementos de D", o que não é verdade, uma vez que o elemento {2} não é elemento de B ou de D.

d) há elemento de B que seja elemento de outros três conjuntos além do B.

Não temos interseção dos três conjuntos. Isto é, não há elementos que pertença aos conjuntos A, B , C e D.

e) qualquer elemento de D, que não é elemento de B, é também elemento de C ou elemento de A.

Qualquer elemento de D, que não é elemento de B = {6}, é também elemento de C ou A. Está correto, uma vez que o elemento {6} pertence a união de C ou A. O elemento que pertence apenas ao conjunto A , pertence a união de A com C.

Resposta: E.

---

52. (VUNESP/ Órgão: TJ-SP Médico Judiciário/ 2019)

Considere que haja elementos em todas as seções e interseções do diagrama.

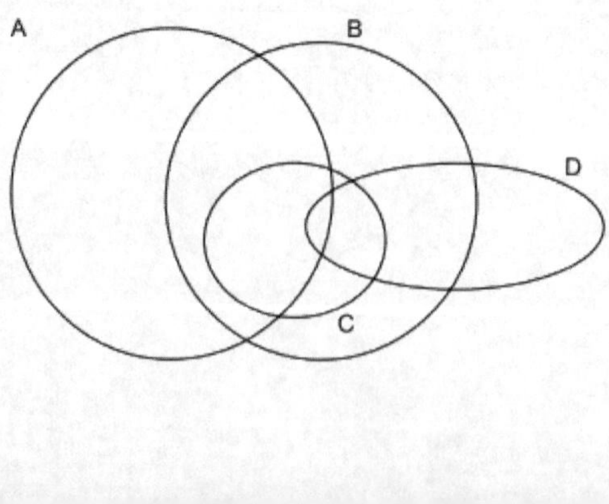

A partir dessas informações, é correto afirmar que

a) todos os elementos de A, que não são elementos de B, são elementos de C ou de D.

b) não há elemento de B, que seja apenas elemento de B e de D ou apenas elemento de B ou de C.

c) não há elemento de A, que seja apenas elemento de A e de D.

d) qualquer elemento de C que não seja elemento de D, é também elemento de A.

e) qualquer elemento de D, que é também elemento de C é também elemento de A.

COMENTÁRIO

Para melhor interpretação, iremos colocar elementos {1, 2, 3, 4, 5, 6, 7, 8, 9} em todas as seções e interseções do diagrama, vejamos a seguir:

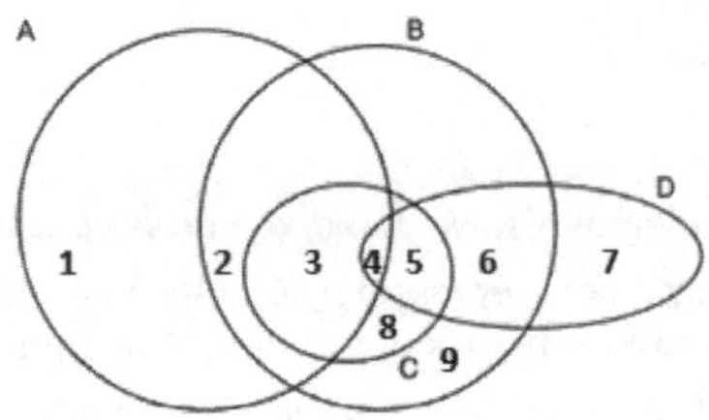

Analisando cada uma das opções, conforme os elementos e seus conjuntos:

a) todos os elementos de A, que não são elementos de B, são elementos de C ou de D.

Todos os elementos de A, que não são elementos de B = { 1 }, **não** pertence ao conjunto C ou D.

b) não há elemento de B, que seja apenas elemento de B e de D ou apenas elemento de B ou de C.

Temos elemento de B, que seja apenas elemento de B e de D = {6} e **temos** elemento de B que são apenas elementos de B ou de C = {8}.

c) não há elemento de A, que seja apenas elemento de A e de D.

Elementos que pertençam apenas a A e D = { }, ou seja, não existem.

d) qualquer elemento de C que não seja elemento de D, é também elemento de A.

Qualquer elemento de C que não seja elemento de D = { 3,8} , não é necessariamente elemento de A, pois o elemento {8} não pertence ao conjunto A.

e) qualquer elemento de D, que é também elemento de C é também elemento de A.

Qualquer elemento de D, que é também elemento de C = { 4,5 } não é elemento de A. O elemento {5} não é elemento de A.

Resposta: C.

---

53. (AOCP/UEFS/Analista Universitário/Administração/2018) Considere as seguintes proposições:

P1: "Todos os cavalos são mamíferos".

P2: "Alguns cavalos saltam".

Sabendo que ambas são verdadeiras, conclui-se que

a. "Todos os mamíferos saltam".

b. "Todos os cavalos saltam".

c. "Alguns mamíferos saltam".

d. "Nenhum mamífero salta".

e. "Nenhum cavalo salta".

COMENTÁRIO

De acordo com a proposição P1, podemos concluir que se for cavalo, então será mamífero (cavalo= mamífero).

Na P2 afirma que "Alguns cavalos saltam", ou seja, existem cavalos que não saltam também.

Com isso concluímos que existem mamíferos que saltam e existem mamíferos que não saltam.

Resposta: C.

---

54. (IADES/ARCON-PA/Assistente Técnico em Regulação de Serviços Públicos/2018) Com base nas premissas "todos os primos de Rita são médicos", "alguns primos de Rita são pilotos" e "alguns advogados são primos de Rita", é correto afirmar que

A. todo piloto é médico.

B. todo médico é advogado.

C. algum advogado é piloto.

D. algum primo de Rita não é advogado.

E. alguns advogados são médicos.

COMENTÁRIO

Esse é o tipo de questão que podemos resolver rapidamente se utilizarmos a construção de diagramas.

Os diagramas são utilizados como uma representação gráfica de proposições relacionadas. Podem ser utilizados em questões que envolvem o termo "todo", "algum" e "nenhum".

Com o desenho de diagramas fica mais evidente a visualização das possibilidades existentes, de acordo com as proposições dadas.

1º. todos os primos de Rita são médicos",

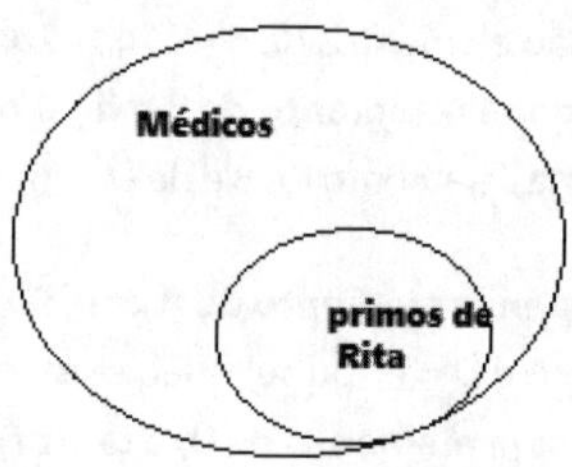

2º. alguns primos de Rita são pilotos

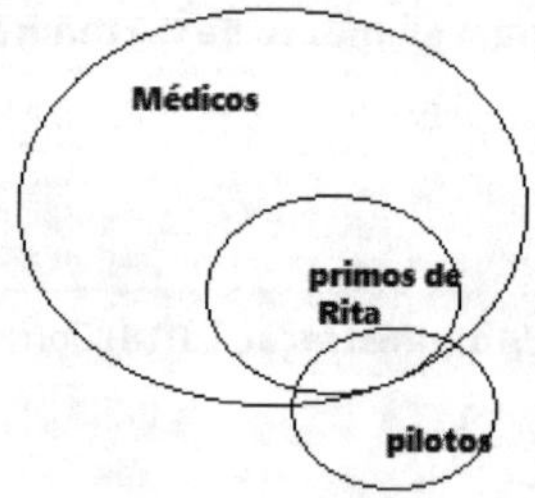

3º. alguns advogados são primos de Rita

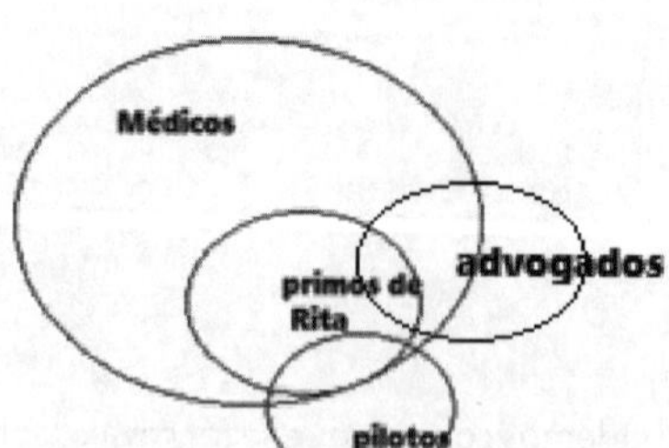

Então vamos analisar as afirmativas:

A. todo piloto é médico.

Errado. Observe que podem existir pilotos que não são médicos.

B. todo médico é advogado.

Errado. Alguns advogados serão médicos, não podemos afirmar que serão todos.

C. algum advogado é piloto.

Errado. Não necessariamente, não podemos afirmar, com as informações fornecidas que há uma intersecção no conjunto de pilotos e advogados.

D. algum primo de Rita não é advogado.

Errado. Apesar do desenho do diagrama nos levar a pensar que essa alternativa pode estar correta, a única informação recebida foi que alguns advogados são primos de Rita, não podemos concluir que algum primo não é advogado. Pois pode haver a possibilidade de o conjunto dos primos de Rita estar completamente inserido no conjunto dos advogados.

E. alguns advogados são médicos

CERTO. Sabemos que alguns advogados são primos de Rita, e todo primo de Rita é médico.

Resposta: E.

---

55. (VUNESP/ Escrivão de Polícia Civil / 2018) Considere falsa a afirmação (I) e verdadeira a afirmação (II).

I. Todos os alunos estudam.

II. Alguns professores estudam.

Sendo assim, é correto concluir que

a) existe aluno que não estuda.

b) todos os professores estudam.

c) qualquer aluno estuda.

d) os alunos que estudam são professores.

e) qualquer professor que estuda é aluno.

COMENTÁRIO

Temos uma questão de inferência lógica, em que iremos aplicar diagramas lógicos, mas primeiro devemos negar a primeira premissa, vejamos:

Premissa I. Todos os alunos estudam. (F) → Premissa I: Alguns alunos não estudam. (V)

Premissa II. Alguns professores estudam. (V)

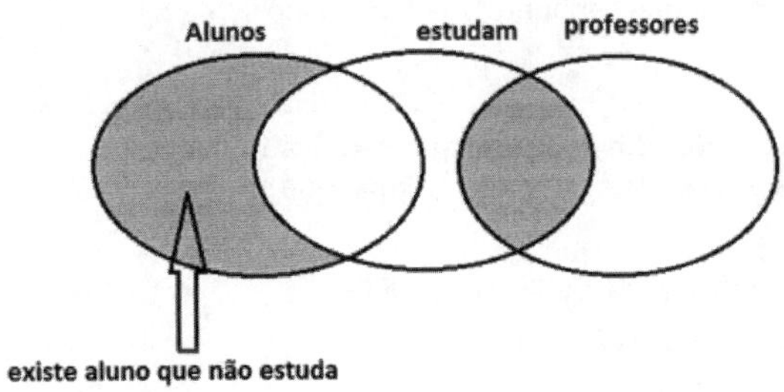

A conclusão tem que ser fruto exclusivo das premissas.

Conclusão: Existe aluno que não estuda.

Resposta: A.

---

56. (AOCP/Soldado Combatente BM / 2018). Se todo soldado é militar e nenhum militar é político, é possível concluir, corretamente, que

a) nenhum militar é soldado.
b) nenhum soldado é político.
c) todo soldado é político.
d) todo político é militar.
e) todo militar é soldado.

COMENTÁRIO

Podemos representar as proposições (premissas) pelos seguintes diagramas lógicos:

P$_1$: Todo soldado é militar:

P2: Nenhum militar é político:

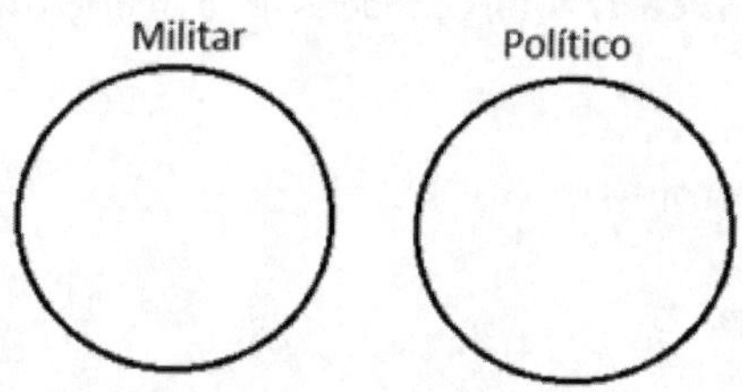

Agora fazendo a interseção das premissas:

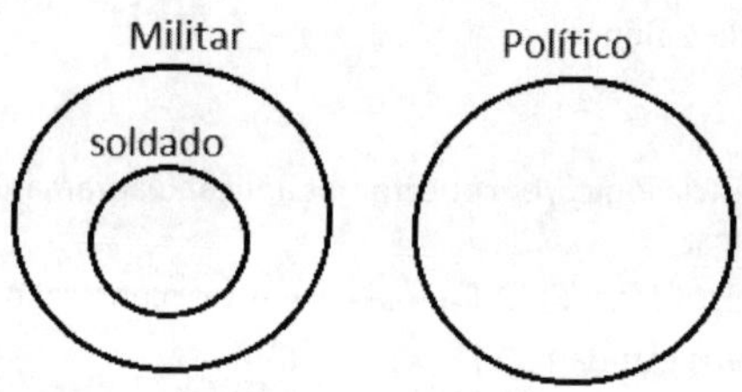

Dessa forma podemos inferir que nenhum soldado é político.

Resposta: B.

---

57. (VUNESP/ Escrivão de Polícia Civil/ 2018) Em determinado local, algum artista é funcionário público e todos os artistas são felizes. Sendo assim, é correto afirmar que

a) algum artista é feliz.
b) algum artista que não é funcionário público não é feliz.
c) algum artista funcionário público não é feliz.
d) todo artista feliz é funcionário público.
e) todo artista funcionário público não é feliz.

COMENTÁRIO

Nesta questão temos premissas formadas por quantificadores lógicos, logo iremos construir diagramas lógicos.

P1: todos os artistas são felizes;

P2: algum artista é funcionário público.

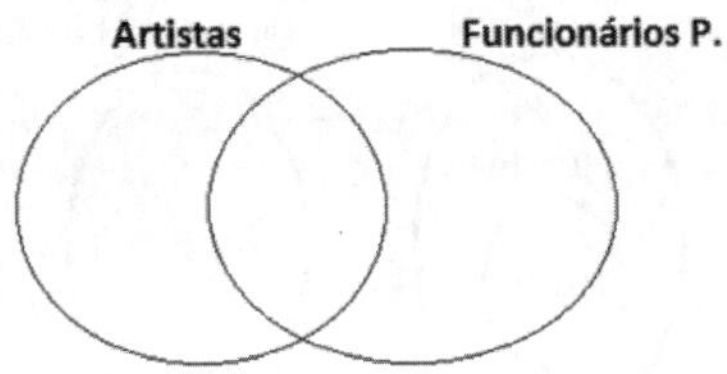

A partir das premissas, temos:

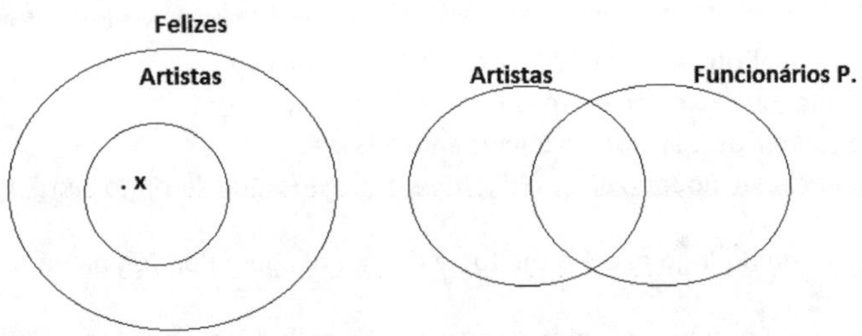

Conforme os diagramas podemos inferir que algum artista (x) é feliz.

Se o quantificador universal (todo) é verdadeiro, o particular (algum) também será.

Resposta: A.

---

58. (AOCP/Soldado Combatente BM/2018) Considere as duas afirmações a seguir:

- Todo soldado atua na defesa civil ou atua na defesa ambiental.
- Pedro é um soldado da defesa civil. Logo, é correto afirmar que

a) Pedro atua na defesa civil e na defesa ambiental.

b) se Pedro não atuar na defesa ambiental, então ele não é um soldado.

c) Pedro somente atua na defesa ambiental se atuar na defesa civil.

d) como Pedro atua na defesa civil, então ele também atua na defesa ambiental.

e) Pedro não atua na defesa ambiental.

COMENTÁRIOS

Podemos representar as proposições (premissas) pelos seguintes diagramas lógicos:

P1: Todo soldado atua na defesa civil ou todo soldado atua na defesa ambiental.

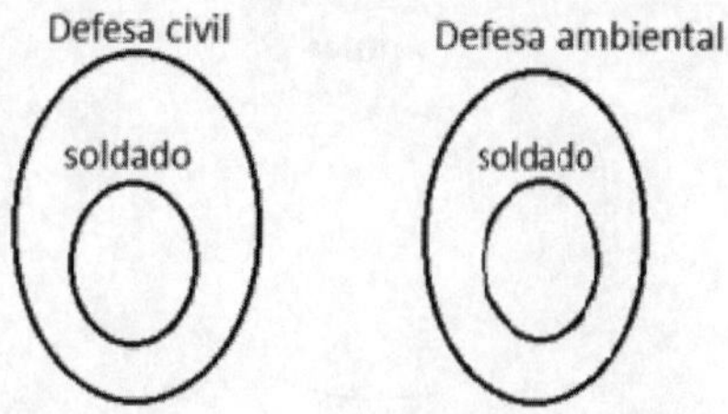

P2: Pedro é um soldado da defesa civil.

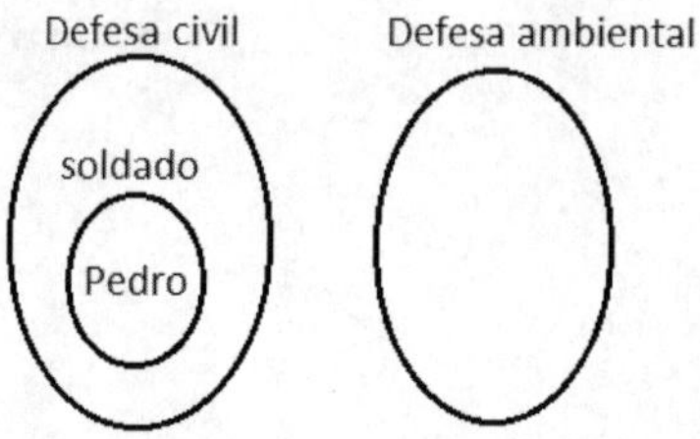

A partir dos diagramas lógicos podemos inferir que Pedro não atua na defesa ambiental.

Resposta: E.

---

59. (VUNESP/ Escrivão de Polícia Civil /2018). Considere a afirmação:

Ou Rodrigo é o diretor ou Paulo não é o tesoureiro.

A alternativa que contém uma afirmação equivalente a essa é:

a) Paulo não é o tesoureiro ou Rodrigo não é o diretor, e de modo algum Rodrigo não é o diretor Paulo não é o tesoureiro.
b) Paulo é o tesoureiro ou Rodrigo não é o diretor, e de modo algum Rodrigo não é o diretor e Paulo é o tesoureiro.
c) Paulo é o tesoureiro ou Rodrigo é o diretor, e de modo algum Rodrigo é o diretor e Paulo é o tesoureiro.
d) Paulo é o tesoureiro ou Rodrigo não é o diretor, ou de modo algum Rodrigo é o diretor ou Paulo não é o tesoureiro.
e) Paulo não é o tesoureiro ou Rodrigo é o diretor, e de modo algum Rodrigo é o diretor e Paulo não é o tesoureiro.

COMENTÁRIO

Podemos responder essa questão por diagramas lógicos, uma vez que o conectivo de disjunção exclusiva corresponde a união dos exclusivos.

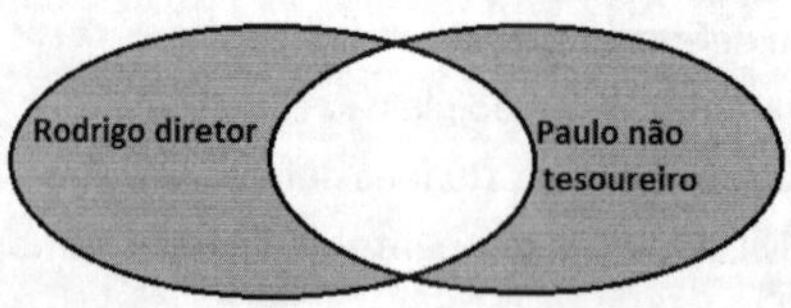

Dessa forma temos que Rodrigo é diretor ou Paulo não é tesoureiro, e não podemos ter a intersecção, ou seja, Rodrigo diretor e Paulo não tesoureiro.

Resposta: E.

---

60. (VUNESP/ Investigador de Polícia Civil /2018) Todo candidato bem preparado faz uma boa prova. Alguns candidatos que fazem boa prova são aprovados no concurso.

A partir dessas afirmações, é correto concluir que

a) alguns candidatos não bem preparados fazem uma boa prova.
b) qualquer candidato bem preparado é aprovado no concurso.
c) há candidato aprovado no concurso que fez uma boa prova.
d) alguns candidatos não bem preparados são aprovados no concurso.
e) alguns candidatos bem preparados não fazem uma boa prova.

COMENTÁRIO

Temos uma questão de inferência lógica, em que as proposições são formadas por quantificadores lógicos, logo serão analisadas por diagramas lógicos, vejamos:

CBP: Candidato bem preparado

BP: Faz boa prova

APC: Candidatos que fazem boa prova são aprovados em concurso.

P1: Todo candidato bem preparado faz uma boa prova.

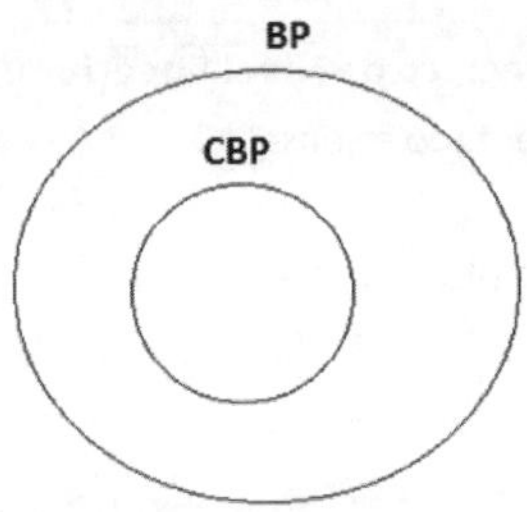

P2: Alguns candidatos que fazem boa prova são aprovados no concurso.

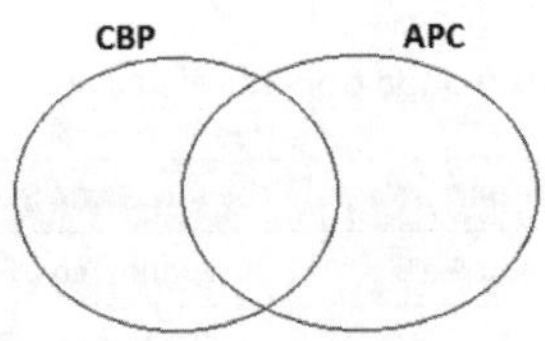

Fazendo as interseções das premissas:

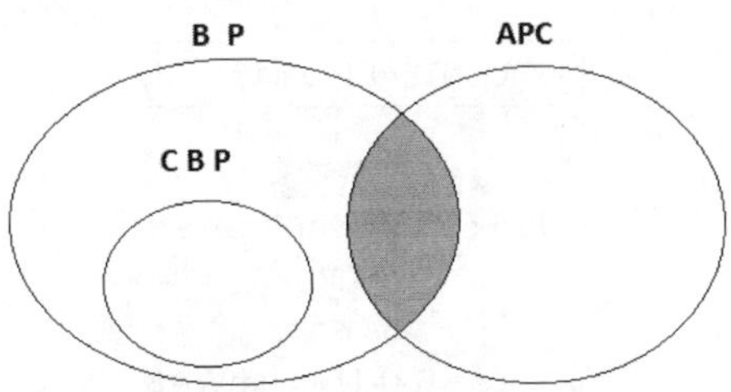

Desta forma podemos inferir que há(algum) candidato aprovado no concurso que fez uma boa prova.

Resposta: C.

---

61. (INAZ do Pará/CFF/Analista de Sistema/2017) Dizer que não é verdade que "Todas as farmácias estão abertas" é logicamente equivalente a dizer que

a) "Toda farmácia está aberta".
b) "Nenhuma farmácia está aberta".
c) "Todas as farmácias não estão abertas".
d) "Alguma farmácia não está aberta".
e) "Alguma farmácia está aberta".

COMENTÁRIO

A negação dos quantificadores lógicos é dada pela tabela abaixo:

AFIRMAÇÃO	NEGAÇÃO
Todo A é B	Algum A ñ é B
Algum A é B	Nenhum A é B Todos A ñ é B

Todo A é B Algum A não é B

Algum A é B ↔ Nenhum A é B

Nega quantidade e qualidade

A negação da proposição "Todas as farmácias estão abertas" é dada por "Alguma farmácia não está aberta"

Resposta: D.

---

62. (FGV/Prefeitura de Salvador-BA/Técnico de Nível Superior I/2017)

Considere a afirmação: "Nenhum deputado é sensato".

A sua negação é:

a) "Há, pelo menos, um deputado sensato".
b) "Alguns sensatos são deputados".
c) "Todos os deputados são sensatos".
d) "Todos os sensatos são deputados".
e) "Todos os deputados são insensatos".

COMENTÁRIO

A negação dos quantificadores lógicos é dada pela tabela abaixo:

AFIRMAÇÃO	NEGAÇÃO
Todo A é B	Algum A ñ é B
Algum A é B	Nenhum A é B Todos A ñ é B

CONTRADITÓRIAS

Todo A é B Algum A não é B

Algum A é B ↔ Nenhum A é B

Nega quantidade e qualidade

A negação da proposição "Nenhum deputado é sensato" é dada por "Há, pelo menos, um deputado sensato". É importante observar que o termo "há pelo menos um" tem o mesmo significado de "algum".

Resposta: A.

---

63. (FGV/Prefeitura de Salvador-BA/Técnico de Nível Superior II/2017) Considere a afirmação:

"Todos os baianos gostam de axé e de acarajé".

A negação lógica dessa frase é:

a) "Nenhum baiano gosta de axé nem de acarajé".
b) "Nenhum baiano gosta de axé ou de acarajé".
c) "Alguns baianos gostam de axé, mas não de acarajé".
d) "Quem não gosta de axé nem de acarajé não é baiano".
e) "Pelo menos um baiano não gosta de axé ou não gosta de acarajé".

COMENTÁRIO

A negação dos quantificadores lógicos é dada pela tabela abaixo:

AFIRMAÇÃO	NEGAÇÃO
Todo A é B	Algum A ñ é B
Algum A é B	Nenhum A é B Todos A ñ é B

CONTRADITÓRIAS

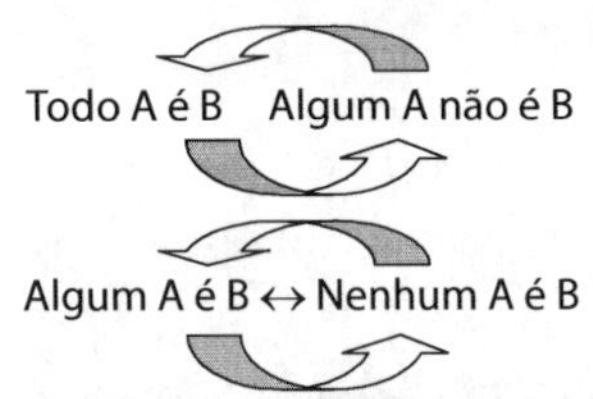

Nega quantidade e qualidade

A negação da proposição "Todos os baianos gostam de axé e de acarajé" é dada por "Pelo menos um baiano não gosta de axé ou não gosta de acarajé". É importante observar que o termo "pelo menos um" tem o mesmo significado de "algum".

Resposta: E.

---

64. (CESPE/TRF-1ª REGIÃO/Conhecimentos Básicos/2017) Venho acompanhando pelo jornal um debate acalorado entre professores universitários a respeito de um tema da especialidade deles: sistemas de informação. O debate, que se iniciou com dois professores e acabou envolvendo outros mais, terminou sem que se chegasse a uma conclusão uniforme. Isso nos leva a concluir que o homem não é mesmo capaz de entrar em entendimento e que, por isso, o mundo está repleto de guerras. José Luiz Fiorin e Francisco Platão Savioli. Para entender o texto: leitura e redação. 17.ª ed. São Paulo: Ática, 2007, p. 211. (Com adaptações).

Acerca do raciocínio analítico e da argumentação empregados no texto, julgue o item subsecutivo.

Pode-se extrair do texto a seguinte proposição categórica afirmativa particular: "Alguns professores universitários participavam de um debate".

COMENTÁRIO

Sabemos que alguns (pelo menos um, ao menos um) é um quantificador existencial por não se referir a todos os elementos de um conjunto (professores).

Resposta: Certo.

---

65. (CESPE/TRF-1ª REGIÃO/Conhecimentos Básicos/2017) A partir da proposição P: "Quem pode mais, chora menos. ", que corresponde a um ditado popular, julgue o próximo item.

Se a proposição P for verdadeira, então o conjunto formado por indivíduos que podem mais está contido no conjunto dos indivíduos que choram menos.

COMENTÁRIO

Em uma proposição condicional temos que o antecedente é subconjunto do consequente, ou seja, "se pode mais, o indivíduo chora menos", o conjunto "pode mais" está contido em "chora menos". Veja o diagrama abaixo:

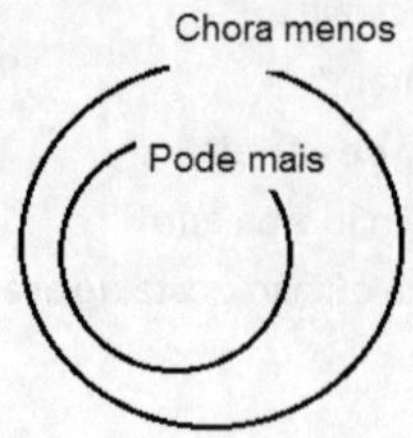

Resposta: Certo.

---

66. (ESAF-RECEITA FEDERAL/AUDITOR/2015). Se é verdade que alguns adultos são felizes e que nenhum aluno de matemática é feliz, então é necessariamente verdade que:

a) Algum adulto é aluno de matemática.
b) Nenhum adulto é aluno de matemática.
c) Algum adulto não é aluno de matemática.
d) Algum aluno de matemática é adulto.
e) Nenhum aluno de matemática é adulto.

COMENTÁRIO

P1: Alguns adultos são felizes.

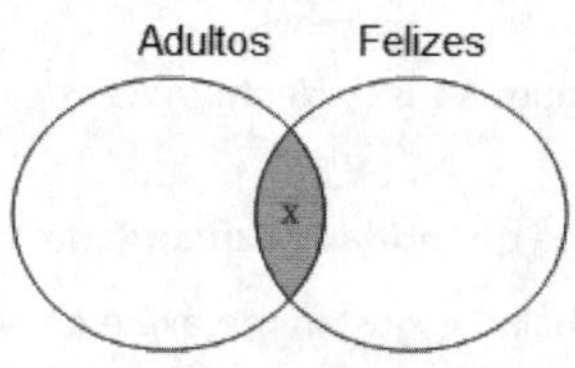

P2: Nenhum aluno de matemática é feliz.

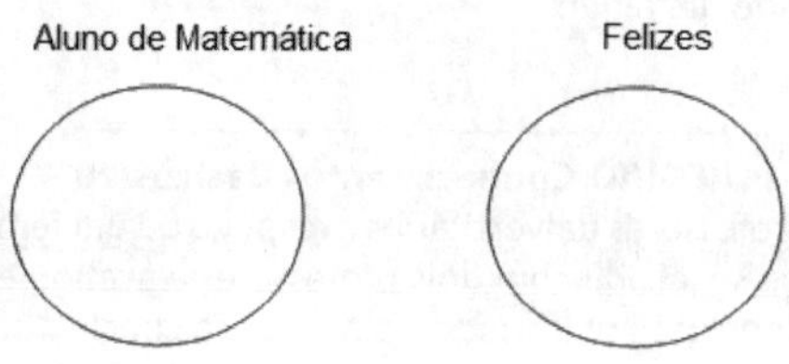

Relacionando as duas premissas (diagramas lógicos), temos:

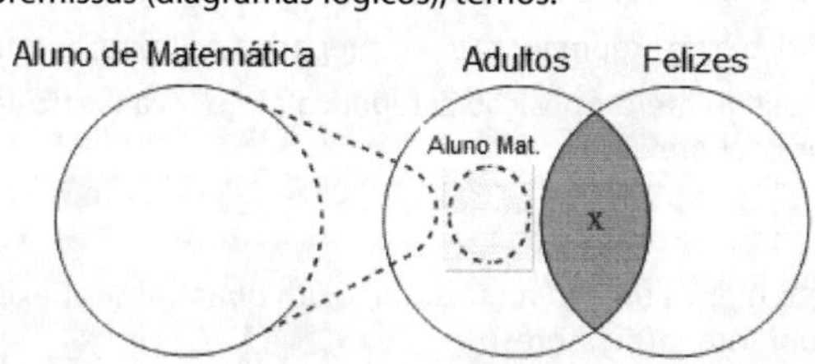

A conclusão será fruto da relação entre as premissas, sendo que essa deverá ser uma nova proposição, consequência de uma certeza. Não podemos concluir o que não temos certeza, e é dessa forma que a resposta da questão será: algum adulto não é aluno de matemática.

Resposta: C.

67. (FUNIVERSA/SESIPE/AGENTE PENITENCIÁRIO/2015). Considere as proposições seguintes. P: Marcelo frequenta academia no período noturno e reside em Taguatinga. Q: Todos os agentes de atividades penitenciárias residem em Taguatinga. C: Marcelo é agente de atividades penitenciárias. Nesse caso, sendo as proposições P e Q premissas de um argumento e C a sua conclusão, é correto afirmar que o argumento é um argumento válido.

COMENTÁRIO

✪ Nota do autor: Na lógica de Primeira Ordem é importante conhecermos sobre Teoria de Conjuntos, uma vez que são utilizados os diagramas de Venn para representar os quantificadores lógicos. Sendo um assunto sempre presente nas provas de concursos públicos.

Dadas as seguintes proposições:

(Premissa 01) P: Marcelo frequenta academia no período noturno e reside em Taguatinga.

(Premissa 02) Q: Todos os agentes de atividades penitenciárias residem em Taguatinga.

(Conclusão) C: Marcelo é agente de atividades penitenciárias.

Sabemos que um argumento será válido quando a verdade das premissas garantirem a verdade da conclusão.

Representando as proposições temos:

Todos os agentes de atividades penitenciárias residem em Taguatinga.

Marcelo frequenta academia no período noturno e reside em Taguatinga.

De acordo com as proposições temos que Marcelo reside em Taguatinga, porém não podemos garantir que ele seja agente de atividades penitenciárias.

Logo o argumento não será válido.

Resposta: Errado.

68. (FGV/SSP-AM/ASSISTENTE OPERACIONAL/2015) Considere a afirmação: "Todo animal de 4 patas é mamífero". A negação dessa afirmação é:

a) nenhum animal de 4 patas é mamífero.

b) qualquer animal de 4 patas não é mamífero.

c) nenhum mamífero tem 4 patas.

d) existe animal mamífero que não tem 4 patas.

e) existe animal de 4 patas que não é mamífero.

COMENTÁRIO

As negações das proposições categóricas, isto é, dos quantificadores lógicos são dadas a partir das relações de quantidade e qualidade, em que são definidas como contraditórias.

CONTRADITÓRIAS

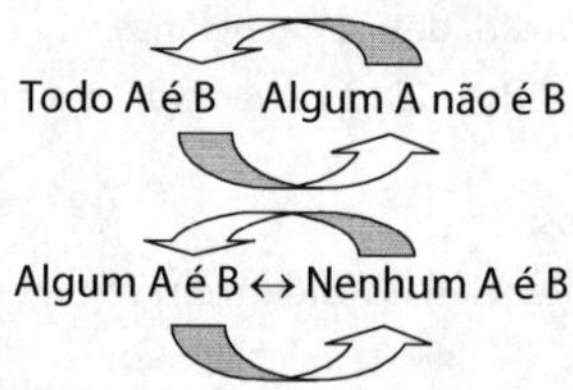

Nega quantidade e qualidade

Todo A é B Algum A não é B

Algum A é B ↔ Nenhum A é B

Nega quantidade e qualidade

Também podemos representar o quantificador universal afirmativo pelo seu respectivo diagrama lógico.

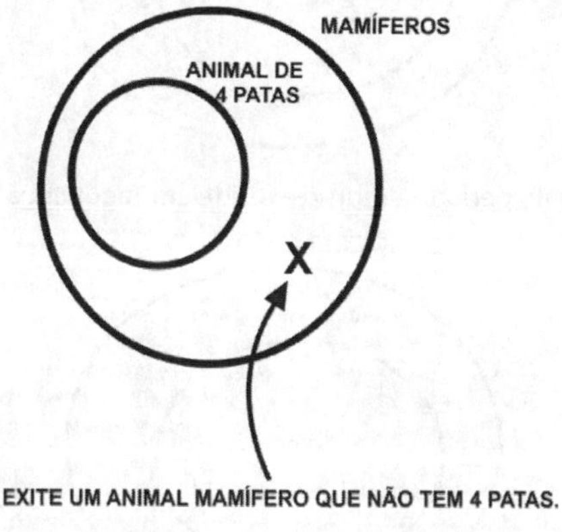

Resposta: D.

69. (FGV/DPE-MT/ASSISTENTE ADMINISTRATIVO/2015). Considere verdadeiras as afirmações a seguir.

- Existem advogados que são poetas.
- Todos os poetas escrevem bem.

Com base nas afirmações, é correto concluir que

a) se um advogado não escreve bem então não é poeta.

b) todos os advogados escrevem bem.

c) quem não é advogado não é poeta.

d) quem escreve bem é poeta.

e) quem não é poeta não escreve bem.

COMENTÁRIO

✪ **Nota do autor:** Na lógica de Primeira Ordem é importante conhecermos sobre Teoria de Conjuntos, uma vez que são utilizados os diagramas de Venn para representar os quantificadores lógicos. Muitas inferências lógicas são representadas pelas proposições categóricas.

Representando as preposições P1 e P2:

P1:

P2:

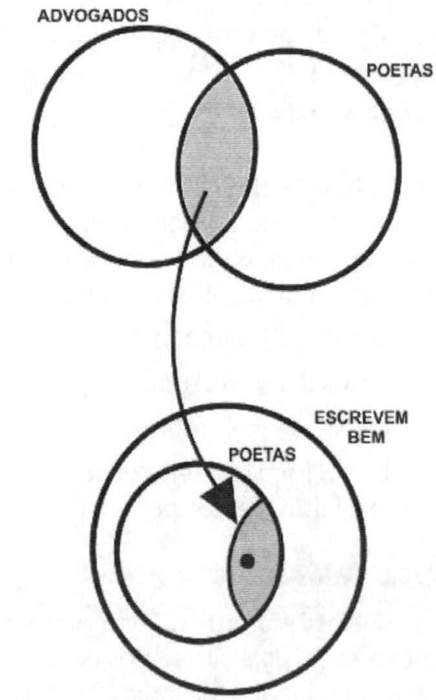

Podemos inferir que "Existem advogados que escrevem bem", desta forma analisando a letra temos:

"Advogado não escreve bem → ele não e preto" é equivalente "Se um advogado é poeta, então ele escreve bem", ou seja, tem o mesmo significado da conclusão que se chegou.

Resposta: A

Algumas sentenças são chamadas abertas porque não são passíveis de interpretação para que possam ser julgadas como verdadeiras (V) ou falsas (F). Se a sentença aberta for uma expressão da forma ∀x P(x), lida como "para todo x, P(x)", em que x é um elemento qualquer de um conjunto U, e P(x) é uma propriedade a respeito dos elementos de U, então é preciso explicitar U e P para que seja possível fazer o julgamento como V ou F.

A partir das definições anteriores, julgue os itens a seguir.

---

70. (ESAF/RECEITA FEDERAL/AUDITOR/2014). Ana está realizando um teste e precisa resolver uma questão de raciocínio lógico. No enunciado da questão, é afirmado que: " todo X1 é Y". Todo X2, se não for X3, ou é X1 ou é X4. Após, sem sucesso, tentar encontrar a alternativa correta, ela escuta alguém acertadamente, afirmar que: não há X3 e não há X4 que não seja Y. A partir disso, Ana conclui corretamente que:

a) Todo Y é X2
b) Todo Y é X3 ou X4
c) Algum X3 é X4
d) Algum X1 é X3
e) Todo x2 é y

COMENTÁRIO

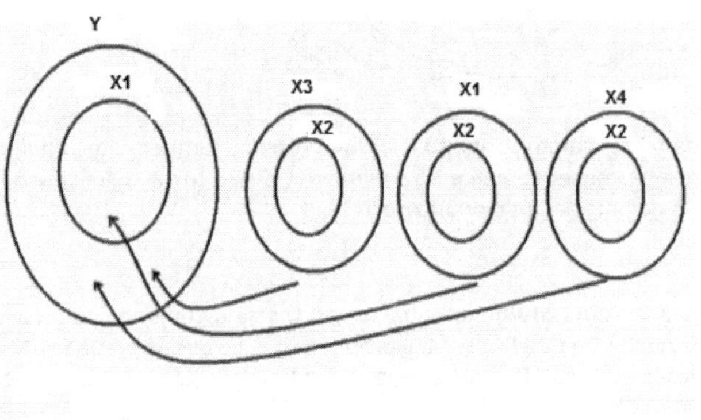

De acordo com as premissas acima e suas representações pelos diagramas lógicos podemos concluir que todo x2 é y.

Resposta: E.

---

71. (CESPE/INSS/ 2008) Considere-se que U seja o conjunto dos funcionários do INSS, P(x) seja a propriedade "x é funcionário do INSS" e Q(x) seja a propriedade "x tem mais de 35 anos de idade". Desse modo, é correto afirmar que duas das formas apresentadas na lista abaixo simbolizam a proposição "Todos os funcionários do INSS têm mais de 35 anos de idade".

(I) ∀x (se Q (x) então P (x)).

(II) ∀x (P (x) ou Q (x)).

(III) ∀x (se P (x) então Q (x)).

I. Se U for o conjunto de todos os funcionários públicos e P (x) for a propriedade "x é funcionário do INSS", então é falsa a sentença ∀xP (x).

COMENTÁRIO

✪ **Nota do autor:** É importante saber representar as proposições categóricas simbolicamente. O item está errado, pois não temos duas formas que representam a proposição encontrada no enunciado. É importante a linguagem da lógica formal quando se refere a representação dos quantificadores lógicos.

1- A proposição: "Todos os funcionários do INSS têm mais de 35 anos de idade" é um quantificador Universal Afirmativo, em que temos a seguinte simbologia: ∀x ((P (x) → Q (x)) ou pode ser escrita ∀x (se P (x) então Q (x)).

Sendo assim, analisaremos os seguintes itens:

(I) ∀x (se Q (x) então P (x)):esta forma **não** simboliza corretamente a proposição, pois o quantificador universal afirmativo não permite a propriedade comutativa.

(II) ∀x (P(x) ou Q(x)): esta forma **não** simboliza corretamente a proposição, pois o quantificador universal afirmativo não é uma união de conjuntos, mas sim uma inclusão de conjuntos.

(III) ∀x(se P(x) então Q(x)): esta forma está correta.

Resposta: Errado.

2- Construindo um diagrama para representar a sentença correta, temos:

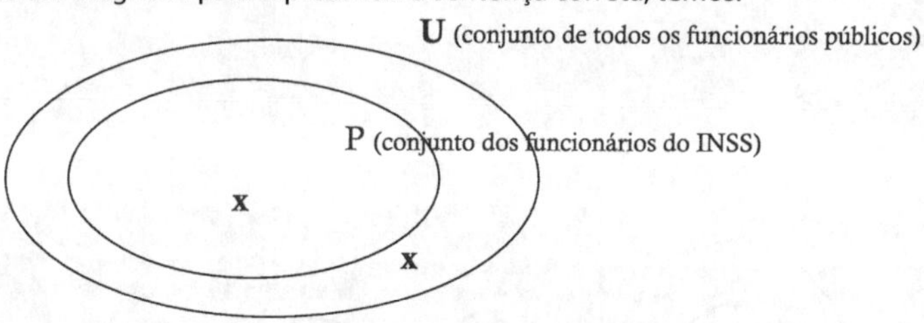

O elemento x pode pertencer ao conjunto P, o que pertence também ao conjunto U, mas temos a possibilidade do elemento x pertencer somente ao conjunto U, **o que torna a sentença falsa**, uma vez que ser funcionário público não garante ser funcionário do INSS.

Resposta: Certo.

---

72. (CESPE/BANCO DO BRASIL/2008) Suponha-se que U seja o conjunto de todas as pessoas, que M (x) seja a propriedade "x é mulher" e que D (x) seja a propriedade "x é desempregada". Nesse caso, a proposição "Nenhuma mulher é desempregada" fica corretamente simbolizada por ¬∃x (M (x) ∧ D (x)).

COMENTÁRIO

✪ **Nota do autor:** É importante saber representar as proposições categóricas por meio da simbologia. Isto é, passar da linguagem natural para a linguagem simbólica.

A proposição "Nenhuma mulher é desempregada" é um quantificado universal negativo em que pode ser representado por ¬∃x (M (x) ∧ D (x).

Nenhum A é B	$\neg\exists$ x (A (x) $\wedge$ B (x))
Linguagem Natural	**Linguagem da lógica Formal**

Resposta: Certo.

---

73. (CESPE/BANCO DO BRASIL/2008) A proposição "Não existem mulheres que ganham menos que os homens" pode ser corretamente simbolizada na forma $\exists$x (M(x) $\rightarrow$ G(x)).

COMENTÁRIO

A proposição "Não existe mulheres que ganham menos que os homens" é um quantificador universal negativo.

$\neg\exists$x (A (x) $\wedge$ B (x))

Logo podemos inferir que a simbolização é $\neg\exists$x (M (x) $\wedge$ G (x)).

Resposta: Errado.

---

74. (CESPE/INSS / 2008) Se R é o conjunto dos números reais, então a proposição ($\forall$x) (x $\in$ R)($\exists$y)(y $\in$ R)(x + y = x) é valorada como V.

COMENTÁRIO

Considerando o conjunto dos números reais temos a proposição:

$\forall$x(x $\in$ R)($\exists$y)(y $\in$ R)(x + y = x) = **V**

A interpretação da proposição acima é: "Para todo x pertencente aos reais, existe um y também pertencente aos reais, tal que x + y=x é uma proposição verdadeira, ou seja, existe um "y=0" que se somarmos x + y = x, isto é verdadeiro, pois "0" zero é o elemento neutro da adição.

Resposta: Certo.

---

75. (CESPE/SEBRAE/2008) Considere a seguinte proposição: "Ninguém será considerado culpado ou condenado sem julgamento". Julgue os itens que se seguem, acerca dessa proposição.

75.01. I. A proposição "Existe alguém que será considerado culpado ou condenado sem julgamento" é uma proposição logicamente equivalente à negação da proposição acima.

COMENTÁRIO

A negação dos quantificadores lógicos é dada pela tabela abaixo:

Afirmação	Negação
Todo A é B	Algum A ñ é B
Algum A é B	Nenhum A é B Todos A ñ é B

A negação da proposição "Ninguém será considerado culpado ou condenado sem julgamento" é dada por "Alguém será considerado culpado ou condenado sem julgamento".

Resposta: Certo.

75.02. II. "Todos serão considerados culpados e condenados sem julgamento" não é uma proposição logicamente equivalente à negação da proposição anterior.

COMENTÁRIO

No primeiro item, a negação da proposição "Ninguém será considerado culpado ou condenado sem julgamento" será pela negação contraditória "Existe alguém que será considerado culpado ou condenado sem julgamento", uma vez que nega quantidade e qualidade.

Tomando como base o item anterior, podemos concluir que "Todos serão considerados culpados e condenados sem julgamento" não é a negação da proposição proposta pela questão.

Resposta: Certo.

76. (CESPE/SEBRAE / 2008) Com relação à lógica formal, julgue o item subsequente.

A negação da proposição "Ninguém aqui é brasiliense" é a proposição "Todos aqui são brasilienses".

COMENTÁRIO

✪ **Nota do autor:** É importante saber as negações das proposições categóricas devido a incidências nas provas de concursos, não esquecendo que são exigidas as negações contraditórias, ou seja, quando se nega a quantidade e a qualidade. Veja em DICAS.

A proposição "Ninguém aqui é brasiliense" trata-se de quantificador universal negativo. Se quisermos a negação torna-se viável negarmos pela contraditória, uma vez que temos a certeza que será por quantidade e qualidade. Logo, a negação será: "Alguém aqui é brasiliense".

Resposta: Errado.

77. (CESPE /PC-ES/2010) Um argumento constituído por uma sequência de três proposições – P1, P2 e P3, em que P1 e P2 são as premissas e P3 é a conclusão – é considerado válido se, a partir das premissas P1 e P2, assumidas como verdadeiras, obtém-se a conclusão P3, também verdadeira por consequência lógica das premissas. A respeito das formas válidas de argumentos, julgue os próximos itens.

Considere a seguinte sequência de proposições

P1 – Existem policiais que são médicos.

P2 – Nenhum policial é infalível.

P3 – Nenhum médico é infalível.

77.01. I. Nessas condições, é correto concluir que o argumento de premissas P1 e P2 e conclusão P3 é válido.

COMENTÁRIO

Dadas as proposições categóricas P1, P2 e P3, temos os seguintes diagramas que as representam:

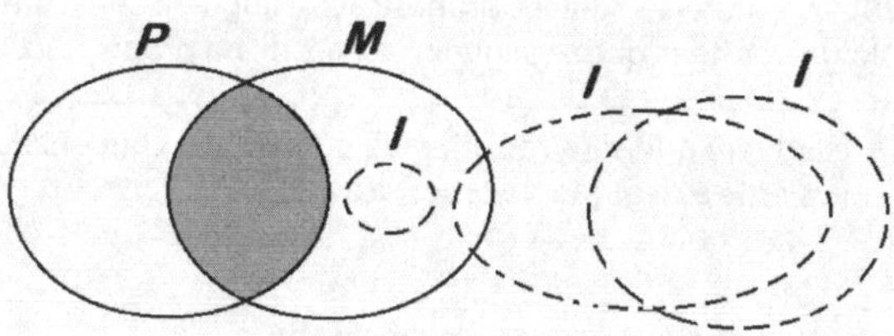

P: Policiais.

M: Médicos.

I: Infalível.

Segundo os diagramas acima, podemos inferir que P3 não é uma consequência das premissas P1 e P2, logo o argumento não é válido.

O conjunto infalível pode ficar nas posições pontilhadas, o que não garante a verdade da conclusão.

Resposta: Errado.

77.02. II. Se as premissas P1 e P2 de um argumento forem dadas, respectivamente, por "Todos os leões são pardos" e "Existem gatos que são pardos", e a sua conclusão P3 for dada por "Existem gatos que são leões", então essa sequência de proposições constituirá um argumento válido.

COMENTÁRIO

Temos os diagramas abaixo que representam as proposições do argumento e verificamos que P3 pode ser verdadeira ou não. Logo, o argumento não pode ser válido.

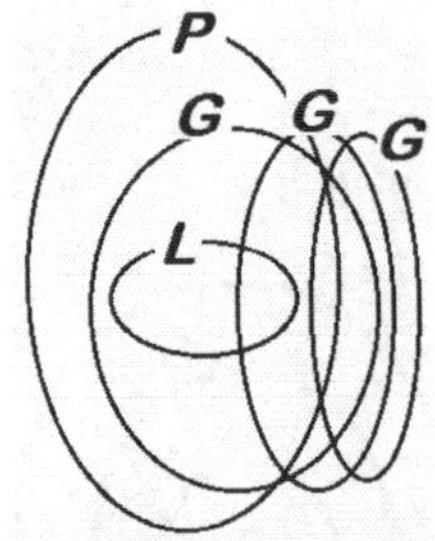

Resposta: Errado.

78. (CESPE/DEPEN/2013) Em determinado estabelecimento penitenciário, todos os detentos considerados perigosos são revistados diariamente, e todos os detentos que cometeram crimes utilizando armas são considerados perigosos.

Com base nessa informação, julgue os itens seguintes.

78.01. I. Se um detento cometeu um assalto à mão armada, então ele é revistado diariamente.

COMENTÁRIO

✪ Nota do autor:

Representando as proposições por meio de seus diagramas lógicos temos:

DP: Detentos perigosos

RD: Revistados diariamente

CA: Cometem crimes com armas

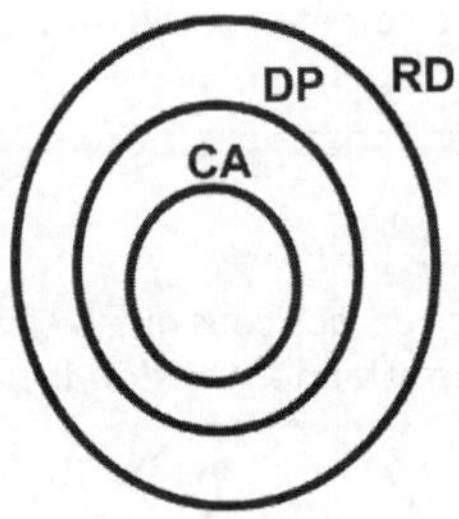

I.

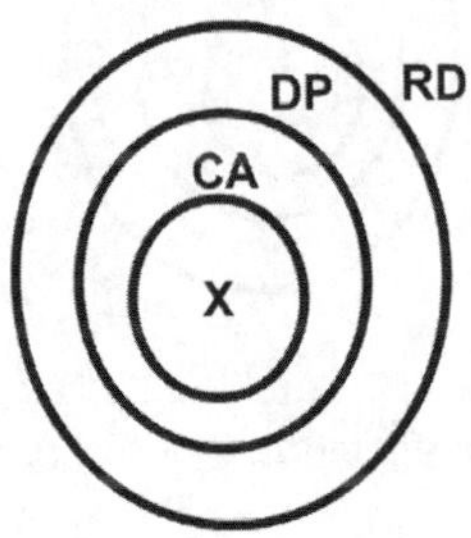

De acordo com os diagramas que representam as proposições podemos inferir que se o detento "x" cometeu um assalto à mão armada, ele pertence ao conjunto CA, e o conjunto Ca está contido em RD, logo o elemento "x" pertence ao conjunto RD.

Resposta: Certo.

78.02. II. Somente os detentos perigosos serão revistados diariamente.

COMENTÁRIO

✪ **Nota do autor: (Vide nota do item I)**

De acordo com os diagramas podemos inferir que o elemento "x" não é perigoso, porém é revistado diariamente.

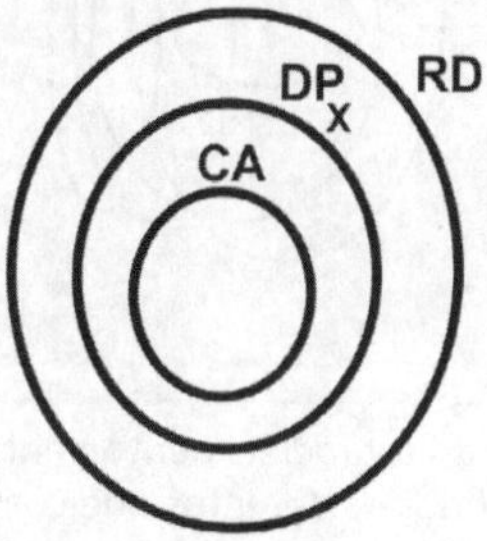

Resposta: Errado.

78.03. III. A negação da proposição "Todos os detentos considerados perigosos são revistados diariamente" é equivalente à proposição "Nenhum detento perigoso é revistado diariamente".

COMENTÁRIO

✪ **Nota do autor: (Vide nota do item I).**

A negação da proposição universal afirmativa é dada pelo particular negativo, em que devemos negar a quantidade e a qualidade. Logo a negação será "Alguns detentos considerados perigosos não são revistados diariamente".

Resposta: Errado.

78.04. IV. Sabendo-se que um detento não cometeu crime estando armado, é correto afirmar que, seguramente, ele não será revistado.

COMENTÁRIO

✪ **Nota do autor: (Vide nota do item I).**

De acordo com os diagramas e as possíveis posições que o elemento "x" pode ficar podemos inferir que apesar do elemento não ter cometido crime estando armado, ele pode ser ou não revistado diariamente.

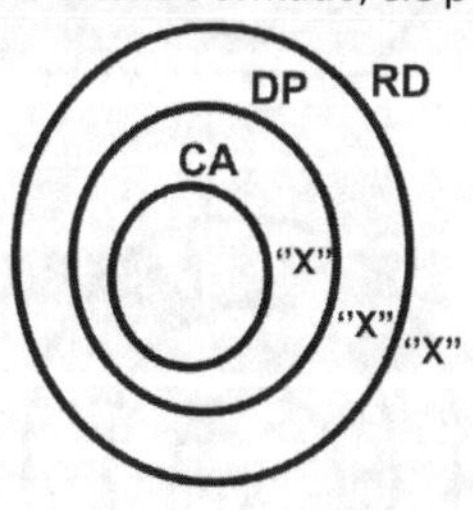

Resposta: Errado.

78.05. V. Sabendo-se que um detento é considerado perigoso é correto afirmar que ele cometeu crime à mão armada.

COMENTÁRIO

✪ **Nota do autor: (Vide nota do item I).**

De acordo com os diagramas e as possíveis posições que o elemento "x" pode estar podemos inferir que o elemento "x" sendo perigoso não podemos afirmar que ele cometeu crime à mão armada.

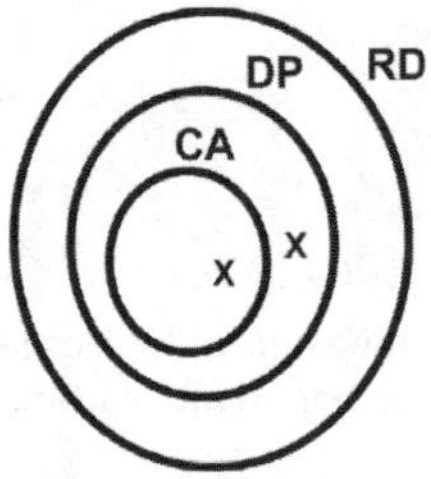

Resposta: Errado.

---

79. (ANPAD/2009) Negação da sentença "Nenhuma pessoa lenta em aprender frequenta esta escola" é:

a) todas as pessoas lentas em aprender frequentam esta escola.

b) todas as pessoas lentas em aprender não frequentam esta escola.

c) algumas pessoas lentas em aprender frequentam esta escola.

d) algumas pessoas lentas em aprender não frequentam esta escola.

e) nenhuma pessoa lenta em aprender frequenta esta escola.

COMENTÁRIO

A negação da proposição "Nenhum A é B" pode ser representado por "Algum A é B" em que negamos a quantidade e a qualidade.

Resposta: C.

---

80. (IADES/2013) Considerando a afirmação "Todo arquiteto é louco por futebol", é correto afirmar que

a) quem não é arquiteto não é louco por futebol.

b) quem não é arquiteto é louco por futebol.

c) aquele que não é louco por futebol não é arquiteto.

d) aquele que é louco por futebol é arquiteto.

e) nenhum arquiteto é louco por futebol.

COMENTÁRIO

✪ **Nota do autor:** Observar que os quantificadores lógicos são representados pelos diagramas lógicos. Sendo assim, nas inferências lógicas formadas por quantificadores a conclusão deverá ser consequência das premissas.

Representando por diagramas a proposições universais afirmativas temos:

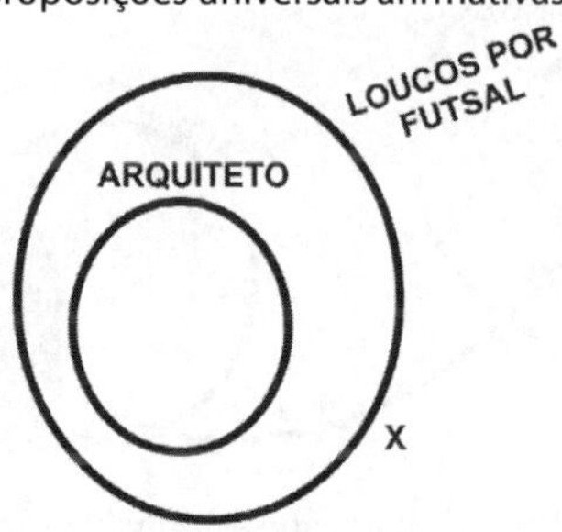

Podemos inferir que aquele que não é louco por futebol "x" também não é arquiteto.

Resposta: C.

---

81. (FUNCAB/2013) Considerando que todo pintor é habilidoso e que alguns azulejistas não são habilidosos, é correto afirmar que:

a) quem não é azulejista é habilidoso

b) alguns pintores que são azulejistas não são habilidosos.

c) todo pintor que é azulejista é habilidoso
d) nenhum pintor é azulejista.
e) todo azulejista é pintor.

COMENTÁRIO

✪ **Nota do autor:** Observar que os quantificadores lógicos são representados pelos diagramas lógicos. Sendo assim, nas inferências lógicas formadas por quantificadores a conclusão deverá ser consequência das premissas analisando os diagramas.

Representando por diagramas:

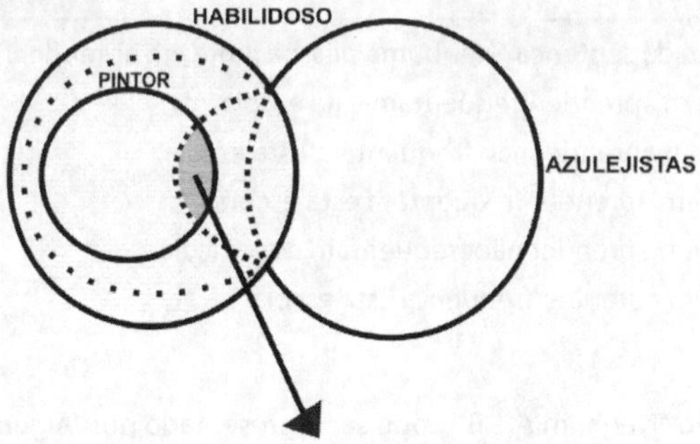

Pintores que são Azulejistas e que são habilidosos.

Resposta: C.

---

82. (FUNCAB/2013) Considere que as seguintes afirmações são verdadeiras: "Alguma candidata é médica." "Toda candidata é formada." Assim sendo, das opções abaixo, a única verdadeira é:

a) Alguma candidata médica não é formada.
b) Alguma candidata não médica não é formada.
c) Alguma candidata formada é médica.
d) Toda candidata médica não é formada.
e) Toda candidata formada é médica.

COMENTÁRIO

Representando os diagramas

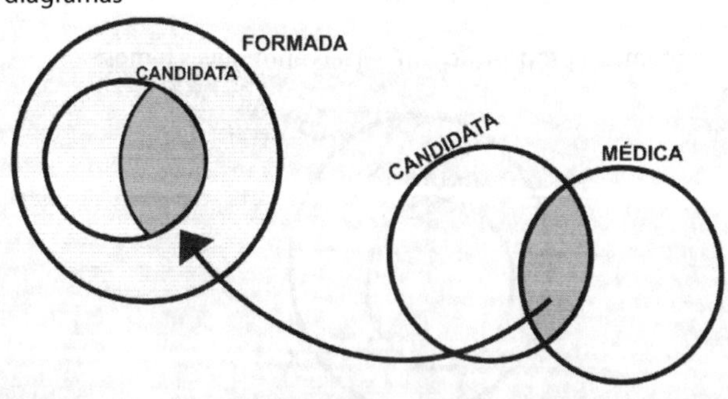

Temos que alguma candidata médica é formada que é equivalente a alguma candidata formada é médica

Resposta: C.

---

83. (ESAF/2008) Se não é verdade que "alguma professora universitária não dá aulas interessantes", portanto é verdade que:

a) todas as professoras universitárias dão aulas interessantes.
b) nenhuma professora universitária dá aulas interessantes.

c) nenhuma aula interessante é dada por alguma professora universitária.

d) nem todas as professoras universitárias dão aulas interessantes.

e) todas as aulas não interessantes são dadas por professoras universitárias.

COMENTÁRIO

A negação da proposição "Algum A ñ é B" é "Todo A é B" em que negamos a quantidade e a qualidade (contraditório).

Desta forma a negação de "Alguma professora universitária não dá aulas interessantes" é "Todas as professoras universitárias dão aulas interessantes".

Resposta: A.

---

84. (ESAF/2006). Se a professora de Matemática foi à reunião, nem a professora de Inglês nem a professora de Francês deram aula. Se a professora de Francês não deu aula, a professora de Português foi à reunião. Se a professora de Português foi à reunião, todos os problemas foram resolvidos. Ora, pelo menos um problema não foi resolvido. Logo,

a) a professora de Matemática não foi à reunião e a professora de Francês não deu aula.

b) a professora de Matemática e a professora de Português não foram à reunião.

c) a professora de Francês não deu aula e a professora de Português não foi à reunião.

d) a professora de Francês não deu aula ou a professora de Português foi à reunião.

COMENTÁRIO

Simbolizando as proposições simples:

PMR: Professora de Matemática foi à reunião

PFA: Professora de Francês deu aula

PIA: Professora de Inglês deu aula

PPR: Professora de Português foi à reunião

PR: Todos os problemas foram resolvidos.

Representando as proposições:

(F)

(F) **(V/F)** **(F)**

P1: $PMR \rightarrow (\neg PIA \wedge \neg PFA) = V$

(F) **(F)**

P2: $\neg PFA \rightarrow PPR = V$

(F) **(F)**

P3: $PPR \rightarrow PR = V$

(V)

P4: $\neg PR = V$

Considerando de que todas as proposições P1, P2, P3, P4 são verdadeiras e valorando as proposições a partir de P4, podemos inferir que a resposta e a letra B.

b) $\neg PMR \wedge \neg PPR$

(V) ∧ (V) = V

Resposta: B.

✦ DICAS

Gottlob Frege construiu uma maneira de reordenar várias sentenças para tornar sua forma lógica clara, com a intenção de mostrar como as sentenças relacionam-se em certos aspectos. Antes de Frege, a lógica formal não obteve sucesso além do nível da lógica de sentenças: ela podia representar a estrutura de sentenças compostas de outras sentenças, usando os conectivos lógicos: "e", "ou" e "não", mas não podia quebrar sentenças em partes menores. O trabalho de Frege foi um dos que deu início à lógica formal contemporânea. Sendo assim, percebemos a grande incidência de questões de concursos públicos voltadas para esta linguagem e raciocínio.

No estudo das operações com conjuntos e das soluções de problemas envolvendo conjuntos, os diagramas ajudam a visualizar e contribuem para a compreensão de vários assuntos em Lógica.

Um tipo especial de proposição são as **proposições categóricas**. Podemos identificá-las facilmente porque são precedidas pelos quantificadores lógicos: "Todo (∀)", "Nenhum (¬∃)", "Algum (∃)". Na lógica clássica (também chamada de lógica aristotélica), o estudo da dedução era desenvolvido usando-se as proposições categóricas.

As quatro proposições categóricas possíveis, em suas formas típicas, são dadas no quadro seguinte:

	Proposições Afirmativas	**Proposições Negativas**
Proposições Universais	(A) todo "A" é "B"	(E) nenhum "A" é "B" Todo "A não é B"
Proposições Particulares	(I) algum "A" é "B"	(O) algum "A" não é "B" Nem todo A é B

Entre parênteses estão as vogais que representam quantificação.

Podemos observar no quadro acima que cada uma das proposições categóricas na forma típica começa por **"Todo" ou "Nenhum"** (chamados de quantificadores universais) ou por **"Algum"** (chamado de quantificador particular).

1. Particular afirmativo: **Algum A é B**

Alguns termos que podem substituir a palavra **"algum"** nas provas de concursos públicos:

- **Ao menos um**
- **Pelo menos um**
- **Existe**
- **Alguém**

INTERSEÇÃO (A ∩ B) = {U}
Conjunto unitário

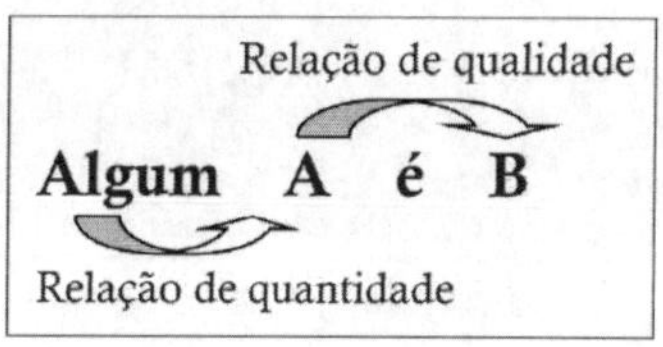

O conjunto interseção é formado pelos elementos que pertencem aos conjuntos A **e** B simultaneamente.

$$(A \cap B) = \{x \,/\, x \in A \textbf{ e } x \in B\}$$

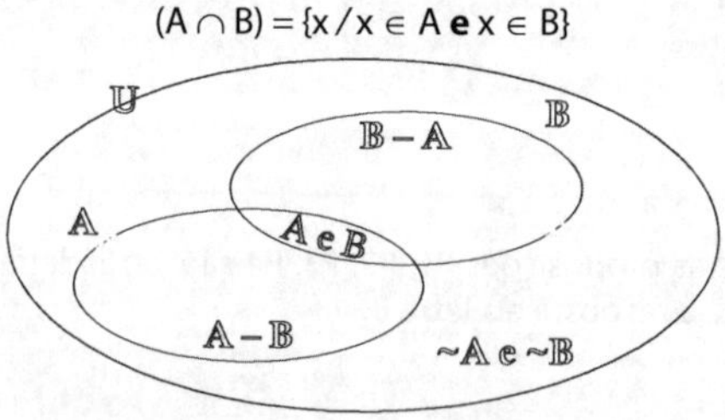

Simbolicamente: $\exists x\,(A(x) \land B(x)) \Leftrightarrow \exists x\,(B(x) \land A(x))$

2. Universal negativo: **Nenhum A é B**

CONJUNTOS DISJUNTOS

O termo "**nenhum**" pode ser substituído pela palavra **"não existe"** nas provas de concursos públicos:

A e B são disjuntos se $A \cap B = \varnothing$
Conjunto vazio

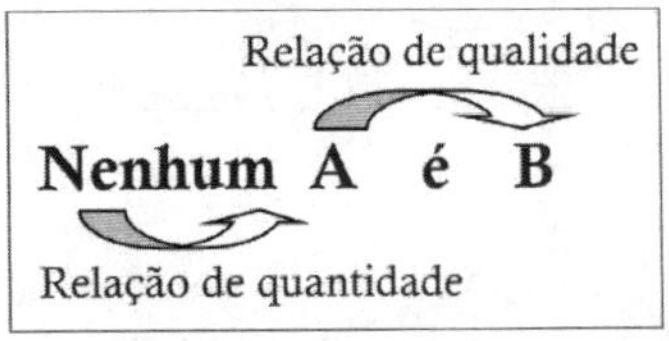

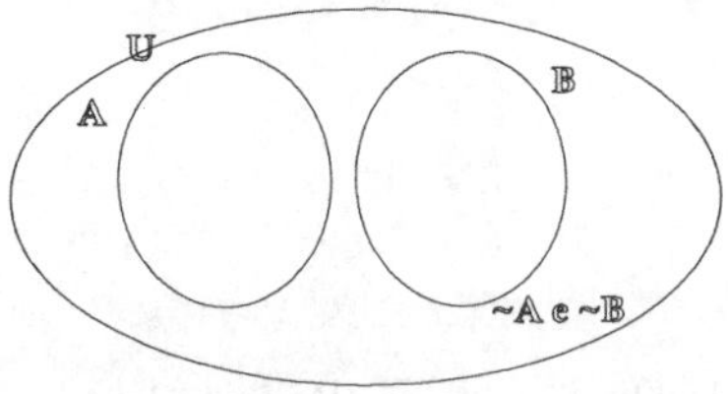

Simbolicamente: $\neg\exists x\ (A(x) \wedge B(x)) \Leftrightarrow \neg\exists x\ (B(x) \wedge A(x))$

3. Particular negativo: **Algum A não é B**

Alguns termos que podem substituir a palavra **"algum"** nas provas de concursos públicos:

- **Ao menos um**
- **Pelo menos um**
- **Existe**
- **Alguém**

$A - B = \{x / x \in A \text{ e } x \notin B\}$
DIFERENÇA

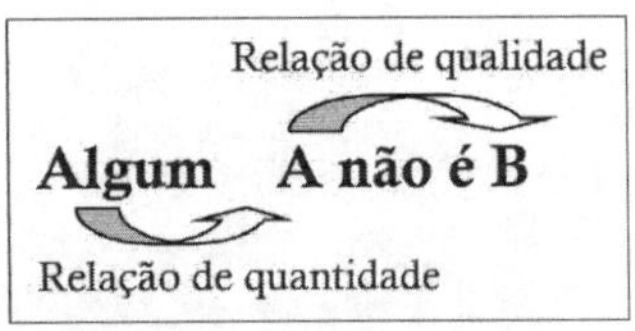

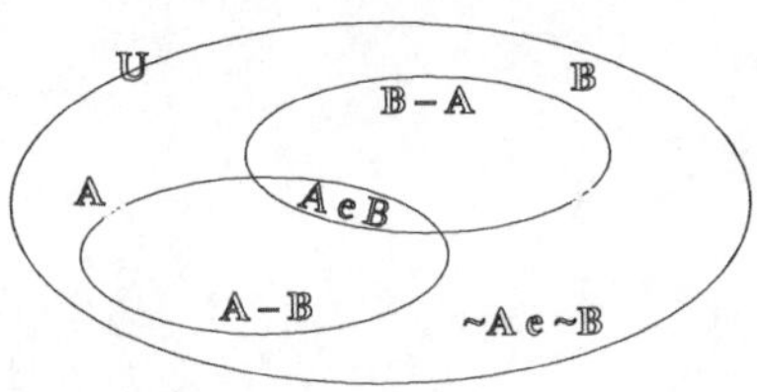

Simbolicamente: $\exists X\ (A(X) \wedge \neg B(X))$

4. Universal afirmativo: **Todo A é B**

$A \cup B = B$ $A \cap B = A$
INCLUSÃO DE CONJUNTOS ($A \subset B$)

Alguns termos que podem substituir a palavra **"todo"** nas provas de concursos públicos:

- **Para todo**
- **Qualquer que seja**

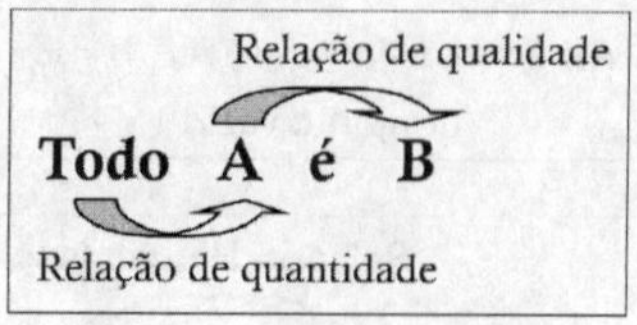

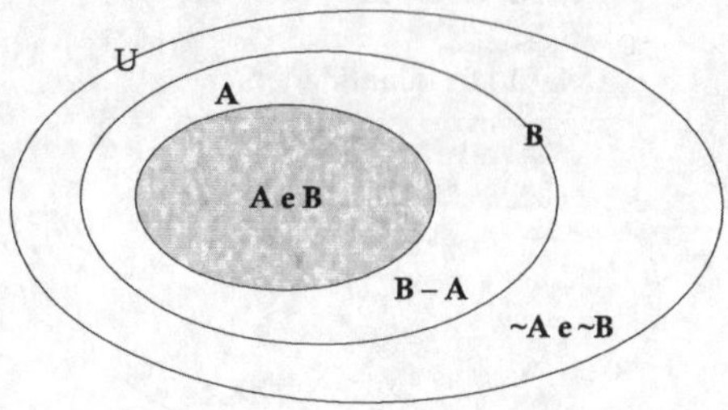

Simbolicamente: $\forall(x)\ (A(x) \rightarrow B(x))$

Capítulo VI – Inferência Lógica, Lógica de Argumentação e Raciocínio Analítico

01. Ano: 2024 Banca: CESPE / CEBRASPE Órgão: Prefeitura de Mossoró – RN Provas: CESPE / CEBRASPE – 2024 – Prefeitura de Mossoró – RN – Analista de Procuradoria – Especialidade: Contabilidade

O parágrafo primeiro do artigo 2.º da Lei de Introdução às Normas do Direito Brasileiro assim preceitua: "§ 1.º A lei posterior revoga a anterior quando expressamente o declare, quando seja com ela incompatível ou quando regule inteiramente a matéria de que tratava a lei anterior.".

Considerando esse dispositivo legal como a proposição P, julgue o item que se segue, acerca de aspectos da lógica proposicional nela presentes.

Considere que um juiz, ao aplicar a legislação, verifique que certa lei (Lei A) não foi expressamente revogada por nenhuma outra e que não há outra que regule inteiramente a matéria de que trata a Lei A, porém identifique outra lei (Lei B), posterior à Lei A e com ela incompatível. Nesse caso, se o juiz decidir aplicar, mesmo assim, a Lei A, será falsa, nesse caso específico, a proposição encerrada no parágrafo primeiro do artigo 2.º da Lei de Introdução às Normas do Direito Brasileiro.

COMENTÁRIO

Seja a proposição P: " A lei posterior revoga a anterior quando expressamente o declare, quando seja com ela incompatível ou quando regule inteiramente a matéria de que tratava a lei anterior."

Vamos representar por símbolos:

Q: A lei posterior revoga a anterior

R:quando expressamente o declare

S: quando seja com ela incompatível

T: quando regule inteiramente a matéria de que tratava a lei anterior

Observe que temos uma condição para que a lei posterior revogue e a anterior, desta forma podemos escrever como:

$(R \vee S \vee T) \rightarrow Q$

Verifique que certa lei (Lei A) não foi expressamente revogada por nenhuma outra, ou seja, Q tem valor F.

Também foi informado que não há outra que regule inteiramente a matéria de que trata a Lei A, porém identifique outra lei (Lei B), posterior à Lei A e com ela incompatível.

Ou seja, temos os valores lógicos de:

Q:F

R:F

S:V

T:F

Ou seja, temos:

$(R \vee S \vee T) \rightarrow Q$

$(F \vee V \vee F) \rightarrow F$

Em uma disjunção basta que uma proposição seja verdade para obter o valor V:

$V \rightarrow F$

Em uma condicional, a única forma de se obter falso é quando a primeira proposição é verdadeira e a segunda é falsa.

Logo, $V \rightarrow F = F$.

Item correto.

GABARITO: CERTO

---

02. Ano: 2024 Banca: CESPE / CEBRASPE Órgão: CNJ Provas: CESPE / CEBRASPE – 2024 – CNJ – Analista Judiciário – Área Administrativa – Especialidade: Pedagogia

Suponha que seja válida a seguinte proposição P.

P: "Se em 2024 a Lei 1 for revogada ou a Lei 2 for aprovada, então Felipe se aposentará em 2025."

Considerando que a aprovação da Lei 2 não revogue a Lei 1 e que a revogação da Lei 1 não resulte na aprovação da Lei 2, julgue o próximo item, relativo à proposição P.

Se em 2024 a Lei 1 for revogada, mas a Lei 2 não for aprovada, então Felipe não se aposentará em 2025.

COMENTÁRIO

Vamos organizar as proposições:

"Se em 2024 a Lei 1 for revogada ou a Lei 2 for aprovada, então Felipe se aposentará em 2025."

A: em 2024 a Lei 1 for revogada

B: Lei 2 for aprovada

C: Felipe se aposentará em 2025.

$(A \vee B) \rightarrow C$

A equivalência dessa condicional é dada por duas formas:

1ª: Nega a primeira proposição + ou + mantém a se segunda proposição.

$(\sim A \wedge \sim B) \vee C$

Ou

2ª: Contrapositiva: Nega as duas proposições e inverte os lugares mantendo o conectivo.

$\sim C \rightarrow (\sim A \wedge \sim B)$

Observe que o item dado não corresponde a nenhuma das equivalências possíveis. O item considerou a propriedade comutativa o que não é permitia na condicional.

GABARITO: ERRADO

---

03. Ano: 2024 Banca: CESPE / CEBRASPE Órgão: CNJ Provas: CESPE / CEBRASPE – 2024 – CNJ – Analista Judiciário – Área Administrativa – Especialidade: Pedagogia

Suponha que seja válida a seguinte proposição P.

P: "Se em 2024 a Lei 1 for revogada ou a Lei 2 for aprovada, então Felipe se aposentará em 2025."

Considerando que a aprovação da Lei 2 não revogue a Lei 1 e que a revogação da Lei 1 não resulte na aprovação da Lei 2, julgue o próximo item, relativo à proposição P.

Se em 2025 Felipe se aposentar, então é correto afirmar que em 2024 a Lei 1 foi revogada ou a Lei 2, aprovada.

COMENTÁRIO

O item está pedindo a contrapositiva da condicional dada:

Vamos organizar as proposições:

"Se em 2024 a Lei 1 for revogada ou a Lei 2 for aprovada, então Felipe se aposentará em 2025."

A: em 2024 a Lei 1 for revogada

B: Lei 2 for aprovada

C: Felipe se aposentará em 2025.

$(A \vee B) \rightarrow C$

Contrapositiva: Nega as duas proposições e inverte os lugares mantendo o conectivo.

$\sim C \rightarrow (\sim A \wedge \sim B)$

O certo seria: Se Felipe não se aposentar em 2025, então é correto afirmar que em 2024 a Lei 1 não foi revogada e a Lei 2 não foi aprovada.

GABARITO: ERRADO

---

04. Ano: 2023 Banca: CESPE / CEBRASPE Órgão: MME Prova: CESPE / CEBRASPE – 2023 – MME – Administrador

Texto associado

P: "Desde que se esforce e seja disciplinado, João alcançará seu objetivo".

Em relação à proposição P anteriormente apresentada, julgue o item a seguir.

A veracidade das proposições "João se esforça" e "João é disciplinado" é suficiente para assegurar a veracidade da proposição P.

COMENTÁRIO

Para facilitar o entendimento vamos separar as proposições simples:

P: "Desde que se esforce e seja disciplinado, João alcançará seu objetivo".

A: se esforce

B: seja disciplinado

C: João alcançará seu objetivo

Observe que a virgula colocada depois da palavra disciplinado é para mostrar uma consequência, logo teremos uma condicional. Então a proposição P pode ser escrita como:

$(A \wedge B) \rightarrow C$

Em uma condicional, quando temos a situação $V \rightarrow F$ a proposição será valorizada como falso. Desta forma, para garantir a veracidade da proposição seria necessário que C "João alcançará seu objetivo" seja verdadeiro.

GABARITO: ERRADO

---

05. Ano: 2023 Banca: CESPE / CEBRASPE Órgão: DATAPREV Provas: CESPE / CEBRASPE – 2023 – DATAPREV – Analista de Processamento

P1: "Se houver resistência de populares ou depredação de patrimônio, a polícia agirá."

P2: "Se a polícia agir, a ambulância será necessária."

P3: "Não houve depredação de patrimônio, mas a ambulância foi necessária."

C: "Houve resistência de populares."

Tomando por referência as proposições precedentes, julgue o item seguinte.

Caso seja verdadeira a proposição "A ambulância será necessária.", a proposição P2 será também verdadeira, independentemente do valor lógico de sua outra proposição simples constituinte.

COMENTÁRIO

A proposição P2 é uma condicional (Se...então), sendo assim a única forma para obter valor falso é quando temos o formato $V \rightarrow F$. Ou seja, quando a consequência for falsa.

Como o item já deixou claro que a consequência é verdadeira, essa condicional sempre apresentará valor verdadeiro.

GABARITO: CERTO

---

06. Ano: 2023 Banca: CESPE / CEBRASPE Órgão: Prefeitura de São Cristóvão – SE Provas: CESPE / CEBRASPE – 2023 – Prefeitura de São Cristóvão – SE – Guarda Municipal

Texto associado

Texto CB2A3-I

Se estudo para concurso e vou bem nas provas, tiro boas notas.

Se tiro boas notas, sou aprovado.

Logo, sou aprovado.

O fato de a proposição "Se tiro boas notas, sou aprovado." ser uma premissa do argumento apresentado no texto CB2A3-I significa que

Alternativas

A. deve-se sempre supor a veracidade da proposição para se verificar a validade do argumento.

B. tal proposição é sempre verdadeira.

C. a veracidade da proposição implica a validade do argumento.

D. a validade do argumento implica a veracidade da proposição.

COMENTÁRIO

Para validar um argumento deve-se sempre supor a veracidade das premissas dadas.

Desta forma, item A.

GABARITO: LETRA A

---

07. (VUNESP – 2023 – TCM-SP – Auditor de Controle Externo – Especialidade: Administração) Se a fiscalização é feita corretamente e as auditorias são consistentes, então os munícipes estão satisfeitos. Sabendo-se que os munícipes não estão satisfeitos, conclui-se corretamente que

A. a fiscalização foi feita corretamente ou as auditorias foram consistentes.

B. a fiscalização foi feita corretamente, mas as auditorias não foram consistentes.

C. a fiscalização não foi feita corretamente, mas as auditorias foram consistentes.

D. a fiscalização não foi feita corretamente e as auditorias não foram consistentes.

E. a fiscalização não foi feita corretamente ou as auditorias não foram consistentes.

COMENTÁRIO

Forma dadas duas proposições, uma composta e uma simples:

i. Se a fiscalização é feita corretamente e as auditorias são consistentes, então os munícipes estão satisfeitos. (V)

ii. os munícipes não estão satisfeitos(V)

Tomando as duas afirmativas como verdadeiras, podemos concluir que a segunda parte da proposição i será falsa. Como essa afirmativa é uma condicional, NÃO podemos obter o formato $V \rightarrow F = F$.

Logo, a primeira parte deverá também ser falsa:

Se a fiscalização é feita corretamente e as auditorias são consistentes(F), então os munícipes estão satisfeitos (F)

Observe que a estrutura lógica dessa condicional é: $(A \wedge B) \rightarrow C$

Sabendo que $(A \wedge B)$ possui valor falso, a sua negação será verdade.

Logo, $\sim(A \wedge B) = \sim A \vee \sim B$

Então, podemos concluir que "a fiscalização NÃO é feita corretamente OU as auditorias NÃO são consistentes".

Resposta:: LETRA E.

---

08. (FGV – 2023 – MPE-SP – Analista de Promotoria – Assistente Social) As seguintes afirmações acerca de Marcos são verdadeiras:

I. Marcos é professor ou pratica natação.

II. Marcos tem filhos e não pratica natação.

III. Marcos não é brasileiro ou não é professor.

IV. Se Marcos conhece São Paulo, então Marcos é brasileiro.

A partir dessas informações, pode-se afirmar que Marcos

A. tem filhos, é brasileiro e conhece São Paulo.

B. é professor, não conhece São Paulo e não é brasileiro.

C. tem filhos, é brasileiro e é professor.

D. é brasileiro, pratica natação e não conhece São Paulo.

COMENTÁRIO

Temos quatro proposições compostas ditas como verdadeiras, então vamos valorar cada proposição simples que as formam de acordo com a tabela verdade de cada conectivo.

Como a única forma de conseguir verdade em uma conjunção é quando as duas proposições são verdadeiras, começaremos pelo item II e com as informações obtidas partiremos para os próximos itens:

II. Marcos tem filhos (V) e não pratica natação. (V)

Agora analisaremos algum item que tenha uma proposição com informações do item II, nesse caso o item I:

I. Marcos é professor ou pratica natação (F).

Como é uma disjunção, para ser verdade pelo menos uma das proposições deve ser verdadeira. Então temos:

I. Marcos é professor (V) ou pratica natação (F).

Com essa informação, analisaremos o item III, e por ser uma conjunção, usaremos o mesmo critério do item I:

III. Marcos não é brasileiro (V) ou não é professor (F).

Por último, analisamos o item II. Por ser uma condicional, a única forma de devemos evitar é V → F, pois tornaria a sentença falsa. Sendo assim, temos:

IV. Se Marcos conhece São Paulo (F), então Marcos é brasileiro (F).

Com isso podemos concluir:

Marcos é Brasileiro, não conhece São Paulo, é professor, não prática natação e tem filhos.

Resposta: LETRA B.

---

09. (Instituto Consulplan – 2023 – MPE-BA – Assistente Técnico-Administrativo) Em uma determinada penitenciária há dois pavilhões: um pavilhão contém detentos que sempre falam mentira e no outro pavilhão há detentos que só falam a verdade. Um Promotor de Justiça visitou o presídio e conversou com cinco detentos: Antônio, Bruno, Cláudio, Daniel e Elias, que lhe fizeram as seguintes afirmações:

- Antônio: Daniel e Elias são do meu pavilhão.
- Bruno: Todas as manhãs tomamos banho de sol aqui na penitenciária.
- Cláudio: Antônio é do meu pavilhão.
- Daniel: Só tomamos banho de sol segunda-feira, quarta-feira, sexta-feira e sábado.
- Elias: Cláudio pertence ao pavilhão dos mentirosos.

Sabendo-se que três dos detentos ouvidos pelo Promotor pertencem ao pavilhão dos que falam a verdade, quais são os detentos do pavilhão dos mentirosos?

A. Cláudio e Elias.

B. Daniel e Bruno.

C. Elias e Antônio.

D. Bruno e Cláudio.

E. Antônio e Bruno.

COMENTÁRIO

Para resolver esse tipo de questão precisamos ir testando as possibilidades de forma a não encontrar contradições.

As falas dos detentos foram as seguintes:

- Antônio: Daniel e Elias são do meu pavilhão.
- Bruno: Todas as manhãs tomamos banho de sol aqui na penitenciária.
- Cláudio: Antônio é do meu pavilhão.
- Daniel: Só tomamos banho de sol segunda-feira, quarta-feira, sexta-feira e sábado.
- Elias: Cláudio pertence ao pavilhão dos mentirosos.

Vamos supor que Antônio tenha dito a verdade, então Antônio, Daniel e Elias seriam os três detentos que falam a verdade. Então vamos analisar as falas de Daniel e Elias para ver se não existem contradições.

Elias disse que Cláudio pertence ao pavilhão dos mentirosos, e isso está de acordo com a fala de Antônio.

Daniel afirmou que tomam banho de sol 3 vezes na semana, que é diferente do que o Bruno disse, já que o Bruno é o mentiroso. Note que não houve contradições, logo os mentirosos são Bruno e Cláudio.

Resposta: LETRA D.

---

10. (INSTITUTO AOCP – 2023 – PC-GO – Escrivão de Polícia da 3ª Classe) Se José for aprovado no concurso, será Escrivão de Polícia da 3ª Classe. Se ele for Escrivão de Polícia da 3ª Classe, deverá expedir intimações. Se ele expedir intimações, deverá acompanhar autoridades policiais em suas diligências. Do ponto de vista lógico, se José não acompanhou autoridades policiais em suas diligências, pode-se dizer que

A. José foi aprovado no concurso.

B. José é Escrivão de Polícia da 3ª Classe.

C. José expediu intimações.

D. José não expediu intimações ou José foi aprovado no concurso.

E. José não é Escrivão de Polícia da 3ª Classe e José acompanhou autoridades policiais em suas diligências.

COMENTÁRIO

Temos algumas proposições compostas e uma simples:

i. Se José for aprovado no concurso, será Escrivão de Polícia da 3ª Classe.

ii. Se ele for Escrivão de Polícia da 3ª Classe, deverá expedir intimações.

iii. Se ele expedir intimações, deverá acompanhar autoridades policiais em suas diligências.

iv. José não acompanhou autoridades policiais em suas diligências

Como são condicionais devemos evitar a situação em que ela torna a sentença falsa: $V \rightarrow F = F$

iv. José não acompanhou autoridades policiais em suas diligências (V)

Com isso valoramos as condicionais:

iii. Se ele expedir intimações (F), deverá acompanhar autoridades policiais em suas diligências (F).

ii. Se ele for Escrivão de Polícia da 3ª Classe (F), deverá expedir intimações (F).

i. Se José for aprovado no concurso (F), será Escrivão de Polícia da 3ª Classe (F).

Com isso, vamos analisar as alternativas:

A. José foi aprovado no concurso.(F)

B. José é Escrivão de Polícia da 3ª Classe. (F)

C. José expediu intimações. (F)

D. José não expediu intimações (V) ou José foi aprovado no concurso (F).

Como é uma disjunção temos $V \vee F = V$.

E. José não é Escrivão de Polícia da 3ª Classe (V) e José acompanhou autoridades policiais em suas diligências (F).

Logo: $V \wedge F = F$

Resposta: Letra D.

11. (Instituto Consulplan – 2023 – Câmara de Tremembé-SP – Oficial Legislativo – Compras) Se Carla é analista, então Joana não é auxiliar de contabilidade. Ou Joana é auxiliar de contabilidade ou Marina é bibliotecária. Se Marina não é bibliotecária, então Carla é analista. Considerando que Carla não é analista, pode-se afirmar, verdadeiramente, que:

A. Joana é auxiliar de contabilidade.

B. Marina é bibliotecária e Joana é auxiliar de contabilidade.

C. Se Marina é bibliotecária, então Joana é auxiliar de contabilidade.

D. Carla é analista se, e somente se, Joana é auxiliar de contabilidade.

COMENTÁRIO

Temos algumas proposições compostas e uma simples:

i. Se Carla é analista, então Joana não é auxiliar de contabilidade.

ii. Ou Joana é auxiliar de contabilidade ou Marina é bibliotecária.

iii. Se Marina não é bibliotecária, então Carla é analista.

iv. Carla não é analista

Como algumas são condicionais devemos evitar a situação em que ela torna a sentença falsa: $V \to F = F$

Temos também uma disjunção exclusiva, em que para ser verdade as proposições que a forma deve ser de valores lógicos diferentes.

Com isso, vamos valorar as afirmativas, começando da proposição simples:

iv. Carla não é analista (V)

iii. Se Marina não é bibliotecária (F), então Carla é analista (F).

ii. Ou Joana é auxiliar de contabilidade (F) ou Marina é bibliotecária (V).

i. Se Carla é analista (F), então Joana não é auxiliar de contabilidade (V).

Com isso, vamos julgar as alternativas:

A. Joana é auxiliar de contabilidade. (F)

B. Marina é bibliotecária (V), e Joana é auxiliar de contabilidade. (F)

Essa alternativa é uma conjunção e sabemos que $V \wedge F = F$

C. Se Marina é bibliotecária (V), então Joana é auxiliar de contabilidade (F).

Como é uma condicional, sabemos que $V \to F = F$

D. Carla é analista (F) se, e somente se, Joana é auxiliar de contabilidade (F).

Em uma bicondicional, quando as duas proposições possuem o mesmo valor lógico a sentença será verdadeira. Logo, a letra D é alternativa correta.

Resposta: LETRA D.

12. (IADES – 2023 – GDF-SEEC – Analista em Políticas Públicas e Gestão Governamental – Tecnologia da Informação/Comunicação) Considere a proposição P a seguir.

P: Pedro trabalha na Secretaria de Educação e Paulo trabalha na Secretaria de Economia.

Se a proposição P, do ponto de vista da lógica matemática, é verdadeira, então qual proposição a seguir sempre será verdadeira?

A. Pedro não trabalha na Secretaria de Educação e Paulo trabalha na Secretaria de Economia.

B. Pedro trabalha na Secretaria de Educação e Paulo não trabalha na Secretaria de Economia.

C. Se Pedro trabalha na Secretaria de Educação, então Paulo não trabalha na Secretaria de Economia.

D. Pedro não trabalha na Secretaria de Educação ou Paulo não trabalha na Secretaria de Economia.

E. Pedro trabalha na Secretaria de Educação ou Paulo não trabalha na Secretaria de Economia.

COMENTÁRIO

A proposição P é uma conjunção e para que ela seja verdadeira, necessariamente as duas proposições que a formam devem ser verdades.

P: Pedro trabalha na Secretaria de Educação (V) e Paulo trabalha na Secretaria de Economia (V).

Sabendo disso, vamos verificar as alternativas:

A. Pedro não trabalha na Secretaria de Educação (F) e Paulo trabalha na Secretaria de Economia (V).

$F \wedge V = F$

B. Pedro trabalha na Secretaria de Educação (V) e Paulo não trabalha na Secretaria de Economia (F).

$V \wedge F = F$

C. Se Pedro trabalha na Secretaria de Educação (V), então Paulo não trabalha na Secretaria de Economia (F).

$V \rightarrow F = F$

D. Pedro não trabalha na Secretaria de Educação (F) ou Paulo não trabalha na Secretaria de Economia (F).

$F \vee F = F$

E. Pedro trabalha na Secretaria de Educação (V) ou Paulo não trabalha na Secretaria de Economia (F).

$V \vee F = V$

Resposta: LETRA E.

---

13. (Quadrix – 2023 – IPREV-DF – Analista Previdenciário – Especialista em Atuária) A barata sempre mente. A barata tem uma saia de filó. A barata disse: "Todas as minhas saias são de filó".

Admitindo a veracidade das três afirmações acima, julgue o item.

A barata tem pelo menos duas saias.

COMENTÁRIO

Sabendo que todas as três afirmações são verdadeira, podemos analisar da seguinte forma:

- A barata sempre mente (V)

- A barata disse: "Todas as minhas saias são de filó" (V)

A barata mentiu ao dizer que todas as suas saias são de filó, então vamos negar essa proposição para saber o que seria verdade:

"Todas as minhas saias são de filó"

Negação: Pelo menos uma das minhas saias não é de filó.

Se a negação trás "pelo menos uma" significa dizer que a barata tem mais de uma saia.

Logo, a barata tem pelo menos duas saias.

Resposta: CERTO.

---

14. (Quadrix – 2022 – CRT-03 – Técnico Administrativo) Sendo verdadeiras as proposições "Se Marcelo é corinthiano, então André é flamenguista", "André é vascaíno e Lucca é botafoguense" e "Marcelo é palmeirense ou Lucca é gremista", julgue o item.

A proposição "André é vascaíno ou Marcelo é corinthiano" é falsa.

COMENTÁRIO

Vamos valorar as proposições, para isso começaremos com a conjunção (E) visto que a única forma de obter verdade é quando as duas proposições são verdadeiras.

"André é vascaíno (V) e Lucca é botafoguense(V)"

Agora vamos valorar a condicional, lembrando que a única forma que deixaria falsa é se tivéssemos $V \rightarrow F = F$

"Se Marcelo é corinthiano(F), então André é flamenguista(F)",

Com isso, já podemos julgar a afirmativa:

"André é vascaíno (V) ou Marcelo é corinthiano(F)"

Como é uma conjunção, então: $V \vee F = V$

A sentença é verdadeira.

GABARITO: ERRADO.

---

15. (Quadrix – 2022 – CRT-03 – Técnico Administrativo) Sendo verdadeiras as proposições "Se Marcelo é corinthiano, então André é flamenguista", "André é vascaíno e Lucca é botafoguense" e "Marcelo é palmeirense ou Lucca é gremista", julgue o item.

A proposição "Se Marcelo é corinthiano, então Lucca é botafoguense" é falsa.

COMENTÁRIO

Vamos valorar as proposições, para isso começaremos com a conjunção (E) visto que a única forma de obter verdade é quando as duas proposições são verdadeiras.

"André é vascaíno (V) e Lucca é botafoguense(V)"

Agora vamos valorar a condicional, lembrando que a única forma que deixaria falsa é se tivéssemos

$V \rightarrow F = F$

"Se Marcelo é corinthiano (F), então André é flamenguista(F)",

Com isso, já podemos julgar a afirmativa:

"Se Marcelo é corinthiano(F), então Lucca é botafoguense(V) "

Como a proposição é uma condicional, então temos:

$F \rightarrow V = V$

Logo, a sentença é verdadeira.

GABARITO: ERRADO.

---

16. (Quadrix – 2022 – CRT-03 – Técnico Administrativo) Sendo verdadeiras as proposições "Se Marcelo é corinthiano, então André é flamenguista", "André é vascaíno e Lucca é botafoguense" e "Marcelo é palmeirense ou Lucca é gremista", julgue o item.

A proposição "Lucca é gremista se, e somente se, André é flamenguista" é verdadeira.

COMENTÁRIO

Vamos valorar as proposições, para isso começaremos com a conjunção (E) visto que a única forma de obter verdade é quando as duas proposições são verdadeiras.

"André é vascaíno (V) e Lucca é botafoguense(V)"

Com isso, já podemos julgar a afirmativa:

"Lucca é gremista (V) se, e somente se, André é flamenguista(V)"

Em uma bicondicional, o seu valor lógico será sempre verdadeiro quando as duas proposições possuírem o mesmo valor lógico. Então:

$V \leftrightarrow V = V$

Desta forma, a sentença é verdadeira.

GABARITO: CERTO.

---

17. (Quadrix – 2022 – CRESS-RJ – Agente Fiscal) Admitindo que a proposição p é falsa e que a proposição q é verdadeira, julgue o item.

$((p \vee q) \rightarrow ((\sim q) \leftrightarrow \sim(\sim p))$ é falsa.

COMENTÁRIO

Como ~ representa a negação da proposição, então:

$p = F$, então $\sim p = V$

$q = V$, então $\sim q = F$

Então vamos substituir os valores lógicos das proposições:

$((p \vee q) \rightarrow ((\sim q) \leftrightarrow \sim(\sim p))$

$((F \vee V) \rightarrow ((\sim F) \leftrightarrow \sim(\sim V))$

Primeiro resolvemos as operações dos parênteses. No caso da conjunção, quando pelo menos uma proposição é verdadeira, a operação será verdadeira.

$((F \vee V) \rightarrow ((F) \leftrightarrow \sim(\sim V))$

$V \rightarrow (F \leftrightarrow F)$

Em uma bicondicional, quando as duas proposições possuem o mesmo valor lógico, então ela será verdadeira:

$V \rightarrow (F \leftrightarrow F)$

$V \rightarrow V$

Em uma condicional, quando as duas proposições possuem o mesmo valor lógico ela será verdadeira

$V \rightarrow V = V$

Logo, a sentença é verdadeira.

GABARITO: ERRADO.

---

18. (Quadrix – 2022 – CRESS-RJ – Agente Fiscal) Admitindo que a proposição p é falsa e que a proposição q é verdadeira, julgue o item.

$(\sim p \leftrightarrow q) \leftrightarrow (p \leftrightarrow \sim q)$ é verdadeira.

COMENTÁRIO

Como ~ representa a negação da proposição, então:

$p = F$, então $\sim p = V$

$q = V$, então $\sim q = F$

Então vamos substituir os valores lógicos das proposições:

$(\sim p \leftrightarrow q) \leftrightarrow (p \leftrightarrow \sim q)$

$(V \leftrightarrow V) \leftrightarrow (F \leftrightarrow F)$

Em uma bicondicional, quando as duas proposições possuem o mesmo valor lógico, então ela será verdadeira:

$(V \leftrightarrow V) \leftrightarrow (F \leftrightarrow F)$

$(V) \leftrightarrow (V) = V$

Logo, a sentença será verdadeira.

GABARITO: CERTO.

---

19. (Quadrix – 2022 – CRESS-RJ – Agente Fiscal) Admitindo que a proposição p é falsa e que a proposição q é verdadeira, julgue o item.

$q \wedge (\sim(\sim p))$ é falsa.

COMENTÁRIO

Como ~ representa a negação da proposição, então:

$p = F$, então $\sim p = V$

$q = V$, então $\sim q = F$

Então vamos substituir os valores lógicos das proposições:

$q \wedge (\sim(\sim p))$

$V \wedge (\sim(V))$

$V \wedge (F)$

Em uma conjunção, para que ela tenha o valor lógico falso, basta que pelo menos uma proposição seja falsa.

Logo:

$V \wedge F = F$

Logo, a sentença será falsa.

GABARITO: CERTO.

20. (Quadrix – 2022 – CRESS-AP – Agente Administrativo) Sabendo que as proposições "Se Hera é irmã de Zeus, então Hades é o deus da guerra" e "Se Hera é esposa de Zeus, então Apolo é o deus do fogo" são falsas e que a proposição "Afrodite é a deusa do amor e Poseidon é o deus dos mares" é verdadeira, julgue o item.

A negação de "Se Atena é a deusa da sabedoria, então Deméter é filha de Cronos" é "Atena é a deusa da sabedoria e Deméter não é filha de Cronos".

COMENTÁRIO

A proposição apresentada é uma condicional e a negação de uma condicional é dada por uma conjunção, conhecida como a regra do MANE (mantém a primeira e nega a segunda).

Ou seja:

$\sim(P \rightarrow Q) = P \wedge \sim Q$

Então dada a proposição: Se Atena é a deusa da sabedoria, então Deméter é filha de Cronos"

Então a negação será: Atena é a deusa da sabedoria e Deméter não é filha de Cronos.

GABARITO: CERTO.

---

21. (Quadrix – 2022 – CRC-MG – Auxiliar Administrativo) Julgue o item, referente à compreensão de estruturas lógicas.

Para que a proposição $(p \vee q) \vee r$ seja verdadeira, é necessário que a proposição q seja verdadeira.

COMENTÁRIO

A proposição dada é uma disjunção, e para que uma disjunção seja verdadeira basta que pelo menos uma das proposições seja verdade.

Note que se qualquer uma das proposições for verdadeira, então a proposição será verdade, não necessariamente precisa ser q.

GABARITO: ERRADO.

---

22. (Quadrix – 2022 – CRP 9ª Região (GO e TO) – Analista Administrativo) Admitindo que as proposições "Psi é a penúltima letra do alfabeto grego." e "A psicologia é o estudo da alma." são verdadeiras e que a proposição "Todo psicólogo é vidente." é falsa, julgue o item.

Se é verdadeira a proposição "Se a psicologia não é o estudo da alma, então Poliana é psicóloga.", então a proposição "Poliana é psicóloga." é necessariamente verdadeira.

COMENTÁRIO

A questão disse que a proposição "A psicologia é o estudo da alma." é verdadeira. Então vamos valorar a proposição dada de acordo:

"Se a psicologia não é o estudo da alma(F), então Poliana é psicóloga(?)"

Observe que por ser uma condicional com a primeira parte verdadeira não importa o valor lógico da segunda parte essa proposição sempre será verdadeira.

Então, não podemos afirmar que a proposição "Poliana é psicóloga." é necessariamente verdadeira.

GABARITO: ERRADO.

---

23. (Quadrix – 2022 – CRP 9ª Região (GO e TO) – Analista Administrativo) Admitindo que as proposições "Psi é a penúltima letra do alfabeto grego." e "A psicologia é o estudo da alma." são verdadeiras e que a proposição "Todo psicólogo é vidente." é falsa, julgue o item.

A proposição "Se todo psicólogo é vidente, então a psicologia é o estudo da alma." é verdadeira.

COMENTÁRIO

Sabendo que "Todo psicólogo é vidente." é falsa, então a primeira parte da condicional da proposição dada terá o valor lógico verdade.

Em uma condicional sempre que a primeira proposição for falsa, o seu valor sempre será verdadeiro. Logo, o item está certo.

GABARITO: CERTO.

---

24. (Quadrix – 2022 – CRP 9ª Região (GO e TO) – Analista Administrativo) Admitindo que as proposições "Psi é a penúltima letra do alfabeto grego." e "A psicologia é o estudo da alma." são verdadeiras e que a proposição "Todo psicólogo é vidente." é falsa, julgue o item.

A proposição "Se psi é a penúltima letra do alfabeto grego ou todo psicólogo é vidente, então a psicologia é o estudo da alma." é falsa.

COMENTÁRIO

Como sabemos os valores das proposições simples, vamos valorar na proposição composta:

A proposição "Se psi é a penúltima letra do alfabeto grego (V) ou todo psicólogo é vidente(F), então a psicologia é o estudo da alma(V)." é falsa.

A primeira parte da proporcional é uma disjunção, e basta que apenas uma das proposições seja verdade para ser verdadeira.

$(V \vee F) \rightarrow V$

$V \rightarrow V = V$

GABARITO: ERRADO.

---

25. (Quadrix – 2022 – CREMEGO – Agente Fiscal) Julgue o item, referentes a estruturas lógicas e à lógica de argumentação.

Se a proposição simples "O Serra Dourada é a casa do Vila Nova" é falsa, então a proposição composta "Se o Serra Dourada é a casa do Vila Nova, então o Túlio Maravilha fez mais de mil gols" é, necessariamente, verdadeira.

COMENTÁRIO

Para que uma condicional seja necessariamente verdadeira a sua primeira parte deverá ter o valor lógico igual a FALSO, visto que se a primeira proposição for verdadeira pode ocorrer uma situação de falsidade ($V \rightarrow F$), ou a segunda proposição tem que ser verdade.

Note que a primeira proposição da condicional dada é falsa então não importa qual o valor da segunda parte, a questão sempre será verdadeira.

GABARITO: CERTO.

---

26. (Quadrix – 2022 – CREMEGO – Agente Fiscal) Julgue o item, referentes a estruturas lógicas e à lógica de argumentação.

A negação de "Todos os goianienses são goianos" é "Existe goianiense que não é goiano".

COMENTÁRIO

Temos uma proposição categórica, no caso uma proposição categórica universal com o quantificador "todos".

Para negar uma proposição categórica universal utilizamos uma particular. No caso do quantificador "todos" sua negação pode ser feita por "existe um que não é", "algum que não é", "pelo menos um que não é".

Então negando temos: Existe goianiense que não é goiano.

GABARITO: CERTO.

---

27. (CESPE/CEBRASPE – 2023 – TJ-ES – Analista Judiciário – Área Administrativa) Acerca de noções de lógica, julgue o item a seguir.

Considere que P, Q, R e S sejam proposições em que Q e R possuem valores lógicos verdadeiros e P e S possuem valores lógicos falsos. Nessa situação, o valor lógico da proposição $(P \rightarrow Q) \wedge \sim (R \vee S)$ é verdadeiro.

COMENTÁRIO

Vamos substituir os valores lógico das proposições para verificar o valor final da sentença.

Vale lembrar que o símbolo ~ serve para representar a negação.

$(P \rightarrow Q) \wedge \sim(R \vee S)$

$(F \rightarrow V) \wedge \sim(V \vee F)$

Vale lembrar que a se o primeiro valor da condicional for falso, então necessariamente ela será verdadeira. E uma disjunção sempre será verdade quando pelo menos uma das suas proposições sejam verdadeiras.

Então teremos:

$(V) \wedge \sim(V)$

$V \wedge F = F$

Logo, a proposição é FALSA.

GABARITO: ERRADO.

---

28. (CESPE/CEBRASPE – 2023 – TJ-ES – Analista Judiciário – Área Administrativa) Acerca de noções de lógica, julgue o item a seguir.

A proposição "Considerando-se que o réu é capixaba, é correto afirmar que ele nasceu na cidade de Anchieta" pode ser representada, corretamente, na forma P ∧ Q, sendo P a proposição "O réu é capixaba" e Q a proposição "Nasceu na cidade de Anchieta"

COMENTÁRIO

Note que ser capixaba é uma consequência de quem nasceu na cidade de Anchieta. Com isso podemos perceber que a sentença tem uma ideia de causalidade e por isso poderia ser representada por uma condicional.

A sua representação será dada por: $Q \rightarrow P$

GABARITO: ERRADO.

---

29. (VUNESP – 2023 – TCM-SP – Auxiliar Técnico de Controle Externo – Suporte Administrativo) Se Débora não é formada em Arquitetura, ou Marcelo não é formado em Matemática, então Sérgio é engenheiro. Se Marta é advogada, então Débora não é formada em Arquitetura. Sabendo-se que Sérgio não é engenheiro, é correto afirmar que

A. Marta não é advogada, e Débora é formada em arquitetura.
B. Marta é advogada, e Débora é formada em arquitetura.
C. Marcelo não é formado em Matemática, e Débora é formada em arquitetura.
D. Débora não é formada em arquitetura, e Marcelo não é formado em Matemática.
E. Marta é advogada, e Marcelo não é formado em Matemática.

COMENTÁRIO

Vamos começar pela proposição simples:

Sérgio não é engenheiro = V

Então vamos analisar a proposição composta que trouxe essa informação:

Se Débora não é formada em Arquitetura, ou Marcelo não é formado em Matemática, então Sérgio é engenheiro(F)

Como é uma condicional, para que essa sentença seja verdadeira a primeira parte dela deverá ser falsa.

Como é uma disjunção, a única forma de obter valor falso é quando as duas proposições são falsas.

Logo temos:

Se Débora não é formada em Arquitetura(F), ou Marcelo não é formado em Matemática(F), então Sérgio é engenheiro(F)

Com isso podemos valorar a última proposição:

Se Marta é advogada(F), então Débora não é formada em Arquitetura(F)

Então vamos verificar as alternativas:

A. Marta não é advogada(V), e Débora é formada em arquitetura(V).
Logo: $V \wedge V = V$

B. Marta é advogada(F), e Débora é formada em arquitetura(V),.
$F \wedge V = F$

C. Marcelo não é formado em Matemática(F), e Débora é formada em arquitetura(V).
$F \wedge V = F$

D. Débora não é formada em arquitetura(F), e Marcelo não é formado em Matemática(F).
$F \wedge F = F$

E. Marta é advogada(F), e Marcelo não é formado em Matemática(F).
$F \wedge F = F$

GABARITO: LETRA A.

---

30. (CESPE/CEBRASPE – 2022 – Petrobras – Analista de Sistemas – Processos de negócio) Texto associado

Uma sequência de chaves lógicas (A, B, C, D, E) funciona de modo condicional: cada chave pode estar aberta ou fechada, não havendo terceiro estado possível. As regras de funcionamento das chaves determinam que:

- se a chave A está aberta, então a chave B está aberta;
- se a chave B está aberta, então a chave C está aberta;
- se a chave B está aberta, então a chave D está aberta;
- se a chave C ou a chave D estão abertas, então a chave E está aberta.

Na busca por um sistema de diagnóstico que determine, por meio do menor número de observações possível, o estado das cinco chaves, observou-se que, atualmente, a chave E está fechada.

Com referência à situação descrita, julgue o próximo item.

A chave B está fechada, com certeza.

COMENTÁRIO

A única informação dada é que a chave E está fechada. Sendo assim a informação de que E está aberta é considerada falsa.

Com essa informação vamos analisar a última sentença dada:

- se a chave C ou a chave D estão abertas, então a chave E está aberta.

$(C \vee D) \rightarrow E$

Temos uma condicional, e em uma condicional a única forma de se obter FALSO é quando a primeira sentença é verdadeira e a segunda é falsa.

Como já sabemos que E é falsa, então $(C \vee D)$ também deverá ser falsa para garantir que a condicional seja verdadeira.

Em um disjunção a única forma de obter falso é quando as duas proposições são falsas.

Então temos:

$(F \vee F) \rightarrow F$

Concluímos:

C: está fechada

D: está fechada

Com isso, analisando a penúltima sentença dada:

- se a chave B está aberta, então a chave D está aberta;

Sabendo que é uma condicional temos:

se a chave B está aberta, então a chave D está aberta(F);

Para garantir que a sentença seja verdade, a primeira sentença também deverá ser falsa.

Logo, a chave B está fechada.

GABARITO: CERTO.

---

31. (CESPE/CEBRASPE - 2022 - Petrobras - Analista de Sistemas - Processos de negócio) Texto associado

Uma sequência de chaves lógicas (A, B, C, D, E) funciona de modo condicional: cada chave pode estar aberta ou fechada, não havendo terceiro estado possível. As regras de funcionamento das chaves determinam que:

- se a chave A está aberta, então a chave B está aberta;
- se a chave B está aberta, então a chave C está aberta;
- se a chave B está aberta, então a chave D está aberta;
- se a chave C ou a chave D estão abertas, então a chave E está aberta.

Na busca por um sistema de diagnóstico que determine, por meio do menor número de observações possível, o estado das cinco chaves, observou-se que, atualmente, a chave E está fechada.

Com referência à situação descrita, julgue o próximo item.

A chave D está fechada, com certeza.

COMENTÁRIO

Como resolvemos na questão anterior, a única informação dada é que a chave E está fechada. Sendo assim a informação de que E está aberta é considerada falsa.

Com essa informação vamos analisar a última sentença dada:

• se a chave C ou a chave D estão abertas, então a chave E está aberta.

$(C \vee D) \rightarrow E$

Temos uma condicional, e em uma condicional a única forma de se obter FALSO é quando a primeira sentença é verdadeira e a segunda é falsa.

Como já sabemos que E é falsa, então $(C \vee D)$ também deverá ser falsa para garantir que a condicional seja verdadeira.

Em um disjunção a única forma de obter falso é quando as duas proposições são falsas.

Então temos:

$(F \vee F) \rightarrow F$

Concluímos:

C: está fechada

D: está fechada

Com isso podemos dizer com certeza que a torneira D está fechada.

GABARITO: CERTO.

---

32. (CESPE/CEBRASPE - 2022 - Petrobras - Analista de Sistemas - Processos de negócio) Texto associado

Uma sequência de chaves lógicas (A, B, C, D, E) funciona de modo condicional: cada chave pode estar aberta ou fechada, não havendo terceiro estado possível. As regras de funcionamento das chaves determinam que:

- se a chave A está aberta, então a chave B está aberta;
- se a chave B está aberta, então a chave C está aberta;
- se a chave B está aberta, então a chave D está aberta;
- se a chave C ou a chave D estão abertas, então a chave E está aberta.

Na busca por um sistema de diagnóstico que determine, por meio do menor número de observações possível, o estado das cinco chaves, observou-se que, atualmente, a chave E está fechada.

Com referência à situação descrita, julgue o próximo item.

É impossível determinar o estado atual de todas as chaves.

COMENTÁRIO

A única informação dada é que a chave E está fechada. Sendo assim a informação de que E está aberta é considerada falsa.

Com essa informação vamos analisar a última sentença dada:

- se a chave C ou a chave D estão abertas, então a chave E está aberta.

$(C \vee D) \rightarrow E$

Temos uma condicional, e em uma condicional a única forma de se obter FALSO é quando a primeira sentença é verdadeira e a segunda é falsa.

Como já sabemos que E é falsa, então $(C \vee D)$ também deverá ser falsa para garantir que a condicional seja verdadeira.

Em um disjunção a única forma de obter falso é quando as duas proposições são falsas.

Então temos:

$(F \vee F) \rightarrow F$

Concluímos:

C: está fechada

D: está fechada

Com isso, analisando a penúltima sentença dada:

- se a chave B está aberta, então a chave D está aberta;

Sabendo que é uma condicional temos:

se a chave B está aberta, então a chave D está aberta(F);

Para garantir que a sentença seja verdade, a primeira sentença também deverá ser falsa.

Logo, a chave B está fechada.

Com essa informação podemos também valorar A. Analisando a primeira sentença dada:

- se a chave A está aberta, então a chave B está aberta;

Como temos mais uma condicional, em que a segunda proposição é falsa, obrigatoriamente a primeira sentença também será falsa para garantir que a proposição composta seja verdadeira.

Então podemos determinar o estado de todas as torneiras:

A: está fechada

B está fechada

C: está fechada

D: está fechada

E: está fechada

GABARITO: ERRADO.

---

33. (CESPE/CEBRASPE – 2022 – Petrobras – Analista de Sistemas – Processos de negócio) Texto associado

Uma sequência de chaves lógicas (A, B, C, D, E) funciona de modo condicional: cada chave pode estar aberta ou fechada, não havendo terceiro estado possível. As regras de funcionamento das chaves determinam que:

- se a chave A está aberta, então a chave B está aberta;
- se a chave B está aberta, então a chave C está aberta;
- se a chave B está aberta, então a chave D está aberta;
- se a chave C ou a chave D estão abertas, então a chave E está aberta.

Na busca por um sistema de diagnóstico que determine, por meio do menor número de observações possível, o estado das cinco chaves, observou-se que, atualmente, a chave E está fechada.

Com referência à situação descrita, julgue o próximo item.

A chave C pode estar aberta.

COMENTÁRIO

Como resolvemos na questão anterior podemos concluir que:

• se a chave C ou a chave D estão abertas, então a chave E está aberta.

$(C \vee D) \rightarrow E$

Temos uma condicional, e em uma condicional a única forma de se obter FALSO é quando a primeira sentença é verdadeira e a segunda é falsa.

Como já sabemos que E é falsa, então $(C \vee D)$ também deverá ser falsa para garantir que a condicional seja verdadeira.

Em um disjunção a única forma de obter falso é quando as duas proposições são falsas.

Então temos:

$(F \vee F) \rightarrow F$

Concluímos:

C: está fechada

Observe que não há uma outra possibilidade. Logo o item está errado.

GABARITO: ERRADO.

---

34. (CESPE/CEBRASPE - 2022 - Petrobras - Analista de Sistemas - Processos de negócio) Texto associado

Uma frase afirmativa que possa ser classificada em verdadeira ou falsa é uma proposição. Para formular composições de proposições simples, a lógica matemática faz uso de alguns conectivos padronizados: a conjunção (e, indicada por $\wedge$); a disjunção (ou, indicada por $\vee$); a condicional (se... então, indicada por $\rightarrow$); e a bicondicional (se, e somente se, indicada por $\leftrightarrow$). Também tem-se a negação, indicada por $\neg$, que age sobre uma proposição sozinha, negando seu sentido. Algumas sentenças, denominadas sentenças abertas, não são consideradas proposições porque seu valor-verdade depende de uma ou mais variáveis; elas podem ser transformadas em proposições pelo uso de um quantificador universal (para qualquer x) ou de um quantificador existencial (existe x).

Considerando essas informações, e que $\mathbb{Z}$ representa o conjunto dos números inteiros, julgue o item seguinte.

A proposição $[(p \rightarrow r) \wedge (q \rightarrow r)] \rightarrow [r \rightarrow (p \vee q)]$ é sempre verdadeira, independentemente do valor-verdade das proposições p, q e r.

COMENTÁRIO

Para resolver esta questão, onde afirma que a sentença SEMPRE será verdadeira basta tentar falsear a sentença.

$[(p \rightarrow r) \wedge (q \rightarrow r)] \rightarrow [r \rightarrow (p \vee q)]$

Então, se considerarmos

P: F

Q: F

R: V

Teremos:

$[(F \rightarrow V) \wedge (F \rightarrow V)] \rightarrow [V \rightarrow (F \vee F)]$

$[V \wedge V) \rightarrow [V \rightarrow F]$

$V \rightarrow F$

F

Desta forma, conseguimos provar que a sentença nem sempre será verdadeira.

GABARITO: ERRADO.

35. (CESPE/CEBRASPE – 2022 – MJSP – Técnico Especializado em Formação e Capacitação) Julgue o seguinte item, considerando a proposição P: "Se o responsável pela indicação fizer sua parte e seus aliados trabalharem duro, vencerão.".

Sendo verdadeiras a proposição P e as proposições "não venceram" e "os aliados do responsável pela indicação trabalharam duro", pode-se concluir que o responsável pela indicação não fez sua parte.

COMENTÁRIO

A proposição P: "Se o responsável pela indicação fizer sua parte e seus aliados trabalharem duro, vencerão.".

Podemos escrever o responsável pela indicação fizer sua parte como a estrutura lógica:

u: o responsável pela indicação fizer sua parte

w: seus aliados trabalharem duro

z: vencerão

$(u \wedge w) \rightarrow z$

Como a sentença disse que "não venceram" e "os aliados do responsável pela indicação trabalharam duro" são sentenças verdadeiras, então valoramos :

w: V

z: F

Logo temos:

$(u \wedge w) \rightarrow z$

$(u \wedge V) \rightarrow F$

Como temos uma condicional, vale lembrar que uma situação como V → F deixaria a preposição falsa, então obrigatoriamente temos que ter uma valoração do tipo F → F para garantir que a proposição P seja verdadeira.

Como a primeira parte da sentença é uma conjunção, para que ela seja FALSA basta que *u* assuma o valor de F.

Logo, o responsável pela indicação NÃO fez sua parte

GABARITO: CERTO.

---

36. (VUNESP – 2022 – Câmara Municipal de São José dos Campos-SP – Técnico Legislativo) Ana, Bia e João possuem, cada um, uma única formação, e das quatro afirmações seguintes sobre suas especialidades, uma afirmação é falsa e as outras três verdadeiras.

- Ana é engenheira e João é químico.
- Se João é químico, então Bia não é geógrafa.
- Bia é geógrafa ou Ana é engenheira.
- João é químico.

Em relação às especialidades dessas pessoas, é correto afirmar que

A. Ana não é engenheira e João é químico.
B. Ana é engenheira e Bia não é geógrafa.
C. Bia é geógrafa e Ana é engenheira.
D. Bia não é geógrafa ou João não é químico.
E. Ou João é químico ou Ana é engenheira.

COMENTÁRIO

Como a questão informou que existe uma única afirmação falsa então deveremos testar as afirmações de modo a não encontrar contradições em todas as outras.

A ideia é sempre testar primeiro a preposição simples. Então vamos supor que "João é químico." é falso.

Com isso já encontramos a primeira contradição, basta observar a primeira afirmação em que temos uma conjunção.

Ana é engenheira e João é químico (F).

Em uma conjunção, para que a afirmativa seja verdadeira é necessário que as duas partes sejam verdadeiras.

Logo, podemos concluir que que "João é químico." é VERDADEIRO

Então vamos supor que a condicional seja FALSA:

Se João é químico (V), então Bia não é geógrafa (F).

A partir dessas informações vamos testar as outras afirmações:

- Bia é geógrafa (V) ou Ana é engenheira (V).
- João é químico. (V)
- Ana é engenheira (V) e João é químico (V).

Desta forma, não temos nenhuma contradição.

Observando as alternativas:

A. Ana não é engenheira (F) e João é químico (V).

Temos uma conjunção, e de acordo com a tabela verdade: $F \wedge V = F$

B. Ana é engenheira (V) e Bia não é geógrafa (F).

Temos outra conjunção, e de acordo com a tabela verdade: $V \wedge F = F$

C. Bia é geógrafa (V) e Ana é engenheira (V).

Temos outra conjunção, e de acordo com a tabela verdade: $V \wedge V = V$

Essa é nossa alternativa

D. Bia não é geógrafa (F) ou João não é químico (F).

Temos uma disjunção, e de acordo com a tabela verdade: $F \vee F = F$

E. Ou João é químico(V) ou Ana é engenheira(V).

Aqui temos uma disjunção exclusiva, e para obter verdade em uma disjunção exclusiva as duas proposições não podem ter o mesmo valor lógico.

GABARITO LETRA C

---

37. (Quadrix – 2022 – CRP – SP – Assistente Administrativo) Considerando que as proposições "A comida favorita de Magali é melancia" e "Cascão tem medo de chuva" sejam verdadeiras, julgue o item.

A proposição composta "Cascão não tem medo de chuva se, e somente se, a comida favorita de Magali não é melancia" é falsa.

COMENTÁRIO

A proposição composta dada é uma bicondicional (se, e somente se). Desta forma, para que essa proposição seja falsa, as proposições simples que a compõem devem ter valorações opostas uma da outra.

Se "Cascão tem medo de chuva" é verdade, então "Cascão não tem medo de chuva" é Falso.

E se "A comida favorita de Magali é melancia" é verdade, então "A comida favorita de Magali não é melancia" é falso.

Sendo assim:

Cascão não tem medo de chuva (F) se, e somente se, a comida favorita de Magali não é melancia" (F)

Ou seja:

$F \leftrightarrow F = V$

Logo, a proposição composta é verdadeira.

GABARITO: ERRADO.

---

38. (Quadrix – 2022 – CRP – SP – Assistente Administrativo) Considerando que as proposições "A comida favorita de Magali é melancia" e "Cascão tem medo de chuva" sejam verdadeiras, julgue o item.

A proposição composta "Se Cascão não tem medo de chuva, então a comida favorita de Magali é melancia" é falsa.

COMENTÁRIO

Observe que a agora temos uma condicional, representada por "se..., então". Sabemos que em uma condicional, a única forma de se obter FALSO é quando temos $V \rightarrow F = F$

Se "Cascão tem medo de chuva" é verdade, então "Cascão não tem medo de chuva" é Falso.

Então temos:

"Se Cascão não tem medo de chuva (F), então a comida favorita de Magali é melancia(V)"

Ou seja:

$F \rightarrow V = V$

Logo, a sentença é verdadeira.

GABARITO: ERRADO.

---

39. (Quadrix – 2022 – CRC-PR – Assistente Administrativo) Na Matemática, um número inteiro positivo que pode ser escrito como a soma de dois ou mais números inteiros positivos consecutivos é dito educado. O número 10, por exemplo, é um número educado, pois 1 + 2 + 3 + 4 = 10. Um número inteiro positivo que não é educado é chamado de mal-educado.

Considerando essas informações, julgue o item.

A proposição composta "8 é um número educado se, e somente se, 2.022 é ímpar" é verdadeira.

COMENTÁRIO

Temos uma bicondicional, e sabemos que a única forma de se obter verdade em uma bicondicional é quando as duas proposições simples que a formam possuem a mesma valoração.

Então vamos valorar as proposições dadas.

- "8 é um número educado"

  Essa proposição é falsa, pois não existem números consecutivos que quando somamos resultem em 8.

- "2.022 é ímpar"

  Essa proposição é falsa. Sabemos que para que um número seja ímpar o seu último algarismo deve terminar em 1, 3, 5,7 ou 9.

Logo temos:

$F \leftrightarrow F = V$

Logo, a bicondicional é verdadeira.

GABARITO: CERTO.

---

40. (VUNESP – 2021 – Semae de Piracicaba-SP – Programador Junior) Considere falsidade a proposição (I) e verdade a proposição (II).

I. Se Rodrigo é analista de software, então Rita é enfermeira.

II. Rita é enfermeira ou Joana é dentista.

Com base nas informações apresentadas, é verdade que

A. Rodrigo é analista de software e Joana é dentista.
B. Rodrigo não é analista de software e Joana é dentista.
C. Rodrigo não é analista de software e Rita não é enfermeira.
D. Rita é enfermeira e Joana é dentista.
E. Rita não é enfermeira e Joana não é dentista.

COMENTÁRIO

Em questões como essa sempre começamos com as proposições que possuem uma única forma para se obter verdade ou falsidade.

Nesse caso, o item I é uma condicional, e a única forma de se obter falso é $V \rightarrow F$. Como ela é falsa então valoramos:

I. Se Rodrigo é analista de software(V), então Rita é enfermeira(F).

Com essa informação, conseguimos valorar a próxima afirmativa. Por ser uma disjunção, para obter verdade, basta que pelo menos uma das proposições que a forma seja verdade:

II. Rita é enfermeira(F) ou Joana é dentista(V).

Como conseguimos valorar cada proposição simples, vamos analisar as alternativas:

A. Rodrigo é analista de software(V) e Joana é dentista(V).

Temos um conjunção. Logo, $V \wedge V = V$. Essa é alternativa é a correta.

B. Rodrigo não é analista de software(F) e Joana é dentista(V).

$F \wedge V = F$. Alternativa errada.

C. Rodrigo não é analista de software(F) e Rita não é enfermeira(V).

$F \wedge V = F$. Alternativa errada.

D. Rita é enfermeira (F)e Joana é dentista(V).

$F \wedge V = F$. Alternativa errada.

E. Rita não é enfermeira(V) e Joana não é dentista(F).

$F \wedge V = F$. Alternativa errada.

GABARITO LETRA A

---

41. (CESPE/CEBRASPE – 2021 – Polícia Federal – Escrivão de Polícia Federal)

P1: Se a fiscalização foi deficiente, as falhas construtivas não foram corrigidas.

P2: Se as falhas construtivas foram corrigidas, os mutuários não tiveram prejuízos.

P3: A fiscalização foi deficiente.

C: Os mutuários tiveram prejuízos.

Considerando um argumento formado pelas proposições precedentes, em que C é a conclusão, e P1 a P3 são as premissas, julgue o item a seguir.

Caso o argumento apresentado seja válido, a proposição C será verdadeira.

COMENTÁRIO

As premissas devem ter a valoração verdadeira para que o argumento seja válido. Desta forma, começamos pela premissa simples, ou seja, por P3.

P3: A fiscalização foi deficiente (V).

Agora vamos para a premissa que possui essa informação, ou seja, P1:

P1: Se a fiscalização foi deficiente, as falhas construtivas não foram corrigidas.

Como é uma condicional, e a primeira parte é V então para que ela não seja falsa não podemos obter uma sentença do tipo $V \to F = F$.

Então teremos:

P1: Se a fiscalização foi deficiente(V), as falhas construtivas não foram corrigidas(V).

Agora analisamos a última premissa P2:

P2: Se as falhas construtivas foram corrigidas(F), os mutuários não tiveram prejuízos(?).

Observe que independentemente da valoração da segunda sentença, a premissa será verdadeira, por se tratar de uma condicional.

$F \to F = V$

$F \to V = V$

Desta forma é impossível definir qual a valoração da conclusão.

GABARITO: ERRADO.

42. (Quadrix – 2022 – CRM-SC – Advogado) Com relação a estruturas lógicas, julgue o item.

A proposição composta "Se Florianópolis é capital do Brasil, então Pedro Álvares Cabral descobriu o Reino Unido" é verdadeira.

COMENTÁRIO

A proposição composta dada é uma condicional. Sabemos que a única forma em que uma condicional é falsa é quando temos a primeira proposição verdadeira e a segunda proposição falsa:

$V \to F = F$

Desta forma, vamos valorar as proposições simples:

" Florianópolis é capital do Brasil"

Essa proposição possui valor lógico Falso, pois a capital do Brasil é Brasília.

" Pedro Álvares Cabral descobriu o Reino Unido"

Essa proposição possui um valor lógico falso.

Logo temos:

"Se Florianópolis é capital do Brasil(F), então Pedro Álvares Cabral descobriu o Reino Unido(F)"

$F \to F = V$

Logo, a sentença é verdadeira.

GABARITO: CERTO.

43. (Quadrix – 2022 – CRA-PR – Auxiliar Administrativo) Sendo p , q e r três proposições, julgue o item.

Se a proposição $(p \wedge q) \to r$ é falsa, então p e q são verdadeiras e r é falsa.

COMENTÁRIO

Para resolver essa questão vamos substituir os valores de p e q na proposição:

$(V \wedge V) \to F$

Observe que dentro dos parênteses temos uma conjunção, e quando as duas proposições simples que a formam são verdadeiras a conjunção será verdadeira.

Então temos:

$V \to F$

Note que agora temos apenas uma condicional, e que esse é o único formato em que uma condicional possui valor falso.

$V \to F = F$

Logo, o item está correto.

GABARITO: CERTO.

44. (Quadrix – 2022 – CRA-PR – Auxiliar Administrativo) Sendo p , q e r três proposições, julgue o item.

Se p é uma proposição falsa, então $p \leftrightarrow q$ é sempre verdadeira.

COMENTÁRIO

Observe que temos uma proposição definida por uma bicondicional. A tabela-verdade de uma bicondicional garante que só haverá verdade quando as duas proposições possuem a mesma valoração.

Sendo assim para que $p \leftrightarrow q$ seja verdadeira, sendo p falso, então q deverá ser falso também.

Caso q seja verdadeira, a proposição será falsa.

GABARITO: ERRADO.

45. (IBFC – 2021 – IAP – PR – Agente de Execução – Técnico de Manejo e Meio Ambiente) O valor lógico da proposição (p: A fauna não tem problema) é falso e o valor lógico da proposição (q: foram plantadas 50 mudas) é verdade, então a alternativa que apresenta proposição composta que tem valor lógico verdadeiro.

A. A fauna não tem problema e foram plantadas 50 mudas
B. A fauna não tem problema ou não foram plantadas 50 mudas
C. Se a fauna não tem problema, então foram plantadas 50 mudas
D. A fauna não tem problema se, e somente se, foram plantadas 50 mudas
E. A fauna não tem problema e não foram plantadas 50 mudas

COMENTÁRIO

Como a questão mencionou (p: A fauna não tem problema) é falso e o valor lógico da proposição (q: foram plantadas 50 mudas) é verdade.

Então podemos sinalizar como:

p: A fauna não tem problema - F

q: foram plantadas 50 mudas - V

~p: A fauna tem problema - V

~q: não foram plantadas 50 mudas - F

Com isso, vamos analisar as alternativas dadas:

A. A fauna não tem problema e foram plantadas 50 mudas

Aqui temos uma CONJUNÇÃO. Reescrevendo temos:

$p \vee q$

$F \wedge V = F$

Item errado.

B. A fauna não tem problema ou não foram plantadas 50 mudas

Aqui temos uma DISJUNÇÃO. Utilizando a estrutura lógica temos:

$p \vee \sim q$

$F \vee F = F$

Item errado.

C. Se a fauna não tem problema, então foram plantadas 50 mudas

Aqui temos uma CONDICIONAL, utilizando a mesma ideia anterior temos:

$p \rightarrow q$

$F \rightarrow V = V$

Esse é o nosso item.

D. A fauna não tem problema se, e somente se, foram plantadas 50 mudas

Temos aqui uma BICONDICIONAL. Desta forma,

A relação de p e q somente será verdadeira se p e q forem falsos ou se p e q forem verdadeiros

$p \leftrightarrow q$

$F \leftrightarrow V = F$

Item errado.

E. A fauna não tem problema e não foram plantadas 50 mudas

Temos mais uma conjunção, onde a única forma para obter verdade é quando as duas proposições são verdadeiras

$p \wedge \sim q$

$F \wedge F = F$

Item errado.

GABARITO: LETRA C.

---

46. (VUNESP – 2021 – TJ-SP – Escrevente Técnico Judiciário) Considere verdadeiras as afirmações: I, III e IV, e considere falsa a afirmação II.

I. Se Leonardo é escrevente, então Marcela é técnica judiciária.
II. Se Natália é analista judiciária, então Olívia é oficial de justiça.
III. Se Marcela é técnica judiciária, então Olívia é oficial de justiça.
IV. Patrícia é juíza ou Leonardo é escrevente.

A partir dessas afirmações, é correto concluir que

A. Olívia é oficial de justiça ou Leonardo é escrevente.
B. Leonardo é escrevente e Natália é analista judiciária.
C. Patrícia é juíza ou Olívia é oficial de justiça.
D. Marcela é técnica judiciária e Patrícia é juíza.
E. Marcela é técnica judiciária e Natália é analista judiciária.

COMENTÁRIO

Como a afirmativa II é FALSA então podemos valorar de acordo com a tabela-verdade de uma com uma condicional. A única forma que obtemos FALSO é quando temos $V \rightarrow F = F$.

"Se Natália é analista judiciária(V), então Olívia é oficial de justiça (F)."

Com isso, podemos valorar as demais afirmativas.

Vamos começar pelo item III, que tem uma informação associada ao item II e que também é uma condicional.

Por ser uma condicional, e por ser uma sentença verdadeira, a única forma que não podemos ter é $V \rightarrow F$, como a segunda parte já é falsa, então obrigatoriamente a primeira deverá ser falsa também:

"Se Marcela é técnica judiciária (F), então Olívia é oficial de justiça.(F)"

Com o mesmo raciocínio, vamos ao item I:

Se Leonardo é escrevente(F), então Marcela é técnica judiciária(F).

E por último podemos analisar o item IV. Por ser uma disjunção, basta que pelo menos uma das sentenças seja verdade para obter a valoração verdadeira. Deste modo temos:

Patrícia é juíza(V) ou Leonardo é escrevente(F).

Agora analisando as alternativas:

A. Olívia é oficial de justiça(F) ou Leonardo é escrevente(F)

$F \vee F = F$

B. Leonardo é escrevente(F) e Natália é analista judiciária(V).

$F \wedge V = F$

C. Patrícia é juíza(V) ou Olívia é oficial de justiça(F).

$V \vee F = V$

Nossa alternativa

D. Marcela é técnica judiciária(F) e Patrícia é juíza(V).

$F \wedge V = F$

E. Marcela é técnica judiciária(F) e Natália é analista judiciária(V).

$F \wedge V = F$

GABARITO LETRA C

---

47. (IBFC – 2021 – Prefeitura de São Gonçalo do Amarante-RN – Administrador) Uma pessoa procura por um argumento dedutivo a partir de duas premissas listadas abaixo.

Premissa 1: Toda quantidade física pode ser medida por algum dispositivo.

Premissa 2: Não se consegue medir o amor com um dispositivo.

A pessoa estabelece, então, duas proposições na forma de conclusões possíveis.

Conclusão 1: O amor não é uma quantidade física.

Conclusão 2: Nem toda quantidade física pode ser medida por algum dispositivo.

Partindo do princípio da lógica dedutiva, assinale a alternativa correta.

A. ambas conclusões são deduções válidas

B. apenas a conclusão 1 é uma dedução válida

C. apenas a conclusão 2 é uma dedução válida

D. nenhuma das conclusões é uma dedução válida

COMENTÁRIO

Como já vimos anteriormente, vamos entender os tipos de raciocínio:

Indução: do Particular para o Geral

Dedução: do Geral para o particular.

Sabemos que as premissas terão sempre valor-lógico verdade. Como se trata de uma dedução então buscamos do geral para o particular.

Premissa 1: Toda quantidade física pode ser medida por algum dispositivo.

Premissa 2: Não se consegue medir o amor com um dispositivo.

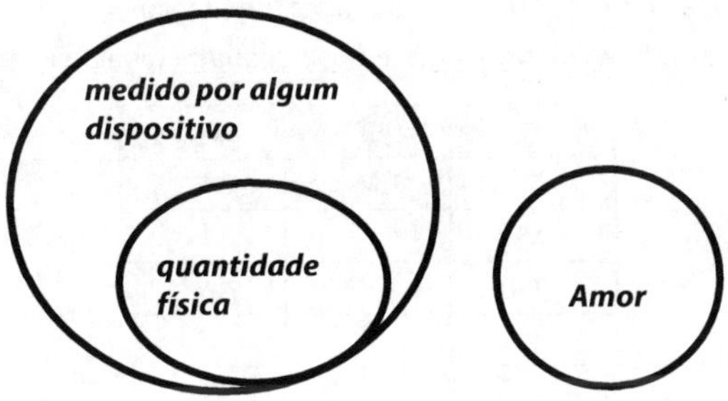

Desta forma, podemos concluir que o amor não é uma quantidade física, logo a conclusão 1 é verdadeira.

Agora observe que a Conclusão 2: Nem toda quantidade física pode ser medida por algum dispositivo.

Note que a quantidade física é subconjunto do conjunto medido por algum dispositivo, ou seja, essa conclusão é falsa.

GABARITO: LETRA B.

---

48. (VUNESP – 2021 – TJ-SP – Escrevente Técnico Judiciário) Sabe-se que das afirmações a seguir, apenas a afirmação (III) é falsa.

I. Em um mesmo dia, ou João corre 10 km ou João pratica meditação.

II. Se João corre 10 km, então ele fica o dia todo bem humorado.

III. Ontem João estava bem humorado.

IV. No dia em que João pratica meditação, ele não conversa com ninguém.

Sendo assim, é correto concluir que ontem João

A. correu 10 km.

B. correu 10 km ou não praticou meditação.

C. não estava bem humorado e conversou com alguém.

D. não conversou com ninguém.

E. não estava bem humorado e correu 10 km.

COMENTÁRIO

Como sabemos que a afirmação III é falsa, o seu contrário será verdade, então basta procurarmos uma afirmativa que fale sobre o humor de João.

"Ontem João estava bem humorado(F)."

Então vamos analisar o item II:

"Se João corre 10 km, então ele fica o dia todo bem humorado."

Por ser uma condicional:

Uma condicional é formada pela seguinte estrutura: *Antecedente* $\rightarrow$ *Consequente.*

Dada uma condicional do tipo $A \rightarrow B$ temos a seguinte tabela-verdade:

A	B	A→B
V	V	V
V	F	F
F	V	V
F	F	V

Observe que a única forma de se obter falso é $V \rightarrow F$. (DICA: Esse é o famoso Vera - Fisher FALSO)

Então podemos valorar essa afirmação da seguinte forma:

"Se João corre 10 km(F), então ele fica o dia todo bem humorado(F)."

Com essa informação analisamos o item I:

"Em um mesmo dia, ou João corre 10 km ou João pratica meditação."

Dada uma DISJUNÇÃO EXCLUSIVA do tipo $A \veebar B$ temos a seguinte tabela-verdade:

A	B	$A \veebar B$
V	V	F
V	F	V
F	V	V
F	F	F

Ou seja, não podemos obter valorações iguais para obter VERDADE.

Desta forma, temos:

"Em um mesmo dia, ou João corre 10 km(F) ou João pratica meditação(V)."

Com isso, analisando o item IV:

"No dia em que João pratica meditação, ele não conversa com ninguém."

Aqui temos uma condicional: *Antecedente* $\rightarrow$ *Consequente.*

Se João pratica meditação, então ele não conversa com ninguém

Valorando essa estrutura temos:

"Se João pratica meditação(V), então ele não conversa com ninguém(V)"

Vamos analisar as alternativas:

A. correu 10 km. (F)

B. correu 10 km(F) ou não praticou meditação(F).

$F \vee F = F$

C. não estava bem humorado(V) e conversou com alguém(F).

$V \wedge F = F$

D. não conversou com ninguém.(V)

E. não estava bem humorado (V) e correu 10 km(F).

$V \wedge F = F$

GABARITO LETRA D

---

49. (VUNESP – 2021 – Semae de Piracicaba-SP – Programador Junior) Se Ana não é formada em Pedagogia ou Mauro não é formado em Sociologia, então Marcelo é engenheiro. Se Regiane é médica, então Ana não é formada em Pedagogia. Se Mauro não é formado em Sociologia, então Sérgio não é advogado e Orlando é bombeiro. Sabendo-se que Marcelo não é engenheiro, é correto afirmar que

A. Sérgio não é advogado.

B. Sérgio é advogado.

C. Orlando é bombeiro.

D. Regiane não é médica.

E. Regiane é médica.

COMENTÁRIO

Vamos começar fazer as valorações a partir da proposição simples:

"Marcelo não é engenheiro (V)"

Agora vamos valorar a primeira alternativa em que aparece a informação sobre Marcelo.

"Se Ana não é formada em Pedagogia ou Mauro não é formado em Sociologia, então Marcelo é engenheiro"

Por ser uma condicional a única forma de se obter falso é $V \rightarrow F$. (DICA: Esse é o famoso Vera - Fisher FALSO)

Logo, a primeira parte da proposição é falsa. Por ser uma disjunção e por ter valor F, então as duas proposições que as formam serão falsas:

"Se Ana não é formada em Pedagogia(F) ou Mauro não é formado em Sociologia(F), então Marcelo é engenheiro(F)"

Analisando a próxima afirmativa, por ser uma condicional, como já discutimos anteriormente, não podemos ter $V \rightarrow F$, então as duas proposições serão F:

Se Regiane é médica(F), então Ana não é formada em Pedagogia(F).

Agora, analisando a penúltima afirmativa, por ser uma condicional seguimos a mesma ideia. Como a segunda parte é uma conjunção, a única forma de obter verdade é quando as duas proposições são verdadeiras.

Se Mauro não é formado em Sociologia(F), então Sérgio não é advogado e Orlando é bombeiro.

Como a primeira proposição é falsa e temos uma condicional, é impossível valorar as duas últimas proposições, visto que qualquer valor que elas assumirem a proposição ainda continuará sendo verdadeira.

Então com os dados que temos, a única alternativa que temos certeza é a letra D.

GABARITO LETRA D

---

50. (VUNESP – 2020 – Prefeitura de Ilhabela-SP – Analista – Tecnologia da Informação e Comunicação) Considere as afirmações e a atribuição de seus respectivos valores lógicos.

I. Tiago foi à escola ou Denise ficou dormindo. Afirmação VERDADEIRA.

II. Fernando praticou natação, e Juliana fez a lição de casa. Afirmação FALSA.

III. Caio não foi trabalhar ou Tiago não foi à escola. Afirmação VERDADEIRA.

IV. Se Marcos estava doente, então Denise ficou dormindo. Afirmação FALSA.

V. Ou Caio não foi trabalhar ou Juliana não fez a lição de casa. Afirmação VERDADEIRA.

A partir dessas informações, é correto concluir que

A. Juliana não fez a lição de casa ou Fernando praticou natação.

B. Tiago foi à escola, e Marcos não estava doente.

C. Ou Denise não ficou dormindo ou Fernando não praticou natação.

D. Juliana fez a lição de casa ou Denise ficou dormindo.

E. Se Tiago foi à escola, então Caio foi trabalhar.

COMENTÁRIO

Como já discutimos anteriormente em questões como essa sempre começamos com as proposições que possuem uma única forma para se obter verdade ou falsidade.

Entre as cinco afirmações, observe que a afirmativa IV é uma condicional e que possui o valor lógico falso.

Dada uma condicional do tipo $A \rightarrow B$ temos a seguinte tabela-verdade:

A	B	A→B
V	V	V
V	F	F
F	V	V
F	F	V

Observe que existe uma única forma de obter valor falso: $V \rightarrow F = F$

Desta forma, conseguimos valorar a afirmativa IV:

"Se Marcos estava doente(V), então Denise ficou dormindo.(F)".

Então procuramos alguma outra afirmativa que temos alguma dessas informações, no caso a afirmativa I.

A afirmativa I é uma disjunção, e a tabela-verdade de uma disjunção do tipo $A \vee B$ é igual a:

A	B	A∨B
V	V	V
V	F	V
F	V	V
F	F	F

Ou seja, para obter verdade, como a afirmativa sugere, pelo menos uma das proposições deve ser verdade. Com isso, podemos valorar:

"Tiago foi à escola(V) ou Denise ficou dormindo(F)."

Com essa informação, podemos valorar também o item III, que também é uma verdade:

"Caio não foi trabalhar(V) ou Tiago não foi à escola(F)".

Agora analisamos o item V que é uma disjunção exclusiva que tem a tabela verdade como:

A	B	$A \veebar B$
V	V	F
V	F	V
F	V	V
F	F	F

Com V é verdade, então de acordo com a tabela verdade podemos valorar da seguinte forma:

"Ou Caio não foi trabalhar (V) ou Juliana não fez a lição de casa.(F)"

Por último, analisamos o item II que é uma conjunção. Seja uma conjunção do tipo $A \wedge B$, então temos:

A	B	A∧B
V	V	V
V	F	F
F	V	F

F	F	F

Como II é falso, então valoramos:

Fernando praticou natação(F), e Juliana fez a lição de casa.(V).

Valorando todos os itens, vamos julgar as alternativas disponíveis:

A. Juliana não fez a lição de casa(F) ou Fernando praticou natação(F).
$F \vee F = F$. Errado

B. Tiago foi à escola(V), e Marcos não estava doente(F).
$V \wedge F = F$. Errado.

C. Ou Denise não ficou dormindo(V) ou Fernando não praticou natação(V).
$V \veebar V = F$. Item errado.

D. Juliana fez a lição de casa(V) ou Denise ficou dormindo(F).
$V \vee F = V$. Nossa alternativa.

E. Se Tiago foi à escola(V), então Caio foi trabalhar(F).
$V \rightarrow F = F$. Errado.

GABARITO: LETRA D.

---

51. (CESPE-CEBRASPE/SEFAZ-AL/Auditor Fiscal da Receita Estadual/2020) Considerando esse argumento, julgue o item seguinte.

No argumento seguinte, as proposições P1, P2, P3 e P4 são as premissas, e C é a conclusão.

- P1: "Se há carência de recursos tecnológicos no setor Alfa, então o trabalho dos servidores públicos que atuam nesse setor pode ficar prejudicado.".
- P2: "Se há carência de recursos tecnológicos no setor Alfa, então os beneficiários dos serviços prestados por esse setor podem ser mal atendidos.".
- P3: "Se o trabalho dos servidores públicos que atuam no setor Alfa fica prejudicado, então os servidores públicos que atuam nesse setor padecem.".
- P4: "Se os beneficiários dos serviços prestados pelo setor Alfa são mal atendidos, então os beneficiários dos serviços prestados por esse setor padecem.".
- C: "Se há carência de recursos tecnológicos no setor Alfa, então os servidores públicos que atuam nesse setor padecem e os beneficiários dos serviços prestados por esse setor padecem.".

Se a proposição P4 for verdadeira, então a proposição "Os beneficiários dos serviços prestados pelo setor Alfa são mal atendidos. " Será, necessariamente, verdadeira.

COMENTÁRIO

Nesta questão temos outra condicional, e na tabela verdade de uma condicional a única forma para se obter FALSO é se tivermos $v \to F$.

Então os casos para que possamos ter verdade, segundo a tabela verdade seria:

$(V \to V), (F \to V), (F \to F)$

Com isso podemos notar que proposição "Os beneficiários dos serviços prestados pelo setor Alfa são mal atendidos" pode assumir a valoração de FALSO também, desde que a proposição "Os beneficiários dos serviços prestados pelo setor Alfa são mal atendidos" seja FALSO também.

Resposta: Errado.

---

52. (CESPE-CEBRASPE/SEFAZ-AL/Auditor Fiscal da Receita Estadual/2020) Considerando esse argumento, julgue o item seguinte.

No argumento seguinte, as proposições P1, P2, P3 e P4 são as premissas, e C é a conclusão.

- P1: "Se há carência de recursos tecnológicos no setor Alfa, então o trabalho dos servidores públicos que atuam nesse setor pode ficar prejudicado.".
- P2: "Se há carência de recursos tecnológicos no setor Alfa, então os beneficiários dos serviços prestados por esse setor podem ser mal atendidos.".
- P3: "Se o trabalho dos servidores públicos que atuam no setor Alfa fica prejudicado, então os servidores públicos que atuam nesse setor padecem.".
- P4: "Se os beneficiários dos serviços prestados pelo setor Alfa são mal atendidos, então os beneficiários dos serviços prestados por esse setor padecem.".
- C: "Se há carência de recursos tecnológicos no setor Alfa, então os servidores públicos que atuam nesse setor padecem e os beneficiários dos serviços prestados por esse setor padecem.".

O argumento em questão é válido.

COMENTÁRIO

Para resolver essa questão vamos utilizar o método da conclusão falsa, que consiste em valorar a conclusão como FALSO e verificar se as premissas serão verdadeiras ou falsas.

Para ficar mais fácil o entendimento vamos utilizar a estruturação com os conectivos lógicos.

Vamos chamar de:

P: Há carência de recursos tecnológicos no setor Alfa.

Q: O trabalho dos servidores públicos que atuam nesse setor pode ficar prejudicado.

R: Os beneficiários dos serviços prestados por esse setor podem ser mal atendidos.

S: Os servidores públicos que atuam nesse setor padecem.

T: Os beneficiários dos serviços prestados por esse setor padecem.

Organizado as informações, vamos representar as sentenças:

P1: $(P \to Q)$

P2: $(P \to R)$

P3: $(Q \to S)$

P4: $(R \to T)$

C: $(P \to S \wedge T)$

Então considerando a conclusão C como falso teremos:

$(P \to S \wedge T) = \text{F}$

Temos então uma condicional, e para se ter FALSO em uma condicional a primeira parte da sentença será verdadeira, pois $V \to F = F$.

Logo, $P = V$ e $S \wedge T = F$.

Com isso, podemos ver que em P1: $(P \to Q)$, $P = V$, então para garantir que a condicional seja verdadeira, a segunda parte da sentença também deverá ser verdade, então, $Q = V$.

O mesmo ocorre em P2, P3 e P4. Observe:

Em P2: $(P \to R)$, $P = V$, então $R = V$.

Em P3: $(Q \to S)$, $Q = V$, então $S = V$.

Em P4= $(R \to T)$, $R = V$ então $T = V$.

Ou seja, o argumento é valido.

Porém a banca considerou como inválido, o que nos leva a crer que a banca tenha adotado essa posição pela possível diferença de interpretação nas expressões "pode ficar prejudicado" e "fica prejudicado"

---

53. (CESPE-CEBRASPE/SEFAZ-AL/Auditor de Finanças e Controle de Arrecadação da Fazenda Estadual/2020) No argumento seguinte, as proposições P1, P2, P3 e P4 são as premissas, e C é a conclusão.

- P1: "Se há carência de recursos tecnológicos no setor Alfa, então o trabalho dos servidores públicos que atuam nesse setor pode ficar prejudicado. ".
- P2: "Se há carência de recursos tecnológicos no setor Alfa, então os beneficiários dos serviços prestados por esse setor podem ser mal atendidos. ".
- P3: "Se o trabalho dos servidores públicos que atuam no setor Alfa fica prejudicado, então os servidores públicos que atuam nesse setor padecem. ".
- P4: "Se os beneficiários dos serviços prestados pelo setor Alfa são mal atendidos, então os beneficiários dos serviços prestados por esse setor padecem. ".
- C: "Se há carência de recursos tecnológicos no setor Alfa, então os servidores públicos que atuam nesse setor padecem e os beneficiários dos serviços prestados por esse setor padecem. ".

Considerando esse argumento, julgue o item seguinte.

Se a proposição "O trabalho dos servidores públicos que atuam nesse setor pode ficar prejudicado. " For falsa e a proposição "Há carência de recursos tecnológicos no setor Alfa. " For verdadeira, então a proposição P1 será falsa.

COMENTÁRIO

A proposição P1 tem o formato de uma condicional. Para se obter falso em uma condicional basta que tenhamos o formato $V \to F$.

Desta forma, "Se há carência de recursos tecnológicos no setor Alfa (V), então o trabalho dos servidores públicos que atuam nesse setor pode ficar prejudicado (F)."

Logo, o item está correto.

Resposta: Certo.

---

54. (CESPE-CEBRASPE/SEFAZ-AL/Auditor de Finanças e Controle de Arrecadação da Fazenda Estadual/2020) No argumento seguinte, as proposições P1, P2, P3 e P4 são as premissas, e C é a conclusão.

- P1: "Se há carência de recursos tecnológicos no setor Alfa, então o trabalho dos servidores públicos que atuam nesse setor pode ficar prejudicado. ".
- P2: "Se há carência de recursos tecnológicos no setor Alfa, então os beneficiários dos serviços prestados por esse setor podem ser mal atendidos. ".
- P3: "Se o trabalho dos servidores públicos que atuam no setor Alfa fica prejudicado, então os servidores públicos que atuam nesse setor padecem. ".
- P4: "Se os beneficiários dos serviços prestados pelo setor Alfa são mal atendidos, então os beneficiários dos serviços prestados por esse setor padecem. ".
- C: "Se há carência de recursos tecnológicos no setor Alfa, então os servidores públicos que atuam nesse setor padecem e os beneficiários dos serviços prestados por esse setor padecem. ".

Considerando esse argumento, julgue o item seguinte.

Se a proposição P4 for verdadeira, então a proposição "Os beneficiários dos serviços prestados pelo setor Alfa são mal atendidos." Será, necessariamente, verdadeira.

COMENTÁRIO

A proposição P4 tem o formato de uma condicional. Para se obter verdade em uma condicional basta que tenhamos o formato $V \rightarrow V$, ou $F \rightarrow V$, ou $F \rightarrow F$.

Sendo assim, "os beneficiários dos serviços prestados pelo setor Alfa são mal atendidos" pode assumir tanto o valor lógico Falso, como valor lógico Verdadeiro.

Logo, não deverá ser necessariamente verdadeira.

Resposta: Errado.

---

55. (IBADE/ Pref. Vila Velha/Agente de Farmácia/2020) Considere as seguintes proposições:

- Vila Velha é uma cidade localizada no Espírito Santo.
- Todo morador de Vila Velha gosta de praia.
- João não gosta de praia.

Pode-se concluir que:

a) João mora no Espírito Santo.
b) João não mora em Vila Velha.
c) João gosta de cachoeira.
d) João não mora no Espírito Santo.
e) João mora em Vila Velha.

COMENTÁRIO

Questões como esta são bem frequentes em processos seletivos. Considerando que é verdade todas as proposições, observe que João não gosta de praia, logo ele não mora em Vila Velha, pois lá todo morador gosta de praia. Essa é a única informação que sabemos a respeito de João, não sendo possível dizer em que lugar ele mora, mas apenas o lugar onde não mora.

Resposta: B.

---

56. (IBADE/Pref. Vila Velha/Professor/Matemática/2020) Considere as afirmativas abaixo:

Algumas empresas brasileiras de aviação civil mal administradas estão em crise.

Todas as empresas de aviação civil em crise têm baixo nível de ocupação de aeronaves.

Com base nessas afirmativas, é correto afirmar que:

a) As empresas brasileiras de aviação civil estão em crise devido a sua má administração e baixo nível de ocupação de aeronaves.

b) Se uma empresa brasileira de aviação civil tem baixo nível de ocupação de aeronaves, então ela é mal administrada.

c) O baixo nível de ocupação de aeronaves das empresas brasileiras de aviação civil se deve às elevadas tarifas por ela praticadas.

d) Algumas empresas brasileiras de aviação civil mal administradas não estão em crise e têm elevado nível de ocupação de aeronaves.

e) Todas as empresas brasileiras de aviação civil que têm elevado nível de ocupação de aeronaves são bem administradas.

COMENTÁRIO

A afirmativa diz que algumas empresas brasileiras de aviação civil mal administradas estão em crise, ou seja, existem empresas brasileiras de aviação civil mal administradas que **não** estão em crise também.

A segunda afirmativa diz que todas as empresas de aviação civil em crise têm baixo nível de ocupação de aeronaves. Desta forma, juntando as duas informações: Algumas empresas brasileiras de aviação civil mal administradas estão em crise **e têm baixo nível de ocupação de aeronaves.**

Logo, algumas empresas brasileiras de aviação civil mal administradas não estão em crise e têm elevado nível de ocupação de aeronaves.

Resposta: D.

---

57. (FEPESE/Pref. Itajaí/Assistente de Controle Urbano/2020) Se Rafael é alto e Antônio não é pessimista, então Joana é produtiva. Se Joana é produtiva, então Marta é trabalhadora. Sabe-se que Marta não é trabalhadora.

Logo, podemos concluir, corretamente, que:

a) Rafael é alto e Antônio não é pessimista.

b) Rafael não é alto ou Antônio é pessimista.

c) Rafael não é alto e Antônio é pessimista

d) Rafael não é alto.

e) Antônio é pessimista.

COMENTÁRIO

Da mesma forma que a questão anterior, observe que a questão possui uma proposição simples (C), logo iremos começar por ela. As demais proposições serão valoradas a partir da conclusão e de acordo com os conectivos lógicos em cada uma das premissas.

Simbolizando as proposições (premissas) de acordo com a linguagem da lógica formal e partindo de que todas são verdadeiras, temos:

P1: Se (Rafael é alto e Antônio não é pessimista) = **F** , então Joana é produtiva **(F)**.

P2: Se Joana é produtiva **(F)**, então Marta é trabalhadora **(F).**

C: Sabe-se que Marta não é trabalhadora. **V**

Sabendo que **"**Rafael é alto e Antônio não é pessimista" **= F,** a sua negação será verdade. Logo, a negação de uma conjunção será uma disjunção.

Rafael não é alto OU Antônio é pessimista = **V.**

Resposta: B.

---

58. (IBADE/IDAF AC/Engenheiro Agrônomo/2020) Se a parede não é branca, então o cachorro late. Se a parede é branca então o canário não canta. Ora, o canário canta. Logo:

a) a parede não é branca e o cachorro não late.

b) a parede não é branca e o cachorro late.

c) a parede é branca e o cachorro não late.

d) a parede é branca e o cachorro late.

e) se o canário canta então o cachorro não late.

COMENTÁRIO

Questões neste formato são muito recorrentes em provas. A ideia sempre será começar pela proposição simples e valorar as demais proposições a partir dessa proposição simples, usando a valoração da tabela-verdade dos conectivos utilizados.

Simbolizando na estrutura lógica temos:

P1: Se a parede não é branca **(V)** , então o cachorro late **(V)**

P2: Se a parede é branca **(F)** então o canário não canta. **(F)**

C: o canário canta. **= V**

Vale lembrar que são condicionais e que para ser verdades não podem ter a valoração $V \rightarrow F$, pois senão serão falsas.

Logo, a alternativa correta será "a parede não é branca e o cachorro late".

Resposta: B.

---

59. (IBADE/IDAF AC/Técnico em Defesa Agropecuária e Florestal/2020) Como ou durmo. Bebo ou não como. Jogo ou não durmo. Ora, não jogo. Portanto:

a) não bebo e como.

b) durmo e bebo.

c) como e bebo.

d) durmo e não bebo.

e) não jogo e não bebo.

COMENTÁRIO

Simbolizando as proposições (premissas) de acordo com a linguagem da lógica formal e partindo de que todas são verdadeiras, temos:

Premissa 1: Como **(V)** ou durmo**(F)**.

Premissa 2: **Bebo (V) ou** não como**(F)**.

Premissa 3: Jogo **(F)** ou não durmo **(V)**.

Conclusão: não jogo **(V)**

Partirmos da conclusão, que é uma premissa simples e sabemos que é uma verdade. As demais premissas foram valoradas de acordo com a tabela verdade da disjunção que diz que pelo menos uma das proposições deve ser verdade.

Então podemos concluir que:

Bebo, Como e não durmo.

Resposta: C.

---

60. (IBADE/Pref. Vila Velha/Professor-Séries Iniciais/2020) Ana é irmã da Bruna ou é amiga da Cláudia. Ana é prima da Dani ou não é irmã da Bruna. Ana é amiga da Fernanda ou não é amiga da Cláudia. Se Ana não é amiga da Fernanda, então:

a) Ana é irmã da Bruna e prima da Dani.

b) Ana não é prima da Dani e é amiga da Bruna.

c) Ana é amiga da Fernanda e amiga da Cláudia.

d) Ana é amiga da Cláudia e não é irmã da Bruna.

e) Ana é prima da Fernanda e é irmã da Dani.

COMENTÁRIO

Simbolizando as proposições (premissas) de acordo com a linguagem da lógica formal e partindo de que todas são verdadeiras, temos:

P1: Ana é irmã da Bruna **(V)** ou é amiga da Cláudia **(F)**.

P2: Ana é prima da Dani **(V)** ou não é irmã da Bruna **(F)**.

P3:Ana é amiga da Fernanda **(F)** ou não é amiga da Cláudia **(V)**.

C: Ana não é amiga da Fernanda **(V)**

Partirmos da conclusão, que sabemos ser uma premissa simples de valoração verdadeira. As demais premissas foram valoradas de acordo com a tabela verdade da disjunção que diz que pelo menos uma das proposições deve ser verdade para que a disjunção seja verdadeira.

Com isso podemos concluir:

Ana é irmã da Bruna**,** não é amiga da Cláudia, é prima de Dani e não é amiga de Fernanda.

Resposta: A.

---

61. (VUNESP/FITO/Técnico em Gestão/Informática/2020) Considere verdadeiras as afirmações:

I. Felipe não é humorista.

II. Se André é estudioso, então Bruno não é atleta.

III. Se Bruno não é atleta, então Carla é atriz.

IV. Se Débora é cantora, então Carla não é atriz.

V. Se Enzo é escritor, então André é estudioso.

VI. Se Débora não é cantora, então Felipe é humorista.

A partir dessas informações, é verdade que

a) André é estudioso.

b) Carla é atriz.

c) Débora não é cantora.

d) Bruno não é atleta.

e) Enzo não é escritor.

COMENTÁRIO

É importante ressaltar que temos uma proposição simples (I), logo iremos começar por ela. As demais proposições serão valoradas a partir de I e de acordo com os conectivos lógicos em cada uma das premissas.

Valorando as proposições (premissas) de acordo com a tabela-verdade de cada conectivo, partindo de que todas são verdadeiras, temos:

I. Felipe não é humorista. **(V)**

II. Se André é estudioso **(F)**, então Bruno não é atleta **(F)**.

III. Se Bruno não é atleta **(F)**, então Carla é atriz **(F)**.

IV. Se Débora é cantora **(V)**, então Carla não é atriz **(V)**.

V. Se Enzo é escritor **(F)**, então André é estudioso **(F)**.

VI. Se Débora não é cantora **(F)**, então Felipe é humorista **(F)**.

Vale lembrar que são condicionais, e a valoração foi feita de forma a evitar a estrutura $V \rightarrow F$ que possui valoração **falso,** na tabela verdade.

Logo, podemos concluir: Enzo não é escritor.

Resposta: E.

62. (COPESE UFPI/ALEPI/Consultor Legislativo/Redação de Atas e Debates/2020) Roberto, Mario e Amanda moram em apenas uma das seguintes cidades: Teresina, Parnaíba e Amarante. Além disso, cada um mora em uma cidade diferente da cidade dos outros dois. Nas sentenças abaixo, temos duas sentenças verdadeiras e uma falsa.

I. Roberto não mora em Teresina e Amanda mora em Parnaíba.

II. Mario mora em Teresina ou Roberto mora em Amarante.

III. Amanda mora em Parnaíba e Mario não mora em Teresina.

A opção que contém as informações CORRETAS sobre as sentenças I, II e III é:

a) A sentença I ou II é falsa.

b) As sentenças I e III são verdadeiras.

c) A sentença I é falsa.

d) A sentença II é falsa.

e) A sentença III é falsa.

COMENTÁRIO

A questão informa que são três cidades e três pessoas, cada um morando em uma cidade diferente da cidade dos outros. Também foi informado que existem duas proposições verdadeiras e uma falsa.

Começaremos analisando I e III pois ambas possuem uma mesma proposição: "Amanda mora em Parnaíba".

Então vamos considerar essa proposição como verdade, pois como são duas conjunções, as duas partes devem ser verdadeiras:

I. Roberto não mora em Teresina (?) e Amanda mora em Parnaíba (V).

III. Amanda mora em Parnaíba (V) e Mario não mora em Teresina(?)

Agora vamos testar as possibilidades. Considerando que "Roberto não mora em Teresina" for verdade, ele só pode morar em Amarante e sobrará apenas Teresinha para ser a moradia de Mário. Então temos:

II Mario mora em Teresina (V) ou Roberto mora em Amarante (V).

Com isso, é possível verificar que a sentença III é a falsa:

III. Amanda mora em Parnaíba (V) e Mario não mora em Teresina (F).

Resposta: E.

---

63. (CESPE-CEBRASPE/TJ-PA/Analista Judiciário/Análise de Sistema/Desenvolvimento/2020) Considere a situação hipotética seguinte, que aborda compreensão de estruturas lógicas.

No processo de manutenção de um computador, as seguintes afirmações são válidas:

p: se aumentar o tamanho da memória ou instalar um novo antivírus, então a velocidade da Internet aumentará;

q: se a velocidade da Internet aumentar, então os aplicativos abrirão mais rapidamente.

Concluída a manutenção, foi verificado que a velocidade da Internet não aumentou.

Nessa situação, é correto concluir que

a) os aplicativos não abrirão mais rápido.

b) o tamanho da memória não foi aumentado e também não foi instalado um novo antivírus.

c) ou o tamanho da memória não foi aumentado ou um novo antivírus não foi instalado.

d) o tamanho da memória pode ter sido aumentado, mas um novo antivírus não foi instalado.

e) um novo antivírus pode ter sido instalado, mas o tamanho da memória não foi aumentado.

COMENTÁRIO

Na questão são informadas duas premissas no formato de condicionais. Para ficar mais fácil o entendimento vamos utilizar a estrutura com os conectivos lógicos:

A: aumentar o tamanho da memória

B: instalar um novo antivírus,

C: velocidade da Internet aumentará;

D: aplicativos abrirão mais rapidamente.

PREMISSA: $(A \vee B) \rightarrow C$ (VERDADE)

PREMISSA: $C \rightarrow D$ (VERDADE)

CONCLUSÃO: ~C (VERDADE)

Como, ~C é verdade, logo C será falso, de modo que obrigatoriamente $(A \vee B)$ seja falso, pois por ser uma condicional com valoração verdadeira, não podemos ter $V \rightarrow F = F$.

Como $(A \vee B)$ é falso, $\sim(A \vee B)$ será verdade. Então temos a negação de uma disjunção que será uma conjunção:

Logo: $\sim(A \vee B)$ = O tamanho da memória não foi aumentado E não foi instalado um novo antivírus.

Resposta: B.

---

64. (VUNESP/Cabo da Polícia Militar do Estado de São Paulo/Graduação/2020) As afirmações a seguir são verdadeiras.

I. Carlos é dentista ou é fisiologista.

II. Carlos não é fisiologista ou é psicólogo.

III. Carlos é dentista ou é psicólogo.

IV. Carlos não é psicólogo.

A partir dessas afirmações, é verdade que Carlos é

a) apenas dentista.

b) apenas fisiologista.

c) dentista e psicólogo.

d) dentista e fisiologista.

COMENTÁRIO

É importante ressaltar que temos uma proposição simples (IV), logo iremos começar por ela. As demais proposições serão valoradas a partir de IV e de acordo com os conectivos lógicos em cada uma das premissas.

Simbolizando as proposições (premissas) de acordo com a linguagem da lógica formal e partindo de que todas são verdadeiras, temos:

I. Carlos é dentista ou é fisiologista.

II. Carlos não é fisiologista (V) ou é psicólogo (F).

III. Carlos é dentista (V) ou é psicólogo(F) .

IV. Carlos não é psicólogo= V

Ou seja, Carlos é apenas dentista.

Resposta: A.

---

65. (VUNESP/Cabo da Polícia Militar do Estado de São Paulo/Graduação/2020) Se a temperatura cair, então precisarei me agasalhar. Se me agasalhar, então não poderei correr. Se puder correr, então não chegarei tarde. A temperatura caiu. Desse modo, é correto concluir que

a) não corri e precisei me agasalhar.

b) corri e não cheguei tarde.

c) não corri e não precisei me agasalhar.

d) cheguei tarde e precisei me agasalhar.

COMENTÁRIO

Nesta questão foi dada uma conclusão onde é possível verificar que é uma proposição simples (C), logo iremos começar por ela. As demais proposições serão valoradas a partir da conclusão e de acordo com os conectivos lógicos em cada uma das premissas.

Simbolizando as proposições (premissas) de acordo com a linguagem da lógica formal e partindo de que todas são verdadeiras, temos:

P1: Se a temperatura cair **(V)**, então precisarei me agasalhar **(V)**.

P2: Se me agasalhar **(V)**, então não poderei correr **(V)**.

P3: Se puder correr **(F)**, então não chegarei tarde**(?)**.

C: A temperatura caiu. = V

Observe que em P3 "não chegarei tarde" pode receber qualquer uma das valorações (V ou F), que mesmo assim a premissa continuará sendo verdade. Então não podemos concluir nada desta parte.

Logo, a alternativa correta será a letra A.

Resposta: A.

---

66. (VUNESP/Cabo da Polícia Militar do Estado de São Paulo/Graduação/2020) Se o meu salário aumentar, então ou comprarei uma bicicleta ou comprarei uma moto. O meu salário aumentou. Então é correto afirmar que

a) se comprei a bicicleta, então não comprei a moto.

b) se não comprei a moto, então não comprei a bicicleta.

c) comprei a moto e comprei a bicicleta.

d) não comprei a bicicleta e não comprei a moto.

COMENTÁRIO

Simbolizando as proposições (premissas) de acordo com a linguagem da lógica formal e partindo de que todas são verdadeiras, temos:

S: o meu salário aumentar,

B: comprarei uma bicicleta

M: comprarei uma moto.

S: O meu salário aumentou.

Utilizando os conectivos lógicos:

P1: $S \rightarrow (B \veebar M)$

C: S

A conclusão é uma proposição simples, então S é verdade, logo, P1 por ser uma condicional, para garantir que seja verdadeira, o seu formato deverá ser $V \rightarrow V$, pois a única forma de uma condicional ser falsa é $V \rightarrow F$.

Assim, $(B \veebar M)$ é verdade. Como temos uma disjunção exclusiva, olhando na tabela-verdade, percebemos que apenas uma das proposições pode ser verdade, ou seja, ou compra a bicicleta ou compra a moto. Com isso, a alternativa correta será "se comprei a bicicleta, então não comprei a moto".

Resposta: A.

---

67. (QUADRIX/CFO/Administrador/2020) Os funcionários de uma empresa precisam criar uma comissão para elaborar um documento sobre determinado assunto. Entretanto, algumas condições deverão ser satisfeitas. Alice só participará da comissão se Bento também participar. Bento não participará se Carlos e Eunice, ambos, participarem. Eduardo, Carlos e Eunice conhecem o assunto, então um deles tem de participar da comissão. Eduardo só participará se Carlos ou Alice ou ambos participarem. Carlos não participará se nem Alice nem Bento participarem.

Com base nesse caso hipotético, julgue o item.

Uma comissão formada por Carlos, Eduardo, Bento e Alice satisfaz as condições descritas.

COMENTÁRIO

Organizando as condições necessárias para a formação das comissões temos:

i. Alice só participará da comissão se Bento também participar.

ii. Bento não participará se Carlos e Eunice, ambos, participarem.

iii. Eduardo, Carlos e Eunice conhecem o assunto, então um deles tem de participar da comissão.
iv. Eduardo só participará se Carlos ou Alice ou ambos participarem.
v. Carlos não participará se nem Alice nem Bento participarem.

Vamos primeiro verificar se as condições necessárias para cada um participar estão sendo cumpridas

Carlos → Pode participar, pois Alice e Bento estão participando (v), e conhece do assunto (iii)

Eduardo → Pode participar pois Carlos e Alice estão participando (iv), e conhece o assunto(iii)

Bento → pode participar pois apenas Carlos está participando (ii)

Alice → Pode participar, pois Bento está participando (i)

Então é possível sim formar essa comissão.

Resposta: Certo.

---

68. (FEPESE/Pref. Itajaí/Assistente Jurídico/2020) Se Gisele não é persistente e José é ousado, então Tiago é trapaceiro. Se Tiago é trapaceiro, então Beatriz não é bonita. Sabe-se que Beatriz é bonita.

Logo, podemos afirmar, corretamente, que:

a) Tiago é trapaceiro.
b) Gisele não é persistente.
c) Gisele não é persistente e José é ousado.
d) Gisele é persistente e José não é ousado.
e) Gisele é persistente ou José não é ousado.

COMENTÁRIO

Observe que a questão possui uma proposição simples (C), logo iremos começar por ela. As demais proposições serão valoradas a partir da conclusão e de acordo com os conectivos lógicos em cada uma das premissas.

Simbolizando as proposições (premissas) de acordo com a linguagem da lógica formal e partindo de que todas são verdadeiras, temos:

P1: Se Gisele não é persistente e José é ousado **(?∧?=F)**, então Tiago é trapaceiro. **(F)**

P2: Se Tiago é trapaceiro **(F)**, então Beatriz não é bonita **(F)**

C: Beatriz é bonita = **V**

Sabemos que o antecedente de P1 é falso, porém não é possível valorar, visto que na tabela verdade da conjunção (e) apenas V->V=V. Contudo, a negação dessa conjunção será verdade, logo só é preciso negar "Gisele não é persistente e José é ousado".

A negação é dada pela disjunção: "Gisele é persistente OU José não é ousado".

Resposta: E.

---

69. (IBADE/IPVV/Assistente Público Administrativo/2020) Nestas proposições lógicas, a INCORRETA é:

a) Paulo é filho natural de Pedro ou filho natural de João.
b) Paulo sabe se é filho natural de Pedro ou de João.
c) Pedro sabe se ele é pai natural de Paulo.
d) Paulo é filho natural de Pedro e filho natural de João.
e) João e Pedro sabem se Paulo é seu filho natural.

COMENTÁRIO

A alternativa d está incorreta. Não é possível que Paulo seja filho natural de Pedro e de João ao mesmo temos. Desta forma uma das proposições será falsa, pois temos uma conjunção. Em uma conjunção se alguma das proposições for falsa a sentença será falsa também.

Resposta: D.

70. (CESPE-CEBRASPE/SEFAZ-RS/Auditor-Fiscal da Receita Estadual/2019)

Texto 1A10-I

No exercício de suas atribuições profissionais, auditores fiscais sempre fazem afirmações verdadeiras, ao passo que sonegadores sempre fazem proposições falsas.

Durante uma audiência para tratar da autuação da empresa X, um auditor fiscal fez as seguintes afirmações sobre essa empresa:

- A1: "Se identifiquei erro ou inconsistência na declaração de imposto da empresa X, eu a notifiquei".
- A2: "Se o erro não foi sanado, eu a autuei".
- A3: "Se a empresa não recorreu da autuação, eu a multei".

Nessa situação hipotética, à luz da premissa estabelecida no texto 1A10-I, assinale a opção que apresenta uma proposição necessariamente verdadeira.

a) "A empresa X errou em sua declaração de imposto".
b) "A empresa X apresentou inconsistência em sua declaração de imposto".
c) "A empresa X foi notificada, autuada e multada".
d) "A empresa X não sanou o erro identificado e foi autuada".
e) "A empresa X recorreu da autuação ou foi multada".

COMENTÁRIO

Essa é uma questão de implicação lógica. A questão afirmou que auditores fiscais sempre fazem afirmações verdadeiras, logo A1, A2 e A3 são verdades.

Como todas as afirmações são verdadeiras, basta encontrar uma alternativa que seja equivalente a alguma das afirmações. Utilizamos então a Lei de Morgan, que consiste em negar o antecedente e trocar o conectivo para uma disjunção. Nessa equivalência o consequente não será alterado.

"Se a empresa não recorreu da autuação, eu a multei" é equivalente a "A empresa recorreu da autuação OU eu a multei".

Com isso, temos como resposta a letra "E" que diz "A empresa X recorreu da autuação ou foi multada".

Resposta: E

---

71. (CESPE/CEBRASPE/PGE-PE/Analista Administrativo de Procuradoria/Calculista/2019) Considere as seguintes proposições.

- P1: Se a empresa privada causar prejuízos à sociedade e se o governo interferir na sua gestão, então o governo dará sinalização indesejada para o mercado.
- P2: Se o governo der sinalização indesejada para o mercado, a popularidade do governo cairá.
- Q1: Se a empresa privada causar prejuízos à sociedade e se o governo não interferir na sua gestão, o governo será visto como fraco.
- Q2: Se o governo for visto como fraco, a popularidade do governo cairá.

Tendo como referência essas proposições, julgue o item seguinte, a respeito da lógica de argumentação.

O argumento em que as proposições Q1 e Q2 são as premissas e a conclusão é a proposição "Se a empresa privada causar prejuízos à sociedade e se o governo não interferir na sua gestão, a popularidade do governo cairá. " É um argumento válido.

COMENTÁRIO

Para que o argumento seja válido, as premissas deverão ser verdadeiras, assim como a conclusão também.

As premissas Q1 e Q2, possuem a proposição "o governo será visto como fraco" em comum, com isso podemos utilizar a regra do corte, onde sobrará:

- Q1: Se a empresa privada causar prejuízos à sociedade e se o governo não interferir na sua gestão, ~~o governo será visto como fraco~~.
- Q2: Se ~~o governo for visto como fraco~~, a popularidade do governo cairá.

Se a empresa privada causar prejuízos à sociedade e se o governo não interferir na sua gestão, então a popularidade do governo cairá.

A sentença encontrada é justamente a conclusão fornecida, o que torna o argumento válido.

Resposta: Certo.

---

72. (CESPE-CEBRASPE/PGE PE/Analista Administrativo de Procuradoria/Calculista/2019) Considere as seguintes proposições.

- P1: Se a empresa privada causar prejuízos à sociedade e se o governo interferir na sua gestão, então o governo dará sinalização indesejada para o mercado.
- P2: Se o governo der sinalização indesejada para o mercado, a popularidade do governo cairá.
- Q1: Se a empresa privada causar prejuízos à sociedade e se o governo não interferir na sua gestão, o governo será visto como fraco.
- Q2: Se o governo for visto como fraco, a popularidade do governo cairá.

Tendo como referência essas proposições, julgue o item seguinte, a respeito da lógica de argumentação.

O argumento em que as proposições P1, P2, Q1 e Q2 são as premissas e a conclusão é a proposição "A popularidade do governo cairá. " é um argumento válido.

COMENTÁRIO

Para resolver essa questão podemos utilizar o método da conclusão falsa. Nesse método dizemos que a conclusão é falsa e verificamos se os argumentos são válidos ou inválidos. Se todas as premissas forem verdadeiras e a conclusão falsa, o argumento será invalido, porém se alguma premissa for falsa o argumento será válido.

Desta forma, consideramos "A popularidade do governo cairá" como falso, e ao analisarmos Q2 verificamos que por ser uma condicional com o consequente falso, o seu antecedente deverá ser falso também, para que a premissa se torne verdade. Logo, "governo for visto como fraco" é falso também:

Q2: Se o governo for visto como fraco (F), a popularidade do governo cairá (F).

A mesma análise é realizada em P2:

P2: Se o governo der sinalização indesejada para o mercado (F), a popularidade do governo cairá (F).

Observe que Q1 e P1 possuem o mesmo antecedente, que deverá ser falso para que a premissa seja verdadeira. Sendo assim, não temos nenhuma contradição, o que leva a concluir que o argumento é inválido, pois a conclusão é falsa e as premissas são verdadeiras.

Resposta: Errado.

---

73. (FGV/Prefeitura de Salvador-BA/Especialista em Políticas Públicas/2019) Considere as afirmativas a seguir.

- "Alguns homens jogam xadrez".
- "Quem joga xadrez tem bom raciocínio".

A partir dessas afirmações, é correto concluir que

A. "Todos os homens têm bom raciocínio".
B. "Mulheres não jogam xadrez".
C. "Quem tem bom raciocínio joga xadrez"
D. "Homem que não tem bom raciocínio não joga xadrez".
E. "Quem não joga xadrez não tem bom raciocínio".

COMENTÁRIO

Temos mais uma questão de silogismo, que é o raciocínio dedutivo estruturado formalmente a partir de duas proposições, das quais se obtém por inferência uma terceira.

Vamos resolver essa questão analisando as alternativas dadas, de modo a eliminar as erradas.

A. "Todos os homens têm bom raciocínio".

Errado. Como a primeira sentença dada disse, não são todos os homens que jogam xadrez.

B. "Mulheres não jogam xadrez".

Errado. Nada foi dito sobre mulheres, então não podemos concluir nada sobre elas.

C. "Quem tem bom raciocínio joga xadrez"

Errado. Existe a possibilidade de a pessoa ter um bom raciocínio e jogar outros jogos, por exemplo. Não necessariamente precisa saber jogar xadrez.

D. "Homem que não tem bom raciocínio não joga xadrez".

Certo. Pois quem tem bom raciocínio joga xadrez.

E. "Quem não joga xadrez não tem bom raciocínio".

Errado. Pois uma pessoa pode jogar outro jogo e ter um bom raciocínio

Resposta: D.

---

74. (FGV/Prefeitura de Salvador-BA/Guarda Civil Municipal/2019) Considerando que a afirmação "Nenhum pescador sabe nadar" não é verdadeira, é correto concluir que

A. "Há, pelo menos, um pescador que sabe nadar".

B. "Quem não é pescador não sabe nadar"

C. "Todos os pescadores sabem nadar".

D. "Todas as pessoas que sabem nadar são pescadores".

E. "Ninguém que sabe nadar é pescador".

COMENTÁRIO

Para resolver essa questão vamos relembrar algumas regrinhas de negação das proposições categóricas.

1ª) negação de TODO = pelo menos um/ existe um/ algum + NÃO

2ª) negação de ALGUM = Nenhum / todo não

3º) negação de NENHUM = Pelo menos um/ existe um

Desta forma, queremos a negação de nenhum, ou seja, a nossa 3ª regra (pelo menos um / existe um).

Entre as alternativas: "Há, pelo menos, um pescador que sabe nadar".

Resposta: A.

---

75. (FGV/Prefeitura de Salvador-BA/Técnico de Enfermagem do Trabalho/2019) Se não é verdade que "Todo soteronito é soteronoso", então é correto afirmar que

A. "Nenhum soteronito é soteronoso".

B. "Todo soteronoso é soteronito".

C. "Algum soteronito não é soteronoso".

D. "Algum soteronoso não é soteronito".

E. "Algum soteronito é soteronoso".

COMENTÁRIO

Assim como vimos na questão anterior, para resolver essa questão precisamos saber de algumas regrinhas de negação das proposições categóricas. São elas:

1ª) negação de TODO = pelo menos um/ existe um/ algum + NÃO

2ª) negação de ALGUM = Nenhum / todo não

3º) negação de NENHUM = Pelo menos um/ existe um

A sentença dada é a negação de TODO. Desta forma, pode ser: pelo menos um/ existe um/ algum + NÃO.

Temos: Todo A é B.

E a sua negação: Algum A não é B.

Logo: "Algum soteronito não é soteronoso".

Resposta: C.

76. (IADES/SEASTER-PA/Enfermeiro/2019) Antônia possui uma calça, uma camisa e um vestido, todos de cores diferentes, entre azul, branca ou vermelha. Sabe-se que:

1) ou a calça é azul, ou o vestido é azul;
2) ou a camisa é azul, ou a calça é branca;
3) ou a calça é branca, ou o vestido é branco.

Nesse caso, as cores da calça, da camisa e do vestido são, respectivamente,

A. branca, vermelha e azul.
B. vermelha, azul e branca.
C. branca, azul e vermelha.
D. azul, vermelha e branca.
E. vermelha, branca e azul.

COMENTÁRIO

O conectivo utilizado é uma **disjunção exclusiva** "ou...ou". Então, antes de responder a questão vamos relembrar a tabela-verdade de uma disjunção exclusiva:

Disjunção Exclusiva:

A	B	$(A \vee B)$
V	V	F
V	F	V
F	V	V
F	F	F

Ou seja, para obter verdade, as duas proposições devem ter valoração diferente. Com isso vamos analisar as sentenças dadas.

1) ou a calça é azul, ou o vestido é azul;

Observe que pelo menos uma das sentenças deverá ser verdadeira, logo a camisa não poderá ser azul.

2) ou a camisa é azul, ou a calça é branca;

como vimos no item anterior a camisa não pode ser azul, então a proposição verdadeira é " a calça é branca".

3) ou a calça é branca, ou o vestido é branco.

Como apenas uma proposição deve ser verdadeira e sabendo que a calça é branca, então o vestido não poderá ser branco, o que remete ao item 1. Logo, o vestido é azul e a camisa será vermelha.

Nesse caso, as cores da calça, da camisa e do vestido são, respectivamente, branca, vermelha e azul.

Resposta: A.

---

77. (INSTITUTO AOCP/PC-ES/Investigador/2019) Apresentadas as seguintes afirmações:

I. concurso público significa estabilidade;
II. estudar é fundamental para quem deseja passar em um concurso público;
III. se concurso público não significa estabilidade, então estudar não é fundamental para quem deseja passar em um concurso público;

É correto afirmar que a afirmação III será falsa, quando a(s) afirmação(ões)

A. I e II forem falsas.
B. I e II forem verdadeiras.
C. I for falsa e a II for verdadeira.

D. I for verdadeira e a II for falsa.

E. I for falsa ou a II for falsa.

COMENTÁRIO

Observe que para que o item III seja falso, por ser uma condicional, temos que ter $V \rightarrow F$, única forma de se obter falso em uma condicional.

Então:

Se concurso público não significa estabilidade (V), então estudar não é fundamental para quem deseja passar em um concurso público (F);

Então vamos analisar as outras afirmativas:

I. concurso público significa estabilidade (F);

II. estudar é fundamental para quem deseja passar em um concurso público (V);

Resposta: C.

---

78. (INSTITUTO AOCP/PC-ES/Investigador/2019) Assinale a alternativa que apresenta um argumento lógico válido.

A. Todos os mamutes estão extintos e não há elefantes extintos, logo nenhum elefante é um mamute.

B. Todas as meninas jogam vôlei e Jonas não é uma menina, então Jonas não joga vôlei.

C. Em São Paulo, moram muitos retirantes e João é um retirante, logo João mora em São Paulo.

D. Não existem policiais corruptos e Paulo não é corrupto, então Paulo é policial.

E. Todo bolo é de chocolate e Maria fez um bolo, logo Maria não fez um bolo de chocolate.

COMENTÁRIO

Para resolver essa questão vamos relembrar algumas regrinhas de equivalência das proposições categóricas.

1ª) Nenhum A é B é equivalente a Todo A não é B.

2ª) Todo A é B é equivalente a nenhum A não é B

3ª) Algum A não é B é equivalente a nem Todo A é B.

Lembrando que um argumento é válido quando aceitando as premissas como verdades, a conclusão necessariamente será verdadeira.

Desta forma, temos como resposta a letra A

Resposta: A.

---

79. (IADES/SEASTER-PA/Técnico de Enfermagem/2019) Considere as premissas a seguir.

1) Se o instrumento está afinado, eu toco bem.

2) Se o público aplaude, eu fico feliz.

3) Se eu toco bem, consigo dinheiro.

4) Se eu consigo dinheiro, me caso ou compro uma bicicleta.

Sabendo-se que eu não me casei e não fiquei feliz, assinale a alternativa correta.

A. O público não aplaudiu.

B. O instrumento não estava afinado.

C. Eu não consegui dinheiro.

D. Eu não toquei bem.

E. Eu não comprei uma bicicleta.

COMENTÁRIO

Devemos sempre pressupor que as premissas dadas são VERDADEIRAS. Então, em questões como estas, para valorar de forma correta, devemos sempre procurar uma premissa em que é possível valorar as duas premissas simultaneamente já sabendo que levarão ao valor lógico da sentença verdadeiro.

Observe que foi dada a sentença "eu não me casei e não fiquei feliz". Temos aqui uma conjunção, e sabemos que a única forma para obter verdade, as duas premissas que formam essa sentença deverão ser verdadeiras: $V \wedge V = V$.

Então: eu não me casei (V) e não fiquei feliz (V).

As demais sentenças fornecidas são condicionais, onde a única forma de se obter FALSO é quando encontramos a valoração $V \rightarrow F$.

Desta forma, vamos valorar o item 2 que possui uma sentença que já conhecemos a sua valoração

2) Se o público aplaude (F), eu fico feliz (F).

$F \rightarrow F = V$

Sabemos que a equivalência lógica de uma condicional do tipo $p \rightarrow q$ pode ser representada como $\sim q \rightarrow \sim p$, sendo assim:

"se eu NÃO fico feliz (V), então o público NÃO aplaudiu (V)"

Então já encontramos a nossa alternativa correta: o público não aplaudiu.

Resposta: A.

---

80. (IADES/CRF-TO/Analista de TI/2019) Suponha que Pedro, Paulo e José são três analistas de tecnologia da informação, que trabalham no desenvolvimento de uma nova rede de computadores para o Conselho Regional de Farmácia do Brasil. A respeito dos três, foram feitas as seguintes afirmações:

I – Se Pedro não projetou a rede, então Paulo configurou a rede;

II – Se Pedro projetou a rede, então José não instalou a rede.

Considerando-se que José instalou a rede de computadores, é correto concluir que

A. Pedro projetou a rede.

B. Pedro não projetou a rede e Paulo não configurou a rede.

C. Pedro projetou a rede ou José não instalou a rede.

D. Pedro projetou a rede e José instalou a rede.

E. Paulo configurou a rede.

COMENTÁRIO

Essa é uma questão que tem proposições de condicional. Antes de resolver essa questão, vamos rapidamente lembrar a tabela-verdade da condicional:

Condicional:

A	B	$A \rightarrow B$
V	V	V
V	F	F
F	V	V
F	F	V

Temos:

I – Se Pedro não projetou a rede, então Paulo configurou a rede;

II – Se Pedro projetou a rede, então José não instalou a rede.

C: José instalou a rede de computadores

Observe que a conclusão é dada é uma proposição simples, então começamos por ela pois sabemos que ela possui valoração V.

As duas premissas dadas são condicionais, então vamos valorar, a partir da conclusão, de forma a evitar situações do tipo $V \rightarrow F$, pois sabemos que essa é a única forma de se obter valoração F em uma condicional:

I – Se Pedro não projetou a rede(V), então Paulo configurou a rede(V);

II – Se Pedro projetou a rede(F), então José não instalou a rede(F).

C: José instalou a rede de computadores (V)

Com isso, concluímos que:

Paulo configurou a rede.

Resposta: E.

---

81. (IADES/CRF-TO/Analista de TI/2019) A afirmação "O sistema operacional é o Linux ou o editor de textos não é o Word." é falsa. Então, é verdade que

A. o sistema operacional é o Linux e o editor de textos é o Word.
B. o sistema operacional não é o Linux e o editor de textos não é o Word.
C. se o sistema operacional é o Linux, então o editor de textos é o Word.
D. se o sistema operacional não é o Linux, então o editor de textos não é o Word.
E. o sistema operacional é o Linux e o editor de textos não é o Word.

COMENTÁRIO

Temos aqui uma disjunção (ou), então vamos novamente olhar a tabela da disjunção:

Disjunção

A	*B*	$A \to B$
V	V	V
V	F	V
F	V	V
F	F	F

Observe que a única forma para obter FALSO é quando as duas proposições são falsas. Então temos:

"O sistema operacional é o Linux (F) ou o editor de textos não é o Word (F)."

Então concluímos como verdades:

O sistema operacional não é Linux.

O editor de texto é word.

Analisando as alternativas:

A. o sistema operacional é o Linux e o editor de textos é o Word.

$F \wedge V = F$

B. o sistema operacional não é o Linux e o editor de textos não é o Word.

$F \wedge F = F$

C. se o sistema operacional é o Linux, então o editor de textos é o Word.

$F \to V = V$

D. se o sistema operacional não é o Linux, então o editor de textos não é o Word.

$V \to F = F$

E. o sistema operacional é o Linux e o editor de textos não é o Word.

$F \wedge V = F$

Resposta: C.

---

82. (VUNESP/TJ/SP/Administrador Judiciário/2019) Considere verdadeiras as seguintes informações:

I. Se Neusa é juíza, então Débora é advogada.

II. Se Edmilson é administrador judiciário, então Clarice é delegada.

III. Débora é advogada se, e somente se, Mauro for desembargador.

IV. Todo administrador judiciário é formado em Administração.

Sabendo-se que Mauro não é desembargador e que Edmilson não é formado em Administração, é correto afirmar que

a) Clarice é delegada.

b) Neusa é juíza.

c) Clarice é delegada ou Neusa não é juíza.

d) Neusa não é juíza se, e somente se, Clarice não for delegada.

e) Neusa não é juíza e Clarice não é delegada

COMENTÁRIO

✪ **Nota do autor:** Nas questões de inferências lógicas temos um conjunto de proposições denominadas premissas, que por meio de uma operação lógica dedutiva será extraída uma nova proposição, a conclusão. Diante disso, é importante ressaltar que partiremos de premissas que possuem um sentido geral para uma conclusão de sentido particular, ou seja, uma dedução.

É importante ressaltar que o quantificador lógico universal afirmativo "todo" tem a mesma interpretação do conectivo condicional 'se..., então'.

Vamos simbolizar cada uma das premissas e partir que todas são verdadeiras para que possamos encontrar uma conclusão também verdadeira.

P_1: Neusa é juíza → Débora é advogada = V

P_2: Edmilson é administrador judiciário → Clarice é delegada= V

P_3: Débora é advogada ↔ Mauro for desembargador= V

P_4: Administrador judiciário → formado em Administração = V

P_5: Mauro não é desembargador ∧ Edmilson não é formado em Administração = V

Das premissas acima, vamos iniciar pela P_5, uma vez que temos uma conjunção, em que para ser verdadeira temos apenas uma possibilidade. Vejamos:

P_1: Neusa é juíza (F) → Débora é advogada(F) = V

P_2: Edmilson é administrador judiciário (F) → Clarice é delegada (V/F)= V

P_3: Débora é advogada (F) ↔ Mauro for desembargador (F)= V

P_4: Administrador judiciário (V) → formado em Administração(V) = V

P_5: Mauro não é desembargador (V) ∧ Edmilson não é formado em Administração (V) = V

Encontrando a opção verdadeira:

a) Clarice é delegada. (V/F)

b) Neusa é juíza. (F)

c) Clarice é delegada (V/F) ou Neusa não é juíza(V) = V

d) Neusa não é juíza (V) se, e somente se, Clarice não for delegada (V/F) = V/F.

e) Neusa não é juíza (V)e Clarice não é delegada(F/V) = F/V

A única opção que temos a certeza de ser verdadeira é a letra C.

Resposta: C.

---

83. (VUNESP/TJ/SP/Administrador Judiciário/2019) Se Milton ou Tomas, apenas um deles, é administrador judiciário, então Valéria é policial. Sabendo-se que

Valéria não é policial, conclui-se, corretamente, que

a) Milton e Tomas não são administradores judiciários.

b) Apenas Tomas não é administrador judiciário.

c) Apenas Milton não é administrador judiciário.

d) Milton é administrador judiciário se, e somente se, Tomas também for.

e) Milton não é administrador judiciário se, e somente se, Tomas também não for.

COMENTÁRIO

✪ **Nota do autor:** Nas questões de inferências lógicas temos um conjunto de proposições denominadas premissas, que por meio de uma operação lógica dedutiva será extraída uma nova proposição, a conclusão. Diante disso, é importante ressaltar que partiremos de premissas que possuem um sentido geral para uma conclusão de sentido particular, ou seja, uma dedução.

Observar que a disjunção utilizada na primeira premissa é exclusiva, ou seja, dá ideia de "ou..., ou... "quando cita "apenas um deles".

Vamos simbolizar cada uma das premissas e partir que todas são verdadeiras para que possamos encontrar uma conclusão também verdadeira.

P1: **(Milton administrador judiciário $\underline{V}$ Tomas é administrador judiciário) (F)** → Valéria é policial (F) = V

P2: Valéria não é policial = V

Essa questão se torna interessante uma vez que podemos verificar que a proposição "**Milton administrador judiciário $\underline{V}$ Tomas é administrador judiciário" é falsa**, ou seja, a negação de uma proposição disjuntiva exclusiva é uma proposição bicondicional, que será verdadeira. Dessa forma podemos concluir que a proposição "Milton é administrador judiciário se, e somente se, Tomas também for" é verdadeira.

Resposta: D.

---

84. (IADES/IGEPREV-PA/Analista de Investimentos/2018) Considere as seguintes proposições:

I – Se Jorge fala, então Mateus fica quieto; II – Mateus fica quieto ou Ana é bonita.

Se I é verdadeira e II é falsa, infere-se que

A. Ana não é bonita ou Mateus não fica quieto, e Jorge fala.
B. Ana não é bonita e Mateus não fica quieto e Jorge não fala.
C. Ana é bonita e Mateus não fala, ou Jorge fala.
D. Mateus fica quieto e Ana não é bonita e Jorge não fala.
E. Mateus não fica quieto ou Ana é bonita, e Jorge fala.

COMENTÁRIO

Note que temos uma condicional e uma disjunção. Então vamos novamente relembrar a tabela verdade de cada uma

Disjunção:

A	B	$A \to B$
V	V	V
V	F	V
F	V	V
F	F	F

Condicional

A	B	$A \to B$
V	V	V
V	F	F
F	V	V
F	F	V

O item II é Falso, e por ser uma disjunção então temos: F ∨ F

Mateus fica quieto (F) ou Ana é bonita(F).

Sabendo que a condicional é verdadeira, então no item I temos:

I – Se Jorge fala(F), então Mateus fica quieto(F);

Desta forma, vamos analisar as alternativas:

A. Ana não é bonita ou Mateus não fica quieto, e Jorge fala.
   (V ∨ V) ∧ F = F

B. Ana não é bonita e Mateus não fica quieto e Jorge não fala.
   (V ∧ V) ∧ V = V

C. Ana é bonita e Mateus não fala, ou Jorge fala.
   (F ∧ F) ∨ F

D. Mateus fica quieto e Ana não é bonita e Jorge não fala.
   (F ∧ V) ∧ F = F

E. Mateus não fica quieto ou Ana é bonita, e Jorge fala.
   (V ∨ F) ∧ V = F

Resposta: B.

---

85. (IADES/SES-DF/Enfermeiro Obstetra/2018)

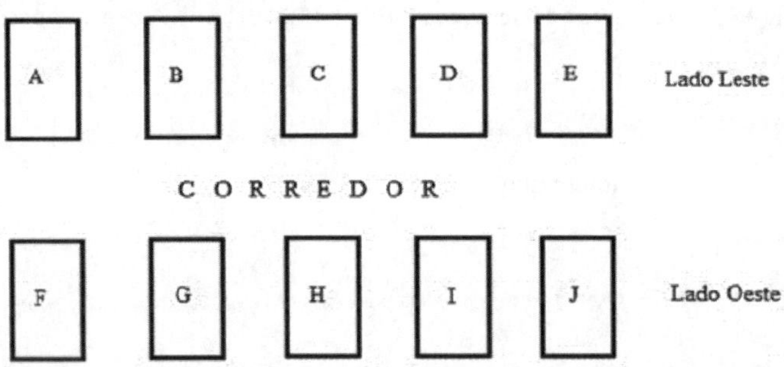

Dez leitos de uma unidade de terapia intensiva, identificados pelas letras de A até J, estão dispostos conforme a figura apresentada.

Armando está no leito G e não possui vizinhos ao lado, mas, à frente dele, está Ivan. Gabriel está no lado leste, também sem vizinhos ao lado. Luiz está em frente a Gabriel; e Fernando, ao lado de Luiz. Nesse caso hipotético, Fernando está no leito.

A. C ou D.

B. D ou E.

C. H ou I.

D. H ou J.

E. I ou J.

COMENTÁRIO

A melhor forma de resolver esse tipo de questão é utilizando desenhos e seguindo passo a passo as informações dadas.

A primeira informação que vamos utilizar será: Armando está no leito G e não possui vizinhos ao lado, mas, à frente dele, está Ivan.

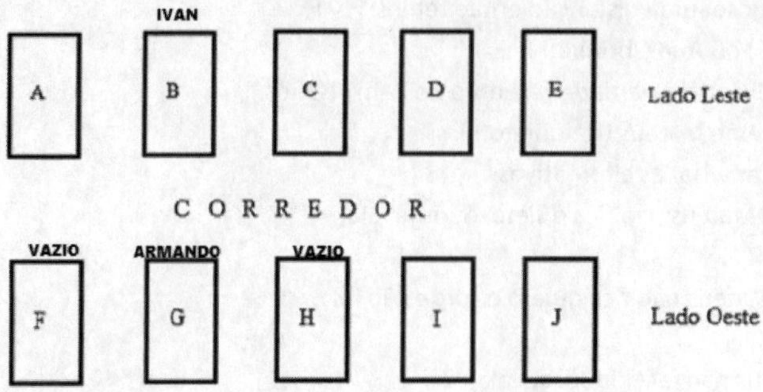

A próxima informação que temos é: Gabriel está no lado leste, também sem vizinhos ao lado. Então ele pode estar em D ou em E para não ter vizinhos ao lado

Outra informação é que Luiz está em frente a Gabriel, ou seja, no leito I caso Gabriel esteja em D ou no leito J caso Gabriel esteja em E.

E a última informação será que Fernando está ao lado de Luiz. Então podemos concluir que ele pode estar em I ou em J, dependendo de onde estará Gabriel

Resposta: E.

---

86. (IADES/ARCON-PA/Controlador de Serviços Públicos/2018) Considere as proposições a seguir.

$a + b = u \rightarrow a = z + w$

$a \neq 5 \wedge u = 12$

$a = z \rightarrow b = 7$

Sabendo que $w = 0$, é correto inferir que

A. $a + b \neq 12$.

B. $b = 7$.

C. $a = z$.

D. $a = 5$.

E. $z + w \neq 0$.

COMENTÁRIO

Vamos organizar as informações.

P1) $a + b = u \rightarrow a = z + w$

P2) $a \neq 5 \wedge u = 12$

P3) $a = z \rightarrow b = 7$

C) $w=0$

Então olhando para P2, temos uma conjunção, e para que a sentença seja verdadeira é necessária que as duas proposições sejam verdades. Logo:

$a \neq 5$ (V) $\wedge$ $u = 12$ (V)

Substituindo esses valores em P1 temos:

P1) $a + b = u$

$5 + b= 12$

$b \neq 12-5$

$b \neq 7$

Então, olhando para P3, podemos afirmar que o consequente da condicional será Falso, o que obriga que o antecedente também seja falso para não haver *V* $\rightarrow$ *F*:

P3) $a = z$ (F) $\rightarrow$ $b = 7$(F)

Desta forma concluímos:

P1) $F \rightarrow F$

P2) $V \wedge V$

P3) $F \rightarrow F$

Logo, a única alternativa correta será a letra A.

Resposta: A.

---

87. (IADES/ARCON-PA/Assistente Técnico em Regulação de Serviços Públicos/2018)

Considere as proposições a seguir.

1) Se Amanda vai ao parque, não está calor; 2) Se está calor, Jorge toma um suco gelado; 3) Se Jorge vai ao parque, Amanda fica em casa.

Sabendo que Amanda não fica em casa e que Jorge toma um suco gelado, infere-se que

A. está calor.

B. Amanda vai ao parque.

C. Jorge fica em casa.

D. Jorge não vai ao parque.

E. não está calor.

COMENTÁRIO

Temos três premissas e uma conclusão:

p1) Se Amanda vai ao parque, não está calor;

p2) Se está calor, Jorge toma um suco gelado;

p3) Se Jorge vai ao parque, Amanda fica em casa.

C: Amanda não fica em casa e que Jorge toma um suco gelado

Vamos valorar as premissas a partir da conclusão, pois admitindo que é uma verdade, em uma conjunção a única forma para se obter verdade é quando as duas proposições são verdades.

C: Amanda não fica em casa (V) e que Jorge toma um suco gelado (V)

A próxima sentença a ser analisada é a P3, por ser uma condicional, não podemos ter $V \rightarrow F = F$.

P3) Se Jorge vai ao parque(F), Amanda fica em casa(F).

Observe que as sentenças P1 e P2, não são possíveis de valorar, pois não temos informações suficientes.

p1) Se Amanda vai ao parque(?), não está calor(?);

p2) Se está calor(?), Jorge toma um suco gelado (V);

Logo, com as informações que temos, podemos concluir que Jorge não vai ao parque.

Resposta: D.

---

88. (CESPE/BNB/Especialista Técnico – Analista de Sistema/2018) A partir do argumento "A saúde é uma fonte de riqueza, pois as pessoas saudáveis são muito trabalhadoras, e as pessoas trabalhadoras sempre enriquecem. ", julgue o próximo item.

O referido argumento constitui um argumento válido.

COMENTÁRIO

✪ **Nota do autor:** Na análise de um argumento é fundamental determinarmos quem são as premissas e quem é a conclusão. Na filosofia temos alguns termos que anunciam premissas e outros que anunciam conclusão.

Termos que anunciam conclusão: "logo, assim, portanto e então".

Termos que anunciam premissas: "pois e porque".

No argumento acima temos o termo "pois", anunciando as premissas.

Validade de um Argumento

Um argumento será válido, legítimo ou bem construído quando a conclusão é uma consequência obrigatória do seu conjunto de premissas.

Sendo as premissas de um argumento verdadeiras, isso implica necessariamente uma conclusão verdadeira.

A validade de um argumento depende tão somente da relação existente entre as premissas e a conclusão.

$$p_1(V) \wedge p_2(V) \wedge p_3(V) \wedge p_4(V) \wedge p_5(V) ... p_n(V) = C(V)$$

Percebemos que existe um conectivo de conjunção que opera as premissas. Logo, para que a conclusão seja verdadeira, torna-se necessário as premissas serem verdadeiras, até mesmo porque se uma das premissas for falsa tornará a conclusão falsa. Logo, temos que a verdade das premissas garante a verdade da conclusão o argumento.

Representando o argumento:

P1: as pessoas saudáveis são muito trabalhadoras

P2: as pessoas trabalhadoras sempre enriquecem

C: A saúde é uma fonte de riqueza

Podemos representar as premissas e a conclusão pelos seguintes diagramas verificando a validade do argumento:

A conclusão "A saúde é uma fonte de riqueza" não é consequência necessária das premissas, logo não temos um argumento válido.

Resposta: E.

---

89. (FCC/TRT-15ª Região/Analista Judiciário – Área Administrativa/2018) Considere os dois argumentos a seguir:

I. Se Ana Maria nunca escreve petições, então ela não sabe escrever petições.

Ana Maria nunca escreve petições.

Portanto, Ana Maria não sabe escrever petições.

II. Se Ana Maria não sabe escrever petições, então ela nunca escreve petições.

Ana Maria nunca escreve petições.

Portanto, Ana Maria não sabe escrever petições.

Comparando a validade formal dos dois argumentos e a plausibilidade das primeiras premissas de cada um, é correto concluir que

a) o argumento I é inválido e o argumento II é válido, mesmo que a primeira premissa de I seja mais plausível que a de II.
b) ambos os argumentos são válidos, a despeito das primeiras premissas de ambos serem ou não plausíveis.
c) ambos os argumentos são inválidos, a despeito das primeiras premissas de ambos serem ou não plausíveis.
d) o argumento I é inválido e o argumento II é válido, pois a primeira premissa de II é mais plausível que a de I.
e) o argumento I é válido e o argumento II é inválido, mesmo que a primeira premissa de II seja mais plausível que a de I.

COMENTÁRIO

✪ **Nota do autor:** Quanto a validade, um argumento será válido, legítimo ou bem construído quando a conclusão é uma consequência obrigatória do seu conjunto de premissas.

Sendo as premissas de um argumento verdadeiras, isso implica necessariamente uma conclusão verdadeira.

A validade de um argumento depende tão somente da relação existente entre as premissas e a conclusão.

$$p_1(V) \wedge p_2(V) \wedge p_3(V) \wedge p_4(V) \wedge p_5(V) \ldots p_n(V) = C(V)$$

Percebemos que existe um conectivo de conjunção que opera as premissas. Logo, para que a conclusão seja verdadeira, torna-se necessário as premissas serem verdadeiras, até mesmo porque se uma das premissas for falsa tornará a conclusão falsa. Logo, temos que a verdade das premissas garante a verdade da conclusão o argumento.

Simbolizando cada um dos argumentos e analisando, teremos:

Argumento I

P_1: Ana Maria nunca escreve petições **(V)** $\rightarrow$ ela não sabe escrever petições **(V)** = **V**

P_2: Ana Maria nunca escreve petições = **V**

Conclusão: Ana Maria não sabe escrever petições **(V)**

O argumento I será válido, uma vez que a verdade das premissas garante a verdade da conclusão.

Argumento II

P_1: Ana Maria não sabe escrever petições **(V/F)** $\rightarrow$ ela nunca escreve petições**(V)** = V

P_2: Ana Maria nunca escreve petições = **(V)**

Conclusão: Ana Maria não sabe escrever petições **(V/F)**

O argumento II será inválido, uma vez que a verdade das premissas não garante a verdade da conclusão.

Resposta: E.

---

90. (CESPE/EMAP/Cargos de Nível Superior/2018) Julgue o item seguinte, relativo à lógica proposicional e de argumentação.

O seguinte argumento constitui um argumento válido: "O Porto de Itaqui está no Sudeste brasileiro, pois o Porto de Itaqui está localizado na Ilha de Marajó e a Ilha de Marajó está localizada em São Paulo. "

COMENTÁRIO

✪ **Nota do autor:** Na análise de um argumento é fundamental determinarmos quem são as premissas e quem é a conclusão. Na filosofia temos alguns termos que anunciam premissas e outros que anunciam conclusão.

Termos que anunciam conclusão: "logo, assim, portanto e então".

Termos que anunciam premissas: "pois e porque".

No argumento acima temos o termo "pois", anunciando as premissas.

Validade de um Argumento

Um argumento será válido, legítimo ou bem construído quando a conclusão é uma consequência obrigatória do seu conjunto de premissas.

Sendo as premissas de um argumento verdadeiras, isso implica necessariamente uma conclusão verdadeira.

A validade de um argumento depende tão somente da relação existente entre as premissas e a conclusão.

$$p_1(V) \wedge p_2(V) \wedge p_3(V) \wedge p_4(V) \wedge p_5(V) \ldots p_n(V) = C(V)$$

Percebemos que existe um conectivo de conjunção que opera as premissas. Logo, para que a conclusão seja verdadeira, torna-se necessário as premissas serem verdadeiras, até mesmo porque se uma das premissas for falsa tornará a conclusão falsa. Logo, temos que a verdade das premissas garante a verdade da conclusão o argumento.

Representando o argumento:

P_1: Porto de Itaqui está localizado na Ilha de Marajó.

P_2: A Ilha de Marajó está localizada em São Paulo.

Conclusão: O Porto de Itaqui está no Sudeste brasileiro

Representando as premissas e conclusão para verificar a validade, teremos:

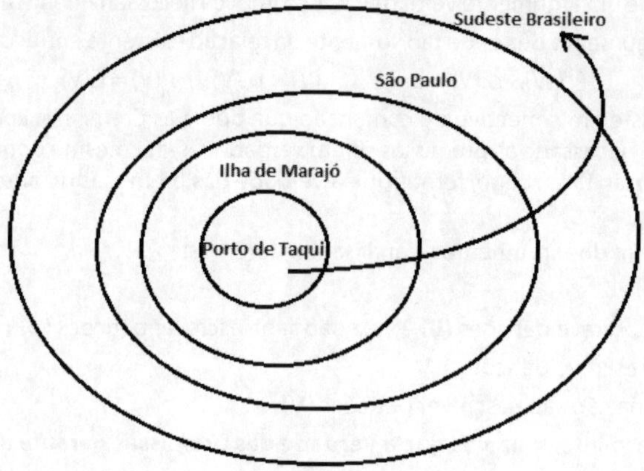

O argumento é válido, uma vez que as premissas garantem a verdade da conclusão.

Resposta: Certo.

---

91. (IBFC/SEPLAG-SE/Especialista em Políticas Públicas e Gestão Governamental/2018) Analise as três afirmativas abaixo sobre Lógica e Estrutura Argumentativa:

I. Uma estrutura argumentativa é construída com uma ou mais premissas e uma conclusão.

II. Caso uma premissa seja falsa em qualquer situação, qualquer conclusão que se baseie nela será sempre inválida.

III. Uma estrutura argumentativa necessita ao menos de duas premissas para que possa ser considerada válida.

Estão corretas as afirmativas:

a) I, apenas

b) III, apenas

c) I e II, apenas

d) II e III, apenas

COMENTÁRIO

✪ **Nota do autor:** O quadro abaixo retirado do livro " Introdução à Lógica" de Irving M. Copi, expressa os critérios para a validade dos argumentos.

A tabela abaixo resume as possíveis situações de um argumento:

Quando um argumento é	e as hipóteses...	então a tese será:
Válido (Bem construído)	São todas verdadeiras	**Necessariamente verdadeira**
	Não são todas verdadeiras	Ou Verdadeira ou Falsa
Inválido (Mal construído)	São todas verdadeiras	Ou Verdadeira ou Falsa
	Não são todas verdadeiras	Ou Verdadeira ou Falsa

Analisando as afirmativas, teremos:

I. Uma estrutura argumentativa é construída com uma ou mais premissas e uma conclusão: um argumento pode ser construído com pelo menos uma premissa e uma conclusão. (Certo)

II. Caso uma premissa seja falsa em qualquer situação, qualquer conclusão que se baseie nela será sempre inválida: não necessariamente, uma vez que podemos ter premissas falsas e ainda assim o argumento será válido. (Errado)

III. Uma estrutura argumentativa necessita ao menos de duas premissas para que possa ser considerada válida: quanto a estrutura, um argumento pode ter apenas uma premissa, e ainda assim, ser válido. (Errado)

Resposta: A.

92. (VUNESP/PC-SP/Escrivão de Polícia Civil/2018) De um argumento válido, sabe-se que suas premissas são:

I. Se a investigação é feita adequadamente e as provas são consistentes, então é certo que o réu será condenado.

II. O réu não foi condenado.

Dessa forma, uma conclusão para esse argumento está contida na alternativa:

a) A investigação não foi feita adequadamente e as provas não foram consistentes.
b) A investigação foi feita adequadamente ou as provas foram consistentes.
c) A investigação não foi feita adequadamente, mas as provas foram consistentes.
d) A investigação não foi feita adequadamente ou as provas não foram consistentes.
e) A investigação foi feita adequadamente, mas as provas não foram consistentes.

COMENTÁRIOS:

Representando as premissas do argumento e partindo que todas são verdadeiras, teremos:

P_1: (A investigação é feita adequadamente $\wedge$ as provas são consistentes) (F) $\rightarrow$ é certo que o réu será condenado (F) = (V)

P_2: O réu não foi condenado = (V)

Essa questão se torna interessante uma vez que podemos verificar que a proposição "**A investigação é feita adequadamente $\wedge$ as provas são consistentes" é falsa**, ou seja, se queremos uma conclusão verdadeira, é só negarmos a proposição conjuntiva, ou seja, iremos negar as proposições simples e trocar a conjunção "e" pela disjunção "ou". Dessa forma podemos concluir que a proposição "A investigação não foi feita adequadamente ou as provas não foram consistentes" é verdadeira.

Resposta: D.

93. (VUNESP/PC-BA/Investigador de Polícia/2018) De um argumento válido com duas premissas, conclui-se corretamente que Alexandre não é casado com Carla. Uma das premissas desse argumento afirma como verdadeiro que Alexandre é casado com Carla se, e somente se, Maria é irmã de Carla. Sendo assim, uma segunda premissa verdadeira para esse argumento é

a) Carla não é irmã de Maria.
b) Alexandre é casado com Carla.
c) Maria é irmã de Carla.
d) Alexandre é irmão de Maria.
e) Maria não é irmã de Alexandre.

COMENTÁRIO

Validade de um Argumento

Um argumento será válido, legítimo ou bem construído quando a conclusão é uma consequência obrigatória do seu conjunto de premissas.

Sendo as premissas de um argumento verdadeiras, isso implica necessariamente uma conclusão verdadeira.

A validade de um argumento depende tão somente da relação existente entre as premissas e a conclusão.

$$p_1(V) \wedge p_2(V) \wedge p_3(V) \wedge p_4(V) \wedge p_5(V) \dots p_n(V) = C(V)$$

Percebemos que existe um conectivo de conjunção que opera as premissas. Logo, para que a conclusão seja verdadeira, torna-se necessário as premissas serem verdadeiras, até mesmo porque se uma das premissas for falsa tornará a conclusão falsa. Logo, temos que a verdade das premissas garante a verdade da conclusão o argumento.

Representando as premissas, teremos que encontrar uma premissa P_2 verdadeira, em deixará a premissa P_1 também verdadeira, garantindo a conclusão verdadeira. Dessa forma teremos um argumento válido.

P1: Alexandre é casado com Carla (F) $\leftrightarrow$ Maria é irmã de Carla (F) = (V)

P2: Carla não é irmã de Maria. (V).

Conclusão: Alexandre não é casado com Carla. (V)

Resposta: A.

---

94. (FUMARC/CEMIG–MG/Advogado JR/2018) Analise os seguintes argumentos:

I. Se estudasse todo o conteúdo, então seria aprovado em Estatística.
Fui reprovado em Estatística. Concluímos que não estudei todo o conteúdo.

II. Todo estudante gosta de Geometria. Nenhum atleta é estudante. Concluímos que ninguém que goste de Geometria é atleta.

III. Toda estrela possui luz própria. Nenhum planeta do sistema solar possui luz própria. Concluímos que nenhuma estrela é um planeta.

Considerando os argumentos I, II e III, é CORRETO afirmar que

a) apenas II é válido
b) apenas I e III são válidos.
c) apenas II e III são válidos
d) I, II e III são válidos.

COMENTÁRIO

✪ **Nota do autor:** Quanto a validade, um argumento será válido, legítimo ou bem construído quando a conclusão é uma consequência obrigatória do seu conjunto de premissas.

Sendo as premissas de um argumento verdadeiras, isso implica necessariamente uma conclusão verdadeira.

A validade de um argumento depende tão somente da relação existente entre as premissas e a conclusão.

$$p_1(V) \wedge p_2(V) \wedge p_3(V) \wedge p_4(V) \wedge p_5(V) \ldots p_n(V) = C(V)$$

Percebemos que existe um conectivo de conjunção que opera as premissas. Logo, para que a conclusão seja verdadeira, torna-se necessário as premissas serem verdadeiras, até mesmo porque se uma das premissas for falsa tornará a conclusão falsa. Logo, temos que a verdade das premissas garante a verdade da conclusão o argumento.

COMENTÁRIO

Simbolizando cada um dos argumentos e analisando, teremos:

Argumento I

Nesse argumento formado por conectivos lógicos, iremos aplicar tabelas-verdade.

P1: estudasse todo o conteúdo (F) → seria aprovado em Estatística (F)= (V)

P2: Fui reprovado em Estatística. (V)

Conclusão: não estudei todo o conteúdo. (V)

O argumento será válido, uma vez que a verdade das premissas, garantem a verdade da conclusão.

Argumento II

Nesse argumento formado por quantificadores lógicos, iremos aplicar diagramas lógicos.

P1: Todo estudante gosta de Geometria.

P2: Nenhum atleta é estudante.

Conclusão: ninguém que goste de Geometria é atleta.

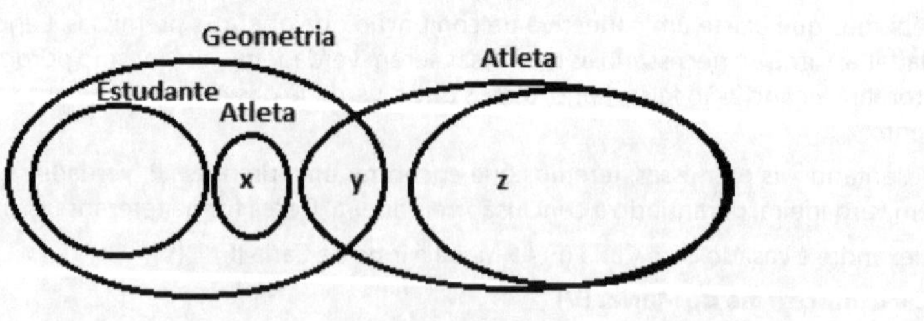

A conclusão não é necessariamente verdadeira, pois podemos ter alguém "x" que é atleta e gosta de geometria.

O argumento será inválido, uma vez que a verdade das premissas, não garante a verdade da conclusão.

<u>**Argumento III**</u>

Nesse argumento formado por quantificadores lógicos, iremos aplicar diagramas lógicos.

P1: Toda estrela possui luz própria.

P2: Nenhum planeta do sistema solar possui luz própria.

Conclusão: nenhuma estrela é um planeta.

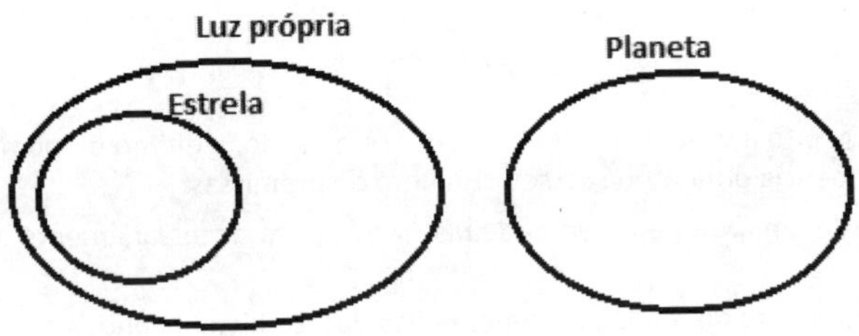

A conclusão é necessariamente verdadeira, pois nenhuma estrela é um planeta.

O argumento será válido, uma vez que a verdade das premissas, garantem a verdade da conclusão.

Resposta: B.

---

95. (FUNDATEC/ AL-RS- Agente Legislativo/ 2018) A alternativa que apresenta uma argumentação análoga à dedução de que: Se o deputado estadual participou da sessão plenária ou da reunião da comissão, mas ele não participou da reunião da comissão, então ele participou da sessão plenária, é:

a) se o vereador aprovou uma lei e participa da mesa diretiva então ele aprovou uma lei.

b) se o vereador é eleito pelo voto direto contudo não é eleito pelo voto direto então ele é eleito pelo voto direto.

c) O vereador aprovou uma lei, logo o vereador aprovou uma lei, mas não aprovou uma lei.

d) se o vereador aprovou uma lei ou participa da mesa diretiva então o vereador aprovou uma lei e participa da mesa diretiva.

e) se o vereador aprovou uma lei ou participa da mesa diretiva, entretanto ele não participa da mesa diretiva, então ele aprovou uma lei.

COMENTÁRIO

Nesta questão iremos verificar a questão da linguagem da lógica formal, ou seja, encontrar um argumento que apresente a mesma estrutura do mencionado no comando da questão. Vejamos:

" Se o deputado estadual participou da sessão plenária **(P)** ou (∨) da reunião da comissão **(Q)**, mas (∧) ele não participou da reunião da comissão **(~Q)**, então(→) ele participou da sessão plenária **(P)** ".

Simbologia:

$[(P \vee Q) \wedge \sim Q] \rightarrow P$

" Se o vereador aprovou uma lei **(P)** ou (∨) participa da mesa diretiva **(Q),** entretanto (∧) ele não participa da mesa diretiva **(~Q)**, então (→) ele aprovou uma lei **(P) ".**

$[(P \vee Q) \wedge \sim Q] \rightarrow P$

Resposta: E.

---

96. (CESGRANRIO/Petrobras-Analista de Sistemas Júnior/2018) Considere o seguinte argumento, no qual a conclusão foi omitida:

Premissa 1: $p \rightarrow [(\sim r) \vee (\sim s)]$

Premissa 2: $[p \vee (\sim q)] \wedge [q \vee (\sim p)]$

Premissa 3: $r \wedge s$

Conclusão: XXXXXXXXXX

Uma conclusão que torna o argumento acima válido é

a) $\sim (p \vee q)$

b) $(\sim q) \wedge p$

c) $(\sim p) \wedge q$

d) $p \wedge q$

e) $p \vee q$

COMENTÁRIO

✪ **Nota do autor:** Quanto a validade, um argumento será válido, legítimo ou bem construído quando a conclusão é uma consequência obrigatória do seu conjunto de premissas.

Sendo as premissas de um argumento verdadeiras, isso implica necessariamente uma conclusão verdadeira.

A validade de um argumento depende tão somente da relação existente entre as premissas e a conclusão.

$$p_1(V) \wedge p_2(V) \wedge p_3(V) \wedge p_4(V) \wedge p_5(V) \ldots p_n(V) = C(V)$$

Percebemos que existe um conectivo de conjunção que opera as premissas. Logo, para que a conclusão seja verdadeira, torna-se necessário as premissas serem verdadeiras, até mesmo porque se uma das premissas for falsa tornará a conclusão falsa. Logo, temos que a verdade das premissas garante a verdade da conclusão o argumento.

Dadas a premissas verdadeiras:

$$\mathbf{P_1}: \overbrace{p}^{F} \rightarrow \overbrace{[(\sim r)\ \mathbf{(F)} \vee (\sim s)\ \mathbf{(F)}]}^{F} = \mathbf{V}$$

$$\mathbf{P_2}: \overbrace{[p\ \mathbf{(F)} \vee (\sim q)\ \mathbf{(V)}]}^{V} \wedge \overbrace{[q\ \mathbf{(F)} \vee (\sim p)\ \mathbf{(V)}]}^{V} = \mathbf{V}$$

$$\mathbf{P_3}: r\ \mathbf{(V)} \wedge s\ \mathbf{(V)} = \mathbf{V}$$

Conclusão: $\sim (p\ \mathbf{(F)} \vee q\ \mathbf{(F)})$

$\sim (F) = \mathbf{V}$

Resposta: A.

---

97. (CESPE/ ABIN /2018) As seguintes proposições lógicas formam um conjunto de premissas de um argumento:

- Se Pedro não é músico, então André é servidor da ABIN.
- Se André é servidor da ABIN, então Carlos não é um espião.
- Carlos é um espião.

A partir dessas premissas, julgue o item a seguir, acerca de lógica de argumentação.

Se a proposição lógica "Pedro é músico" for a conclusão desse argumento, então, as premissas juntamente com essa conclusão constituem um argumento válido.

COMENTÁRIO

Um argumento será válido ou será uma dedução correta quando a conclusão é consequência obrigatória do seu conjunto de premissas.

Sendo as premissas de um argumento verdadeiras, isso implica necessariamente que a conclusão será verdadeira. A validade de um argumento depende tão somente da relação existente entre as premissas e a conclusão.

Representando as premissas e partindo que todas são verdadeiras, iremos verificar se as verdades das premissas garantem a verdade da conclusão, vejamos:

P_1: Pedro não é músico (F) → André é servidor da ABIN (F) = **(V)**

P_2: André é servidor da ABIN (F) → Carlos não é um espião (F) = **(V)**

P_3: Carlos é um espião. **(V)**

C: Pedro é músico **(V)**

Resposta: Certo.

---

98. (VUNESP /Delegado Policia Civil / 2018) Considere falsa a afirmação – Renato é inocente e Raquel é culpada – e verdadeira a afirmação – se Renato é inocente, então Raquel é culpada. Nessas condições, é correto afirmar que, necessariamente,

a) Raquel é culpada.
b) Renato e Raquel são inocentes.
c) Renato é culpado.
d) Renato e Raquel são culpados.
e) Renato é inocente.

COMENTÁRIO

Se é falsa a afirmação – Renato é inocente ∧ Raquel é culpada = F

Se é verdadeira a afirmação – Renato é inocente → Raquel é culpada = V

Temos duas possibilidades para que as proposições sejam simultaneamente F e V respectivamente:

1ª POSSIBILIDADE:

Na segunda proposição condicional uma das possíveis valorações para que seja verdadeira, é que o antecedente seja verdadeiro e o consequente seja falso, veja:

Renato é inocente (F) → Raquel é culpada (V) = V

Para que a primeira proposição seja falsa na conjunção, pelo menos uma das proposições simples dever ser falsa, logo se temos as valorações dadas na condicional, podemos valorar a primeira proposição:

Renato é inocente (F) ∧ Raquel é culpada (V) = F

Podemos inferir que as proposições:

Se Renato é inocente (F), Renato é culpado.

Se Raquel é culpada (V), Raquel é culpada.

2ª POSSIBILIDADE:

Na segunda proposição condicional uma das possíveis valorações para que seja verdadeira, é que o antecedente seja falso e o consequente seja falso, veja:

Renato é inocente (F) → Raquel é culpada (F) = V

Para que a primeira proposição seja falsa na conjunção, pelo menos uma das proposições simples dever ser falsa, logo se temos as valorações dadas na condicional, podemos valorar a primeira proposição:

Renato é inocente (F) ∧ Raquel é culpada (F) = F

Podemos inferir que as proposições:

Se Renato é inocente (F), Renato é culpado.

Se Raquel é culpada (F), Raquel não é culpada.

Conclusão:

Diante das 02 possibilidades temos que sempre será verdadeiro que Renato é culpado.

Resposta :C.

TEXTO CB1A6AAA

A centralidade das relações entre a argumentação e a questão da autoridade tornou-se, nos nossos dias, ainda mais evidente, com a especialização dos saberes e com a emergência da figura dos especialistas ou peritos. A complexidade da nossa sociedade levou a que se incrementasse a especialização, e esta — por menos que gostemos disso — aumenta a nossa confiança nas figuras de autoridade. Não estamos aptos a inspecionar, por nós próprios, provas em todos os domínios da atividade humana, logo, fazemos a melhor coisa que nos é possível fazer: confiamos em especialistas devidamente credenciados.

Charles Arthur Willard. A theory of argumentation. Tuscaloosa, Alabama, EUA: The University of Alabama Press, 1989, p. 227 (com adaptações).

99. (CESPE/TRF-1ª REGIÃO/Cargos de Nível Superior/2017-adaptada) Considerando aspectos concernentes ao raciocínio analítico, julgue os itens subsequente, relativo ao texto CB1A6AAA.

99.01. I. Conforme a argumentação desenvolvida no texto, peritos não mentem. Logo, se eles disserem, por exemplo, que o melhor modo de prevenir uma guerra é estar preparado para ela, as pessoas deverão tomar como verdadeira essa afirmação.

COMENTÁRIO

Na argumentação desenvolvida, o texto mostra que há uma relação de centralidade, ou seja, de aproximação no que diz respeito a confiança nas autoridades devido as especializações nas mais diversas áreas do saber. Não deixa em evidencia que os peritos não mentem e assim todos devam confiar neles. Temos um argumento de autoridade que é um tipo de falácia.

Resposta: Errado.

99.02. II. Infere-se do texto que, não sendo o conhecimento acessível a cada ser humano nas diversas áreas de especialização, é preciso consultar os peritos nessas áreas e neles confiar.

COMENTÁRIO

O texto relata que não estamos aptos a inspecionar por nós próprios, provas em todos os domínios da atividade humana, e devido a complexidade da sociedade, tornou-se necessário que se incrementasse a especialização, o que ocasionou um aumento nas figuras de autoridade. Tudo isso trouxe a necessidade de confiar em tais profissionais.

Resposta: Correto.

99.03. III. O texto centra-se na premissa de que, com a especialização dos saberes, a confiança nos especialistas tornou-se uma deficiência inevitável, que alija qualquer pensamento crítico.

COMENTÁRIO

É importante ressaltar que no argumento apresentado temos que identificar quais são as premissas e a conclusão. Sendo assim temos que o termo "logo" anuncia uma conclusão e o demais termos se referem as premissas do argumento. Vejamos então:

A conclusão do texto é " fazemos a melhor coisa que nos é possível fazer: confiamos em especialistas devidamente credenciados".

O item mostra que o texto se centra na premissa, isto é, ele na verdade cita a conclusão e não a hipótese, o qual realmente o texto é centrado – fundamentado.

Resposta: Errado.

99.04. IV. No início do último período do texto, o emprego do termo "cientista" faz pressupor que o autor do texto se especializou em alguma ciência natural ou se dedica a ela e que, por isso, tem autoridade para tratar do tema.

COMENTÁRIO

Nos argumentos de autoridade são utilizados: fontes, pesquisadores, órgãos, etc. Os argumentos de autoridade resultam desta necessidade de nos apoiarmos nos especialistas. O especialista (a autoridade) invocado tem de ser um bom especialista da matéria em causa, dessa forma o termo "cientista" mostra uma autoridade no assunto.

Resposta: Correto.

100. (CESPE/TRF-1ª REGIÃO/Cargos de Nível Superior/2017)

TEXTO CB1A6BBB

O uso de animais em pesquisas e testes científicos é submetido a comitês de ética com o intuito de evitar procedimentos que lhes causem sofrimento ou dor. Caso o Brasil abolisse a prática de testes desse tipo, a ciência brasileira se tornaria dependente da tecnologia externa. Como cientista, posso apresentar exemplos de ações que custaram a vida de animais, mas que salvaram muitas vidas humanas.

Internet: (com adaptações).

Considerando aspectos pertinentes ao raciocínio analítico, julgue o próximo item, relativos ao texto CB1A6BBB.

No trecho "posso apresentar exemplos de ações que custaram a vida de animais, mas que salvaram muitas vidas humanas" — no último período do texto —, emprega-se um argumento fundamentado em um raciocínio falacioso de indução.

COMENTÁRIO

Falácia é um defeito de raciocínio. Em geral, esse defeito passa despercebido, criando, assim, a ilusão de se estar na presença de um raciocínio correto. Essa ilusão pode ser partilhada, ou não, por quem propõe o raciocínio e por aqueles a quem ele se destina.

As falácias podem afetar quer os raciocínios dedutivos, quer os indutivos.

O Que é uma Falácia?

" A noção de falácia é híbrida: tem aspectos lógicos e aspectos psicológicos (eventualmente, até, sociológicos). As noções híbridas desse tipo estão longe de ser pérolas conceptuais, mas revelam-se, por vezes, úteis para fins pedagógicos e práticos. É, talvez, esse o caso da noção de falácia. Não existe uma teoria geral das falácias, nem uma classificação das falácias que seja consensualmente aceite. No entanto, há bons "indicadores" do que não é uma falácia. Uma falácia não pode ser identificada simplesmente com um raciocínio a partir de premissas falsas, visto que raciocínios desse tipo podem ser, se dedutivos, válidos ou, se indutivos, fortes; e, em qualquer dos casos, não serão falaciosos.

Uma falácia também não pode ser identificada com um raciocínio a partir de premissas inconsistentes; se fosse esse o caso, todas as demonstrações por reductio ad absurdum *seriam falaciosas, e não é assim. Por fim, uma falácia não pode ser identificada simplesmente com um raciocínio inválido, se dedutivo, ou com um raciocínio fraco, se indutivo; se fosse esse o caso, a noção de falácia seria coo extensiva da reunião das outras duas e nada mais haveria a dizer sobre ela que não tivesse já sido dito sobre as outras duas, e também não é assim.*

Uma falácia pode iludir, ou enganar, umas vezes obscurecendo a forma do argumento e criando a ilusão de validade; outras vezes, construindo o raciocínio de um modo tal que se torne (virtualmente) imperceptível a falta de uma premissa que, se descoberta, seria imediatamente compreendida como falsa; outras vezes, ainda, dando a uma premissa falsa uma formulação que é susceptível dá a fazer passar por verdadeira. A principal motivação para o raciocínio falacioso reside, talvez, na vontade de persuadir um auditório sem ter razões (ou provas) suficientes para o convencer. Por vezes a primeira dessas duas componentes pode ser de tal forma forte que o carácter falacioso do raciocínio pode mesmo iludir o seu promotor". Enciclopédia termos lógico-filosóficos-Edição de João Branquinho/Desiderio Murcho e Nelson Gonçalves.

Falácia de Indução: quando as premissas não são suficientes para justificar uma conclusão.

Resposta: Correto.

101. (IADES/Ceitec S.A/Técnico Administrativo e Operacional/Administração/2016) Renata tem três amigos — um paulista, um carioca e um gaúcho. Sabe-se que:

- ou Pedro é paulista, ou Henrique é paulista;
- ou Pedro é carioca, ou Mário é gaúcho;
- ou Henrique é gaúcho, ou Mário é gaúcho;
- ou Mário é carioca, ou Henrique é carioca.

Nessas condições, Pedro, Mário e Henrique são, respectivamente,

A. paulista, carioca e gaúcho.
B. carioca, gaúcho e paulista.
C. gaúcho, paulista e carioca.
D. carioca, paulista e gaúcho.
E. paulista, gaúcho e carioca.

COMENTÁRIO

Temos uma questão que trabalha a disjunção exclusiva (ou...ou). A tabela verdade de uma disjunção exclusiva é a seguinte:

Disjunção

A	B	$A \veebar B$
V	V	F
V	F	V
F	V	V
F	F	F

Então para que as premissas sejam verdadeiras, as proposições devem apresentar valores contrários.
Observe as informações dadas:

- ou Pedro é paulista , ou Henrique é paulista;

Podemos então concluir que Mario não e paulista

- ou Pedro é carioca ou Mário é gaúcho;
- ou Henrique é gaúcho, ou Mário é gaúcho;

Então podemos concluir que Pedro não é gaúcho

- ou Mário é carioca, ou Henrique é carioca.

Podemos então concluir que Pedro não e carioca.
Ou seja, Se Pedro não é gaúcho e não é carioca, então ele será paulista.

Então podemos valorar:

- ou Pedro é paulista (V) , ou Henrique é paulista (F);
- ou Pedro é carioca (F), ou Mário é gaúcho (V);
- ou Henrique é gaúcho(F), ou Mário é gaúcho (V);
- ou Mário é carioca(F), ou Henrique é carioca (V).

Resposta: E.

---

102. (IADES/CRESS-MG/Auxiliar Administrativo/2016) Considerando os símbolos representativos dos conectivos, a alternativa que apresenta a proposição verdadeira é a seguinte:

A. $2 + 5 = 10 \vee 5 \times 8 = 32$.
B. $2 + 5 = 10 \wedge 5 \times 8 = 32$.
C. $3 + 10 = 15 \wedge 4 \times 10 = 40$.

D. $3 + 10 = 15 \vee 4 \times 10 = 40$.

E. $3 + 12 = 15 \wedge 40 \div 10 = 5$.

COMENTÁRIO

Para resolver essa questão precisamos realizar algumas operações aritméticas e ter em mente a tabela verdade de uma disjunção e de uma conjunção. Basta lembrarmos, como já dito anteriormente, que a única forma de se obter falso em uma disjunção é quando as duas proposições têm valores lógicos igual a F. Já na conjunção, a única forma de se obter verdade é quando as duas proposições possuem valores lógicos igual a V.

Assim, vamos analisar cada alternativa:

A. $2 + 5 = 10 \vee 5 \times 8 = 32$.

$2 + 5 = 7$ e $5 \times 8 = 40$

$F \vee F = F$

B. $2 + 5 = 10 \wedge 5 \times 8 = 32$.

$2 + 5 = 7$ e $5 \times 8 = 40$

$F \wedge F = F$

C. $3 + 10 = 15 \wedge 4 \times 10 = 40$

$3 + 10 = 13$ e $4 \times 10 = 40$

$F \wedge V = F$

D. $3 + 10 = 15 \vee 4 \times 10 = 40$.

$3 + 10 = 13$ e $4 \times 10 = 40$

$F \vee V = V$

E. $3 + 12 = 15 \wedge 40 \div 10 = 5$.

$3 + 12 = 15$ e $40 \div 10 = 4$

$V \wedge F = F$

Resposta: D.

---

103. (IADES/CRESS-MG/Auxiliar Administrativo/2016) Assinale a alternativa que apresenta uma proposição verdadeira.

A. Belo Horizonte é a capital de Minas Gerais, e Rio de Janeiro é a capital do Brasil.

B. Ouro Preto é uma cidade litorânea ou Sete Lagoas é um município paulista.

C. Se Sabará está na Argentina, então 2 x 3 = 5.

D. Minas Gerais está na Região Nordeste se, e somente se, 2 x 3 = 6.

E. Juiz de Fora está no estado do Rio de Janeiro, e Belo Horizonte foi a primeira capital de Minas Gerais.

COMENTÁRIO

Essa é uma questão que envolve conhecimentos gerais e raciocínio lógico. Primeiro passo é julgar as proposições dadas. Após, aplicamos as valorações de acordo com a tabela verdade de cada conectivo utilizado.

Vamos às alternativas:

A. Belo Horizonte é a capital de Minas Gerais(V), e Rio de Janeiro é a capital do Brasil(F).

Sabemos que a Capital do Brasil é Brasília, logo temos: $V \wedge F = F$

B. Ouro Preto é uma cidade litorânea (F) ou Sete Lagoas é um município paulista(F).

Os dois municípios são de Minas Gerais, logo, $F \vee F = F$

C. Se Sabará está na Argentina(F), então 2 x 3 = 5(F).

Sabará é um município de Minas Gerais e $2 \times 3 = 6$, logo $F \rightarrow F = V$

D. Minas Gerais está na Região Nordeste (F) se, e somente se, 2 x 3 = 6.(V)

Minas Gerais está na Região Sudeste. Logo, $F \leftrightarrow V = F$

E. Juiz de Fora está no estado do Rio de Janeiro(F), e Belo Horizonte foi a primeira capital de Minas Gerais (F).

Juiz de Fora está localizada em Minas Gerais e a primeira capital de Minas Gerais foi Ouro Preto. Logo, $F \wedge F = F$

Resposta: C.

---

104. (CESPE/ FUNPRESP-JUD/2016). Julgue o item a seguir, a respeito das maneiras de pensar com argumentos racionais.

Considere o texto a seguir: "No meu trabalho, troquei meu computador usado por um novo, da marca X, e ele parou de funcionar quando ainda estava na garantia. Preciso comprar um computador para o meu filho, mas não vou comprar um da marca X porque, com certeza, esse também vai apresentar algum problema antes de expirar a garantia. ". É correto afirmar que a argumentação apresentada no texto foi construída com base em um raciocínio por abdução.

COMENTÁRIO

"A abdução estabelece apenas a probabilidade da conclusão da inferência e não necessariamente a sua verdade. Na realidade, um mesmo efeito pode ser o efeito de diferentes causas e, por conseguinte, a simples constatação da presença de um dado efeito B em determinadas circunstâncias juntamente com o conhecimento de que, nessas circunstâncias, a putativa presença do acontecimento A teria constituído uma causa da ocorrência do acontecimento B pode não ser suficiente para permitir a identificação categórica daquela de entre as suas possíveis causas que efetivamente originaram a presença de B." Enciclopédia termos lógico-filosóficos-Edição de João Branquinho/Desiderio Murcho e Nelson Gonçalves.

A questão deixa claro que "com certeza, esse também vai apresentar algum problema antes de expirar a garantia". Na abdução temos que ter uma suposição.

Resposta: Errado.

---

105. (CESPE/ FUNPRESP-JUD/2016). Julgue o item a seguir, a respeito das maneiras de pensar com argumentos racionais.

Situação hipotética: Ao arrumar a sala de um professor, o faxineiro encontrou, no chão, dois livros escritos em língua estrangeira. Como havia várias estantes na sala, o faxineiro as observou e desenvolveu o seguinte raciocínio: "De todos os livros que estou vendo aqui, os que são escritos em língua estrangeira ficam na estante de madeira. Esses dois livros são escritos em língua estrangeira. Logo, eles devem ficar na estante de madeira. Vou colocá-los lá. ". **Assertiva:** Nessa situação, o empregado desenvolveu um raciocínio dedutivo válido.

COMENTÁRIO

Podemos representar o argumento:

Premissa 1: "De todos os livros que estou vendo aqui, os que são escritos em língua estrangeira ficam na estante de madeira.

Premissa 02: Esses dois livros são escritos em língua estrangeira.

Conclusão: Logo, eles devem ficar na estante de madeira.

Validade de um Argumento

Um argumento será válido, legítimo ou bem construído quando a conclusão é uma consequência obrigatória do seu conjunto de premissas.

Sendo as premissas de um argumento verdadeiras, isso implica necessariamente uma conclusão verdadeira.

A validade de um argumento depende tão somente da relação existente entre as premissas e a conclusão.

$$p_1(V) \wedge p_2(V) \wedge p_3(V) \wedge p_4(V) \wedge p_5(V) \dots p_n(V) \rightarrow C(V)$$

Na questão temos que as verdades das premissas não garantem a verdade da conclusão, uma vez que sendo verdade as premissas 1 e 2, isto não é suficiente para garantir que aqueles livros encontrados no chão devem ficar na estante de madeira.

A banca exigiu também um entendimento do que vem a ser uma dedução, ou seja, raciocínio que parte de premissas com sentido geral para uma conclusão com sentido particular. Temos no item que a conclusão do argumento vai além daquilo que as premissas fornecem, ou seja, temos uma indução, a chance de a conclusão ser verdadeira.

Resposta: Errado.

106. (CESPE/ FUNPRESP-JUD/2016). Julgue o item a seguir, a respeito das maneiras de pensar com argumentos racionais.

Situação hipotética: Uma indústria farmacêutica produziu um novo medicamento para tratamento de enxaqueca. Como o princípio ativo desse medicamento é uma nova substância — Z —, foram feitos três testes, cada um envolvendo 1.000 pessoas diferentes, a fim de determinar se a substância Z causa efeitos colaterais significativos. Os resultados dos testes são apresentados na tabela a seguir.

Teste	Percentual de indivíduos testados que relataram efeitos colaterais
1	3%
2	2%
3	0,3%

Com base nos resultados dos testes, a empresa concluiu que a substância Z não causa efeitos colaterais significativos.

Assertiva: Nessa situação, a conclusão da empresa se baseou em um raciocínio por indução.

COMENTÁRIO

Um argumento é dito **indutivo** quando sua conclusão traz mais informações que as premissas fornecem. É um argumento de conclusão ampliativa.

É o mais usado pelas ciências. Por meio dos argumentos indutivos é que as ciências descobrem as leis gerais da natureza. O argumento indutivo geralmente parte de dados da experiência e desses dados chega a enunciados universais. Além disso, todas as conjecturas que a ciência faz têm por base a indução. Com base em dados particulares do presente as ciências fazem as conjecturas do futuro.

Na questão a indução é realizada, pois partindo de 3 testes (particular) infere-se o geral (são 3000 pessoas).

Resposta: Correto.

---

107. (CESPE/ FUNPRESP-JUD/2016). Considere o seguinte silogismo: Considerando as características do raciocínio analítico e a estrutura da argumentação, julgue o item que se segue.

Situação hipotética: Em um processo de seleção para uma vaga de emprego em determinada empresa, um membro da comissão de seleção, em referência a certo candidato, afirmou: "É um forte candidato à vaga, mas não tem um bom currículo". **Assertiva:** Nessa situação hipotética, a afirmação do membro da comissão apresenta maior peso argumentativo no trecho, "mas não tem um bom currículo".

COMENTÁRIO

Podemos observar que a frase expressa pela comissão possui um caráter negativo, deixando em evidencia que o candidato não possui um bom currículo.

No raciocínio analítico temos situações que devemos interpretar o conteúdo da informação, isso transcende alguns princípios da lógica formal.

Resposta: Correto.

---

108. (CESPE/ FUNPRESP-JUD/2016). Considerando as características do raciocínio analítico e a estrutura da argumentação, julgue o item que se segue.

A assertiva "Sempre que venho aqui, chove. Logo, minha vinda é positiva, pois traz chuva para cá" apresenta um raciocínio falacioso, mediante o qual se define erroneamente um evento como a causa de outro.

COMENTÁRIO

Falácia é um defeito de raciocínio. Em geral, esse defeito passa despercebido, criando, assim, a ilusão de se estar na presença de um raciocínio correto. Essa ilusão pode ser partilhada, ou não, por quem propõe o raciocínio e por aqueles a quem ele se destina.

As falácias podem afetar quer os raciocínios dedutivos, quer os indutivos.

O Que é uma Falácia?

"A noção de falácia é híbrida: tem aspectos lógicos e aspectos psicológicos (eventualmente, até, sociológicos). As noções híbridas desse tipo estão longe de ser pérolas conceptuais, mas revelam-se, por vezes, úteis para fins pedagógicos e práticos. É, talvez, esse o caso da noção de falácia. Não existe uma teoria geral das falácias, nem uma classificação das falácias que seja consensualmente aceite. No entanto, há bons "indicadores" do que não é uma falácia. Uma falácia não pode ser identificada simplesmente com um raciocínio a partir de premissas falsas, visto que raciocínios desse tipo podem ser, se dedutivos, válidos ou, se indutivos, fortes; e, em qualquer dos casos, não serão falaciosos.

Uma falácia também não pode ser identificada com um raciocínio a partir de premissas inconsistentes; se fosse esse o caso, todas as demonstrações por reductio ad absurdum *seriam falaciosas, e não é assim. Por fim, uma falácia não pode ser identificada simplesmente com um raciocínio inválido, se dedutivo, ou com um raciocínio fraco, se indutivo; se fosse esse o caso, a noção de falácia seria coo extensiva da reunião das outras duas e nada mais haveria a dizer sobre ela que não tivesse já sido dito sobre as outras duas, e também não é assim.*

Uma falácia pode iludir, ou enganar, umas vezes obscurecendo a forma do argumento e criando a ilusão de validade; outras vezes, construindo o raciocínio de um modo tal que se torne (virtualmente) imperceptível a falta de uma premissa que, se descoberta, seria imediatamente compreendida como falsa; outras vezes, ainda, dando a uma premissa falsa uma formulação que é susceptível dá a fazer passar por verdadeira. A principal motivação para o raciocínio falacioso reside, talvez, na vontade de persuadir um auditório sem ter razões (ou provas) suficientes para o convencer. Por vezes a primeira dessas duas componentes pode ser de tal forma forte que o carácter falacioso do raciocínio pode mesmo iludir o seu promotor". Enciclopédia termos lógico-filosóficos-Edição de João Branquinho/Desiderio Murcho e Nelson Gonçalves.

Os argumentos falaciosos podem ter validade emocional, íntima, psicológicas, mas não tem validade lógica.

Desta forma podemos inferir que o raciocínio apresentado no item corresponde a uma falácia (significa enganar).

Resposta: Correto.

---

109. (ESAF/ANAC/ANALISTA/2016). Considere verdadeiras as premissas a seguir:

- Se Paulo é médico, então Sandra não é estudante.
- Se Sandra não é estudante, então Ana é secretária.
- Ou Ana não é secretária ou Marina é enfermeira.
- Marina não é enfermeira.

Logo, pode-se concluir que:

a. Paulo é médico ou Ana é secretária.
b. Sandra é estudante e Paulo é médico.
c. Ana não é secretária e Sandra não é estudante.
d. Paulo é médico ou Ana não é secretária.
e. Sandra não é estudante e Paulo é médico.

COMENTÁRIO

Representando as proposições na linguagem da lógica formal e partindo que todas as premissas são verdadeiras temos:

P1: Paulo é médico (F) então Sandra não é estudante. (F) = (V)

P2: Se Sandra não é estudante (F) $\rightarrow$ então Ana é secretária. (F) = (V)

P3: Ana não é secretária (V) $\vee$ Marina é enfermeira. (F) = (V)

P4: Marina não é enfermeira. = (V)

De acordo com as valorações dadas às proposições que formam as premissas, temos que a resposta é a letra D, uma vez que: Paulo é médico (F) ou Ana não é secretária (V) = V A conclusão apresentada na letra d é verdadeira.

Resposta: D.

110. (CESGRANRIO/IBGE/AGENTE DE PESQUISA E MAPEAMENTO/2016)

Considere a seguinte argumentação:

Se alguém tivesse faltado à festa, então todos teriam passado por interesseiros.

No entanto, alguém não passou por interesseiro.

Conclui-se que

a) alguém foi à festa, mas não todos.
b) não houve festa.
c) quem faltou à festa é interesseiro.
d) todos faltaram à festa.
e) ninguém faltou à festa.

COMENTÁRIO

✪ **Nota do autor:** Uma questão interessante, pois se trata de uma inferência lógica e ao mesmo tempo de uma negação de uma proposição categórica.

Representado as proposições acima temos:

P_1: Alguém tivesse faltado à festa **(F)** → todos teriam passado por interesseiros. **(F)** =**(V)**

P_2: Alguém não passou por interesseiro**.** = **(V)**

Partindo de P_2 como verdadeira temos que em P_1 o consequente será falso e o antecedente também será falso.

Desta forma temos que: "Alguém tivesse faltado à festa é falso, logo a proposição" ninguém faltou a festa será verdadeiro. "

	Proposições Afirmativas	**Proposições Negativas**
Proposições Particulares	(I) algum "A" é "B"	(O) algum "A" não é "B" Nem todo A é B

Resposta: E.

Julgue os itens a seguir com base nas características do raciocínio analítico e na estrutura da argumentação:

111. (CESPE/TCU/AUDITOR FEDERAL DE CONTROLE EXTERNO/2015) A pergunta complexa: "Você deixou de roubar dinheiro de seus pais? " se baseia na pressuposição de que o interlocutor a quem essa pergunta se dirige não rouba mais dinheiro de seus pais.

COMENTÁRIO

✪ **Nota do autor:** De acordo com o último edital proposto pelo CESPE para o cargo de auditor federal de controle externo do TCU, a banca exigiu dos candidatos assuntos inerentes ao Raciocínio Lógico Analítico, ou seja, além dos aspectos formais foram cobrados aspectos psicológicos e sociológicos.

A frase "Você deixou de roubar dinheiro de seus pais? " é uma sentença aberta na qual não possui uma interpretação lógica, logo não podemos inferir corretamente se o interlocutor deixou ou não realizar a prática citada.

Resposta: Errado.

112. (CESPE/TCU/AUDITOR FEDERAL DE CONTROLE EXTERNO/2015) A seguinte situação é um exemplo de apelo popular: "Dentro do metrô, um rapaz começa a pedir ajuda aos demais passageiros para pagar sua passagem de volta para casa. Sua justificativa para essa atitude é o fato de ter sido assaltado e não ter um centavo".

COMENTÁRIO

Temos as falácias de relevância, no caso de um *"argumentum ad populum"* (apelo popular), é quando se procura persuadir alguém de algo desejado, seja despertando o "espírito das massas" (apelo direto), seja fazendo apelo a sentimentos que se supõem ser comum à generalidade das pessoas (apelo indireto). Nesse caso do item seria um *"argumentum ad misericordiam"* (apelo de misericórdia), quando se procura comover o ouvinte, provocando pena ou simpatia pela causa.

Resposta: Errado.

---

113. (CESPE/TCU/AUDITOR FEDERAL DE CONTROLE EXTERNO/2015) Adotando-se o processo de inferências do tipo indutiva, usado em ciências experimentais, parte-se do particular para o geral, ou seja, a partir da observação de casos particulares, chega-se a uma conclusão que os transcende.

COMENTÁRIO

✪ **Nota do autor:** É importante saber a diferença entre um argumento indutivo e dedutivo para verificar a validade do argumento e outras definições.

Um argumento é dito **indutivo** quando sua conclusão traz mais informações que as premissas fornecem. É um argumento de conclusão ampliativa.

É o mais usado pelas ciências. Por meio dos argumentos indutivos é que as ciências descobrem as leis gerais da natureza. O argumento indutivo geralmente parte de dados da experiência e desses dados chega a enunciados universais. Além disso, todas as conjecturas que a ciência faz têm por base a indução. Com base em dados particulares do presente as ciências fazem as conjecturas do futuro.

Resposta: Correto.

---

114. (FCC/ CNMP /2015) Nenhum bom investigador é acrítico (não crítico), e existem bons investigadores que são racionais. Do ponto de vista da lógica, utilizando apenas as informações dessa implicação segue, necessariamente, que alguns

a) racionais são acríticos.
b) racionais são críticos.
c) críticos não são racionais.
d) bons investigadores não são racionais.
e) investigadores não são bons.

COMENTÁRIO

Representando as proposições por seus respectivos diagramas, temos:

BI = bom investigador;

RA = racional

AC = acrítico

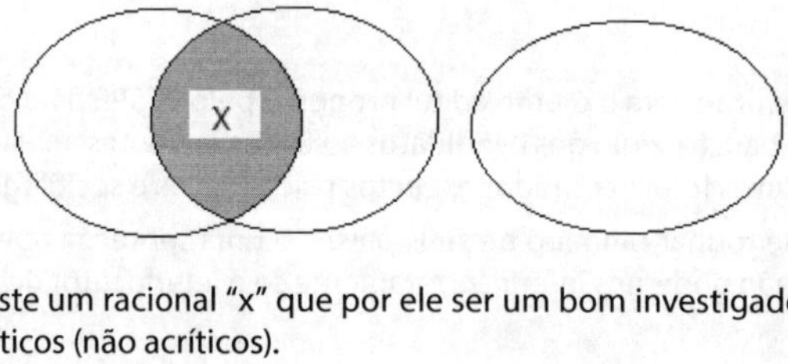

Podemos inferir que existe um racional "x" que por ele ser um bom investigador, ele não será acrítico, ou seja, alguns racionais são críticos (não acríticos).

Resposta: B.

---

115. (CESPE/TCDF/Analista de Administração Pública/2014) Considere as proposições P1, P2, P3 e P4, apresentadas a seguir.

P1: Se as ações de um empresário contribuírem para a manutenção de certos empregos da estrutura social, então tal empresário merece receber a gratidão da sociedade.

P2: Se um empresário tem atuação antieconômica ou antiética, então ocorre um escândalo no mundo empresarial.

P3: Se ocorre um escândalo no mundo empresarial, as ações do empresário contribuíram para a manutenção de certos empregos da estrutura social.

P4: Se um empresário tem atuação antieconômica ou antiética, ele merece receber a gratidão da sociedade.

Tendo como referência essas proposições, julgue os itens seguintes.

I. O argumento que tem como premissas as proposições P1, P2 e P3 e como conclusão a proposição P4 é válido.

COMENTÁRIO

Representando as proposições temos:

P1: (as ações de um empresário contribuírem para a manutenção de certos empregos da estrutura social) →(então tal empresário merece receber a gratidão da sociedade).

P2: (um empresário tem atuação antieconômica ou antiética) → (então ocorre um escândalo no mundo empresarial)

P3: (ocorre um escândalo no mundo empresarial) → (as ações do empresário contribuíram para a manutenção de certos empregos da estrutura social).

Conclusão: (um empresário tem atuação antieconômica ou antiética) →(ele merece receber a gratidão da sociedade)

Validade de um Argumento

Um argumento será válido, legítimo ou bem construído quando a conclusão é uma consequência obrigatória do seu conjunto de premissas.

Sendo as premissas de um argumento verdadeiras, isso implica necessariamente uma conclusão verdadeira.

A validade de um argumento depende tão somente da relação existente entre as premissas e a conclusão.

$$p_1(V) \wedge p_2(V) \wedge p_3(V) \wedge p_4(V) \wedge p_5(V) \ldots p_n(V) \rightarrow C(V)$$

Percebemos que existe um conectivo de conjunção que opera as premissas. Logo, para que a conclusão seja verdadeira, torna-se necessário as premissas serem verdadeiras, até mesmo porque se uma das premissas for falsa tornará a conclusão falsa. Logo, temos que a verdade das premissas garante a verdade da conclusão o argumento.

Representando as premissas e a conclusão, podemos analisar da seguinte forma por exclusão: se a verdade das premissas não garantir a verdade da conclusão, o argumento será inválido. Logo, iremos tentar invalidar o argumento. Caso não consigamos, então o argumento será válido.

P1: (as ações de um empresário contribuírem para a manutenção de certos empregos da estrutura social) **(F)** → (então tal empresário merece receber a gratidão da sociedade)**(F)= V**

P2: (um empresário tem atuação antieconômica ou antiética) **(V)**→ (então ocorre um escândalo no mundo empresarial) **(V) = V**

P3:(ocorre um escândalo no mundo empresarial) **(V)** → (as ações do empresário contribuíram para a manutenção de certos empregos da estrutura social) **(F)= V (houve um absurdo , uma vez que segundo a tabela-verdade V→F=F)**

C: (um empresário tem atuação antieconômica ou antiética) →

F

(ele merece receber a gratidão da sociedade) **= F**

Podemos concluir que não conseguimos mostrar que o argumento é inválido, logo o argumento é válido.

Resposta: Correto.

116. (CESPE/PRF/Agente/2012) Considere as seguintes proposições: "Tenho 25 anos", "Moro com você e papai", "Dou despesas a vocês" e "Dependo de mesada". Se alguma dessas proposições for falsa, também será falsa a proposição "Se tenho 25 anos, moro com você e papai, dou despesas a vocês e dependo de mesada, então eu não ajo como um homem da minha idade".

COMENTÁRIO

Representando a proposição temos:

Antecedente (F) — Consequente (V ou F) = V

[(tenho 25 anos $\wedge$ moro com você e papai $\wedge$ dou despesas a vocês $\wedge$ dependo de mesada)] $\rightarrow$ [(eu não ajo como um homem da minha idade)]

Se alguma das proposições "Tenho 25 anos", "Moro com você e papai", "Dou despesas a vocês" e "Dependo de mesada" for falsa, teremos, na proposição condicional, o antecedente falso, uma vez que ele é formado por quatro proposições simples ligadas por conectivos de conjunção.

Se o antecedente for falso, independentemente do valor do consequente teremos a proposição condicional verdadeira.

Resposta: Errado.

---

117. (CESPE/Polícia Federal/2012) Um jovem, ao ser flagrado no aeroporto portando certa quantidade de entorpecentes, argumentou com os policiais conforme o esquema a seguir:

Premissa 1: Eu não sou traficante, eu sou usuário.

Premissa 2: Se eu fosse traficante, estaria levando uma grande quantidade de droga e a teria escondido.

Premissa 3: Como sou usuário e não levo uma grande quantidade, não escondi a droga.

Conclusão: Se eu estivesse levando uma grande quantidade, não seria usuário.

Considerando a situação hipotética apresentada acima, julgue os itens a seguir.

117.01. I. Se a proposição "Eu não sou traficante" for verdadeira, então a premissa 2 será uma proposição verdadeira, independentemente dos valores lógicos das demais proposições que a compõem.

COMENTÁRIO

Dada a Premissa 2: [(eu fosse traficante)] (F) $\rightarrow$ [(estaria levando uma grande quantidade de droga $\wedge$ a teria escondido)] (V/F) = V, se o antecedente é falso, independentemente do valor do consequente a proposição será verdadeira.

Resposta: Certo.

117.02. II. Sob o ponto de vista lógico, a argumentação do jovem constitui argumentação válida.

COMENTÁRIO

Validade de um Argumento: um argumento será válido, legítimo ou bem construído quando a conclusão for uma consequência obrigatória do seu conjunto de premissas.

Sendo as premissas de um argumento verdadeiras, isso implica necessariamente em uma conclusão verdadeira.

A validade de um argumento depende tão somente da relação existente entre as premissas e a conclusão.

$$p_1(V) \wedge p_2(V) \wedge p_3(V) \wedge p_4(V) \wedge p_5(V) \ldots p_n(V) \rightarrow C(V)$$

Representando o argumento teremos:

V V

Premissa 1: (Eu não sou traficante) ∧ (eu sou usuário) = V

V/F

F ? ?

Premissa 2: (Eu fosse traficante) → [(estaria levando uma] grande quantidade de droga ∧ a teria escondido)] =V

?

V ? ?

Premissa 3: [(sou usuário ∧ não levo uma grande quantidade)] → (não escondi a droga)=V

? F

Conclusão: (eu estivesse levando uma grande quantidade) → (não seria usuário) = (V/F)

Verificamos que as verdades das premissas não garantem a verdade da conclusão.

Resposta: Errado.

117.03. III. Se P e Q representam, respectivamente, as proposições "Eu não sou traficante" e "Eu sou usuário", então a premissa 1 estará corretamente representada por P∧Q.

COMENTÁRIO

A Premissa 1 (Eu não sou traficante, eu sou usuário) traz uma ideia de conjunção, ou seja, que possa ser representada pelo termo, "mas".

Resposta: Certo.

---

118. (CESPE/TRE-RJ/2012) O cenário político de uma pequena cidade tem sido movimentado por denúncias a respeito da existência de um esquema de compra de votos dos vereadores. A dúvida quanto a esse esquema persiste em três pontos, correspondentes às proposições P, Q e R, abaixo:

P: O vereador Vitor não participou do esquema.

Q: O prefeito Pérsio sabia do esquema.

R: O chefe de gabinete do prefeito foi o mentor do esquema.

Os trabalhos de investigação de uma CPI da câmara municipal conduziram às premissas P_1, P_2 e P_3 seguintes:

P_1: Se o vereador Vitor não participou do esquema, então o prefeito Pérsio não sabia do esquema.

P_2: Ou o chefe de gabinete foi o mentor do esquema, ou o prefeito Pérsio sabia do esquema, mas não ambos.

P_3: Se o vereador Vitor não participou do esquema, então o chefe de gabinete não foi o mentor do esquema.

Considerando essa situação hipotética, julgue os itens seguintes, acerca de proposições lógicas.

118.01. I. A premissa P2 pode ser corretamente representada por $R \vee Q$.

COMENTÁRIO

Dada a proposição P2 temos: Ou o chefe de gabinete foi o mentor do esquema, ou o prefeito Pérsio sabia do esquema, mas não ambos.

A proposição é uma disjunção exclusiva, logo sua simbologia será: $R \underline{\vee} Q$.

Resposta: Errado.

119. (CESPE/TRE-RJ/2012) Julgue os itens a seguir tendo como base a seguinte proposição P: "Se eu for barrado pela lei da ficha limpa, não poderei ser candidato nessas eleições, e se eu não registrar minha candidatura dentro do prazo, não concorrerei a nenhum cargo nessas eleições".

119.01. I. Se as proposições "Eu não registrei minha candidatura dentro do prazo" e "Não poderei concorrer a nenhum cargo nessas eleições" forem falsas, também será falsa a proposição P, independentemente do valor lógico da proposição "Eu serei barrado pela lei da ficha limpa".

COMENTÁRIO

Simbolizando a proposição P temos:

$$(BFL \rightarrow \neg CE) \wedge (\neg RC \rightarrow \neg CC)$$

Primeira possibilidade:

Tomando a proposição "Eu serei barrado pela lei da ficha limpa" como F (falsa).

$$(V \rightarrow F) \wedge (F \rightarrow V/F) = F$$
$$F \wedge V = F$$

Segunda possibilidade:

Tomando a proposição "Eu serei barrado pela lei da ficha limpa" como V (verdadeira).

$$(F \rightarrow F) \wedge (F \rightarrow V/F) = F$$
$$V \wedge V = V$$

Podemos concluir que a proposição P pode ser verdadeira ou falsa.

Resposta: Errado.

119.02. II. Simbolicamente, a proposição P pode ser expressa na forma $(p \rightarrow q) \wedge (r \rightarrow s)$ em que p, q, r e s são proposições convenientes e os símbolos $\rightarrow$ e $\wedge$ representam, respectivamente, os conectivos lógicos "se ..., então" e "e".

COMENTÁRIO

Dada a proposição P: "Se eu for barrado pela lei da ficha limpa, não poderei ser candidato nessas eleições, e se eu não registrar minha candidatura dentro do prazo, não concorrerei a nenhum cargo nessas eleições", podemos representá-la por $(p \rightarrow q) \wedge (r \rightarrow s)$.

Resposta: Certo.

120. (Polícia Civil-CE/2012) O exercício da atividade policial exige preparo técnico adequado ao enfrentamento de situações de conflito e, ainda, conhecimento das leis vigentes, incluindo interpretação e forma de aplicação dessas leis nos casos concretos. Sabendo disso, considere como verdadeiras as proposições seguintes.

P1: Se se deixa dominar pela emoção ao tomar decisões, então o policial toma decisões ruins.

P2: Se não tem informações precisas ao tomar decisões, então o policial toma decisões ruins.

P3: Se está em situação de estresse e não teve treinamento adequado, o policial se deixa dominar pela emoção ao tomar decisões.

P4: Se teve treinamento adequado e se dedicou nos estudos, então o policial tem informações precisas ao tomar decisões.

Com base nessas proposições, julgue os itens a seguir.

I. Considerando que P1, P2, P3 e P4 sejam as premissas de um argumento cuja conclusão seja "Se o policial está em situação de estresse e não toma decisões ruins, então teve treinamento adequado", é correto afirmar que esse argumento é válido.

COMENTÁRIO

✪ **Nota do autor:** É comum nas provas de concursos a questão de lógica de argumentação, logo é essencial saber analisar um argumento quanto a sua validade, com referência a banca CESPE quando se tratar de assertivas é mais prático tentar mostrar se o argumento é inválido, ou seja, ir contra o item. Isso fica claro nos comentários apresentados.

Validade de um Argumento

Um argumento será válido, legítimo ou bem construído quando a conclusão é uma consequência obrigatória do seu conjunto de premissas.

Sendo as premissas de um argumento verdadeiras, isso implica necessariamente uma conclusão verdadeira.

A validade de um argumento depende tão somente da relação existente entre as premissas e a conclusão.

$$p_1(V) \wedge p_2(V) \wedge p_3(V) \wedge p_4(V) \wedge p_5(V) \ldots p_n(V) \rightarrow C(V)$$

Percebemos que existe um conectivo de conjunção que opera as premissas. Logo, para que a conclusão seja verdadeira, torna-se necessário as premissas serem verdadeiras, até mesmo porque se uma das premissas for falsa tornará a conclusão falsa. Logo, temos que a verdade das premissas garante a verdade da conclusão o argumento.

Representando as premissas e a conclusão, podemos analisar da seguinte forma por exclusão: se a verdade das premissas não garantir a verdade da conclusão, o argumento será inválido. Logo, iremos tentar invalidar o argumento. Caso não consigamos, então o argumento será válido.

Vamos tentar então invalidar o argumento: as premissas verdadeiras e a conclusão falsa.

P1: se deixa dominar pela emoção ao tomar decisões → então o policial toma decisões ruins = V.

P2: não tem informações precisas ao tomar decisões → então o policial toma decisões ruins = V.

P3: (está em situação de estresse ∧ não teve treinamento adequado) → (o policial se deixa dominar pela emoção ao tomar decisões) = V.

P4: (teve treinamento adequado ∧ se dedicou nos estudos) → (o policial tem informações precisas ao tomar decisões) = V.

Conclusão: (o policial está em situação de estresse ∧ não toma decisões ruins) → (teve treinamento adequado) = F.

Valorando as proposições de acordo com as premissas temos:

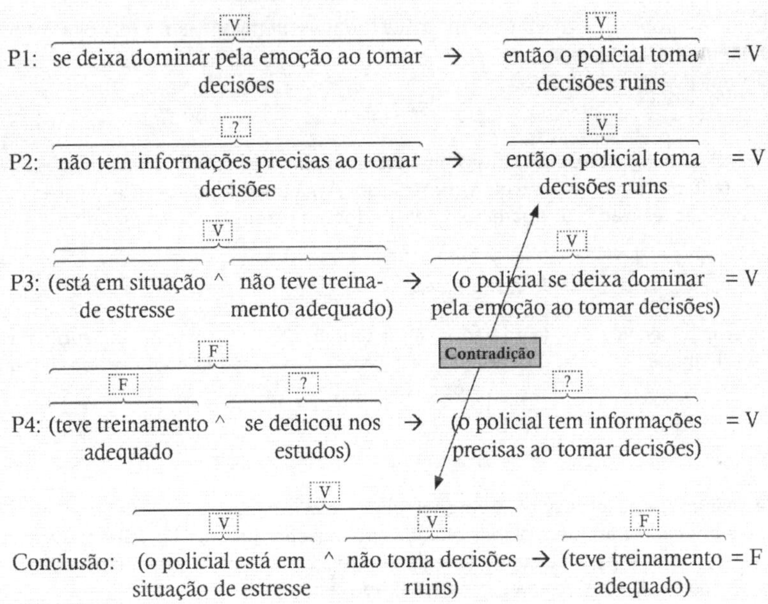

Percebemos que, ao tentarmos invalidar o argumento, verificamos uma contradição. Logo, se o argumento não é inválido, será válido.

Resposta: Certo.

121. (CESPE/ANATEL/2012) Em ação judicial contra operadora de telefonia móvel, o defensor do cliente que interpôs a ação apresentou a argumentação a seguir.

P1: A quantidade de interrupções nas chamadas realizadas de aparelhos cadastrados em planos tarifados por ligações é quatro vezes superior à quantidade de interrupções nas chamadas realizadas de aparelhos cadastrados em planos tarifados por minutos.

P2: Se ocorrer falha técnica na chamada ou a operadora interromper a chamada de forma proposital, então ocorrerá interrupção nas chamadas de meu cliente.

P3: Se a quantidade de interrupções em chamadas realizadas de aparelhos cadastrados em planos tarifados por ligações for quatro vezes superior à quantidade de interrupções nas chamadas realizadas de aparelhos cadastrados em planos tarifados por minutos, então não ocorrerá falha técnica na chamada.

P4: Ocorre interrupção na chamada de meu cliente.

Logo, a operadora interrompeu a chamada de forma proposital.

Com base nas proposições acima, julgue os itens subsecutivos.

121.01. I. Em face das proposições apresentadas, é correto afirmar que o argumento do defensor é um argumento inválido.

COMENTÁRIO

Validade de um Argumento

Um argumento será válido, legítimo ou bem construído quando a conclusão é uma consequência obrigatória do seu conjunto de premissas.

Sendo as premissas de um argumento verdadeiras, isto implica necessariamente que a conclusão será verdadeira.

A validade de um argumento depende tão somente da relação existente entre as premissas e a conclusão.

$$p_1(V) \wedge p_2(V) \wedge p_3(V) \wedge p_4(V) \wedge p_5(V) \ldots p_n(V) \rightarrow C(V)$$

Representando as proposições e considerando que todas as premissas são verdadeiras vamos verificar se a conclusão também será verdadeira:

P1: [A quantidade de interrupções nas chamadas realizadas de aparelhos cadastrados em planos tarifados por ligações é quatro vezes superior à quantidade de interrupções nas chamadas realizadas de aparelhos cadastrados em planos tarifados por minutos.] (V) = V

P2: [(ocorrer falha técnica na chamada) (F) v (a operadora interromper a chamada de forma proposital)] (?) → [ocorrerá interrupção nas chamadas de meu cliente] (V) = V

P3: [(a quantidade de interrupções em chamadas realizadas de aparelhos cadastrados em planos tarifados por ligações for quatro vezes superior à quantidade de interrupções nas chamadas realizadas de aparelhos cadastrados em planos tarifados por minutos)] (V) → ([não ocorrerá falha técnica na chamada)]. (V) =V

P4: Ocorre interrupção na chamada de meu cliente. =V

Conclusão: a operadora interrompeu a chamada de forma proposital. = **(?)**

A verdade das premissas não garante a verdade da conclusão.

Resposta: Certo.

122. (POLÍCIA CIVIL-CE/2012) O exercício da atividade policial exige preparo técnico adequado ao enfrentamento de situações de conflito e, ainda, conhecimento das leis vigentes, incluindo interpretação e forma de aplicação dessas leis nos casos concretos. Sabendo disso, considere como verdadeiras as proposições seguintes.

P1: Se se deixa dominar pela emoção ao tomar decisões, então o policial toma decisões ruins.

P2: Se não tem informações precisas ao tomar decisões, então o policial toma decisões ruins.

P3: Se está em situação de estresse e não teve treinamento adequado, o policial se deixa dominar pela emoção ao tomar decisões.

P4: Se teve treinamento adequado e se dedicou nos estudos, então o policial tem informações precisas ao tomar decisões.

Com base nessas proposições, julgue os itens a seguir.

122.01. I. Da proposição P3 é correto concluir que também será verdadeira a proposição "O policial que tenha tido treinamento adequado não se deixa dominar pela emoção ao tomar decisões, mesmo estando em situações de estresse".

COMENTÁRIO

Podemos simbolizar P3: Se está em situação de estresse e não teve treinamento adequado, o policial se deixa dominar pela emoção ao tomar decisões, da seguinte forma:

P_3: (está em situação de estresse $\wedge$ não teve treinamento adequado) → (o policial se deixa dominar pela emoção ao tomar decisões) = V

Conclusão: o policial que tenha tido treinamento adequado $\wedge$ estando em situações de estresse → não se deixa dominar pela emoção ao tomar decisões = V/F

Sendo a premissa P_3 verdadeira, não temos a certeza que a conclusão será também verdadeira, segundo a aplicação dos valores lógicos de acordo com os operadores existentes na premissa e conclusão.

Resposta: Errado.

122.02. II. Admitindo-se como verdadeiras as proposições "O policial teve treinamento adequado" e "O policial tem informações precisas ao tomar decisões", então a proposição "O policial se dedicou nos estudos" será, necessariamente, verdadeira.

COMENTÁRIO

Trata-se de uma Inferência, que é uma operação mental pela qual extraímos uma nova proposição denominada conclusão, de proposições já conhecidas, denominadas premissas.

P1: Proposição → Premissa (Hipótese)

P2: Proposição → Premissa (Hipótese)

P3: Proposição → Premissa (Hipótese)

P4: Proposição → Premissa (Hipótese)

P5: Proposição → Premissa (Hipótese)

Pn: Proposição → Premissa (Hipótese)

C: Proposição → Conclusão (Tese)

P1: "O policial teve treinamento adequado".

P2: "O policial tem informações precisas ao tomar decisões".

C: "O policial se dedicou nos estudos".

Percebemos que a conclusão não é uma consequência das premissas, logo não podemos garantir como verdadeira a conclusão "O policial se dedicou nos estudos".

Resposta: Errado.

123. (TRE-RJ/2012) O cenário político de uma pequena cidade tem sido movimentado por denúncias a respeito da existência de um esquema de compra de votos dos vereadores. A dúvida quanto a esse esquema persiste em três pontos, correspondentes às proposições P, Q e R, abaixo:

P: O vereador Vitor não participou do esquema.

Q: O prefeito Pérsio sabia do esquema.

R: O chefe de gabinete do prefeito foi o mentor do esquema.

Os trabalhos de investigação de uma CPI da câmara municipal conduziram às premissas $P_{1,}$ P_{2e} P_3 seguintes:

P_1: Se o vereador Vitor não participou do esquema, então o prefeito Pérsio não sabia do esquema.

P_2: Ou o chefe de gabinete foi o mentor do esquema, ou o prefeito Pérsio sabia do esquema, mas não ambos.

P_3: Se o vereador Vitor não participou do esquema, então o chefe de gabinete não foi o mentor do esquema.

Considerando essa situação hipotética, julgue o item seguinte, acerca de proposições lógicas.

123.01. I. A partir das premissas P1, P2 e P3, é correto inferir que o prefeito Pérsio não sabia do esquema.

COMENTÁRIO

$$P_1 = {}^{F}P \rightarrow {}^{F}Q = V$$

$$P_2 = {}^{F}R \ \underline{v} \ {}^{v}Q = V$$

$$P_3 = {}^{F}P \rightarrow {}^{F}_{R}R \ \rightarrow = V$$

$$C = \neg Q = F$$

Vamos tentar contradizer a conclusão. Se conseguirmos, então o item estará errado; valorando as premissas como verdadeiras podemos ter a conclusão falsa.

Resposta: Errado.

---

124. (PC-ES/2010) Para descobrir qual dos assaltantes – Gavião ou Falcão – ficou com o dinheiro roubado de uma agência bancária, o delegado constatou os seguintes fatos:

F1 – Se Gavião e Falcão saíram da cidade, então o dinheiro não ficou com Gavião.

F2 – Se havia um caixa eletrônico em frente ao banco, então o dinheiro ficou com Gavião.

F3 – Gavião e Falcão saíram da cidade.

F4 – Havia um caixa eletrônico em frente ao banco ou o dinheiro foi entregue à mulher de Gavião.

Considerando que as proposições F1, F2, F3 e F4 sejam verdadeiras, julgue o item subsequente, com base nas regras de dedução.

124.01. I. A proposição "O dinheiro foi entregue à mulher de Gavião" é verdadeira.

COMENTÁRIO

Trata-se de uma inferência, logo temos as proposições sendo verdadeiras e iremos verificar se a conclusão: "O dinheiro foi entregue à mulher de Gavião" também será verdadeira.

Dadas as proposições temos:

F1 – Gavião e Falcão saíram da cidade (V) → o dinheiro não ficou com Gavião (V) = V

F2 – havia um caixa eletrônico em frente ao banco (F) → o dinheiro ficou com Gavião (F) = V

F3 – Gavião e Falcão saíram da cidade = V

F4 – havia um caixa eletrônico em frente ao banco (F) v o dinheiro foi entregue à mulher de Gavião(V) = V

Logo, podemos inferir que a proposição "o dinheiro foi entregue à mulher de Gavião" também será verdadeira.

Resposta: Certo.

---

125. (CESPE/INSS/2008) Considere as proposições simples e compostas apresentadas abaixo, denotadas por A, B e C, que podem ou não estar de acordo com o art. 5º da Constituição Federal.

A: A prática do racismo é crime afiançável.

B: A defesa do consumidor deve ser promovida pelo Estado.

C: Todo cidadão estrangeiro que cometer crime político em território brasileiro será extraditado.

De acordo com as valorações V ou F atribuídas corretamente às proposições A, B e C, a partir da Constituição Federal, julgue os itens a seguir.

125.01. I. Para a simbolização apresentada acima e seus correspondentes valores lógicos, a proposição B → C é V.

COMENTÁRIO

Valorando as proposições de acordo com o art. 5º da Constituição Federal, temos:

A: A prática do racismo é crime afiançável. → (proposição falsa).

B: A defesa do consumidor deve ser promovida pelo Estado. → (proposição verdadeira)

C: Todo cidadão estrangeiro que cometer crime político em território brasileiro será extraditado. → (proposição falsa)

Tabela do operador condicional:

P	Q	P→Q
V	V	V
V	F	F
F	V	V
F	F	V

Aplicando os axiomas da lógica (tabelas-verdade), temos que a proposição implicativa B → C, segundo os valores dados acima:

B → C ; V → F é Falsa.

Resposta: Errado.

125.02. II. De acordo com a notação apresentada acima, é correto afirmar que a proposição (¬A) ∨ (¬C) tem valor lógico F.

COMENTÁRIO

Valorando as proposições de acordo com o art. 5º da Constituição Federal, temos:

A: A prática do racismo é crime afiançável. → (proposição falsa)

B: A defesa do consumidor deve ser promovida pelo Estado. → (proposição verdadeira)

C: Todo cidadão estrangeiro que cometer crime político em território brasileiro será extraditado. → (proposição falsa)

Tabela do operador disjuntivo:

P	Q	P∨Q
V	V	V
V	F	V
F	V	V
F	F	F

Aplicando os axiomas da lógica (tabelas-verdade), temos que a proposição disjuntiva (¬A) ∨ (¬C), segundo os valores dados acima:

(¬A) ∨ (¬C); (¬F) ∨ (¬F) ; (V) ∨ (V) é verdadeiro.

Resposta: Errado.

126. (CESPE/INSS/2008) Roberta, Rejane e Renata são servidoras de um mesmo órgão público do Poder Executivo Federal. Em um treinamento, ao lidar com certa situação, observou-se que cada uma delas tomou uma das seguintes atitudes:

A1: deixou de utilizar avanços técnicos e científicos que estavam ao seu alcance.

A2: alterou texto de documento oficial que deveria apenas ser encaminhado para providências.

A3: buscou evitar situações procrastinatórias.

Cada uma dessas atitudes, que pode ou não estar de acordo com o Código de Ética Profissional do Servidor Público Civil do Poder Executivo Federal (CEP), foi tomada por exatamente uma das servidoras. Além disso, sabe-se que a servidora Renata tomou a atitude A3 e que a servidora Roberta não tomou a atitude A1. Essas informações estão contempladas na tabela a seguir, em que cada célula, correspondente ao cruzamento de uma linha com uma coluna, foi preenchida com V (verdadeiro) no caso de a servidora listada na linha ter tomado a atitude representada na coluna, ou com F (falso), caso contrário.

	A1	A2	A3
Roberta	F		
Rejane			
Renata			V

Com base nessas informações, julgue os itens seguintes.

126.01. I. A atitude adotada por Roberta ao lidar com documento oficial fere o CEP.

COMENTÁRIO

Preenchendo a tabela segundo as informações dadas temos:

	A1	A2	A3
Roberta	F	V	f
Rejane	V	F	f
Renata	F	F	V

Se Renata realizou a atitude **A3**, logo iremos colocar f(falso) nas células a sua esquerda e acima.

Como a questão nos indica que Roberta não realizou a atitude **A1**, podemos inferir que nessa coluna Rejane realizou a atitude **A1.**

Como Rejane realizou a **A1**, podemos inferir que ela não realizou a atitude **A2**, colocando falso na célula que está à direita.

Se Rejane realizou a atitude **A1** e Renata a atitude **A3**, podemos concluir que Roberta realizou a atitude **A2**.

O item afirma que a atitude adotada por Roberta ao lidar com documento oficial fere o CEP, segundo a tabela temos que Roberta realizou a atitude **A2,** que não está de acordo com o CEP.

Resposta: Certo.

126.02. II. A atitude adotada por Rejane está de acordo com o CEP e é especialmente adequada diante de filas ou de qualquer outra espécie de atraso na prestação dos serviços.

COMENTÁRIO

Preenchendo a tabela segundo as informações dadas, temos:

	A1	A2	A3
Roberta	F	V	f
Rejane	V	F	f
Renata	F	F	V

Se Renata realizou a atitude **A3,** logo iremos colocar f (falso) nas células a sua esquerda e acima.

Como a questão nos indica que Roberta não realizou a atitude **A1**, podemos inferir que nessa coluna Rejane realizou a atitude **A1.**

Como Rejane realizou a **A1**, podemos inferir que ela não realizou a atitude **A2**, colocando falso na célula que está à direita.

Se Rejane realizou a atitude **A1** e Renata a atitude **A3**, podemos concluir que Roberta realizou a atitude **A2**.

O item afirma que a atitude adotada por Rejane está de acordo com o CEP e é especialmente adequada diante de filas ou de qualquer outra espécie de atraso na prestação dos serviços. Sabendo que Rejane realizou a atitude **A1**, podemos inferir que não está de acordo com o CEP.

Resposta: Errado.

126.03. III. Se P for a proposição "Rejane alterou texto de documento oficial que deveria apenas ser encaminhado para providências" e Q for a proposição "Renata buscou evitar situações procrastinatórias", então a proposição P→Q tem valor lógico V.

COMENTÁRIO

Preenchendo a tabela segundo as informações dadas, temos:

	A1	A2	A3
Roberta	F	V	F
Rejane	V	F	F
Renata	F	F	V

Se Renata realizou a atitude **A3,** logo iremos colocar f (falso) nas células a sua esquerda e acima.

Como a questão nos indica que Roberta não realizou a atitude **A1**, podemos inferir que nessa coluna Rejane realizou a atitude **A1.**

Como Rejane realizou a **A1**, podemos inferir que ela não realizou a atitude **A2**, colocando falso na célula que está à direita.

Se Rejane realizou a atitude **A1** e Renata a atitude **A3**, podemos concluir que Roberta realizou a atitude **A2**.

De acordo com a tabela acima atribuiremos valores às proposições abaixo:

P: "Rejane alterou texto de documento oficial que deveria apenas ser encaminhado para providências" → (falso)

Q: "Renata buscou evitar situações procrastinatórias" → (verdadeiro)

Atribuindo valores às proposições e aplicando os axiomas da lógica, temos que a proposição implicativa P(falso) → Q(verdadeiro) tem valor lógico V.

Resposta: Certo.

---

127. (CESPE/INSS/2008) Proposições são sentenças que podem ser julgadas como verdadeiras ou falsas, mas não admitem ambos os julgamentos. A esse respeito, considere que **A** represente a proposição simples "É dever do servidor apresentar-se ao trabalho com vestimentas adequadas ao exercício da função", e que **B** represente a proposição simples "É permitido ao servidor que presta atendimento ao público solicitar dos que o procuram ajuda financeira para realizar o cumprimento de sua missão".

Considerando as proposições **A** e **B** acima, julgue os itens subsequentes, com respeito ao Código de Ética Profissional do Servidor Público Civil do Poder Executivo Federal e às regras inerentes ao raciocínio lógico.

127.01. I. Sabe-se que uma proposição na forma "Ou **A** ou **B**" tem valor lógico falso quando **A** e **B** são ambos falsos; nos demais casos, a proposição é verdadeira. Portanto, a proposição composta "Ou **A** ou **B**", em que **A** e **B** são as proposições referidas acima, é verdadeira.

COMENTÁRIO

Considerando as proposições e valorando-as de acordo com o Código de Ética do Servidor Público Civil do Poder Executivo Federal, temos:

Proposição A: "É dever do servidor apresentar-se ao trabalho com vestimentas adequadas ao exercício da função". → Verdadeiro.

Proposição B: "É permitido ao servidor que presta atendimento ao público solicitar dos que o procuram ajuda financeira para realizar o cumprimento de sua missão". → Falso.

A banca considera a proposição composta na forma "Ou A ou B" uma proposição disjuntiva inclusiva, que fica clara pela explicação: "tem valor lógico falso quando A e B são ambos falsos; nos demais casos, a proposição é verdadeira". Pelos axiomas da lógica (tabela-verdade) e pelos valores dados às proposições A e B, temos a seguinte operação:

Ou A ou B → Ou V ou F = V

Resposta: Certo.

127.02. II. A proposição composta "Se **A** então **B**" é necessariamente verdadeira.

COMENTÁRIO

Considerando as proposições e valorando-as de acordo com o Código de Ética do Servidor Público Civil do Poder Executivo Federal temos:

Proposição A: "É dever do servidor apresentar-se ao trabalho com vestimentas adequadas ao exercício da função". → Verdadeiro.

Proposição B: "É permitido ao servidor que presta atendimento ao público solicitar dos que procuram ajuda financeira para realizar o cumprimento de sua missão". → Falso.

A proposição composta na forma "Se A, então B", uma proposição condicional tem valor lógico falso quando A for verdadeiro e B for falso, nos demais casos, a proposição é verdadeira. Pelos axiomas da lógica (tabela-verdade) e os valores dados às proposições A e B, temos a seguinte operação:

Se A então B,

V → F = F

Resposta: Errado.

127.03. III. Represente-se por ¬**A** a proposição composta que é a negação da proposição **A**, isto é, ¬**A** é falso quando **A** é verdadeiro e ¬**A** é verdadeiro quando **A** é falso. Desse modo, as proposições "Se ¬**A** então ¬**B**" e "Se **A** então **B**" têm valores lógicos iguais.

COMENTÁRIO

Para verificar se a proposições são equivalentes, ou seja, possuem os valores lógicos iguais, é necessário que suas tabelas-verdade produzam os mesmos resultados.

A	B	¬A	¬B	A → B	¬A → ¬B
V	V	F	F	V	V
V	F	F	V	F	V
F	V	V	F	V	F
F	F	V	V	V	V

Os resultados não são iguais, logo as proposições não são equivalentes.

Resposta: Errado.

---

128. (CESPE/2008) Julgue o item seguinte a respeito de lógica.

Considere que as proposições "Alguns flamenguistas são vascaínos" e "Nenhum botafoguense é vascaíno" sejam valoradas como V. Nesse caso, também será valorada como V a seguinte proposição: "Algum flamenguista não é botafoguense".

COMENTÁRIO

✪ **Nota do autor:** É importante ressaltar que se trata de uma inferência lógica, logo a conclusão é fruto exclusivo das premissas, não importando a veracidade das premissas, uma vez que se trata de lógica formal.

P_1: Alguns flamenguistas são vascaínos.

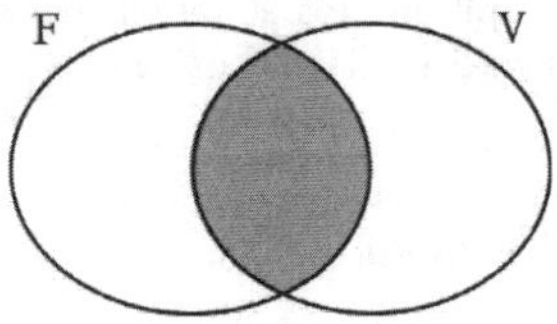

Pelo menos um elemento pertence aos dois conjuntos simultaneamente

P_2: Nenhum botafoguense é vascaíno.

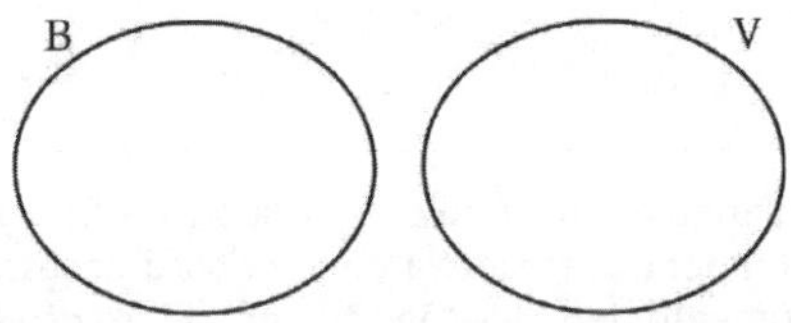

Nenhum elemento pertence aos dois conjuntos simultaneamente.

Algum flamenguista não é botafoguense.

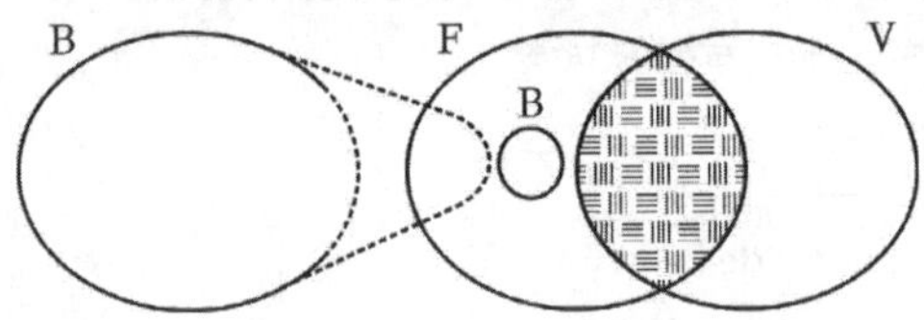

Sabemos que alguns flamenguistas são vascaínos e que nenhum botafoguense é vascaíno, logo podemos inferir que existe um elemento que pertence a interseção, isto é, há um flamenguista que é vascaíno e devido a nenhum vascaíno ser botafoguense, haverá um (pelo menos um) flamenguista que não é botafoguense.

Resposta: Certo.

---

129. (Polícia Federal/2009) Uma sequência de proposições A^1, A^2, ..., Ak é uma dedução correta se a última proposição, Ak, denominada conclusão, é uma consequência das anteriores, consideradas V e denominadas premissas.

Duas proposições são equivalentes quando têm os mesmos valores lógicos para todos os possíveis valores lógicos das proposições que as compõem.

A regra da contradição estabelece que, se, ao supor verdadeira uma proposição P, for obtido que a proposição P (¬P) é verdadeira, então P não pode ser verdadeira; P tem de ser falsa.

A partir dessas informações, julgue os itens subsequentes.

I. Considere as proposições A, B e C a seguir.

A: Se Jane é policial federal ou procuradora de justiça, então Jane foi aprovada em concurso público.

B: Jane foi aprovada em concurso público.

C: Jane é policial federal ou procuradora de justiça. Nesse caso, se A e B forem V, então C também será V.

COMENTÁRIO

Representando as proposições com seus respectivos operadores lógicos temos:

V/F V

Premissa A: [(Jane é policial federal) v (Jane é procuradora de justiça)] → [(Jane é aprovada em concurso)] = V

V

Premissa B: [(Jane foi aprovada em concurso)] = V

V/F

Conclusão C: [(Jane é policial federal) v (Jane é procuradora de justiça)]

Valorando as premissas com verdadeiro conforme a estrutura acima, aplicaremos as tabelas-verdade. Dessa forma, verifica-se que a verdade das proposições A e B não garante a verdade da proposição C.

Resposta: Errado.

---

130. (CESPE/POLÍCIA FEDERAL/2009) A sequência de proposições a seguir constitui uma dedução correta.

Se Carlos não estudou, então ele fracassou na prova de Física.

Se Carlos jogou futebol, então ele não estudou.

Carlos não fracassou na prova de Física.

Carlos não jogou futebol.

COMENTÁRIO

Um argumento será válido ou será uma dedução correta quando a conclusão é consequência obrigatória do seu conjunto de premissas. Sendo as premissas de um argumento verdadeiras, isso implica necessariamente que a conclusão será verdadeira. A validade de um argumento depende tão somente da relação existente entre as premissas e a conclusão.

Argumento é a relação que associa um conjunto de proposições P1, P2, P3, ... Pn, chamadas de premissas (hipóteses), a uma proposição C, chamada de conclusão (tese) do argumento, nesse caso dedutivo.

Representando as premissas temos e aplicando as tabelas-verdade teremos:

F F

Premissa 1: Carlos não estudou → ele fracassou na prova de Física = V

F F

Premissa 2: Carlos jogou futebol → ele não estudou = V

V

Premissa 3: Carlos não fracassou na prova de Física = V

Conclusão: Carlos não jogou futebol – **será verdadeira**

Valorando as premissas como verdadeiras, verificamos que a conclusão foi verdadeira, logo a dedução é correta.

Resposta: Certo.

---

131. (CESPE/2008). Julgue o item seguinte, a respeito de lógica.

Considere o argumento formado pelas proposições A: "Todo número inteiro é par"; B: "Nenhum número par é primo"; C: "Nenhum número inteiro é primo", em que A e B são as premissas e C é a conclusão. Nesse caso, é correto afirmar que o argumento é um argumento válido.

COMENTÁRIO

A: "Todo número inteiro é par".

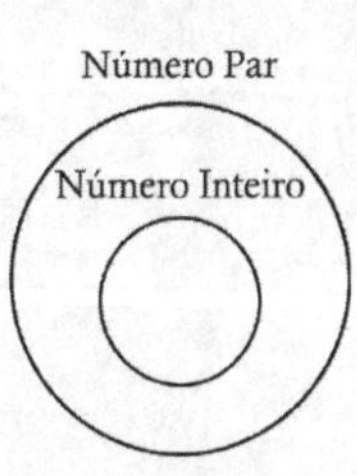

A primeira proposição trata-se de um quantificador Universal Afirmativo. Inclusão de conjuntos.

B: "Nenhum número par é primo".

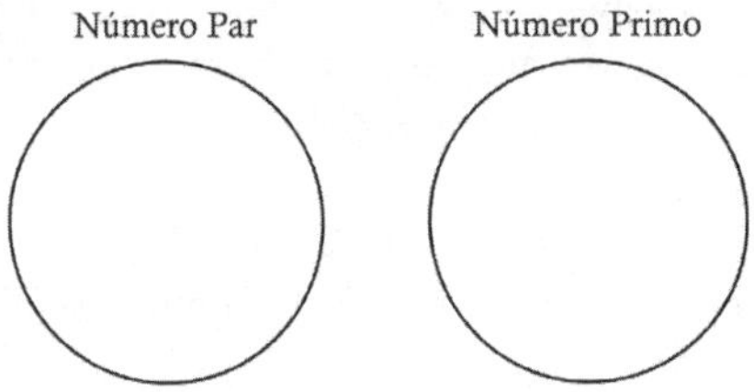

A segunda proposição trata-se de um quantificador Universal Negativo. Conjuntos disjuntos.

C: "Nenhum número inteiro é primo".

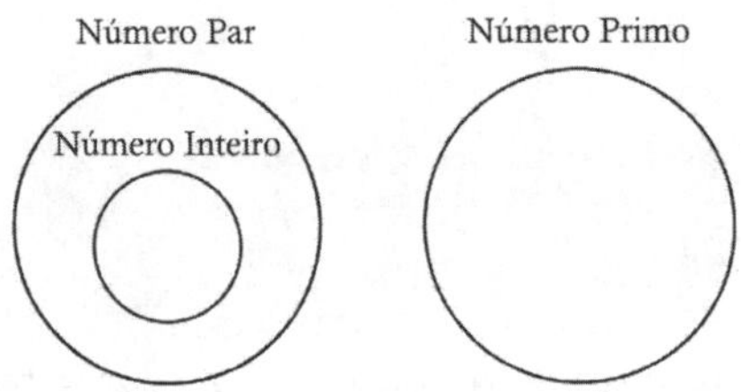

Tomando as duas proposições acima como premissas e esta proposição ao lado como conclusão do argumento, podemos afirmar que a verdade das premissas garante a verdade da conclusão. O diagrama ao lado mostra que entre os conjuntos "Número Inteiro" e o "Número Primo" não há interseção, logo podemos inferir que "Nenhum número inteiro é primo". Sendo assim podemos dizer que o argumento é válido.

---

132. (CESPE/2008-adaptada) Considere as seguintes proposições:

I – Todos os cidadãos brasileiros têm garantido o direito de herança.

II – Joaquina não tem garantido o direito de herança.

III – Todos aqueles que têm direito de herança são cidadãos de muita sorte.

Supondo que todas essas proposições sejam verdadeiras, é correto concluir logicamente que

a) Joaquina não é cidadã brasileira.

b) Todos os que têm direito de herança são cidadãos brasileiros.

c) Se Joaquina não é cidadã brasileira, então Joaquina não é de muita sorte.

COMENTÁRIO

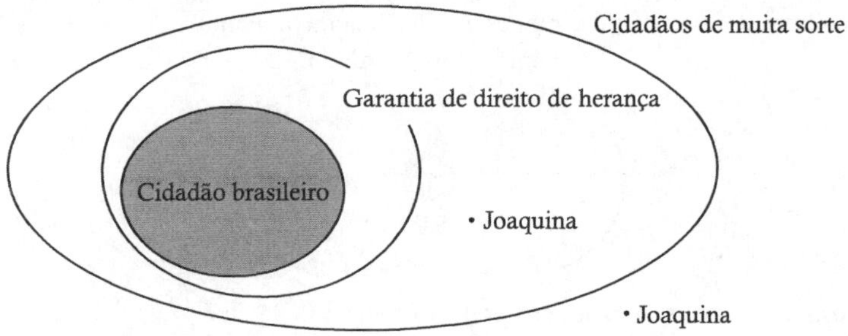

Segundo as premissas podemos construir o diagrama acima.

Pela premissa I temos a inclusão de dois conjuntos: Todo cidadão brasileiro tem garantido o direito de herança. "Cidadão brasileiro" está contido no conjunto garantia de direito de herança.

Pela premissa II temos que Joaquina não pode pertencer ao conjunto "Garantia de direito de herança", podendo assim ficar nas duas posições indicadas no diagrama.

Pela premissa III temos que o conjunto: "Cidadãos de muita sorte" pode possuir ou não Joaquina.

Julgando os itens:

a) Certo, pois Joaquina não pertence ao conjunto: Cidadão brasileiro.

b) Errado, pois comutou o quantificador universal afirmativo, em que o mesmo não aceita tal propriedade.

c) Errado. Temos um conectivo condicional, em que podemos valorar as proposições dadas:

<u>Se</u> Joaquina não é cidadã brasileira, **então** não é de muita sorte.

V $\rightarrow$ **(V / F)** = **<u>V / F</u>**

Sendo assim, temos que o item está errado, pois não podemos garantir a verdade da proposição dada.

Resposta: A.

---

133. (ESAF/2005). Nenhum matemático é aluno. Algum administrador é aluno, logo:

a) algum administrador é matemático.

b) todo administrador é matemático.

c) nenhum administrador é matemático.

d) algum administrador não é matemático.

e) todo administrador não é matemático.

COMENTÁRIO

Da mesma forma que analisamos as premissas formadas com os conectivos lógicos (utilizando as tabelas--verdade) para que possamos encontrar uma conclusão verdadeira, analisaremos as premissas formadas com os quantificadores lógicos. Cada premissa será representada pelo seu diagrama lógico, sendo cada um deles verdadeiro para que tenhamos uma conclusão verdadeira.

O que analisar?

Vamos construir os diagramas para cada premissa:

P_1: Nenhum matemático é aluno. (Não há nada em comum)

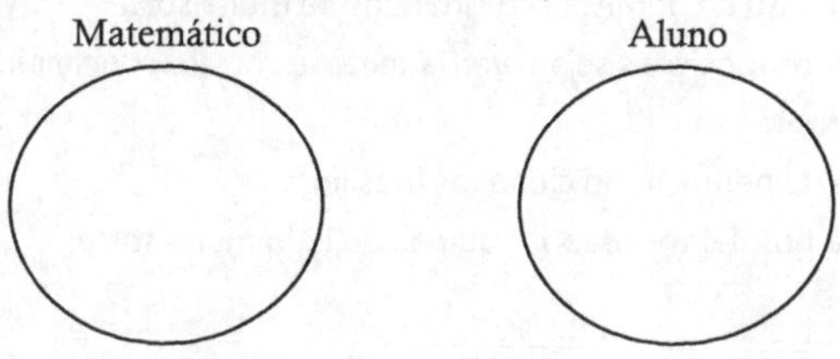

P_2: Algum administrador é aluno (pelo menos um {x}. Conjunto unitário)

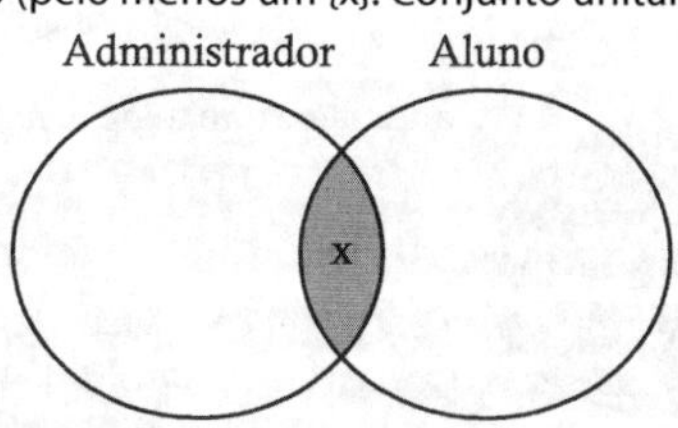

Relacionando as duas premissas (diagramas lógicos), temos:

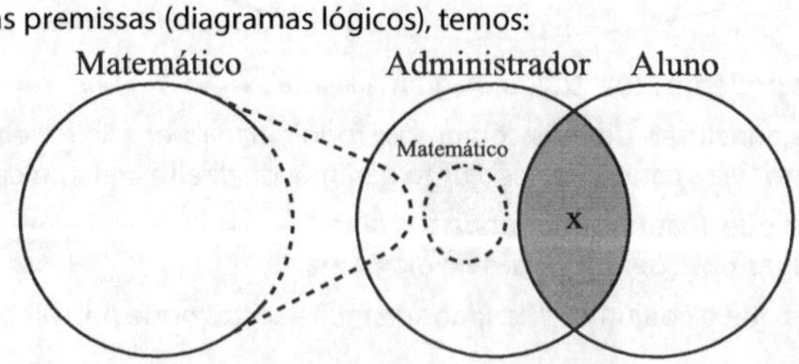

A conclusão será fruto da relação entre as premissas, sendo que essa deverá ser uma nova proposição, consequência de uma certeza. Não podemos concluir o que não temos certeza, e é dessa forma que a resposta da questão será: Algum administrador não é matemático.

Resposta: D.

---

134. (CESPE/PF/2004) Para se preparar para o concurso, utilizou um *site* de busca da internet e pesquisou em uma livraria virtual, especializada nas áreas de Direito, Administração e Economia, que vende livros nacionais e importados. Nessa livraria, alguns livros de Direito e todos os de Administração fazem parte dos produtos nacionais. Além disso, não há livro nacional disponível de capa dura.

Com base no texto, julgue os itens. É possível que Pedro em sua pesquisa tenha:

134.01. I. encontrado um livro de Administração de capa dura.

COMENTÁRIO

✪ **Nota do autor:**

P_1: Alguns livros de Direito são produtos nacionais:

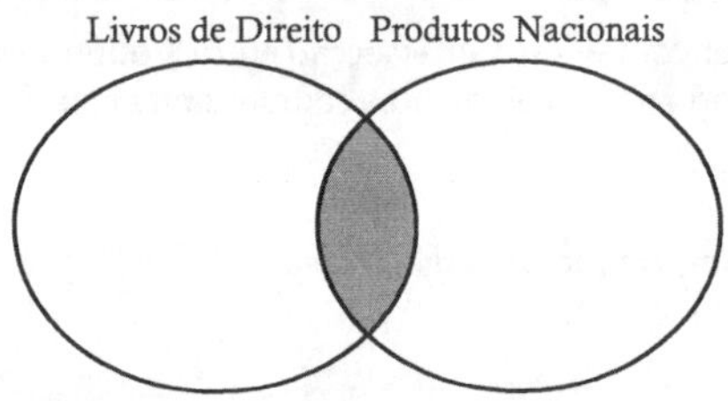

P_2: Todos os livros de Administração são produtos nacionais.

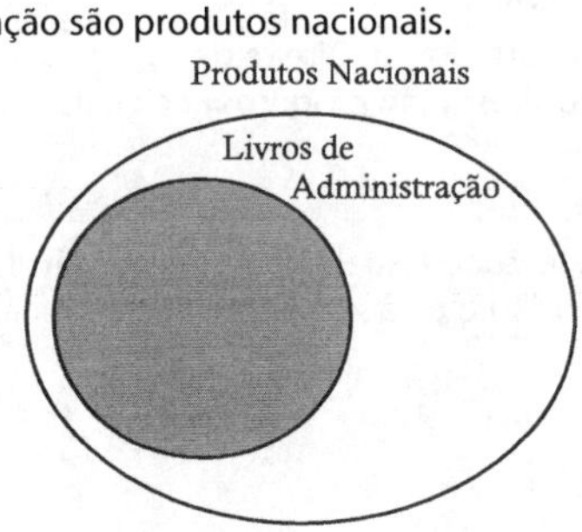

P_3: Não há livro nacional disponível de capa dura. (Não há elementos em comum)

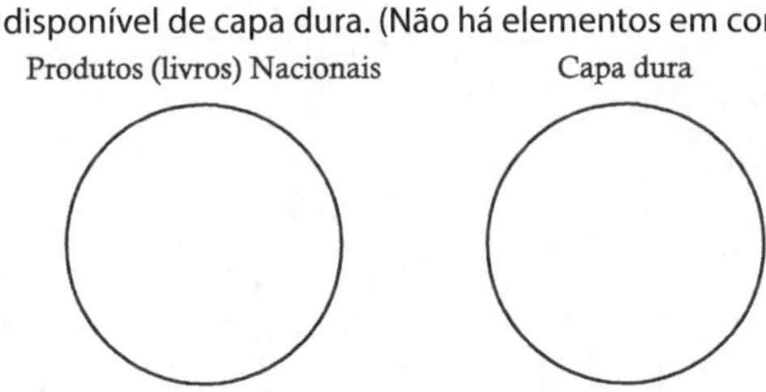

Relacionando as premissas acima temos:

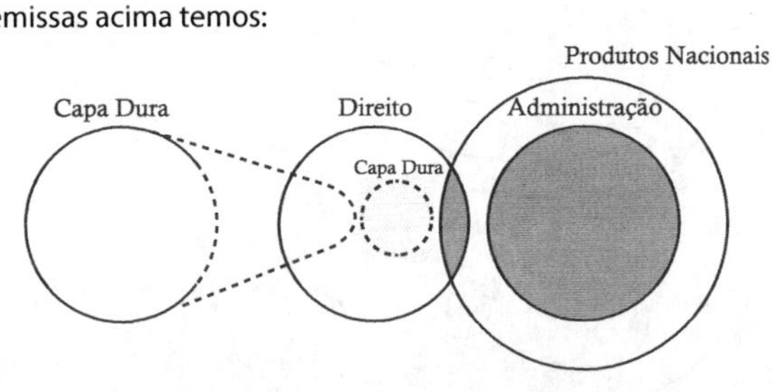

I. Não é possível encontrar um livro de Administração de capa dura, pois pelos diagramas acima percebemos que não há elemento comum.

Resposta: Errado.

134.02. II. adquirido dessa livraria um livro de Economia de capa flexível.

COMENTÁRIO

✪ Nota do autor: (Vide nota do item I)

II. Como não limitamos o conjunto dos livros de Economia quanto capa dura ou não, torna-se possível ser flexível. Não tivemos premissas que explicitaram sobre tal pensamento.

Resposta: Certo.

134.03. III. selecionado para comprar um livro nacional de Direito de capa dura.

COMENTÁRIO

✪ Nota do autor: (Vide nota do item I)

III. Um livro nacional de Direito encontra-se na intersecção entre Produtos Nacionais (mostrado no diagrama acima), a região hachurada, logo não há elementos comuns entre estes elementos e capa dura.

Resposta: Errado.

134.04. IV. comprado um livro importado de Direito de capa flexível.

COMENTÁRIO

✪ Nota do autor: (Vide nota do item I)

IV. Podemos ter elementos (livros) importados de Direito de capa flexível, uma vez que só alguns de Direito podem ter capa dura e também só alguns são produtos nacionais.

Resposta: Certo.

---

135. (ESAF/2004) Em uma comunidade, todo trabalhador é responsável. Todo artista, se não for filósofo, ou é trabalhador ou é poeta. Ora não há filósofo e não há poeta que não seja responsável. Portanto, tem-se que, necessariamente:

a) todo responsável é artista.

b) todo responsável é filósofo ou poeta.

c) todo artista é responsável.

d) algum filósofo é poeta.

e) algum trabalhador é filósofo.

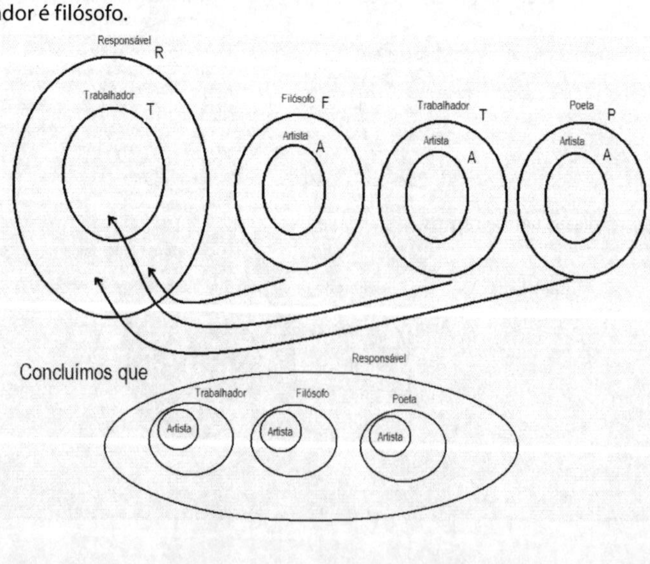

COMENTÁRIO

✪ **Nota do autor:** É importante ressaltar que se trata de lógica de Primeira Ordem, em que temos os quantificadores lógicos, logo utilizamos os diagramas lógicos para resolver a inferência lógica.

De acordo com o enunciado da questão, um artista só pode ser trabalhador, filósofo ou poeta, ou seja, são conjuntos disjuntos. Assim, os respectivos conjuntos (T, F e P) interceptam o conjunto dos artistas sem deixar vazios e sem superposição, porque um artista não pode ser mais de um desses ao mesmo tempo. O enunciado também diz que trabalhador, filósofo e poeta são responsáveis. Denominando R o conjunto dos responsáveis, tem-se:

$T \subset R$

$F \subset R$

$P \subset R$

Ou seja, T, F e P são subconjuntos de R.

Analisando as respostas, temos:

a) Todo responsável é artista: **não necessariamente**, porque o quantificador Universal afirmativo não aceita a propriedade comutativa, uma vez que há elementos que são responsáveis que não trabalhadores.

b) Todo responsável é filósofo ou poeta: **não**. Pode ser trabalhador.

c) Todo artista é responsável: **correto**, porque T, F e P são subconjuntos de R e o artista só pode ser um deles.

d) Algum filósofo é poeta: **pode ser ou não**. Os conjuntos F e P podem ter interseção, embora não indicado na figura.

e) Algum trabalhador é filósofo: **pode ser ou não**, de forma similar à do item anterior.

Resposta: C.

---

136. (ESAF/2004) Uma escola de arte oferece aulas de canto, dança, teatro, violão e piano. Todos os professores de canto são, também, professores de dança, mas nenhum professor de dança é professor de teatro. Todos os professores de violão são, também, professores de piano, e alguns professores de piano são, também, professores de teatro. Sabe-se que nenhum professor de piano é professor de dança, e como as aulas de piano, violão e teatro não têm nenhum professor em comum, então:

a) nenhum professor de violão é professor de canto.

b) pelo menos um professor de violão é professor de teatro.

c) pelo menos um professor de canto é professor de teatro.

d) todos os professores de piano são professores de canto.

e) todos os professores de piano são professores de violão.

COMENTÁRIO

Representação das proposições por diagramas:

Todos os professores de canto são, também, professores de dança.	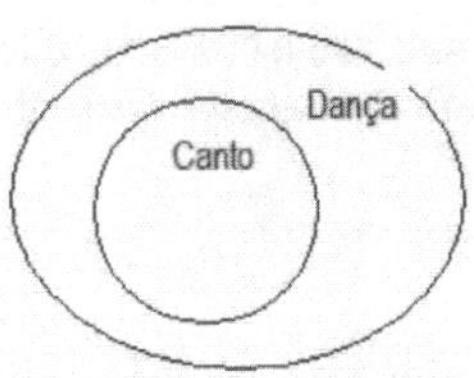
Alguns professores de piano são, também, professores de teatro.	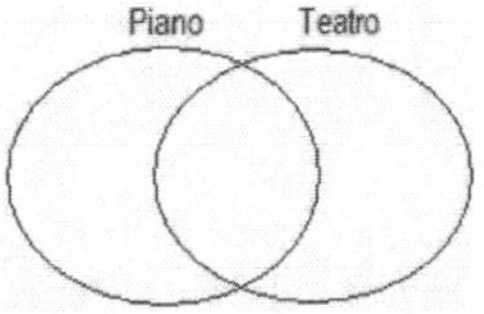

<table>
<tr><td>Nenhum professor de dança é professor de teatro.</td><td>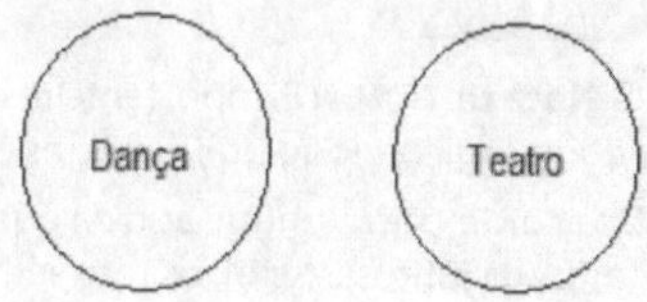
</td></tr>
<tr><td>Nenhum professor de piano é professor de dança.</td><td>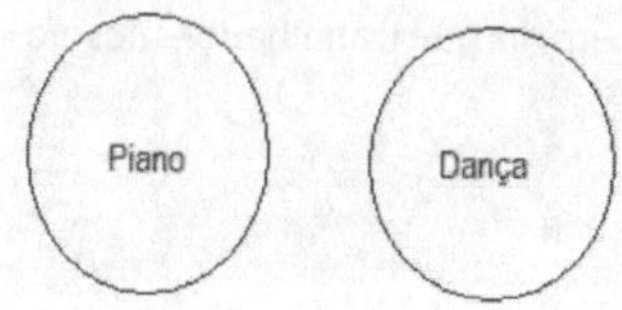
</td></tr>
<tr><td>Todos os professores de violão são, também, professores de piano.</td><td>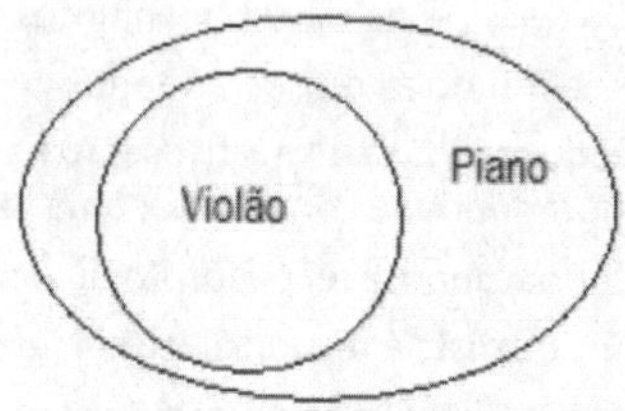
</td></tr>
<tr><td>As aulas de piano, violão e teatro não têm nenhum professor em comum.</td><td>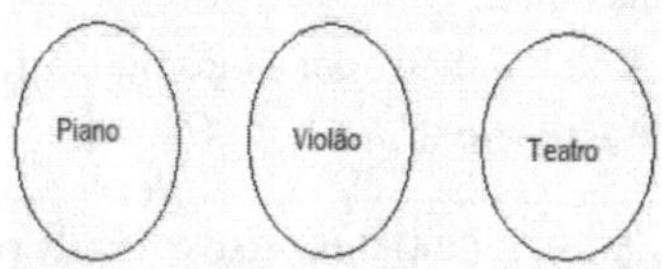
</td></tr>
</table>

Representação da interseção das proposições:

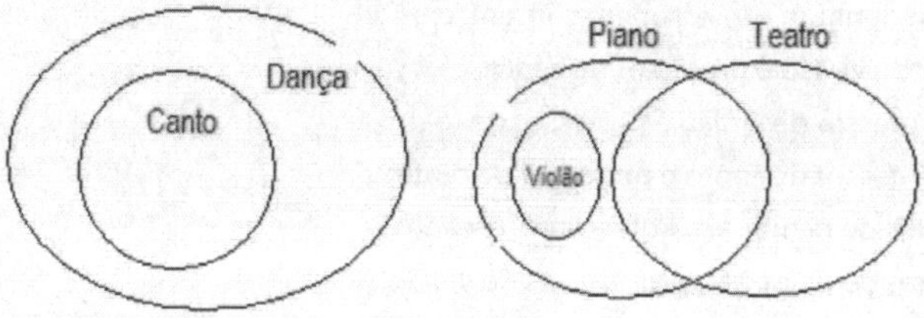

Conclusão: nenhum professor de violão é professor de canto.

Resposta: A.

---

137. (CESPE/2004) Considere que os diagramas abaixo representam conjuntos nomeados pelos seus tipos de elementos. Um elemento específico é marcado com um ponto.

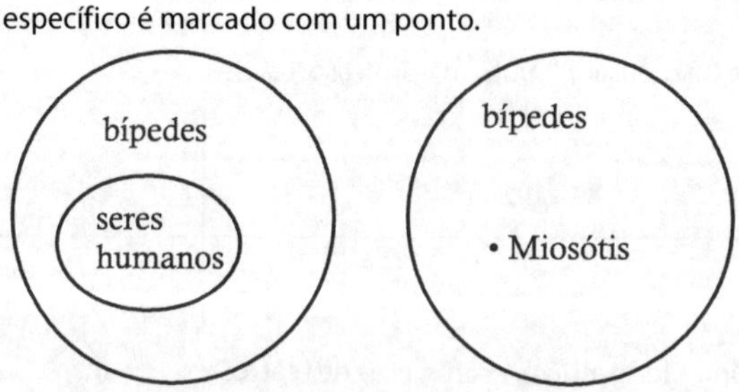

O diagrama da esquerda representa a inclusão descrita pela sentença "Todos os seres humanos são bípedes". O diagrama da direita representa a inclusão descrita pela sentença "Miosótis é bípede". Nessas condições, é correto concluir que "Miosótis é um ser humano".

COMENTÁRIO

Fazendo a interseção dos diagramas:

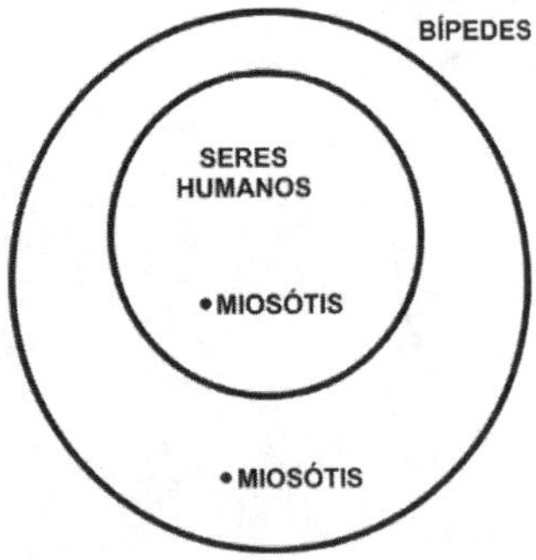

Representando o elemento miosótis por um ponto podemos inferir que ele pode ser bípedes com também não ser bípedes.

Resposta: Errado.

---

138. (ESAF/2004) Se é verdade que "alguns escritores são poetas" e que "nenhum músico é poeta", então, também é necessariamente verdade que:

a) nenhum músico é escritor.

b) algum escritor é músico.

c) algum músico é escritor.

d) algum escritor não é músico.

e) nenhum escritor é músico.

COMENTÁRIO

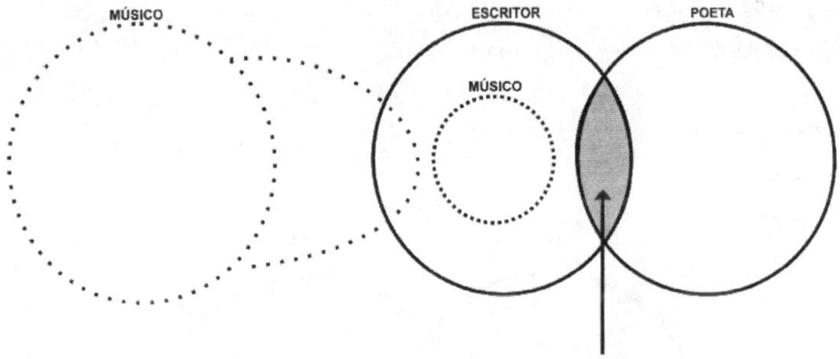

Algum escritor que é poeta, não é músico.

Logo podemos concluir que "Algum músico não é poeta".

Resposta: D.

---

139. (FGV/2008) Considere a afirmação: "Todo corintiano é feliz. " A partir dessa afirmação, pode-se concluir que:

a) todo homem feliz é corintiano.

b) todo palmeirense é infeliz.

c) toda pessoa que não é corintiano não é feliz.

d) um infeliz certamente não é corintiano.

e) existem infelizes que são corintianos.

COMENTÁRIO

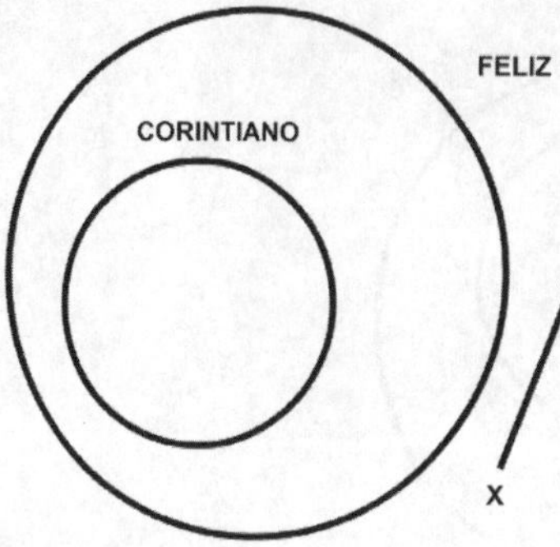

"Um infeliz certamente não é corintiano".

Resposta: D.

---

140. (FCC/2006) Considere que as seguintes afirmações são verdadeiras:

– Todo motorista que não obedece às leis de trânsito é multado.

– Existem pessoas idôneas que são multadas.

Com base nessas afirmações é verdade que

a) se um motorista é idôneo e não obedece às leis de trânsito, então ele é multado.

b) se um motorista não respeita as leis de trânsito, então ele é idôneo.

c) todo motorista é uma pessoa idônea.

d) toda pessoa idônea obedece às leis de trânsito.

e) toda pessoa idônea não é multada.

COMENTÁRIO

Trata-se de uma inferência lógica, em que devemos de forma dedutiva chegar a uma conclusão que é consequência das premissas dadas.

Representando as proposições por diagramas:

Premissas:

A: Todo motorista que obedece às leis de trânsito.

B: Motoristas multados

C: Pessoas idôneas

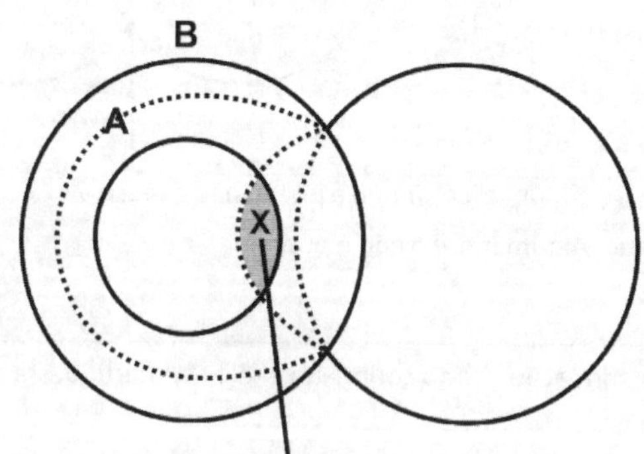

"Se um motorista não respeita as leis de trânsito, então ele é multado"

Resposta: A.

141. (CESPE/2004) Uma noção básica da lógica é a de que um argumento é composto de um conjunto de sentenças denominadas premissas e de uma sentença denominada conclusão. Um argumento é válido se a conclusão é necessariamente verdadeira sempre que as premissas forem verdadeiras. Com base nessas informações, julgue os itens que se seguem.

141.01. I. Toda premissa de um argumento válido é verdadeira.

COMENTÁRIO

✪ **Nota do autor:** É importante observar o quadro abaixo expressa os critérios para a validade dos argumentos.

A tabela abaixo resume as possíveis situações de um argumento:

Quando um argumento é	e as hipóteses...	então a tese será:
Válido (Bem construído)	são todas verdadeiras	**Necessariamente verdadeira**
	não são todas verdadeiras	ou Verdadeira ou Falsa
Inválido (Mal construído)	são todas verdadeiras	ou Verdadeira ou Falsa
	não são todas verdadeiras	ou Verdadeira ou Falsa

De acordo com a tabela, podemos responder tranquilamente os itens desta questão, logo temos:

Toda premissa de um argumento válido é verdadeira.

Resposta: Errado.

141.02. II. Se a conclusão é falsa, o argumento não é válido.

COMENTÁRIO

✪ **Nota do autor: (Vide nota do item I).**

Se a conclusão é falsa, o argumento não é válido.

Resposta: Errado.

141.03. III. Se a conclusão é verdadeira, o argumento é válido.

COMENTÁRIO

✪ **Nota do autor: (Vide nota do item I).**

Se a conclusão é verdadeira, o argumento é válido.

Resposta: Errado.

141.04. IV. É válido o seguinte argumento: todo cachorro é verde, e tudo que é verde é vegetal, logo, todo cachorro é vegetal.

COMENTÁRIO

✪ **Nota do autor: (Vide nota do item I).**

É válido o seguinte argumento: todo cachorro é verde, e tudo que é verde é vegetal, logo todo cachorro é vegetal.

Resposta Certo.

142. (CESPE/2006) No Brasil, os pobres têm mais poder que os ricos. Isso ocorre porque o sistema político adotado no Brasil é a democracia, no qual a vontade da maioria prevalece, e, no Brasil, existem mais pobres que ricos.

Com relação ao argumento anterior, julgue os itens seguintes.

142.01. I. A afirmativa **"No Brasil, os pobres têm mais poder que os ricos"**, é uma premissa.

COMENTÁRIO

Temos que esta afirmativa é a conclusão do argumento. Isto é percebido pela presença da palavra "porque" que anuncia premissas dentro de um argumento.

Resposta: Errado.

142.02. II. A oração **"no Brasil, existem mais pobres que ricos"** é a conclusão do texto.

COMENTÁRIOS

Temos que está oração é uma premissa do argumento, fundamenta a conclusão.

Resposta: Errado.

142.03. III. O trecho **"o sistema político adotado no Brasil é a democracia, no qual a vontade da maioria prevalece"** é uma hipótese.

COMENTÁRIO

A frase se trata de uma premissa, ou seja, hipótese.

Resposta: Certo.

142.04. IV. O argumento apresentado no texto é um exemplo de argumento indutivo.

COMENTÁRIOS

Sua conclusão não traz mais informações que as premissas fornecem. É um argumento de conclusão não ampliativa.

Resposta: Errado.

143. (CESPE/ DELEGADO DA POLÍCIA FEDERAL / 2004)

TEXTO PARA OS ITENS ABAIXO:

No dia 13 de setembro de 2004, na cidade Alfa, Antônio, casado com Bárbara, foi encontrado morto na residência do casal, com um tiro na cabeça. De acordo com o exame de corpo de delito, a morte de Antônio ocorreu entre 20 h e 23 h do dia anterior. Ao investigar o caso, um delegado de polícia federal descobriu, ainda, os fatos relatados a seguir.

I Às 21 h do dia 12/9/2004, Bárbara foi vista jantando em um restaurante na cidade Beta, distante 50 km da cidade Alfa, sendo as duas cidades ligadas por uma rodovia pavimentada e de pouco movimento.

II Carlos, sócio de Antônio, estava tendo um caso amoroso com Bárbara, que, com a morte do marido, seria dona da parte dele na sociedade.

III Dias antes da sua morte, Antônio estava muito depressivo e demonstrava sinais de nervosismo e de irritação por ter descoberto o relacionamento amoroso de Bárbara com Carlos.

IV Carlos forneceu à polícia um comprovante de estacionamento, datado de 12/9/2004, referente a seu único veículo, sugerindo que ele estivesse em um *shopping* localizado a 5 km da casa de Antônio, com entrada às 19 h 16 min e saída às 22 h 58 min. Carlos forneceu, ainda, um *ticket* de cinema já utilizado, alegando ter assistido a um filme naquele *shopping,* exibido entre 21 h e 23 h 15 min do dia 12/9/2004.

V Bárbara e Carlos foram vistos juntos, no dia 12/9/2004, em um local próximo à casa de Antônio, às 23 h 57 min.

VI A arma do crime foi encontrada próximo à casa de Antônio, contendo apenas as impressões digitais dele próprio.

VII O exame de corpo de delito não revelou sinais de pólvora nas mãos de Antônio.

Cada item a seguir traz duas proposições referentes à situação hipotética descrita acima, ligadas pela palavra PORQUE. Julgue cada item como CERTO somente se as duas proposições forem verdadeiras, de acordo com as informações dadas, e a segunda for uma justificativa correta da primeira. Caso isso não ocorra, julgue o item como ERRADO.

143.01. I. Bárbara não matou Antônio PORQUE ela não poderia estar na cena do crime no horário estabelecido pelo exame de corpo de delito.

COMENTÁRIO

✪ **Nota do autor:** É importante conhecer os termos que anunciam premissas e conclusões para uma análise correta de um argumento.

A questão trata de um argumento lógico que é a relação que associa um conjunto de proposições P1,P2,P3,..Pn , chamadas premissas(hipóteses) , a uma proposição C , chamado de conclusão(tese) do argumento. Um argumento será Válido, legítimo ou bem construído quando a conclusão é uma consequência obrigatória do seu conjunto de premissas.

Segundo as proposições (fatos relatados) I e V a Bárbara poderia estar na cena do crime e matado seu marido Antônio. Logo a premissa: "ela não poderia estar na cena do crime no horário estabelecido pelo exame de corpo de delito" não garante a conclusão: "Bárbara não matou Antônio".

Resposta: Errado.

143.02. II. Carlos pode ter matado Antônio PORQUE o fato de o seu carro estar estacionado em um *shopping* distante do local do crime não é prova de que ele não estava na cena do crime.

COMENTÁRIO

A questão trata de um argumento lógico que é a relação que associa um conjunto de proposições P1,P2,P3,..Pn , chamadas premissas(hipóteses) , a uma proposição C , chamado de conclusão (tese) do argumento. Um argumento será Válido, legítimo ou bem construído quando a conclusão é uma consequência obrigatória do seu conjunto de premissas.

Segundo as proposições (fatos relatados) III e V Carlos pode ter matado Antônio. Logo a premissa: "seu carro estar estacionado em um *shopping* distante do local do crime não é prova de que ele não estava na cena do crime" garante a conclusão: " Carlos pode ter matado Antônio".

Resposta: Certo.

143.03. III. Ou Carlos não assistiu completamente ao filme que alegou à polícia ter assistido ou alguém retirou o seu carro do estacionamento do *shopping* antes do final do filme PORQUE o horário de retirada do veículo é anterior ao do final do filme.

COMENTÁRIO

A questão trata de um argumento lógico que é a relação que associa um conjunto de proposições P1,P2,P3,..Pn , chamadas premissas(hipóteses) , a uma proposição C , chamado de conclusão (tese) do argumento. Um argumento será Válido, legítimo ou bem construído quando a conclusão é uma consequência obrigatória do seu conjunto de premissas.

Segundo as proposições (fatos relatados) "Segundo o exame de corpo de delito, a morte de Antônio ocorreu entre 20 h e 23 h do dia anterior" e o item IV "ou Carlos não assistiu completamente ao filme que alegou à polícia ter assistido ou alguém retirou o seu carro do estacionamento do *shopping* antes do final do filme" garante a conclusão: "que o horário de retirada do veículo é anterior ao do final do filme."

Resposta: Certo.

143.04. IV. O caso amoroso de Carlos e Bárbara foi a razão da morte de Antônio PORQUE Antônio demonstrou sinais de nervosismo e depressão com a descoberta deste relacionamento.

COMENTÁRIO

A questão trata de um argumento lógico que é a relação que associa um conjunto de proposições P1,P2,P3,..Pn , chamadas premissas(hipóteses) , a uma proposição C, chamado de conclusão(tese) do argumento. Um argumento será Válido, legítimo ou bem construído quando a conclusão é uma consequência obrigatória do seu conjunto de premissas.

Segundo a premissa: "Antônio demonstrou sinais de nervosismo e depressão com a descoberta deste relacionamento" não garante a conclusão: "O caso amoroso de Carlos e Bárbara foi a razão da morte de Antônio".

Resposta: Errado.

143.05. V. Carlos não pode ter matado Antônio PORQUE na arma do crime havia apenas as impressões digitais de Antônio.

COMENTÁRIO

A questão trata de um argumento lógico que é a relação que associa um conjunto de proposições P1,P2,P3,..Pn , chamadas premissas(hipóteses), a uma proposição C, chamado de conclusão(tese) do argumento. Um argumento será Válido, legítimo ou bem construído quando a conclusão é uma consequência obrigatória do seu conjunto de premissas.

Segundo a premissa: "na arma do crime havia apenas as impressões digitais de Antônio" não garante a conclusão: "Carlos não pode ter matado Antônio".

Resposta: Errado.

143.06. VI. Antônio não cometeu suicídio PORQUE o exame de corpo de delito revelou que não havia sinais de pólvora nas suas mãos.

COMENTÁRIO

A questão trata de um argumento lógico que é a relação que associa um conjunto de proposições P1,P2,P3,..Pn , chamadas premissas(hipóteses) , a uma proposição C , chamado de conclusão(tese) do argumento. Um argumento será Válido, legítimo ou bem construído quando a conclusão é uma consequência obrigatória do seu conjunto de premissas.

Segundo a premissa: "o exame de corpo de delito revelou que não havia sinais de pólvora nas suas mãos" não garante a conclusão: "Antônio não cometeu suicídio".

Resposta: Errado.

143.07. VII. Bárbara deixou a cidade Beta e retornou para a cidade Alfa na mesma noite do dia 12/9/2004 PORQUE ela foi vista com Carlos próximo à residência dela às 23 h 57 min daquele dia.

COMENTÁRIO

A questão trata de um argumento lógico que é a relação que associa um conjunto de proposições P1,P2,P3,...Pn, chamadas premissas(hipóteses), a uma proposição C, chamado de conclusão (tese) do argumento. Um argumento será Válido, legítimo ou bem construído quando a conclusão é uma consequência obrigatória do seu conjunto de premissas.

Segundo a premissa: "ela foi vista com Carlos próximo à residência dela às 23h57 min daquele dia", garante a conclusão: "Bárbara deixou a cidade Beta e retornou para a cidade Alfa na mesma noite do dia 12/9/2004".

Resposta: Certo.

---

144. (QUESTÃO AUTORAL/2018). Em uma limpeza na repartição do prédio do INSS em Brasília, um funcionário recolheu de uma lixeira alguns pedaços de papéis semidestruídos com o nome de três pessoas: Abreu, Abraão e Adão. Ele conseguiu descobrir que um deles tem 60 anos de idade e é pai dos outros dois, cujas idades são: 36 e 28 anos. Descobriu, ainda, que Adão era militar, Abreu era mais velho que Abraão, com diferença de idade inferior a 30 anos, e descobriu também que o de 28 anos de idade era médico e o outro, professor. Com base nessas informações, é correto afirmar que Abreu não tem 28 anos de idade e Abraão não é médico.

COMENTÁRIO

A questão trata de uma associação – cor relacionamento, em que iremos construir uma tabela para melhor organizar os dados:

NOMES:	ABREU	ABRAÃO	ADÃO
IDADES:	36	28	60
PROFISSÕES:	Professor	Médico	Militar

Primeiramente sabemos que Adão é militar, que Abreu é mais velho que Abraão, com diferença de idade inferior a 30 anos, logo temos as seguintes possibilidades Abreu (36) e Abrão (28) ou Abreu(60) e Abraão(36). Se o Médico tinha 28 anos, então será o Abraão e consequentemente Abreu terá 36 anos.

Sabendo que Adão é militar, Abraão é Médico, logo Abreu será professor.

Desta forma é só preencher a tabela.

Resposta: Errado.

---

145. (AUTORAL/2018) Considerando os símbolos lógicos ¬ (negação), ∧ (conjunção), v (disjunção), → (condicional) e as proposições julgue o item.

Q: $(a \wedge \neg b) \vee (\neg a \wedge c) \rightarrow b \vee c$ e

R: $((a \wedge \neg b) \vee (\neg a \wedge c)) \wedge (\neg b \wedge \neg c)$,

As tabelas-verdade de Q e de R possuem cada uma, 8 linhas e a proposição $R \rightarrow Q$ é uma tautologia.

COMENTÁRIO

As proposições compostas Q e R são formadas por 03 proposições simples e o número de linhas de uma tabela verdade é dada por 2^n, em que n é o número de proposições simples, logo temos $2^3 = 8$ linhas.

As proposições Q e R são contrárias, ou seja, uma é a negação da outra, pela seguinte lei:

$R \rightarrow Q$ é a negação de $R \wedge (\sim Q)$, logo teremos as seguintes possibilidades:

$$V \rightarrow F = F$$

$$F \rightarrow V = V$$

Desta forma temos uma contingência, e não uma tautologia.

Resposta: Errado.

---

146. (AUTORAL/2018) Considere que as seguintes premissas sejam verdadeiras:

P_1: Se o funcionário do INSS é dedicado e não falta ao serviço, então Pedro trabalha no INSS.

P_2: Se José não é funcionário do INSS ou Pedro trabalha no INSS, então Maria não é uma funcionária exemplar.

P_3: O funcionário do INSS é dedicado e Maria é uma funcionária exemplar.

A partir das premissas é correto afirmar que José é funcionário do INSS, Pedro não trabalha no INSS e o funcionário do INSS é dedicado.

COMENTÁRIO

Considerando as premissas como verdadeiras temos:

$$P_1: \underbrace{[(\overset{V}{\text{o funcionário do INSS é dedicado}}) \wedge (\overset{F}{\text{não falta ao serviço}})]}_{F} \rightarrow \underbrace{(\text{Pedro trabalha no INSS.})]}_{F} = \mathbf{V}$$

$$P_2: \underbrace{[(\overset{F}{\text{José não é funcionário do INSS}}) \vee (\overset{F}{\text{Pedro trabalha no INSS}})]}_{F} \rightarrow \underbrace{[(\text{Maria não é uma funcionária exemplar.})]}_{F} = \mathbf{V}$$

$$P_3: \underbrace{(\text{O funcionário do INSS é dedicado})}_{V} \wedge \underbrace{(\text{Maria é uma funcionária exemplar.})}_{V} = \mathbf{V}$$

De acordo com as valorações das proposições podemos inferir que José é funcionário do INSS é uma proposição é verdadeira, Pedro não trabalha no INSS é uma proposição verdadeira e o funcionário do INSS é dedicado é uma proposição verdadeira.

Resposta: Certo.

147. (AUTORAL/2018) Proposições também são definidas por predicados que dependem de variáveis e, nesse caso, avaliar uma proposição como V ou F vai depender do conjunto onde essas variáveis assumem valores. Por exemplo, a proposição "Todos os analistas são homens", que pode ser simbolizada por $\forall(x)\ (A(x) \rightarrow H(x))$, em que A(x) representa "x é analista" e H(x) representa "x é homem", será V se x pertencer a um conjunto de pessoas que torne a implicação V; caso contrário, será F. Para expressar simbolicamente a proposição "Algum analista é homem", escreve-se $\exists(X)(A(x)$ m $H(x))$. Nesse caso, considerando que x pertença ao conjunto de todas as pessoas do mundo, essa proposição é V. Na tabela abaixo, em que A e B simbolizam predicados, estão simbolizadas algumas formas de proposições.

Considerando que $(\forall x)\ A\ (x)$ e $(\exists x)A(x)$ são proposições, é correto afirmar que a proposição $(\forall x)A(x) \rightarrow (\exists x)\ A(x)$ é avaliada como V em qualquer conjunto em que x assuma valores.

COMENTÁRIO

✪ **Nota do autor:** É importante conhecer os termos que representem os quantificadores lógicos para melhor interpretar as proposições categóricas.

Considerando que $(\forall x)\ A\ (x)$ e $(\exists x)\ A(x)$ são proposições, é correto afirmar que a proposição $(\forall x)A(x) \rightarrow (\exists x)\ A(x)$ é avaliada como V em qualquer conjunto em que x assuma valores.

Dadas as proposições temos: Universal Afirmativo: $(\forall x)\ A\ (x)$ e Particular Afirmativo: $(\exists x)\ A(x)$, temos que , se a Universal for Verdadeira, com certeza a particular também será verdadeira, porém se a Universal for falsa a particular será verdadeira ou falsa.

Dada a proposição composta temos: $(\forall x)\ A\ (x) \rightarrow (\exists x)\ A\ (x)$

	$(\forall x)A(x)$	$(\exists x)A(x)$	$(\forall x)A(x) \rightarrow (\exists x)A(x)$
Valoração da Proposição	**V**	**V**	**V**
Valoração da Proposição	**F**	**V/F**	**V**

Logo é correto afirmar que a proposição $(\forall x)A(x) \rightarrow (\exists x)A(x)$ é avaliada como V em qualquer conjunto em que x assuma valores está correto.

Resposta: Certo.

148. (AUTORAL/2018) André, funcionário do INSS é aficionado em raciocínio lógico e em certo dia realizou o seguinte desafio aos seus colegas de trabalho da seguinte forma:

Pegou quatro cartões escreveu um número em um lado e no outro uma letra, segundo ilustrado abaixo.

E	C	4	7

André afirmou: "Todos os cartões que têm uma vogal numa face têm um número par na outra". Ele perguntou para seus colegas: Para verificar se tal afirmação é verdadeira quais cartões devem ser virados? Julgue o item:

Seria correto se um dos amigos afirmasse que é suficiente virar o primeiro e o último cartão.

COMENTÁRIO

✪ **Nota do autor:** o quantificador universal afirmativo tem a mesma interpretação do conectivo condicional "Se...., então...", logo podemos reescrever da seguinte forma:

Se o cartão tem uma vogal numa face, então têm um número par na outra".

De acordo com a afirmação de André: "Todos os cartões que têm uma vogal numa face têm um número par na outra", podemos interpretar que o Quantificador Universal afirmativo tem a mesma interpretação do conectivo condicional "Se...,então...", logo podemos reescrever da seguinte forma:

Se o cartão tem uma vogal numa face, então têm um número par na outra".

Sendo assim será aplicação da tabela-verdade condicional, em que as valorações do antecedente e consequente serão dadas a partir dos cartões.

E	C	4	7

Para o primeiro cartão temos:

Se o cartão tem uma vogal numa face (V), então têm um número par na outra (V/F) = V/F. **Temos que virar o primeiro cartão.**

Para o segundo cartão temos:

Se o cartão tem uma vogal numa face (F), então têm um número par na outra (V/F) = V. Não temos que virar o segundo cartão.

Para o terceiro cartão temos:

Se o cartão tem uma vogal numa face (V/F), então têm um número par na outra (V) = V. Não temos que virar o terceiro cartão.

Para o quarto cartão temos:

Se o cartão tem uma vogal numa face (V/F), então têm um número par na outra (F) = V/F. **Temos que virar o quarto cartão.**

Resposta: Certo.

✦ DICAS

Inferência Lógica:

É uma operação mental pela qual extraímos uma nova proposição denominada conclusão, de proposições já conhecidas, denominadas premissas.

P_1: Proposição → Premissa (Hipótese)

P_2: Proposição → Premissa (Hipótese)

P_3: Proposição → Premissa (Hipótese)

P_4: Proposição → Premissa (Hipótese)

P_5: Proposição → Premissa (Hipótese)

P_n: Proposição → Premissa (Hipótese)

C: Proposição → Conclusão (Tese)

Regras de inferência

1. Modus Ponens

   $A, A \rightarrow B \therefore B$

2. Generalização Universal

   $A \therefore \forall x A$

Teoremas

Nos teoremas a seguir, para compreendermos as notações, temos que:

- As premissas estão sempre à esquerda do sinal ∴ (lê-se portanto), que anuncia uma conclusão.
- Uma vírgula separa duas premissas (hipótese).
- Rec. significa teorema recíproco do apresentado na linha anterior.

T_1: $A \therefore A$

T_2: $\sim(\sim A) \therefore A$

REC: $A \therefore \sim(\sim A)$

T_3: $A, B \therefore A \wedge B$

T_4: $A \therefore A \vee B$

T_5: $A \wedge B \therefore A$

T_6: $A \vee B, \sim A \therefore B$

T_7: $A \rightarrow B, B \rightarrow C \therefore A \rightarrow C$

T_8: $A, (A \rightarrow B) \therefore B$

T_9: $(A \vee B), B \rightarrow C \therefore (A \vee C)$

T_{10}: $A \rightarrow B \therefore \sim B \rightarrow \sim A$

REC: $\sim B \rightarrow \sim A \therefore A \rightarrow B$

T_{11}: $A \rightarrow B, (\sim A \rightarrow B) \therefore B$

T_{12}: $(A \wedge B) \rightarrow C \therefore A \rightarrow (B \rightarrow C)$

REC: $A \rightarrow (B \rightarrow C)$ ∴ $(A \wedge B) \rightarrow C$

T_{13}: $(A \wedge \sim B) \rightarrow (C \wedge \sim C)$ ∴ $A \rightarrow B$ (Princípio da não contradição)

T_{14}: $A \rightarrow (B \vee C, \sim B$ ∴ $A \rightarrow C)$

Temos observado que as bancas têm cobrado do candidato uma interpretação do que é uma inferência lógica, onde questões bem elaboradas fazem parte do processo seletivo. Sendo assim, torna-se necessário entendermos que uma inferência lógica é constituída de premissas verdadeiras para se deduzir uma conclusão também verdadeira, uma vez que a lógica afirma: Se as premissas fornecem bases ou boas provas para a conclusão, se a afirmação da verdade das premissas garante afirmação da verdade da conclusão, então o raciocínio é correto.

SILOGISMO CATEGÓRICO

É denominado categórico quando composto por três proposições categóricas ou singulares, e as três proposições categóricas devem conter ao todo duas premissas e uma conclusão distinta destas premissas.

Termo Médio é o termo que se repete nas duas premissas, mas não aparece na conclusão.

Exemplo:

Todo cachorro é aquático.

Todo aquático é vertebrado.

Logo todo cachorro é vertebrado.

Neste caso, o termo médio é "aquático".

Regras do silogismo

A validade de um silogismo depende do respeito às regras de estruturação que permitem verificar a correção ou incorreção do silogismo.

Das premissas

1) Todo silogismo contém somente três termos: maior, médio e menor.

2) Os termos da conclusão não podem ter extensão maior que os termos das premissas.

3) O termo médio não pode entrar na conclusão.

4) O termo médio deve ser universal ao menos uma vez.

Termos mais utilizados que anunciam premissas: "pois" e "porque"

Da conclusão

1) De duas premissas negativas, nada se conclui.

2) De duas premissas afirmativas não pode haver conclusão negativa.

3) A conclusão segue sempre a premissa mais fraca.

4) De duas premissas particulares, nada se conclui.

Termos mais utilizados que anunciam conclusão: "assim", "logo", "então" e "portanto".

> A Lógica não se preocupa com o valor lógico das premissas e da conclusão, se preocupa apenas com a forma e a estrutura que as premissas se relacionam com a conclusão, ou seja, se o argumento é válido ou inválido. Isto quer dizer que para ser argumento é necessário possuir FORMA.

VALIDADE DE UM ARGUMENTO

Um argumento será **válido, legítimo** ou **bem construído** quando a conclusão é uma consequência obrigatória do seu conjunto de premissas.

Sendo as premissas de um argumento verdadeiras, isto implica necessariamente que a conclusão será verdadeira.

A validade de um argumento depende tão somente da relação existente entre as premissas e a conclusão.

> $$p_1(V) \wedge p_2(V) \wedge p_3(V) \wedge p_4(V) \wedge p_5(V) \wedge \ldots \wedge p_n(V) \rightarrow C(V)$$
> Percebemos que existe um conectivo de conjunção que opera as premissas, logo para que a conclusão seja verdadeira torna-se necessário as premissas serem verdadeiras, até mesmo porque se uma das premissas for falsa tornará a conclusão falsa. Logo, temos que a verdade das premissas garante a verdade da conclusão do argumento.

ARGUMENTO DEDUTIVO

Um argumento será **dedutivo** quando sua conclusão traz apenas informações obtidas das premissas, ainda que implícitas. É um argumento de conclusão não ampliativa. Para um argumento dedutivo válido, caso se tenha premissas verdadeiras, a conclusão será **necessariamente** verdadeira.

Geralmente os argumentos dedutivos são estéreis, uma vez que eles não apresentam nenhum conhecimento novo. Como dissemos, a conclusão já está contida nas premissas. A conclusão nunca vai além das premissas. Mesmo que a ciência não faça tanto uso da dedução em suas descobertas, exceto a matemática, ela continua sendo o modelo de rigor dentro da lógica.

ARGUMENTO INDUTIVO

Um argumento é dito **indutivo** quando sua conclusão traz mais informações que as premissas fornecem. É um argumento de conclusão ampliativa.

É o mais usado pelas ciências. Por meio dos argumentos indutivos é que as ciências descobrem as leis gerais da natureza. O argumento indutivo geralmente parte de dados da experiência e desses dados chega a enunciados universais. Além disso, todas as conjecturas que a ciência faz têm por base a indução. Com base em dados particulares do presente as ciências fazem as conjecturas do futuro.

"Os argumentos indutivos, ao contrário do que sucede com os dedutivos, levam a conclusões cujo conteúdo excede os das premissas. E esse traço característico da indução que torna os argumentos indispensáveis para a fundamentação de uma significativa porção dos nossos conhecimentos". (SALMON, 1969, p. 76)

O grande problema da indução é que ela é probabilística. Não há a necessidade como na dedução. Como vimos na dedução, a conclusão decorre necessariamente das premissas. Já na indução isso é impossível, uma vez que ela enumera casos particulares e por probabilidade ela infere uma verdade universal. A conclusão da indução tem apenas a probabilidade de ser verdadeira.

Capítulo VII – Lógica Quantitativa

A lógica de relações arbitrárias entre pessoas, lugares, coisas ou eventos fictícios; deduzir novas informações das relações fornecidas, e avaliar as condições usadas para estabelecer a estrutura daquelas relações.

---

01. Ano: 2024 Banca: IDECAN Órgão: Prefeitura de Mossoró – RN Prova: IDECAN – 2024 – Prefeitura de Mossoró – RN – Assistente Social

Considere as afirmações a seguir:

I. Se Carlos é advogado, então Daniela é engenheira.

II. Amanda é jornalista ou Daniela é engenheira.

Considerando que a afirmação (I) é verdadeira e a afirmação (II) é falsa, conclui-se que:

Alternativas

A. Carlos é advogado ou Daniela é engenheira.

B. Carlos é advogado e Daniela não é engenheira.

C. Se Carlos é advogado, então Amanda não é jornalista.

D. Ou Carlos não é advogado ou Amanda não é jornalista.

E. Amanda não é jornalista se, e somente se, Carlos for advogado.

COMENTÁRIO

Vamos começar analisando a afirmativa II: "Amanda é jornalista ou Daniela é engenheira."

Como a questão afirmou que essa afirmação é falsa, sendo ela uma disjunção, a única forma de obter falso é quando temos as duas proposições falsas ($F \vee F = F$)

LOGO:

Amanda é jornalista (F) ou Daniela é engenheira(F).

Com isso, vamos analisar a primeira afirmação que é verdadeira: "Se Carlos é advogado, então Daniela é engenheira."

Como devemos evitar a falsidade da condicional ($V \rightarrow F = F$), sabendo que a segunda proposição é falsa, então temos:

"Se Carlos é advogado(F), então Daniela é engenheira(F)."

Com isso vamos analisar as alternativas:

A. Carlos é advogado (F)ou Daniela é engenheira(F).

$F \vee F = F$. Logo, não é a alternativa correta.

B. Carlos é advogado(F) e Daniela não é engenheira(V).

$F \wedge V = F$. Logo, não é a alternativa correta.

C. Se Carlos é advogado(F), então Amanda não é jornalista(V).

$F \rightarrow V = V$. Logo, é a alternativa correta.

D. Ou Carlos não é advogado (V) ou Amanda não é jornalista(V).

$V \veebar V = F$. Logo, não é a alternativa correta.

E. Amanda não é jornalista(V). se, e somente se, Carlos for advogado(F).

$V \leftrightarrow F = F$. Logo, não é a alternativa correta.

GABARITO: LETRA C

02. Ano: 2023 Banca: IDECAN Órgão: Prefeitura de São Caetano do Sul – SP Prova: IDECAN – 2023 – Prefeitura de São Caetano do Sul – SP – Merendeira

A proposição composta formada pelo conectivo "Se ... então" é chamada de condicional. A proposição "Se Pedro é médico, então Maria é dentista" é simbolizada por p ⊠ q. Onde:

Alternativas

A. p = Pedro é médico
q = Maria é dentista.

B. p = Pedro não é médico.
q = Maria é dentista.

C. p = Pedro é médico.
q = Maria não é dentista.

D. p = Pedro não é médico.
q = Maria não é dentista.

COMENTÁRIO

Em uma condicional, o conectivo é dado pelo símbolo $\rightarrow$.

A primeira proposição é o que aparece antes da palavra "então", e a segunda proposição é dada pelo que vem depois.

Logo:

p = Pedro é médico

q = Maria é dentista.

GABARITO: LETRA A

---

03. Ano: 2023 Banca: IDECAN Órgão: Prefeitura de São Caetano do Sul – SP Prova: IDECAN – 2023 – Prefeitura de São Caetano do Sul – SP – Auxiliar de Primeira Infância

Para a apresentação de um seminário, quatro alunas foram selecionadas: Catarina, Raíssa, Paula e Lívia. Por uma questão estética, algumas informações precisam ser levadas em consideração. São as seguintes:

(I) Se Catarina estiver ao lado de Raíssa, então Lívia não está ao lado de Paula.

(II) Raíssa ou Paula estão ao lado de Lívia, mas as duas, não.

(III) Se Lívia não estiver ao lado de Raíssa, então a Catarina está do lado de Paula.

Dessa forma, uma possibilidade de disposição das alunas no seminário é?

Alternativas

A. Catarina, Raíssa, Lívia e Paula.

B. Raíssa, Lívia, Paula e Catarina.

C. Lívia, Raíssa, Catarina e Paula.

D. Paula, Lívia, Raíssa e Catarina.

COMENTÁRIO

Questão mais simples do que parece. Observe o item II: Raíssa ou Paula estão ao lado de Lívia, mas as duas, não.

Ou seja, Lívia não pode estar entre as duas.

Note que a única alternativa em que Lívia não está entre as duas é a letra C.

GABARITO: LETRA C

---

04. Ano: 2024 Banca: IDECAN Órgão: Prefeitura de Mossoró – RN Prova: IDECAN – 2024 – Prefeitura de Mossoró – RN – Agente Administrativo

João tem três irmãos: Paulo, Fernando e Roberto, sendo que:

- Paulo é mais velho que João;
- Fernando é mais novo que Roberto;
- Roberto é mais velho que João.

Diante de tal, é correto dizer que:

Alternativas

A. Fernando é o mais novo.
B. João é o mais novo.
C. Paulo é o mais velho.
D. João não é o mais novo.
E. Paulo não é o mais novo.

COMENTÁRIO

Com as informações dadas é impossível chegar a ordem correta entre os irmão, porém podemos tirar algumas conclusões:

"Paulo é mais velho que João"

Então de maneira alguma Paulo poderá ser o irmão mais novo. Com isso já podemos marcar a letra E.

Mas analisando as demais afirmativas:

"Fernando é mais novo que Roberto"

Não temos informações o suficiente para dizer se ele é mais novo que João.

A última alternativa:

"Roberto é mais velho que João."

Roberto pode ser o mais velho, mas não temos informações suficientes para saber se ele é ou não mais velho que PAULO.

GABARITO: LETRA E

---

05. Ano: 2024 Banca: IDECAN Órgão: CAERN Prova: IDECAN – 2024 – CAERN – Técnico em Instrumentação

Em uma quarta-feira, Gislene disse a Joana que há 53 dias atrás ela completou mais um ano de vida. Em qual dia da semana caiu o aniversário de Gislene?

Alternativas

A. Sábado.
B. Domingo.
C. Segunda-feira.
D. Terça-feira.

COMENTÁRIO

O primeiro passo é saber a quantidade de semanas inteiras que se passaram. Como uma semana tem 7 dias, dividimos:

$53 \div 7 = 7 \text{ e resto igual a } 4$

Ou seja, 7 semanas completas e 4 dias.

Como foi em uma quarta-feira que ela falou, as semanas completas estão se iniciando nas quintas-feiras e terminando nas quartas-feiras.

Então os 4 dias antes serão:

Quarta-feira	Terça-feira	Segunda-feira	Domingo	Sábado	Sexta-feira	Quinta-feira
FALOU	X	X	X	X		

Logo, o aniversário de Gislene foi em um domingo.

LETRA A

06. Ano: 2024 Banca: IDECAN Órgão: CAERN Prova: IDECAN – 2024 – CAERN – Técnico em Instrumentação

As amigas Alana, Beatriz e Camila têm filhos chamados Manuel, Natan e Paulo, mas não se sabe a associação específica entre mães e filhos. Das informações fornecidas, sabemos o seguinte:

• Duas das crianças são primas. • Paulo não é filho de Alana. • Beatriz é tia de Paulo. • Manuel é mais jovem que o filho de Alana.

É correto afirmar que:

Alternativas

A. Camila é mãe de Natan.

B. Manuel não é o filho de Beatriz.

C. Natan é primo de Paulo.

D. Alana é a mãe de Natan

COMENTÁRIO

O primeiro passo é analisar as afirmações de forma a construir conclusões sem contradições.

A primeira afirmativa dada é:

• Duas das crianças são primas.

Ainda não podemos concluir muita coisa aqui. A segunda afirmativa:

• Paulo não é filho de Alana.

Então o filho de Alana é o Natan ou o Manuel.

A próxima alternativa:

• Beatriz é tia de Paulo.

Com isso podemos concluir que os filhos de Beatriz e Camila são primos, pois Paulo não é filho de Alana. Logo, Camila é mãe de Paulo

A última afirmativa:

• Manuel é mais jovem que o filho de Alana.

Com essa última afirmativa concluímos que o filho de Alana só pode ser Natan e o filho de Beatriz é Manuel.

Com isso, Manuel e Paulo são primos.

GABARITO: LETRA D

07. Ano: 2024 Banca: IDECAN Órgão: Prefeitura de João Pessoa – PB Prova: IDECAN – 2024 – Prefeitura de João Pessoa – PB – Agente de Mobilidade Urbana

Em uma emocionante corrida de cavalos, cinco majestosos equinos competem pela vitória: Pégasos, Sansão, Rocinante, Spirit e Pesadelo. Detalhes cruciais sobre a ordem de chegada desses nobres corredores foram revelados, tornando a resolução deste intrigante enigma ainda mais cativante:

- Pégasos exibiu sua impressionante velocidade, ultrapassando Spirit e Rocinante.
- Spirit demonstrou agilidade ao cruzar a linha antes de Pesadelo.
- Sansão superou Pégasos, garantindo uma posição à frente deste.
- Pesadelo, embora não tenha conquistado o último lugar, não foi o primeiro.

Diante desses dados, o cavalo que ocupou a honrosa terceira posição ao cruzar a linha de chegada neste empolgante evento equestre, foi:

Alternativas

A. Spirit.

B. Pégasos.

C. Sansão.

D. Rocinante.

COMENTÁRIO

Vamos organizar as informações dadas em uma tabela para facilitar o raciocínio:

1º lugar	2º lugar	3º lugar	4º lugar	5º lugar

A ideia é preencher a tabela sem causar contradições.

Vamos analisar as informações

- Pégasos exibiu sua impressionante velocidade, ultrapassando Spirit e Rocinante.

Note que Pégasos está a frente de no mínimo dois cavalos, desta forma ele só poderá ocupar o 1º ou o 2º ou o 3º lugar

- Spirit demonstrou agilidade ao cruzar a linha antes de Pesadelo.

Observe que Spirit já estava atrás de Pégasos, como ele está frente de Pesadelo, obrigatoriamente Pégasos só pode estar em 1º e 2º.

- Sansão superou Pégasos, garantindo uma posição à frente deste.

Com essa informação concluímos que Pégasos está obrigatoriamente em 2º Lugar e Sansão em 1º.

1º lugar	2º lugar	3º lugar	4º lugar	5º lugar
Sansão	Pégasos			

- Pesadelo, embora não tenha conquistado o último lugar, não foi o primeiro.

Como mencionado na segunda afirmativa Spirit está à frente de Pesadelo, e o Pesadelo não é o último. Com isso temos:

1º lugar	2º lugar	3º lugar	4º lugar	5º lugar
Sansão	Pégasos	Spirit	Pesadelo	Rocinante

Diante desses dados, o cavalo que ocupou a honrosa terceira posição foi o SPIRIT.

GABARITO: LETRA A

---

08. Ano: 2024 Banca: FCC Órgão: TRF – 3ª REGIÃO Prova: FCC – 2024 – TRF – 3ª REGIÃO – Analista Judiciário – Área Judiciária

Artur, Bruno, Carlos e Daniel são eletricista, pintor, professor e guitarrista, não necessariamente nessa ordem. Sabe-se que:

1. Artur é amigo do guitarrista. 2. Carlos é vizinho do eletricista. 3. O pintor é primo de Carlos. 4. O eletricista é mais alto do que Artur. 5. Carlos e Daniel não tocam nenhum instrumento musical.

Com base nas informações fornecidas,

Alternativas

A. Artur é eletricista.

B. Bruno é guitarrista.

C. Artur é professor.

D. Bruno é eletricista.

E. Carlos é eletricista.

COMENTÁRIO

Temos quatro pessoas e quatro profissões diferentes. A ideia de questões como essa é construir uma tabela e descartando e verificando as possibilidades. Desta forma, vamos marcar um "NÃO" para as profissões que não pertence a aquela pessoa.

Então vamos analisar as informações:

1. Artur é amigo do guitarrista.

Logo, Arthur NÃO é guitarrista.

	Arthur	*Bruno*	*Carlos*	*Daniel*
Eletricista				
Pintor				
Professor				
Guitarrista	**NÃO**			

2. Carlos é vizinho do eletricista.

   Logo, Carlos não é eletricista

	Arthur	*Bruno*	*Carlos*	*Daniel*
Eletricista			**NÃO**	
Pintor				
Professor				
Guitarrista	**NÃO**			

3. O pintor é primo de Carlos.

   Logo, Carlos não é pintor também.

4. O eletricista é mais alto do que Artur.

   Isso significa que Artur não é eletricista também.

	Arthur	*Bruno*	*Carlos*	*Daniel*
Eletricista	**NÃO**		**NÃO**	
Pintor			**NÃO**	
Professor				
Guitarrista	**NÃO**			

5. Carlos e Daniel não tocam nenhum instrumento musical.

   Ou seja, nenhum dos dois é o guitarrista.

	Arthur	*Bruno*	*Carlos*	*Daniel*
Eletricista	**NÃO**		**NÃO**	
Pintor			**NÃO**	
Professor				
Guitarrista	**NÃO**		**NÃO**	**NÃO**

Com essas informações podemos unicamente concluir que que a única possibilidade é Daniel ser professor e a única pessoa que pode ser o guitarrista é o Bruno. Logo, entre as alternativas, Bruno é o guitarrista.

GABARITO: LETRA B

---

09. Ano: 2023 Banca: FCC Órgão: TRT – 15ª Região (SP) Prova: FCC – 2023 – TRT – 15ª Região (SP) – TéVacnico Judiciário – Área de Apoio Especializado – Especialidade Tecnologia da Informação

Cinco colegas, André, Beatriz, Carlos, Daniela e Elisa, participaram de um teste de emprego que consistia em escrever uma redação. No dia seguinte, o professor de redação perguntou aos cinco quem havia terminado primeiro de escrever a redação, quem foi o segundo, o terceiro, o quarto e o quinto. Cada um deles respondeu da seguinte maneira:

André: "Eu terminei em primeiro lugar".

Beatriz: "Eu fui a segunda a terminar".

Carlos: "Eu terminei em terceiro lugar".

Daniela: "Entre o André e a Beatriz, um terminou antes de mim e o outro depois de mim".

Elisa: "Entre a Beatriz e o Carlos, um terminou antes de mim e o outro depois de mim".

O professor descobriu que apenas um deles NÃO falou a verdade. A pessoa que terminou a redação no segundo menor tempo foi

Alternativas

A. Beatriz.

B. André.

C. Carlos.

D. Elisa.

E. Daniela.

COMENTÁRIO

Em questões como essa em que envolve mentiras e verdades a ideia é você confrontar as informações de forma a não encontrar contradições.

Então vamos analisar as afirmações feitas para descobrir quem estava mentindo.

André: "Eu terminei em primeiro lugar".

Beatriz: "Eu fui a segunda a terminar".

Carlos: "Eu terminei em terceiro lugar".

Daniela: "Entre o André e a Beatriz, um terminou antes de mim e o outro depois de mim".

Elisa: "Entre a Beatriz e o Carlos, um terminou antes de mim e o outro depois de mim".

Note que a afirmação de Elisa contradiz o que Beatriz e Carlos disseram, então algum dos três está mentindo.

Observe que a fala de Daniela também contradiz o que foi dita por Beatriz, pois não há possibilidade de Daniela estar entre André e Beatriz se Beatriz for a segunda.

Com isso, podemos concluir que Beatriz está mentindo, então ela terminou após Daniela. Como Carlos falou a verdade, e Elisa também, a única possibilidade é Beatriz ficar em 5º lugar.

Então a colocação ficaria:

1º lugar: André

2º Lugar: Daniela

3º Lugar: Carlos

4º Lugar: Elisa

5º Lugar: Beatriz

Logo, a pessoa que terminou a redação no segundo menor tempo foi Daniela.

GABARITO: LETRA E

---

10. Ano: 2023 Banca: FGV Órgão: MPE-SP Prova: FGV – 2023 – MPE-SP – Oficial de Promotoria

Considere uma das sequências formadas pelas letras do conjunto {A, B, C, D, E}.

Sabe-se que nessa sequência:

- B vem depois do D;
- C vem antes do A;
- E vem depois do D;
- E vem antes do A;
- C vem depois do B.

Com base nessas informações, é possível garantir que, nessa sequência, a letra A ocupa a

Alternativas

A. 1ª posição.

B. 2ª posição.

C. 3ª posição.

D. 4ª posição.

E. 5ª posição.

COMENTÁRIO

São 5 letras, então 5 posições. Vamos fazer uma tabelinha para que possamos entender melhor a questão:

1ª posição	2ª posição	3ª posição	4ª posição	5ª posição

As informações dadas foram:

- B vem depois do D;

Então podemos perceber que o B aparecerá depois, mas não necessariamente logo após: D – B

- C vem depois do B.

Com a informação anterior, podemos colocar : D – B – C

- C vem antes do A;

Podemos escrever, de acordo com as informações anteriores: D – B – C – A

As duas ultimas informações sobre E são:

- E vem depois do D;

- E vem antes do A;

Observe que E está entre D e A , ou seja, como vimos na listagem anterior, D será a primeira posição e A será a última:

1ª posição	2ª posição	3ª posição	4ª posição	5ª posição
D				A

Logo, podemos concluir que A estará na 5ª posição.

GABARITO: LETRA E

---

11. Ano: 2024 Banca: FCC Órgão: TRF – 3ª REGIÃO Prova: FCC – 2024 – TRF – 3ª REGIÃO – Analista Judiciário – Área Judiciária

Artur, Bruno, Carlos e Daniel são eletricista, pintor, professor e guitarrista, não necessariamente nessa ordem. Sabe-se que:

1. Artur é amigo do guitarrista. 2. Carlos é vizinho do eletricista. 3. O pintor é primo de Carlos. 4. O eletricista é mais alto do que Artur. 5. Carlos e Daniel não tocam nenhum instrumento musical.

Com base nas informações fornecidas,

Alternativas

F. Artur é eletricista.

G. Bruno é guitarrista.

H. Artur é professor.

I. Bruno é eletricista.

J. Carlos é eletricista.

COMENTÁRIO

Temos quatro pessoas e quatro profissões diferentes. A ideia de questões como essa é construir uma tabela e descartando e verificando as possibilidades. Desta forma, vamos marcar um "NÃO" para as profissões que não pertence a aquela pessoa.

Então vamos analisar as informações:

3. Artur é amigo do guitarrista.

Logo, Arthur NÃO é guitarrista.

	Arthur	*Bruno*	*Carlos*	*Daniel*
Eletricista				
Pintor				
Professor				
Guitarrista	**NÃO**			

4. Carlos é vizinho do eletricista.

   Logo, Carlos não é eletricista

	Arthur	*Bruno*	*Carlos*	*Daniel*
Eletricista			***NÃO***	
Pintor				
Professor				
Guitarrista	***NÃO***			

3. O pintor é primo de Carlos.

   Logo, Carlos não é pintor também.

4. O eletricista é mais alto do que Artur.

   Isso significa que Artur não é eletricista também.

	Arthur	*Bruno*	*Carlos*	*Daniel*
Eletricista	***NÃO***		***NÃO***	
Pintor			***NÃO***	
Professor				
Guitarrista	***NÃO***			

5. Carlos e Daniel não tocam nenhum instrumento musical.

   Ou seja, nenhum dos dois é o guitarrista.

	Arthur	*Bruno*	*Carlos*	*Daniel*
Eletricista	***NÃO***		***NÃO***	
Pintor			***NÃO***	
Professor				
Guitarrista	***NÃO***		***NÃO***	***NÃO***

Com essas informações podemos unicamente concluir que que a única possibilidade é Daniel ser professor e a única pessoa que pode ser o guitarrista é o Bruno. Logo, entre as alternativas, Bruno é o guitarrista.

GABARITO: LETRA B

---

12. Ano: 2023 Banca: FGV Órgão: MPE-SP Provas: FGV – 2023 – MPE-SP – Analista de Promotoria – Assistente Social

As seguintes afirmações acerca de Marcos são verdadeiras:

I. Marcos é professor ou pratica natação.

II. Marcos tem filhos e não pratica natação.

III. Marcos não é brasileiro ou não é professor.

IV. Se Marcos conhece São Paulo, então Marcos é brasileiro.

A partir dessas informações, pode-se afirmar que Marcos

Alternativas

A. tem filhos, é brasileiro e conhece São Paulo.

B. é professor, não conhece São Paulo e não é brasileiro.

C. tem filhos, é brasileiro e é professor.

D. é brasileiro, pratica natação e não conhece São Paulo.

COMENTÁRIO

Temos quatro proposições compostas ditas como verdadeiras, então vamos valorar cada proposição simples que as formam de acordo com a tabela verdade de cada conectivo.

Como a única forma de conseguir verdade em uma conjunção é quando as duas proposições são verdadeiras, começaremos pelo item II e com as informações obtidas partiremos para os próximos itens:

II. Marcos tem filhos (V) e não pratica natação. (V)

Agora analisaremos algum item que tenha uma proposição com informações do item II, nesse caso o item I:

I. Marcos é professor ou pratica natação (F).

Como é uma disjunção, para ser verdade pelo menos uma das proposições deve ser verdadeira. Então temos:

I. Marcos é professor (V) ou pratica natação (F).

Com essa informação, analisaremos o item III, e por ser uma conjunção, usaremos o mesmo critério do item I:

III. Marcos não é brasileiro (V) ou não é professor (F).

Por último, analisamos o item II. Por ser uma condicional, a única forma de devemos evitar é V → F, pois tornaria a sentença falsa. Sendo assim, temos:

IV. Se Marcos conhece São Paulo (F), então Marcos é brasileiro (F).

Com isso podemos concluir:

Marcos é Brasileiro, não conhece São Paulo, é professor, não prática natação e tem filhos.

GABARITO: LETRA B

---

13. (FUNDATEC – 2023 – Prefeitura de Farroupilha-RS – Administrador) Se Ana comprou uma caneta, então Clara comprou um apontador. Se Clara comprou um apontador, então Antônio comprou um caderno. Se Antônio comprou um caderno, então Liz foi à faculdade. Se Liz foi à faculdade, Pedro faz curso de inglês. Considerando que Pedro não faz curso de inglês, pode-se afirmar que:

A. Ana não comprou uma caneta.

B. Clara comprou um apontador.

C. Antônio comprou um caderno e não comprou uma caneta.

D. Liz foi à faculdade com o caderno que comprou.

E. Ana vai à faculdade.

COMENTÁRIO

A questão trouxe algumas proposições compostas e uma proposição simples.

i. Se Ana comprou uma caneta, então Clara comprou um apontador.

ii. Se Clara comprou um apontador, então Antônio comprou um caderno.

iii. Se Antônio comprou um caderno, então Liz foi à faculdade.

iv. Se Liz foi à faculdade, Pedro faz curso de inglês.

v. Pedro não faz curso de inglês

Como as premissas são verdadeiras, vamos começar a valorar pela proposição simples:

v. Pedro não faz curso de inglês (V)

Como as demais proposições são condicionais, vamos valorar de acordo a evitarmos a situação $V \to F = F$. Para isso, vamos usar a valoração já feito da proposição simples.

iv. Se Liz foi à faculdade (F), Pedro faz curso de inglês (F).

O mesmo com as demais:

iii. Se Antônio comprou um caderno (F), então Liz foi à faculdade (F).

ii. Se Clara comprou um apontador (F), então Antônio comprou um caderno (F)

i. Se Ana comprou uma caneta (F), então Clara comprou um apontador (F).

Sabendo dessas valorações vamos analisar as alternativas:

A. Ana não comprou uma caneta. (V)

B. Clara comprou um apontador. (F)

C. Antônio comprou um caderno(F) e não comprou uma caneta(?).
Observe que não temos nenhuma opção de Antônio ter comprado caneta.

D. Liz foi à faculdade com o caderno que comprou.
Não tem informação nenhuma sobre Liz ter comprado caderno

E. Ana vai à faculdade.
Não existe nenhuma informação de Ana ir ou não a faculdade.

Resposta: LETRA A.

---

14. (Unesc – 2023 – Prefeitura de Criciúma-SC – Assistente de Educação) Maria, Ana e Paula são irmãs e Guto, Luiz e Pedro são seus namorados, não necessariamente nessa mesma ordem. Uma delas tem um carro vermelho, uma tem um carro branco e a outra tem um carro preto.

Aquela que tem o carro branco não namora como Pedro e a que namora com Luiz tem um carro azul. Paula namora com Guto e Ana tem um carro preto.

Das informações acima podemos concluir que:

A. Paula namora com Guto e tem um carro preto.
B. Ana namora com Pedro e tem um carro preto.
C. Maria namora com Guto e tem um carro branco.
D. Paula namora com Luiz e tem um carro azul.
E. Ana namora com Guto e tem um carro preto.

COMENTÁRIO

Para organizar as informações e saber quais situações corresponde às três irmãs, vamos montar uma tabela:

Irmãs	namorados	Cor de carro
ANA		
MARIA		
PAULA		

Vamos começar com a informação de que Paula namora com Guto. Outra informação dada é "Ana tem um carro preto." então ao dizer que "Aquela que tem o carro branco não namora como Pedro" podemos concluir que Paula é a dona do carro Branco.

A próxima informação dita é que "a que namora com Luiz tem um carro azul." só sobrou Maria, então Maria tem o carro azul e namora com Luiz.

Com isso, podemos preencher nossa tabela:

Irmãs	namorados	Cor de carro
ANA	PEDRO	PRETO
MARIA	LUIZ	AZUL
PAULA	GUTO	BRANCO

Das informações acima podemos concluir que: Ana namora com Pedro e tem um carro preto.

Resposta: LETRA B.

---

15. (Instituto Consulplan – 2023 – Câmara de Tremembé-SP – Oficial Legislativo – Compras) Se Carla é analista, então Joana não é auxiliar de contabilidade. Ou Joana é auxiliar de contabilidade ou Marina é bibliotecária. Se Marina não é bibliotecária, então Carla é analista. Considerando que Carla não é analista, pode-se afirmar, verdadeiramente, que:

A. Joana é auxiliar de contabilidade.
B. Marina é bibliotecária e Joana é auxiliar de contabilidade.

C. Se Marina é bibliotecária, então Joana é auxiliar de contabilidade.

D. Carla é analista se, e somente se, Joana é auxiliar de contabilidade.

COMENTÁRIO

A questão trouxe algumas proposições compostas e uma proposição simples.

i. Se Carla é analista, então Joana não é auxiliar de contabilidade.

ii. Ou Joana é auxiliar de contabilidade ou Marina é bibliotecária.

iii. Se Marina não é bibliotecária, então Carla é analista.

iv. Carla não é analista

Como as premissas são verdadeiras, vamos começar a valorar pela proposição simples:

iv. Carla não é analista (V)

Como temos algumas proposições que são condicionais, vamos valorar de acordo a evitarmos a situação. Para isso, vamos usar a valoração já feito da proposição simples.

i. Se Marina não é bibliotecária (F) então Carla é analista(F)

A proposição iii é uma disjunção exclusiva, e para que se obtenha valor lógico V é necessário que as duas proposições lógicas deverão ser de valores diferentes.

ii. Ou Joana é auxiliar de contabilidade (F) ou Marina é bibliotecária (V)

E por último:

i. Se Carla é analista(F), então Joana não é auxiliar de contabilidade(V).

Vamos agora analisar as alternativas:

A. Joana é auxiliar de contabilidade. (F)

B. Marina é bibliotecária (V) e Joana é auxiliar de contabilidade (F).

Em uma conjunção, para obter valor V as duas proposições devem ser verdadeiras. Logo a proposição tem valor F.

C. Se Marina é bibliotecária (V), então Joana é auxiliar de contabilidade (F).

Em uma condicional a única forma de se obter valor lógico F é quando a primeira proposição é V e a segunda é F, como a alternativa.

D. Carla é analista (F) se, e somente se, Joana é auxiliar de contabilidade (F).

Em uma bicondicional, quando as duas proposições possuem o mesmo valor lógico o seu valor lógico será VERDADE. Essa é a nossa alternativa.

Resposta: LETRA D.

---

16. (Quadrix – 2023 – CRESS-AL – Assistente Técnico Administrativo)

- Se é canceriano, então é romântico.
- André é romântico.
- Gael é sagitariano.
- Lucca não é romântico.

Admitindo a veracidade das quatro afirmações acima, julgue o item.

É correto concluir que Lucca não é canceriano.

COMENTÁRIO

Temos 3 proposições simples e uma única composta. Como a proposição composta é uma condicional, a única forma para obter FALSO é quando a primeira proposição é V e a segunda é F. Desta forma, vamos analisar a afirmativa dada:

"Lucca não é canceriano".

As proposições dadas que trazem informações sobre Lucca e ser canceriano foram:

- Lucca não é romântico(V)

  Ou seja, a negação dessa proposição será "Luca é romântico"(F)

  Como a próxima proposição é uma condicional em que a segunda parte, quando se referido a Lucca é falso, então a primeira necessariamente deverá ser falsa para que a proposição não assuma valor F.

- Se Lucca é canceriano(F), então é romântico(F).

  Logo, Lucca não é canceriano.

  Resposta::CERTO.

---

17. (Quadrix – 2023 – CRESS-AL – Assistente Técnico Administrativo)

- Se é canceriano, então é romântico.
- André é romântico.
- Gael é sagitariano.
- Lucca não é romântico.

Admitindo a veracidade das quatro afirmações acima, julgue o item. É correto concluir que Gael não é romântico.

COMENTÁRIO

Temos 3 proposições simples e uma única composta. Como a proposição composta é uma condicional, a única forma para obter FALSO é quando a primeira proposição é V e a segunda é F. Desta forma, vamos analisar a afirmativa dada:

"Gael não é romântico."

A Condicional que temos é : Se é canceriano, então é romântico.

Sabemos que Gael é sagitário, então a primeira parte da proposição será FALSA,:

Se Gael é canceriano(F), então é romântico.

Observe que a sentença será verdade independente do valor que a segunda proposição assuma. Desta forma, não podemos afirmar se Gael é ou não romântico.

Resposta: ERRADO.

---

18. (Quadrix – 2023 – CRESS-AL – Assistente Técnico Administrativo)

- Se é canceriano, então é romântico.
- André é romântico.
- Gael é sagitariano.
- Lucca não é romântico.

Admitindo a veracidade das quatro afirmações acima, julgue o item.

É correto concluir que André é canceriano.

COMENTÁRIO

Temos 3 proposições simples e uma única composta. Como a proposição composta é uma condicional, a única forma para obter FALSO é quando a primeira proposição é V e a segunda é F. Desta forma, vamos analisar a afirmativa dada:

"André é canceriano"

A Condicional que temos é : Se é canceriano, então é romântico.

A informação que temos da questão é que André é romântico, então a segunda parte da proposição composta será verdadeira.

Se André é canceriano, então ele é romântico(V).

Note que independentemente do valor da primeira proposição, essa condicional sempre será verdadeira. Desta forma, não podemos afirmar ao certo se André é ou não é canceriano.

Resposta: ERRADO.

19. (Quadrix – 2023 – CREF – 3ª Região (SC) – Assistente Administrativo) Texto associado

Três irmãos, André, Fernando e Paulo, estavam brincando na sala de estar quando, acidentalmente, um deles chutou uma bola de futebol em um vaso de flores. O vaso, infelizmente, caiu no chão, quebrou e fez um barulho enorme. Assustada, a mãe deles veio correndo e perguntou quem era o culpado. André respondeu: – "Eu quebrei o vaso!". Fernando respondeu: – "Eu não quebrei o vaso". Paulo, por sua vez, disse: – "O André não quebrou o vaso".

Sabe-se que apenas um deles está dizendo a verdade.

Com base nessa situação hipotética, julgue o item.

A proposição "Se Fernando não quebrou o vaso, então Paulo está falando a verdade" é falsa.

COMENTÁRIO

Primeiramente devemos descobrir que está falando a verdade. Para resolver esse tipo de questão precisamos ir testando as possibilidades de forma a não encontrar contradições.

As falas foram as seguintes:

André respondeu: – "Eu quebrei o vaso!".

Fernando respondeu: – "Eu não quebrei o vaso".

Paulo, por sua vez, disse: – "O André não quebrou o vaso".

Suponhamos que André esteja falando a verdade, observe que estaríamos entrando em contradição, pois estamos afirmando que Fernando falou uma mentira, e nesse caso, Fernando teria quebrado o vaso. Então André não falou a verdade.

Então vamos supor que Fernando esteja falando a verdade. Logo, André e Paulo seriam os mentirosos. Porém observe que as falas de Paulo e André se contradizem. Desta forma podemos concluir que Fernando também não disse a verdade.

Com isso, podemos concluir que quem falou a verdade foi Paulo, pois ele afirma que André não quebrou o vaso, logo André está mentindo, e sabendo que Fernando também está mentindo concluímos que quem quebrou o vaso foi Fernando.

Sabendo disso, vamos analisar a proposição dada:

"Se Fernando não quebrou o vaso(F), então Paulo está falando a verdade(V)"

Como temos uma condicional, sabemos que $F \to V = V$.

Logo, a sentença é verdadeira.

Resposta: ERRADO.

20. (FCC – 2023 – TRT – 18ª Região (GO) – Técnico Judiciário – Tecnologia da Informação) Alberto, Breno e Carlos têm estados civis diferentes, um é casado, outro é solteiro e o terceiro é viúvo, não necessariamente nessa ordem. Além disso um formou-se em engenharia, outro em medicina e o terceiro em administração de empresas, não necessariamente nessa ordem. Sabendo-se que o médico é casado, o administrador é viúvo, Breno é solteiro e Alberto é viúvo, é correto afirmar:

A. Alberto é engenheiro.

B. Breno é médico.

C. Carlos é administrador.

D. Breno é engenheiro.

E. Carlos é engenheiro.

COMENTÁRIO

Para organizar as informações e saber quais situações corresponde à cada rapaz, vamos montar uma tabela:

Rapaz	Estado civil	formação
Alberto		
Breno		
Carlos		

Vamos começar pelas informações já dadas: Breno é solteiro e Alberto é viúvo.

Com isso podemos concluir que Carlos será casado.

A outra informação dada é que médico é casado, ou seja, Carlos será médico.

A questão também diz que o administrador é viúvo, então podemos concluir que o Alberto é o administrador e Breno, que sobrou, será engenheiro.

Então preenchemos a tabela:

RAPAZ	ESTADO CIVIL	FORMAÇÃO
Alberto	Viúvo	Administrador
Breno	Solteiro	Engenheiro
Carlos	Casado.	Médico

Logo, a afirmativa correta é que Breno é engenheiro.

GABARITO: LETRA D.

---

21. (IBFC – 2023 – Prefeitura de Cuiabá-MT – Agente de Saúde/Agente de Call Center) O tipo de raciocínio que utiliza-se da regra do argumento e sua premissa para se chegar a uma conclusão é:

A. Abdução
B. Indução
C. Tratamento
D. Dedução

COMENTÁRIO

Para resolver essa questão devemos conhecer os tipos de argumentos:

Indutivo: Nesse tipo de argumento a conclusão representa uma extensão dos argumentos, ou seja, ela leva os enunciados das premissas para um novo caso ou para uma generalização dos fatos.

Abdução: Em um argumento abdutivo, a conclusão é inferida por representar a melhor explicação para os fatos enunciados nas premissas.

Dedutivo: Existe uma regra de inferência é de natureza lógica a qual é impossível que a conclusão seja falsa quando se assume que as premissas são verdadeiras.

Desta forma, podemos concluir que a questão trata-se de uma dedução.

GABARITO: LETRA D.

---

22. (IBFC – 2023 – Prefeitura de Cuiabá-MT – Enfermeiro) O tipo de raciocínio que utiliza-se da conclusão e da regra para defender que a premissa pode explicar a conclusão é chamado de:

A. Dedução
B. Indução
C. Abdução
D. Tratamento

COMENTÁRIO

Para resolver essa questão devemos conhecer os tipos de argumentos:

Indutivo: Nesse tipo de argumento a conclusão representa uma extensão dos argumentos, ou seja, ela leva os enunciados das premissas para um novo caso ou para uma generalização dos fatos.

Abdução: Em um argumento abdutivo, a conclusão é inferida por representar a melhor explicação para os fatos enunciados nas premissas.

Dedutivo: Existe uma regra de inferência é de natureza lógica a qual é impossível que a conclusão seja falsa quando se assume que as premissas são verdadeiras.

Desta forma, podemos concluir que a questão trata-se de uma ABDUÇÃO.

GABARITO: LETRA C.

23. (FCM – 2023 – IFB – Técnico de Laboratório – Vestuário) Considere verdadeira a proposição: "Geovane é chique, ou Geovane é alto e loiro."

Como Geovane não é chique, então conclui-se, necessariamente, que Geovane

A. é alto e loiro.

B. não é alto e não é loiro.

C. não é alto ou não é loiro.

D. é alto ou loiro.

E. é alto e não é moreno.

COMENTÁRIO

A proposição dada é uma disjunção com a seguinte estrutura lógica:

$p \vee (q \wedge r)$

Como a primeira proposição é falsa, para garantir que essa disjunção seja verdadeira a segunda necessariamente deverá ser verdade, visto que em uma disjunção pelo menos uma das proposições deve ser verdade para garantir um valor lógico verdadeiro.

Desta forma:

$q \wedge r = V$

Como sabemos, em uma conjunção só será verdade quando as duas proposições forem verdadeiras.

Então podemos concluir que Geovane é alto e loiro.

GABARITO: LETRA A.

---

24. (Instituto Consulplan – 2022 – Prefeitura de Linhares – ES – Monitor da Educação Infantil) Analise as afirmativas a seguir.

Se Ana disse a verdade, Caio e João mentiram; se João mentiu, Laura disse a verdade; e, se Laura disse a verdade, Linhares é um município do estado do Maranhão.

Como Linhares não é município do Maranhão, quem está mentindo?

A. Ana e Caio.

B. Ana e Laura.

C. João e Laura

D. Todos mentiram, exceto Laura.

COMENTÁRIO

Vamos valorar as proposições dadas, começando pela condicional, pois se a segunda parte dela é falsa, a primeira obrigatoriamente deve ser verdadeira para garantir que a proposição seja verdade.

Se Laura disse a verdade(F), Linhares é um município do estado do Maranhão(F).

Logo, Laura Mentiu.

A próxima condicional:

Se João mentiu(F), Laura disse a verdade(F)

Então podemos concluir que João disse a verdade.

E por fim:

Se Ana disse a verdade(F), Caio e João mentiram (F)

Logo, Ana mentiu. Observe que não é possível tirar conclusões sobre Caio.

GABARITO: LETRA B.

---

25. (Quadrix – 2022 – CRESS-AP – Agente Administrativo) Sabendo que as proposições "Se Hera é irmã de Zeus, então Hades é o deus da guerra" e "Se Hera é esposa de Zeus, então Apolo é o deus do fogo" são falsas e que a proposição "Afrodite é a deusa do amor e Poseidon é o deus dos mares" é verdadeira, julgue o item.

A proposição "Afrodite é a deusa do amor ou Poseidon não é o deus dos mares" é falsa.

COMENTÁRIO

Como a questão disse que a proposição "Afrodite é a deusa do amor e Poseidon é o deus dos mares" é verdadeira, por ser uma condicional, então podemos valorar:

"Afrodite é a deusa do amor (V) e Poseidon é o deus dos mares(V)"

Com isso podemos julgar a afirmativa:

"Afrodite é a deusa do amor(V) ou Poseidon não é o deus dos mares(F)"

Como a sentença é uma disjunção, e para que ela seja verdadeira basta que pelo menos uma proposição seja verdade, então temos:

$V \vee F = V$

Logo, a sentença é verdadeira.

GABARITO: ERRADO.

---

26. (Quadrix – 2022 – CRESS-AP – Agente Administrativo) Sabendo que as proposições "Se Hera é irmã de Zeus, então Hades é o deus da guerra" e "Se Hera é esposa de Zeus, então Apolo é o deus do fogo" são falsas e que a proposição "Afrodite é a deusa do amor e Poseidon é o deus dos mares" é verdadeira, julgue o item.

A proposição "Se Hades é o deus da guerra, então Apolo é o deus do fogo" é falsa.

COMENTÁRIO

Como as duas condicionais dadas são falsas, sabemos que a sua estrutura lógica será:

$V \rightarrow F$

Então valoramos as proposições:

"Se Hera é irmã de Zeus(V), então Hades é o deus da guerra(F)"

"Se Hera é esposa de Zeus, (V) então Apolo é o deus do fogo(F)"

Com isso, podemos julgar a afirmativa:

"Se Hades é o deus da guerra(F), então Apolo é o deus do fogo(F)"

Como é uma condicional: $F \rightarrow F = V$.

Desta forma, a sentença é verdadeira.

GABARITO: ERRADO.

---

27. (Quadrix – 2022 – CRESS-AP – Agente Administrativo) Sabendo que as proposições "Se Hera é irmã de Zeus, então Hades é o deus da guerra" e "Se Hera é esposa de Zeus, então Apolo é o deus do fogo" são falsas e que a proposição "Afrodite é a deusa do amor e Poseidon é o deus dos mares" é verdadeira, julgue o item.

A proposição "Hera é irmã e esposa de Zeus" é verdadeira.

COMENTÁRIO

Como as duas condicionais dadas são falsas, sabemos que a sua estrutura lógica será:

$V \rightarrow F$

Então valoramos as proposições:

"Se Hera é irmã de Zeus(V), então Hades é o deus da guerra(F)"

"Se Hera é esposa de Zeus, (V) então Apolo é o deus do fogo(F)"

Com isso, podemos julgar a afirmativa:

"Hera é irmã (V) e esposa de Zeus(V) "

$V \wedge V = V$

GABARITO: CERTO.

---

28. (Instituto Consulplan – 2023 – FEPAM – RS – Agente Administrativo – Assistente Administrativo) Um adestrador de cães possui três cachorros: um pastor alemão; um labrador; e, um golden retriever. Em seu centro de treinamento, o adestrador promoveu uma corrida entre seus três cachorros e o resultado obtido apresentou as seguintes informações:

• O pastor alemão não ficou em primeiro lugar;

• O labrador não ficou em segundo lugar; e,

• O golden retriever não ficou em terceiro lugar.

Considerando que na corrida não houve empates, é necessariamente correto afirmar que o cachorro

A. pastor alemão ficou em terceiro lugar.

B. golden retriever ficou em segundo lugar.

C. labrador chegou antes do cachorro pastor alemão.

D. labrador chegou depois do cachorro golden retriever.

E. golden retriever chegou antes do cachorro pastor alemão.

COMENTÁRIO

São três cachorros e cada um teve uma posição diferente. Devemos verificar as informações de modo a verificar as opções possíveis e chegar a uma conclusão sem contradições.

• O pastor alemão não ficou em primeiro lugar;

Ou seja, ele ficou em segundo ou em terceiro lugar. Essas são as opções possíveis.

• O labrador não ficou em segundo lugar;

Então ele ficou em primeiro ou em terceiro lugar

• O Golden retriever não ficou em terceiro lugar.

Ou seja, ele ficou em primeiro ou em segundo lugar.

Para que não haja contradição:

O Golden ficou em primeiro lugar, o pastor alemão em segundo e o labrador em terceiro.

Ou

Labrador ficou em primeiro, o Golden em segundo e o pastor alemão em terceiro.

Olhando para as alternativas a única alternativa que temos a certeza é que o Golden chegou antes do cachorro pastor alemão.

GABARITO: LETRA E.

---

29. (CESPE/CEBRASPE – 2021 – ADAPAR – Assistente de Defesa Agropecuária – Técnico de Manejo e Meio Ambiente) Os frangos de determinado pecuarista são classificados em três categorias: A, B e C. Sabe-se que:

I todo frango do tipo A é também do tipo B;

II existem frangos do tipo C que também são do tipo A.

Considerando-se essas informações, é correto concluir que

A. todo frango do tipo B é também do tipo A.

B. todo frango do tipo B é também do tipo C.

C. todo frango do tipo C é também do tipo A.

D. algum frango do tipo B é também do tipo C.

E. algum frango do tipo C não é do tipo B.

COMENTÁRIO

Essa é uma questão de conjuntos. Para resolve-la vamos analisar cada item:

I todo frango do tipo A é também do tipo B;

Dizer que TODO frango do tipo A é também do tipo B significa dizer que o conjunto A está totalmente CONTIDO no conjunto B.

II existem frangos do tipo C que também são do tipo A.

Existir frangos do tipo C que também são do tipo A significa dizer que uma parte do conjunto C está inserida no conjunto A, ou seja, existe uma interseção entre os conjuntos.

Sabendo disso vamos analisar as alternativas:

A. todo frango do tipo B é também do tipo A.

Errado. O conjunto A está contido em B e não o contrário.

B. todo frango do tipo B é também do tipo C.

Errado. Não temos informações suficientes para afirmar isso.

C. todo frango do tipo C é também do tipo A.

Errado. Sabemos que existem frangos do tipo C que também é do tipo A, ou seja, podem existir frangos que não são.

D. algum frango do tipo B é também do tipo C.

Certo. Se existe uma interseção do conjunto C com o conjunto A, e A está totalmente inserido em B, logo podemos concluir que existe frango do tipo B que também fazem parte do tipo C.

E. algum frango do tipo C não é do tipo B.

Errado. Não temos informações suficientes para concluir isso.

GABARITO: LETRA D.

---

30. (IBFC – 2021 – IAP – PR – Agente de Execução – Técnico de Manejo e Meio Ambiente) De acordo com as afirmações abaixo:

- Todo ambientalista é formado.
- Alguns formados são supervisores.
- Nenhum supervisor é ambientalista.

É correto afirmar que:

A. Todo formado é ambientalista

B. Pode haver ambientalista não formado

C. Existe ambientalista que é supervisor

D. Pode haver supervisor que não é formado

E. Existe supervisor formado e ambientalista

COMENTÁRIO

Podemos resolver essa questão utilizando diagramas.

A dica é quando aparecer a palavra "TODO" significa que todo o conjunto está incluso em outro.

A palavra "ALGUNS" significa que apenas uma parte do conjunto está incluso em outro conjunto.

A palavra "NENHUM" significa que não existem elementos em comum.

Então podemos fazer os diagramas:

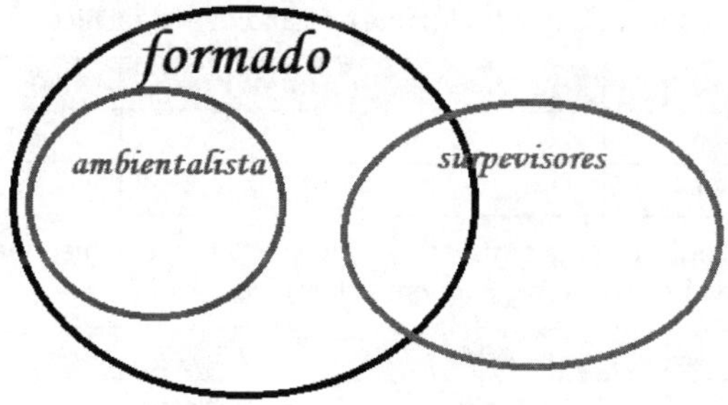

Então, analisando as alternativas:

A. Todo formado é ambientalista

Observe que ambientalista é um subconjunto de formado, não o contrário.

Errado.

B. Pode haver ambientalista não formado

Não. Observe que todo o conjunto ambientalista está incluso no conjunto dos formados.

Errado.

C. Existe ambientalista que é supervisor

Não existem ambientalistas supervisores, não há elementos em comum entre os conjuntos.

Errado.

D. Pode haver supervisor que não é formado

Certo. Observe que apenas uma parte do conjunto de supervisores pertence ao conjunto de formados.

E. Existe supervisor formado e ambientalista

Note que não existe nenhum elemento em comum entre esses conjuntos.

Errado.

GABARITO: LETRA D.

---

31. (VUNESP – 2020 – Prefeitura de Ilhabela-SP – Analista – Tecnologia da Informação e Comunicação) Um dos amigos é surfista, o segundo pratica futevôlei, e o terceiro joga tênis. Eles se inscreveram no concurso da prefeitura para cargos diferentes, que são: Técnico em Logística, Técnico em Turismo e Técnico Ambiental, não necessariamente na mesma ordem dos esportes praticados. Sem estabelecer qualquer ordem, seus nomes são: Daniel, Francisco e Guilherme. Há as informações de que Francisco é surfista, de que o candidato a Técnico em Logística joga tênis e de que Guilherme é o candidato a Técnico em Turismo. Com essas informações, é correto concluir que

A. Guilherme pratica futevôlei, e Francisco é candidato a Técnico Ambiental.

B. Daniel pratica futevôlei, e Francisco é candidato a Técnico Ambiental.

C. Guilherme joga tênis, e Daniel é candidato a Técnico em Logística.

D. Guilherme pratica futevôlei, e Francisco é candidato a Técnico em Logística.

E. Guilherme joga tênis, e Daniel é candidato a Técnico Ambiental.

COMENTÁRIO

Temos três amigos, três cargos e três esportes.

Há as informações de que Francisco é surfista, de que o candidato a Técnico em Logística joga tênis e de que Guilherme é o candidato a Técnico em Turismo

Então vamos encaixar os dados, como um quebra-cabeça:

Nome	DANIEL	FRANCISCO	GUILHERME
Cargo			
esporte			

Sabemos que Francisco é surfista e que Guilherme é o candidato a Técnico em Turismo

Nome	DANIEL	FRANCISCO	GUILHERME
Cargo			Tec. Turismo
esporte		surfista	

Como o a Técnico em Logística joga tênis, esse então só pode ser Daniel que possui os dois espaços na tabela vazios. Com isso podemos concluir que quem se inscreveu para

Nome	DANIEL	FRANCISCO	GUILHERME
Cargo	Téc. Logística	Téc. Ambiental	Tec. Turismo
esporte	tênis	surfista	futevôlei

A única alternativa correta é a letra A.

GABARITO LETRA A

32. (FCC – 2020 – AL-AP – Assistente Legislativo) Gabriel tem três brinquedos que ganhou nos três últimos aniversários: um avião, um barco e um ônibus. O ônibus é azul, e o brinquedo mais antigo é vermelho. Sabe-se também que o barco é mais novo do que o ônibus, e que o avião é mais antigo do que o amarelo. Assim, está correto afirmar que

A. o ônibus é o mais novo, e o avião, o mais antigo

B. o avião é o mais antigo, e o barco não é o mais novo.

C. o barco é amarelo, e o avião é o mais antigo.

D. o barco é vermelho, e o ônibus não é o mais novo.

E. o avião é amarelo, e o barco é o mais novo.

COMENTÁRIO

Para resolver essa questão precisamos raciocinar de forma a não obtermos contradições. Então para melhorar a nossa análise, vamos colocar em uma tabela.

Em relação ao tempo, vamos colocar como "mais antigo" o brinquedo mais velho, "menos antigo" o brinquedo mais novo, e "antigo" o brinquedo que está no período entre os dois anteriores.

A primeira informação que temos é que o ônibus é azul

Objeto	Ônibus	Avião	Barco
Cor	Azul		
Tempo			

Foi mencionado que o brinquedo mais antigo é vermelho. Com isso, podemos concluir que o ônibus não será o mais antigo, então ele será "antigo" ou "menos antigo".

Outra informação dada foi que o barco é mais novo do que o ônibus. Ou seja, o ônibus não é o objeto mais recente. Vamos preencher a tabela com essa informação:

Objeto	Ônibus	Avião	Barco
Cor	Azul		
Tempo	antigo		

Continuando a questão afirma que o avião é mais antigo do que o amarelo. Note que com essa informação podemos concluir que o avião não é a cor amarela, então só lhe resta ser vermelho. Podemos concluir também que o Avião é o mais antigo de todos.

Essa informação foi o suficiente para que preenchamos o restante da nossa tabela:

Objeto	Ônibus	Avião	Barco
Cor	Azul	Vermelho	Amarelo
Tempo	antigo	Mais antigo	Menos antigo

GABARITO: LETRA C.

33. (VUNESP – 2020 – Prefeitura de Sorocaba-SP – Secretário de Escola)

Quatro colegas de trabalho, Caio, Lucas, Ana e Bia, marcaram de se encontrar em um mesmo local para irem, juntos, à confraternização de final de ano da empresa onde trabalham. Sabe-se que:

- Caio chegou antes de Bia, mas não foi o primeiro a chegar.
- Bia chegou depois de Ana, mas antes de Lucas.

Nessas condições, o 1º , o 2º , o 3º e o 4o colega a chegar no ponto de encontro foram, nesta ordem:

A. Lucas, Caio, Ana, Bia.

B. Lucas, Ana, Bia, Caio.

C. Ana, Bia, Caio, Lucas.

D. Ana, Caio, Lucas, Bia.
E. Ana, Caio, Bia, Lucas.

COMENTÁRIO

São quatro amigos e quatro posições:

■	■	■	■
1º	2º	3º	4º

A primeira informação dada foi: "Caio chegou antes de Bia, mas não foi o primeiro a chegar."

Então temos apenas duas opções para Caio:

1ª Opção:

■	*Caio*	■	■
1º	2º	3º	4º

2ª Opção:

■	■	*Caio*	■
1º	2º	3º	4º

A outra informação dada foi: "Bia chegou depois de Ana, mas antes de Lucas."

Com isso podemos concluir que a Bia não pode ser a última colocada, então entre as opções com Caio que citamos acima, a segunda opção não pode ser utilizada.

Como o segundo lugar já está ocupado e Ana chegou antes de Bia, podemos concluir que Ana chegou em primeiro lugar e Lucas em último lugar.

Então temos:

Ana	*Caio*	*Bia*	*Lucas*
1º	2º	3º	4º

GABARITO: LETRA E.

---

34. (QUADRIX/CRMV-AM/Assistente Administrativo/2020) No diagrama a seguir, as marcações V e F indicam quando o cruzamento da informação é verdadeiro e falso, respectivamente. Cada moça tem uma única profissão e cada garoto é irmão de somente uma das moças. Por exemplo, Clarice é bióloga e Vitor não é irmão da veterinária.

	veterinária	bióloga	João	Vitor
Virgínia				
Clarice		V		
João				
Vitor	F			

Com base nesse caso hipotético e no diagrama, julgue o item.

João é irmão da veterinária.

COMENTÁRIO

Observe que o item não fala que as profissões das moças são diferentes, podendo por exemplo Virginia ser bióloga ou veterinária. O gabarito preliminar dessa questão afirmava o item como certo, considerando que se Vitor não é irmão da veterinária então só sobraria João para ser irmão da veterinária.

Porém como citado, João pode ser irmã de Virginia e ela, como dito anteriormente pode ser bióloga também. Devido a essa não especificação no enunciado da questão, o gabarito oficial foi alterado. A justificativa foi: " O item está errado. Se Virgínia e Clarice fossem irmãs, ambas seriam também irmãs de João e/ou de Vítor, o que não é permitido."

Resposta: Errado.

---

35. (FGV/IBGE/Coordenador Censitário Subárea/Reaplicação/2020) Considere como verdadeira a proposição:

"Solange é loura e Mônica é morena".

Considere agora as proposições:

I. Solange não é loura ou Mônica é morena.
II. Se Solange é loura, então Mônica não é morena.
III. Se Mônica não é morena, então Solange é loura.

Dessas três proposições, são verdadeiras:

A. apenas a proposição I;
B. apenas as proposições I e III;
C. apenas as proposições II e III;
D. todas as três;
E. nenhuma das três.

COMENTÁRIO

A proposição dada como verdadeira é uma conjunção. Para isso devemos lembrar a tabela verdade da conjunção:

Conjunção:

A	B	$A \wedge B$
V	V	V
V	F	F
F	V	F
F	F	F

Observe que a única forma de ter verdade é quando ambas proposições são verdadeiras. Sendo assim:

"Solange é loura (V) e Mônica é morena (V)".

Com isso, podemos valorar os itens, mas antes vamos relembrar a tabela verdade da disjunção e da condicional também

Disjunção:

A	B	$A \vee B$
V	V	V
V	F	V
F	V	V
F	F	F

Condicional:

A	B	$A \to B$
V	V	V
V	F	F
F	V	V
F	F	V

Observe que na disjunção para se obter verdade basta que apenas umas das proposições seja verdadeira. Já na condicional a única forma em que NÃO temos verdade é quando o antecedente é verdadeiro e o consequente é falso (V→F).

Então teremos:

I. Solange não é loura(F) ou Mônica é morena (V).

$F \vee V = V$

II. Se Solange é loura(V) , então Mônica não é morena (F).

$V \to F = F$

III. Se Mônica não é morena (F), então Solange é loura (V).

$F \to V = V$

Logo, as proposições verdadeiras são os itens I e III.

Resposta: B.

---

36. (CESPE-CEBRASPE/Policial Rodoviário Federal/2019) Uma unidade da PRF interceptou, durante vários meses, lotes de mercadorias vendidas por uma empresa com a emissão de notas fiscais falsas. A sequência dos números das notas fiscais apreendidas, ordenados pela data de interceptação, é a seguinte: 25, 75, 50, 150, 100, 300, 200, 600, 400, 1.200, 800, ...

Tendo como referência essa situação hipotética, julgue o item seguinte, considerando que a sequência dos números das notas fiscais apreendidas segue o padrão apresentado.

A partir do padrão da sequência, infere-se que o 12.º termo é o número 1.600.

COMENTÁRIO

Essa questão trabalha com a ideia de sequencias lógicas. Nesta sequência é possível encontrar o termo utilizando a seguinte fórmula:

$a_n = a_{(n-2)} \times 2$

Onde:

an = enésimo termo que procuramos, n = é o índice do termo que procuramos

Assim, para encontrar p 12º termo teremos:

$a_{12} = a_{(12-2)} \times 2$

$a_{12} = a_{(10)} \times 2$

$a_{12} = 1200 \times 2$

$a_{12} = 2400$

Logo, o 12º termo será 2400, o que torna o item incorreto.

Resposta: Errado.

37. (CESPE/CEBRASPE/Policial Rodoviário Federal/2019) Uma unidade da PRF interceptou, durante vários meses, lotes de mercadorias vendidas por uma empresa com a emissão de notas fiscais falsas. A sequência dos números das notas fiscais apreendidas, ordenados pela data de interceptação, é a seguinte: 25, 75, 50, 150, 100, 300, 200, 600, 400, 1.200, 800, ...

Tendo como referência essa situação hipotética, julgue o item seguinte, considerando que a sequência dos números das notas fiscais apreendidas segue o padrão apresentado

Se an for o n-ésimo termo da sequência, em que n=1,2,3,..., então, para n≥3, tem-se que

$a_n = 2 \times a_{n-2}$

COMENTÁRIO

Essa questão trabalha com a ideia de sequencias lógicas. Como vimos na questão anterior, para encontrar qualquer termo basta utilizar a fórmula: $a_n = a_{(n-2)} \times 2$

Observe que a fórmula funcionará somente parara valores de $n \geq 3$. Com isso, o item está correto.

Resposta: Certo.

38. (IDECAN/IF-RR/Assistente administrativo) De acordo com a sequência alfanumérica a seguir, assinale a alternativa que representa corretamente o termo da posição 129.

BRASIL2019BRASIL2019BRASIL2019BRASIL2019...

a) é um número par

b) é uma vogal

c) é uma consoante

d) é o número zero

e) é um número ímpar

COMENTÁRIO

Observe que a sequência formada repete sempre "BRASIL2019" que é formado por 10 algarismos. Logo, se multiplicarmos por 13 vezes essa sequência, teríamos 130 algarismos. Então, se retirarmos um algarismo teríamos BRASIL201, ou seja, o algarismo de posição 129 é o número 1. Portanto, é um número ímpar.

Resposta: E.

39. (CESPE/SEFAZ-RS/Auditor Fiscal da Receita Estadual/2019) Em determinada cidade, foram fiscalizadas 20 empresas, classificadas quanto ao porte e quanto ao setor de atividade econômica em que atuam. Quanto ao porte, cada empresa recebe uma única classificação: microempresa (ME), pequena (P), média (M) ou grande (G). Quanto ao setor, cada empresa também recebe uma única classificação: 1, 2, 3, 4 ou 5. Não há empresa que receba, simultaneamente, a mesma classificação de porte e de setor que outra empresa já recebe. Para a realização dessa fiscalização, tais empresas foram distribuídas igualmente e designadas a quatro auditores fiscais, Aldo, Bruno, Carlos e Dário. Cada empresa foi fiscalizada por apenas um desses auditores. Após a conclusão do trabalho, os auditores fizeram as seguintes afirmações:

I Aldo: "Fiscalizei cinco empresas de porte médio".

II Bruno: "Fiscalizei quatro empresas de um mesmo setor".

III Carlos: "Fiscalizei cinco empresas cujo porte recebe uma classificação que começa com a letra M".

IV Dário: "Fiscalizei três empresas de um setor e duas empresas de outro setor".

Considerando que, nessa situação hipotética, somente uma das afirmações feitas pelos auditores seja falsa, assinale a opção que apresenta o maior número de empresas de porte G que podem ser fiscalizadas por um mesmo auditor.

a) 1

b) 2

c) 3

d) 4

e) 5

COMENTÁRIO

Para entender melhor a questão é preciso saber que existem 20 possibilidades diferentes. Vamos montar uma tabela para melhor visualização:

	1	2	3	4	5
ME					
P					
M					
G					

Aldo afirma que fiscalizou 5 empresas de porte Médio ou seja, ele fiscalizou: *M1*, *M2*, *M3*, *M4*, *M5*.

Bruno afirma que fiscalizou 4 empresas do mesmo setor, ou seja, ele deveria fiscalizar uma empresa ME, uma empresa P, uma empresa M e uma empresa G. Porém, todas as empresas M já foram fiscalizadas por Aldo, o que significa que ou Bruno ou Aldo está mentindo.

Como Carlos afirmou que "Fiscalizei cinco empresas cujo porte recebe uma classificação que começa com a letra M" é necessário que pelo menos uma empresa M seja fiscalizada por Carlos, o que mostra que é Aldo o mentiroso.

Se Dario afirmou que "Fiscalizei três empresas de um setor e duas empresas de outro setor". Podem ser empresas por P e M.

Como Bruno diz a verdade, e fiscalizou 4 empresas do mesmo setor, o maior número de empresas de porte G que podem ser fiscalizadas por um mesmo auditor é igual a 4.

Resposta: D.

---

40. (FGV/TJ-RS/2019) Abaixo estão as duas primeiras frases de um silogismo.

Minha mãe vai à missa todos os dias úteis.

Hoje é segunda-feira.

A conclusão adequada a esse raciocínio é:

A. Segunda-feira é um dia útil;

B. Hoje minha mãe vai à missa;

C. Segunda-feira minha mãe vai à missa;

D. Hoje é um dia útil;

E. Nos dias úteis minha mãe vai à missa.

COMENTÁRIO

O silogismo é raciocínio dedutivo estruturado formalmente a partir de duas proposições, das quais se obtém por inferência uma terceira.

Foram dadas as duas premissas:

Minha mãe vai à missa todos os dias úteis.

Hoje é segunda-feira. (segunda-feira é um dia útil da semana).

Então podemos concluir que: Hoje minha mãe vai à missa.

Resposta: B.

---

41. (INSTITUTO AOCP/EMPREL/Assistente de Operações e Monitoramento/2019) Compro uma casa ou compro um apartamento. Viajo ou não compro uma casa. Vou morar no exterior ou não compro um apartamento. Bem, eu não vou morar no exterior. Então:

A. não viajo e compro uma casa.

B. viajo e compro uma casa.

C. não vou morar no exterior e não viajo.

D. compro um apartamento e não viajo.

E. compro um apartamento e viajo.

COMENTÁRIO

Temos três proposições compostas e uma simples, sendo assim, iniciaremos a valoração pela proposição simples.

Como só temos disjunções inclusivas (OU), basta lembrar que na tabela verdade, para se obter verdade na operação de disjunção é necessário que pelo menos uma das proposições seja verdadeira.

P1:Compro uma casa (V) ou compro um apartamento(F).

P2: Viajo (V) ou não compro uma casa (F).

P3:Vou morar no exterior (F) ou não compro um apartamento(V).

P4: eu não vou morar no exterior (V)

Vale lembrar que todas as valorações foram feitas a partir da proposição p4 de forma a evitar a situação $F \vee F$.

Com isso, podemos concluir que viajo e compro uma casa.

Resposta: B.

---

42. (INSTITUTO AOCP/Prefeitura de São Bento do Sul-SC/Fiscal de Tributos/2019) Considere como falsa a seguinte afirmação: "Se José é servidor municipal, então Josias é o responsável pela frota municipal.". A afirmação necessariamente verdadeira é

A. "José é servidor municipal e Josias é a responsável pela frota municipal."

B. "José não é servidor municipal ou Josias não é o responsável pela frota municipal."

C. "José não é servidor municipal e Josias não é o responsável pela frota municipal."

D. "José é servidor municipal."

COMENTÁRIO

Observe que a questão disse que a afirmativa "Se José é servidor municipal, então Josias é o responsável pela frota municipal." É FALSA.

Ou seja, a questão pede a negação da afirmativa

($p \rightarrow q$): "Se José é servidor municipal, então Josias é o responsável pela frota municipal."

Sua negação será:

($p \wedge \sim q$): "José é servidor municipal e Josias não é o responsável pela frota municipal".

Com isso podemos concluir que:

"Se José é servidor municipal (V), então Josias é o responsável pela frota municipal (F)

Resposta: D.

---

43. (INSTITUTO AOCP/UFFS/Assistente em Administração/2019) Considere cada uma das afirmações a seguir:

- se eu não for almoçar, então termino meu relatório;
- se eu for almoçar, então não pago minha conta no banco.

Sabendo que a conta foi paga, é correto afirmar que

A. eu fui almoçar e terminei meu relatório.

B. eu fui almoçar e não terminei meu relatório.

C. eu não fui almoçar e terminei meu relatório.

D. eu não fui almoçar e não terminei o meu relatório.

E. se não pago minha conta no banco, então terminei meu relatório.

COMENTÁRIO

Temos uma questão com condicionais. Para facilitar o entendimento, vamos utilizar a estruturação lógica:

p: eu fui almoçar

q: termino meu relatório

r: pago minhas contas no banco.

Então podemos representar as sentenças dadas:

- $\sim p \rightarrow q$
- $p \rightarrow \sim r$
- r

Pelo que conhecemos na tabela verdade de uma condicional, a única forma de se obter falso é se tivermos $V \rightarrow F$. Então, de forma a evitar que isso aconteça, vamos valorar os itens.

Sabendo que $r = V$ então temos:

- $\sim p \rightarrow q$ $(V \rightarrow V)$
- $p \rightarrow \sim r$ $(F \rightarrow F)$
- r (V)

Reforço novamente que a valoração foi feita a fim de evitar que a condicional tivesse uma situação de $V \rightarrow F$.

Com isso podemos concluir que

Eu não fui almoçar e terminei o relatório.

Resposta: C.

---

44. (IADES/CRF-RO/Contador/2019) Considere as proposições a seguir.

p: O perito é contador. q: O jovem é técnico em contabilidade.

Se as proposições p e q têm valor lógico verdadeiro, então a proposição que tem valor lógico verdadeiro é a seguinte:

A. se o perito é contador, então o jovem não é técnico em contabilidade.
B. O perito não é contador e o jovem é técnico em contabilidade.
C. O perito não é contador se, e somente se, o jovem não é técnico de contabilidade.
D. O perito não é contador ou o jovem não é técnico em contabilidade.
E. O perito é contador e o jovem não é técnico em contabilidade.

COMENTÁRIO

Vamos analisar cada uma das alternativas para encontrarmos a proposição verdadeira.

A. se o perito é contador, então o jovem não é técnico em contabilidade.

Podemos representar a sentença por: $p \rightarrow \sim q$. Ou seja, $V \rightarrow F$.

Temos aqui uma condicional. Vamos relembra a tabela verdade de uma condicional:

Condicional:

A	B	$A \rightarrow B$
V	V	V
V	F	F
F	V	V
F	F	V

Observe que a única forma de se obter falso é $V \rightarrow F$. Então a proposição possui valor lógico falso.

B. O perito não é contador e o jovem é técnico em contabilidade.

Podemos representar a sentença por: $\sim p \wedge q$. Ou seja, $F \wedge V$.

Temos aqui uma conjunção. Vamos relembra a tabela verdade de uma conjunção:

Conjunção:

A	B	$A \wedge B$
V	V	V
V	F	F
F	V	F
F	F	F

A única forma de se obter verdade seria se tivéssemos $V \wedge V$.

C. O perito não é contador se, e somente se, o jovem não é técnico de contabilidade.

Podemos representar a sentença por: $\sim p \leftrightarrow \sim q$. Ou seja, $F \leftrightarrow F$.

Temos aqui uma bicondicional. Vamos relembra a tabela verdade de uma bicondicional:

Bicondicional:

A	B	$A \leftrightarrow B$
V	V	V
V	F	F
F	V	F
F	F	V

Observe que as duas proposições devem ter a mesma valoração para obtermos uma verdade. Logo, essa é a nossa alternativa correta.

D. O perito não é contador ou o jovem não é técnico em contabilidade.

Podemos representar a sentença por: $\sim p \vee \sim q$. Ou seja, $F \vee F$.

Temos aqui uma disjunção. Vamos relembra a tabela verdade de uma disjunção:

Disjunção:

A	B	$A \vee B$
V	V	V
V	F	V
F	V	V
F	F	F

A única forma de se obter FALSO é se as duas proposições forem falsas, então temos uma proposição falsa nessa alternativa.

E. O perito é contador e o jovem não é técnico em contabilidade.

Essa sentença poderá ser representada como $p \wedge \sim q$, ou seja, $V \wedge F$. Como já vimos, a única forma de se obter verdade na conjunção é quando as duas sentenças forem verdadeiras. Logo sentença falsa.

Resposta: C.

45. (IADES/HEMOPA/Assistente Social/2019)

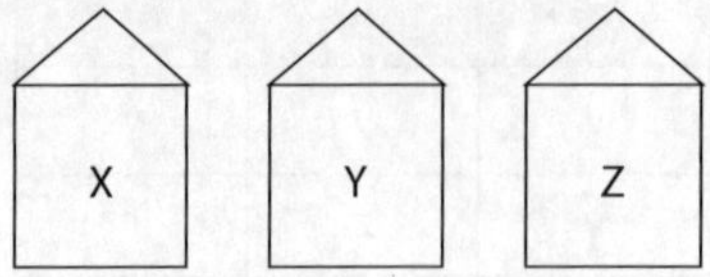

Em uma rua, há três casas, como mostra a figura apresentada. Cada casa possui uma moradora e uma cor diferente. Sabe-se que:

Sabe-se que:

1) Maria mora à direita de quem mora na casa vermelha;
2) Amanda mora na casa Y;
3) Daniela mora na casa azul; e
4) uma das casas é amarela.

As cores das casas X, Y e Z são, respectivamente,

A. azul, vermelha e amarela.
B. vermelha, amarela e azul.
C. amarela, vermelha e azul.
D. vermelha, azul e amarela.
E. azul, amarela e vermelha.

COMENTÁRIO

Essa é uma questão que exige o pensamento lógico para responder o problema. Note que foram dadas as instruções e que devem ser encaixadas de forma que não haja contradições. Desta forma, vamos fazer passo a passo para melhor visualização.

A primeira informação que vamos usar é: Amanda mora na casa Y.

A segunda informação que vamos utilizar é: Maria mora à direita de quem mora na casa vermelha;

Observe que existem duas casas que estão a direita: y está a direita de x, e z está a direita de y. Porém y já possui moradora, logo a casa de Maria é z, e y será vermelha. Também podemos concluir que a casa que sobrou será a casa de Daniela.

As próximas informações a serem usadas são: Daniela mora na casa azul; e uma das casas é amarela.

Logo teremos:

Concluímos então que as cores respectivamente serão: azul, vermelha e amarela.

Resposta: A.

---

46. (IADES/SEAP-GO/Agente de Segurança Prisional/2019) Suponha que, em uma unidade prisional, após um pequeno motim debelado pelos agentes de segurança prisional, três presos A, B e C tenham sido levados ao interrogatório para esclarecimento do fato. Os três presos trocaram acusações entre si e deram as declarações a seguir.

– O preso B está mentido – disse o preso A. – O preso C está mentindo – disse o preso B. – O preso A e o preso B estão mentindo – disse o preso C.

Com base nessas declarações, é correto concluir que

A. apenas C mente.

B. A e B mentem.

C. apenas A mente.

D. A e C mentem.

E. apenas B mente.

COMENTÁRIO

Em questões como essa, exige uma necessidade de refletir sobre os fatos e combiná-los de forma em que não haja nenhuma contradição. Lembrando que uma contradição consiste numa incompatibilidade lógica entre duas ou mais proposições.

Observe que as acusações foram as seguintes:

O preso B está mentido – disse o preso A. Então: **A acusa B.**

O preso C está mentindo – disse o preso B. Então: **B acusa C.**

– O preso A e o preso B estão mentindo – disse o preso C. Então: C **acusa A e B.**

Observe que se C falar a verdade, A estaria falando uma verdade o que entraria com uma contradição visto que C disse que B também está mentindo. Desta forma podemos concluir que C está mentido e que A também está mentindo. Logo o único que fala a verdade é B.

Resposta: D.

---

47. (IDECAN/AGU/Técnico em Comunicação Social/2019)

Observe a seqüência a seguir e assinale a resposta correta a respeito do termo alfanumérico que ocupa a milésima posição.

I D E C A N 2 0 1 9 I D E C A N 2 0 1 9 I D E C A N 2 0 1 9...

a) é um número par.

b) é um número ímpar.

c) é uma vogal.

d) é uma consoante.

e) é o número zero.

COMENTÁRIO

Nas questões de sequências é importante que possamos encontrar um padrão, ou seja, uma lei de formação da referida sequência. Uma boa dica, é perceber os grupos de termos que se repetem. Na sequência acima temos: "I D E C A N 2 0 1 9", logo para encontrar o termo que ocupa a milésima posição, basta dividir 1000 pela quantidade de elementos que existem no grupo que se repete.

1000 / 10 = 100(grupos)

O resto será zero, uma divisão exata.

Teremos 100 blocos com a sequência: "I D E C A N 2 0 1 9". O milésimo termo será "9".

Resposta: B.

48. (FCC/BANRISUL/Escriturário/2019)

Pedro, José e Antônio têm alturas diferentes, praticam esportes diferentes (um deles pratica futebol, outro, natação e o terceiro, voleibol, não necessariamente nessa ordem) e têm cores de cabelos diferentes (um deles é ruivo, outro, loiro e o terceiro, moreno, não necessariamente nessa ordem). Sabendo que Pedro é o mais baixo e não pratica natação, que o que pratica voleibol é o mais alto, que o ruivo pratica natação e que Antônio é loiro, então,

a) Pedro é moreno e José pratica voleibol.

b) José é ruivo e Antônio pratica futebol.

c) Antônio é o mais alto e Pedro é moreno.

d) Antônio pratica natação e José é ruivo.

e) Pedro é ruivo e Antônio pratica voleibol.

COMENTÁRIO

Uma maneira prática para relacionar as informações é criarmos uma tabela, onde a visualização irá auxiliar no raciocínio. Vejamos:

Nomes: Pedro, José e Antônio

Cores dos cabelos: Ruivo, loiro e moreno.

Alturas: Alto, médio e moreno.

Esportes: Natação, vôlei e futebol

NOMES	Pedro	José	Antônio
CORES DOS CABELOS			
ALTURAS			
ESPORTES			

Conforme as informações iremos preenchendo a tabela.

1ª - Pedro é o mais baixo e não pratica natação:

NOMES	Pedro	José	Antônio
CORES DOS CABELOS			
ALTURAS	Baixo		
ESPORTES	**Não** natação		

2ª - O que pratica voleibol é o mais alto.

Não sabemos quem pratica vôlei, porém sabemos que será o mais alto.

NOMES	Pedro	José	Antônio
CORES DOS CABELOS			
ALTURAS	Baixo		
ESPORTES	**Não** natação	Pode ser vôlei	Pode ser vôlei

3ª - O ruivo pratica natação e que Antônio é loiro.

Podemos inferir que José é ruivo, pois ele pratica natação, o que Pedro não pratica e Antônio é loiro, logo sobra José para ser ruivo.

Se José é ruivo, Antônio é loiro, consequentemente Pedro será moreno.

Podemos também concluir que Antônio pratica vôlei, e que ele será o mais alto.

Como José pratica natação e Antônio vôlei, Pedro pratica Futebol.

NOMES	Pedro	José	Antônio
CORES DOS CABELOS	Moreno	Ruivo	Loiro
ALTURAS	Baixo		Alto
ESPORTES	**Não** natação	Natação	Vôlei

Como José pratica natação e Antônio vôlei, Pedro pratica Futebol.

Dessa forma José possui altura média.

NOMES	Pedro	José	Antônio
CORES DOS CABELOS	Moreno	Ruivo	Loiro
ALTURAS	Baixo	Médio	Alto
ESPORTES	Futebol	Natação	Vôlei

Resposta: C.

---

49. (FCC/Prefeitura de Recife–PE/Assistente de Gestão Pública/2019) Na sala de espera do consultório de um pediatra há três mães, Ana, Beatriz e Cláudia, acompanhadas de seus respectivos filhos. Elas vestem blusas de cores diferentes (azul, verde e vermelho), usam calçados diferentes (bota, sandália e tênis) e têm quantidades de filhos diferentes (apenas um, dois e três). Ana veste uma blusa vermelha; a que veste blusa azul calça bota; Beatriz tem mais filhos do que Ana; a que usa tênis tem dois filhos. Sabendo que Cláudia não calça bota e tem apenas um filho, é correto afirmar que

a) Ana tem dois filhos e Beatriz calça sandália.

b) Ana calça tênis e Cláudia usa blusa verde.

c) Beatriz calça bota e Cláudia usa blusa azul.

d) Beatriz usa blusa verde e Cláudia calça sandália.

e) Ana calça sandália e Beatriz tem três filhos.

COMENTÁRIO

Uma maneira prática para relacionar as informações é criarmos uma tabela, onde a visualização irá auxiliar no raciocínio. Vejamos:

Nomes: Ana, Beatriz e Cláudia.

Cores das blusas: Azul, verde e vermelho.

Calçados: Bota, sandália e tênis.

Quantidade de filhos: apenas um, dois e três.

NOMES	Ana	Beatriz	Cláudia
CORES DAS BLUSAS			
CALÇADOS			
QUANTIDADE FILHOS			

Conforme as informações iremos preenchendo a tabela.

1ª - Ana veste uma blusa vermelha; a que veste blusa azul calça bota;

NOMES	Ana	Beatriz	Cláudia
CORES DAS BLUSAS	Vermelho	Pode ser azul	Pode ser azul
CALÇADOS		Pode ser bota	Pode ser bota
QUANTIDADE FILHOS			

2ª - Beatriz tem mais filhos do que Ana; a que usa tênis tem dois filhos;

NOMES	Ana	Beatriz	Cláudia
CORES DAS BLUSAS	Vermelho	Pode ser azul	Pode ser azul
CALÇADOS		Pode ser bota	Pode ser bota
QUANTIDADE FILHOS		Dois ou três	

3ª - Cláudia não calça bota e tem apenas um filho.

Podemos inferir que Beatriz calça bota e que Claudia tem apenas um filho.

Beatriz tem três filhos, uma vez que ela tem mais do que Ana.

Ana usa tênis, pois quem usa tênis tem dois filhos.

NOMES	Ana	Beatriz	Cláudia
CORES DAS BLUSAS	Vermelho	Pode ser azul	Pode ser azul
CALÇADOS	Tênis	Bota	Pode ser bota
QUANTIDADE FILHOS	Dois	Três	Apenas um

4ª - Ana usa tênis, pois quem usa tênis tem dois filhos, e Claudia usa sandália.

A que veste blusa azul calça bota, logo será Beatriz.

Claudia veste verde.

NOMES	Ana	Beatriz	Cláudia
CORES DAS BLUSAS	Vermelho	Azul	Verde
CALÇADOS	Tênis	Bota	Sandália
QUANTIDADE FILHOS	Dois	Três	Apenas um

Resposta: B.

---

50. (IDECAN/AGU/Técnico em Comunicação Social/2019) Luna é uma menina muito esperta e possui 27 colegas meninos e 34 colegas meninas. Todas essas crianças juntas formam uma turma de alunos muito diferente, pois cada aluno ou adora matemática ou adora português. Sabendo que, nessa turma, 21 meninas adoram matemática e um total de 38 alunos adoram português, o número de meninos que adoram matemática é

a) 1.

b) 2.

c) 3.

d) 4.

e) 5.

COMENTÁRIO

✪ **Nota do autor:** Nesta questão, iremos construir uma tabela para melhor interpretarmos a situação dada, uma vez que temos conjuntos disjuntos, ou seja, meninos e meninas, bem como pessoas que adoram português e pessoas que adoram matemática. Os conjuntos são ditos disjuntos quando não possuem interseção, ou seja, $A \cap B = \emptyset$.

Total de pessoas:

Meninas: Luna + 34 = 35 meninas

Meninos: 27 meninos

Segundo as informações dadas pela questão, iremos preencher as células:

	MENINOS	MENINAS	
Adora matemática		21	
Adora português			38
	27	35	Total= 62

Segundo as informações acima podemos inferir os dados abaixo que estão nas células hachuradas:

	MENINOS	MENINAS	
Adora matemática	3	21	24
Adora português	24	14	38
	27	35	Total= 62

Desta forma podemos inferir que a quantidade de meninos que adoram matemática é igual a 3.

Resposta: C.

---

51. (INAZ do Pará/CORE-PE/Auxiliar Administrativo/2019) Um dos brinquedos mais freqüentados em um parque de diversões é a "barca". Trata-se de um brinquedo no formato de casco de um barco, e impulsionado para frente e para trás em forma de pêndulo enquanto os brincantes, todos sentados com segurança no centro do barco, se divertem com a adrenalina do movimento nesse brinquedo.

Sabe-se que a barca é composta por 5 fileiras e, em cada fileira, há 12 cadeiras.

	A	B	C	D	E	F	G	H	I	J	K	L
1	1	6										
2	2	7										
3	3	8										
4	4											
5	5											

A ilustração acima representa a forma com que os ingressos são vendidos. A pessoa que comprar a cadeira 1 vai se sentar na posição 1A, a pessoa que comprar a cadeira 8 se sentará na posição 3B e assim sucessivamente.

Desse modo, três irmãos que foram comprar seus ingressos e escolherem as cadeiras 54, 48 e 30 irão se sentar, respectivamente, nas posições:

a) 4J, 3I e 5E.

b) 5E, 4J e 3J.

c) 4K, 3J e 5F

d) 5D, 4G e 3J.

e) 5I, 4J e 4G.

COMENTÁRIO

Temos uma questão de sequência, onde devemos interpretar o padrão utilizado para preencher as células. De acordo com os números já existentes, podemos observar que as posições são ocupadas de cima para baixo, ou seja, nas colunas da esquerda para a direita.

As últimas linhas serão múltiplas de cinco, e logo em seguida é só preencher as demais células.

	A	B	C	D	E	F	G	H	I	J	K	L
1	1	6								46		
2	2	7								47		
3	3	8								48		
4	4										54	
5	5	10	15	20	25	30	35	40	45	50	55	60

Resposta: C.

---

52. (AOCP/FUNPAPA/Educador Social de Rua/2018) Em uma empresa de informática, trabalham 3 funcionários: José, Antônio e João. Eles foram incumbidos de realizar juntos, em equipe, um back-up no computador central desta empresa. Considere as seguintes afirmações:

I. Antônio fez o back-up.

II. José e João fizeram o back-up.

III. Se João não fez o back-up, então Antônio também não o fez.

Sabendo que as afirmações I e III são verdadeiras e que a afirmação II é falsa, é correto afirmar que

a. José não fez o back-up.

b. Somente José fez o back-up.

c. José e João não fizeram o back-up.

d. Somente Antônio fez o back-up.

e. José e Antônio fizeram o back-up.

COMENTÁRIO

Para resolver essa questão é preciso conhecer a tabela verdade das operações dadas. Temos em I uma proposição simples, em II uma conjunção e em III uma condicional.

A questão disse que I e III são verdadeiras. Ou seja:

I. Antônio fez o back-up. (V)

III. Se João não fez o back-up (?) , então Antônio também não o fez (F).

Sabemos que na tabela verdade de uma condicional, a única forma para se obter FALSO é se tivermos $V \rightarrow F$. Então para evitarmos que isso ocorra, substituímos (?) por F. Desta forma teremos: $F \rightarrow F = V$.

Como o enunciado disse que II é falso, e acabamos de descobrir que "João fez back-up" é V, precisamos jugar se "José fez back-up" é V ou F. Basta notar que a operação dada é uma conjunção "e", e que a única forma de não se obter FALSO nessa operação é quando as duas proposições simples que as formas são verdadeiras. Para evitar que isso ocorra, como já sabemos que uma é verdade, sugerimos que a outra seja falsa.

Assim termos: $F \wedge V = F$

Então podemos concluir que José NÃO fez o back-up.

Resposta: A

---

53. (AOCP/UEFS/Analista Universitário/Administração/2018) Considere as seguintes afirmativas:

A_1: A camiseta da seleção brasileira é branca ou a bermuda da seleção brasileira é amarela.

A_2: Se a bola da Copa é preta, então a bandeirinha do escanteio é listrada.

Sabe-se que ambas as afirmações são falsas. Então conclui-se que

a. a camiseta da seleção brasileira não é branca, a bermuda da seleção brasileira não é amarela, a bola da Copa é preta e a bandeirinha do escanteio não é listrada.

b. a camiseta da seleção brasileira é branca, a bermuda da seleção brasileira é amarela, a bola da Copa é preta e a bandeirinha do escanteio é listrada.

c. a camiseta da seleção brasileira não é branca, a bermuda da seleção brasileira não é amarela, a bola da Copa não é preta e a bandeirinha do escanteio não é listrada.

d. a camiseta da seleção brasileira é branca, a bermuda da seleção brasileira não é amarela, a bola da Copa é preta e a bandeirinha do escanteio não é listrada.

e. a camiseta da seleção brasileira não é branca, a bermuda da seleção brasileira é amarela, a bola da Copa é preta e a bandeirinha do escanteio é listrada.

COMENTÁRIO

Para resolvermos essa questão é preciso ter o conhecimento da tabela verdade das duas operações dadas. A operação em A1 é uma disjunção (ou) e em A2 é uma condicional (→).

Então aproveitando para relembrar:

Condicional:

A	*B*	$A \to B$
V	V	V
V	F	F
F	V	V
F	F	V

Disjunção:

A	*B*	$A \vee B$
V	V	V
V	F	V
F	V	V
F	F	F

Então, como podemos ver, a única maneira de obter FALSO em uma condicional é quando temos $V \to F$, e em uma disjunção é quando temos $F \vee F$.

LOGO:

A1: A camiseta da seleção brasileira é branca (F) ou a bermuda da seleção brasileira é amarela (F).

A2: Se a bola da Copa é preta (V), então a bandeirinha do escanteio é listrada (F).

Concluímos então que:

A camisa da brasileira NÃO é branca, a bermuda da seleção brasileira NÃO é amarela, a bola da Copa é preta e a bandeirinha do escanteio NÃO é listrada.

Resposta: A.

---

54. (AOCP/UEFS/Analista Universitário-Administração/2018)

Considerando falsa a seguinte afirmação: "Se Rodrigo é presidente da empresa, então Vinícius é o responsável pelo Departamento financeiro da mesma", a afirmação necessariamente verdadeira é

a. Rodrigo é o presidente da empresa e Vinícius é o responsável pelo Departamento financeiro.

b. Rodrigo não é o presidente da empresa ou Vinícius é o responsável pelo Departamento financeiro.

c. Rodrigo é o presidente da empresa.

d. Vinícius é o responsável pelo Departamento financeiro.

e. Rodrigo não é o presidente da empresa e Vinícius não é o responsável pelo Departamento financeiro.

COMENTÁRIO

Para resolvermos essa questão é preciso ter o conhecimento da tabela verdade da CONDICIONAL.

Então aproveitando para relembrar:

Condicional:

A	B	$A \to B$
V	V	V
V	F	F
F	V	V
F	F	V

Ou seja, a única forma para se obter FALSO em uma condicional é quando temos $V \to F$.

Então temos:

"Se Rodrigo é presidente da empresa (V), então Vinícius é o responsável pelo Departamento financeiro da mesma (F)".

Com isso, podemos analisar as alternativas:

a. Rodrigo é o presidente da empresa (V) e Vinícius é o responsável pelo Departamento financeiro (F).

É uma conjunção, logo: $V \wedge F = F$

b. Rodrigo não é o presidente da empresa (F) ou Vinícius é o responsável pelo Departamento financeiro "(F)".

É uma disjunção, logo: $F \vee F = F$.

c. Rodrigo é o presidente da empresa (V).

Nossa alternativa.

d. Vinícius é o responsável pelo Departamento financeiro.(F)

e. Rodrigo não é o presidente da empresa (F) e Vinícius não é o responsável pelo Departamento financeiro (V).

É uma conjunção, logo: $F \wedge V = F$

Resposta: C.

---

55. (AOCP/UNIR/Analista de Tecnologia da Informação/2018) Caio, João e Bento são amigos de infância. Um deles é loiro, outro é moreno e o outro é ruivo. Sabe-se também que um deles cursa Direito, outro Matemática e o outro Informática. Sabe-se, também, que Caio não faz Matemática e nem Informática, João não é moreno e nem ruivo e que Bento e o amigo que é moreno não fazem Matemática. Em relação à situação descrita, julgue o item a seguir.

- Caio é moreno e cursa Matemática.

COMENTÁRIO

Observe que temos três pessoas, três tipos de cabelos e três cursos.

A questão também disse que Caio não faz Matemática e nem Informática, logo o único curso que Caio pode fazer é o curso de Direito.

Outra informação que temos é que João não é moreno e nem ruivo, então João só pode ser loiro.

A última informação dada é que Bento e o amigo que é moreno não fazem Matemática. Com isso, sabemos que Bento não faz Matemática e já sabemos também que Caio não faz matemática, pois ele faz direito, logo o amigo moreno é o Caio.

Com isso concluímos:

Caio é moreno e faz Direito.

João é loiro e faz Matemática.

Bento é ruivo e faz Informática.

Logo, o item está errado.

Resposta: ERRADO.

---

56. (AOCP/UNIR/Analista de Tecnologia da Informação/2018) Caio, João e Bento são amigos de infância. Um deles é loiro, outro é moreno e o outro é ruivo. Sabe-se também que um deles cursa Direito, outro Matemática e o outro Informática. Sabe-se, também, que Caio não faz Matemática e nem Informática, João não é moreno e nem ruivo e que Bento e o amigo que é moreno não fazem Matemática. Em relação à situação descrita, julgue o item a seguir.

Bento é ruivo e cursa Informática.

COMENTÁRIO

Como vimos na questão anterior, após a análise das informações dadas, podemos concluir o seguinte:

Caio é moreno e faz Direito.

João é loiro e faz Matemática.

Bento é ruivo e faz Informática.

Logo, o item está correto.

Resposta: CERTO.

---

57. (AOCP/UNIR/Analista de Tecnologia da Informação/2018) Caio, João e Bento são amigos de infância. Um deles é loiro, outro é moreno e o outro é ruivo. Sabe-se também que um deles cursa Direito, outro Matemática e o outro Informática. Sabe-se, também, que Caio não faz Matemática e nem Informática, João não é moreno e nem ruivo e que Bento e o amigo que é moreno não fazem Matemática. Em relação à situação descrita, julgue o item a seguir.

João é loiro e cursa Direito.

COMENTÁRIO

Observe que com apenas uma análise conseguimos resolver três questões de uma mesma prova de forma bem rápida. Como vimos na questão anterior, após a análise das informações dadas, podemos concluir o seguinte:

Caio é moreno e faz Direito.

João é loiro e faz Matemática.

Bento é ruivo e faz Informática.

Errado, pois sabemos que João cursa Matemática.

Resposta: CERTO.

---

58. (AOCP/Prefeitura de Feira de Santana- BA/Professor Matemática/2018) Considere as três afirmações a seguir:

I. Se João não vai à escola, então Maria vai ao supermercado.

II. Se Maria vai ao supermercado, então Clara não fica em casa.

III. Se Clara não fica em casa, então Pedro vai trabalhar.

Sabendo que Pedro não vai trabalhar, então é correto afirmar que

a. Clara não fica em casa.

b. Maria vai ao supermercado.

c. João vai à escola.

d. João não vai à escola.

e. Clara vai ao supermercado.

COMENTÁRIO

Observe que temos três condicionais, e sabemos que em uma condicional a única forma para se obter FALSO é quando o antecedente é verdadeiro e o consequente é falso, ou seja:

$V \rightarrow F = F.$

Admitindo que as sentenças sejam verdadeiras podemos valorar as proposições da seguinte forma, começando pela informação de que Pedro não vai trabalhar.

Iniciamos pela proposição III onde o consequente será falso, então para evitar $V \rightarrow F$, o antecedente não poderá ser verdade, logo "Clara não fica em casa" será falso.

O mesmo ocorre com os demais itens:

I. Se João não vai à escola (F), então Maria vai ao supermercado (F).

II. Se Maria vai ao supermercado (F), então Clara não fica em casa (F).

III. Se Clara não fica em casa (F), então Pedro vai trabalhar (F).

Logo, após analisar os itens, podemos concluir que:

Se João não vai à escola (F), logo João vai à escola (V).

Resposta: C.

---

59. (INSTITUTO AOCP/IPM-SP/Técnico em Contabilidade/2018) Três funcionárias de uma empresa privada (Ana, Bia e Carla) devem determinar suas salas de trabalho (sala 1, 2 ou 3, nessa ordem e consecutivas), cada uma com cores diferentes (azul, vermelho ou verde), tal que cada sala tenha somente uma funcionária. Após serem feitas as escolhas, verificou-se que: Ana ficou na sala à esquerda da sala da funcionária que ficou com a sala vermelha; Bia ficou com a sala azul; Carla ficou com a sala 2. Com base nessas informações, é correto afirmar que

A. Bia ficou com a sala 3, de cor vermelha.
B. Ana ficou com a sala 3, de cor verde.
C. Ana ficou com a sala 1, de cor verde.
D. Bia ficou com a sala 1, de cor azul.
E. Carla ficou com a sala 2, de cor azul.

COMENTÁRIO

Como são três salas e três cores diferentes podemos representar da seguinte forma:

SALA 1	SALA 2	SALA 3

Sabemos que a Carla ficou com a sala 2:

SALA 1	SALA 2	SALA 3
	CARLA	

Ana ficou na sala à esquerda da sala da funcionária que ficou com a sala vermelha.

Ora, então temos a possibilidade da casa de Ana ser ou a casa 1 ou a casa 2.

Porém foi dito que Bia ficou com a sala azul, observe então que a sala 2 não poderá ser azul, pois essa casa já é a da Carla. Logo, a sala 2 é a sala vermelha.

Então temos;

SALA 1	SALA 2	SALA 3
ANA	CARLA	BIA
VERDE	VERMELHO	AZUL

Com isso podemos marcar a alternativa correta.

Resposta: C.

---

60. (VUNESP/Escrivão de Polícia Civil /2018). Há um estudante, um estagiário e um engenheiro. Os nomes são Bruno, Carlos e Antônio. As idades deles são 18, 26 e 28 anos. A ordem em que essas informações foram listadas é uma ordem qualquer. Apenas o engenheiro tem curso superior e ele não é o mais novo. Para ser diretor de uma construtora, é necessário ter curso superior. Antônio não é o mais velho. O estagiário, primo de Carlos, é o mais velho. Antônio já visitou, com seus colegas de escola, a construtora que Carlos dirige.

Com essas informações, é correto concluir que

a) Antônio não tem 18 anos.
b) Se Bruno é o estagiário, então Antônio é o engenheiro.
c) Carlos não é engenheiro ou Carlos tem 26 anos.
d) Bruno tem 18 anos, e é o estagiário.
e) Bruno é o engenheiro, primo de Carlos.

COMENTÁRIO

Temos uma questão associação em que iremos construir uma tabela que nos auxiliará a relacionar as informações:

FUNÇÃO	ESTUDANTE	ESTAGIÁRIO	ENGENHEIRO
NOMES	Antônio	Bruno	Carlos
IDADES	18	28	26

Observar que nas alternativas existem operadores lógicos, que deverão ser levados em conta, e as proposições simples serão valoradas conforme as informações da tabela acima, vejamos:

a) Antônio não tem 18 anos. (F)
b) Se Bruno é o estagiário (V), então Antônio é o engenheiro (F) = F
c) Carlos não é engenheiro (F) ou Carlos tem 26 anos (V). = V
d) Bruno tem 18 anos (F), e é o estagiário (V). = F
e) Bruno é o engenheiro (F), primo de Carlos (V). = F

Logo "Carlos não é engenheiro (F) <u>ou</u> Carlos tem 26 anos (V) = V (verdade)

Resposta: C.

---

61. (FUNDATEC/DPE-SC/Técnico Administrativo/2018) Antônia, Mario e Paula são advogados que atuam exclusivamente em uma das seguintes áreas do direito: família, trabalhista ou criminal, mas não necessariamente nessa ordem. Sabendo que:

- Antônia não atua na área de família.
- Mário ou Paula atua na área trabalhista.
- Paula e Antônia não atuam na área trabalhista.

Deduzimos ser verdade que:

a) Antônia atua na área criminal, Mário na área da família e Paula na área trabalhista.
b) Antônia atua na área trabalhista, Mário na área da família e Paula na área criminal.
c) Antônia atua na área trabalhista, Mário na área criminal e Paula na área da família.
d) Antônia atua na área criminal, Mário na área trabalhista e Paula na área da família.
e) Antônia atua na área da família, Mário na área trabalhista e Paula na área criminal.

COMENTÁRIO

Vamos construir uma tabela para melhor associar as informações:

Sabendo que as informações são todas verdadeiras, iremos analisá-las:

- Antônia não atua na área de família. (V)
- Mário ou Paula atua na área trabalhista. (V)
- Paula e Antônia não atuam na área trabalhista. (V)

Área de atuação/Nomes	Antônia	Mário	Paula
Família	F (3)	F (2)	V (4)
Trabalhista	F (1)	V (1)	F (1)
Criminal	V (6)	F (2)	F (5)

Pelas considerações podemos inferir que pelo comando, Paula e Antônia não atuam na área de família (1), logo Mário que atua na área trabalhista, ele não atua nas áreas de família e criminal (2). Pela informação do comando que diz Antônia não atua na área de família (3), podemos inferir que Paula atua na área de família (4) e que Paula não atua na área criminal (5). Dessa forma sobrou a área criminal para Antônia (6).

Resposta: D.

---

62. (VUNESP/Escrivão de Polícia Civil/2018) Considere as primeiras figuras de uma sequência:

Figura 1

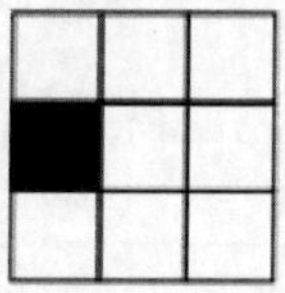
Figura 2

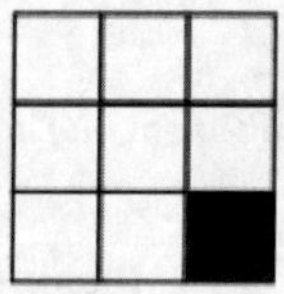
Figura 3

Figura 4

Figura 5

Figura 6

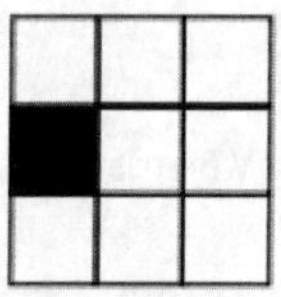
Figura 7

Figura 8

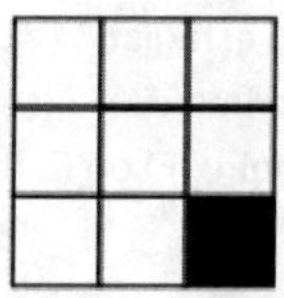
Figura 9

Figura 10

Figura 11

Figura 12

Nessa sequência de figuras, a figura 10 é igual à figura 1, a figura 11 é igual à figura 2, a figura 12, é igual à figura 3, e assim por diante. Dessa forma, a figura 232 será

a) 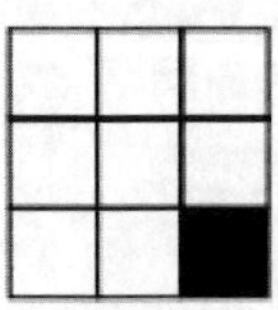

b) 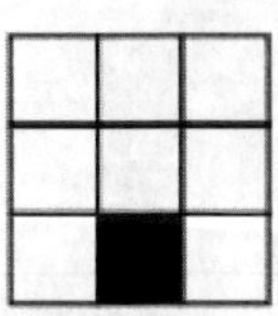

c) 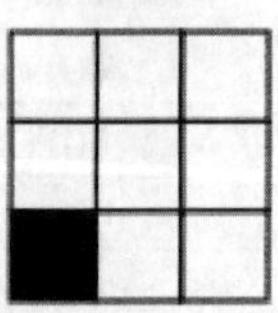

d) 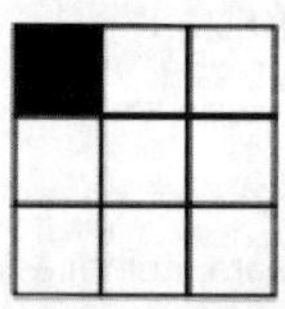

e) 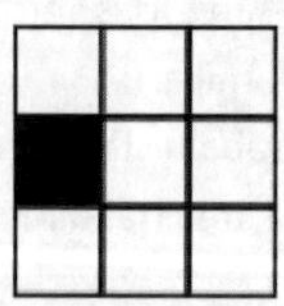

COMENTÁRIO

Temos uma questão de sequências, em que a partir da 10ª figura começa a repetir a mesma sequência, dessa forma iremos dividir 232 por 9 para calcular quantos blocos se repetem.

232 / 9 = 25 e resto igual a 7. Ou seja, teremos 25 blocos com 9 figuras e sobraram 7 figuras. Sendo assim a resposta é a figura:

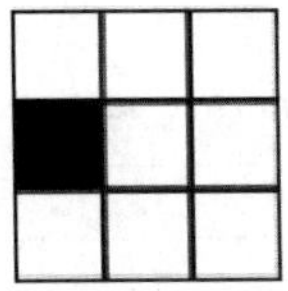

Resposta: E.

---

63. (VUNESP/ Escrivão de Polícia Civil /2018) Samantha, Kaoana, Franciane e Débora têm 26, 32, 36 e 41 anos, não necessariamente nessa ordem. Cada uma delas utiliza meio de transporte distinto das outras para irem aos seus trabalhos, sendo eles motocicleta, carro, bicicleta e ônibus, e trabalha em um bairro distinto de São Paulo, sendo Ipiranga, Pinheiros, Santana e Centro, não necessariamente nas ordens apresentadas. Sabe-se que a de maior idade vai trabalhar de carro e seu local de trabalho não é Pinheiros e, tampouco, Santana; Samantha tem menos idade que Franciane, não vai trabalhar de ônibus e trabalha no Ipiranga; a mais nova delas vai trabalhar em Pinheiros, de motocicleta; Débora não anda de ônibus e é mais velha que Samantha e que Franciane. A alternativa que apresenta uma associação correta dessas pessoas às suas idades, aos seus meios de transporte ou aos bairros em que trabalham é:

a) Samantha tem 36 anos.

b) Franciane tem 32 anos.

c) Débora trabalha em Santana.

d) Franciane trabalha no Ipiranga.

e) Samantha trabalha de bicicleta.

COMENTÁRIO

Temos uma questão de associação, em que iremos construir uma tabela para melhor relacionar as informações:

1. Sabe-se que a de maior idade (41) vai trabalhar de carro e seu local de trabalho não é Pinheiros e, tampouco, Santana; Logo temos duas possibilidades para o bairro de quem tem 41 anos.

IDADE	26	32	36	41
NOMES				
TRANSPORTE				Carro
BAIRRO				Centro ou Ipiranga

2. Samantha tem menos idade que Franciane (não tem 41 anos), não vai trabalhar de ônibus e trabalha no Ipiranga;

IDADE	26	32	36	41
NOMES				Não Samantha
TRANSPORTE				Carro
BAIRRO				Centro ou Ipiranga

Samantha → Ipiranga → não ônibus.

3. a mais nova delas (26) vai trabalhar em Pinheiros, de motocicleta.

IDADE	26	32	36	41
NOMES				Não Samantha
TRANSPORTE	Motocicleta			Carro
BAIRRO	Pinheiros			Centro ou Ipiranga

4. Samantha tem menos idade que Franciane, não vai trabalhar de ônibus e trabalha no Ipiranga.

IDADE	26	32	36	41
NOMES		Samantha	Franciane	Não Samantha
TRANSPORTE	Motocicleta	Não ônibus		Carro
BAIRRO	Pinheiros	Ipiranga		Centro

5. Débora não anda de ônibus e é mais velha que Samantha e que Franciane.

IDADE	26	32	36	41
NOMES		Samantha	Franciane	Débora
TRANSPORTE	Motocicleta			Carro
BAIRRO	Pinheiros	Ipiranga		Centro ou Ipiranga

6. Colocar as demais informações que faltam.

Samantha → Ipiranga → não ônibus.

IDADE	26	32	36	41
NOMES	Kaoana	Samantha	Franciane	Débora
TRANSPORTE	Motocicleta	Bicicleta	Ônibus	Carro
BAIRRO	Pinheiros	Ipiranga	Santana	Centro

Resposta: E.

---

64. (VUNESP/ Investigador de Polícia Civil /2018) Nas figuras da sequência a seguir, a letra A sempre ocupa uma posição que será chamada de ponta. Já a letra B sempre ocupa uma posição que será chamada de fundo. Na 4ª figura da sequência, as duas letras estão em posições consecutivas, o que acontece também na 5ª figura e não acontece nas três primeiras figuras.

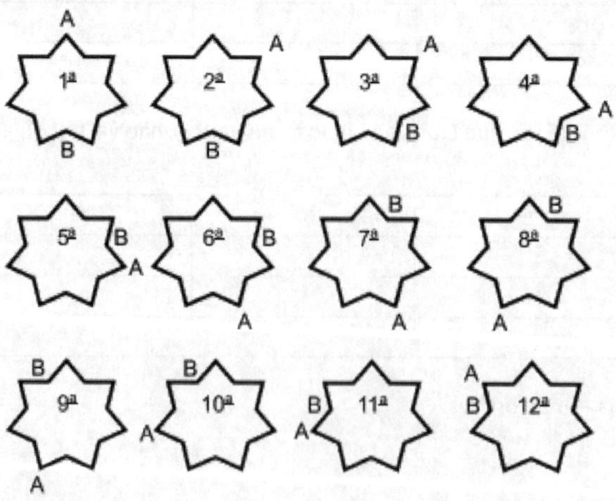

Sabendo que essa sequência foi criada com um padrão lógico, e que é ilimitada, então o número de vezes em que as duas letras estão em posições consecutivas, nas cento e nove primeiras figuras, é igual a

a) 31.

b) 28.

c) 37.

d) 25.

e) 33.

COMENTÁRIO

Vamos imaginar que a sequência inicia do 4º termo, logo iremos subtrair os três primeiros, 109 – 3, assim teremos uma sequência de 106 termos. Começando do 4º termo, temos que de sete em sete termos, as letras A e B são consecutivas.

Logo iremos dividir 106 por 7, onde temos o quociente de 15, isto é, 15 blocos com duas figuras que as letras A e B aparecem consecutivas. O resto da divisão é igual a 1, logo podemos inferir que a primeira figura consecutiva também possui as letras A e B consecutivas. Será a primeira do próximo bloco.

Teremos então 15 x 2(aparecem juntas duas vezes em cada bloco) = 30 + 1(a primeira figura do bloco consecutivo) = 31 vezes.

Resposta: A.

---

65. (VUNESP: PC SP – Investigador de Polícia Civil/ 2018) Luiz, Marcos, Naldo e Osvaldo praticam os esportes futebol, basquetebol, voleibol e handebol, não necessariamente nessa ordem. A idade de cada um deles é 18, 21, 29 e 32, também não necessariamente nessa ordem. Luiz não é o mais novo e não pratica futebol e nem voleibol. O jogador de basquete tem 29 anos e é amigo de Luiz. Naldo é 8 anos mais novo que seu irmão, o jogador de basquete. O melhor amigo de Naldo é o jogador de voleibol. Marcos e o jogador de futebol são os dois mais jovens desse grupo.

Com essas informações, é correto concluir que

a) Marcos tem 21 anos ou pratica handebol.

b) Naldo e Osvaldo não são irmãos ou Luiz tem 29 anos.

c) Luiz pratica handebol e tem 21 anos.

d) Osvaldo pratica basquetebol e Naldo pratica voleibol.

e) Marcos pratica futebol ou tem 18 anos.

COMENTÁRIO

Temos uma questão de associação, logo iremos construir uma tabela para melhor associar as informações.

Como já visto em várias questões anteriores, iremos relacionar as informações:

Nomes: Luis, Marcos, Naldo e Oswaldo

Esportes: Handebol, Voleibol, Futebol e Basquetebol

Idades: 32, 18,21 e 29

Nomes	Luís	Marcos	Naldo	Oswaldo
Esportes				
Idade				

Conforme as informações, temos:

1ª - Luiz não é o mais novo e não pratica futebol e nem voleibol

2ª - O jogador de basquete tem 29 anos e é amigo de Luiz (podemos inferir Luiz faz Handebol, pois não faz futebol nem basquete)

Nomes	Luís	Marcos	Naldo	Oswaldo
Esportes	**Não** é futebol **Não** é basquete			
Idade	**Não** é 18 **Não** é 29			

3ª - Naldo é 8 anos mais novo que seu irmão, o jogador de basquete.

4ª - O melhor amigo de Naldo é o jogador de voleibol (podemos inferir que Naldo faz futebol)

5ª- Marcos e o jogador de futebol são os dois mais jovens desse grupo. (podemos inferir que Luis possui 32 anos), consequentemente Oswaldo tem que ter 29 anos.

Nomes	Luís	Marcos	Naldo	Oswaldo
Esportes	Handebol	Pode ser voleibol Não é futebol	Não é basquetebol Não é voleibol	Pode ser voleibol
Idade	**Não** é 18 **Não** é 21 **Não** é 29 **32 anos**	Pode ser 18 ou 21	Pode ser 18 ou 21	Pode ser 32 ou 29 **29 anos**

6ª - O jogador de basquete tem 29 anos. Como Marcos não é futebol, teremos voleibol para Marcos.

7ª - O melhor amigo de Naldo é o jogador de voleibol (podemos inferir que Naldo faz futebol)

Nomes	Luís	Marcos	Naldo	Oswaldo
Esportes	Handebol	Pode voleibol	Futebol	Basquetebol
Idade	**Não** é 18 **Não** é 29 **32 anos**	Pode ser 18 ou 21	Pode ser 18 ou 21	Pode ser 32 ou 29 **29 anos**

8ª - Naldo é 8 anos mais novo que seu irmão, o jogador de basquete.

Podemos inferir que, se a diferença é de 8 anos, a idade de Naldo ao jogador de basquetebol, então Nado tem 21 anos.

Para Marcos sobrou a idade de 18 anos.

Nomes	Luís	Marcos	Naldo	Oswaldo
Esportes	**Handebol**	**Pode voleibol**	**Futebol**	**Basquetebol**
Idade	**32 anos**	**18 anos**	**21 anos**	**29 anos**

Ficar esperto que nas alternativas temos conectivos lógicos, o que devem ser analisados:

Ao analisar a letra (E) temos:

Marcos pratica futebol (F) ou tem 18 anos (V) = V (conectivo de disjunção)

Resposta: E.

---

66. (IESES/IGP-SC/Perito Criminal Bioquímico/2017) Uma professora passa um trabalho para uma equipe com 3 alunos, Diego, Luciana e Ricardo. Considere as afirmações.

I. Diego e Ricardo fizeram o trabalho.

II. Se Ricardo não fez o trabalho então Luciana não fez o trabalho.

III. Luciana fez o trabalho.

Sabe-se que as afirmações II e III são verdadeiras e a I é falsa. Desta forma, podemos afirmar corretamente que:

a) Diego não fez o trabalho.
b) Somente Luciana fez o trabalho.
c) Diego e Ricardo não fizeram o trabalho.
d) Diego e Luciana fizeram o trabalho.

COMENTÁRIO

Iremos valorar as afirmações conforme o comando:

I. Diego e Ricardo fizeram o trabalho= **(F)**

II. Se Ricardo não fez o trabalho então Luciana não fez o trabalho.=**(V)**

III. Luciana fez o trabalho. =**(V)**

Nessa questão temos a presença de operadores lógicos, logo iremos aplicar tabelas-verdade para interpretar cada uma das proposições simples.

P1. Diego fez o trabalho **(F)** ∧ Ricardo fez o trabalho **(V)** = **(F)**

P2. Ricardo não fez o trabalho **(F)** →Luciana não fez o trabalho. **(F)** = **(V)**

P3. Luciana fez o trabalho. = **(V)**

Partindo da P3 que é simples e verdadeira, iremos valorar as demais conforme as tabelas-verdade.

Analisando as alternativas:

a) Diego não fez o trabalho. (V)
b) Somente Luciana fez o trabalho. (F)
c) Diego e Ricardo não fizeram o trabalho. (F)
d) Diego e Luciana fizeram o trabalho. (F)

Resposta: A.

---

67. (FUNRIO/SESAU-RO/Engenheiro Químico/2017) A soma de 10 números é 400. Um desses números é o 44.Assim, avalie se as seguintes afirmativas são falsas (F) ou verdadeiras (V):

✓ Ao menos um dos demais 9 números é menor do que 40.

✓ Ao menos três números são menores ou iguais a 39.

✓ Ao menos um dos números é menor do que 37.

As afirmativas são respectivamente:

a) F, V e V.
b) V, F e V.
c) V, F e F
d) F, V e F
e) F, F e F.

COMENTÁRIO

Para resolver esta questão iremos analisar cada uma das afirmativas e verificar se satisfaz a condição de que a soma dos 10 números é igual a 400 e que um deles já é 44. Se pelo menos um número é o 44, então 400 - 44= 356. A soma dos 9 números restantes é igual a 356.

Analisando cada uma das afirmativas, temos:

✓ Ao menos um dos demais 9 números é menor do que 40. Levando em consideração o raciocínio acima, podemos pensar que 40x9= 360, então essa afirmativa é verdadeira, pois pelo menos um número tem que ser menor que 40, para chegar a 356. (Verdadeiro)

✓ Ao menos três números são menores ou iguais a 39. Não necessariamente, pois podemos ter 2 sendo menor ou igual a 39, vejamos um exemplo: {44-10-26-40-40-40-40-40-40-40} (Falso)

✓ Ao menos um dos números é menor do que 37. Podemos pensar o seguinte :37x9= 333, então essa é falsa, pois para chegarmos em 356 não há necessidade de que haja número menos que 37, pelo contrário. (Falsa)

Resposta: C.

68. (FCC/TRT-24ª REGIÃO/Técnico Judiciário/Tecnologia da Informação/2017)

Em um grupo de cinco homens (P, Q, R, S e T) que se conhecem muito bem, cada um é destro ou canhoto, ou seja, não há ambidestros. P diz ser destro, Q diz que P é canhoto, R diz que Q é canhoto, S diz que Q é destro, e T diz que R é canhoto. Sabe-se que os homens destros estão dizendo a verdade, e que os canhotos estão mentindo. Se apenas dois dos cinco homens são canhotos, então os canhotos são

a) P e S.
b) Q e S.
c) S e T.
d) P e R.
e) Q e R.

COMENTÁRIO

P diz ser destro (fala a verdade)

Q diz que P é canhoto (P é mentiroso)

R diz que Q é canhoto (Q é mentiroso)

S diz que Q é destro (Q fala a verdade)

T diz que R é canhoto (R é mentiroso)

Temos uma contradição entre P e Q, logo teremos uma verdade e uma mentira. Segundo a questão temos que dos cinco homens, dois são canhotos (mentirosos). Temos uma outra contradição entre R e S, onde teremos uma mentira e uma outra verdade. Dessa forma podemos afirmar que T está falando a verdade, pois os dois mentirosos estão nas duas contradições.

Como sabemos que T fala a verdade, então podemos inferir que a fala de T é verdadeira (R é mentiroso).

(F) P diz ser destro (fala a verdade)

(V) Q diz que P é canhoto (P é mentiroso)

(F) R diz que Q é canhoto (Q é mentiroso)

(V) S diz que Q é destro (Q fala a verdade)

(V) T diz que R é canhoto (R é mentiroso)

Como temos uma contradição entre R e S, e sabendo R é mentiroso, logo S fala verdade. Se S fala a verdade e ele diz que Q fala verdade então Q fala a verdade. E Q fala a verdade e diz que P é mentiroso, podemos afirmar que P fala mentira.

Os canhotos são os que mentem, neste caso P e R.

Resposta: D.

---

69. (IBFC/EBSERH/HUGG-UNIRIO/Médico-Cirurgia Geral/2017) De acordo com a sequência lógica 3,7,7,10,11,13,15,16,19, 19,..., o próximo termo é:

a) 20
b) 21
c) 22
d) 23
e) 24

COMENTÁRIO

Uma boa saída quando não percebemos um padrão envolvendo termos consecutivos e dividir toda a sequência em duas diferentes sequências considerando termos alternados, Vejamos:

Sequência completa: 3,7,7,10,11,13,15,16,19,19,...,

1ª Sequência: 3, 7, 11, 15, 19 ... [cada termo posterior é o anterior SOMADO por 4]

2ª Sequência: 7, 10, 13, 16, 19, ... [cada termo posterior é o anterior SOMADO por 3]

Observando toda a sequência, reparem que o próximo termo será da sequência 1. Logo, precisamos adicionar 4 unidades ao último termo da primeira sequência.

Portanto, o próximo termo será $19 + 4 = 23$

Resposta: D.

---

70. (IADES/Ceitec S.A/Analista Administrativo e Operacional/Jornalismo/2016) A mãe não dorme se o primeiro filho está chorando ou se o segundo filho está tomando banho. Se a mãe está dormindo, é correto afirmar que o(s)

A. primeiro filho está tomando banho.

B. segundo filho está chorando.

C. dois filhos estão chorando.

D. primeiro filho está chorando, e o segundo filho está tomando banho.

E. segundo filho não está tomando banho.

COMENTÁRIO

Vamos organizar a questão no formato da simbologia da estrutura lógica.

Vamos chamar de:

p: a mãe dorme

q: o primeiro filho está chorando

r: o segundo filho está tomando banho

Observe que temos uma bicondicional, pois temos:

$\sim p \leftrightarrow (q \vee r)$

Em uma bicondicional, só será verdadeira se as duas proposições que a formam possuem o mesmo valor lógico.

Sabendo que a mãe está dormindo, $p = V$, então $\sim p = F$.

Como a primeira parte da bicondicional é F então a segunda parte também deverá ser F:

$(q \vee r) = F$

Logo, como temos uma disjunção, as duas proposições são falsas:

q: o primeiro filho está chorando (F)

Então, o primeiro filho não está chorando

r: o segundo filho está tomando banho (F)

Então, o segundo filho não está tomando banho.

Resposta: E.

---

71. (CESPE/DPU/Analista/2016) Quatro candidatos a uma vaga de emprego em uma agência de detetives deverão passar por um teste de raciocínio lógico, que consiste em entrar em uma sala e descobrir em qual das duas pastas sobre a mesa, uma vermelha e outra verde, estão seus respectivos contratos de trabalho — os quatro contratos estão em uma mesma pasta. Cada um deles poderá fazer uma única pergunta a um de seus dois possíveis futuros chefes: um responderá sempre com a verdade e o outro sempre mentirá. Os candidatos não sabem, todavia, qual dos dois chefes falará a verdade e qual mentirá.

O candidato 1 perguntou a um dos chefes em qual pasta estava o seu contrato; ouviu a resposta e saiu. O candidato 2 fez a mesma pergunta do primeiro candidato só que, casualmente, escolheu o outro chefe, ouviu a resposta e se retirou. O candidato 3 entrou na sala, pegou uma das pastas nas mãos e perguntou a um dos chefes:

— O seu amigo me diria que nesta pasta se encontra o meu contrato?

Ouviu a resposta e saiu. Entrou o último candidato e, com o dedo apontado para um dos chefes, perguntou ao outro:

— Em que pasta ele diria que está o meu contrato?

— "Na verde", foi a resposta que ele obteve.

Com base nessa situação hipotética, julgue o item a seguir.

A partir das perguntas feitas pelos quatro candidatos e das respostas obtidas, é correto afirmar que os contratos estão na pasta vermelha.

COMENTÁRIO

Para resolver esse item iremos ter como referência o quarto candidato. Vejamos:

Como não sabemos qual dos chefes fala a verdade ou mente iremos supor 02 (duas) situações em que a pergunta feita pelo quarto candidato poderá ter sido feita ao chefe que fala verdade (1ª possibilidade) ou poderá ter sido feita ao chefe que mente (2ª possibilidade).

1ª Possibilidade: Pergunta feita ao chefe que fala verdade, pois o outro chefe mente.

CV (chefe que fala a verdade): sabemos que a resposta obtida foi verde, de acordo com o texto.

Se o quarto candidato perguntou a uma pessoa que fala a verdade o que o outro (mentiroso) lhe diria sobre onde está o seu contrato e ele ouviu verde, podemos inferir que os contratos estão na pasta vermelha, pois quem respondeu foi um mentiroso.

2ª Possibilidade: Pergunta feita ao chefe que fala mentira, o outro chefe fala a verdade

CM (chefe que fala mentira): sabemos que a resposta obtida foi verde, de acordo com o texto.

Se o quarto candidato perguntou a uma pessoa mentirosa o que o outro candidato lhe diria sobre onde está o seu contrato e ele ouviu verde, podemos inferir que esse chefe mentiroso ouviu foi vermelha, porém ele tem que mentir. Logo os contratos estão na pasta vermelha.

Resposta: Correto.

---

72. (CESPE/ DPU/Analista/2016) Quatro candidatos a uma vaga de emprego em uma agência de detetives deverão passar por um teste de raciocínio lógico, que consiste em entrar em uma sala e descobrir em qual das duas pastas sobre a mesa, uma vermelha e outra verde, estão seus respectivos contratos de trabalho — os quatro contratos estão em uma mesma pasta. Cada um deles poderá fazer uma única pergunta a um de seus dois possíveis futuros chefes: um responderá sempre com a verdade e o outro sempre mentirá. Os candidatos não sabem, todavia, qual dos dois chefes falará a verdade e qual mentirá.

O candidato 1 perguntou a um dos chefes em qual pasta estava o seu contrato; ouviu a resposta e saiu. O candidato 2 fez a mesma pergunta do primeiro candidato só que, casualmente, escolheu o outro chefe, ouviu a resposta e se retirou. O candidato 3 entrou na sala, pegou uma das pastas nas mãos e perguntou a um dos chefes:

— O seu amigo me diria que nesta pasta se encontra o meu contrato?

Ouviu a resposta e saiu. Entrou o último candidato e, com o dedo apontado para um dos chefes, perguntou ao outro:

— Em que pasta ele diria que está o meu contrato?

— "Na verde", foi a resposta que ele obteve.

Com base nessa situação hipotética, julgue o item a seguir.

É correto inferir que o chefe que respondeu ao candidato 1 falava a verdade e que o outro mentia.

COMENTÁRIO

Não é possível saber qual dos dois chefes fala a verdade e quem mente. O que podemos inferir conforme questão anterior a cor da pasta em que se encontra os contratos.

Resposta: Errado.

---

73. (CESPE/DPU/Analista/2016) Quatro candidatos a uma vaga de emprego em uma agência de detetives deverão passar por um teste de raciocínio lógico, que consiste em entrar em uma sala e descobrir em qual das duas pastas sobre a mesa, uma vermelha e outra verde, estão seus respectivos contratos de trabalho — os quatro contratos estão em uma mesma pasta. Cada um deles poderá fazer uma única pergunta a um de seus dois possíveis futuros chefes: um responderá sempre com a verdade e o outro sempre mentirá. Os candidatos não sabem, todavia, qual dos dois chefes falará a verdade e qual mentirá.

O candidato 1 perguntou a um dos chefes em qual pasta estava o seu contrato; ouviu a resposta e saiu. O candidato 2 fez a mesma pergunta do primeiro candidato só que, casualmente, escolheu o outro chefe, ouviu a resposta e se retirou. O candidato 3 entrou na sala, pegou uma das pastas nas mãos e perguntou a um dos chefes:

— O seu amigo me diria que nesta pasta se encontra o meu contrato?

Ouviu a resposta e saiu. Entrou o último candidato e, com o dedo apontado para um dos chefes, perguntou ao outro:

— Em que pasta ele diria que está o meu contrato?

— "Na verde", foi a resposta que ele obteve.

Com base nessa situação hipotética, julgue o item a seguir.

Considere que a pasta que o candidato 3 tenha segurado quando entrou na sala seja aquela que continha os contratos. Nesse caso, a resposta do chefe a quem ele dirigiu a pergunta será "Sim".

COMENTÁRIO

O candidato 03 fez uma pergunta: O seu amigo me diria que nesta pasta se encontra o meu contrato?

Temos que levar em conta que a pergunta acima pode ter sido feita para o chefe que fala a verdade, bem como para o chefe que mente, logo vamos supor as duas possibilidades e considerar que a pasta que o candidato 03 pegou estava com o contrato.

Resposta se o chefe for o que fala a verdade: disse "não", pois o outro chefe tem que mentir.

Resposta se o chefe for o que fala a mentira: disse "não", pois este chefe mente, porém ele ouviu sim.

Resposta: Errado.

---

74. (FCC/Prefeitura de Teresina-PI/Assistente Técnico de Saúde/2016) Paulo, Francisco, Carlos, Henrique e Alexandre são irmãos, sendo que apenas um deles quebrou um vaso na sala de casa. Ao investigar o ocorrido, a mãe dos cinco ouviu de cada um as seguintes afirmações:

Paulo: – Fui eu quem quebrou o vaso.

Francisco: – Eu não quebrei o vaso.

Carlos: – Foi Alexandre quem quebrou o vaso.

Henrique: – Francisco está mentindo.

Alexandre: – Não foi Carlos quem quebrou o vaso.

Se apenas um dos cinco irmãos disse a verdade, quem quebrou o vaso foi

a) Henrique.
b) Francisco.
c) Paulo.
d) Carlos.
e) Alexandre.

COMENTÁRIO

✪ **Nota do autor:** Nas provas de concursos temos questões em que as bancas exigem dos candidatos uma análise referente às declarações realizadas em uma determinada situação, procurando, na maioria das vezes, saber quem é o mentiroso e até mesmo o culpado de um determinado delito.

Nas questões com declarações onde existem pessoas que mentem e falam a verdade, em que podemos perceber existir uma **contradição** entre declarações iremos aplicar o que foi exposto referente às três leis do pensamento em DICAS.

Aplicando o "método da contradição", devido a presença de pessoas que mentem e pessoas que falam a verdade na conversação, podemos perceber que existe uma contradição entre Henrique e Francisco, quando Henrique afirma que Francisco está mentindo. Representando as declarações temos:

Paulo: – Fui eu quem quebrou o vaso.

Francisco: – Eu não quebrei o vaso.

Carlos: – Foi Alexandre quem quebrou o vaso.

Henrique: – Francisco está mentindo.

Alexandre: – Não foi Carlos quem quebrou o vaso.

CONTRADIÇÃO: HENRIQUE e FRANCISCO

A questão afirmar que apenas um dos cinco irmãos disse a verdade, logo a única verdade está na contradição, ou seja, entre Francisco e Henrique.

Então podemos colocar "falso" em Paulo, Carlos e Alexandre.

Paulo: – Fui eu quem quebrou o vaso. (F)

Francisco: – Eu não quebrei o vaso.

Carlos: – Foi Alexandre quem quebrou o vaso. (F)

Henrique: – Francisco está mentindo.

Alexandre: – Não foi Carlos quem quebrou o vaso. (F)

CONTRADIÇÃO: HENRIQUE e FRANCISCO

A partir da declaração de Alexandre que diz que não foi Carlos, podemos inferir que foi Carlos, pois Alexandre é mentiroso.

Se porventura a questão solicitasse quem falou a verdade, só pode ser Francisco, uma vez que ele se encontra na contradição.

Resposta: D.

---

75. (IADES/CRC-MG/Auxiliar Administrativo/2015) Assinale a alternativa cujo valor lógico da proposição é a verdade (V).

A. $3 + 7 = 15$ ou Rio de Janeiro é a capital do Brasil.

B. $2^3 = 6$ e Belo Horizonte é a capital de Minas Gerais.

C. Se $2 \times 5 = 20$, então Ouro Preto é uma cidade paulista.

D. $10 \div 5 = 4$ se, e somente se, Brasília é a capital do Brasil.

E. $7^0 = 1$ e Sete Lagoas é uma cidade capixaba.

COMENTÁRIO

Essa é uma questão de raciocínio lógico que aborda um pouco de aritmética e conhecimentos gerais.

Então vamos resolver cada alternativa, passo a passo:

A. $3 + 7 = 15$ ou Rio de Janeiro é a capital do Brasil.

$3 + 7 = 10$ e a capital do Brasil é Brasília. Como é uma disjunção, então temos $F \vee F = F$

B. $2^3 = 6$ e Belo Horizonte é a capital de Minas Gerais.

$2^3 = 8$ e Belo Horizonte é a capital de Minas Gerais. Como temos uma conjunção, então $F \wedge V = F$.

C. Se $2 \times 5 = 20$, então Ouro Preto é uma cidade paulista.

$2 \times 5 = 10$ e Ouro Preto é um município de Minas gerais. Como temos uma disjunção, então $F \rightarrow F = V$

D. $10 \div 5 = 4$ se, e somente se, Brasília é a capital do Brasil.

$10 \div 5 = 2$ e Brasília é a capital do Brasil. Como temos uma bicondicional, $F \leftrightarrow V = F$

$7^0 = 1$ e Sete Lagoas é uma cidade capixaba.

$7^0 = 1$ E Sete Lagoas é município é uma cidade mineira. Temos uma conjunção, então $V \wedge F = F$

Resposta: C.

---

76. (FCC/METRÔ-SP/AGENTE DE SEGURANÇA/2015) Três amigos fazem as seguintes afirmações:

André: – Beto é mentiroso.

Beto: – Carlos diz a verdade.

CONTRADIÇÃO

Carlos: – André e Beto são mentirosos.

Do ponto de vista lógico, é possível que

a) André e Beto estejam dizendo a verdade.

b) André esteja mentindo.

c) Carlos esteja mentindo.

d) André e Carlos estejam mentindo.

e) Beto esteja dizendo a verdade.

COMENTÁRIO

A partir das declarações temos duas possibilidades:

André: "Beto é mentiroso" = **V**

Beto: "Carlos diz a verdade" = **F**

Carlos: (André) **(F)** é (Beto são mentirosos) **(V) = F**

Como os amigos André e Beto estão em contradição, sabemos que teremos um falando a verdade e outro mentindo, logo vamos realizar a seguinte possibilidade: colocar André falando a verdade e Beto mentindo. Segundo a possibilidade utilizada temos que Carlos mente, pois mesmo ele falando a verdade e uma mentira, pois temos um conectivo de conjunção que V e F operados resulta em F.

A questão afirma: "Do ponto de vista lógico, é possível que", sendo assim as valorações dadas as declarações de André, Beto e Carlos não trouxeram nenhum problema, em que André falou a verdade, Beto mentiu e Carlos mentiu.

Resposta: C.

---

77. (FCC/TCE-CE/SUPORTE ADMINISTRATIVO/2015). Em uma família de 6 pessoas, um bolo foi dividido no jantar. Cada pessoa ficou com 2 pedaços do bolo. Na manhã seguinte, a avó percebeu que tinham roubado um dos seus dois pedaços de bolo. Indignada, fez uma reunião de família para descobrir quem tinha roubado o seu pedaço de bolo e perguntou para as outras 5 pessoas da família: "Quem pegou meu pedaço de bolo"?

As respostas foram:

Guilherme: "Não foi eu".

Telma: "O Alexandre que pegou o bolo".

Alexandre: "A Caroline que pegou o bolo".

Henrique: "A Telma mentiu".

Caroline: "O Guilherme disse a verdade".

A avó, sabendo que uma pessoa estava mentindo e que as outras estavam falando a verdade, pôde concluir que quem tinha pegado seu pedaço de bolo foi

a) Guilherme.
b) Telma.
c) Alexandre.
d) Henrique.
e) Caroline.

COMENTÁRIO

✪ **Nota do autor:** Nas provas de concursos temos questões em que as bancas exigem dos candidatos uma análise referente às declarações realizadas em uma determinada situação, procurando, na maioria das vezes, saber quem é o mentiroso e até mesmo o culpado de um determinado delito.

Nas questões com declarações onde existem pessoas que mentem e falam a verdade, em que podemos perceber existir uma **contradição** entre declarações iremos aplicar o que foi exposto referente às três leis do pensamento em DICAS.

Aplicando o "método da contradição", devido a presença de pessoas que mentem e pessoas que falam a verdade na conversação, podemos perceber que existe uma contradição entre Telma e Henrique, quando Henrique afirma que Telma mentiu. Representando as declarações temos:

Guilherme: "Não foi eu" ➔**V**

Telma: "O Alexandre que pegou o bolo" ➔**F**

Alexandre: "A Caroline que pegou o bolo" ➔**V**

CONTRADIÇÃO: TELMA E HENRIQUE

Henrique: "A Telma mentiu" ➔**V**

Caroline: "O Guilherme disse a verdade" ➔**V.**

A única mentira está entre Telma e Henrique, logo os demais estão falando a verdade, assim Alexandre disse que foi Caroline. Podemos inferir que a mentirosa é Telma e Caroline foi quem pegou o bolo.

Resposta: E.

---

78. (FCC/TCE-CE/SUPORTE ADMINISTRATIVO/2015). Observe a sequência (7; 5; 10; 8; 16; 14; 28; 26; 52; . . .). Considerando que a sequência continue com a mesma lei de formação, a diferença entre o 16o e o 13o termo dessa sequência, nessa ordem, é igual a

a) 190.

b) –2.

c) 192.

d) 290.

e) 576.

COMENTÁRIO

Devemos identificar qual é a lei de formação da sequência numérica que envolve todos os termos. Representando as sequências temos:

-2 x2 -2 x2 -2 x2 -2 x2 -2 x2 -2 x2 -2 x2 -2

7, 5, 10, 8, 16, 14, 28, 26, 52, 50, 100, 98, 196, 194, 388, 386

É notável que a formação dos termos é dada pela subtração de 2 unidades e depois pela multiplicação do termo anterior por 2.

(16° termos = 386) – (13° termo – 196) →190.

Resposta: A.

---

79. (FCC/TCE-CE/SUPORTE ADMINISTRATIVO/2015) A idade de cada uma dessas pessoas possui relação com a primeira letra de seu próprio nome: Samantha, 19 anos; Cleuza, 3 anos; Paulo, 16 anos; Natasha, 14 anos; Valéria, 22 anos. Maria, Bruno e Roberto, também apresentam a mesma relação entre a primeira letra de seu próprio nome e a sua respectiva idade. Sendo assim, a soma das idades de Maria, Bruno e Roberto é igual a

a) 33.

b) 29.

c) 42.

d) 39.

e) 34.

COMENTÁRIO

Considerando o alfabeto com as letras K, Y, W, temos que a primeira letra de cada nome corresponde a posição da letra no alfabeto, isto é, a idade da pessoa é igual a posição da letra. Sendo assim para os nomes Maria (13 anos), Bruno (02 anos) e Roberto (18 anos). Desta forma a soma das idades: 13+2+18= 33 anos.

Resposta: A.

---

80. (FGV/DPE-MT/ASSISTENTE ADMINISTRATIVO/2015)

As irmãs Elsa, Flávia e Gabriela possuem alturas diferentes sendo que Elsa não é a mais alta e Flávia é a mais baixa. Assim, é correto afirmar que

a) Gabriela é a mais baixa.

b) Flavia é a mais alta.

c) Elsa é a mais baixa.

d) Gabriela não é nem a mais baixa nem a mais alta.

e) Elsa não é nem a mais baixa nem a mais alta.

COMENTÁRIO

Representando os nomes pelas letras: Elsa =**E**, Flávia =**F**, Gabriela =**G**.

Pela primeira informação "Elsa não é a mais alta" temos as seguintes possibilidades:

	Mais baixa	Meio	Mais alta
1ª - possiblidade.	E	F	G
2ª - possiblidade.	E	G	F
3ª - possiblidade.	**F**	**E**	**G**
4ª - possiblidade.	G	E	F

De acordo com a segunda informação: "Flávia é a mais baixa" só temos como possibilidade a 3ª linha da tabela. Logo a resposta e a letra E.

Resposta: E.

---

81. (IDECAN/AGU/Analista/2014). Sabe-se que um livro possui 828 páginas, sendo todas numeradas. Quantas vezes o algarismo 2 foi usado?

a) 270
b) 271
c) 272
d) 273
e) 274

COMENTÁRIO

✪ **Nota do autor:** observar as DICAS no final do capítulo referente a questões com páginas para melhor compreensão do método exposto.

De acordo com as DICAS no final do capítulo podemos concluir que o algarismo 2 aparece:

De 1 a 99 → 20 vezes.
100 a 199 →20 vezes.
200 a 299→120 vezes.
300 a 399→ 20 vezes.
400 a 499 →20 vezes.
500 a 599 → 20 vezes.
600 a 699 → 20 vezes.
700 a 799 → 20 vezes.
800 a 828 →12 vezes.
Total = 272 vezes.

Resposta: C.

---

82. (IDECAN/AGU/TÉCNICO/2014) Se no dia 3 de fevereiro de 2012 foi uma sexta-feira, então o dia 17 de setembro do referido ano aconteceu em qual dia da semana?

a) terça-feira.
b) sexta-feira.
c) quarta-feira.
d) quinta-feira.
e) segunda-feira.

COMENTÁRIO

✪ **Nota do autor:** observar as DICAS no final do capítulo referentes a questões com datas para melhor compreensão do método exposto.

Sabemos que o ano de 2012 é bissexto, logo fevereiro possui 29 dias.

Devemos calcular quantos dias possui o intervalo do dia 3 de fevereiro de 2012 até o dia 17 de setembro do referido ano.

Fevereiro: 26 dias

Março: 31 dias

Abril: 30 dias

Maio: 31 dias

Junho: 30 dias

Julho: 31 dias

Agosto: 31 dias

Setembro: 17 dias.

Total de dias: 227 dias possui o intervalo entre as datas.

Iremos calcular a quantidade de semanas que existem no intervalo.

227 dividido por 7(dias da semana) = 32 semanas e sobram 3 dias. Logo temos 32 semanas de sexta-feira a sexta-feira e sobram 3 dias, ou seja, será uma segunda-feira.

Resposta: E.

---

83. (FCC/2014/ TCE-PI/Jornalista) Três técnicos: Amanda, Beatriz e Cássio trabalham no banco. Um deles no complexo computacional, outro na administração e outro na segurança do sistema financeiro, não respectivamente. A praça de lotação de cada um deles é: São Paulo, Rio de Janeiro e Porto Alegre. Sabe-se que:

– Cássio trabalha na segurança do sistema financeiro.

– O que está lotado em São Paulo trabalha na administração.

– Amanda não está lotada em Porto Alegre e não trabalha na administração.

É verdade que, quem está lotado em São Paulo e quem trabalha no complexo computacional são, respectivamente,

a) Beatriz e Amanda.

b) Amanda e Cássio.

c) Cássio e Beatriz.

d) Beatriz e Cássio.

e) Cássio e Amanda.

COMENTÁRIO

Construiremos uma tabela em que possamos ter condições de associar as pessoas a seus respectivos Estados e área de trabalho.

	Complexo Computacional	Administração	Seg. Sist. Financeiro	São Paulo	Rio de Janeiro	Porto Alegre
Amanda	V	f	F			f
Beatriz	F	V	F			
Cássio	F	F	v			
São Paulo	F	v	F			
Rio de Janeiro	V	F	F			
Porto Alegre	F	F	V			

Transferência de informação.
Ao preencher as informações na vertical já é o suficiente, pois associamos as pessoas, suas áreas (setores) e os Estados.

Segundo o texto, preenche-se as células acima em letra minúscula (v ou f) de acordo com o texto da questão. Logo, já podemos deduzir as demais informações em maiúsculo.

É verdade que, quem está lotado em São Paulo e quem trabalha no complexo computacional são, respectivamente, Beatriz e Amanda.

Resposta: A.

---

84. (IDECAN/AGU/ANALISTA/2014) Se o ano de 2014 começou em um domingo, então o dia 30 de dezembro de 2017 acontecerá em qual dia da semana?

a) sábado.

b) domingo.

c) terça-feira.

d) quarta-feira.

e) segunda-feira.

COMENTÁRIO

É importante saber que uma mesma data no ano posterior acontecerá um dia a mais na semana, caso o ano não seja bissexto, porém se for bissexto, acontecerá dois após.

01/01 /2014 = Domingo

01/01/2015 = Segunda-feira

01/01/2016 = Terça-feira (ano bissexto)

01/01/2017 = Quinta-feira

01/01/2018 = Sexta-feira.

Logo como sabemos que o ano de 2018 começou em uma sexta-feira é só voltarmos dois dias para que tenhamos o dia 30 de dezembro de 2017.

Desta forma temos que acontecerá em uma quarta-feira.

Resposta: D.

---

85. (CESPE/DEPEN/2013) Uma pessoa guardou em seu bolso duas notas de R$ 100, três notas de R$ 50 e quatro notas de R$ 20. Essa pessoa deseja retirar do bolso, de forma aleatória, sem olhar para dentro do bolso, pelo menos uma nota de cada valor. Considerando essa situação, julgue os itens a seguir.

85.01. I. Para que ao menos uma nota de cada valor seja retirada do bolso, a pessoa deverá retirar, pelo menos, oito notas.

COMENTÁRIO

Esta questão exige uma certeza para que possamos retirar uma quantidade mínima de notas e que entre elas haja pelo menos uma de cada valor, ou seja, notas de valores diferentes.

Neste caso iremos pensar na pior hipótese:

Suponhamos que você retire apenas notas do mesmo valor, ou seja, 04 notas de 20,00, depois 03 notas de 50,00 e por último, torna-se necessário retirar apenas mais uma nota que será de 100,00. Desta forma teremos que retirar do bolso 8 notas para ter a certeza que teremos ao menos uma nota de cada valor.

Resposta: Correto.

85.02. II. Para que ao menos uma nota de cada valor seja retirada do bolso, a pessoa deverá retirar, no máximo, uma quantia equivalente a R$ 410.

COMENTÁRIOS

✪ **Nota do autor:** observar as DICAS no final do capítulo referentes à aplicação do "método da pior hipótese", ou seja, Princípio da Casa dos Pombos para melhor compreensão do método.

Para que tenhamos o valor máximo torna-se necessário que as 8 notas retiradas sejam de maior para menor valor, logo temos que ter a seguinte situação:

02(duas) notas de R$ 100 = R$ 200,00

03(três) notas de R$ 50 = R$ 150,00

03 (três) notas de R$ 20 = R$ 60,00

TOTAL = R$ 410,00

Resposta: Correto.

---

86. (CESPE/MI/2013) O casal Cássio e Cássia tem as seguintes peculiaridades: tudo o que Cássio diz às quartas, quintas e sextas-feiras é mentira, sendo verdade o que é dito por ele nos outros dias da semana; tudo o que Cássia diz aos domingos, segundas e terças-feiras é mentira, sendo verdade o que é dito por ela nos outros dias da semana.

A respeito das peculiaridades desse casal, julgue os itens subsecutivos.

86.01. I. Se, em certo dia, ambos disserem "Amanhã é meu dia de mentir", então essa afirmação terá sido feita em uma terça-feira.

COMENTÁRIO

Vamos construir uma tabela para que possamos visualizar melhor a situação

	Segunda	Terça	Quarta	Quinta	Sexta	Sábado	Domingo
Cássio	V	V	F	F	F	V	V
Cássia	F	F	V	V	V	V	F

Se analisarmos a terça feira segundo o item propõe temos que:

Cássio na terça-feira (fala a verdade) diz: "Amanhã é meu dia de mentir", se ele fala a verdade nesse dia, então deverá mentir na quarta-feira, o que realmente acontece segundo podemos observar no quadro acima.

Cássia na terça-feira (fala mentira) diz: "Amanhã é meu dia de mentir", se ela fala mentiras nesse dia, então deverá falar a verdade na quarta-feira, o que realmente acontece segundo podemos observar no quadro acima.

Resposta: Correto.

86.02. II. Na terça-feira, Cássia disse que iria ao supermercado no sábado e na quarta-feira, que compraria arroz no sábado. Nesse caso, a proposição "Se Cássia for ao supermercado no sábado, então comprará arroz" é verdadeira.

COMENTÁRIO

De acordo com a tabela podemos valorar as proposições, pois sabemos quando a pessoa está falando a verdade e quando ela está mentindo.

	Segunda	Terça	Quarta	Quinta	Sexta	Sábado	Domingo
Cássio	V	V	F	F	F	V	V
Cássia	F	F	V	V	V	V	F

A proposição: "Cássia for ao supermercado no sábado será falsa(F)", pois foi dito em uma terça-feira.

A proposição: "comprará arroz será verdadeira(V)", pois foi dito em uma quarta-feira.

Valorando as proposições podemos aplicar na proposição composta abaixo:

"Cássia for ao supermercado no sábado (F) → comprará arroz"(V) = VERDADEIRO

Resposta: Correto.

87. (CESPE/TCE-ES/TODOS OS CARGOS/2013) Júlio, Carlos e Mariana são empregados de uma mesma empresa, mas têm especialidades diferentes e trabalham na empresa com diferentes sistemas operacionais. Sabe-se que:

- o especialista em desenvolvimento de *software* usa o sistema Macintosh;
- Mariana é especialista em redes de computadores;
- o sistema Windows não é usado por Mariana;
- Júlio não é especialista em desenvolvimento de software.

	Desenvolvimento do Software	Software Básico	Rede computadores	Linux	Windows	Macintosh
Júlio						
Carlos						
Mariana						
Linux						
Windows						
Macintosh						

Execute o seguinte procedimento na tabela acima: preencha cada célula com V, se o cruzamento da informação da linha for verdadeiro e com F, se o cruzamento dessas informações for falso. Observe que para iniciar estão marcadas algumas células com informações dadas acima e outras informações complementares.

Após a execução do procedimento, que pode não preencher todas as células, julgue os itens.

a) Júlio é especialista em software básico, mas usa o sistema Windows.

b) Mariana não é especialista em redes de computadores, mas Carlos usa o sistema Macintosh.

COMENTÁRIO

Nas questões do CESPE as tabelas já vêm construídas. Veja a tabela abaixo.

	Desenvolvimento do Software	Software Básico	Rede de Computadores	Linux	Windows	Macintosh
Júlio	f	V	F			
Carlos	V	F	F			
Mariana	F	F	v		f	
Linux	F	F	V			
Windows	F	V	F			
Macintosh	v	F	F			

Transferência de informação.
Ao preencher as informações na vertical já é o suficiente, pois associamos as pessoas, suas especialidades e os sistemas operacionais utilizados.

Segundo o texto, preenche-se as células em letras minúsculas (v ou f) de acordo com o texto da questão. Logo, já podemos deduzir as demais informações (letras maiúsculas). Ao preenchermos as células, já temos:

a) Júlio é especialista em software básico e utiliza o sistema Macintosh.

b) Carlos é especialista em desenvolvimento de software e utiliza o sistema Windows.

c) Mariana é especialista em rede de computadores e utiliza o sistema Linux.

Após a execução do procedimento, que pode não preencher todas as células, julgue os itens.

a) Júlio é especialista em software básico, mas usa o sistema Windows.

Júlio é especialista em software básico (v) ∧ Júlio usa o sistema Windows (v) = (v)

Obs.: foi utilizada tabela-verdade (conjunção) para interpretação do item.

b) Mariana não é especialista em redes de computadores, mas Carlos usa o sistema Macintosh.

Mariana não é especialista em redes de computadores (F) ∧ Carlos usa o sistema Macintosh.

(v) = F

Obs.: foi utilizada tabela-verdade (conjunção) para interpretação do item.

Respostas: Certo; Errado (respectivamente)

---

88. (CESPE/MI/2013) Se, em uma sexta-feira, Cássio disser a Cássia: "Se eu te amasse, eu não iria embora", será correto concluir que Cássio não ama Cássia.

COMENTÁRIO

De acordo com a tabela podemos valorar as proposições, pois sabemos quando a pessoa está falando a verdade e quando ela está mentindo.

	Segunda	Terça	Quarta	Quinta	Sexta	Sábado	Domingo
Cássio	V	V	F	F	F	V	V
Cássia	F	F	V	V	V	V	F

Em uma sexta-feira, segundo a tabela acima, temos que Cássio mente, logo a afirmação dita por ele deve ser valorada como falsa.

Cássio: "Se eu te amasse, eu não iria embora" = F

Temos uma proposição composta condicional, e para que ela seja falsa o antecedente tem que ser verdadeiro e o consequente falso, assim:

Cássio: eu te amasse(V) → eu não iria embora (F) = F

Dessa forma Cassio ama Cassia e vai embora.

Resposta: Errado.

---

89. (FCC/TRT 6ª REGIÃO/ANALISTA/2012) Em um determinado ano, o mês de abril, que possui um total de 30 dias, teve mais domingos do que sábados. Nesse ano, o feriado de 1º de maio ocorreu numa

a) segunda-feira.

b) terça-feira.

c) quarta-feira.

d) quinta-feira.

e) sexta-feira.

COMENTÁRIO

Como temos no mês de abril mais domingos do que sábados, logo podemos inferir que esse mês se iniciou em um domingo. O intervalo de dias entre as datas: 01/04 até 01/05 são de 30 dias.

Vamos calcular quantas semanas de domingo a domingo temos nesse intervalo:

30 (dias) dividido por 7 (dias da semana) = 4 semanas e sobram 02 dias, ou seja, acontecerá em uma terça-feira.

Resposta: B.

90. (FCC/TRT 24ª REGIÃO/Analista Judiciário/2011) Alice, Bruna e Carla, cujas profissões são: advogada, dentista e professora, não necessariamente nesta ordem, tiveram grandes oportunidades para progredir em sua carreira: uma delas foi aprovada em um concurso público; outra, recebeu uma ótima oferta de emprego, e a terceira, uma proposta para fazer um curso de especialização no exterior.

Considerando que:

- Carla é professora;
- Alice recebeu a proposta para fazer o curso de especialização;
- a advogada foi aprovada em um concurso público.

É correto afirmar que:

a) Alice é advogada.
b) Bruna é advogada.
c) Carla foi aprovada no concurso público.
d) Bruna recebeu a oferta de emprego.
e) Bruna é dentista.

COMENTÁRIO

Vamos construir uma tabela para melhor associar as informações:

Nomes	Alice	Bruna	Carla
Profissões	Dentista – (4)	Advogada – (3)	Professora – (1)
Oportunidades	Curso de Espec. – (2)	Concurso Público – (5)	Oferta de Emprego – (6)

Pelas considerações podemos inferir que Carla é professora (1), Alice recebeu a proposta de fazer um curso de especialização (2) a advogada foi aprovada em um concurso público (3). Com as informações acima já preenchemos algumas células da tabela, agora é só preencher com os demais dados, ou seja, a dentista só pode ser Alice (4). A advogada foi aprovada em concurso público (5). E a professora recebeu uma oferta de emprego *6).

Resposta: B.

---

91. (ESAF/2010) Cinco colegas foram a um parque de diversões e um deles entrou sem pagar. Apanhado por um funcionário do parque, que queria saber qual deles entrou sem pagar, eles informaram:

– "Não fui eu, nem o Manuel", disse Marcos.

– "Foi o Manuel ou a Maria", disse Mário.

– "Foi a Mara", disse Manuel.

– "O Mário está mentindo", disse Mara.

– "Foi a Mara ou o Marcos", disse Maria.

Sabendo-se que um e somente um dos colegas mentiu, conclui-se logicamente que quem entrou sem pagar foi:

a) Mara.
b) Maria.
c) Mário.
d) Manuel.
e) Marcos.

COMENTÁRIO

De acordo com a questão temos que as declarações de:

– "O Mário está mentindo", disse Mara.
– "Foi o Manuel ou a Maria", disse Mário.

Existe uma contradição:
Não é possível as duas serem verdadeiras ou falsas ao mesmo tempo. Logo temos que uma é verdadeira e a outra é falsa ou vice-versa, pois Mara vai contra a informação de Mário.

Partindo da contradição das declarações temos que: "Sabendo-se que um e somente um dos colegas mentiu" podemos deduzir que a mentira (adotaremos como F) está entre Mara ou Mário, logo podemos analisar da seguinte forma:

– "Não fui eu, nem o Manuel", disse Marcos. (V)

– "Foi o Manuel ou a Maria", disse Mário.
– "Foi a Mara", disse Manuel. (V)
– "O Mário está mentindo", disse Mara.
– "Foi a Mara ou o Marcos", disse Maria. (V)

Iremos valorar estas declarações de acordo com as outras que temos certeza que são verdadeiras, pois a única mentira irá se encontrar na contradição.

Sendo verdadeiras as declarações de Marcos, Manuel e Maria, podemos concluir que foi a Mara que entrou sem pagar, segundo a afirmação de Manuel.

– "Não fui eu, nem o Manuel", disse Marcos. (V)

– "Foi o Manuel ou a Maria", disse Mário. (F)

– "Foi a Mara", disse Manuel. (V)

– "O Mário está mentindo", disse Mara. (V)

– "Foi a Mara ou o Marcos", disse Maria. (V)

Resposta: A.

---

92. (ESAF/CGU/ANALISTA/2010) Cinco moças, Ana, Beatriz, Carolina, Denise e Eduarda, estão vestindo blusas vermelhas ou amarelas. Sabe-se que as moças que vestem blusas vermelhas sempre contam a verdade e as que vestem blusas amarelas sempre mentem. Ana diz que Beatriz veste blusa vermelha. Beatriz diz que Carolina veste blusa amarela. Carolina, por sua vez, diz que Denise veste blusa amarela. Por fim, Denise diz que Beatriz e Eduarda vestem blusas de cores diferentes. Por fim, Eduarda diz que Ana veste blusa vermelha. Desse modo, as cores das blusas de Ana, Beatriz, Carolina, Denise e Eduarda são, respectivamente:

a) amarela, amarela, vermelha, vermelha e amarela.

b) vermelha, vermelha, vermelha, amarela e amarela.

c) vermelha, amarela, amarela, amarela e amarela.

d) vermelha, amarela, vermelha, amarela e amarela.

e) amarela, amarela, vermelha, amarela e amarela.

COMENTÁRIO

Esta questão, bem como a anterior, devemos experimentar a partir da primeira declaração como verdadeira. Caso não haja contradição, a questão estará de acordo; mas se houver, deveremos começar como falsa. A cada valoração iremos associar a cor da blusa.

1ª SITUAÇÃO: Ana começa falando a verdade (EXPERIMENTAÇÃO)

– **Ana diz:** Beatriz veste blusa vermelha. (Se Ana fala verdade, então veste blusa vermelha, sua declaração é verdadeira, logo Beatriz veste blusa vermelha).

– **Beatriz diz:** Carolina veste blusa amarela. (Se Beatriz veste blusa vermelha, então fala verdade, sua declaração é verdadeira, logo Carolina veste amarelo e com isso é mentirosa, pois quem veste amarelo mente).

– **Carolina diz:** Denise veste blusa amarela. (Se Carolina mente, então veste amarelo, sua declaração é falsa, logo Denise veste blusa vermelha e fala a verdade, pois quem veste vermelho fala verdade).

– **Denise diz:** Beatriz e Eduarda vestem blusas de cores diferentes. (Se Denise veste vermelho, então fala verdade, sua declaração é verdadeira, logo Beatriz e Eduarda vestem blusas de cores diferentes. Como sabemos que Beatriz veste blusa de cor vermelha, então Eduarda veste blusa de cor amarela, o que significa dizer que ela mente).

– **Eduarda diz:** Ana veste blusa vermelha. (Se Eduarda mente, então veste amarelo, sua declaração é falsa, logo Ana tem que vestir amarelo, para que Eduarda esteja mentindo).

Percebemos que Eduarda está falando a verdade – o que não pode acontecer, pois ela é uma pessoa mentirosa. Uma pessoa que mente não pode falar a verdade (entrar em contradição). Neste caso, a 1ª situação não está de acordo.

2ª SITUAÇÃO: Ana começa falando mentira (EXPERIMENTAÇÃO)

– **Ana diz:** Beatriz veste blusa vermelha. (Se Ana fala mentira, então veste blusa amarela, sua declaração é falsa, logo Beatriz veste blusa amarela).

– **Beatriz diz:** Carolina veste blusa amarela. (Se Beatriz veste blusa amarela, então fala mentira, sua declaração é falsa, logo Carolina veste vermelho e com isso fala verdade, pois quem veste vermelho fala verdade).

– **Carolina diz:** Denise veste blusa amarela. (Se Carolina fala verdade, então veste vermelho, sua declaração é verdadeira, logo Denise veste blusa amarela e fala mentira, pois quem veste amarelo fala mentira).

– **Denise diz:** Beatriz e Eduarda vestem blusas de cores diferentes. (Se Denise veste amarelo, então fala mentira, sua declaração é falsa, logo Beatriz e Eduarda vestem blusas de cores iguais. Como sabemos que Beatriz veste blusa de cor amarela, então Eduarda veste blusa amarela, o que significa que ela fala mentira).

– **Eduarda diz:** Ana veste blusa vermelha. (Se Eduarda fala mentira, então veste amarelo, sua declaração é falsa, logo Ana tem que vestir amarelo, o que realmente acontece, pois Ana é mentirosa).

Neste caso, a 2ª situação está de acordo, pois nenhuma delas entra em contradição com sua própria declaração.

Logo, Ana: amarelo; Beatriz: amarelo; Carolina: vermelho; Denise: amarelo; Eduarda: amarelo.

Resposta: E.

---

93. (CESGRANRIO/Ministério de Minas e Energia/Analista/2009) Na sequência (1, 2, 4, 7, 11, 16, 22, ...) o número que sucede 22 é:

a) 28.

b) 29.

c) 30.

d) 31.

e) 32.

COMENTÁRIO

Dados os termos da sequência (1, 2, 4, 7, 11, 16, 22, ...), uma lei de formação da sequência pode ser a seguinte:

a_1 = 1(somar +1) → a_2=2(somar + 2) → a_3=4(somar +3) → a_5=7 (somar + 4) → a_6=11 (somar + 5)

→ a_7= 16 (somar + 6) → a_8=22 (somar + 7) → **29**

Resposta: B.

94. (CESGRANRIO/FAFEN/Administrador/2009) O ano de 2007 tem 365 dias. O primeiro dia de 2007 caiu em uma segunda-feira. Logo, nesse mesmo ano, o dia de Natal cairá numa:

a) segunda-feira.
b) terça-feira.
c) quarta-feira.
d) quinta-feira.
e) sexta-feira.

COMENTÁRIO

Do dia primeiro de janeiro de 2007 até o Natal (25/12/2007) passaram-se quantos dias? Vejamos abaixo:

Jan.	Fev.	Mar.	Abr.	Maio	Jun.	Jul.	Ago.	Set.	Out.	Nov.	Dez.
30	28	31	30	31	30	31	31	30	31	30	25

Obs.: em janeiro não entra o primeiro dia, mas em dezembro entram todos os dias até a data desejada.

Somando os números acima temos: 358 dias.

Um cálculo mais simples é fazermos o seguinte: o total (365 dias) menos (7 dias) – que vai de 25 de dezembro a 1º de janeiro 365 – 7 = 358 dias.

$$\begin{array}{r|l} 358 & 7 \\ \hline 357 & 51 \text{ (passaram-se 51 semanas)} \\ 1 & \text{(sobrou 1 dia)} \end{array}$$

Passaram-se 51 semanas de segunda a segunda, e sobrou 1 dia, logo caiu em uma terça-feira.

Resposta: B.

95. (ESAF/2009) Três irmãs – Ana, Maria e Cláudia – foram a uma festa com vestidos de cores diferentes. Uma vestiu azul, a outro branco, e a terceira preto. Chegando à festa, o anfitrião perguntou quem era cada uma delas. A de azul respondeu "Ana é a que está de branco". A de branco falou: "Eu sou Maria". E a de preto disse: "Cláudia é quem está de branco". Como o anfitrião sabia que Ana sempre diz a verdade e que Cláudia nunca diz a verdade, ele foi capaz de identificar corretamente quem era cada pessoa. As cores dos vestidos de Ana, Maria e Cláudia eram, respectivamente:

a) preto, branco, azul.
b) preto, azul, branco.
c) azul, preto, branco.
d) azul, branco, preto.
e) branco, azul, preto.

COMENTÁRIO

Vamos construir uma tabela para associar as informações:

	Ana	**Maria**	**Claudia**
Azul		**X**	
Branco			**X**
Preto	**X**		

Teremos como referência Ana, uma vez que ele sempre fala a verdade, assim torna-se interessante encontrarmos ela.

A que está de azul disse que Ana estava de vestido branco, assim Ana não poderia estar de vestido azul. A que estava de branco disse que era Maria, ou seja, Ana também não estava de branco, pois ela jamais iria dizer que era outra pessoa, uma vez que ela não mente.

Desta forma se Ana não está de vestido azul nem de vestido branco, ela só pode estar de vestido preto. Se ele está de vestido preto, sabemos que a pessoa de vestido preto fala a verdade, logo Claudia é quem está de branco, sobrando para Maria o vestido azul.

Resposta: B.

---

96. (ESAF/MPU/Analista/2009). Uma empresa produz androides de dois tipos: os de tipo V, que sempre dizem a verdade, e os de tipo M, que sempre mentem. Dr. Turing, um especialista em Inteligência Artificial, está examinando um grupo de cinco androides – rotulados de Alfa, Beta, Gama, Delta e Épsilon –, fabricados por essa empresa, para determinar quantos entre os cinco são do tipo V. Ele pergunta a Alfa: "Você é do tipo M? " Alfa responde, mas Dr. Turing, distraído, não ouve a resposta. Os androides restantes fazem, então, as seguintes declarações:

Beta: "Alfa respondeu que sim".

Gama: "Beta está mentindo".

Delta: "Gama está mentindo".

Épsilon: "Alfa é do tipo M".

Mesmo sem ter prestado atenção à resposta de Alfa, Dr. Turing pôde, então, concluir corretamente que o número de androides do tipo V, naquele grupo, era igual a

a) 1.

b) 2.

c) 3.

d) 4.

e) 5.

COMENTÁRIO

Temos uma questão interessante, pois para a pergunta feita pelo Dr. Turing só existe uma resposta independentemente do tipo de androide que esteja respondendo, pois para a pergunta feita ao androide Alfa: "Você é do tipo M?" se ele for **do tipo V** a resposta será **"Não",** se ele for **do tipo M**, a resposta também será **"Não"**, ou seja, mesmo não ouvindo o que o androide dissera Dr. Turing já sabia a resposta. Assim podemos inferir se os demais androides falam a verdade ou mentem.

Analisando os que os demais responderam e partindo do pressuposto que o androide Alfa respondeu: "Não", temos:

Beta: "Alfa respondeu que sim". (**Beta mentiu, pois Alfa disse "não")**

Gama: "Beta está mentindo". **(Gama fala a verdade, pois Beta mentiu quando afirmou que Alfa respondeu "sim")**

Delta: "Gama está mentindo". **(Delta mentiu, pois Gama disse a verdade)**

Épsilon: "Alfa é do tipo M". **(Não podemos definir se Épsilon está mentindo ou falando a verdade, pois não sabemos que tipo de Androide é o Alfa, uma vez que independentemente do tipo de androide que ele seja, a resposta será sempre "não")**

Atribuindo verdade ou mentira aos androides temos:

Alfa: Não sabemos (verdade ou mentira)

Beta: Mentiu (tipo M)

Gama: verdade (tipo V)

Delta: Mentiu (tipo M)

Épsilon: Não sabemos (verdade ou mentira)

Podemos inferir que dois androides serão do tipo V, sendo os androides Gama e Alfa ou Gama e Épsilon.

Resposta: B.

97. (CESPE/MIN. DAS COMUNICAÇÕES/TÉCNICO ADMINISTRATIVO/2009) Supondo que, em 2008, o número de telefones em serviço no Brasil fosse *P*2008 e que, a partir desse ano, ele sofresse crescimento anual à taxa de 30%, então os números *P*2008, *P*2009, ..., *Pk*, ..., em que *Pk*, $k = 2008, 2009, ...$, represente o número de telefones em serviço no Brasil no ano *k*, constituirão uma progressão geométrica de razão $\frac{39}{30}$.

COMENTÁRIO

Aumentar 30% corresponde em multiplicar por 1,3 (100% + 30% "aumento"), desta forma uma progressão geométrica se consegue multiplicando os termos anteriores pela razão.

O item afirma que a sequência constitui uma progressão geométrica de razão $\frac{39}{30}$, que corresponde 1,3.

Podemos então inferir que se trata de uma progressão geométrica, pois aumentar 30% corresponde a multiplicar por $\frac{39}{30}$.

Resposta: Correto.

Texto para as duas questões abaixo.

Um grupo de 4 jovens foi encontrado por um policial que passava pelo local em frente a um muro recém-pichado. O policial, tentando encontrar o autor do vandalismo, pergunta:

– Quem pichou o muro?

Jorge, um dos jovens, responde:

– Não fui eu. Eu estava apenas de passagem por aqui, assim, como o senhor.

Marcelo responde e seguia, apontando para outro:

– Quem pichou o muro foi Marcos.

Pedro defende o amigo:

– Marcelo está mentindo.

Marcos se manifesta, acusando outra pessoa:

– Eu jamais picharia o muro, quem pichou foi Pedro. O policial percebe que apenas um deles mentiu.

98. (FUNIVERSA/PC-DF/Agente/2008) Com base no texto anterior, assinale a alternativa correta.

a) Jorge mentiu.

b) Marcos mentiu.

c) Marcelo mentiu.

d) Pedro mentiu.

e) O diálogo e a dedução do policial são insuficientes para descobrir qual dos jovens mentiu.

COMENTÁRIO

Vamos representar as declarações:

Jorge: – Não fui eu.

Marcelo: – Quem pichou o muro foi Marcos.

Pedro: – Marcelo está mentindo.

Marcos: – Eu jamais picharia o muro, quem pichou foi Pedro.

} 3 verdades
1 mentira

Partindo da **contradição** das declarações temos que: "Sabendo-se que apenas um dos suspeitos mentiu...", podemos deduzir que a mentira (adotaremos como F) está entre Pedro ou Marcelo, uma vez que Pedro afirma que Marcelo está mentindo:

Dessa forma podemos inferir que as declarações de Marcos e Jorge são verdadeiras.

Jorge: – Não fui eu. **(Verdadeira)**

Marcelo: – Quem pichou o muro foi Marcos.

Pedro: – Marcelo está mentindo.

} CONTRADIÇÃO

Marcos: – Eu jamais picharia o muro, quem pichou foi Pedro **(verdadeira)**

Partindo das afirmações de Jorge e Marcos, que são as que temos certeza que as informações são verdadeiras, podemos inferir que Pedro pinchou o muro, segundo Marcos.

Se Pedro pinchou o muro então a afirmação de Marcelo é falsa, pois não foi Marcos.

Se Marcelo e Pedro estão em contradição, e Marcelo mentiu, logo Pedro falou a verdade e o que ele disse foi que Marcelo mente, isto é, Marcelo é mentiroso.

Resposta: C.

---

99. (FUNIVERSA/PC-DF/AGENTE/2008) Ainda com base no texto, assinale a alternativa correta.

a) Jorge pichou o muro.

b) Marcos pichou o muro.

c) Marcelo pichou o muro.

d) Pedro pichou o muro.

e) O diálogo e a dedução do policial são insuficientes para descobrir qual dos jovens é o autor do vandalismo.

COMENTÁRIO

Vamos representar as declarações:

Jorge: – Não fui eu.

Marcelo: – Quem pichou o muro foi Marcos.

Pedro: – Marcelo está mentindo.

Marcos: – Eu jamais picharia o muro, quem pichou foi Pedro.

} 3 verdades / 1 mentira

Partindo da **contradição** das declarações temos que: "Sabendo-se que apenas um dos suspeitos mentiu...", podemos deduzir que a mentira (adotaremos como F) está entre Pedro ou Marcelo, uma vez que Pedro afirma que Marcelo está mentindo:

Dessa forma podemos inferir que as declarações de Marcos e Jorge são verdadeiras.

Jorge: – Não fui eu. (verdadeira)

Marcelo: – Quem pichou o muro foi Marcos.

Pedro: – Marcelo está mentindo.

} CONTRADIÇÃO

Marcos: – Eu jamais picharia o muro, quem pichou foi Pedro **(verdadeira)**

Partindo das afirmações de Jorge e Marcos, que são as que temos certeza que as informações são verdadeiras, podemos inferir que Pedro pinchou o muro, segundo Marcos.

Se Pedro pinchou o muro então a afirmação de Marcelo é falsa, pois não foi Marcos.

Se Marcelo e Pedro estão em contradição, e Marcelo mentiu, logo Pedro falou a verdade e o que ele disse foi que Marcelo mente, isto é, Marcelo é mentiroso.

Resposta: D.

100.(CESPE/PRF/Agente/ 2008) Em um posto de fiscalização da PRF, os veículos A, B e C foram abordados, e os seus condutores, Pedro, Jorge e Mário, foram autuados pelas seguintes infrações: (i) um deles estava dirigindo alcoolizado; (ii) outro apresentou a CNH vencida; (iii) a CNH apresentada pelo terceiro motorista era de categoria inferior à exigida para conduzir o veículo que ele dirigia. Sabe-se que Pedro era o condutor do veículo C; o motorista que apresentou a CNH vencida conduzia o veículo B; Mário era quem estava dirigindo alcoolizado. Com relação a essa situação hipotética, julgue os itens que se seguem. Caso queira, use a tabela na coluna de rascunho como auxílio.

I – A CNH do motorista do veículo A era de categoria inferior à exigida.

II – Mário não era o condutor do veículo A.

III – Jorge era o condutor do veículo B.

IV – A CNH de Pedro estava vencida.

V – A proposição "Se Pedro apresentou CNH vencida, então Mário é o condutor do veículo B" é verdadeira.

Estão certos apenas os itens:

a) I e II.
b) I e IV.
c) II e III.
d) III e V.
e) IV e V.

COMENTÁRIO

A questão acima refere-se a uma correlação, em que associaremos os elementos apresentados no texto. Para melhor resolução torna-se interessante construir a tabela abaixo:

Nomes	Pedro	Jorge	Mário
Veículos			
Infrações			

Segundo as informações, temos:

1. Sabe-se que Pedro era o condutor do veículo C, preenchendo a célula:

Nomes	Pedro	Jorge	Mário
Veículos	C		
Infrações			

2. Mário era quem estava dirigindo alcoolizado, preenchendo a célula:

Nomes	Pedro	Jorge	Mário
Veículos	C		
Infrações			Alcoolizado

3. O motorista que apresentou a CNH vencida conduzia o veículo B:

Se o motorista que apresentou a CNH vencida conduzia o veículo B, então podemos concluir que não era Mário, pois estava alcoolizado, nem Pedro, pois conduzia o veículo C. Sendo assim, o que apresentou a CNH vencida foi Jorge e dirigia o veículo B.

Nomes	Pedro	Jorge	Mário
Veículos	C	B	
Infrações		CNH Vencida	Alcoolizado

4. Podemos concluir que Pedro apresentou CNH de categoria inferior à exigida e Mário dirigia o veículo A.

Nomes	Pedro	Jorge	Mário
Veículos	C	B	A
Infrações	CNH categoria inferior	CNH Vencida	Alcoolizado

De acordo com a tabela preenchida podemos julgar os itens:

a) A CNH do motorista do veículo A era de categoria inferior à exigida.

Item errado.

b) Mário não era o condutor do veículo A.

Item errado.

c) Jorge era o condutor do veículo B.

Item certo.

d) A CNH de Pedro estava vencida.

Item errado.

e) A proposição "Se Pedro apresentou CNH vencida, então Mário é o condutor do veículo B" é verdadeira.

"Pedro apresentou CNH vencida (F) → Mário é o condutor do veículo B(F) = V.

Item certo, segundo a tabela condicional.

Resposta: D.

---

101. (CESGRANRIO/CEF / Escriturário/ 2008)

$$\begin{cases} a_1 = 2 \\ a_2 = 3 \\ a_n = a_{n-1} - a_{n-2} \end{cases}$$

Qual é o 70°termo da sequência de números (a_n) definida acima?

a) 2.

b) 1.

c) – 1.

d) – 2.

e) – 3.

COMENTÁRIO

Primeiro construiremos a sequência para que possamos verificar qual foi o padrão utilizado na sucessão dos termos.

$a_1 = 2$

$a_2 = 3$

$a_3 = a_2 - a_1 = 1$

$a_4 = a_3 - a_2 = -2$

$a_5 = a_4 - a_3 = -3$

$a_6 = a_5 - a_4 = -1$

$a_7 = a_6 - a_5 = 2$

$a_8 = a_7 - a_6 = 3$

...

Representando a sequência temos: (2, 3, 1, –2, –3, –1, 2, 3, 1, ...)

Ao representar, torna-se notável que a sequência possui uma outra sequência que se repete de seis em seis termos. Logo podemos realizar o seguinte cálculo para resolver o problema:

70 | 6 (sequências menores)

11 (sequências)

4 (Termos que sobraram)

Se sobraram 4 termos, logo o termo a_{70} corresponde ao 4°termo: (2, 3, 1, –2, –3, –1, 2, 3, 1, ...).

Resposta: D.

---

102. (CESGRANRIO/ CEF / Escriturário/ 2008). Escrevendo-se todos os números inteiros de 1 a 1111, quantas vezes o algarismo 1 é escrito?

a) 481.

b) 448.

c) 420.

d) 300.

e) 289.

COMENTÁRIO

Conforme a explicação anterior, podemos concluir que:

De 1 a 99 → 20 vezes.

100 a 999 → 280 vezes.

1000 a 1099 → 120 vezes.

1100 a 1111→ 28 vezes.

Somando temos: 448 vezes.

Resposta: B.

---

103. (FGV/POLICIAL LEGISLATIVO/SENADO FEDERAL/2008) Em um saco há 100 moedas idênticas em tamanho e forma. Uma delas, porém, é falsa, sendo mais leve que uma moeda verdadeira. Todas as moedas verdadeiras têm o mesmo peso. Com uma balança de pratos, o número mínimo de pesagens que permite descobrir com certeza a moeda falsa é:

a) 5.

b) 6.

c) 8.

d) 10.

e) 12.

COMENTÁRIO

✪ **Nota do autor:** observar as DICAS no final do capítulo referentes à aplicação do "método da pior hipótese", ou seja, Princípio da Casa dos Pombos para melhor compreensão do método exposto.

Vamos dividir as 100 moedas da seguinte forma:

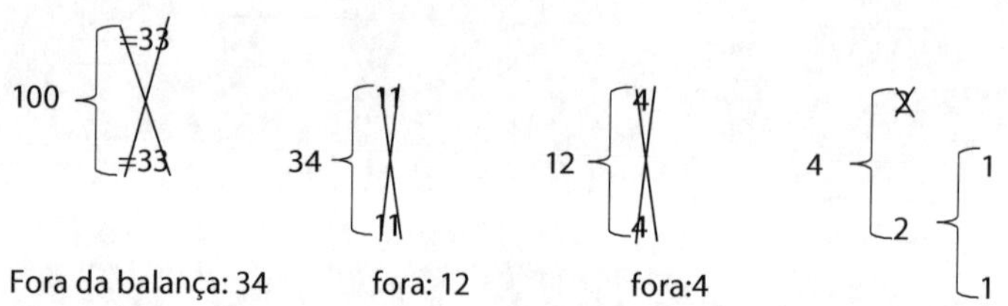

Conforme ilustração acima temos que na primeira pesagem dividimos a quantidade de moedas (100 moedas) em três grupos em que nos pratos da balançam devem ficar a mesma quantidade de moedas, desta forma foram colocadas 33 moedas em cada prato e 34 moedas do lado de fora. A pior hipótese e que a balança fique equilibrada e a moeda falsa esteja do lado de fora, uma vez que teremos a maior quantidade de moedas. Na segunda pesagem fazemos da mesma forma, isto é, dividimos em três partes, sendo que nos pratos tenham as mesmas quantidades. A pior hipótese e que os pratos da balança fiquem equilibrados e que a moeda falsa esteja do lado de fora. Na terceira pesagem dividimos em três grupos novamente, nesta pesagem como as quantidades são iguais podemos adotar que a moeda falsa esteja em um dos pratos da balança como também do lado de fora, pois teremos a mesma quantidade de moedas. Na quarta pesagem podemos colocar as 4 moedas na balança, 02 em cada prato e com certeza irá desiquilibrar e por último na quinta pesagem teremos 02 moedas, colocando cada uma em um prato e com certeza irá desiquilibrar encontrando a moeda falsa.

Resposta: A.

---

104. (FGV/FNDE/Especialista e Educação/2008) Em um bosque há 180 árvores. Sabe-se que cada árvore tem pelo menos 30 folhas e que nenhuma árvore tem mais de 200 folhas. Pode-se concluir que:

a) existe pelo menos uma árvore com 200 folhas.

b) o número médio de folhas por árvore é 115.

c) existe alguma árvore com 115 folhas.

d) o número total de folhas é certamente maior que 6.000.

e) existem pelo menos duas árvores com mesmo número de folhas.

COMENTÁRIO

✪ **Nota do autor:** observar as DICAS no final do capítulo referentes à aplicação do "método da pior hipótese", ou seja, Princípio da Casa dos Pombos para melhor compreensão do método exposto.

Essa questão nos traz um raciocínio em que devemos concluir somente o que temos certeza, de acordo com as DICAS, vamos utilizar o método da pior hipótese, ou seja, o princípio da casa dos pombos ou princípio das gavetas. Vamos analisar cada opção:

a) existe pelo menos uma árvore com 200 folhas.

Podemos ter todas as árvores com outras quantidades de folhas, uma vez, que a quantidade de folhas se encontra no intervalo de 30 a 200 folhas. Não podemos garantir tal afirmação.

b) o número médio de folhas por árvore é 115.

Seria possível calcular o número médio de folhas se soubéssemos a quantidade de folhas que as 180 árvores possuem. Não podemos garantir tal afirmação.

c) existe alguma árvore com 115 folhas.

Podemos ter todas as árvores com outras quantidades de folhas, uma vez, que a quantidade de folhas se encontra no intervalo de 30 a 200 folhas. Não podemos garantir tal afirmação.

d) o número total de folhas é certamente maior que 6.000.

Temos o seguinte intervalo:

Quantidade mínima de folhas: 180(árvores com 30 folhas) = 5400 folhas no bosque.

Quantidade máxima de folhas: 180(árvores com 200 folhas) = 36000 folhas no bosque.

Certamente podemos ter uma quantidade inferior a 6.000 folhas.

e) existem pelo menos duas árvores com mesmo número de folhas.

Pensando no método da pior hipótese, no intuito de poder garantir, temos 180 árvores no bosque e 201 quantidades diferentes de folhas (30 folhas a 200 folhas). Se cada árvore do bosque tiver uma quantidade diferente de folhas, temos mais quantidades de folhas do que árvores, logo, pelo menos duas árvores terão a mesma quantidade de folhas. Não se trata de uma função injetiva.

Resposta: E.

---

105. (FCC/BACEN/Analista/2008) Cinco times – Antares, Bilbao, Cascais, Deli e Elite – disputam um campeonato de basquete e, no momento, ocupam as cinco primeiras posições na classificação geral. Sabe-se que:

- Antares está em primeiro lugar e Bilbao está em quinto.
- Cascais está na posição intermediária entre Antares e Bilbao.
- Deli está à frente do Bilbao, enquanto que o Elite está imediatamente atrás do Cascais.

Nessas condições, é correto afirmar que:

a) Cascais está em segundo lugar.

b) Deli está em quarto lugar.

c) Deli está em segundo lugar.

d) Elite está em segundo lugar.

e) Elite está em terceiro lugar.

COMENTÁRIO

Organizando as posições em ordem teremos:

1°	2°	3°	4°	5°
A – (1)	D – (5)	C – (3)	E – (4)	B – (2)

Antares em primeiro (1)

Bilbao está em quinto (2)

Cascais está na posição intermediária, ou seja, na terceira posição (3)

Elite está imediatamente atrás do Cascais (4).

Para Deli sobrou a segunda posição (5).

Resposta: C.

106.(CESPE/MINISTÉRIO DA SAÚDE/2008) Raul, Sidnei, Célio, João e Adélio, agentes administrativos do MS, nascidos em diferentes unidades da Federação: São Paulo, Paraná, Bahia, Ceará e Acre, participaram, no último final de semana, de uma reunião em Brasília – DF, para discutir projetos do MS. Raul, Célio e o paulista não conhecem nada de contabilidade; o paranaense foi almoçar com Adélio; Raul, Célio e João fizeram duras críticas às opiniões do baiano; o cearense, Célio, João e Sidnei comeram um lauto churrasco no jantar, e o paranaense preferiu fazer apenas um lanche. Com base na situação hipotética apresentada acima, julgue o item a seguir. Se necessário, utilize a tabela.

	Raul	Sidnei	Célio	João	Adélio
S. Paulo					
Paraná					
Bahia					
Ceará					
Acre					

A proposição "Se Célio nasceu no Acre, então Adélio não nasceu no Ceará", que pode ser simbolizada na forma $A \rightarrow (\neg B)$, em que A é a proposição "Célio nasceu no Acre" e B, "Adélio nasceu no Ceará", é valorada como V.

COMENTÁRIO

Vamos preencher a tabela segundo as informações dadas, em que colocamos "V" para as informações que estão de acordo com o comando, e "F" para aqueles que não estão de acordo.

	RAUL	**SIDNEI**	**CÉLIO**	**JOÃO**	**ADÉLIO**
SP	**F**	**F**	**F**	**V**	**F**
PR	**V**	**F**	**F**	**F**	**F**
BA	**F**	**V**	**F**	**F**	**F**
CE	**F**	**F**	**F**	**F**	**V**
AC	**F**	**F**	**V**	**F**	**F**

– Segunda a informação: "Raul, Célio e o paulista não conhecem nada de contabilidade", podemos inferir que Raul e Célio não são paulistas.

– Segundo a informação: "O paranaense foi almoçar com Adélio", podemos inferir que Adélio não é paraense.

– Segundo a informação: "Raul, Célio e João fizeram duas críticas às opiniões do baiano", podemos inferir que Raul, Célio e João não são baianos.

– Segundo informação: "O cearense, Célio, João e Sidnei comeram em lauto churrasco no jantar", podemos inferir que Célio, João e Sidnei não são cearenses.

– Segundo informação: "E o paraense preferiu fazer apenas um lanche", podemos inferir que Célio, João e Sidnei também não são paraenses.

Desta forma é só preencher as demais células.

Substituindo os valores na proposição "Se Célio nasceu no Acre, então Adélio não nasceu no Ceará nasceu no Ceará", temos. Célio nasceu no Acre(V) Adélio não nasceu no Ceará(F) = F

Resposta: Errado.

107. (FGV/FNDE/Especialista/2007). Uma aldeia tem 1000 índios, todos vestidos da mesma forma, mas numerados de 1 a 1000. Todos só falam a verdade, mas, para qualquer pergunta, só podem responder sim ou não. Uma pessoa chega à aldeia e, para saber quem é o chefe, deve fazer perguntas a qualquer índio, já sabendo quais são as duas únicas "respostas possíveis". O número mínimo de perguntas que devem ser feitas para que se tenha a certeza de conhecer o chefe da aldeia é:

a) 10.
b) 20.
c) 500.
d) 100.
e) 50.

COMENTÁRIO

✪ **Nota do autor: observar as DICAS no final do capítulo referentes à aplicação do "método da pior hipótese", ou seja, Princípio da Casa dos Pombos para melhor compreensão do método exposto.**

Esta questão tem como objetivo encontrar o chefe da aldeia com a menor quantidade possível de perguntas **para que se tenha certeza.** Vamos aqui aplicar uma ideia de busca binária, ou seja, temos 1.000 índios onde todos falam a verdade, porém só sabem falar: sim ou não. A melhor opção é realizarmos o seguinte:

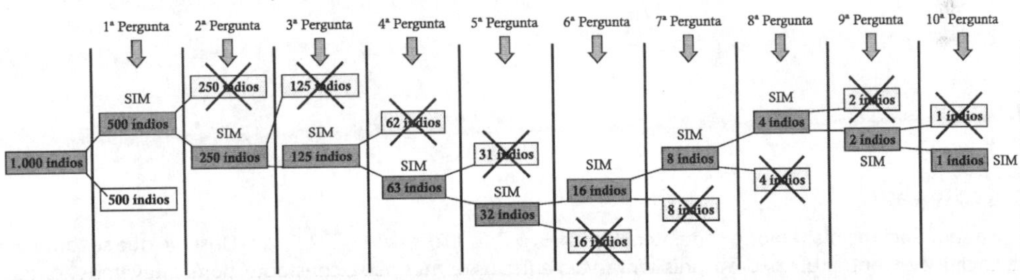

A pergunta será feita para um dos índios de cada grupo formado, da seguinte maneira: "O Chefe está entre vocês? ", a resposta será sim ou não, como o índio não mente, dividiremos os remanescentes em dois grupos.

Nas perguntas 4 e 5, adotamos o grupo com maior quantidade, porém a resposta do índio nos levará à melhor escolha.

Logo, na décima pergunta teremos certeza de termos encontrado o chefe da aldeia.

Resposta: A.

108. (FGV/FNDE/Especialista/2007) Em um baú há 15 lenços brancos, 25 vermelhos e 12 pretos. O número mínimo de lenços que devem ser retirados do baú para que se possa garantir que, entre os lenços retirados, haja pelo menos quatro de mesma cor é:

a) 44.
b) 10.
c) 12.
d) 4.
e) 45.

COMENTÁRIO

Esta questão nos exige uma certeza para que possamos retirar uma quantidade de lenços e que tenhamos entre os retirados pelo menos quatro lenços da mesma cor.

Neste caso iremos pensar na pior hipótese:

Suponhamos que você retire um lenço e este veio da cor branca, o segundo da cor vermelha e o terceiro preto. Bem sabemos que não há certeza disso acontecer, porém é uma situação totalmente contrária à desejada, logo é assim que teremos a certeza do nosso desejado acontecer. Observe a ilustração.

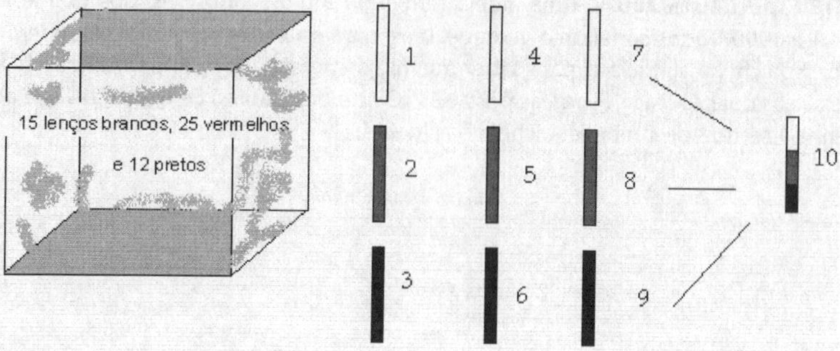

Supondo a pior hipótese, quando se quer lenços de mesma cor, pega-se apenas de cores diferentes, logo ao pegar o 10º lenço, com certeza ele irá repetir uma das cores (branco, vermelho ou preto).

Resposta: B.

---

109. (FGV/ FNDE /2007) Na sequência de algarismos 1, 2, 3, 4, 5, 4, 3, 2, 1, 2, 3, 4, 5, 4, 3, 2, 1, 2, 3, o 2007° algarismo é:

a) 1.

b) 2.

c) 4.

d) 5.

e) 3.

COMENTÁRIO

Na sequência acima temos o seguinte: 1, 2, 3, 4, 5, 4, 3, 2, 1, 2, 3, 4, 5, 4, 3, 2, 1, 2, 3. Observe que se torna um pouco difícil encontrar um padrão, pois o intervalo entre os termos não é constante, porém devemos agrupar uma quantidade maior de termos transformando-os em termos maiores.

Sendo assim, perceberemos que [1, 2, 3, 4, 5, 4, 3, 2,], [1, 2, 3, 4, 5,4, 3, 2,] e [1, 2, 3, ...] criamos termos com maior quantidade de números, em que cada termo possui 8 números.

Se queremos o termo de posição 2007º, calcularemos assim:

2007	8	Grupos de 8 números
2000	250	Termos de oito números
7	sobram 7 posições	

O número estará na 7ª posição, logo: 1, 2, 3, 4, 5, 4, [3], 2, 1, 2, 3, 4, 5, 4, 3, 2, 1, 2, 3.

Resposta: E.

---

110. (FCC/TRF/Técnico Judiciário/2007) Um técnico judiciário foi incumbido da montagem de um manual referente aos Princípios Fundamentais da Constituição Federal. Sabendo que, excluídas a capa e a contracapa, a numeração das páginas foi feita a partir do número 1 e, ao concluí-la, constatou-se que foram usados 225 algarismos, o total de páginas que foram numeradas é.

a) 97.

b) 99.

c) 111.

d) 117.

e) 126.

COMENTÁRIO

Segundo a explicação anterior, podemos concluir que:

De 1 a 100 → 192 algarismos **→100 páginas**

Logo, subtraindo 192 de 225 sobram, ainda, 33 algarismos. Como a partir de agora as páginas possuem 3 algarismos (para questões de concursos), dividiremos 33 por 3, calculando as páginas restantes: 33 / 3 **→11 páginas.**

Total → 111 páginas

Resposta: C.

---

111. (CESGRANRIO/IBGE/AGENTE DE PESQUISA E MAPEAMENTO/2007) Em uma caixa há duas bolas azuis, 3 bolas amarelas e 4 bolas pretas. Serão retiradas N bolas dessa caixa, simultaneamente e de forma totalmente aleatória. O menor valor positivo de N, para que se possa garantir que haverá bolas de todas as cores, é:

a) 4.

b) 5.

c) 6.

d) 7.

e) 8.

COMENTÁRIO

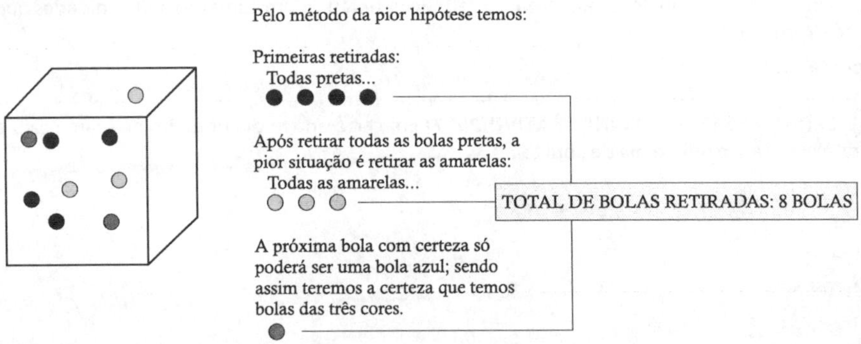

Resposta: B.

---

112. (FCC/MPU/Técnico/2007) Se para numerar as páginas de um livro foram usados 357 algarismos, qual a quantidade de páginas cuja numeração corresponde um número par?

a) 70.

b) 77.

c) 80.

d) 87.

e) 90.

COMENTÁRIO

Segundo as DICAS, podemos concluir que:

De 1 a 100 → 192 algarismos **→100 páginas**

Logo, subtraindo 192 de 357 sobram, ainda, 165 algarismos. Como a partir de agora as páginas possuem 3 algarismos (para questões de concursos), dividiremos 165 por 3, calculando as páginas restantes:

165 ÷3 = 55 páginas **Total → 155 páginas**

Como foi perguntado quantas páginas são pares, é só dividir o resultado por 2.

155/2 = **77** e resta 1. (77 pares e 78 ímpares)

Resposta: B.

---

113. (FGV/FNDE/ESPECIALISTA EM EDUCAÇÃO/2007) Na sequência numérica 3, 10, 19, 30, 43, 58,..., o termo seguinte ao 58 é:

a) 75.
b) 77.
c) 76.
d) 78.
e) 79.

COMENTÁRIO

As questões de sequências, em sua maioria, trazem uma lógica que será percebida com bastante treino. Vejamos esta sequência:

– Primeiro termo: 3

– Segundo termo: 10

– Terceiro termo: 19

– Quarto termo: 30

Concluímos que o **quinto** termo realmente é 43, pois entre o primeiro e o segundo aumentou 7 unidades; entre o segundo e o terceiro aumentou 9 unidades; entre o terceiro e o quarto aumentou 11 unidades. Percebe-se, então, que o aumento acontece da seguinte forma:

(7, 9, 11, 13, 15, 17 e ...), logo do termo 58 para o seu sucessor temos um aumento de 17 unidades que resulta em **75 (próximo número).**

Resposta: A.

---

114. (FGV/CEPE-RJ/AGENTE ADMINISTRATIVO/2007) Em certo ano, o dia primeiro de março caiu em uma terça-feira. Nesse ano, o último dia de abril foi:

a) quarta-feira.
b) sábado.
c) sexta-feira.
d) quinta-feira.
e) domingo.

✪ **Nota do autor:** observar as DICAS no final do capítulo referentes às questões com datas para melhor compreensão do método exposto.

COMENTÁRIO

Sabemos que a semana possui 7 dias, e que, por exemplo, de uma segunda-feira para outra segunda-feira há um intervalo de 7 dias, isto é, podemos afirmar que acontece da seguinte maneira:

dias: M(7): (7, 14, 21, 28, 35, 42, 49,...) múltiplos de 7.

É necessário que saibamos quantos dias possui cada mês do ano, por isso é necessário falarmos um pouco sobre o ano bissexto.

"O ano de 2008 foi um **ano bissexto**. Em nosso calendário, chamado Gregoriano, os anos comuns têm 365 dias e os anos bissextos têm um dia a mais, totalizando 366 dias. Esta informação praticamente todo mundo sabe, mas o entendimento sobre o funcionamento dos anos bissextos ainda é recheado de dúvidas na cabeça de muita gente. Você saberia dizer quais são os **anos bissextos**?

Os anos bissextos são anos com um dia a mais, tendo, portanto, 366 dias. O dia extra é introduzido como o dia 29 de fevereiro, ocorrendo a cada quatro anos. O período de um ano se completa com uma volta da terra ao redor do sol. Como instrumentos de uso prático, os calendários adotam uma quantidade exata de dias para o período de um ano: 365 dias. Mas na realidade, a terra leva aproximadamente 365 dias e 6 horas para completar uma volta ao redor do sol.

Portanto, um calendário fixo de 365 dias apresenta um erro de aproximadamente 6 horas por ano, equivalente a 1 dia a cada quatro anos ou 1 mês a cada 120 anos. Um erro como esse tem sérias implicações nas sociedades, principalmente nas atividades que dependem de um conhecimento preciso das estações do ano, como a agricultura.

Para diminuir esse erro, foi adotado o ano bissexto, acrescentando-se 1 dia a cada quatro anos. Foi adotado pela primeira vez no Egito, em 238 a.C. O calendário Juliano, introduzido em 45 a.C., adotou a regra de que todo ano divisível por quatro era bissexto. Mas mesmo com essa regra ainda existia um erro de aproximadamente 1 dia a cada 128 anos. No final do século XVI foi introduzido o calendário Gregoriano, usado até hoje na maioria dos países, adotando as seguintes regras:

1 – Todo ano divisível por 4 é **bissexto.**

2 – Todo ano divisível por 100 não é **bissexto.**

3 – Mas se o ano for também divisível por 400 é **bissexto.**

Obs.: deixaremos um pouco prático dizendo assim: anos bissextos são anos Olímpicos.

Quantidade de dias em cada mês:

Janeiro – 31 dias

Fevereiro – 28 dias – (bissexto – 29 dias)

Março – 31 dias

Abril – 30 dias

Maio – 31 dias

Junho – 30 dias

Julho – 31 dias

Agosto – 31 dias

Setembro – 30 dias

Outubro – 31 dias

Novembro – 30 dias

Dezembro – 31 dias

Sendo assim, temos que calcular quantos dias existem do dia primeiro de março, que caiu em uma terça-feira, até o último dia de abril.

1º/03. Observação importante é que o primeiro dia não pode entrar, devendo manter uma sequência de sete dias (múltiplos de sete). Temos, assim, um total de 30 dias.

30/04. Conta-se o último dia. Temos, assim, 30 dias.

Total: 60 dias

```
 60 |7
 56  8  (passaram-se 8 semanas)
----
  4 (sobrou 4 dias)
```

Como foi de terça a terça, então é só contar mais 4 dias, o que acontecerá sábado.

Resposta: B.

---

115. (CESPE/TER 9ªREGIÃO/ANALISTA JUDICIÁRIO/2007) Em um tribunal, tramitam três diferentes processos, respectivamente, em nome de Clóvis, Sílvia e Laerte. Em dias distintos da semana, cada uma dessas pessoas procurou, no tribunal, informações acerca do andamento do processo que lhe diz respeito. Na tabela a seguir estão marcadas com V células cujas informações da linha e da coluna correspondentes e referentes a esses três processos sejam verdadeiras. Por exemplo, Sílvia foi procurar informação a respeito do processo de sua licença, e a informação sobre o processo de demissão foi solicitada na quinta-feira. Uma célula é marcada com F quando a informação da linha e da coluna correspondente é falsa, isto é, quando o fato correspondente não ocorreu. Observe que o processo em nome de Laerte não se refere à contratação e que Sílvia não procurou o tribunal na quarta-feira.

	demissão	contratação	licença	terça-feira	quarta-feira	quinta-feira
Clóvis			F			
Sílvia	F	F	V		F	
Laerte		F	F			
terça-feira	F					
quarta-feira	F					
quinta-feira	V	F	F			

Com base nessas instruções e nas células já preenchidas, é possível preencher logicamente toda a tabela. Após esse procedimento, julgue os itens a seguir.

a) O processo em nome de Laerte refere-se à demissão e ele foi ao tribunal na quinta-feira.

b) É verdadeira a proposição "Se Sílvia não tem processo de contratação, então o processo de licença foi procurado na quarta-feira".

COMENTÁRIO

Preenchendo a tabela abaixo teremos:

	demissão	contratação	licença	terça-feira	quarta-feira	quinta-feira
Clóvis	**F**	**V**	**F**			
Sílvia	**F**	**F**	**V**		F	
Laerte	**V**	**F**	**F**			
terça-feira	**F**	**F**	**V**			
quarta-feira	**F**	**V**	**F**			
quinta-feira	**V**	**F**	**F**			

Transferência de Informação

Devemos preencher esta célula com V, pois vimos que Laerte não está associado à contratação nem à licença.

Ao preencher a tabela acima podemos concluir que:

Clóvis → Contração → Quarta-feira

Sílvia → Licença → Terça-feira

Laerte → Demissão → Quinta-feira

Julgando os itens, temos:

a) O processo em nome de Laerte refere-se à demissão e ele foi ao tribunal na quinta-feira.

V ∧ V = V

b) É verdadeira a proposição:

"Se Sílvia não tem processo de contratação, então o processo de licença foi procurado na quarta-feira".

V → F = F

Respostas: Certo; Errado (respectivamente)

116. (FCC/TCE/ANALISTA/2006) Três pessoas – Alcebíades, Bonifácio e Corifeu – usam, cada qual, um único meio de transporte para se dirigir ao trabalho. Considere as seguintes informações:

- Os meios de transporte que eles usam são: automóveis, ônibus e motocicleta.
- As idades dos três são 28, 30 e 35 anos.
- Alcebíades vai para o trabalho de ônibus.
- A pessoa que tem 28 anos usa uma motocicleta para ir ao trabalho.
- Corifeu tem 35 anos.

Com base nas informações dadas, é correto afirmar que

a) Bonifácio tem 28 anos.
b) Alcebíades tem 28 anos.
c) Bonifácio usa um automóvel para ir ao trabalho.
d) Corifeu usa uma motocicleta para ir ao trabalho.
e) Alcebíades não tem 30 anos.

COMENTÁRIO

Vamos construir uma tabela para associar as informações:

Nomes	**Alcebíades**	**Bonifácio**	**Corifeu**
Idades	**30 anos – (6)**	**28 anos – (5)**	**35 anos – (2)**
Transporte	**Ônibus – (1)**	**Moto – (3)**	**Automóvel – (4)**

Segundo as informações temos que Alcebíades vai de ônibus (1), Corifeu tem 35 anos (2), e que a pessoa que tem 28 anos usa uma motocicleta, logo pode ser Bonifácio (3). Assim podemos inferir que Corifeu foi de automóvel (4), que o de motocicleta tinha 28 anos (5) e que Alcebíades tinha 30 anos (6).

Resposta: A.

---

117. (FCC/COMPANHIA DAS DOCAS-SP/GUARDA PORTUÁRIO/2006)

Paulo é mais alto que Enéas.

- Carlos é mais alto que Luiz.
- Enéas é mais alto que Carlos.

Em relação às quatro pessoas, é correto afirmar que

a) Enéas é o mais alto.
b) Carlos é o mais baixo.
c) Luiz é o mais alto que Enéas.
d) Paulo é mais alto que Carlos.
e) Luiz é mais alto que Carlos.

COMENTÁRIO

-Paulo é mais alto que Enéas: P > E

P > E > C

-Éneas é mais alto que Carlos: E > C

-Carlos é o mais alto que o Luiz: C > L, desta forma pode ilustrar:

P> E > C > L

Paulo é o mais alto.

Resposta: D.

118. (ESAF/ANEEL/TÉCNICO ADMINISTRATIVO/2006) Três rapazes – Alaor, Marcelo e Celso – chegam a um estacionamento dirigindo carros de cores diferentes. Um dirigindo um carro amarelo, o outro um carro bege e o terceiro um carro verde. Chegando ao estacionamento, o manobrista perguntou quem era cada um deles. O que dirigia o carro amarelo respondeu: "Alaor é o que estava dirigindo o carro bege". O que estava dirigindo o carro bege falou: "eu sou Marcelo". E o que estava dirigindo o carro verde disse: "Celso é quem estava dirigindo o carro bege". Como o manobrista sabia que Alaor sempre diz a verdade, que Marcelo às vezes diz a verdade e que Celso nunca diz a verdade, ele foi capaz de identificar quem era cada pessoa. As cores dos carros que Alaor e Celso dirigiam eram, respectivamente, igual a:

a) amarelo e bege.
b) verde e amarelo.
c) verde e bege.
d) bege e amarelo.
e) amarelo e verde.

COMENTÁRIO

Vamos construir uma tabela para associar as informações:

	Alaor	Marcelo	Celso
Amarelo		X	
Bege			X
Verde	X		

Teremos como referência Alaor, uma vez que ele sempre fala a verdade, assim torna-se interessante encontrarmos ele.

O que dirigir o carro amarelo disse que Alaor estava no Bege, assim Alaor não poderia estar no Amarelo. O que estava no carro Bege fala que era Marcelo, ou seja, Alaor não estava no bege.

Desta forma se Alaor não está no carro Amarelo, nem no carro bege, ele só pode estar no verde. Se ele está no Verde e fala a verdade então o do carro Verde disse que Celso estava dirigindo o carro Bege. Assim sobrou o carro Amarelo para Marcelo.

Resposta: C.

---

119. (CESPE/Banco Regional de Brasília /Escriturário 2005) Antônio, Benedito e Camilo são clientes de uma agência bancária. Certo dia, os três entraram na agência e pegaram senhas para atendimento no caixa. Cada um deles realizou exatamente uma das seguintes tarefas: fazer um depósito, pagar uma fatura, liquidar uma hipoteca. Sabe-se que Camilo não foi o segundo nem o terceiro a ser atendido; que Antônio foi liquidar a hipoteca e que o segundo a ser atendido foi pagar uma fatura.

Com base nas informações acima, julgue os itens subsequentes acerca da situação hipotética apresentada.

119.01. I. Antônio foi o terceiro a ser atendido e não foi fazer depósito bancário na agência.

COMENTÁRIO

Vamos construir uma tabela para associar as informações:

Nomes	Antônio	Benedito	Camilo
Tarefas	**Hipoteca – (2)**	**Fatura – (3)**	**Depósito – (4)**
Ordem	**Terceiro – (5)**	**Segundo – (6)**	**Primeiro – (1)**

Segundo as informações temos que Camilo não foi o segundo nem o terceiro, ou seja, Camilo foi o primeiro (1); Antônio foi liquidar a hipoteca (2) e que o segundo (3) foi pagar a fatura. Podemos inferir que Camilo fazer depósito (4) e que Antônio foi o terceiro (3).

Resposta: Certo.

119.02. II. Benedito não foi pagar a fatura na agência bancária.

COMENTÁRIO

✪ **Nota do autor: (Vide comentários ao item I).**

Resposta: Errado.

119.03. III. Se um dos clientes não foi o primeiro ou não foi fazer depósito, então ele não se chama Camilo.

COMENTÁRIO

(Vide comentários ao item I).

Resposta: Certo.

120. (ESAF/RECEITA FEDERAL/ANALISTA/2005) Você está à frente de três urnas, cada uma delas contendo duas bolas. Você não pode ver o interior das urnas, mas sabe que em uma delas há duas bolas azuis. Sabe, ainda, que em uma outra urna há duas bolas vermelhas. E sabe, finalmente, que na outra urna há uma bola azul e uma vermelha. Cada urna possui uma etiqueta indicando seu conteúdo, "AA", "VV", "AV" (sendo "A" para bola azul, e "V" para bola vermelha). Ocorre que – e isto você também sabe – alguém trocou as etiquetas de tal forma que todas as urnas estão, agora, etiquetadas erradamente. Você pode retirar uma bola de cada vez, da urna que bem entender, olhar a sua cor, e recolocá-la novamente na urna. E você pode fazer isso quantas vezes quiser. O seu desafio é determinar, por meio desse procedimento, o conteúdo exato de cada urna, fazendo o menor número de retiradas logicamente possível. O número mínimo de retiradas necessárias para você determinar logicamente o conteúdo exato de cada uma das três urnas é:

a) 1
b) 2
c) 3
d) 4
e) 5

COMENTÁRIO

É importante perceber que temos três unas em que as etiquetas estão todas colocadas erradamente, isto é, alguém trocou as etiquetas de tal forma que todas as urnas estão, agora, etiquetadas erradamente. As etiquetas são: "AA", "VV", "AV" (sendo "A" para bola azul, e "V" para bola vermelha).

Como sabemos que as etiquetas foram colocadas erradamente isto significa que na urna que possui a etiqueta "AV", as bolas com certeza são da mesma cor, ou seja, são "AA" ou "VV", desta forma vamos escolher a Urna que possui a etiqueta "AV", pois se tirarmos apenas uma bola saberemos a cor das duas, pois elas são iguais.

Desta forma faremos o seguinte:

Retiramos (01) uma bola da urna "AV" e verificamos sua cor, logo saberemos as cores das bolas dessa urna. Como as urnas estão todas etiquetas erradamente, basta colocarmos a etiqueta correspondente a urna que encontramos as bolas de mesma cor e trocar as etiquetas das duas outras urnas, uma vez que todas estão etiquetadas erradamente.

É necessário retirarmos apenas 01(uma) bola.

Resposta: A.

121. (ESAF/ 2005) Cinco amigas, Ana, Bia, Cati, Dida e Elisa, são tias ou irmãs de Zilda. As tias de Zilda sempre contam a verdade e as irmãs de Zilda sempre mentem. Ana diz que Bia é tia de Zilda. Bia diz que Cati é irmã de Zilda. Cati diz que Dida é irmã de Zilda. Dida diz que Bia e Elisa têm diferentes graus de parentesco com Zilda. Isto é: se uma é tia, a outra é irmã. Eliza diz que Ana é tia de Zilda. Assim, o número de irmãs de Zilda neste conjunto de cinco amigas é dado por:

a) 1.
b) 2.
c) 3.

d) 4.

e) 6.

COMENTÁRIO

Nesta questão devemos experimentar a partir da primeira declaração como verdadeira. Caso não haja contradição, a questão estará de acordo; mas se houver, deveremos começar como falsa. A cada valoração iremos associar se a pessoa é tia ou irmã de Zilda.

1ª SITUAÇÃO: Ana começa falando a verdade (EXPERIMENTAÇÃO)

– **Ana diz:** - Bia é tia de Zilda. (Se Ana fala verdade, então ela é tia de Zilda, sua declaração é verdadeira, logo Bia também é tia de Zilda).

– **Bia diz:** Cati é irmã de Zilda. (Se Bia é tia de Zilda, então fala verdade, sua declaração é verdadeira, logo Cati é irmã de Zilda e fala mentira).

– **Cati diz:** Dida é irmã de Zilda. (Se Cati mente, então ela é irmã de Zilda, sua declaração é falsa, logo Dida é tia de Zilda é fala a verdade).

– **Dida diz:** Bia e Elisa tem diferente grau de parentesco. (Se Dida é tia, então fala verdade, sua declaração é verdadeira, logo Bia e Elisa tem diferente grau de parentesco. Como sabemos que Bia é tia de Zilda, então Elisa é irmã de Zilda, o que significa dizer que ela mente).

– **Elisa:** Ana é tia de Zilda. (Se Elisa mente, então ela é irmã de Zilda, sua declaração é falsa, logo Ana tem que ser irmã de Zilda, para que Elia esteja mentindo).

Percebemos que Elisa está falando a verdade – o que não pode acontecer, pois ela é uma pessoa mentirosa. Uma pessoa que mente não pode falar a verdade (entrar em contradição). Neste caso, a 1ª situação não está de acordo.

2ª SITUAÇÃO: Ana começa falando mentira (EXPERIMENTAÇÃO)

– **Ana diz:** Bia é tia de Zilda. (Se Ana fala mentira, então ela é irmã de Zilda, sua declaração é falsa, logo Bia é irmã de Zilda).

– **Bia diz:** Cati é irmã de Zilda. (Se Bia é irmã de Zilda, então fala mentira, sua declaração é falsa, logo Cati é tia de Zilda com isso fala verdade, pois quem é tia fala verdade).

– **Cati diz:** Dida é irmã de Zilda. (Se Cati fala verdade, então ela é tia de Zilda, sua declaração é verdadeira, logo Dida é irmã de Zilda e fala mentira, pois quem é irmã fala mentira).

– **Dida diz:** Bia e Elisa tem diferente grau de parentesco. (Se Dida é irmã, então fala mentira, sua declaração é falsa, logo Bia e Elisa tem grau igual de parentescos. Como sabemos que Bia é irmã, então Eduarda é irmã, o que significa que ela fala mentira).

– **Elisa diz:** Ana é tia de Zilda. (Se Elisa fala mentira, então ela é irmã, sua declaração é falsa, logo Ana tem que ser irmã, o que realmente acontece, pois Ana é mentirosa).

Neste caso, a 2ª situação está de acordo, pois nenhuma delas entra em contradição com sua própria declaração.

Logo, Ana: irmã; Beatriz: irmã; Carolina: tia; Denise: irmã; Eduarda: irmã.

Resposta: D.

---

122. (FCC/CEF/ESCRITURÁRIO/2005) Um livro tem 300 páginas, numeradas de 1 a 300. A quantidade de vezes que o algarismo 2 aparece na numeração das páginas desse livro é:

a) 160.

b) 154.

c) 150.

d) 142.

e) 140.

COMENTÁRIO

✪ **Nota do autor:** observar as DICAS no final do capítulo referentes às questões com páginas para melhor compreensão do método exposto.

De acordo com as DICAS podemos concluir que:

De 1 a 99 → 20 vezes.

100 a 199 → 20 vezes.

200 a 299 →120 vezes.

Somando temos: 160 vezes.

Resposta: A.

---

123. (CESGRANRIO/Petrobrás/Auxiliar de segurança/2005) Em um quarto totalmente escuro, há uma gaveta com 3 pares de meias brancas e 4 pares de meias pretas. Devido à escuridão, é impossível ver a cor das meias. Quantas meias devem ser retiradas para que se tenha certeza de que, entre as meias retiradas, haja pelo menos um par de meias pretas?

a) 8.

b) 6.

c) 5.

d) 4.

e) 2.

COMENTÁRIO

Esta questão nos exige uma **certeza** para que possamos retirar pelo menos um par de meias pretas. Neste caso iremos pensar na pior hipótese:

- 3 pares de meias brancas = 6 meias brancas;

- 4 pares de meias pretas= 8 meias pretas.

A questão solicita quantas meias devem ser retiradas para que se tenha certeza que haja pelo menos 02 meias pretas.

Pensando na pior hipótese temos o seguinte: retiramos todas as meias brancas (6 meias), assim precisamos retirar mais 02 meias, pois só podem ser pretas. Nesse caso se torna necessário retirar 8 meias para que se tenha certeza que teremos pelo menos 02 meias pretas.

Resposta: A.

---

124. (CESGRANRIO/Petrobrás/Auxiliar de segurança/2005) Julgue o item.

Considere-se que (a_n) seja uma sequência que satisfaz à seguinte relação:

$$a_{n+1} - a_n = 2^n \text{ e } a_1 = 1.$$

Nesse caso, $a_1 + a_2 + ... + a_{100} = 2^{101} - 102$.

COMENTÁRIO

Sabendo que $a_1 = 1$ e utilizando a relação: $a_{n+1} - a_n = 2^n$

– Para n = 1 temos:

$$a_{n+1} - a_n = 2^n$$
$$a_{1+1} - a_1 = 2^1$$
$$a_2 - 1 = 2$$
$$a_2 = 2 + 1$$
$$a_2 = 3$$

– Para n = 2 temos:

$$a_{n+1} - a_n = 2^n$$
$$a_{2+1} - a_2 = 2^2$$
$$a_2 - 3 = 4$$
$$a_2 = 4 + 3$$
$$a_2 = 7$$

– Para n = 3 temos:

$$a_{n+1} - a_n = 2^n$$
$$a_{3+1} - a_3 = 2^3$$
$$a_2 - 7 = 8$$
$$a_2 = 8 + 7$$
$$a_2 = 15$$

Sendo assim, temos a seguinte sequência:

$$a_{1=} 1$$
$$a_{2=} 3$$
$$a_{3=} 7$$
$$a_{4=} 15$$
$$a_{5=} 31$$
$$a_{6=} 63$$

.

.

.

$$a_{100=} 2^{99} + a_{99}$$

De um termo para outro é observado o seguinte acréscimo:

Sequência:

$$+2^1 \quad +2^1 \quad +2^3 \quad +2^4 \quad +2^5$$

$$(a_1=1) \rightarrow (a_2=3) \rightarrow (a_3=7) \rightarrow (a_4=15) \rightarrow (a_5=31) \rightarrow (a_6=63) \rightarrow$$

Analisando a sequência (progressão geométrica): $2^1, 2^2, 2^3, 2^4, ..., 2^{99}$

Verifica-se que cada termo é adquirido por meio da relação:

$\mathbf{a_n = a_1 + S_{n-1}}$, descrevendo S_{n-1}, temos:

$$S_n = \frac{a_1(q^n - 1)}{q - 1}$$

$$S_{n-1} = \frac{a_1(q^{n-1} - 1)}{q - 1}$$

$$S_n = \frac{2(2^{n-1} - 1)}{2 - 1}$$

$$S_n = 2^n - 2$$

$\mathbf{a_n = a_1 + S_{n-1,}}$ substituindo:

$a_n = 1 + 2^n - 2$

$a_n = 2^n - 1$

Encontrando os termos:

a1 = 21 – 1

a2 = 22 – 1

a3 = 23 – 1

a4 = 24 – 1

. = .

. = .

. = .

$a^{100} = (2^{100}) - 1$

____

Soma = $(2^{101} - 2) - 100$

Soma = $2^{101} - 102$

Resposta: Certo.

---

125. (ESAF/MPU/ANALISTA/ADMINISTRAÇÃO/2004) Ana, Bia, Clô, Déa e Ema estão sentadas, nessa ordem e em sentido horário, em torno de uma mesa redonda. Elas estão reunidas para eleger aquela que, entre elas, passará a ser a representante do grupo. Feita a votação, verificou-se que nenhuma fora eleita, pois cada uma delas havia recebido exatamente um voto. Após conversarem sobre tão inusitado resultado, concluíram que cada uma havia votado naquela que votou na sua vizinha da esquerda (isto é, Ana votou naquela que votou na vizinha da esquerda de Ana, Bia votou naquela que votou na vizinha da esquerda de Bia, e assim por diante). Os votos de Ana, Bia, Clô, Déa e Ema foram, respectivamente, para,

a) Ema, Ana, Bia, Clô, Déa.
b) Déa, Ema, Ana, Bia, Clô.
c) Clô, Bia, Ana, Ema, Déa.
d) Déa, Ana, Bia, Ema, Clô.
e) Clô, Déa, Ema, Ana, Bia.

COMENTÁRIO

Vamos ilustrar a situação acima:

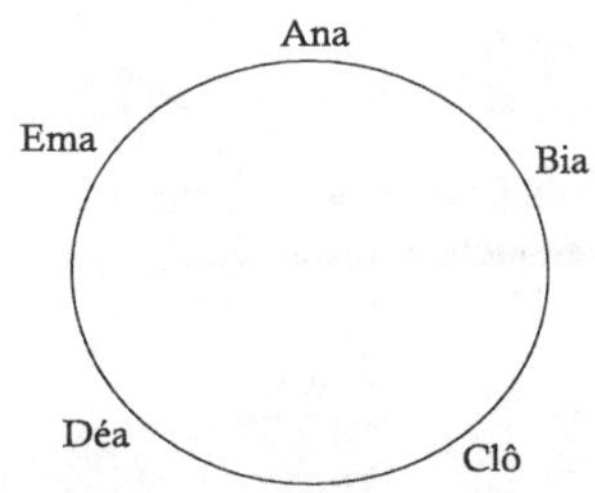

De acordo com a questão temos que cada uma das meninas não pode votar na sua vizinha da esquerda, uma vez que deixa claro que "Ana votou naquela que votou na vizinha da esquerda de Ana, Bia votou naquela que votou na vizinha da esquerda de Bia, e assim por diante", logo devemos verificar as possibilidades, que são:

Primeira: Ana votar em Clô:

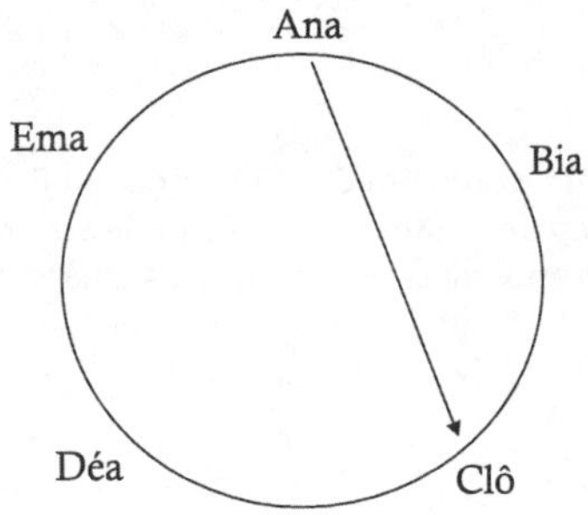

Segunda: Ana votar em Déa:

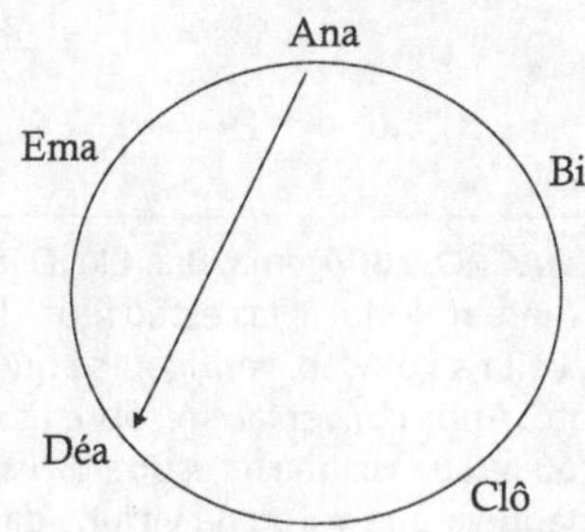

Terceira: Ana votar em Ema:

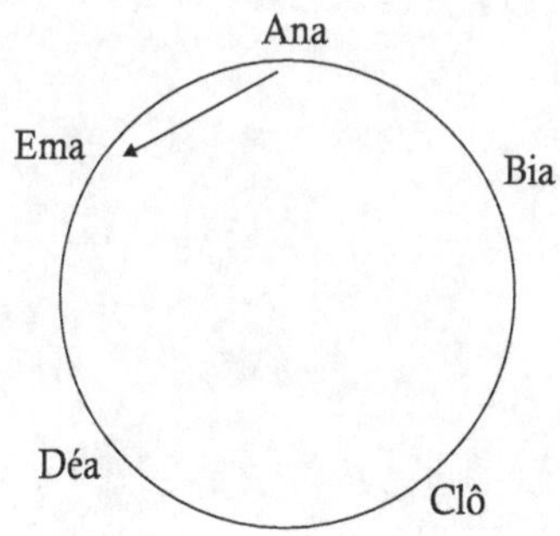

Vamos verificar cada uma das possibilidades. Apenas uma poderá dar certo. Para melhor entendimento, ilustraremos com setas os votos e suas respectivas ordens.

Primeira: Ana votar em Clô:

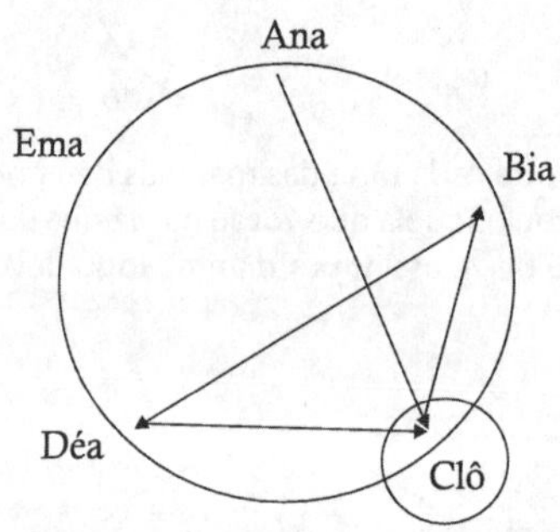

Na ilustração acima temos que Ana votou em Clô, Clô votou em Bia, Bia votou em Déa e Déa votou em Clô. Assim percebe-se que Clô recebeu dois votos, o que não pode acontecer segundo o enunciado. Os votos foram dados de acordo com o critério estabelecido, em que cada uma votou naquela que votou na sua vizinha da esquerda.

Segunda: Ana votar em Déa:

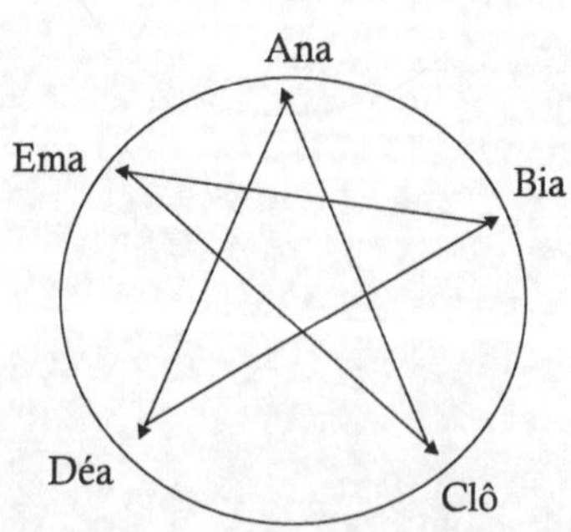

Na ilustração acima temos que Ana votou em Déa, Déa votou em Bia, Bia votou em Ema, Ema votou em Clô e Clô votou em Ana. Assim percebe-se que cada uma recebeu um voto, o que está de acordo com o enunciado.

Os votos foram dados de acordo com o critério estabelecido, em que cada uma votou naquela que votou na sua vizinha da esquerda. **Esta sequência é a correta.**

Terceira: Ana votar em Ema:

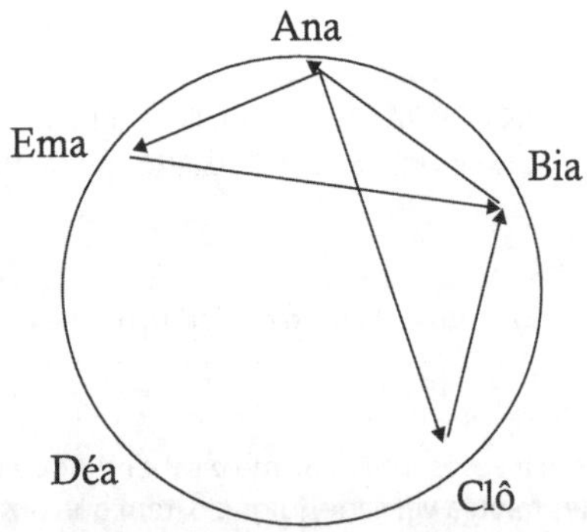

Na ilustração acima temos que Ana votou em Ema, Ema votou em Bia, Bia votou em Ana, Ana votou em Clô e Clô votou em Bia. Assim percebe-se que Bia recebeu dois votos e Ana deu dois votos, o que não pode acontecer segundo o enunciado. Os votos foram dados de acordo com o critério estabelecido, em que cada uma votou naquela que votou na sua vizinha da esquerda.

Após verificarmos as possibilidades temos que a segunda é a correta. Sendo assim, a resposta é a letra b.

Resposta: B.

---

126. (CESPE/Polícia Federal /PAPILOSCOPISTA/ 2004). Um líder criminoso foi morto por um de seus quatro asseclas: A, B, C e D. Durante o interrogatório, esses indivíduos fizeram as seguintes declarações:

- A afirmou que C matou o líder.
- B afirmou que D não matou o líder.
- C disse que D estava jogando dardos com A quando o líder foi morto e, por isso, não tiveram participação no crime.
- D disse que C não matou o líder.

Considerando a situação hipotética apresentada acima e sabendo que três dos comparsas mentiram em suas declarações, enquanto um deles falou a verdade, julgue o item que diz: "A declaração de C não pode ser verdadeira. "

COMENTÁRIO

A partir das declarações temos:

– A disse: - C matou o líder.

– B disse: - D não matou o líder.

– C disse que D estava jogando dardos com A quando o líder foi morto e, por isso, não tiveram participação no crime.

– D disse: C não matou o líder.

Temos 3 Mentiras 1 verdade

Pela contradição temos que as afirmações dos asseclas A e D são contraditórias, uma vez que um afirma que o C matou o líder, enquanto outro afirmar que C não matou o líder. Logo podemos inferir que existe uma verdade e uma mentira entre essas duas declarações.

A única verdade que existe está entre os asseclas A ou D, logo as declarações de B e C são falsas.

Partindo que as declarações dos asseclas B e D sendo falsas, podemos inferir que quando B diz que D não matou o líder, temos a certeza que D matou, uma vez que B é mentiroso.

Se D matou o líder, podemos inferir que o assecla A mente quando diz que foi C.

Desta forma podemos ter as seguintes conclusões:

– A disse: - C matou o líder. (Mentira)

– B disse: - D não matou o líder. (Mentira)

– C disse que D estava jogando dardos com A quando o líder foi morto e, por isso, não tiveram participação no crime. (Mentira)

– D disse: C não matou o líder. (Verdade)

Resposta: Correto.

---

127. (CESPE/Polícia Federal /PAPILOSCOPISTA/ 2004). Um líder criminoso foi morto por um de seus quatro asseclas: A, B, C e D. Durante o interrogatório, esses indivíduos fizeram as seguintes declarações:

- A afirmou que C matou o líder.
- B afirmou que D não matou o líder.
- C disse que D estava jogando dardos com A quando o líder foi morto e, por isso, não tiveram participação no crime.
- D disse que C não matou o líder.

Considerando a situação hipotética apresentada acima e sabendo que três dos comparsas mentiram em suas declarações, enquanto um deles falou a verdade, julgue o item que diz: " D matou o líder. "

COMENTÁRIO

✪ **Nota do autor:** Nas provas de concursos temos questões em que as bancas exigem dos candidatos uma análise referente às declarações realizadas em uma determinada situação, procurando, na maioria das vezes, saber quem é o mentiroso e até mesmo o culpado de um determinado delito.

Nas questões com declarações onde existem pessoas que mentem e falam a verdade, em que podemos perceber existir uma **contradição** entre declarações iremos aplicar o que foi exposto referente às três leis do pensamento nas DICAS.

A partir das declarações temos:

– A disse: - C matou o líder.

– B disse: - D não matou o líder.

– C disse que D estava jogando dardos com A quando o líder foi morto e, por isso, não tiveram participação no crime.

– D disse: C não matou o líder.

Temos
3 Mentiras
1 verdade

Pela contradição temos que as afirmações dos asseclas A e D são contraditórias, uma vez que um afirma que o C matou o líder, enquanto outro afirmar que C não matou o líder. Logo podemos inferir que existe uma verdade e uma mentira entre essas duas declarações.

A única verdade que existe está entre os asseclas A ou D, logo as declarações de B e C são falsas.

Partindo que as declarações dos asseclas B e D sendo falsas, podemos inferir que quando B diz que D não matou o líder, temos a certeza que D matou, uma vez que B é mentiroso.

Se D matou o líder, podemos inferir que o assecla A mente quando diz que foi C.

Desta forma podemos ter as seguintes conclusões:

– A disse: - C matou o líder. (Mentira)

– B disse: - D não matou o líder. (Mentira)

– C disse que D estava jogando dardos com A quando o líder foi morto e, por isso, não tiveram participação no crime. (Mentira)

– D disse: C não matou o líder. (Verdade)

Resposta: Certo.

---

128. (Retirado do livro *Enigmas, desafios, paradoxos e outros divertimentos lógicos e matemáticos,* de Dimas Monteiro de Barros, Editora Nova Conquista.)

Quatro pessoas interrogadas pela polícia, sob suspeita de terem cometido um roubo:

– Eu não fui, diz Eduardo.

– Foi o Fábio, afirma Heitor.

– Foi o Paulo, garante o Fábio.

– O Heitor está mentindo, diz Paulo.

Sabendo que somente um deles mentiu e que somente um deles cometeu o roubo, que é o ladrão?

a) Fábio
b) Paulo
c) Eduardo
d) Heitor

COMENTÁRIO

Representando as declarações abaixo:

Eduardo diz: – Eu não fui
Heitor diz: – Foi o Fábio
Fábio diz: – Foi o Paulo
Paulo diz: – O Heitor está mentindo

} Temos 3 Verdades 1 Mentira

Pela contradição temos que as afirmações Paulo e Heitor são contraditórias, uma vez que Paulo afirma que Heitor está mentindo, logo a contradição está entre Paulo e Heitor, ou seja, a única mentira que existe se encontra entre Paulo ou Heitor. Assim as declarações de Eduardo e Fabio são verdadeiras. Desta forma como Fábio diz a verdade, ele afirma que foi Paulo, logo podemos concluir que foi Paulo o ladrão.

Resposta: B.

---

129. (FGV/Senado Federal/Policial Legislativo Federal/2008)

Quatro suspeitos: André, Eduardo, Rafael e João. Interrogados, eles fazem as seguintes declarações:

- André: Eduardo é o culpado.
- Eduardo: João é o culpado.
- Rafael: Eu não sou culpado.
- João: Eduardo mente quando diz que eu sou culpado.

Sabendo que apenas um dos quatro disse a verdade, o culpado:

a) é certamente André.
b) é certamente Eduardo.
c) é certamente Rafael.
d) é certamente João.
e) não pode ser determinado com essas informações.

COMENTÁRIOS

Representando as declarações temos:

- André: Eduardo é o culpado.
- Eduardo: João é o culpado.
- Rafael: Eu não sou culpado.
- João: Eduardo mente quando diz que eu sou culpado.

} Temos 1 Verdade 4 Mentiras

Pela contradição temos que as afirmações João e Eduardo são contraditórias, uma vez que João afirma que Eduardo está mentindo, logo a contradição está entre João e Eduardo, ou seja, a única verdade que existe se encontra entre João ou Eduardo. Assim as declarações de André e Rafael são mentiras. Desta forma como Rafael diz mentira, ele afirma que não é o culpado, logo podemos concluir ele , Rafael, é o culpado.

Resposta: C.

130. (ESAF/ANEEL/TÉCNICO ADMINISTRATIVO/2004) Fátima, Beatriz, Gina, Sílvia e Carla são atrizes de teatro infantil, e vão participar de uma peça em que representarão, não necessariamente nesta ordem, os papéis de Fada, Bruxa, Rainha, Princesa e Governanta. Como todas são atrizes versáteis, o diretor da peça realizou um sorteio para determinar a qual delas caberia cada papel. Antes de anunciar o resultado, o diretor da peça reuniu-as e pediu que cada uma desse seu palpite sobre qual havia sido o resultado do sorteio.

Disse Fátima: "Acho que eu sou a governanta, Beatriz é a fada, Sílvia é a Bruxa e Carla é a princesa".

Disse Beatriz: "Acho que Fátima é a princesa ou a bruxa".

Disse Gina: "Acho que Sílvia é a governanta ou a rainha".

Disse Sílvia: "Acho que eu sou a princesa".

Disse Carla: "Acho que a bruxa sou eu ou Beatriz".

Neste ponto, o diretor falou: "Todos os palpites estão completamente errados, nenhuma de vocês acertou sequer um dos resultados do sorteio! " Um estudante de lógica que a tudo assistia, concluiu então que os papéis sorteados para Fátima, Beatriz, Gina e Sílvia foram respectivamente:

a) rainha, bruxa, princesa e fada.
b) rainha, princesa, governanta e fada.
c) fada, bruxa, governanta e princesa.
d) rainha, princesa, bruxa e fada.
e) fada, bruxa, rainha e princesa.

COMENTÁRIO

Construiremos uma tabela em que possamos ter condições de associar as pessoas a seus respectivos papéis. Temos que observar também que na questão temos o seguinte trecho: "Neste ponto, o diretor falou: Todos os palpites estão completamente errados, nenhuma de vocês acertou sequer um dos resultados do sorteio!", isto quer dizer que tudo que se foi falado era falso (F). Logo, podemos construir a tabela:

	Fátima	Beatriz	Gina	Silvia	Carla
Fada	F	f	F	V	F
Bruxa	f	f	V	f	f
Rainha	V	F	F	f	F
Princesa	f	V	F	f	f
Governanta	f	F	F	f	V

As células que estão preenchidas com falso (f) "em minúsculo" foram os palpites errados realizados pelas atrizes, agora é só preencher as células vazias verificando as únicas possibilidades. Isto é, Gina só pode ser Bruxa, pois foi a única célula disponível. A Sílvia só pode ser fada. A Fátima só pode ser rainha. A Carla só pode ser governanta. A Beatriz só pode ser princesa.

Resposta: D.

131. (ESAF/TRT/FISCAL DO TRABALHO/2001) Um crime foi cometido por uma e apenas uma pessoa de um grupo de cinco suspeitos: Armando, Celso, Edu, Juarez e Tarso. Perguntados sobre quem era o culpado, cada um deles respondeu:

Armando: "Sou inocente".

Celso: "Edu é o culpado".

Edu: "Tarso é o culpado".

Juarez: "Armando disse a verdade".

Tarso: "Celso mentiu".

Sabendo-se que apenas um dos suspeitos mentiu e que todos os outros disseram a verdade, pode-se concluir que o culpado é:

a) Edu.
b) Tarso.
c) Juarez.
d) Armando.
e) Celso.

COMENTÁRIO

De acordo com a questão, temos que as declarações de:

Celso: "Edu é o culpado".

Tarso: "Celso mentiu".

Celso: "Edu é o culpado".
Tarso: "Celso mentiu".

Existe uma contradição:
Não é possível as duas serem verdadeiras ou falsas ao mesmo tempo.
Logo temos que uma é verdadeira e a outra é falsa ou vice-versa.

Partindo da **contradição** das declarações temos que: "Sabendo-se que apenas um dos suspeitos mentiu...", podemos deduzir que a mentira (adotaremos como F) está entre Celso ou Tarso, logo podemos analisar da seguinte forma:

– **Celso:** "Edu é o culpado".
– **Edu:** "Tarso é o culpado". (V)
– **Juarez**: "Armando disse a verdade". (V)
– **Tarso:** "Celso mentiu".

Iremos valorar estas declarações de acordo com as outras que temos certeza que são verdadeiras, pois a única mentira irá se encontrar na contradição.

Sendo verdadeiras as declarações de Armando, Edu e Juarez podemos concluir que Tarso é o culpado. Logo por Tarso ser o culpado, temos que Celso mentiu e Tarso falou a verdade.

Armando: "Sou inocente". (V)

Celso: "Edu é o culpado". (F)

Edu: "Tarso é o culpado". (V)

Juarez: "Armando disse a verdade". (V)

Tarso: "Celso mentiu". (V)

Resposta: B.

---

132. (ESAF/TTN/TÉCNICO/2001) Quatro amigos, André, Beto, Caio e Dênis, obtiveram os quatro primeiros lugares em um concurso de oratória julgado por uma comissão de três juízes. Ao comunicarem a classificação final, cada Juiz anunciou duas colocações, sendo uma delas verdadeira e outra falsa.

Juiz 1: "André foi o primeiro; Beto foi o segundo".

Juiz 2: "André foi o segundo; Dênis foi o terceiro".

Juiz 3: "Caio foi o segundo; Dênis foi o quarto".

Sabendo que não houve empates, o primeiro, o segundo, o terceiro e o quarto colocados foram, respectivamente:

a) André, Caio, Beto, Dênis.
b) Beto, André, Caio, Dênis.
c) André, Caio, Dênis, Beto.
d) Beto, André, Dênis, Caio.
e) Caio, Beto, Denis, André.

COMENTÁRIO

Nesta questão temos duas possibilidades para cada discurso, ou seja, cada um contendo uma informação verdadeira para o primeiro e falsa para a segunda, ou falsa para a primeira e verdadeira para a segunda. Logo, realizaremos uma experimentação:

1ª SITUAÇÃO (POSSIBILIDADE)

Supondo a valoração para o primeiro juiz:
- **"André foi o primeiro"**. (Verdadeiro)
- **"Beto foi o segundo"**. (Falso)

Temos:

Juiz 1: "André foi o primeiro (Verdadeiro); Beto foi o segundo". (Falso)

Juiz 2: "André foi o segundo (Falso) → Dênis foi o terceiro". (Verdadeiro)

Juiz 3: "Caio foi o segundo (Verdadeiro) ← Dênis foi o quarto". (Falso)

Supondo a valoração para o primeiro juiz:

2ª SITUAÇÃO (POSSIBILIDADE)
- **André foi o primeiro"**. (Falso)
- **"Beto foi o segundo"**. (Verdadeiro)

Temos:

Juiz 1: "André foi o primeiro (Falso) Beto foi o segundo". (Verdadeiro)

Juiz 2: "André foi o segundo (Falso) → Dênis foi o terceiro". (Verdadeiro)

Juiz 3: "Caio foi o segundo (Verdadeiro) ← Dênis foi o quarto". (Falso)

Neste caso houve empate entre Beto e Caio, logo esta situação não está de acordo. Sendo assim, a primeira situação está correta.

Resposta: C.

---

133. (UFPR/INVESTIGADOR/PC/2008) Uma equipe de peritos criminais precisa descobrir a posição correta de um esconderijo e para tal dispõe somente do pedaço de um bilhete rasgado.

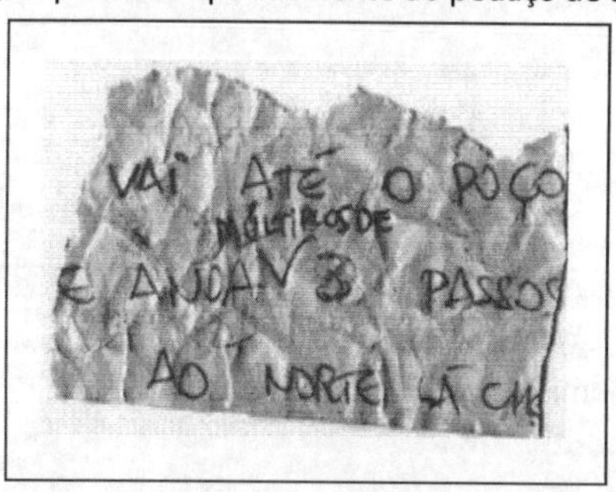

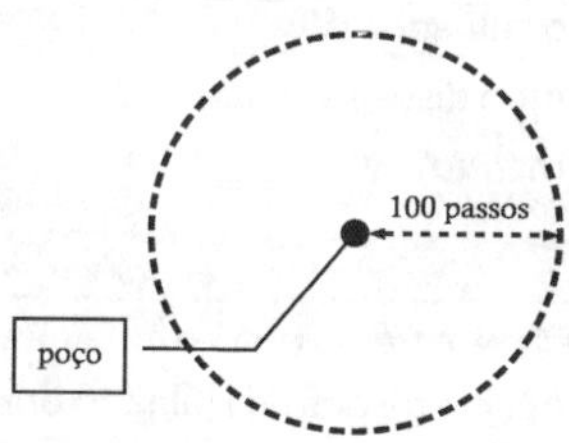

A equipe situa-se na posição desse poço que se encontra dentro de um terreno de área circular de raio igual a 100 passos e não possui bússola para indicar o norte. Além disso, é noite. O bilhete rasgado não deixa claro se o número de passos a ser dado é de múltiplos de três ou de oito. Entretanto, a equipe é formada por peritos que entendem de métodos de contagem e que decidem usar o princípio da inclusão-exclusão: "Sendo A e B conjuntos cujo número de elementos é dado por n(A) e n(B), respectivamente, então $n(A \cup B) = n(A) + n(B) - n(A \cap B)$, onde $n(A \cup B)$ é o número de elementos que pertence a pelo menos um dos conjuntos A e B". Com base nesse princípio, determine o número máximo de tentativas que a equipe terá de realizar para encontrar o esconderijo.

a) 33

b) 12

c) 45

d) 41

e) 4

COMENTÁRIO

Temos uma questão que envolve teoria de conjuntos e múltiplos, em que iremos construir diagramas uma vez que temos algo em comum, ou seja, de 1 a 100 temos números que são múltiplos de 3, temos números que são múltiplos de 8 e também temos números que são múltiplos de 3 e 8 simultaneamente, ou seja, podemos aplicar o seguinte raciocínio: n(A ∪ B) = n(A) + n(B) – n(A ∩ B), onde n(A ∪ B) é o número de elementos que pertence a pelo menos um dos conjuntos A e B".

Construindo os diagramas temos:

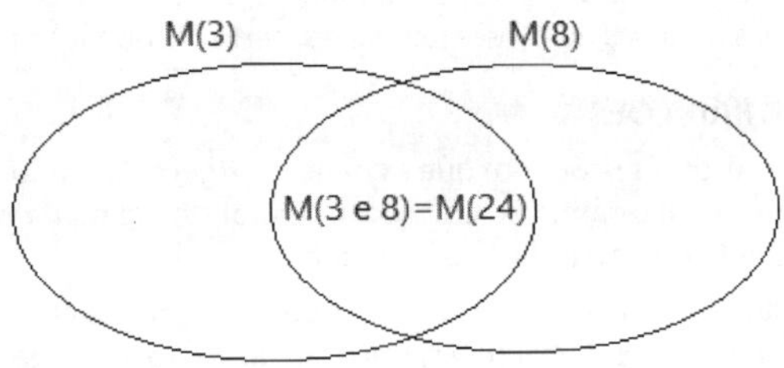

Para calcular os múltiplos de 3 basta dividirmos 100 por 3 , sendo a resposta o quociente da divisão:

M(3) = 100/3 = 33

Para calcular os múltiplos de 8 basta dividirmos 100 por 8, sendo a resposta o quociente da divisão:

M(8) = 100/8 = 12

Para calcular os múltiplos de 8 e 3 basta dividirmos 100 por 24 , sendo a resposta o quociente da divisão:

M(8 e 3) = M(24) = 100 / 24 = 4

Preenchendo o diagrama temos:

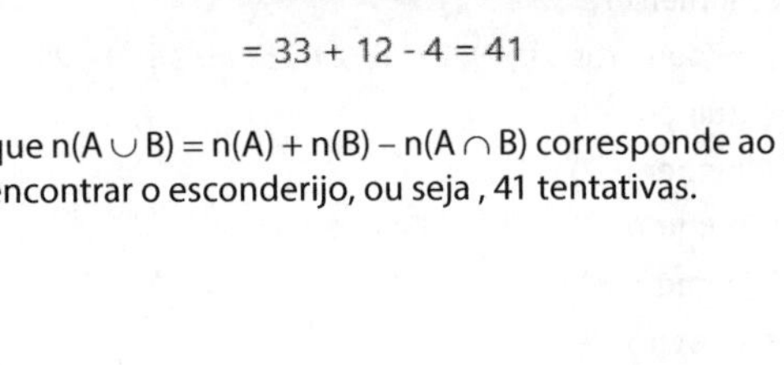

Podemos então inferir que n(A ∪ B) = n(A) + n(B) – n(A ∩ B) corresponde ao número máximo de tentativas que podem ser feitas para encontrar o esconderijo, ou seja , 41 tentativas.

Resposta: D.

✦ DICAS

As três "Leis do Pensamento" ou Princípios Fundamentais da Lógica Proposicional

Os que definiram a Lógica como "a ciência das leis do pensamento" sustentaram, frequentemente, que existem exatamente três leis fundamentais do pensamento, as quais são necessárias e suficientes para que o pensar desenvolva-se de maneira "correta". Essas leis do pensamento receberam, tradicionalmente, os nomes de Princípio de Identidade, Princípio de Contradição (por vezes, Princípio da Não Contradição) e Princípio do Terceiro Excluído. Há formulações alternativas desses princípios, apropriadas a diferentes contextos. No nosso caso, as formulações apropriadas são as seguintes:

➢ **O Princípio de Identidade** afirma que *se qualquer enunciado é verdadeiro, então ele é verdadeiro.*

➢ **O Princípio da Não contradição** afirma que *nenhum enunciado pode ser verdadeiro* e *falso.*

➢ **O Princípio do Terceiro Excluído** afirma que *um enunciado ou é verdadeiro ou é falso.*

O **Princípio da Identidade** afirma que todo o enunciado da forma $p \supset p$ é verdadeiro, ou seja, todo o enunciado desse tipo é uma tautologia.

O **Princípio da Contradição** afirma que todo o enunciado da forma $p \wedge \neg p$ é falso, ou seja, todo o enunciado desse tipo é contraditório.

O **Princípio do Terceiro Excluído** afirma que todo o enunciado da forma $p \vee \neg$ pé verdadeiro, ou seja, todo o enunciado desse tipo é uma tautologia.

Nas provas de concursos temos questões de analítica, nas quais devemos aplicar conhecimentos associados aos princípios fundamentais, em que devemos experimentar as duas valorações possíveis para uma proposição V ou F, sendo que apenas uma das hipóteses deverá dar certo, a outra resultará em uma contradição.

I - QUESTÕES COM CONTRADIÇÕES

Nas provas de concursos temos questões em que as bancas exigem dos candidatos uma análise referente às declarações realizadas em uma determinada situação, procurando, na maioria das vezes, saber quem é o mentiroso e até mesmo o culpado de um determinado delito.

Nas questões com declarações onde existem pessoas que mentem e falam a verdade, em que podemos perceber existir uma **contradição** entre declarações, pois não há como adivinhar quem mente ou quem fala a verdade, devemos aplicar o que foi ensinado no início referente às três leis do pensamento, onde uma proposição "declaração" não pode ser verdadeira (V) e falsa (F) ao mesmo tempo, daí teremos uma possível valoração para estas declarações.

II - QUESTÕES COM EXPERIMENTAÇÃO

Nas questões com declarações em que não há contradições entre duas ou mais declarações, devemos valorar uma declaração como verdadeira e, a partir dela, caso não esteja correta, começar com a declaração sendo falsa, ou seja, experimentar.

QUESTÕES COM RACIOCÍNIO ESPACIAL (figuras), SEQUENCIAL E TEMPORAL

III – Questões com numerações (comuns nas provas da FCC, CESGRANRIO e FGV)

Tomando o algarismo 2 como exemplo, mas serve para os demais com exceção do 0 (zero).

CONSTRUIREMOS UM PADRÃO PARA RESOLVERMOS
AS QUESTÕES QUE PERGUNTAM QUANTAS VEZES
APARECE UM DETERMINADO ALGARISMO

Do número 1 a 99 temos:

1 → 9 = aparece uma vez (número 2)

10 → 19 = aparece uma vez (número 12)

20 → 29 = aparece onze vezes (números: 20, 21, 22, 23, 24, 25, 26, 27, 28 e 29).

30 → 39 = aparece uma vez (número 32)

40 → 49 = aparece uma vez (número 42)

50 → 59 = aparece uma vez (número 52)

60 → 69 = aparece uma vez (número 62)

70 → 79 = aparece uma vez (número 72)

80 → 89 = aparece uma vez (número 82)

90 → 99 = aparece uma vez (número 92)

Sendo assim, temos o algarismo "2" aparecendo **20 vezes** na sequência acima, o algarismo "1" aparecendo **11 vezes** e o algarismo 0 (zero), **9 vezes.**

Do número 100 ao 999 temos:

100 → 199 = aparecem 20 vezes, pois os números da centena não influenciam, demonstrado acima. (20)

200 → 299 = aparecem 120 vezes, pois os números da centena influenciam, logo temos 20 vezes das dezenas mais 100 vezes das centenas. (120)

300 → 399 = aparecem 20 vezes, pois os números da centena não influenciam, demonstrado acima. (20)

400 → 499 = aparecem 20 vezes, pois os números da centena não influenciam, demonstrado acima. (20)

500 → 599 = aparecem 20 vezes, pois os números da centena não influenciam, demonstrado acima. (20)

600 → 699 = aparecem 20 vezes, pois os números da centena não influenciam, demonstrado acima. (20)

700 → 799 = aparecem 20 vezes, pois os números da centena não influenciam, demonstrado acima. (20)

800 → 899 = aparecem vinte vezes, pois os números da centena não influenciam, demonstrado acima. (20)

900 → 999 = aparecem 20 vezes, pois os números da centena não influenciam, demonstrado acima. (20)

Sendo assim, temos o número 2 aparecendo 120 vezes na centena do número desejado e 20 vezes nas demais.

Do número 1000 ao 1999 temos:

1000 → 1099 = aparecem 20 vezes, pois os números da centena e unidade de milhar influenciam.

1100 → 1199 = aparecem 20 vezes, pois os números da centena e unidade de milhar não influenciam.

1200 → 1299 = aparecem 120 vezes, pois os números da centena influenciam e os da unidade de milhar não influenciam.

1300 → 1399 = aparecem 20 vezes, pois os números da centena e unidade de milhar não influenciam.

1400 → 1499 = aparecem 20 vezes, pois os números da centena e unidade de milhar não influenciam.

1500 → 1599 = aparecem 20 vezes, pois os números da centena e unidade de milhar não influenciam.

1600 → 1699 = aparecem 20 vezes, pois os números da centena e unidade de milhar não influenciam.

1700 → 1799 = aparecem 20 vezes, pois os números da centena e unidade de milhar não influenciam.

1800 → 1899 = aparecem 20 vezes, pois os números da centena e unidade de milhar não influenciam.

1900 → 1999 = aparecem 20 vezes, pois os números da centena e unidade de milhar não influenciam.

A unidade de milhar influencia quando coincidir em ser o próprio número desejado.

IV – Questões com numerações de páginas (comuns nas provas da FCC, CESGRANRIO e FGV)

CONSTRUIREMOS UM PADRÃO PARA RESOLVERMOS AS QUESTÕES QUE PERGUNTAM QUANTAS PÁGINAS PODEM SER NUMERADAS

COM UMA DETERMINADA QUANTIDADE DE ALGARISMOS

Do número 1 ao 100 temos:

1→ 10 – utilizou 11 algarismos
11→20 – utilizou 20 algarismos
21→30 – utilizou 20 algarismos
31→40 – utilizou 20 algarismos
41→50 – utilizou 20 algarismos
51→60 – utilizou 20 algarismos
61→70 – utilizou 20 algarismos
71→80 – utilizou 20 algarismos
81→90 – utilizou 20 algarismos
91→100 – utilizou 21 algarismos

} 192 ALGARISMOS Constante

Do número 101 ao 999 temos:

Para cada página teremos 3 algarismos, logo quando for calcular a quantidade de páginas é só dividir por 3.

V- PRINCÍPIO DA CASA DOS POMBOS

" ... o **princípio do pombal** ou **princípio da casa dos pombos** é a afirmação de que se n pombos devem ser postos em m casas, e se n > m, então pelo menos uma casa irá conter mais de um pombo. Matematicamente falando, isto quer dizer que se o número de elementos de um conjunto finito A é maior do que o número de elementos de um outro conjunto B, então uma função de A em B não pode ser injetiva.

É também conhecido como **teorema de Dirichlet ou princípio das gavetas de Dirichlet**, pois supõe-se que o primeiro relato deste princípio foi feito por Dirichlet em 1834, com o nome de Schubfachprinzip ("princípio das gavetas").

O princípio do pombal é um exemplo de um argumento de calcular que pode ser aplicado em muitos problemas formais, incluindo aqueles que envolvem um conjunto infinito. Embora se trate de uma evidência extremamente elementar, o princípio é útil para resolver problemas que, pelo menos à primeira vista, não são imediatos. Para aplicá-lo, devemos identificar, na situação dada, quem faz o papel dos objetos e quem faz o papel das gavetas..."

VI- Lei de Formação de uma sequência

É a relação estabelecida entre os elementos da sequência que gera os demais elementos.

Exemplo: uma Progressão Aritmética (PA).

Considere o exemplo abaixo.

(1, 3, 5, 7, 9, 11, 13, 15, 17...)

O primeiro termo desta PA é 1, o segundo é 3, e assim por diante.

Quando temos um termo que não sabemos sua posição, chamamos de a_n, em que "n" é a posição ocupada pelo termo em questão. Este é o termo geral, pois pode ser qualquer um.

Voltando ao exemplo.

(1, 3, 5, 7, 9, 11, 13, 15, 17...)

Como é uma PA, segue um **ritmo definido** (ritmo este que é a soma de duas unidades a cada elemento que acrescentamos). Este ritmo se chama **RAZÃO**, que é representada por "r". Portanto, o segundo termo será a soma do primeiro mais a razão, o terceiro será a soma do segundo mais a razão, e assim por diante.

Vemos no exemplo acima que cada próximo termo da progressão é acrescido de duas unidades, portanto r = 2. A razão pode ser estabelecida da seguinte maneira:

$$r = a_n - a_{n-1}$$

TABELA 1	
$a_1 = 1$	$= 1$
$a_2 = 3$	$= 1 + 2$
$a_3 = 5$	$= 1 + 2 + 2$
$a_4 = 7$	$= 1 + 2 + 2 + 2$
$a_5 = 9$	$= 1 + 2 + 2 + 2 + 2$
...	

TABELA 2	
$a_1 =$	a_1
$a_2 =$	$a_1 + r$
$a_3 =$	$a_1 + r + r$
$a_4 =$	$a_1 + r + r + r$
$a_5 =$	$a_1 + r + r + r + r$
...	

Ao analisar as tabelas 1 e 2, verificamos que somamos o primeiro termo a_1 com (n–1) vezes a razão.

Logo:

$a_1 = a_1 + 0.r1$
$a_2 = a_1 + 1.r$
$a_3 = a_1 + 2.r$
$a_4 = a_1 + 3.r$
$a_5 = a_1 + 4.r$
$a_n = a_1 + (n-1).r$

Logo, podemos definir que a Lei de Formação de uma PA é a seguinte:

$$a_n = a_1 + (n-1).\ r$$

Exemplo: uma Progressão Geométrica (PG).

Considere o exemplo abaixo.

Observe a sequência:

(4, 8, 16, 32, 64, ...)

Note-se que, dividindo um termo qualquer dessa sequência pelo termo antecedente, o resultado é sempre igual a 2:

$a_2 : a_1 = 8 : 4 = 2$

$a_4 : a_3 = 32 : 16 = 2$

$a_5 : a_4 = 64 : 32 = 2$

Progressão Geométrica (PG) é a sequência de números reais não nulos em que o quociente entre um termo qualquer (a partir do 2º) e o termo antecedente é sempre o mesmo (*constante*).

Essa constante é chamada de **razão**, representada pela letra **q**.

Exemplos:

(1, 2, 4, 8, 16,...) é uma PG de razão **q = 2**

(2, –4, 8, –16,...) é uma PG de razão **q = –2**

TERMO GERAL DE UMA PG

Para obtermos o termo geral de uma PG utilizando o primeiro termo (a_1) e a razão (q).

Seja ($a_1, a_2, a_3, \dots, a_n$) uma PG de razão q. Temos:

$a_2 : a_1 = q \rightarrow a_2 = a_1 \times q$

$a_3 : a_2 = q \rightarrow a_3 = a_2 \times q \rightarrow a_3 = a_1 \times q^2$

$a_4 : a_3 = q \rightarrow a_4 = a_3 \times q \rightarrow a_4 = a_1 \times q^3$

. . .

. . .

. . .

Logo conclui-se que n_a ocupa a enésima posição da PG. Dada pela expressão:

$$\boxed{a_n = a_1 \times q^{n-1}}$$

Soma dos n primeiros termos de uma PG

Seja a PG ($a_1, a_2, a_3, a_4, \dots, a_n, \dots$). Para o cálculo da soma dos n primeiros termos S_n, considerando o que segue:

$$S_n = a_1 + a_2 + a_3 + a_4 + \dots + a_{n-1} + a_n$$

Multiplicando ambos os membros pela razão q vem:

$$S_n \times q = a_1 \times q + a_2 \times q + \dots + a_{n-1} \times q + a_n \times q \times$$

Conforme a definição de PG, podemos reescrever a expressão acima como:

$$S_n \times q = a_2 + a_3 + \dots + a_n + a_n \times q$$

Observe que $a_2 + a_3 + \dots + a_n$ é igual a $S_n - a_1 \times$ Logo, substituindo, vem:

$$S_n \times q = S_n - a_1 + a_n \times q$$

Simplificando, temos a seguinte fórmula da soma:

$$S_n = \frac{a_n \cdot q - a_1}{q - 1}$$

Se substituirmos $a_n = a_1 \times q^{n-1}$, obteremos uma nova apresentação para a fórmula da soma, ou seja:

$$S_n = a_1 \cdot \frac{q_n - 1}{q - 1}$$

VII – QUESTÕES COM APLICAÇÃO DE MÚLTIPLOS – DATAS

(FGV) Em certo ano, o dia primeiro de março caiu em uma terça-feira. Nesse ano, o último dia de abril foi:

a) quarta-feira.

b) sábado.

c) sexta-feira.

d) quinta-feira.

e) domingo.

Explicação:

Sabemos que a semana possui 7 dias, e que, por exemplo, de uma segunda-feira para outra segunda-feira há um intervalo de 7 dias, isto é, podemos afirmar que acontece da seguinte maneira:

dias: M(7): (7, 14, 21, 28, 35, 42, 49,...) múltiplos de 7.

É necessário que saibamos quantos dias possui cada mês do ano, por isso é necessário falarmos um pouco sobre o ano bissexto.

O ano de 2008 foi um **ano bissexto**. Em nosso calendário, chamado Gregoriano, os anos comuns têm 365 dias e os anos bissextos têm um dia a mais, totalizando 366 dias. Esta informação praticamente todo mundo sabe, mas o entendimento sobre o funcionamento dos anos bissextos ainda é recheado de dúvidas na cabeça de muita gente. Você saberia dizer quais são os **anos bissextos**?

Os anos bissextos são anos com um dia a mais, tendo, portanto, 366 dias. O dia extra é introduzido como o dia 29 de fevereiro, ocorrendo a cada quatro anos. O período de um ano se completa com uma volta da terra ao redor do sol. Como instrumentos de uso prático, os calendários adotam uma quantidade exata de dias para o período de um ano: 365 dias. Mas na realidade, a terra leva aproximadamente 365 dias e 6 horas para completar uma volta ao redor do sol.

Portanto, um calendário fixo de 365 dias apresenta um erro de aproximadamente 6 horas por ano, equivalente a 1 dia a cada quatro anos ou 1 mês a cada 120 anos. Um erro como esse tem sérias implicações nas sociedades, principalmente nas atividades que dependem de um conhecimento preciso das estações do ano, como a agricultura.

Para diminuir esse erro, foi adotado o ano bissexto, acrescentando-se 1 dia a cada quatro anos. Foi adotado pela primeira vez no Egito, em 238 a.C. O calendário Juliano, introduzido em 45 a.C., adotou a regra de que todo ano divisível por quatro era bissexto. Mas mesmo com essa regra ainda existia um erro de aproximadamente 1 dia a cada 128 anos. No final do século XVI foi introduzido o calendário Gregoriano, usado até hoje na maioria dos países, adotando as seguintes regras:

1 – Todo ano divisível por 4 é **bissexto.**

2 – Todo ano divisível por 100 não é **bissexto.**

3 – Mas se o ano for também divisível por 400 é **bissexto.**

Obs.: deixaremos um pouco prático dizendo assim: anos bissextos são anos Olímpicos.

Quantidade de dias em cada mês:

Janeiro – 31 dias

Fevereiro – 28 dias – (bissexto – 29 dias)

Março – 31 dias

Abril – 30 dias

Maio – 31 dias

Junho – 30 dias

Julho – 31 dias

Agosto – 31 dias

Setembro – 30 dias

Outubro – 31 dias

Novembro – 30 dias

Dezembro – 31 dias

Sendo assim, temos que calcular quantos dias existem do dia primeiro de março, que caiu em uma terça-feira, até o último dia de abril.

1º/03. Observação importante é que o primeiro dia não pode entrar, devendo manter uma sequência de sete dias (múltiplos de sete). Temos, assim, um total de 30 dias.

30/04. Conta-se o último dia. Temos, assim, 30 dias.

Total: 60 dias

$$\begin{array}{r|l} 60 & 7 \\ \cline{2-2} 56 & 8 \text{ (passaram-se 8 semanas)} \\ \hline 4 & \text{(sobraram 4 dias)} \end{array}$$

Como foi de terça a terça, então é só contar mais 4 dias, o que acontecerá sábado.

Capítulo VIII – Análise Combinatória

01. Ano: 2024 Banca: CESPE / CEBRASPE Órgão: Prefeitura de Cachoeiro de Itapemirim – ES Provas: CESPE / CEBRASPE - 2024 - Prefeitura de Cachoeiro de Itapemirim - ES - Auditor Fiscal de Tributos Municipais

No que se refere a lógica proposicional, julgue o próximo item.

O valor lógico da proposição composta p ∨ ~q → r ∧ ~s será verdadeiro apenas para oito combinações diferentes dos valores lógicos das proposições p, q, r e s.

COMENTÁRIO

Para resolver essa questão podemos construir a tabela verdade para verificar a quantidade que demoraria muito tempo para isso, ou podemos analisar a proposição.

Observe que a proposição principal é uma condicional e isso significa que a única forma de se obter falso é quando a primeira proposição é verdadeira e a segunda falsa.

A ideia é descobrirmos a quantidade de possibilidades que resultará um F pois o restante será V.

Como são 4 proposições, a quantidade de linhas dessa tabela será igual a 2^n, onde n é a quantidade de proposições, ou seja, $2^4 = 16\ linhas$

Note que a primeira parte da proposição é uma disjunção e a única forma deobter Falso é quando temos $F \vee F$. Então para a primeira parte (disjunção) temos 3 combinações diferentes porque tiramos uma falsa. Vale lembrar que seriam 4 possibilidades no total.

Agora para a segunda parte, para obter falso, basta retirarmos a única possibilidade que gera valor verdade que é $V \wedge V$. Observe então que são 3 possibilidades.

Sendo assim: $3 \times 3 = 9$ linhas possuem valor falso.

Como são 16 linhas e 9 possuem valor falso, então:

$16 - 9 = 7\ \textit{são verdades}$

Logo, o item está errado.

GABARITO: ERRADO

02. Ano: 2024 Banca: CESPE / CEBRASPE Órgão: Prefeitura de Cachoeiro de Itapemirim – ES Provas: CESPE / CEBRASPE - 2024 - Prefeitura de Cachoeiro de Itapemirim - ES - Auditor Fiscal de Tributos Municipais

No seguir, é apresentada uma situação hipotética seguida de uma assertiva a ser julgada a respeito de princípios de contagem, operações com conjuntos e problemas geométricos.

Doze soldados de um batalhão da polícia militar do Espírito Santo, dos quais quatro são homens e oito, mulheres, serão escolhidos para formar uma equipe de seis policiais. Assim, há 420 possíveis maneiras de se formar a equipe com exatamente quatro mulheres e dois homens.

COMENTÁRIO

Como são equipes, a ordem de escolha não é relevante, desta forma temos uma situação de combinação. Para formar uma equipe com exatamente 4 mulheres, calcularemos a combinação do total de mulheres pela quantidade desejada, ou seja, $C_{8,4}$.

A formula da combinação é dada por:

$$C_{n,p} = \frac{n!}{p!\,(n-p)!}$$

Onde: n= quantidade total de elementos e p= quantidade de elementos a agrupar.

Então temos:

Mulheres:

$$C_{8,4} = \frac{8!}{4!(8-4)!} = \frac{8!}{4!\,4!} = \frac{8 \times 7 \times 6 \times 5 \times 4!}{4 \times 3 \times 2 \times 1!\,4!} = \frac{1680}{24} = 70$$

Homens:

Como são 8 homens e devemos escolher dois, temos $C_{4,2}$:

$$C_{4,2} = \frac{4!}{2!(4-2)!} = \frac{4!}{2!\,2!} = \frac{4 \times 3 \times 2!}{2 \times 1!\,2!} = \frac{12}{2} = 6$$

Logo, para calcular as possíveis maneiras de se formar a equipe com exatamente quatro mulheres e dois homens, devemos multiplicar:

$$C_{8,4} \times C_{4,2} = 70 \times 6 = 420$$

Ou seja, há 420 maneiras de se formar essa equipe.

GABARITO C

---

03. Ano: 2024 Banca: CESPE / CEBRASPE Órgão: Prefeitura de Cachoeiro de Itapemirim – ES Prova: CESPE / CEBRASPE – 2024 – Prefeitura de Cachoeiro de Itapemirim – ES – Professor de Educação Básica – PEB C – Matemática

Realizada pela Federação Internacional de Futebol (FIFA), a Copa do Mundo de Futebol Masculino (CMFM), cuja primeira edição ocorreu em 1930, vem sendo reeditada a cada 4 anos, desde então. Porém, em decorrência da Segunda Guerra Mundial, não aconteceram torneios nos anos de 1942 e 1946. Assim, a 4.ª edição da CMFM ocorreu somente em 1950, com a seleção do Uruguai conquistando o bicampeonato.

Com base nessas informações, julgue o item que se segue.

A diferença entre as quantidades de anagramas distintos da palavra URUGUAI e da sigla FIFA é igual a 828.

COMENTÁRIO

Primeiro vamos calcular a quantidade de anagramas de cada palavra para depois calcular a diferença entre as quantidades.

Quando falamos em anagramas basta calcular a permutação da quantidade de letras.

Como a palavra URUGUAI possui letras que se repetem, devemos calcular a permutação com repetição, para não contarmos o mesmo anagrama duas vezes.

Sendo assim:

$$P_n^{\alpha_1,\alpha_2 \ldots \alpha_i} = \frac{n!}{\alpha_1!\,\alpha_2!\ldots!\,\alpha_i!}$$

Onde α_i são os elementos repetidos.

Então vemos que a palavra URUGUAI tem 7 letras, mas a letra U repete 3 vezes:

$$P_7^3 = \frac{7!}{3!} = \frac{7 \times 6 \times 5 \times 4 \times 3!}{3!} = 7 \times 6 \times 5 \times 4 = 840\ anagramas$$

Agora calculamos a quantidade de anagramas da palavra FIFA. Note que são 4 letras e a letra F se repete duas vezes:

$$P_4^2 = \frac{4!}{2!} = \frac{4 \times 3 \times 2!}{2!} = 4 \times 3 = 12\ anagramas$$

Logo, a diferença entre a quantidade de anagramas entre as duas palavras será de $840 - 12 = 828$ $840 - 12 = 828$.

Item certo.

GABARITO: CERTO

04. Ano: 2024 Banca: CESPE / CEBRASPE Órgão: CAGEPA – PB Provas: CESPE / CEBRASPE – 2024 – CAGEPA – PB – Técnico em Eletrônica

Uma escola está planejando uma semana de gincanas e atividades recreativas para seus estudantes. Haverá uma atividade diferente em cada um dos 5 dias úteis da semana, a serem escolhidas entre 10 possibilidades: campeonatos de futebol, basquete, vôlei, tênis, judô, xadrez e esportes eletrônicos, além de pintura, dança e teatro. A escola fará o campeonato de esportes eletrônicos na sexta-feira, por demanda dos estudantes.

Nessa situação hipotética, e considerando que o mesmo conjunto de atividades distribuídas em dois conjuntos de dias diferentes corresponda a organizações diferentes das atividades, é correto afirmar que a quantidade de maneiras distintas que a escola poderá organizar a semana de atividades é igual a

Alternativas

A. 126.

B. 210.

C. 252.

D. 3.024.

E. 5.040.

COMENTÁRIO

Note que na sexta-feira a atividade foi escolhida, então sobram apenas 9 atividades, já que não se pode repetir a atividade. Como são 4 atividades a serem escolhidas, e como serão em dias diferentes da semana, a ordem com que escolhemos é relevante, ou seja, temos uma arranjo de 9 elementos tomados 4 a 4:

$$A_{n,p} = \frac{n!}{(n-p)!}$$

Onde: n é a quantidade total de elementos e p a quantidade de elementos agrupados.

Desta forma temos :

$$A_{9,4} = \frac{9!}{(9-4)!} \rightarrow \frac{9!}{5!} \rightarrow 9 \cdot 8 \cdot 7 \cdot 6 = 3024$$

Desta forma, a escola dispõe de 3024 maneiras distintas de organizar essas atividades.

GABARITO: LETRA D

05. Ano: 2024 Banca: SELECON Órgão: Prefeitura de Lucas do Rio Verde – MT Prova: SELECON – 2024 – Prefeitura de Lucas do Rio Verde – MT – Padeiro

Em uma vitrine, serão colocadas, uma ao lado da outra, duas tortas para exposição. A pessoa responsável pela arrumação tem disponíveis quatro tortas de sabores diferentes: abacaxi; banana; chocolate e morango. Veja a seguir algumas arrumações possíveis:

Abacaxi - Banana	Banana - Chocolate
Morango - Abacaxi	Chocolate - Banana

Observando que a ordem dos sabores implica exposições diferentes, o número máximo de maneiras distintas de arrumar as duas tortas é igual a:

Alternativas

V. 10

A. 12

B. 14

C. 16

COMENTÁRIO

Como a ordem é relevante, temos um caso aqui de arranjo. Porém é possível responder facilmente essa questão sem uso de fórmulas.

Note que na vitrine teremos dois locais:

$\square \cdot \square$

Como temos 4 tortas disponíveis, para a primeira posição teremos 4 opções disponíveis, já para a segunda posição teremos apenas três.

Logo:

$\boxed{4} \cdot \boxed{3}$

$4 \times 3 = 12$

Logo, temos 12 formas diferentes de colocar essas duas tortas.

GABARITO LETRA B

---

06. Ano: 2023 Banca: IADES Órgão: POLÍCIA CIENTÍFICA – GO Prova: IADES – 2023 – POLÍCIA CIENTÍFICA – GO – Perito Criminal de 3ª Classe

Um campeonato de futebol conta com 16 equipes. Elas se enfrentam de tal maneira que cada equipe joga duas vezes com cada um dos demais, uma vez como mandante e a outra como visitante. Os resultadores possíveis para uma equipe em uma partida qualquer são, naturalmente, vitória, empate ou derrota.

Ao fim do campeonato, exatamente 85 partidas terminaram empatadas. Sendo n o número de partidas do campeonato nas quais houve um vencedor, é correto afirmar que

A. $n < 130$.

B. $130 < n < 140$.

C. $140 < n < 150$.

D. $n > 160$.

E. $150 < n < 160$.

COMENTÁRIO

Primeiro devemos calcular a quantidade de maneiras possíveis de organizar duplas para se enfrentarem.

Então faremos uma combinação das 16 equipes tomadas duas a duas.

$$C_{n,p} = \frac{n!}{p!\,(n-p)!}$$

Resolvendo:

$$C_{16,2} = \frac{16!}{2!\,(16-2)!}$$

$$C_{16,2} = \frac{16 \times 15 \times 14!}{2 \times 1 \times 14!}$$

$$C_{16,2} = \frac{240}{2}$$

$$C_{16,2} = 120$$

Então conseguimos organizar de 120 formas diferente os jogos entre duas equipes.

Como existem dois jogos para cada dupla, temos $120 \times 2 = 240$ partidas.

Como exatamente 85 partidas foram empates, restam ainda:

$240 - 85 = 155\ partidas$

Desta forma, a quantidade de partidas que podem ter exatamente um vencedor é um número que está entre 150 e 160.

GABARITO: LETRA E

07. Ano: 2023 Banca: IADES Órgão: GDF-SEEC Prova: IADES – 2023 – GDF-SEEC – Analista em Políticas Públicas e Gestão Governamental – Tecnologia da Informação/Comunicação

Suponha que, em determinada Secretaria do GDF, existam 5 analistas de políticas públicas e 7 gestores de políticas públicas. Será formada uma comissão de 4 membros para elaboração de um projeto social. De quantas maneiras podem ser escolhidos os 4 membros, de modo que exatamente 2 membros sejam gestores de políticas públicas?

A. 140

B. 160

C. 180

D. 210

E. 280

COMENTÁRIO

Para terem exatamente 2 gestores de políticas públicas é necessário que 2 sejam do analistas.

Então entre os 7 gestores, vamos combinar dois a dois:

$$C_{n,p} = \frac{n!}{p!\,(n-p)!}$$

Resolvendo:

$$C_{7,2} = \frac{7!}{2!\,(7-2)!}$$

$$C_{7,2} = \frac{7 \times 6 \times 5!}{2 \times 1 \times 5!}$$

$$C_{7,2} = \frac{42}{2}$$

$$C_{7,2} = 21$$

Agora combinamos os 5 analistas, tomados dois a dois:

$$C_{5,2} = \frac{5!}{2!\,(5-2)!}$$

$$C_{5,2} = \frac{5 \times 4 \times 3!}{2 \times 1 \times 3!}$$

$$C_{5,2} = \frac{20}{2}$$

$$C_{5,2} = 10$$

Desta forma, a quantidade de equipes que conseguimos formar onde exatamente 2 gestores de políticas públicas é igual a:

$$21 \times 10 = 210\ maneiras$$

GABARITO: LETRA D

08. Ano: 2023 Banca: IADES Órgão: CRF-TO Provas: IADES – 2023 – CRF-TO – Contador

Suponha que, para completar a Comissão de Farmácia Clínica, serão escolhidos 2 membros de determinado CRF, um homem e uma mulher. Entre os candidatos, há 5 homens e 6 mulheres. Quantas escolhas distintas podem ser feitas?

A. 11

B. 25

C. 30

D. 36

E. 40

COMENTÁRIO

Para saber a quantidade de duplas que conseguimos formar, sendo um homem e uma mulher será:

$$H \times M$$

5 possibilidades	6 possibilidades

Desta forma temos:

$5 \times 6 = 30$ *possibilidades*

GABARITO: LETRA C

---

09. Ano: 2023 Banca: FCC Órgão: TRT – 15ª Região (SP) Prova: FCC – 2023 – TRT – 15ª Região (SP) – Analista Judiciário – Área Apoio Especializado – Especialidade Tecnologia da Informação

Os amigos Alberto, Bruno e Carlos resolveram trazer de casa um livro cada um para trocarem entre eles. O número de maneiras que isso pode ser feito, de modo que nenhum deles fique com seu próprio livro e nem repasse o livro recebido é

Alternativas

A. 5
B. 4
C. 2
D. 3
E. 1

COMENTÁRIO

Essa é uma questão bem simples em que pode ser resolvida de maneira bem fácil. Como ninguém pode pegar o seu próprio livro, cada um tem apenas duas opções. Por exemplo, Alberto só pode pegar o livro de Bruno ou de Carlos. Se Alberto pegar o livro de Carlos, automaticamente Bruno só terá a opção de pegar o livro de Alberto, pois só restou o seu próprio livro e o livro de Alberto. Podemos esquematizar da seguinte forma:

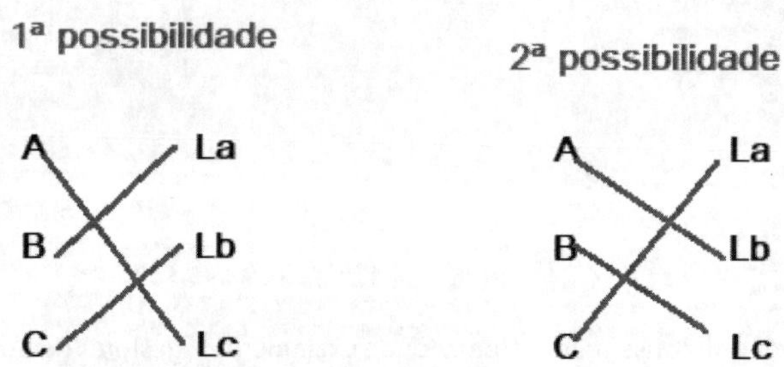

Desta forma, só existem duas possibilidades.

GABARITO: LETRA C

---

10. Ano: 2023 Banca: IADES Órgão: CRF-TO Prova: IADES – 2023 – CRF-TO – Assistente Administrativo

A diretoria de certo CRF é formada por 3 homens e 3 mulheres. Qual é a probabilidade de serem escolhidos dois membros da diretoria do CRF, de maneira que um deles seja homem e o outro seja mulher?

Alternativas

A. 0,4
B. 0,5
C. 0,6
D. 0,7
E. 0,8

COMENTÁRIO

O primeiro passo é verificar a quantidade possível de formar duplas com a quantidade total de pessoas, ou seja, uma combinação de 6 pessoas tomadas duas a duas.

$$C_{n,p} = \frac{n!}{p!\,(n-p)!}$$

Desta forma temos:

$$C_{6,2} = \frac{6!}{2!\,(6-2)!}$$

$$C_{6,2} = \frac{6 \times 5 \times 4!}{2 \times 1 \times 4!}$$

$$C_{6,2} = 15$$

Para saber a quantidade de duplas que conseguimos formar, sendo um homem e uma mulher será:

$H \times M$

3 possibilidades	3 possibilidades

Desta forma temos:

$3 \times 3 = 9$ *possibilidades*

Logo a probabilidade será a quantidade de casos que buscamos dividido pela quantidade de casos possíveis.

$$P = \frac{9}{15}$$

$$P = 0{,}6$$

GABARITO: LETRA C

---

11. Ano: 2023 Banca: IADES Órgão: GDF-SEEC Provas: IADES – 2023 – GDF-SEEC – Gestor em Políticas Públicas e Gestão Governamental – Administração

Suponha que uma Secretaria de Estado do Distrito Federal formará um comitê de pesquisa de seis membros com um administrador, três economistas e dois estatísticos. Sabe-se que, nessa secretaria, estão disponíveis para compor a comissão sete administradores, cinco economistas e quatro estatísticos. Quantos comitês de seis membros são possíveis?

Alternativas

A. 140
B. 240
C. 360
D. 390
E. 420

COMENTÁRIO

A equipe terá 1 administrador que deverá ser escolhido entre 7 disponíveis, 3 economistas que deverão ser escolhidos entre os 5 disponíveis e 2 estatísticos entre os quatro disponíveis.

Desta forma temos:

$$C_{7,1} \times C_{5,3} \times C_{4,2}$$

Calculando temos:

$$\frac{7!}{1!\,(7-1)!} \times \frac{5!}{3!\,(5-3)!} \times \frac{4!}{2!\,(4-2)!}$$

$$= \frac{7!}{1!\,6!} \times \frac{5!}{3!\,2!} \times \frac{4!}{2!\,2!}$$

$$= \frac{7 \times 6!}{1!\,6!} \times \frac{5 \times 4 \times 3!}{3!\,2!} \times \frac{4 \times 3 \times 2!}{2!\,2!}$$

$$= 7 \times 10 \times 6$$

$$= 420 \textit{ comitês possíveis}$$

GABARITO: LETRA E

---

12. (FGV – 2023 – Receita Federal – Analista-Tributário) A quantidade de anagramas da palavra SAUDADE nos quais todas as vogais estejam juntas é igual a

A. 98.

B. 144.

C. 186.

D. 204.

E. 288.

COMENTÁRIO

Anagramas é a permutação, ou troca de posições de elementos de um conjunto listado, nesse caso, das letras do nome SAUDADE

A palavra tem 3 consoantes e 4 vogais.

Como a questão pede que as vogais estejam sempre juntas, faremos delas um bloco, então permutaremos 3 consoantes e esse bloco de vogais

Como é uma palavra que possui letras repetidas, faremos uma permutação com repetição. O número de anagramas de uma palavra com letras repetidas é dado pelo fatorial do número total de letras dividido pelo produto dos fatoriais do número de ocorrências de cada letra repetida.

Como a letra D se repete duas vezes, temos:

$$P_4 = \frac{4!}{2!} = \frac{4 \times 3 \times 2 \times 1}{2 \times 1} = 12$$

Porém as vogais também podem trocar de posições dentro desse bloco. Para isso, também é necessário fazer uma permutação entre as vogais.

Como a letra A repete duas vezes temos:

$$P_4 = \frac{4!}{2!} = \frac{4 \times 3 \times 2 \times 1}{2 \times 1} = 12$$

Então multiplicamos esses dois valores: $12 \times 12 = 144$ anagramas.

Resposta: LETRA B.

---

13. (FGV – 2023 – Receita Federal – Auditor-Fiscal (manhã)) O número de anagramas que podem ser formados com as letras da palavra DEMOCRACIA em que todas as vogais estejam juntas e todas as consoantes também estejam juntas é igual a

A. 3600.

B. 4800.

C. 7200.

D. 12300.

E. 14400.

COMENTÁRIO

Anagramas é a permutação, ou troca de posições de elementos de um conjunto listado, nesse caso, das letras do nome DEMOCRACIA.

A palavra tem 5 consoantes e 5 vogais.

Como a questão pede que as vogais estejam sempre juntas, faremos delas um bloco. As consoante também formaram um único bloco.

Como é uma palavra que possui letras repetidas, faremos uma permutação com repetição. O número de anagramas de uma palavra com letras repetidas é dado pelo fatorial do número total de letras dividido pelo produto dos fatoriais do número de ocorrências de cada letra repetida.

Olhando para o bloco das consoantes, como a letra C se repete duas vezes, temos:

$$P_{5,2} = \frac{5!}{2!} = \frac{5 \times 4 \times 3 \times 2 \times 1}{2 \times 1} = 60 \text{ ANAGRAMAS}$$

Agora, olhando para o bloco das vogais, como a letra A se repete duas vezes, temos:

$$P_{5,2} = \frac{5!}{2!} = \frac{5 \times 4 \times 3 \times 2 \times 1}{2 \times 1} = 60 \text{ ANAGRAMAS}$$

Multiplicando as possibilidades temos: $60 \times 60 = 3600$

Vale lembrar que teremos isso de duas formas: CONSOANTES-VOGAIS / VOGAIS-CONSOANTES, então multiplicamos esse resultado por 2: $3600 \times 2 = 7200$.

Resposta: LETRA C.

---

14. (Instituto Consulplan – 2023 – Prefeitura de Vila Velha-ES – Guarda Municipal) Em um grupo de 18 suspeitos de diferentes crimes tem-se:

4 suspeitos de furto; 5 suspeitos de assalto; 6 suspeitos de contrabando; e, 3 suspeitos de corrupção ativa.

Desse grupo são intimados aleatoriamente para depor X dos suspeitos, de forma que, necessariamente, haja um suspeito de corrupção ou um suspeito de furto. Sendo assim, qual é o valor mínimo de X que satisfaz a tal condição?

A. 7

B. 8

C. 11

D. 12

COMENTÁRIO

Essa é uma questão que trabalha o princípio da casa dos pombos, em que devemos pensar na pior situação possível. Mas o que seria a pior situação possível? São as situações em que acontece todas as possibilidades que não nos interessam.

Pensando dessa forma, podem ser intimados primeiramente os 6 suspeitos de contrabando, 5 suspeitos de assalto. Observe que 11 pessoas já foram intimadas, mas nenhuma era do grupo que estávamos buscando. Note que o próximo suspeito a ser intimado vai pertencer ao grupo dos suspeitos de furto ou dos suspeitos de corrupção.

Desta forma podemos concluir que são necessários intimar no mínimo 12 pessoas para satisfazer a condição da questão.

Resposta: LETRA D.

---

15. (Quadrix – 2023 – IPREV-DF – Analista Previdenciário – Especialista em Atuária) Se a reta é o caminho mais curto entre dois pontos, a curva é o que faz o concreto buscar o infinito.

Oscar Niemeyer.

Tendo o texto acima como referência inicial, julgue o item.

O número de anagramas da palavra NIEMEYER que possuem as vogais e consoantes alternadas é igual a 576.

COMENTÁRIO

Anagramas é a permutação, ou troca de posições de elementos de um conjunto listado, nesse caso, das letras do nome NIEMEYER.

A questão pede que as vogas e as consoantes sejam alternadas. Então podemos organizar das seguinte forma:

- A palavra NIEMEYER tem 4 vogais e 4 consoantes;

Então temos:

__*__*__*__*__*__*__*__

Em cada um desses espaços caberá uma letra, que poderá ser uma vogal ou uma consoante.

No primeiro espaço temos a possibilidade de colocar uma consoante, então teremos 4 opções disponíveis. Como devem ser alternadas com vogais, a próxima consoante deverá ocupar o terceiro espaço, ou seja, 3 opções disponíveis e assim por diante.

Desta forma, pensando apenas nas consoantes teremos:

4 *__* 3 *__* 2 *__* 1 *__

Da mesma forma será com as vogais, no segundo espaço teremos 4 opções, no quarto espaço 3 opções e assim por diante. Então teremos:

4 * 4 * 3 * 3 * 2 * 2 * 1 * 1 = 576

Porém, note que a questão não impõe que a palavra deverá necessariamente começar com consoante, podendo então começar com vogais. Ou seja, temos mais 576 possibilidades, com as palavras começando em vogais.

Logo a quantidade total de anagramas com consoantes e vogais alternadas será igual a: 576+576 = 1152.

Resposta: ERRADO.

---

16. (Quadrix – 2023 – IPREV-DF – Analista Previdenciário – Especialista em Atuária) Texto associado

Se a reta é o caminho mais curto entre dois pontos, a curva é o que faz o concreto buscar o infinito.

Oscar Niemeyer.

Tendo o texto acima como referência inicial, julgue o item.

O número de anagramas da palavra NIEMEYER que começam por consoante é igual a 3.360.

COMENTÁRIO

Anagramas é a permutação, ou troca de posições de elementos de um conjunto listado, nesse caso, das letras do nome NIEMEYER.

Como é uma palavra que possui letras repetidas, faremos uma permutação com repetição. O número de anagramas de uma palavra com letras repetidas é dado pelo fatorial do número total de letras dividido pelo produto dos fatoriais do número de ocorrências de cada letra repetida.

Como a primeira letra deve ser consoante, teremos 4 opções para a primeira letra, e então sobrará 7 letras para permutar.

Então temos:

$$4 \times \frac{7!}{3!} = 7 \times 6 \times 5 \times 4 = 3360$$

Ou seja, o número de anagramas da palavra NIEMEYER que começam por consoante é igual a 3.360

Resposta: CERTO.

---

17. (Quadrix – 2023 – IPREV-DF – Analista Previdenciário – Especialista em Atuária) Se a reta é o caminho mais curto entre dois pontos, a curva é o que faz o concreto buscar o infinito.

Oscar Niemeyer.

Tendo o texto acima como referência inicial, julgue o item.

O número de anagramas da palavra OSCAR é igual a 120.

COMENTÁRIO

Anagramas é a permutação, ou troca de posições de elementos de um conjunto listado, nesse caso, das letras do nome OSCAR.

Como não há nenhuma repetição, basta calcularmos uma permutação simples de 5 elementos:

$P_n = n!$

$P_5 = 5!$

$P_5 = 5 \times 4 \times 3 \times 2 \times 1$

$P_5 = 120$

Ou seja, existem 120 anagramas.

Resposta: CERTO.

---

18. (Quadrix – 2022 – CRESS-AP – Agente Fiscal) Considerando o conjunto A = { a, b, c, d, e, f }, julgue o item.

O número de subconjuntos de A com dois elementos é maior que o número de subconjuntos de A com quatro elementos.

COMENTÁRIO

O conjunto A possui 6 elementos, então para saber a quantidade de subconjuntos de A com dois elementos devemos fazer uma combinação de 6 elementos tomados 2 a 2.

A fórmula da combinação é dada por:

$$C_{n,p} = \frac{n!}{p!\,(n-p)!}$$

Onde n é quantidade total de elementos e p a quantidade de elementos que deseja agrupar.

Então teremos:

$$C_{6,2} = \frac{6!}{2!\,(6-2)!}$$

$$C_{6,2} = \frac{6!}{2!\,4!} = \frac{6 \times 5 \times 4 \times 3 \times 2 \times 1}{2 \times 1 \times 4 \times 3 \times 2 \times 1} = 15$$

Os subconjuntos com 4 elementos será:

$$C_{6,4} = \frac{6!}{4!\,(6-4)!}$$

$$C_{6,4} = \frac{6!}{4!\,2!} = \frac{6 \times 5 \times 4 \times 3 \times 2 \times 1}{4 \times 3 \times 2 \times 1 \times 2 \times 1} = 15$$

Ou seja, a quantidade de subconjuntos será a mesma.

Resposta: ERRADO.

---

19. (Quadrix – 2022 – CRESS-AP – Agente Fiscal) Considerando o conjunto A = { a, b, c, d, e, f }, julgue o item.

O número de subconjuntos de com três elementos é igual a 21.

COMENTÁRIO

O conjunto A possui 6 elementos, então para saber a quantidade de subconjuntos de A com TRÊS elementos devemos fazer uma combinação de 6 elementos tomados 3 a 3.

A fórmula da combinação é dada por:

$$C_{n,p} = \frac{n!}{p!\,(n-p)!}$$

Onde n é quantidade total de elementos e p a quantidade de elementos que deseja agrupar.

Então teremos:

$$C_{6,3} = \frac{6!}{3!\,(6-3)!}$$

$$C_{6,3} = \frac{6!}{3!\,3!} = \frac{6 \times 5 \times 4 \times 3 \times 2 \times 1}{3 \times 2 \times 1 \times 3 \times 2 \times 1} = 20$$

Logo, a quantidade de subconjuntos com 3 elementos será igual a 20.

GABARITO: ERRADO.

---

20. (INSTITUTO AOCP – 2021 – PC-PA – Investigador de Polícia Civil) O total de maneiras possíveis de se classificar três produtos, sendo que cada produto pode ser classificado como tipo I, tipo II ou de ambos os tipos, é igual a

A. 9.
B. 18.
C. 27.
D. 36.
E. 45.

COMENTÁRIO

Note que cada produto pode ter três classificações possíveis. Então aplicamos aqui o princípio da contagem que é uma técnica para calcularmos de quantas maneiras decisões podem combinar-se.

Como são 3 produtos temos:

$3 \times 3 \times 3 = 27$ formas

Ou seja, existem 27 maneiras possíveis de se classificar esses três produtos.

GABARITO: LETRA C.

---

21. (INSTITUTO AOCP – 2021 – PC-PA – Escrivão de Polícia Civil) Uma pessoa deseja fazer uma doação em dinheiro para alguma entidade assistencial de sua cidade, sendo que essa doação pode ser enviada para uma das três entidades beneficentes localizadas no bairro A ou para uma das quatro Organizações Não Governamentais (ONGs) localizadas no bairro B. O total de formas pelas quais essa pessoa pode efetuar tal doação é igual a

A. 7.
B. 12.
C. 34.
D. 15.
E. 10.

COMENTÁRIO

Observe que existem no bairro A existem 3 opções de entidades, então essa pessoa possui 3 escolhas no bairro A.

Já no bairro B, existem 4 entidades, de forma que essa pessoa terá mais 4 opções nesse bairro.

Logo, a quantidade de total de opções será igual a $3 + 4 = 7$ opções

GABARITO: LETRA A.

---

22. (IBFC – 2021 – Prefeitura de São Gonçalo do Amarante-RN – Agente Administrativo) Em um processo de seleção de emprego há 10 pessoas com formação em ciências exatas e 15 pessoas com formação em ciências humanas. Pretende-se contratar 4 pessoas, sendo que 2 devem ter formação em ciências humanas e 2 devem ter formação em ciências exatas. Assinale a quantidade de grupos diferentes que podem ser contratados neste processo.

A. 15
B. 255
C. 4725
D. 12650

COMENTÁRIO

Essa é uma questão de análise combinatória. Observe que a ordem não é relevante na escolha de cada pessoa, já que cada pessoa só pode assumir o mesmo cargo que já possui.

Vamos relembrar a fórmula da combinação:

$$C_{n,p} = \frac{n!}{p!\,(n-p)!}$$

Onde:

n é a quantidade de elementos de um conjunto

p é um número natural menor ou igual a n, que representa a quantidade de elementos que irão formar os agrupamentos.

Vale lembrar que o símbolo "!" representa fatorial.

Mas o que é fatorial?

Definimos como n! (n fatorial) a multiplicação de n por todos os seus antecessores até chegar em 1× n! = n × (n – 1) × (n – 2) × … × 3 × 2 × 1.

Desta forma, vamos encontrar a possibilidade de cada escolha:

Formação em ciências humanas:

$$C_{15,2} = \frac{15!}{2!\,(15-2)!}$$

$$C_{15,2} = \frac{15 \times 14 \times 13!}{2!\,13!}$$

$$C_{15,2} = \frac{210}{2} = 105$$

Formação em ciências exatas:

$$C_{10,2} = \frac{10!}{2!\,(10-2)!}$$

$$C_{10,2} = \frac{10 \times 9 \times 8!}{2!\,8!}$$

$$C_{10,2} = \frac{90}{2} = 45$$

Pretende-se contratar 4 pessoas, sendo que 2 devem ter formação em ciências humanas E 2 devem ter formação em ciências exatas.

Dica:

E = Multiplicação entre as possibilidades

OU = soma entre as possibilidades.

Sabendo disso:

105 × 45 = 4725 possibilidades.

GABARITO: LETRA C.

23. (IBFC – 2021 – Prefeitura de São Gonçalo do Amarante-RN – Agente Administrativo) A senhas bancárias utilizadas nas máquinas de cartões são formadas exclusivamente por números de 0 a 9. Considere que um banco utiliza senhas de 4 dígitos e restringe a senha ao uso de números diferentes. Assinale a alternativa que apresenta o número de senhas possíveis para cada cartão.

A. 5040
B. 4032
C. 3024
D. 2016

COMENTÁRIO

São 4 dígitos e não pode haver repetições. Como são algarismos de 0 a 9 são eles:

(0, 1, 2, 3, 4, 5, 6, 7, 8, 9) → 10 algarismos

Observe que para a primeira posição possuímos 10 algarismos possíveis.

Já para a segunda posição, pelo fato de não poder ter repetições, teremos apenas 9 algarismos possíveis, visto que já colocamos um número na primeira posição.

Na terceira posição teremos 8 algarismos possíveis e na quarta posição, 7 algarismos.

$\underline{10} \times \underline{9} \times \underline{8} \times \underline{7} = 5040$ senhas possíveis.

GABARITO: LETRA A.

---

24. (INSTITUTO AOCP – 2020 – Prefeitura de Betim-MG – Professor – Matemática) Com 6 flautistas, 5 violinistas e 4 trompetistas, qual é o total de quartetos que pode ser formado, de modo que, em cada um, haja pelo menos 1 flautista?

A. 1.239
B. 1.365
C. 126
D. 774
E. 900

COMENTÁRIO

Essa é uma questão de análise combinatória em que é necessário formar um grupo com 4 pessoas entre as 15 pessoas disponíveis.

Observe que a questão pede a quantidade de quartetos que tenham PELO MENOS UM flautista, isso significa que pode ter um, dois, três ou até mesmo quatro flautistas.

Note que em questões desse tipo é mais fácil descobrir a quantidade de equipes que NÃO POSSUEM NENHUM flautista, pois se retirarmos da quantidade total, sobrará os quartetos que possuem flautistas.

Como a ordem de escolha não é relevante, temos um caso de Combinação:

$$C_{n,p} = \frac{n!}{p!\,(n-p)!}$$

Onde:

n: quantidade total de elementos

p: quantidade do agrupamento a ser realizado

Então vamos primeiro calcular a quantidade de quartetos sem nenhum tipo de restrição:

$$C_{15,4} = = \frac{15!}{4!\,(15-4)!} \rightarrow \frac{15!}{4!\,11!} \rightarrow \frac{15 \times 14 \times 13 \times 12}{4 \times 3 \times 2 \times 1} = \frac{32760}{24} = 1365$$

Ou seja, são 1.365

Agora vamos calcular a quantidades de maneiras de formar quartetos sem NENHUM flautista.

$$C_{9,4} = \;=\frac{9!}{4!\,(9-4)!}\to\frac{9!}{4!\,5!}\to\frac{9\times8\times7\times6}{4\times3\times2\times1}=\frac{3024}{24}=126$$

Logo, a quantidade de quartetos que terá pelo menos um flautista será:

$C_{15,4} - C_{9,4} = 1365 - 126 = 1239$ maneiras diferentes.

GABARITO: LETRA A.

---

25. (INSTITUTO AOCP – 2020 – MJSP – Cientista de Dados – Big Data) Dado um conjunto A com cinco elementos, considere x como sendo o número de subconjuntos com 2 elementos escolhidos dentre os elementos de A, y o número de subconjuntos com 3 elementos escolhidos dentre os elementos de A e z o número de subconjuntos com 4 elementos também escolhidos dentre os elementos de A. A respeito de x, y e z, é correto afirmar que

A. x é triplo de z.

B. $x + y + z = 32$.

C. z é o dobro de y.

D. $y - x + z = 0$.

E. a soma do número x com o número y é igual ao quádruplo de z.

COMENTÁRIO

O conjunto A possui 5 elementos.

Se *x* representa a quantidade de subconjuntos com 2 elementos dentre os elementos de A, então vamos calcular a quantidade de subconjuntos que podemos formar. Como a ordem não é relevante, temos a ideia de combinação.

$$x = C_{5,2} = \frac{5!}{2!\,(5-2)!} = \frac{5!}{2!\,3!} = 10$$

Foi mencionado também que y o número de subconjuntos com 3 elementos escolhidos dentre os elementos de A

Logo,

$$y = C_{5,3} = \frac{5!}{3!\,(5-3)!} = \frac{5!}{3!\,2!} = 10$$

Outra informação dada é que z o número de subconjuntos com 4 elementos também escolhidos dentre os elementos de A.

$$z = C_{5,4} = \frac{5!}{4!\,(5-4)!} = \frac{5!}{4!\,1!} = 5$$

Entre as alternativas possíveis, podemos ver que a única correta será a letra E.

GABARITO: LETRA E.

---

26. (SAEB-BA Prova: IBFC – 2020 – SAEB-BA – Soldado) Em uma prateleira de uma biblioteca, deseja-se dispor 4 livros de maneiras distintas. Sabendo que a prateleira possui 10 espaços em que os livros podem ser colocados, assinale a alternativa que apresenta corretamente a quantidade de maneiras que esses livros podem ser dispostos nessa prateleira.

A. 3628800

B. 5040

C. 151200

D. 720

E. 24

COMENTÁRIO

A questão diz que deseja-se dispor 4 livros de maneiras distintas. Observe que são 4 objetos distintos, então a ordem com que são organizados fará diferença.

Como já vimos, quando a ordem é relevante temos um caso de Arranjo.

$$A_{n,p} = \frac{n!}{(n-p)!}$$

Onde:

n é a quantidade de elementos de um conjunto

p é um número natural menor ou igual a n, que representa a quantidade de elementos que irão formar os agrupamentos.

Vale lembrar que o símbolo "!" representa fatorial.

Nesse caso, $n = 10$ e $p = 4$

$$A_{10,4} = \frac{10!}{(10-4)!}$$

$$A_{10,4} = \frac{10 \times 9 \times 8 \times 7 \times 6!}{6!}$$

$$A_{10,4} = 10 \times 9 \times 8 \times 7$$

$$A_{10,4} = 5040$$

GABARITO: LETRA B.

---

27. (IBFC – 2021 – IAP – PR – Agente de Execução – Técnico de Manejo e Meio Ambiente) Dos 12 relatórios produzidos por Paulo em certo dia, 3 deles devem ser sorteados por André para serem revisados no dia seguinte. O total de possibilidades de escolha desses 3 relatórios é:

A. 220

B. 36

C. 1320

D. 660

E. 440

COMENTÁRIO

Observe que serão sorteados, ou seja a ordem de escolha não é relevante.

Quando a ordem não importa temos o caso de uma combinação.

Combinação: escolha de 3 em um grupo de 12.

$$C_{n,p} = \frac{n!}{p!\,(n-p)!}$$

Resolvendo:

$$C_{12,3} = \frac{12!}{3!\,(12-3)!}$$

$$C_{12,3} = \frac{12 \times 11 \times 10 \times 9!}{3!\,9!}$$

$$C_{12,3} = \frac{12 \times 11 \times 10}{3 \times 2 \times 1} = 220$$

Ou seja, 220 escolhas possíveis.

GABARITO: LETRA A.

---

28. (IBFC – 2020 – Prefeitura de Vinhedo-SP – Guarda Municipal) Numa empresa há 3 vagas de analista financeiro e há 7 pretendentes. O total de possibilidades de escolha que o diretor da empresa tem para o preenchimento dessas vagas é:

A. 70

B. 210

C. 21

D. 35

COMENTÁRIO

Essa é uma questão de análise combinatória. Observe que a ordem não é relevante na escolha de cada pessoa, já que cada pessoa só pode assumir o mesmo cargo.

Como já vimos, a fórmula da combinação:

$$C_{n,p} = \frac{n!}{p!\,(n-p)!}$$

Onde:

n é a quantidade de elementos de um conjunto

p é um número natural menor ou igual a n, que representa a quantidade de elementos que irão formar os agrupamentos.

Vale lembrar que o símbolo "!" representa fatorial, que também já citamos anteriormente.

GABARITO: LETRA D.

---

29. (CESPE/CEBRASPE/TJ-PA/Auxiliar Judiciário/Programador de Computador/2020) Em um sistema de acesso a uma rede de computadores, os usuários devem cadastrar uma senha de 6 dígitos, que deve ser formada da seguinte maneira:

- os 2 primeiros dígitos devem ser letras minúsculas distintas, escolhidas entre as 26 letras do alfabeto;
- os demais 4 dígitos da senha devem ser números inteiros entre 0 e 9, admitindo-se repetição.

Nessa situação, a quantidade de senhas diferentes que podem ser formadas é igual a

a) 3.674.

b) 5.690.

c) 1.965.600.

d) 3.276.000.

e) 6.500.000.

COMENTÁRIO

É importante ressaltar que muitas questões de análise combinatória se tornam mais prática e rápida quando aplicamos os Princípios de Contagem, isto é, Princípio Aditivo (ou) e Princípio Multiplicativo (e).

Observe que os primeiros dois dígitos devem ser distintos, logo para o primeiro digito teremos a possibilidade de 26 letras do alfabeto, já para o segundo, como não pode haver repetições, teremos apenas 25 letras disponíveis:

$26 \times 25 \times \_\_ \times \_\_ \times \_\_ \times \_\_$

Os demais 4 dígitos da senha devem ser números inteiros entre 0 e 9, admitindo-se repetição, ou seja, temos 10 números possíveis a cada dígito.

$26 \times 25 \times 10 \times 10 \times 10 \times 10 = \mathbf{6.500.000}$

Pelas condições dadas, existem 6.500.000 senhas diferentes possíveis.

Resposta: E.

30. (CESPE-CEBRASPE/SEFAZ-RS/Auditor-Fiscal da Receita Estadual/2019) Os funcionários de uma repartição foram distribuídos em sete grupos de trabalhos, de modo que cada funcionário participa de exatamente dois grupos, e cada dois grupos têm exatamente um funcionário em comum.

Nessa situação, o número de funcionários da repartição é igual a

a) 7.

b) 14.

c) 21.

d) 28.

e) 35.

COMENTÁRIO

Nessa questão temos uma combinação, pois trata de formação de grupos, em que a ordem dos elementos não altera a natureza.

Desta forma, utilizaremos a fórmula:

$$C_{n,p} = \frac{n!}{p!\,(n-p)!}$$

Onde: n = *total de grupos* e p = *total de grupos por funcionário*

Então teremos uma combinação de 7 tomados dois a dois:

$$C_{7,2} = \frac{7!}{2!\,(7-2)!}$$

$$C_{7,2} = \frac{7!}{2!\,5!}$$

$$C_{7,2} = \frac{7 \times 6}{2 \times 1}$$

$$C_{7,2} = \frac{42}{2} = 21$$

Ou seja, o número de funcionários da repartição é igual a 21.

Resposta: C.

31. (CESPE-CEBRASPE/PGE-PE/Analista Administrativo de Procuradoria/Calculista/2019) No item a seguir, é apresentada uma situação hipotética, seguida de uma assertiva a ser julgada, a respeito de máximos e mínimos de funções, da regra de trapézio para cálculo aproximado de integrais e de análise combinatória.

Entre os 12 processos administrativos de determinado setor público, 5 se referem a adicional de periculosidade. Para agilidade na discussão e no julgamento, esses 12 processos serão agrupados em pares. Nesse caso, a quantidade de pares de processos distintos que podem ser formados de modo que pelo menos um dos processos se refira a adicional de periculosidade é igual a 35.

COMENTÁRIO

Nessa questão temos uma combinação, pois trata de formação de pares, em que a ordem dos elementos não altera a natureza.

Primeiramente vamos calcular quantos pares seriam possíveis de se realizar sem qualquer restrição:, então vamos calcular a combinação dos 12 processos em pares.

Desta forma, utilizaremos a fórmula:

$$C_{n,p} = \frac{n!}{p!\,(n-p)!}$$

Onde: n = *total de processos* e p = *quantidade de processos associados*

Substituindo na fórmula teremos:

$$C_{12,2} = \frac{12!}{2!\,(12-2)!}$$

$$C_{12,2} = \frac{12 \times 11}{2 \times 1}$$

$$C_{12,2} = \frac{132}{2} = 66$$

Agora vamos retirar todos os pares em que não há nenhum com periculosidade, ou seja 12 – 5 = 7 processos.

$$C_{7,2} = \frac{7!}{2!\,(7-2)!}$$

$$C_{7,2} = \frac{7!}{2!\,5!}$$

$$C_{7,2} = \frac{7 \times 6}{2 \times 1}$$

$$C_{7,2} = \frac{42}{2} = 21$$

Então para encontrar a quantidade de pares de processos distintos que podem ser formados de modo que pelo menos um dos processos se refira a adicional de periculosidade será igual a diferença entre a quantidade total de pares a serem formados e a quantidade de processos em que não há nenhum com periculosidade:

$C_{12,2} - C_{7,2} = 66 - 21 = 45$ pares.

Como 45 é diferente de 35 o item está errado.

Resposta: Errado.

---

32. (CESPE-CEBRASPE/PGE-PE/Analista Administrativo de Procuradoria/Calculista/2019) A União tem, hoje, 138 estatais sob sua gestão, entre elas o Banco do Brasil S.A., a PETROBRAS e a CAIXA. Dessas 138, somente três devem permanecer sob a gestão da União; as demais serão privatizadas.

Considerando essa afirmação, julgue o item.

Se todas as estatais tiverem a chance de ficar sob a gestão da União, então a quantidade de maneiras distintas de escolher as três empresas que não serão privatizadas será inferior a 230.000.

COMENTÁRIO

Nessa questão temos também uma combinação, pois a ordem dos elementos não altera a natureza. Desta forma, utilizaremos a fórmula:

$$C_{n,p} = \frac{n!}{p!\,(n-p)!}$$

Onde: n = *total de estatais* e p = *quantidade de estatais não privatizadas*

Substituindo teremos:

$$C_{138,3} = \frac{138!}{3!\,(138-3)!}$$

$$C_{138,3} = \frac{138!}{3!\,135!}$$

$$C_{138,3} = \frac{138 \times 137 \times 136}{3 \times 2 \times 1}$$

$$C_{138,3} = \frac{2.571.216}{6} = 428.536$$

Como 428.536 > 230.000, o item está errado.

Resposta: Errado.

---

33. (CESPE-CEBRASPE/COGE CE/Auditor de Controle Interno/2019) Em determinado órgão, sete servidores foram designados para implantar novo programa de atendimento ao público. Um desses servidores será o coordenador do programa, outro será o subcoordenador, e os demais serão agentes operacionais.

Nessa situação, a quantidade de maneiras distintas de distribuir esses sete servidores nessas funções é igual a

a) 21.

b) 42.

c) 256.

d) 862.

e) 5.040.

COMENTÁRIO

Nessa questão temos um arranjo simples, pois a ordem dos elementos altera a natureza, visto que são dois tipos de cargos distintos, um de coordenador e outro de subcoordenador. Porém ao escolher os agentes operacionais, a ordem não será relevante, então usaremos uma combinação.

Primeiramente vamos calcular a quantidades de maneiras diferentes que podemos escolher um coordenador e um subcoordenador:

Desta forma, utilizaremos a fórmula:

$$A_{n,p} = \frac{n!}{(n-p)!}$$

Onde: n = *total de funcionários* e p = *quantidade de funcionários escolhidos*

Coordenador: $A_{7,1}$

$$A_{7,1} = \frac{7!}{(7-1)!} \rightarrow \frac{7!}{6!} = 7$$ maneiras de se escolher um coordenador

Agora para calcular a quantidade de maneiras de se ter um subcoordenador, retiramos a pessoa que ocupou o cargo de coordenador, restando assim apenas 6 pessoas possíveis para assumir este cargo.

Subcoordenador: $A_{6,1}$

$$A_{6,1} = \frac{6!}{(6-1)!} \rightarrow \frac{6!}{5!} = 6$$ Maneiras de se escolher um subcoordenador

As demais vagas serão agentes, onde a ordem não é relevante pois não altera a natureza.

Usaremos a fórmula: $C_{n,p} = \dfrac{n!}{p!\,(n-p)!}$

Agentes: $C_{5,5}$

$C_{5,5} = \dfrac{5!}{5!(5-5)!} \rightarrow \dfrac{5!}{5!} = 1$ Maneiras de se escolher 5 agentes com as cinco pessoas restantes.

Agora basta multiplicar os eventos:

$A_{7,1} \times A_{6,1} \times C_{5,5} = 7 \times 6 \times 1 = 42$ Maneiras.

Resposta: B

---

34. (CESPE-CEBRASPE/Pref. São Cristóvão/Professor Matemática/2019) Com relação a sistemas lineares e análise combinatória, julgue o item.

Situação hipotética: As 5 lâmpadas tubulares de uma sala de aula foram instaladas formando uma única fileira. Por motivo de economia, 2 lâmpadas adjacentes nunca poderão ficar acesas ao mesmo tempo. Assertiva: Nessa situação, há exatamente 13 configurações distintas, incluindo todas as lâmpadas desligadas, que atendem à exigência de economia.

COMENTÁRIO

Temos uma questão simples, onde veremos as possibilidades caso a caso. Para representar as lâmpadas acesas utilizaremos "A" e para representar as desligadas utilizaremos "0"

Nenhuma lâmpada acesa: 1 possibilidade apenas

$0 - 0 - 0 - 0 - 0$

Apenas uma lâmpada acesa: 5 possibilidades

$A - 0 - 0 - 0 - 0$

$0 - A - 0 - 0 - 0$

$0 - 0 - A - 0 - 0$

$0 - 0 - 0 - A - 0$

$A - 0 - 0 - 0 - A$

Duas lâmpadas acesas: 6 possibilidades

$A - 0 - A - 0 - 0$

$A - 0 - 0 - A - 0$

$A - 0 - 0 - 0 - A$

$0 - A - 0 - A - 0$

$0 - A - 0 - 0 - A$

$0 - 0 - A - 0 - A$

Três lâmpadas acesas: 1 possibilidade

$A - 0 - A - 0 - A$

Agora basta somar todas as possibilidades: 1+5+6+1= 13 maneiras diferentes.

Resposta: Certo.

---

35. (CESPE-CEBRASPE/Pref. São Cristóvão/Professor Matemática/Educação Básica/2019) Com relação a sistemas lineares e análise combinatória, julgue o item.

Situação hipotética: No jogo de basquete, cada um dos cinco jogadores de um time pode ocupar as seguintes posições: armador, ala armador, ala, líbero e pivô. O elenco do time Alfa é formado por 2 armadores, 2 alas armadores, 3 alas, 2 líberos e 3 pivôs. Assertiva: Nessa situação, sabendo-se que em quadra jogam apenas 5 jogadores por time e que os demais ficam no banco, é correto afirmar que existem 216 formas distintas de montar o time Alfa para iniciar a partida com exatamente um pivô, um armador e um ala.

COMENTÁRIO

Nessa questão temos um arranjo simples, pois a ordem dos elementos altera a natureza.

Primeiramente vamos calcular a quantidades de maneiras diferentes que podemos escolher um pivô:

Desta forma, utilizaremos a fórmula:

$$A_{n,p} = \frac{n!}{(n-p)!}$$

Como temos 3 jogadores que são pivôs, teremos: $A_{3,1}$

$$A_{3,1} = \frac{3!}{(3-1)!} \rightarrow \frac{3!}{2!} = 3$$

Como temos 2 jogadores que são armadores, teremos: $A_{2,1}$

$$A_{2,1} = \frac{2!}{(2-1)!} \rightarrow \frac{2!}{1!} = 2$$

E para finalizar, temos 3 jogadores que são alas, então teremos: $A_{3,1}$

$$A_{3,1} = \frac{3!}{(3-1)!} \rightarrow \frac{3!}{2!} = 3$$

Para essas três vagas temos então: $3 \times 2 \times 3 = 18$ formas diferentes de preencher as vagas.

No entanto, ainda faltam ser preenchidas duas vagas, que deverão ser preenchidas, ou por alas armadores, (2) ou por líberos (2), ou seja, 4 pessoas.

Então como são posições em um time, a ordem importa, calculamos $A_{4,2}$:

$$A_{3,2} = \frac{4!}{(4-2)!} \rightarrow \frac{4!}{2!} \rightarrow 4 \times 3 = 12$$

Pelo princípio multiplicativo: $18 \times 12 = 216$ formas distintas de montar o time.

Resposta: Certo.

---

36. (CESPE-CEBRASPE/Pref. São Cristóvão/Professor Matemática/2019) Com relação a sistemas lineares e análise combinatória, julgue o item.

Se um professor desejar formar 3 grupos com seus 16 alunos, de modo que dois grupos tenham 5 alunos e o terceiro grupo tenha 6 alunos, então haverá $\binom{16}{5} + \binom{11}{5} + \binom{6}{6}$ formas distintas de se formarem esses grupos.

COMENTÁRIO

Nessa questão temos também uma combinação, pois a ordem dos elementos não altera a natureza, ou seja, teremos:

No primeiro grupo: $C_{16,5}$

No segundo grupo: $C_{11,5}$

No terceiro grupo: $C_{6,6}$

Porém a questão tem como conectivo "E" que significa multiplicação.

Logo o item estaria correto se fosse: $C_{16,5} \times C_{11,5} \times C_{6,6}$, ou seja $\binom{16}{5} + \binom{11}{5} + \binom{6}{6}$

Resposta: Errado.

---

37. (FCC/Prefeitura de Recife-PE/Assistente de Gestão Pública/2019) Os quatro funcionários de uma repartição trabalham cada um em uma mesa, todos na mesma sala. O chefe da repartição determinou que os funcionários trocassem de mesa entre si. Os funcionários podem ser realocados na sala de modo que nenhum funcionário passe a ocupar a mesa que ocupava antes da realocação

a) de 4 maneiras diferentes.

b) de 24 maneiras diferentes.

c) de 9 maneiras diferentes.

d) de 6 maneiras diferentes.

e) de 12 maneiras diferentes.

COMENTÁRIO

✪ **Nota do autor:** é importante ressaltar que a resolução de muitas questões de análise combinatória se torna mais prática e rápida quando aplicamos os Princípios de Contagem, isto é, Princípio Aditivo (ou) e Princípio Multiplicativo (e). Observar as DICAS no final do capítulo para melhor interpretação das questões.

A questão solicita quantidade de maneiras distintas que os funcionários ocupam as mesas de uma repartição, sabendo que nenhum funcionário possa ocupar a mesa que ocupava antes da realocação. É importante ressaltar que a primeira posição não será contada e que o funcionário não pode utilizar a mesa anterior.

Dessa forma iremos aplicar o Princípio aditivo, da seguinte forma:

Para o Primeiro funcionário hipoteticamente chamado "André":

Mesa (01) **André**	Mesa (02)	Mesa (03)	Mesa (04)

Depois da realocação:

Mesa (01)	**Mesa (02)** **André**	Mesa (03)	Mesa (04)
Mesa (01)	Mesa (02)	**Mesa (03)** **André**	Mesa (04)
Mesa (01)	Mesa (02)	Mesa (03)	**Mesa (04)** **André**

Podemos inferir que para um dos funcionários, no caso "André", temos 3 maneiras distintas para ocupar as mesas sem repetir a anterior.

Aplicando o Princípio Aditivo, podemos verificar que a situação acima se repete no máximo 03 vezes para cada funcionário , senão os funcionários repetirão uma das mesas, logo teremos:

3+ 3+3 = 9 maneiras distintas.

Resposta: C.

---

38. (IF-MS/Técnico em Tecnologia da Informação/2019) A partir de 2018, o Brasil modificou o formato das placas de veículos; seguindo uma determinação acordada pelos países do MERCOSUL. A principal mudança está no padrão visual, que será sempre com fundo branco e uma faixa azul na parte superior. A sequência de letras e números também foi alterada. O sistema atual, com três letras e quatro números (BAF-0007), foi substituído por quatro letras e três números, conforme exemplos a seguir.

Fonte: https://veja.abril.com.br/economia/novo-modelo-de-placa-de-carro-com-chip-comeca-a-valer-em-2018/
Acesso em: 15/11/2018.

As alterações no sistema de emplacamento permitirão a criação de um cadastro veicular compartilhado pelos países do Mercosul, dificultando a falsificação de placas e aumentando a quantidade de placas possíveis de serem criadas. Admitindo-se todas as possibilidades, a taxa de aumento em relação à quantidade possível de placas no sistema antigo é?

a) 10 vezes mais placas.
b) 26 vezes mais placas.
c) 0,38461538 vezes mais placas.
d) 2,6 vezes mais placas.
e) O dobro de placas.

COMENTÁRIO

A questão com formação de placas, senhas, códigos etc., a ordem dos elementos altera a natureza. Dessa forma iremos multiplicar as possibilidades para que possamos encontrar a quantidade de placas. Como a questão solicita a taxa de aumento em relação à quantidade possível de placas no sistema antigo, iremos calcular o antes e o depois.

Sistema antigo: "três letras e quatro números"

Letras	x	Letras	x	Letras	x	algarismo	x	algarismo	x	algarismo	x	algarismo
26	x	26	x	26	x	10	x	10	x	10	x	10

= 175.760.000

É importante observar que podemos repetir os caracteres (letras e algarismos).

Sistema novo: "quatro letras e três números"

(letras)	x	(letras)	x	(letras)	x	(letras)	x	(algarismo)	x	(algarismo)	x	(algarismo)
26	x	26	x	26	x	26	x	10	x	10	x	10

= 456.976.000

Calculando a porcentagem a mais de novas placas que podem ser confeccionadas:

x= 456.976.000/ 175.760.000

x = 2,6

Resposta: D.

---

39. (VUNESP/MPSP/Analista Técnico Científico/2019) Em um sistema de placas de automóvel com quatro números, em que se pode repetir algarismos, o número possível de placas diferentes é:

a) 10.000.
b) 6.561.
c) 5.040.
d) 3.024.
e) 1.000.

COMENTÁRIO

A questão com formação de placas, senhas, códigos etc., a ordem dos elementos altera a natureza. Dessa forma iremos multiplicar as possibilidades para que possamos encontrar a quantidade de placas.

Sistema: "quatro números"

Obs.: importante ressaltar que podemos repetir os algarismos.

Algarismo	x	Algarismo	x	Algarismo	x	Algarismo	
10	x	10	x	10	x	10	**= 10.000**

Resposta: A.

---

40. (FCC/BANRISUL/ESCRITURÁRIO/2019) Considere, em ordem crescente, todos os números de 3 algarismos formados, apenas, pelos algarismos 1, 2, 3, 4 e 5. O número 343 ocupa a posição de número

a) 70.
b) 68.
c) 45.
d) 60.
e) 39.

COMENTÁRIO

Essas questões que envolvem ordem são comuns à banca FCC, porém utilizam mais palavras, mas o raciocínio é o mesmo.

I - Com os algarismos {1, 2, 3, 4 e 5} iremos calcular todos os números de três algarismos que começam com o algarismo "1" e com "2".

Em seguida teremos que calcular os que começam com "3", onde teremos algumas restrições. É importante observar que podemos repetir algarismos, uma vez que os algarismos que formam os números não são distintos.

Números que começam com os algarismos "1" e "2":

$$\underline{\quad 2 \quad} \times \underline{\quad 5 \quad} \times \underline{\quad 5 \quad} = 50$$

Nessa posição, temos apenas 2 possibilidades, os algarismos 1 e 2.

Nessa posição, temos 5 possibilidades, uma vez que os algarismos podem ser repetidos.

Nessa posição, temos apenas 5 possibilidades, uma vez que os algarismos podem ser repetidos.

II- Com os algarismos {1, 2, 3,4 e 5 } iremos calcular todos os números de três algarismos que começam com o algarismo "3".

- Começam com "3" e o segundo algarismo vai até o algarismo "4":

$$\underline{\quad 1 \quad} \times \underline{\quad 4 \quad} \times \underline{\quad 5 \quad} = \mathbf{20}$$

Nessa posição, temos apenas 1 possibilidade, o algarismo 3.

Nessa posição, temos 4 possibilidades, uma vez que os algarismos podem ser 1,2,3 e 4.

Nessa posição, temos apenas 5 possibilidades, uma vez que os algarismos podem ser repetidos.

É importante observar que no segundo cálculo, dentro dos 20 números formados, terão dois que serão maiores que 343, uma vez que na última posição colocamos cinco possibilidades, porem os números que terminarem com "4" e "5" não podem ser considerados. Dessa forma vamos subtraí-los, 20 – 2 = 18.

Encontrando a resposta: 50 + 18 = 68.

Resposta: B.

---

41. (INAZ do Pará/CORE-SP/Assistente Administrativo/2019) Um professor de Matemática, em sua primeira aula do ano, resolveu presentear dois alunos com um jogo de esquadros para usarem nas aulas de Geometria. Para isso, primeiro sorteou dez alunos e entre os dez, ganhariam aqueles que soubessem resolver a seguinte problemática proposta por ele: "De quantas maneiras eu posso escolher dois alunos entre vocês dez para presentear com o jogo de esquadro? ". Quem foram os alunos que ganharam o presente?

a) Ívila e Kaleu, que responderam: "45 maneiras".
b) Pedro e Miguel, que responderam: "60 maneiras".
c) Cris e Lucas, que responderam: "75 maneiras".
d) Gaspar e Hanna, que responderam: "90 maneiras".

e) Vitor e Jamilly, que responderam: "120 maneiras".

COMENTÁRIO

✪ Nota do autor:

Nas questões com termos referentes a equipes, times, diretorias, grupos, comissões, turmas etc., enfim, termos que indicam ideia de conjunto, a ordem não importa, ou seja, se a ordem for modificada, não teremos um novo agrupamento. É comum não utilizar todos os elementos para construção de novos grupos, uma vez que, se todos forem utilizados, obteremos apenas um grupo ("A Ordem dos Elementos não Altera a Natureza"). Podemos afirmar que se trata de uma combinação, com a seguinte fórmula:

$$C_{n,p} = \frac{n!}{(n-p)!\,p!}$$

$$C_{10,2} = \frac{10!}{(10-2)!\,2!} = \frac{10 \times 9 \times 8!}{8!\,2!} = 45$$

Podemos também utilizar o Princípio Multiplicativo para resolver esta questão, em que teremos 02 "tracinhos", uma vez que se trata de formação de duplas.

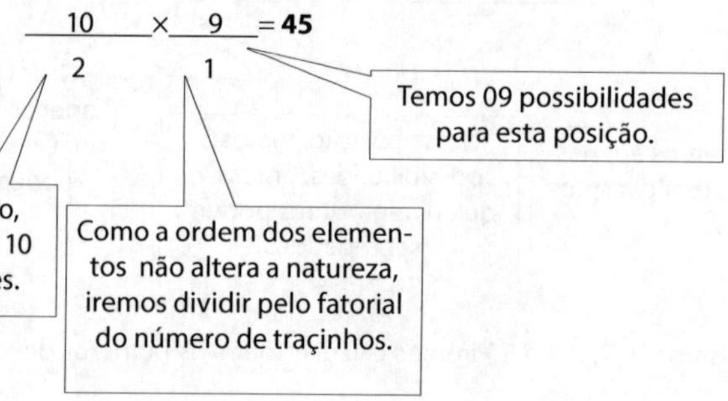

Resposta: A.

---

42. (IADES/CRF-TO/Analista de TI/2019)

Suponha que, no Conselho Federal de Farmácia, trabalhem 5 analistas de tecnologia da informação. Uma nova rede de computadores será projetada e implementada para modernização dos processos. Para tanto, será montada uma equipe com 4 analistas, sendo 2 responsáveis unicamente por projetar a rede e outros 2 responsáveis unicamente por instalar e configurar a rede. Quantas equipes distintas podem ser formadas para a execução da tarefa?

a) 20
b) 40
c) 35
d) 30
e) 25

COMENTÁRIO

✪ Nota do autor:

Nas questões com termos referentes a equipes, times, diretorias, grupos, comissões, turmas etc., enfim, termos que indicam ideia de conjunto, a ordem não importa, ou seja, se a ordem for modificada, não teremos um novo agrupamento. É comum não utilizar todos os elementos para construção de novos grupos, uma vez que, se todos forem utilizados, obteremos apenas um grupo ("A Ordem dos Elementos não Altera a Natureza"). Podemos afirmar que se trata de uma combinação, com a seguinte fórmula:

$$C_{n,p} = \frac{n!}{(n-p)!\,p!}$$

I – Pela fórmula, teremos a multiplicação de 02 combinações: $C_{5,2} \times C_{3,2}$

$$C_{5,2} \times C_{3,2} = \frac{5!}{(5-2)!2\,!} \times \frac{3!}{(3-2)!2\,!}$$

$$\frac{5!}{(3!)2\,!} \times \frac{3!}{(1!)2\,!}$$

$$\frac{5 \times 4 \times 3!}{(3!)!2!} \times \frac{3 \times 2!}{(1!)2\,!}$$

$$\frac{5 \times 4}{2\,!} \times \frac{3}{1}$$

$$\frac{5 \times 4}{2} \times \frac{3}{1}$$

$$\frac{60}{2} = 30$$

II – Aplicando o Princípio Multiplicativo: Para resolver esta questão, teremos 2 responsáveis unicamente por projetar a rede e outros 2 responsáveis unicamente por instalar e configurar a rede.

____5___ x ___4____ x ____3___x ___2____ =30

2 1 2 1

Projetar a rede instalar e configurar a rede

Resposta: D.

---

43. (FEPESE/DEINFRA-SC/Engenheiro Civil/2019) Durante a programação diária de um canal de televisão, os intervalos são preenchidos com 6 comerciais diferentes. A cada intervalo, os seis comerciais são apresentados, mas sempre em ordem diferente e uma ordem não é repetida até que todas as outras possíveis ordens tenham sido apresentadas.

Após quantos intervalos, no mínimo, todas as possíveis ordens dos comerciais terão sido apresentadas?

a) Mais do que 800
b) Mais do que 750 e menos que 800
c) Mais do que 700 e menos que 750
d) Mais do que 650 e menos que 700
e) Menos do que 650

COMENTÁRIO

Nota do autor: nas questões em que a ordem dos elementos altera a natureza, iremos multiplicar as possibilidades, nesses casos não teremos divisão, uma vez que a cada nova troca de posição dos elementos serão formados novos grupamentos. Podemos ressaltar que a maioria dos casos com essa particularidade serão arranjos ou permutações. Uma boa maneira de interpretarmos se é um arranjo ou uma permutação, está se todos os elementos serão utilizados ou não.

Se todos os elementos forem utilizados e a ordem alterar a natureza, será uma permutação. Se todos os elementos não forem utilizados e a ordem importa, então teremos um arranjo.

Nesta questão são 6 comerciais, apenas teremos que calcular todas as possíveis ordens dos comerciais. Assim podemos aplicar permutação ou até mesmo o PFC.

Fórmula de Permutação: $P_n = n!$

I – **Pela fórmula**, teremos $P_6 = 6!$

$$P_6 = 6 \times 5 \times 4 \times 3 \times 2 \times 1 = 720$$

II – Pelo Princípio Fundamental da Contagem:

_____X_______X_______X_______X_______X________=

Para cada "traço" representam as possibilidades para os comerciais distintos.

___6__X__5____X___4___X__3____X__2____X___1____= 720

Resposta: C.

---

44. (FEPESE/DEINFRA-SC/Engenheiro Civil/2019) Em um grupo de 10 funcionários de uma empresa, três falam inglês fluentemente e os outros não sabem inglês.

De quantos modos diferentes pode-se formar uma equipe com 4 destes funcionários, de maneira que ao menos um dos escolhidos saiba falar inglês fluentemente?

a) Menos do que 300
b) Mais do que 300 e menos que 350
c) Mais do que 350 e menos que 400
d) Mais do que 400 e menos que 450
e) Mais do que 450

COMENTÁRIO

Nessa questão temos uma combinação, pois trata de formação de equipes, em que a ordem dos elementos não altera a natureza.

São 10 funcionários, em que 3 falam inglês e 7 não falam inglês.

A questão solicita a quantidade de equipes com 4 destes funcionários, de maneira que ao menos um dos escolhidos saiba falar inglês. É importante perceber que ao citar " ao menos um" podemos ter as seguintes interpretações para as equipes:

- 1 Fala inglês e 3 não falam inglês.

(Ou) +

- 2 falam inglês e 2 não falam inglês.

(Ou) +

- 3 falam inglês e 1 não fala inglês.

Dessa forma, iremos calcular cada uma das possíveis formações e depois somá-las.

- 1 Fala inglês e 3 não falam inglês.

$$C_{3,1} \times C_{7,3} = \frac{3!}{(3-1)!1!} \times \frac{7!}{(7-3)!3!} = 105$$

- 2 Falam inglês e 2 não falam inglês.

$$C_{3,2} \times C_{7,2} = \frac{3!}{(3-2)!2!} \times \frac{7!}{(7-2)!2!} = 63$$

- 3 falam inglês e 1 não fala inglês.

$$C_{3,3} \times C_{7,1} = \frac{3!}{(3-3)!3!} \times \frac{7!}{(7-1)!1!} = 7$$

Somando os resultados: 105 + 63 + 7 = 175

Resposta: A.

---

45. (QUADRIX/CRA-PR/Auxiliar Administrativo I/2019) Considerando Z como o conjunto dos números inteiros, A como um subconjunto formado com elementos de Z que, simultaneamente, sejam não negativos e tenham somente um dígito e B como o conjunto de números de dois algarismos possíveis de serem formados com os elementos de A, julgue o item a respeito dos conjuntos numéricos, do princípio da contagem e da probabilidade, dos arranjos e das permutações.

A quantidade de números pares pertencentes ao conjunto B é superior a 49.

COMENTÁRIO

É importante conhecermos o conjunto dos números inteiros, ou seja, é formado por todos os números que não são decimais. Em outras palavras, o conjunto dos números inteiros é formado pelo conjunto dos números naturais e seus opostos aditivos.

Conforme o comando, temos:

Conjunto A= {subconjunto formado com elementos de Z que, simultaneamente, sejam não negativos e tenham somente um dígito}, isto é, A= {0,1,2,3,4,5,6,7,8,9}

Conjunto B= {conjunto de números de dois algarismos possíveis de serem formados com os elementos de A}.

Com relação ao conjunto B, iremos aplicar os conhecimentos relativos a Análise Combinatória.

O que devemos saber é a quantidade de elementos do conjunto B, quantos números de dois algarismos podem ser formados pelos elementos do conjunto A que sejam pares.

Vamos aplicar o Princípio Multiplicativo, um dos Princípios Fundamentais da Contagem:

É um número com dois algarismos: __ x __.

Para a primeira posição temos 9 possibilidades (1,2,3,4,5,6,7,8,9), uma vez que o zero não poder ocupar esta posição, caso ele ocupe, teremos apenas um algarismo. O zero na primeira posição não é considerado como um algarismo.

Para a segunda posição temos 5 possibilidades (0,2,4,6,8), isto para ser um número par.

Agora basta fazer a multiplicação 9 x 5=45.

Resposta: Certo.

---

46. (IDECAN/AGU/Técnico em Comunicação Social/2019) Considerando os algarismos 1, 2, 3, 5, 7 e 9, quantos números pares podem-se formar com 5 algarismos diferentes?

a) 720.

b) 120.

c) 240.

d) 1

e) 0

COMENTÁRIO

Temos uma questão que será melhor resolver por um dos Princípios Fundamentais da Contagem, isto é, Princípio Multiplicativo.

Temos 6 algarismos distintos, que serão nossas possibilidades {1, 2, 3, 5, 7 e 9}.

A questão informa que os números devem ser pares, ou seja, a restrição se encontra exclusivamente no último algarismo (posição), em que temos apenas 01(uma) possibilidade, que é o algarismo "2".

É importante ressaltar que os algarismos que formam o número dever ser todos distintos. A pergunta é, quantos números PARES poderão ser formados com 5 algarismos diferentes? Vamos então aplicar o Princípio Multiplicativo:

$$5 \times 4 \times 3 \times 2 \times 1 = 120$$

- 5: Nessa posição, temos 5 possibilidades, só não pode ser o algarismo 02, que já está na última posição.
- 4: Nessa posição, temos 4 possibilidades, uma vez que os algarismos não podem ser repetidos.
- 3: Nessa posição, temos 3 possibilidades, uma vez os algarismos não podem ser repetidos.
- 2: 2 possibilidades, também distintos.
- 1: Temos 01(uma) possibilidade, o algarismo "2".

Dessa forma, podem ser formados 120 números pares com algarismos distintos.

Resposta: C.

---

47. (FCC/Prefeitura de Recife-PE/Assistente de Gestão Pública/2019) Uma determinada secretaria municipal conta com dois assessores (A1 e A2) e cinco supervisores (S1, S2, S3, S4 e S5). Deseja-se formar uma comissão formada por quatro membros, pelo menos um dos quais deve ser um assessor e os demais, supervisores. Ainda, se A1 for membro da comissão, S1 não deve ser. Nessas condições, podem ser formadas

a) 15 comissões diferentes.

b) 30 comissões diferentes.

c) 20 comissões diferentes.

d) 44 comissões diferentes.

e) 60 comissões diferentes.

COMENTÁRIO

✪ **Nota do autor:** Temos uma questão que trata da formação de comissões, logo é importante ressaltar que a ordem dos elementos não altera a natureza, sendo assim, temos uma questão de combinação. Podemos mais uma vez resolver pelo Princípio Multiplicativo. Nas questões de combinações, quando aplicamos o Princípio Multiplicativo, além de multiplicarmos as possibilidades iremos dividir para retirar os agrupamentos repetidos. Vejamos:

Primeiramente, vamos calcular todas as comissões de quatro membros, em que temos pelo menos um assessor e os demais supervisores.

a. Com 01(um) assessor e 03(três) supervisores:

$$\underbrace{\frac{2}{1}}_{\text{Assessor}} \times \underbrace{\frac{5}{3} \times \frac{4}{2} \times \frac{3}{1}}_{\text{Supervisores}} = 20$$

b. Com 02(dois) assessores e 02(dois) supervisores:

$$\underbrace{\frac{2}{1} \times \frac{1}{2}}_{\text{Assessores}} \times \underbrace{\frac{5}{2} \times \frac{4}{1}}_{\text{Supervisores}} = 10$$

Atenção! Temos uma restrição importante na formação das comissões: **"**Ainda, se A1 for membro da comissão, S1 não deve ser", dessa forma vamos calcular e subtrair das 30 comissões encontradas. Na verdade, iremos calcular agora o que não serve, vejamos:

c. Com o Assessor A1 e o Supervisor S1:

$$\underbrace{\frac{1}{1}}_{\text{Assessor A1}} \times \underbrace{\frac{1}{1}}_{\text{Supervisor S1}} \times \underbrace{\frac{4}{2} \times \frac{3}{1}}_{\text{Supervisores}} = 6$$

d. Com 02(dois) assessores (A1 e A2) e 01 supervisor S1:

$$\underbrace{\frac{1}{1}}_{\text{Assessor A1}} \times \underbrace{\frac{1}{1}}_{\text{Assessor A1}} \times \underbrace{\frac{1}{1}}_{\text{Supervisor}} \times \underbrace{\frac{4}{1}}_{\text{S1 Supervisores}} = 4$$

Agora, basta somarmos (10 + 20 = 30) e subtrair (6 + 4 = 10) = 20

Resposta: C.

---

48. (IADES/CRF-TO/Assistente Administrativo/2019) Geraldo tem 4 porta-arquivos de mesa de cores diferentes (azul, verde, amarelo e vermelho) para organizar os processos administrativos da própria repartição. Ele pretende colocar os porta-arquivos lado a lado sobre uma escrivaninha. De quantas maneiras diferentes ele pode organizar esses porta-arquivos?

a) 36

b) 12

c) 24

d) 48

e) 8

COMENTÁRIO

Temos uma questão simples, na verdade podemos até dizer uma permutação simples. A ordem dos elementos importa, ou seja, altera a natureza. Nesta questão iremos aplicar a fórmula de permutação, uma vez que a ordem importa e iremos utilizar todos os elementos.

$P_n = n!$

$P_4 = 4! = 4x3x2x1 = 24$

Resposta: C.

---

49. (QUADRIX/CRESS-SC/Assistente Administrativo Jr./2019) Um anagrama (do grego ana = voltar ou repetir + graphein = escrever) é uma espécie de jogo de palavras que resulta do rearranjo das letras de uma palavra ou expressão para produzir outras palavras ou expressões, utilizando todas as letras originais exatamente uma vez. Um exemplo conhecido é a personagem Iracema, anagrama de América, no romance de José de Alencar. Com base nessas informações, julgue o item a respeito do princípio da contagem, de permutações, de combinações e do cálculo de probabilidade.

Há mais de 160.000 anagramas possíveis de serem obtidos a partir da palavra "ASSISTENTE".

COMENTÁRIO

Nessa questão temos uma permutação com repetição, ou seja, quando temos letras repetidas formando a palavra original. É importante ressaltar que ao permutarmos letras iguais de posição, não teremos um novo anagrama, daí a necessidade de retirarmos os anagramas repetidos.

Vejamos:

A palavra "ASSISTENTE" possui 10 letras, assim iremos permuta-las: 10! = 10x9x8x7x6x5x4x3x2x1= 3.628.800

Dentre os anagramas calculados acima teremos vários que aparecem mais de uma vez, logo é necessário retirá-los, como fazer?

Primeiramente temos que calcular o fatorial das letras que se repetem na palavra "ASSISTENTE":

O "s" aparece 3 vezes, logo teremos 3! = 3x2x1=6

O "t" aparece 2 vezes, logo teremos 2! = 2x 1 = 2

O "e" aparece 2 vezes, logo teremos 2! = 2x1 = 2

Agora iremos dividir o número 3.628.800 por (6 x 2 x 2), ou seja, dividimos pelo multiplicação do fatorial das letras que se repetem.

Anagramas: 3.628.800 / 24 = 151.200

Resposta: Errado.

---

50. (FADESP/DETRAN-PA/Agente de Fiscalização de Trânsito/2019) Em um fictício país K, a identificação das placas dos veículos é constituída por duas das 26 letras do alfabeto e quatro algarismos de zero a nove, sendo que as duas letras devem sempre estar juntas, como nos exemplos abaixo.

A quantidade máxima de placas do país K que não possuem letras repetidas nem algarismos repetidos é igual a

a) 33.800.000.
b) 16.380.000.
c) 10.280.000.
d) 6.760.000.
e) 3.276.000.

COMENTÁRIO

Temos uma questão de permutação, muito comum em formação de placas. É importante ressaltar que as placas não possuem letras repetidas nem algarismos repetidos, e também que as letras devem ficar sempre juntas, podendo aparecer em qualquer posição. Assim teremos:

$$\underline{[\text{Letra} \times \text{Letra}]} \times \underline{\text{Algarismo}} \times \underline{\text{Algarismo}} \times \underline{\text{Algarismo}} \times \underline{\text{Algarismo}}$$
$$\underline{[26 \times 25]} \times \underline{[\ 10\ ]} \times \underline{[\ 9\ ]} \times \underline{[\ 8]}\ \times \underline{[\ 7]} = 3.276.000$$

Agora temos que observar que podemos permutar as letras como se fosse um só símbolo, juntamente com mais 3 algarismos, ou seja, as letras podem ficar em 5 posições distintas no conjunto de símbolos que formam a identificação das placas. Vejamos:

LLAAAA
ALLAAA
AALLAA
AAALLA
AAAALL

3.276.000 x (5) = 16.380.000

Resposta: B.

---

51. (QUADRIX/CRA-PR/Advogado I/2019) A respeito do princípio da contagem, de permutações e de probabilidade, julgue o item a seguir.

A quantidade de maneiras distintas de se escrever a palavra AUXILIAR é inferior a 10.000.

COMENTÁRIO

Nessa questão temos uma permutação com repetição, ou seja, quando temos letras repetidas formando a palavra original. É importante ressaltar que ao permutarmos letras iguais de posição, não teremos um novo anagrama, daí a necessidade de retirarmos os anagramas repetidos.

Vejamos:

A palavra "AUXILIAR" possui 8 letras, assim iremos permuta-las: 8! = 8x7x6x5x4x3x2x1= 40.320

Dentre os anagramas calculados acima teremos vários que aparecem mais de uma vez, logo é necessário retirá-los, como fazer?

Primeiramente temos que calcular o fatorial das letras que se repetem na palavra "AUXILIAR":

O "a" aparece 2 vezes, logo teremos 2! = 2x1=2

O "i" aparece 2 vezes, logo teremos 2! = 2x 1 = 2

Agora iremos dividir o número 40.320 por (2 x 2), ou seja, dividimos pela multiplicação do fatorial das letras que se repetem.

Anagramas: 40.320 / 4 = 10.080

Resposta: Errado.

---

52. (CESPE/Banco do Nordeste/Analista Bancário/2018) Julgue o próximo item, relativo a análise combinatória e probabilidade

Se 9 cidades forem interligadas por rodovias, de forma que entre quaisquer duas dessas cidades haja apenas uma rodovia interligando-as e essa rodovia não passe por nenhuma outra cidade, então essa malha viária será composta de 72 rodovias.

COMENTÁRIO

✪ **Nota do autor:** Questões com Combinações são frequentes em provas de concursos com raciocínio lógico, desta forma é importante que o candidato saiba diferenciar as diversas formar de agrupar elementos. Isto é, se a ordem dos elementos altera ou não altera a natureza.

Nas questões com termos referentes a equipes, times, diretorias, grupos, comissões, turmas etc., enfim, termos que indicam ideia de conjunto terão grupos nos quais a ordem não importa, ou seja, se a ordem for modificada, não teremos um novo agrupamento. É comum não utilizar todos os elementos para construção de novos grupos, uma vez que, se todos forem utilizados, obteremos apenas um grupo ("A Ordem dos Elementos não Altera a Natureza").

Temos uma questão de combinação, uma vez que se ligarmos por exemplo as cidades A e B ou B e A, teremos a mesma rodovia, isso significa que a ordem não importa.

$$C_{9,2} = \frac{9!}{(9-2)!2!} = 36$$

Resposta: errado.

---

53. (CESPE/Banco do Nordeste/Analista Bancário/2018) Julgue o próximo item, relativo a análise combinatória e probabilidade

A quantidade de números naturais distintos, de cinco algarismos, que se pode formar com os algarismos 1, 2, 3, 4 e 5, de modo que 1 e 2 fiquem sempre juntos e em qualquer ordem, é inferior a 25.

COMENTÁRIO

Temos uma questão de permutação, em que a ordem importa. O item afirma que os algarismos 1 e 2 devem ficar sempre juntos, logo iremos considera-los como apenas um número, facilitando o raciocínio.

Vamos considerar que são 4 algarismos, uma vez que os algarismos 1 e 2 ficarão sempre juntos.

$P_4 = 4! = 4x3x2x1 = 24$

Agora permutando os algarismos 1 e 2, $P_2 = 2x1 = 2$

$24 \times 2 = 48$.

Resposta: errado.

---

54. (CESPE/Banco do Nordeste/Analista Bancário/2018) Julgue o próximo item, relativo a análise combinatória e probabilidade

A quantidade de maneiras distintas de 5 meninos e 4 meninas serem organizados em fila única de forma que meninos e meninas sejam intercalados e 2 meninos ou 2 meninas nunca fiquem juntos é inferior a 3000.

COMENTÁRIO

Temos uma questão também de permutação.

Meninos: H (5 possibilidades)

Meninas: M (4 possibilidades)

Podemos organizar da seguinte forma:

H M H M H M H M H

$5 \times 4 \times 4 \times 3 \times 3 \times 2 \times 1 \times 1 = 2880$

Resposta: certo.

---

55. (CESPE/TRF-1ª REGIÃO/2017) Em uma reunião de colegiado, após a aprovação de uma matéria polêmica pelo placar de 6 votos a favor e 5 contra, um dos 11 presentes fez a seguinte afirmação: "Basta um de nós mudar de ideia e a decisão será totalmente modificada."

Considerando a situação apresentada e a proposição correspondente à afirmação feita, julgue o próximo item.

A quantidade de maneiras distintas de se formar o placar de 6 votos a favor e 5 contra, na decisão do assunto polêmico pelos presentes no referido colegiado, é inferior a 500.

COMENTÁRIO

Temos uma questão de combinação em que a ordem dos elementos não altera a natureza, ou seja, teremos um $C_{11,6} \times C_{5,5} = 462$, Vejamos:

$$\frac{11 \times 10 \times 9 \times 8 \times 7 \times 6}{6 \times 5 \times 4 \times 3 \times 2 \times 1} \times \frac{5 \times 4 \times 3 \times 2 \times 1}{5 \times 4 \times 3 \times 2 \times 1} = 462$$

Resposta: Correto.

---

56. (FGV/Prefeitura de Salvador-BA/2017) Três casais vão ocupar seis cadeiras consecutivas de uma fila do cinema, e os casais não querem sentar separados.

Assinale a opção que indica o número de maneiras diferentes em que esses três casais podem ocupar as seis cadeiras.

a) 6.
b) 12.
c) 24.
d) 36.
e) 48.

COMENTÁRIO

Pelo Princípio Fundamental da Contagem (PFC) vamos resolver esta questão.

Vamos considerar as seis cadeiras: __/__ / __ / __ / __ / __

Da esquerda para direita iremos preencher os lugares pronunciando o termo "possibilidades".

Temos 6 lugares, e 3 casais, ou seja, na primeira cadeira pode sentar qualquer uma das 6 pessoas, no entanto a segunda cadeira ficará vinculada ao respectivo companheiro (a) da pessoa que sentou na primeira cadeira. Sendo assim temos para a primeira posição 6 possibilidades e na segunda 1 possibilidade:

_6_/_1_ / __ / __ / __ / __

Para a terceira cadeira temos 4 possibilidades, pois ainda existem 4 pessoas para se sentarem, e temos que lembrar novamente que a quarta cadeira ficará vinculada ao respectivo companheiro (a) da pessoa que sentou na terceira cadeira. Logo:

_6_/_1_ / _4_ / _1_ / __ / __

Por fim restou apenas um casal, teremos então duas possibilidades para a quinta cadeira e consequentemente o respectivo companheiro (a) na última cadeira. Logo:

_6_/_1_ / _4_ / _1_ / _2_ / _1_

Pelo Princípio Multiplicativo e sabendo que a ordem dos elementos altera a natureza, iremos apenas multiplicar as possibilidades:

6x1x4x1x2x1 = 4/8

Resposta: E.

---

57. (FGV/Prefeitura de Salvador-BA/2017) Cinco pessoas de diferentes alturas devem ocupar as cinco cadeiras abaixo para uma fotografia.

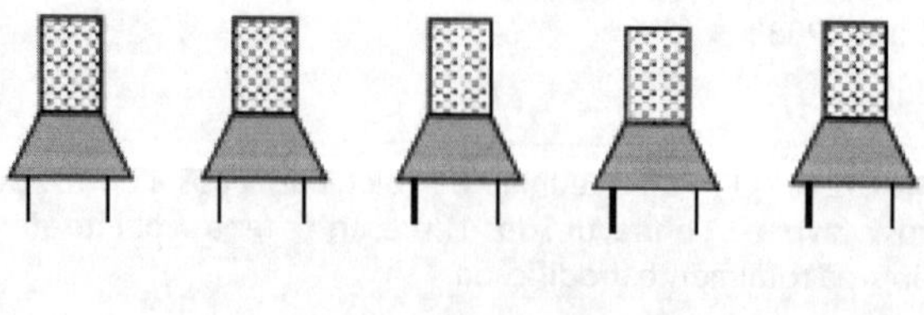

O fotógrafo pediu que nem o mais baixo nem o mais alto ocupassem as cadeiras das extremidades.

Respeitando essa condição, o número de maneiras como as pessoas podem se posicionar para a fotografia é

a) 12.
b) 18.
c) 24.
d) 36.
e) 72.

COMENTÁRIO

Pelo Princípio Fundamental da Contagem (PFC) vamos resolver esta questão.

Vamos considerar as seis cadeiras: __/__ / __ / __ / __

O enunciado diz na primeira e na quinta cadeira (as extremidades) não podem sentar nem a pessoa mais baixa, nem a mais alta. Então, na 1.ª cadeira só podemos ter três possibilidades e para a 5ª cadeira 2 possibilidades.

_3_/__ / __ / __ / _2_

Por fim iremos preencher as demais posições com as possibilidades das três pessoas que sobraram, pois foram usadas duas pessoas (duas possibilidades). Para a segunda cadeira, temos 3 possibilidades, três pessoas, na terceira cadeira, duas possibilidades e 1 possibilidade para a quarta cadeira.

_3_/_3_ / _2_ / _1_ / _2_

Pelo Princípio Multiplicativo temos:

3 x 3 x 2 x 1 x 2 = 36

Resposta: D.

---

58. (FGV/Prefeitura de Salvador-BA/2017) Amélia, Bruno, Carla e Diego desejam sentar-se em quatro cadeiras consecutivas em uma fila do cinema. Entretanto, Carla se recusa a sentar ao lado de Amélia ou de Bruno.

Nessas condições, o número de maneiras de os quatro se sentarem nas quatro cadeiras é

a) 6.
b) 4.
c) 3.
d) 2.
e) 1.

COMENTÁRIO

Pelo Princípio Fundamental da Contagem (PFC) vamos resolver esta questão.

Amélia (A)

Bruno (B)

Carla (C)

Diego (D)

A		B		D		C	
2	X	2	X	1	X	1	= 4

Analisando as possibilidades para cada um deles teremos:

Carla: 1 Possibilidade (Ao lado de Diego)

Davi: 1 Possibilidade (Se mudar de lugar Carla sentará ao lado de Bruno ou Amélia)

Amélia: 2 Possibilidades

Bruno: 2 Possibilidades

Resposta: B.

59. (IBFC/EMBASA/Técnico Operacional/2017) O total de números de 3 algarismos, que começa com um número par e termina com um número ímpar, com repetição, que podem ser formados com os algarismos 2,3,5,7 e 8 é igual a:

a) 30

b) 24

c) 36

d) 48

COMENTÁRIO

✪ **Nota do autor:** é importante ressaltar que muitas questões de análise combinatória se tornam mais prática e rápida quando aplicamos os Princípios de Contagem, isto é, Princípio Aditivo (ou) e Princípio Multiplicativo (e). Observar as DICAS no final do capítulo para melhor interpretação das questões.

Vamos resolver mais uma questão pelo Princípio Fundamental da Contagem (PFC):

Os números são formados por 3 algarismos, que começa com um número par e termina com um número ímpar, com repetição, que podem ser formados com os algarismos 2,3,5,7 e 8, logo teremos:

$$\underline{\quad 2 \quad} \times \underline{\quad 5 \quad} \times \underline{\quad 3 \quad} = \mathbf{30}$$

Nessa posição, temos apenas 2 possibilidades, os números 2 e 8.

Nessa posição, temos 5 possibilidades, uma vez que os algarismos podem ser repetidos.

Após preenchemos a primeira posição, temos 3, 5 e 7 possibilidades.

Resposta: A.

---

60. (FUNCAB/PC-PA/Investigador de Polícia Civil/2016) Durante uma operação policial, 15 homens foram detidos e transportados para a delegacia em três transportes, o primeiro com seis lugares, o segundo com cinco lugares e o terceiro com quatro lugares. O número de maneiras, que os detidos podem ser transportados para delegacia, é:

a) $C_{15,6} . C_{15,5} . C_{15.4}$

b) $P_6 . P_5 . P_4$

c) $A_{15.6} . A_{15.5} . A_{15,4}$

d) $(P_{15}) : (P_6 + P_5 + P_4)$

e) $C_{15,6} . C_{9,5} . C_{4,4}$

COMENTÁRIO

Nessa questão temos uma combinação, pois a ordem dos elementos não altera a natureza. Podemos aplicar o seguinte raciocínio:

$C_{15,6} . C_{9,5} . C_{4,4,}$

Pelas opções podemos inferir que a banca exigiu do candidato a aplicação da fórmula.

Resposta: E.

---

61. (CESPE/MPENAP/2015) Se, entre onze servidores previamente selecionados, forem escolhidos: sete para compor determinada divisão, um para chefiar essa divisão, um para a chefia da coordenação correspondente, um para a diretoria e um para a secretaria, haverá menos de 8.000 maneiras distintas de se fazer essas escolhas.

COMENTÁRIO

Temos uma questão de Combinação:

Pelo princípio multiplicativo temos:

$$\frac{11}{7}\times\frac{10}{6}\times\frac{9}{5}\times\frac{8}{4}\times\frac{7}{3}\times\frac{6}{2}\times\frac{5}{1}\times\frac{4}{1}\times\frac{3}{1}\times\frac{2}{1}\times\frac{1}{1}=7.920$$

Pela fórmula temos: $C_{11,7} \cdot C_{4,1} \cdot C_{3,1} \cdot C_{2,1} \cdot C_{1,1}$

Resposta: Correto.

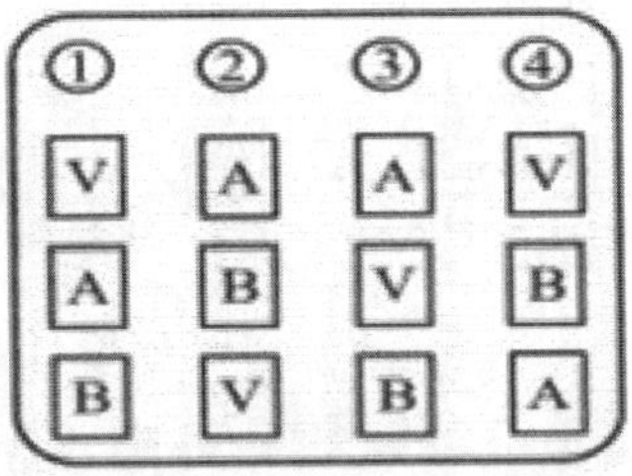

Um jogo é constituído de um tabuleiro com 4 filas (colunas) numeradas de 1 a 4 da esquerda para a direita e de 12 pedras – 4 de cada cor amarela [A], 4 de cor verde [V] e 4 de cor branca [B]. Essas 12 pedras devem ser distribuídas nesse tabuleiro de modo que cada fila contenha exatamente três pedras, todas de cores diferentes. Uma jogada será considerada válida se as 12 pedras estiverem distribuídas de acordo com essas regras.

A figura acima apresentada uma possível jogada válida.

A partir dessas informações, julgue os itens seguintes considerando que, em cada fila, a ordem das pedras é definida de cima para baixo.

---

62. (CESPE/MEC TEMPORÁRIO/2015) O número de maneiras distintas de se obter uma jogada válida em que as primeiras pedras de 2 filas sejam amarelas é inferior a 700.

COMENTÁRIO

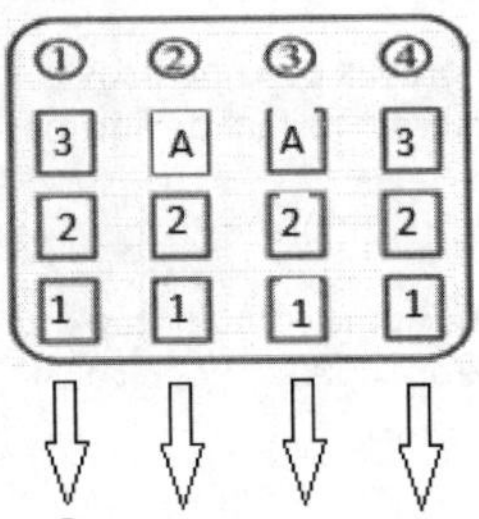

6 X 2 X 2 X 6 = 144 X 6 (MANEIRAS COLOAREM AS PEDRAS BRANCAS NA PRIMEIRA FILAS.

= 864

Os valores que estão nos quadradinhos significam as possiblidades de fichas para aquele local.

Resposta: Errado.

---

63. (CESPE/MEC TEMPORÁRIO/2015) O número de maneiras distintas de se obter uma jogada válida é superior a 1.200.

COMENTÁRIO

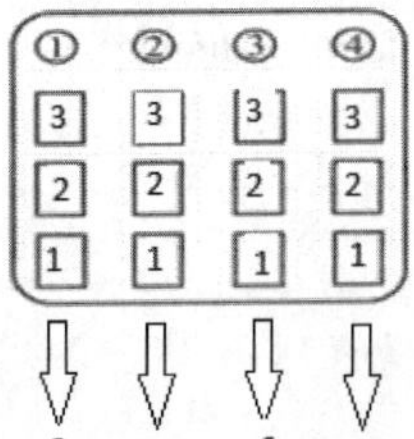

6 X 6 X 6 X 6 = 1296

Resposta: Correto.

64. (CESPE/MEC TEMPORÁRIO/2015) O número de maneiras distintas de se obter uma jogada válida em que as primeiras pedras de cada fila sejam sempre verdes é inferior a 20.

COMENTÁRIO

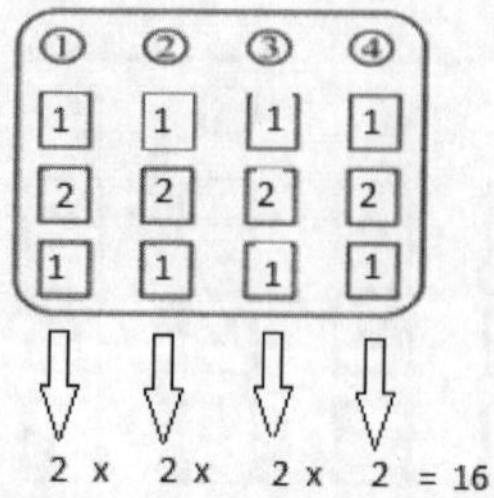

Resposta: Correto.

65. (FGV/SSP-AM/ASSISTENTE OPERACIONAL/2015) Sete pessoas formam uma fila e duas delas serão escolhidas para receber um brinde. O número de maneiras diferentes de escolher duas pessoas da fila que não sejam vizinhas é:

a) 15;

b) 18;

c) 20;

d) 24;

e) 30.

COMENTÁRIO

✪ **Nota do autor:** Questões com Combinações são frequentes em provas de concursos com raciocínio lógico, desta forma é importante que o candidato saiba diferenciar as diversas formar de agrupar elementos. Isto é, se a ordem dos elementos altera ou não altera a natureza.

Considerando que as sete pessoas sejam: {A, B, C, D, E, F, G}

Iremos calcular o total de escolhas possíveis (pares de pessoas): teremos uma combinação de 7 tomados 2 a 2, uma vez que a ordem dos elementos não altera a natureza, conforme as DICAS:

Total: $C_{7,2} = \dfrac{7!}{(7-2)!.2!} = 21 \quad C_{n,p} = \dfrac{n!}{(n-p)!p!}$

Iremos calcular a quantidade de escolhas de duas pessoas juntas, o que não serve:

A B C D E F G = podemos ter os pares: {A, B}, {B, C}, {C, D}, {D, E}, {E, F}, {F, G}.

Logo pela exclusão teremos: 21 – 6 = 15 maneiras diferentes de escolher duas pessoas da fila que não sejam vizinhas.

Resposta: A.

66. (IADES/ELETROBRAS-PI/TÉCNICO/2015). Determinada agência de publicidade vai fazer fotos de três modelos juntas. A da direita deve ser ruiva, a do meio morena e a da esquerda loira. Essa agência dispõe de 3 modelos ruivas, 5 morenas e 4 loiras, e todas participarão das fotos. Com base nisso, ao clicar uma vez em cada conjunto de três modelos assim formado, quantas fotos diferentes poderão ser feitas?

a) 12!

b) 3!5!4!

c) 60

d) 36

e) 24

COMENTÁRIO

✪ **Nota do autor:** é importante ressaltar que muitas questões de análise combinatória se tornam mais prática e rápida quando aplicamos os Princípios de Contagem, isto é, Princípio Aditivo (ou) e Princípio Multiplicativo(e).

Pelo princípio Multiplicativo temos o seguinte:

Possibilidades de ruivas: 3

Possibilidades de Morenas: 5

Possibilidades de Loiras: 4

De acordo com as DICAS podemos inferir que a ordem dos elementos altera a natureza, uma vez que se ditou a ordem das modelos.

Sendo assim temos o seguinte:

____3___ x ___5____ x ____4____ = 60,

Loira morena ruiva

Para Loiras temos 3 possibilidades, para morenas temos 5 possibilidades e para ruivas temos 4 possibilidades, pelo princípio multiplicativo, onde multiplicamos as possibilidades teremos ao clicar 60 fotos diferentes.

Resposta: C.

---

67. (FUNIVERSA/PCDF/PAPILOSCOPISTA/2015) Entre 15 papiloscopistas da Polícia Civil do Distrito Federal (PCDF) previamente selecionados, 8 homens e 7 mulheres, serão escolhidos 5, 3 homens e 2 mulheres, para proceder a estudo visando ao aprimoramento do sistema de identificação de pessoas. Nesse caso, a quantidade de maneiras distintas de se escolher esses 5 papiloscopistas é

a) inferior a 800.

b) superior a 800 e inferior a 1.000.

c) superior a 1.000 e inferior a 1.200.

d) superior a 1.200 e inferior a 1.400.

e) superior a 1.400.

COMENTÁRIO

Temos uma questão de Combinação, uma vez que se trata de formação de "equipes", ou seja, a maneira "ordem" de se escolher os policiais não altera a escolha. Logo teremos:

$$C_{n,p} = \frac{n!}{(n-p)!p!}$$

$$C_{8,3.}C_{7,2}$$

$$\frac{8!}{(8-3)!.3!} \times \frac{7!}{(7-2)!2!} = 1176$$

Resposta: C.

---

68. (FGV/DPE-RO/TÉCNICO EM INFORMÁTICA/2015). Considere todas as placas de veículos desde NCD-4000 até NCD-9999. O número de placas que possuem os dígitos todos diferentes é:

a) 2.520;

b) 3.024;

c) 3.528;

d) 3.786;

e) 4.032.

COMENTÁRIO

Temos uma questão em que a ordem dos elementos altera a natureza, de acordo com as DICAS.

Para a parte numérica temos o seguinte:

$\underline{6} \times \underline{9} \times \underline{8} \times \underline{7} = \mathbf{3024}$.

Nessa posição, temos apenas 6 possibilidades de 4 a 9.

Após preenchemos a primeira posição, temos 9, 8 e 7 possibilidades respectivamente, uma vez que não se repetem dígitos.

Considerando que, em um planejamento de ações de auditoria, a direção de um órgão de controle tenha mapeado a existência de 30 programas de governo passíveis de análise, e sabendo que esse órgão dispõe de 15 servidores para a montagem das equipes de análise e que cada equipe deverá ser composta por um coordenador, um relator e um técnico, julgue os próximos itens.

---

69. (CESPE/TCDF/TÉCNICO DE ADMINISTRAÇÃO PÚBLICA/2014) A quantidade de maneiras distintas de serem escolhidos 3 dos referidos servidores para a montagem de uma equipe de análise é superior a 2.500.

COMENTÁRIO

✪ **Nota do autor:** É importante ressaltar que muitas questões de análise combinatória se tornam mais prática e rápida quando aplicamos os Princípios de Contagem, isto é, Princípio Aditivo e Princípio Multiplicativo.

Observar as DICAS no final do capítulo para melhor interpretação das questões.

Nesse item temos que cada equipe deverá ser composta por um coordenador, um relator e um técnico, ou seja, a ordem de escolha é importante devido ao cargo. Logo teremos o seguinte:

$\underline{15} \times \underline{14} \times \underline{13} = \mathbf{2730}$

Nessas posições temos 15 possibilidades para o primeiro servidor, 14 possibilidades para o segundo e 13 possibilidades para o terceiro servidor. Não há divisões, pois, a ordem altera a natureza.

Resposta: Correto.

---

70. (CESPE/TCDF/TÉCNICO DE ADMINISTRAÇÃO PÚBLICA/2014). Considerando-se que cada servidor do órgão possa participar de somente uma equipe de análise e que cada equipe não possa analisar mais que um programa de governo ao mesmo tempo, é correto afirmar que a capacidade operacional do órgão está limitada ao acompanhamento simultâneo de cinco programas de governo.

COMENTÁRIO

Temos 15 programas de governo:

1 programa
2 programa
3 programa
→ EQUIPE 01

4 programas
5 programas
6 programas
→ EQUIPE 02

7 programas
8 programas
9 programas
→ EQUIPE 03

10 programas
11 programas
12 programas
→ EQUIPE 04

13 programa
14 programas } EQUIPE 05
15 programa

Desta forma é correto afirmar que a capacidade operacional do órgão está limitada ao acompanhamento simultâneo de cinco programas de governo, cada programa por uma única equipe.

Resposta: Correto.

---

71. (CESPE/TCDF/TÉCNICO DE ADMINISTRAÇÃO PÚBLICA/2014) A quantidade de maneiras distintas de se escolherem 3 desses programas para serem acompanhados pelo órgão é inferior a 4.000.

COMENTÁRIO

✪ **Nota do autor:** É importante ressaltar que muitas questões de análise combinatória se tornam mais prática e rápida quando aplicamos os Princípios de Contagem, isto é, Princípio Aditivo e Princípio Multiplicativo.

Neste item temos que a ordem da escolha dos programas de governo não altera a natureza, conforme DICA

Vejamos:

$$\frac{30}{3} \times \frac{29}{2} \times \frac{28}{1} = \mathbf{4.060}$$

Nessas posições temos 30 possibilidades para o primeiro programa, 29 possibilidades para o segundo e 28 possibilidades para o terceiro programa. Há divisões, pois, a ordem não altera a natureza.

Observar as DICAS no final do capítulo para melhor interpretação das questões.

Resposta: Errado.

De um grupo de seis servidores de uma organização, três serão designados para o conselho de ética como membros titulares, e os outros três serão os seus respectivos suplentes. Em caso de falta do membro titular no conselho, somente poderá assumir seu lugar o respectivo suplente.

Com base na situação hipotética acima, julgue os próximos itens.

---

72. (CESPE/TCDF/ANALISTA DE ADMINISTRAÇÃO PÚBLICA/2014) Tão logo os membros titulares sejam escolhidos, haverá mais de dez maneiras de serem escolhidos os suplentes.

COMENTÁRIO

Para a escolha dos suplementes é interessante perceber que a ordem importa, uma vez que na falta do membro titular no conselho, somente poderá assumir seu lugar o respectivo suplente.

$$\underline{3} \times \underline{2} \times \underline{1} = \mathbf{6}$$

Nessas posições temos 3 possibilidades para o primeiro suplemente, 2 possibilidades para o segundo e 1 possibilidade para o terceiro suplemente. Não há divisões pois a ordem altera a natureza.

Resposta: Errado.

---

73. (CESPE/TCDF/ANALISTA DE ADMINISTRAÇÃO PÚBLICA/2014) O número de maneiras de serem selecionados os três membros titulares e seus respectivos suplentes é superior a 100.

$\underline{\ 6\ } \times \underline{\ 5\ } \times \underline{\ 4\ } = \mathbf{20}$ **e (x)** $\underline{3} \times \underline{\ 2\ } \times \underline{\ 1\ } = \mathbf{6}$

3 2 1

Nessas posições temos 6 possibilidades para o primeiro suplemente, 5 possibilidades para o segundo e 4 possibilidades para o terceiro suplemente. Há divisões pois a ordem não altera a natureza.

Nessas posições temos 3 possibilidades para o primeiro suplemente, 2 possibilidades para o segundo e 1 possibilidade para o terceiro suplemente. Não há divisões pois a ordem altera a natureza.

Iremos multiplicar os resultados: 20 x 6 = 120 maneiras de serem selecionados.

Resposta: Certo.

---

74. (IADES/MIN. DA INTEGRAÇÃO NACIONAL SUPERIN. DO DESENV. DA AMAZÔNIA/ENGENHEIRO/2013) Deseja-se estudar áreas em formato de quadriláteros para instalação de pequenas indústrias. As áreas ficam entre um rio, representado aproximadamente pela reta r, e uma estrada, representada aproximadamente pela reta s, como na figura abaixo. Quantos quadriláteros são formados utilizando-se dois pontos de 4 marcados à margem do rio e dois pontos de 5 marcados à margem da estrada?

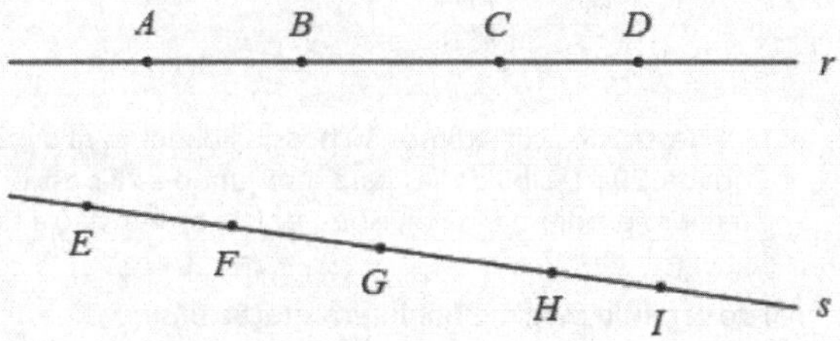

a) 16.
b) 20.
c) 25.
d) 50.
e) 60.

COMENTÁRIO

Temos uma questão de combinação, uma vez que se trata de figuras geométricas em que a ordem dos elementos não altera a natureza.

Assim temos: $C_{n,p} = \dfrac{n!}{(n-p)!p!}$

$$C_{4,2.}C_{5,2}$$

$$\frac{4!}{(4-2)!.2!} \times \frac{5!}{(5-2)!2!} = 60$$

Resposta: E.

O colegiado do Supremo Tribunal Federal (STF) é composto por 11 ministros, responsáveis por decisões que repercutem em toda a sociedade brasileira. No julgamento de determinados processos, os ministros votam pela absolvição ou pela condenação dos réus de forma independente uns dos outros. A partir dessas informações e considerando que, em determinado julgamento, a probabilidade de qualquer um dos ministros decidir pela condenação ou pela absolvição do réu seja a mesma, julgue o item seguinte.

Uma unidade policial, com 12 agentes, vai preparar equipes de educação para o trânsito para, no período carnavalesco, conscientizar motoristas de que atitudes imprudentes como desrespeito à sinalização, excesso de velocidade, ultrapassagens indevidas e a condução de veículo por indivíduo alcoolizado têm um potencial ofensivo tão perigoso quanto o de uma arma de fogo. Com base nessas informações, julgue o item.

75. (CESPE/PRF/Agente/2012) Existem $12!/(3!)^4$ maneiras de se montar quatro equipes, cada uma delas com 3 agentes.

COMENTÁRIO

A questão trata de uma combinação em que teremos:

$$\frac{12.11.10}{(3.2.1)}\ \frac{9.8.7}{(3.2.1)}\ \frac{6.5.4}{(3.2.1)}\ \frac{3.2.1}{(3.2.1)} = 12!\,/\,(3!)^4$$

Isto é, quatro equipes com 3 agentes, em que teremos pelo Princípio Multiplicativo as possibilidades multiplicadas no numerador e, como se trata de uma combinação, dividimos por fatorial 3 no denominador para retirar as equipes repetidas.

Pela fórmula podemos ter:

$$C_{12,3}\,.\,C_{9,3.}\,C_{6,3}\,C_{3,3.}$$

Resposta: C.

Uma unidade policial, com 12 agentes, vai preparar equipes de educação para o trânsito para, no período carnavalesco, conscientizar motoristas de que atitudes imprudentes como desrespeito à sinalização, excesso de velocidade, ultrapassagens indevidas e a condução de veículo por indivíduo alcoolizado têm um potencial ofensivo tão perigoso quanto o de uma arma de fogo. Com base nessas informações, julgue o item.

76. (CESPE/PRF/Agente/2012) Se cada equipe for formada por 3 agentes, então, a partir dos 12 agentes da unidade, a quantidade de maneiras diferentes de se formar essas equipes será superior a 200.

COMENTÁRIO

A questão trata de uma combinação em que teremos $\frac{12.11.10}{(3.2.1)} = 220$, isto é, uma equipe com 3 agentes em que teremos pelo Princípio Multiplicativo as possibilidades multiplicadas no numerador e, como se trata de combinação, dividimos por fatorial 3 no denominador para retirar as equipes repetidas.

Pela fórmula podemos ter: $C_{12,3}$

Resposta: C.

77. (ESAF/MINISTÉRIO DA FAZENDA/2012) O número de centenas ímpares e maiores do que trezentos, com algarismos distintos, formadas pelos algarismos 1, 2, 3, 4 e 6, é igual a

a) 15.

b) 9.

c) 18.

d) 6.

e) 12.

COMENTÁRIO

Trata-se de uma questão em que a ordem dos elementos altera a natureza, pois se trata de formação de números.

Temos as seguintes restrições:

- São centenas: possuem três algarismos;

- Maiores que trezentos: o primeiro algarismo deve ser maior ou igual a 3;

- Centenas ímpares: os números devem terminar com algarismos ímpares.

Desta forma iremos calcular da seguinte maneira:

Ímpares que terminam com o algarismo 1: $\underline{3} \times \underline{3} \times \underline{1} = \mathbf{9}$

3, 4, 6	1

Maior que 300 e algarismos distintos.
OU(+)
Ímpares que terminam com o algarismo 3: $\underline{2} \times \underline{3} \times \underline{1} = \mathbf{6}$

4, 6 | 3

Desta forma devemos somar os resultados: 9+ 6 = 15 centenas ímpares e maiores do que trezentos, com algarismos distintos, formadas pelos algarismos 1, 2, 3, 4 e 6.

Resposta: A.

---

78. (ESAF/Ministério da Fazenda/2012) Dos aprovados em um concurso público, os seis primeiros foram Ana, Bianca, Carlos, Danilo, Emerson e Fabiano. Esses seis aprovados serão alocados nas salas numeradas de 1 a 6, sendo um em cada sala e obedecendo a determinação de que na sala 1 será alocado um homem. Então, o número de possibilidades distintas de alocação desses seis aprovados é igual a

a) 720.
b) 480.
c) 610.
d) 360.
e) 540.

COMENTÁRIO

Trata-se de uma questão em que a ordem dos elementos altera a natureza, pois se trata de formação de filas.

$$\underline{4} \times \underline{5} \times \underline{4} \times \underline{3} \times \underline{2} \times \underline{1} = 480$$

Na sala 01 temos 4 possibilidades: Carlos, Danilo, Emerson e Fabiano.

Sobraram 5 possibilidades.

Resposta: B.

---

79. (ESAF/MINISTÉRIO DA FAZENDA/2012) Uma reunião no Ministério da Fazenda será composta por seis pessoas, a Presidenta, o Vice-Presidente e quatro Ministros. De quantas formas distintas essas seis pessoas podem se sentar em torno de uma mesa redonda, de modo que a Presidenta e o Vice-Presidente fiquem juntos?

a) 96
b) 360
c) 120
d) 48
e) 24

COMENTÁRIO

Temos uma permutação circular em que podemos aplicar a seguinte relação: $P_c = (n-1)!$

Na questão temos que considerar que a Presidenta e o Vice-Presidente fiquem sempre juntos, ou seja, consideraremos como um só elemento.

Desta forma consideramos que as 06 pessoas são 5 elementos devido a Presidenta e o Vice-Presidente ficarem sempre juntos.

P6 = (5–1)! = 4! = 4 × 3 × 2 × 1 = 24. Demos multiplicar por dois devido a ordem entre a Presidenta e o Vice-Presidente.

Logo teremos 24 x 2 = 48.

Resposta: D.

Dez policiais federais – dois delegados, dois peritos, dois escrivães e quatro agentes – foram designados para cumprir mandado de busca e apreensão em duas localidades próximas à superintendência regional. O grupo será dividido em duas equipes. Para tanto, exige-se que cada uma seja composta, necessariamente, por um delegado, um perito, um escrivão e dois agentes.

Considerando essa situação hipotética, julgue os itens que se seguem.

---

80. (POLÍCIA FEDERAL/2012) Se todos os policiais em questão estiverem habilitados a dirigir, então, formadas as equipes, a quantidade de maneiras distintas de se organizar uma equipe dentro de um veículo com cinco lugares – motorista e mais quatro passageiros – será superior a 100.

COMENTÁRIO

São cinco posições pelo Princípio Multiplicativo temos:

_______x________x________x________x_______.

Para cada posição acima temos o seguinte:

__5__x__4___x__3___x__2___x__1___. = 120 Possibilidades

Podemos também concluir que se trata de uma permutação de 5 pessoas, isto é, $P_5 = 5!$

Resposta: C.

---

81. (POLÍCIA FEDERAL/2012) Há mais de 50 maneiras diferentes de compor as referidas equipes.

COMENTÁRIO

Se as equipes devem ser formadas por um delegado, um perito, um escrivão e dos agentes, temos que realizar uma combinação:

$$C_{2,1} \cdot C_{2,1} \cdot C_{2,1} \cdot C_{4,2} = 48$$

Resposta: E.

De acordo com o jornal espanhol *El País*, em 2009 o contrabando de armas disparou nos países da América Latina, tendo crescido 16% nos últimos 12 anos. O crime é apontado como o principal problema desses países, provocando uma grande quantidade de mortes. O índice de homicídios por 100.000 habitantes na América Latina é alarmante, sendo, por exemplo, 28 no Brasil, 45 em El Salvador, 65 na Colômbia, 50 na Guatemala.

Internet: <www.notícias.uol.com.br>.

Tendo como referência as informações apresentadas no texto acima, julgue o item que se segue.

---

82. (CESPE/POLÍCIA FEDERAL/AGENTE/2009) Se uma organização criminosa escolher 6 das 17 cidades citadas no texto, com exceção daquelas da fronteira do MS com o Paraguai, para a entrada ilegal de armas no Brasil, então essa organização terá mais de 500 maneiras diferentes de fazer essa escolha.

COMENTÁRIO

No item acima, temos que uma organização criminosa escolhe seis das dezessete cidades, ou seja, temos onze possibilidades para agrupar as seis cidades.

Pelo princípio multiplicativo: 462.

Trata-se de uma questão de combinação, logo podemos utilizar a fórmula:

$$C_{n,p} = \frac{n!}{(n-p)!p!}$$

$$C_{11,6} = \frac{11!}{(11-6)!6!}$$

É comum não utilizar todos os elementos para a construção de novos grupos, uma vez que, se todos forem utilizados, obteremos apenas um grupo.

"A ordem dos elementos não altera a natureza"

Resposta: E.

83. (ESAF/MPOG/ANALISTA/2009) Beatriz é fisioterapeuta e iniciou em sua clínica um programa de reabilitação para 10 pacientes. Para obter melhores resultados neste programa, Beatriz precisa distribuir esses 10 pacientes em três salas diferentes, de modo que na sala 1 fiquem 4 pacientes, na sala 2 fiquem 3 pacientes e na sala 3 fiquem, também, 3 pacientes. Assim, o número de diferentes maneiras que Beatriz pode distribuir seus pacientes, nas três diferentes salas, é igual a:

a) 2.440
b) 5.600
c) 4.200
d) 24.000
e) 42.000

COMENTÁRIO

✪ **Nota do autor:**

Nas questões com termos referentes a equipes, times, diretorias, grupos, comissões, turmas etc., enfim, termos que indicam ideia de conjunto terão grupos nos quais a ordem não importa, ou seja, se a ordem for modificada, não teremos um novo agrupamento. É comum não utilizar todos os elementos para construção de novos grupos, uma vez que, se todos forem utilizados, obteremos apenas um grupo ("A Ordem dos Elementos não Altera a Natureza").

Formamos agrupamentos com **p** elementos (p<m), de forma que os **p** elementos sejam distintos entre si apenas pela espécie.

Combinação simples: não ocorre a repetição de qualquer elemento em cada grupo de **p** elementos.

$$Cm,p = \frac{m!}{(m-p)!p!}$$

Na questão em lide, a ordem dos elementos em cada sala não altera a natureza:

$$C_{10,4} \times C_{6,3} \times C_{3,3}$$

$$\frac{10!}{(10-4)!4!} \times \frac{6!}{(6-3)!3!} \times \frac{3!}{(3-3)!3!} = 4200$$

Resposta: C.

Considerando que, em um torneio de basquete, as 11 equipes inscritas serão divididas nos grupos A e B, e que, para formar o grupo A, serão sorteadas 5 equipes, julgue os itens que se seguem.

84. (CESPE/POLÍCIA FEDERAL/AGENTE/2009) A quantidade de maneiras distintas de se escolher as 5 equipes que formarão o grupo A será inferior a 400.

COMENTÁRIO

Formamos agrupamentos com **p** elementos (p<m), de forma que os **p** elementos sejam distintos entre si apenas pela espécie.

Combinação simples: não ocorre a repetição de qualquer elemento em cada grupo de **p** elementos.

$$Cm,p = \frac{m!}{(m-p)!p!}$$

Atenção!

Nas questões com termos referentes a equipes, times, diretorias, grupos, comissões, turmas etc., enfim, termos que indicam ideia de conjunto, teremos grupos nos quais a ordem não importa, ou seja, se a ordem for modificada, não teremos um novo agrupamento. É comum não utilizar todos os elementos para construção de novos grupos, uma vez que, se todos forem utilizados, obteremos apenas um grupo ("A Ordem dos Elementos não Altera a Natureza").

Respondendo pela fórmula, temos:

$$C_{11,5}$$

$$\frac{11!}{(11-5)!5!} = 462$$

Resposta: E.

---

85. (CESPE/POLÍCIA FEDERAL/AGENTE/2009) Teófilo foi a um caixa eletrônico retirar algum dinheiro e, no instante em que foi digitar a sua senha, não conseguiu lembrar de todos os quatro algarismos que a compunham. Ocorreu-lhe, então, que sua senha não tinha algarismos repetidos, era um número par e o algarismo inicial era 8.

Quantas senhas poderiam ser obtidas a partir do que Teófilo lembrou?

a) 224.

b) 210.

c) 168.

d) 144.

e) 96.

COMENTÁRIO

Trata-se de uma questão em que a ordem dos elementos importa, ou seja, a cada nova ordem, temos um novo agrupamento, logo a "ordem" altera a "natureza". Nesta questão, temos algumas restrições, pelas quais iremos iniciar.

A senha a ser digitada possui 4 algarismos, logo teremos 4 posições:

______ × ______ × ______ × ______ =

Nessas 4 posições, temos: algarismos distintos; o número formado é par (a restrição é na última posição, pois um número par é aquele que termina em {0, 2, 4, 6, 8}) e a senha começa com o número 8, ou seja, uma possibilidade.

$$\underline{1} \times \underline{8} \times \underline{7} \times \underline{4} = 224.$$

Nessa posição, temos apenas 1 (uma) possibilidade que é o número 8.

Após preenchemos as posições que se tratam das restrições, vamos colocar as possibilidades sabendo que os algarismos não se repetem.

Nessa posição, temos 4 possibilidades, uma vez que o número 8 já foi utilizado na primeira posição.

Resposta: A.

---

86. (CESGRANRIO/CAIXA ECONÔMICA FEDERAL/2008) Em uma urna há 5 bolas verdes, numeradas de 1 a 5, e 6 bolas brancas, numeradas de 1 a 6. Dessa urna retiram-se, sucessivamente e sem reposição, duas bolas. Quantas são as extrações nas quais a primeira bola sacada é verde e a segunda contém um número par?

a) 15.

b) 20.

c) 23.

d) 25.

e) 27.

COMENTÁRIO

✪ **Nota do autor:** É importante ressaltar que muitas questões de análise combinatória se tornam mais prática e rápida quando aplicamos os Princípios de Contagem, isto é, Princípio Aditivo e Princípio Multiplicativo.

Observar as DICAS no final do capítulo para melhor interpretação das questões.

Trata-se de uma questão em que a ordem dos elementos altera a natureza:

Temos as seguintes restrições:

A primeira bola sacada é verde e a segunda contém um número par.

Desta forma iremos calcular da seguinte maneira:

A primeira bola sendo verde ímpar: $\underline{\;3\;} \times \underline{\;5\;} = 15$

3 possibilidades — Pares

OU (+)

A segunda bola sendo verde par: $\underline{\;2\;} \times \underline{\;4\;} = 8$

2 possibilidades — Pares

Desta forma devemos somar os resultados: 8+ 15 = 23 extrações nas quais a primeira bola sacada é verde e a segunda contém um número par.

Resposta: C.

---

87. (CESPE/BANCO DO BRASIL/ESCRITURÁRIO/2007) Uma mesa circular tem seus 6 lugares que serão ocupados pelos 6 participantes de uma reunião. Nessa situação, o número de formas diferentes para se ocupar esses lugares com os participantes da reunião é superior a 10^2.

COMENTÁRIO

Nesta questão, temos uma permutação circular: A fórmula é dada por: $P_c = (n - 1)!$

$P6 = (6-1)! = 5! = 5 \times 4 \times 3 \times 2 \times 1 = 120$

Resposta: C.

---

88. (CESPE/TSE/TÉCNICO JUDICIÁRIO/2007) Para aumentar a segurança no interior do prédio do TSE, foram distribuídas senhas para todos os funcionários, que deverão ser digitadas na portaria para se obter acesso ao prédio. As senhas são compostas por uma sequência de 3 letras (retiradas do alfabeto com 26 letras), seguida de uma sequência de 3 algarismos (escolhidos entre 0 e 9). O número de senhas distintas que podem ser formadas sem que seja admitida a repetição de letras, mas admitindo-se a repetição de algarismos, é igual a:

a) $26^3 \times 10^3$.

b) 26 x 25 x 24 x 10 x 9 x 8.

c) $26 \times 25 \times 24 \times 10^3$.

d) $26^3 \times 10 \times 9 \times 8$.

COMENTÁRIO

Trata-se de uma questão em que a ordem dos elementos importa, ou seja, a cada nova ordem, temos um novo agrupamento, logo a "ordem" altera a "natureza". Nesta questão, temos algumas restrições, pelas quais iremos iniciar.

As senhas são compostas por uma sequência de 3 letras (retiradas do alfabeto com 26 letras), seguida de uma sequência de 3 algarismos (escolhidos entre 0 e 9).

Os códigos possuem 6 posições, 3 letras (26 possibilidades) e 3 algarismos (10 possibilidades):

____ ____ ____ e(x) ____ ____ ____

Número de senhas distintas que podem ser formadas sem que seja admitida a repetição de letras, mas admitindo-se a repetição de algarismos.

Quanto as três primeiras posições, temos: $\underline{26} \times \underline{25} \times \underline{24}$.

Nestas 3 posições, temos: 26 possibilidades na primeira, 25 possibilidades na segunda, uma vez que uma já foi utilizada, e, por último, 24 possibilidades.

Quanto aos três últimos algarismos, temos: $\underline{10} \times \underline{10} \times \underline{10}$.

Nestas 3 posições, temos: 10 possibilidades na primeira, 10 possibilidades na segunda e, por último, 10 possibilidades. O número que foi utilizado pode ser utilizado novamente, logo, temos as mesmas possibilidades para as 3 posições.

Concluindo: os códigos possuem 6 posições – 3 letras (26 possibilidades) e 3 algarismos (10 possibilidades):

$\underline{26} \times \underline{25} \times \underline{24}$ e(x) $\underline{10} \times \underline{10} \times \underline{10} = 26 \times 25 \times 24 \times 10^3$.

Resposta: C.

---

89. (ESAF/ANEEL/Técnico Administrativo/2006). Em um campeonato de tênis participam 30 duplas, com a mesma probabilidade de vencer. O número de diferentes maneiras para a classificação dos 3 primeiros lugares é igual a:

a) 24.360.

b) 25.240.

c) 24.460.

d) 4.060.

e) 4.650.

COMENTÁRIO

Trata-se de uma questão em que a ordem dos elementos importa, ou seja, a cada nova ordem, temos um novo agrupamento, logo a "ordem" altera a "natureza".

Para os três primeiros colocados, temos: $\underline{30} \times \underline{29} \times \underline{28} = 24.360$ (maneiras diferentes).

Possibilidades

Neste caso, as possibilidades vão diminuindo, uma vez que a possibilidade utilizada (dupla de tênis) não tem como ser utilizada novamente (ninguém pode ocupar duas posições simultaneamente).

Resposta: A.

---

90. (ESAF/ AFN /2006) Na Mega-Sena são sorteadas 6 dezenas de um conjunto de 60 possíveis (as dezenas sorteáveis são 01, 02, ..., 60). Uma aposta simples (ou aposta mínima), na Mega-Sena, consiste em escolher 6 dezenas. Pedro sonhou que as 6 dezenas que serão sorteadas no próximo concurso da Mega-Sena estarão entre as seguintes: 01, 02, 05, 10, 18, 32, 35, 45. O número mínimo de apostas simples para o próximo concurso da Mega-Sena que Pedro deve fazer para ter certeza matemática que será um dos ganhadores caso o seu sonho esteja correto é:

a) 8.
b) 28.
c) 40.
d) 60.
e) 84.

COMENTÁRIO

Esta questão trata-se de uma combinação, uma vez que **a ordem** dos números **não altera a aposta**. Pedro sonhou com 8 números, sendo que 6 fazem parte de uma aposta simples. Logo, podemos ter:

$$C_{n,p} = \frac{n!}{(n-p)!p!} = \frac{8!}{(8-6)!6!} = \frac{8!}{2!6!} = \frac{8 \times 7 \times 6!}{2! \times 6!} = \frac{8 \times 7}{2 \times 1} = 28$$

Temos 28 apostas simples diferentes (quantidade total)

Resposta: B.

---

91. (ESAF/ANEEL/TÉCNICO ADMINISTRATIVO/2006) Um grupo de amigos formado por três meninos – entre eles, Caio e Beto – e seis meninas – entre elas, Ana e Beatriz – compram ingressos para nove lugares localizados lado a lado, em uma mesma fila no cinema. Ana e Beatriz precisam sentar-se juntas, porque querem compartilhar do mesmo pacote de pipocas. Caio e Beto, por sua vez, precisam sentar-se juntos, porque querem compartilhar do mesmo pacote de salgadinhos. Além disso, todas as meninas querem sentar-se juntas e todos os meninos querem sentar-se juntos. Com essas informações, o número de diferentes maneiras que esses amigos podem sentar-se é igual a:

a) 1.920.
b) 1.152.
c) 960.
d) 540.
e) 860.

COMENTÁRIO

De acordo com a questão, sabemos que todos os meninos devem sentar-se juntos, como as meninas também, logo, façamos a seguinte ilustração:

H H H M M M M M M

Considerando que sejam Caio e Beto (H H) — Considerando que sejam Ana e Beatriz (M M)

Sendo que Caio e Beto, assim como Ana e Beatriz, devam ficar sempre juntas, então consideraremos como se cada um dos dois sejam apenas um, ou seja, uma possibilidade.

Temos então:

H H M M M M M

$$2 \times \underbrace{(2 \times 1)} \times \underbrace{(5 \times 4 \times 3 \times 2 \times 1)} \times 2 = 960$$

Considerando que sejam Caio e Beto em qualquer ordem (2) — Considerando que sejam Ana e Beatriz em qualquer ordem (2)

Devemos ainda perceber que o resultado 960 deverá ser multiplicado por dois, devido à possibilidade de termos os homens e as mulheres juntas em qualquer ordem:

$$H\,M = 960$$

$$M\,H = 960$$

$$TOTAL = 1920$$

Resposta: A.

---

92. (ESAF/STN/ANALISTA DE FINANÇAS E CONTROLE/2005) Em uma cidade, os números dos telefones têm 7 algarismos e não podem começar por 0. Os três primeiros números constituem o prefixo. Sabendo-se que em todas as farmácias os quatro últimos dígitos são zero e o prefixo não tem dígitos repetidos, então, o número de telefones que podem ser instalados nas farmácias é igual a:

a) 504.

b) 720.

c) 684.

d) 648.

e) 842.

COMENTÁRIO

Trata-se de uma questão em que a ordem dos elementos importa, ou seja, a cada nova ordem, temos um novo agrupamento, logo a "ordem" altera a "natureza". Nesta questão temos algumas restrições, pelas quais iremos iniciar.

Os números telefônicos possuem 7 algarismos, então temos 7 posições:

____ ____ ____ ____ ____ ____ ____

Restrições: os números não podem começar com zero e os quatro últimos algarismos são iguais a zero.

____ ____ ____ ____ ____ ____ ____

Nesta posição, o zero não é possibilidade.

Nestas 4 posições, somente o número 0 é possibilidade.

Preenchendo as posições, temos:

$$\underline{9} \times \underline{9} \times \underline{8} \times \underline{1} \times \underline{1} \times \underline{1} \times \underline{1}$$

Não podemos ter algarismos repetidos, logo a possibilidade que foi utilizada não poderá ser usada novamente. Com esse pensamento, temos para a primeira posição 9 possibilidades, pois o zero não pode ser utilizado; na segunda, temos 9 possibilidades, pois o zero neste caso voltou a ser possibilidade e na terceira posição, temos 8 possibilidades, uma vez que já foram usadas duas possibilidades.

Neste caso, todos os algarismos utilizados serão iguais a zero, logo percebemos que não é o número zero que será colocado nas posições, e, sim, quantas possibilidades para a posição, portanto, temos 1 (uma) possibilidade para cada posição, isto é, o número zero.

Dessa forma, aplicando o Princípio Multiplicativo (multiplica as possibilidades), temos:

$$\underline{9} \times \underline{9} \times \underline{8} \times \underline{1} \times \underline{1} \times \underline{1} \times \underline{1} = 648 \text{ (números telefônicos).}$$

Resposta: D.

---

93. (CESPE/TRT 10ª REGIÃO/ANALISTA JUDICIÁRIO/2004) Para a codificação de processos, o protocolo utiliza um sistema com cinco símbolos, sendo duas letras de um alfabeto com 26 letras e três algarismos, escolhidos entre os de 0 a 9. Supondo que as letras ocupem sempre as duas primeiras posições, julgue os itens que se seguem.

93.01. I. O número de processos que podem ser codificados por esse sistema é superior a 650.000.

COMENTÁRIO

✪ **Nota do autor:** Trata-se de uma questão em que a ordem dos elementos importa, ou seja, a cada nova ordem, temos um novo agrupamento, logo a "ordem" altera a "natureza". Nesta questão, as letras do código ocupam as duas primeiras posições.

O número de processos que podem ser codificados é dado por 5 símbolos, logo 5 posições:

$$\underline{26} \times \underline{26} \times \underline{10} \times \underline{10} \times \underline{10} = 676.000.$$

Nas 5 posições, temos: 26 possibilidades na primeira, 26 possibilidades na segunda e, por último, 10 possibilidades nas três últimas posições. A letra e o número que foram utilizados podem ser utilizados novamente, portanto, temos as mesmas possibilidades para as duas posições de letras e para as três posições de algarismos.

Resposta: Certo.

93.02. II. O número de processos que podem ser codificados por esse sistema utilizando-se letras iguais nas duas primeiras posições do código é superior a 28.000.

COMENTÁRIO

$$\underline{26} \times \underline{1} \times \underline{10} \times \underline{10} \times \underline{10} = 26.000.$$

Nas 5 posições, temos: 26 possibilidades na primeira, 1 possibilidade na segunda (devido as duas letras serem iguais, o que faz com que a segunda seja a mesma que a primeira) e nas três últimas posições, 10 possibilidades, uma vez que a questão não exige que os códigos possuam algarismos distintos.

Resposta: Errado.

93.03. III. O número de processos que podem ser codificados por esse sistema de modo que em cada código não haja repetição de letras ou de algarismos é inferior a 470.000.

COMENTÁRIO

Esse item significa que as letras e os algarismos devem ser distintos. Logo, temos:

$$\underline{26} \times \underline{25} \times \underline{10} \times \underline{9} \times \underline{8} = 468.000.$$

Nas 5 posições, temos: 26 possibilidades na primeira, 25 possibilidades na segunda (devido as duas letras não serem iguais, o que faz com que a possibilidade da segunda seja menor que a primeira, pois uma possibilidade já foi utilizada) e, nas três últimas posições, 10 possibilidades na primeira, 9 na segunda e 8 na terceira, uma vez que a questão traz a ideia de que os códigos possuam algarismos distintos.

Resposta: Certo.

94. (CESPE/POLÍCIA FEDERAL/2004) Conta-se na mitologia grega que Hércules, em um acesso de loucura, matou sua família. Para expiar seu crime, foi enviado à presença do rei Euristeu, que lhe apresentou uma série de provas a serem cumpridas por ele, conhecidas como "Os doze trabalhos de Hércules". Entre esses trabalhos, encontram-se: matar o leão de Nemeia, capturar a corça de Cerineia e capturar o javali de Erimanto. Considere que a Hércules seja dada a escolha de preparar uma lista colocando em ordem os doze trabalhos a serem executados, e que a escolha dessa ordem seja totalmente aleatória. Além disso, considere que somente um trabalho seja executado de cada vez. Com relação ao número de possíveis listas que Hércules poderia preparar, julgue os itens subsequentes.

94.01. I. O número máximo de possíveis listas que Hércules poderia preparar é superior a $12 \times 10!$

COMENTÁRIO

O número máximo de possíveis listas que Hércules poderia preparar é superior a 12 x 10!

$Pn = n! = 12 \times 11 \times 10 \times 9 \times 8 \times 7 \times 6 \times 5 \times 4 \times 3 \times 2 \times 1 = 12!$ (Número máximo de diferentes listas).

$$12 \times 11 \times \cancel{10} \times \cancel{9} \times \cancel{8} \times \cancel{7} \times \cancel{6} \times \cancel{5} \times \cancel{4} \times \cancel{3} \times \cancel{2} \times \cancel{1} > 12 \times \cancel{10}!$$

Simplificando dos dois lados da igualdade:

$$12 \times 11 > 12$$

Resposta: Certo.

94.02. II. O número máximo de possíveis listas contendo o trabalho "matar o leão de Nemeia" na primeira posição é inferior a $240 \times 990 \times 56 \times 30$.

COMENTÁRIO

O número máximo de possíveis listas contendo o trabalho "matar o leão de Nemeia" na primeira posição é inferior a $240 \times 990 \times 56 \times 30$.

A restrição é na primeira posição, ou seja, temos 1 (uma) possibilidade.

Simplificando dos dois lados da desigualdade:

$$1 \times 4 \times 3 \times 2 \times 1 < 240$$

$$24 < 240$$

Resposta: Certo.

94.03. III. O número de possíveis listas contendo os trabalhos "capturar a corça de Cerineia" na primeira posição e "capturar o javali de Erimanto" na terceira posição é inferior a $72 \times 42 \times 20 \times 6$.

COMENTÁRIO

O número de possíveis listas contendo os trabalhos "capturar a corça de Cerineia" na primeira posição e "capturar o javali de Erimanto" na terceira posição é inferior a $72 \times 42 \times 20 \times 6$.

$$1 \times 10 \times 1 \times \cancel{9} \times \cancel{8} \times \cancel{7} \times \cancel{6} \times \cancel{5} \times \cancel{4} \times \cancel{3} \times \cancel{2} \times 1 < \cancel{72} \times \cancel{42} \times \cancel{20} \times \cancel{6}$$

Capturar a corça de Cerineia — Capturar o Javali de Erimanto

Simplificando dos dois lados da desigualdade:

$$1 \times 10 \times 1 \times 1 < 1$$

Resposta: Errado.

94.04. IV. O número máximo de possíveis listas contendo os trabalhos "capturar a corça de Cerineia" e "capturar o javali de Erimanto" nas últimas duas posições, em qualquer ordem, é inferior a 6! x 8!.

COMENTÁRIO

O número máximo de possíveis listas contendo os trabalhos "capturar a corça de Cerineia" e "capturar o javali de Erimanto" nas últimas duas posições, em qualquer ordem, é inferior a 6! x 8!

$$10 \times 9 \times \cancel{8} \times \cancel{7} \times \cancel{6} \times \cancel{5} \times \cancel{4} \times \cancel{3} \times \cancel{2} \times \cancel{1} \times 2 \times 1 < 6! \times 8!$$

Nas duas últimas posições, em qualquer ordem (a corça e o javali)

Simplificando dos dois lados da desigualdade:

$$10 \times 9 \times 2 \times 1 < 6!$$

$$10 \times 9 \times 2 \times 1 < 6 \times 5 \times 4 \times 3 \times 2 \times 1$$

$$180 < 720$$

Resposta: Certo.

---

95. (CESPE/PF/PAPILOSCOPISTA/2004) A respeito de contagem, que constitui um dos principais fundamentos da matemática, julgue o item a seguir.

O número de cadeias distintas de 14 caracteres que podem ser formadas apenas com as letras da palavra PAPILOSCOPISTA é inferior a 10^8.

COMENTÁRIO

A palavra PAPILOSCOPISTA possui letras repetidas, que, se forem permutadas, não formarão um novo anagrama. Logo, trata-se de permutação com letras repetidas.

Calculando, temos: $\dfrac{14 \times 13 \times 12 \times 11 \times 10 \times 9 \times 8 \times 7 \times 6 \times 5 \times 4 \times 3 \times 2 \times 1}{3 \times 2 \times 1 \times 2 \times 1 \times 2 \times 1 \times 2 \times 1 \times 2 \times 1}$

Haverá uma divisão para que possamos retirar as palavras que se repetem, e de acordo com a quantidade de letras repetidas iremos calcular o fatorial, por exemplo: (letra P: 3×2×1); (letra O: 2×1); (letra A: 2×1); (letra I: 2×1); (letra S: 2×1)

$$\frac{14 \times 13 \times \cancel{12} \times 11 \times 10 \times 9 \times \cancel{8} \times 7 \times 6 \times 5 \times 4 \times 3 \times 2 \times 1}{\cancel{3 \times 2 \times 1 \times 2 \times 1 \times 2 \times 1 \times 2 \times 1 \times 2 \times 1}} < 10^8$$

$14 \times 13 \times 11 \times 10 \times 9 \times 7 \times 6 \times 5 \times 4 \times 3 \times 2 \times 1 < 10^8$

Resposta: Errado.

---

96. (CESPE/ BANCO DO BRASIL/2008). Julgue o item que se segue quanto a diferentes formas de contagem.

Considere que um decorador deva usar 7 faixas coloridas de dimensões iguais, pendurando-as verticalmente na vitrine de uma loja para produzir diversas formas. Nessa situação, se 3 faixas são verdes e indistinguíveis, 3 faixas são amarelas e indistinguíveis e 1 faixa é branca, esse decorador conseguirá produzir, no máximo, 140 formas diferentes com essas faixas.

COMENTÁRIO

Na questão temos 7 faixas que deverão ser permutadas para se adquirir novas decorações, mas temos faixas de mesma cor, onde a troca de posição não produzirá decorações novas. Logo, é interessante fazermos uma analogia como uma palavra com letras repetidas, da seguinte maneira:

V V V A A A B

Temos 7 letras (faixas) sendo permutadas: $P7 = 7! = 7 \times 6 \times 5 \times 4 \times 3 \times 2 \times 1$

Sabendo que algumas decorações são as mesmas (devido a algumas faixas serem iguais), temos que retirar essas decorações que se repetem. Assim, se o princípio utilizado é a multiplicação que gera os novos agrupamentos, logo temos que dividir para retirar aquilo que se repete, da seguinte maneira:

Número de decorações $= \dfrac{7 \times 6 \times 5 \times 4 \times 3 \times 2 \times 1}{3 \times 2 \times 1 \times 3 \times 2 \times 1}$, sendo que no denominador temos

(3x2x1(3!) que se refere às cores verdes que se repetem e logo após 3x2x1 (3!), que se referem às cores amarelas que se repetem.

Usaremos a seguinte estratégia: dividir pelo fatorial da quantidade de letras que se repetem. Isto é, temos nesta questão três letras "V" e três letras "A" repetidas.

Calculando, temos: $\dfrac{7 \times 6 \times 5 \times 4 \times 3 \times 2 \times 1}{3 \times 2 \times 1 \times 3 \times 2 \times 1} = 140$ formas diferentes de decorações.

Resposta: C.

97. (CESPE/ BANCO DO BRASIL/2008) Em uma promotoria de justiça, há 300 processos para serem protocolados. Um assistente da promotoria deve formar os códigos dos processos, que devem conter, cada um deles, 7 caracteres. Os 3 primeiros caracteres são letras do conjunto {d, f, h, j, l, m, o, q} e os outros 4 caracteres são números inteiros de 1024 a 1674.

Com base nessa situação, julgue o item subsequente.

- É superior a 340 o número máximo de possibilidades de se formar a parte do código referente às 3 letras iniciais, sem que haja repetição de letra.

COMENTÁRIO

Referente às três letras iniciais, temos o seguinte:

1º) Pela fórmula

Temos: n = 8, {d, f, h, j, l, m, o, q} e p = 3, {primeira parte do código}.

$$\frac{n!}{(n-p)} = \frac{8\times7\times6\times5!}{(8-3)!} = \frac{8\times7\times6\times5!}{5!} = 8\times7\times6 = 336$$

2º) Pelo princípio multiplicativo

$\underbrace{8\times7\times6}=336$

Temos 8 possibilidades para a primeira posição, 7 possibilidades para a segunda e 6 possibilidades para a terceira posição, uma vez que não há repetição de caracteres.

Resposta: E.

---

98. (CESPE/ BANCO DO BRASIL/2008) O número de países representados nos Jogos Pan-Americanos realizados no Rio de Janeiro foi 42, sendo 8 países da América Central, 3 da América do Norte, 12 da América do Sul e 19 do Caribe. Com base nessas informações, julgue o item que se segue.

-Se determinada modalidade esportiva foi disputada por apenas 3 atletas, sendo 1 de cada país da América do Norte participante dos Jogos Pan-Americanos, então o número de possibilidades diferentes de classificação no 1º, 2º e 3º lugares foi igual a 6.

COMENTÁRIO

Referente às três primeiras posições:

1º). Pela fórmula

Temos: p = 3, {países da América do Norte} e n = 3, {três primeiras classificações}

$$\frac{n!}{(n-p)} = \frac{3\times2\times1}{(3-3)!} = \frac{3\times2\times1}{0!} = 6\text{, sabendo que } 0! = 1$$

2º). Pelo princípio multiplicativo

$\underbrace{3\times2\times1}=6$

Temos 3 possibilidades para a primeira posição, 2 possibilidades para a segunda e 1 possibilidade para a terceira posição, uma vez que as possibilidades vão diminuindo, pois não há como um atleta ocupar duas posições simultaneamente.

Resposta: C.

Nas questões com termos referentes a equipes, times, diretorias, grupos, comissões, turmas etc., enfim, termos que indicam ideia de conjunto, teremos grupos nos quais a ordem não importa, ou seja, se a ordem for modificada, não teremos um novo agrupamento.

É comum não utilizar todos os elementos para construção de novos grupos, uma vez que, se forem utilizados todos os elementos, obteremos apenas um grupo. "

"A ORDEM DOS ELEMENTOS

NÃO ALTERA A NATUREZA"

---

99. (AUTORAL/2017). Em uma festa com 20 pessoas, todas se cumprimentam uma só vez. Dessa forma, são possíveis quantos apertos de mão?

COMENTÁRIO

Nessa questão, a ordem não altera a natureza, uma vez que se a pessoa "A" cumprimentar a pessoa "B", não torna necessário a pessoa "B" cumprimentar a pessoa "A". Para que haja um aperto de mão são necessárias duas pessoas (p = 2).

Sendo assim, trata-se de combinação, podemos resolver de duas maneiras:

1ª). Pela fórmula

$$C_{m,p} = \frac{m!}{(m-p)!p!} = C_{20,2} = \frac{20!}{(20-2)!2!} = \frac{20 \times 19 \times 18!}{18! \times 2!} = \frac{20 \times 19}{2 \times 1} = 190 \text{ apertos de mão.}$$

2ª). Sem fórmula

Para obter um aperto de mão, é necessária a presença de duas pessoas. Logo, iremos utilizar dois espaços: "_____X_____"; e para que possamos retirar os agrupamentos que se repetem, iremos dividir pelo fatorial da quantidade de espaços utilizados.

$\frac{20 \times 19}{2 \times 1} = 190$, o numerador expressa 20 possibilidades para a primeira pessoa, e 19 para a segunda pessoa. No denominador, temos 2 × 1, uma vez que representa o fatorial de 2 = 2!. O denominador tem a função de retirar os agrupamentos repetidos.

Resposta: 190

100.(AUTORAL/2017). Ao término de uma reunião, cada um dos participantes cumprimentou os outros com um aperto de mão apenas uma vez. Quantas pessoas havia na reunião, se foram trocados 55 apertos de mão?

COMENTÁRIO

Esta questão apresenta a quantidade de apertos de mão e solicita a quantidade de pessoas presentes na reunião.

$$C_{x,2} = 55 \rightarrow C_{x,2} = \frac{x!}{(x-2)!2!} = \frac{x.(x-1).(x-2)!}{(x-2)!2!} = \frac{x.(x-1)}{2.1} = 55$$

$x^2 - x = 110 \rightarrow$ equação do 2º grau. $x^2 - x - 110 = 0$, resolvendo a equação teremos:

S {–10, 11}, logo, iremos considerar a solução positiva.

Resposta: 11 pessoas.

---

101. (CESPE/ TRT 9 REGIÃO/2007). No item a seguir é apresentada uma situação hipotética seguida de uma assertiva a ser julgada, acerca de contagens.

- Em um tribunal, os julgamentos dos processos são feitos em comissões compostas por 3 desembargadores de uma turma de 5 desembargadores. Nessa situação, a quantidade de maneiras diferentes de se constituírem essas comissões é superior a 12.

COMENTÁRIO

A questão indica a formação de **comissões**, na qual a **ordem** dos integrantes **não altera a natureza da comissão**. Sendo assim, trata-se de combinação.

$$C_{n,p} = \frac{n!}{(n-p)!p!} = \frac{5!}{(5-3)!3!} = \frac{5!}{2!\times 3!} = \frac{5\times 4\times 3!}{2!\times 3!} = \frac{5\times 4}{2\times 1} = 10 \text{ Comissões distintas}$$

Resposta: Errado.

✦ DICAS

PRINCÍPIOS DE CONTAGEM

Os princípios de contagem, na matemática, incluem:

I – Princípio da Soma: se um evento E_1 pode ocorrer de N_1 maneiras distintas, E_2, de N_2 maneiras distintas, ..., E_K, de N_k maneiras distintas, e se quaisquer dois eventos não podem ocorrer simultaneamente, então um dos eventos pode ocorrer em $N_1 + N_2 + ... + N_k$ maneiras distintas.

II – Princípio da Multiplicação: considere que E_1, E_2, ..., E_k são eventos que ocorrem sucessivamente; se o evento E_1 pode ocorrer de N_1 maneiras distintas, o evento E_2 pode ocorrer de N_2 maneiras distintas, ..., o evento E_k pode ocorrer de N_k maneiras distintas, então todos esses eventos podem ocorrer, na ordem indicada, em $N_1 \times N_2 \times ... \times N_k$ maneiras distintas.

O poder da palavra **"POSSIBILIDADES"**.

Princípio Multiplicativo: resolveremos algumas questões neste momento para que você possa entender o Princípio Multiplicativo.

Exemplo 1: uma pessoa vai ao shopping e compra 3 blusas (B_1, B_2 e B_3), 2 sapatos (S_1 e S_2) e 2 calças (C_1 e C_2). Logo ao chegar em casa, ele se pergunta: "De quantas maneiras distintas eu posso me arrumar com as compras realizadas?".

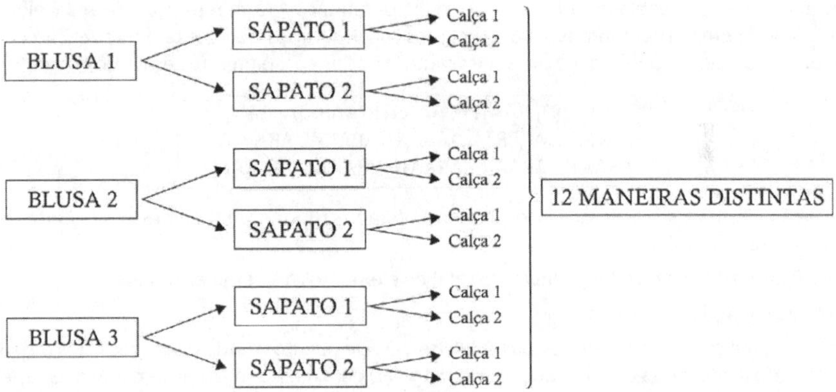

No esquema construído acima, temos 12 maneiras distintas dessa pessoa se arrumar. O raciocínio utilizado é o seguinte: quantas possibilidades têm-se para blusas? Nesta situação temos 3. Quantas possibilidades têm-se para sapatos? Nesta situação temos 2. Quantas possibilidades têm-se para calças? Nesta situação temos 2. Logo, podemos concluir que:

Pelo Princípio Multiplicativo, temos de multiplicar as POSSIBILIDADES.

$\underline{\ \ 3\ \ } \times \underline{\ \ 2\ \ } \times \underline{\ \ 2\ \ } = 12$ (maneiras distintas)

Possibilidades

O que devemos perceber é que temos de nos basear sempre na palavra "Possibilidades", pois ela trará o raciocínio correto.

Vamos resolver algumas questões aplicando apenas o conceito do **Princípio Multiplicativo**, utilizando a palavra "POSSIBILIDADES":

PERMUTAÇÕES

Quando formamos agrupamentos com n elementos, de forma que os n elementos sejam distintos entre si pela ordem. As permutações podem ser simples, com repetição ou circulares.

Permutação simples: são agrupamentos com todos os n elementos distintos.

Fórmula: P(n) = n!. Em que: n = número de elementos a serem permutados.

Cálculo para exemplo: $P(5) = 5! = 5 \times 4 \times 3 \times 2 \times 1 = 120$.

Exemplo: seja C = {A, B, C} e n = 3. As permutações simples desses 3 elementos são 6 agrupamentos que não podem ter a repetição de qualquer elemento em cada grupo, mas podem aparecer na ordem trocada. Todos os agrupamentos estão no conjunto:

P = {ABC, ACB, BAC, BCA, CAB, CBA}

PERMUTAÇÃO COM REPETIÇÃO

Dentre os m elementos do conjunto $C = \{x_1, x_2, x_3, ..., x_n\}$, faremos a suposição que existem m_1 iguais a x_1, m_2 iguais a x_2, m_3 iguais a x_3, ... , m_n iguais a x_n, de modo que $m_1+m_2+m_3+...+m_n = m$.

Fórmula

Se $m=m_1+m_2+m_3+...+m_n$, então

$$P_r(m)=C(m,m_1).C(m-m_1,m_2).C(m-m_1-m_2,m_3) ... C(m_n,m_n)$$

ANAGRAMA

É a palavra construída com as mesmas letras da palavra original trocadas de posição.

Cálculo para exemplo: $m_1=4$, $m_2=2$, $m_3=1$, $m_4=1$ e $m=6$, logo: $P_r(6)=C(6,4).\ C(6-4,2).C(6-4-1,1)=C(6,4).C(2,2).C(1,1)=15$.

Exemplo: quantos anagramas podemos formar com as 6 letras da palavra ARARAT? A letra A ocorre 3 vezes, a letra R ocorre 2 vezes e a letra T ocorre 1 vez. As permutações com repetição desses 3 elementos do conjunto C={A, R, T} em agrupamentos de 6 elementos são 15 grupos que contêm a repetição de todos os elementos de C aparecendo também na ordem trocada. Todos os agrupamentos estão no conjunto:

P_r={AAARRT, AAATRR, AAARTR, AARRTA, AARTTA,
AATRRA, AARRTA, ARAART, ARARAT, ARARTA,
ARAATR, ARAART, ARAATR, ATAARA, ATARAR}

Permutação circular: situação que ocorre quando temos grupos com n elementos distintos formando uma circunferência de círculo.

Fórmula: $P_c(n)=(n-1)!$. Em que: (n-1) = número total de elementos a serem permutados.

Cálculo para exemplo: $P(5)= 4!= 24$

Exemplo: seja um conjunto com 4 pessoas K={A, B, C, D}. De quantos modos distintos estas pessoas poderão sentar-se junto a uma mesa circular (pode ser retangular) para realizar o jantar sem que haja repetição das posições?

Se considerássemos todas as permutações simples possíveis com estas 4 pessoas, teríamos 24 grupos, apresentados no conjunto:

P_c={ABCD, ABDC, ACBD, ACDB, ADBC, ADCB, BACD, BADC,
BCAD, BCDA, BDAC, BDCA, CABD, CADB, CBAD, CBDA,
CDAB, CDBA, DABC, DACB, DBAC, DBCA, DCAB, DCBA}

ARRANJOS

São agrupamentos formados com p elementos (p < n) de forma que os p elementos sejam distintos entre si pela ordem ou pela espécie. Os arranjos podem ser simples ou com repetições.

Arranjo simples: não ocorre a repetição de qualquer elemento em cada grupo de p elementos.

Fórmula: $A(n,p) = \dfrac{n!}{(n-p)!}$, n = número total de elementos/

p = número de elementos a serem arranjados.

Cálculo para exemplo: $A_{4,2} = \dfrac{4!}{2!} = 12$.

Exemplo: seja Z = {A, B, C, D}, m = 4 e p = 2. Os arranjos simples desses 4 elementos tomados 2 a 2 são 12 grupos que não podem ter a repetição de qualquer elemento, mas que podem aparecer na ordem trocada. Todos os agrupamentos estão no conjunto:

A_s = {AB, AC, AD, BA, BC, BD, CA, CB, CD, DA, DB, DC}

COMBINAÇÕES

Quando formamos agrupamentos com p elementos (p < m), de forma que os p elementos sejam distintos entre si apenas pela espécie.

Combinação simples: não ocorre a repetição de qualquer elemento em cada grupo de p elementos.

Fórmula: $C_{m,p} = \dfrac{m!}{(m-p)!p!}$ em que m = número total de elementos/

p = número de elementos a serem combinados

Cálculo para exemplo: $A_{4,2} = \dfrac{4!}{(4-2)!2!} = 6$

Exemplo: seja C = {A, B, C, D}, m = 4 e p = 2. As combinações simples desses 4 elementos tomados 2 a 2 são 6 grupos que não podem ter a repetição de qualquer elemento nem podem aparecer na ordem trocada. Todos os agrupamentos estão no conjunto:

C_s = {AB, AC, AD, BC, BD, CD}

Dicas:

01- "Vimos no começo deste capítulo algumas questões comentadas utilizando o princípio multiplicativo, em que os agrupamentos são realizados com elementos do conjunto, por meio da troca dos elementos. No caso do Arranjo, para formar os agrupamentos, não serão utilizados todos os elementos do conjunto e é importante ressaltar que a cada nova ordem dos elementos do agrupamento, será formado um novo grupo (arranjo). Sendo assim, a ordem é importante."

"A ORDEM DOS ELEMENTOS ALTERA A NATUREZA"

02- Nas questões com termos referentes a equipes, times, diretorias, grupos, comissões, turmas etc., enfim, termos que indicam ideia de conjunto, teremos grupos nos quais a ordem não importa, ou seja, se a ordem for modificada, não teremos um novo agrupamento.

É comum não utilizar todos os elementos para construção de novos grupos, uma vez que, se forem utilizados todos os elementos, obteremos apenas um grupo."

"A ORDEM DOS ELEMENTOS NÃO ALTERA A NATUREZA"

Capítulo IX – Probabilidade

01. Ano: 2024 Banca: CESPE / CEBRASPE Órgão: CAGEPA – PB Prova: CESPE / CEBRASPE – 2024 – CAGEPA – PB – Analista de Sistemas – Sistemas de TI

Em determinado estado, onde 55% dos estudantes são do sexo feminino, 60% de estudantes do sexo feminino e 70% de estudantes do sexo masculino tiveram desempenho satisfatório na disciplina de matemática. Ao se escolher aleatoriamente um estudante, observou-se que seu desempenho em matemática foi satisfatório.

Nessa situação hipotética, a probabilidade de que o estudante escolhido seja do sexo feminino é igual a

Alternativas

A. 33/100.

B. 22/43.

C. 21/43.

D. 44/71.

E. 27/71.

COMENTÁRIO

Em questões como essa a melhor forma para responder é sugerindo um valor para facilitar o pensamento matemático.

Vamos supor que nesse estado tenha 1000 estudantes (o número que você escolher aqui é indiferente, mas para facilitar, procure sempre múltiplos de 100)

55% dos estudantes são do sexo feminino, ou seja, 45% são do sejo masculino.

$55\% \ de\ 1000 = 550\ mulheres$

$45\% \ de\ 1000 = 450\ homens$

Como, 60% de estudantes do sexo feminino e 70% de estudantes do sexo masculino tiveram desempenho satisfatório na disciplina de matemática, vamos calcular:

$60\% \ de\ 550\ e\ 70\% \ de\ 450$

$$60\% \ de\ 550 = \frac{60}{100} \times \frac{550}{1} = 330\ mulheres$$

$$70\% \ de\ 450 = \frac{70}{100} \times \frac{450}{1} = 315\ homens$$

Logo, a quantidade de pessoas que tiveram desempenho satisfatório foi igual a: $330 + 315 = 645\ pessoas$

se escolher aleatoriamente um estudante, com desempenho em matemática satisfatório, a probabilidade de que o estudante escolhido seja do sexo feminino é igual a:

$$P(a) = \frac{330}{645}$$

Simplificando por 15:

$$P(a) = \frac{330}{645} = \frac{22}{43}$$

GABARITO LETRA B

02. Ano: 2024 Banca: SELECON Órgão: CEFET-RJ Prova: SELECON – 2024 – CEFET-RJ – Assistente em Administração

Após uma consulta feita a 60 pessoas, um instituto de pesquisa constatou que:

- todos eles eram clientes de pelo menos um dos seguintes bancos: A, B, C;
- 27 eram clientes de apenas um desses três bancos;
- 18 eram clientes de apenas dois desses bancos.

Escolhendo-se ao acaso uma dessas pessoas, a probabilidade de que ela seja cliente de pelo menos dois desses bancos é de:

Alternativas

V. 40%.

A. 45%.

B. 50%.

C. 55%.

COMENTÁRIO

Como a consulta foi feita a 60 pessoas, 27 era clientes de apenas um desses três bancos e 18 eram clientes de apenas dois desses bancos temos:

$$27 + 18 = 45$$

$$60 - 45 = 15$$

Ou seja, 15 pessoas são clientes dos três bancos ao mesmo tempo.

Logo, a quantidade de pessoas clientes de pelo menos dois bancos é igual a quantidade total menos a quantidade de clientes de apenas um banco:

$$60 - 27 = 33$$

Então, escolhendo-se ao acaso uma dessas pessoas, a probabilidade de que ela seja cliente de pelo menos dois desses bancos é de:

$$P(a) = \frac{evento}{espaço\ amostral}$$

$$P(a) = \frac{33}{60}$$

$$P(a) = 0{,}55$$

Ou seja, $0{,}55 \times 100 = 55\%$.

GABARITO: LETRA D

03. Ano: 2024 Banca: SELECON Órgão: CEFET-RJ Provas: SELECON – 2024 – CEFET-RJ – Administrador

Em um grupo de 30 pessoas, 20 fazem aniversário no 1º semestre e as restantes, no 2º semestre. Escolhendo-se ao acaso três pessoas desse grupo, a probabilidade de que pelo menos uma faça aniversário no 2º semestre é de:

Alternativas

V. 146/203

A. 147/203

B. 148/203

C. 149/203

COMENTÁRIO

Quando a questão pede pelo menos uma pessoa, pode ser que tenha uma pessoa, ou duas ou as três pessoas fazendo aniversário no 2º semestre. Desta forma, é mais fácil calcular a probabilidade de nenhuma pessoa fazer aniversário no 2º semestre, pois a diferença com todas as possibilidades possíveis será exatamente o que a questão pede.

Então, a probabilidade de escolher a primeira pessoa e ela NÃO fazer aniversário no 2º semestre é:

$$P(x) = \frac{eventos}{espaço\ amostral}$$

$$P(a) = \frac{20}{30}$$

Como uma pessoa já foi escolhida, ainda restam 29, e a probabilidade de escolher a segunda pessoa e ela NÃO fazer aniversário no 2º semestre é:

$$P(b) = \frac{19}{29}$$

Escolhendo a terceira pessoa, ainda restam 28, e a probabilidade de escolher essa pessoa e ela NÃO fazer aniversário no 2º semestre é:

$$P(c) = \frac{18}{28}$$

Multiplicando as probabilidades temos:

$$P(a) \times P(b) \times P(c) = \frac{20}{30} \times \frac{19}{29} \times \frac{18}{28}$$

Simplificando as frações para facilitar os cálculos temos:

$$\frac{2}{3} \times \frac{19}{29} \times \frac{9}{14} = \frac{342}{1218}$$

Simplificando por 6:

$$\frac{342 \div 6}{1218 \div 6} = \frac{57}{203}$$

Essa é a probabilidade que NÃO satisfaz o que a questão pede, ou seja NINGUÉM faz aniversário no 2º semestre. Logo para descobrir a probabilidade de que pelo menos uma faça aniversário no 2º semestre calculamos a diferença do inteiro completo:

$$\frac{203}{203} - \frac{57}{203} = \frac{146}{203}$$

Logo, letra A.

GABARITO LETRA A

---

04. Ano: 2024 Banca: SELECON Órgão: Prefeitura de Várzea Grande – MT Prova: SELECON – 2024 – Prefeitura de Várzea Grande – MT – Guarda Municipal

Uma montadora de automóveis estima que a probabilidade de um carro produzido por ela que apresente algum defeito antes de 3 anos de uso é de 5%. João e sua esposa compraram, cada um, um carro dessa montadora. A probabilidade de que esses dois veículos apresentem defeito antes de 3 anos de uso é de:

Alternativas

V. 0,10%

A. 0,25%

B. 2,5%

C. 10%

COMENTÁRIO

A probabilidade de cada um apresentar defeito é de 5%. Como queremos a probabilidade de que esses dois veículos apresentem defeitos antes de 3 anos multiplicamos as duas probabilidades:

$$5\% = \frac{5}{100}$$

$$\frac{5}{100} \times \frac{5}{100} = \frac{25}{10000} = 0{,}0025 \rightarrow 0{,}25\%$$

Ou seja, a probabilidade será de 0,25%.

GABARITO: LETRA B

---

05. Ano: 2024 Banca: CESPE / CEBRASPE Órgão: Prefeitura de Cachoeiro de Itapemirim – ES Prova: CESPE / CEBRASPE – 2024 – Prefeitura de Cachoeiro de Itapemirim – ES – Professor de Educação Básica – PEB C – Matemática

Texto associado

idade da criança (anos)	frequência
7	25
8	10
9	5
total	**40**

Com base nas informações da tabela acima, que mostra a frequência simples absoluta das idades de 40 crianças presentes em determinada sala de aula, julgue o item a seguir.

Se duas crianças da sala de aula em tela forem escolhidas aleatoriamente, então a probabilidade de ambas terem 8 anos de idade será igual a 1/2.

COMENTÁRIO

Sabemos que a probabilidade é calculada por:

$$P(a) = \frac{casos\ desejados}{casos\ possíveis}$$

Como são 10 crianças com 8 anos, entre as 40 possiveis, na escolha da primeira criança temos:

$$P(a_1) = \frac{8}{40} = \frac{1}{5}$$

Para a escolha da segunda criança temos 9 crianças restantes entre as 39, já que retiramos uma:

$$P(a_2) = \frac{9}{39}$$

Logo, a probabilidade de ambas terem 8 anos de idade será igual:

$$P(a_1) \times P(a_2) = \frac{1}{5} \times \frac{9}{39} = \frac{9}{195}$$

Observe que isso é bem inferior a ½ como sugere a questão, pois $\frac{1}{2}$ representa a metade.

GABARITO: ERRADO

---

06. Ano: 2024 Banca: CESPE / CEBRASPE Órgão: Prefeitura de Cachoeiro de Itapemirim – ES Prova: CESPE / CEBRASPE – 2024 – Prefeitura de Cachoeiro de Itapemirim – ES – Professor de Educação Básica – PEB C – Matemática

Texto associado

idade da criança (anos)	frequência
7	25
8	10
9	5
total	**40**

Com base nas informações da tabela acima, que mostra a frequência simples absoluta das idades de 40 crianças presentes em determinada sala de aula, julgue o item a seguir.

Se duas crianças da sala de aula em comento forem escolhidas aleatoriamente, então a probabilidade de pelo menos uma delas ter 8 anos de idade será maior que 1/3.

COMENTÁRIO

Vamos calcular a probabilidade de nenhuma das crianças escolhidas terem 8 anos, assim o restante será a probabilidade de pelo menos uma ter 8 anos de idade.

Entre as 40 crianças: $40 - 10 = 30$ crianças não possuem 8 anos.

Então temos, para a escolha das duas criança:

$$\frac{30}{40} = \frac{3}{4}$$

Para a segunda criança, como já retiramos uma sobram ainda 29 que não tem 8 anos entre as 39 restantes:

$$\frac{29}{39}$$

Multiplicando as duas probabilidades:

$$\frac{3}{4} \times \frac{29}{39} = \frac{870}{1560}$$

Dividindo 870 por 1560$\cong 0{,}5576$, ou seja, aproximadamente $55{,}76\%$. Mas lembre que não queremos essa probabilidade, mas sim a restante, ou seja:

$$100 - 55{,}76 = 44{,}24\%$$

Essa é a quantidade em que pelo menos uma das crianças tem 8 anos.

A questão disse que essa probabilidade era de $\frac{1}{3}$, ou seja $1 \div 3 \cong 0{,}33 = 33\%$

Como $44{,}24\% > 33\%$, o item está correto.

GABARITO: CERTO

---

07. Ano: 2024 Banca: CESPE / CEBRASPE Órgão: CNJ Provas: CESPE / CEBRASPE – 2024 – CNJ – Analista Judiciário – Área Administrativa – Especialidade: Pedagogia

Em determinado órgão público, 10 servidores, trabalhando 8 horas por dia, atendem em média 300 pessoas por semana. A idade média desses servidores é 40 anos. Para se somar a esse efetivo de atendimento ao público, foram contratados 6 novos servidores.

A partir da situação hipotética apresentada, julgue o item a seguir.

Se, após a contratação dos 6 novos servidores, 2 servidores forem aleatoriamente selecionados, a probabilidade de pelo menos um deles ser servidor antigo é igual a 3/8.

COMENTÁRIO

Observe que nesse órgão havia 10 servidores com a chegada de 6 novos, o quadro passou a ser de 16 servidores

Para calcular a probabilidade vamos utilizar:

$$P(a) = \frac{casos\ favoráveis}{casos\ possíveis}$$

Vamos calcular a probabilidade de os 2 servidores escolhidos aleatoriamente serem novos e o restante da probabilidade será a de pelo menos um ser antigo.

Na escolha do primeiro servidor:

$$P(a_1) = \frac{6}{16} = \frac{3}{8}$$

A escolha do segundo servidor, levando em conta que já retiramos um:

$$P(a_2) = \frac{5}{15} = \frac{1}{3}$$

Multiplicando as probabilidades:

$$P(a_1) \times P(a_2) = \frac{3}{8} \times \frac{1}{3} = \frac{3}{24}$$

Simplificando:

$$\frac{3}{24} = \frac{1}{8}$$

Lembre-se que não queremos essa probabilidade, mas sim o seu complemento.

Ou seja:

$$\frac{8}{8} - \frac{1}{8} = \frac{7}{8}$$

Ou seja, a probabilidade de ser escolhido pelo menos um servidor antigo é de 7/8.

GABARITO: ERRADO

---

08. Ano: 2023 Banca: IADES Órgão: POLÍCIA CIENTÍFICA – GO Prova: IADES – 2023 – POLÍCIA CIENTÍFICA – GO – Perito Criminal de 3ª Classe

Suponha que, durante a investigação de um homicídio, na cena do crime, tenha sido descoberto, além do sangue da vítima o sangue de uma segunda pessoa, que era do tipo O- ("O" negativo). Os suspeitos do crime foram conduzidos para as oitivas na delegacia de polícia e, inicialmente, eles foram separados em duas salas. Na sala 1, havia 2 pessoas com o tipo sanguíneo O- e 3 pessoas com um tipo sanguíneo diferente de O-. Na sala 2, havia 1 pessoa com o tipo O- e 4 pessoas com um tipo sanguíneo distinto de O-. Antes do início do procedimento, uma pessoa saiu da sala 1 para a sala 2. Em seguida, uma pessoa da sala 2 foi escolhida aleatoriamente. Qual é a probabilidade de essa pessoa ter o tipo sanguíneo O-?

Alternativas

A. 7/30

B. 1/30

C. 1/6

D. 1/5

E. 1/3

COMENTÁRIO

Vamos organizar as informações:

SALA 1:

O – : 2 pessoas

Outro tipo: 3 pessoas

Chance de uma pessoa de sangue O- $= \frac{2}{5}$

SALA 2

O – : 1 pessoa

Outro tipo: 4 pessoas

Chance de uma pessoa de sangue O- $= \frac{1}{5}$

Antes do início do procedimento, uma pessoa saiu da sala 1 para a sala 2.

Pode ter sido uma pessoa de sangue O- ou não, isso não sabemos. Porém sabemos que a chance de vir alguém com o tupo sanguíneo O- é de 1 entre duas, ou seja $\frac{1}{2}$

Logo, ao escolher uma pessoa da sala 2 a probabilidade de essa pessoa ter o tipo sanguíneo O- será:

$$\frac{1}{5} + \frac{1}{2} =$$

Tirando o MMC:

$$\frac{2}{10}+\frac{5}{10}=\frac{7}{10}$$

Sendo 6 pessoas a nova população da sala 2, a chance da escolha aleatória passa a ser $\frac{2}{6}$

Então temos:

$$\frac{7}{10}\times\frac{2}{6}=\frac{14}{60}$$

Simplificando:

$$=\frac{7}{30}$$

GABARITO: LETRA A

---

09. Ano: 2023 Banca: IADES Órgão: CRF-TO Provas: IADES – 2023 – CRF-TO – Contador

Suponha que, no laboratório de certo hospital, trabalhem x farmacêuticos e x + 2 bioquímicos, de forma que a probabilidade de escolher um bioquímico é 50% maior do que a de escolher um farmacêutico. Quantos bioquímicos trabalham no laboratório?

Alternativas

A. 4
B. 5
C. 6
D. 8
E. 10

COMENTÁRIO

Vamos analisar os dados:

Farmacêuticos (F) = x

Bioquímicos (B) = x + 2

O total de pessoas será igual a quantidade de farmacêuticos + a quantidade de Bioquímicos:

$$F+B=x+x+2$$

$$F+B=2x+2$$

A probabilidade de escolher um farmacêutico será:

$$P(F)=\frac{x}{2x+2}$$

A probabilidade de escolher um Bioquímico será:

$$P(B)=\frac{x+2}{2x+2}$$

A probabilidade de escolher um bioquímico é 50% maior do que a de escolher um farmacêutico. Então temos:

$$P(B)=1{,}5\,P(F)$$

$$\frac{x+2}{2x+2}=1{,}5\cdot\frac{x}{2x+2}$$

Resolvendo essa equação temos:

$x + 2 = 1{,}5x$

$0{,}5x = 2$

$x = \frac{2}{0{,}5}$

$x = 4$

Logo, a quantidade de bioquímicos será:

Bioquímicos (B) $= x + 2 \rightarrow 4 + 2 = 6$

GABARITO: LETRA C

---

10. Ano: 2023 Banca: IADES Órgão: SEAGRI-DF Prova: IADES – 2023 – SEAGRI-DF – Técnico de Desenvolvimento e Fiscalização Agropecuária – Agente Administrativo

Suponha que três fiscais agropecuários, chamados de A, B e C, farão uma inspeção em três propriedades produtoras de suínos, P1, P2 e P3, e cada um fiscalizará uma única propriedade. Se a escolha é totalmente aleatória, qual é a probabilidade de A fiscalizar P1, B fiscalizar P2 e C fiscalizar P3?

Alternativas

A. 1/2

B. 1/3

C. 1/4

D. 1/5

E. 1/6

COMENTÁRIO

Para calcular a probabilidade utilizamos a seguinte fórmula:

$P = \frac{casos\ favoráveis}{casos\ possíveis}$

Na primeira situação queremos que A fiscalize P1, ou seja, temos uma possibilidade entre as três possíveis: $\frac{1}{3}$

Continuando, queremos que B fiscalize P1. Observe que restou apenas 2 possibilidades para ele fiscalizar, então temos uma possibilidade entre duas: $\frac{1}{2}$

Note que para C agora restou apenas uma opção então temos $\frac{1}{1}$.

Sendo assim, a probabilidade de A fiscalizar P1, B fiscalizar P2 e C fiscalizar P3 será:

$\frac{1}{3} \times \frac{1}{2} \times \frac{1}{1} = \frac{1}{6}$

GABARITO: LETRA E

---

11. Ano: 2023 Banca: IADES Órgão: GDF-SEEC Prova: IADES – 2023 – GDF-SEEC – Analista em Políticas Públicas e Gestão Governamental – Tecnologia da Informação/Comunicação

Um órgão do Governo do Distrito Federal possui dois veículos oficiais. Por causa da demanda dos veículos e da chance de falha mecânica, a probabilidade de que um veículo específico esteja disponível quando necessário é de 90%. A disponibilidade de um veículo é independente da disponibilidade do outro. Qual é a probabilidade de que nenhum veículo esteja disponível em determinado momento?

Alternativas

A. 1%

B. 2%

C. 10%

D. 90%

E. 99%

COMENTÁRIO

A chance de um carro estar funcionando é de 90%

$90\% = \frac{90}{100} = \frac{9}{10}.$

Assim a chance dele não estar funcionando é de:

$\frac{10}{10} - \frac{9}{10} = \frac{1}{10}$

Então, como precisamos ter os dois carros não funcionando:

$\frac{1}{10} \times \frac{1}{10} = \frac{1}{100} = 0{,}01 = 1\%.$

GABARITO: LETRA A

---

12. (Quadrix – 2022 – CRESS-AP – Agente Administrativo) Em um jantar com 50 pessoas, 64% comeram crepe salgado, 34 comeram crepe doce e 5 não comeram nenhum dos dois tipos de crepe.

Com base nessa situação hipotética, julgue o item.

22 pessoas comeram os dois tipos de crepe nesse jantar.

COMENTÁRIO

Existem dois tipos de crepe:

D: crepe doce

S: crepe salgado

Como há 50 pessoas e 5 não comeram nenhum dos dois tipos, e certo afirmar que 45 pessoas comeram.

64% das pessoas comeram crepe salgado. Então temos:

$$64\% \text{ de } 50 = \frac{64}{100} \times \frac{50}{1} = \frac{3200}{100} = 32 \textit{ pessoas}$$

Como só 45 pessoas comeram crepes e foi informado que 34 comeram crepe doce, podemos concluir que existem pessoas que comeram os dois tipos de crepes.

$34 + 32 = 66$

Para saber qual a intersecção desses dois conjuntos ($D \cap S$), ou seja, a quantidade de pessoas que comeram os dois tipos de crepe, basta calcular a diferença:

$66 - 45 = 21$ pessoas

Ou seja, 21 pessoas comeram os dois crepes.

GABARITO: ERRADO.

---

13. (Quadrix – 2022 – CRESS-AP – Agente Administrativo) Em um jantar com 50 pessoas, 64% comeram crepe salgado, 34 comeram crepe doce e 5 não comeram nenhum dos dois tipos de crepe.

Com base nessa situação hipotética, julgue o item.

32 pessoas comeram crepe salgado nesse jantar.

COMENTÁRIO

A questão informou que 64% das pessoas comeram crepe salgado. Então temos:

$$64\% \text{ de } 50 = \frac{64}{100} \times \frac{50}{1} = \frac{3200}{100} = 32 \textit{ pessoas}$$

GABARITO: CERTO.

---

14. (Quadrix – 2022 – CRM-SC – Assistente Administrativo) No segundo turno de uma eleição presidencial, há apenas dois candidatos: o candidato A e o candidato B. Em uma pesquisa de intenção de votos com duas mil pessoas, o entrevistado deveria responder se votaria no candidato A, no candidato B, em branco ou nulo. Verificou-se que:

- 920 entrevistados votariam no candidato A;
- 29% dos entrevistados votariam no candidato B;
- o número de pessoas que votaria em branco era o quádruplo do número de pessoas que votaria nulo.

Com base nessa situação hipotética, julgue o item.

Escolhendo-se ao acaso um entrevistado que não votaria em branco ou nulo, a probabilidade de ele votar no candidato A é maior que 60%.

COMENTÁRIO

Primeiro temos que descobrir a quantidade de entrevistados que votariam no candidato B. Ou seja, 29% dos entrevistados:

29% de 2000 =

0,29 × 2000 = 580 entrevistados votariam em B.

Juntando com a quantidades de entrevistados que votariam em A já temos:

920 + 580 = 1500 *pessoas*

Escolhendo-se ao acaso um entrevistado que não votaria em branco ou nulo, a probabilidade de ele votar no candidato A é

%	votos
100	1500
x	920

Resolvendo:

$1500x = 92000$

$$x = \frac{92000}{1500}$$

$x \approx 61{,}33\%$

Logo, a probabilidade será maior que 61,33%

GABARITO: CERTO.

---

15. (Quadrix – 2022 – CRM-SC – Assistente Administrativo) Texto associado

No segundo turno de uma eleição presidencial, há apenas dois candidatos: o candidato A e o candidato B. Em uma pesquisa de intenção de votos com duas mil pessoas, o entrevistado deveria responder se votaria no candidato A, no candidato B, em branco ou nulo. Verificou-se que:

- 920 entrevistados votariam no candidato A;
- 29% dos entrevistados votariam no candidato B;
- o número de pessoas que votaria em branco era o quádruplo do número de pessoas que votaria nulo.

Com base nessa situação hipotética, julgue o item.

580 entrevistados votariam no candidato B.

COMENTÁRIO

Para resolver essa questão basta calcular a porcentagem da quantidade de entrevistados que votariam no candidato B. Ou seja, 29% dos entrevistados entre os 2000:

29% de 2000 =

$0{,}29 \times 2000 = 580$ entrevistados votariam em B.

GABARITO: CERTO.

---

16. (IBFC Órgão: Prefeitura de São Gonçalo do Amarante-RN Prova: IBFC - 2021 - Prefeitura de São Gonçalo do Amarante-RN – Agente Administrativo) Ao temperar os pratos do cardápio de um restaurante, um cozinheiro usa 2 tipos de condimentos: A e B. Alguns pratos levam o condimento A, B ou ambos. O cozinheiro tem um cardápio de 30 pratos, dos quais 15 levam o condimento A e 20 levam o condimento B. Assinale a alternativa que expressa a probabilidade de que em uma escolha aleatória de um prato que contém o condimento B, ele também contenha o condimento A.

A. 17%

B. 25%

C. 33%

D. 100%

COMENTÁRIO

Como são 30 pratos no cardápio, podemos utilizar diagramas para entender melhor a situação;

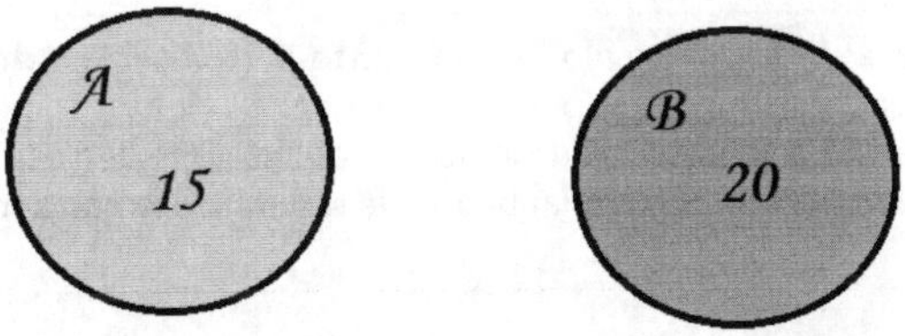

Note que os pratos podem levar os dois tipos de condimentos, então teremos a intersecção dos conjuntos:

$15 + 20 = 35$

Como são 30 pratos:

$35 - 30 = 5$

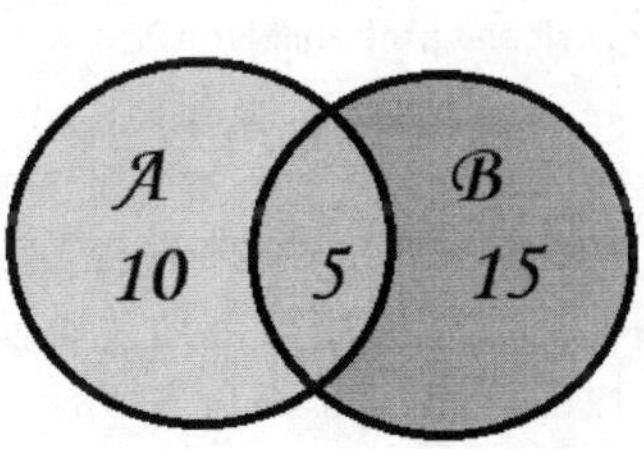

A questão pede a alternativa que expressa a probabilidade de que em uma escolha aleatória de um prato que contém o condimento B, ele também contenha o condimento A, ou seja, a intersecção.

A probabilidade P(A) é calculada sempre por:

$$P(A) = \frac{\text{resultados favoráveis}}{\text{resultados possíveis}}$$

$$P(A) = \frac{5}{20} = 25\%$$

GABARITO: LETRA B.

17. (Prova: IBFC – 2021 – Prefeitura de São Gonçalo do Amarante-RN – Agente Administrativo) Um jogador de sinuca repara que a cada 5 bolas que joga ele 'mata' 2 (derruba na caçapa), a partir disso ele estima a sua probabilidade média de acerto. Ao derrubar uma bola ele realiza outra tacada. Admitindo essa probabilidade estimada de acerto, e que as jogadas em sequência são eventos independentes, assinale a alternativa que apresenta a probabilidade deste jogador derrubar 3 bolas seguidas.

A. 4,0%

B. 6,4%

C. 8,0%

D. 40,0%

COMENTÁRIO

A probabilidade P(A) é calculada sempre por:

$$P(A) = \frac{\textit{resultados favoráveis}}{\textit{resultados possíveis}}$$

Como foi fito, a chance dele derrubar a bola é 2 em 5 jogadas. Como são três jogadas seguidas teremos:

$$\frac{2}{5} \times \frac{2}{5} \times \frac{2}{5} = \frac{8}{125} = 0{,}064 = 6{,}4\%$$

GABARITO: LETRA B.

---

18. (IBFC – 2021 – Prefeitura de São Gonçalo do Amarante-RN – Agente Administrativo) Um time de futebol terá um ciclo de 3 jogos pela frente. Ele pode vencer (ganha 3 pontos), perder (não ganha pontos) ou empatar (ganha 1 ponto). Assinale a alternativa que indica a probabilidade desse time terminar esse ciclo com exatamente 4 pontos, considerando apenas a quantidade de resultados (e não a força do time com respeito aos adversários).

A. 1/9

B. 1/3

C. 2/3

D. 2/9

COMENTÁRIO

Como já vimos anteriormente para calcular probabilidade P(A) fazemos

$$P(A) = \frac{\textit{resultados favoráveis}}{\textit{resultados possíveis}}$$

Então vamos descobrir primeiro quantos resultados possíveis existem.

Cada jogo temos três resultados possíveis: VENCER, PERDER ou EMPATAR.

Como são três JOGOS: $3 \times 3 \times 3 = 27$ resultados possíveis

Agora vamos verificar os resultados favoráveis, ou seja, os resultados em que são feitos 4 pontos

Como são três jogos, para ter exatamente 4 pontos esse time deverá ganhar um jogo, empatar outro e perder outro. Um forma seria:

1º jogo: perder; 2º jogo ganhar, 3º jogo empatar

Essa é uma opção, porém podemos permutar isso de lugar, ou seja, pode acontecer na ordem diferente.

Então temos $3! = 3 \times 2 \times 1 = 6$

Logo, a probabilidade será:

$$P(A) = \frac{6}{27}$$

Simplificando:

$$P(A) = \frac{6 \div 3}{27 \div 3} = \frac{2}{9}$$

GABARITO: LETRA D.

---

19. (IBFC – 2021 – Prefeitura de São Gonçalo do Amarante-RN – Agente Administrativo) Um baralho muito popular utilizado no Brasil é o de naipes franceses com coringa. Este baralho é composto de 52 duas cartas divididas em 4 naipes e mais um par de coringas, totalizando 54 cartas. Após embaralhar bem, de forma que as cartas podem ser consideradas aleatoriamente empilhadas, uma pessoa expõe as 14 primeiras cartas e nenhuma delas é um coringa. Assinale a alternativa que indica a probabilidade da próxima carta ser um coringa.

A. 5%

B. 10%

C. 20%

D. 40%

COMENTÁRIO

Observe que foram retiradas 14 cartas do baralho. Desta forma, sobraram ainda no baralho 54 – 14 = 40 cartas.

Dentre essas 40 cartas temos 2 coringas.

Como vimos anteriormente, a probabilidade é calculada da seguinte forma:

$$P(A) = \frac{\textit{resultados favoráveis}}{\textit{resultados possíveis}}$$

Resultados favoráveis: 2 cartas

Resultados possíveis: 40

Logo,

$$P(A) = \frac{2}{40} = 0{,}05$$

Ou seja, $0{,}05 \times 100 = 5\%$

GABARITO: LETRA A.

---

20. (IBFC – 2021 – IAP – PR – Agente Profissional – Arquiteto) Ao formar um número com dois algarismos distintos, utilizando somente os algarismos 1,2,3,6 e 7, a probabilidade de que esse número seja ímpar é:

A. 60%

B. 50%

C. 40%

D. 20%

E. 55%

COMENTÁRIO

Como estamos procurando uma probabilidade, então sempre procuramos primeiro o valor de todos os resultados possíveis.

Como são dois algarismos distintos:

$\underline{5} \times \underline{4} = 20$

Conseguimos formar 20 números. Agora vamos identificar quantos números ímpares conseguimos formar. Para isso, os números deverão terminar em 1 ou 3 ou 7, ou seja, teremos apenas três opções para o segundo algarismo.

$\blacksquare \times \underline{3}$

Observe que para a primeira posição sobrarão ainda 4 números para colocarmos. Então teremos:

$\underline{4} \times \underline{3} = 12$

Logo, a probabilidade será:

$$\frac{12}{20} = 0{,}6 \rightarrow 60\%$$

GABARITO: LETRA A.

---

21. (IBFC – 2021 – SEAP-PR – Agente de Execução – Técnico em Enfermagem) Paulo jogou um dado duas vezes ao chão e anotou o número da face voltada para cima em cada jogada. Considerando todos os resultados possíveis, assinale a alternativa que apresenta a probabilidade de que os dois números sejam ímpares.

A. 1/36
B. 1/4
C. 2/3
D. 3/4
E. 1/2

COMENTÁRIO

O dado possui 6 faces, enumeradas de 1 a 6.

Os eventos favoráveis são as faces ímpares, ou seja (1, 3 e 5) três faces

1ª Jogada: a chance de sair um número ímpar

$$P(A) = \frac{3}{6}$$

2ª jogada: a chance de sair um número ímpar

$$P(A) = \frac{3}{6}$$

As duas jogadas consecutivas com números ímpares:

$$\frac{3}{6} \times \frac{3}{6} = \frac{9}{36}$$

Simplificando:

$$\frac{9 \div 9}{36 \div 9} = \frac{1}{4}$$

GABARITO: LETRA B.

---

22. (IBFC – 2020 – EBSERH – Farmacêutico) Analise as sentenças a seguir, verificando quais resultam em valores lógicos verdadeiros e quais resultam em valores lógicos falsos. Considere que os símbolos $\rightarrow$ e $\leftrightarrow$ representam os operadores lógicos "se... então" e "se e somente se", respectivamente.

( ) A probabilidade de se escolher, ao acaso, um número maior que 6 no conjunto A = {2,5,8,25,1,12} é de 50%.
( ) A negação da negação de uma proposição, resulta na própria proposição.
( ) $(5 - 2 = 2) \rightarrow (5 + 2 = 8)$.
( ) $(\sqrt{169} > \sqrt{225}) \leftrightarrow (4 > 3)$.

De acordo com as sentenças apresentadas, assinale a alternativa que apresenta a sequência correta de cima para baixo dos valores lógicos das proposições.

A. V, F, F, V
B. F, V, F, V
C. V, V, V, F
D. F, V, V, F
E. V, V, F, V

COMENTÁRIO

Para responder essa questão, vamos analisar cada um dos itens.

- A probabilidade de se escolher, ao acaso, um número maior que 6 no conjunto A = {2,5,8,25,1,12} é de 50%.

Resultados possíveis: 6

Resultados favoráveis: (8, 25,12)=3

$$P(A) = \frac{3}{6} = 50\%$$

Item certo.

- A negação da negação de uma proposição, resulta na própria proposição.

Certo. Vamos ver um exemplo:

Temos a proposição $P \wedge Q$

A negação seria $\sim(P \wedge Q) = \sim P \vee \sim Q$

A negação dessa negação será: $\sim(\sim P \vee \sim Q) = P \wedge Q$.

Ou seja, a própria proposição inicial.

- $(5 - 2 = 2) \rightarrow (5 + 2 = 8)$.

Temos uma condicional. Primeiramente vamos resolver as operações para valorar as partes da proposição composta.

$(5 - 2 = 2) \rightarrow (5 + 2 = 8)$.

$F \rightarrow F = V$

Item certo.

( ) $(\sqrt{169} > \sqrt{225}) \leftrightarrow (4 > 3)$.

Resolvendo as operações

$(\sqrt{169} > \sqrt{225}) \leftrightarrow (4 > 3)$.

$(13 > 15) \leftrightarrow (4 > 3)$.

$F \leftrightarrow V = F$

Logo, a ordem correta será V-V-V-F

GABARITO: LETRA C.

---

23. (IBFC – 2020 – EBSERH – Assistente Administrativo) Todos os dias pela manhã, no caminho para o trabalho, Fabiana passa na padaria. Naquele dia, era o aniversário de seu grande amigo Robson, e como presente, Fabiana resolveu que iria montar uma cesta de café da manhã. Ela colocou ao todo 32 produtos, dentre eles, 4 pães de queijo. Como a cesta estava toda embrulhada, não era possível ver quais produtos estavam dentro dela. Assinale a alternativa que apresenta qual a probabilidade de, na primeira tentativa, Robson conseguir pegar um pão de queijo.

A. 5%

B. 10%

C. 14%

D. 75%

E. 12,5%

COMENTÁRIO

Como já vimos anteriormente para calcular probabilidade P(A) fazemos

$$P(A) = \frac{\text{resultados favoráveis}}{\text{resultados possíveis}}$$

Os resultados favoráveis será a quantidade de pães de queijo disponíveis: 4 unidades

A quantidade de resultados possíveis será a quantidade total de produtos dentro dessa cesta:32

$P(A) = \frac{4}{32} = 0{,}125$

Ou seja, 12,5% de chances.

GABARITO: LETRA E.

---

24. (FGV/MPE-RJ/Analista do Ministério Público-Administrativa/2019) Em um dado viciado, cada algarismo par tem probabilidade de ocorrência o dobro da probabilidade de ocorrência de cada algarismo ímpar. Esse dado é lançado duas vezes.

A probabilidade de a soma dos números obtidos nos dois lançamentos ser igual a 4 é:

A. 2/81;
B. 1/27;
C. 4/81;
D. 5/81;
E. 2/27;

COMENTÁRIO

Essa é uma questão de probabilidade, então vamos relembrar como fazemos para calcular.

A probabilidade P(A) é calculada sempre por:

$$P(A) = \frac{\textit{resultados favoráveis}}{\textit{resultados possíveis}}$$

É importante saber que a probabilidade de um evento ocorrer varia de 0 a 1.

Observe que a questão informou que cada algarismo PAR tem a tem probabilidade de ocorrência o dobro da probabilidade de ocorrência de cada algarismo ÍMPAR.

Vamos chamar de p a probabilidade de um número sair. Sabendo que o dado tem 6 lados, temos:

1	2	3	4	5	6
p	$2p$	p	$2p$	p	$2p$

Sendo assim, $p + 2p + p + 2p + p + 2p = 1$

$9p = 1$

$p = \frac{1}{9}$

Foi dito que esse dado foi lançado duas vezes. A probabilidade de a soma dos números obtidos nos dois lançamentos ser igual a 4 é:

Temos as opções:

$1 + 3 = p + p = \frac{1}{9} \times \frac{1}{9} = \frac{1}{81}$; ou

$2 + 2 = 2p + 2p = \frac{2}{9} \times \frac{2}{9} = \frac{4}{81}$; ou

$3 + 1 = p + p = \frac{1}{9} \times \frac{1}{9} = \frac{1}{81}$;

Somando as probabilidades:

$\frac{1}{81} + \frac{4}{81} + \frac{1}{81} = \frac{6}{81}$

Simplificando:

$$\frac{6 \div 3}{81 \div 3} = \frac{2}{27}$$

Resposta: E.

---

25. (INSTITUTO AOCP/UFPB/Assistente da Tecnologia da Informação/2019) Em uma caixa, estão dispostos 10 cartões, sendo 4 da cor amarela e 6 da cor vermelha. São sorteados sucessivamente, sem reposição, quatro cartões dessa caixa. A probabilidade de que ao menos uma dessas cartas seja da cor vermelha é igual a

A. 1/210

B. 10/21

C. 10/210

D. 15/21

E. 209/210

COMENTÁRIO

Essa é uma questão de probabilidade, então vamos novamente relembrar como calculamos a probabilidade de um evento ocorrer.

A probabilidade P(A) é calculada sempre por:

$$P(A) = \frac{\text{resultados favoráveis}}{\text{resultados possíveis}}$$

Observe que a questão pediu a probabilidade de que ao menos uma dessas cartas seja da cor vermelha. Ou seja, pode haver uma, duas, três ou quatro vermelhas.

Primeiro encontramos a quantidade de casos possíveis. Como a ordem não é relevante temos uma combinação:

$$C_{10,4} = \frac{10!}{4!\,(10-4)!}$$

$$C_{10,4} = \frac{10!}{4!\,6!}$$

$$C_{10,4} = \frac{10 \times 9 \times 8 \times 7 \times 6!}{4 \times 3 \times 2 \times 1!\,6!}$$

$$C_{10,4} = \frac{10 \times 9 \times 8 \times 7}{4 \times 3 \times 2 \times 1} = 210$$

Ou seja, há 210 formas diferentes de se retirar 4 cartões.

Então, vamos agora excluir a quantidade de maneiras em que só saem cartões amarelos.

Como só temos 4 cartões amarelos, então só existe uma possibilidade de sair todos os cartões amarelos e nenhum preto,

Logo assim 210 -1 = 209 é a quantidade de maneiras que saem pelo menos um cartão vermelho.

Sendo assim a probabilidade será $P(A) = \frac{209}{210}$

Resposta: E.

---

26. (INSTITUTO AOCP/PC-ES/Auxiliar Perícia Médico-Legal/2019) João e Adilson estão em uma reunião com todos os outros supervisores da empresa em que trabalham. Eles estão sentados juntos a uma mesa retangular, cada um (João e Adilson) em uma ponta. Entre eles, de um lado, há três pessoas e, do outro, duas pessoas. Um garçom coloca, aleatoriamente, 7 pratos na mesa, um na frente de cada lugar. Em um desses pratos, está colado um envelope com a quantia de R$ 1.000,00. Qual é a probabilidade de João ou Adilson receberem o prato com o envelope?

A. 1/14

B. 1/7

C. 2/7

D. 3/14

E. 4/7

COMENTÁRIO

Em probabilidade, a expressão "ou" representa a soma das probabilidades de os eventos ocorrerem.

Observem que independentemente do local onde estão sentados, a chance de qualquer um receber o envelope na mesa é a mesma, ou seja, **uma** chance entre os **sete** lugares possíveis.

Assim a probabilidade de João receber o envelope é: 1/7; e a probabilidade de Adilson receber é de 1/7 também.

Como existe a expressão "ou", somamos: $\frac{1}{7} + \frac{1}{7} = \frac{2}{7}$

Resposta: C.

---

27. (INSTITUTO AOCP/IBGE/Analista Censitário-Letras/2019) Durante uma pesquisa sobre as vítimas fatais em decorrência de acidentes viários, foram entrevistadas 1500 pessoas e suas declarações foram registradas em fichas individuais. Sabe-se que 200 pessoas entrevistadas são pedestres, 400 pessoas são motociclistas e as demais são motoristas de carros de passeio. Dentre todas as fichas registradas, uma foi escolhida aleatoriamente. A probabilidade de que essa ficha escolhida aleatoriamente seja de um motorista de carro de passeio é igual a

A. 0,2.

B. 0,9.

C. 0,4.

D. 0,3.

E. 0,6.

COMENTÁRIO

Essa é uma questão de probabilidade, então vamos relembrar como fazemos para calcular.

A probabilidade P(A) é calculada sempre por:

$$P(A) = \frac{\textit{resultados favoráveis}}{\textit{resultados possíveis}}$$

Na questão, observe que a quantidade de resultados possíveis é dada pelo total de pessoas entrevistadas: 1500.

A quantidade de resultados favoráveis está representada por qual ficha queremos que seja escolhida: motoristas de carro de passeio que é igual a:

$1500 - 400 - 200 = 900$

Desta forma calculamos a probabilidade de o evento ocorrer:

$$P(A) = \frac{900}{1500}$$

Lembrando que toda fração é uma divisão temos:

$900 \div 1500 = 0,6$

Resposta: E.

28. (IADES/CAU-MT/Assistente Administrativo/2019) Um grupo de 3 amigos participa de um jogo de cartas, de modo que cada um possui 10 cartas idênticas à exceção de estarem numeradas de 1 a 10 em apenas um dos lados. Cada rodada do jogo consiste em cada participante escolher uma carta ao acaso (considerando a escolha da carta equiprovável entre as 10 cartas à disposição) e apresentar aos demais participantes. O jogo termina quando todas as cartas apresentadas na mesma rodada tiverem um valor par. Qual é a probabilidade de o jogo terminar na terceira rodada?

A. É superior a 10%.

B. 25/256.

C. 9/128.

D. 1/16.

E. 49/512.

COMENTÁRIO

Essa é uma questão de probabilidade, então vamos relembrar como fazemos para calcular.

A probabilidade P(A) é calculada sempre por:

$$P(A) = \frac{\text{resultados favoráveis}}{\text{resultados possíveis}}$$

O jogo termina quando todas as cartas pares saem. Temos cinco cartas pares: 2, 4, 6, 8, 10.

Sabemos que existem 10 resultados possíveis, a probabilidade de uma participante apresentar uma carta par é de 5/10. Simplificando temos:

$$\frac{5 \div 5}{10 \div 5} = \frac{1}{2}$$

Então, para que o jogo termine na terceira jogada, todos os três participantes devem apresentar cartas pares somente na terceira jogada. Desta forma teremos:

$$\frac{1}{2} \times \frac{1}{2} \times \frac{1}{2} = \frac{1}{8}$$

Logo, a probabilidade de os três jogarem uma carta par na mesma jogada é igual a 1/8.

Desta forma, a primeira e a segunda jogada os três participantes não podem jogar somente cartas pares. Então temos o complementar da a probabilidade de os três jogarem uma carta par na mesma jogada.

$$\frac{8}{8} - \frac{1}{8} = \frac{7}{8}$$

Ou seja, a probabilidade de os três não jogarem três cartas pares é igual a 7/8. Então temos:

1ª rodada: 7/8 ;

2ª rodada: 7/8

3ª rodada: 1/8

$$\frac{7}{8} \times \frac{7}{8} \times \frac{1}{8} = \frac{49}{512}$$

Resposta: E

29. (CESPE/PGE-PE/Analista Administrativo de Procuradoria-Calculista/2019) A União tem, hoje, 138 estatais sob sua gestão, entre elas o Banco do Brasil S.A., a PETROBRAS e a CAIXA. Dessas 138, somente três devem permanecer sob a gestão da União; as demais serão privatizadas.

Considerando essa afirmação, julgue o próximo item.

Supondo-se que a PETROBRAS e o Banco do Brasil S.A. sejam estatais já escolhidas para permanecerem sob a gestão da União, se a terceira estatal for escolhida ao acaso, a chance de a CAIXA ser privatizada será superior a 99%.

COMENTÁRIO

Como a questão já informa que as estatais, Banco do Brasil e Petrobrás estão certas para permanecer sob a gestão da União, então das 138 empresas, restarão 136 que podem ser privatizadas, sabendo que Caixa está inclusa neste valor.

A probabilidade de a Caixa **não** ser privatizada é dada por P (n) = 1/136=0,00735294

Pelo Princípio da exclusão, ou seja, do total de (100%) retiramos o que não serve, ou seja, o complementar.

É importante ressaltar que o universo em probabilidade corresponde a 100%, ou seja, 1.

Dessa forma, se a terceira estatal for escolhida ao acaso, a chance de a CAIXA ser privatizada será dada por 1 – 0,00735294 = 0,99264706, o que corresponde aproximadamente 99,26%

Por fim temos que a porcentagem de a CAIXA ser privatizada será superior a 99%.

Resposta: Certo.

---

30. (COPEVE-UFAL/Prefeitura de Porto Calvo-AL/Assistente Administrativo/2019) Um jogo consiste de duas urnas A e B, a primeira delas contendo 3 esferas numeradas de 2 a 4 e a segunda contendo 4 esferas numeradas de 1 a 4, e é disputado por dois jogadores através das seguintes ações/regras:

i) O primeiro jogador sorteia uma esfera da urna A.

ii) O segundo jogador sorteia, de uma só vez, uma quantidade de esferas da urna B correspondente ao número da esfera sorteada em (i).

iii) Se a soma dos números das esferas sorteadas em (ii) for par, vence o primeiro jogador; caso contrário, ganha o segundo jogador.

Dadas as afirmativas a respeito desse jogo,

I. Se a esfera sorteada da urna A for 2, a probabilidade de vitória do primeiro jogador é menor que a do segundo.

II. Se a esfera sorteada da urna A for 3, as probabilidades de vitória dos dois jogadores são iguais.

III. Se a esfera sorteada da urna A for 4, a probabilidade de vitória do segundo jogador é zero.

Verifica-se que está (ão) correta (s)

a) I, apenas.

b) II, apenas.

c) I e III, apenas.

d) II e III, apenas.

e) I, II e III.

COMENTÁRIO

Temos as seguintes urnas e suas respectivas esferas:

Urna **A** tem as esferas: 2 3 4

Urna **B** tem as esferas: 1 2 3 4

Entendendo as regras, temos:

O número que sair na esfera da urna A será o tanto de esferas que o outro jogador tirará da urna B. Ou seja, se tirar a esfera de nº 2 na urna A, pega 2 esferas na urna B. Se tirar a esfera de nº 3 na urna A, pega 3 esferas da urna B. Se tirar a esfera de nº 4, pega 4 esferas na urna B.

Se a soma dos números das bolas da urna B forem par: o 1º jogador vence. Se for ímpar a soma, o 2º jogador ganha. Agora vamos analisar as afirmativas:

I. Se a esfera sorteada da urna A for 2, a probabilidade de vitória do primeiro jogador é menor que a do segundo.

Se da urna A sair a esfera nº 2, vai tirar 2 esferas da urna B. Nesse caso, o 1º jogador tem MENOS chances de ganhar (ou seja, dá mais número ímpar do que par). Podemos verificar somando as possibilidades dos resultados das esferas da urna B. Ou seja, vou somar só 2 números (2 esferas) da urna B:

1 + 2 = 3 (ímpar - 2º vence)

1 + 3 = 4 (par - 1º vence)

1+ 4 = 5 (ímpar - 2º vence)

2 + 3 = 5 (ímpar - 2º vence)

2 + 4 = 6 (par - 1º vence)

3 + 4 = 7 (ímpar - 2º vence)

Certo, pois as somas deram mais ímpar do que par, logo **a probabilidade de vitória do primeiro jogador é menor que a do segundo.**

II. Se a esfera sorteada da urna A for 3, as probabilidades de vitória dos dois jogadores são iguais.

Se tirar a esfera de nº 3 da urna A, serão retiradas 3 esferas da urna B.

Nessa situação, temos os resultados das somas iguais, quanto ao número de vezes ímpares igual a de pares.

1 + 2 + 3 = 6 (par - 1º vence)

2 + 3 + 4 = 9 (ímpar - 2º vence)

1 + 4 + 2 = 7 (ímpar - 2º vence)

1 + 4 + 3 = 8 (par - 1º vence)

Podemos inferir que seriam as mesmas chances dos dois jogadores, ou seja, **as probabilidades de vitória dos dois jogadores são iguais.**

III. Se a esfera sorteada da urna A for 4, a probabilidade de vitória do segundo jogador é zero.

Se tirar a esfera de nº 4 da urna A, serão retiradas 4 esferas da urna B. Temos somente uma possibilidade:

1 + 2 + 3 + 4 = 10 (par - 1º vence)

A soma de todas as esferas retiradas é um número par, e quando é par, o 1º jogador vence. Dessa forma, é certo que a chance de vitória do 2º jogador é igual a zero.

Finalizando, podemos inferir que as três afirmativas estão corretas.

Resposta: E.

---

31. (VUNESP/MP-SP/Analista Técnico Científico/2019) Uma urna A contém 2 bolas brancas, 3 vermelhas e 5 amarelas. A urna B contém 2 bolas vermelhas e 3 pretas. Retira-se uma bola de cada urna, ao acaso. Então, a probabilidade de que ambas as bolas sejam da mesma cor é de:

a) 9/50

b) 3/25

c) 1/25

d) 1/50

e) 1/20

COMENTÁRIO

Temos na primeira urna as seguintes bolas: **2B, 3V e 5A (total =10)**

Temos na segunda urna: **2V e 3P (total = 5)**

As bolas que possuem as mesmas cores, em cada uma das urnas, são as vermelhas.

Sendo assim, temos que a probabilidade de retirar uma bola vermelha da urna A é dado por:

P (V) = 3 / 10

Temos agora que a probabilidade de retirar uma bola vermelha da urna B é dado por:

P (V) = 2 / 5

Por fim, temos que multiplicar os dois resultados $\frac{3}{10} \times \frac{2}{5} = \frac{3}{25}$

Resposta: B.

---

32. (FCC/BANRISUL/ESCRITURÁRIO/2019) Em uma cidade, 80% das famílias têm televisão e 35% têm microcomputador. Sabe-se que 90% das famílias têm pelo menos um desses aparelhos. Se uma família for escolhida aleatoriamente, a probabilidade de ela ter ambos os aparelhos é igual a

a) 20%.

b) 15%.

c) 30%.

d) 25%.

e) 10%

COMENTÁRIO

Nesta questão podemos aplicar uma das propriedades em probabilidade, União de dois eventos, que está no final deste capítulo, em nossas dicas. Porém podemos resolver pela teoria de conjuntos, também visto no primeiro capítulo deste livro.

Vamos lá! Pela fórmula, temos:

$P(A \cup B) = P(A) + P(B) - P(A \cap B)$

Simbolizando os conjuntos:

$P(TV \cup MC) = P(TV) + P(MC) - P(TV \cap MC)$

$P(TV) = 80\%$

$P(MC) = 35\%$

$P(TV \cup MC) = 90\%$

$P(TV \cup MC) = P(TV) + P(MC) - P(TV \cap MC)$

$90\% = 80\% + 35\% - P(TV \cap MC)$

$P(TV \cap MC) = 80\% + 35\% - 90\%$

$P(TV \cap MC) = 25\%$

Por Teoria de Conjuntos:

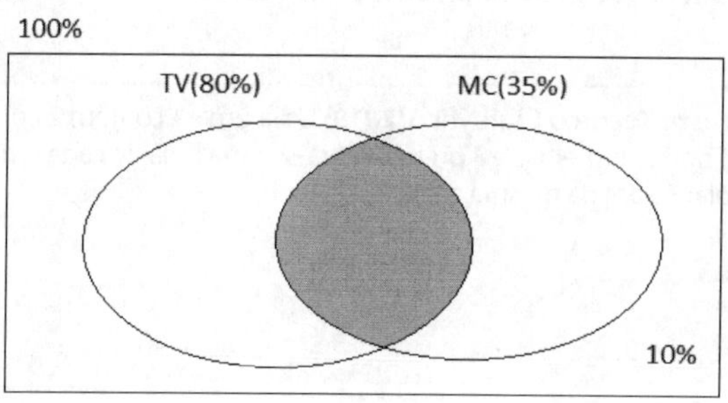

Nas questões de conjuntos, quando queremos a interseção, basta calcularmos aquilo que passa da realidade.

$(80\% + 35\% + 10\%) - 100\%(\text{real}) = 25\%$

Resposta: D.

---

33. (CESPE/Banco do Nordeste/Analista Bancário/2018) Julgue o próximo item, relativo a análise combinatória e probabilidade

Situação hipotética: Para cada um dos 16 itens da prova objetiva de informática de um concurso público, o candidato deverá marcar na folha de respostas se o item é certo ou errado. A condição para não desclassificação do candidato é que ele acerte o gabarito de pelo menos 10 desses itens. Assertiva: Nesse caso, se o candidato marcar aleatoriamente todos os 16 itens, a probabilidade de ele não ser desclassificado é igual a $\frac{7 \times 11 \times 13}{2^{13}}$

COMENTÁRIO

Temos uma questão de probabilidade, em iremos encontrar o número de casos possíveis e o número de casos favoráveis:

Casos possíveis: (sabendo que temos 2 possibilidades para cada um dos itens)

$2^{16} = 2 \times 2 \times 2 \times 2 \times 2 \times 2 \times 2 \times 2 \times 2 \times 2 \times 2 \times 2 \times 2 \times 2 \times 2 \times 2$

Casos favoráveis: (acertar PELO MENOS 10 itens)

A = acertar

E = errar

Temos as seguintes possibilidades:

AAAAAAAAAAEEEEEE = 16! /(10! . 6!) = 8008

Ou

AAAAAAAAAAAEEEEE = 16! /(11! . 5!) = 4368

Ou

AAAAAAAAAAAAEEEE = 16! /(12! . 4!) = 1820

Ou

AAAAAAAAAAAAAEEE = 16! /(13! . 3!) = 560

OU

AAAAAAAAAAAAAAEE = 16! /(14! . 2!) = 120

OU

AAAAAAAAAAAAAAAE = 16! /(15! . 1!) = 16

OU

AAAAAAAAAAAAAAAA = 1

Somando os valores, temos: 8008 + 4368 +560 + 120 + 16+ 1 = 14893

Probabilidade = 14 893 / 2^{16}

Resposta: Errado.

---

34. (CESPE/EBSERH/2018) Uma pesquisa revelou características da população de uma pequena comunidade composta apenas por casais e seus filhos. Todos os casais dessa comunidade são elementos do conjunto A∪B∪C, em que

A = {casais com pelo menos um filho com mais de 20 anos de idade};

B = {casais com pelo menos um filho com menos de 10 anos de idade};

C = {casais com pelo menos 4 filhos}.

Considerando que n (P) indique a quantidade de elementos de um conjunto P, suponha que n(A) = 18; n(B) = 20; n(C) = 25; n(A∩B) = 13; n(A∩C) = 11; n(B∩C) = 12 e n(A∩B∩C) = 8. O diagrama a seguir mostra essas quantidades de elementos.

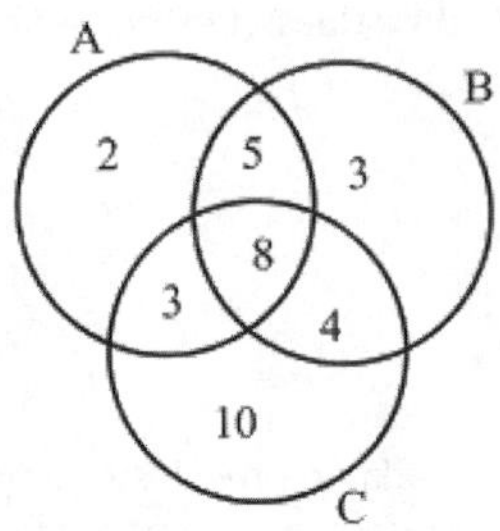

Com base nas informações e no diagrama precedentes, julgue o item a seguir.

Se um casal dessa comunidade for escolhido ao acaso, então a probabilidade de ele ter menos de 4 filhos será superior a 0,3.

COMENTÁRIO

O item se refere a quantidade de casais, logo temos 35 casais (somar os valores que se encontram dentro dos diagramas).

Casos possíveis (Universo) = 35

Casos favoráveis (ter pelo menos 4 filhos) = conjunto C = 3+ 8 + 4 + 10 = 25

Logo ter menos de 4 filhos = 35-25 = 10

P (n) = 10/35 = 0,285

Resposta: Errado.

---

35. (IADES/Fundação Hemocentro de Brasília-DF/Administração/2017) Considere hipoteticamente que 40% da população de uma cidade são picados pelo mosquito Aedes aegypti. Das pessoas picadas, 20% apresentam os sintomas da dengue. Se uma pessoa dessa cidade for selecionada aleatoriamente, qual a probabilidade de que ela tenha sido picada pelo mosquito Aedes aegypti e apresente os sintomas da dengue?

A. 0,05

B. 0,08

C. 0,5

D. 0,6

E. 0,8

COMENTÁRIO

Essa é uma questão de probabilidade e porcentagem, então vamos lembrar de algumas regrinhas que nos ajudam nos cálculos.

A porcentagem é representada pelo símbolo % e pode ser escrita na forma de uma fração centesimal, ou na sua forma decimal.

Exemplo: 4% = 4/100 = 0,04.

A probabilidade P(A) é calculada sempre por:

$$P\,(A) = \frac{\textit{resultados favoráveis}}{\textit{resultados possíveis}}$$

É importante saber que a probabilidade de um evento ocorrer varia de 0 a 1.

Então, temos 20% de 40% da população que foi picada. A preposição "de" representa multiplicação. Logo teremos:

0,4 × 0,2 = 0,08

Resposta: E.

---

36. (CESPE/TRT-7ª Região (CE)/2017). Se, na presente prova, em que cada questão tem quatro opções de resposta, um candidato escolher ao acaso uma única resposta para cada uma das quatro primeiras questões, então a probabilidade de ele acertar exatamente duas questões será igual a

a) 1/2 .

b) 9/16 .

c) 27/128 .

d) 9/256 .

COMENTÁRIO

Por uma das propriedades que é apresentada no final deste capítulo, propriedade complementar, temos que P(n) + P'(n) = 1 , logo podemos resolver a questão da seguinte forma:

A chance de acertar é 1/4 (A)

A chance de errar é 3/4(E) uma vez que temos uma alternativa certa dentre 3 erradas.

A questão solicita a chance de ele acertar exatamente duas, e as outras duas estarem erradas.

Então teremos a seguinte situação:

A A E E

1/4 x 1/4 x 3/4 x 3/4 = 9/256

É importante observar que temos o resultado para uma ordem, logo os eventos podem ocorrer em qualquer ordem. Neste momento iremos lançar mão dos conhecimentos do capítulo anterior, isto é, análise combinatória, onde iremos calcular a quantidade de ordens para A A E E, que será uma permutação com repetição:

$\frac{4 \times 3 \times 2 \times 1}{2\text{x}1 \quad 2\text{x}1} = 6$

Para finalizarmos iremos multiplicar 9/256 x 6 = 27/128.

Resposta: C.

---

37. (FGV/ Prefeitura de Salvador – BA/ 2017) Júlio vai lançar uma moeda honesta 4 vezes seguidas. A probabilidade de que o número de caras seja igual ao número de coroas é de

a) 1/2.

b) 1/3.

c) 3/4.

d) 3/8

e) 5/8.

COMENTÁRIO

Como a ordem dos lançamentos não importa (não altera a natureza), iremos aplicar uma combinação: $C_{4,2}$ (casos favoráveis)

(Eventos favoráveis) $= C_{4,2} = 4.3/2! = 12/2 =$ **6**

Como as moedas são lançadas 4 vezes, há 2 chances de cair em cada: Cara ou Coroa

(Casos Possíveis) = 2 . 2 . 2 . 2 = **16**

$$P = \frac{\text{casos favoráveis}}{\text{casos possíveis}}$$

6/16 = 3/8

Resposta: D.

---

38. (FGV/ Prefeitura de Salvador – BA/2017) Abel tem uma moeda que dá "cara" com probabilidade 1/2 e Breno tem uma moeda que dá "cara" com probabilidade 1/3.

Abel e Breno lançam suas respectivas moedas, alternadamente. O primeiro que obtiver "cara", ganha. Abel é o primeiro a lançar, e os lançamentos são todos independentes.

A probabilidade de Abel ganhar no seu terceiro lançamento é de

a) 1/2 .

b) 1/3 .

c) 1/4.

d) 1/8 .

e) 1/18 .

COMENTÁRIO

Abel para ganhar o jogo tem que tirar cara em sua terceira tentativa, uma vez que que os dois ficam alternando as jogadas. Vejamos as jogadas alternadas:

Abel: aqui ele tem 1/2 de chance de cara, ou seja, <u>1/2</u> de tirar coroa (queremos que ele perca, tirar então <u>coroa</u>, o que na verdade não altera, mas para melhor interpretação)

Breno: se ele tem 1/3 de tirar cara, então aqui ele tem que ter <u>2/3</u> para tirar *coroa*, uma vez que queremos que o Abel ganhe na terceira tentativa

Abel: <u>1/2</u> de tirar <u>coroa</u>

Breno: <u>2/3</u> de tirar <u>coroa</u>

Abel: aqui a gente quer que ele ganhe, então **1/2** de tirar **cara.**

Multiplicando as probabilidades até a terceira jogada em que Abel ganha, teremos:

1/2 x 2/3 x 1/2 x 2/3 x 1/2 = 4/72 = 1/18

Resposta: E.

39. (CESPE/INSS ANALISTA/2016). Uma população de 1.000 pessoas acima de 60 anos de idade foi dividida nos seguintes dois grupos:

A: aqueles que já sofreram infarto (totalizando 400 pessoas); e

B: aqueles que nunca sofreram infarto (totalizando 600 pessoas).

Cada uma das 400 pessoas do grupo A é ou diabética ou fumante ou ambos (diabética e fumante).

A população do grupo B é constituída por três conjuntos de indivíduos: fumantes, ex-fumantes e pessoas que nunca fumaram (não fumantes).

Com base nessas informações, julgue o item subsecutivo.

Se, no grupo B, a quantidade de fumantes for igual a 20% do total de pessoas do grupo e a quantidade de ex-fumantes for igual a 30% da quantidade de pessoas fumantes desse grupo, então, escolhendo-se aleatoriamente um indivíduo desse grupo, a probabilidade de ele não pertencer ao conjunto de fumantes nem ao de ex-fumantes será inferior a 70%.

COMENTÁRIO

Neste item temos 03(três) conjuntos disjuntos, ou seja, não temos elementos que pertencem a mais de um conjunto simultaneamente, logo os conjuntos podem ser representados da seguinte forma:

(120) Fumantes + (36) Ex fumantes + (444) Não fumantes = 600

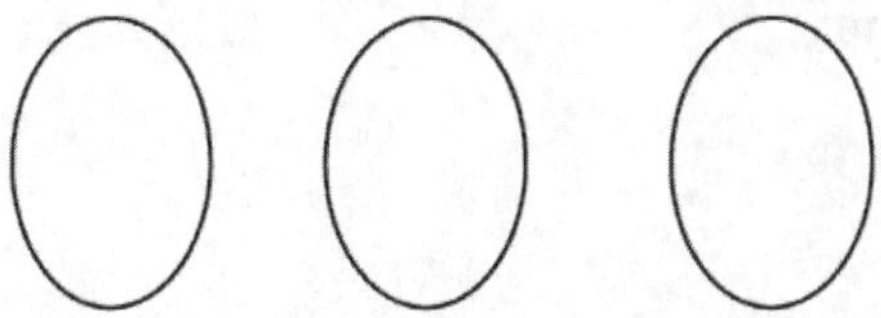

$$P(n) = \frac{444}{600} \times 100 = 74\%$$

Resposta: Errado.

---

40. (ESAF/ANAC/ANALISTA/2016). Em um determinado município, 70% da população é favorável a um certo projeto. Se uma amostra aleatória de cinco pessoas dessa população for selecionada, então a probabilidade de exatamente três pessoas serem favoráveis ao projeto é igual a

a) 40,58%.

b) 35,79%.

c) 42,37%.

d) 30,87%.

e) 37,46%.

COMENTÁRIO

Para facilitar, vamos simular um valor de uma população com 100 pessoas, logo:

70 são favoráveis ao certo projeto (F).

30 não são favoráveis ao certo projeto (NF).

Tomando uma amostra aleatória de 05 pessoas dessa população, e partindo que exatamente 03(três) são favoráveis, teremos:

F. F. F. NF. NF. = (0,7).(0,7).(0,7).(0,3).(0,3) = (0,343).(0,09) = 0,03087

É importante observar que temos essa amostra (F. F. F. NF. NF) ocorrendo de 10 maneiras (ordens) distintas, logo: 0,03087 x 10 = 0,3087 = 30,87%

Resposta: D.

41. (ESAF/ANAC/ANALISTA/2016) . Considere que, num determinado setor da ANAC, três pessoas, A, B e C, são responsáveis diariamente pelos relatórios das atividades desenvolvidas. Dos últimos 200 relatórios, A foi o responsável por 50, B foi responsável por 70 e C foi responsável por 80. Em 6% das vezes, o relatório de A apresenta algum tipo de erro, de B em 10% das vezes e de C em 5% das vezes. Seleciona-se ao acaso um relatório desses 200 e verifica-se que apresenta algum tipo de erro, então a probabilidade de ter sido elaborado por B é igual a

a) 0,35.

b) 0,30.

c) 0,45.

d) 0,40.

e) 0,50.

COMENTÁRIO

Considerando 200 relatórios e de acordo com as porcentagens direcionadas as pessoas A, B e C, temos:

A: 50

B: 70

C: 80

Apresentaram erro:

Em A 6% = 50x6% = 3 relatórios com erros;

Em B 10%= 70x 10% = 7 relatórios com erros;

Em C 5% = 80 x 5% = 4 relatórios com erros.

Sabendo que probabilidade é $P = \frac{\text{casos favoráveis}}{\text{casos possíveis}}$

$$P = \frac{\text{Relatórios errados elaborados por B}}{\text{Relatórios com erros}}$$

$$P = \frac{7}{14} = 0,50$$

Resposta: E.

42. (FUNCAB / PC-PA /Investigador de Polícia Civil / 2016)

Uma investigadora e um escrivão às vezes viajam durante suas férias. Estando de férias, a probabilidade dela viajar para o Rio de Janeiro é de 0,54; de viajar para a Bahia é de 0,32; a probabilidade viajar para o Rio de Janeiro e para a Bahia é 0,18. Estando ele de férias, a probabilidade dele viajar para São Paulo é de 0,51; de viajar para Minas Gerais é de 0,38; a probabilidade de viajar para São Paulo e para Minas Gerais é de 0,16. Portanto, a probabilidade de, durante as férias deles, a investigadora não viajar (nem para o Rio de Janeiro e nem para a Bahia) e do escrivão viajar (para São Paulo ou viajar para Minas Gerais), é igual a:

a) 85.32%

b) 49.64%

c) 34,68%

d) 23.36%

e) 80.85%

COMENTÁRIO

Questão interessante, pois temos a aplicação de teoria de conjuntos juntamente com probabilidade. Vamos interpretar as situações para os dois personagens da questão:

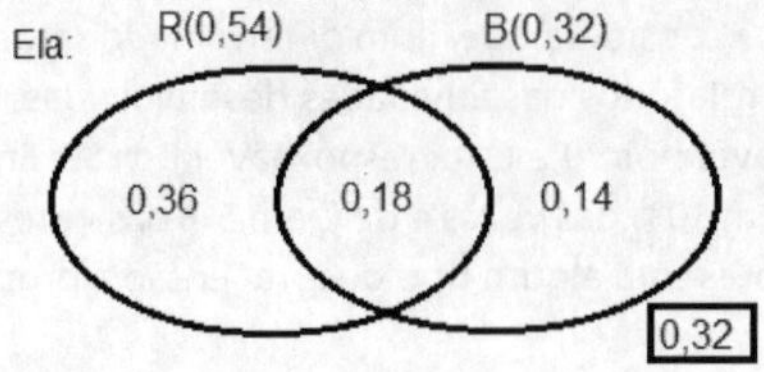

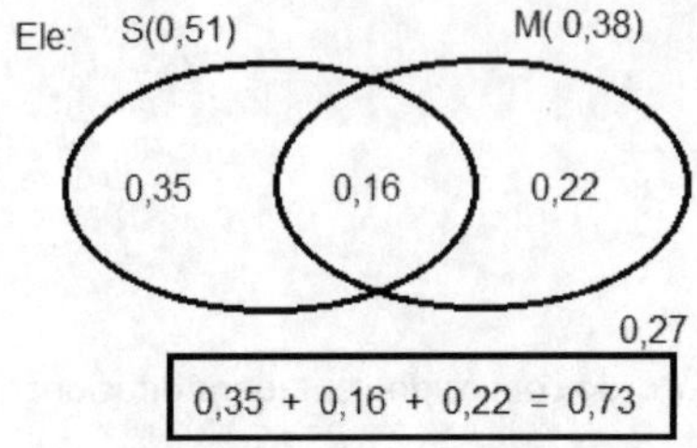

A probabilidade de, durante as férias deles, a investigadora não viajar (nem para o Rio de Janeiro e nem para a Bahia) será igual a 0,32 e do escrivão viajar (para São Paulo ou viajar para Minas Gerais) é igual a 0,73. Porém a questão solicita os dois eventos "e", princípio multiplicativo, sendo assim teremos:

0,32 x 0,73 = 0,2336 x 100(%) = 23,36%.

Resposta D.

---

43. (FGV / IBGE /Técnico em Informações Geográficas e Estatísticas/ 2016)

Cinco pessoas estão sentadas em cinco cadeiras em linha, cada uma com uma moeda na mão. As moedas são todas bem equilibradas, de modo que a probabilidade de sair cara ou coroa em cada uma delas é 1/2. Em um determinado momento, as cinco pessoas jogam suas respectivas moedas. Aquelas que obtiverem cara continuam sentadas, e as que obtiverem coroa levantam-se. Após esse procedimento, a probabilidade de que NÃO haja duas pessoas adjacentes, ambas sentadas ou ambas de pé, é de:

a) 1/2;

b) 1/8;

c) 1/16;

d) 3/32;

e) 5/32.

COMENTÁRIO

Para que não haja duas pessoas adjacentes (lado a lado) ambas em pé ou ambas sentadas temos as seguintes possibilidades:

C: Cara

K: Coroa

Pessoa 01 e (x) **Pessoa 02** e(x) **Pessoa 03** e(x) **Pessoa 04** e(x) **Pessoa 05**

Cara (C) 1/2) x Coroa(K) (1/2) x Cara (C) (1/2) x Coroa(C) (1/2) x Cara (C) (1/2) = 1/32

Ou (+)

Coroa (K) (1/2)x Cara(C) (1/2) x Coroa (K) (1/2) x Cara(C) (1/2) x Coroa (K) (1/2) =1/32

1/32 + 1/32 = 2/32 = 1/16

Resposta: C.

---

44. (CESGRANRIO/BANCO DO BRASIL/ESCRITURÁRIO/2015). Em uma determinada agência bancária, para um cliente que chega entre 15 h e 16 h, a probabilidade de que o tempo de espera na fila para ser atendido seja menor ou igual a 15 min é de 80%.

Considerando que quatro clientes tenham chegado na agência entre 15 h e 16 h, qual a probabilidade de que exatamente três desses clientes esperem mais de 15 min na fila?

a) 0,64%

b) 2,56%

c) 30,72%

d) 6,67%

e) 10,24%

COMENTÁRIO

✪ **Nota do autor:** No estudo de Probabilidade temos como pré-requisito o estudo de análise combinatória, pois em muitas situações os eventos podem ocorrer em diversas ordens.

Segundo o enunciado temos que a probabilidade do tempo de espera na fila para ser atendido, para um tempo menor ou igual a 15 min, é de 80%, logo a probabilidade de um cliente esperar mais de 15 min na fila será o complementar, ou seja, o que falta para o todo (universo) 100%.

-Para um tempo menor ou igual a 15 min é igual a 80% (0,8)

-Para um cliente esperar mais de 15 min na fila será de 20%. (0,2)

Calculando a probabilidade de exatamente três dos quatro esperarem **mais** de 15 min na fila é dado por:

$20\% \times 20\% \times 20\% \times 80\% = 0{,}2 \times 0{,}2 \times 0{,}2 \times 0{,}8 = \mathbf{0{,}0064}$

É importante ressaltar que a situação acima pode ocorrer em qualquer ordem, logo devemos multiplicar o resultado por 4, que é a quantidade de ordem que os eventos podem ocorrer.

$4 \times 0{,}0064 = 0{,}0256 = \mathbf{2{,}56\%}$

Resposta: B.

---

45. (CESGRANRIO/BANCO DO BRASIL/ESCRITURÁRIO/2015) Um grupo de analistas financeiros composto por 3 especialistas – X, Y e Z – possui a seguinte característica: X e Y decidem corretamente com probabilidade de 80%, e Z decide corretamente em metade das vezes.

Como as decisões são tomadas pela maioria, a probabilidade de o grupo tomar uma decisão correta é:

a) 0,16

b) 0,64

c) 0,48

d) 0,32

e) 0,80

COMENTÁRIO

Primeiramente iremos calcular os acertos e erros de cada analista utilizando a ideia de complementar:

X = 80% de acertos e 20% de erros

Y = 80% de acertos e 20% de erros

Z = 50% de acertos 50% de erros

Como as decisões são tomadas pela maioria, a probabilidade de o grupo tomar uma decisão correta pode ocorrer a partir das seguintes possibilidades:

Primeira possiblidade: X e Y e Z acertarem:

X . Y . Z = 0,8 (acerto) 0,8 (acerto) . 0,5 (acerto) = 0,32

Segunda possiblidade: X e Y acertarem e Z errar:

X . Y . Z = 0,8 (acerto) . 0,8 (acerto) .0,5 (erro) = 0,32

Terceira possiblidade: X acertar e Y errar e Z acertar :

X . Y . Z = 0,8 (acerto) . 0,2 (erro) . 0,5 (acerto) = 0,08

Quarta possibilidade: X errar e Y e Z acertarem

Probabilidade de acerto = X . Y . Z = 0,2(erro) x 0,8(acerto) x 0,5(acerto) = 0,08

Desta forma temos todas as possibilidades da decisão ser correta, uma vez que deve ser tomada pela maioria.

Somando os resultados teremos: 0,32 + 0,32 + 0,08 + 0,08 = **0,8**

Resposta: E.

---

46. (CESPE/TER-GO/2015) As prestações de contas das campanhas dos 3 candidatos a governador de determinado estado foram analisadas por 3 servidores do TRE desse estado. Considerando que um servidor pode analisar nenhuma, uma ou mais de uma prestação de contas e que, por coincidência, cada um dos 3 candidatos é parente de um dos 3 servidores, julgue o item que se segue. Se as prestações de contas forem distribuídas para análise de forma aleatória e independente, então a probabilidade de que cada servidor analise as contas de seu parente é inferior a 1/30

COMENTÁRIO

$$P(n) = \frac{\text{Número de casos favoráveis}}{\text{Número de casos possíveis}} = \frac{1}{3}$$

Temos três eventos sucessivos e independentes, logo teremos o seguinte:

O primeiro servidor analisar a conta de seu parente: P (n) = 1/3.

O segundo servidor analisar a conta de seu parente: P (n)=1/3.

O terceiro servidor analisar a conta de seu parente: P (n) = 1/3.

Temos a probabilidade da interseção dos 3 eventos que é dado pela multiplicação das probabilidades:

$P = \frac{1}{3} \times \frac{1}{3} \times \frac{1}{3} = \frac{1}{27}$, o resultado é superior a 1/30

Resposta: Errado.

---

47. (FUNIVERSA/AGEPEN-GO/2015). Em um presídio com 750 detentos, sabe-se que 130 deles foram condenados por latrocínio, 180 por estupro e 30 por latrocínio e estupro. Nesse caso, escolhendo-se aleatoriamente um detento desse presídio, a probabilidade de ele ter cometido estupro, mas não latrocínio é

a) inferior a 0,25.

b) superior a 0,25 e inferior a 0,30

c) superior a 0,30 e inferior a 0,35.

d) superior a 0,35 e inferior a 0,40.

e) superior a 0,40.

COMENTÁRIO

Temos uma questão que envolve teoria de conjuntos pois temos detentos que cometeram latrocínio e estupro, sendo assim vamos construir diagrama que nos fornece uma interpretação concreta da situação.

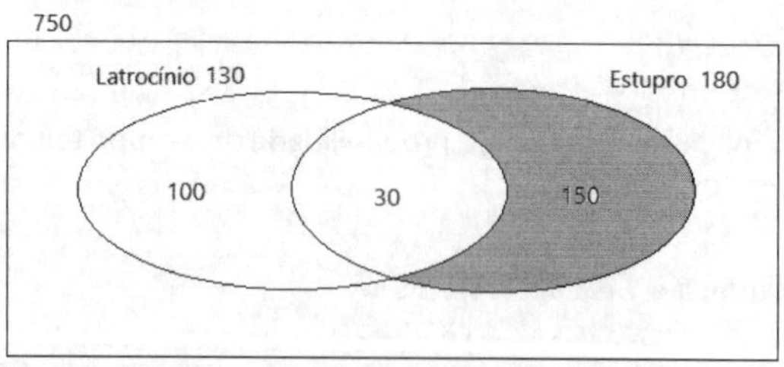

$$P(n) = \frac{\text{Número de casos favoráveis (somente detentos que cometeram estupro)}}{\text{Número de casos possíveis (todos os detentos)}}$$

$$P(n) = \frac{150}{750} = 0,2$$

Resposta: A.

48. (CESPE/ ANTAQ /2014). Uma pesquisa sobre o objeto de atividade de 600 empresas apresentou o seguinte resultado:

- 5/6 dessas empresas atuam no mercado de transporte fluvial de cargas;
- 1/3 dessas empresas atuam no mercado de transporte fluvial de passageiros;
- 50 dessas empresas não atuam com transporte fluvial, nem de cargas, nem de passageiros;

Com base nessa situação hipotética e sabendo-se que as 600 empresas pesquisadas se enquadram em, pelo menos, uma das 3 opções acima, julgue o item a seguir.

- Selecionada, ao acaso, uma dessas empresas, a probabilidade de que ela não atue com transporte fluvial de cargas nem de passageiros é inferior a 10%.

COMENTÁRIO

$$P(n) = \frac{\text{Número de casos favoráveis}}{\text{Número de casos possíveis}}$$

O universo é de 600 empresas, o enunciado nos diz que apenas 50 dessas empresas não atuam com transporte fluvial, nem de cargas, nem de passageiros, assim podemos inferir que:

$$P(n) = \frac{50}{600} = 0{,}0833.. = 8{,}3333\%$$

Resposta: Certo.

O colegiado do Supremo Tribunal Federal (STF) é composto por 11 ministros, responsáveis por decisões que repercutem em toda a sociedade brasileira. No julgamento de determinados processos, os ministros votam pela absolvição ou pela condenação dos réus de forma independente uns dos outros. A partir dessas informações e considerando que, em determinado julgamento, a probabilidade de qualquer um dos ministros decidir pela condenação ou pela absolvição do réu seja a mesma, julgue os itens seguintes.

49. (CESPE/STF/TÉCNICO JUDICIÁRIO/TECNOLOGIA DA INFORMAÇÃO/2013) A probabilidade de todos os 11 ministros votarem pela absolvição do réu é superior à probabilidade de que os votos dos 6 primeiros ministros a votar sejam pela condenação do réu e os votos dos 5 demais ministros sejam pela absolvição do réu.

COMENTÁRIO

A probabilidade de todos os 11 ministros votarem pela absolvição do réu é igual a:

$$\frac{1}{2}\times\frac{1}{2}\times\frac{1}{2}\times\frac{1}{2}\times\frac{1}{2}\times\frac{1}{2}\times\frac{1}{2}\times\frac{1}{2}\times\frac{1}{2}\times\frac{1}{2}\times\frac{1}{2}=\left(\frac{1}{2}\right)^{11}$$

A probabilidade de que os votos dos 6 primeiros ministros a votar sejam pela condenação do réu e os votos dos 5 demais ministros sejam pela absolvição do réu é igual a:

$$\underbrace{\frac{1}{2}\times\frac{1}{2}\times\frac{1}{2}\times\frac{1}{2}\times\frac{1}{2}\times\frac{1}{2}}_{\text{Condenação}}\times\underbrace{\frac{1}{2}\times\frac{1}{2}\times\frac{1}{2}\times\frac{1}{2}\times\frac{1}{2}}_{\text{Absolvição}}=\left(\frac{1}{2}\right)^{6}\times\left(\frac{1}{2}\right)^{5}=\left(\frac{1}{2}\right)^{11}$$

Podemos inferir que os resultados são iguais.

Resposta: Errado.

50. (CESPE/STF/TÉCNICO JUDICIÁRIO/TECNOLOGIA DA INFORMAÇÃO/2013) Se, no julgamento de determinado réu, 8 ministros votarem pela absolvição e 3 ministros votarem pela condenação, a quantidade de maneiras distintas de se atribuir os votos aos diferentes ministros será inferior a 170.

COMENTÁRIO

Podemos ilustrar a situação da seguinte maneira: A (absolvição) e C (condenação):

Temos uma permutação com repetição: AAAAAAAACCC

$$\frac{(11\times10\times9\times8\times7\times6\times5\times4\times3\times2\times1)}{(8\times7\times6\times5\times4\times3\times2\times1)\times(3\times2\times1)}=165$$

Resposta: correto.

---

51. (CESPE/STF/TÉCNICO JUDICIÁRIO/TECNOLOGIA DA INFORMAÇÃO/2013) Se os votos dos 5 primeiros ministros a votar forem pela condenação do réu, a probabilidade de o voto do sexto ministro a votar também ser pela condenação do réu será inferior a 0,02

COMENTÁRIO

$$P(n)=\frac{\text{Número de casos favoráveis (condenação)}}{\text{Número de casos possíveis (condenação ou absolvição)}}$$

$$P(n)=\frac{1}{2}=0{,}5$$

Resposta: errado.

---

52. (ESAF/MI/ESTATÍSTICO/2012). Em uma sala de aula estão 10 crianças, sendo 6 meninas e 4 meninos. Três das crianças são sorteadas para participarem de um jogo. A probabilidade de as três crianças sorteadas serem do mesmo sexo é:

a) 15%.

b) 20%.

c) 25%.

d) 30%.

e) 35%.

COMENTÁRIO

Esta questão solicita que sejam formados grupos, logo, para que isto venha a acontecer, **não pode haver reposição.**

Quando a questão exige que os grupos sejam do mesmo sexo, podemos ter a seguinte interpretação:

3 meninos (Me) ou 3 meninas (Ma)

Ao considerarmos os seguintes eventos, temos:

3 meninos: P(Me e Me e Me) = $\frac{4}{10}\times\frac{3}{9}\times\frac{2}{8}=\frac{1}{30}$

Ou (+)

3 meninas: P(Ma e Ma e Ma) = $\frac{6}{10}\times\frac{5}{9}\times\frac{4}{8}=\frac{1}{6}$

3 meninos: P(Me e Me e Me) ou **3 (três) meninas:** P(Ma e Ma e Ma)

$$\frac{1}{13}+\frac{1}{6}=\frac{1}{5}=20\%$$

Resposta: B.

Dez policiais federais – dois delegados, dois peritos, dois escrivães e quatro agentes – foram designados para cumprir mandado de busca e apreensão em duas localidades próximas à superintendência regional. O grupo será dividido em duas equipes. Para tanto, exige-se que cada uma seja composta, necessariamente, por um delegado, um perito, um escrivão e dois agentes.

Considerando essa situação hipotética, julgue os itens que se seguem.

---

53. (CESPE/POLÍCIA FEDERAL/AGENTE /2012). Se cinco dos citados policiais forem escolhidos, aleatoriamente e independentemente dos cargos, então a probabilidade de que esses escolhidos constituam uma equipe com a exigência inicial será superior a 20%.

COMENTÁRIO

$$\text{Probalidade} = \frac{\text{Casos favoráveis}}{\text{Casos possíveis}}$$

$$P = \frac{C2,1.C2,C2,1.C4,2}{C10,5}$$

$$P = \frac{48}{252} = 0,1904... = 19,04\%$$

Resposta: E.

---

54. (FUNIVERSA/ MPU/TÉCNICO/2011) De um recipiente que contém 10 cubos azuis e 5 cubos vermelhos, serão retirados, aleatoriamente e sem reposição, 3 cubos. Nessa situação, a probabilidade de **o primeiro cubo ser azul, o segundo cubo ser vermelho e o terceiro cubo ser azul** é igual a:

a) 9/91.

b) 15/91.

c) 3/5.

d) 1/3.

e) 1/5.

COMENTÁRIO

O espaço amostral/Universo é: S = 15 cubos.

Ao considerarmos os seguintes eventos, temos:

A: azul na primeira retirada e $P(A) = \frac{10}{15}$, sabendo que um cubo já foi retirado da urna e este foi azul.

V: vermelho na segunda retirada e $P(V) = \frac{5}{14}$, o espaço amostral diminuiu, uma vez que não houve reposição (14). Sabendo que o outro cubo foi retirado e este foi vermelho.

A: azul na terceira retirada e $P(A) = \frac{9}{13}$, o espaço amostral diminuiu, devido a segunda retirada. O caso favorável diminui, uma vez que não houve reposição.

Assim:

$$P(A \text{ e } V \text{ e } A) = P(A).P(V/A).P(V/A \text{ e } V) = \frac{10}{15} \times \frac{5}{14} \times \frac{9}{13} = \frac{15}{91}$$

Resposta: B.

---

55. (ESAF/SEFAZ-RJ/FISCAL DE RENDAS/2010) Os registros mostram que a probabilidade de um vendedor fazer uma venda em uma visita a um cliente potencial é 0,4. Supondo que as decisões de compra dos clientes são eventos independentes, então a probabilidade de que o vendedor faça no mínimo uma venda em três visitas é igual a:

a) 0,624.

b) 0,064.

c) 0,216.

d) 0,568.

e) 0,784.

COMENTÁRIO

✪ **Nota do autor:** É importante ressaltar que muitas questões de probabilidade se tornam mais prática e rápida quando aplicamos algumas propriedades, e uma delas é a Propriedade Complementar.

Nessa questão iremos aplicar a ideia da exclusão, uma vez que se torna mais rápido e prático, pois temos as seguintes situações:

- Do vendedor fazer uma venda em uma visita a um cliente potencial é 0,4;

- Do vendedor não fazer uma venda em uma visita a um cliente potencial é 0,6.

Como a questão solicita a probabilidade de que o vendedor faça no mínimo uma venda em três visitas podemos aplicar o seguinte raciocínio:

(GERAL) – (NÃO SERVE)

TODAS AS POSSIBILIDADES E VENDER E NÃO VENDER = 1

Dele não vender para nenhum cliente = 0,6 . 0,6 .0,6 = 0,216

De o vendedor realizar pelos menos uma venda será: 1 – 0,216= 0,784

Resposta: E.

---

56. (CESPE/DPF/ESCRIVÃO DA POLÍCIA FEDERAL/2009) De acordo com o jornal espanhol El País, em 2009 o contrabando de armas disparou nos países da América Latina, tendo crescido 16% nos últimos 12 anos. O crime é apontado como o principal problema desses países, provocando uma grande quantidade de mortes. O índice de homicídios por 100.000 habitantes na América Latina é alarmante, sendo, por exemplo, 28 no Brasil, 45 em El Salvador, 65 na Colômbia, 50 na Guatemala.

Internet: <www.noticias.uol.com.br>.

Tendo como referência as informações apresentadas no texto acima, julgue o item que se segue.

Se, em cada grupo de 100.000 habitantes da Europa, a probabilidade de que um cidadão desse grupo seja assassinado é 30 vezes menor que essa mesma probabilidade para habitantes de El Salvador ou da Guatemala, então, em cada 100.000 habitantes da Europa, a probabilidade referida é inferior a 10^{-5}.

COMENTÁRIO

De acordo como texto, temos que o índice de homicídios por 100.000 habitantes na América Latina é alarmante, sendo, por exemplo, 28 no Brasil, 45 em El Salvador, 65 na Colômbia, 50 na Guatemala.

Representamos a probabilidade de homicídios por 100.000 habitantes nos países/continente pelas respectivas letras: Brasil (B); El Salvador (EL); Guatemala (GU); Colômbia (CO) e Europa (EU). Podemos representar a afirmativa: "em cada grupo de 100.000 habitantes da Europa, a probabilidade de que um cidadão desse grupo seja assassinado é 30 vezes menor que essa mesma probabilidade para habitantes de El Salvador **ou** da Guatemala" por:

Obs.: o termo "ou" significa uma soma.

$$\frac{EU}{30} < EL + GU$$

$$\frac{EU}{30} < 45 + 50$$

$$EU < 30 \times 95$$

EU < 2850, lembrando que 2.850 são divididos por 100.000.

$$EU < 2{,}85^{-4}$$

O item afirma que, em cada 100.000 habitantes da Europa, a probabilidade referida é inferior a 10^{-5}, logo está errado uma vez que $2{,}85^{-4}$ não é inferior a 10^{-5}.

Resposta: E.

---

57. (CESPE/DPF/ESCRIVÃO DA POLÍCIA FEDERAL/2009) Considerando que, em um torneio de basquete, as 11 equipes inscritas serão divididas nos grupos A e B, e que, para formar o grupo A, serão sorteadas 5 equipes, julgue o item que se segue.

Considerando que cada equipe tenha 10 jogadores, entre titulares e reservas, que os uniformes de 4 equipes sejam completamente vermelhos, de 3 sejam completamente azuis e de 4 equipes os uniformes tenham as cores azul e vermelho, então a probabilidade de se escolher aleatoriamente um jogador cujo uniforme seja somente vermelho ou somente azul será inferior a 30%.

COMENTÁRIO

A questão considera 11 equipes, com 10 jogadores cada, e afirma que os uniformes de 4 equipes são completamente vermelhos, de 3 equipes são completamente azuis e as outras 4 equipes possuem uniformes com as duas cores. Logo após, a questão afirma que a probabilidade de se escolher aleatoriamente um jogador cujo uniforme seja somente azul ou somente vermelho será inferior a 30%.

Denotando por P(V) a probabilidade de escolher aleatoriamente um jogador de camisa somente vermelha; P(A) a probabilidade de escolher aleatoriamente um jogador de camisa somente azul e $P(A \cap V)$ a probabilidade de escolher um jogador com a camisa contendo as duas cores.

Considerando que os três conjuntos (A, V e $A \cap V$), e sabendo que não há interseção, a probabilidade de encontrar um jogador somente de camisa azul ou somente de camisa vermelha será dado por:

$$P(A) + P(V) - P(A \cap V),$$

onde $P(A \cap V)$ é a probabilidade da interseção dos dois conjuntos, ou seja, a probabilidade de achar um jogador somente com a camisa vermelha e somente com a camisa azul que será igual a zero.

Logo, $P(A) + P(V) - P(A \cap V) = P(A) + P(V) = 30/110 + 40/110 = 7/11 = 63{,}63\ \% > 30\%$.

Resposta: E.

---

58. (ESAF/MPOG/ESPECIALISTA EM POLÍTICAS PÚBLICAS E GESTÃO GOVERNAMENTAL/2008) Ana tem o estranho costume de somente usar blusas brancas ou pretas. Por ocasião de seu aniversário, Ana ganhou de sua mãe quatro blusas pretas e cinco brancas. Na mesma ocasião, o pai de Ana a presenteou com quatro blusas pretas e duas brancas. Vitor, namorado de Ana, a presenteou com duas blusas brancas e três pretas. Ana guardou todas essas blusas – e apenas essas – em uma mesma gaveta. Uma tarde, arrumando-se para ir ao parque com Vitor, Ana retira, ao acaso, uma blusa dessa gaveta. A probabilidade de a blusa retirada por Ana ser umas das blusas pretas que ganhou de sua mãe ou uma das blusas brancas que ganhou de seu pai é igual a:

a) 4/5.

b) 7/10.

c) 3/5.

d) 3/10.

e) 2/3.

COMENTÁRIO

Nessa questão não temos elementos em comum, logo não há interseção, o que nos leva a pensar que o "ou" terá a interpretação de soma e o "e" de multiplicação.

1. Ana ganhou de sua mãe quatro blusas pretas e cinco brancas.

   4 Pm + 5 Bm

2. O pai de Ana a presenteou com quatro blusas pretas e duas brancas.

   4Pp + 2Bp

3. Vitor, namorado de Ana, a presenteou com duas blusas brancas e três pretas.

   2Bn + 3Pn

A probabilidade de a blusa retirada por Ana ser umas das blusas pretas que ganhou de sua mãe ou (+) uma das blusas brancas que ganhou de seu pai será:

$$P(\text{Pm ou Bp}) = \frac{\text{Número de casos favoráveis}}{\text{Número de casos possíveis}} = \frac{\mathbf{4+2}}{\mathbf{20}} = \frac{\mathbf{3}}{\mathbf{10}}$$

Resposta: D.

---

59. (CESPE/PRF/AGENTE/2008) Considere que a tabela abaixo mostra o número de vítimas fatais em acidentes de trânsito ocorridos em quatro Estados Brasileiros, de janeiro a junho de 2003.

Estado em que ocorreu o acidente	Total de vítimas fatais	
	Sexo masculino	Sexo feminino
Maranhão	225	81
Paraíba	153	42
Paraná	532	142
Santa Catarina	188	42

A fim de fazer um estudo de causas, a PRF elaborou 1.405 relatórios, um para cada uma das vítimas fatais mencionadas na tabela acima, contendo o perfil da vítima e as condições em que ocorreu o acidente. Com base nessas informações, julgue os itens que se seguem, acerca de um relatório escolhido aleatoriamente entre os citados.

59.01. I. A probabilidade de que esse relatório corresponda a uma vítima de um acidente ocorrido no Estado do Maranhão é superior a 0,2.

COMENTÁRIO

Determinar o espaço amostral: 1.405 relatórios é o número de casos possíveis.

Determinar o evento: "225 + 81=306" número de casos favoráveis.

$$P(M) = \frac{\text{número de casos favoráveis}}{\text{número de casos possíveis}} = \frac{306}{1405} = 0{,}2177...$$

número de casos possíveis 1405

Resposta: Correto.

59.02. II. A chance de que esse relatório escolhido corresponda a uma vítima do sexo feminino é superior a 23%.

COMENTÁRIO

Determinar o espaço amostral: 1.405 relatórios é o número de casos possíveis.

Determinar o evento: "81 + 42 + 142 + 42 = 307" número de casos favoráveis.

$$P(F) = \frac{\text{número de casos favoráveis}}{\text{número de casos possíveis}} = \frac{307}{1405} = 0{,}218... \text{ (em porcentagem, aproximadamente 21,8\%)}$$

Resposta: Errado.

59.03. III. Considerando que o relatório escolhido corresponda a uma vítima do sexo masculino, a probabilidade de que o acidente nele mencionado tenha ocorrido no Estado do Paraná é superior a 0,5.

COMENTÁRIO

Determinar o espaço amostral condicional "os relatórios que correspondam a uma vítima do sexo masculino": 225 +153 + 532 + 188 = 1.098 é o número de casos possíveis.

Determinar o evento Estado do Paraná (relatórios masculinos): 532 é o número de casos favoráveis.

$$P(M) = \frac{\text{número de casos favoráveis}}{\text{número de casos possíveis}} = \frac{532}{1098} = 0{,}484...$$

Resposta: Errado.

59.04. IV. Considerando que o relatório escolhido corresponda a uma vítima de acidente que não ocorreu no Paraná, a probabilidade de que ela seja do sexo masculino e de que o acidente tenha ocorrido no Estado do Maranhão é superior a 0,27.

COMENTÁRIO

✪ Nota do autor: É comum nas questões de concursos a probabilidade condicional, logo torna-se importante saber interpretar o espaço amostral a partir da condição.

Determinar o espaço amostral condicional "uma vítima de acidente que não ocorreu no Paraná": 1.405 – 674 = 731 casos possíveis.

Determinar o evento: "do sexo masculino" e de que "o acidente tenha ocorrido no Estado do Maranhão": 225 é o número de casos favoráveis.

$$P(P) = \frac{\text{número de casos favoráveis}}{\text{número de casos possíveis}} = \frac{225}{731} = 0{,}307...$$

Resposta: Correto.

59.05. V. A chance de que o relatório escolhido corresponda a uma vítima do sexo feminino ou a um acidente ocorrido em um dos Estados da região Sul do Brasil listados na tabela é inferior a 70%.

COMENTÁRIO

✪ Nota do autor: É comum também a aplicação dos fundamentos da matemática, teoria de conjuntos, nas questões de probabilidade, nesse caso é relevante estudar as fundamentações teóricas que se encontram no primeiro capítulo do livro.

Determinar o espaço amostral: 1.405 relatórios é o número de casos possíveis.

Determinar o evento "uma vítima do sexo feminino (SF)" ou "a um acidente ocorrido em um dos Estados da região Sul do Brasil (RS)" listados na tabela:

$$P(SF \cup RS) = P(SF) + P(RS) - P(SF \cap RS)$$

$$P(SF \cup RS) = \frac{307}{1405} + \frac{904}{1405} + \frac{184}{1405} = \frac{1027}{1405} = 0{,}730... \cong 73\%$$

Ou por diagrama:

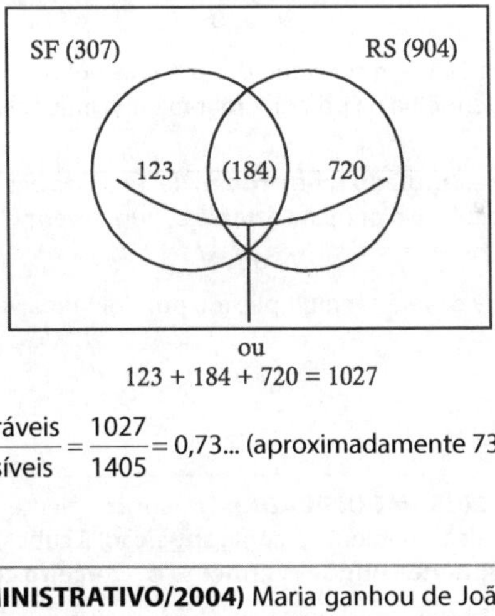

ou

123 + 184 + 720 = 1027

$$P(P) = \frac{\text{número de casos favoráveis}}{\text{número de casos possíveis}} = \frac{1027}{1405} = 0{,}73... \text{ (aproximadamente 73\%)}$$

Resposta: Errado.

---

60. (ESAF/MPU/TÉCNICO ADMINISTRATIVO/2004) Maria ganhou de João nove pulseiras, quatro delas de prata e cinco delas de ouro. Maria ganhou de Pedro onze pulseiras, oito delas de prata e três de ouro. Maria guarda todas essas pulseiras – e apenas essas – em sua pequena caixa de joias. Uma noite arrumando-se apressadamente para ir ao cinema com João, Maria retira, ao acaso, uma pulseira de sua pequena caixa de joias. Ela vê, então, que retirou uma pulseira de prata. Levando em conta tais informações, a probabilidade de que a pulseira de prata que Maria retirou seja uma das pulseiras que ganhou de João é igual a

a) 1/3.

b) 1/5.

c) 9/20.

d) 4/5.

e) 3/5.

COMENTÁRIO

Determinar o espaço amostral: o espaço amostral é condicional, pois no texto temos que "... Maria retira, ao acaso, uma pulseira de sua pequena caixa de joias. Ela vê, então, que retirou uma pulseira de prata..."

O espaço amostral = pulseiras de prata.

Número de casos possíveis = 12 pulseiras.

Determinar o evento:

Número de casos favoráveis, ou seja, pulseiras que ganhou de João.

Número de casos favoráveis = pulseiras de prata que ganhou de João = 4 pulseiras.

$$P(p)=\frac{\text{Número de casos favoráveis}}{\text{Número de casos possíveis}}=\frac{4}{12}=\frac{1}{3}$$

Resposta: A.

---

61. (AUTORAL/2018). Uma urna tem 30 bolas, sendo 10 vermelhas e 20 azuis. Se sortearmos 2 bolas, 1 de cada vez e **repondo** a sorteada na urna, qual será a probabilidade de a primeira ser vermelha e a segunda ser azul?

COMENTÁRIO

Como os eventos são independentes, a probabilidade de sair vermelha na primeira retirada e azul na segunda retirada é igual ao produto das probabilidades de cada condição, ou seja, P(A e B) = P(A).P(B). Ora, a probabilidade de sair vermelha na primeira retirada é 10/30 e a de sair azul na segunda retirada é 20/30. Daí, usando a regra do produto, temos:

$$P=\frac{10}{30}\times\frac{20}{30}=\frac{2}{9}$$

Observe que na segunda retirada foram consideradas todas as bolas, pois houve reposição. Assim, P(B/A) = P(B), porque o fato de sair bola vermelha na primeira retirada não influenciou a segunda retirada, já que ela já havia sido resposta na urna.

Obs.: se a questão não tivesse **estipulado uma ordem,** deveríamos pensar que os eventos poderiam ser: a primeira vermelha e a segunda azul, ou a primeira azul e a segunda vermelha.

VA ou AV

Sendo assim, o resultado de 2/9 deverá ser multiplicado por dois, uma vez que serve em qualquer ordem:

$$P=\frac{2}{9}\times 2=\frac{4}{9}$$

Resposta: 4/9

---

62. (FUNIVERSA/ ASSISTENTE /2013- MODIFICADA). De um recipiente que contém 10 cubos azuis e 5 cubos vermelhos, serão retirados, aleatoriamente e **com reposição**, 3 cubos. Nessa situação, a probabilidade de **o primeiro cubo ser azul, o segundo cubo ser vermelho e o terceiro cubo ser azul** é igual a:

COMENTÁRIO

Vamos considerar que os eventos realizados são com reposição. Ok?

Como os eventos são independentes, a probabilidade de sair azul na primeira retirada e vermelho na segunda retirada e azul na terceira retirada é igual ao produto das probabilidades de cada condição, ou seja, P(A e V e A) = P(A).P(V). P(A). Ora, a probabilidade de sair azul na primeira retirada é 10/15 e a de sair vermelho na segunda retirada é 5/15 e de sair azul na terceira retirada é 10/5. Daí, usando a regra do produto, temos:

$P=\frac{10}{15}\times\frac{5}{15}\times\frac{10}{15}=\frac{500}{3375}=\frac{4}{27}$, observe que na segunda e terceira retiradas foram considerados todos os cubos, pois houve reposição.

Obs.: se a questão (modificada) não tivesse **estipulado uma ordem**, deveríamos pensar que os eventos poderiam ser em qualquer ordem da seguinte maneira:

Cubos nas cores: AVA, AAV e VAA (podemos considerar uma permutação com repetição, em que temos 3 maneiras distintas).

Devemos, então, multiplicar o resultado por 3:

$$P = \frac{10}{15} \times \frac{5}{15} \times \frac{10}{15} = \frac{500}{3375} = \frac{4}{27} \times 3 = \frac{12}{27} = \frac{4}{9}$$

Resposta: 4/9

---

63. (CESGRANRIO/2008- MODIFICADA) Dois dados comuns, "honestos", são lançados simultaneamente. A probabilidade de que a soma dos dois resultados seja igual a 7 ou 10 é:

COMENTÁRIO

Determinar o espaço amostral: 36 jogadas é o número de casos possíveis, verifique com a tabela de possibilidades abaixo:

		DADO 01					
	Faces	1	2	3	4	5	6
DADO 02	1	1,1	1,2	1,3	1,4	1,5	1,6
	2	2,1	2,2	2,3	2,4	2,5	2,6
	3	3,1	3,2	3,3	3,4	3,5	3,6
	4	4,1	4,2	4,3	4,4	4,5	4,6
	5	5,1	5,2	5,3	5,4	5,5	5,6
	6	6,1	6,2	6,3	6,4	6,5	6,6

Seis (6) jogadas em que a soma é igual a 7.

soma é igual a 10.

$$P(7 \text{ ou } 10) = \frac{\text{número de casos favoráveis}}{\text{número de casos possíveis}}$$

A questão indica que os dados são honestos, ou seja, a chance de sair qualquer uma das faces é a mesma.

P(7) = são as jogadas que a soma dos resultados seja igual a 7.

P(10) = são as jogadas que a soma dos resultados seja igual a 10.

$P(7 \text{ ou } 10) = P(7) + P(10)$

$$P(7 \text{ ou } 10) = \frac{6}{36} + \frac{3}{36} = \frac{9}{36} = \frac{1}{4} = 0{,}25$$

Resposta: 0,25 ou 25%.

---

64. (CESGRANRIO/PETROBRÁS/2007-MODIFICADA) Dois dados comuns, "honestos", são lançados simultaneamente. A probabilidade de que saia pelo menos 5 é igual a:

COMENTÁRIO

Determinar o espaço amostral: 36 jogadas é o número de casos possíveis, verifique com a tabela de possibilidades abaixo:

Pelo menos um número 5

		DADO 01					
	Faces	1	2	3	4	5	6
DADO 02	1	1,1	1,2	1,3	1,4	1,5	1,6
	2	2,1	2,2	2,3	2,4	2,5	2,6
	3	3,1	3,2	3,3	3,4	3,5	3,6
	4	4,1	4,2	4,3	4,4	4,5	4,6
	5	5,1	5,2	5,3	5,4	5,5	5,6
	6	6,1	6,2	6,3	6,4	6,5	

Pelo menos um número 5

$$P(5) = \frac{\text{número de casos favoráveis = células que estão sombreadas}}{\text{número de casos possíveis = todas as células}}$$

A questão indica que os dados são honestos, ou seja, a chance de sair qualquer uma das faces é a mesma.

$$P(\text{pelo menos um cinco}) = \frac{11}{36}$$

Resposta: 11/36

---

65. (AUTORAL/2017). Com os algarismos 2, 3, 4, 5, 6, 7, 8, 9 deseja-se formar números de quatro algarismos, não sendo permitida a repetição de algarismos em um número. Escolhendo-se um desses ao acaso, a probabilidade de ele ser múltiplo de 5 é:

COMENTÁRIO

Determinar o espaço amostral:

Para calcular a quantidade de números de quatro algarismos distintos será feito o arranjo de oito elementos tomados quatro a quatro.

$$A_{n,p} = \frac{n!}{(n-p)!}$$

$$A_{8,4} = \frac{8!}{(8-4)!}$$

$$A_{8,4} = \frac{8!}{4!} = \frac{8 \times 7 \times 6 \times 5 \times 4!}{4!}$$

$$A_{8,4} = 1.680$$

Espaço amostral: 1.680 números de casos possíveis.

Determinar o evento:

Pelo princípio multiplicativo calcularemos a quantidade de números múltiplos de 5 de quatro algarismos distintos:

____ x ____ x ____ x ____

Para a primeira posição 7 possibilidades, como os algarismos devem ser distintos, para a segunda posição 6 possibilidades e para a terceira posição 5 possibilidades.

Para ser múltiplo de 5 → termina em zero ou cinco. Assim temos uma (1) possibilidade.

Calculando, temos:

$\underline{7} \times \underline{6} \times \underline{5} \times \underline{1} = 210$ números de casos favoráveis.

$$P_5 = \frac{\text{número de casos favoráveis}}{\text{número de casos possíveis}} = \frac{\text{números múltiplos de cinco}}{\text{todos os números}}$$

$$P(m(5)) = \frac{210}{1680} = 0{,}125$$

Resposta: 0,125

---

66. (AUTORAL/2017) Uma urna tem 30 bolas, sendo 10 vermelhas e 20 azuis. Se ocorrer um sorteio de 2 bolas, uma de cada vez e **sem reposição**, qual será a probabilidade de a primeira ser vermelha e a segunda ser azul?

COMENTÁRIO

O espaço amostral/Universo é S = 30 bolas.

Ao considerarmos os seguintes eventos, temos:

V: vermelha na primeira retirada e $P(V) = \frac{10}{30}$, sabendo que uma bola já foi retirada da urna é vermelha.

A: azul na segunda retirada e $P(A) = \frac{20}{29}$, o espaço amostral diminuiu, uma vez que não houve reposição.

Assim:

$$P(V \text{ e } A) = P(V).P(A/V) = \frac{10}{30} \times \frac{20}{29} = \frac{20}{87}$$

Resposta: 20/87

---

67. (CESPE/CER/RR /Técnico de Nível Superior/Analista de Recursos Humanos/2004) Em uma repartição com 40 funcionários, trabalham analistas de recursos humanos, analistas de sistemas e outros profissionais que exercem vários tipos de atividades. Sabe-se que desses funcionários 20 são analistas de recursos humanos, 18 são analistas de sistemas e 5 exercem as duas atividades: analista de recursos humanos e analista de sistemas.

Com base nas informações acima, julgue os itens que se seguem.

67.01. I. Escolhendo-se ao acaso um dos funcionários da repartição, a probabilidade de ele ser apenas analista de recursos humanos é superior a 40%.

COMENTÁRIO

✪ Nota do autor:

Nessa questão, vimos que interseção não é vazia, ou seja, iremos construir o diagrama para evitar contar funcionários mais de uma vez e para melhor visualização.

Tomando: RH = analistas de recursos humanos.

SIST = analistas de sistemas.

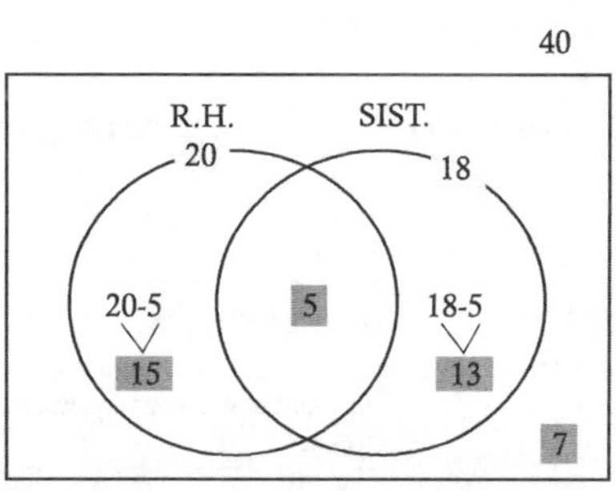

Escolhendo-se ao acaso um dos funcionários da repartição, a probabilidade de ele ser apenas analista de recursos humanos é superior a 40%.

A probabilidade de ser **apenas** analista de recursos humanos (15 funcionários):

$$P = \frac{15}{40} = 0,375 = 37,5\%$$

Resposta: Errado.

67.02. II. A probabilidade de um funcionário escolhido ao acaso exercer outra atividade que não seja a de analista de recursos humanos nem a de analista de sistemas é superior a 20%.

COMENTÁRIO

✪ Nota do autor: (Vide nota do item I)

A probabilidade de um funcionário escolhido ao acaso exercer outra atividade que não seja a de analista de recursos humanos nem a de analista de sistemas é superior a 20%.

A probabilidade de exercer outra função, ou seja, o que está fora dos diagramas (7 funcionários):

$$P = \frac{7}{40} = 0,175 = 17,5\%$$

Resposta: Errado.

✦ DICAS

O conceito de probabilidade permite que se calcule a **chance** de ocorrência de um número em um experimento aleatório, ou seja, é a chance de ocorrer um evento favorável (desejado) em um determinado universo de eventos.

EVENTO ALEATÓRIO

É aquele que quando executado repetidas vezes em iguais condições, fornecem resultados diferentes, ou seja, são resultados que estão previstos dentro das possíveis respostas para este experimento. Isso ocorre devido ao acaso, pois não podemos ter certeza do resultado de cada um desses eventos.

Exemplos:

a) lançar um dado de seis faces não viciado para cima e observar a face que ficará virada para cima.

b) escolher um aluno dentre 50 em uma sala de aula.

ESPAÇO AMOSTRAL OU UNIVERSO

É o conjunto de todos os resultados possíveis de um experimento aleatório. A letra que representa o espaço amostral pode ser **S** ou **U**.

Exemplos:

a) lançar uma moeda para cima e observar a face que ficará virada para cima após a queda. O espaço amostral é {Cara ou Coroa}.

b) de uma urna com 8 bolas vermelhas (v) e 3 bolas brancas (b), retirarmos 2 bolas. O espaço amostral é {v, v ou v. b ou b. v ou b, b}.

CONCEITO DE PROBABILIDADE

Se em um fenômeno aleatório as possibilidades são igualmente prováveis, então a probabilidade de ocorrer um evento A é:

$$P(A) = \frac{\text{número de casos favoráveis}}{\text{número de casos possíveis}}$$

A probabilidade de um evento A (sendo que A está contido no **Espaço amostral**) é o número real P(A), tal que: (número de casos favoráveis de A/número total de casos).

Obs.: se todos os elementos do Universo têm a mesma chance de acontecer, o espaço amostral é chamado de conjunto equiprovável.

Exemplo: em um lançamento de dado (não viciado), a chance de um número par ocorrer é:

$$P\ (\text{número par}) = \frac{3 - \text{maneiras} - \text{diferentes} - \text{número} - \text{par}}{6 - \text{maneiras} - \text{prováveis} - \text{número} - \text{par}} = \frac{3}{6} = 0{,}5 = 50\%$$

Em um espaço amostral equiprovável S (finito), a probabilidade de ocorrência de um evento A é sempre:

$$P\ (A) = \frac{\text{número de elementos A}}{\text{número de elementos S}} = \frac{n(A)}{n(S)}$$

PROPRIEDADES

Propriedade 1. A probabilidade do evento impossível é nula

Sendo o evento impossível o conjunto vazio (Ø), teremos:

p(Ø) = n(Ø)/n(U) = 0/n(U) = 0

Exemplo, se em uma urna só existem bolas vermelhas, a probabilidade de se retirar uma bola azul (evento impossível, neste caso) é nula.

Propriedade 2. A probabilidade do evento certo é igual a unidade

Com efeito, p(A) = n(U)/n(U) = 1

Exemplo, se em uma urna só existem bolas azuis, a probabilidade de se retirar uma bola azul (evento certo, neste caso) é igual a 1.

Propriedade 3. A probabilidade de um evento qualquer é um número real situado no intervalo real [0, 1]

0 ≤ P(A) ≤ 1

P(A) está entre 0 (zero), um evento que não pode acontecer, e 1(um), um evento certo de acontecer.

Propriedade 4. A soma das probabilidades de um evento e do seu evento complementar é igual a unidade

Seja o evento **A** e o seu complementar **A'**. Sabemos que A U A' = U.

n(A U A') = n(U) e, portanto, n(A) + n(A') = n(U).

Dividindo ambos os membros por n(U), vem:

n(A)/n(U) + n(A')/n(U) = n(U)/n(U), quando conclui-se:

p(A) + p(A') = 1.

Obs.: esta propriedade simples é muito importante, pois facilita a solução de muitos problemas aparentemente complicados. Em muitos casos, é mais fácil calcular a probabilidade do evento complementar e, pela propriedade acima, fica fácil determinar a probabilidade do evento.

Propriedade 5. Sendo A e B dois eventos, podemos escrever:

p(A U B) = p(A) + p(B) – p(A ∩ B)

Observe que, se A ∩ B = Ø (ou seja, a interseção entre os **conjuntos** A e B é o conjunto vazio), então, p(A U B) = p(A) + p(B).

Conforme a Teoria dos Conjuntos, n(A ∪ B) = n(A) + n(B) – n(A ∩ B).

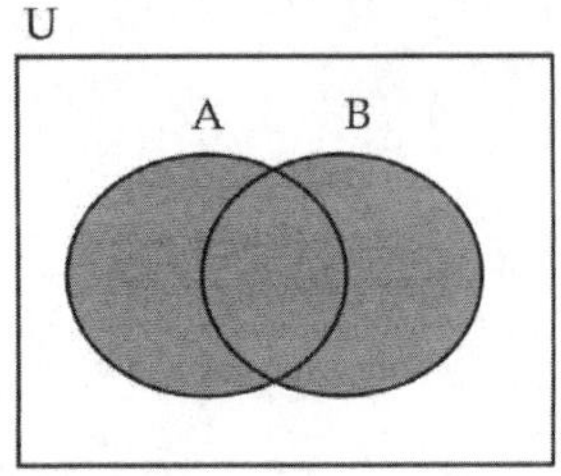

PROBABILIDADE COM EVENTOS INDEPENDENTES

Dizemos que E_1 e E_2 e ... E_{n-1}, E_n são eventos independentes quando a probabilidade de ocorrer um deles não depende do fato de os outros terem ou não ocorrido.

Fórmula da probabilidade dos eventos independentes

$$P(E_1 \text{ e } E_2 \text{ e } E_3 \text{ e } ... \text{ e } E_{n-1} \text{ e } E_n) = P(E_1).P(E_2).P(E_3)...P(E_n)$$

PROBABILIDADE CONDICIONAL

A realização de um experimento é condicionada, sendo necessário que já tenha alguma informação sobre o evento, isto é, um termo que indica a condição. Nesse caso, o espaço amostral se modifica e o evento tem a sua probabilidade de ocorrência alterada.

Fórmula de probabilidade condicional

$$P(E_1 \text{ e } E_2 \text{ e } E_3 \text{ e } ... \text{e } E_{n-1} \text{ e } E_n) \text{ é igual a}$$
$$P(E_1) \times P(E_2/E_1) \times P(E_3/E_1 \text{ e } E_2)... P(E_n/E_1 \text{ e } E_2 \text{ e } ...E_{n-1}).$$

Temos:

→ $P(E_2/E_1)$ é a probabilidade de ocorrer E_2, condicionada pelo fato de já ter ocorrido E_1.

→ $P(E_3/E_1 \text{ e } E_2)$ é a probabilidade ocorrer E_3, condicionada pelo fato de já terem ocorrido E_1 e E_2.

→ $P(Pn/E_1 \text{ e } E_2 \text{ e } ...E_{n-1})$ é a probabilidade de ocorrer E_n, condicionada ao fato de já ter ocorrido E_1 e $E_2...E_{n-1}$.

PROBABILIDADE DE OCORRER A UNIÃO DE EVENTOS

Fórmula da probabilidade de ocorrer a união de eventos

$$P(E_1 \text{ ou } E_2) = P(E_1) + P(E_2) - P(E_1 \text{ e } E_2)$$

Caso exista elementos comuns a E_1 e E_2, estes eventos estarão computados no cálculo de $P(E_1)$ e $P(E_2)$. Para que sejam considerados uma vez só, subtraímos $P(E_1 \text{ e } E_2)$, ou seja, devemos retirar a interseção.

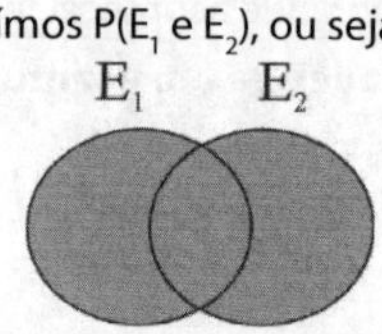

Fórmula de probabilidade de ocorrer a união de eventos mutuamente exclusivos

$$P(E1 \text{ ou } E_2 \text{ ou } E_3 \text{ ou } ... \text{ ou } E_n) = P(E_1) + P(E_2) + ... + P(E_n)$$

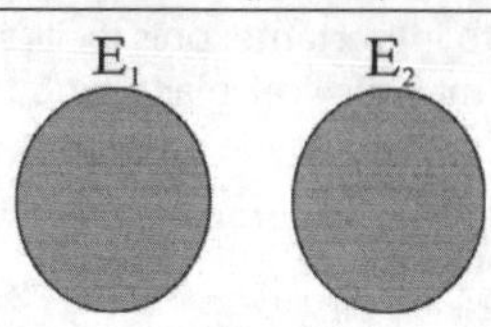

Capítulo X – Problemas Aritméticos, Geométricos e Matriciais

01. Ano: 2024 Banca: FGV Órgão: Prefeitura de Macaé – RJ Provas: FGV – 2024 – Prefeitura de Macaé – RJ – Assistente Previdenciário – Arquivo

Considere uma sequência de 8 números pares consecutivos. Se a soma dos dois primeiros termos é 30, conclui-se corretamente que o último termo é um número múltiplo de

Alternativas

A. 5.

B. 6.

C. 7.

D. 8.

E. 9.

COMENTÁRIO

Como são números PARES consecutivos então o próximo número sempre é duas unidades maior que o anterior. Desta forma podemos representar esses 8 números da seguinte forma:

$x, (x+2), (x+4), (x+6), (x+8), (x+10), (x+12), (x+14)$

Se a soma dos dois primeiros termos é 30, então temos:

$x + (x+2) = 30$

$2x = 30 - 2$

$x = \frac{28}{2}$

$x = 14$

Logo, a sequência dos números são:

14, 16, 18, 20, 22, 24, 26, 28

Desta forma, o último termo, que é o número 28, é um número múltiplo de 7.

GABARITO: LETRA C

02. Ano: 2024 Banca: IDECAN Órgão: Prefeitura de Mossoró – RN Prova: IDECAN – 2024 – Prefeitura de Mossoró – RN – Agente Administrativo

Observe a sequência a seguir:

1	2	3	3	2	1	2	3	4	4	3	2	1	2	3	4	

O próximo número da sequência é:

Alternativas

A. 5.

B. 1.

C. 2.

D. 3.

E. 4.

COMENTÁRIO

Note que a sequência numérica é formada por várias sequências alternando em uma sequência crescente e uma decrescente. As sequências crescentes surgem a partir do último número da sequência decrescente. Observe:

1	2	3	3	2	1	2	3	4	4	3	2	1	2	3	4	

A primeira sequência é crescente: 1- 2 -3

A segunda sequência é decrescente: 3 – 2 – 1

A terceira sequência é crescente: 1 – 2 – 3 – 4

A quarta sequência é decrescente: 4 – 3 – 2 – 1

Observe que sempre quando começamos uma sequência crescente acrescentamos uma unidade a mais do que a anterior:

A quinta sequência é crescente: 1 – 2 – 3 – 4 – 5

Com isso podemos concluir que o próximo número será o número 5.

GABARITO: LETRA A

---

03. Ano: 2023 Banca: IDECAN Órgão: Prefeitura de São Caetano do Sul – SP Prova: IDECAN – 2023 – Prefeitura de São Caetano do Sul – SP – Merendeira

Em uma sala, há 27 alunos. Cada aluno ganhou uma medalha de ouro ou de prata. Sabe-se que o número de medalhas de ouro é o dobro do número de medalhas de prata. Quantas medalhas de ouro foram distribuídas?

Alternativas

A. 9

B. 18

C. 20

D. 25

COMENTÁRIO

Vamos chamar de x a quantidade de medalhas de prata. Como a quantidade de medalhas de ouro é o dobro, chamaremos de $2x$

Como foram 27 medalhas no total:

$$ouro + prata = 27$$

$$2x + x = 27$$

$$3x = 27$$

$$x = \frac{27}{3}$$

$$x = 9$$

Logo, a quantidade de medalhas de ouro é igual a $2 \times 9 = 18$ medalhas.

GABARITO: LETRA B

---

04. Ano: 2024 Banca: FCC Órgão: TRF – 3ª REGIÃO Prova: FCC – 2024 – TRF – 3ª REGIÃO – Técnico Judiciário – Área Administrativa

Uma estrada que liga as cidades A e B será asfaltada por duas equipes de trabalhadores. Cada equipe está responsável por asfaltar metade da estrada, sendo que uma delas começa pela cidade A e a outra começa pela B. Uma das equipes asfalta 300 metros por dia e terminará seu serviço em 16 dias. Já a outra equipe consegue asfaltar 200 metros por dia. Se as equipes começam a trabalhar ao mesmo tempo, a estrada terá seu asfalto pronto em

A. 56 dias.

B. 64 dias.

C. 24 dias.

D. 18 dias.

E. 40 dias.

COMENTÁRIO

Se cada equipe está responsável por asfaltar a metade da estrada, fica fácil descobrir a quilometragem de uma cidade até a outra.

A primeira equipe asfalta 300 metros por dia e termina o serviço em 16 dias, então a metade da estrada corresponde a:

$300m \times 16 = 4800\ metros$

Logo, a segunda equipe também deverá asfaltar 4800 metros. Como ela só consegue asfaltar 200 metros por dia, temos:

$4800 \div 200 = 24 dias$

Ou seja, a equipe precisará de 24 dias para asfaltar a segunda metade.

Como foi dito que as duas equipes começariam juntas, a primeira equipe terminará primeiro, mas a segunda equipe precisará dos 24 dias para terminar.

Logo, serão necessários 24 dias.

GABARITO: LETRA C

---

05. Ano: 2024 Banca: FCC Órgão: TRF – 3ª REGIÃO Prova: FCC – 2024 – TRF – 3ª REGIÃO – Analista Judiciário – Área Judiciária

Em uma cozinha industrial a produção de marmitas é etiquetada com o dia e mês de fabricação (DDMM) além do tipo de proteína, sendo 1 para carne, 2 para frango, 3 para peixe e 4 para ovo. Sabendo-se que no último mês de dezembro foram produzidas 100 marmitas por dia, sendo 10 com ovo e 30 com cada um dos outros tipos de proteína, o número de algarismos 4 que foram utilizados para numerar as marmitas naquele mês foi

A. 610.

B. 210.

C. 310.

D. 410.

E. 510.

COMENTÁRIO

Primeiro passo é lembrar que o mês de dezembro tem 31 dias. Isso quer dizer que durante 31 dias foram produzidas, diariamente, 10 marmitas com ovo (referente ao número 4 do código de proteína).

Desta forma, temos: $31 \times 10 = 310$ algarismos 4 utilizados.

Além disso, no mês de dezembro temos os dias que possuem o algarismo 04, que seriam as datas (DDMM):

0412

1412

2412

Como são 3 dias, e são produzidas 100 marmitas diárias, temos:

$100 \times 3 = 300$ algarismos 4 utilizados.

No total:

$310 + 300 = 610$ algarismos.

GABARITO: LETRA A

06. Ano: 2024 Banca: CETAP Órgão: Prefeitura de Castanhal – PA Prova: CETAP – 2024 – Prefeitura de Castanhal – PA – Maqueiro

Considerando que o salário de um operário seja proporcional à quantidade de dias trabalhados, se ele recebe R$ 840,00 por 14 dias de trabalho, então, ele deverá trabalhar por quantos dias para receber R$ 1.200,00.

Alternativas

A. 40 dias.

B. 30 dias.

C. 50 dias.

D. 20 dias.

COMENTÁRIO

Para resolver essa questão, como o salário é proporcional a quantidade de dias trabalhados, podemos fazer uma regra de três simples.

salário	*dias*
840	14
1200	x

Multiplicando cruzado temos:

$$840x = 1200 \cdot 14$$

$$x = \frac{16800}{840}$$

$$x = 20$$

Ou seja, é necessário trabalhar 20 dias para receber um salário de R$1200,00.

GABARITO: LETRA D

07. Ano: 2024 Banca: IDECAN Órgão: CAERN Prova: IDECAN – 2024 – CAERN – Técnico em Instrumentação

Um encontro de família foi organizado por 7 casais. Cada um desses casais teve 3 filhos, todos casados e com 3 filhos cada um. No entanto, um terço dos netos desses 7 casais não puderam comparecer ao encontro.

O número de pessoas neste evento familiar é de:

Alternativas

A. 98 pessoas.

B. 119 pessoas.

C. 77 pessoas.

D. 112 pessoas.

COMENTÁRIO

O primeiro passo é descobrir a quantidade de netos e para isso devemos descobrir a quantidade de filhos juntamente com os seus cônjuges.

São 7 casais, ou seja 14 pessoas.

Cada casal teve 3 filhos:

$$7 \times 3 = 21\ filhos$$

Esses filhos se casaram, então dobra-se a quantidade de pessoas:

$$21 \times 2 = \mathbf{42\ pessoas}$$

Cada um desses 21 casais tiveram 3 filhos, que serão os netos:

$$21 \times 3 = 63\ netos$$

Um terço desses netos não puderam ir, ou seja $\frac{1}{3}$ de 63:

$\frac{1}{3} \times 63 = \frac{63}{3} = 21$

Ou seja, 21 netos não foram ao encontro, logo a quantidade que foram é igual a $63 - 21 = 42\ pessoas$

Então, a quantidade de pessoas nesse evento foi:

$14 + 42 + 42 = 98\ pessoas.$

GABARITO: LETRA A

---

08. Ano: 2024 Banca: CESPE / CEBRASPE Órgão: Prefeitura de Cachoeiro de Itapemirim – ES Provas: CESPE / CEBRASPE – 2024 – Prefeitura de Cachoeiro de Itapemirim – ES – Auxiliar Administrativo

Texto associado

João, Felipe e Ricardo são jogadores em um time de basquete. Em certo jogo, João fez 40 pontos, Felipe fez 40% dos pontos de João e Ricardo fez 60% dos pontos de Felipe.

Acerca dessa situação hipotética, julgue o próximo item.

Felipe fez 32 pontos.

COMENTÁRIO

A informação dada foi que Felipe fez 40% dos pontos de João, ou seja, 40% de 40:

Sabemos que $40\% = \frac{40}{100}$.

Então:

$$40\%\ de\ 40 = \frac{40}{100} \times 40 = \frac{1600}{100} = 16$$

Logo, Felipe fez 16 pontos.

GABARITO: ERRADO

---

09. Ano: 2024 Banca: CESPE / CEBRASPE Órgão: Prefeitura de Cachoeiro de Itapemirim – ES Provas: CESPE / CEBRASPE – 2024 – Prefeitura de Cachoeiro de Itapemirim – ES – Auxiliar Administrativo

Texto associado

João, Felipe e Ricardo são jogadores em um time de basquete. Em certo jogo, João fez 40 pontos, Felipe fez 40% dos pontos de João e Ricardo fez 60% dos pontos de Felipe.

Acerca dessa situação hipotética, julgue o próximo item.

O total de pontos feitos por Ricardo correspondeu a 24% dos pontos feitos por João.

COMENTÁRIO

Felipe fez 40% dos pontos de João, ou seja, 40% de 40:

Sabemos que $40\% = \frac{40}{100}$

Então:

$$40\%\ de\ 40 = \frac{40}{100} \times 40 = \frac{1600}{100} = 16$$

Logo, Felipe fez 16 pontos.

Ricardo fez 60% dos pontos de Felipe, ou seja, 60% de 16:

$$60\%\ de\ 16 = \frac{60}{100} \times 16 = \frac{960}{100} = 9{,}6$$

Queremos saber se o total de pontos feitos por Ricardo correspondeu a 24% dos pontos feitos por João, então vamos calcular quanto é 24 % dos 40 pontos e verificar se corresponde a pontuação de Ricardo:

pontos	%
40	100
x	24

Resolvendo:

$100x = 40 \cdot 24$

$100x = 960$

$x = \frac{960}{100}$

$x = 9{,}6$

Note que essa é a mesma pontuação de Ricardo.

GABARITO: CERTO

---

10. Ano: 2024 Banca: CESPE / CEBRASPE Órgão: Prefeitura de Cachoeiro de Itapemirim – ES Provas: CESPE / CEBRASPE – 2024 – Prefeitura de Cachoeiro de Itapemirim – ES – Auxiliar Administrativo

Texto associado

João, Felipe e Ricardo são jogadores em um time de basquete. Em certo jogo, João fez 40 pontos, Felipe fez 40% dos pontos de João e Ricardo fez 60% dos pontos de Felipe.

Acerca dessa situação hipotética, julgue o próximo item.

Se João fez 32% dos pontos totais da equipe, então a equipe de João terminou a partida com mais de 122 pontos.

COMENTÁRIO

A informação que temos é que João fez 40 pontos. Se ele fez 32% dos pontos totais da equipe, temos que $40\ pontos = 32\%$,

Sendo assim, para encontrar a quantidade total de pontos basta calcular o valor correspondente a 100%. Vamos fazer uma regra de três:

pontos	%
40	32
x	100

Calculando temos:

$32x = 4000$

$x = \frac{4000}{32}$

$x = 125$

Logo, a equipe fez 125 pontos, ou seja, mais que 122 pontos.

GABARITO: CERTO

---

11. Ano: 2024 Banca: CETAP Órgão: Prefeitura de Castanhal – PA Prova: CETAP – 2024 – Prefeitura de Castanhal – PA – Auxiliar de Administração

Supondo que 15% do valor de um produto seja R$180,00, assinale a alternativa que apresenta o valor desse produto.

Alternativas

A. R$ 1.200,00.

B. R$ 1.400,00.

C. R$ 1.300,00.

D. R$ 1.000,00.

COMENTÁRIO

Se 15% é igual a R$180,00, para descobrir o valor 100% desse produto podemos fazer uma regra de três simples:

valor	%
180	15
x	100

Multiplicando cruzado temos:

$15x = 180 \cdot 100$

$x = \dfrac{18000}{15}$

$x = 1200{,}00$

Ou seja, o valor total do produto é igual a R$1.200,00

GABARITO: LETRA A

---

12. Ano: 2024 Banca: CETAP Órgão: Prefeitura de Castanhal – PA Prova: CETAP – 2024 – Prefeitura de Castanhal – PA – Auxiliar de Administração

Marcos vai fazer uma viagem, e quer levar uma caixa com livros no avião. O peso máximo, segundo as regras da ANAC, são 23 kg e sua mala já está com 10 kg. Se cada livro possui em média 800 g e a caixa, 1 kg, quantos livros no máximo ele poderá levar?

Alternativas

A. 15 livros.

B. 10 livros.

C. 13 livros.

D. 12 livros.

COMENTÁRIO

Como o peso máximo é 23kg e sua mala já tem 10kg, restam 13kg para a despesa extra.

Como a caixa pesa 1kg, sobram apenas 12kg para os livros, ou seja 12000g.

Como cada livro pesa 800g, fazemos uma divisão para saber a quantidade de livros que poderão ser levados:

$\dfrac{12000}{800} = 15\ livros$

Desta forma, Marcos poderá levar a caixa e mais 15 livros.

GABARITO: LETRA A

---

13. Ano: 2024 Banca: CETAP Órgão: Prefeitura de Castanhal – PA Prova: CETAP – 2024 – Prefeitura de Castanhal – PA – Auxiliar de Administração

Bianca tem um novelo de linha para usar na confecção de gorros e cachecóis. Para cada gorro, ela usa 0,2 quilograma de linha e, para cada cachecol, 0,1 quilograma de linha. Bianca quer confeccionar 3 vezes mais cachecóis que gorros e usar 5 quilogramas de linha. Qual a produção total de Bianca?

Alternativas

A. 30.

B. 50.

C. 40.

D. 20.

COMENTÁRIO

Para ficar mais fácil o raciocínio vamos chamar de

g: a quantidade de gorros

c: quantidade de cachecóis

Como ela quer confeccionar 3 vezes mais cachecóis do que gorros, então temos:

$c = 3g$

Para cada gorro, ela usa 0,2 quilograma de linha e, para cada cachecol, 0,1 quilograma de linha. Como serão 5 quilogramas de linha, temos:

$0{,}2g + 0{,}1c = 5$

Como $c = 3g$, então:

$0{,}2g + 0{,}1(3g) = 5$

$0{,}2g + 0{,}3g = 5$

$0{,}5g = 5$

$g = \frac{5}{0{,}5}$

$g = 10$

Como a quantidade de cachecóis é o triplo, $c = 30$

Logo, a produção foi de 10 gorros e 30 cachecóis, totalizando 40 peças.

GABARITO: LETRA C

---

14. Ano: 2024 Banca: IDECAN Órgão: Prefeitura de João Pessoa – PB Prova: IDECAN – 2024 – Prefeitura de João Pessoa – PB – Agente de Mobilidade Urbana

A sequência de números 0, 1, 1, 2, 3, 5, 8, 13... é conhecida como sequência de Fibonacci.

Com base nessa sequência, é correto afirmar que:

Alternativas

A. A soma do nono termo com o décimo primeiro termo é igual ao décimo termo.

B. O nono termo corresponde ao número 34.

C. A diferença entre o décimo primeiro termo e o décimo termo é igual ao nono termo.

D. Toda a sequência é composta por números primos.

COMENTÁRIO

A sequência de Fibonacci é uma sequência muito conhecida. O próximo termo da sequência sempre se origina da soma dos dois números anteriores a ele.

Com isso, vamos analisar as afirmativas dadas.

A. A soma do nono termo com o décimo primeiro termo é igual ao décimo termo.

Errada, pois o décimo termo é igual a soma do nono termo com o oitavo termo. A partir do 3º termo a sequência é crescente.

B. O nono termo corresponde ao número 34.

Errada. O nono termo é a soma do oitavo termo com o sétimo, ou seja $8 + 13 = 21$.

C. A diferença entre o décimo primeiro termo e o décimo termo é igual ao nono termo.

Certo. O décimo primeiro termo é o resultado da soma entre o nono e o décimo termo.

D. Toda a sequência é composta por números primos.

Errado. Na sequência apresentada, temos o número 0 que não é primo, o número 1, o número 8 e vários outros.

GABARITO: LETRA C

---

15. Ano: 2024 Banca: CETAP Órgão: Prefeitura de Castanhal – PA Prova: CETAP – 2024 – Prefeitura de Castanhal – PA – Auxiliar de Administração

Doze operários, em 90 dias, trabalhando 8 horas por dia, fazem 36 m de certo tecido. Podemos afirmar que, para fazer 24 m do mesmo tecido, 15 operários, trabalhando 6 horas por dia levarão quantos dias?

Alternativas

A. 68 dias.

B. 60 dias.

C. 62 dias.

D. 64 dias.

COMENTÁRIO

Temos quatro grandezas relacionando de forma proporcional, então vamos usar uma regra de três composta.

Vamos fazer pelo método "CAUSA E CONSEQUÊNCIA"

Nesse método, primeiro perguntamos: Quem é o sujeito? A resposta é: os operários.

A segunda pergunta é: O que eles estão fazendo? A Resposta: metros de tecido.

Logo, metros de tecido será a consequência do esquema, e as demais grandezas as causas.

Então temos:

Causas			*consequência*
operários	*horas*	*dias*	*metros*
12	8	90	36
15	6	x	24

Nesse método, multiplicamos de forma linear as causas e quando chegamos na consequência, multiplicamos cruzado.

Então temos:

$$15 \cdot 6 \cdot x \cdot 36 = 12 \cdot 8 \cdot 90 \cdot 24$$

Podemos simplificar:

$$\overset{1}{\cancel{15}} \cdot \overset{1}{\cancel{6}} \cdot x \cdot \overset{3}{\cancel{36}} = \overset{2}{\cancel{12}} \cdot 8 \cdot \overset{6}{\cancel{90}} \cdot \overset{2}{\cancel{24}}$$

$$1 \cdot 1 \cdot x \cdot 3 = 2 \cdot 8 \cdot 6 \cdot 2$$

$$3x = 192$$

$$x = \frac{192}{3}$$

$$x = 64$$

Ou seja, serão necessários 64 dias.

GABARITO: LETRA D

Ano: 2024 Banca: IDECAN Órgão: Prefeitura de João Pessoa – PB Prova: IDECAN – 2024 – Prefeitura de João Pessoa – PB – Guarda Civil Municipal

João tem o dobro da idade de Ana. Daqui a 5 anos, a idade de João será o triplo da idade que Ana tinha há 5 anos. Calcule a soma das idades atuais de João e Ana.

Alternativas

A. 72

B. 60

C. 64

D. 68

COMENTÁRIO

Como não sabemos a idade hoje de Ana chamaremos de x.

João tem o dobro da idade de Ana, ou seja, $2x$

Daqui a 5 anos, a idade de João será o triplo da idade que Ana tinha há 5 anos.

Ou seja, daqui 5 anos, João terá $(2x + 5)$ anos e isso é o triplo de $(x - 5)$.

Então podemos montar a equação:

$2x + 5 = 3(x - 5)$

$2x + 5 = 3x - 15$

$x = 20$

Ana tem 20 anos, logo, João tem 40 anos.

A soma das idades atuais de João e Ana é igual a $20 + 40 = 60$ anos

GABARITO: LETRA B

---

16. Ano: 2023 Banca: CETAP Órgão: Prefeitura de Barcarena – PA Prova: CETAP – 2023 – Prefeitura de Barcarena – PA – Agente Comunitário de Saúde

Um homem recebeu um auxílio-acidente no valor de R$ 1.200,00. Seu salário de contribuição mensal é de R$ 3.200,00. Qual é a porcentagem do benefício sobre o salário de contribuição?

Alternativas

A. 37,5%.

B. 57,5%.

C. 47,5%.

D. 67,5%.

COMENTÁRIO

Como o seu salário é de R$3.200,00 esse valor representa 100%. Então fazemos uma regra de três simples para descobrir a porcentagem referente a R$1.200,00.

R$	%
3200	100
1200	x

Multiplicando cruzado:

$3200x = 120000$

$$x = \frac{120000}{3200}$$

$x = 37,5\%$

Logo, esse valor representa 37,5% do seu salário.

GABARITO: LETRA A

---

17. Ano: 2023 Banca: CETAP Órgão: Prefeitura de Barcarena – PA Prova: CETAP – 2023 – Prefeitura de Barcarena – PA – Agente Comunitário de Saúde

Suponha que um trabalhador tenha trabalhado por 30 anos e que o valor mínimo da aposentadoria seja de R$ 1.200,00, caso ele se aposentasse com esse tempo de contribuição. Calcule quanto o trabalhador deve receber como aposentadoria, sabendo que o tempo limite para se aposentar é de 35 anos.

Alternativas

A. R$ 1.500,00.

B. R$ 1.400,00.

C. R$ 1.600,00.

D. R$ 1.700,00.

COMENTÁRIO

Como o valor é proporcional ao tempo de trabalho, podemos fazer uma regra de três simples para saber o valor referente a 35 anos:

Salário	*anos*
1200	30
x	35

Como as grandezas são diretamente proporcionais, multiplicamos cruzado:

$$30x = 42000$$

$$x = \frac{42000}{30}$$

$$x = 1400$$

Ou seja, o salário para 35 anos será de R$1400,00.

GABARITO: LETRA B

---

18. Ano: 2024 Banca: FGV Órgão: Prefeitura de Caraguatatuba – SP Provas: FGV – 2024 – Prefeitura de Caraguatatuba – SP – Advogado (SUAS)

Uma torneira, despejando água à vazão constante, leva 18 minutos para despejar 42 litros em um tonel. Se a vazão fosse 25% maior, essa torneira seria capaz de despejar 35 litros em

Alternativas

A. 8 minutos.

B. 9 minutos.

C. 10 minutos.

D. 12 minutos.

E. 14 minutos.

COMENTÁRIO

Primeiro precisamos descobrir qual é a capacidade de vazão dessa torneira, ou seja, quantos litros por minuto ela despeja.42

Para isso, calculamos a razão de litros por minutos:

$$V = \frac{42l}{18min} \rightarrow simplifando \rightarrow \frac{7l}{3min}$$

Ou seja, a cada 3 minutos ela despeja 7 litros.

Vamos aumentar essa vazão agora em 25%, para isso basta multiplicar essa razão por 1,25:

$$\frac{7}{3} \times 1{,}25 = \frac{7}{3} \times \frac{1{,}25}{1} = \frac{8{,}75}{3}$$

Então a nova capacidade é de 8,75 litros a cada 10 minutos. Agora vamos descobrir quantos minutos essa torneira gastaria para despejar 35 litros, para isso usaremos a razão:

$$\frac{8{,}75}{3} = \frac{35}{x}$$

Multiplicando cruzado temos:

$$8{,}75x = 105$$

$$x = \frac{105}{8{,}75}$$

$$x = 12\ minutos$$

GABARITO: LETRA D

---

19. Ano: 2024 Banca: FGV Órgão: Prefeitura de Caraguatatuba – SP Provas: FGV – 2024 – Prefeitura de Caraguatatuba – SP – Advogado (SUAS)

Um varejista compra seus produtos de um fornecedor por um preço P e os vende, aos seus clientes, com 30% de acréscimo. A certo cliente, o varejista resolve dar 10% de desconto sobre o preço de venda.

Com tal desconto, o lucro auferido pelo vendedor nessa venda é de

Alternativas

A. 15%.

B. 17%.

C. 20%.

D. 22%.

E. 27%.

COMENTÁRIO

Em questões como essa, para facilitar o raciocínio, é sempre bom colocarmos um valor ao produto.

Vamos supor que esse varejista compre esse produto por 100 reais.

Quando ele faz um acréscimo de 30%, esse produto passa a custar:

$$30\%\ de\ 100 = \frac{30}{100} \times 100 = 30\ reais$$

$$100 + 30 = 130\ reais$$

Ao dar 10% de desconto, será 10% em cima dos 130 reais, que é o valor de venda:

$$10\%\ de\ 130 = \frac{10}{100} \times \frac{130}{1} = 13\ reais$$

Então, o novo valor será de:

$$130 - 13 = 117\ reais$$

Observe, que aumentou 17 reais do valor de custo, ou seja 17% de lucro, já que o valor inicial era 100 reais.

GABARITO: LETRA B

---

20. Ano: 2024 Banca: FGV Órgão: Prefeitura de Macaé – RJ Provas: FGV – 2024 – Prefeitura de Macaé – RJ – Assistente Previdenciário – Arquivo

O produto de dois números inteiros positivos é 60. Se a diferença entre esses números dá como resultado um número par, tal resultado é, necessariamente, um múltiplo de

Alternativas

A. 3.

B. 4.

C. 5.

D. 7.

E. 11.

COMENTÁRIO

Vamos chamar esses dois números de x e y.

O produto entre eles é igual a 60, ou seja $x \cdot y = 60$

Vamos escrever aqui todos os múltiplos de 60:

$$multiplos\ de\ 60 = \{1, 2, 3, 4, 5, 6, 10, 12, 15, 20, 30,60\}$$

Note que os possíveis pares de números que resultam no produto igual a 60 são:

$$multiplos\ de\ 60 = \{1, 2, 3, 4, 5, 6, 10, 12, 15, 20, 30,60\}$$

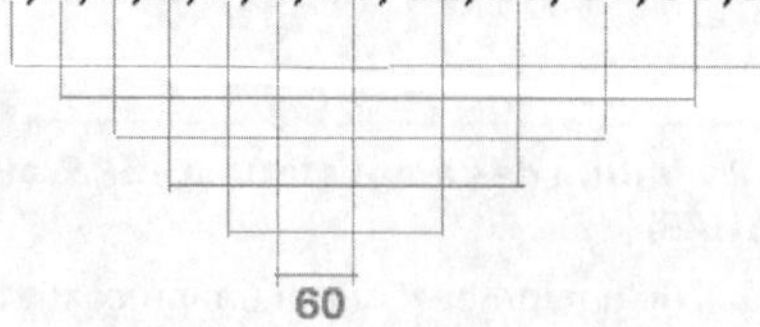

Foi mencionado que a diferença entre esses números resultam em um número par, ou seja:

$$x - y = par$$

Então, olhando os possíveis resultados temos:

- $60 - 1 = 59$
- $30 - 2 = 28$
- $20 - 3 = 17$
- $15 - 4 = 11$
- $12 - 5 = 17$
- $10 - 6 = 4$

Os valores possíveis para *x* e *y* são 30 e 2, ou 10 e 6, e os resultados da diferença entre eles é 28 ou 4, ambos múltiplos de 4.

GABARITO: LETRA B

---

21. Ano: 2024 Banca: FGV Órgão: Prefeitura de Macaé – RJ Provas: FGV – 2024 – Prefeitura de Macaé – RJ – Assistente Previdenciário – Arquivo

Um total de N laranjas foi dividido igualmente entre 7 pessoas e ainda sobraram duas. Nesse caso, não haveria sobra de laranjas nessa divisão se houvesse

Alternativas

A. 9 laranjas a mais.

B. 10 laranjas a mais.

C. 11 laranjas a mais.

D. 12 laranjas a mais.

E. 13 laranjas a mais.

COMENTÁRIO

Saber que a quantidade de laranjas ao ser dividido por 7 e sobrar duas, significa que N pode ser escrito como:

$N = 7n + 2$

Onde 7n é um múltiplo de 7.

Para não haver resto nessa divisão, a quantidade de laranjas acrescentadas, somadas as duas restantes também deverão resultar em um número múltiplo de 7.

As alternativas são:

- $9 + 2 = 11$ → não é múltiplo de 7
- $10 + 2 = 12$ → não é múltiplo de 7
- $11 + 2 = 13$ → não é múltiplo de 7
- $12 + 2 = 14$ → é múltiplo de 7, logo é essa resposta.
- $13 + 2 = 15$ → não é múltiplo de 7

GABARITO: LETRA D

---

22. Ano: 2024 Banca: FGV Órgão: Prefeitura de Macaé – RJ Provas: FGV – 2024 – Prefeitura de Macaé – RJ – Analista Previdenciário – Especialidade: Psicologia

Um número inteiro positivo menor do que 100, deixa resto 6 quando dividido por 7, deixa resto 7 quando dividido por 8. Sendo assim, esse número é divisível por

Alternativas

A. 17.

B. 15.

C. 13.

D. 11.

E. 10.

COMENTÁRIO

Como não sabemos que número é esse, vamos chama-lo inicialmente de x.

Sabemos que x é positivo e menor que 100.

Quando dividido por 7, deixa resto 6:

$x = 7n + 6$

Então os possíveis para essa equação valores seriam:

$6, 13, 20, 27, 34, 41, 48, 55, 62, 69, 76, 83, 90, 97$

Também foi dito que deixa resto 7 quando dividido por 8:

$x = 8p + 7$

Então os possíveis para essa equação valores seriam:

$7, 15, 23, 31, 39, 47, 55, 63, 71, 79, 87, 95$

Olhando para os possíveis valores, das duas equações, x só pode ser 55 que é o único valor em comum.

Sendo assim, $x = 55$ que é um número multiplo de 11.

GABARITO: LETRA D

---

23. Ano: 2024 Banca: FGV Órgão: Prefeitura de Vitória – ES Provas: FGV – 2024 – Prefeitura de Vitória – ES – Analista em Gestão Pública – Administrador

Em um triângulo retângulo cujos catetos medem 11 cm e 60 cm, a medida da altura relativa à hipotenusa é, aproximadamente,

Alternativas

A. 9,8 cm.

B. 10,2 cm.

C. 10,8 cm.

D. 12,8 cm.

E. 18,2 cm.

COMENTÁRIO

Para resolver essa questão usamos o teorema de Pitágoras:

$hipotenusa^2 = (cateto_1)^2 + (cateto_2)^2$

ou seja:

$a^2 = b^2 + c^2$

logo:

$a^2 = 11^2 + 60^2$

$a^2 = 121 + 3600$

$a^2 = 3721$

$a = \sqrt{3721}$

$a = 61$

Ou seja, a hipotenusa é igual a 61cm

Para calcular a altura pedida (vamos chama-la de h), devemos lembrar que o produto dos catetos é igual ao produto da hipotenusa pela altura relativa à hipotenusa. Ou seja:

$b \times c = h \times a$

Logo:

$60 \times 11 = h \times 61$

$660 = 61h$

$h = \frac{660}{61}$

$h \cong 10{,}8cm$

GABARITO: LETRA C

---

24. Ano: 2024 Banca: FGV Órgão: Prefeitura de Nova Iguaçu – RJ Prova: FGV – 2024 – Prefeitura de Nova Iguaçu – RJ – Auditor Fiscal do Tesouro Municipal

Carlos comprou uma bicicleta por certo preço. Um mês após a compra, decidiu vendê-la por um preço 30% maior do que o preço de compra. Um mês após essa venda, Carlos recomprou a bicicleta por um valor 10% menor que o preço de venda.

Se, na segunda compra, pagou R$ 595,00 a mais do que na primeira compra, então o preço de venda foi

Alternativas

A. R$ 3.500,00.

B. R$ 3.650,00.

C. R$ 4.095,00.

D. R$ 4.225,00.

E. R$ 4.550,00.

COMENTÁRIO

Como não sabemos o valor inicial, que Carlos comprou essa bicicleta, vamos chamar de x.

Um mês após a compra, ele vendeu essa bicicleta por um preço 30% maior do que o preço de compra, ou seja,a bicicleta passou a ser $1{,}3x$.

Logo em seguida Carlos recomprou a bicicleta por um valor 10% menor que o preço de venda. Como pagou 10% a menos, ele pagou $90\%\ de\ 1{,}3x$.

$\frac{90}{100} \cdot \frac{1{,}3x}{1} = \frac{117x}{100} = 1{,}17x$

Sabendo que ele pagou R$ 595,00 a mais do que na primeira compra, então temos que:

$1{,}17x - x = 595$

$0{,}17x = 595$

$x = \frac{595}{0{,}17}$

$x = 3500$

Logo, o valor inicial dessa bicicleta era de R$3.500,00.

E o valor da venda:

$1{,}3x \rightarrow 1{,}3 \cdot 3500 = R\$\ 4.550{,}00$

GABARITO: LETRA E

---

25. Ano: 2024 Banca: FGV Órgão: Prefeitura de Nova Iguaçu – RJ Prova: FGV – 2024 – Prefeitura de Nova Iguaçu – RJ – Analista Tributário do Tesouro Municipal

A figura ilustra um retângulo ABCD com um segmento EF paralelo aos lados AD e BC.

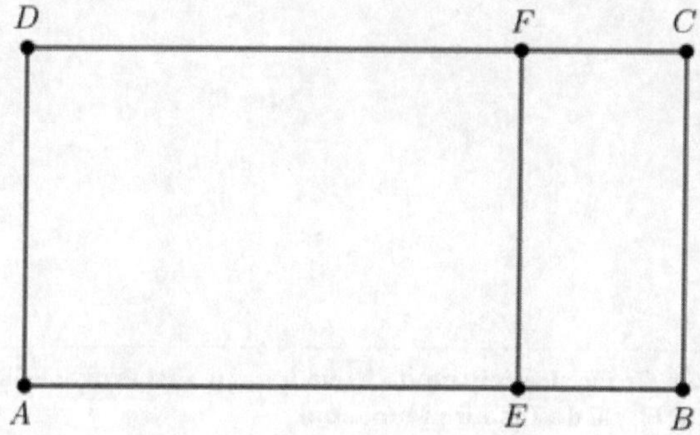

A medida de BC é o dobro da medida de BE. As medidas dos lados dos retângulos ABCD são proporcionais às medidas dos lados do retângulo BCFE.

Se a área de BCFE mede 6 dm2 , então a área do retângulo ADFE vale

Alternativas

A. 24 dm2.

B. 22 dm2.

C. 20 dm2.

D. 18 dm2.

E. 12 dm2.

COMENTÁRIO

Vamos chamar o lado BE de x, logo o lado BC será 2x.

Como as medidas dos lados dos retângulos ABCD são proporcionais às medidas dos lados do retângulo BCFE, então podemos representar:

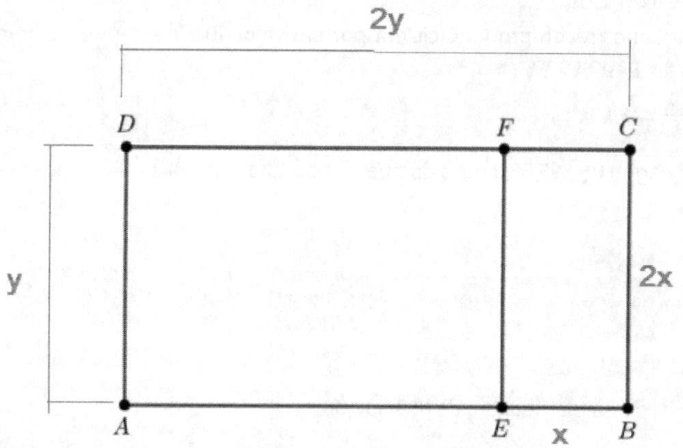

Note que $y = 2x$

Se BCFE mede 6 dm2,

$A_{BCFE} = x \cdot 2x$

$6 = 2x^2$

$x = \sqrt{3}$

Logo, o retângulo BCFE tem medidas iguais a $\sqrt{3}$ *e* $2\sqrt{3}$

O retângulo ABCD, tem os lados proporcionais, observe que $y = 2\sqrt{3}$, logo:

$2y \rightarrow 2(2\sqrt{3}) = 4\sqrt{3}$

Calculando a área teremos:

$A_{ABCD} = 4\sqrt{3} \times 2\sqrt{3}$

$A_{ABCD} = 4 \times 2 \times \sqrt{3 \times 3}$

$A_{ABCD} = 8 \times \sqrt{9}$

$A_{ABCD} = 8 \times 3$

$A_{ABCD} = 24dm^2$

Para descobrir a área do retângulo ADFE basta subtrair a área de BCFE da área de ABCD:

$A_{ADFE} = 24dm^2 - 6dm^2$

$A_{ADFE} = 18dm^2$

GABARITO: LETRA D

---

26. Ano: 2024 Banca: SELECON Órgão: Prefeitura de São Gonçalo – RJ Prova: SELECON – 2024 – Prefeitura de São Gonçalo – RJ – Merendeira

A figura a seguir representa o projeto de uma cozinha retangular onde será construída uma despensa, também retangular.

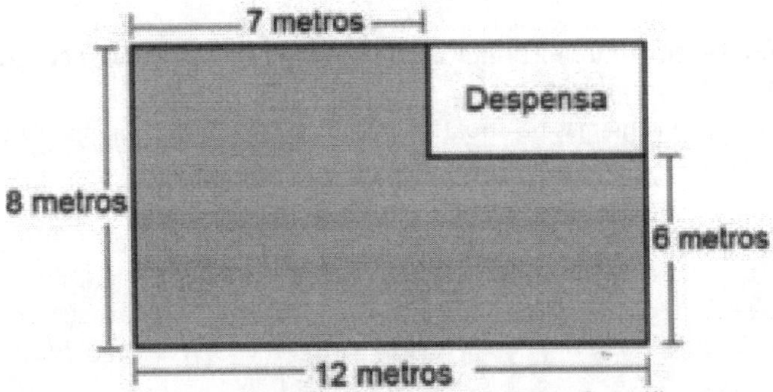

Nesse projeto, a área da despensa, em metros quadrados, corresponde a:

Alternativas

V. 6

A. 8

B. 10

C. 12

COMENTÁRIO

Vamos chamar de X e Y os lados da despensa:

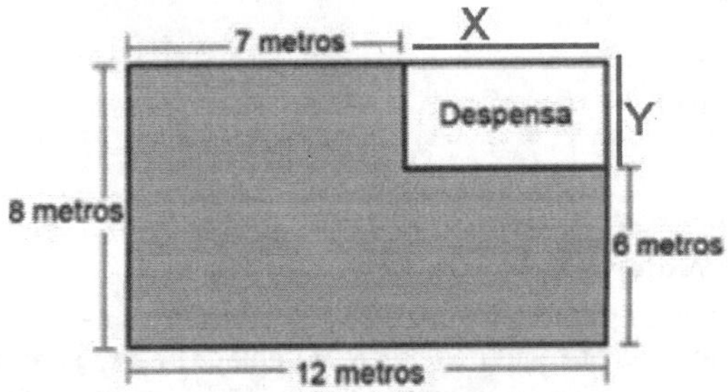

Como a cozinha possui o formato retangular:

$7 + x = 12$

Logo:

$x = 12 - 7$

$x = 5\ metros$

Da mesma forma:

$y + 6 = 8$

$y = 8 - 6$

$y = 2\ metros$

A despensa tem também o formato de um retângulo, e para calcular a área de um retângulo basta multiplicar a largura pelo comprimento.

Então temos:

$A = largura \times comprimento$

$A = 5m \times 2m$

$A = 10m^2$

Logo, a área da despensa será igual a $10m^2$.

GABARITO LETRA C

---

27. Ano: 2024 Banca: SELECON Órgão: Prefeitura de São Gonçalo – RJ Prova: SELECON – 2024 – Prefeitura de São Gonçalo – RJ – Merendeira

De um estoque de 80 quilogramas de arroz, foram consumidos 20 quilogramas. O percentual de arroz consumido corresponde a:

Alternativas

V. 15%

A. 20%

B. 25%

C. 30%

COMENTÁRIO

Podemos fazer uma regra de três simples para descobrir o percentual referente a 20 quilogramas. Para isso vamos considerar que 80 quilogramas representa o percentual de 100%. Então temos:

KG	$\%$
80	100
20	x

Multiplicando cruzado:

$80x = 2000$

$$x = \frac{2000}{80}$$

$x = 25\%$

Logo, a alternativa correta é a letra C.

GABARITO: LETRA C

---

28. Ano: 2024 Banca: SELECON Órgão: Prefeitura de Lucas do Rio Verde – MT Prova: SELECON – 2024 – Prefeitura de Lucas do Rio Verde – MT – Padeiro

Há quatro prateleiras em uma estante, e foram colocados oito livros em cada prateleira. A quantidade de livros que foram colocados nessas prateleiras pode ser representada pela seguinte potência:

Alternativas

V. 84

A. 48

B. 26

C. 25

COMENTÁRIO

O primeiro passo é descobrir a quantidade de livros que tem nessas estantes.

Se são 4 prateleiras com 8 livros cada temos:

$8 \times 4 = 32 \text{ livros}$

Observe que fatorando o número 32 temos (vale lembrar que fatorar é escrever o número como um produto entre números primos):

$$\begin{array}{r|l} 32 & 2 \\ 16 & 2 \\ 8 & 2 \\ 4 & 2 \\ 2 & 2 \\ 1 & = 2^5 \end{array}$$

Desta forma, a quantidade de livros pode ser representada por 2^5.

GABARITO: LETRA D

---

29. Ano: 2024 Banca: SELECON Órgão: Prefeitura de Lucas do Rio Verde – MT Prova: SELECON – 2024 – Prefeitura de Lucas do Rio Verde – MT – Padeiro

A tabela a seguir mostra a quantidade de salgadinhos e docinhos consumidos em quatro festas:

	Festa A	Festa B	Festa C	Festa D
Salgadinhos	225	262	193	304
Docinhos	183	358	271	295

Nessas quatro festas, foram consumidos x docinhos a mais do que salgadinhos. O valor de x é:

Alternativas

V. 113

A. 123

B. 133

C. 143

COMENTÁRIO

Primeiro vamos descobrir a quantidade total de salgadinhos e docinhos consumidos. Para isso, basta somar todos os valores:

Salgadinhos:

$225 + 262 + 193 + 304 = 984$

Docinhos:

$183 + 358 + 271 + 295 = 1.107$

Para descobrir a quantidade de docinhos a mais que salgadinhos basta calcular a diferença entre os totais obtidos:

$1.107 - 984 = 123$

Logo, x corresponde a 123 docinhos.

GABARITO LETRA B

---

30. Ano: 2024 Banca: SELECON Órgão: Prefeitura de Lucas do Rio Verde – MT Prova: SELECON – 2024 – Prefeitura de Lucas do Rio Verde – MT – Padeiro

A imagem a seguir representa a superfície plana da tampa de uma embalagem de papelão:

Traçando-se as diagonais desse quadrado, essa superfície ficou dividida em quatro triângulos iguais. A medida, em graus, do menor ângulo interno de cada um desses triângulos é:

Alternativas

V. 15

A. 30

B. 45

C. 60

COMENTÁRIO

Um quadrado é um polígono de 4 lados com medidas iguais e quatro Ângulos retos, ou seja, ângulos de 90°.

As diagonais de um quadrado são também suas bissetrizes, ou seja, dividem exatamente os ângulos ao meio, formando assim dois ângulos de 45°.

GABARITO: LETRA C

---

31. Ano: 2024 Banca: SELECON Órgão: Prefeitura de Lucas do Rio Verde – MT Prova: SELECON – 2024 – Prefeitura de Lucas do Rio Verde – MT – Padeiro

Em uma caixa, foram colocados somente bombons e balas, sendo a quantidade de bombons correspondente a 5/9 da quantidade de balas. Contudo, se forem colocados mais 12 bombons na caixa, a quantidade de bombons ficará igual à quantidade de balas. Logo, a quantidade total de bombons e balas na caixa é um número compreendido entre:

Alternativas

V. 20 e 30

A. 30 e 40

B. 40 e 50

C. 50 e 60

COMENTÁRIO

Como não sabemos a quantidade inicial de bombons e de balas ao todo, vamos chamar de:

$x = quantidade\ de\ bombons$

$y = quantidade\ de\ balas$

Como mencionado, a quantidade de bombons correspondente a 5/9 da quantidade de balas, ou seja:

$$\frac{x}{y} = \frac{5}{9}$$

Isolando a incógnita x temos:

$$x = \frac{5}{9} \cdot y$$

Contudo, se forem colocados mais 12 bombons na caixa, a quantidade de bombons ficará igual à quantidade de balas, isso significa que:

$$x + 12 = y$$

Logo:

$$x = y - 12$$

Substituindo o valor de x na primeira equação temos:

$$x = \frac{5}{9} \cdot y$$

$$y - 12 = \frac{5}{9} \cdot y$$

$$y - 12 = \frac{5y}{9}$$

$$(y - 12) \cdot 9 = 5y$$

$$9y - 108 = 5y$$

$$9y - 5y = 108$$

$$4y = 108$$

$$y = \frac{108}{4}$$

$$y = 27$$

Então a quantidade de balas é igual a 27.

Como a quantidade de bombons é 12 unidades a menos, temos:

$$x = y - 12$$

$$x = 27 - 12$$

$$x = 15$$

Logo, são 15 bombons.

O total de balas e bons é igual a: $27 + 15 = 42$

Essa é uma quantidade entre 40 a 50 unidades.

GABARITO LETRA C

---

32. Ano: 2024 Banca: SELECON Órgão: Prefeitura de Lucas do Rio Verde – MT Prova: SELECON – 2024 – Prefeitura de Lucas do Rio Verde – MT – Padeiro

Uma loja atendeu, das 9h às 18h de um mesmo dia, 351 clientes. No período considerado, essa loja atendeu, em média, o seguinte número de clientes por hora:

Alternativas

V. 37

A. 39

B. 47

C. 49

COMENTÁRIO

O primeiro passo é descobrir quantas horas funcionou essa loja:

$$9h - 10h \rightarrow 1h$$

$10h - 11h \rightarrow 2h$

$11h - 12h \rightarrow 3h$

$12h - 13h \rightarrow 4h$

$13h - 14h \rightarrow 5h$

$14h - 15h \rightarrow 6h$

$15h - 16h \rightarrow 7h$

$16h - 17h \rightarrow 8h$

$17h - 18h \rightarrow 9h$

Então foram 9 horas de funcionamento. Como foram atendidos 351 clientes, para descobrir a média de clientes atendidos por hora, dividimos a quantidade de clientes pela quantidade de horas de funcionamento:

$$M = \frac{351}{9}$$

$$M = 39$$

Foram atendidos, em média, por hora, 39 clientes.

GABARITO LETRA B

---

33. Ano: 2024 Banca: SELECON Órgão: Prefeitura de Lucas do Rio Verde – MT Prova: SELECON – 2024 – Prefeitura de Lucas do Rio Verde – MT – Padeiro

Uma padaria produz três tipos de doces, A, B e C. Ao final de um dia, a partir da quantidade de doces vendidas de cada tipo, o gerente da padaria construiu o gráfico de setores a seguir.

Sobre essa situação, é possível afirmar corretamente que:

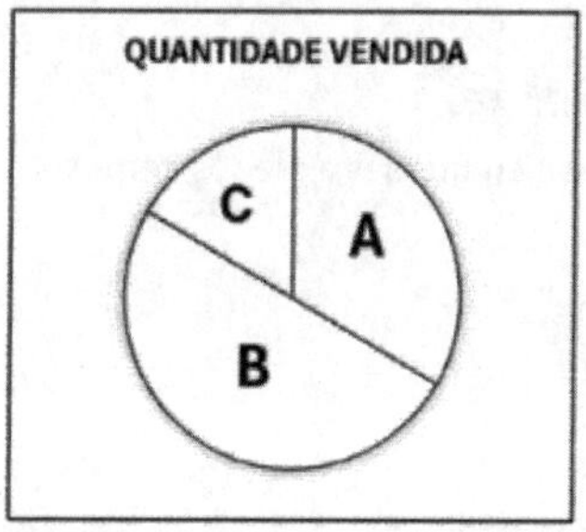

Alternativas

V. 40% do total de doces vendidos foi do tipo C.

A. 50% do total de doces vendidos foi do tipo A.

B. A soma das quantidades vendidas dos tipos A e B representa menos de 75% do total de doces vendido.

C. A quantidade total de doces vendidos do tipo B representa, aproximadamente, a soma das quantidades vendidas dos tipos A e C.

COMENTÁRIO

Vamos resolver essa questão comentando cada item para encontramos qual é o correto.

V. 40% do total de doces vendidos foi do tipo C.

Note que o desenho não nos fornece dados para afirmarmos com certeza que a quantidade de A refere-se exatamente a 40%.

B. 50% do total de doces vendidos foi do tipo A.

Errado. Podemos perceber que a parte representada por A é menor que a metade da circunferência, pois 50% é exatamente a metade.

C. A soma das quantidades vendidas dos tipos A e B representa menos de 75% do total de doces vendido.

Errado. Não sabemos ao certo o tamanho de A então não é possível dizer se a soma de A ou de B é maior ou menor que 75%.

D. A quantidade total de doces vendidos do tipo B representa, aproximadamente, a soma das quantidades vendidas dos tipos A e C.

Certo. Observe que B, apesar da distorção da imagem, representa 50% da circunferência, levando em conta que um gráfico de setores passa sempre pelo centro da circunferência. Logo, A+C é aproximadamente 50% também.

GABARITO LETRA D

---

34. Ano: 2024 Banca: SELECON Órgão: Prefeitura de Lucas do Rio Verde – MT Prova: SELECON – 2024 – Prefeitura de Lucas do Rio Verde – MT – Padeiro

Um bolo assou por 35 minutos em um forno elétrico. Esse tempo corresponde à seguinte fração de uma hora:

Alternativas

V. 7/12

A. 8/15

B. 3/5

C. 5/9

COMENTÁRIO

Para resolver essa questão o que precisamos saber é que 1 hora corresponde a 60 minutos.

Como vamos transcrever em uma fração usaremos apenas em minutos:

35 minutos refere-se a:

$$\frac{35}{60}$$

Simplificando a fração por 5:

$$\frac{7}{12}$$

Logo, a alternativa A é a resposta correta.

GABARITO LETRA A

---

35. Ano: 2024 Banca: SELECON Órgão: Prefeitura de Lucas do Rio Verde – MT Prova: SELECON – 2024 – Prefeitura de Lucas do Rio Verde – MT – Padeiro

Carlos pretende comprar um forno elétrico. Para tanto, economizou 84 reais por mês durante 12 meses, conseguindo juntar um total correspondente a 7/10 do preço do forno. O valor, em reais, do preço do forno corresponde a:

Alternativas

V. 1.440

A. 1.450

B. 1.460

C. 1.470

COMENTÁRIO

Primeiro passo é descobrir qual foi o valor economizado por Carlos. Como ele economizou 84 reais por mês, durante 12 meses, temos:

84 x 12 = 1008

Esse valor corresponde a 7/10 do preço do fono. Para encontrar o valor total do forno, podemos fazer uma regra de três simples:

$VALOR$ — — — — — — — — —$Fração$

1008 — — — — — — — — $7/10$

X — — — — — — — — — —$10/10$

Multiplicando cruzado temos:

$\frac{7}{10} \cdot x = 1008 \cdot \frac{10}{10}$

$7x = 10080$

$x = 10080/7$

$x = 1140.$

Logo, o valor total do forno será R$ 1.140,00.

GABARITO LETRA A

---

36. Ano : 2024 Banca: SELECON Órgão: Prefeitura de Várzea Grande – MT Prova: SELECON – 2024 – Prefeitura de Várzea Grande – MT – Guarda Municipal

Ao compararem os valores a serem pagos ao Imposto de Renda, Francisco e Marta verificaram que 18/15 do valor y a ser pago por Francisco correspondia a 8/3 do valor x a ser pago por Marta. Logo, tem-se que y é igual a:

Alternativas

V. 20x/9

A. 10x/3

B. 10x/9

C. 20x/3

COMENTÁRIO

Como a questão mencionou, 18/15 do valor y a ser pago correspondia a 8/3 do valor x, ou seja, $\frac{18}{15} \cdot y = \frac{8}{3}x$.

Para descobrir o valor de y isolamos a incógnita:

$$\frac{18}{15} \cdot y = \frac{8}{3} \cdot x$$

$$y = \frac{\frac{8x}{3}}{\frac{18}{15}}$$

Na divisão entre frações, mantemos a primeira e multiplicamos pelo inverso da segunda:

$$y = \frac{8x}{3} \cdot \frac{15}{18}$$

$$y = \frac{120x}{54}$$

Simplificando a equação por 6:

$$y = \frac{20x}{9}$$

Logo, o valor de y corresponde a 20x/9.

GABARITO: LETRA A

---

37. Ano: 2024 Banca: SELECON Órgão: Prefeitura de Várzea Grande – MT Prova: SELECON – 2024 – Prefeitura de Várzea Grande – MT – Guarda Municipal

Após um concurso público, o número de servidores da prefeitura de um município aumentou em 16%, passando a ser de 203 funcionários. Dessa forma, antes desse concurso, o número de funcionários da prefeitura era igual a:

Alternativas

V. 171

A. 175

B. 181

C. 187

COMENTÁRIO

Se houve um aumento de 16% o novo quadro de servidores passou a ser 116%. Para descobrir a quantidade de servidores antes do aumento precisamos apenas fazer uma regra de três simples para descobrir o valor correspondente a 100% do quadro de funcionários. Então temos:

servidores	%
203	116
x	100

Como as grandezas são inversamente proporcionais, multiplicamos cruzado:

$x \cdot 116 = 203 \cdot 100$

$116x = 20300$

$x = \frac{20300}{116}$

$x = 175$

Ou seja, a quantidade de funcionários anteriormente era igual a 175.

GABARITO: LETRA B

---

38. Ano: 2024 Banca: SELECON Órgão: CEFET-RJ Prova: SELECON – 2024 – CEFET-RJ – Bibliotecário – Documentalista

A apresentação dos dados estatísticos tem algumas formas específicas. Aquela que se caracteriza pelo desenho, por meio de pontos decorrentes da interseção de duas retas, traçadas a partir dos eixos X e Y, onde X representa as variáveis e Y, a frequência, é conhecida como:

Alternativas

V. polígono de referência

A. gráfico de setores

B. gráfico de barras

C. tabela

COMENTÁRIO

Um gráfico que se realiza através da união dos pontos mais altos das colunas num histograma de frequência (que utiliza colunas verticais para mostrar as frequências) é chamado de polígono de referência, ou histograma. Ou seja, é um gráfico que o conjunto de dados é representados por pontos no plano cartesiano ligados por uma linha.

GABARITO LETRA A

---

39. Ano: 2024 Banca: COSEAC Órgão: Prefeitura de Maricá – RJ Prova: COSEAC – 2024 – Prefeitura de Maricá – RJ – Docente I – Matemática

A colheita de laranjas numa determinada região foi entre 650 e 700 unidades. Se essas laranjas fossem colocadas em sacos com 20 unidades cada um, sobrariam 12 laranjas. Se fossem colocadas em sacos com 30 unidades cada um, também sobrariam 12 laranjas. Determine quantas laranjas sobrariam se elas fossem colocadas em sacos com 45 unidades cada um.

Alternativas

V. 21

A. 27

B. 31

C. 42

D. 44

COMENTÁRIO

Como não sabemos a quantidade certa de laranjas, vamos chamar de x.

A colheita foi entre 650 e 700 unidades: $650 < x < 700$.

Se essas laranjas fossem colocadas em sacos com 20 unidades cada um, sobrariam 12 laranjas, ou seja, em uma divisão por 20, teríamos um resto igual a 12.

Se fossem colocadas em sacos com 30 unidades cada um, também sobrariam 12 laranjas.

Isso significa que $x - 12$ é um múltiplo comum entre 20 e 30

O MMC entre 20 e 30 é

$$\begin{array}{cc|c} 20 & 30 & 2 \\ 10 & 15 & 2 \\ 5 & 3 & 3 \\ 5 & 1 & 5 \\ 1 & 1 & = 60 \end{array}$$

No intervalo dado, O único múltiplos de 60 é 660.

Logo:

$x - 12 = 660$

$x = 660 + 12$

$x = 672$

Essa é a quantidade total de laranjas colhidas.

Dividindo em sacos de 45 unidades:

$672 \div 45 = 14 \text{ e resto } 42$

Logo, sobrariam 42 unidades de laranjas.

GABARITO: LETRA D

---

40. Ano: 2024 Banca: COSEAC Órgão: Prefeitura de Maricá – RJ Prova: COSEAC – 2024 – Prefeitura de Maricá – RJ – Docente I – Matemática

Jonas e Lívia, residentes em Maricá, estão num grupo de 100 pessoas cuja média aritmética das idades é 50 anos. Retirando os dois do grupo, a média aritmética das idades das pessoas restantes continua sendo igual a 50 anos. A soma das idades de Jonas e Lívia é um número:

Alternativas

V. quadrado perfeito

A. múltiplo de 3

B. primo

C. divisor de 50

D. maior que 100

COMENTÁRIO

Para que a média de idades entre as 100 pessoas seja igual a 50 é necessário que a soma de todas as idades seja igual a $50 \times 100 = 5000$ anos.

Com a retirada de duas pessoas, o grupo passou a ter 98 pessoas, e a média ainda continuou de 50 anos, logo: $98 \times 50 = 4900$

Ou seja a soma da idade de Jonas e Lívia é exatamente a diferença de $5000 - 4900 = 100 \text{ anos}$.

Observe que 100 é um quadrado perfeito, pois 10^2=100.

GABARITO: LETRA A

41. Ano: 2024 Banca: COSEAC Órgão: Prefeitura de Maricá – RJ Prova: COSEAC – 2024 – Prefeitura de Maricá – RJ – Docente I – Matemática

Em um determinado ano os preços subiram 12% e os salários aumentaram apenas 5%. Nessa situação, para que os salários recuperem o poder de compra, é necessário um reajuste salarial de, aproximadamente:

Alternativas

V. 5,79%

A. 6,01%

B. 6,12%

C. 6,41%

D. 6,67%

COMENTÁRIO

Para conseguirmos visualizar melhor a situação vamos supor valores:

PREÇO –R$100,00

Com aumento de 12%, passou a custar R$ 112,00

SALÁRIO – R$ 100,00

Com aumento de 5% passou a ser R$105,00

Para recuperar o valor de compra, o salário deve alcançar o mesmo valor do preço. Então podemos fazer uma regra de três simples para ver a porcentagem necessária para essa igualdade:

R$	%
105	100
112	x

Resolvendo:

$105x = 100 \times 112$

$x = \frac{11200}{105}$

$x \cong 106{,}67\%$

Ou seja, é necessário um aumento de 6,67%

GABARITO: LETRA E

42. Ano: 2024 Banca: COSEAC Órgão: Prefeitura de Maricá – RJ Prova: COSEAC – 2024 – Prefeitura de Maricá – RJ – Docente I – Matemática

Uma loja de eletrônicos oferece um desconto de 15% em todos os seus produtos para vendas feitas pela internet. Flávio e Lucas pagaram em suas compras virtuais, já considerando os descontos recebidos, R$ 1785,00 e R$ 1700,85, respectivamente. A diferença entre os valores que eles pagariam caso a loja não oferecesse desconto seria igual a:

Alternativas

V. R$ 95,00

A. R$ 96,00

B. R$ 98,00

C. R$ 99,00

D. R$ 100,00

COMENTÁRIO

Como cada um recebeu um desconto de 15%, cada um pagou equivalente a $100\% - 15\% = 85\%$ do valor inicial.

Então podemos fazer uma regra de três simples para descobrir o valor inicial pago por cada um deles.

FLÁVIO:

Valor	%
1785	85
x	100

Resolvendo, multiplicando cruzado temos:

$$85x = 178500$$

$$x = \frac{178500}{85}$$

$$x = 2100$$

Então, o valor do produto de Flávio, inicialmente era R$2100,00

LUCAS:

Valor	%
1700,85	85
x	100

$$85x = 170085$$

$$x = \frac{170085}{85}$$

$$x = 2001$$

Então, o valor do produto de Lucas, inicialmente era R$2001,00

A diferença entre os dois produtos inicialmente era:

$$2100 - 2001 = 99$$

Ou seja, R$ 99,00

GABARITO: LETRA D

---

43. Ano: 2024 Banca: COSEAC Órgão: Prefeitura de Maricá – RJ Prova: COSEAC – 2024 – Prefeitura de Maricá – RJ – Docente I – Matemática

Alunos da mesma escola municipal de Maricá, Francisco e João pesam, juntos, 123 kg; Francisco e Anderson pesam, juntos, 124 kg; e João e Anderson pesam juntos 125 kg. O cubo da soma dos algarismos do número que expressa o peso do homem mais leve dentre os três é:

Alternativas

V. 343
A. 216
B. 125
C. 64
D. 27

COMENTÁRIO

- Francisco e João pesam, juntos, 123 kg:

$$F + J = 123$$

Isolando F temos:

$$F = 123 - J$$

- Francisco e Anderson pesam, juntos, 124 kg:

$$F + A = 124$$

Substituindo F da equação anterior:

$$123 - J + A = 124$$

$$A = 124 - 123 + J$$

$$A = 1 + J$$

- João e Anderson pesam juntos 125 kg.

  $J + A = 125$

  Substituindo o valor de A obtido na equação anterior:

  $J + 1 + J = 125$

  $2J = 124$

  $J = \frac{124}{2}$

  $J = 62$

  Logo, João pesa 62Kg.

  Substituindo o valor do peso de João:

  $F = 123 - J$

  $F = 123 - 62$

  $F = 61$

  Logo, Francisco pesa 61kg.

  E por último:

  $J + A = 125$

  $62 + A = 125$

  $A = 125 - 62$

  $A = 63$

  Logo, Anderson pesa 63Kg.

  Com isso, podemos concluir que o mais leve entre eles é Francisco com 61kg.

A questão pede o cubo da soma dos algarismos do número que expressa o peso do homem mais leve dentre os três:

$(6 + 1)^3 = 7^3 = 343$

GABARITO: LETRA A

---

44. Ano: 2024 Banca: IBFC Órgão: Prefeitura de Fortaleza – CE Provas: IBFC – 2024 – Prefeitura de Fortaleza – CE – Assistente Social

Um carro, utilizando 10 litros de gasolina, tem a capacidade de percorrer uma distância de 120 km. Assinale a alternativa que apresenta a quantidade de litros que são necessários para uma viagem de 180 km.

Alternativas

A. 18 litros
B. 15 litros
C. 20 litros
D. 14 litros
E. 12 litros

COMENTÁRIO

Essa é uma questão bem simples que podemos resolver utilizando uma regra de três simples. Observe que as duas grandezas envolvidas, litros de gasolina e distância, são diretamente proporcionais, pois quanto mais longo o percurso, maior será a quantidade de gasolina a ser utilizada. Então temos:

litros	*distância*
10	120
x	180

Resolvemos, multiplicando cruzado:

$120x = 10 \times 180$

$$x = \frac{1800}{120}$$

$$x = 15$$

Ou seja, são necessários 15 litros de gasolina para percorrer 180km.

GABARITO LETRA B

---

45. Ano: 2024 Banca: IBFC Órgão: IMBEL Prova: IBFC – 2024 – IMBEL – Especialista – Administrador

Assinale a alternativa que preencha corretamente a lacuna. Baseado nos conceitos da matemática financeira: "______ é representada por um por porcentual que incide sobre o capital, ou o valor emprestado. É paga pelo uso do dinheiro. Está associada a certo prazo".

Alternativas

A. Taxa de juros

B. Juros compostos

C. Amortização

D. Liquidação

E. Juros simples

COMENTÁRIO

Essa questão refere-se ao conceito de taxa de juros. Os juros são na verdade uma porcentagem aplicada sobre um valor, durante determinado período de tempo.

GABARITO LETRA A

---

46. Ano: 2024 Banca: IBFC Órgão: IMBEL Provas: IBFC – 2024 – IMBEL – Advogado Empresarial

Uma função do primeiro grau é definida como f(x) = ax+b, sendo a≠0 e {a,b} ⊂ $\mathbb{R}$. Se f(-2) = -2 e f(0) = 1, então o valor de f(t-1) é:

Alternativas

A. $\frac{3t-1}{2}$

B. $\frac{3}{2}t + 1$

C. $\frac{3t+1}{3}$

D. $\frac{3t+3}{2}$

E. $\frac{3t-1}{5}$

COMENTÁRIO

Podemos utilizar a lei de formação da função do primeiro grau, com os pontos informados para descobrir qual a expressão que corresponde a função dada.

$$f(x) = ax + b$$

Observe que o primeiro dado foi $f(-2) = -2$, ou seja, quando $x = -2$, $f(x) = -2$. Substituindo temos:

$$-2 = a(-2) + b$$

$$-2 = -2a + b$$

Guardamos por enquanto essa expressão.

O segundo dado informado é: $f(0) = 1$. Ou seja, quando $x = 0$, $f(x) = 1$.

Substituindo temos:

$$1 = 0x + b$$

$$b = 1$$

Como descobrimos o valor de b vamos substituir na primeira equação que achamos:

$-2 = -2a + b$

$-2 = -2a + 1$

$2a = 1 + 2$

$a = \frac{3}{2}$

Logo, a lei de formação dessa função será:

$f(x) = \frac{3x}{2} + 1$

Então, o valor de f(t-1) é:

$f(t-1) = \frac{3(t-1)}{2} + 1$

$f(t-1) = \frac{3t-3}{2} + 1$

$f(t-1) = \frac{3t}{2} - \frac{3}{2} + \frac{2}{2}$

$f(t-1) = \frac{3t}{2} - \frac{1}{2}$

$f(t-1) = \frac{3t-1}{2}$

GABARITO LETRA A

---

47. Ano: 2024 Banca: IBFC Órgão: IMBEL Provas: IBFC – 2024 – IMBEL – Advogado Empresarial

Um investidor aplicou um capital de R$ 150.000,00 a uma taxa de juros simples por um período de 90 dias, resultando em um ganho de R$ 6.750,00. A taxa de juros anual dessa aplicação é:

Alternativas

A. 15%

B. 18%

C. 16%

D. 11%

E. 12 %

COMENTÁRIO

Sabemos que um mês comercial é composto por 30 dias, logo 90 dias é igual a $90 \div 30 = 3\ meses$

O juros simples é calculado utilizando a seguinte fórmula:

$J = C.i.t$

Onde, J= juros; $C = capital$; $i = taxa$; $t = tempo$.

Desta forma, podemos substituir pelos valores fornecidos:

$6750 = 150.000 \cdot i \cdot 3$

$6750 = 450.000i$

$i = \frac{6750}{450.000}$

$i = 0{,}015$

Como queremos em porcentagem, multiplicamos isso por 100:

$0{,}015 \times 100 = 1{,}5\%\ ao\ mês$

Porém, observe que a questão quer saber a taxa ANUAL e não mensal.

Como sabemos que a taxa é de 1,5% ao mês, e que um ano possui 12 meses, multiplicamos:

$1{,}5\% \times 12 = 18\%\ ao\ ano.$

GABARITO LETRA B

---

48. Ano: 2024 Banca: IBFC Órgão: IMBEL Provas: IBFC – 2024 – IMBEL – Advogado Empresarial

Um corretor de imóveis, contratado por Joana, vende uma propriedade avaliada em R$ 300.000,00, recebendo uma comissão de 10% sobre o valor total da venda. Além disso, a imobiliária cobra uma taxa de administração de 5% sobre a comissão do corretor. O montante, em reais, que Joana receberá, deduzidos os valores da comissão do corretor e da taxa de administração será de:

Alternativas

A. R$ 270.000,00

B. R$ 298.500,00

C. R$ 268.500,00

D. R$ 285.000,00

E. R$ 255.000,00

COMENTÁRIO

O primeiro passo é descobrir o valor que Joana deverá pagar ao corretor. Ele receberá 10% do valor do imóvel, então temos:

$$10\%\ de\ 300.000 = \frac{10}{100} \times 300.000 = 30.000$$

Ou seja, Joana deverá repassar R$30.000 para o corretor. Além disso, a imobiliária cobra uma taxa de 5% sobre a comissão do corretor. Vamos então calcular quanto é $5\%\ de\ 30.000$:

$$5\%\ de\ 30.000 = \frac{5}{100} \times 30.000 = 1500$$

Logo, Joana também deverá desembolsar mais $R\$1.500{,}00$ para a imobiliária.

Então o montante que Joana receberá será:

$300.000 - 30.000 - 1.500 = R\$268.500{,}00$

GABARITO LETRA C

---

49. Ano: 2024 Banca: IBFC Órgão: IMBEL Prova: IBFC – 2024 – IMBEL – Cargos de Nível Médio

Em uma cidade, há duas empresas, A e B, que oferecem serviços de entrega de alimentos. Na empresa A, 25% dos entregadores são ciclistas, enquanto na empresa B, 15% dos entregadores utilizam bicicletas. Se a empresa A possui 120 entregadores e a empresa B tem 80 entregadores, o número total de entregadores que utilizam bicicletas é de:

Alternativas

A. 50

B. 27

C. 42

D. 38

E. 22

COMENTÁRIO

Essa é uma questão bem simples de porcentagem. Vamos calcular:

Na empresa A, que possui 120 entregadores, 25% são ciclistas, ou seja:

$25\%\ de\ 120 = \frac{25}{100} \times 120 = 30$ entregadores

Logo, 30 entregadores utilizam bicicletas.

Já na empresa B, que possui 80 entregadores,15% utilizam bicicletas. Então temos:

$$15\%\ de\ 80 = \frac{15}{100} \times 80 = 12\ entregadores.$$

Logo, a quantidade total de entregadores que usam bicicletas será de:

$30 + 12 = 42$ entregadores.

GABARITO LETRA C

---

50. Ano: 2024 Banca: IBFC Órgão: IMBEL Prova: IBFC – 2024 – IMBEL – Cargos de Nível Médio

Um agricultor plantou uma área retangular de terra com laranjeiras. Ele plantou 8 fileiras de laranjeiras, e em cada fileira, ele plantou 15 laranjeiras espaçadas igualmente. No entanto, devido a uma praga, 15% das laranjeiras morreram. O número de laranjeiras que ainda restaram é de:

Alternativas

A. 100

B. 102

C. 138

D. 95

E. 98

COMENTÁRIO

O primeiro passo é descobrir a quantidade de laranjeiras plantadas. Como são 8 fileiras e em cada fileira ele plantou 15 laranjeiras, então a quantidade de laranjeiras será igual a:

$$8 \times 15 = 12\ laranjeiras.$$

Agora vamos para a segunda parte onde a questão afirma que 15% dessas laranjeiras morreram, ou seja, só sobraram $100\% - 15\% = 85\%$ das laranjeiras.

Então precisamos calcular:

$$85\%\ de\ 120 = \frac{85}{100} \times 120 = 102$$

Logo, restaram 102 laranjeiras.

GABARITO LETRA B

---

51. Ano: 2024 Banca: IBFC Órgão: IMBEL Prova: IBFC – 2024 – IMBEL – Cargos de Nível Médio

Em uma cidade, um bairro específico possui 1.200 habitantes. Sabe-se que 750 pessoas são proprietários de bicicletas. A razão entre as pessoas que não são proprietárias de bicicletas em relação ao total de pessoas no bairro é de:

Alternativas

A. 5/8

B. 3/8

C. 5/4

D. 3/4

E. 1/3

COMENTÁRIO

A razão é dada pela divisão entre dois números, ou seja, a sua representação pode ser dada no formato de uma fração.

Como a questão pede a razão entre as pessoas que não são proprietárias de bicicletas em relação ao total de pessoas no bairro, precisamos subtrair $1200 - 750 = 450$ pessoas não são proprietárias de bicicletas. Sendo assim, temos:

$$\frac{450}{1200}$$

Vamos simplificar essa fração, ou seja, dividir pelo mesmo número o numerador e o denominador dessa fração. Então vamos dividir por 150:

$$\frac{450 \div 150}{1200 \div 150} = \frac{3}{8}$$

Logo, a razão será de 3/8.

GABARITO LETRA B

---

52. Ano: 2024 Banca: IBFC Órgão: IMBEL Prova: IBFC – 2024 – IMBEL – Cargos de Nível Médio

Uma herança no valor de R$ 600.000,00 foi repartida em três irmãos de modo que o primeiro irmão recebeu 2/5 deste valor. O segundo irmão recebeu R$ 120.000,00 e a terceira irmã, o que sobrou. A razão que representa o quanto do valor total terceira irmã recebeu equivale a:

Alternativas

A. 2/5

B. 1/3

C. 3/5

D. 2/3

E. 5/7

COMENTÁRIO

O primeiro irmão recebeu 2/5 do valor, ou seja, 2/5 de 600.000. Vale lembrar que em matemática a preposição "de" representa multiplicação. Então temos:

$$\frac{2}{5}\, de\ 600.000$$

$$\frac{2}{5} \times \frac{600.000}{1} = \frac{1.200.000}{5} = 240.000$$

Logo, o primeiro irmão recebeu R$ 240.000,00. Como o segundo irmão recebeu R$120.000, restou para a terceira irmã:

$$600.000 - 240.000 - 120.000 = 240.000$$

Observe que a terceira irmã recebeu o mesmo valor que o primeiro irmão, ou seja, 2/5 do valor.

GABARITO LETRA A

---

53. Ano: 2024 Banca: IBFC Órgão: IMBEL Prova: IBFC – 2024 – IMBEL – Cargos de Nível Médio

Maria comprou uma garrafa de 500 ml de xarope para gripe. Ela utilizou 3/10 do xarope para preparar uma mistura. A quantidade, em Litros, de xarope que Maria usou para fazer a mistura, é de:

Alternativas

A. 1,50 L

B. 0,15 L

C. 150 L

D. 0,015 L

E. 15 L

COMENTÁRIO

Maria utilizou 3/10 do xarope para preparar uma mistura, ou seja, 3/10 de 500ml. Vale lembrar que em matemática a preposição "de" representa multiplicação. Então temos:

$$\frac{3}{10}\, de\ 500 =$$

$$\frac{3}{10} \times \frac{500}{1} = \frac{1500}{10} = 150\ ml$$

Como sabemos que 1 litro é igual a 1000ml, podemos fazer uma regra de três simples para descobrir quanto de um litro representa 150 ml.

ml	*litros*
1000	1
150	x

Multiplicando cruzado:

$$1000x = 150$$

$$x = \frac{150}{1000}$$

$$x = 0{,}15l$$

GABARITO LETRA B

---

54. Ano: 2024 Banca: IBFC Órgão: IMBEL Prova: IBFC – 2024 – IMBEL – Cargos de Nível Médio

Um smartphone tem um preço inicial de R$ 1.500,00. A taxa de seguro é de 4% sobre o valor do smartphone e os clientes que optam pelo pagamento à vista recebem um desconto de 20% sobre o custo total (inclui o seguro). Se um cliente efetuou o pagamento à vista, ele gastou:

Alternativas

A. R$ 1230,00

B. R$ 1248,00

C. R$ 1580,00

D. R$ 1630,00

E. R$ 1800,00

COMENTÁRIO

Vamos primeiramente calcular o valor inicial, sem o desconto. A taxa de seguro cobrada é de 4% em cima do valor, ou seja, 4% de R$ 1.500,00:

$$4\%\ de\ 1500$$

$$\frac{4}{100} \times \frac{1500}{1} = \frac{6000}{100} = 60$$

Ou seja, sem o desconto o cliente pagaria R$1.500,00 do aparelho mais R$60,00 do seguro, totalizando: R$1560,00.

Para o pagamento a vista, é oferecido 20% de desconto. Então vamos calcular 20% de R$1560,00:

$$20\%\ de\ 1560 =$$

$$\frac{20}{100} \times \frac{1560}{1} = \frac{31.200}{100} = 312$$

Ou seja, será descontado R$312,00.

Desta forma, o valor pago por esse cliente será de:

$$R\$1560{,}00 - R\$312{,}00 = R\$1.248{,}00$$

GABARITO LETRA B

GABARITO LETRA E

---

55. Ano: 2024 Banca: IBFC Órgão: IMBEL Prova: IBFC – 2024 – IMBEL – Agente de Apoio Operacional – Ajudante Geral

Um determinado jogo oferece 6 pontos ao participante a cada vez que acerta a resposta. Uma pessoa que jogou este jogo, fez um total de 72 pontos. A quantidade de vezes que essa pessoa jogou foi de:

Alternativas

A. 10 vezes

B. 14 vezes

C. 12 vezes

D. 15 vezes

E. 18 vezes

COMENTÁRIO

Essa é uma questão bem simples de operações básicas. Se a cada jogada o participante recebe 6 pontos, então para saber quantas jogadas ele fez basta dividir a quantidade de pontos que ele tem por 6. Ou seja:

$72 \div 6 = 12\ jogadas$

GABARITO LETRA C

---

56. Ano: 2024 Banca: IBFC Órgão: IMBEL Prova: IBFC – 2024 – IMBEL – Agente de Apoio Operacional – Ajudante Geral

Uma piscina foi construída com uma de suas paredes laterais com 12 filas de 44 azulejos em cada fila. O número total de azulejos que revestem essa parede é de:

Alternativas

A. 528

B. 440

C. 264

D. 480

E. 600

COMENTÁRIO

Essa é uma questão que aborda a operação de multiplicação entre inteiros.

Se são 12 filas e cada fila possui 44 azulejos para descobrir a quantidade total de azulejos basta multiplicar a quantidade de filas pela quantidade de azulejos:

12×44 =528 azulejos.

GABARITO LETRA A

---

57. Ano: 2024 Banca: IBFC Órgão: IMBEL Prova: IBFC – 2024 – IMBEL – Agente de Apoio Operacional – Ajudante Geral

Maria está organizando um cesto de frutas para distribuir entre suas amigas. Ela já colocou 45 maçãs e pretende adicionar mais algumas. Se ela quiser que o número total de maças no cesto seja 92, ela ainda terá que adicionar:

Alternativas

A. 42 maçãs

B. 51 maçãs

C. 47 maçãs

D. 9 maçãs

E. 53 maçãs

COMENTÁRIO

O problema envolve a ideia da operação de subtração. Para saber a quantidade de maças que estão faltando precisamos calcular a diferença entre a quantidade de maças desejadas e a quantidade de maças que Maria já tem.

Então temos:

$92 - 45 = 47\ maças$

Ou seja, ainda faltam 47 maças.

GABARITO LETRA C

58. Ano: 2024 Banca: IBFC Órgão: IMBEL Prova: IBFC – 2024 – IMBEL – Agente de Apoio Operacional – Ajudante Geral

Dividindo um número por 9, o quociente obtido é 7 e o resto 4. O número que foi dividido por nove é:

Alternativas

A. 70

B. 61

C. 63

D. 67

E. 59

COMENTÁRIO

Pela divisão euclidiana, um número ele pode ser escrito como:

$a = b \times q + r$

Onde a é o dividendo, b o diviso; q o quociente e r o resto.

Para descobrir quão número está sendo divido temos:

$a = 9 \times 7 + 4$

$a = 63 + 4$

$a = 67$

Logo, o número que está sendo dividido por 9 é 67.

GABARITO LETRA D

59. Ano: 2024 Banca: IBFC Órgão: IMBEL Prova: IBFC – 2024 – IMBEL – Agente de Apoio Operacional – Ajudante Geral

Dividindo o número 150 por um outro número inteiro, o resultado obtido é 25. O número que o 150 foi dividido é:

Alternativas

A. 4

B. 8

C. 6

D. 2

E. 5

COMENTÁRIO

Para resolver essa questão basta saber que a divisão é o processo inverso da multiplicação. Ou seja:

$a \div b = c$

Logo, $b \times c = a$ e $a \div c = b$

Desta forma, para descobrir qual o número que multiplicado por 25 encontramos 150 basta dividir:

$150 \div 25 = 6$

GABARITO LETRA C

60. Ano: 2024 Banca: IBFC Órgão: IMBEL Prova: IBFC – 2024 – IMBEL – Agente de Apoio Operacional – Ajudante Geral

Calcule o valor da expressão (7 x 4) – 2* (3 x 2):

Alternativas

A. 156

B. 44

C. 84

D. 22

E. 16

COMENTÁRIO

Em uma expressão numérica primeiro resolvemos as operações que estão dentro dos parênteses:

$(7 \times 4) - 2 \times (3 \times 2) =$

$28 - 2 \times 6 =$

Entre as operações, primeiro resolvemos multiplicações e divisões, para só depois resolver as adições e subtrações. Então continuando temos:

$28 - 2 \times 6 =$

$28 - 12 = 16$

GABARITO LETRA E

---

61. Ano: 2024 Banca: IBFC Órgão: IMBEL Prova: IBFC – 2024 – IMBEL – Agente de Apoio Operacional – Ajudante Geral

Uma estante contém 30 livros de romance, 20 livros de biografias e 15 livros de ficção. Se forem vendidos 1/5 de todos os livros, a quantidade de livros que sobram na estante será:

Alternativas

A. 65

B. 13

C. 20

D. 50

E. 52

COMENTÁRIO

Primeiro passo é descobrir a quantidade total de livros que temos na estante:

30 livros de romance, 20 livros de biografias e 15 livros de ficção

$30 + 20 + 15 = 65 \; livros$

Foram vendidos 1/5 de todos os livros, ou seja 1/5 de 65,

Vale lembrar que em matemática a preposição “de” representa multiplicação. Então temos:

$\frac{1}{5} de \; 65 =$

$\frac{1}{5} \times \frac{65}{1} = \frac{65}{5} = 13$

Foram vendidos 13 livros, logo a quantidade de livros restantes será:

$65 - 13 = 52 \; livros$

GABARITO LETRA E

---

62. Ano: 2024 Banca: IBFC Órgão: IMBEL Prova: IBFC – 2024 – IMBEL – Agente de Apoio Operacional – Ajudante Geral

Um recipiente possui 600 ml de suco de laranja. Ao servir o suco em copos de volumes iguais, cada copo recebe 1/4 da quantidade de suco do recipiente. O volume de suco que cada copo recebeu é de:

Alternativas

A. 150 ml

B. 200 ml

C. 240 ml

D. 120 ml

E. 600 ml

COMENTÁRIO

O volume ocupado por cada copo é de ¼ da quantidade de suco do recipiente, ou seja ¼ de 600.

Vale lembrar que em matemática a preposição "de" representa a operação de multiplicação.

Então temos:

$$\frac{1}{4} de\ 600 =$$

$$\frac{1}{4} \times \frac{600}{1} = \frac{600}{4} = 150$$

Ou seja, cada copo tem capacidade para 150ml.

GABARITO: LETRA A

---

63. Ano: 2024 Banca: IBFC Órgão: MGS Prova: IBFC – 2024 – MGS – Cargos de Nível Fundamental Completo

Se a = 2 e b = 4, o valor da operação $\frac{1}{a} - \frac{1}{b}$ equivale a:

Alternativas

A. 1/4

B. 1/8

C. 1/2

D. 1/6

COMENTÁRIO

Vamos substituir os valores de a e b na expressão:

$$\frac{1}{a} - \frac{1}{b}$$

$$\frac{1}{2} - \frac{1}{4} =$$

Tirando o $MMC\ MMC$ entre 2 e 4 temos:

$$\begin{array}{cc|c} 2 & 4 & 2 \\ 1 & 2 & 2 \\ 1 & 1 & = 4 \end{array}$$

Encontrando aas frações equivalentes:

$$\frac{1}{2} \to 4 \div 2 \times 1 = \frac{2}{4}$$

Agora temos frações com os denominadores iguais. Logo, temos:

$$\frac{2}{4} - \frac{1}{4} = \frac{1}{4}$$

GABARITO: LETRA A

---

64. Ano: 2024 Banca: IBFC Órgão: MGS Prova: IBFC – 2024 – MGS – Cargos de Nível Fundamental Completo

Maria plantou 30 fileiras de árvores em seu jardim, e cada fileira tinha 12 árvores. O total de árvores que Maria plantou foi de:

Alternativas

A. 310

B. 360

C. 300

D. 420

COMENTÁRIO

Para descobrir a quantidade total de arvores plantadas por Maria basta multiplicarmos a quantidade de fileiras pela quantidade de arvores plantadas em cada fileira. Então temos:

$30 \times 12 = 360\ \text{árvores}$

GABARITO: LETRA B

---

65. Ano: 2024 Banca: IBFC Órgão: MGS Prova: IBFC – 2024 – MGS – Cargos de Nível Fundamental Completo

Um trem parte da estação A às 10:45 da manhã e chega à estação B às 15:30. O tempo que o trem levou para percorrer o trajeto é de:

Alternativas

A. 3h e 15 min
B. 4h e 30 min
C. 4h e 15 min
D. 4 h e 45 min

COMENTÁRIO

O tempo possui um sistema sexagesimal, ou seja, a cada hora temos 60 minutos e a cada minuto temos 60 segundos.

Ao invés de subtrairmos diretos podemos ir completando as horas, para calcular a quantidade de horas que se passaram.

Note que 10:45 até as 11:00 são necessários 15 minutos.

De 11h até as 15:30 se passaram 4horas e 30 minutos.

Então somamos os 15 minutos anteriores. Logo o tempo gasto foi de 4 horas e 45 minutos.

GABARITO: LETRA D

---

66. Ano: 2024 Banca: IBFC Órgão: MGS Prova: IBFC – 2024 – MGS – Cargos de Nível Fundamental Incompleto

Um pacote de farinha tem 500 g (gramas). Se João, para fazer um bolo, gastou 1/2 pacote, então ele gastou o equivalente a:

Alternativas

A. 300 g
B. 500 g
C. 250 g
D. 100 g

COMENTÁRIO

A fração ½ é igual a 0,5, ou seja, a metade de um inteiro. Então se João gastou ½ de saco, ele gastou a metade do pacote, ou seja, a metade de 500g:

$500g \div 2 = 250g$

Então, João gastou o equivalente a 250g.

GABARITO: LETRA C

---

67. Ano: 2024 Banca: IBFC Órgão: MGS Prova: IBFC – 2024 – MGS – Cargos de Nível Fundamental Incompleto

João comprou 5 pacotes de balas, e cada pacote contém 12 balas. A quantidade total de balas que João comprou foi de:

Alternativas

A. 60
B. 50
C. 40
D. 30

COMENTÁRIO

Essa é uma questão de operações básicas que envolve a multiplicação. Note que para saber a quantidade de balas total que João tem basta multiplicar a quantidade de balas que vem em cada pacote pela quantidade de pacotes. Logo:

$12 \times 5 = 60 \; balas$

GABARITO: LETRA A

---

68. Ano: 2024 Banca: IBFC Órgão: MGS Prova: IBFC – 2024 – MGS – Cargos de Nível Fundamental Incompleto

Uma caixa d´agua com capacidade para 1000 litros está totalmente cheia. Uma pessoa pega dessa caixa 1/4 dessa capacidade. Podemos afirmar que essa pessoa pegou:

Alternativas

A. 400 Litros
B. 250 Litros
C. 300 Litros
D. 100 Litros

COMENTÁRIO

A pessoa pegou ¼ da capacidade, ou seja ¼ de 1000. Em matemática a proposição "de" representa a operação de multiplicação.

Logo:

$\frac{1}{4} \; de \; 1000 =$

$\frac{1}{4} \times \frac{100}{1} = \frac{1000}{4} = 250l$

Logo, a pessoa pegou 250litros

GABARITO: LETRA B

---

69. Ano: 2024 Banca: IBFC Órgão: IMBEL Prova: IBFC – 2024 – IMBEL – Cargos de Nível Médio

João é um taxista que cobra R$ 2,50 pela bandeirada (taxa fixa) e mais R$ 1,20 por quilômetro rodado. Em um dia de trabalho, ele realizou uma corrida de táxi e percorreu k quilômetros. O cliente pagou um total de R$ 38,50 pela corrida. Então o valor de k é:

Alternativas

A. 20 km
B. 34 km
C. 28 km
D. 30 km
E. 36 km

COMENTÁRIO

Como foi mencionado, a bandeirada é um valor fixo, ou seja, é a constante dessa função. O valor a ser pago pelo cliente está em função da quilometragem que ele percorre somada a essa taxa. Dessa forma a função, em que $f(x)$ representa o valor a ser pago pelo cliente pela quantidade de x quilometros percorrido é dada por:

$f(x) = 1{,}20x + 2{,}50$

Se o cliente pagou R$ 38,50 pela corrida temos $f(x) = 38{,}50$

Então, substituindo temos:

$38{,}50 = 1{,}20x + 2{,}50$

$38{,}50 - 2{,}50 = 1{,}20x$

$36 = 1{,}2x$

$x = \frac{36}{1{,}2}$

$x = 30km$

Logo, o cliente percorreu 30km.

GABARITO: LETRA D

---

70. Ano: 2024 Banca: IBFC Órgão: IMBEL Prova: IBFC – 2024 – IMBEL – Cargos de Nível Médio

Uma loja vende uma de suas camisetas por R$ 85,00 cada e já com desconto de 15% do valor original. O valor original dessa camiseta é:

Alternativas

A. R$ 100,00

B. R$ 120,00

C. R$ 150,00

D. R$ 110,00

E. R$ 180,00

COMENTÁRIO

Como o valor da camiseta já está incluso um desconto de 15%, significa dizer que o valor pago corresponde a $100\% - 15\% = 85\%$.

Se 85% equivale a 85 reais, logo, o valor original dessa camiseta, ou seja 100%, é igual a R$100,00.

GABARITO: LETRA A

---

71. Ano: 2024 Banca: IBFC Órgão: IMBEL Prova: IBFC – 2024 – IMBEL – Cargos de Nível Médio

Em um hospital, quatro médicos atendem, em média, 54 pacientes por dia. Considerando seis médicos, com a mesma capacidade operacional dos primeiros, sejam capazes de atender, por dia:

Alternativas

A. 61

B. 65

C. 85

D. 90

E. 81

COMENTÁRIO

Temos duas grandezas se relacionando de forma diretamente proporcional, ou seja, quanto mais médicos tivermos, mais pacientes serão atendidos. Desta forma, fazemos uma regra de três simples:

pacientes	*médicos*
54	4
x	6

Multiplicando cruzado temos:

$4x = 54 \cdot 6$

$4x = 324$

$$x = \frac{324}{4}$$

$$x = 81\ pacientes$$

Ou seja, serão atendidos 81 pacientes.

GABARITO: LETRA E

---

72. Ano: 2024 Banca: IBFC Órgão: IMBEL Prova: IBFC – 2024 – IMBEL – Cargos de Nível Médio

Um tanque possui 3/4 de sua capacidade preenchida com água. Se 2/3 da água é retirada do tanque, a fração que representa a quantidade de água restante em relação à capacidade total do tanque é:

Alternativas

A. 1/3

B. 1/2

C. 1/4

D. 1/12

E. 1/5

COMENTÁRIO

Observe que foram retiradas 2/3 da água que tinha no tanque, ou seja 2/3 de 3/4. Em matemática a preposição "de" representa multiplicação.

Então foi retirada:

$$\frac{2}{3} \times \frac{3}{4} = \frac{6}{12} \rightarrow simplificando \rightarrow \frac{1}{2}$$

Se o tanque tinha 3/4 e foi retirado 1/2 então sobrou:

$$\frac{3}{4} - \frac{1}{2} =$$

Tirando o MMC e encontrando frações equivalente temos:

$$\frac{3}{4} - \frac{2}{4} = \frac{1}{4}$$

Logo, sobrou apenas ¼ de água da capacidade total desse tanque.

GABARITO: LETRA C

---

73. Ano: 2024 Banca: IBFC Órgão: IMBEL Prova: IBFC – 2024 – IMBEL – Cargos de Nível Médio

Em um condomínio há 14 torres. Em cada torre, há 8 apartamentos e em cada apartamento moram 4 pessoas. O número total de pessoas que moram neste condomínio é de:

Alternativas

A. 448

B. 56

C. 112

D. 32

E. 26

COMENTÁRIO

Primeiro vamos descobrir quantos apartamentos há nesse condomínio. Como são 14 torres com 8 apartamentos cada temos:

$$14 \times 8 = 112\ apartamentos$$

Como foi mencionado que em cada apartamento moram 4 pessoas:

$$112 \times 4 = 448\ pessoas$$

Logo, moram 448 pessoas nesse condomínio.

GABARITO: LETRA A

---

74. Ano: 2024 Banca: IBFC Órgão: IMBEL Prova: IBFC – 2024 – IMBEL – Agente de Apoio Operacional – Ajudante Geral

Em uma balança foi colocado um saco de arroz de 1,5 kg e outro com 750 g. A marcação da balança, calibrada em kg, foi de:

Alternativas

A. 2,25 kg

B. 8,50 kg

C. 3,50 kg

D. 2,80 kg

E. 9,00 kg

COMENTÁRIO

Para saber qual a marcação da balança basta somar a quantidade dos dois sacos.

Como as alternativas estão kg, precisamos transformar 750g em kg, para isso, devemos dividir por 1000, pois 1kg é igual a 1000g.

Então temos:

$$\frac{750}{1000} = 0{,}75kg$$

Somando as quantidades de kgs temos:

$$1{,}50kg + 0{,}75kg = 2{,}25kg$$

GABARITO: LETRA A

---

75. Ano: 2024 Banca: IBFC Órgão: IMBEL Prova: IBFC – 2024 – IMBEL – Agente de Apoio Operacional – Ajudante Geral

Sabemos que a medida de uma polegada equivale a 2,54 cm. Sendo assim, a medida de 5 polegadas, em centímetros, equivale a:

Alternativas

A. 17,50

B. 11,70

C. 10,70

D. 13,70

E. 12,70

COMENTÁRIO

Para descobrir a quantidade de centímetros que equivale 5 polegadas, basta multiplicarmos 2,54 por 5.

$$2{,}54 \times 5 = 12{,}7\ cm$$

Sendo assim, 5 polegadas equivalem a 12,7 cm.

GABARITO: LETRA E

---

76. Ano: 2023 Banca: IDECAN Órgão: Prefeitura de São Caetano do Sul – SP Prova: IDECAN – 2023 – Prefeitura de São Caetano do Sul – SP – Auxiliar de Primeira Infância

Em um pequeno município do Brasil, o censo identificou que na autodeclaração desta população, predominantemente, este se identificou por brancos, pardos e pretos. 7000 se autodeclararam branco, 35000 não são negros e 50% são pardos. Podemos afirmar que:

Alternativas

A. A população que se autodeclara branca é menos que 30% da que se autodeclara negra.

B. Os que se autodeclaram pardos excedem em 13000 os negros.

C. Os que se autodeclaram brancos são, no mínimo, 20% dos pardos.

D. Os que se autodeclaram negros são, no máximo, 70% dos pardos.

COMENTÁRIO

Como 50% se declararam pardos, os outros 50% se referem aos brancos e negros. Como 35000 não são pretos, então são pardos e brancos. Então temos:

- $pardos + brancos + negros = 100\%$
- $pardos = 50\%$
- $brancos + negros = 50\%$
- $pardos + brancos = 35000$

Como são 7000 brancos:

$pardos = 35000 - 7000$

$pardos = 28000$

Logo:

$brancos + negros = 28000$

$negros = 28000 - 7000$

$negros = 21000$

Logo, 28000 são pardos, e a população total é de 56000.

Com isso vamos analisar as alternativas:

A. A população que se autodeclara branca é menos que 30% da que se autodeclara negra.

Fazendo uma regra de três simples:

$população$	$\%$
21000	100
7000	x

$21000x = 700000$

$x = \frac{700}{21}$

$x = 33{,}33..\%$

Errado.

B. Os que se autodeclaram pardos excedem em 13000 os negros.

$pardos = 28000$

$negros = 21000$

$28000 - 21000 = 6000$

Errado.

C. Os que se autodeclaram brancos são, no mínimo, 20% dos pardos.

Fazendo uma regra de três simples:

$população$	$\%$
28000	100
7000	x

$28000x = 700000$

$x = \frac{700}{28}$

$x = 25\%$

Item correto.

D. Os que se autodeclaram negros são, no máximo, 70% dos pardos.

Fazendo uma regra de três simples:

$população$	$\%$
28000	100
21000	x

$$28000x = 2100000$$

$$x = \frac{2100}{28}$$

$$x = 75\%$$

Item errado.

GABARITO: LETRA C

---

77. Ano: 2023 Banca: FCC Órgão: TRT – 12ª Região (SC) Prova: FCC – 2023 – TRT – 12ª Região (SC) – Analista Judiciario – Área Administrativa Especialidade Contabilidade

O salário de Marcos em janeiro de 2022 era R$ 3.500,00. A partir de maio de 2022, o salário de Marcos foi reajustado em 10% e, a partir de outubro de 2022, o salário de Marcos foi novamente reajustado em 6%. O salário médio mensal de Marcos em 2022 foi, aproximadamente, de

Alternativas

A. R$3.795,10

B. R$ 4.081,52

C. R$ 3.850,00

D. R$3.791,08

E. R$ 3.900,35

COMENTÁRIO

Observe que a questão quer a média salarial de Marcos do ano. Desta forma, o primeiro passo é descobrir o quanto ele recebeu em cada mês

Janeiro: R$ 3.500,00.

Fevereiro: R$ 3.500,00.

Março: R$ 3.500,00.

Abril: R$ 3.500,00.

A partir de maio, o seu salário teve um aumento de 10%, ou seja:

$10\%\ de\ 3500 =$

$$\frac{10}{100} \times \frac{3500}{1} = \frac{35000}{100} = 350$$

Logo, o seu salário passou a ser $R\$3.500,00 + R\$350,00 = R\$3.850,00$. Então, nos próximos mês seu salário foi:

Maio: $R\$3.850,00$.

Junho: $R\$3.850,00$.

Julho: $R\$3.850,00$.

Agosto: $R\$3.850,00$.

Setembro: $R\$3.850,00$.

A partir de outubro, o salário de Marcos foi novamente reajustado em 6%. Então temos:

$6\%\ de\ 3.850 =$

$$\frac{6}{100} \times \frac{3850}{1} = \frac{23.100}{100} = 231$$

Logo, o seu salário passou a ser $R\$3.850,00 + R\$231,00 = R\$4.081,00$. Então, nos próximos mês seu salário foi:

Outubro: $R\$4.081,00$.

Novembro: $R\$4.081,00$.

Dezembro: $R\$4.081,00$.

A média mensal do seu salário vai ser obtido pela soma de todos os salários recebidos durante o ano, dividido pela quantidade de meses, ou seja, 12:

$$M = \frac{(3.500 \times 4) + (3.850 \times 5) + (4.081 \times 3)}{12}$$

$$M = \frac{14.000 + 19.250 + 12.243}{12}$$

$$M = \frac{45.493}{12}$$

$$M \cong 3.791,08$$

Logo, a média salarial desse ano foi aproximadamente $R\$3.791,08$.

GABARITO: LETRA D

---

78. Ano: 2023 Banca: IADES Órgão: SEAGRI-DF Prova: IADES – 2023 – SEAGRI-DF – Técnico de Desenvolvimento e Fiscalização Agropecuária – Agente Administrativo

Considere que, de 30 propriedades rurais, 40% têm produção de orgânicos. Entre os produtores de orgânicos, 3 têm gado leiteiro. No grupo de produtores orgânicos, qual é o percentual de criadores de gado leiteiro?

Alternativas

A. 10%

B. 15%

C. 20%

D. 25%

E. 40%

COMENTÁRIO

O primeiro passo é descobrir a quantidade de produtores orgânicos. São 40% de 30 produtores:

$$\frac{40}{100} \times 30 = \frac{1200}{100} = 12\ produtores$$

Entre esses 12 produtores, 3 tem gado leiteiro. Podemos fazer uma regra de três simples para descobrir a porcentagem que esses 3 produtores representam no universo de 12 produtores:

%	produtores	%	produtores
100	12	100	12
x	3	x	3

Resolvendo:

$$12x = 3 \cdot 100$$

$$12x = 300$$

$$x = \frac{300}{12}$$

$$x = 25\%$$

GABARITO: LETRA D

79. Ano: 2023 Banca: FCC Órgão: TRT – 12ª Região (SC) Prova: FCC – 2023 – TRT – 12ª Região (SC) – Analista Judiciario – Área Administrativa Especialidade Contabilidade

Um ortopedista observou que 70% de seus pacientes pararam de sentir dor sem remédios e não precisaram de fisioterapia, O restante recebeu indicação de fisioterapia. Ele também observou que apenas 80% de seus pacientes com indicação de fisioterapia compareceram ao tratamento e que todos tiveram melhora em seu quadro de dor. Sabendo-se que 6 desses pacientes não fizeram fisioterapia, o total de pacientes observados pelo ortopedista foi

Alternativas

A. 120

B. 80

C. 100

D. 70

E. 200

COMENTÁRIO

Como não sabemos a quantidade total de pacientes observados, vamos chamar essa quantidade de x.

Ele observou que 70% de seus pacientes não precisavam de fisioterapia, mas o restante sim, ou seja, os 30% de x.

Podemos representar algebricamente como:

$$30\%\ de\ x = \frac{30}{100} \times x = 0{,}3x$$

Ele também observou que apenas 80% de seus pacientes com indicação de fisioterapia compareceram ao tratamento , ou seja, 20% do indicativo não compareceram, então temos 20% de 0,3x.

Como foi dito, isso representa os 6 pacientes que não fizeram fisioterapia. Então temos:

$$20\%\ de\ 0{,}3x = 6$$

$$\frac{20}{100} \times 0{,}3x = 6$$

$$0{,}2 \times 0{,}3x = 6$$

$$0{,}06x = 6$$

$$x = \frac{6}{0{,}06}$$

$$x = 100$$

Ou seja, o total de pacientes observado pelo ortopedista é igual a 100.

GABARITO: LETRA C

---

80. Ano: 2023 Banca: FCC Órgão: TRT – 12ª Região (SC) Provas: FCC – 2023 – TRT – 12ª Região (SC) – Analista Judiciário – Área Judiciária

Um juiz começa a ler um processo com 361 páginas em uma segunda-feira. De segunda a quinta-feira, ele lê 27 páginas por dia; na sexta-feira, ele lê 30 páginas; e, no sábado, 20 páginas. Aos domingos, ele não lê processos. Sabendo-se que a leitura foi feita de segunda a sábado em semanas consecutivas, o juiz precisou de

Alternativas

A. 3 terças-feiras.

B. 2 segundas-feiras.

C. 3 sábados.

D. 3 sextas-feiras.

E. 3 quintas-feiras.

COMENTÁRIO

O primeiro passo é descobrir quantas páginas por semana o juiz consegue ler. Como foi informado, de segunda a quinta-feira, ele lê 27 páginas por dia; na sexta-feira, ele lê 30 páginas; e, no sábado, 20 páginas. Aos domingos, ele não lê processos, então temos:

Segunda-feira: 27 páginas

Terça-feira: 27 páginas

Quarta-feira: 27 páginas

Quinta-feira: 27 páginas

Sexta-feira: 30 páginas

Sábado: 20 páginas

Somando:

$27 + 27 + 27 + 27 + 30 + 20 = 158\ páginas$

Então, esse juiz consegue ler 158 páginas do processo em uma semana. Como o processo tem 361 paginas, podemos escrever as semanas da seguinte forma:

$361 = 158 + 158 + 45$

Ou seja, vai ser necessário duas semanas completas, mais uma segunda-feira e uma terça feira.

Sendo assim, serão necessárias 3 terças-feiras para terminar de ler esse processo.

GABARITO: LETRA A

---

81. Ano: 2023 Banca: FCC Órgão: TRT – 15ª Região (SP) Prova: FCC – 2023 – TRT – 15ª Região (SP) – Analista Judiciário – Área Apoio Especializado – Especialidade Tecnologia da Informação

Em uma festa há 30 pessoas, sendo que seis delas têm barba e apenas um dos que têm barba é careca. Os dois que têm bigode também têm barba. Existem 20 pessoas que não têm barba e nem são carecas. O número de pessoas na festa que são carecas, mas não têm barba é

Alternativas

A. 4

B. 14

C. 13

D. 15

E. 5

COMENTÁRIO

A primeira informação que foi dada é que há 30 pessoas nessa festa e que 6 delas tem barba, ou seja $30 - 6 = 24$ pessoas não possuem barbas. Os dois que têm bigode também têm barba, ou seja, dentre essas 24 pessoas também não existe ninguém de bigode.

Existem 20 pessoas que não têm barba e nem são carecas, logo $24 - 20 = 4$ pessoas são carecas e não possuem barba, pois já havíamos retirado a quantidade de pessoas com barba.

GABARITO: LETRA A

---

82. Ano: 2023 Banca: FCC Órgão: TRT – 12ª Região (SC) Provas: FCC – 2023 – TRT – 12ª Região (SC) – Técnico Judiciário – Área Administrativa

Mario, Nicolas e Otávio têm juntos 15 carrinhos. Otávio é quem tem menos carrinhos e Mário tem um carrinho a mais do que Nicolas. Todos possuem pelo menos um carrinho. E correto afirmar que

Alternativas

A. Otávio tem 3 carrinhos.

B. Otávio tem um número par de carrinhos.

C. Nicolas tem cinco carrinhos.

D. Nicolas tem um número impar de carrinhos.

E. Mário tem 6 carrinhos.

COMENTÁRIO

Como a questão informou a quantidade de carrinho dos três juntos é igual a 15, ou seja:

$Mario + Nicolas + Otavio = 15$

Mário tem um carrinho a mais do que Nicolas, então se Nicolas tiver x carrinhos, Mário terá $x + 1$, e como Otávio é quem tem menos carrinhos, a quantidade de carrinhos de Otavio é menor que x

Então teríamos:

$(x + 1) + x + y = 15$

Então temos apenas duas possibilidades em que y(quantidade de carrinhos de Otávio) é menor que a quantidade de carrinho de Nicolas:

$7 + 6 + 2 = 15$

$6 + 5 + 4 = 15$

Logo, entre as alternativas, a única que podemos afirmar com certeza é que Otávio tem um número par de carrinhos.

GABARITO: LETRA B

---

83. Ano: 2023 Banca: FCC Órgão: TRT – 12ª Região (SC) Provas: FCC – 2023 – TRT – 12ª Região (SC) – Técnico Judiciário – Área Administrativa

Em um programa de perguntas e respostas, os participantes começam com R$ 1.000,00 e devem responder 10 perguntas. Cada vez que o participante acerta, ele recebe R$ 100,00 e, cada vez que erra, ele perde R$ 100,00. Maria finalizou sua participação com R$ 1.400,00. O número de questões que ela acertou foi

Alternativas

A. 8

B. 5

C. 4

D. 6

E. 7

COMENTÁRIO

Vamos chamar de x a quantidade de perguntas que ela responder corretamente e de y a quantidade de perguntas que ela responde de forma errada. Independente de quantos acertos e quantos erros, serão sempre 10 perguntas, ou seja:

$x + y = 10$

Ela iniciou o programa com R$1.000,00 e cada vez que o participante acerta, ele recebe R$ 100,00 e, cada vez que erra, ele perde R$ 100,00. Como Maria finalizou sua participação com R$ 1.400,00 podemos escrever a seguinte equação:

$1.000 + 100x - 100y = 1400$

Dividindo toda a equação por 100, para facilitar os cálculos temos:

$10 + x - y = 14$

$x - y = 14 - 10$

$x - y = 4$

Agora somando as duas equações temos:

$\begin{cases} x + y = 10 \\ x - y = 4 \end{cases}$

$2x = 14$

$$x = \frac{14}{2}$$

$$x = 7$$

Logo, ela acertou 7 perguntas e errou as outras 3.

GABARITO: LETRA E

---

84. Ano: 2023 Banca: FCC Órgão: TRT – 12ª Região (SC) Provas: FCC – 2023 – TRT – 12ª Região (SC) – Técnico Judiciário – Área Administrativa

Em uma caixa ha 50 fitas, que podem ser brancas, azuis ou vermelhas. O número de fitas brancas é onze vezes o número de fitas azuis. Há menos fitas vermelhas do que brancas, mas há mais fitas vermelhas do que azuis. O número de fitas vermelhas é

Alternativas

A. 14

B. 12

C. 21

D. 20

E. 16

COMENTÁRIO

Há na caixa 50 fitas que podem ser brancas, azuis ou vermelhas:

$$B + A + V = 50$$

O número de fitas brancas é onze vezes o número de fitas azuis:

$$B = 11A$$

Há menos fitas vermelhas do que brancas, mas há mais fitas vermelhas do que azuis

$$B > V > A$$

Como B é múltiplo de 11, então entre os 50 primeiros números naturais, temos: 11, 22, 33 e 44

Se B fosse 11, A deveria ser 1 e V =38 que seria maior que B, então essa possibilidade não resolveria.

Se B fosse 22, A deveria ser 2 e V =26 que seria maior que B, então essa possibilidade não resolveria.

Logo, a única forma que satisfaz a equação é se B fosse 33, então A é 3 e V =14.

Logo, o número de fitas vermelhas é 14

GABARITO: LETRA A

---

85. Ano: 2023 Banca: IADES Órgão: CRF-TO Provas: IADES – 2023 – CRF-TO – Contador

Uma solução de 400 mL de água e álcool tem 20% do volume de álcool. Se 100 mL de água forem adicionados, qual será a nova concentração de álcool, em porcentagem do volume?

Alternativas

A. 10%

B. 12%

C. 15%

D. 16%

E. 18%

COMENTÁRIO

Primeiro passo é saber quantas mL de álcool temos. Como são 20% de 400ml, temos:

$$20\%\ de\ 400ml = \frac{20}{100} \times \frac{400}{1} = 80ml$$

Quando é adicionado 100ml de água, a nova mistura passou a ter 500ML. Agora calculamos a porcentagem que 80ml representa nisso:

ml	%
500	100
80	x

Resolvendo:

$500x = 100 \times 80$

$x = \frac{8000}{500}$

$x = 16\%$

GABARITO: LETRA D

---

86. Ano: 2023 Banca: IADES Órgão: GDF-SEEC Prova: IADES – 2023 – GDF-SEEC – Analista em Políticas Públicas e Gestão Governamental – Tecnologia da Informação/Comunicação

Uma farmácia iniciou uma campanha com descontos para medicamentos de alto custo. Um desses medicamentos inicialmente estava listado por um preço que daria à farmácia um lucro de 20% do preço de custo. Qual será o preço final do remédio se a farmácia reduzir o preço inicialmente listado em 10% e, ainda assim, obter um lucro líquido de R$ 100,00?

Alternativas

A. R$ 1.500,00

B. R$ 1.350,00

C. R$ 1.200,00

D. R$ 1.150,00

E. R$ 1.000,00

COMENTÁRIO

Como não sabemos o valor de custo do produto, vamos chama-lo de x.

Para ter um lucro de 20%, o valor deverá custar um valor de 120% do valor de custo, ou seja:

Valor inicial listado: 120% de $x = 1{,}2x$

A farmácia vai reduzir o preço inicialmente listado em 10%, ou seja, restará apenas o valor de 90% do valor listado:

$90\% \; de \; 1{,}2x =$

$0{,}9 \times 1{,}2x = 1{,}08x$

Isso representa obter um lucro líquido de R$ 100,00, ou seja, a diferença entre o valor de custo e o valor final é igual a 100 reais:

$1{,}08x - x = 0{,}08x$

Igualando isso ao valor em reais:

$0{,}08x = 100$

$x = \frac{100}{0{,}08}$

$x = 1250$

O valor de custo estão é de 1250. Para descobrir o valor de venda, somamos o valor do lucro:

$1250 + 100 = 1350 \; reais$

GABARITO: LETRA B

---

87. Ano: 2023 Banca: IADES Órgão: GDF-SEEC Prova: IADES – 2023 – GDF-SEEC – Analista em Políticas Públicas e Gestão Governamental – Tecnologia da Informação/Comunicação

Em um conselho municipal, para deliberação de um projeto social, cada conselheiro pode votar a favor, contra ou se abster. Sabe-se que 2 de cada 5 conselheiros votaram a favor do projeto, e 3 de cada 10 votaram contra. Qual foi o percentual de abstenções?

Alternativas

A. 10%

B. 20%

C. 25%

D. 30%

E. 50%

COMENTÁRIO

Como não sabemos a quantidade de conselheiros, para facilitar, vamos supor que existem 10 conselheiros.

Sabe-se que 2 de cada 5 conselheiros votaram a favor do projeto,

Se são dez conselheiros, então 4 votaram a favor do projeto.

Outra informação é que 3 de cada 10 votaram contra, ou seja, nesse caso, exatamente 3 votaram contra.

Votaram a favor:4

Votaram contra: 3

Logo, a quantidade de abstenção foi de $10 - 4 - 3 = 3$.

3 conselheiros de 10:

$$\frac{3}{10} = 0{,}3 = 30\%$$

GABARITO: LETRA D

---

88. Ano: 2023 Banca: IADES Órgão: CRF-TO Provas: IADES – 2023 – CRF-TO – Contador

Suponha que 60 frascos de determinado medicamento serão divididos em partes proporcionais 2, 4 e 6. Qual é a quantidade de frascos na menor dessas partes?

Alternativas

A. 10

B. 15

C. 20

D. 25

E. 30

COMENTÁRIO

Como os 60 frascos foram divididos em partes proporcionais a 2, 4 e 6, somamos a quantidade de partes:

$$2p + 4p + 6p = 12p$$

Como são 60 frascos:

$$\frac{60}{12} = 5\ frascos$$

Ou seja, cada unidade de parte comporta 5 frascos.

A menor parte é 2, ou seja, $2 \times 5 = 10\ frascos.$

GABARITO: LETRA A

---

89. Ano: 2023 Banca: FCC Órgão: Copergás – PE Provas: FCC – 2023 – Copergás – PE – Analista Administrador

Se o peso total de 3 peras com 2 maçãs é 880 g e o peso total de 2 peras com 2 maçãs é 740 g, então, o peso total de 1 pera com 2 maçãs, em gramas, é

Alternativas

A. 510.
B. 700.
C. 660.
D. 740.
E. 600.

COMENTÁRIO

Vamos escrever as informações em formato de equações:

- O peso total de 3 peras com 2 maçãs é 880 g:
  $3p + 2m = 880$
- O total de 2 peras com 2 maçãs é 740g:
  $2p + 2m = 740$

Resolvendo esse sistema de equação temos:

$$\begin{cases} 3p + 2m = 880 \\ 2p + 2m = 740 \end{cases}$$

Multiplicando toda a segunda equação por –1 e utilizando o método da soma:

$$\begin{cases} 3p + 2m = 880 \\ -2p - 2m = -740 \end{cases}$$

$p = 140$

Ou seja, uma pera pesa 140 gramas.

Substituindo o valor de p em uma das equações:

$2(140) + 2m = 740$

$280 + 2m = 740$

$2m = 740 - 280$

$2m = 460$

$m = \frac{460}{2}$

$m = 230$

Ou seja, cada maça pesa 230g.

Logo, o peso total de 1 pera com 2 maçãs, em gramas, é :

$140 + 2(230) =$

$140 + 460 = 600g$

GABARITO: LETRA E

---

90. Ano: 2023 Banca: FCC Órgão: TRT – 15ª Região (SP) Prova: FCC – 2023 – TRT – 15ª Região (SP) – Técnico Judiciário – Área de Apoio Especializado – Especialidade Tecnologia da Informação

Zito possui uma coleção de carrinhos em miniatura. A coleção é composta por 7 carrinhos da marca X, 5 da marca Y, 10 da marca Z e 4 da marca W. Zito decidiu dar seus carrinhos da marca predileta para seu irmão e o restante dividiu igualmente entre seus 3 sobrinhos. O número de carrinhos que cada sobrinho recebeu é

Alternativas

A. 4
B. 5
C. 7
D. 6
E. 3

COMENTÁRIO

Não sabemos qual a marca predileta de Zito, porém sabemos que o restante dos carrinhos ele dividiu IGUALMENTE entre os três sobrinhos, ou seja, a soma do restante dos carrinhos tem que ser um múltiplo de 3.

- Vamos supor que seja a marca X a predileta de Zito, então para os seus sobrinhos seriam dados os carrinhos das marcas Y, Z e W:

  $5 + 10 + 4 = 19$

  Não é múltiplo de 3, logo não era X a marca predileta de Zito.

- Vamos supor que seja a marca Y a predileta de Zito, então para os seus sobrinhos seriam dados os carrinhos das marcas X, Z e W:

  $7 + 10 + 4 = 21$

Como 21 é múltiplo de 3, podemos concluir que Y é a marca preferida de Zito. Sendo assim, Zito distribuiu 21 carrinhos entre seus três sobrinhos:

$21 \div 3 = 7$

Cada sobrinho ficou com 7 carrinhos.

GABARITO: LETRA C

---

91. Ano: 2023 Banca: FCC Órgão: TRT – 15ª Região (SP) Prova: FCC – 2023 – TRT – 15ª Região (SP) – Técnico Judiciário – Área de Apoio Especializado – Especialidade Tecnologia da Informação

Os amigos Ana, Bruno, Carlos, Diana e Eduardo comeram 80 jabuticabas ao todo. Ana comeu metade do que Bruno comeu, Carlos comeu 3 jabuticabas a mais do que Ana, Diana só comeu uma jabuticaba, e Eduardo comeu tantas jabuticabas quanto as que seus amigos comeram juntos. O número de jabuticabas que Carlos comeu foi

Alternativas

A. 12

B. 9

C. 18

D. 20

E. 40

COMENTÁRIO

Vamos organizar as informações em forma de uma equação. Para isso, vamos chamar de "x" a quantidade de jabuticabas comidas por Ana, sendo assim:

Ana: x

"Ana comeu metade do que Bruno comeu", ou seja, Bruno comeu o dobro da quantidade de Ana, logo:

Bruno = $2x$

"Carlos comeu 3 jabuticabas a mais do que Ana", ou seja:

Carlos = $x + 3$

"Diana só comeu uma jabuticaba"

Diana = 1

Eduardo comeu tantas jabuticabas quanto as que seus amigos comeram juntos, ou seja:

Eduardo = Ana + Bruno + Carlos + Diana

Eduardo = $x + 2x + (x + 3) + 1$

Como todos juntos comeram 80 jabuticabas, temos:

$A + B + C + D + E = 80$

$x + 2x + (x + 3) + 1 + [x + 2x + (x + 3) + 1] = 80$

Resolvendo:

$8x + 8 = 80$

$8x = 80 - 8$

$x = \frac{72}{8}$

$x = 9$

Ou seja, Ana comeu 9 jabuticabas. Como a questão quer saber a quantidade que Carlos comeu, temos:

Carlos = $x + 3$

Carlos = $9 + 3$ =12

GABARITO: LETRA A

---

92. Ano: 2024 Banca: SELECON Órgão: CEFET-RJ Prova: SELECON – 2024 – CEFET-RJ – Assistente em Administração

A tabela a seguir mostra a quantidade de atendimentos que Patrícia fez em sua repartição, durante os seguintes dias de uma semana:

Segunda	Terça	Quarta	Quinta	Sexta
50	15	X	13	Y

Sabendo-se que ela fez uma média de 27,2 atendimentos por dia e que fez atendimentos em todos os dias dessa semana, o maior valor possível para X é igual a:

Alternativas

V. 55.

A. 56.

B. 57.

C. 58.

COMENTÁRIO

Para a média seja de 27,2 atendimentos por dia a soma de todos dias deve ser igual a $27{,}2 \times 5 = 136.$

Logo,

$50 + 15 + x + 13 + y = 136$

$78 + x + y = 136$

$x + y = 136 - 78$

$x + y = 58$

Como foi mencionado que foram feitos atendimentos em todo dia, o maior valor possível para X é quando Y for igual a 1, logo X será 57.

GABARITO: LETRA C

---

93. Ano: 2023 Banca: FCC Órgão: TRT – 15ª Região (SP) Prova: FCC – 2023 – TRT – 15ª Região (SP) – Técnico Judiciário – Área Apoio Especializado – Especialidade Enfermagem do Trabalho

Um supermercado está fazendo a seguinte promoção: "Compre três litros de leite e leve o quarto litro pela metade do preço". João comprou 4 litros de leite nessa promoção e pagou R$ 15,40. O preço do litro de leite é

Alternativas

A. R$ 3,80

B. R$ 2,20

C. R$ 3,40

D. R$ 4,80

E. R$ 4,40

COMENTÁRIO

Como não sabemos o valor do leite vamos chamar de "x".

Sabendo que o quarto leite custa a metade do preço, temos que o valor do quarto leite é $\frac{x}{2}$.

Como ele pagou R$15,40 em quatro litros de leite, temos:

$$x + x + x + \frac{x}{2} = 15{,}40$$

$$3x + \frac{x}{2} = 15{,}40$$

Tirando o MMC:

$$\frac{6x}{2} + \frac{x}{2} = \frac{30{,}80}{2}$$

$$7x = 30{,}80$$

$$x = \frac{30{,}80}{7}$$

$$x = 4{,}40$$

Ou seja, o preço do leite é R$ 4,40.

GABARITO: LETRA E

---

94. Ano: 2023 Banca: FCC Órgão: TRT – 15ª Região (SP) Prova: FCC – 2023 – TRT – 15ª Região (SP) – Analista Judiciário – Área Apoio Especializado – Especialidade Tecnologia da Informação

Maria observou que na sala de espera de um pronto atendimento havia 3 pessoas sentadas em cada banco e uma pessoa em pé. Após algum tempo, em que as pessoas se movimentaram e voltaram a se sentar, Maria observou que havia 1 banco vazio e os demais estavam com 4 pessoas em cada um. O número de bancos na sala de espera é

Alternativas

A. 12

B. 10

C. 8

D. 7

E. 5

COMENTÁRIO

Como não sabemos a quantidade de bancos que havia vamos chamar de x.

A primeira informação dada é que cada banco tinha 3 pessoas sentadas e que 1 pessoa estava em pé. Desta forma, a quantidade de pessoas pode ser descrita da seguinte maneira:

$$3 \cdot x + 1 =$$

$$3x + 1 =$$

A segunda informação dada é que após uma movimentação, 1 banco ficou vazio e o restante, cada um, com 4 pessoas. Podemos escrever isso na seguinte equação:

$$4(x - 1) =$$

Como a quantidade de pessoas eram as mesmas, podemos igualar as duas equações:

$$3x + 1 = 4(x - 1)$$

Resolvendo:

$$3x + 1 = 4x - 4$$

$$4x - 3x = 1 + 4$$

$$x = 5$$

Ou seja, a quantidade de bancos era igual a 5.

GABARITO: LETRA E

---

95. Ano: 2023 Banca: FCC Órgão: TRT – 15ª Região (SP) Prova: FCC – 2023 – TRT – 15ª Região (SP) – Técnico Judiciário – Área de Apoio Especializado – Especialidade Tecnologia da Informação

Em uma papelaria, 10 lápis custam tanto quanto 8 canetas; 16 canetas custam tanto quanto 12 lapiseiras; 4 lapiseiras custam tanto quanto 1 caderno; 1 caderno custa tanto quanto 24 apontadores. O número de apontadores que se pode comprar pelo preço de 5 lápis é

Alternativas

A. 36

B. 18

C. 9

D. 12

E. 24

COMENTÁRIO

Vamos organizar os dados da seguinte maneira:

1. 10 lápis custam tanto quanto 8 canetas

$10\ lápis = 8\ canetas$

2. 16 canetas custam tanto quanto 12 lapiseiras:

$16\ canetas = 12\ lapiseiras$

3. 4 lapiseiras custam tanto quanto 1 caderno;

$4\ lapiseiras = 1\ caderno$

4. 1 caderno custa tanto quanto 24 apontadores.

$1caderno = 24\ apontadores$

Observe que com a informação dada no item 4, podemos concluir no item 3 que:

$4\ lapiseiras = 24\ apontadores$

Note que no item 2 a quantidade de lapiseiras na relação é o triplo do que achamos nessa nova relação. Então podemos afirmar que:

$12\ lapiseiras = (24 \times 3)apontadores$

$12\ lapiseiras = 72\ apontadores$

Logo:

$16\ canetas = 72\ apontadores$

Voltando a relação do item 1, note que essa última relação encontrada refere-se ao dobro de canetas do item 1. Então vamos dividir isso por dois em ambos os lados:

$(16 \div 2)\ canetas = (72 \div 2)\ apontadores$

$8\ canetas = 36\ apontadores$

Agora, substituímos no item 1:

$10\ lápis = 8\ canetas$

$10\ lápis = 36\ apontadores$

Como a questão quer saber o número de apontadores que se pode comprar pelo preço de 5 lápis, então Dividimos por 2 em ambos os lados:

$5\ lápis = 18\ apontadores$

GABARITO: LETRA B

96. (Ano: 2023 Banca: FGV Órgão: SEE-MG Provas: FGV – 2023 – SEE-MG – Analista Educacional (ANE) – Técnico-administrativo)

Considere os pontos A, B e C, no plano cartesiano, tais que A(0,7), B(3,3) e C(m,7).

Se a distância de A até B é igual à distância de A até C, então m pode ser igual a

Alternativas

A. 6.

B. 5.

C. 4.

D. 3.

COMENTÁRIO

Para calcular a distância entre A e B utilizaremos a fórmula da distância entre dois pontos.

$$d = \sqrt{(x_2 - x_1)^2 + (y_2 - y_1)^2}$$

$$d_{A,B} = \sqrt{(3-0)^2 + (3-7)^2}$$

$$d_{A,B} = \sqrt{3^2 + (-4)^2}$$

$$d_{A,B} = \sqrt{9+16}$$

$$d_{A,B} = \sqrt{25}$$

$$d_{A,B} = 5$$

Como essa distância é igual à distância de A até C, então vamos utilizar essa informação na fórmula da distância ente A e C:

$$d_{A,C} = \sqrt{(m-0)^2 + (7-7)^2}$$

$$5 = \sqrt{m^2 + 0^2}$$

$$m = 5$$

GABARITO: LETRA B

97. Ano: 2024 Banca: FGV Órgão: Prefeitura de Macaé – RJ Prova: FGV – 2024 – Prefeitura de Macaé – RJ – Auxiliar de Serviços Escolares

Uma pizza foi dividida em 8 fatias iguais, das quais Jorge comeu 3.

Se a pizza fosse dividida em 24 fatias iguais, a quantidade de pizza que Jorge comeu corresponderia a

Alternativas

A. 19 fatias.

B. 18 fatias.

C. 16 fatias.

D. 12 fatias.

E. 9 fatias.

COMENTÁRIO

Podemos resolver essa questão usando a ideia de frações equivalentes.

Observe que Jorge comeu 3 pedaços de 8:

$$\frac{3}{8}$$

Isso significa que a pizza foi dividida em oito partes e três foram consumidas. Para que a pizza seja dividida em partes, a fração com o denominador deverá ser proporcional a fração anterior:

$\frac{x}{24} = \frac{3}{8}$

Multiplicando cruzado:

$8x = 24 \cdot 3$

$x = \frac{72}{8}$

$x = 9$

Ou seja, a parte que Jorge comeu corresponde a 9 fatias.

GABARITO: LETRA E

---

98. Ano: 2024 Banca: FGV Órgão: Prefeitura de Macaé – RJ Prova: FGV – 2024 – Prefeitura de Macaé – RJ – Auxiliar de Serviços Escolares

Se somarmos 9 ao dobro de x, obtemos 45.

Para se obter 10 como resultado, à metade de x deve-se

Alternativas

A. subtrair 1.

B. adicionar 1.

C. subtrair 2.

D. adicionar 2.

E. subtrair 3.

COMENTÁRIO

Vamos escrever a situação:

Se somarmos 9 ao dobro de x, obtemos 45.

$9 + 2x = 45$

Vamos descobrir o valor de x:

$2x = 45 - 9$

$x = \frac{36}{2}$

$x = 18$

A metade de x é igual a:

$\frac{18}{2} = 9$

Logo, para se obter 10 como resultado, à metade de x deve-se somar uma unidade.

GABARITO: LETRA B

---

99. Ano: 2024 Banca: FGV Órgão: Prefeitura de Macaé – RJ Prova: FGV – 2024 – Prefeitura de Macaé – RJ – Auxiliar de Serviços Escolares

Em um retângulo, o comprimento é 1,5cm maior do que a largura.

Se o perímetro desse retângulo é 27cm, sua área vale

Alternativas

A. 45cm2 .

B. 42cm2 .

C. 40cm2 .

D. 39cm2 .

E. 36cm2 .

COMENTÁRIO

Vamos fazer o desenho do retângulo para entender melhor a situação:

o comprimento é 1,5cm maior do que a largura.

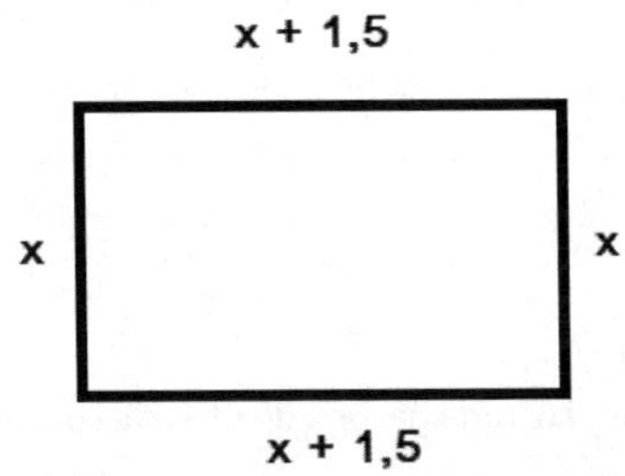

Foi mencionado que o perímetro desse retângulo é 27cm e sabemos que o perímetro é a soma de todos os lados, então:

$$x + x + (x + 1{,}5) + (x + 1{,}5) = 27$$

$$4x + 3 = 27$$

$$4x = 27 - 3$$

$$x = \frac{24}{4}$$

$$x = 6$$

Logo, esse retângulo possui lados iguais a 6 *cm* e 7,5 *cm*.

A área de um retângulo é calculada por:

$$A = comprimento \times largura$$

$$A = 6cm \times 7{,}5cm$$

$$A = 45cm^2$$

GABARITO: LETRA A

---

100. Ano: 2024 Banca: FGV Órgão: Prefeitura de Macaé – RJ Prova: FGV – 2024 – Prefeitura de Macaé – RJ – Auxiliar de Serviços Escolares

A fração 9 / 4 representa uma quantidade que pode ser escrita, na forma decimal, como

Alternativas

A. 2,10.

B. 2,25.

C. 2,30.

D. 2,45.

E. 2,50.

COMENTÁRIO

Para descobrir a forma decimal de $\frac{9}{4}$ basta lembrar que toda fração é uma divisão, ou seja, é o numerador dividido elo denominador. Então devemos dividir $9 \div 4$:

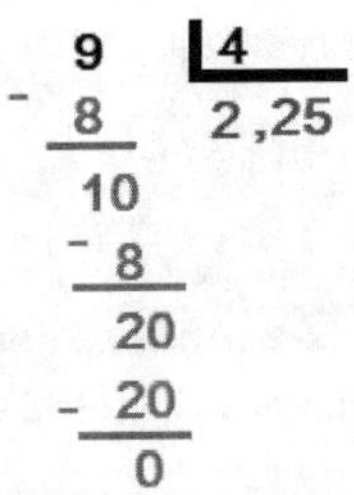

Logo, a sua escrita decimal é 2,25

GABARITO: LETRA B

---

101. Ano: 2024 Banca: FGV Órgão: Prefeitura de Macaé – RJ Prova: FGV – 2024 – Prefeitura de Macaé – RJ – Auxiliar de Serviços Escolares

Marcela foi ao supermercado com uma nota de R$50,00. Lá, ela encontrou:

- arroz a R$7,79 o quilograma;
- feijão a R$10,49 o quilograma;
- óleo de soja a R$6,59 a garrafa;
- moela de frango a R$9,48 o quilograma.

Ela comprou 2kg de arroz, 1kg de feijão, uma garrafa de óleo de soja e 500g de moela e pagou com a nota de R$50,00.

Ela recebeu de troco

Alternativas

A. R$11,80.

B. R$12,29.

C. R$12,60.

D. R$12,89.

E. R$13,00.

COMENTÁRIO

O primeiro passo é descobrir quanto ela gastou com as compras. Ela comprou 2kg de arroz, 1kg de feijão, uma garrafa de óleo de soja e 500g de moela, então temos:

(Vale lembrar que 500g é a metade de um quilo, então dividimos o valor por 2).

$$(2 \times 7{,}79) + 10{,}49 + 6{,}59 + (9{,}48 \div 2)$$

$$15{,}58 + 10{,}49 + 6{,}59 + 4{,}75$$

$$= 37{,}41$$

Ou seja, as compras custaram R$37,41.

Como ela pagou com uma nota de 50 reais:

$$50{,}00 - 37{,}41 = 12{,}59$$

Logo, ela recebeu R$12,60 de troco.

GABARITO: LETRA C

---

102. Ano: 2024 Banca: FGV Órgão: Prefeitura de São Lourenço da Mata – PE Prova: FGV – 2024 – Prefeitura de São Lourenço da Mata – PE – Professor de Matemática

Um estudante ficou em dúvida ao realizar uma atividade e questionou seu professor de Matemática sobre o resultado obtido ao utilizar uma calculadora. A situação é a seguinte:

- O estudante havia digitado as teclas 3, ÷, 4 = e obteve o número 0,75 como resultado. Em seguida, ele multiplicou esse número por 4 e obteve o número 3, validando a operação realizada.
- Ao digitar as teclas 1, ÷, 3 =, obteve o resultado 0,33333333 e, ao multiplicar esse número por 3, esperava obter o número 1, mas isso não ocorreu e o resultado apresentado, é um número menor que 1:

Para sanar a dúvida do estudante, uma explicação correta a ser proferida pelo professor é a de que

Alternativas

A. a representação decimal de uma dízima periódica é infinita, e a calculadora apresentou somente parte da representação do quociente obtido nessa divisão.

B. o estudante deveria utilizar a calculadora para verificar a relação entre a multiplicação e divisão somente quando a divisão for exata.

C. essa calculadora não é adequada para esses cálculos e o estudante deveria utilizar um equipamento de melhor qualidade.

D. há calculadoras de computadores que são capazes de exibir toda a representação decimal do quociente obtido nessa divisão.

E. o resultado fornecido pela calculadora foi arredondado para menos e o arredondamento deveria ter sido feito para mais.

COMENTÁRIO

Ao dividir 1 por 3 teremos uma dízima periódica que possui infinitas casas decimais. Quando o aluno multiplica esse valor por 3 e o resultado aparece a dízima 0,999... significa que a calculadora só usou uma parte do quociente, ou seja, não considerou todas as infinitas casas decimais.

Logo, a explicação correta a ser dada pelo professor é:

A. a representação decimal de uma dízima periódica é infinita, e a calculadora apresentou somente parte da representação do quociente obtido nessa divisão.

GABARITO: LETRA A

---

103. Ano: 2024 Banca: FGV Órgão: Prefeitura de São Lourenço da Mata – PE Prova: FGV – 2024 – Prefeitura de São Lourenço da Mata – PE – Professor de Matemática

A turma de um professor de Matemática realizou uma pesquisa para saber as frutas preferidas dos estudantes do 7º ano, conforme o gráfico a seguir:

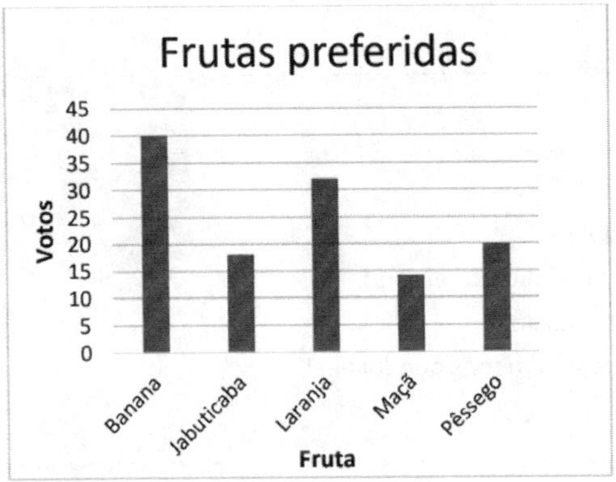

Após a construção do gráfico, o professor solicitou que o analisassem. Considere as seguintes afirmações de quatro estudantes:

I. A fruta mais votada foi banana.

II. Pêssego recebeu o dobro dos votos dados à maçã.

III. Laranja obteve mais de 30 e menos de 35 votos.

IV. Os votos dados à laranja e à jabuticaba superaram os votos dados à banana.

São corretas as análises feitas pelos estudantes:

Alternativas

A. I e II, apenas.

B. II e III, apenas.

C. I, III e IV, apenas.

D. II, III e IV, apenas.

E. I, II, III e IV.

COMENTÁRIO

Vamos comentar cada item:

I. A fruta mais votada foi banana.

Certo. É possível observar no gráfico que a maior barra é referente a essa fruta.

II. Pêssego recebeu o dobro dos votos dados à maçã.

Errado. Pelo gráfico é possível ver que o pêssego recebeu 20 votos enquanto a maça recebeu quase 15 votos e isto não refere-se ao dobro.

III. Laranja obteve mais de 30 e menos de 35 votos.

Certo. É possível ver pela escala que o gráfico está exatamente entre essas quantidades.

IV. Os votos dados à laranja e à jabuticaba superaram os votos dados à banana.

Certo. Note que os votos destinado a laranja foram mais que 30 e os votos destinados a jabuticaba foram mais que 15. Somando, temos mais de 45 votos que é maior que o valor dos votos de banana.

Logo, os itens corretos são I, III *e* IV apenas.

GABARITO: LETRA C

---

104. Ano: 2024 Banca: FGV Órgão: Prefeitura de São Lourenço da Mata – PE Prova: FGV – 2024 – Prefeitura de São Lourenço da Mata – PE – Professor de Matemática

Gabriel, Juliana e Izabel foram às compras. Gabriel gastou 20 reais a menos que Juliana, que gastou 54 reais a mais que Izabel. Os três amigos gastaram, no total, 358 reais. Portanto, Gabriel gastou

Alternativas

A. 70 reais.

B. 90 reais.

C. 119 reais.

D. 124 reais.

E. 144 reais.

COMENTÁRIO

Vamos chamar de:

x: o valor gasto por Izabel.

Juliana gastou 54 reais a mais que Izabel, logo:

$(x + 54)$: o valor gasto por Juliana

Como Gabriel gastou 20 reais a menos que Juliana:

$(x + 54) - 20$

$(x + 34)$: valor gasto por Gabriel.

Foi mencionado que os três amigos gastaram, no total, 358 reais, então temos:

$x + (x + 54) + (x + 34) = 358$

$3x + 88 = 358$

$3x = 358 - 88$

$x = \frac{270}{3}$

$x = 90$

Portanto, Gabriel gastou

$(x + 34)$

$90 + 34 = 124$ *reais*

GABARITO: LETRA D

105. Ano: 2024 Banca: FGV Órgão: Prefeitura de Macaé – RJ Prova: FGV – 2024 – Prefeitura de Macaé – RJ – Professor A – Atendimento Educacional Especializado (AEE)

Todo domingo, Leonardo leva 5 horas para pedalar 100km. Se ele aumentar a sua capacidade de deslocamento em 25% e reduzir a distância percorrida em 20%, o tempo que Leonardo leva pedalando reduzirá em

Alternativas

A. 108 minutos.

B. 96 minutos.

C. 90 minutos.

D. 72 minutos.

E. 48 minutos.

COMENTÁRIO

Observe que Leonardo faz 100km em 5horas, logo a sua capacidade é de :

$$\frac{100km}{5h} = 20km/h$$

Agora vamos pensar na nova situação.

Primeiro, vamos reduzir a distância percorrida em 20%:

$20\%\ de\ 100km = 20km$

Então a nova distância será $80km$.

Agora vamos ver de quanto será a sua capacidade de deslocamento aumentando em 25%:

$25\%\ de\ 20km/h =$

$$\frac{25}{100} \times \frac{20}{1} = \frac{500}{100} = 5km/h$$

Logo, a nova capacidade será de $25km/h$

Então para saber o tempo gasto:

$$\frac{80km}{25km/h} = 3{,}2h$$

Como o tempo é um sistema sexagesimal, 3,2h é igual a $3{,}2h \times 60 = 192\ minutos.$

Como anteriormente ele fazia em 5 horas: $5 \times 60 = 300\ minutos$, então a redução do tempo foi de:

$300 - 192 = 108\ minutos.$

GABARITO: LETRA A

106. Ano: 2024 Banca: FGV Órgão: Prefeitura de Macaé – RJ Prova: FGV – 2024 – Prefeitura de Macaé – RJ – Professor A – Atendimento Educacional Especializado (AEE)

Este mês, Delvina gastou dois quintos do seu salário fazendo as compras do mês no supermercado. Do que sobrou, ela gastou dois terços pagando o aluguel. Daquilo que sobrou depois desses dois gastos, um quarto foi destinado à conta de energia elétrica, no valor de R$230,00.

É correto afirmar que Delvina

Alternativas

A. gastou no supermercado a mesma coisa que gastou no aluguel.

B. gastou R$400,00 a mais no supermercado do que no aluguel.

C. gastou R$200,00 a mais no supermercado do que no aluguel.

D. gastou R$200,00 a mais no aluguel do que no supermercado.

E. gastou R$400,00 a mais no aluguel do que no supermercado.

COMENTÁRIO

Como não sabemos o valor recebido de salário por Delvina, vamos chamar esse valor de x.

Delvina gastou dois quintos do seu salário fazendo as compras do mês no supermercado, isso representa:

$$\frac{2}{5}\, de\ x = \frac{2x}{5}$$

Logo, sobrou:

$$x - \frac{2x}{5} =$$

$$\frac{5x}{5} - \frac{2x}{5} = \frac{3x}{5}$$

Do que sobrou, ela gastou dois terços pagando o aluguel, ou seja:

$$\frac{2}{3}\, de\ \frac{3x}{5} = \frac{2}{3} \cdot \frac{3x}{5} = \frac{6x}{15}$$

Logo restou:

$$\frac{3x}{5} - \frac{6x}{15} =$$

(lembre-se de tirar o MMC e encontrar frações equivalentes com denominadores iguais)

$$\frac{9x}{15} - \frac{6x}{15} = \frac{3x}{15} = \frac{x}{5}$$

Daquilo que sobrou $\left(\frac{x}{5}\right)$, um quarto foi destinado à conta de energia elétrica, no valor de R$230,00.

$$\frac{1}{4}\, de\ \frac{x}{5} = 230$$

$$\frac{1}{4} \cdot \frac{x}{5} = 230$$

$$\frac{x}{20} = 230$$

$$x = 230 \cdot 20$$

$$x = 4600$$

Logo, Delvina tem um salário de R$ 4.600,00.

Gastou no supermercado:

$$\frac{2x}{5} \rightarrow \frac{2 \cdot 4600}{5} = \frac{9200}{5} = 1840\ reais$$

Gastou de aluguel:

$$\frac{6x}{15} = \frac{2x}{5}$$

Observe que é o mesmo valor gasto no supermercado.

GABARITO: LETRA A

---

107. Ano: 2023 Banca: CETAP Órgão: SEMAS-PA Prova: CETAP – 2023 – SEMAS-PA – Técnico em Gestão de Meio Ambiente – Engenharia Civil

Sabendo que o índice de pedreiro para o serviço de assentamento de porcelanato é de 0.4 horas/m2 e considerando que a jornada diária de trabalho é de 8 horas, assinale a alternativa que contém a produtividade diária de 1 pedreiro, nessas condições.

Alternativas

A. 3,2 m2/dia.

B. 20,0 m2/dia.

C. 2,5 m2/dia.

D. 25,6 m2/dia.

E. 8,4 m2/dia.

COMENTÁRIO

Como o índice para o serviço é de 0,4horas/m^2, isso significa que para assentar 1m^2 é gasto 0,4horas. Para descobrir quantos minutos isso representa multiplicamos por 60:

$$0,4 \times 60 = 24\ minutos$$

Ou seja, 1m^2 é colocado em 24 minutos

Para descobrir a jornada de 8 horas basta multiplicar por 60 para descobrir quantos minutos temos nesse tempo:

$$8 \times 60 = 480 minutos$$

Como a cada 24 minutos temos 1m^2 assentado, dividimos 480minutos por 24 para saber quantos m^2 teremos:

$$\frac{480}{24} = 20\ m^2$$

Logo, a produtividade diária de 1 pedreiro será de 20m^2/dia.

GABARITO: LETRA B

---

108. Ano: 2024 Banca: CETAP Órgão: Prefeitura de Castanhal – PA Prova: CETAP – 2024 – Prefeitura de Castanhal – PA – Auxiliar de Administração

Sabe-se que os números 4k-1, 50, k+5 e 20 formam uma proporção nessa ordem. Determine o valor de k.

Alternativas

A. 10.

B. 9.

C. 11.

D. 8.

COMENTÁRIO

Como a sequência forma uma proporção, então temos que o primeiro termo está para o segundo termo, assim como o terceiro termo está para o quarto termo. Ou seja:

$$\frac{4k-1}{50} = \frac{k+5}{20}$$

Multiplicando cruzado temos:

$$50 \cdot (k+5) = (4k-1) \cdot 20$$

$$50k + 250 = 80k - 20$$

$$50k - 80k = -20 - 250$$

$$30k = 270$$

$$k = \frac{270}{30}$$

$$k = 9$$

GABARITO: LETRA B

---

109. Ano: 2024 Banca: CETAP Órgão: Prefeitura de Castanhal – PA Prova: CETAP – 2024 – Prefeitura de Castanhal – PA – Auxiliar de Administração

Paulo, quando vai visitar sua mãe, que mora em outra cidade, dirige seu carro a 50 km/h e demora cerca de 08 horas para chegar ao seu destino. Certo dia estava com pressa de chegar, e viajou dirigindo a 80 km/h, quanto tempo ele levou para chegar ao seu destino?

Alternativas

A. 3 horas.

B. 6 horas.

C. 4 horas.

D. 5 horas.

COMENTÁRIO

Se Paulo aumentar a velocidade do carro, o tempo que ele irá gastar para chegar ao seu destino irá aumentar. Com isso, podemos concluir que as grandezas são inversamente proporcionais.

Podemos resolver o problema aplicando uma regra de três simples com grandezas inversas, ou seja, nesse caso, multiplicamos reto ao invés de cruzado.

Então temos:

velocidade	*horas*
50	8
80	x

Calculando:

$80 \cdot x = 50 \cdot 8$

$80x = 400$

$x = \frac{400}{80}$

$x = 5\ horas$

Paulo levou 5 horas para chegar ao destino.

GABARITO: LETRA D

---

110. Ano: 2024 Banca: CETAP Órgão: Prefeitura de Castanhal – PA Prova: CETAP – 2024 – Prefeitura de Castanhal – PA – Auxiliar de Administração

Um boleto de mensalidade de um financiamento de moto, com vencimento para o décimo dia útil de cada mês, possui valor de R$ 800,00. Se o boleto for pago até o quinto dia útil, o valor a ser cobrado será R$ 760,00. Qual o percentual do desconto concedido?

Alternativas

A. 5%.

B. 4%.

C. 8%.

D. 3%.

COMENTÁRIO

O valor inicial era de 800 reais, então para calcular o valor do desconto, subtraímos:

$800 - 760 = 40\ reais$

Com isso, podemos fazer uma regra de três simples para descobrir a porcentagem referente a 40 reais quando o valor 100% é igual a 800:

Valor	%
800	100
40	x

Multiplicando cruzado:

$800x = 4000$

$x = \frac{4000}{800}$

$x = 5\%$

GABARITO: LETRA A

111. Ano: 2024 Banca: CETAP Órgão: Prefeitura de Castanhal – PA Prova: CETAP – 2024 – Prefeitura de Castanhal – PA – Agente Administrativo

Marcelo postou um vídeo em um site de vídeos engraçados. Ele foi assistido 700 vezes no primeiro dia. A cada dia depois disso, o número de visualizações foi 10% maior do que no dia anterior. Mantendo esse ritmo, no quinto dia, o número de visualizações que o vídeo de Marcelo terá será de aproximadamente:

Alternativas

A. 1.500 visualizações.

B. 1.025 visualizações.

C. 1.000 visualizações.

D. 1.250 visualizações.

COMENTÁRIO

Como estamos tendo um aumento de 10%, para saber a quantidade de visualizações do próximo dia, basta multiplicar o valor do dia por $1,1$.

1º dia: 700 visualizações

2º dia: $700 \times 1,1 = 770$ visualizações

3º dia: $770 \times 1,1 = 847$ visualizações

4º dia: $847 \times 1,1 = 931,7$ vizualizações

5º dia: $931,7 \times 1,1 = 1024,87$ visualizações

Ou seja, no 5º dia terá aproximadamente 1.025 visualizações.

GABARITO: LETRA B

112. Ano: 2024 Banca: CETAP Órgão: Prefeitura de Castanhal – PA Prova: CETAP – 2024 – Prefeitura de Castanhal – PA – Agente Administrativo

O preço de um automóvel novo é de R$ 25.000,00 e diminui R$ 1.200,00 a cada ano de uso. Qual será o preço com 5 anos de uso?

Alternativas

A. R$ 19.000,00.

B. R$ 22.600,00.

C. R$ 21.400,00.

D. R$ 20.200,00.

COMENTÁRIO

Essa é uma questão de um raciocínio bem simples que trabalha apenas operações aritméticas básicas.

Como a cada ano esse automóvel diminui R$1200,00 no seu valor, em 5 anos ele diminuirá:

$1200 \times 5 = 6000\ reais$

Logo, o valor desse automóvel passará a ser:

$25.000 - 6.000 = 19.000$

GABARITO: LETRA A

113. Ano: 2024 Banca: CETAP Órgão: Prefeitura de Castanhal – PA Prova: CETAP – 2024 – Prefeitura de Castanhal – PA – Agente Administrativo

Calcule a soma dos primeiros 9 termos da progressão geométrica 7+21+63+...

Alternativas

A. 68.887.

B. 38.387.

C. 58.518.

D. 78.458.

COMENTÁRIO

Como temos uma progressão geométrica, o primeiro passo é descobrir qual o valor da razão q. Para isso basta dividir dois termos consequentes:

$$q = \frac{21}{7} = 3$$

Ou seja, o próximo termo da sequência é obtido multiplicando o presente termo por 3:
$\{7, 21, 63, 189, \ldots\}$

A soma dos termos de uma PG pode ser calculada usando a seguinte fórmula:

$$S_n = \frac{a_1(q^n - 1)}{q - 1}$$

Logo, como a soma é dos 9 primeiros termos, $n = 9$:

$$S_9 = \frac{7(3^9 - 1)}{3 - 1}$$

$$S_9 = \frac{7(19683 - 1)}{2}$$

$$S_9 = \frac{7(19682)}{2}$$

$$S_9 = 68.887$$

GABARITO: LETRA A

---

114. Ano: 2024 Banca: IDECAN Órgão: Prefeitura de João Pessoa – PB Prova: IDECAN – 2024 – Prefeitura de João Pessoa – PB – Agente de Mobilidade Urbana

Em 2024, o primeiro dia de junho será em um sábado. O último dia de julho ocorrerá em uma:
Alternativas

A. Quinta-feira.

B. Segunda-feira.

C. Terça-feira.

D. Quarta-feira.

COMENTÁRIO

O mês de Junho é composto por 30 dias, enquanto o mês de julho é composto por 31 dias.

Logo, de 1º de junho a 31 de julho, passarão 61 dias.

Como sabemos, uma semana é composta por 7 dias, então o primeiro passo é saber quantas semanas tem em 61 dias. Para isso fazemos a divisão:

$$\begin{array}{r|l} 61 & 7 \\ \underline{56} & 8 \\ 05 & \end{array}$$

05 resto

Ou seja, temos 8 semanas completas e 5 dias.

Temos como referência de semana começando no sábado (1º de junho) e se encerrando em sexta-feira.

Como restaram 5 dias:

Sábado	Domingo	Segunda	Terça	Quarta	Quinta	sexta
X	X	X	X	X		

Ou seja, o dia 31 ocorrerá em uma quarta-feira.

GABARITO LETRA D

115. Ano: 2024 Banca: IDECAN Órgão: CAERN Prova: IDECAN – 2024 – CAERN – Técnico em Instrumentação

Analise a sequência dos números abaixo e identifique a ordem de formação:

(15, 25, 30, 50, 60, 100, 120, 200, ...)

Com base nessa sequência, é correto afirmar que::

Alternativas

A. O nono termo é 220.

B. A diferença do décimo termo com o nono termo é igual a 150.

C. Se an for o n-ésimo termo da sequência, em que n = 1, 2, 3,...então, para n ≥ 3, tem-se que an = 2×a n-2.

D. A sequência é uma matriz do tipo aij = (aij) 4×3, aij = ji.

COMENTÁRIO

O primeiro passo é encontrar a lei de formação da sequência. Note que a sequência dada é formada por duas sequências entrelaçadas.

Vamos destacar aqui em duas cores para uma melhor percepção:

(15, 25, 30, 50, 60, 100, 120, 200, ...)

Note que a sequência que ocupa as posições ímpares (de azul), representada por 15, 30, 60, 120 o próximo termo é sempre o dobro do termo anterior.

O mesmo acontece com a sequência que ocupa as posições pares (de vermelho), representada por 25, 50, 100, 200.

Então se continuarmos a sequência seria:

(15, 25, 30, 50, 60, 100, 120, 200, 240, 400, 420, 800 ...)

Vamos então analisar as alternativas dadas:

A. O nono termo é 220.

Errado. O nono termo é igual a 240.

B. A diferença do décimo termo com o nono termo é igual a 150.

Errado. A diferença é igual a 400 – 240 = 160.

C. Se a_n for o n-ésimo termo da sequência, em que n = 1, 2, 3,...então, para $n \geq 3$, tem-se que $a_n = 2 \times a_{n-2}$.

Certo. O próximo número da sequência é sempre o número que ocupa duas posições atrás multiplicado por 2.

D. A sequência é uma matriz do tipo a_{ij} = (a_{ij}) 4×3, a_{ij} = ji.

Errado. A sequência possui infinitos elementos.

GABARITO: LETRA C

116. Ano: 2024 Banca: IDECAN Órgão: Prefeitura de João Pessoa – PB Prova: IDECAN – 2024 – Prefeitura de João Pessoa – PB – Guarda Civil Municipal

Considere a sequência de números: 2, 5, 11, 20, 32... Calcule qual número deve ser o oitavo termo na sequência.

Alternativas

A. 86.

B. 32.

C. 48.

D. 56.

COMENTÁRIO

Para encontrar a lei de formação vamos calcular a diferença entre os termos:

$5 - 2 = 3$

$11 - 5 = 6$

$20 - 11 = 9$

$32 - 20 = 12$

Observe que a diferença é sempre um múltiplo de 3, logo as próximas diferenças serão 15 – 18 – 21.

Então a sequência será:

$32 + 15 = 47$

$47 + 18 = 65$

$65 + 21 = 86$

Com isso temos:

$2, 5, 11, 20, 32, 47, 65, 86, \ldots$

O oitavo termo é igual a 86.

GABARITO: LETRA A

---

117. Ano: 2024 Banca: FCC Órgão: TRF – 3ª REGIÃO Prova: FCC – 2024 – TRF – 3ª REGIÃO – Analista Judiciário – Área Judiciária

O dia e mês de nascimento de uma pessoa podem ser representados por uma sequência de quatro dígitos: DdMm. Por exemplo, para quem nasce em oito de outubro temos D=0, d=8, M=1 e m=0 Se para uma dada pessoa temos que D+d+M+m = 19, essa pessoa nasceu em

Alternativas

A. maio ou setembro.

B. setembro ou dezembro.

C. julho ou agosto.

D. junho ou julho.

E. agosto ou setembro.

COMENTÁRIO

Para termos uma soma igual a 19 precisamos usar algarismos grandes, como 8 e 9 para obter esse valor.

Como a quantidade de dias em um mês é no máximo 31, vamos usar o dia 29, pois tem o algarismo 9 precisamos para a soma. Como precisamos de um número 8 vamos usar o mês de agosto, ou seja, 08.

Então podemos formar as datas:

29/08 = 2 + 9 + 0 + 8 = 19

28/09 = 2 + 8 + 0 + 9 = 19

Ou também podemos substituir o número 8 pelo algarismo 9 e o número 2 por 1:

19/09 = 1 + 9 + 0 + 9 = 19

Ou seja, essa pessoa nasceu em agosto ou setembro.

GABARITO: LETRA E

---

118. Ano: 2024 Banca: FCC Órgão: TRF – 3ª REGIÃO Prova: FCC – 2024 – TRF – 3ª REGIÃO – Analista Judiciário – Área Judiciária

Uma fábrica de automóveis de luxo produziu 22 carros em 3 semanas. À cada semana foram fabricados mais automóveis do que na semana anterior, e na terceira semana foram fabricados menos automóveis do que haviam sido fabricados, ao todo, nas duas primeiras semanas. Nessas condições, o número máximo de automóveis que podem ter sido fabricados na segunda semana é:

Alternativas

A. 7.

B. 11.

C. 9.

D. 8.

E. 10.

COMENTÁRIO

Como foram produzidos 22 carros em 3 semanas vamos chamar de:

1ª semana: $x\ carros$

2ª semana: $y\ carros$

3ª semana: $z\ carros$

De forma que:

$x + y + z = 22$

À cada semana foram fabricados mais automóveis do que na semana anterior, e na terceira semana foram fabricados menos automóveis do que haviam sido fabricados, ao todo, nas duas primeiras semanas.

Ou seja:

$x < y < z$

Assim,

$z < x + y$

Logo z tem que ser um número menor que 11, que seria a metade de 22. Vamos colocar o valor máximo :10

Como foi dito que a cada semana é produzido mais carros que a semana anterior, e sabendo que $x + y$ tem que ser igual a 12, o maior valor que y pode assumir é 9, concluindo que na primeira semana foram fabricados 3 carros para completar 22 no total.

Então seria:

1ª semana: $3\ carros$

2ª semana: $9\ carros$

3ª semana: $10\ carros$

$3 < 9 < 10$

$10 < 3 + 9$

Logo, o número máximo de automóveis que podem ter sido fabricados na segunda semana é 9.

GABARITO: LETRA C

---

119. Ano: 2024 Banca: CESPE / CEBRASPE Órgão: CAGEPA – PB Prova: CESPE / CEBRASPE – 2024 – CAGEPA – PB – Analista de Sistemas – Sistemas de TI

O volume de água V a ser distribuído para as cidades de João Pessoa, Campina Grande e Patos é proporcional à população de cada cidade. Nesse caso, se a população de Campina Grande for metade da população de João Pessoa e a população de Patos for 4 vezes menor que a população de Campina Grande, então o volume de água que deverá ser destinado à cidade de Campina Grande será de

Alternativas

A. $\frac{1}{4}V.$

B. $\frac{8}{13}V.$

C. $\frac{1}{13}V.$

D. $\frac{4}{13}V.$

E. $\frac{1}{2}V.$

COMENTÁRIO

Para ficar mais simples nosso raciocínio, vamos começar pela população de Patos, vamos chamar de:

x: a população de Patos

Como a questão colocou , "a população de Patos for 4 vezes menor que a população de Campina Grande," temos então que Campina grande tem 4 vezes a mais do que a população de Patos, logo:

$4x$: a população de Capina Grande.

Como a população de Campina Grande é a metade da população de João Pessoa, então o dobro da população de Capina grande será igual a população de João Pessoa. Logo:

$8x$: a população de João Pessoa.

Observe que temos uma proporção de Patos, Capina Grande e João Pessoa, nessa ordem, de 1, 4 e 8.

Como o volume da água é destinado de acordo com a proporção da cidade, primeiro somamos as proporções para saber de quantas partes precisaríamos dividir: 1 + 4 + 8 = 3

Campina grande precisa de 4 partes, ou seja: $\frac{4}{13}$ do Volume da agua.

GABARITO: LETRA D

---

120. Ano: 2024 Banca: CESPE / CEBRASPE Órgão: TCE-PR Provas: CESPE / CEBRASPE – 2024 – TCE-PR – Auditor de Controle Externo – Área: Administrativa

Três auditores, A, B e C, estão trabalhando juntos em um projeto e estimam gastar nele um tempo total de t horas. Eles combinaram que o tempo durante o qual cada servidor irá se dedicar ao projeto, do total t, deve ser diretamente proporcional ao tempo de serviço de cada um deles. Sabe-se que o tempo de serviço do auditor A é o dobro do tempo de serviço do auditor B. Além disso, o tempo de serviço do auditor C é 1/3 do tempo do servidor B.

Nessa situação hipotética, o tempo durante o qual o servidor B deverá se dedicar ao projeto é igual a

Alternativas

A. 30% de t.

B. 33% de t.

C. 42% de t.

D. 50% de t.

E. 84% de t.

COMENTÁRIO

Vamos organizar os fatos. Como não sabemos quanto tempo de serviço tem cada um em anos, vamos chamar de:

x: tempo de serviço do auditor C

Como o tempo de serviço do auditor C é 1/3 do tempo do servidor B, significa que o servidor B tem o triplo de serviço do auditor C:

Ou seja:

$3x$: tempo de serviço do auditor B

Como foi mencionado que o tempo de serviço do auditor A é o dobro do tempo de serviço do auditor B, podemos representar como:

$6x$: tempo de serviço do auditor A

Desta forma, as proporções do tempo de serviço de A, B e C, nessa ordem são: 6, 3 e 1.

Somamos então essas partes para saber em quantas partes deveremos dividir:

6 + 3 + 1 = 10

Sendo assim, o tempo durante o qual o servidor B deverá se dedicar ao projeto é igual a $\frac{3}{10}$

Ou seja:

$$\frac{3}{10} = \frac{30}{100} = 30\%$$

GABARITO LETRA A

121. Ano: 2024 Banca: CESPE / CEBRASPE Órgão: Prefeitura de Mossoró – RN Provas: CESPE / CEBRASPE – 2024 – Prefeitura de Mossoró – RN – Analista de Procuradoria – Especialidade: Contabilidade

Texto associado

A tabela a seguir apresenta o quantitativo de servidores nomeados em cada um dos três primeiros anos de mandato do prefeito de certo município.

1.º ano	2.º ano	3.º ano
1.000	1.100	1.210

Com base nessas informações, julgue o item subsequente.

Caso o quantitativo de servidores nomeados no 4.º ano de mandato do prefeito forme, com os quantitativos dos primeiros três anos, uma progressão geométrica, então serão nomeados, no 4.º ano, mais de 1.330 servidores.

COMENTÁRIO

Como se trata de uma PG, o primeiro passo é descobrir qual a razão q dessa progressão.

Para isso, basta calcular a razão entre dois termos consequentes:

$$q = \frac{1100}{1000} = 1{,}1$$

Desta forma, para encontrar o próximo termo dessa sequência basta multiplicar o termo a_3 por 1,1:

$$1210 \times 1{,}1 = 1331$$

Ou seja, no 4º ano serão nomeados 1331 servidores. Item está correto.

GABARITO: CERTO

122. Ano: 2024 Banca: CESPE / CEBRASPE Órgão: Prefeitura de Mossoró – RN Provas: CESPE / CEBRASPE – 2024 – Prefeitura de Mossoró – RN – Analista de Procuradoria – Especialidade: Contabilidade

Texto associado

A tabela a seguir apresenta o quantitativo de servidores nomeados em cada um dos três primeiros anos de mandato do prefeito de certo município.

1.º ano	2.º ano	3.º ano
1.000	1.100	1.210

Com base nessas informações, julgue o item subsequente.

Caso o quantitativo de servidores nomeados no 4.º ano de mandato do prefeito forme, com os quantitativos do 2.º e do 3.º anos, uma progressão aritmética, então serão nomeados, no 4.º ano, mais de 1.330 servidores.

COMENTÁRIO

Como se trata de uma PA agora, o primeiro passo é descobrir qual a razão r dessa progressão.

Para isso, basta calcular a diferença entre os dois termos consequentes, como colocados, 2º ano e 3º ano

$$r = 1210 - 1100 = 110$$

Desta forma, para encontrar o próximo termo dessa sequência basta somar o ultimo termo com a razão:

$$1210 + 110 = 1320$$

Ou seja, no 4º ano serão nomeados 1320 servidores, que é um número menor que 1330 como sugere o item.

GABARITO: ERRADO

123. Ano: 2024 Banca: CESPE / CEBRASPE Órgão: CNJ Prova: CESPE / CEBRASPE – 2024 – CNJ – Analista Judiciário – Área Judiciária

Em determinado órgão público, 10 servidores, trabalhando 8 horas por dia, atendem em média 300 pessoas por semana. A idade média desses servidores é 40 anos. Para se somar a esse efetivo de atendimento ao público, foram contratados 6 novos servidores.A partir da situação hipotética apresentada, julgue o item a seguir.

Se, após a contração dos 6 novos servidores, cada servidor trabalhar 5 horas por dia, a quantidade de pessoas atendidas por semana permanecerá igual a 300.

COMENTÁRIO

Temos três grandezas se relacionando de forma proporcional. Nesse caso, temos então uma questão de regra de três composta.

Para resolver essa questão vamos utilizar o método "Causa e Consequência".

Nesse método a primeira pergunta a se fazer é: QUEM É O SUJEITO DA AÇÃO? Observe que na situação dada, os sujeitos são os servidores.

Ai temos que fazer mais uma pergunta: O QUE ELES ESTÃO FAZENDO? A resposta é atendendo pessoas. Logo, a quantidade de pessoas é a nossa CONSEQUÊNCIA.

Com isso, podemos afirmar que as demais grandezas serão as causas do nosso esquema. Então vamos montar:

CAUSA		*CONSEQUÊNCIA*
Servidores	*horas*	*pessoas*
10 →	8	300
16 →	5	x

Nesse método multiplicamos reto entre as causas e ao chegar nas consequências, multiplicamos cruzado. Então temos:

$$10 \cdot 8 \cdot x = 16 \cdot 5 \cdot 300$$

$$80x = 24000$$

$$x = \frac{24000}{80}$$

$$x = 300$$

Ou seja, a quantidade de pessoas atendidas se manterá.

GABARITO: CERTO

---

124. Ano: 2024 Banca: CESPE / CEBRASPE Órgão: CNJ Prova: CESPE / CEBRASPE – 2024 – CNJ – Técnico Judiciário – Área Administrativa

Texto associado

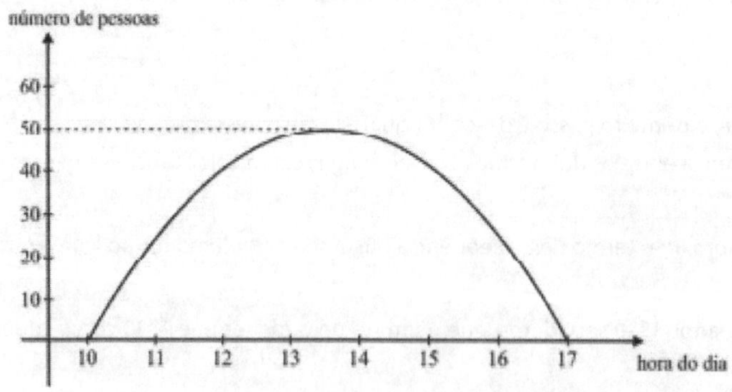

No gráfico precedente, é mostrada a frequência diária do número de pessoas que comparecem, na maior parte dos dias da semana, a uma secretaria de atendimento ao público, onde uma equipe de cinco servidores digitaliza 3.500 páginas de documentos em 7 horas de trabalho.

A partir dessas informações, julgue o item seguinte.

Se um novo servidor, com a mesma eficiência dos outros cinco servidores, integrar a equipe da secretaria para realizar o mesmo trabalho de digitalização, então a quantidade de páginas de documentos digitalizadas pelos seis servidores em 6 horas de trabalho aumentará menos de 25%.

COMENTÁRIO

Temos três grandezas se relacionando de forma proporcional. Nesse caso, temos então uma questão de regra de três composta.

Para resolver essa questão vamos utilizar o método "Causa e Consequência".

Nesse método a primeira pergunta a se fazer é: QUEM É O SUJEITO DA AÇÃO? Observe que na situação dada, os sujeitos são os servidores.

Ai temos que fazer mais uma pergunta: O QUE ELES ESTÃO FAZENDO? A resposta é digitalizando páginas. Logo, a quantidade de páginas digitalizadas é a nossa CONSEQUÊNCIA.

Com isso, podemos afirmar que as demais grandezas serão as causas do nosso esquema. Então vamos montar:

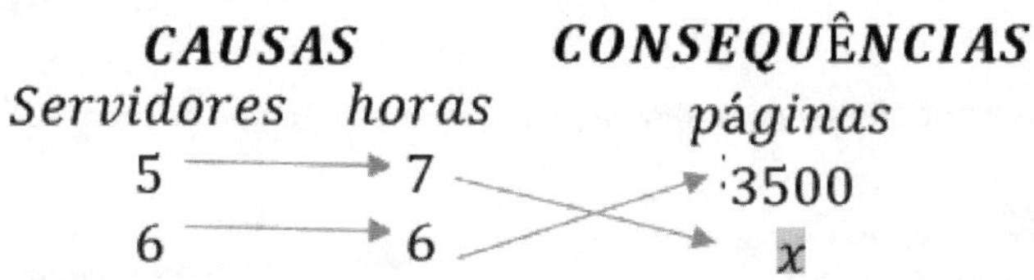

Nesse método multiplicamos reto entre as causas e ao chegar nas consequências, multiplicamos cruzado. Então temos:

$$5 \cdot 7 \cdot x = 6 \cdot 6 \cdot 3500$$

$$35x = 36 \cdot 3500$$

$$x = \frac{36 \cdot 3500}{35}$$

$$x = 36 \cdot 100$$

$$x = 3600$$

Houve um aumento de 100 páginas digitalizadas. Para saber a porcentagem de aumento que isso representa, podemos fazer uma regar de três simples:

pág	%
3500	100
100	x

Multiplicando cruzado:

$$3500x = 10000$$

$$x = \frac{10.000}{3500}$$

$$x \cong 2,85\%$$

Ou seja, isso é bem menor que 25%. Item certo.

GABARITO CERTO

125. Ano: 2024 Banca: CESPE / CEBRASPE Órgão: CNJ Prova: CESPE / CEBRASPE – 2024 – CNJ – Técnico Judiciário – Área Administrativa

Texto associado

funcionário	tempo de serviço (anos)
Paulo	2
Marco	4
Sabrina	8
Evandro	10
Fabiana	12
Alice	14

Na tabela precedente, é apresentado o tempo de serviço, em anos, de seis funcionários de determinada empresa. A título de bônus de fim de ano, serão distribuídos entre esses funcionários R$ 12.000, valor que será repartido de forma que cada funcionário receba um valor diretamente proporcional ao respectivo tempo de serviço.

Com base nessas informações, julgue o item a seguir.

Evandro deverá receber de bônus um valor superior a R$ 2.000.

Alternativas

COMENTÁRIO

O primeiro passo é descobrir quantos anos de serviço temos ao total somando o tempo de todos os funcionários. Então temos:

$$2 + 4 + 8 + 10 + 12 + 14 = 50\ anos$$

O valor do bônus deverá ser dividido em 50 partes:

$$\frac{12000}{50} = 240$$

Ou seja, a cada ano trabalhado, o funcionário terá direito a R$240,00.

Como Evandro tem 10 anos de empres:

$$240 \times 10 = 2400,00$$

Logo, ele receberá R$2400,00 que é um valor maior que R$2000,00.

GABARITO CERTO

---

126. Ano: 2024 Banca: CESPE / CEBRASPE Órgão: Prefeitura de Cachoeiro de Itapemirim – ES Provas: CESPE / CEBRASPE – 2024 – Prefeitura de Cachoeiro de Itapemirim – ES – Auxiliar Administrativo

Considerando a equação ax2 + bx + c = d, na qual a, b, c e d são números reais, julgue o próximo item.

Com a = 3, b = –5, c = 3 e d = 1, uma das soluções da equação será x = 1.

COMENTÁRIO

Para responder a questão vamos substituir os coeficientes pelos valores dados:

$$ax^2 + bx + c = d$$

$$3x^2 - 5x + 3 = 1$$

Como é uma equação de 2º grau, vamos igualar a zero para resolvermos a questão:

$$3x^2 - 5x + 3 - 1 = 0$$

$$3x^2 - 5x + 2 = 0$$

Aplicando a fórmula de Báskara temos:

Os coeficientes serão: $a = 3; b = -5\ e\ c = 2$

$$\Delta = b^2 - 4 \cdot a \cdot c$$

$$\Delta = (-5)^2 - 4 \cdot 3 \cdot 2$$

$\Delta = 25 - 24$

$\Delta = 1$

$$x = \frac{-b \pm \sqrt{\Delta}}{2 \cdot a}$$

$$x = \frac{-(-5) \pm \sqrt{1}}{2 \cdot 3}$$

$$x = \frac{5 \pm 1}{6}$$

Logo:

$$x' = \frac{6}{6} = 1$$

$$x'' = \frac{4}{6} = \frac{2}{3}$$

Logo, x=1 é sim uma solução da equação.

GABARITO CERTO

---

127. Ano: 2024 Banca: CESPE / CEBRASPE Órgão: Prefeitura de Cachoeiro de Itapemirim – ES Provas: CESPE / CEBRASPE – 2024 – Prefeitura de Cachoeiro de Itapemirim – ES – Auxiliar Administrativo

Texto associado

Uma equipe com 8 funcionários ficou responsável por catalogar e armazenar os processos de uma prefeitura. Essa equipe tem a capacidade catalogar 27 processos em quatro dias úteis, trabalhando seis horas por dia. Todos os funcionários têm a mesma capacidade de trabalho.

Com base nessas informações, julgue o item seguinte.

Se trabalhasse 8 horas por dia, a equipe seria capaz de catalogar mais de 35 processos em quatro dias úteis.

COMENTÁRIO

Temos quatro grandezas se relacionando de forma proporcional. Nesse caso, temos então uma questão de regra de três composta.

Para resolver essa questão vamos utilizar o método "Causa e Consequência".

Nesse método a primeira pergunta a se fazer é: QUEM É O SUJEITO DA AÇÃO? Observe que na situação dada, os sujeitos são os funcionários

Ai temos que fazer mais uma pergunta: O QUE ELES ESTÃO FAZENDO? A resposta é catalogando processos. Logo, a quantidade de processos catalogados é a nossa CONSEQUÊNCIA.

Com isso, podemos afirmar que as demais grandezas serão as causas do nosso esquema. Então vamos montar:

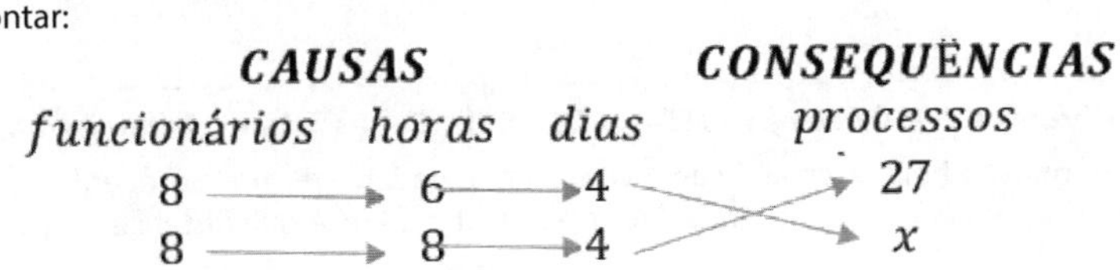

Nesse método multiplicamos reto entre as causas e ao chegar nas consequências, multiplicamos cruzado. Então temos:

$8 \cdot 6 \cdot 4 \cdot x = 8 \cdot 8 \cdot 27$

$$x = \frac{8 \cdot 8 \cdot 4 \cdot 27}{8 \cdot 6 \cdot 4}$$

$$x = \frac{\cancel{8} \cdot 8 \cdot \cancel{4} \cdot 27}{\cancel{8} \cdot 6 \cdot \cancel{4}}$$

$$x = \frac{1 \cdot 8 \cdot 1 \cdot 27}{1 \cdot 6 \cdot 1}$$

$$x = \frac{216}{6}$$

$$x = 36$$

Será possível catalogar 36 processos e isso é maior que 35.

GABARITO CERTO

---

128. Ano: 2023 Banca: IADES Órgão: CRF-TO Prova: IADES – 2023 – CRF-TO – Assistente Administrativo

Determinado medicamento recebeu dois descontos sucessivos de 10% e 20%, respectivamente, no seu valor de tabela. Esses descontos correspondem a um único desconto de

Alternativas

A. 30%.

B. 28%.

C. 20%.

D. 15%.

E. 10%.

COMENTÁRIO

Como não sabemos o valor inicial do medicamento, para facilitar as contas, vamos supor que ele custasse R$100,00.

Ao receber o desconto de 10%, ele passou a custar 90% do valor inicial, ou seja, R$90 reais.

Após, recebeu um segundo desconto de 20%, passando a valer apenas 80% dos 90 reais.

Podemos fazer uma regra de três simples para descobrir quanto passou a custar o medicamento:

Valor	%
90	100
x	80

Resolvendo:

$$100x = 90 \times 80$$

$$x = \frac{720}{100}$$

$$x = 72$$

Observe que o medicamento passou a custar R$72,00, ou seja, houve uma redução de 100 – 72 = 28 reais, que corresponde ao desconto de 28% do valor inicial.

GABARITO: LETRA B

---

129. Ano: 2023 Banca: IADES Órgão: CRF-TO Prova: IADES – 2023 – CRF-TO – Assistente Administrativo

Um pescador parte de determinada boia de sinalização e viaja 3 km para o oeste, vira à esquerda e percorre 3 km, vira à direita e percorre 1 km, novamente vira à direita e percorre 3 km. A que distância do ponto de partida ele está?

Alternativas

A. 8 km

B. 7 km

C. 6 km

D. 5 km

E. 4 km

COMENTÁRIO

Vamos fazer um desenho para entender melhor a situação.

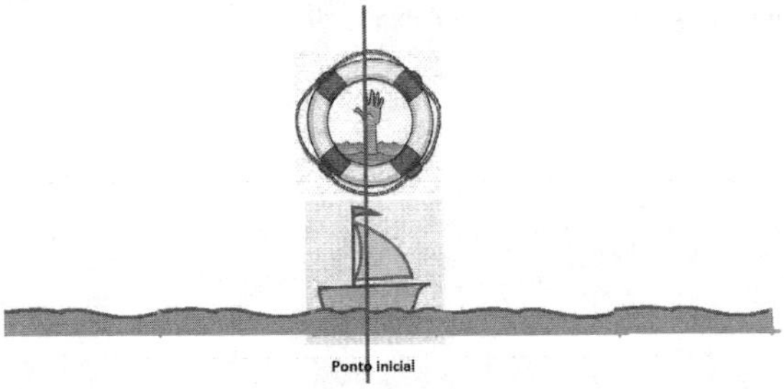

Primeiramente parte de determinada boia de sinalização e viaja 3 km para o oeste

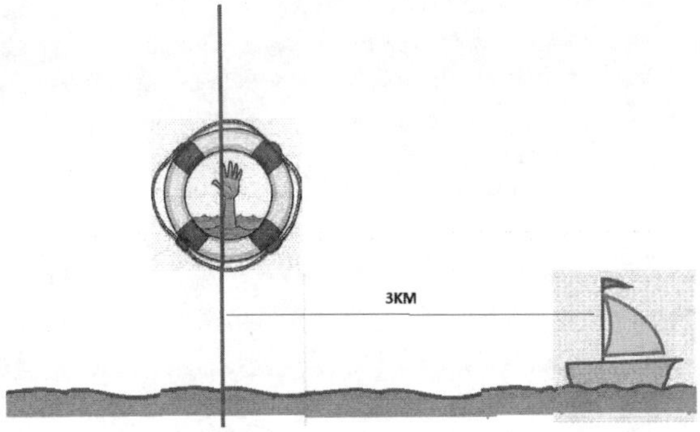

Após, vira à esquerda e percorre 3 km,

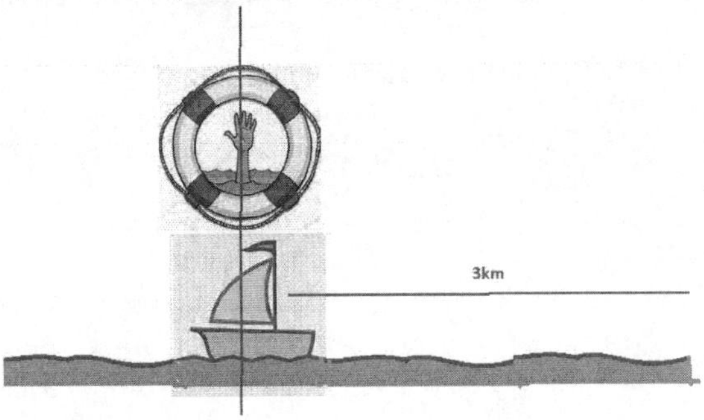

Observe que ele voltou ao ponto de origem.

APÓS

vira à direita e percorre 1 km, novamente vira à direita e percorre 3 km.

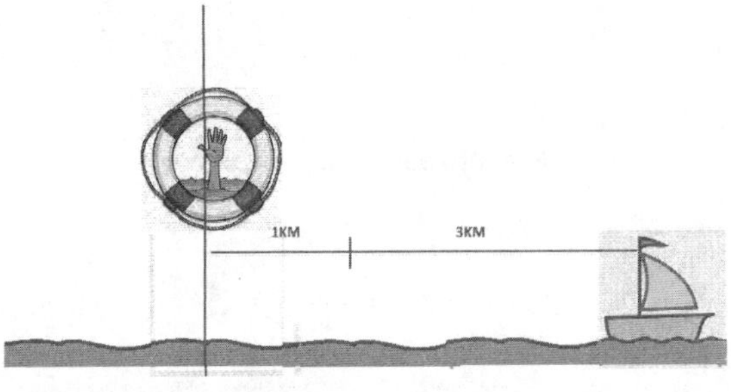

Ou seja, ele estará a 4km do ponto inicial.

GABARITO: LETRA E

130. Ano: 2023 Banca: IADES Órgão: CRF-TO Provas: IADES – 2023 – CRF-TO – Contador

Se uma caixa cheia de garrafas de determinado suplemento alimentar pesa 18 kg, e a mesma caixa com um terço das garrafas do mesmo suplemento pesa 14 kg, quanto pesa a caixa vazia?

Alternativas

A. 8 kg
B. 9 kg
C. 10 kg
D. 11 kg
E. 12 kg

COMENTÁRIO

A caixa cheia de garrafas pesa 18 kg:

Como a segunda parte da questão fala de um terço da quantidade de garrafas, vamos supor que tínhamos três garrafas.

Vamos chamar o peso da garrafa de x e da caixa de y, então temos a seguinte equação:

$y + 3x = 18$

Logo

$y = 18 - 3x$

A mesma caixa com um terço das garrafas do mesmo suplemento pesa 14 kg. Então temos:

$y + x = 14$

$y = 14 - x$

Igualando as duas equações temos:

$18 - 3x = 14 - x$

$-3x + x = 14 - 18$

$-2x = -4$

$x = \frac{4}{2}$

$x = 2kg$

Como queremos encontrar o valor de y, ou seja, da caixa, temos:

$y = 14 - x$

$y = 14 - 2$

$y = 12$

Ou seja, a caixa vazia pesa 12kg.

GABARITO: LETRA E

---

131. Ano: 2023 Banca: IADES Órgão: POLÍCIA CIENTÍFICA – GO Prova: IADES – 2023 – POLÍCIA CIENTÍFICA – GO – Perito Criminal de 3ª Classe

Muitas vezes, a quantidade de DNA recolhida na cena de um crime é insuficiente para traçar o perfil genético do suspeito ou da vítima. Para resolver esse desafio, cientistas forenses utilizam métodos de amplificação dos fragmentos de DNA. Um dos métodos de duplicação de fragmentos específicos de DNA é conhecido como Reação em Cadeia a Polimerase (PCR). O método foi inventado, em 1983, pelo bioquímico Kary Mullis que, posteriormente, ganhou o Prêmio Nobel de Química por seu trabalho. Nesse método, após cada ciclo do processo de PCR, o número de fragmentos de DNA dobra. Suponha, então, que um cientista forense tenha uma amostra inicial de 1.000 fragmentos de DNA e necessite de 1.024.000 fragmentos para realizar testes adequados. Sabendo que cada ciclo do processo de PCR dura 30minutos, qual é o tempo necessário, em horas, para gerar quantidade adequada de fragmentos de DNA?

Alternativas

A. 2

B. 6

C. 4

D. 5

E. 3

COMENTÁRIO

Inicialmente a amostra era de 1.000 fragmentos e a necessidade é que esse número passe a ser de 1024.000 fragmentos.

Para simplificar, vamos dividir ambos os números por mil.

Observe que no momento zero então temos 1 fragmento, depois de 30 minutos esse fragmento dobra. Após 30 minutos, novamente esse número dobrará.

Ou seja:

Momento zero: 1

Após os primeiros 30 minutos: 2

Passado mais 30 minutos: 4

Note que temos uma sequência formada pela potência de 2:

$2^0 = 1$

$2^1 = 2$

$2^3 = 4$

E assim por diante.

Fatorando o número 1024 temos: 2^{10}

Sendo assim, são necessários 10 períodos de 30 minutos para se obter a quantidade desejada.

$10 \times 30minutos = 300minutos = 5\ horas$

GABARITO: LETRA D

132. Ano: 2024 Banca: COSEAC Órgão: Prefeitura de Maricá – RJ Prova: COSEAC – 2024 – Prefeitura de Maricá – RJ – Docente I – Matemática

Um campeonato de futebol é realizado de 4 em 4 anos. A primeira edição ocorreu em 2014. A edição de número 43 será no ano:

Alternativas

V. 2166

A. 2170

B. 2174

C. 2178

D. 2182

COMENTÁRIO

Podemos descrever a situação como uma progressão aritmética (PA) com razão igual a 4 e o primeiro termo igual a 2014.

Desta forma podemos escrever a sequência como:

$\{a_1, a_2, a_3, a_4, ...\}$

$\{2014, 2018, 2022, 2026, ...\}$

Queremos encontrar o 43º termo dessa sequência. Para isso usaremos a fórmula do termo geral de uma PA:

$a_n = a_1 + (n-1) \cdot r$

$a_{43} = 2014 + (43 - 1) \cdot 4$

$a_{43} = 2014 + 42 \cdot 4$

$a_{43} = 2014 + 168$

$a_{43} = 2182$

Logo, a edição de número 43 será no ano 2182.

GABARITO: LETRA E

133. Ano: 2023 Banca: IDECAN Órgão: Prefeitura de São Caetano do Sul – SP Prova: IDECAN – 2023 – Prefeitura de São Caetano do Sul – SP – Merendeira

Considere a seguinte sequência de números:

2, 4, 8, 16, 32, ...

Determine qual o oitavo termo da sequência.

Alternativas

A. 48

B. 64

C. 128

D. 256

COMENTÁRIO

Note que a sequência dada tem como fórmula: 2^n, em que n é a posição em que o elemento está:

$n = 1 \rightarrow 2^1 = 2$

$n = 2 \rightarrow 2^2 = 4$

$n = 3 \rightarrow 2^3 = 8$

Sendo assim, o oitavo termo será: $2^8 = 256$

GABARITO: LETRA D

134. (FUNDATEC – 2023 – BRDE – Analista de Projetos – Administrador) A sequência abaixo possui uma determinada lógica de formação:

2, 9, 28, 65,...

Pode-se dizer que o quinto termo é dado por:

A. 69.
B. 78.
C. 94.
D. 115.
E. 126.

COMENTÁRIO

Para descobrir a lógica de formação de uma sequência é necessário encontrar algo que seja padrão e comum aos elementos da sequência de forma a criar uma lei de formação que servirá para encontrar qualquer posição da sequência.

Se observamos os números dados podemos perceber que a sequência é o resultado da soma de 1 unidade ao cubo dos números naturais, ou seja $n^3 + 1$

Então temos:

$1^3 + 1 = 1+1= 2$

$2^3 + 1 = 8+1=9$

$3^3 + 1 = 27 + 1 = 28$

$4^3 + 1 = 64 +1 = 65$

Logo, o quinto número será:

$5^3 + 1 = 125 + 1 = 126.$

Resposta: LETRA E.

---

135. (FGV – 2023 – MPE-SP – Oficial de Promotoria) Considere uma das sequências formadas pelas letras do conjunto {A, B, C, D, E}.

Sabe-se que nessa sequência:

- B vem depois do D;
- C vem antes do A;
- E vem depois do D;
- E vem antes do A;
- C vem depois do B.

Com base nessas informações, é possível garantir que, nessa sequência, a letra A ocupa a

A. 1ª posição.
B. 2ª posição.
C. 3ª posição.
D. 4ª posição.
E. 5ª posição.

COMENTÁRIO

São 5 letras, então 5 posições. Vamos fazer uma tabelinha para que possamos entender melhor a questão:

1ª posição	2ª posição	3ª posição	4ª posição	5ª posição

As informações dadas foram:

- B vem depois do D;

Então podemos perceber que o B aparecerá depois, mas não necessariamente logo após: D – B

- C vem depois do B.

Com a informação anterior, podemos colocar : D – B – C

- C vem antes do A;

Podemos escrever, de acordo com as informações anteriores: D – B – C – A

As duas últimas informações sobre E são:

- E vem depois do D;

- E vem antes do A;

Observe que E está entre D e A , ou seja, como vimos na listagem anterior, D será a primeira posição e A será a última:

1ª posição	2ª posição	3ª posição	4ª posição	5ª posição
D				A

Logo, podemos concluir que A estará na 5ª posição.

Resposta: LETRA E.

---

136. (Instituto Consulplan – 2023 – MPE-BA – Assistente Técnico-Administrativo) Considere a seguinte sequência lógica, em que X é um de seus elementos:

20.156, 10.076, 5.036, X, 1.256, 626, 311

Qual é o valor da soma dos algarismos de X?

A. 10

B. 11

C. 12

D. 13

E. 14

COMENTÁRIO

Em uma sequência lógica é possível encontrar a sua lei de formação, ou seja, a forma com que é encontrada cada um dos elementos.

Se observarmos a sequência podemos notar que o próximo elemento da sequência é dado pela metade do elemento anterior menos duas unidades. Ou seja:

20.156

$$\frac{20.156}{2} - 2 = 10.076$$

$$\frac{10.076}{2} - 2 = 5.036$$

Logo o valor de x será:

$$\frac{5.036}{2} - 2 = 2.516$$

Note como o próximo número usando a lei de formação corresponde ao número da sequência.

$$\frac{2.516}{2} - 2 = 1.256$$

Então X= 2.516. A questão pede a soma dos algarismos: 2 + 5 + 1+ 6 =14

Resposta: LETRA E.

137. (FUNDATEC – 2023 – BRDE – Assistente Administrativo) A sequência abaixo possui uma determinada lógica de formação:

2, 5, 10, 17, ...

Pode-se dizer que o quinto termo é dado por:

A. 20.

B. 21.

C. 24.

D. 25.

E. 26.

COMENTÁRIO

Precisamos encontrar a lei de formação dessa sequência, ou seja, a forma como é encontrado o próximo elemento da sequência.

Note que os números da sequência são o resultado da sequência dos números naturais elevado ao quadrado mais uma unidade:

$1^2 + 1 = 1 + 1 = 2$

$2^2 + 1 = 4 + 1 = 5$

$3^2 + 1 = 9 + 1 = 10$

$4^2 + 1 = 16 + 1 = 17$

Desta forma, o quinto termo será:

$5^2 + 1 = 25 + 1 = 26$

Resposta: LETRA E.

---

138. (Instituto Consulplan – 2023 – SEGER-ES – Analista do Executivo – Direito) Considere a seguinte sequência lógica:

15, 46, 139, 418, X, 3.766, 11.299

Se X é um elemento dessa sequência, qual é o valor do produto de seus algarismos?

A. 30

B. 40

C. 50

D. 60

E. 70

COMENTÁRIO

Para descobrir a lógica de formação de uma sequência é necessário encontrar algo que seja padrão e comum aos elementos da sequência de forma a criar uma lei de formação que servirá para encontrar qualquer posição da sequência.

Se observamos os números dados podemos perceber que a sequência é o resultado da soma de 1 unidade mais o triplo do número anterior.

15

$15 \times 3 + 1 = 45 + 1 = 46$

$46 \times 3 + 1 = 138 + 1 = 139$

$139 \times 3 + 1 = 417 + 1 = 418$

Então, o valor de X será:

$418 \times 3 + 1 = 1254 + 1 = 1255$

Como a questão pede o produto dos seus algarismos, teremos: $1 \times 2 \times 5 \times 5 = 50$

Resposta LETRA C

139. (INQC – 2023 – COMDEP – RJ – Cargos de Nível Fundamental Completo) Em cada um dos seis quadrados da figura a seguir, será escrito um número natural.

?				19	31

Sabe-se que a partir do 3º quadrado, o número escrito é igual à soma dos números escritos nos dois quadrados imediatamente anteriores. O número que será escrito no primeiro quadrado é igual a:

A. 2

B. 3

C. 4

D. 5

COMENTÁRIO

Se a partir do 3º quadrado o número será igual à soma dos números escritos nos dois quadrados anteriores, utilizamos a operação inversa para descobrir o número anterior, no caso a subtração.

Logo, o número da quarta posição será:

31 – 19 = 12

O da terceira posição:

19 – 12 = 7

O da segunda posição:

12 – 7 = 5

Então, o número da primeira posição será:

7 – 5 =2

Resposta: LETRA A.

140. (FUMARC – 2023 – AL-MG – Técnico de Apoio Legislativo – Policial Legislativo) Os termos da sequência (0, 1, 1, 2, 3, 5, 8, 13, 21...) são obtidos por um critério lógico de formação. Assim, segundo esse critério, é CORRETO afirmar que a soma do décimo segundo e décimo terceiro termos dessa sequência é:

A. 135

B. 144

C. 201

D. 233

COMENTÁRIO

Para descobrir a lógica de formação de uma sequência é necessário encontrar algo que seja padrão e comum aos elementos da sequência de forma a criar uma lei de formação que servirá para encontrar qualquer posição da sequência.

Se observamos os números dados podemos perceber que a sequência é que a partir do 3º número é sempre o resultado da soma dois número anteriores:

1. 0
2. 1
3. 0 + 1 = 1
4. 1 + 1 = 2
5. 2 + 1 = 3
6. 3 + 2 = 5
7. 5 + 3 = 8
8. 8 + 5 = 13
9. 13 + 8 = 21

Então seguimos encontrando os elementos:

10. $21 + 13 = 34$
11. $34 + 21 = 55$
12. $55 + 34 = 89$
13. $89 + 55 = 144$

Logo, a soma do décimo segundo e décimo terceiro termos dessa sequência é: $89 + 144 = 233$.

Resposta: LETRA D.

---

141. (FUMARC – 2023 – AL-MG – Técnico de Apoio Legislativo) Se $a < b$ então $c > d$. Se $c > d$, então $f < a$. Ora, $a < b$, logo é CORRETO concluir logicamente que:

A. $a > d$

B. $b > c$

C. $f < b$

D. $f > b$

COMENTÁRIO

Temos 3 proposições, duas compostas e uma simples. Começaremos a valor pela proposição simples:

$a < b$ (V)

Como a primeira condicional possui essa informação, a sua primeira parte será verdade, logo será necessário que a segunda parte também seja verdade para garantir um valor lógico à proposição, visto que $V \to F = F$.

Então temos:

Se $a < b$ (V) então $c > d$ (V).

O mesmo acontecerá com a outra condicional:

Se $c > d$ (V), então $f < a$ (V).

Com isso podemos concluir que se f é menor que a e a é menor que b, então f é menor que b.

Resposta: LETRA C.

---

142. (FUMARC – 2023 – AL-MG – Técnico de Apoio Legislativo) Na sequência ASSEMBLEIAASSEMBLEIAASSEMBLEIA..., a 123ª letra será

A. A.

B. E

C. L

D. S

COMENTÁRIO

Observe que a palavra que está se repetindo é ASSEMBLEIA, que possui 10 letras, ou seja, a cada dez letras iniciamos novamente a palavra.

Como queremos encontrar a 123ª letra, dividimos por 10:

$123 \div 10 = 12 \textit{ e resto } 3$

Ou seja, é possível escrever 12 palavras completas e mais 3 letras da próxima palavra: ASS

Logo, a letra que ocupa a 123ª posição é S.

Resposta: LETRA D.

---

143. (Instituto Consulplan – 2023 – SEGER-ES – Analista do Executivo – Arquivologia) Considere a seguinte sequência lógica, em que Z é um de seus elementos:

4.986, 2.490, 1.242, Z, 306, 150, 72, 33.

Qual é o valor da soma dos algarismos de Z?

A. 12
B. 13
C. 14
D. 15
E. 16

COMENTÁRIO

Para descobrir a lógica de formação de uma sequência é necessário encontrar algo que seja padrão e comum aos elementos da sequência de forma a criar uma lei de formação que servirá para encontrar qualquer posição da sequência.

Se observamos os números dados podemos perceber que o próximo número da sequência é o resultado da divisão do número por 3 menos duas unidades.

Então temos:

4986

$4986 \div 2 - 3 = 2490$

$2490 \div 2 - 3 = 1242$

Seguindo a mesma regra, descobrimos o valor de Z:

$1242 \div 2 - 3 = 618$

$z = 618$

Então, a soma dos algarismos de Z será: 6+1+8=15

Resposta: LETRA D.

---

144. (FAURGS – 2023 – UFRGS – Assistente em Administração) Considere a sequência de etapas representadas na figura abaixo, na qual se encontram desenhados quadrados brancos e sombreados justapostos e de lado medindo 1 unidade, seguindo um padrão geométrico de construção.

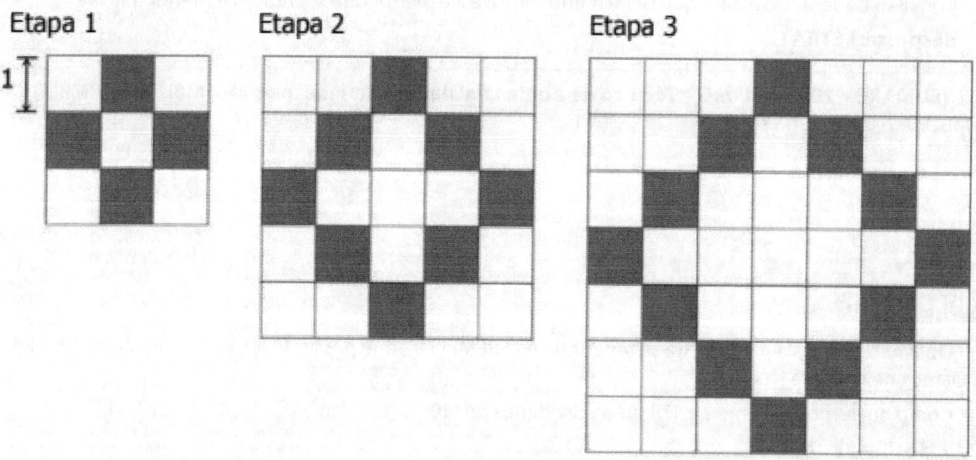

Mantido esse padrão de construção geométrica, o número de quadrados sombreados de lado 1 na etapa 7 é

A. 16.
B. 20.
C. 24.
D. 28.
E. 32.

COMENTÁRIO

Observando as figuras é possível verificar que na Etapa 1 existem 4 quadrado sombreados, na Etapa 2 existem 8 quadrados sombreados e Etapa 3 12 quadrados sombreados.

Com isso, conseguimos formar a sequência : {4, 8, 12, ...}

Note que a sequência são os múltiplos de 4.

Logo a quantidade de quadrados sombreados da Etapa 7 será igual a $4 \times 7 = 28$ quadrados.

GABARITO: LETRA D.

---

145. (FUMARC – 2023 – AL-MG – Técnico de Apoio Legislativo – Policial Legislativo) A TABELA 1 e a TABELA 2, a seguir, foram construídas a partir de uma mesma lógica de formação, considerando a ordem alfabética A-B-C-D-E-F-G-H-I-J-K-LM-N-O-P-Q-R-S-T-U-V-W-X-Y-Z. Nessas condições, é CORRETO afirmar que a sequência de letras que completa a tabela 2 é:

TABELA 1			
E	J	I	G
H	M	L	J

TABELA 2			
K	P	O	M

A. L P R M

B. N M O P

C. N S R P

D. P S O Q

COMENTÁRIO

As tabelas possuem a mesma lógica, então note que a letra que vem abaixo da letra da primeira figura sempre é a terceira letra após a letra da linha de cima.

Observe:

E → F, G, H

J → K, L, M

I → J, K, L

G → H, I, J

Então, aplicando a mesma regra para a Tabela 2:

K → L, M, N

P → Q, R, S

O → P, Q, R

M → N, O, P

Logo, a sequência de letras que completa a tabela 2 é: N, S, R, P.

GABARITO: LETRA C.

---

146. (SELECON – 2023 – Prefeitura de Nova Mutum-MT – Agente de Fiscalização Tributária) Todos os termos da sequência numérica (2, 12, 30, 56, 90, ...) obedecem a um determinado padrão. Mantido esse padrão, o sétimo termo dessa sequência é igual a:

A. 132

B. 156

C. 166

D. 182

COMENTÁRIO

Para encontrar o padrão lógico da sequência, vamos calcular a diferença entre os termos:

$12 - 2 = 10$

$30 - 12 = 18$

$56 - 30 = 26$

$90 - 56 = 34$

Note que as diferenças estão sempre aumentando 8 unidades, desta forma o próximo número terá uma diferença de $34 + 8 = 42$ unidades a mais que 90.

Sendo assim, o próximo número, ou seja, o sexto número será $90 + 42 = 132$

O sétimo número será: $132 + 42 + 8 = 182$

GABARITO: LETRA D.

---

147. (Instituto Consulplan – 2022 – Prefeitura de Linhares-ES – Monitor da Educação Infantil) As sequências de números inteiros podem envolver qualquer uma das operações básicas, sendo que o padrão sempre se repete.

| 2 | 4 | 4 | 16 | 8 | 64 | 16 | ? |

Dada a sequência anterior de números naturais, assinale o 8º termo dessa sequência.

A. 32

B. 64

C. 128

D. 256

COMENTÁRIO

Note que existem duas sequências entrelaçadas. A primeira é:

2, 4, 8, 16,

Ou seja, é representado por 2^n.

Já a segunda sequência é:

4, 16, 64, ?

Observe que a sua lei de formação é dada por 4^n

$4^1 = 4$

$4^2 = 16$

$4^3 = 64$

$4^4 = 256$

Ou seja, o próximo número será 256.

GABARITO: LETRA D.

---

148. (VUNESP – 2022 – Câmara Municipal de São José dos Campos-SP – Técnico Legislativo) Cinco poltronas, numeradas de 1 a 5, estão lado a lado em uma fileira. Ao lado da poltrona 1, só está a poltrona 2, ao lado da poltrona 5, só está a poltrona 4, e ao lado da poltrona 3, estão as poltronas 2 e 4. Cinco amigos, identificados apenas pelas inicias P, Q, R, S e T, irão se sentar nessas poltronas de acordo com as seguintes regras:

- Entre P e Q deve haver exatamente uma poltrona.
- Entre R e S deve haver exatamente duas poltronas.
- T não deve se sentar ao lado de Q e nem ao lado de S.

Obedecidas essas regras, quem irá se sentar na poltrona 3 é

A. P.

B. Q.

C. R.

D. S.

E. T.

COMENTÁRIO

Vamos analisar cada regra e verificar as opções disponíveis

- Entre P e Q deve haver exatamente uma poltrona.

Então, temos como opção:

1ª OPÇÃO:

P	■	Q	■	■	*ou*	Q	■	P	■	■
1	2	3	4	5		1	2	3	4	5

2ª OPÇÃO:

■	P	■	Q	■	*ou*	■	Q	■	P	■
1	2	3	4	5		1	2	3	4	5

3ª OPÇÃO:

■	■	P	■	Q	*ou*	■	■	Q	■	P
1	2	3	4	5		1	2	3	4	5

- Entre R e S deve haver exatamente duas poltronas.

As opções de acordo coma regra anterior que temos são:

1ª OPÇÃO:

P	R	Q	■	S	*ou*	Q	S	P	■	R
1	2	3	4	5		1	2	3	4	5

A 2ª opção não se aplica aqui, então a descartamos.

3ª OPÇÃO:

R	■	P	S	Q	*ou*	S	■	Q	R	P
1	2	3	4	5		1	2	3	4	5

S	■	P	R	Q	*ou*	R	■	Q	S	P
1	2	3	4	5		1	2	3	4	5

De acordo com a última regra

- T não deve se sentar ao lado de Q e nem ao lado de S.

Então a única opção que satisfaz a condição é

R	T	P	S	Q
1	2	3	4	5

Obedecidas essas regras, quem irá se sentar na poltrona 3 é P.

GABARITO LETRA A

---

149. (IBFC – 2021 – SEAP-PR – Agente Profissional – Geólogo) José gastou 2/3 de 4/5 de seu salário e ainda lhe restou R$ 420,00. Nessas condições, o valor gasto por José foi de:

A. R$ 367,50

B. R$ 787,50

C. R$ 480,00

D. R$ 900,00

E. R$ 520,00

COMENTÁRIO

A primeira informação que temos é que José gastou 2/3 de 4/5 de seu salário.

Como não sabemos qual é o salário de José, vamos chamar essa quantia de *x*.

Vale lembrar que na Matemática a preposição "de" representa uma operação de multiplicação.

Então temos

$$\frac{2}{3} \times \frac{4x}{5} = \frac{8x}{15}$$

Ou seja, ele gastou $\frac{8x}{5}$ do seu salário.

Para saber a parte fracionária que representa o que restou, basta subtrair $\frac{8x}{5}$ do salário inicial:

$$x - \frac{8x}{15} =$$

Resolvendo:

$$\frac{15x}{15} - \frac{8x}{15} = \frac{7x}{15}$$

Observe que a questão informou que sobrou R$420,00, então podemos concluir que esses $\frac{7x}{15}$ corresponde a R$420,00.

Então igualando isso podemos encontrar o valor de x:

$$\frac{7x}{15} = 420$$

$$7x = 420 \times 15$$

$$7x = 6300$$

$$x = \frac{6300}{7}$$

$$x = 900$$

Desta forma, podemos concluir que o salário de José é de R$900,00.

Porém, a questão procura saber o valor que ele gastou, então fazemos a diferença:

900 – 420 = 480.

Então José gastou R$ 480,00.

GABARITO: LETRA C.

---

150. (IDECAN – 2022 – IF-PA – Assistente em Administração) João e Maria estão jogando o jogo do 7, o qual é jogado com dois dados. Caso a soma dos resultados da face de cima seja 7, João ganha R$ 2,00 de Maria; caso seja diferente de 7, Maria ganha um real de João. Sobre a situação apresentada, assinale a alternativa correta.

A. No jogo, quem leva vantagem é João, pois em todas as 36 somas diferentes somente 6 dão total 7.

B. Em cada jogada a probabilidade de vitória é a mesma para João e Maria.

C. No jogo, quem leva vantagem é Maria, pois em todas as 36 somas diferentes somente 6 dão total 7.

D. Em cada jogada há uma probabilidade de 5/6 para João ganhar.

COMENTÁRIO

Foi dada uma situação em que são jogados dois dados, as faces voltadas para cima podem somar 7 ou não.

Como são dois dados, a quantidade de casos possíveis será igual a 6 × 6 = 36

Vamos escrever as possibilidades em que o resultado será igual a 7, pois o restante será diferente. Como são dois dados, a ordem é relevante:

1+6=7

6+1=7

2+5=7

5+2=7

3+4=7

4+3=7

Observe que são 6 resultados possíveis, sendo assim os outros 30 resultados são diferentes de 7.

Com isso vamos analisar as afirmativas disponíveis.

A. No jogo, quem leva vantagem é João, pois em todas as 36 somas diferentes somente 6 dão total 7.

Errado. Observe que a vantagem é de Maria, pois apesar de receber só um real, a cada chance, ela terá muito mais opções que João.

B. Em cada jogada a probabilidade de vitória é a mesma para João e Maria.

Errado. Já vimos que João tem 6/36 chances de ganhar e Maria 30/36

C. No jogo, quem leva vantagem é Maria, pois em todas as 36 somas diferentes somente 6 dão total 7.

Certo. Foi o que constatamos.

D. Em cada jogada há uma probabilidade de 5/6 para João ganhar.

Errado. Essa é a probabilidade de Maria, pois 30/36=5/6

GABARITO: LETRA C.

---

151. (IDECAN – 2022 – IF-PA – Assistente em Administração) A adição no conjunto Z possui as propriedades comutativa e associativa e é compatível com a relação de ordem. Assinale a alternativa que apresenta uma operação que satisfaz essas propriedades.

A. divisibilidade

B. potenciação

C. subtração

D. multiplicação

COMENTÁRIO

O conjunto Z é o conjunto dos números inteiros:

Z = { ..., –5, –4, –3, –2, –1, 0, 1, 2, 3, 4, 5, ...}

Ou seja, temos números positivos, negativos e nulo.

Observe que entre as alternativas dadas, a única em que a ordem não importa (propriedade comutativa) e que a forma como associamos os fatores não altera (associativa) é a operação da multiplicação.

GABARITO: LETRA D.

---

152. (IBFC – 2022 – MGS – Agente de Campo) Em um concurso os candidatos foram divididos em duas turmas, 845 fizeram a prova de manhã. À tarde, fizeram a prova 378 candidatos a mais que de manhã. Assinale a alternativa que apresenta quantos candidatos fizeram a prova à tarde.

A. 378

B. 467

C. 1.223

D. 2.068

COMENTÁRIO

À tarde, fizeram a prova 378 candidatos a mais que de manhã, então para descobrir a quantidade de candidatos a tarde basta somar 378 a quantidade de candidatos da parte da manhã:

845 + 378 = 1223 candidatos

GABARITO: LETRA C.

---

153. (FCC – 2021 – TJ-SC – Técnico Judiciário Auxiliar) Considere um dado padrão, isto é, um cubo cujas faces estão numeradas com os números 1, 2, 3, 4, 5 e 6, de modo que a soma dos números em quaisquer duas faces opostas seja igual a 7. Se, após o lançamento do dado sobre uma mesa, a face com o número 6 está voltada para cima, então a soma dos números nas faces visíveis é

A. 20.

B. 19.

C. 17.

D. 18.

E. 15.

COMENTÁRIO

Como o enunciado disse, a soma das faces opostas de um dado é igual a 7.

Isso significa que se a face de número 6 está voltada para cima, a sua face oposta será a face 1 e essa face estará escondida pois ela apoiará a superfície.

Logo, as outras faces estarão visíveis, ou na face superior, ou nas faces laterais.

Então estão visíveis as faces laterais: 2 , 3, 4 e 5.

Face superior: 6.

Somando essas faces teremos:

2 + 3 + 4 + 5 + 6 = 20

GABARITO: LETRA A.

---

154. (FCC – 2021 – TJ-SC – Técnico Judiciário Auxiliar) Um tabuleiro de Sudoku de dimensão 4 é um quadrado 4 × 4 subdividido em quatro quadrados 2 × 2 demarcados. Observe na figura abaixo um tabuleiro desse tipo parcialmente preenchido.

X	3	1	4
Y	2	3	
3			Z

Para terminar de preenchê-lo, é preciso colocar os números de 1 a 4, sem repetição, em cada linha, em cada coluna e em cada quadrado 2 × 2 demarcado. Preenchido corretamente o tabuleiro na figura, obtém-se que X + Y + Z é igual a

A. 10.

B. 9.

C. 7.

D. 8.

E. 6.

COMENTÁRIO

Para resolver um SUDOKU a regra que precisamos seguir é que não podemos repetir o mesmo número em uma linha e nem em uma coluna.

Então começamos pela primeira linha que está mais preenchida. Observe que falta apenas o número 2. Logo X=2.

Agora vamos para a terceira linha, pois possui mais espaços preenchidos.

Observe que o Y deverá ser 1 ou 4. Porém, observe que o ultimo espaço da coluna não pode ser preenchido por 4 pois nessa coluna já existe o número 4. Logo Y=4.

Note que com isso conseguimos preencher o último espaço da segunda coluna, pois completamos o quadrado:

2	3	1	4
4	2	3	1
3	1		Z

Após isso podemos concluir as duas primeiras colunas com os números que estão faltando:

2	3	1	4
1	4		
4	2	3	1
3	1		Z

Observe que a terceira coluna faltam os números 2 e 4, porém o segundo espaço não poderá ser 4 pois já temos um número 4 nessa linha. Então preenchendo teremos:

2	3	1	4
1	4	2	
4	2	3	1
3	1	4	Z

Olhando para a última linha já conseguimos descobrir o valor de Z e preencher a última coluna. Z=2.

2	3	1	4
1	4	2	3
4	2	3	1
3	1	4	2

Logo, a soma de X + Y + Z será:

$2 + 4 + 2 = 8$

GABARITO: LETRA D.

155. (FCC – 2021 – TJ-SC – Técnico Judiciário Auxiliar) Observe, abaixo, os três triângulos formados por 7 palitos de fósforo. Lúcia quer construir uma faixa horizontal de 120 triângulos, seguindo a mesma regra de construção da figura.

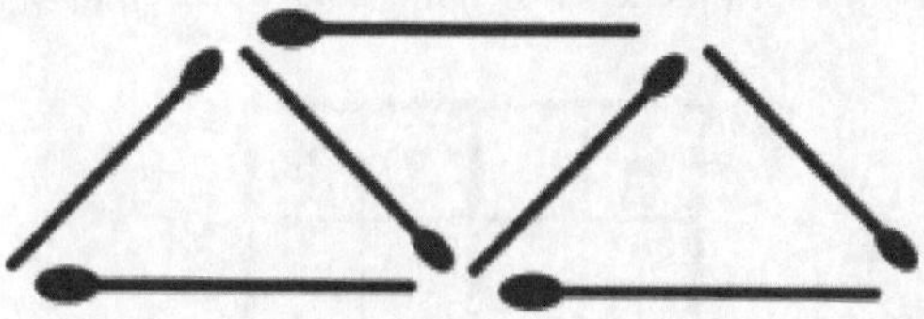

O número de palitos que Lúcia precisará para isso é

A. 239.
B. 238.
C. 242.
D. 240.
E. 241.

COMENTÁRIO

Observe que para a construção do primeiro triângulo foram necessários 3 palitos de fósforo. Para construir o segundo palito foi preciso acrescentar mais dois palitos, totalizando 5 palitos:

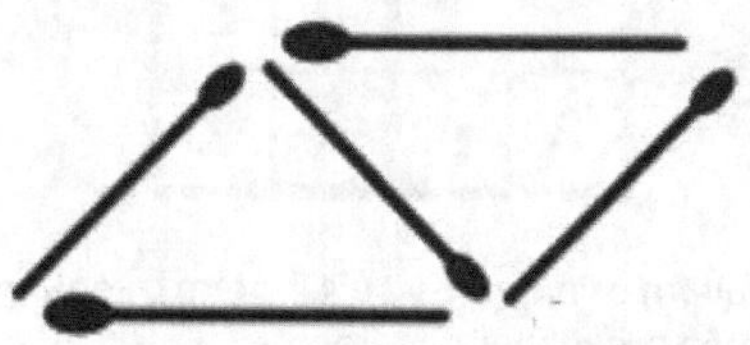

E para a construção do terceiro será necessário acrescentar mais dois palitos, totalizando 7 palitos:

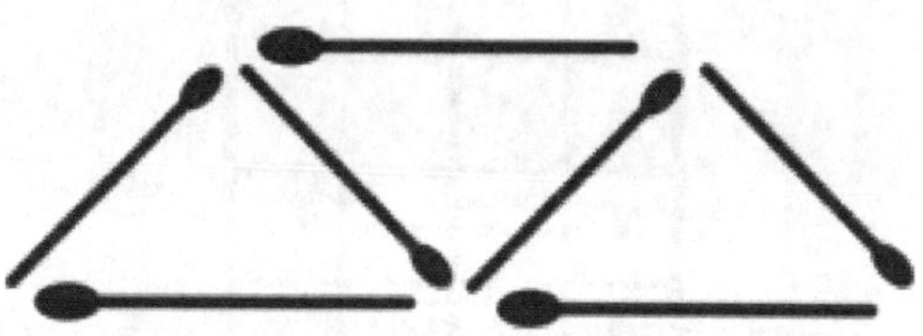

Para o quarto triângulo, será necessário acrescentar mais dois palitos totalizando 9 palitos e assim sucessivamente.

Com isso podemos verificar uma progressão aritmética em que o primeiro termo é 3 e temos uma razão igual a 2:

(3, 5, 7, 9, ...)

Então, vamos utilizar a fórmula do termo geral de uma PA para encontrar a quantidade de palitos referente ao 120º termo dessa sequência

Temos a opção de escrever todos os termos da sequência, sempre ir somando de 2 em 2 que ocuparia um bom tempo de prova, ou podemos utilizar a fórmula do termo geral de uma PA que é dada por:

$a_n = a_1 + (n - 1)r$

Onde:

a_n: é o termo na posição n

a_1: é o primeiro termo da sequência

n: a posição onde se encontra o termo

r: a razão da sequência

Sendo assim:

$a_n = a_1 + (n - 1)r$

$a_{120} = 3 + (120 - 1) \times 2$

$a_{120} = 3 + 119 \times 2$

$a_{120} = 3 + 238$

$a_{120} = 241$

Serão necessários 241 palitos de fósforos.

GABARITO: LETRA E.

---

156. (FCC – 2021 – TJ-SC – Técnico Judiciário Auxiliar) Sabe-se que objetos iguais têm o mesmo peso e que uma balança de pratos está em equilíbrio quando, nos dois pratos, há o mesmo peso. Objetos em forma de pentágono, estrela e triângulo foram colocados nas balanças de maneira que as duas estejam em equilíbrio, como na figura abaixo:

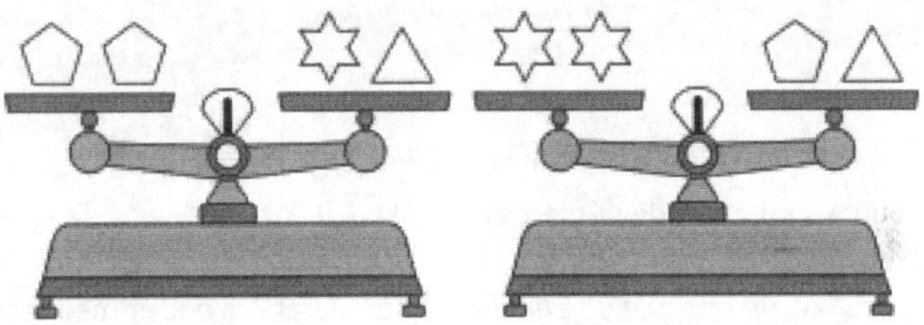

Nesse caso,

A. uma estrela pesa o mesmo que um triângulo, que, por sua vez, tem a metade do peso de um pentágono.

B. um pentágono pesa o mesmo que duas estrelas.

C. três estrelas pesam o mesmo que quatro triângulos.

D. os três objetos têm o mesmo peso.

E. dois triângulos pesam o mesmo que três pentágonos.

COMENTÁRIO

Para ficar melhor a compreensão, vamos chamar os objetos de:

E: estrela

P: pentágono

T: triângulo

Na primeira balança, a equação formada é:

$2P = E + T$

Na segunda balança a equação será:

$2E = P + T$

Observe que as duas possuem um T. Desta forma, vamos isolar T nas duas equações:

1ª. $T = 2P - E$

2ª. $T = 2E - P$

Igualando as duas equações temos:

$2P - E = 2E - P$

$3P = 3E$

$P = E$

Ou seja, o peso do pentágono será o mesmo peso da estrela.

Então voltando a primeira equação da balança e substituindo o E por P teremos:

$2P = P + T$

P = T

Ou seja, os três objetos possuem o mesmo peso.

Gabarito: LETRA D.

---

157. (VUNESP – 2021 – TJ-SP – Escrevente Técnico Judiciário) A sequência a seguir foi criada com um padrão. Os números seguidos por um espaço tracejado são antecedidos por uma vogal, e o número antecedido por um espaço tracejado é seguido por uma vogal.

1A2E3I4O5U6A7E8I9O10U11A12E ... 35_ ... 41_ ... 59_ ... 67_ ... _70 ... E98I99O100

As letras que ocuparão os espaços tracejados, na ordem em que aparecem, são

A. UAOEO
B. UAIEO
C. EAIUO
D. UAEIO
E. AUIEI

COMENTÁRIO

Temos aqui mais uma questão que envolve duas sequências entrelaçadas.

Observe que temos uma sequência de números naturais (1, 2, 3, ..., 100) e outra sequência de vogais (A, E, I, O, U).

Como são apenas cinco vogais, observe que olhando apenas para os dez primeiros termos da sequência já conseguimos resolver a questão, basta olharmos para o último algarismo do número.

Depois do algarismo 1, vem a letra A, depois do algarismo 2 a letra E, e assim sucessivamente.

Como queremos saber a letra após o número 35 basta olhar para o último algarismo que é 5. Depois do 5 sempre aparecerá a letra U.

Da mesma forma, olhando para o número 41, a próxima letra será a letra A, após o 59 a letra será o O e após a 67 a letra será o E.

Devemos apenas ter um cuidado com o último número, pois ele procura a letra que antecede 70, ou seja, a letra que vem após o 69, então a letra O.

Assim teremos a sequência: **UAOEO**

GABARITO LETRA A

---

158. (VUNESP – 2021 – TJ-SP – Escrevente Técnico Judiciário) Na sequência a seguir (45, 41, 42, 38, 40, 36, 39, 35, 39, 35, 40, 36, 42, 38, 45, 41, 49, ...), a soma entre o elemento da posição 21 e o elemento da posição 26 é igual a

A. 129.
B. 134.
C. 138.
D. 143.
E. 131.

COMENTÁRIO

Observe que temos novamente duas sequências entrelaçadas. Vamos destacar os termos:

(**45**, 41, **42**, 38, **40**, 36, **39**, 35, **39**, 35, **40**, 36, **42**, 38, **45**, 41, **49**, ...),

Os termos destacados em negrito formam a sentença das posições ímpares:

(45, 42, 40, 39, 39, 40, 42, 45, 49, __, __)

De forma que o elemento da posição 21 pertence a essa sequência por ser uma posição ímpar.

Agora observe para encontrar o próximo termo dessa sequência temos uma soma de números inteiros. Observe:

45 + (–3) = 42
42 + (–2) = 40
40 + (–1) = 39
39 + 0 = 39
39 + 1 = 40
40 + 2 = 42
42 + 3 = 45
45 + 4 = 49
49 + 5 = 54
54 + 6 = 60
60 + 7 = 67
67 + 8 = 75
75 + 9 = 84

$$\left(\frac{45}{1^a}, \frac{42}{3^a}, \frac{40}{5^a}, \frac{39}{7^a}, \frac{39}{9^a}, \frac{40}{11^a}, \frac{42}{13^a}, \frac{45}{15^a}, \frac{49}{17^a}, \frac{54}{19^a}, \frac{60}{21^a}, \frac{67}{23^a}, \frac{75}{25^a}\right)$$

Logo, a posição 21ª é ocupada pelo número 60.

A segunda sequência, de posições pares, também segue a mesma lógica da primeira, ou seja, uma soma de números inteiros:

(41, 38, 36, 35, 35, 36, 38, 41, ...)

Então temos:

41 + (–3) = 38
38 + (–2) = 36
36 + (–1) = 35
35 + 0 = 35
35 + 1 = 36
36 + 2 = 38
38 + 3 = 41
41 + 4 = 45
45 + 5 = 50
50 + 6 = 56
56 + 7 = 63
63 + 8 = 71

Com isso encontramos o número da 26ª posição:

$$\left(\frac{41}{2^a}, \frac{38}{4^a}, \frac{36}{6^a}, \frac{35}{8^a}, \frac{35}{10^a}, \frac{36}{12^a}, \frac{38}{14^a}, \frac{41}{16^a}, \frac{45}{18^a}, \frac{50}{20^a}, \frac{56}{22^a}, \frac{63}{24^a}, \frac{71}{26^a}\right)$$

Então reescrevendo a sequência temos:

(45, 41, 42, 38, 40, 36, 39, 35, 39, 35, 40, 36, 42, 38, 45, 41, 49, 45, 54, 50, 60, 56, 67, 63, 75, 71)

A questão pediu soma entre o elemento da posição 21 e o elemento da posição 26 é igual a soma de:

60 + 71 = 131

GABARITO LETRA E

---

159. (VUNESP – 2021 – Semae de Piracicaba-SP – Programador Junior) Considere as primeiras figuras de uma sequência:

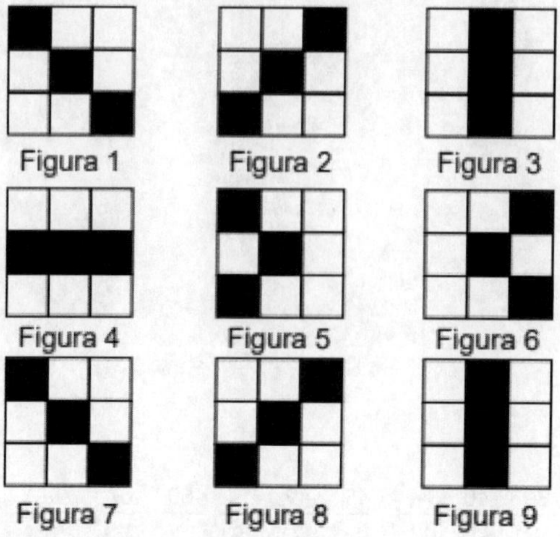

Nessa sequência de figuras, a figura 10 é igual à figura 4, a figura 11 é igual à figura 5, a figura 12 é igual à figura 6, e assim por diante. Dessa forma, a figura 521 será

A) 

B) 

C) 

D) 

E) 

COMENTÁRIO

Em uma questão de sequência de imagens primeiro precisamos verificar em qual momento essas imagens começam a se repetirem. Observe que a cada 6 imagens o padrão irá se repetir.

Ou seja, a figura 7 será igual a figura 1, a figura 8 igual a figura dois e assim por diante.

Então o melhor caminho é descobrir quantos grupos de 6 imagens eu consigo formar até chegar ao número 521. Então vamos dividir:

$521 \div 6 = 86$ *e resto* 5

Com isso podemos concluir que teremos 86 repetições completas e após isso aparecerá 5 figuras.

Então, na ordem, a quinta figura é :

GABARITO LETRA C

---

160. (VUNESP – 2021 – TJM-SP – Analista em Comunicação e Processamento de Dados Judiciário (Analista de Redes)) Considere a sequência 222, 244, 286, 348, 431, 445, 499, 593, 628, ... em que todos os seus elementos têm três algarismos. Considere agora uma segunda sequência, que tenha o mesmo padrão de formação da sequência anterior, de maneira que seu primeiro elemento seja 333 e que todos os seus elementos têm três algarismos. O número de elementos dessa nova sequência compreendidos entre 600 e 800 é

A. 2.

B. 3.

C. 4.

D. 5.

E. 6.

COMENTÁRIO

Primeiro precisamos perceber qual a lei de formação que gera os números dessa sequência.

Se subtrairmos os números poderemos ver que a diferença entre cada um deles é diferente.

Observe:

222, 244, 286, 348, 431, 445, 499, 593, 628, ...

$244 - 222 = 22$

$286 - 244 = 42$

$348 - 286 = 62$

$431 - 348 = 83$

$445 - 431 = 14$

E assim sucessivamente

Olhando para essas diferenças, podemos observar que elas são formadas pelo último algarismo, e o primeiro algarismo nessa ordem.

Por exemplo:

O número 286 : O último algarismo é 6 e o primeiro é 2. Então para encontrar o próximo número somamos $286 + 62 = 348$

Dessa mesma forma, para encontrar o próximo número basta somar $348 + 83 = 431$ e assim sucessivamente.

Agora escrevendo a próxima sequência em que o primeiro número é 333 temos:

$333 + 33 = 366$

$366 + 63 = 429$

$429 + 94 = 523$

$523 + 35 = 558$

$558 + 85 = 643$

$643 + 36 = 679$

$679 + 96 = 775$

$775 + 57 = 832$

Então temos o número de elementos dessa nova sequência compreendidos entre 600 e 800:

(333, 366, 429, 523, 558, **643**, **679**, **775**, 832)

3 elementos.

GABARITO LETRA B

---

161. (VUNESP – 2021 – TJM-SP – Técnico em Comunicação e Processamento de Dados Judiciário (Desenvolvedor)) Observando o padrão de formação da sequência 71, 102, 77, 107, 83, 112, 89, 117, ..., o número de elementos que estão entre 1 000 e 1 111 é

A. 41.
B. 42.
C. 43.
D. 44.
E. 45.

COMENTÁRIO

Novamente temos duas sequências entrelaçadas:

71, 102, 77, 107, 83, 112, 89, 117...

A sequência destacada em negrito possui razão igual a 6, ou seja, está aumentando de 6 em 6.

Para saber quantos elementos estão entre1 000 e 1 111 que pertença essa sequência vamos descobrir a posição que fica o primeiro número dessa sequência.

Dentre os múltiplos de 6 temos: 72, 78, 84, 90...

Observe que são sempre uma unidade maior que os números da sequência em destaque.

Com isso, sabendo que 1002 é divisível por 6, significa que 1001 está nessa sequência. Então temos os números compreendidos entre 1000 e 1111:

1001, 1007, 1013,..., 1109

Para encontrar o ultimo termo também utilizamos a mesma ideia. Sabendo que 1110 é divisível por 6, subtraímos um número e obtemos 1009.

Sabendo o primeiro termo e o último termo, utilizamos a fórmula geral do termo de uma PA para definir a quantidade de elementos:

$a_n = a_1 + (n - 1)r$

Onde:

a_n: é o termo na posição n

a_1: é o primeiro termo da sequência

n: a posição onde se encontra o termo

r: a razão da sequência

$1109 = 1001 + (n - 1)6$

$108 = 6n - 6$

$6n = 114$

$n = 19$

A segunda sequência é dada por uma razão igual a 5:

71, 102, 77, 107, 83, 112, 89, 117...

Usando o mesmo raciocínio da sequência anterior, encontramos o primeiro e o último número.

Observe que os números da sequência são sempre duas unidades maiores que os múltiplos de 5. Desta forma, o primeiro elemento depois de 1000 será 1002 e o último elemento será 1107.

(1002, 1007, ..., 1107)

$a_n = a_1 + (n - 1)r$

$1107 = 1002 + (n - 1)5$

$105 = 5n - 5$

$110 = 5n$

$n = 22$

Então, juntando a quantidade de elementos nas duas sequências temos:

$19 + 22 = 41$ *elementos*

GABARITO LETRA A

---

162. (VUNESP – 2020 – Prefeitura de Ilhabela-SP – Analista – Tecnologia da Informação e Comunicação) A sequência a seguir foi criada com um padrão.

1, 3, 1, 1, 6, 1, 1, 1, 9, 1, 1, 1, 1, 12, 1, ...

O número 27 faz parte dessa sequência e ocupa a posição de número

A. 44.
B. 47.
C. 51.
D. 54.
E. 58.

COMENTÁRIO

Como é possível ver, a banca VUNESP gosta muito de trabalhar sequências entrelaçadas.

Novamente aqui é uma questão desse tipo, onde existe uma sequência de números 1 intercalados com múltiplos de 3.

Observe que a quantidade de 1 é a mesma que quando multiplicando por 3 aparecerá o próximo termo.

Exemplo:

$1(1 \times 3 = 3), 3, 1, 1, (2 \times 3 = 6), 6, 1, 1, 1, (3 \times 3 = 9), 9, 1, 1, 1, 1, (4 \times 3 = 12), 12, 1, \ldots$

E assim sucessivamente.

Com isso, conseguimos contar todos os números 1 que irão aparecer como:

$1 + 2 + 3 + 4 + 5 + 6 + 7 + 8 + 9 = 45$ vezes o número 1.

Os múltiplos de 3:

$3, 6, 9, 12, 15, 18, 21, 24, 27 = 9$ números

Logo, o número 27 ocupará a posição:

$45 + 9 = 54$

GABARITO LETRA D

---

163. (IBFC – 2020 – Prefeitura de Vinhedo-SP – Guarda Municipal) Dentre dez bolas idênticas numeradas de 1 a 10, a probabilidade de se sortear uma dessas bolas de forma que o número seja par ou maior que 3 é:

A. 60%
B. 70%
C. 50%
D. 80%

COMENTÁRIO

Como a questão busca a probabilidade devemos procurar sempre a quantidade de eventos possíveis e a quantidade de eventos favoráveis a situação.

Primeiro vamos procurar a quantidade de eventos possíveis.

São 10 bolas identificar, então durante o sorteio teremos 10 possibilidades possíveis.

Agora identificamos a quantidade de casos favoráveis. Observe que existe um OU entre as bolas: bola com o número par ou maior que 3.

O "ou" traz uma ideia de SOMA entre as chances.

1º. Bolas maiores que 3 são: (4, 5, 6, 7, 8, 9 e 10), ou seja, 7 bolas.

2º Bolas pares: (2, 4, 6, 8,10). Porém observe que já contabilizamos as bolas 4, 6, 8 e 10, então não podemos contar essas bolas duas vezes. Nesse caso, somamos apenas 1 bola, a bola 2.

Casos favoráveis: 7 + 1 = 8

Logo a probabilidade será:

$$\frac{8}{100} = 0,8 \rightarrow 80\%$$

GABARITO: LETRA D.

---

164. (IDECAN - 2020 - IF-RR - Assistente Administrativo) De acordo com a sequência alfanumérica a seguir, assinale a alternativa que representa corretamente o termo da posição 129.

B R A S I L 2 0 1 9 B R A S I L 2 0 1 9 B R A S I L 2 0 1 9 B R A S I L 2 0 1 9...

A. é um número par

B. é uma vogal

C. é uma consoante

D. é o número zero

E. é um número ímpar

COMENTÁRIO

Observe que existe uma sequência que se repete infinitamente e é dada por:

B R A S I L 2 0 1 9 = 10 elementos

Ou seja, a cada 10 elementos inicia-se uma nova sequência.

Como a questão pede o termo da posição 129, vamos dividir esse número por dez para saber quantas sequências completas temos.

$129 \div 10 = 12$ *e resto* 9

Então, temos 12 sequências completas e 9 elementos da próxima sequência:

B R A S I L 2 0 **1**

Desta forma, o número 1 é o número da 129ª posição, portanto, um número ímpar.

GABARITO: LETRA E.

---

165. (IBFC - 2020 - EBSERH - Farmacêutico) Considerando o conjunto de números inteiros de três algarismos, analise as afirmativas abaixo.

I. Existem 56 números menores que 800, terminados em 0 e cujo algarismo da dezena é menor ou igual a 7.

II. Existem 90 números pares, maiores que 350 cujo algarismo da dezena é igual a 2, 5 ou 9. III. Existem 500 números cujo algarismo da centena é ímpar ou algarismo da dezena é ímpar.

Assinale a alternativa correta.

A. A primeira afirmação é verdadeira

B. A terceira afirmação é verdadeira

C. A primeira e a segunda afirmação são verdadeiras

D. A segunda e a terceira afirmações são verdadeiras

E. A segunda afirmação é verdadeira

COMENTÁRIO

Vamos verificar a veracidade de cada alternativa para marcarmos a resposta correta.

I. Existem 56 números menores que 800, terminados em 0 e cujo algarismo da dezena é menor ou igual a 7.

Existem três casos que precisamos nos preocupar: unidade, dezena e centena

Unidade

$\blacksquare \times \blacksquare \times \underline{1}$ = só pode terminar com 0, então temos uma única possibilidade.

Centena:

Observe que para a casa da dezenas temos 8 possibilidade (0,1, 2, 3, 4, 5, 6, 7)

$\blacksquare \times \underline{8} \times \underline{1} = 8$

Dezena:

Números entre 100 e 799:

Temos então 7 possibilidades.

Logo,

$\underline{7} \times 8 \times \underline{1} = 56$

Item correto.

II. Existem 90 números pares, maiores que 350 cujo algarismo da dezena é igual a 2, 5 ou 9.

O conjunto de números que vamos analisar vai de 351 até 999

Com a centena igual a 3, para a casa das dezenas só poderemos ter o 5 ou o 9, então temos apenas duas opções.

Para ser um número par deverá terminar em 0, 2, 4, 6 ou 8.(5 possibilidades)

Então temos:

$\frac{3}{\blacksquare}\ \frac{-}{2} \times \frac{-}{5} = 2 \times 5 \rightarrow 10\ \textit{números}$, porém devemos tirar o número 350, então sobrará 9 números.

Agora, para os números de 400 a 999 teremos:

$$\frac{-}{6}\ \frac{-}{3} \times \frac{-}{5} = 6 \times 3 \times 5 \rightarrow 90\ \textit{números}$$

Logo, serão $9 + 90 = 99$ números.

Item falso.

III. Existem 500 números cujo algarismo da centena é ímpar ou algarismo da dezena é ímpar.

A palavra "ou" informa que é necessário somar as possibilidades.

Algarismo da centena é ímpar: Temos as opções para a centena (1, 3, 5, 7 e 9)

$\underline{5} \times \underline{10} \times \underline{10} = 500\ \textit{números}$

Só aqui já temos 500 números e olha que nem acrescentamos os números que a centena seja par e a dezena ímpar.

Então já podemos marcar o item como errado.

Então, apenas a afirmação I é verdadeira.

GABARITO: LETRA A.

---

166. (VUNESP – 2020 – Prefeitura de Sorocaba-SP – Inspetor de Alunos) Para enfeitar uma sala de aula, os alunos confeccionaram bandeirinhas, usando somente papéis nas cores azul e laranja. Essas bandeirinhas foram coladas em um fio de barbante, obedecendo sempre à seguinte ordem: 5 bandeirinhas azuis (A), seguidas de duas bandeirinhas laranja (L), conforme mostra a figura

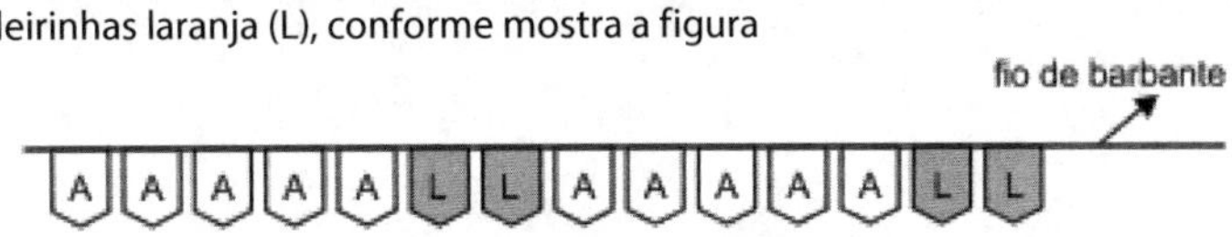

Figura fora de escala

Sabendo que nesse fio de barbante foram coladas 56 bandeirinhas, o número de bandeirinhas de cor laranja foi

A. 16.

B. 14.

C. 12.
D. 10.
E. 8.

COMENTÁRIO

Para resolver essa questão de maneira fácil basta verificar que podemos separar em grupos de 7 bandeirinhas onde sempre 5 serão azuis e 2 serão laranjas.

Como foram colocadas 56 bandeirinhas basta dividir essa quantidade por 7:

$56 \div 7 = 8$

Ou seja, temos 8 grupos de 7 bandeirinhas. Como duas sempre serão laranjas:

$8 \times 2 = 16$ *bandeirinhas laranjas.*

GABARITO: LETRA A.

---

167. (VUNESP – 2020 – Prefeitura de Ferraz de Vasconcelos-SP – Guarda Municipal) Considere que a soma dos algarismos do número 9357 seja igual a 9 + 3 + 5 + 7 = 24. Sendo assim, a soma dos algarismos do próximo elemento da sequência numérica 32, 128, 512, 2048, 8192, ..., é igual a

A. 26.
B. 28.
C. 30.
D. 22.
E. 34.

COMENTÁRIO

Vamos procurar a regularidade na sequência:

32, 128, 512, 2048, 8192, ...

Observe que o número subsequente é sempre o quadruplo do número anterior.

Como isso podemos concluir que a sequência numérica é uma progressão geométrica com razão igual a 4.

Observe que é possível identificar o próximo número multiplicando o número 8192 por 4:

$8192 \times 4 = 32768$

Agora basta somar os algarismos desse número:

$3 + 2 + 7 + 6 + 8 = 26$

GABARITO: LETRA A.

---

168. (VUNESP – 2020 – FITO – Técnico em Gestão – Informática) Considere a sequência de números naturais: (30, 35, 45, 60, 80, 105, 135, . . .).

A diferença entre o 14º e o 11º termos dessa sequência é

A. 165.
B. 170.
C. 175.
D. 180.
E. 185.

COMENTÁRIO

Como já discutimos anteriormente, em busca da lei de formação dessa sequência, vamos calcular a diferença entre os termos:

$35 - 30 = 5$

$45 - 35 = 15$

$60 - 45 = 15$

80 – 60 = 20

105 – 80 = 25

135 – 105 = 30

Observe que a diferença entre os termos vai sempre aumentando de 5 em 5 unidades. Então para encontrar os próximos termos vamos somar primeiro 35, depois 40, depois 45, e assim sucessivamente.

135 + 35 = 170

170 + 40 = 210

210 + 45 = 255

255 + 50 = 305

305 + 55 = 360

360 + 60 = 420

420 + 65 = 485

Reescrevendo a sequência até o 14º termo:

(30, 35, 45, 60, 80, 105, 135, 170, 210, 255, 305, 360, 420, 485 . . .).

Logo, a diferença entre o 14º e o 11º termos dessa sequência é:

485 – 305 = 180

GABARITO: LETRA D.

---

169. (IBFC/CBM-BA/Soldado/2020) Considere dois conjuntos A e B, tais que A = {1, 2, 4, 5, 6, 10} e B = {3, 4, 5, 6, 8, 10}. Assinale a alternativa que apresenta corretamente os conjuntos A∩B e A-B, respectivamente.

a) {4, 5, 6, 10} e {1, 2}

b) {1, 2} e {-2, -2, -1, -1, -2,0}

c) {4, 5, 6, 10} e {1, 2, 3, 8}

d) {1, 2, 3, 4, 5, 6, 8, 10} e {1, 2}

e) {4, 5, 6, 10} e {-2, -2, -1, -1, -2,0}

COMENTÁRIO

Na teoria dos conjuntos, o símbolo "∩" representa a interseção dos conjuntos, ou seja, os elementos que esses conjuntos possuem em comum.

Logo: $A \cap B = \{1, 2, 3, 4, 5, 6, 7, 8, 9, 10\} \cap \{3, 4, 5, 6, 8, 10\} = \{4, 5, 6, 10\}$

Agora calculando a diferença entre os conjuntos temos:

$A - B = \{1, 2, 3, 4, 5, 6, 10\} - \{3, 4, 5, 6, 8, 10\} = \{1, 2\}$

Resposta: A.

---

170. (FGV/IBGE/Coordenador Censitário Subárea/2020) Em certo município brasileiro o censo do ano de 2000 verificou que sua população tinha aumentado 15% na última década, e o censo de 2010 verificou que a população desse município tinha diminuído 10% na década anterior.

Nessas duas décadas analisadas pelos dois censos, a população desse município aumentou:

A. 3,5%;

B. 4,0%;

C. 4,5%;

D. 5,0%;

E. 5,5%.

COMENTÁRIO

Essa é uma questão de porcentagem, então vamos lembrar de algumas regrinhas que nos ajudam nos cálculos.

A porcentagem é representada pelo símbolo % e pode ser escrita na forma de uma fração centesimal, ou na sua forma decimal.

Exemplo: 4% = 4/100 = 0,04.

Quando estivermos falando de AUMENTO: Basta que somemos uma unidade a representação decimal da porcentagem e multiplicar.

Exemplo: aumento de 15% = × 1,15

Quando estivermos falando de DIMINUIÇÃO: Basta subtraímos de um a taxa decimal da porcentagem e depois multiplicamos.

Exemplo: diminuição de 10% = 1 – 0,10 = 0,90 → × 0,90

Com isso já podemos resolver a questão.

Observe que a questão só trabalha com taxas percentuais. Em questões como esta, para facilitar os cálculos, é viável que atribuímos alguns valores.

Como não foi dito quantos moradores tinha esse município, vamos supor que haviam 100 (o número 100 foi escolhido por ser um número fácil de trabalhar na porcentagem – 100% – porém você pode escolher o número que você quiser.)

Em 2000 verificou que sua população tinha aumentado 15% na última década.

Aumento de 15%: 100 × 1,15 = 115

Então a população passou a ser de 115 pessoas.

O censo de 2010 verificou que a população desse município tinha diminuído 10% na década anterior. Então vamos calcular DIMINUIÇÃO de 10% das 115 pessoas:

Diminuiu 10%: 115 × 0,90 = 103,5

Observe que inicialmente tínhamos 100 pessoas (100%), e passou a ser 103,5 (103,5%). Então podemos concluir que houve um aumento de 3,5%.

Resposta: A.

---

171. (FGV/IBGE/Coordenador Censitário Subárea/2020) José recebeu uma herança em dinheiro. Desse valor, a quinta parte foi utilizada para o pagamento do advogado e de impostos, e a terça parte do restante foi utilizada para o pagamento de dívidas.

A fração do total que restou foi:

A. 3/5;

B. 7/10;

C. 7/15;

D. 8/15;

E. 8/10.

COMENTÁRIO

Temos aqui uma questão com frações. O mais importante que precisamos saber sobre fações é que elas representam uma DIVISÃO em partes iguais.

Observe que não foi dado o valor que José recebeu de herança. Então vamos chamar esse valor de "*x*".

Desse valor, a quinta parte foi utilizada para o pagamento do advogado e de impostos, ou seja:

$\frac{1}{5}$ de x

Observe que o inteiro completo é representado por $\frac{5}{5}$. Como foi utilizado $\frac{1}{5}$, o restante foi igual a:

$$\frac{5}{5} - \frac{1}{5} - \frac{4}{5}$$

Então sobrou $\frac{4}{5}$ de x

A terça parte do restante foi utilizada para o pagamento de dívidas, ou seja $\frac{1}{3}$ dos $\frac{4}{5}$ de x.

Como queremos 1/3 "de" 4/5, a preposição "de" é vista como multiplicação. Assim, temos:

$$\frac{1}{3} \times \frac{4}{5} = \frac{4}{15}$$

Ou seja, foram gastos 4/15 com o pagamento de dívidas.

Desta forma, a fração do total que restou foi:

$$\frac{4}{5} - \frac{4}{15} =$$

Tiramos o mmc (mínimo múltiplo comum), devido os denominadores serem diferentes e termos uma operação de subtração

$$\begin{array}{cc|c} 5 & 15 & 3 \\ 5 & 5 & 5 \\ \hline 1 & 1 & 15 \end{array}$$

Agora, encontrando as frações equivalentes com os denominadores iguais teremos:

$$\frac{12}{15} - \frac{4}{15} = \frac{8}{15}$$

Resposta: D.

---

172. (FGV/IBGE/Coordenador Censitário Subárea/2020) Um imóvel comercial é composto por uma sala retangular, medindo 3m de largura e 6m de comprimento, e um banheiro, medindo 1,5m de largura e 2m de comprimento.

A área total do imóvel, em metros quadrados, é:

A. 12,5;
B. 16,5;
C. 18;
D. 21;
E. 36.

COMENTÁRIO

Temos aqui uma questão de geometria, o cálculo da área de retângulos.

Sabemos a área de um retângulo é calculada por:

Área = Comprimento x Largura

Então, vamos calcular primeiro a área da sala:

$A_{SALA} = 3m \times 6m$

$A_{SALA} = 18m^2$

E a área do banheiro será:

$A_{BANHEIRO} = 1{,}5m \times 2m$

$A_{BANHEIRO} = 1{,}5m \times 2m$

$A_{BANHEIRO} = 3m^2$

Para descobrir a área total, basta somar a área da sala com a área do banheiro. Assim teremos:

$A_{total} = 18m^2 + 3m^2$

$A_{total} = 21m^2$

Resposta: D.

173. (FGV/IBGE/Coordenador Censitário Subárea/2020) Um caminhão pesado leva cinco horas e meia para fazer o percurso entre as cidades A e B. De carro, leva-se apenas a terça parte desse tempo. O tempo de percurso de carro para ir da cidade A até a cidade B é de:

A. 1h45min;

B. 1h50min;

C. 1h55min;

D. 2h05min;

E. 2h10min.

COMENTÁRIO

Temos uma questão que trabalha a medida de tempo. Sabemos que o nosso sistema de medidas de tempo é um sistema sexagesimal, ou seja, de base 60.

1 hora = 60 minutos

1 minuto = 60 segundos

O caminhão leva 5 horas e 30 minutos.

Como cada hora é composta por 60 minutos, multiplicamos a quantidade de horas por 60. Transformando para minutos teríamos:

$5 \times 60 + 30 = 330 \textit{ minutos}$

De carro, leva-se apenas a terça parte, ou seja, dividimos esse tempo por 3:

$330 \div 3 = 110 \textit{ minutos}$

Observe que 110 minutos pode ser escrito como:

$60 + 50$

Como sabemos que uma hora é igual a 60 minutos temos: 1hora e 50 minutos

Resposta: B.

---

174. (CESPE-CEBRASPE/TJ-PA/Analista Judiciário/Análise de Sistema/Desenvolvimento/2020) No dia 1.º de janeiro de 2019, uma nova secretaria foi criada em certo tribunal, a fim de receber todos os processos a serem protocolados nessa instituição. Durante o mês de janeiro de 2019, 10 processos foram protocolados nessa secretaria; a partir de então, a quantidade mensal de processos protocolados na secretaria durante esse ano formou uma progressão geométrica de razão igual a 2.

Nessa situação hipotética, a quantidade de processos protocolados nessa secretaria durante os meses de junho e julho de 2019 foi igual a

a) 320.

b) 480.

c) 640.

d) 960.

e) 1.270.

COMENTÁRIO

O item afirma que a sequência constitui uma progressão geométrica de razão igual a 2 e com o primeiro termo igual a 10.

Queremos saber a quantidade de processos protocolados no mês 6 e 7, logo, usaremos a fórmula do termo geral de uma P.G. para descobrir essa quantidade.

$a_n = a_1 \times q^{n-1}$

Vamos encontrar primeiramente a quantidade de processos no mês 6:

$a_n = 10 \times 2^{6-1} \rightarrow 10 \times 2^5 \rightarrow 10 \times 32 = 320$ processos.

Por consequente, vamos encontrar a quantidade de processos no mês7:

$a_n = 10 \times 2^{7-1} \rightarrow 10 \times 2^6 \rightarrow 10 \times 64 = 640$ processos.

Por fim, somamos a quantidade produzida nos dois meses: $320 + 640 = 960$ processos.

Resposta: D.

---

175. (IBADE/Prefeitura de Linhares-ES/Professor de Educação Básica II/Matemática/2020) Uma caixa com 0,4 dm de altura, cuja largura tem 4 dm a mais que o comprimento, possui um volume de 336 cm^3. A largura dessa caixa, em cm, é:

a) 52

b) 40

c) 38

d) 44

e) 42

COMENTÁRIO

Como a resposta está em centímetros cúbicos, vamos transformar as medidas dadas para cm:

$0{,}4dm = 4cm$

$4dm = 40cm$

O volume de um paralelepípedo é dado por $V = l \cdot c \cdot h$, onde l é a largura, c é o comprimento e h a altura.

Cabe destacar que a largura tem 40cm a mais que o comprimento "x". Logo:

$336 = x \cdot (x + 40) \cdot 4$

$336 = 4x^2 + 160x$

$4x^2 + 160x - 336 \rightarrow x^2 + 40x - 84$

Pela regra da soma e dos produtos:

Soma: $42 + (-2) = 40$

Produto: $42 \cdot (-2) = -84$

Então as raízes serão 42 e -2. Como não existe largura negativa, por ser uma medida, a largura será de 42cm.

Resposta: E.

---

176. (IBADE/Prefeitura de São Felipe D`Oeste-RO/Auxiliar de Serviços Diversos/2020) Um tabuleiro, inicialmente vazio, possui a forma de um paralelepípedo cuja base é um retângulo. O maior lado desse retângulo mede 15cm. Vitor está fazendo um bolo, e colocou nesse tabuleiro 900ml de massa que atingiu uma altura de 6cm em relação à base do tabuleiro. O perímetro da base desse tabuleiro é de:

a) 90cm

b) 60cm

c) 42cm

d) 150cm

e) 50cm

COMENTÁRIO

Essa é mais uma questão de geometria espacial. Sabemos que o volume de um paralelepípedo é dado por $V = l \cdot c \cdot h$, onde l é a largura, c é o comprimento e h a altura.

O maior lado desse retângulo mede 15cm, que será o nosso comprimento. Foi também informado que com o volume de 900ml atingiu uma altura de 6cm em relação a base. Então devemos transformar o volume de ml para cm^3.

$900ml = 900cm^3$

Logo, a largura será:

$900 = l \cdot 15 \cdot 6$

$90l = 900$

$l = 10cm$

Como a questão quer saber o perímetro da base, somamos todos os lados da base: $p = 2 \cdot 10 + 2 \cdot 15 \rightarrow p = 50cm$.

Resposta: E.

---

177. (Instituto Access/Câmara de Orizânia-MG/Auxiliar de Serviços Gerais/2020) A figura a seguir ilustra um aquário, em formato de paralelepípedo, com as seguintes medidas: 50 cm x 20 cm x 30 cm.

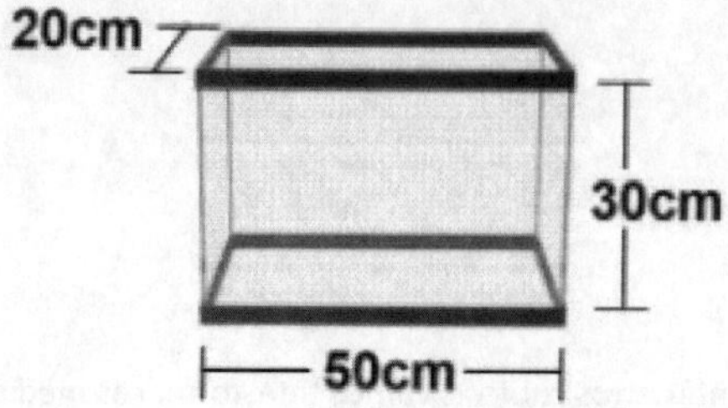

A capacidade (volume total), em cm^3, do aquário representado acima é de:

a) 10
b) 300
c) 1000
d) 3000
e) 30000

COMENTÁRIO

Sabemos que o volume de um paralelepípedo é dado por $V = l \cdot c \cdot h$, onde l é a largura, c é o comprimento e h a altura. Desta forma, o volume será:

$V = 20cm \cdot 50cm \cdot 30cm$

$V = 30.000cm^3$

Logo, o volume será de $30.000cm^3$

Resposta: E.

---

178. (IDESUL/Prefeitura de Lima Duarte-MG/Engenheiro Civil/2020) Felício comprou 90 reais de biscoitos. Alguns custaram 12 reais e outros 15 reais. Pelo menos um pacote de biscoitos foi de 15 reais. Assim, o máximo de biscoitos ao preço de 12 reais que Felício comprou foi:

A) 2
B) 3
C) 4
D) 5

COMENTÁRIO

Observe que a questão diz que pelo menos um pacote de biscoito foi 15 reais, isso quer dizer que pode ser um, dois ou mais pacotes.

Se Felício tivesse comprado apenas um pacote de 15 reais, sobraria ainda 75 reais (90-15) que não é um valor múltiplo de 12.

Para resolver essa questão basta saber quais são os múltiplos de 12 e quais são os múltiplos de 15, de forma a encontrar uma par que somado dê 90 reais. Observe

M(12) = {12, 24, 36, 48, 60, 72, 84}

M(15) = {15, 30, 45, 60, 75, 90}

Ora, o par que tem como soma igual a 90 será 60 +30. Como 12x5=60, então o máximo de pacotes no valor de R$12,00 será de 5 unidades.

Resposta: D.

179. (IBADE/Prefeitura de São Felipe D`Oeste-RO/Auxiliar de Serviços Diversos/2020) Uma empresa fornece um estacionamento para seus funcionários que possui 50 vagas para carros e 20 para motos. Fábio chegou ao trabalho de moto às 9h e havia 64 veículos no estacionamento. Sabendo que havia um total de 222 pneus nos veículos estacionados, a quantidade de vagas disponíveis para carros e motos, respectivamente, que restará após Fábio estacionar seu veículo será de:

A) 47 e 17

B) 3 e 2

C) 47 e 18

D) 3 e 3

E) 4 e 2.

COMENTÁRIO

Essa é uma questão de sistemas de equações. Observe que existem dois tipos de veículos, carros que possuem 4 rodas e motos que possuem 2 rodas.

Vamos chamar de x a quantidade de carros e y a quantidade de motos. Então podemos montar o seguinte sistema:

$$\begin{cases} x + y = 64 \\ 4x + 2y = 222 \end{cases}$$

Isolando x na primeira equação termos:

$x = 64 - y$

Substituindo na segunda equação:

$4\,(64 - y) + 2y = 222$

$256 - 4y + 2y = 222$

$-2y = -34 \rightarrow y = 17$

Sabendo que y= 17, então substituímos em $x = 64 - y$

$x = 64 - 17 \rightarrow x = 47$

Ou seja, há 47 carros e 17 motos estacionados. Após Fábio estacionar sua moto, passarão a ter 18 motos estacionadas. Ora se são 50 vagas para carros e 20 vagas para motos, restará apenas 3 vagas disponíveis para carros, e 2 vagas disponíveis para motos.

Resposta: B.

180. (CESPE-CEBRASPE/Prefeitura de São Cristóvão-SE/Professor de Educação Básica/Matemática/2019) Julgue o item seguinte, referentes a geometria analítica, geometria plana e geometria espacial.

Em um sistema de coordenadas cartesianas ortogonais, o triângulo de vértices nos pontos de coordenadas A = (1, 0), B = (2, 3) e C = (-1, 1) é um triângulo retângulo.

COMENTÁRIO

Para resolver esta questão é preciso encontrar o tamanho de cada lado desse triangulo. Para isto, usaremos a formula utilizada para calcular a distância entre dois pontos:

$D_{A,B} = \sqrt{(x_b - x_a)^2 + (y_b - y_a)^2}$

Entre A e B: $D_{A,B} = \sqrt{(2 - 1)^2 + (3 - 0)^2} \rightarrow \sqrt{1 + 9} = \sqrt{10}$

Entre B e C: $D_{B,C} = \sqrt{(-1 - 2)^2 + (1 - 3)^2} \rightarrow \sqrt{9 + 4} = \sqrt{13}$

Entre C e A: $D_{C,A} = \sqrt{(-1 - 1)^2 + (1 - 0)^2} \rightarrow \sqrt{4 + 1} = \sqrt{5}$

Pelo teorema de Pitágoras, em um triangulo retângulo o maior lado ao quadrado deverá ser igual a soma dos quadrados dos menores lados.

Assim temos:

$(\sqrt{13})^2 = (\sqrt{10})^2 + (\sqrt{5})^2$

$13 = 10 + 5$

Como $13 \neq 15$ então o triângulo não pode ser um triângulo retângulo.

Resposta: Errado.

---

181. (CESPE-CEBRASPE/Prefeitura de São Cristóvão-SE/Professor de Educação Básica/Matemática/2019) Julgue o item seguinte, referentes a geometria analítica, geometria plana e geometria espacial

Se a área total de um cilindro circular reto de 3 cm de altura for igual ao triplo de sua área lateral, então o volume desse cilindro será inferior a 400 cm³.

COMENTÁRIO

Para resolver esta questão precisamos saber que para calcular a área total de um cilindro é dada pela soma de duas vezes a área da base com a área lateral:

$A_{total} = 2A_{base} + A_{lateral}$

Como a questão disse que a área total é igual ao triplo da área lateral temos=

$3A_L = 2A_B + A_L \rightarrow 2A_L = 2A_b \rightarrow A_L = A_b$

Ou seja,

Como $A_B = \pi \cdot r^2$ e $A_L = 2\pi \cdot r \cdot h$, temos:

$(\pi \cdot r^2) = (2\pi \cdot r \cdot h)$

$(\pi \cdot r^2) = (2\pi \cdot r \cdot 3)$

$(\pi \cdot r^2) = (6\pi \cdot r)$

$r = 6$

Para calcular o volume deste cilindro precisamos saber que o volume é igual a área da base vezes a altura:

$V = A_B \cdot h$

$v = 36\pi \cdot 3 \rightarrow 108\pi = 108 \cdot 3{,}14 = 339{,}12cm^3$

Como $399{,}12cm^3 < 400cm^3$, o item está correto.

Resposta: Certo.

---

182. (FUNDATEC/Prefeitura de Santo Augusto-RS/Técnico em Enfermagem/2020) Quanto mede 3/4 do comprimento de um círculo cujo diâmetro é de 12 cm? (utilizar $\pi = 3{,}14$)

a) 37,68 cm.

b) 28,26 cm.

c) 19,63 cm.

d) 10,28 cm.

e) 3,14 cm.

COMENTÁRIO

Essa é uma questão de geometria plana que trabalha as propriedades da circunferência. O comprimento de uma circunferência é dada por $2\pi r$.

A questão informou que o diâmetro é 12cm. Ora, o diâmetro é igual a duas vezes o raio, logo o raio é igual a 6cm.

Com isso, calculamos: $comprimento = 2 \cdot 3{,}14 \cdot 6 = 37{,}68$ cm.

A questão procura saber quanto é 3/4 de 37,68. Logo:

$$\frac{3}{4} \cdot \frac{37{,}68}{1} = \frac{113{,}04}{4} = 28{,}26cm$$

Resposta: B.

---

183. (CESPE-CEBRASPE/Prefeitura de São Cristóvão-SE/Professor de Educação Básica/Matemática/2019) Julgue o item a seguir, relativo a sequências numéricas.

Situação hipotética: As margens de uma folha de papel retangular medem 21 cm × 29 cm. Cortando essa folha ao meio, pelo ponto médio da margem maior, obtêm-se duas folhas em que as margens medem 21 cm × 29/2 cm. Desprezando uma delas, a outra é denominada folha F1. Cortando F1 ao meio, pelo ponto médio da margem maior, obtêm-se duas folhas em que as margens medem 21/2 cm × 29/2 cm. Desprezando uma delas, a outra é denominada folha F2. Esse processo de divisão pode ser continuado sucessivamente. Assertiva: Nessa situação, a área da folha F6 será inferior a 9 cm^2.

COMENTÁRIO

Podemos inferir que se trata de uma progressão geométrica, pois a área da folha está sempre sendo dividida ao meio. Então temos uma razão igual a $q = \frac{1}{2}$

A área de um retângulo é dada por *base* × *altura*. Desta forma a primeira folha tem área igual a:

$A = 21 \times 29 = 609cm^2$

Logo, $a_1 = 609cm^2$

Então usaremos a fórmula do termo geral de uma P.G. para descobrir o F6 que será o sétimo termo dessa sequência.

$a_n = a_1 \cdot q^{n-1}$

$a_n = 609 \cdot \frac{1}{2}^{7-1}$

$a_n = 609 \cdot \frac{1}{2}^{6}$

$a_n = 609 \cdot \frac{1}{2}^{7-1}$

$a_n = 609 \cdot \frac{1}{64} \cong 9{,}51$

Ou seja, 9,51> 9, logo o item está errado.

Resposta: Errado.

---

184. (CESPE-CEBRASPE/Prefeitura de São Cristóvão-SE/Professor de Educação Básica/Matemática/2019) A respeito da trigonometria do triângulo retângulo e das funções trigonométricas, julgue os itens que se seguem.

Se em um triângulo qualquer os comprimentos de todos os lados forem números racionais, então os cossenos de todos os ângulos internos desse triângulo serão também números racionais.

COMENTÁRIO

Nesta questão precisamos saber que cosseno é igual a seno dividido pela hipotenusa. Como número racionais são aqueles que podem ser escritos em formato de fração, sempre teremos frações em todos os ângulos internos.

Resposta: Certo.

---

185. (CESPE-CEBRASPE/Prefeitura de São Cristóvão-SE/Professor de Educação Básica/Matemática/2019) A respeito da trigonometria do triângulo retângulo e das funções trigonométricas, julgue os itens que se seguem.

Situação hipotética: Um poste vertical mede h m de altura. A extremidade superior do poste, ponto C, é atingida por um laser localizado em um ponto A, a 2,4 m do poste e a 1,6 m do solo. Considerando o ponto B sobre o poste de forma que o triângulo ABC seja retângulo em B, o ângulo α = CAB é tal que tgα = 17/12. A figura a seguir ilustra a situação apresentada. **Assertiva:** Nesse caso, o poste mede mais de 6 m de altura.

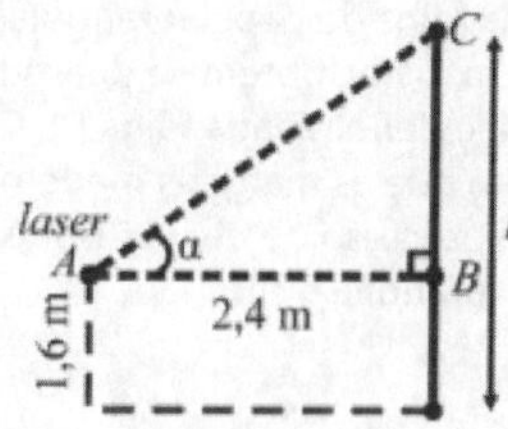

COMENTÁRIO

Em relação a trigonometria do triângulo retângulo, sabemos que tangente de um ângulo será igual ao cateto oposto sobre o cateto adjacente

Então vamos chamar o lado BC de "x":

$$\frac{x}{2,4} = \frac{17}{12}$$

$12x = 40,8$

$x = 3,4$

Então temos que BC é igual a 3,4m. agora somamos com a altura em que está o laser: 1,6m+3,4m= 5m

Resposta: Errado.

---

186. (CESPE-CEBRASPE/Prefeitura de São Cristóvão-SE/Professor de Educação Básica/Matemática/2019) A respeito da trigonometria do triângulo retângulo e das funções trigonométricas, julgue os itens que se seguem.

Se em um triângulo qualquer os comprimentos de todos os lados forem números racionais, então os cossenos de todos os ângulos internos desse triângulo serão também números racionais.

COMENTÁRIO

Em relação a trigonometria do triângulo retângulo, sabemos que o cosseno de um ângulo é sempre dado como cateto adjacente sobre a hipotenusa.

Sabendo que os números racionais são aqueles que podem ser escritos em forma de fração, sempre teremos neste caso um número racional no numerador e um número racional no denominador.

Resposta: Certo.

---

187. (CESPE/TJ-PR/Técnico Judiciário/2019) O carpinteiro José cortou um retângulo de madeira medindo 80 cm de comprimento por 60 cm de largura. Ele precisa cortar outro retângulo, com a mesma área do primeiro, mas com comprimento um quarto maior que o daquele outro.

Desse modo, em relação à largura do primeiro retângulo, a largura do segundo deverá

A) Diminuir um terço.

B) Diminuir um quinto.

C) Aumentar três vezes.

D) Aumentar um quinze avos.

E) Aumentar trinta e seis quinze avos.

COMENTÁRIO

O item disse que o comprimento deverá ser um quarto maior que o anterior, ou seja, $\frac{1}{4} = 0,25$ então deverá ser 25% maior.

Como o primeiro retângulo tem 80 cm de comprimento, o segundo terá $80 \times 1,25 = 100$CM

A questão diz que a área deverá ser a mesma, desta forma será necessário calcular primeiro a área do primeiro retângulo:

$A_1 = 80 \times 60 = 4.800cm^2$

Então A_2 deverá também ter $4.800cm^2$, logo:

$A_2 = 100 \times l$

$4.800 = 100 \times l$

$l = 48cm$

Então deverá diminuir 60 – 48 = 12 cm, e isso representa um quinto da largura inicial.

Resposta: B.

---

188. (CESPE/SEFAZ-RS/Auditor Fiscal da Receita Estadual-Bloco I/2019)

Texto 1A10-II

O relógio analógico de Audir danificou-se exatamente à zero hora (meia-noite) de certo dia, e o ponteiro dos minutos passou a girar no sentido anti-horário, mas com a mesma velocidade que tinha antes do defeito. O ponteiro das horas permaneceu funcionando normalmente, girando no sentido horário.

Considerando as informações do texto 1A10-II, assinale a opção que apresenta a relação entre os arcos x e y percorridos, respectivamente, pelos ponteiros dos minutos e das horas do relógio de Audir entre duas sobreposições consecutivas.

A) $x - y = 90°$

B) $x - y = 180°$

C) $x + y = 180°$

D) $x + y = 360°$

E) $x = y$

COMENTÁRIO

Observe que o texto disse que os dois ponteiros se iniciam no número 12, o ponteiro dos minutos anda no sentido anti-horário e o ponteiro das horas no sentido horário. Para se encontrarem novamente deverão ter andado juntos um arco de 360°, sabendo que a circunferência possui 360°.

Logo, $x + y = 360$.

Resposta: D.

---

189. (CESPE/SEFAZ-RS/Auditor Fiscal da Receita Estadual-Bloco I/2019) Os quadrados A, B e C foram colocados lado a lado, de modo que uma reta contém os três vértices superiores, como mostra a figura a seguir.

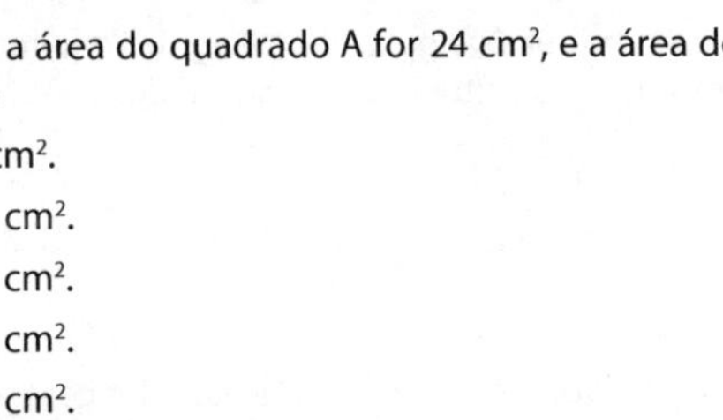

Se a área do quadrado A for 24 cm^2, e a área do quadrado C for 6 cm^2, então a área do quadrado B será igual a

A) 9 cm^2.

B) 10 cm^2.

C) 12 cm^2.

D) 15 cm^2.

E) 18 cm^2.

COMENTÁRIO

Essa questão pode ser resolvida utilizando a semelhança de triângulos. Observe que a reta forma com os lados dos quadrados triângulos retângulos que são semelhantes.

Desta forma, observe que o lado de A menos o lado de B está para B, assim como o lado de B menos o lado de C está para o lado C.

Para descobrir o lado de A, precisamos saber que a área de um quadrado é L^2.

Ou seja, $24 = l(a)^2$, logo $l(a) = \sqrt{24}$

Para descobrir o lado de C teremos:

$6 = \sqrt{(c)^2}$, logo $c = \sqrt{6}$

Com isso, resolvemos a proporção:

$$\frac{\sqrt{24} - l(b)}{l(b)} = \frac{l(b) - \sqrt{6}}{\sqrt{6}}$$

$\sqrt{6} \times [\sqrt{24} - l(b)] = l(b) \times [l(b) - \sqrt{6}]$

$\sqrt{144} - l(b)\sqrt{6} = l(b)^2 - l(b)\sqrt{6}$

$12 = l(b)^2$

$l(b) = \sqrt{12}$

Como o lado de B é igual a $\sqrt{12}$, sua área será: $\sqrt{12} \times \sqrt{12} = 12$

Resposta: C.

---

190. (CESPE-CEBRASPE/Prefeitura de São Cristóvão-SE/Professor de Educação Básica/Matemática/2019) Julgue o item seguinte, referentes a geometria analítica, geometria plana e geometria espacial

Se a área total de um cilindro circular reto de 3 cm de altura for igual ao triplo de sua área lateral, então o volume desse cilindro será inferior a 400 cm³.

COMENTÁRIO

Como mencionado, a área total será igual ao triplo da área lateral. Sabendo que área total é:

$A_{total} = 2 \cdot A_{base} + A_{lateral}$

então podemos ver que $A_{base} = A_{lateral}$

$\pi r^2 = 2\pi rh$

$\pi r^2 = 2\pi r3$

$r = 6$

Logo, o volume será: $V = A_{base} \times h$

$V = 3{,}14 \times 6^2 \times 3 = 339{,}12cm^3$

Como 339,12 é inferior a 400, o item está correto.

Resposta: Certo.

---

191. (CESPE-CEBRASPE/Prefeitura de São Cristóvão-SE/Professor de Educação Básica/Matemática/2019) Julgue o item seguinte, referentes a geometria analítica, geometria plana e geometria espacial.

Situação hipotética: As faces laterais de uma pirâmide regular quadrangular são triângulos equiláteros, e todas as arestas da pirâmide medem L cm. **Assertiva:** Nessa situação, a altura da pirâmide é igual a

$\frac{L}{\sqrt{2}}$cm.

COMENTÁRIO

Triângulos equiláteros são triângulos que possuem todos os lados congruentes, ou seja, lados com mesmo tamanho. Vamos chamar de l o lado desses triângulos, que por consequente será o mesmo tamanho do lado do quadrado.

Vamos considerar a metade da diagonal do quadrado da base para encontrar a altura da pirâmide usando o teorema de Pitágoras. Sabemos que a diagonal do quadrado é dada por $l\sqrt{2}$, logo a metade dessa diagonal será $\frac{l\sqrt{2}}{2}$.

Então, para encontrar a altura da pirâmide, aplicamos o teorema de Pitágoras:

$$l^2 = \left(\frac{l\sqrt{2}}{2}\right)^2 + h^2$$

$$h^2 = l^2 - \frac{2l^2}{4}$$

$$h^2 = \frac{l^2}{2} \rightarrow h = \frac{l}{\sqrt{2}}$$

Logo, a altura dessa pirâmide será iguala $\frac{l}{\sqrt{2}}$

Resposta: Certo.

---

192. (CEBRASPE-CESPE/Policial Rodoviário Federal/2019) As figuras seguintes ilustram a vista frontal e a vista da esquerda de um sólido que foi formado empilhando-se cubos de mesmo tamanho.

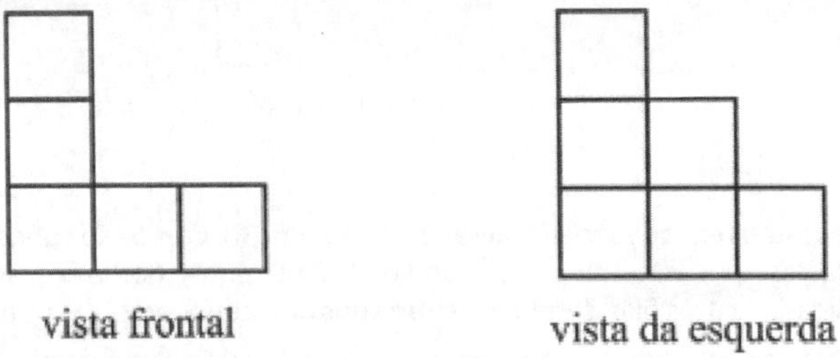

A partir das figuras precedentes, julgue o item a seguir, com relação à possibilidade de a figura representar uma vista superior do referido sólido.

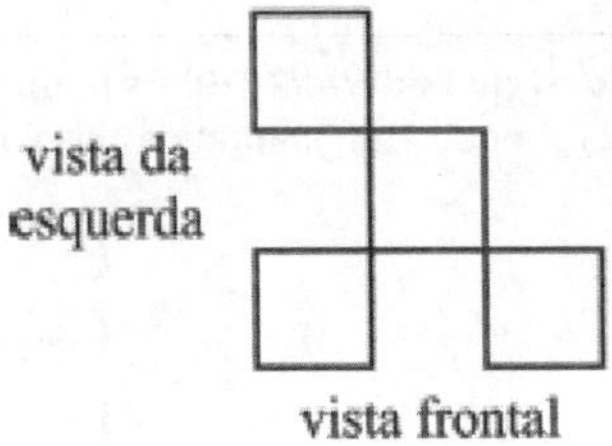

COMENTÁRIO

Para resolver essa questão tem que saber analisar desenhos em 3D. Como são cubos, observe que na vista frontal os três cubos da base podem estar em profundidades diferentes. Como o desenho sugere, existe sim a possibilidade de dois cubos a frente e um ao centro.

Na vista da esquerda também pode ocorrer a ideia de profundidade, porém na imagem acima está em desacordo com a imagem frontal, pois o segundo cubo que está no centro do lado esquerdo da figura existe, e a na imagem sugerida este cubo está em falta. Logo, a imagem não é uma possibilidade de representação da figura.

Resposta: Errado.

---

193. (CEBRASPE-CESPE/Policial Rodoviário Federal/2019) As figuras seguintes ilustram a vista frontal e a vista da esquerda de um sólido que foi formado empilhando-se cubos de mesmo tamanho.

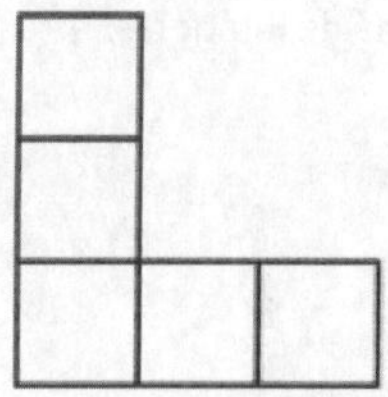

vista frontal

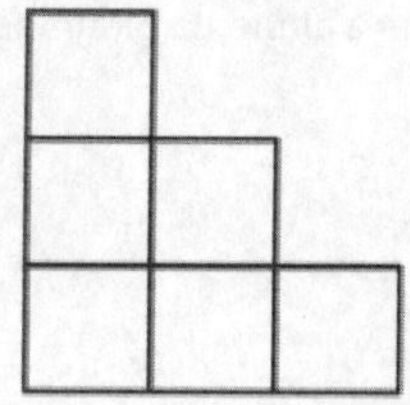

vista da esquerda

A partir das figuras precedentes, julgue o item a seguir, com relação à possibilidade de a figura representar uma vista superior do referido sólido.

vista da esquerda

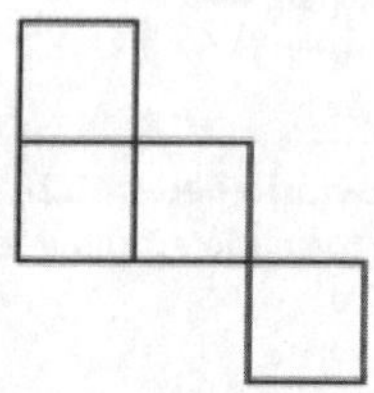

vista frontal

COMENTÁRIO

Para resolver essa questão tem que saber analisar desenhos em 3D. Como são cubos, observe que na vista frontal os três cubos da base podem estar em profundidades diferentes. Como o desenho sugere, na visão frontal existe a possibilidade de três filas, sendo um cubo atrás dois cubos ao centro e um cubo a frente.

Na vista da esquerda também pode ocorrer a ideia de profundidade, onde é possível que exista três cubos empilhados no ponto mais alto do desenho. Logo a imagem é uma possibilidade de representação da figura.

Resposta: Certo.

---

194. (CEBRASPE-CESPE/Policial Rodoviário Federal/2019) As figuras seguintes ilustram a vista frontal e a vista da esquerda de um sólido que foi formado empilhando-se cubos de mesmo tamanho.

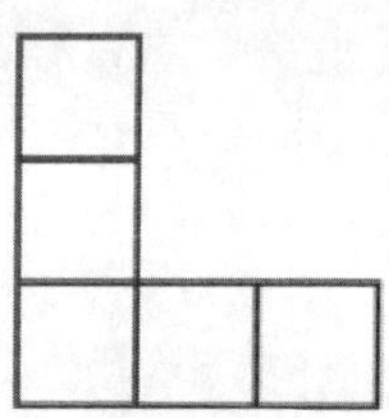

vista frontal

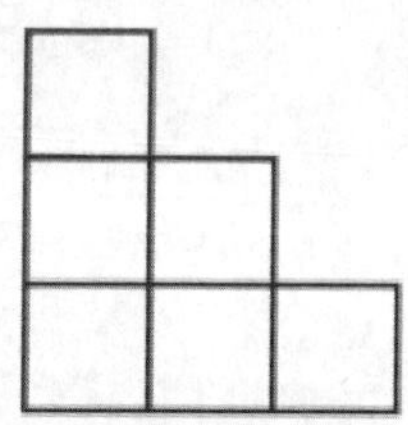

vista da esquerda

A partir das figuras precedentes, julgue o item a seguir, com relação à possibilidade de a figura representar uma vista superior do referido sólido.

vista da esquerda

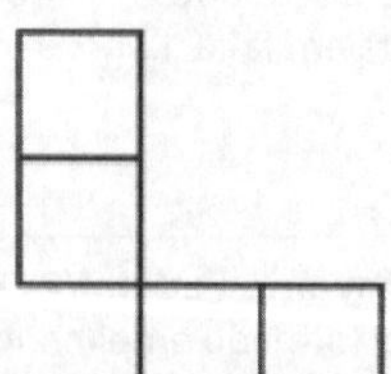

vista frontal

COMENTÁRIO

Para resolver essa questão é necessário utilizar a ideia de desenhos em 3D. Como são cubos, observe que na vista frontal os três cubos da base podem estar em profundidades diferentes. Como o desenho sugere, na visão frontal existe a possibilidade de um desenho no formato de um "L".

Na vista da esquerda também pode ocorrer a ideia de profundidade, onde é possível que exista três cubos empilhados no ponto mais alto do desenho e dois cubos na segunda linha. Logo a imagem é uma possibilidade de representação da figura.

Resposta: Certo.

---

195. (CEBRASPE-CESPE/SEFAZ RS/Auditor-Fiscal da Receita Estadual/2019) João pretende completar as casas de um tabuleiro 3×3, utilizando as letras A, B ou C. Cada casa é formada por um quadrado, conforme apresentado na figura a seguir.

A	B	
C		
		■

Para completar o tabuleiro, preenchendo cada casa com apenas uma dessas letras, de modo que casas com lados adjacentes não sejam preenchidas com a mesma letra, João deverá escrever na casa destacada na figura

a) somente a letra A.

b) somente a letra B.

c) somente a letra C.

d) somente a letra B ou a letra C.

e) qualquer uma das letras A, B ou C.

COMENTÁRIO

Para resolver esta questão é preciso saber que lado adjacente significa um ao lado do outro. Assim são as possibilidades de preenchimento:

A	B	A
C	A	B
A	B	C

OU

A	B	C
C	A	B
B	C	A

OU

A	B	A
C	A	C
A	C	B

Com isso, já podemos ver que qualquer uma das letras poderá substituir o espaço destacado.

Resposta: E.

196. (CEBRASPE-CESPE/TJ-PR/Técnico Judiciário/2019) O protocolo de determinado tribunal associa, a cada dia, a ordem de chegada dos processos aos termos de uma progressão aritmética de razão 2: a cada dia, o primeiro processo que chega recebe o número 3, o segundo, o número 5, e assim sucessivamente. Se, em determinado dia, o último processo que chegou ao protocolo recebeu o número 69, então, nesse dia, foram protocolados

a) 23 processos.
b) 33 processos.
c) 34 processos.
d) 66 processos.
e) 67 processos.

COMENTÁRIO

Uma das principais sequências numéricas que acontecem em provas de concursos públicos é a progressão aritmética, logo é importante saber as suas relações: termo geral da PA e Soma dos termos de uma PA.

O termo geral da PA é dado por:

$a_n = a_1 + (n - 1) \times r$

Onde:

a_1 é o primeiro termo, a_n o enésimo termo, r é a razão da PA, e n é o índice do termo que procuramos.

No caso em questão, considera-se $a_1 = 3$ e tem-se que $r = 2$

Sabe-se que, o $a_n = 69$ desta forma queremos encontrar o valor de n.

$69 = 3 + (n - 1) \times 2$

$69 = 3 + 2n - 2$

$2n = 69 - 1$

$n = 34$

Então neste dia foram protocolados 34 processos.

Resposta: C.

197. (FGV/MPE-RJ/Analista do Ministério Público-Administrativa/2019) A uma velocidade média de 80 km/h percorre-se uma certa distância em 3 horas e 15 minutos.

A uma velocidade média de 60 km/h, a mesma distância é percorrida em:

A. 2 horas e 54 minutos;
B. 3 horas e 45 minutos;
C. 4 horas e 20 minutos;
D. 4 horas e 30 minutos;
E. 4 horas e 45 minutos.

COMENTÁRIO

Essa é uma questão que trabalha proporções. A questão trabalha a ideia de grandezas inversamente proporcionais.

As grandezas são ditas como inversamente proporcionais quando uma delas aumenta e a outra necessariamente diminui, ou o oposto.

Observe que conforme for maior a velocidade, menor será o tempo e vice e versa.

Vamos transformar todo o tempo em minutos:

A uma velocidade média de 80 km/h percorre-se uma certa distância em 3 horas e 15 minutos.

$3 \times 60 + 15 = 195$ minutos.

Então calculamos uma regra de três inversamente proporcional (multiplica de forma linear):

Velocidade--------------------minutos

80---------------------------------195

60----------------------------------x

$60x = 80 \times 195$

$x = \frac{15600}{60}$

$x = 260$ minutos

Então, transformando para horas temos:

$260 \div 60 = 4$ *e resto* 20

Ou seja, 4horas e 20 minutos.

Resposta: C.

---

198. (FGV/MPE-RJ/Analista do Ministério Público-Administrativa/2019) Dois quilos de A mais um quilo de B custam R$ 7,40. Três quilos de B mais um quilo de A custam R$ 11,70.

Pode-se concluir que um quilo de A mais um quilo de B custam:

A. R$ 5,30;

B. R$ 5,60;

C. R$ 5,75;

D. R$ 5,90;

E. R$ 6,10.

COMENTÁRIO

Temos aqui uma questão de sistema de equações do 1º grau. Em questões como essa o mais importante é a interpretação do problema para poder "montar" de forma correta as equações.

Observe que existem duas incógnitas a serem descobertas, o preço do quilo de A e o preço do quilo de B, então como são duas incógnitas, deveremos encontrar duas equações para relaciona-las.

Então vamos chamar de:

a = o preço do quilo de A

b = o preço do quilo de B.

Então vamos escrever as equações mencionadas:

Dois quilos de A mais um quilo de B custam R$ 7,40

$2a + b = 7{,}40$

Três quilos de B mais um quilo de A custam R$ 11,70.

$3b + a = 11{,}70$

Existem dois métodos bastante conhecidos para a resolução de sistema de equações.

O primeiro método é chamado de **método da substituição**, que consiste em isolar uma incógnita em uma equação e substitui-la na outra equação.

O segundo método é chamado de **método da adição,** que consiste em somar as duas equações de forma a zeras uma das incógnitas para descobrir o valor da outra incógnita a partir de uma nova equação.

Vale ressaltar que independentemente do método que for escolhido o resultado sempre será o mesmo.

Vamos resolver pelo método da substituição. Vamos isolar em *i)* a incógnita *b* e depois substituir na equação *ii).*

$2a + b = 7{,}40$

$b = 7{,}40 - 2a$

Substituindo:

$3b + a = 11{,}70$

$3(7{,}40 - 2a) + a = 11{,}70$

$22,20 - 6a + a = 11,70$

$-5a = 11,70 - 22,20$

$-5a = 10,50$

$a = \frac{10,50}{5}$

$a = 2,10$

Sabendo o valor do quilo de A, vamos substituir em uma das equações para encontrar o valor de b.

$2a + b = 7,40$

$2(2,10) + b = 7,40$

$4,20 + b = 7,40$

$b = 7,40 - 4,20$

$b = 3,20$

Logo, pode-se concluir que um quilo de A mais um quilo de B custam:

$a + b \to 2,10 + 3,20 = 5,30$

Resposta: A.

---

199. (FGV/Prefeitura de Angra dos Reis-RJ/2019) Uma folha de papel retangular com largura de 24 cm e comprimento de 30 cm foi toda dividida em quadrados de lados 2 cm.

O número de quadrados obtidos foi de

A. 27.
B. 54.
C. 120.
D. 180.
E. 720.

COMENTÁRIO

Temos mais uma questão que envolve o cálculo de área. Primeiro vamos calcular a área da folha de papel.

Como já vimos anteriormente, a área de um retângulo é calculada por:

$Área = Comprimento \times Largura$

Então a área da folha será:

$A_{folha} = 24cm \times 30cm$

$A_{folha} = 720cm^2$

Essa folha foi dividida em quadrados de lado 2cm. Então vamos agora calcular qual a área ocupada por cada quadrado.

Lembrando que área de um quadrado é dada por $Área = lado \times lado$, temos:

$A_{quadrado} = 2cm \times 2cm$

$A_{quadrado} = 4cm^2.$

Então, para descobrirmos quantos quadrados cabem na folha, basta dividir a área total da folha pela a área ocupada por um quadrado:

$720 \div 4 = 180$

Ou seja, 180 quadrados foram obtidos nessa folha.

Resposta: D.

---

200. (FGV/Prefeitura de Angra dos Reis-RJ/Docente II-Arte/2019) A família de Flávio pediu uma pizza, que veio dividida em 8 fatias iguais. Flávio comeu uma fatia inteira e dividiu uma outra fatia igualmente com sua irmã.

Da pizza inteira Flávio comeu

A. 1/4.
B. 1/3.
C. 3/8.
D. 1/6.
E. 3/16.

COMENTÁRIO

Temos mais uma questão que trabalha operações envolvendo frações. Observe que um pizza inteira é representada pela fração 8/8.

Como são oito pedaços, cada fatia é representada por 1/8 .

Flavio comeu uma fatia e a metade de outra. Para saber qual a fração que representa a metade de uma fatia, vamos dividir uma fatia por dois:

$$\frac{1}{8} \div 2$$

Lembrando que na divisão entre frações multiplicamos a primeira pelo inverso da segunda:

$$\frac{1}{8} \times \frac{1}{2} = \frac{1}{16}$$

Ou seja, ele comeu uma fatia (1/8) mais a metade de outra (1/16). Assim temos:

$$\frac{1}{8} + \frac{1}{16}$$

Vamos calcular o MMC:

8	16	2
4	8	2
2	4	2
1	2	2
1	1	16

Encontrando as frações equivalentes com os denominadores iguais temos:

$$\frac{2}{16} + \frac{1}{16} = \frac{3}{16}$$

Ou seja, ele comeu 3/16 da pizza.

Resposta: E.

---

201. (FGV/Prefeitura de Angra dos Reis-RJ/Docente II-Arte/2019) Calcule o valor da expressão aritmética

2(2(2(2+0+1+9)+0+1+9)+0+1+9)+0+1+9.

A. 154.
B. 158.
C. 166.
D. 216.
E. 219.

COMENTÁRIO

Para resolver uma expressão numérica devemos lembrar a ordem em que se resolve as operações:

1º) potenciações e radiciações

2º) divisões e multiplicações;

3º) adição e subtração.

Em relação a ordem dos símbolos temos:

1º) parênteses ( )

2º) colchetes [ ]

3º) chaves { }

A expressão numérica dada é bem simples, então vamos resolver primeiro as operações dentro dos parênteses:

$$2(2(2(2+0+1+9)+0+1+9)+0+1+9)+0+1+9.$$

$$=2(2(2(12)+0+1+9)+0+1+9)+0+1+9.$$

Observe que entre o 2 e o 12 não há um símbolo de operação, nesse caso sabemos que entre eles existe uma multiplicação subentendida. Então resolvemos ela primeiro:

$$=2(2(24+0+1+9)+0+1+9)+0+1+9.$$

Continuando:

$$= 2(2(34)+0+1+9)+0+1+9.$$

$$= 2(68+0+1+9)+0+1+9.$$

$$= 2(78)+0+1+9.$$

$$= 156+0+1+9$$

$$= 166$$

Resposta: C.

202.(FGV/Prefeitura de Angra dos Reis-RJ/Docente I/Educação Infantil e do 1º ao 5º ano de escolaridade/2019) Um galão de tinta tem 3,6 litros. Certa tinta a óleo tem rendimento de 12,5 m² por litro de tinta em cada demão. Um pintor deve pintar uma superfície de 320 m² com duas demãos dessa tinta.

O menor número de galões que ele deverá comprar para realizar esse trabalho é

A. 12.

B. 14.

C. 15.

D. 17.

E. 18.

COMENTÁRIO

Observe que foi dito que a superfície possui 320m², onde deverão ser passadas DUAS demãos.

Sabendo que a tinta a óleo tem rendimento de 12,5 m² por litro de tinta em cada demão, dividimos:

$320 \div 12,5 = 25,6$

Ou seja, para passar UMA demão, serão necessários 25,6 litros dessa tinta, como são DUAS demãos:

$25,6 \times 2 = 51,2$

Serão necessários 51,2 litros.

Agora vamos dividir essa quantidade de litros de tintas pela capacidade de cada galão:

$51,2 \div 3,6 = 14,2222...$

Note que apenas 14 galões não serão suficientes, então é necessário acrescentar mais um galão, mesmo que sobre tinta.

Desta forma, precisaremos de 15 galões

Resposta: C.

203.(FGV/Prefeitura de Angra dos Reis-RJ/Docente I/Educação Infantil e do 1º ao 5º ano de escolaridade/2019) Márcia tem um terreno retangular com 28m de largura e 32m de comprimento. Márcia vai plantar uma árvore em cada vértice do terreno e também, em cada lado do terreno, árvores espaçadas de 2m em 2m a partir dos vértices.

O número total de árvores que Márcia vai plantar é

A. 52.

B. 54.

C. 56.

D. 58.

E. 60.

COMENTÁRIO

Observe que temos um terreno retangular, em que as vértices serão ocupadas por árvores:

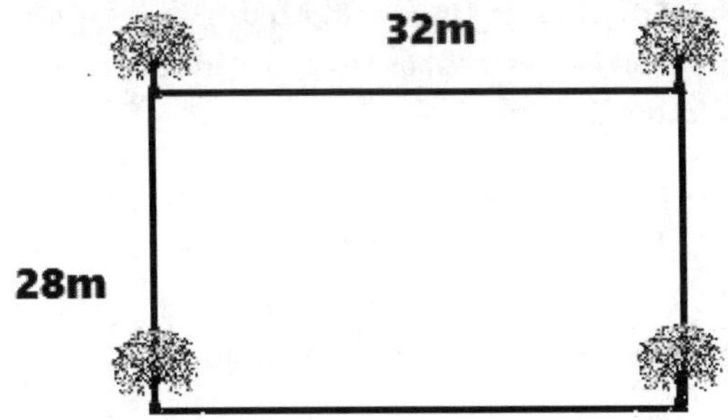

Então nos vértices temos 4 árvores:

Como as árvores serão plantadas nos espaçamentos de 2 em 2 m, vamos calcular a quantidade que cabe em cada espaço, já retirando as árvores dos vértices:

Nos lados de 32m =15 arvores de um lado e 15 arvores do outro, totalizando 30 árvores.

Nos lados com 28m = 13 árvores de um lado e 13 árvores do outro, totalizando 26 árvores

Somando tudo: 4+30+26 = 60 árvores

Resposta: E.

204.(FGV/Prefeitura de Angra dos Reis-RJ/Docente I/Educação Infantil e do 1º ao 5º ano de escolaridade/2019) Joana pagou uma conta, após o vencimento, com juros de 5%. O valor total pago por Joana, juros incluídos, foi de R$ 126,00.

Se Joana tivesse pago a conta até o vencimento, o valor seria de

A. R$ 119,70.

B. R$ 120,00.

C. R$ 120,30.

D. R$ 120,60.

E. R$ 121,00

COMENTÁRIO

Foi mencionado que o valor pago por Joana já está incluso os juros, que foram de 5%.

Se Joana não tivesse pago com juros, ela pagaria 100% do valor da conta, mas com o acréscimo de 5% ela pagou na verdade 105% do valor.

É mais uma questão simples de porcentagem onde precisamos encontrar o valor de 100% da conta sabendo que 105% é igual a 126 reais.

Desta forma, podemos encontrar o valor sem os juros utilizando uma regra de três simples:

Valor--------------%

126------------------105

x--------------------100

Então teremos:

$105x = 100 \times 126$

$$x = \frac{12600}{105}$$

$x = 120$

Ou seja, o valor inicial da conta era de R$ 120,00

Resposta: B.

---

205. (FGV/Prefeitura de Angra dos Reis-RJ/Docente I/Educação Infantil e do 1º ao 5º ano de escolaridade/2019) Jorge comprou 3 cadernos e 4 lápis em uma loja por R$ 29,00. Mariana comprou, na mesma loja e pelos mesmos preços unitários, 5 cadernos e 6 lápis por R$ 47,00.

Luciana comprou, na mesma loja e pelos mesmos preços unitários, 4 cadernos e 2 lápis.

O valor pago por Luciana foi de

A. R$ 35,00.
B. R$ 34,00.
C. R$ 33,00.
D. R$ 32,00.
E. R$ 31,00.

COMENTÁRIO

Temos aqui uma questão de sistema de equações do 1º grau. Em questões como essa o mais importante é a interpretação do problema para poder "montar" de forma correta as equações.

Observe que existem duas incógnitas a serem descobertas, o preço do lápis e o preço do caderno, então como são duas incógnitas, deveremos encontrar duas equações para relaciona-las.

Então vamos chamar de:

l = o preço unitário do lápis

c = o preço unitário do caderno.

Então vamos escrever as equações mencionadas:

Jorge comprou 3 cadernos e 4 lápis em uma loja por R$ 29,00

$3c + 4l = 29$

Mariana comprou 5 cadernos e 6 lápis por R$ 47,00

$5c + 6l = 47$

Existem dois métodos bastante conhecidos para a resolução de sistema de equações.

O primeiro método é chamado de **método da substituição**, que consiste em isolar uma incógnita em uma equação e substitui-la na outra equação.

O segundo método é chamado de **método da adição,** que consiste em somar as duas equações de forma a zerar uma das incógnitas para descobrir o valor da outra incógnita a partir de uma nova equação.

Vale ressaltar que independentemente do método que for escolhido o resultado sempre será o mesmo.

Vamos resolver pelo método da adição. Vamos escolher a incógnita c para zerarmos. Para isso vamos multiplicar toda equação i) por 5:

i) $3c + 4l = 29$ multiplicada por 5 teremos $\rightarrow 15c + 20l = 145$

E vamos multiplicar toda a equação ii por (-3):

ii) $5c + 6l = 47$ multiplicando por (-3) teremos $\rightarrow -15c - 18l = -141$

Os números para multiplicar foram escolhidos de forma a obtermos números inversos na incógnita *c*. Somando as duas equações obtidas teremos:

$$\begin{array}{r} 15c + 20l = 145 \\ -15c - 18l = -141 \\ \hline 2l = 4 \end{array}$$

$$l = \frac{4}{2}$$

$l = 2$

Ou seja, cada lápis custou 2 reais.

Agora para descobri o valor do caderno basta substituir o valor do lápis encontrado em qualquer uma das equações dadas:

i) $3c + 4l = 29$

$3c + 4(2) = 29$

$3c + 8 = 29$

$3c = 29 - 8$

$$c = \frac{21}{3}$$

$c = 7$

Ou seja, cada caderno custou 7 reais.

Agora respondendo a pergunta, sabendo que Luciana comprou, na mesma loja e pelos mesmos preços unitários, 4 cadernos e 2 lápis, então ela pagou:

$4c + 2l =$

$4(7) + 2(2) =$

$28 + 4 = 32$

Ela pagou R$32,00 reais.

Resposta: D.

206.(FGV/Prefeitura de Angra dos Reis-RJ/Especialista em Desportos/2019) Seja A a área do triângulo de lados 5, 5, 6 e seja B a área do triângulo de lados 5, 5, 8. A relação entre A e B é

A. A = B .

B. A = 4/3 B .

C. A = 3/4 B = .

D. A = 8/9 B = .

E. A = 9/8 B = .

COMENTÁRIO

Antes de resolver essa questão vamos relembrar qual a fórmula para calcular a área de um triangulo.

A área de um triângulo pode ser calculada como:

$$A_{\Delta} = \frac{Base \times altura}{2}$$

Porém, precisamos descobrir qual a altura dos dois triângulos dados.

Observe que foram dados dois triângulos isósceles, ou seja, possui dois lados com mesma medida.

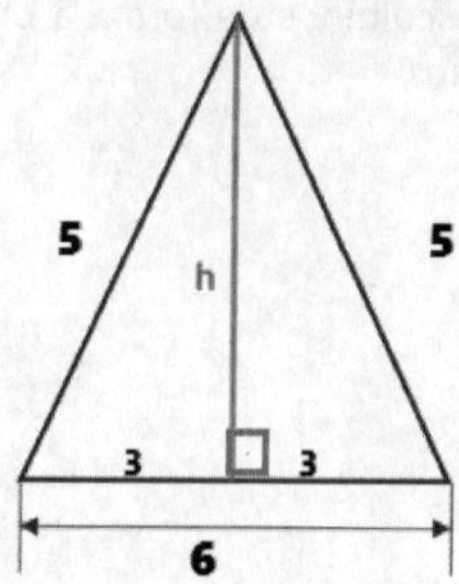

Então para calcular a altura (h) utilizaremos o teorema de Pitágoras:

$hitotenusa^2 = cateto_1^{\,2} + cateto_2^{\,2}$

Desta forma, temos:

$5^2 = 3^2 + h^2$

$h^2 = 25 - 9$

$h^2 = 16$

$h = \sqrt{16}$

$h = 4$

Então a altura do triangulo A será 4.

Calculando a sua área teremos:

$$A_\Delta = \frac{6 \times 4}{2} = 12$$

Da mesma forma, vamos calcular a altura h do triângulo B.

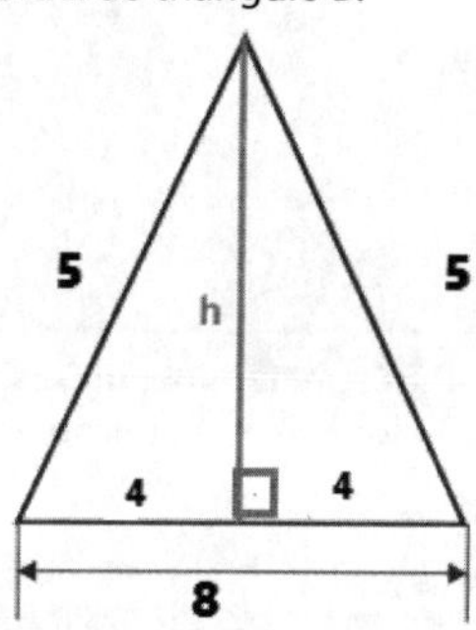

$5^2 = 4^2 + h^2$

$25 = 16 + h^2$

$h^2 = 2^5 - 16$

$h = \sqrt{9}$

$h = 3$

Calculando a área de B teremos:

$$A_B = \frac{8 \times 3}{2} = 12$$

Logo as áreas dos dois triângulos são iguais.

Resposta: A.

---

207. (FGV/Prefeitura de Angra dos Reis-RJ/Especialista em Desportos/2019) Em um determinado ano, o dia 13 de fevereiro caiu em uma sexta-feira.

Nesse referido ano, o dia 1º de janeiro caiu em

A. uma terça-feira.
B. uma quarta-feira.
C. uma quinta-feira.
D. uma sexta-feira.
E. um sábado.

COMENTÁRIO

Para resolver essa questão é preciso ter em mente que no nosso calendário existem meses com 30 e 31 dias (o mês de fevereiro pode possuir 28 ou 29 dias em caso de anos bissextos).

O mês de Janeiro possui 31 dias. Então até o dia 13 de fevereiro passaram-se: 31 + 13 = 44 dias.

Como uma semana tem sete dias, podemos dizer que se passaram:

$44 \div 7 = 6$ e resto 2

Ou seja, 6 semanas e dois dias.

Agora fazemos uma contagem regressiva, ou seja, de traz para frente, considerando que o dia 13 de fevereiro é uma sexta-feira como o último dia dessa semana, o primeiro dia será em um sábado. Esse ciclo é feito 6 vezes.

Como sobram dois dias, voltamos dois dias antes do sábado

QUINTA- SEXTA- SÁBADO.

Logo, o dia 1º de janeiro foi em uma quinta-feira.

Resposta: C.

208.(FGV/Prefeitura de Angra dos Reis-RJ/Especialista em Desportos/2019) Em uma turma de estudantes, 2/5 deles jogam vôlei e 3/4 jogam futebol.

O número mínimo de estudantes dessa turma que jogam vôlei e também futebol é

A. 3.
B. 4.
C. 5.
D. 15.
E. 20.

COMENTÁRIO

Temos aqui uma questão que envolve frações, para ser mais direto, soma de frações.

Vale lembrar que para somar frações é necessário que ambos os denominadores sejam iguais. Caso não sejam, é necessário calcular o Mínimo Múltiplo Comum (MMC) para encontrar frações equivalentes em que os denominadores sejam iguais.

Então, 2/5 deles jogam vôlei e 3/4 jogam futebol. Então vamos somar e encontrar a quantidade de alunos que praticam esses esportes:

$$\frac{2}{5}+\frac{3}{4}=$$

Calculando o MMC:

$$\begin{array}{cc|l} 5 & 4 & 2 \\ 5 & 2 & 2 \\ 5 & 1 & 5 \\ \hline 1 & 1 & 20 \end{array}$$

MMC (3,4) = 20

DESTA FORMA TEREMOS:

$$\frac{8}{20}+\frac{15}{20}=\frac{23}{20}$$

Note que temos uma fração impropria, ou seja, o numerador é maior que o denominador. Ou seja, para se ter o inteiro completo deveríamos ter 20/20, isso significa que existem 3 pessoas que fazem os dois esportes.

Resposta: A.

209.(FGV/Prefeitura de Angra dos Reis-RJ/Especialista em Desportos/2019) Em um quadro retangular com 30cm de largura e 40cm de comprimento será colocada uma moldura, também retangular, com dimensões externas de 33cm de largura e 43cm de comprimento.

A área ocupada pela moldura, em centímetros quadrados, é

A. 9.

B. 189.

C. 219.

D. 349.

E. 439.

COMENTÁRIO

Temos mais uma questão de geometria, onde queremos descobrir a área de retângulos.

Note que a área da moldura será a diferença de um retângulo com as dimensões de 33cm de largura e 43cm menos a área do retângulo com medidas de 30cm de largura e 40cm de comprimento.

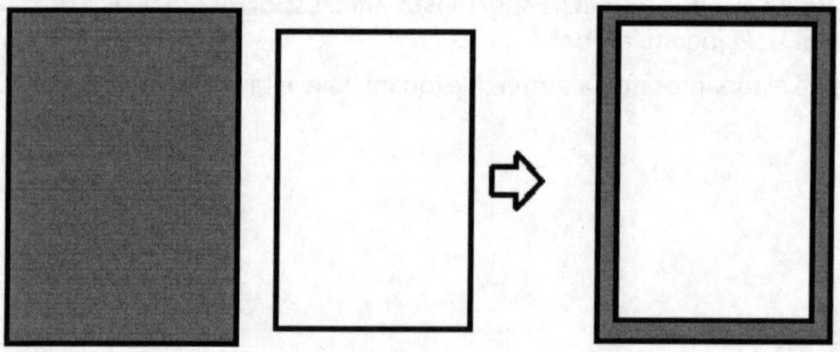

Vale lembrar que área de um retângulo é dada por:

A = comprimento × largura

Então vamos calcular área do retângulo maior:

$A_1 = 33cm \times 43cm$

$A_1 = 1419cm^2$

O retângulo menor:

$A_2 = 30cm \times 40cm$

$A_2 = 1200cm^2$

Logo, a área da moldura será:

$A_1 - A_2 = 1419 - 1200 = 219cm^2$

Resposta: C.

---

210. (FGV/Prefeitura de Angra dos Reis-RJ/Especialista em Desportos/2019) Marcela percorreu 100km de carro em 2 horas. Mário percorreu a mesma distância, mas com uma velocidade média 20% menor do que a velocidade média de Marcela. Mário percorreu os 100km em

A. 2h20min.

B. 2h24min.

C. 2h30min.

D. 2h40min.

E. 2h45min.

COMENTÁRIO

Primeiro vamos encontrar a velocidade média percorrida por Marcela. Sabendo que ela percorreu 100km de carro em 2 horas, podemos dizer que em cada hora ela percorreu 50km (100 ÷ 2 = 50).

Então a velocidade média de Marcela foi de 50km/h.

Sabendo que a velocidade de Mário foi 20% menor que a de Marcela, então vamos calcular a velocidade Média de Mário:

Vale lembrar que quando estivermos falando de DIMINUIÇÃO: Basta subtraímos de um a taxa decimal da porcentagem e depois multiplicamos.

Exemplo: diminuição de 10% = 1 – 0,10 = 0,90 → × 0,90

Então teremos:

$50 \times 0,80 = 40$km/h

Então ele percorre 40 quilômetros a cada hora

Isso significa que para percorrer 100 km, Mário deverá andar 40km+40km+20 km, ou seja 2 horas e meia.

Resposta: C.

---

211. (FGV/Prefeitura de Angra dos Reis-RJ/Especialista em Desportos/2019) Estatísticos estimam que em uma determinada cidade, em média, nasce uma criança a cada 10 horas e morre um cidadão a cada dia.

Considerando apenas nascimentos e mortes, a população dessa cidade aumenta, anualmente, aproximadamente

A. 200 pessoas.

B. 300 pessoas.

C. 400 pessoas.

D. 500 pessoas.

E. 600 pessoas.

COMENTÁRIO

Temos aqui uma questão que trabalha a medida de tempo. Primeiro precisamos saber que um ano pode possuir 365 dias ou 366 dias, mas como a resposta deverá ser algo "aproximado", vamos usar o habitual, 365 dias.

Sabemos que morre um cidadão a cada dia, então em um ano morrerá 365 cidadãos dessa cidade.

Outra informação dada é que nasce uma criança a cada 10 horas.

Então vamos descobrir quantas horas há em um ano. Como foi dito, o ano é composto por 365 dias, cada um contendo 24 horas. Desta forma temos em um ano:

$24 \times 365 = 8760$ horas

Agora vamos dividir em grupos de dez horas:

$8760 \div 10 = 876$

Ou seja, nascem 876 crianças por ano nessa cidade.

Para descobrir a quantidade de pessoas que aumenta nessa cidade, vamos subtrair a quantidade de pessoas que nascem pela quantidade de pessoas que morrem:

$876 - 365 = 511$

Então, a população dessa cidade aumenta, anualmente, aproximadamente 500 pessoas.

Resposta: D.

---

212. (FGV/Prefeitura de Angra dos Reis-RJ/Inspetor de Alunos/2019) As pessoas A, B, C, D, E e F estão sentadas em volta de uma mesa hexagonal regular, como a figura a seguir.

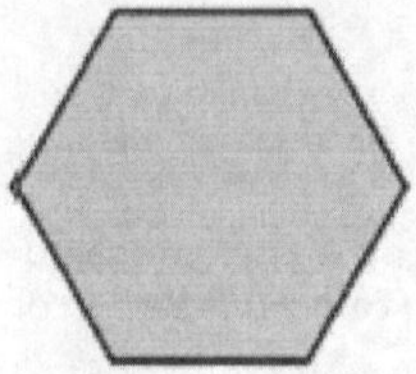

Sabe-se que:

- E está ao lado de A.
- B está imediatamente à esquerda de D e tem C à sua frente.
- F não está oposto a A.

É correto concluir que

A. D está imediatamente à direita de F.

B. E está oposto a D.

C. B está imediatamente à esquerda de E.

D. A e D são vizinhos.

E. F está oposto a E.

COMENTÁRIO

Para melhor compreensão, vamos fazer o desenho do passo a passo. A primeira informação que vamos usar é • B está imediatamente à esquerda de D e tem C à sua frente.

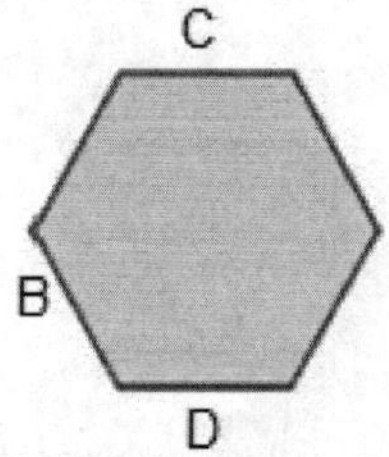

A segunda informação que iremos usar é: • E está ao lado de A. Observe que existem uma única opção em que há dois lugares disponíveis. Porém não sabemos a ordem. Sendo assim, precisamos da última informação dada: • F não está oposto a A. Então podemos ver que:

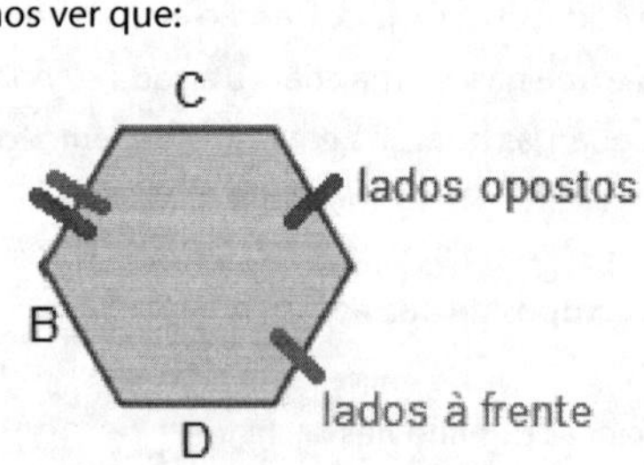

O A deverá estar de frente com F:

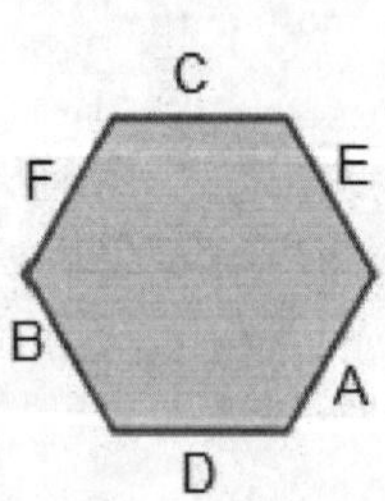

Com isso podemos encontrar a alternativa correta, que é F está oposto a E.

Resposta: E.

---

213. (FGV/Prefeitura de Angra dos Reis-RJ/Inspetor de Alunos/2019) Em uma região turística, uma pousada recebeu, em 2018, 20% mais hóspedes do que tinha recebido no ano anterior e, em 2019, recebeu 40% mais hóspedes do que em 2018. Nesse período, de 2017 a 2019, o aumento do número de hóspedes que a pousada recebeu foi de

A. 60%.

B. 62%.

C. 64%.

D. 66%.

E. 68%.

COMENTÁRIO

Essa é uma questão de porcentagem, então vamos lembrar de algumas regrinhas que nos ajudam nos cálculos.

A porcentagem é representada pelo símbolo % e pode ser escrita na forma de uma fração centesimal, ou na sua forma decimal.

Exemplo: 4% = $^{4}/_{100}$ = 0,04.

Quando estivermos falando de AUMENTO: Basta que somemos uma unidade a representação decimal da porcentagem e multiplicar.

Exemplo: aumento de 15% = × 1,15.

Sabendo disso, vamos retornar a questão. Observe que não foi mencionado a quantidades de turistas recebidos em 2017. Então, para facilitar os cálculos, vamos supor que em 2017 haviam 100 turistas. (o número 100 foi escolhido de forma a facilitar o cálculo "100%")

Então em 2017 → 100 turistas =100%

Em 2018 houve um AUMENTO de 20%. Como vimos, vamos multiplicar por 1 + 0,20:

100 x 1,20 = 120

Ou seja, Em 2018 → 120 turistas.

Em 2019 houve um novo AUMENTO em relação ao ano anterior (120), só que agora de 40%:

120 × 1,40 = 168.

Concluímos que em 2019 →168 turistas.

Observe que em 2017, 100 turistas representam 100%, agora olhando para 2019, 168 representa 168% em relação a 2017. Então houve um aumento de 68%.

Resposta: E.

---

214. (FGV/Prefeitura de Angra dos Reis-RJ/Inspetor de Alunos/2019) Para a realização de uma olimpíada de Matemática uma escola reservou as salas de números 1, 2, 3, 4 e 5.

No dia da prova, os alunos inscritos dirigiram-se, livremente, a essas salas e a quantidade de alunos, em cada sala, está indicada a seguir. Sala 1 = 29 alunos Sala 2 = 33 alunos Sala 3 = 24 alunos Sala 4 = 37 alunos Sala 5 = 17 alunos O inspetor de alunos fez então algumas transferências de alunos de uma sala para outra de forma que as 5 salas ficassem com o mesmo número de alunos.

É correto concluir que

A. a sala 1 ganhou 1 aluno.

B. a sala 2 perdeu 5 alunos.

C. a sala 3 ganhou 3 alunos.

D. a sala 4 perdeu 10 alunos.

E. a sala 5 ganhou 10 alunos.

COMENTÁRIO

Inicialmente as salas possuem quantidades diferentes de alunos. Para descobrir quantos alunos vão fazer essa prova vamos somar a quantidade de alunos de todas as salas:

$29 + 33 + 24 + 37 + 17 = 140\ alunos$

Sabendo que o inspetor fez algumas transferências de modo que todas as salas tivessem a mesma quantidade, ele apenas calculou a média aritmética dos alunos das salas.

Porém, o que é média aritmética? É nada mais do que a soma de vários valores divido pela quantidade total deles.

Observe que são 140 alunos ao total e que serão divididos em 5 salas:

$140 \div 5 = 28\ alunos$

Desta forma, aconteceu:

Sala 1: eram 29 alunos, passou a ser 28. Apenas um aluno foi transferido.

Sala 2 : eram 33 alunos, passou a ser 28. Foram transferidos 5 alunos.

Sala 3: eram 24 alunos, passou a ser 28. Recebeu 4 novos alunos.

Sala 4 : eram 37 alunos, passou a ser 28. Foram transferidos 9 alunos.

Sala 5:eram 17 alunos, passou a ser 28. Recebeu 11 novos alunos.

Resposta: B.

---

215. (FGV/Prefeitura de Angra dos Reis-RJ/Monitor de Educação Especial/2019) Se a soma das frações 1/4 + 2/5 é igual a n/100, o valor de n é

A. 55.
B. 65.
C. 75.
D. 85.
E. 95.

COMENTÁRIO

Temos aqui uma questão que envolve frações, para ser mais direto, soma de frações.

Vale lembrar que para somar frações é necessário que ambos os denominadores sejam iguais. Caso não sejam, é necessário calcular o Mínimo Múltiplo Comum (MMC) para encontrar frações equivalentes em que os denominadores sejam iguais.

Vale lembrar que a equivalência entre as frações é a possibilidade de representar uma mesma quantidade utilizando fracos diferentes. Para encontrarmos frações equivalentes, basta dividir ou multiplicar o numerador e o denominador por um mesmo número, desde que não seja por zero.

4	5	2
2	5	2
1	5	5
1	1	20

MMC (4,5)=20

$$\frac{1}{4}+\frac{2}{5}\rightarrow\frac{5}{20}+\frac{8}{20}$$

$$\frac{5}{20}+\frac{8}{20}=\frac{13}{20}$$

Observe que encontramos a fração $\frac{13}{20}$ que deverá ser equivalente a fração $\frac{n}{100}$.

Note que para que o denominador 20 "vire" um 100, basta que eu multiplique por 5. Como vimos um pouco acima, para ser equivalentes, o número 5 deverá ser multiplicado tanto no numerador como no denominador:

$$\frac{13 \times 5}{20 \times 5} = \frac{65}{100}$$

$$\frac{65}{100} = \frac{n}{100}$$

Logo, n é igual a 65.

Resposta: B.

---

216. (FGV/Prefeitura de Angra dos Reis-RJ/Monitor de Educação Especial/2019) O resultado da operação 2+3×4–1 é

A. 13.
B. 15.
C. 19.
D. 22.
E. 23.

COMENTÁRIO

Para resolver uma expressão numérica devemos lembrar a ordem em que se resolve as operações:

1º) potenciações e radiciações;

2º) divisões e multiplicações;

3º) adição e subtração.

Então vamos resolver passo a passo:

$2 + 3 \times 4 - 1 =$

$2 + 12 - 1 =$

$14 - 1 = 13$

Resposta: A.

---

217. (FGV/Prefeitura de Angra dos Reis-RJ/Monitor de Educação Especial/2019) A figura a seguir mostra o piso de uma sala. Todos os ângulos são retos e as medidas dadas estão em metros.

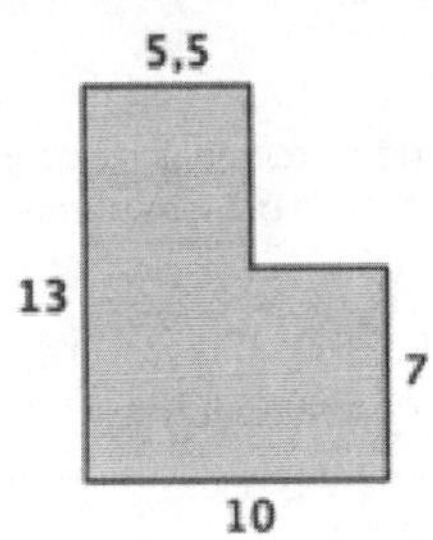

A área dessa sala, em metros quadrados, é

A. 93.
B. 95.
C. 99.
D. 103.
E. 105.

COMENTÁRIO

Temos aqui uma questão de geometria, o cálculo da área de retângulos.

Sabemos a área de um retângulo é calculada por:

Área = Comprimento × Largura

Para encontrara a área total dessa sala é preciso visualizar a imagem e verificar que ela é formada por dois retângulos.

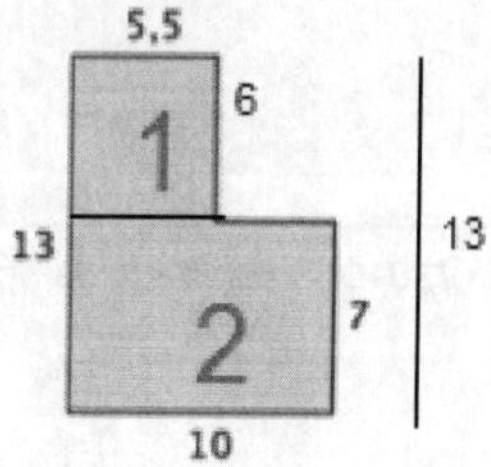

Calculando a área do retângulo1:

$A_1 = 55{,}5 \times 6$

$A_1 = 33$

Calculando a área do retângulo 2:

$A_2 = 10 \times 7$

$A_2 = 70$

Logo, a área total será: $33 + 70 = 103m^2$

Resposta: D.

---

218. (FGV/Prefeitura de Angra dos Reis-RJ/Monitor de Educação Especial/2019) Os diâmetros dos parafusos são medidos em polegadas e 1 polegada é equivalente a 25,4mm.

A medida, em milímetros, de um parafuso de 5/8 de polegada está entre

A. 15,5 e 15,7.
B. 15,7 e 15,9.
C. 15,9 e 16,1.
D. 16,1 e 16,3.
E. 16,3 e 16,5.

COMENTÁRIO

Temos aqui mais uma questão com números racionais. O conjunto dos racionais é formado por todos os números que podem ser escritos na forma de fração. Esses números podem também ter representação decimal finita ou decimal infinita e periódica.

Sabendo disso, o número decimal 25,4 pode ser representado como $^{254}/_{10}$.

Desta forma, vamos calcular $^{5}/_{8}$ *de* $^{254}/_{10}$. Vale lembrar que a preposição "de" é vista como multiplicação.

Na multiplicação de frações, multiplicamos numerador com numerador e denominador com denominador:

$$\frac{5}{8} \times \frac{254}{10} = \frac{1270}{80}$$

Como toda fração é uma divisão, basta dividirmos 1270 por 80:

$1270 \div 80 = 15{,}875$

Esse valor está entre: $15{,}7 < 15{,}875 < 15{,}9$

Resposta: B.

219. (FGV/Prefeitura de Angra dos Reis-RJ/Monitor de Educação Especial/2019) Na E. M. Cornelis Verolme, uma turma do 9º ano tem três aulas diárias de 1h10min separadas por dois intervalos, um de 15min e outro de 25min.

Se a primeira aula do dia começa às 7h30min, a última aula termina às

A. 11h30min.
B. 11h35min.
C. 11h40min.
D. 11h45min.
E. 11h50min.

COMENTÁRIO

Temos uma questão que trabalha a medida de tempo. Sabemos que o nosso sistema de medidas de tempo é um sistema sexagesimal, ou seja, de base 60.

1 hora = 60 minutos

1 minuto = 60 segundos

Cada aula possui 1h10min. Colocando em minutos, cada aula terá 60+10=70minutos.

Como são três aulas: $3 \times 70 = 210\ minutos.$

São dois intervalos, um de 15min e outro de 25min. Então ao total temos:

$210 + 15 + 25 = 250\ minutos$

Para transformar em horas, dividimos por 60 e o resto será os minutos:

$250 \div 60 = 4\ e\ resto\ 10$

Ou seja, passará 4h10min.

Se a primeira aula do dia começa às 7h30min, a última aula terminará às:

$7h30min + 4h10m = 11h40min$

Resposta: C.

220.(FGV/Prefeitura de Angra dos Reis-RJ/Berçarista/2019) Os lados de um retângulo têm, respectivamente, 20m e 32m. Aumentando-se 2m na medida de cada lado, a área do retângulo aumentará

A. $4m^2$.
B. $16m^2$.
C. $64m^2$.
D. $108m^2$.
E. $128m^2$.

COMENTÁRIO

Temos aqui uma questão de geometria, o cálculo da área de retângulos.

Sabemos a área de um retângulo é calculada por:

$Área = Comprimento \times Largura$

Observe que existem dois retângulos diferentes, um com medidas 20m e 32m, e o outro com medidas 22m 34m.

Então, vamos calcular primeiro a área do retângulo menor:

$A_1 = 20m \times 32m$

$A_1 = 640m^2$

O segundo retângulo:

$A_2 = 748m^2$

Para saber quanto a área aumentou, basta subtrair a área do retângulo maior pela área do retângulo menor:

$748 - 640 = 108m^2$

Resposta: D.

221. (FGV/Prefeitura de Angra dos Reis-RJ/Berçarista/2019) Uma caixa contém uma grande quantidade de bastões coloridos, todos de mesmo tamanho. Cada bastão tem uma única cor e há 4 cores disponíveis. Deseja-se encaixar os bastões formando triângulos equiláteros, que podem ter os 3 lados com cores diferentes, podem ter 2 lados da mesma cor e o terceiro lado com cor diferente ou, ainda, os 3 lados da mesma cor.

O número de triângulos diferentes que podem ser formados é

A. 24.

B. 22.

C. 21.

D. 20.

E. 18.

COMENTÁRIO

Observe que há 4 cores disponíveis. Desta forma, vamos calcular as possibilidades:

- Triângulos que podem ter 3 lados da mesma cor: $4 \times 1 \times 1 = 4$ triângulos possíveis.

  O primeiro lado terá a cor definida entre as quatro opções, e os outros lados só terão 1 opção.

- Triângulos que podem ter 2 lados da mesma cor: $4 \times 1 \times 3 = 12$ triângulos possíveis

  O primeiro lado terá a cor definida, o segundo só terá uma opção, ser igual ao do primeiro, e o terceiro lado poderá ser qualquer uma das outras cores. entre as quatro opções, e os outros lados só terão 1 opção.

- Triângulos que podem ter os 3 lados com cores diferentes, será uma combinação de 4 elementos tomados 3 a 3.

$$C_{4,3} = \frac{4 \times 3 \times 2 \times 1}{3 \times 2 \times 1} = 4$$

Logo, a quantidade de triângulos possíveis será: $4 + 12 + 4 = 20$

Resposta: D.

---

222. (FGV/Prefeitura de Angra dos Reis-RJ/Berçarista/2019) Um funcionário atende, em média, 4 clientes por hora. Para aumentar em 25% o número médio de clientes atendidos por hora, esse funcionário tem que diminuir o tempo médio de atendimento de cada cliente em

A. 1 minuto.

B. 2 minutos.

C. 3 minutos.

D. 4 minutos.

E. 5 minutos.

COMENTÁRIO

O atendimento de cliente deverá aumentar em 25%, desta forma:

$4 \times 1{,}25 = 5$

Ou seja, de 4 cliente por hora, esse funcionário deverá atender 5 clientes.

Levando em conta que uma hora é igual a 60 minutos, vamos primeiro calcular quanto tempo é gasto com cada cliente:

$60 \div 4 = 15$ *minutos*.

Para atender 5 clientes:

$60 \div 5 = 12$ *minutos*

Ou seja, será necessário reduzir o atendimento em 3 minutos para cada cliente.

Resposta: C.

223. (FGV/Prefeitura de Angra dos Reis-RJ/Berçarista/2019) O plantão de Débora é de 5 horas de trabalho e mais 20 minutos para o lanche.

Se hoje o plantão de Débora começar às 7h45min, ela terminará o plantão às

A. 12h5min.

B. 12h45min.

C. 12h55min.

D. 13h5min.

E. 13h15min.

COMENTÁRIO

Temos uma questão que trabalha a medida de tempo. Sabemos que o nosso sistema de medidas de tempo é um sistema sexagesimal, ou seja, de base 60.

1 hora = 60 minutos.

1 minuto = 60 segundos.

Então vamos somar: 7H45min + 5h20min.

Somando primeiro os minutos temos: 20 + 45 = 65, ou seja 60+5 = 1 hora e 5 minutos.

Somando as horas: $7h + 5h + 1h = 13h$.

Logo, o plantão de Débora terminará as 13h5min.

Resposta: D.

224. (FGV/Prefeitura de Angra dos Reis-RJ/Berçarista/2019) Um remédio infantil deve ser ministrado na proporção de 3 gotas para cada quilo da criança, não devendo, no entanto, ultrapassar a dose de 24 gotas.

Para uma criança com 7 kg, devem ser dadas

A. 18 gotas.

B. 21 gotas.

C. 24 gotas.

D. 27 gotas.

E. 30 gotas.

COMENTÁRIO

É uma questão bem simples de proporção. A proporcionalidade estabelece uma relação entre as grandezas. Temos duas grandezas sendo relacionadas, a quantidade de gotas e o quilo da criança.

A cada quilo deverá ser ministrado 3 gotas do remédio. Então, uma criança que possui sete quilos terá:

$7 \times 3 = 21$ gotas

Resposta: B.

225. (FGV/IBGE/Agente Censitário Operacional/2019) O local do trabalho de Anderson não é próximo de sua casa. Durante uma semana, Anderson anotou os tempos que levou para retornar do trabalho à sua casa e esses valores estão na tabela abaixo.

Obs.: média significa a soma dos valores dividida pela quantidade deles.

2ª feira 1h 20min

3ª feira 1h 45min

4ª feira 55min

5ª feira 1h 5min

6ª feira 2h 10min

Nessa semana, o tempo médio que Anderson levou para ir do trabalho à sua casa foi de.

A. 1h 27min;

B. 1h 29min;

C. 1h 31min;

D. 1h 33min;

E. 1h 35min.

COMENTÁRIO

Temos novamente uma questão que trabalha a medida de tempo. Sabemos que o nosso sistema de medidas de tempo é um sistema sexagesimal, ou seja, de base 60.

1 hora = 60 minutos

1 minuto = 60 segundos

Então primeiramente vamos representar todos os dias por uma única medida: minutos:

2ª feira 1h 20min $\rightarrow 60 + 20 = 80min$

3ª feira 1h 45min $\rightarrow 60 + 45 = 105min$

4ª feira 55min $\rightarrow 55min$

5ª feira 1h 5min $\rightarrow 60 + 5 = 65min$

6ª feira 2h 10min $\rightarrow 2 \times 60 + 10 = 130min$

Como a própria questão já mencionou, a média significa a soma dos valores dividida pela quantidade deles. Temos cinco valores. A soma deles será:

$80 + 105 + 55 + 65 + 130 = 435\ min$

Desta forma a média será: $435 \div 5 = 87$ *minutos.*

Como é um sistema sexagesimal, podemos representar como $60min + 27min$, ou seja $1h27min$.

Resposta: A.

226.(FGV/IBGE/Agente Censitário Operacional/2019) Joana construiu um muro em 3 dias. No primeiro dia, ela construiu 7 metros e 67 centímetros de muro; no segundo dia, ela construiu 8 metros e 25 centímetros e, no terceiro dia, construiu 7 metros e 48 centímetros.

O comprimento total do muro construído por Joana foi de:

A. 22 metros e 35 centímetros;

B. 22 metros e 50 centímetros;

C. 23 metros e 30 centímetros;

D. 23 metros e 40 centímetros;

E. 24 metros e 10 centímetros.

COMENTÁRIO

Essa é uma questão de sistema de medidas de comprimento. A medida padrão de comprimento utilizada é o metro. É um sistema decimal representado por múltiplos e submúltiplos do metro. Para transformar as medidas basta seguir o seguinte esquema:

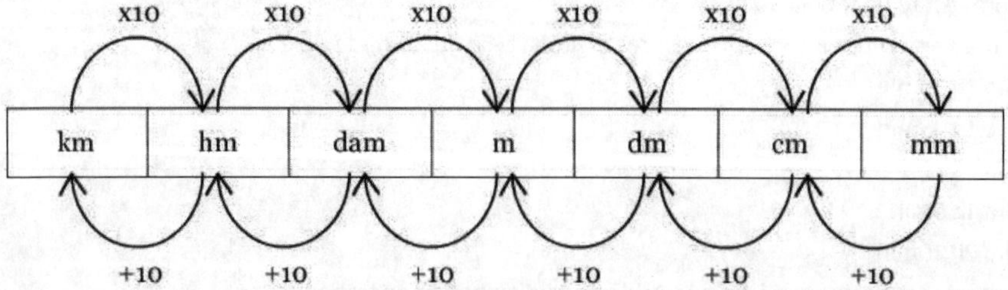

Para resolver a questão, vamos trabalhar com a mesma medida de comprimento em todas, no caso em centímetros.

- No primeiro dia, ela construiu 7 metros e 67 centímetros de muro;

  $7\ metros = 7 \times 10 \times 10 = 700\ cm$

  Ou seja, $700 + 67 = 767\ cm$
- No segundo dia, ela construiu 8 metros e 25 centímetros

  $8\ metros = 8 \times 10 \times 10 = 800\ cm$

  Ou seja, $800 + 25 = 825\ cm$
- No terceiro dia, construiu 7 metros e 48 centímetros.

  Ou seja, $700 + 48 = 748cm$

  Somando todos os dias temos: $767 + 825 + 748 = 2340\ cm$

  Agora vamos transformar em metros: $2340 \div 10 \div 10 = 23{,}4m$

  Ou seja, 23m e 40cm.

  Resposta: C.

---

227. (FGV/IBGE/Agente Censitário Operacional/2019) Ricardo, João e Pedro marcaram um encontro em determinada hora de certo dia. Aconteceu que:

- Ricardo chegou meia hora depois de Pedro;
- João chegou 12 minutos depois da hora marcada;
- Pedro chegou 8 minutos antes da hora marcada.

O tempo que João esperou até Ricardo chegar foi de:

A. 10min;

B. 12min;

C. 14min;

D. 16min;

E. 20min.

COMENTÁRIO

Mais uma questão que trabalha o sistema de medidas de tempo. Como não sabemos a hora em que marcaram o encontro, vamos supor que marcaram as 10h da manhã.

Vamos analisar os itens:

Vamos começar por:

- João chegou 12 minutos depois da hora marcada;

Desta forma, João chegou as 10h12min

- Pedro chegou 8 minutos antes da hora marcada.

Então Pedro chegou às 09h52min.

E por último:

- Ricardo chegou meia hora depois de Pedro;

Ou seja, meia hora depois de 09h52min, então somamos 30 minutos: 10h22min.

Sendo assim, o tempo que João esperou até Ricardo chegar foi de:

$10h22min - 10h12min = 10min$

Resposta: A.

228.(FGV/IBGE/Agente Censitário Operacional/2019) Marlene comeu, inicialmente, um quarto da barra de chocolate que comprou. Depois, comeu um terço do que tinha sobrado.

A fração da barra de chocolate que Marlene ainda tem para comer é:

A. 1/2;

B. 1/3;

C. 1/4;

D. 3/4;

E. 1/12.

COMENTÁRIO

Essa é uma questão que envolve operações com frações. Sabendo que Marlene comeu ¼ da barra de chocolate, então sobrou:

$$\frac{4}{4}-\frac{1}{4}=\frac{3}{4}$$

Então sobrou ¾ .

Logo mais comeu um terço do que tinha sobrado, então comeu 1/3 de ¾. Lembrando que a preposição "de" é uma multiplicação:

$$\frac{3}{4}\times\frac{1}{3}=\frac{3}{12}\rightarrow \textit{simplificando} \rightarrow \frac{1}{4}$$

Ou seja, comeu inicialmente ¼ e logo após comeu novamente ¼, totalizando:

$$\frac{1}{4}-\frac{1}{4}=\frac{2}{4}$$

Simplificando: $\frac{2}{4}\rightarrow\frac{1}{2}$

Ou seja, comeu ½ e sobrou ½ .

Resposta: E.

---

229. (FGV/IBGE/Agente Censitário Operacional/2019) Antônio tem que visitar 120 clientes esse mês. Ele já visitou 35% dos clientes até agora.

O número de clientes que Antônio ainda tem que visitar para cumprir sua meta é:

A. 42;

B. 65;

C. 72;

D. 76;

E. 78.

COMENTÁRIO

Sabendo que a meta de visitar de Antônio é igual a 120(100%), então precisamos descobrir quantos cliente ele ainda falta visitar.

se ele visitou 35%, temos:

100 – 35 = 65%

Então falta visitar 65% dos clientes, ou seja, 65% de 120.

Como já mencionado anteriormente, a preposição "de" é uma multiplicação:

Vale lembrar que como os dois números são racionais, vamos escreve-los em forma de frações.

65% = 65/100 e 120= 120/1

$$\frac{65}{100}\times\frac{120}{1}=\frac{7800}{100}=78$$

Resposta: E.

---

230. (FGV/MPE-RJ/Oficial do Ministério Público/2019) Um saco contém bolas brancas, vermelhas, azuis e pretas, sendo 5 de cada cor. Antônio retirou no escuro certa quantidade de bolas e disse: "Entre as bolas que retirei, há três da mesma cor".

Para que a frase dita por Antônio seja obrigatoriamente verdadeira, o número mínimo de bolas que ele retirou do saco é:

A. 9;

B. 10;

C. 11;

D. 12;

E. 13.

COMENTÁRIO

Em questões como essa, precisamos sempre pensar no pior cenário possível. O que seria esse pior cenário? Seria o cenário em que Antônio sempre pega cores sortidas.

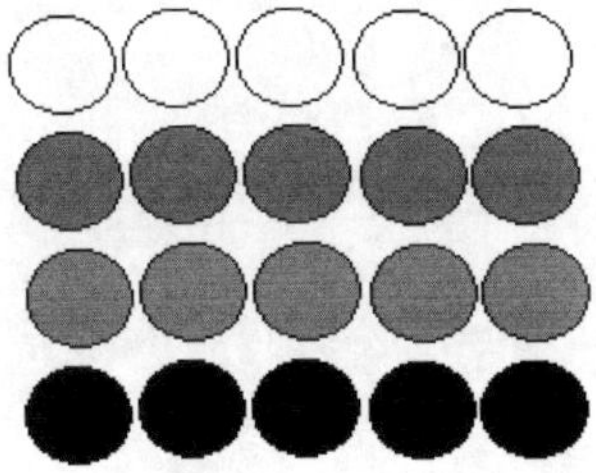

Então, por exemplo, Antônio pode pegar uma bola branca, uma vermelha e uma azul, e assim por diante. Desta forma, vamos retirando sempre de forma sortida:

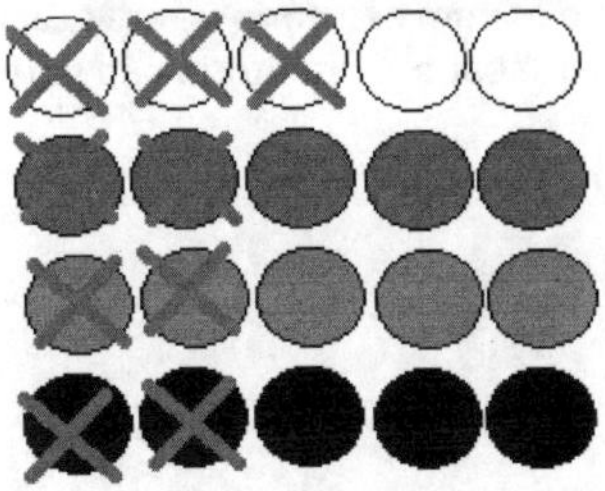

Observe que, nesse cenário, para garantir que pelo menos três bolas sejam da mesma cor, serão necessários a retirada de 9 bolas.

Resposta: A.

---

231. (FGV/MPE-RJ/Oficial do Ministério Público/2019) O jantar de comemoração de um casamento será realizado em um salão que possui mesas redondas iguais e que comportam até 6 pessoas cada uma. Colocando 5 convidados em cada mesa, todas as mesas seriam ocupadas e dois convidados ficariam sem lugar. Colocando 6 convidados em cada mesa, todos os convidados ficariam sentados e 3 mesas ficariam vazias.

O número de convidados é:

A. 96;

B. 102;

C. 108;

D. 112;

E. 114.

COMENTÁRIO

Como não sabemos a quantidade de convidados e nem a quantidade de mesas, vamos chamar de:

x = quantidade de mesas;

y = quantidade de convidados

Em questões como é essa, é imprescindível uma boa interpretação do problema para que as equações sejam construídas de forma correta.

Observe que se colocar 5 convidados em cada mesa, todas as mesas seriam ocupadas e dois convidados ficariam sem lugar.

$5x + 2 = y$

E que Colocando 6 convidados em cada mesa, todos os convidados ficariam sentados e 3 mesas ficariam vazias. Então teríamos:

$6(x - 3) = y$

Como s duas equações são iguais a y, vamos igualar as duas:

$5x + 2 = 6(x - 3)$

$5x + 2 = 6x - 18$

$5x - 6x = - 18 - 2$

$-x = - 20$

$x = 20$

Desta forma, temos 20 mesas. Então para encontrar a quantidade y de convidados, basta substituir em qualquer uma das equações dadas:

$5x + 2 = y$

$5(20) + 2 = y$

$100 + 2 = y$

$y = 102$

Resposta: B.

---

232. (FGV/MPE-RJ/Oficial do Ministério Público/2019) Valdo é estagiário em um escritório de advocacia e, na semana que vem, deverá escolher para trabalhar três dias de segunda a sábado. O escritório não permite que um estagiário trabalhe dois dias consecutivos.

O número de possibilidades que Valdo tem para escolher seus dias de trabalho é:

A. 2;

B. 3;

C. 4;

D. 5;

E. 6.

COMENTÁRIO

A questão afirma que três dias deverão ser escolhidos, porém não se pode trabalhar em dias consecutivos.

Sabendo que a semana é composta por 7 dias temos (o domingo não pode ser escolhido.

SEGUNDA	TERÇA	QUARTA	QUINTA	SEXTA	SÁBADO	DOMINGO
X		X		x		
X		X			X	
X			X		X	
	X		X		X	

Desta forma, existem 4 possibilidades diferentes desse estagiário escolher.

Resposta: C.

---

233. (FGV/MPE-RJ/Oficial do Ministério Público/2019) Ernesto foi promovido e seu salário aumentou 40%, passando a ser de R$3.500,00.

O salário de Ernesto antes da promoção era de:

A. R$1.900,00;

B. R$2.100,00;

C. R$2.400,00;

D. R$2.500,00;

E. R$2.800,00.

COMENTÁRIO

Essa é uma questão de porcentagem. A porcentagem é representada pelo símbolo % e pode ser escrita na forma de uma fração centesimal, ou na sua forma decimal.

Observe que APÓS o aumento de 40%, o salário passou a ser R$3.5000,00, ou seja, esse é um valor de 100%+40%, totalizando 140%.

Desta forma, para encontrar o valor anterior do salário de Ernesto, basta uma regra de três simples:

Salário-------------%

3.500---------------140

x--------------------- 100

$$140x = 3500 \times 100$$

$$x = \frac{350000}{140}$$

$$x = 2500$$

Resposta: D.

---

234. (INSTITUTO AOCP/EMPREL/Assistente de Operações e Monitoramento/2019) No armário de Luana, há apenas dois pacotes de arroz, um pacote de feijão, um pacote de macarrão e um pacote de fubá. Luana retirou desse armário três pacotes para fazer uma doação. Sabendo que nenhum dos três pacotes retirados do armário era o de macarrão, é correto afirmar que

A. pelo menos um pacote era de fubá.

B. pelo menos um pacote era de arroz.

C. pelo menos um pacote era de feijão.

D. dois eram pacotes de arroz e um de feijão.

E. um pacote era de arroz, um de feijão e um de fubá.

COMENTÁRIO

Sabemos que, se ela não tirou um pacote de macarrão, as opções serão:

2 pacotes de arroz- 1 pacote de feijão – 1 pacote de fubá.

Observe que se fossem retirados três pacotes, em todas as combinações possíveis, pelo menos haveria um pacote de arroz, visto que além do arroz só existem dois pacotes disponíveis (1 de feijão e 1 de fubá).

Resposta: B.

---

235. (INSTITUTO AOCP/Prefeitura de Umuarama-PR/Professor/Educação Infantil/2019) Em raciocínio lógico, denomina-se proposição ou sentença toda oração declarativa que pode ser classificada ou como "verdadeira" ou como "falsa". Considere as seguintes proposições envolvendo operações e comparações entre números naturais:

p: "Oito é diferente de nove.";

q: "quatro é menor que oito.";

r: "Quinze é o quádruplo de três.";

s: "O triplo de nove é igual a vinte e sete.".

Entre essas proposições, a única classificada como "falsa" no conjunto dos números naturais é a proposição

A. s.

B. r.

C. q.

D. p.

COMENTÁRIO

Primeiro vamos a definição do conjunto dos números Naturais.

O conjunto dos Números Naturais é um conjunto formado por:

0, 1, 2, 3, 4, 5, 6, 7, 8, 9, ...

Dizemos que esse conjunto é infinito positivamente.

Desta forma, vamos analisar as proposições:

- p: "Oito é diferente de nove.";

  Podemos representar como $8 \neq 9$. Isso é verdade no conjunto dos números naturais.
- q: "quatro é menor que oito.";

  Podemos representar como $4 > 8$. Isso também é verdade no conjunto dos números naturais.
- r: "Quinze é o quádruplo de três.";

  Podemos representar isso como $15 = 4 \times 3$. Essa afirmação é falsa, pois sabemos que $4 \times 3 = 12$.
- s: "O triplo de nove é igual a vinte e sete.".

  Podemos representar como $3 \times 9 = 27$. Também temos aqui uma verdade.

Resposta: B.

236.(VUNESP/TJ-SP/Administrador Judiciário/2019) Sobre o preço P de venda de determinado produto, aplicou-se um aumento de 15% e, sobre o novo preço de venda do produto, aplicou-se, dias depois, um desconto de 10%. Após essas duas mudanças, comparado ao preço P, o preço final de venda do produto aumentou

a) 3,5%

b) 4,5%

c) 4,0%

d) 5,0%

e) 3,0%

COMENTÁRIO

Nas questões de porcentagem em que os valores são todos relativos, isto é, x%, sugiro que simulemos o valor de 100, neste caso R$100,00.

Com o aumento de 15%, podemos fazer uma regra de três simples, ou até mesmo aplicarmos os fatores de multiplicação, conforme apresentado no final deste capítulo.

Aplicando uma regra de três simples:

100 ------ 100%

X --------- 115%

100X= 11500

X = 11500/100

X = 115,00 reais.

Aplicando agora um desconto de 10% sobre o valor (novo referencial, ou seja, 100%)

115 ------ 100%

X ---------- 90% (100% - 10%)

100 X= 115. 90

100 X = 10350

X= 10350/100

X = 103,50

Após essas duas mudanças, comparado ao preço P, o preço final de venda será a diferença entre 100-103,5 = 3,5 , ou seja, uma variação de 3,5%

Aplicando o fator de multiplicação:

100 ----(+15%)-----> (x1,15) = 115 -----(- 10%) -----> (x 0,9) = **103, 5**

Na variação de 100 para 103,5 temos um aumento de 3,5 %.

Resposta: A.

---

237. (VUNESP/ TJ-SP/Administrador Judiciário/ 2019) Em relação ao total de administradores judiciários em determinado estado, no ano de 2018, três décimos estão prestes a se aposentar. Dos demais, sabe-se que 5% foram contratados em concursos públicos realizados na década de 2000, e um quinto do restante foi contratado em concursos públicos realizados nos últimos 5 anos. Do total de administradores judiciários no ano de 2018 nesse estado, os que foram contratados em concursos públicos dos últimos 5 anos correspondem

a) de 1% a menos de 5%.

b) de 9% a menos de 13%.

c) de 5% a menos de 9%.

d) de 13% a menos de 17%.

e) a menos de 1%.

COMENTÁRIO

Mais uma vez temos uma questão de porcentagem, onde iremos simular o valor de 100 pessoas, pois todos os valores estão representados de forma relativa.

No ano de 2018, "0,3" (três décimos), ou 30% de 100 estão prestes a se aposentar. Isso significa 30 pessoas.

Os demais correspondem a (100% - 30%), o complementar, 70% que é igual a 70 pessoas.

Das 70 pessoas temos que 5%, 70 x 0,05 = 3,5 realizaram concursos na década de 2000.

Um quinto (1/5) do restante (70 – 3,5):

1/5 x 66,5= 66,5 / 5 = 13,3 foram contratados nos últimos 5 anos.

Do total (100) quanto corresponde 13,3? Na verdade, quando simulamos o número 100, as respostas já estão em porcentagem. Assim temos 13,3%.

Resposta: D.

238.(VUNESP/ TJ-SP/Administrador Judiciário/2019) Duas máquinas idênticas e com a mesma capacidade de produção reciclam, trabalhando juntas e ao mesmo tempo, certo volume V de um mesmo material, em 5 horas e 10 minutos. Uma nova máquina, com tecnologia mais avançada, foi adquirida e colocada para fazer a reciclagem do referido material, juntamente com as outras duas máquinas. Sabendo-se que a nova máquina tem a capacidade de reciclagem 10% maior que as outras duas máquinas, é esperado que as três máquinas, trabalhando juntas e ao mesmo tempo, reciclem o dobro do volume V do material em questão em, no mínimo,

a) 5 horas e 30 minutos.

b) 5 horas e 57 minutos.

c) 6 horas e 23 minutos.

d) 7 horas e 07 minutos.

e) 6 horas e 40 minutos.

COMENTÁRIO

Vamos considerar que 5h 10 min correspondem a 310 min.

Como cada uma das máquinas faz 310 e sendo duas máquinas, teremos um volume de 620, pois, 2 x 310 = 620 (2 máquinas vezes o tempo de 310 minutos = 620(V))

A nova máquina com tecnologia mais avançada tem capacidade de reciclagem 10% maior, logo, podemos multiplicar por 1,1(+10%); assim, as três máquinas fazem:

(1 +1 +1,1) x t = 1240 (2V)

3,1 x t = 1240 (3,1 máquinas vezes o tempo = o dobro do volume)

3,1t = 1240

t = 400 minutos

400 minutos = 6 horas e 40 minutos

Resposta: E.

---

239. (VUNESP/TJ-SP/Administrador Judiciário/2019)

A cada 5 dias, independentemente de ser dia de semana, final de semana, ou feriado, determinada tarefa é realizada por uma equipe da polícia civil de determinado estado. Considere que a realização dessa tarefa tenha que ocorrer no dia 03 de fevereiro de 2019. Sabendo que o mês de fevereiro de 2019 tem 28 dias, que os meses de março e maio de 2019 têm 31 dias, cada um, e que o mês de abril de 2019 tem 30 dias, o primeiro dia do mês de junho de 2019 em que essa tarefa também deverá ser realizada será o dia

a) 2.

b) 4.

c) 5.

d) 6.

e) 3

COMENTÁRIO

Nesta questão temos a aplicação de múltiplos, especificamente múltiplos de 5(números que terminam em zero ou cinco). A partir de 03 de fevereiro de 2019, de cinco em cinco dias é realizada uma tarefa, em que ocorrerão do mês de fevereiro até junho de 2019. A pergunta da questão é qual o primeiro dia do mês de junho que a tarefa será realizada. Vamos fazer o seguinte:

A partir do dia 03 de fevereiro, iremos calcular a quantidade de dias até a data de (simule uma das respostas só para que tenhamos um referencial). Como referencial irei escolher o dia 3 de junho de 2019 para que os meses fiquem fechados. Vamos lá!

03 de FEVEREIRO ---**25 dias** -- > 03 de MARÇO --**31 dias**-- > 03 de ABRIL ---**30dias**---- > 03 de MAIO –**31 dias**-- > **03 dias** de JUNHO.

Vamos somar os valores: 25 + 31 + 30 + 31 + 3 = 120 (temos uma quantidade de dias que é múltiplo de cinco, logo podemos afirmar que a última tarefa aconteceu no dia 03 de junho).

Caso tivéssemos considerado a data do dia 4 de junho, a quantidade de dias seria 121, ou seja, não é múltiplo de 5, pois os múltiplos de 5 terminam em zero ou cinco. Assim saberíamos que para terminar em zero teríamos que retirar 01 dia de 121 dias, voltando para o dia 3 de junho.

Resposta: E.

---

240. (FCC/BANRISUL/Escriturário/2019) Em uma mercearia, vende-se queijo ao preço de R$ 70,00 por 1,5 kg. Gastando exatamente R$ 203,00, o número de porções de 75 g de queijo que se pode adquirir nessa mercearia é

a) 61.

b) 59.

c) 60.

d) 62.

e) 58.

COMENTÁRIO

✪ **Nota do autor:** Questões envolvendo relações entre grandezas – regra de três simples – é comum nas provas que exigem lógica matemática, desta forma é necessário saber aplicar o método adequado.

Temos uma questão de grandezas proporcionais, regra de três simples, pois temos apenas 02 (duas) grandezas se relacionando.

Nesse caso as duas grandezas são: valor e massa.

Tais grandezas se relacionam de maneira direta, pois quanto maior o peso (massa), maior será o valor.

Observação:

Se as grandezas forem diretamente proporcionais, as multiplicações serão realizadas em diagonais, caso as grandezas sejam inversamente proporcionais, as multiplicações serão realizadas na horizontal.

Resolvendo:

Valor Massa (g)

70 1500

203 X

70X = 304.500

X = 4.350

Agora é só dividir por 75 g para saber o número de porções

4,350/75 = 58

Resposta: E.

---

241. (FCC/BANRISUL/Escriturário/2019) Considere os dados, abaixo.

$$x = \frac{7}{9} \qquad y = \frac{16}{21} \qquad z = \frac{11}{14}$$

É correto afirmar que

a) $z < y < x$.
b) $x < z < y$.
c) $y < x < z$.
d) $z < x < y$.
e) $y < z < x$.

COMENTÁRIO

Nesta questão iremos aplicar uma das propriedades da proporção, evitando assim, realizar as divisões que não são exatas, e possivelmente algumas são dízimas periódicas e outras com muitas casas decimais. A propriedade é a multiplicação dos extremos, pela multiplicação dos meios. Vejamos:

X Y

$$\frac{7}{9} \qquad \frac{16}{21}$$

(7 x 21= 147) > (9 x 16 = 144)

Logo $X>Y$

y z

$$\frac{16}{21} \qquad \frac{11}{14}$$

(16 x 14= 224) $<$ (21x 11 = 231)

Logo $Y<Z$

X z

$$\frac{7}{9} \qquad \frac{11}{14}$$

(7 x 14= 98) $<$ (9x 11 = 99)

Logo $X<Z$

Assim podemos inferir que $Z>X>Y$ ou $Y<X<Z$.

Resposta: C.

242.(FCC/BANRISUL/Escriturário / 2019) Uma papelaria vende cadernos de dois tamanhos: pequenos e grandes. Esses cadernos podem ser verdes ou vermelhos. No estoque da papelaria, há 155 cadernos, dos quais 82 são vermelhos e 85 são pequenos. Sabendo que 33 dos cadernos em estoque são pequenos e vermelhos, a porcentagem dos cadernos grandes que são verdes é

a) 20%.
b) 35%.
c) 25%.
d) 30%.
e) 15%.

COMENTÁRIO

✪ **Nota do autor:** Nesta questão, iremos construir uma tabela para melhor interpretarmos a situação dada, uma vez que temos conjuntos disjuntos, ou seja, cadernos pequenos ou cadernos grandes, bem como cadernos de cor verde ou cadernos de cor verde. Os conjuntos são ditos disjuntos quando não possuem interseção, ou seja, $A \cap B = \emptyset$.

Segundo as informações dadas pela questão, iremos preencher as células:

	CADERNOS GRANDES	CADERNOS PEQUENOS	
VERDES			
VERMELHOS		**33**	**82**
Total		**85**	**155**

Segundo as informações acima podemos inferir os dados abaixo que estão nas demais células:

	CADERNOS GRANDES	CADERNOS PEQUENOS	
VERDES	**21**	**52**	**73**
VERMELHOS	**49**	**33**	**82**
Total	**70**	**85**	**155**

A questão solicita a porcentagem dos cadernos grandes que são verdes, ou seja, de 70 cadernos grandes, 21 deles representam quantos por cento. Agora é só aplicar uma regra de três simples:

70 ----------100%

21 -----------X

70X = 2100

X = 2100/70

X = 30%

Resposta: D.

---

243. (FGV/Prefeitura de Boa Vista-RR/Assistente Cuidador Escolar/2018) Joana comprou quatro produtos para a higiene e os cuidados das crianças da creche. A tabela abaixo mostra os produtos, os preços unitários, em reais, e as quantidades compradas.

Produto	Preço unitário	Quantidade
Algodão (pacote)	13,90	1
Sabonete	1,80	6
Pomada para assadura	25,90	2
Lenço umedecido (pacote)	11,50	3

O gasto total de Joana com essas compras foi de:

A. R$ 106,40;

B. R$ 108,00;

C. R$ 109,50;

D. R$ 110,20;

E. R$ 111,00.

COMENTÁRIO

Para encontrar o valor total gasto com cada produto basta multiplicar o preço unitário pela quantidade comprada:

Algodão:

$13{,}90 \times 1 = 13{,}90$

Sabonete:

$1{,}80 \times 6 = 10{,}80$

Pomada para assadura:

$25{,}90 \times 2 = 51{,}80$

Lenço umedecido:

$11{,}50 \times 3 = 34{,}50$

Somando todos os valores gastos:

$13{,}90 + 10{,}80 + 51{,}80 + 34{,}50 = 111{,}00$

Resposta: E.

244.(FGV/Prefeitura de Boa Vista-RR/Assistente Cuidador Escolar/2018) Cecília pesa 14 kg, está fazendo uso de antibiótico e, durante sua estadia na creche, deverá tomar, todos os dias, uma dose às 16h. A cuidadora Joana recebeu dos pais da criança o antibiótico com as instruções:

- a dose deverá conter 25 mg do antibiótico para cada quilograma de peso da criança;
- cada medida do antibiótico diluído contém 100 mg do antibiótico.

O número de medidas do antibiótico diluído que Joana deve dar a Cecília é:

A. 1 medida e meia;

B. 2 medidas;

C. 2 medidas e meia;

D. 3 medidas;

E. 3 medidas e meia.

COMENTÁRIO

Observe que foi dito que a dose deverá conter 25 mg do antibiótico para cada quilograma de peso da criança. Sabendo que ela tem 14kg, a quantidade de mg deverá ser:

$25 \times 14 = 350mg$

Cada medida do antibiótico diluído contém 100 mg do antibiótico. Então vamos dividir a quantidade necessária em medidas:

$350 \div 100 = 3{,}5$ medidas

Ou seja, 3 medidas e meia

Resposta: E.

245.(FGV/Prefeitura de Boa Vista-RR/Assistente Cuidador Escolar/2018) Uma sala da creche possui duas partes e cada uma delas é um quadrado de 6 m de lado. A passagem de uma das partes para a outra possui 4 m, como mostra a figura a seguir.

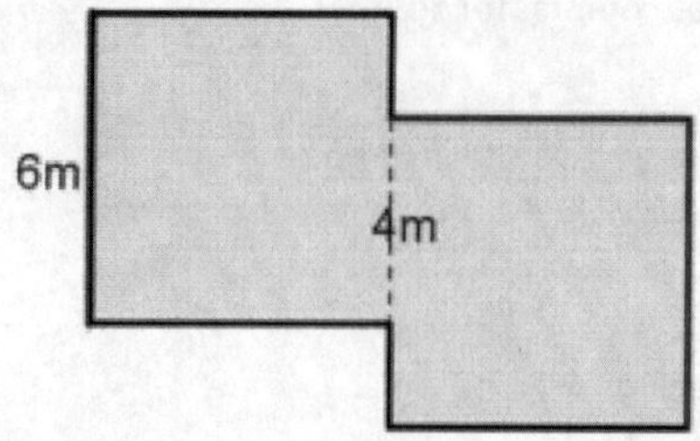

O perímetro da figura acima é:

A. 40 m;

B. 42 m;

C. 44 m;

D. 46 m;

E. 48 m.

COMENTÁRIO

Primeiro devemos saber que perímetro é a medida do contorno de um objeto bidimensional, ou seja, a soma de todos os lados de uma figura geométrica.

Como são quadrados e sabemos que todos os lados possuem mesma medida, podemos observar o seguinte:

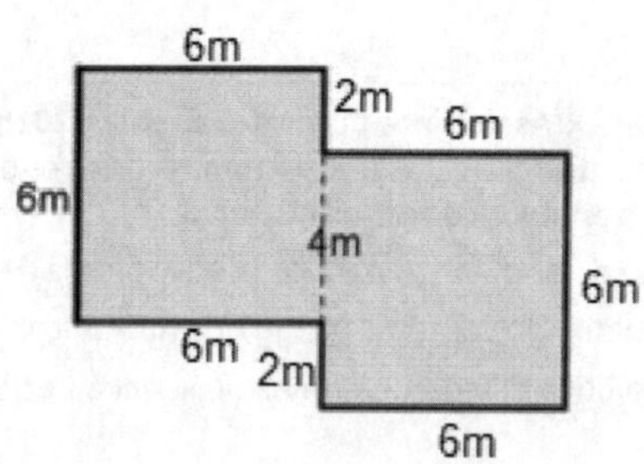

Somando todos os lados do contorno da figura teremos:

$p = 6m + 6m + 2m + 6m + 6m + 6m + 2m + 6m$

$p = 40m$

Resposta: A

246.(FGV/Prefeitura de Boa Vista-RR/Assistente Cuidador Escolar/2018) Uma creche terá 12 crianças de 1 a 2 anos, de segunda a sexta-feira da próxima semana. Cada criança trocará de fralda quatro vezes em cada dia e cada pacote de fraldas que a creche utiliza tem 70 fraldas.

Para essa semana, o número mínimo de pacotes de fraldas que a creche deve comprar é:

A. 2;

B. 3;

C. 4;

D. 5;

E. 6.

COMENTÁRIO

Observe que são 12 crianças com troca diária de 4 fraldas. Ou seja, em um dia são gastos:

$12 \times 4 = 48$ fraldas

Como essa creche funciona de segunda a sexta-feira, serão 5 dias na semana gastando 48 fraldas ao dia: $48 \times 5 = 240$ fraldas.

Sabendo que o pacote contém 70 fraldas:

$240 = 70 + 70 + 70 + 30$

Ou seja, serão necessários 3 pacotes completos, mais 30 fraldas de outro pacote, sendo necessário a creche comprar no mínimo 4 pacotes.

Resposta: C.

---

247. (FGV/Prefeitura de Boa Vista-RR/Assistente Cuidador Escolar/2018) O piso do pátio da escola será pintado com tinta antiderrapante. Na quinta-feira os operários realizaram a quarta parte do trabalho e, na sexta-feira, pintaram a terça parte do restante.

A fração do trabalho que ficou para a semana seguinte foi:

A. 1/2;

B. 1/3;

C. 2/3;

D. 3/4;

E. 5/6.

COMENTÁRIO

Novamente uma questão que trabalha frações. Observe que na quinta-feira os operários realizaram a quarta parte do trabalho, isso significa que foi realizado ¼.

Se eles fizeram ¼ do trabalho, ainda restará ¾ do trabalho para ser feito.

Com isso, foi dito que na sexta-feira, pintaram a terça parte do restante, ou seja, ⅓ de ¾.

Lembrando que a preposição "de" representa multiplicação, temos:

$$\frac{1}{3} \times \frac{3}{4} = \frac{3}{12}$$

Simplificando:

$$\frac{3 \div 3}{12 \div 3} = \frac{1}{4}$$

Ou seja, na quinta feira fizeram ¼ do trabalho e na sexta-feira também fizeram ¼ do trabalho. Logo o trabalho concluído foi de:

$$\frac{1}{4} + \frac{1}{4} = \frac{2}{4}$$

Simplificando:

$$\frac{2 \div 2}{4 \div 2} = \frac{1}{2}$$

Então será deixado para a próxima semana ½ do trabalho.

Resposta: A.

248.(FGV/Prefeitura de Boa Vista-RR/Assistente Cuidador Escolar/2018) Trabalhando na creche, Joana deve preparar copos de leite usando certo tipo de leite em pó. As instruções dizem que para cada copo ela deve usar 180 ml de água e 2 colheres de sopa de leite em pó.

Se Joana usou 30 colheres de sopa de leite em pó, então a quantidade de água necessária foi de:

A. 2.100 ml;

B. 2.400 ml;

C. 2.700 ml;

D. 3.000 ml;

E. 3.300 ml.

COMENTÁRIO

Temos aqui mais uma questão de proporção. Observe que se Joana aumenta a quantidade de colheres desse leite, então ela deverá aumentar a quantidade de ml de água de forma proporcional. Ou seja, são grandezas onde a variação de uma provoca a variação da outra numa mesma razão

Podemos fazer uma regra de três simples para encontrar a quantidade de *mls* necessárias.

ml------------------colheres

180-------------------2

x-----------------------30

$2x = 180 \times 30$

$2x = 5400$

$$x - \frac{5400}{2}$$

x = 2700ml

Resposta: C.

---

249. (FGV/Prefeitura de Boa Vista-RR/Assistente Cuidador Escolar/2018) No exame médico, os pesos das cinco crianças da sala de Joana foram: 29,0kg, 27,5kg, 31,0kg, 22,5kg e 32,0kg.

O peso médio dessas crianças é:

A. 27,8 kg;

B. 28,0 kg;

C. 28,2 kg;

D. 28,4 kg;

E. 28,6 kg.

COMENTÁRIO

Observe que a questão quer saber o peso médio das crianças, ou seja a média aritmética entre os pesos. A média aritmética é a soma de vários valores divido pela quantidade total deles.

Vamos somar os valores:

$29{,}0 + 27{,}5 + 31{,}0 + 22{,}5 + 32{,}0 = 142kg$

Como são 5 valores diferentes:

$142 \div 5 = 28{,}4kg.$

Logo o peso médio será de 28,4*kg*.

Resposta: D.

---

250. (FGV/Prefeitura de Boa Vista-RR/Assistente Cuidador Escolar/2018) Uma empresa vende sucos naturais de frutas do Norte em garrafas de 750 ml. Uma escola necessita de 30 litros de suco para o consumo dos alunos na próxima semana.

O número de garrafas que devem ser compradas é:

A. 38;

B. 40;

C. 42;

D. 44;

E. 46.

COMENTÁRIO

Temos uma questão de medidas de capacidade. A principal unidade de medida da capacidade é o litro (L).

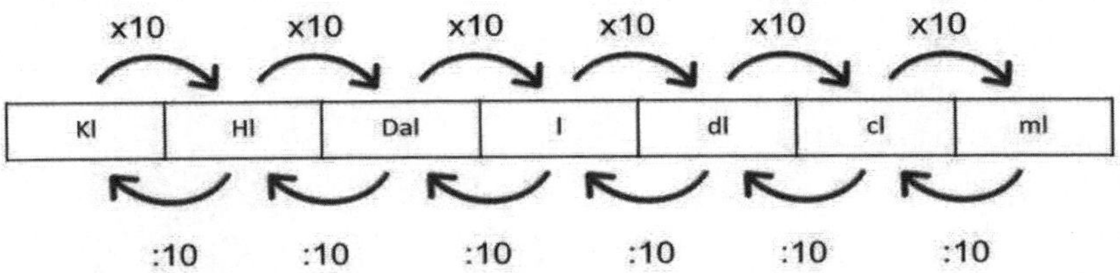

Como podemos ver 1litro possui 1000ml. Desta forma 30litros terá:

$30 \times 1000 = 30.000ml$

Como cada garrafa tem a capacidade para apenas 750mls vamos precisar de:

$30.000 \div 750 = 40$ garrafas.

Resposta: B.

---

251. (FGV/Prefeitura de Boa Vista-RR/Assistente Cuidador Escolar/2018) João mora em Boa Vista e foi, em seu carro, visitar sua mãe que mora em Caracaraí. Na ida, o tempo estava bom e a viagem durou 1 hora e 34 minutos. Porém, na volta, estava chovendo e a viagem durou 2 horas e 16 minutos.

O tempo da viagem da volta foi maior do que o da viagem de ida em:

A. 42min;

B. 54min;

C. 1h10min;

D. 1h18min;

E. 1h28min.

COMENTÁRIO

Temos uma questão que trabalha a medida de tempo. Sabemos que o nosso sistema de medidas de tempo é um sistema sexagesimal, ou seja, de base 60.

1 hora = 60 minutos

1 minuto = 60 segundos

Então, para facilitar, vamos transformar em apenas uma medida de tempo para fazer a subtração. Então transformando para minutos temos:

- 1h 34min $\rightarrow 1 \times 60 + 34 = 94\ minutos$
- 2h 16min $\rightarrow 2 \times 60 + 16 = 136\ minutos$

Desta forma, a diferença será de:

$136 - 94 = 42\ minutos$

Resposta: A.

252.(FGV/Prefeitura de Salvador-BA/Professor Infantil 5º Ano/2019) Em uma caixa há somente peças triangulares e peças pentagonais, em um total de 21 peças. Se, para cada peça pentagonal, há duas peças triangulares, o número total de vértices dessas peças é

A. 77.

B. 75.

C. 69.

D. 65.

E. 63.

COMENTÁRIO

Precisamos saber que as peças triangulares, cada uma possuem 3 vértices e as peças pentagonais, cada uma, 5 vértices.

Foi mencionado também que para cada peça pentagonal, há duas peças triangulares, então a quantidade de peças triangulares será o dobro de peças pentagonais:

Como não sabemos a quantidade de cada peça, vamos chamar de:

$x =$ quantidade de peças pentagonais

$2x =$ quantidade de peças triangulares

Há um total de 21 peças, logo

$x + 2x = 21$

$3x = 21$

$$x = \frac{21}{3}$$

$x = 7$

Ou seja, há 7 peças pentagonais e 14 peças triangulares.

Agora calculando a quantidade de vértices totais temos:

$7 \times 5 + 14 \times 3 =$

$35 + 42 = 77$

Há nessa caixa 77 vértices.

Resposta: A.

---

253. (FGV/Prefeitura de Salvador-BA/Professor Infantil 5º Ano/2019) Dizemos que um número inteiro é "soteropolista" quando todos os seus algarismos são ímpares e o número é divisível pelo seu algarismo das unidades.

Considere as afirmativas:

I. 73 é um número "soteropolista".
II. 35 é um número "soteropolista".
III. 63 é um número "soteropolista".

É correto concluir que

A. todas são verdadeiras.
B. apenas I e II são verdadeiras.
C. apenas II e III são verdadeiras.
D. apenas II é verdadeira.
E. apenas III é verdadeira.

COMENTÁRIO

Para resolver essa questão, vamos analisar item por item.

Primeiro é preciso entender que será "soteropolista" quando todos os seus algarismos são ímpares e o número é divisível pelo seu algarismo das unidades.

I. 73 é um número "soteropolista".

Os dois algarismos são ímpares. Porém 73 não é divisível por 3 que é o algarismo das unidades. Logo 73 não é soteropolista.

II. 35 é um número "soteropolista".

Os dois algarismos são ímpares. E 35 é divisível por 5 que é o algarismo das unidades. Logo 35 é soteropolista.

III. 63 é um número "soteropolista".

Os dois algarismos NÃO são ímpares, pois 6 é par. E 63 é divisível por 3 que é o algarismo das unidades. Logo 63 não é soteropolista.

Resposta: D.

254.(AOCP/UEFS/Analista Universitário/Administração/2018) Dado quatro números Naturais x, y, z e w, sabemos que

- z é maior do que y;
- z é menor do que w;
- x é menor do que y.

Considerando o exposto, é correto afirmar que

a. x é maior do que w.
b. x é maior do que z.
c. x é menor do que w.
d. z é menor do que x.
e. y é maior do que w.

COMENTÁRIO

A ideia dessa questão é colocar em ordem crescente os números. Ora, observe que z é maior do que y e menor do que w necessariamente, ou seja, ele está entre esses dois números:

$y < z < w$

Como x é menor que y, ele será o menor número:

$x < y < z < w$.

Como isso podemos concluir que "x é menor que w"

Resposta: C.

255.(AOCP/Prefeitura de Feira de Santana-BA/Professor/Pedagogia/2018) Em uma pesquisa realizada com 50 mulheres que transitaram em certa avenida, questionou-se: "Quantos filhos você tem?" Foi descoberto que, dessas mulheres, 18 tinham mais de 2 filhos, 13 não tinham filhos e 30 tinham menos de 4 filhos. De acordo com esses dados, quantas dessas mulheres têm exatamente 3 filhos?

a. 7
b. 8
c. 9
d. 10
e. 11

COMENTÁRIO

Sabendo que a pesquisa foi realizada com 50 mulheres e que 13 afirmaram não ter filhos, então podemos concluir que:

50 – 13 = 37 mulheres possuem filhos.

Outra informação dada é que 18 tinham mais de 2 filhos. Sendo assim, as mulheres que possuem 1 filho ou 2 filhos será:

37 – 18 = 19 mulheres.

A última informação dada é que 30 tinham menos de 4 filhos. Observe que está incluso nesse grupo as mulheres com 1, 2 e 3 filhos. Como já sabemos que a quantidade de mulheres com um e dois filhos é igual a 19, então basta subtrair para descobrir quantas tem exatamente três filhos:

30 – 19= 11 mulheres.

Logo, 11 mulheres possuem exatamente 3 filhos.

Resposta: E.

256. (AOCP/Prefeitura de Feira de Santana-BA/Professor/Pedagogia/2018) Considere as proposições:

P_1: "Todos os retângulos são paralelogramos";

P_2: "Alguns retângulos são quadrados".

Sabendo que ambas são verdadeiras, é possível concluir que:

a. todos os paralelogramos são quadrados.
b. alguns paralelogramos são quadrados.
c. todos os retângulos são quadrados.
d. nenhum paralelogramo pode ser um quadrado.
e. nenhum retângulo pode ser um quadrado.

COMENTÁRIO

A proposição P1 coloca que "Todos os retângulos são paralelogramos", ou seja, se for retângulo, obrigatoriamente será paralelogramo.

Já a segunda proposição diz que "Alguns retângulos são quadrados". Como sabemos que se retângulo = paralelogramo, de acordo com a p1, então podemos substituir por: "alguns paralelogramos são quadrados".

Resposta: B.

---

257. (IADES/APEX Brasil/Analista Jurídico/2018) Na próxima semana, a Apex-Brasil promoverá um evento que ocorrerá, de forma ininterrupta, das 8 horas às 16 horas. Para a orientação dos participantes, será necessária a presença contínua de 12 colaboradores na entrada do evento. Para permitir o descanso entre eles, foi montada uma equipe com 20 colaboradores, e o organizador decidiu que cada um deles trabalhará a mesma quantidade de tempo que os demais.

Com base nessa situação hipotética, é correto afirmar que cada colaborador trabalhará

A. 5 horas.
B. 3 horas e 52 minutos.
C. 4 horas.
D. 5 horas e 20 minutos.
E. 4 horas e 48 minutos.

COMENTÁRIO

Observe que o horário será de 8h as 16horas, então podemos concluir que serão 8 horas de evento.

Essas 8h deverão ser divididas pelos 20 colaboradores. Então vamos transformar essas horas em minutos para facilitar o entendimento:

$8h = 8 \times 60 = 480min$

$480min \div 20 = 24min$ para cada funcionário.

Sabendo que será necessária a presença contínua de 12 colaboradores na entrada do evento´, então temos:

$24min \times 12 = 288\ minutos$

Transformando em horas:

$288 \div 60 = 4\ e\ resto\ 48$

Ou seja, 4 horas e 48 minutos

Resposta: E.

---

258. (CESPE/Banco do Nordeste/Analista Bancário/2018)

A respeito de números reais e de funções de variáveis reais, julgue o item que se segue.

O menor valor de $f(x) = -3x^2 + 9x - 6$ ocorre em $x = 3/2$.

COMENTÁRIO

Temos um item com equação do 2 grau, onde o gráfico será uma parábola com concavidade para baixo, pois o coeficiente de "a" = - 3 (negativo).

O gráfico da função é uma parábola com concavidade para baixo, veja:

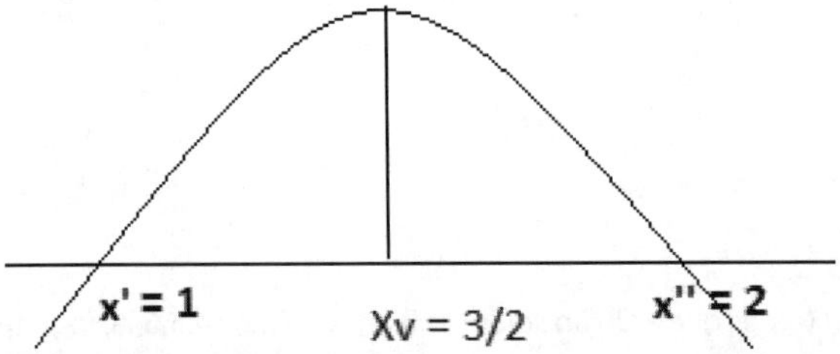

Dessa forma a função possuí **ponto máximo** e não ponto de menor valor.

O que a banca afirmou foi o x do vértice que é dado por:

Xv = - b / 2a

Xv = -9 / 2. -3

Xv = 3/2

Resposta: Errado.

---

259. (CESPE/Banco do Nordeste/Analista Bancário/2018)

A respeito de números reais e de funções de variáveis reais, julgue o item que se segue.

Situação hipotética: Carlos possui uma quantidade de revistas que é maior que 500 e menor que 700. Separando as revistas em conjuntos de 8 revistas, Carlos verificou que sobrou um grupo com 3 revistas. O mesmo acontecia quando ele separava as revistas em conjuntos de 14 ou em conjuntos de 20 revistas: sempre sobrava um conjunto com 3 revistas. Assertiva: Nesse caso, é correto afirmar que Carlos possui 563 revistas.

COMENTÁRIO

✪ **Nota do autor:** quando tivermos uma questão que relatar sobre tempo de encontro no futuro desde que haja o primeiro encontro iremos aplicar MMC (Mínimo múltiplo comum).

Temos um item com MMC, em que iremos verificar o número de revistas que separadas em grupos de 8, 14 ou 20, sobra um grupo com 3 revistas.

8,14, 20	2
4, 7, 10	2
2, 7, 5	2
1, 7, 5	5
1, 7, 1	7
1, 1, 1	2^3 x 5 x 7 = 280

Sabendo que o número de revistas é maior que 500 e menor que 700, pegamos 280 x 2 = 560 que será próximo múltiplo e somamos mais 3, que será o grupo que sobra.

Dessa forma temos 563.

Resposta: Certo.

---

260. (IBFC/Soldado Polícia Militar SE/2018). Considere os conjuntos finitos A = {0,1,3,5,6}, B = {-1,0,2,4,5,6,7} e C = {1,2,3,4,7,8} e as afirmações:

I. O total de elementos do conjunto que representa a união entre os conjuntos A e B é igual a 8.

II. O total de elementos do conjunto que representa a intersecção entre os conjuntos A e C é igual a 3.

III. O total de elementos do conjunto que representa a diferença entre os conjuntos A e B, nessa ordem, é igual a 2.

IV. O total de elementos do conjunto que representa a diferença entre os conjuntos B e C, nessa ordem, é igual a 4.

Assinale a alternativa que apresenta o total exato de afirmações corretas:

a) 1

b) 2

c) 3

d) 4

COMENTÁRIO

Na primeira afirmação temos que a União será: A U B = { -1, 0 ,1,2,3,4,5,6,7}, logo temos 9 elementos.

Na segunda afirmação temos que a interseção é dada por: {1, 3}, logo 2 elementos.

Na terceira afirmação temos que a diferença é dada por: {1,3}, logo 2 elementos.

Na quarta afirmação temos que a diferença é dada por: { -1, 0, 5,6}, logo 4 elementos.

Resposta :B.

---

261. (CESPE / Banco do Nordeste / Analista Bancário / 2018) A respeito de números reais e de funções de variáveis reais, julgue o item que se segue.

As únicas soluções da equação $(\log_3 x)^2 = \log_3 x + 6$ são x = 1/9 e x = 27.

COMENTÁRIO

Uma questão de logaritmo com equação do 2 grau. Vejamos:

Primeiramente iremos substituir $\log_3 x = y$

$y^2 = y + 6$

$y^2 - y - 6 = 0$

Encontrando as raízes da equação pelo método da soma e produto:

__-3__+__2__= -1

__-3__x__2__= -6

Solução {3, -2}

Agora temos que y = 3 ou y = -2

Substituindo em $\log_3 x = y$

$\text{Log}_3 x = y$

$\log_3 x = 3$

$x = 3^3$

x= 27

$\log_3 x = y$

$\log_3 x = -2$

$x = 3^{-2}$

x= 1/9

Resposta: Certo.

---

262. (CESPE/Banco do Nordeste/Analista Bancário/2018) A respeito de números reais e de funções de variáveis reais, julgue o item que se segue.

Situação hipotética: Sandra selecionou questões de concursos públicos passados para resolver e, assim, se preparar para o concurso em que pretende concorrer. Ela selecionou 98 questões de matemática, 70 questões de português, 56 questões de informática e 42 questões de direito, que deverão ser resolvidas em determinada quantidade de dias. Ela estabeleceu as seguintes regras de estudo: C em todos os dias, ela deve resolver questões de todas essas disciplinas; C de cada uma dessas disciplinas, ela deve resolver, diariamente, sempre a mesma quantidade de questões; C essas quantidades de questões a serem resolvidas diariamente de cada disciplina devem ser as máximas possíveis para que, no período determinado, ela consiga resolver todas as questões de todas as disciplinas. Assertiva: Nessa situação, de todas as disciplinas, Sandra deverá resolver 19 questões por dia durante 14 dias

COMENTÁRIO

✪ **Nota do autor:** Quando o item afirma: "essas quantidades de questões a serem resolvidas diariamente de cada disciplina devem ser as **máximas possíveis** para que, no período determinado, ela consiga resolver todas as questões de todas as disciplinas" **podemos inferir que a resposta seria 1 dia.**

Agora se o item afirmasse que seria o **mínimo de questões por dia**, teríamos uma questão de MDC entre 98,70,56 e 42, MDC (98,70,56, 42) = 14. Aí tudo bem, 14 dias com 19 questões por dia, sendo 7 de matemática, 5 de português, 4 de informática e 3 de direito.

98, 70, 56, 42	2
49, 35, 28, 21	7
7 , 5, 4, 3	14

Resposta: Errado.

263.(CESPE/Banco do Nordeste/Analista Bancário/2018) No item a seguir é apresentada uma situação hipotética, seguida de uma assertiva a ser julgada, a respeito de proporcionalidade, divisão proporcional, média e porcentagem.

Um digitador digita, em média, sem interrupção, 80 palavras por minuto e gasta 25 minutos para concluir um trabalho. Nessa situação, para que o digitador conclua o mesmo trabalho em 20 minutos, sem interrupção, ele terá que digitar, em média, 90 palavras por minuto.

COMENTÁRIO

✪ **Nota do autor:** Questões envolvendo relações entre grandezas – regra de três simples – é comum nas provas que exigem lógica matemática, desta forma é necessário saber aplicar o método adequado.

Temos uma questão de grandezas proporcionais, regra de três simples, pois temos apenas 02 (duas) grandezas se relacionando.

Nesse caso as duas grandezas são: Palavras por minuto e tempo.

Tais grandezas se relacionam de maneira inversa, pois quanto mais palavras por minuto se digita, menos tempo serão necessários para concluir o trabalho.

As multiplicações serão realizadas na horizontal (GRANDEZAS INVERSAMENTE PROPORCIONAIS). Se as grandezas fossem (DIRETAMENTE PROPORCIONAIS) as multiplicações serão diagonais.

Temos uma questão de regra de três simples:

Palavras por minuto	tempo (min)
80	25
X	20

As grandezas são inversamente proporcionais, logo temos:

$20 . X = 80. 25$

$20 X = 2000$

$X = 100$ palavras por minuto.

Resposta: Errado.

264.(CESPE / Banco do Nordeste / Analista Bancário / 2018) No item a seguir é apresentada uma situação hipotética, seguida de uma assertiva a ser julgada, a respeito de proporcionalidade, divisão proporcional, média e porcentagem.

Todos os caixas de uma agência bancária trabalham com a mesma eficiência: 3 desses caixas atendem 12 clientes em 10 minutos. Nessa situação, 5 desses caixas atenderão 20 clientes em menos de 10 minutos.

COMENTÁRIO

✪ **Nota do autor:** É importante ressaltar que não é preciso aquelas setas indicando se as grandezas são inversas ou diretas, quando utilizamos o método causa-consequência já resolvemos tudo isso. Para multiplicar os números não se esqueçam, sigam as setas ilustradas no esquema acima.

Temos uma questão de grandezas proporcionais, regra de três composta, pois temos mais de 02(duas) grandezas se relacionando.

Nesse caso as grandezas são: Tempo, caixas e clientes

Para resolvermos as questões de regra de três compostas iremos aplicar um método muito eficiente, prático e rápido, o qual chamaremos de: MÉTODO - CAUSA – CONSEQUÊNCIA.

Primeiramente devemos saber quem são as causas e quem é a consequência, e para isto, basta na questão encontrarmos o sujeito (quem pratica a ação) e perguntarmos a ele o que ele está fazendo, a resposta será a consequência. As demais grandezas serão as causas.

Segundo a questão temos como sujeito os caixas, o que eles estão fazendo? A resposta é "atendendo clientes", logo a consequência será: Clientes.

As causas serão as seguintes grandezas: tempo e Caixas

Vamos construir um esquema para melhor interpretarmos e realizarmos os cálculos.

CAUSAS		CONSEQUÊNCIA
Tempo (min)	Caixas	Clientes
10	3	12
x	5	20

X . 5 . 12 = 10 . 3 . 20

60 X = 600

X = 10 min

Resposta: Errado.

265.(CESPE / Banco do Nordeste / Analista Bancário /2018) No item a seguir é apresentada uma situação hipotética, seguida de uma assertiva a ser julgada, a respeito de proporcionalidade, divisão proporcional, média e porcentagem.

Vilma, Marta e Cláudia trabalham em uma mesma agência bancária. Vilma está nesse emprego há 5 anos, Marta, há 7 anos e Cláudia, há 12 anos. Para premiar a eficiência dessas funcionárias, a direção do banco concedeu-lhes uma bonificação de R$12.000, que deverão ser divididos entre as três, de forma diretamente proporcional aos respectivos tempos de serviço. Nesse caso, Vilma receberá mais de R$3.000 de bonificação.

COMENTÁRIO

Temos que uma questão de divisão proporcional, em que iremos construir uma proporção:

V = Vilma;

M= Marta;

C = Claudia.

$$\frac{V}{5}=\frac{M}{7}=\frac{C}{12}$$

V = 5p

M= 7p

C = 12p

V+ M + C = 12.000

24 p = 12.000

p = 500

V = 5p = 2500

M= 7p= 3500

C = 12p = 6000

Resposta: Errado.

266.(Cespe / Banco do Nordeste / Analista Bancário / 2018) No item a seguir é apresentada uma situação hipotética, seguida de uma assertiva a ser julgada, a respeito de proporcionalidade, divisão proporcional, média e porcentagem.

Em uma faculdade, para avaliar o aprendizado dos alunos em determinada disciplina, o professor aplica as provas A, B e C e a nota final do aluno é a média ponderada das notas obtidas em cada prova. Na prova A, o peso é 1; na prova B, o peso é 10% maior que o peso na prova A; na prova C, o peso é 20% maior que o peso na prova B. Nesse caso, se PA, PB e PC forem as notas obtidas por um aluno nas provas A, B e C, respectivamente, então a nota final desse aluno é expressa por....

COMENTÁRIO

Temos uma questão de média ponderada, em que iremos multiplicar as notas pelos pesos e logo após dividir pelo somatório dos pesos.

Peso da prova A = 1

Peso da prova B = 1 x (1,1) = 1,1

Peso da prova C = 1,1 x (1,2) = 1,32

Calculando a média, teremos:

$$\text{Média: } \frac{PA \times 1 + PB \times 1{,}1 + PC \times 1{,}32}{1 + 1{,}1 + 1{,}32}$$

$$\text{Média: } \frac{PA \times 1 + PB \times 1{,}1 + PC \times 1{,}32}{3{,}42}$$

Resposta: Errado.

---

267. (VUNESP/Analista de Gestão Municipal/Contabilidade/2018) A área de uma praça, em um terreno retangular, é 1500 m². Sabe-se que, nessa praça, será construído um jardim, em formato retangular, cujo comprimento é 2/3 do comprimento do terreno e cuja largura é 3/5 da largura do terreno. Sem contar com o jardim, sobrará do terreno da praça, para outras finalidades, o equivalente a

a) 20%

b) 30%

c) 40%

d) 60%

e) 70%

COMENTÁRIO

Para facilitar nossas contas e evitar equações, iremos considerar um terreno retangular com dimensões de 25 m de largura por 60m de comprimento, produzindo uma área de 1500 m² de área conforme o comando. Na praça, será construído um jardim, em formato retangular, cujo comprimento é 2/3 do comprimento do terreno, 2/3 de 60m e cuja largura é 3/5 da largura do terreno, 3/5 de 25. Efetuando os cálculos temos:

2/3 x 60 = 40 m

3/5 x 25 = 15 m

As dimensões da praça são 40 x 15 , com área de 600 m². Sobrarão 1500 – 600 = 900 m²

Sobrarão 900/1500 do terreno, que equivale a 0,6 = 60%.

Resposta: D.

268.(IBFC/PM-SE/Soldado/2018) Um número é composto por 3 algarismos sendo que o algarismo da centena é o 7 e o da unidade é o 4. A soma dos possíveis algarismos da dezena desse número de modo que ele seja divisível por 3 é:

a) 15
b) 18
c) 12
d) 9

COMENTÁRIO

Os possíveis números que podemos formar com a centena sendo 7 e a unidade sendo 4, de tal maneira que eles sejam divisíveis por 3 (soma dos algarismos divisíveis por 3).

$7+0+4=11$
$7+1+4=12$
$7+2+4=13$
$7+3+4=14$
$7+4+4=15$
$7+5+4=16$
$7+6+4=17$
$7+7+4=18$
$7+8+4=19$
$7+9+4=20$

Logo $1+4+7=12$

Resposta: C.

---

269. (IBFC/PM-SE/Soldado/2018) O número 33 está descrito na base decimal. Assinale a alternativa que apresenta esse mesmo número descrito na base 8 (octal):

a) 14
b) 37
c) 55
d) 41

COMENTÁRIO

Temos que dividir por 8 até que o nosso divisor seja menor que 8, da seguinte forma:

$33/8=4$;

Resto $=1$

$4 \times 10^1 + 1 \times 10^0 = 41$ na base 8.

Resposta: D.

---

270. (IBFC/PM-SE/Soldado/2018) Um comerciante vende balas em pacotinhos, sempre com a mesma quantidade. Ao fazer isso, percebeu que dentre as balas que possuía poderia colocar 8, 12 ou 20 balas em cada pacote. Nessas condições, assinale a alternativa que apresenta o número mínimo de balas que o comerciante dispunha:

a) 120
b) 240
c) 360
d) 60

COMENTÁRIO

Para que possamos encontrar um número que seja divisível simultaneamente por 8, 12 e 20, sendo o menor possível, basta calcularmos o MMC (8,12,20) :

8,12,20	2
4,6, 10	2
2, 3 , 5	2
1, 3 , 5	3
1, 1, 5	5 = 2 x 2 x2 x 3 x 5 = 120
1,1,1	

Resposta: A.

---

271. (IBFC/PM-SE/Soldado/2018) Um azulejista deve cobrir uma parede de forma retangular de dimensões 3 metros por 4,5 metros, ele dispõe de azulejos de forma quadrada com lado medindo 15 cm. Nessas circunstâncias, o número mínimo de peças de azulejo que o azulejista vai precisar para cobrir totalmente a parede é:

a) 6000

b) 3000

c) 900

d) 600

COMENTÁRIO

Para calcularmos a área total a ser revestida, temos que multiplicar 3 x 4,5 = 13,5 metros quadrados.

Área de cada azulejo: 0,15 x 0,15 = 0,0225 m^2

Agora é só dividir 13,5 por 0,0225 = 600 azulejos.

Resposta: D.

---

272. (IBFC/PM-SE/Soldado/2018) José perguntou ao seu avô Pedro, que é professor de matemática, com que idade ele se formou na faculdade. Pedro disse ao neto que sua idade era o produto entre as raízes da equação x^2 -10x + 21 = 0. Nessas condições, assinale a alternativa que apresenta a idade que Pedro se formou na faculdade:

a) 18

b) 21

c) 24

d) 27

COMENTÁRIO

Dada a equação x^2 -10x + 21 = 0, podemos aplicar o método da soma e produto:

_-3__+ _-7__= -10

_-3__ x _-7__ = 21

Dois números que somados é -10 e multiplicados é -21. No final troca os sinais.

S= {3, 7}

Multiplicando os resultados: 3 x 7 = 21.

Resposta: B.

---

273. (IBFC/PM-SE/Soldado/2018) Os pontos de coordenadas (-3, 2) e (1, 10) são elementos de uma função de primeiro grau. Então para que o ponto (x, 6) seja um elemento dessa função, o valor de x deve ser:

a) – 1

b) 1

c) 2

d) – 2

COMENTÁRIO

Podemos encontrar a função e logo em seguida substituir o valor de 6 e encontrar o valor de x na função:

Vejamos:

Ponto (-3,2)

$Y = a\,x + b$

$\underline{2 = -3\,a + b\ (I)}$

Ponto (1,10)

$Y = a\,x + b$

$\underline{10 = a + b\ (II)}$

Respondendo o sistema de equações:

$$\begin{cases} -3\,a + b = 2 \\ a + b = 10 \end{cases}$$

$$\begin{cases} -3\,a + b = 2 \\ a + b = 10\ (x3) \end{cases}$$

$$\begin{cases} -3\,\cancel{a} + b = 2 \\ 3\cancel{a} + 3b = 30 \end{cases}$$

$4b = 32$

$b = 8$, logo $a = 2$

A função será: $Y = 2x + 8$, sendo assim quando $Y = 6$;

$Y = 2x + 8$

$6 = 2x + 8$

$2x = -2$

$X = -1$

Resposta: A.

---

274. (AOCP/Soldado Combatente BM / 2018) Considere o conjunto C dado por C = {2, 4, 8, x, y}, em que x e y são números inteiros. Sabendo que a soma dos elementos de C resulta em 44 e que o valor de y é o dobro do valor de x, então a diferença entre y e x, nessa ordem, é igual a

a) 2.

b) 4.

c) 6.

d) 8.

e) 10.

COMENTÁRIO

A soma dos elementos: $2 + 4 + 8 + X + Y = 44$ e que $Y = 2X$

Temos que substituindo $Y = 2X$:

$2 + 4 + 8 + X + 2X = 44$

$14 + 3\,X = 44$

$3\,X = 30$

$X = 10$ e $Y = 2\,X = 20$

Como queremos $Y - X = 20 - 10 = 10$

Resposta: E.

275. (AOCP/ Soldado Combatente BM /2018) O resultado da soma $\frac{1}{2}+\frac{7}{10}+\frac{13}{10}+\frac{8}{5}+\frac{9}{10}$ é um número

a) divisível por 2.

b) inteiro negativo.

c) divisível por 3.

d) racional e inteiro.

e) racional negativo.

COMENTÁRIO

A questão trata de uma soma de frações:

1/2 + 7/10 + 13/10 + 8/ 5 + 9/ 10, tirando o MMC dos denominadores e multiplicando pelos numeradores, teremos:

5/10 + 7/10 + 13/10 + 16/10 + 9/10 = 50/10 = 5 **(Número racional e inteiro. Obs.: Todo número inteiro é racional)**

Resposta D.

276. (AOCP/Soldado Combatente BM/2018) Em uma ocorrência, foi registrada a apreensão de dois furgões com mercadorias obtidas ilegalmente. No primeiro furgão, foram encontradas 10 caixas da mercadoria A e 12 caixas da mercadoria B, cujo valor total de venda dessas mercadorias resultava em R$ 5.700,00, conforme relatado pelo motorista. No segundo furgão, foram encontradas 20 caixas da mesma mercadoria A e 2 caixas da mesma mercadoria B, cujo valor total de venda dessas mercadorias resultava em R$ 6.340,00, conforme relatado pelo segundo motorista. Considerando que ambos os motoristas falaram a verdade, então o valor de cada caixa do produto B é igual a

a) R$ 230,00.

b) R$ 249,00.

c) R$ 269,00.

d) R$ 280,00.

e) R$ 294,00.

COMENTÁRIO

Temos uma questão de sistema de equações do 1grau, vejamos:

I : 10 A + 12 B = 5700

II: 20 A + 2 B = 6340

Multiplicando a primeira equação por (-2)

I : -20 A -24 B = -11400

II: 20 A + 2 B = 6340

Somando as equações:

-22B = -5060

B = 230

Resposta : A.

277. (AOCP/Soldado Combatente BM/2018) Se somarmos três unidades ao dobro do número x, obteremos o mesmo resultado que alcançamos ao subtrair duas unidades do triplo do mesmo número x. Dessa forma, o quádruplo do número x é igual a

a) 20.

b) 16.

c) 12.

d) 8.

e) 4.

COMENTÁRIO

Uma questão de equação do 1º grau:

3 + 2X = 3X – 2

2X – 3X = -2 – 3

- X = - 5

X = 5, logo o quádruplo é igual a 20.

Resposta: A.

---

278. (AOCP/Soldado Combatente BM/2018) Sejam x e y dois números reais e que estão relacionados pela equação 3y – 2 = x + 15, dessa forma, se x = 10, então o valor de y será igual a

a) 23/3.

b) 12.

c) 9.

d) 10.

e) 5.

COMENTÁRIO

Temos uma questão de equação do 1º grau:

3Y – 2 = X + 15

Substituindo X = 10, temos:

3Y – 2 = 10 + 15

3Y = 10 + 15 + 2

3Y = 27

Y = 9

Resposta : C.

---

279. (AOCP/Soldado Combatente BM /2018) Das oito horas da manhã até às 16 horas da tarde, o número médio de ligações de emergência diárias para o número 190 pode ser representado pela equação y = x + 15, em que y é o número de chamadas e x é o horário da ligação, considerando somente a hora da ligação, sem os minutos. Por exemplo, às 8h 20min da manhã, o número de ligações será dado por y = 8 + 15 = 23. Nesse período, ficam disponíveis duas viaturas policiais para atender as ligações, sendo que esse número de viaturas disponíveis é dobrado a partir do primeiro horário em que o número de chamadas ultrapassar o valor 28. Dessa forma, o número de viaturas disponíveis é dobrado somente a partir das

a) 12 horas.

b) 13 horas.

c) 14 horas.

d) 15 horas.

e) 16 horas.

COMENTÁRIO

A questão apresenta uma função do 1º grau, Y= X + 15. Quando o número de chamadas Y, ultrapassar o valor de 28, ou seja, Y = 29, qual será o valor X para que o número de viaturas seja dobrado?

Y = X + 15

29 = X + 15

X = 14h

Resposta: C.

280.(AOCP/ Soldado Combatente BM/ 2018) Conforme registros, o número médio de veículos que trafegam em uma determinada rodovia, em determinados horários do dia, é dado pela equação $-x^2 + 24x + 25 = 0$, em que x é o horário do registro, começando em 0 e terminando em 24 horas. Dessa forma, o horário do dia em que há o registro do maior número médio de carros trafegando nessa rodovia é

a) 12 horas.
b) 13 horas.
c) 14 horas
d) 15 horas.
e) 16 horas.

COMENTÁRIO

Para resolução da questão basta encontrarmos o valor do X do vértice, ou seja, o horário em que teremos o número máximo de veículos trafegando.

Xv= - b / 2 a

Xv = - 24 / 2. -1

Xv = 12 horas.

Resposta : A.

281.(AOCP/ Soldado Combatente BM / 2018) considere as duas matrizes A e B a seguir:

$$A = \begin{pmatrix} 50 & 30 & 40 \\ 30 & 40 & 50 \\ 60 & 50 & 30 \end{pmatrix} \text{ e } B = \begin{pmatrix} 1 \\ 2 \\ 3 \end{pmatrix}$$

Cada linha da matriz A indica a pontuação obtida, em cada tentativa, em uma prova de tiro ao alvo por um competidor. Assim, a primeira linha indica as pontuações do competidor X, a segunda linha indica as pontuações do competidor Y e a terceira linha indica as pontuações do competidor Z. Obtendo-se uma matriz C = A.B, na matriz C aparece a nota de desempenho final de cada um dos três competidores X, Y e Z, respectivamente, na primeira, na segunda e na terceira linha. Dessa forma, é correto afirmar que

a) o competidor X obteve a menor nota de desempenho final, igual a 250.
b) o competidor Y obteve a maior nota de desempenho final, igual a 260.
c) o competidor Z obteve a menor nota de desempenho final, igual a 230.
d) os competidores X e Y obtiveram a mesma nota de desempenho final.
e) os competidores X e Z obtiveram a mesma nota de desempenho final.

COMENTÁRIO

Basta multiplicarmos as matrizes A X B :

$$\begin{pmatrix} 50 & 30 & 40 \\ 30 & 40 & 50 \\ 60 & 50 & 30 \end{pmatrix} \times \begin{pmatrix} 1 \\ 2 \\ 3 \end{pmatrix} = \begin{pmatrix} 50+60+120 \\ 30+80+150 \\ 60+100+90 \end{pmatrix} = \begin{pmatrix} 230 \\ 260 \\ 250 \end{pmatrix}$$

Resposta: B.

282.(AOCP/ Soldado Combatente BM / 2018) Para saber o custo total (em reais) na produção de x uniformes para um grupo de soldados, primeiramente substitui-se cada elemento x, da matriz a seguir, pela quantidade de uniformes que se quer produzir e calcula-se o determinante dessa matriz, obtendo-se, assim, o custo total na produção destes x uniformes igual ao valor do determinante.

$$\begin{vmatrix} x & 1 & 0 \\ 0 & -x & 100 \\ 0 & -1 & 1 \end{vmatrix}$$

Dessa forma, para se produzir 70 uniformes para um grupo de soldados, o custo total nessa produção será de

a) R$ 4.100,00.

b) R$ 3.500,00.

c) R$ 3.100,00.

d) R$ 2.500,00.

e) R$ 2.100,00.

COMENTÁRIO

Para que possamos resolver a questão, basta aplicarmos a regra de SARRUS, em que repetimos as duas primeiras colunas e multiplicamos os elementos. Vejamos;

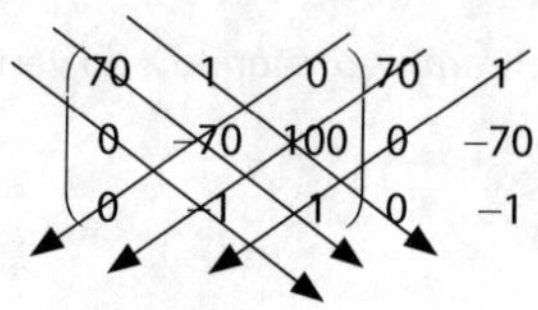

Dessa forma teremos:

(- 4900) – (- 7000) = - 4900 + 7000 = 2100

Resposta: E.

283.(AOCP /Soldado Combatente BM /2018) Sobre uma mesa, estão dois recipientes: o primeiro tem um formato de um cubo, tal que cada aresta desse cubo mede x cm; o segundo tem o formato de um paralelepípedo reto, cujas dimensões são 5 cm, 25 cm e 125 cm. Sabendo que os dois recipientes possuem o mesmo volume, então a medida da aresta x do cubo é igual a

a) 5 cm.

b) 12 cm.

c) 25 cm.

d) 50 cm.

e) 125 cm.

COMENTÁRIO

Para que possamos calcular o volume do prisma, basta multiplicarmos as suas dimensões:

V = 5 x 125 x 25 = 15 625

O volume do cubo é dado por:

$V = X^3$

$15\,625 = X^3$

$X = \sqrt[3]{15625}$

X = 25 cm

Resposta: C.

284.(AOCP /Soldado Combatente BM / 2018). Em uma loja especializada em vestuário e calçados para militares, estão sendo anunciados três tipos de compra:

- Na compra de 2 coturnos, 1 farda e 3 quepes, o cliente irá pagar R$ 770,00;
- Na compra de 1 coturno, 2 fardas e 3 quepes, o cliente irá pagar R$ 850,00;
- Na compra de 1 coturno, 3 fardas e 2 quepes, o cliente irá pagar R$ 840,00. Independentemente se o cliente vai aceitar ou não uma dessas ofertas, os preços de cada item citado são fixos e não mudam, mesmo que o cliente faça outra escolha nas quantidades de cada item. Dessa forma, caso um cliente queira comprar somente 1 coturno, 1 farda e 1 quepe, ele irá pagar por essa compra a quantia de

a) R$ 380,00.
b) R$ 450,00.
c) R$ 930,00.
d) R$ 910,00.
e) R$ 600,00

COMENTÁRIO

Temos as seguintes equações:

2 C + 1 F +3 Q = 770

1 C + 2 F + 3 Q = 850

1 C + 3 F + 2 Q = 840

2 C + 1 F +3 Q = 770

1 C + 2 F + 3 Q = 850 (- 1) → - 1 C – 2 F – 3Q = -850

C – F = - 80

1 C + 2 F + 3 Q = 850 (- 2) → - 2 C – 4F – 6 F = - 1700

1 C + 3 F + 2 Q = 840 (3) → 3C + 9 F + 6 Q = 2520

C + 5F = 820

C – F = - 80 (-1)

C + 5F = 820

- C + F = + 80

C + 5F = 820

6F = 900

F = 150

C – F = - 80

C – (150) = - 80

C = 70

1 C + 2 F + 3 Q = 850

1(70) + 2 (150) + 3 Q = 850

70 + 300 + 3Q = 850

3Q = 850 – 370

3 Q = 480

Q = 160

A soma dos três será: 150+ 70 + 160 = 380

Resposta: A.

---

285. (VUNESP/PM-SP/Soldado/2018) Uma loja colocou à venda 80 peças do tipo A e 40 peças do tipo B, e após uma semana havia vendido 1/4 das peças do tipo A e 2/5 das peças do tipo B. Em relação ao número total de peças colocadas à venda, o número de peças que não foram vendidas nessa semana representam

a) 3/5
b) 7/10
c) 3/10
d) 9/10
e) 2/5

COMENTÁRIO

Peças tipo A = 80

Peças tipo B= 40

Total de peças é dado por : A+B = 80+40 = 120

As frações de pelas vendidas :

A: 1/4 de 80 = 20

B: 2/5 de 40 = 16

Total de peças vendidas igual a 36 . Dessa forma o número de peças vendidas que equivale a : 36/ 120 ou seja, **3/10** de 120.

De uma maneira complementar, podemos pensar que restaram **7/10** de 120.

Resposta : B.

286.(VUNESP/PM-SP/Soldado/2018) A tabela fornece algumas informações sobre o número de vagas abertas e fechadas nos últimos três anos, pelas indústrias de uma determinada cidade.

Ano	Nº de vagas abertas (VA)	Nº de vagas fechadas (VF)	Saldo (VA – VF)
2015	58	X	–395
2016		X – 66	
2017			+72
Total	446		–675

O número de vagas fechadas em 2017 foi

a) 281.
b) 272.
c) 268.
d) 285.
e) 276.

COMENTÁRIO

Temos as seguintes equações de acordo com a tabela acima:

2017:

VA - VF = 72

O número de VF = ?

2015:

VA - VF = -395

Substituindo os valores dados, temos:

VA - VF = -395

58 - X = -395

- X = -395 + 58

- X = -453

X = 453

Ano	Nº de vagas abertas (VA)	Nº de vagas fechadas (VF)	Saldo (VA – VF)
2015	58	X	–395
2016		X – 66	
2017			+72
Total	446		–675

2016:

VF = 453 – 66 = 387;

VA - VF = -675 - (-395 + 72)

VA - VF = -352

Agora, voltando ao X temos:

Logo, VF = X - 66

VF = 453 - 66

VF = 387

Substituindo os valores:

VA - 387 = -352

VA = 387 - 352

VA = 35

Encontrando VF de 2017

Total de VAs = 446

VA de 2015 = 58

VA de 2016 = 35

Calculando a soma, tem-se 58 + 35 + VA = 446

VA = 446 - 58 – 35

VA = 446 - 93

VA = 353

Agora, é só voltar ao início e substituir

VA - VF = 72

353 - VF = 72

-VF = -353 + 72

-VF = -281

VF = 281

Reposta: A.

---

287. (VUNESP/PM-SP/Soldado/2018) Em um depósito há um determinado número de caixas que deverão ser empilhadas, de modo que cada pilha tenha o mesmo número de caixas. Na realização da tarefa foi constatado que, se cada pilha tiver 5 caixas, ou 6 caixas ou 8 caixas, sempre restarão 2 caixas fora das pilhas. O menor número de caixas que deverão ser empilhadas nesse depósito é

a) 124.

b) 126.

c) 120.

d) 122.

e) 118.

COMENTÁRIO

Questão simples...

FAZ O MMC DE 5,6,8=120

MMC=120

A cada pilha restam 2, correto?

então, 120+2=122

Resposta: D.

288.(VUNESP/PM-SP/Soldado/2018) Uma pessoa tirou 150 fotos com seu celular e excluiu 14 delas. Considerando-se as fotos restantes, a razão entre as fotos de boa qualidade e as fotos de baixa qualidade é 3/5.

Sabendo-se que havia somente fotos de boa ou de baixa qualidade no celular, o número de fotos de boa qualidade era

a) 62.

b) 68.

c) 57.

d) 51.

e) 73.

COMENTÁRIO

Sabendo que uma pessoa tirou 150 fotos com seu celular e excluiu 14 delas, temos:

150 - 14 = 136 fotos

Considerando-se as fotos restantes, a razão entre as fotos de boa qualidade e as fotos de baixa qualidade é 3/5, vamos representar por uma proporção:

Boa qualidade (B) = 3

Baixa qualidade (R) = 5

$$\frac{B}{3} = \frac{R}{5}$$

Sabendo-se que havia somente fotos de boa ou de baixa qualidade no celular, temos:

B + R = 150

B = 3p

R = 5p

$$B + R = 136$$
$$3p + 5p = 136$$
$$8p = 136$$

p = 17

B = 3p = 3 x 17 = 51

R = 5p = 5 x 17 = 85

Dessa forma o número de fotos de boa qualidade é igual a 51.

Resposta: D.

---

289. (VUNESP/PM-SP/Soldado/2018) Um determinado produto, se for comprado a prazo, terá 10% de acréscimo sobre o valor da etiqueta, e passará a custar R$ 93,50. Se esse produto for comprado à vista, terá 20% de desconto sobre o valor da etiqueta. O preço desse produto à vista é

a) R$ 79,00.

b) R$ 81,40.

c) R$ 68,00.

d) R$ 72,50.

e) R$ 75,80.

COMENTÁRIO

Temos uma questão de regra de três simples:

Valor	Porcentagem
93,50	110%
X	100%

Como as grandezas são diretamente proporcionais, basta multiplicarmos cruzado, veja:

Valor	Porcentagem
93,50	110%
X	100%

110 X = 9350

X = R$85,00 (valor da etiqueta)

Obs.: Duas grandezas são diretamente proporcionais, quando aumentam ou diminuem na mesma proporção.

Para que possamos ter um desconto de 20%, basta multiplicarmos pelo coeficiente de 0,8, logo:

85,00 x 0.8(20% desconto)

R$ 68,00

Resposta: C.

290.(VUNESP/PM-SP/Soldado/2018) Uma máquina trabalhando ininterruptamente 5 horas por dia produz um lote de peças em 3 dias. Para que esse mesmo lote fique pronto em 2 dias, o tempo que essa máquina terá que trabalhar diariamente, de forma ininterrupta, é de

a) 7 horas e 05 minutos.

b) 7 horas e 30 minutos.

c) 7 horas e 50 minutos.

d) 6 horas e 45 minutos.

e) 6 horas e 35 minutos.

COMENTÁRIO

Nessa questão temos novamente uma relação de grandezas, e como são apenas 02 grandezas iremos aplicar uma regra de três simples:

Horas/ dia dias

5 3

x 2

Obs.: Duas grandezas são inversamente proporcionais, quando uma aumenta e a outra diminui na mesma proporção.

Como as grandezas são inversamente proporcionais, basta multiplicarmos reto, veja:

Horas/ dia		**dias**
5	⟶	3
x	⟶	2

2 . x = 5 . 3

2x = 15

X = 7,5 horas , ou seja, 7h 30mn

Resposta: B.

---

291. (VUNESP/PM-SP/Soldado/2018) Uma pessoa possui um móvel com algumas gavetas, e quer colocar em cada uma delas o mesmo número de blusas. Ao realizar a tarefa percebeu que, colocando 7 blusas em cada gaveta, 3 blusas ficariam de fora, porém, não seria possível colocar 8 blusas em cada gaveta, pois ficariam faltando 2 blusas na última gaveta. O número total de blusas é

a) 30.

b) 32.

c) 36.

d) 34.

e) 38.

COMENTÁRIO

Considerando que o número de gavetas seja representado pela letra "x". Dessa forma temos:

Ao realizar a tarefa percebeu que, colocando 7 blusas em cada gaveta, 3 blusas ficariam de fora:

7x+3 = número de blusas

Não seria possível colocar 8 blusas em cada gaveta, pois ficariam faltando 2 blusas na última gaveta:

8x-2 = número de blusas

Podemos inferir que:

3+2=8x-7x

x=5 (número de gavetas)

O número total de blusas é dado por 7x+3 = 5.7=35+3 =38

Ou

O número total de blusas é dado por 8x-2 = 5.8=40-2=38

Resposta :E.

---

292. (VUNESP/PM-SP/Soldado/2018) O gráfico apresenta o número de pontos obtidos pelos grupos A, B, C e D, que participaram de uma atividade recreativa.

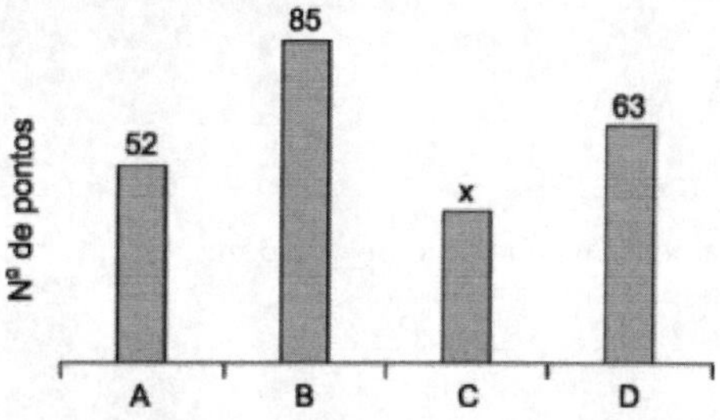

Sabendo que o número de pontos obtidos pelo grupo A foi 30% maior que o número de pontos obtidos pelo grupo C, então, na média, o número de pontos obtidos por um grupo foi

a) 55.
b) 60.
c) 70.
d) 65.
e) 50.

COMENTÁRIO

Vamos inicialmente encontrar o valor dos números obtidos pelo grupo C, vejamos:

"número de pontos obtidos pelo grupo A foi 30% maior que o número de pontos obtidos pelo grupo C"

Por uma regra de três simples:

Pontos Porcentagem

(A) 52 → 130%

(C) X → 100%

5200 = 130X

X = 5200 / 130

X = 40

O grupo C obteve 40 pontos

A média aritmética será:

$$\frac{(A)52 + (B)85 + (C)40 + (D)63}{4} = \frac{240}{4} = 60$$

Resposta: B.

293.(VUNESP/PM-SP/Soldado/2018) Dois amigos foram a uma lanchonete e pediram cinco pães de queijo e dois sucos, e pagaram, no total, R$ 19,50. Sabendo que o preço de um pão de queijo mais um suco é R$ 6,00, então, o valor a ser pago na compra de três pães de queijo será

a) R$ 9,00.

b) R$ 9,50.

c) R$ 7,50.

d) R$ 8,00.

e) R$ 8,50

COMENTÁRIO

A questão se refere a um sistema de equação do 1º grau :

Pão de Queijo = (P)

Suco = (S)

$$\begin{cases} P + S = 6{,}00. \\ 5P + 2S = 19{,}50 \end{cases}$$

Pelo método da soma, temos que pegar uma das equações multiplicar por uma constante de tal forma que ao somarmos com a outra equação, uma das incógnitas seja anulada.

1P + 1S = 6,00 (-2x)

Ficando assim:

-2P – 2S = - 12

5P + 2S = 19,50 (somando)

3P = 7,50

Resposta: C.

294.(VUNESP/PM-SP/Soldado/2018) Uma avenida retilínea terá um trecho de 3,6 km recapeado, e isso será feito em 3 etapas, conforme mostra a figura.

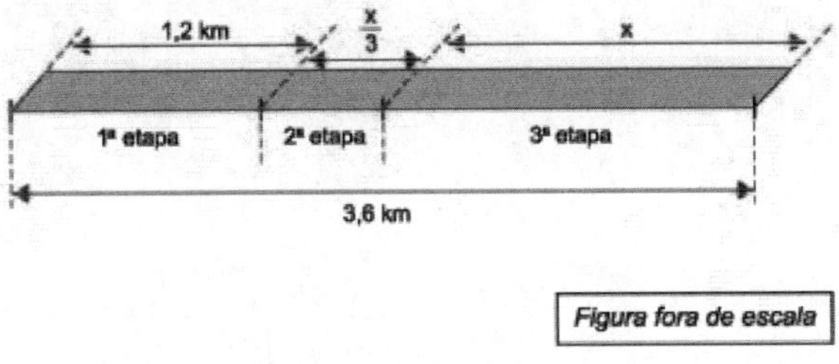

O comprimento do trecho a ser recapeado na 2ª etapa é de

a) 600 m.

b) 400 m.

c) 1 000 m.

d) 800 m.

e) 1 200 m.

COMENTÁRIO

Temos uma questão de equação de primeiro grau, em que a soma das 3 etapas é dada por:

1,2 + x/3 + x = 3,6

Multiplicaremos todos os termos do primeiro e segundo membro por 3 para facilitar as contas:

3.(1,2) + 3(x/3) + 3(x) = 3(3,6)

3,6 + 3x/3 + 3x = 10,8

$3{,}6 + x + 3x = 10{,}8$

$4x = 10{,}8 - 3{,}6$

$x = \dfrac{10{,}8 - 3{,}6}{4}$

$x = 1{,}8$ km

A questão deseja encontrar o trecho da segunda etapa, logo:

2ª etapa = x/3

encontramos o x, portanto

1,8 / 3 que equivale a 0,6 km

0,6 km = 600m

Resposta letra A.

295.(AOCP/PM-TO/Soldado/2018) Uma praça retangular, cujas medidas em metros, estão indicadas na figura, tem 160 m de perímetro.

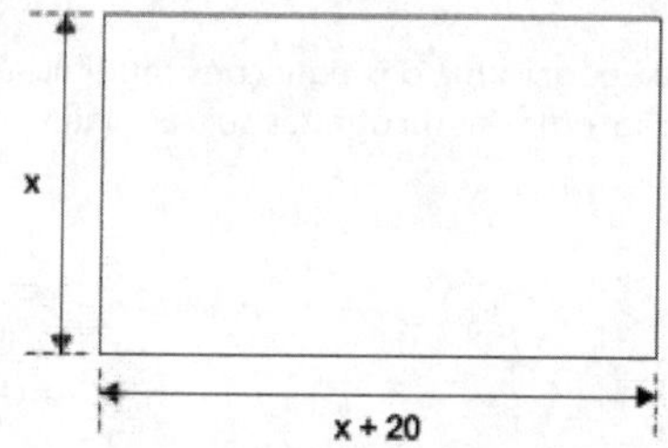

Figura fora de escala

Sabendo que 70% da área dessa praça estão recobertos de grama, então, a área não recoberta com grama tem

a) 550 m².
b) 400 m².
c) 350 m².
d) 450 m².
e) 500 m².

COMENTÁRIO

O perímetro corresponde a soma de todos os lados, dessa forma temos:

X+X+20+X+X+20=160

4X+40=160

4X=160-40

4X=120

X=120/4

X=30

A área do retângulo corresponde: A= b . h

A=30.50

A=1500

Se 70% estão recobertos de grama, logo 30% de 1500 não estão, logo temos:

30% de 1500 = 450 m²

Resposta: D.

296.(AOCP/PM-TO/Soldado/2018) Um bloco maciço de argila tem a forma de um prisma reto de base retangular e altura igual a 24 cm, conforme mostra a figura.

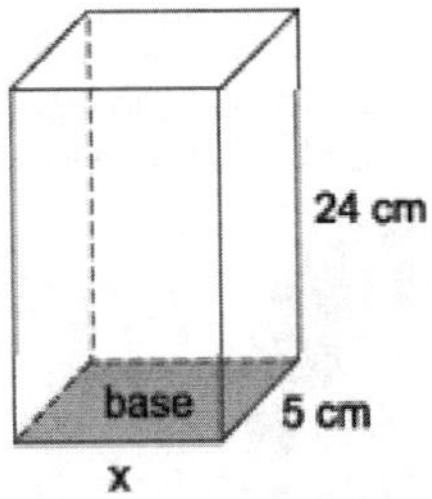

Figura fora de escala

Sabendo que o volume desse bloco é 900 cm^3, o perímetro da base indicada na figura mede

a) 18 cm.
b) 20 cm.
c) 25 cm.
d) 15 cm.
e) 22 cm.

COMENTÁRIO

Para que possamos encontrar o valor de X iremos utilizar a fórmula do volume de um prisma que é dado pela área da base x altura.

V = (comprimento x largura) x altura

900 = 5 . x. 24

120x=900

x = 7,5 m

Aplica a soma dos 4 lados DA BASE para encontrar o perímetro é dado por:

7,5+7,5+5+5 = 25

Reposta letra C.

297. (AOCP/PM-TO/Soldado/2018) Considere a matriz quadrada A, de ordem 2, definida por:

$$A = (a_{ij})_{2x2} = \begin{cases} i - j, & i > j \\ i + 2j, & i \leq j \end{cases}$$

O determinante dessa matriz A será igual a

a) 7.
b) 9.
c) 11.
d) 13.
e) 15.

COMENTÁRIO

Para calcularmos o determinante de uma matriz quadrado de ordem 2 temos que multiplicar os elementos da diagonal principal menos os elementos da diagonal secundária, ou seja:

$a_{11} = 1 + 2.1 = 3$

$a_{12} = 1 + 2.2 = 5$

$a_{21} = 2 - 1 = 1$

$a_{22} = 2 + 2.2 = 6$

O seu determinante é:

$(a_{11} \times a_{22}) - (a_{12} \times a_{21}) = (3\times6) - (5\times1) = 18 - 5 = 13$

Resposta: D.

---

298. (IADES/PM –DF/Soldado Músico/Corneteiro2018) Para confecção de um bumbo, utiliza-se uma membrana de raio R = 70 cm. A área dessa membrana, em metros quadrados, é igual a

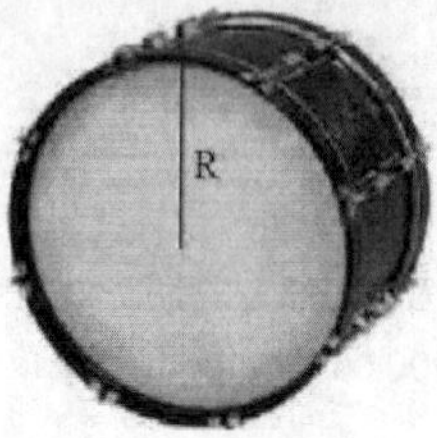

a) 4.900 π.

b) 4,9 π.

c) 49 π.

d) 490 π.

e) 0,49 π.

COMENTÁRIO

Temos uma questão de geometria plana, onde precisamos calcular a área do círculo.

Área de um círculo : $A = \pi.r^2$

Transformando a unidade de medida do raio em metros: 70 cm $\rightarrow$ 0,7 m

Substituindo:

$A = \pi.0{,}7^2$

$A = 0{,}49\ \pi m^2$

Resposta: E.

---

299. (IADES/Soldado Músico/Corneteiro /PM –DF/2018) Para percorrer 630 km, um automóvel consome 50 litros de gasolina, e cada litro custa R$ 5,00. Mantendo-se a mesma média de consumo, quantos reais se gasta, aproximadamente, para percorrer 500 km?

a) R$ 315

b) R$ 400

c) R$ 200

d) R$ 250

e) R$ 500

COMENTÁRIO

Temos uma questão de regra de três simples, onde iremos relacionar 02 grandezas de maneira diretamente proporcional.

Obs.: Duas grandezas são diretamente proporcionais, quando aumentam ou diminuem na mesma proporção.

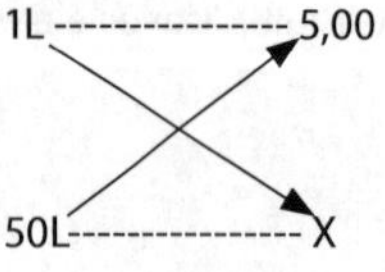

X= 250,00 (Reais)

Podemos interpretar da seguinte maneira: Se o automóvel percorre 630 km e gasta 250,00, para percorrer 500 km , gastará menos de 250, 00, dessa forma a única alternativa menor é a letra C.

Resposta: C.

300.(IADES/Soldado Músico/Corneteiro/PM–DF/2018) Considere hipoteticamente que se deseja pintar um muro de 20 m de comprimento por 2,8 m de altura. A tinta a ser adquirida é vendida em galões de 3,6 L e sabe-se que cada galão pinta 7 m² do muro.

Nessas condições, quantos litros de tinta serão necessários para a realização do serviço?

a) 8

b) 56

c) 24

d) 28,8

e) 16

COMENTÁRIO

Temos uma questão de regra de três simples em que as grandezas serão:

Área pintada e Galões de tinta.

Primeiramente vamos calcular a área pintada : $A = 20 \times 2{,}8 = 56m^2$.

Obs.: Duas grandezas são diretamente proporcionais, quando aumentam ou diminuem na mesma proporção. Quanto maior a área a ser pintada, maior será

Regra de três:

Área pintada Litros

7 ------------------------------ 3,6

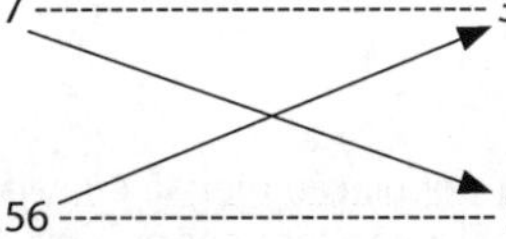

56 ------------------------------ X

$7X = 56 \times 3{,}6$

$7X = 201{,}6$

$X = 201{,}6 / 7$

$X = 28{,}8$ litros

Resposta : D.

---

301. (IADES/CRF-DF/Analista I/Advogado/2017) Ao conferir os dados de impedimento de doação de sangue do último mês de fevereiro, o funcionário do banco de sangue percebeu que, dos 48 impedimentos, 18 foram de doadores portadores do vírus HIV, 28 foram de doadores que já tiveram hepatite B e 6 foram de doadores que se enquadraram nos dois casos.

Com base nos dados dessa situação hipotética, quantos dos doadores analisados não se enquadraram nos dois casos citados?

A. 2.

B. 6.

C. 8.

D. 10.

E. 14.

COMENTÁRIO

Essa é uma questão de problemas lógicos. Sabemos que o total de impedimento será igual a 48. Então vamos separar as informações.

Total de impedimentos: 48

HIV: 18

Hepatite B=28

Intersecção de HIV e Hepatite B: 6

Logo, os pacientes que tiveram apenas HIV será: 18 – 6 =12, e os pacientes que tiveram apenas Hepatite B será 28 – 6 = 22.

Então, APENAS HIV + APENAS Hepatite B+ Intersecção = 12 + 22 + 6 = 40

Como são 48 impedimentos, 48 – 40 = 8 doadores não se encaixam nos dois casos citados.

Resposta: C.

302.(IADES/CRF-DF/Analista I/Advogado/2017) São 4 bilhões de pessoas, dois terços da população global, vivendo hoje em condições de severa falta d'água. Apesar do Brasil figurar quase totalmente verde no mapa, duas áreas estão em alerta: no Nordeste do País e a área do Estado de São Paulo. É preciso planejar, investir em soluções diversas, sustentáveis, escaláveis e modulares já aplicadas com sucesso em regiões com o mesmo desafio.

Disponível em: . Acesso em: 5 fev. 2017, com adaptações.

Com base nas informações do texto, é correto afirmar que a população global, à época da publicação da reportagem, era de

A. 4 bilhões de pessoas.

B. 5 bilhões de pessoas.

C. 6 bilhões de pessoas.

D. 7 bilhões de pessoas.

E. 8 bilhões de pessoas.

COMENTÁRIO

Observe que a questão informou que 4 bilhões refere-se a dois terços da população global, ou seja, se dividimos por três partes a população global e se pegarmos duas dessas partes, então teremos os 4 bilhões. Então, falta 1/3 da população global.

Não precisamos nem fazer muitas contas para descobrir quanto equivale, basta apenas lembrar que dois terços podem ser escritos como:

$$\frac{2}{3} = \frac{1}{3} + \frac{1}{3}$$

Ou seja, $4bi = 2bi + 2bi$

Logo, 1/3 equivale a 2 bilhões de pessoas. Somando aos 4 bilhões teremos: $4 + 2 = 6$ *bilhões*

Resposta: C.

303.(NUCEPE/PM –PI/Soldado/2017) Toda a produção semanal de latas de suco de certa fábrica foi vendida a três lojas, aqui designadas por A, B e C. Para a loja A, foi vendido um terço da produção, para a loja B, foi vendido 40% da produção, e, para a loja C, foram vendidas 11.360 unidades. Qual a produção semanal de latas de suco dessa fábrica?

a) 42.000 latas.

b) 42.300 latas.

c) 42.420 latas.

d) 42.540 latas.

e) 42.600 latas.

COMENTÁRIO

P= produção semanal de latas de suco.

Loja A = 1/3 P

Loja B = 40/100 = 4/10 = 2/5 P

Loja C = 11.360

1/3 P + 2/5 P + 11.360 = P

Resolvendo a equação : (calcular o MMC dos dois lados da igualdade)

5P + 6P + 170.400 = 15 P

170. 400 = 15 P - 11 P

170. 400 = 4 P

P = 170. 400 / 4

P= 42.600

Resposta: E.

304.(NUCEPE/PM –PI/Soldado/2017) Saindo da rodoviária de certa cidade, dois ônibus percorrem trajetos que só têm a rodoviária como ponto comum: um deles vai para o aeroporto, em percurso que leva 30 minutos, e o outro para a estação de metrô, em percurso que leva 24 minutos. Para cada um dos ônibus, os trajetos de ida e volta consomem o mesmo intervalo de tempo. Considerando as viagens de ida e volta, e supondo que os dois ônibus saem da rodoviária no mesmo instante, quanto tempo depois eles voltam a se encontrar, pela primeira vez, no ponto de partida?

a) 3 horas.

b) 4 horas.

c) 5 horas.

d) 6 horas.

e) 7 horas.

COMENTÁRIO

Dica: "Quando tivermos uma questão que relatar sobre tempo de encontro no futuro desde que haja o primeiro encontro iremos aplicar MMC (Mínimo múltiplo comum) , o *Deus dos encontros, Risos*".

Para cada um dos ônibus, os trajetos de ida e volta: Então, devemos duplicar o valor da ida, pois é ida mais volta.

Dessa forma teremos o MMC (60,48):

60, 48	2
30, 24	2
15, 12	2
15, 6	2
15, 3	3
5 , 1	5
1, 1	240 min , em horas, dividimos por 60 que dá 4horas.

Resposta: B.

305.(CESPE/Soldado da Polícia Militar-MA/2017) Na preparação de uma ação policial, um agente fez algumas medições em uma casa noturna, mostradas na figura a seguir. O agente, em pé no ponto A, de frente para a casa noturna, estava a 10 m de distância do ponto C, correspondente à porta de entrada da casa noturna. Do ponto B, posição dos olhos do agente, ele visualizava uma câmera de segurança no ponto D, no prédio da casa noturna, segundo um ângulo de visão de 30º com a horizontal. Perpendicularmente a AC, e a 24 m de A, ficava localizada uma base móvel para apoio à operação, no ponto E.

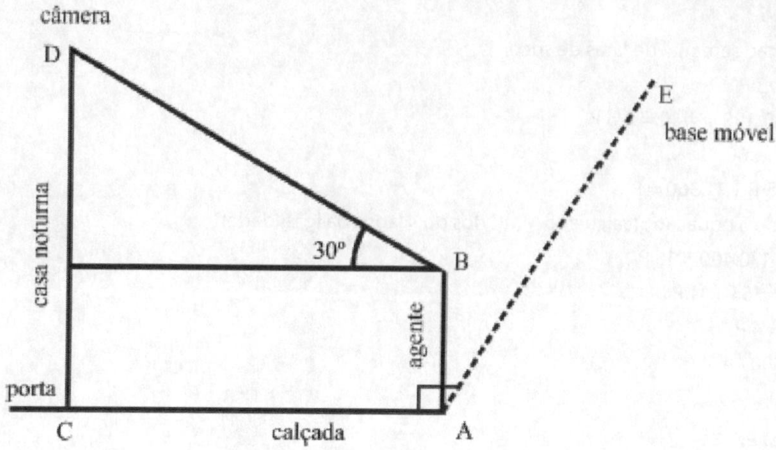

Com referência às informações contidas na situação hipotética e na figura anteriormente apresentadas, julgue o próximo item.

Considerando que AB seja igual a 1,70 m, que essa seja a altura dos olhos do agente e que 0,58 seja o valor aproximado para tg30º, então a câmera estava a uma altura inferior a 7 m.

COMENTÁRIO

Temos um triângulo retângulo, em que o ângulo considerado é de 30°.

Aplicando a função da tangente, teremos:

Tg30° = Cateto Oposto / Cateto Adjacente

0,58 = X / 10

X = 10 . 0,58

X = 5,8 metros

Agora temos que somar a altura dos olhos do agente (1,70m), logo teremos 1,70 + 5,8 = 7,5 metros de altura está esta câmera.

Resposta: Errado.

306.(ESAF/ ANAC ANALISTA /2016) Dado o polinômio P (x) = x^3 - $8x^2$ + 19x - 12, pode-se afirmar corretamente que

a) a soma das raízes é igual a 8.

b) não possui raízes reais.

c) o produto das raízes é igual a 18.

d) a maior raiz é o triplo da menor.

e) existem duas raízes reais e uma complexa. 34- Sejam (3, 2) e (7, 5) dois pontos do espaço bidimensional, cuja unidade de medida de cada uma das coordenadas é dada em metros.

COMENTÁRIO

Primeiramente vamos definir quais são as possíveis raízes reais do polinômio de grau 3. Sabemos também que os coeficientes do polinômio são: a = 1, b= -8, c= 19 d = -12

Raízes reais:

1. Inteiras: Divisores de -12(coeficiente d). Divisores (-12): {±1, ±2, ±3, ±4, ±5, ±6, ±12}
2. Fracionais: Divisores de -12 divididos por um, ou seja, coeficiente a. Divisores (-12): {±1, ±2, ±3, ±4, ±5, ±6, ±12}

Para termos a certeza que uma das possíveis reais é de fato uma raiz do polinômio, basta que P (x) = 0. Uma dica boa é que na maioria das vezes temos que o número 1 positivo tem grande chance. Tentando teremos:

P (x) = $x^3 - 8x^2 + 19x - 12$

P (1) = $1^3 - 8.1^2 + 19.1 - 12$

P (1) = 1 – 8 + 19 – 12

P (1) = 20-20

P (1) = 0

Desta forma já sabemos que o número 1 já é uma das raízes.

Sabendo uma das raízes podemos aplicar o algoritmo de Briot Ruffini, em que rebaixaremos o grau do polinômio para grau 2, logo em seguida podemos aplicar a fórmula de bhaskara.

Assim teremos:

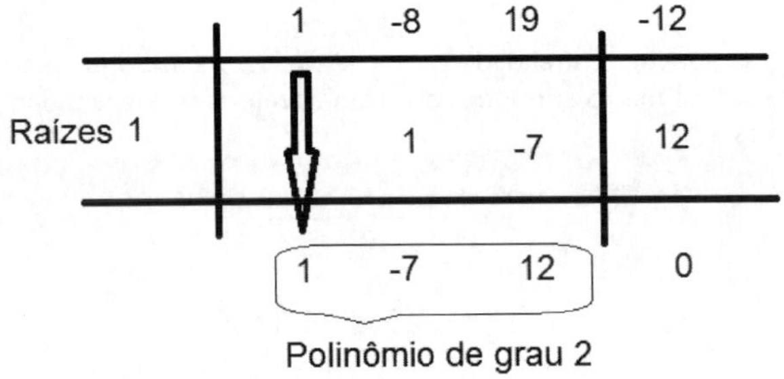

Representando o polinômio de grau 2 por Q (x), teremos:

Q (x) = $x^2 - 7x + 12$

Pela fórmula de Bhaskara temos:

X' = 3 e X" = 4.

Solução: {1,3,4}.

Resposta: A.

---

307. (ESAF/ ANAC ANALISTA /2016). Sejam (3, 2) e (7, 5) dois pontos do espaço bidimensional, cuja unidade de medida de cada uma das coordenadas é dada em metros. Então, pode-se afirmar que a distância entre os pontos é igual a

a) 6 metros.

b) 5 metros.

c) 4 metros.

d) 7 metros.

e) 3 metros.

COMENTÁRIO

A questão trata de geometria analítica e para calcularmos a distância entre dois pontos basta aplicarmos a seguinte fórmula que é deduzida pelo teorema de Pitágoras no plano cartesiano.

Chamaremos o primeiro ponto de A (3,2) e o segundo ponto de B (7,5).

$$dAB = \sqrt{(Xb - Xa)^2 + (Yb - Ya)^2}$$

$$dAB = \sqrt{(7-3)^2 + (5-2)^2}$$

$$dAB = \sqrt{(4)^2 + (3)^2}$$

$$dAB = \sqrt{16+9}$$

$$dAB = \sqrt{25} = 5m$$

Resposta: B.

308.(ESAF/ ANAC ANALISTA /2016). Os valores a seguir representam a quantidade de aviões que decolaram por hora durante as 10 primeiras horas de certo dia. 33 34 27 30 28 26 34 23 14 31. Logo, levando em consideração somente essas 10 horas, pode-se afirmar corretamente que

a) o número médio de aviões que decolaram por hora é igual a 27.
b) o número mediano de aviões que decolaram por hora é igual a 29.
c) em 50% das horas o número de aviões que decolaram por hora ficou abaixo da média.
d) o número mediano de aviões que decolaram por hora é igual a 27.
e) em 30% das horas o número de aviões que decolaram por hora foi superior a 30. 37-

COMENTÁRIO

A questão se refere a medidas de centralidade, que no caso podemos abordar média aritmética e mediana. Vamos primeiramente calcular a média aritmética dos valores referente a quantidade de aviões que decolaram durante as 10 primeiras horas.

$$x = \frac{x1 + x2 + x3 + x4 + x5 + \ldots + x10}{10}$$

$$x = \frac{33+34+27+30+28+26+34+23+14+31}{10}$$

$$x = \frac{280}{10} = 28$$

Verificamos que a resposta não pode ser a letra "a", logo passaremos para outra medida de centralidade que é mediana, uma medida de posição, logo devemos colocar os valores em rol, isto é, em ordem crescente ou decrescente:

Rol: {14,23,26,27,28,30,31,33,33,34}

O elemento central será $e = \frac{n}{2}$,em que n é o número de elementos

Temos que

$$n = 10, logo\ e = \frac{10}{2} = 5^o\ elemento,$$

Porém a Mediana será a média aritmética entre o 5º e 6º elemento do rol.

$$Md = \frac{28+30}{2} = 29$$

Resposta: B.

309.(ESAF/ ANAC ANALISTA /2016). Os valores a seguir representam uma amostra 3 3 1 5 4 6 2 4 8 Então, a variância dessa amostra é igual a

a) 4,0.
b) 2,5.
c) 4,5.
d) 5,5.
e) 3,0.

COMENTÁRIO

Temos uma questão que aborda estatística descritiva, no assunto de medidas de dispersão sobre variância (v).

Primeiramente vamos calcular a média aritmética dos valores:

$$x = \frac{3+3+1+5+4+6+2+4+8}{9}$$

$$x = \frac{36}{9}$$

$$x = 4 \textit{ (média aritmética)}$$

$$V = \frac{2(3-4)^2 + (1-4)^2 + (5-4)^2 + 2(4-4)^2 + (6-4)^2 + (2-4)^2 + (8-4)^2}{9-1}$$

$$V = \frac{36}{9-1} = \frac{36}{8} = 4,5$$

É importante ressaltar que se trata de uma amostra, logo teremos o fator de correção (n-1), desta forma para se calcular a variância temos que dividir por 8.

Resposta: C

---

310. (ESAF/ ANAC ANALISTA /2016) Na tabela a seguir, estão listados os possíveis retornos de um projeto de investimentos e as respectivas probabilidades de ocorrências desses retornos: Retornos do Projeto A Probabilidades dos retornos do Projeto A 10% 0,10 20% 0,20 25% 0,30 30% 0,25 40% 0,15 O retorno médio esperado do Projeto A é igual a

a) 25%.
b) 28%.
c) 27%.
d) 26%.
e) 24%.

COMENTÁRIO

Vamos construir uma tabela para que possamos interpretar de forma melhor a questão:

RETORNO DO PROJETO A	*PROBABILIDADES DOS RETORNOS DO PROJETO A*
10%	*0,10*
20%	*0,20*
25%	*0,30*
30%	*0,25*
40%	*0,15*

Para se obter o retorno médio basta calcularmos a média ponderada dos valores acima:

$$\text{Média} = \frac{(0,10 \times 0,10) + (0,20 \times 0,20) + (0,25 \times 0,30) + (0,30 \times 0,25) + (0,40 \times 0,15)}{0,10 + 0,20 + 0,30 + 0,25 + 0,15}$$

$$\text{Média} = \frac{1\% + 4\% + 7,5\% + 7,5\% + 6\%}{1}$$

$$\text{Média} = 26\%$$

Resposta: D.

---

311. (IADES/CRC-MG/Motorista/2015)

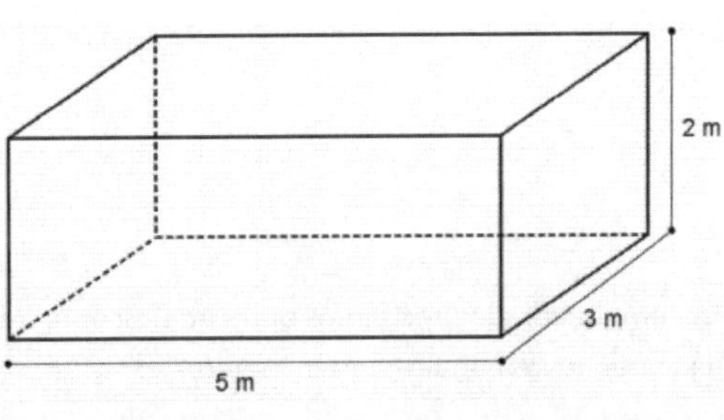

Essa imagem representa o projeto de um reservatório para coleta de óleo após a troca, a ser construído em um posto. Considerando as medidas apresentadas, o volume do reservatório, em m^3, será igual a

A. 30.

B. 20.

C. 15.

D. 12.

E. 10.

COMENTÁRIO

Observe que o reservatório tem o formato de um paralelepípedo. Então vamos relembrar como calcular o volume de um paralelepípedo.

O volume de um paralelepípedo é calculado através da multiplicação entre a área da base e a altura, ou para ser mais prático:

$VOLUME = comprimento \times largura \times altura,$

Vale lembrar que as unidades de comprimento das dimensões devem ser as mesmas.

Então calculando o volume temos:

$V = 5m \times 3m \times 2m$

$V = 30m^3$

Resposta: A.

---

312. (IADES/CRC-MG/Advogado/2015) Texto associado

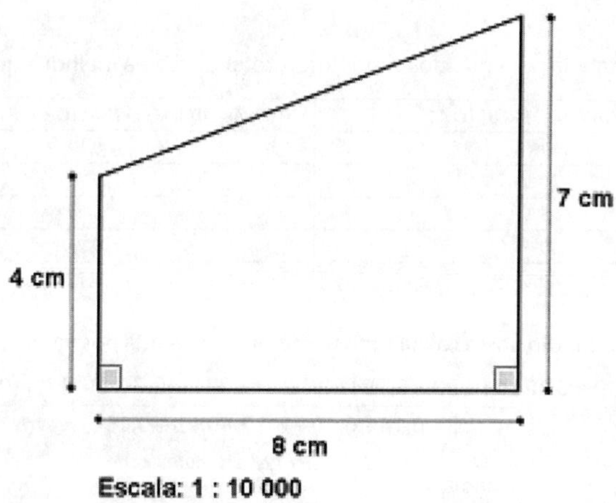

Essa figura apresenta as dimensões e a escala utilizada de um terreno que está à venda por R$ 8.800.000,00. Nessas condições, o valor cobrado pelo metro quadrado na transação é

A. R$ 2,00.

B. R$ 10,00.

C. R$ 20,00.

D. R$ 1.000,00.

E. R$ 20.000,00.

COMENTÁRIO

Para descobrir o valor do metro quadrado precisamos primeiro descobrir a área ocupada pela figura.

Note que a figura é formada por um retângulo e um triângulo:

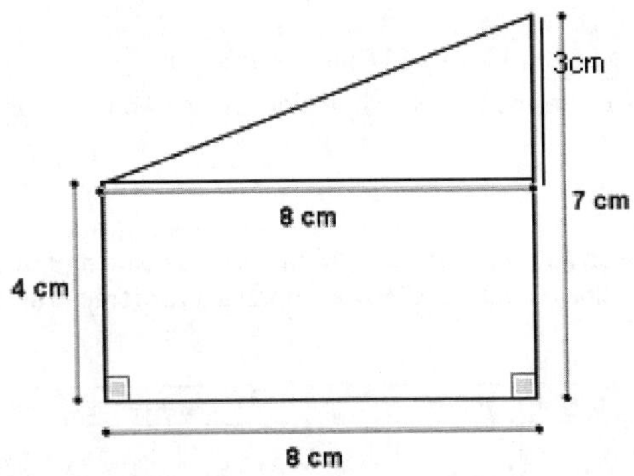

Escala: 1 : 10 000

Observe que temos uma escala, onde 1cm = 10 000cm, ou seja 1cm da figura equivale a 100 metros.

Lembrando que a área de um triangulo é calculada por:

$$A_\Delta = \frac{base \times altura}{2}$$

$$A_\Delta = \frac{800 \times 300}{2}$$

$$A_\Delta = \frac{240.00}{2}$$

$A_\Delta = 120.000 m^2$

Já a área do retângulo é calculada por:

$A_\blacksquare = base \times altura$

$A_\blacksquare = 800 \times 400$

$A_\blacksquare = 320.000 m^2$

Logo, a área total será: $120.000 + 320.000 = 440.000$ m²

Então, cada m² corresponde ao valor de:

$8.800.000 \div 440.000 = 20$

Resposta: C.

---

313. (IADES/CRC-MG/Auxiliar Administrativo/2015)

3/4 xícara = 12 colheres de sopa

1 xícara = 48 colheres de chá

Confeiteiros costumam utilizar a tabela de conversão apresentada na execução de receitas. Nessas condições, quantas colheres de chá são equivalentes a uma colher de sopa?

A. 2.

B. 3.

C. 4.

D. 6.

E. 8.

COMENTÁRIO

Observe que ¾ de xicara representam 12 colheres de sopa, então falta ¼ para que a xícara fique cheia.

Cada parte possui:

12 ÷ 3 = 4 colheres de sopa.

Então uma xícara completa possui 12 + 4 = 16 colheres de sopa.

Concluímos que: 16 colheres de sopa = 48 colheres de chá, então cada colher de sopa será: 48 ÷ 16 = 3 colheres de chá.

Resposta: B.

---

314. (IADES/CRC-MG/Motorista/2015) Em uma pesquisa realizada para aquisição de carros para o Conselho Regional de Contabilidade de Minas Gerais (CRCMG), a empresa que ofereceu as melhores condições apresentou as alternativas a seguir.

Motorização	Cor	Combustível
1.0 1.5 1.8	Branca Preta	Gasolina Flex (Gasolina ou álcool) Bicombustível (Gasolina ou GNV)

Considerando os três aspectos apresentados, quantos "tipos" diferentes de veículos podem ser montados?

A. 6

B. 8

C. 9

D. 12

E. 18

COMENTÁRIO

Temos uma questão que trabalha o princípio fundamental da contagem. Também chamado de princípio multiplicativo, esse princípio é utilizado para encontrar o número de possibilidades para um evento constituído de n etapas.

Observe que existem três etapas: Motorização, cor e combustível. Para encontrar a quantidade de tipos diferentes de veículos que podem ser montados, basta multiplicar entre si a quantidade de opções das etapas.

Então temos:

Motorização: 3 opções.

Cor: 2 opções

Combustível: 3 opções.

Logo: 3 × 2 × 3 = 18

Resposta: E.

---

315. (IADES/CRC-MG/ Motorista/2015) Certo motorista recebeu a orientação de que deveria entregar uma encomenda até as 17 horas, no máximo. Ele foi informado também que o tempo gasto no trajeto seria de 1 hora e 50 minutos e que precisava reservar mais 20 minutos para o estacionamento e a entrada no local da entrega. Nessa situação hipotética, para atender à solicitação, qual o horário máximo que ele deve sair para realizar a entrega?

A. 2 horas e 10 minutos

B. 14 horas e 10 minutos

C. 14 horas e 50 minutos

D. 15 horas e 10 minutos

E. 15 horas e 50 minutos

COMENTÁRIO

Temos uma questão que exige um raciocínio matemático. Sabemos que o nosso sistema de medidas de tempo é um sistema sexagesimal, ou seja, de base 60.

1 hora = 60 minutos

1 minuto = 60 segundos

Ele deve chegar ao local as 17h, porém o percurso gasta um tempo de 1 hora e 50 minutos, acrescido do tempo para estacionar.

Tempo total do percurso + estacionamento: $1h50min + 20min = 2h10\ min$

Então ele deverá chegar $2h10\ min$ antes:

$17h - 2h10 = 14h50min$

Resposta: C.

---

316. (IADES/CRC-MG/Auxiliar Administrativo/2015) Informações para responder a questão.

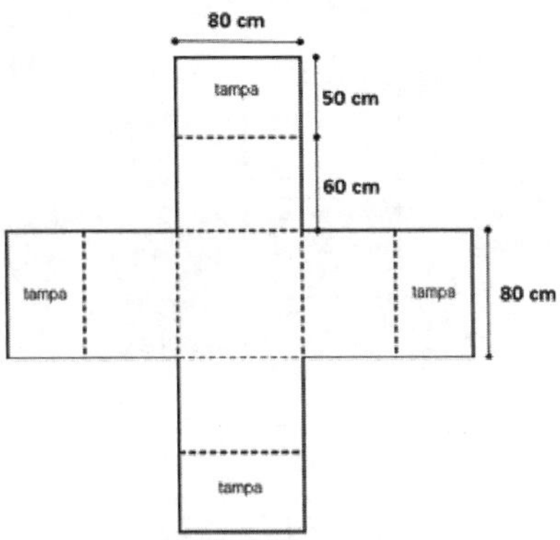

Figura 1

Figura 2

As figuras 1 e 2 apresentam, respectivamente, a planificação do modelo real de uma caixa de papelão, em formato de paralelepípedo reto-retângulo de base quadrada e tampas iguais.

De acordo com as informações, o volume da caixa, em cm^3, é igual a

A. 64.000.

B. 128.000.

C. 196.000.

D. 240.000.

E. 384.000.

COMENTÁRIO

Observe que caixa tem o formato de um paralelepípedo. Então vamos relembrar como calcular o volume de um paralelepípedo.

O volume de um paralelepípedo é calculado através da multiplicação entre a área da base e a altura, ou para ser mais prático:

VOLUME = comprimento × largura × altura.

Vale lembrar que as unidades de comprimento das dimensões devem ser as mesmas.

Observe que o comprimento e a largura da caixa é o mesmo:

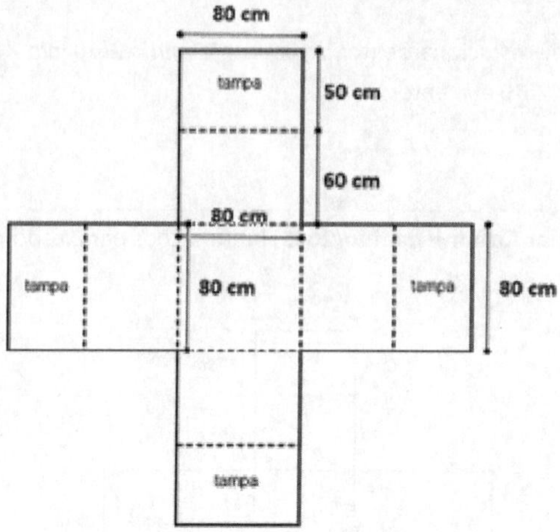

A altura é 60cm, pois a tampa não faz parte da altura. Então temos:

$V = 80cm \times 80cm \times 60cm$

$V = 384.000cm^3$

Resposta: E.

---

317. (IADES/CRC-MG/Auxiliar Administrativo/2015) Informações para responder a questão.

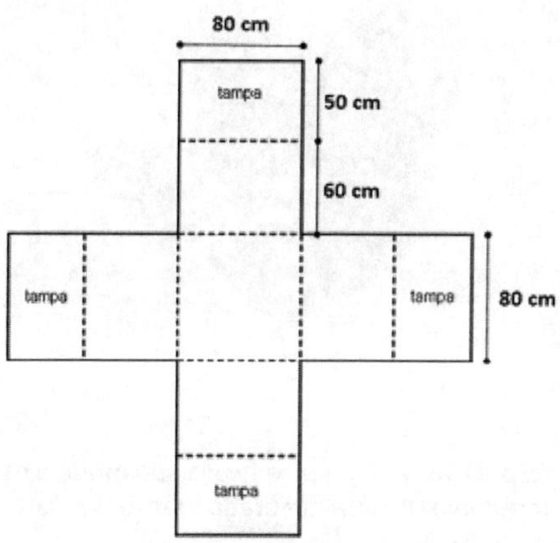

Figura 1

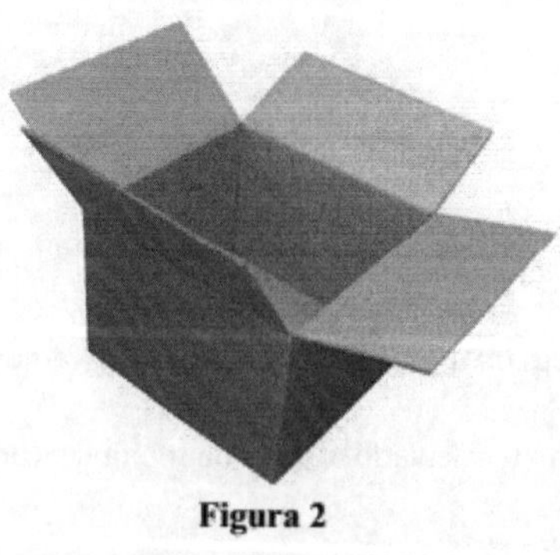

Figura 2

As figuras 1 e 2 apresentam, respectivamente, a planificação do modelo real de uma caixa de papelão, em formato de paralelepípedo reto-retângulo de base quadrada e tampas iguais.

Com base no exposto, a quantidade de papelão necessária, em cm^2, para confeccionar a caixa é igual a

A. 1.200.

B. 6.400.

C. 9.600.

D. 41.600.

E. 90.000.

COMENTÁRIO

Para calcular a área total dessa caixa, precisamos calcular a área de todas as partes que formam a caixa.

Observe que a caixa é formada por quatro laterais no formato retangular de 80cm por 110 cm e possui uma base quadrada de lado igual a 80cm.

Sabemos a área de um retângulo é calculada por:

$\acute{A}rea = Comprimento \times Largura$

Então, vamos calcular primeiro a área das laterais:

$A_{\text{laterais}} = 80cm \times 110cm$

$A_{\text{laterais}} = 8800cm^2$

Como são quatro partes laterais temos $4 \times 8800 = 35200cm^2$

A área de um quadrado é calculada por $A = LADO^2$

Então, a área da base será:

$A_{base} = (80cm)^2$

$A_{base} = 6400cm^2$

A área total da caixa será: $A_{\text{laterais}} + A_{base}$

$35200 + 6400 = 41600cm^2$

Resposta: D.

---

318. (FCC/TCE-CE/SUPORTE ADMINISTRATIVO/2015) A idade de cada uma dessas pessoas possui relação com a primeira letra de seu próprio nome: Samantha, 19 anos; Cleuza, 3 anos; Paulo, 16 anos; Natasha, 14 anos; Valéria, 22 anos. Maria, Bruno e Roberto, também apresentam a mesma relação entre a primeira letra de seu próprio nome e a sua respectiva idade. Sendo assim, a soma das idades de Maria, Bruno e Roberto é igual a

a) 33.

b) 29.

c) 42.

d) 39.

e) 34.

COMENTÁRIO

✪ **Nota do autor:** É comum nas provas realizadas pela Fundação Carlos Chagas questões envolvendo sequências, logo torna-se importante exercita. Essas questões exigem percepção do candidato quanto a relação arbitrária entre elementos.

Considerando o alfabeto com as letras K, Y, W, temos que a primeira letra de cada nome corresponde a posição da letra no alfabeto, isto é, a idade da pessoa é igual a posição da letra. Sendo assim para os nomes Maria (13 anos), Bruno (02 anos) e Roberto (18 anos). Desta forma a soma das idades: 13+2+18= 33 anos.

Resposta: A.

---

319. (FGV/DPE-MT/ASSISTENTE ADMINISTRATIVO/2015). As irmãs Elsa, Flávia e Gabriela possuem alturas diferentes sendo que Elsa não é a mais alta e Flávia é a mais baixa. Assim, é correto afirmar que

a) Gabriela é a mais baixa.

b) Flavia é a mais alta.

c) Elsa é a mais baixa.

d) Gabriela não é nem a mais baixa nem a mais alta.

e) Elsa não é nem a mais baixa nem a mais alta.

COMENTÁRIO

✪ **Nota do autor:** Essas questões são comuns nas provas realizadas pela Fundação Carlos Chagas, onde exigem percepção do candidato quanto a relação arbitrária entre elementos. É importante criar ferramentas para melhor interpretar e resolver as questões, como tabelas e gráficos.

Representando os nomes pelas letras: Elsa =**E**, Flávia =**F**, Gabriela =**G.**

Pela primeira informação "Elsa não é a mais alta" temos a seguinte possibilidade:

	Mais baixa	**Meio**	**Mais alta**
1ª - possiblidade.	E	F	G
2ª - possiblidade.	E	G	F
3ª - possiblidade.	**F**	**E**	**G**
4ª - possiblidade.	G	E	F

De acordo com a segunda informação: "Flávia é a mais baixa" só temos como possibilidade a 3ª linha da tabela. Logo a resposta e a letra E.

Resposta: E.

---

320. (FGV/SSP-AM/ASSISTENTE OPERACIONAL/2015). Observe, na figura a seguir, a sequência de quadrados e números, da esquerda para a direita, com os números 1, 2, 3, 4, etc. até 2015.

etc

O quadrado de número 2015 é:

a) 

b) 

c) 

d) 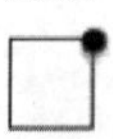

e) 

COMENTÁRIO

✪ **Nota do autor: É frequente nas provas realizadas pela Fundação Carlos Chagas, questões com sequências, logo torna-se necessário praticar, uma vez que os padrões utilizados são comuns em diversas questões nos processos seletivos.**

Temos uma sequência de figuras que se repetem de oito em oito termos, logo iremos dividir 2015 por 8 para encontrar quantos blocos de 8 termos existem.

2015 dividido por 8 é igual a 251 e tem resto 7, logo iremos contar 251 blocos de 8 termos e mais 7 figuras da sequência.

Resposta: B.

---

321. (CETRO/AMAZUL/ANALISTA EM DESENVOLVIMENTO DE TECNOLOGIA NUCLEAR/ADVOGADO/ 2015)

Pedro comprou um terreno, conforme a figura abaixo, com unidades dadas em metros, e precisa cercá-lo para evitar que animais estraguem o solo que acabou de ser arado. Para a cerca, utilizará 4 fileiras de arame farpado em cada um dos lados. Diante do exposto, assinale a alternativa que apresenta a quantidade de arame que Pedro deverá comprar.

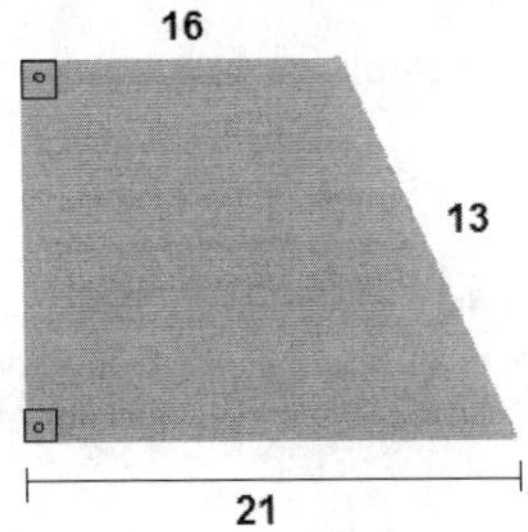

a) 248m.
b) 200m.
c) 124m.
d) 62m.
e) 50m.

COMENTÁRIO

✪ **Nota do autor:** Nas questões envolvendo problemas geométricos é importante saber os principais conceitos da geométrica plana envolvendo polígonos.

Temos uma questão sobre geometria básica, isto é, problemas geométricos. Temos um quadrilátero, mais precisamente um trapézio retângulo.

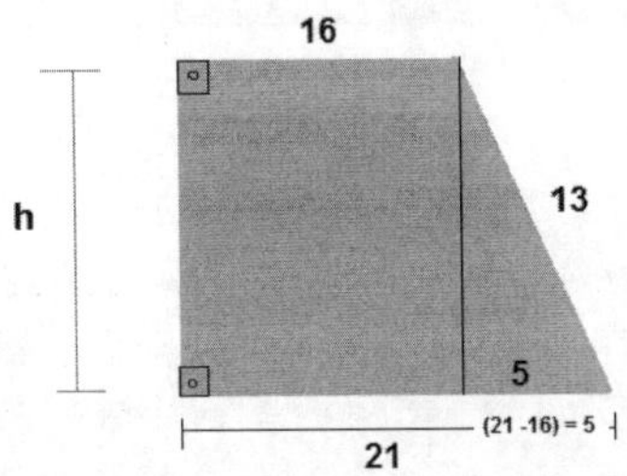

Podemos observar na figura acima que temos um triângulo retângulo ABC, logo iremos aplicar o Teorema de Pitágoras, em que a Hipotenusa é 13 e os catetos são h e 5 respectivamente.

Pelo Teorema temos:

O quadrado da hipotenusa é igual à soma dos quadrados dos catetos.

$$a^2 = b^2 + c^2$$

$$13^2=h^2+5^2$$

$$169=h^2+25$$

$$h^2=169-25$$

$$h^2=144$$

$$h= 12m$$

Assim temos as 4 fileiras de arame farpado em cada um dos lados, conforme a figura abaixo:

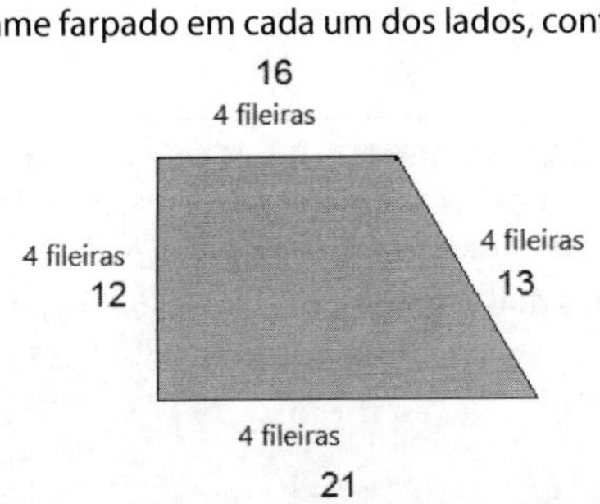

Desta forma podemos calcular o perímetro (soma dos lados):

Perímetro: 12+16+13+21 =62 (uma fileira);

Como são 4(quatro fileiras) temos que multiplicar por 4 = 62 x 4= 248. Pedro deverá comprar 248 metros de arame.

Resposta: D.

322.(ESAF/ AFRF /2014) A matriz quadrada A, definida genericamente por A=a_{ij}, é dada por a_{11}=0; a_{12}=-4; a_{13}=2; a_{21}=x; a_{22}=0; a_{23}= (1-z); a_{31}=y; a_{32}=2z e, por último, a_{33}=0. Desse modo, para que a matriz A seja uma matriz antissimétrica, os valores de a_{21},a_{23},a_{31} e a_{33} deverão ser, respectivamente, iguais a:

COMENTÁRIO

✪ **Nota do autor:** Nessa questão de auditor da Receita Federal observamos a importância das propriedades dos determinantes, uma vez, que é imprescindível ao candidato tal conhecimento para concursos de carreiras fiscais.

Representando a matriz geometricamente conforme o enunciado, temos:

$$\begin{bmatrix} 0 & -4 & 2 \\ x & 0 & 1-z \\ y & 2z & 0 \end{bmatrix}$$

Uma matriz será antissimétrica quando tivermos $A^t = -A$, a matriz transposta igual a matriz oposta.

Assim:

$$A^t = \begin{bmatrix} 0 & x & y \\ -4 & 0 & 2z \\ 2 & 1-z & 0 \end{bmatrix}$$

$$-A = \begin{bmatrix} 0 & 4 & -2 \\ -x & 0 & -1+z \\ -y & -2z & 0 \end{bmatrix}$$

$$\begin{bmatrix} 0 & x & y \\ -4 & 0 & 2z \\ 2 & 1-z & 0 \end{bmatrix} = \begin{bmatrix} 0 & 4 & -2 \\ -x & 0 & -1+z \\ -y & -2z & 0 \end{bmatrix}$$

Podemos então concluir que:

X=4;

2z= -1 + z

Z= -1

Y= -2

$$\text{Matriz antissimétrica} = \begin{bmatrix} 0 & -4 & 2 \\ 4 & 0 & 2 \\ -2 & -2 & 0 \end{bmatrix}$$

Resposta: C.

323.(CESGRANRIO/PETROBRAS CONHECIMENTOS BÁSICOS / 2014) durante um ano, Eduardo efetuou um depósito por mês em sua conta poupança. A cada mês, a partir do segundo, Eduardo aumentou o valor depositado em R$ 15,00, em relação ao mês anterior.

Se o total por ele depositado nos dois últimos meses foi R$ 525,00, quantos reais Eduardo depositou no primeiro mês?

a) 55,00

b) 105,00

c) 150,00
d) 205,00
e) 255,00

COMENTÁRIO

✪ **Nota do autor:** Uma das principais sequências numéricas que acontecem em provas de concursos públicos é a progressão aritmética, logo é importante saber as suas relações: termo geral da PA e Soma dos termos de uma PA.

De acordo com o enunciado, trata-se de uma Progressão Aritmética (PA).

O termo geral da PA é dado por:

an = a1 + (n - 1) x r,

onde

a1 é o primeiro termo,

r é a razão da PA

No caso em questão, considera-se a1 = X e tem-se que r = 15.

Sabe-se que:

a11 + a12 = 525

Assim,

a11 = X + (11 - 1) . 15 = X + 150

a12 = X + (12 - 1) . 15 = X + 165

Substituindo:

X + 150 + X + 165 = 525

2X + 315 = 525

2X = 525 - 315

2X = 210

X = 105

Resposta: B

324.(VUNESP/TJ-SP/ESCREVENTE TÉCNICO JUDICIÁRIO/2014)

Observe a sequência de figuras feitas em uma malha quadriculada, sendo cada figura composta por quadradinhos brancos e pretos.

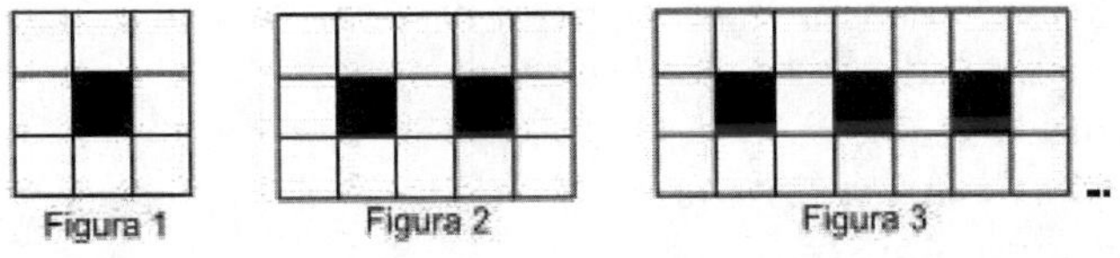

De acordo com a lei de formação dessa sequência, o número de quadradinhos brancos na figura 18 será igual a

a) 113
b) 103.
c) 108.
d) 93.
e) 98.

COMENTÁRIO

✪ **Nota do autor:** Uma das principais sequências numéricas que acontecem em provas de concursos públicos é a progressão aritmética, logo é importante saber as suas relações: termo geral da PA e Soma dos termos de uma PA.

De um quadrado para o outro, percebemos que os subquadrados brancos crescem de 5 em 5, assim, temos uma Progressão Aritmética de razão 5 e $a_1 = 8$ (quantidade inicial de quadradinhos brancos na 1º figura), queremos encontrar o a_{18} (n = 18). Assim pelo termo geral da PA:

$a_n = a_1 + (n - 1)r$

$a_{18} = 8 + (18 - 1)5$

$a_{18} = 8 + 85$

a_{18} = 93 quadrados brancos.

Resposta: D.

325.(CESGRANRIO /EPE/2014) A sequência (a_1 , a_2 , a_3 , ..., a_{20}) é uma progressão aritmética de 20 termos, na qual $a_8 + a_9 = a_5 + a_3 + 189$. A diferença entre o último e o primeiro termo dessa progressão, nessa ordem, é igual a

a) 19

b) 21

c) 91

d) 171

e) 399

COMENTÁRIO

✪ **Nota do autor:** Uma das principais sequências numéricas que acontecem em provas de concursos públicos é a progressão aritmética, logo é importante saber as suas relações: termo geral da PA e Soma dos termos de uma PA.

Temos nesse caso uma progressão aritmética é uma sequência numérica onde, a partir do 2º termo, a diferença entre um número e seu antecessor resulta em um valor constante r.

Dessa forma temos:

a8 + a9 = a5 + a3 + 189

a20 - a1 = ?

Sabe-se que:

a1

a2 = a1 + r

a3 = a1 + 2r

a4 = a1 + 3r

...

a20 = a1+ 19r

Substituindo os termos na equação:

(a1 + 7r) + (a1 + 8r) = (a1 + 4r) + (a1 + 2r) + 189

2a1 + 15r = 2a1 + 6r + 189

15r - 6r = 189

9r = 189

r = 189/9

r = 21

Logo,

a20 = a1 + 19r

a20 - a1 = 19r

a20 - a1 = 19 x 21

a20 - a1 = 399

Resposta: E.

326.(VUNESP / TJ-SP/ 2014) Certa empresa produz diariamente quantidades iguais do produto P. Se essa empresa usar três medidas iguais do componente A em cada unidade do produto final P, serão necessárias 480 dessas medidas para suprir a produção de P durante 2 dias. Se passar a usar 2,5 medidas de A em cada unidade de P, o número de medidas de A necessário para suprir a produção de P, durante 5 dias, será igual a

a) 1 050.

b) 1 000.

c) 1 220.

d) 980.

e) 1 140

COMENTÁRIO

✪ **Nota do autor:** Este método utilizado é muito prático e proporciona ao candidato um melhor aproveitamento quanto ao tempo gasto durante a prova. Desta forma recomendo que pratique, uma vez que é comum esse tipo de assunto nas provas de concursos públicos.

Temos uma questão de grandezas proporcionais, regra de três composta, pois temos mais de 02(duas) grandezas se relacionando.

Nesse caso as grandezas são: Medidas por Und., medidas(material) e dias de suprimento

Para resolvermos as questões de regra de três compostas iremos aplicar um método muito eficiente, prático e rápido, o qual chamaremos de: MÉTODO - CAUSA – CONSEQUÊNCIA.

Primeiramente devemos saber quem são as causas e quem é a consequência, e para isto, basta na questão encontrarmos o sujeito (quem pratica a ação) e perguntarmos a ele o que ele está fazendo, a resposta será a consequência. As demais grandezas serão as causas.

Segundo a questão temos como sujeito a empresa, o que ela está fazendo? A resposta é " produtos- medidas, logo a consequência será: Produtos -medidas.

As causas serão as seguintes grandezas: Medidas por Und., medidas e dias de suprimento,

Vamos construir um esquema para melhor interpretarmos e realizarmos os cálculos.

CAUSAS	CONSEQUÊNCIA

Vamos preencher:

Causas		Consequência
medidas por Und	Dias de suprimento	Produtos-medidas
3	**2**	**480**
2,5	**5**	**X**

Ao preencher os valores basta apenas multiplicarmos os números seguindo as retas, da seguinte forma:

3 .. 2 .X = 2,5 . 5 .480

6x = 6000

X= 1000

Resposta: B.

É importante ressaltar que não é preciso aquelas setas indicando se as grandezas são inversas ou diretas, quando utilizamos o método causa-consequência já resolvemos tudo isso. Para multiplicar os números não se esqueçam, sigam as setas ilustradas no esquema acima.

327. (VUNESP /FUNDUNESP/Assistente Administrativo/2014). Um título foi pago com 10% de desconto sobre o valor total. Sabendo-se que o valor pago foi de R$ 315,00, é correto afirmar que o valor total desse título era de

a) R$ 345,00.
b) R$ 346,50
c) R$ 350,00.
d) R$ 358,50.
e) R$ 360,00.

COMENTÁRIO

De acordo com o comando temos:

Valor do título: V

V – 10% V = 315

V – 0,1V = 315

0,9V=315

0,9V = 315

V = 350 reais.

Resposta: C.

328.(VUNESP / FUNDUNESP/ AUXILIAR ADMINISTRATIVO/2014) Se Arnaldo tivesse R$ 6,50 a mais do que tem, ele poderia comprar 7 unidades de um determinado produto. Logo, ele comprou apenas 6 unidades desse produto e ainda ficou com R$ 6,00. Lucas, na mesma loja e pagando o mesmo preço, comprou 15 unidades desse produto. Sendo assim, Lucas tinha de dinheiro, a mais do que Arnaldo, no mínimo,

a) R$ 99,00.
b) R$ 104,00.
c) R$ 106,50.
d) R$ 111,50.
e) R$ 114,50.

COMENTÁRIO

De acordo com o enunciado:

Arnaldo tem X reais para comprar unidades de um produto de valor P reais.

X + 6,50 = 7P

X – 6 = 6P

Resolvendo o sistema de equações:

6P + 6 + 6,50 = 7P

P = 12,50 reais (valor da unidade do produto)

X = 6P + 6 = 6 x 12,50 + 6 = 81 reais (valor que Arnaldo possui)

Lucas tem Y reais e comprou 15 unidades, assim:

Y = 15 x 12,50 = 187,50 reais

Dessa forma, Lucas tinha, a mais do que Arnaldo, no mínimo, 187,50 – 81 = 106,50 reais.

Resposta: C.

329.(VUNESP /FUNDUNESP/AUXILIAR ADMINISTRATIVO/ 2014) Dois sétimos de uma obra foram realizados por 4 trabalha dores, todos com a mesma força de trabalho, em 5 dias. No sexto dia, mais um trabalhador, com a mesma força de trabalho dos demais, foi contratado e, até o final da obra, mantiveram-se os cinco trabalhadores. Sendo assim, é correto afirmar que essa obra foi realizada em um número total de dias igual a

a) 15
b) 14
c) 11
d) 10
e) 9

COMENTÁRIO

✪ **Nota do autor:** É importante ressaltar que não é preciso aquelas setas indicando se as grandezas são inversas ou diretas, quando utilizamos o método causa-consequência já resolvemos tudo isso. Para multiplicar os números não se esqueçam, sigam as setas ilustradas no esquema acima.

Temos uma questão de grandezas proporcionais, regra de três composta, pois temos mais de 02(duas) grandezas se relacionando.

Nesse caso as grandezas são: Obra, trabalhadores e dias.

Para resolvermos as questões de regra de três compostas iremos aplicar um método muito eficiente, prático e rápido, o qual chamaremos de: MÉTODO - CAUSA – CONSEQUÊNCIA.

Primeiramente devemos saber quem são as causas e quem é a consequência, e para isto, basta na questão encontrarmos o sujeito (quem pratica a ação) e perguntarmos a ele o que ele está fazendo, a resposta será a consequência. As demais grandezas serão as causas.

Segundo a questão temos como sujeito os trabalhadores, o que eles estão fazendo? A resposta é "obra", logo a consequência será: Obra.

As causas serão as seguintes grandezas: trabalhadores e dias.

Vamos construir um esquema para melhor interpretarmos e realizarmos os cálculos.

CAUSAS	CONSEQUÊNCIA

Vamos preencher:

Causas		Consequência
Trabalhadores	Dias	obra
4	5	2/7
5	X	5/7

Ao preencher os valores basta apenas multiplicarmos os números seguindo as retas, da seguinte forma:

4. 5 .5/7 = 5 . X .2/7

10x = 100

X= 10

Total de dias: 10 + 5 = 15 dias.

Resposta: A.

---

330. (VUNESP/FUNDUNESP/ASSISTENTE ADMINISTRATIVO/ 2014)

A figura, sem escala, representa o contorno de um jardim.

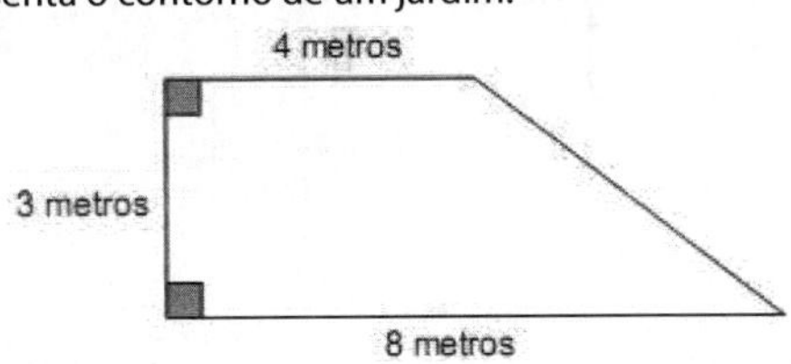

A área, em metros quadrados, e o perímetro, em metros, desse jardim são, respectivamente,

a) 16 e 19.

b) 16 e 40.

c) 18 e 20.

d) 18 e 40.

e) 20 e 20.

COMENTÁRIO

✪ **Nota do autor:** Nas questões envolvendo problemas geométricos é importante saber os principais conceitos da geométrica plana envolvendo polígonos.

Fazendo como descrito no desenho abaixo, podemos calcular o que se pede:

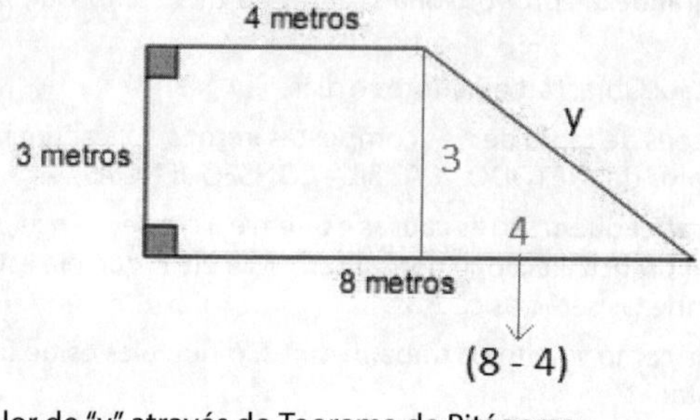

Basta agora calcular o valor de "y" através do Teorema de Pitágoras:

$y^2 = 3^2 + 4^2$

$y^2 = 9 + 16$

$y^2 = 25$

Tirando a raiz quadrada de 25 para obtermos o valor de y:

$y = 5$

Logo, a área do retângulo (BASE x ALTURA) será:

$A1 = 4 \times 3 = 12\ m^2$

A área do triângulo retângulo: [(BASE x ALTURA) /2]

$A2 = (4x3) /2$

$A2 = 6\ m^2$

Então a área total será:

$A_T = A1 + A2 =$ **$18\ m^2$**

Perímetro (P) é a medida do contorno de um objeto bidimensional, ou seja, a soma de todos os Lados de uma figura geométrica.

$P = 4 + 5 + 4 + 4 + 3 =$ **20 m**

Resposta: C.

---

331. (VUNESP/FUNDUNESP/ASSISTENTE ADMINISTRATIVO/ 2014) A figura, em forma de cruz, é formada pela sobreposição de dois retângulos congruentes, cujos lados medem, em centímetros, **x** e **2x**.

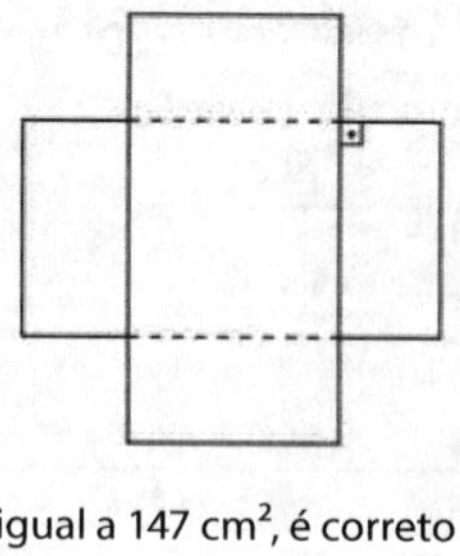

Sabendo-se que a área dessa figura é igual a 147 cm^2, é correto afirmar que **x** é igual, em centímetros, a

a) 9.

b) 8.

c) 7

d) 5

e) 4

COMENTÁRIO

✪ **Nota do autor:** Nas questões envolvendo problemas geométricos é importante saber os principais conceitos da geométrica básica envolvendo polígonos. Esses serão apresentados ao final do capítulo.

Segundo o comando da questão iremos dividir a figura em três áreas, sendo dois retângulos menores e um retângulo maior, segundo a figura abaixo. Desta forma iremos representar os lados x, x/2 e 2x.

Vejamos:

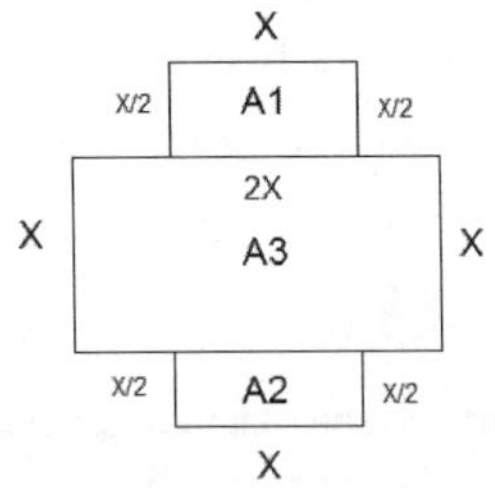

Para calcularmos a área total da figura acima teremos que somar as áreas das três figuras:

Sabemos que são retângulos em que a área é calculada pelo produto da base pela altura.

$A_1 = (x . x/2)$

$A_2 = (x . x/2)$

$A_3 = (x . 2x)$

$A_1 + A_2 + A_3 = (x . x/2) + (x . x/2) + (x . 2x)$

$x^2/2 + x^2/2 + 2x^2 = 147$

$2x^2/2 + 2x^2 = 147$

$3x^2 = 147$

$x^2 = 49$

$x = 7$ cm

Resposta: C.

---

332. (CS-UFG/IF-GO / ASSISTENTE EM ADMINISTRAÇÃO/ 2014)

Um aluno corta um pedaço de papelão na forma de um setor circular em que o raio e o ângulo central medem, respectivamente, 120 cm e 60º. Em seguida, ele une, sem sobreposição, as laterais desse setor para formar um cone. O raio da base desse cone, em centímetros, será:

a) 20

b) 48

c) 60

d) 72

COMENTÁRIO

A questão se refere a geometria espacial, em que temos um cone e sua lateral (setor circular).

A superfície lateral de um cone circular reto é obtida por um setor circular de raio **g** e comprimento $L = 2\pi R$:

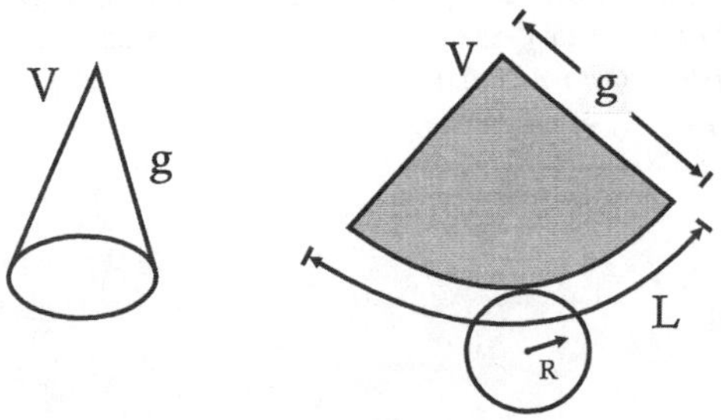

Temos as seguintes áreas:

a) área lateral (**A_L**): área do setor circular

$$A_L = \frac{gl}{2} = \frac{g \cdot 2\pi R}{2} = A_L = \pi R g$$

b) área da base (**A_B**): área do círculo do raio **R**

$$A_B = \pi R^2$$

c) área total (**A_T**): soma da área lateral com a área da base

$$A_T = A_L + A_B = \pi R g + \pi R^2$$
$$A_T = \pi R(g + R)$$

Segundo o enunciado tem-se:

A área lateral do cone corresponde a área do setor circular (planificação), logo:

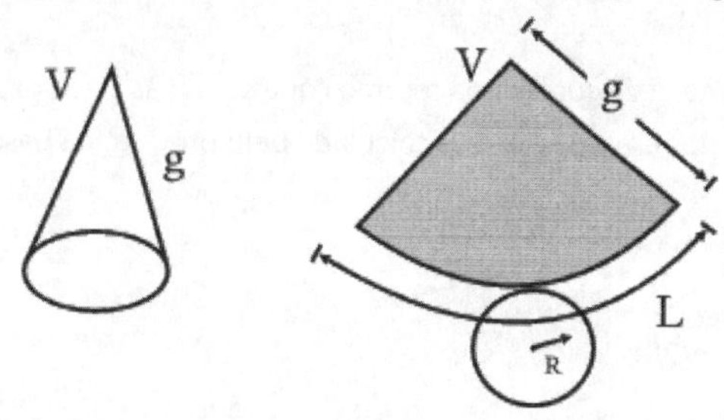

Podemos aplicar uma regra de três:

360° ---------- πg^2

60° ---------- **Al**

360°**Al** =60 x πg^2

Al = (60 x πg^2) / 360

= 60 x 120^2 π / 360

= 2400 π cm²

Como a área lateral (Al) é dada por $A_L = \frac{gl}{2} = \frac{g \cdot 2\pi R}{2} = A_L = \pi R g$, tem-se:

Al = πRg

2400 π = (π) x (R) x (120)

R= 2400 π / 120 π

R = 20 cm

Resposta: A.

333.(CESGRANRIO/PETROBRAS CONHECIMENTOS BÁSICOS/TODOS OS CARGOS DE NÍVEL MÉDIO /2014) Para embalar cada um dos sabonetes artesanais que produz, Sofia utiliza um pedaço de papel cuja área corresponde a 4/3 da superfície total do sabonete, que tem a forma de um paralelepípedo retângulo de 6 cm de comprimento, 4,5 cm de largura e 2 cm de altura.

Qual é, em cm^2, a área do pedaço de papel?

a) 32

b) 64

c) 72

d) 88

e) 128

COMENTÁRIO

Paralelepípedo retângulo

Seja o paralelepípedo retângulo de dimensões **a**, **b** e **c** da figura:

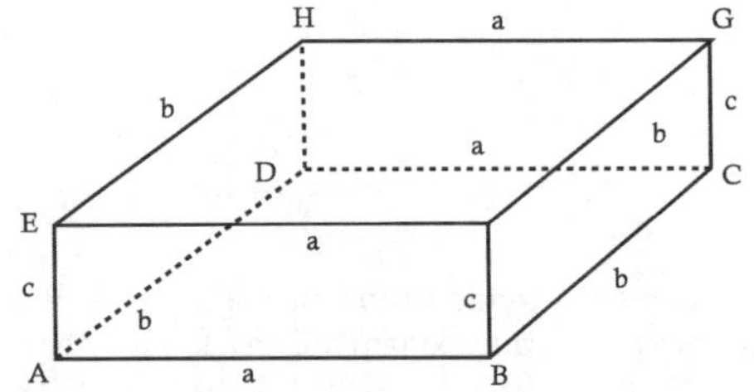

Temos quatro arestas de medida **a,** quatro arestas de medida **b** e quatro arestas de medida **c**; as arestas indicadas pela mesma letra são paralelas.

Área total

Planificando o paralelepípedo, a área total é a soma das áreas de cada par de faces opostas:

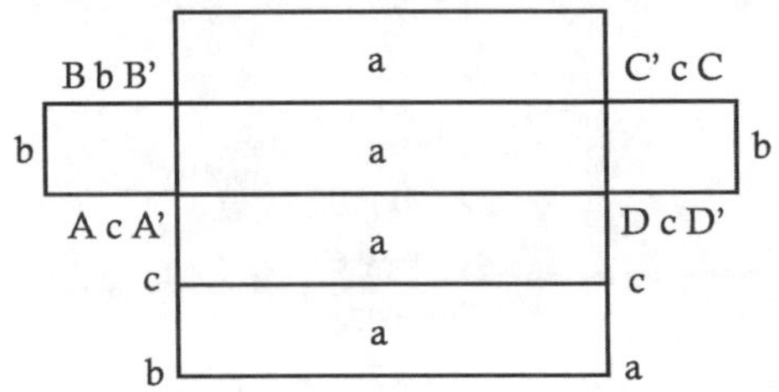

Calculando a área do paralelepípedo:

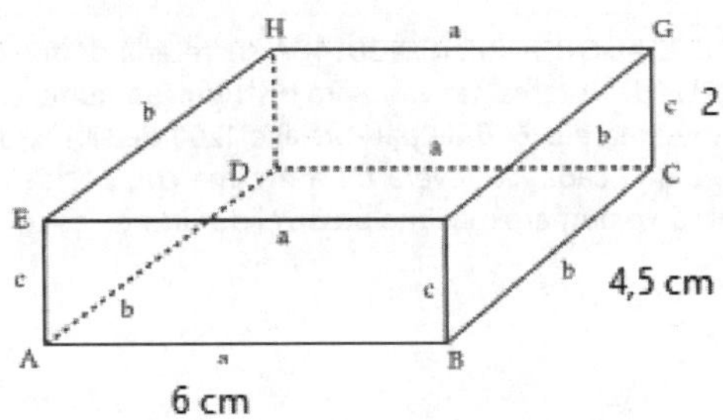

Área do sabonete: = 2(ab + ac + bc) = 2(6 x 4,5 + 6 x 2 + 4,5 x 2) = 2 (27 + 12 + 9) = 2 (48) = 96 cm²

Sofia utiliza um pedaço de papel cuja área corresponde a 4/3 da superfície total do sabonete, logo:

$$A_{papel} = \frac{4}{3} \cdot 96 = 128cm^2$$

Resposta: E.

334.(VUNESP/ SAAE-SP/TÉCNICO EM INFORMÁTICA/ 2014) A tabela mostra os valores de algumas latinhas de bebidas vendidas em um clube e a quantidade consumida por uma família, em certo dia.

Bebidas (latinha)	Valor unitário	Quantidade Consumida
Refrigerante	R$ 4,00	8
Suco	R$ 5,00	6
Cerveja	x	4

Considerando-se o número total de latinhas consumidas por essa família nesse dia, na média, o preço de uma latinha saiu por R$ 5,00. Então, o preço de uma latinha de cerveja era:

a) R$ 5,00
b) R$ 6,00
c) R$ 5,50
d) R$ 6,50
e) R$ 7,00

COMENTÁRIO

✪ **Nota do autor:** Nas questões envolvendo problemas aritméticos é importante saber as principais medidas de centralidade, comum em provas que exigem noções de estatística.

Para calcular a média ponderada, temos:

$$\textit{Média Ponderada} = \frac{4 \times 8 + 5 \times 6 + x \times +}{8 + 6 + 4} = 5$$

$$\frac{32 + 30 + 4x}{18} = 5$$

$$\frac{62 + 4x}{18} = 5$$

$$62 + 4x = 90$$

$$4x = 90 - 62$$

$$4x = 28$$

$$x = 7$$

Resposta: E.

---

335. (VUNESP/SAAE-SP/ PROCURADOR JURÍDICO/2014) A secretaria de meio ambiente de certo município está montando *kits* de mudas de árvores nativas, para distribuição numa campanha de conscientização ambiental. Há 400 mudas de ipê-amarelo, 600 de pau-brasil e 1200 de sibipiruna. Sabendo-se que todas as mudas deverão ser utilizadas, e que cada *kit* deverá ter a mesma composição, ou seja, quantidades iguais para espécies iguais, será montado o número máximo possível de *kits* nessas condições. Cada *kit* conterá uma quantidade de mudas igual a

a) 3
b) 5
c) 8
d) 11
e) 22

COMENTÁRIO

✪ **Nota do autor:** Nas questões envolvendo problemas aritméticos é importante o conhecimento sobre múltiplos e divisores, pois são comuns nas provas que exigem lógica matemática.

É importante observar que nas questões que relatarem sobre dividir em grupos, equipes, pacotes, envelopes etc., em que a divisão dos agrupamentos exigirem as seguintes restrições:

- Os elementos de cada agrupamento devem possuir as mesmas características;

- Todos os agrupamentos devem possuir a mesma quantidade de elementos;

- Não sobram elementos.

E no final se perguntar o número máximo de elementos em cada agrupamento que leva a quantidade mínima de grupos, teremos uma questão de MDC.

Vou lhe ensinar uma maneira bem prática e rápida, observe logo abaixo:

Números Primos

obs.: Para que possamos dividir é necessário que os números sejam divisíveis pelos números primos simultaneamente, isto é , os números de mudas devem ser divisíveis pelo primo ao mesmo tempo, caso não sejam , iremos procurar o próximo número primo.

400, 600, 1200	2
200 , 300, 600	2
100, 150, 300	2
50 , 75, 150	5
10, 15 , 30	5
2 , 3 , 6	200

2 + 3+ 6 = 11 ⟸ QUANTIDADE | TAMANHO ⟹

Torna-se interessante observar que por esse método conseguimos responder qualquer pergunta de maneira simples, vamos lá:

Temos 200 kits com uma quantidade de mudas igual a 11, sendo 2 de ipês amarelo, 3 de pau-brasil e 6 de sibipiruna.

Resposta: D.

336.(VUNESP/SAAE-SP/ PROCURADOR JURÍDICO/2014) O engenheiro Ricardo tem em mãos 5 parafusos de comprimentos diferentes e feitos de materiais diferentes. Ele sabe que

- o parafuso de aço é mais curto que o de alumínio;
- o parafuso de latão tem comprimento intermediário entre o de bronze e o de aço;
- o parafuso de titânio é mais curto que o de latão e mais longo que o de bronze.

Ricardo escolherá, para determinado projeto, o mais curto dentre esses parafusos, que será o de

a) aço
b) alumínio.
c) bronze.
d) latão.
e) titânio.

COMENTÁRIO

✪ **Nota do autor:** É frequente nas provas realizadas pela VUNESP, questões com associação, logo torna-se necessário praticar, uma vez que os padrões utilizados são comuns em diversas questões nos processos seletivos.

Esta questão trata de lógica sequencial, em que colocaremos em ordem os parafusos de acordo com as informações citadas no enunciado, assim, denominaremos o seguinte:

AL: alumínio;

A : aço;

L : latão;

B : bronze;

T : titânio.

assim:

- De acordo com a informação: O parafuso de aço é mais curto que o de alumínio, temos: A < AL
- De acordo com a informação: O parafuso de latão tem comprimento intermediário entre o de bronze e o de aço, temos: B < L < A.
- De acordo com a informação: O parafuso de titânio é mais curto que o de latão e mais longo que o de bronze, temos: B < T < L.

Fazendo a interseção das informações, temos: B < T < L < A < AL.

Resposta: C.

---

337. (CESGRANRIO/ PETROBRAS /TODOS OS CARGOS DE NÍVEL MÉDIO/2014) O produto de dois números naturais, x e y, é igual a 765. Se x é um número primo maior que 5, então a diferença y – x é igual a

a) 6
b) 17
c) 19
d) 28
e) 45

COMENTÁRIO

É importante ressaltar que os números primos são aqueles que são divisíveis por 01(um) e por ele mesmo, logo podemos citar alguns deles: 2,3,5,7,11,13,17,19 ,23, ...

De acordo com o enunciado, x é um número primo maior que 5, logo, x pode ser (11,13,17, ...)

Sabemos que $x.y = 765$

Desta forma $y = \frac{765}{x}$

Conforme a sequência de números primos, vamos experimentar qual dos valores de x (primo maior que 5) teremos para y um número natural.

Experimentando quais números primos da sequência "x" acima divide 765, teremos o número x= 17.

Se x=17 podemos encontrar x:

$$y = \frac{765}{17}$$

$$y = 45$$

$$y = 45 \text{ e } x = 17. \text{ Logo } y\text{-}x = 28.$$

Resposta: D.

338.(FCC/TRT-16/ANALISTA/2014) André pensou que realizaria uma tarefa em 20 dias, porém, levou 20 dias a mais porque trabalhou 3 horas a menos por dia. Se a produtividade de André por hora se manteve sempre a mesma durante a realização da tarefa, o número de horas diárias que André dedicou à realização da tarefa foi igual a

a) 6.
b) 5.
c) 5,5.
d) 3,5.
e) 3

COMENTÁRIO

✪ **Nota do autor:** Questões envolvendo relações entre grandezas – regra de três simples – é comum nas provas que exigem lógica matemática, desta forma é necessário saber aplicar o método adequado.

Temos uma questão de grandezas proporcionais, regra de três simples, pois temos apenas 02 (duas) grandezas se relacionando.

Nesse caso as duas grandezas são: dias e tempo.

Tais grandezas se relacionam de maneira inversa, pois quanto mais tempo trabalhando por dia, menos dias serão necessários para fazer a tarefa.

As multiplicações serão realizadas na horizontal (GRANDEZAS INVERSAMENTE PROPORCIONAIS). Se as grandezas fossem (DIRETAMENTE PROPORCIONAIS) as multiplicações serão diagonais.

Assim,

Teremos

(DIAS) (TEMPO)

20 --------------------------------- T

40 --------------------------------- T-3

20T = 40(T-3)

20T = 40T - 120

20T -40T = -120

-20T=-120

T= 6 horas

O número de horas diárias que André dedicou à realização da tarefa foi igual a (T-3) = 6-3 = 3 horas.

Resposta: E.

---

339. (FGV/ FUNARTE/ASSISTENTE ADMINISTRATIVO/2014). Um escritor pediu que Ana, Bruno e seus auxiliares, lessem um roteiro que tinha escrito. Ana leu 16 páginas por dia, levou 15 dias para terminar a leitura, e Bruno leu apenas 10 páginas por dia.

Para fazer a leitura do roteiro, Bruno gastou a mais do que Ana:

a) 6 dias;

b) 8 dias;

c) 9 dias;

d) 10 dias;

e) 12 dias.

COMENTÁRIO

Temos uma questão de problemas aritméticos, em que devemos modelar de maneira matemática a situação acima descrita:

Conforme a questão temos:

Para Ana: 16 páginas por dia, levando 15 dias, o que resulta um total de 240 páginas (15x 16)

Para Bruno: leu 240 páginas no total, sendo que foram 10 páginas por dia, o que resulta um tempo de 24 dias (240 ÷ 10 = 24 dias).

Desta forma podemos inferir que Bruno gastou 9 dias a mais que Ana (24 -15).

Resposta: C.

---

340. (IESES / IGP-SC/ 2014) Em 120 dias 9 pedreiros constroem uma residência. Quantos pedreiros são necessários para fazer outra residência igual em 40 dias?

a) 27 pedreiros.

b) 30 pedreiros.

c) 26 pedreiros.

d) 22 pedreiros.

COMENTÁRIO

✪ **Nota do autor:** Questões envolvendo relações entre grandezas – regra de três simples – é comum nas provas que exigem lógica matemática, desta forma é necessário saber aplicar o método adequado.

Temos uma questão de grandezas proporcionais, regra de três simples, pois temos apenas 02 (duas) grandezas se relacionando.

Nesse caso as duas grandezas são: tempo (dias) e pedreiros.

Tais grandezas se relacionam de maneira inversa, pois quanto mais pedreiros tivermos, menos dias serão necessários para fazer a residência.

Assim,

Teremos

TEMPO (dias)	**PEDREIROS**
120 ----------------------------------	9 pedreiros
40 ------------------------------------	X pedreiros

40X = 120 x 9

40X = 1080

X = 1080/40

X= 27

Resposta: A.

---

341. (IADES/METRÔ-DF / 2014)

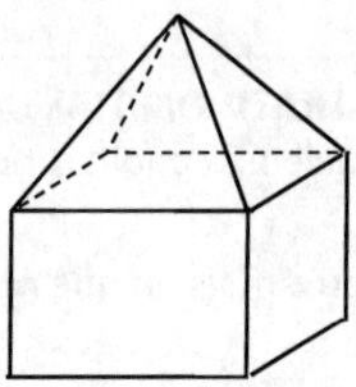

A figura apresentada representa um sólido formado por uma pirâmide reta apoiada sobre um cubo de aresta *a*. A distância do vértice da pirâmide à base inferior do cubo é igual a 2*a*. Lembre-se de que:

Volume da pirâmide = $\frac{1}{3}$ (área da base) x altura.

O volume desse sólido é

a) $\frac{2}{3}a^3$

b) $\frac{4}{3}a^3$

c) $\frac{5}{3}a^3$

d) $\frac{2}{3}a^4$

e) $\frac{4}{3}a^4$

COMENTÁRIO

✪ **Nota do autor:** Nas questões envolvendo problemas geométricos é importante saber os principais conceitos da geométrica espacial envolvendo os principais sólidos. No final deste capítulo temos dicas a respeito do conteúdo.

Neste caso teremos que somar o (volume cubo + volume da pirâmide):

Volume da pirâmide = $\frac{1}{3}$ (área da base) x altura.

$= \frac{1}{3}\ (a^{2)}\ x\ a. = \frac{1}{3}\ a^3$

Volume do cubo = (área da base) x altura.

$= (a^2)\ x\ a$

$= a^3.$

Volume total = $\frac{1}{3}\ a^3{}_+ a^3$

Volume total = $4/3\ a^3$

Resposta: B.

342.(VUNESP/TJ-SP/ ESCREVENTE TÉCNICO JUDICIÁRIO / 2014) Em uma folha quadrada ABCD, foi desenhado um rascunho quadrado Z, de área igual a 169 cm^2, conforme mostra a figura:

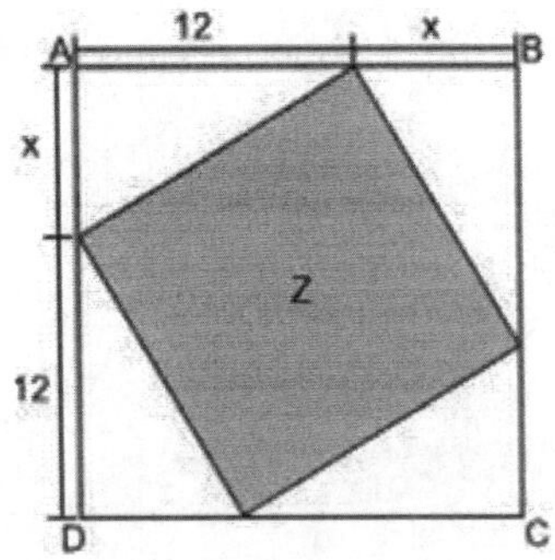

Nessas condições, é correto afirmar que o perímetro da folha ABCD, em centímetros, é igual a

a) 56.
b) 72.
c) 60.
d) 64.
e) 68.

COMENTÁRIO

✪ **Nota do autor:** Nas questões envolvendo problemas geométricos é importante saber os principais conceitos da geométrica plana envolvendo os principais polígonos.

Temos a figura Z que representa um quadrilátero, especificamente um quadrado, em que sua área é igual a 169 m^2.

A área do quadrado é dada por $A = L^2$, desta forma temos que:

A= 169, logo

$A = L^2$

$L^2 = 169$

$L = \sqrt{169}$

L= 13

Desta forma podemos inferir que o lado do quadrado Z é igual a 13 cm.

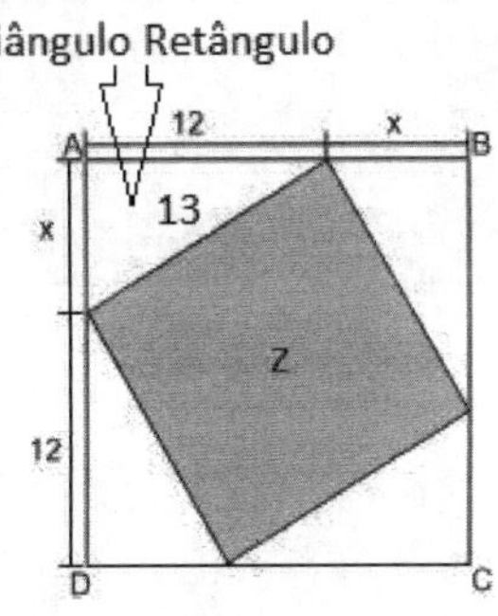

Observando a figura acima temos um triângulo retângulo de catetos iguais a x e 12 cm e uma hipotenusa igual a 13 cm. Assim vamos aplicar o Teorema de Pitágoras para encontrar o valor de x.

$a^2 = b^2 + x^2$

$(13)^2 = (12)^2 + x^2$

$169 = 144 + x^2$

$x^2 = 25$

$x = 5$ cm

A figura ABCD terá lado igual a 17 cm (12 + 5). Assim podemos inferir que o perímetro será igual a:

17 + 17 + 17 + 17 = 68 cm

Resposta: E.

---

343. (IADES/METRÔ-DF/ 2014) Uma piscina quadrada foi construída em um terreno quadrado, deixando, nos quatro lados, uma borda de 1 m de largura. A superfície total da borda mede 52 m². Quanto mede o lado do terreno, em metros?

a) 10.

b) 12.

c) 14.

d) 16.

e) 18.

COMENTÁRIO

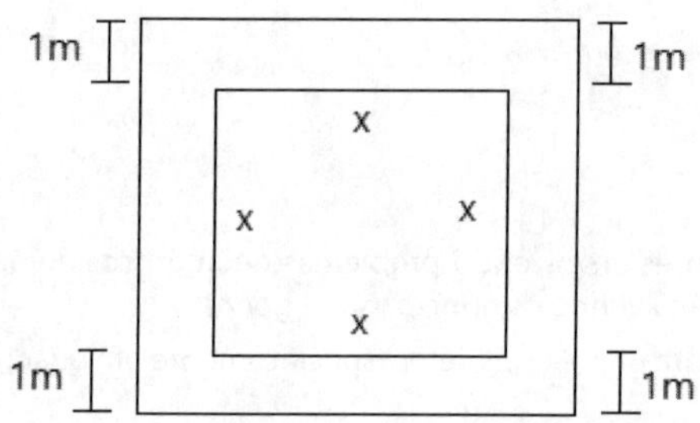

O lado da piscina é a incógnita x.

Para se determinar a área da borda ilustrada abaixo temos que subtrair a área do terreno da área da piscina.

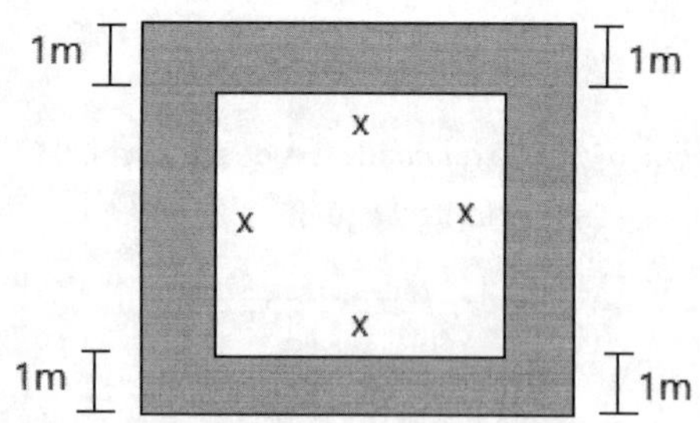

Lado do terreno = x + 2

Lado da piscina= x

A área hachurada será:

$(x + 2)^2 - x^2 = 52$

$x^2 + 4x - x^2 + 4 = 52$

$4x = 52 - 4$

$4x = 48$

$x = 12$ m (lado da piscina)

Lado do terreno = 12m + 2 m = 14 m

Resposta: C.

344.(IADES/METRÔ-DF / 2014) Se todos os lados e a altura de um quadrilátero qualquer forem duplicados, então sua área ficará multiplicada por

a) 2.

b) 2^2.

c) 2^3.

d) 2^4.

e) 2^5.

COMENTÁRIO

Vamos tomar como exemplo um quadrado:

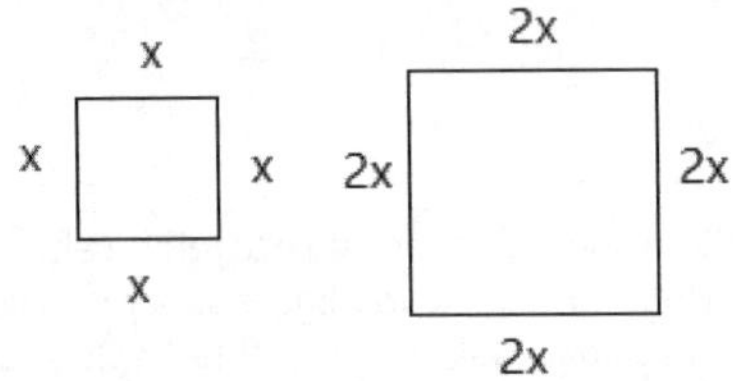

Área do quadrado menor = x^2

Área do quadrado maior = $(2x)^2 = 4x^2$

É notável que a área fica quatro vezes maior quando duplicamos o lado e altura, ou seja, multiplicamos por 2^2.

Resposta: B.

345.(ESAF/MINISTÉRIO DA FAZENDA/ASSISTENTE TÉCNICO-ADMINISTRATIVO/2014) Em uma progressão aritmética, tem-se $a_3 + a_6 = 29$ e $a_2 + a_5 = 23$. Calcule a soma dos 200 primeiros termos dessa progressão aritmética.

a) 60.500

b) 60.700

c) 60.600

d) 60.400

e) 60.800

COMENTÁRIO

Temos essas duas equações que representam as somas dos termos.

$$\begin{cases} a_3 + a_6 = 29 \\ a_2 + a_5 = 23 \end{cases}$$

$a_3 + a_6 = 29$

$(a_2 + r) + (a_5 + r) = 29$

$a_2 + a_5 + 2r = 29$

Sabendo que $a_2 + a_5 = 23$, temos que:

$23 + 2r = 29$

$2r = 6$

$r = 3$ (razão da PA)

Para determinar o a_1 iremos pegar a primeira equação e coloca-la em função de a_1:

$a_3 + a_6 = 29$

$(a_1 + 2r) + (a_1 + 5r) = 29$, substituindo o valor de r por 3 (razão da PA)

$(a_1 + 6) + (a_1 + 15) = 29$

$2a_1 = 29 - 6 - 15$

$2a_1 = 8$

$a_1 = 4$

Para encontrarmos a soma dos 200 primeiros termos temos que encontrar o termo de número 200.

$a_{200} = a_1 + 199\,r$

$a_{200} = 4 + 199(3)$

$a_{200} = 4 + 597$

$a_{200} = 601$

A soma dos 200 primeiros termos será dada por:

$S_{200} = [(a_1 + a_{200}) \times 200] / 2$

$S_{200} = [(4 + 601) \times 200] / 2$

$S_{200} = 60.500$

Resposta: A.

Considere que a empresa X tenha disponibilizado um aparelho celular a um empregado que viajou em missão de 30 dias corridos. O custo do minuto de cada ligação, para qualquer telefone, é de R$ 0,15. Nessa situação, considerando que a empresa tenha estabelecido limite de R$ 200,00 e que, após ultrapassado esse limite, o empregado arcará com as despesas, julgue os itens a seguir.

346.(CESPE/PC-DF/AGENTE /2013) Se, ao final da missão, o tempo total de suas ligações for de 20 h, o empregado não pagará excedente.

COMENTÁRIO

Temos uma questão de grandezas proporcionais, regra de três simples, pois temos apenas 02(duas) grandezas se relacionando.

Nesse caso as duas grandezas são: tempo (minutos) e Valor (reais).

Tais grandezas se relacionam de maneira direta, pois quanto mais tempo de ligações tivermos, maior o valor a ser pago em reais.

Para facilitarmos os cálculos iremos utilizar o tempo em horas, da seguinte maneira:

O custo do minuto de cada ligação, para qualquer telefone, é de R$ 0,15, logo ser quisermos saber o custo a cada hora basta multiplicarmos 0,15 x 60(minutos) = 9,00 reais a cada hora.

Assim,

Teremos

TEMPO (horas)	Valor (reais)
1	9,00
20	X

$X = 20 \times 9,0$

$40X = 180,0$

$X = 180,00$

Resposta: Certo.

---

347. (CESPE/PC-DF/AGENTE /2013) Se, nos primeiros 10 dias, o tempo total das ligações do empregado tiver sido de 15 h, então, sem pagar adicional, ele disporá de mais de um terço do limite estabelecido pela empresa.

COMENTÁRIO

Temos uma questão de grandezas proporcionais, regra de três simples, pois temos apenas 02(duas) grandezas se relacionando.

Nesse caso as duas grandezas são: tempo (minutos) e Valor (reais).

Tais grandezas se relacionam de maneira direta, pois quanto mais tempo de ligações tivermos, maior o valor a ser pago em reais.

Para facilitarmos os cálculos iremos utilizar o tempo em horas, da seguinte maneira:

O custo do minuto de cada ligação, para qualquer telefone, é de R$ 0,15, logo ser quisermos saber o custo a cada hora basta multiplicarmos 0,15 x 60(minutos) = 9,00 reais a cada hora.

Assim,

Teremos

TEMPO (horas) Valor (reais)

1 ---------------------------------- 9 ,00

15 ---------------------------------- X

X = 15 x 9,0

X = 135,00

Podemos inferir que 1/3 de 200,00(valor limite) é igual a 66,66.., ou seja , pelos cálculos o empregado ainda pode gastar 65,00, o que não corresponde a mais de um terço do limite estabelecido pela empresa.

Resposta: Errado.

348.(CESPE/PC-DF/AGENTE /2013) Se, ao final da missão, o empregado pagar R$ 70,00 pelas ligações excedentes, então, em média, suas ligações terão sido de uma hora por dia.

COMENTÁRIO

Temos uma questão de grandezas proporcionais, regra de três simples, pois temos apenas 02 (duas) grandezas se relacionando.

Nesse caso as duas grandezas são: tempo (minutos) e Valor (reais).

Tais grandezas se relacionam de maneira direta, pois quanto mais tempo de ligações tivermos, maior o valor a ser pago em reais.

Para facilitarmos os cálculos iremos utilizar o tempo em horas, da seguinte maneira:

O custo do minuto de cada ligação, para qualquer telefone, é de R$ 0,15, logo ser quisermos saber o custo a cada hora basta multiplicarmos 0,15 x 60(minutos) = 9,00 reais a cada hora.

Assim,

Teremos

TEMPO (horas) Valor (reais)

1 ---------------------------------- 9,00

X ---------------------------------- 270,00

9X = 270,00

X = 30 horas.

Podemos inferir que se foram gastos 30 horas em um período de 30 dias, logo, em média, suas ligações terão sido de uma hora por dia.

Resposta: Correto.

Considerando que 300 pessoas tenham sido selecionadas para trabalhar em locais de apoio na próxima copa do mundo e que 175 dessas pessoas sejam do sexo masculino, julgue os seguintes itens.

349.(CESPE/PC-DF/AGENTE /2013) Se, em um dia de jogo, funcionarem 24 postos de apoio e se cada posto necessitar de 6 mulheres e 6 homens, então a quantidade de pessoas selecionadas será suficiente.

COMENTÁRIO

Trata-se de um problema aritmético da seguinte forma:

Considerando 300 pessoas, sendo 175 do sexo masculino e 125 do sexo feminino podemos fazer as seguintes divisões:

- 24 (postos) com 6 mulheres: 144 mulheres (não há como suprir, pois, temos apenas 125 mulheres).

- 24 (postos) com 6 homens: 144 homens (há como suprir, uma vez que temos 175 homens).

A quantidade de pessoas selecionadas não será suficiente.

Resposta: Errado.

---

350. (CESPE/PC-DF/AGENTE /2013) É impossível dividir as 300 pessoas em grupos de modo que todos os grupos tenham a mesma quantidade de mulheres e a mesma quantidade de homens.

COMENTÁRIO

✪ **Nota do autor:** Nas questões envolvendo problemas aritméticos é importante o conhecimento sobre múltiplos e divisores, pois são comuns nas provas que exigem lógica matemática.

É importante observar que nas questões que relatarem sobre dividir em grupos, equipes, pacotes, envelopes etc., em que a divisão dos agrupamentos exigirem as seguintes restrições:

- Os elementos de cada agrupamento devem possuir as mesmas características;

- Todos os agrupamentos devem possuir a mesma quantidade de elementos;

- Não sobram elementos.

E no final se perguntar o número máximo de elementos em cada agrupamento que leva a quantidade mínima de grupos, teremos uma questão de MDC.

Como já visto anteriormente podemos utilizar o seguinte esquema abaixo:

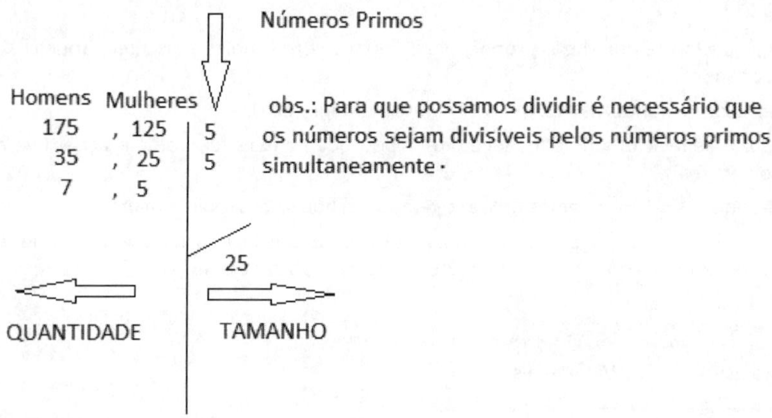

Assim podemos inferir que possível dividir as 300 pessoas em grupos de modo que todos os grupos tenham a mesma quantidade de mulheres e a mesma quantidade de homens, ou seja, 7 grupos com 25 homens e 5 grupos com 25 mulheres.

Resposta: Errado.

---

351. (CESPE/PC-DF/AGENTE/2013) Considere que 50 locais de apoio sejam espalhados pela cidade. Considere ainda que cada um deles necessite, para funcionar corretamente, de 3 pessoas trabalhando por dia, independentemente do sexo. Nessa situação, se todas as pessoas selecionadas forem designadas para esses locais de apoio e se cada uma delas intercalar um dia de trabalho com um dia de folga ou vice-versa, então os postos funcionarão da forma desejada.

COMENTÁRIO

Trata-se de problemas aritméticos em que temos 50 locais de apoio espalhados pela cidade, e que para funcionamento devem trabalhar 03 pessoas por dia, independentemente do sexo. Sendo assim são necessárias 150 pessoas por dia, porém se cada uma delas intercalar um dia de trabalho com um dia de folga ou vice-versa, então os postos funcionarão da forma desejada, isto é, 150 pessoas em um dia e 150 pessoas noutro dia, utilizando um total de 300 pessoas.

Resposta: Correto.

---

352. (CESPE/PC-DF/AGENTE/2013) Considere que, em uma nova missão, o preço das ligações tenha passado a depender da localidade, mesma cidade ou cidade distinta da de origem da ligação, e do tipo de telefone para o qual a ligação tenha sido feita, celular, fixo ou rádio. As tabelas abaixo mostram quantas ligações de cada tipo foram feitas e o valor de cada uma:

	Celular	fixo	rádio
mesma cidade	6	3	1
cidade distinta	7	1	3

Tabela I: número de ligações realizadas por tipo de telefone

	mesma cidade	cidade distinta
celular	0,20	0,50
fixo	0,15	0,30
rádio	0,20	0,20

Tabela II: preço de cada ligação, em reais

Nessas condições , se $A = \begin{bmatrix} 6 & 3 & 1 \\ 7 & 1 & 3 \end{bmatrix}$ for a matriz formada pelos dados da tabela I , $B = \begin{bmatrix} 0,20 & 0,50 \\ 0,15 & 0,30 \\ 0,20 & 0,20 \end{bmatrix}$ for a matriz formada pelos dados da tabela II, então de todas as entradas da matriz A X B será igual ao valor total das ligações efetuadas.

COMENTÁRIO

✪ **Nota do autor:** Nas questões envolvendo problemas matriciais é importante conhecer as operações com matrizes, sendo a multiplicação de matrizes a mais comum nas provas.

Produto de Matriz por Matriz

Para que possamos multiplicar duas matrizes, existe uma condição:

A quantidade de colunas da primeira Matriz.	=	A quantidade de linhas da segunda matriz.

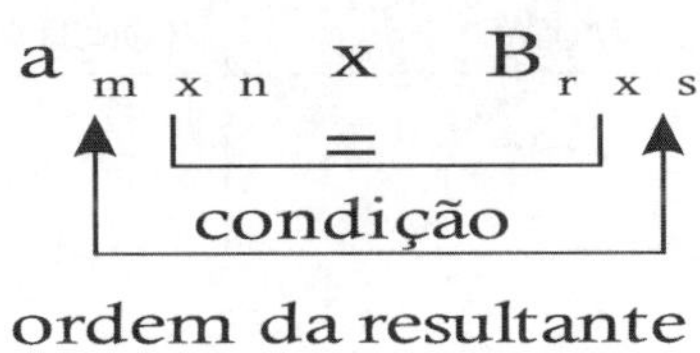

	celular	fixo	rádio
mesma cidade	6	3	1
cidade distinta	7	1	3

X

	mesma cidade	cidade distinta
celular	0,20	0,50
fixo	0,15	0,30
rádio	0,20	0,20

3x2 2x2

Quando multiplicamos as matrizes temos que os elementos da diagonal secundária não correspondem ao valor das ligações efetuadas, pois temos o produto de ligações efetuadas de cidades distintas com tarifas de mesma cidade, o que não está correto.

Os valores das ligações efetuadas correspondem a soma dos elementos da diagonal principal da matriz produto A x B.

Resposta: Errado.

Determinada construtora emprega 200 empregados na construção de cisternas em cidades assoladas por seca prolongada. Esses empregados, trabalhando 8 horas por dia, durante 3 dias, constroem 60 cisternas. Com base nessas informações e considerando que todos os empregados sejam igualmente eficientes, julgue os itens que seguem.

---

353. (CESPE/MI/2013) Se todos os empregados trabalharem 6 horas por dia durante 8 dias, então, nesse período, eles construirão menos de 110 cisternas.

COMENTÁRIO

Temos uma questão de grandezas proporcionais, regra de três composta, pois temos mais de 02(duas) grandezas se relacionando.

Nesse caso as grandezas são: Empregados, horas/dia, tempo (dias) e cisternas.

Para resolvermos as questões de regra de três compostas iremos aplicar um método muito eficiente, prático e rápido, o qual chamaremos de: MÉTODO - CAUSA – CONSEQUÊNCIA.

Primeiramente devemos saber quem são as causas e quem é a consequência, e para isto, basta na questão encontrarmos o sujeito (quem pratica a ação) e perguntarmos a ele o que ele está fazendo, a reposta será a consequência. As demais grandezas serão as causas.

Segundo a questão temos como sujeito os empregados, o que eles estão fazendo? A resposta é "cisternas", logo a consequência será: CISTERNAS.

As causas serão as seguintes grandezas: Empregados, horas/dia, tempo (dias)

Vamos construir um esquema para melhor interpretarmos e realizarmos os cálculos.

CAUSAS	CONSEQUÊNCIA

Vamos preencher:

Causas			Consequência
Empregados	**H/d**	**Tempo (dias)**	**Cisternas**
200	**8**	**3**	**60**
200	**6**	**8**	**x**

Ao preencher os valores basta apenas multiplicarmos os números seguindo as retas, da seguinte forma:

~~200~~ . 8 . 3 . x = ~~200~~ . 6. 8 .60

24x = 2880

x= 2880/24

x= 120

É importante ressaltar que não é preciso aquelas setas indicando se as grandezas são inversas ou diretas, quando utilizamos o método causa-consequência já resolvemos tudo isso. Para multiplicar os números não se esqueçam, sigam as setas ilustradas no esquema acima.

O item está errado, pois serão construídas mais de 110 cisternas.

Resposta: Errado.

354.(CESPE/MI/2013) Se todos os empregados trabalharem 12 horas por dia durante 2 dias, então eles construirão, nesse período, mais de 55 cisternas.

COMENTÁRIO

Temos uma questão de grandezas proporcionais, regra de três composta, pois temos mais de 02(duas) grandezas se relacionando.

Nesse caso as grandezas são: Empregados, horas/dia, tempo (dias) e cisternas.

Para resolvermos as questões de regra de três compostas iremos aplicar um método muito eficiente, prático e rápido, o qual chamaremos de: MÉTODO - CAUSA – CONSEQUÊNCIA.

Primeiramente devemos saber quem são as causas e quem é a consequência, e para isto, basta na questão encontrarmos o sujeito (quem pratica a ação) e perguntarmos a ele o que ele está fazendo, a reposta será a consequência. As demais grandezas serão as causas.

Segundo a questão temos como sujeito os empregados, o que eles estão fazendo? A resposta é "cisternas", logo a consequência será: CISTERNAS.

As causas serão as seguintes grandezas: Empregados, horas/dia, tempo (dias)

Vamos construir um esquema para melhor interpretarmos e realizarmos os cálculos.

CAUSAS	CONSEQUÊNCIA

Vamos preencher:

Causas			Consequência
Empregados	**H/d**	**Tempo (dias)**	**Cisternas**
200	**8**	**3**	**60**
200	**12**	**2**	**x**

Ao preencher os valores basta apenas multiplicarmos os números seguindo as retas, da seguinte forma:

~~200~~ . 8 . 3 . x = ~~200~~ . 12. 2 .60

24x = 1440

x= 1440/24

x= 60

É importante ressaltar que não é preciso aquelas setas indicando se as grandezas são inversas ou diretas, quando utilizamos o método causa-consequência já resolvemos tudo isso. Para multiplicar os números não se esqueçam, sigam as setas ilustradas no esquema acima.

Resposta: Certo.

355. (CESPE/MI/2013) Se, do início do ano até o presente momento, 800 cisternas tiverem sido construídas, e isso corresponder a 16% do total previsto para o ano, então, para se atingir a meta do ano, será necessário construir mais 4.200 novas cisternas.

COMENTÁRIO

Temos uma questão de porcentagem com regra de três simples, pois temos apenas 02(duas) grandezas se relacionando.

Nesse caso as duas grandezas são: cisternas (valor absoluto) e cisternas (valor relativo).

Tais grandezas se relacionam de maneira direta, pois quanto mais cisternas (valor absoluto), maior será o valor relativo (porcentagem).

Assim,

Teremos

Cisternas (absoluto) Cisternas (relativo %)

800 --16

x -- 84 (complementar – o que falta para 100%)

16 x = 800. 84

16 x = 67200

x= 67200/ 16

x= 4200

Resposta: Correto.

356. (CESPE/MI/2013) Considere que, de 1.250 cisternas construídas, 8% delas tiveram de ser refeitas por apresentarem defeitos de várias naturezas. Considere, ainda, que, das cisternas que apresentaram defeitos, 15% foram refeitas por terem apresentado vazamentos. Em face dessa situação, é correto afirmar que, das 1.250 cisternas construídas, menos de 1,3% delas foram refeitas por apresentarem vazamentos.

COMENTÁRIO

Para essa questão iremos utilizar como referência o número "100" para facilitarmos os cálculos, uma vez que a afirmação está em porcentagem.

Sendo assim teremos:

Cisternas: 100

Cisternas com defeitos: 8% de 100 = 8

Das cisternas que apresentaram defeitos, 15% foram refeitas por terem apresentado vazamentos:

15% de 8 = 1,2 .

Como simulamos o valor 100, a resposta já sai em porcentagem, 1,2 %

Resposta: Correto.

357. (CESPE/MI/2013) Se os empregados trabalharem 8 horas por dia durante 7 dias, eles construirão, nesse período, mais de 145 cisternas.

COMENTÁRIO

Temos uma questão de grandezas proporcionais, regra de três composta, pois temos mais de 02(duas) grandezas se relacionando.

Nesse caso as grandezas são: Empregados, horas/dia, tempo (dias) e cisternas.

Para resolvermos as questões de regra de três compostas iremos aplicar um método muito eficiente, prático e rápido, o qual chamaremos de: MÉTODO - CAUSA – CONSEQUÊNCIA.

Primeiramente devemos saber que são as causas e quem é a consequência, e para isto, basta na questão encontrarmos o sujeito (quem pratica a ação) e perguntarmos a ele o que ele está fazendo, a reposta será a consequência. As demais grandezas serão as causas.

Segundo a questão temos como sujeito os empregados, o que eles estão fazendo? A resposta é " cisternas", logo a consequência será: CISTERNAS.

As causas serão as seguintes grandezas: Empregados, horas/dia, tempo (dias)

Vamos construir um esquema para melhor interpretarmos e realizarmos os cálculos.

CAUSAS	CONSEQUÊNCIA

Vamos preencher:

Causas			Consequência
Empregados	**H/d**	**Tempo (dias)**	**Cisternas**
200	**8**	**3**	**60**
200	**8**	**7**	**x**

Ao preencher os valores basta apenas multiplicarmos os números seguindo as retas, da seguinte forma:

$\cancel{200} . 8 . 3 . x = \cancel{200} . 8 . 7 .60$

$24x = 3360$

$x = 3360/24$

$x = 140$

É importante ressaltar que não é preciso aquelas setas indicando se as grandezas são inversas ou diretas, quando utilizamos o método causa-consequência já resolvemos tudo isso. Para multiplicar os números não se esqueçam, sigam as setas ilustradas no esquema acima.

O item está errado, pois será construída menos de 145 cisternas.

Resposta: Errado.

358.(CESPE/MI/2013) Se todos os empregados trabalharem 10 horas por dia durante 3 dias, eles construirão, nesse período, mais de 70 cisternas.

COMENTÁRIO

Temos uma questão de grandezas proporcionais, regra de três composta, pois temos mais de 02(duas) grandezas se relacionando.

Nesse caso as grandezas são: Empregados, horas/dia, tempo (dias) e cisternas.

Para resolvermos as questões de regra de três compostas iremos aplicar um método muito eficiente, prático e rápido, o qual chamaremos de: MÉTODO - CAUSA – CONSEQUÊNCIA.

Primeiramente devemos saber quem são as causas e quem é a consequência, e para isto, basta na questão encontrarmos o sujeito (quem pratica a ação) e perguntarmos a ele o que ele está fazendo, a reposta será a consequência. As demais grandezas serão as causas.

Segundo a questão temos como sujeito os empregados, o que eles estão fazendo? A resposta é " cisternas", logo a consequência será: CISTERNAS.

As causas serão as seguintes grandezas: Empregados, horas/dia, tempo (dias)

Vamos construir um esquema para melhor interpretarmos e realizarmos os cálculos.

CAUSAS	CONSEQUÊNCIA

Vamos preencher:

Causas			Consequência
Empregados	**H/d**	**Tempo (dias)**	**Cisternas**
200	**8**	**3**	**60**
200	**10**	**3**	**x**

Ao preencher os valores basta apenas multiplicarmos os números seguindo as retas, da seguinte forma:

~~200~~ . 8 . 3 . x = ~~200~~ . 10. 3 .60

24x =1800

x= 180/24

x= 75

É importante ressaltar que não é preciso aquelas setas indicando se as grandezas são inversas ou diretas, quando utilizamos o método causa-consequência já resolvemos tudo isso. Para multiplicar os números não se esqueçam, sigam as setas ilustradas no esquema acima.

O item está certo, pois serão construídas mais de 70 cisternas.

Resposta: Errado.

---

359. (VUNESP/SAP-SP/AGENTE DE SEGURANÇA PENITENCIÁRIA/2013)

Observe a sequência de figuras com bolinhas.

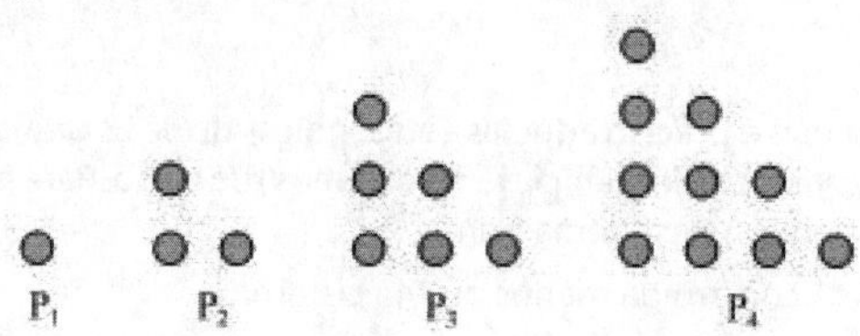

Mantendo-se essa lei de formação, o número de bolinhas na 13. ª posição (P_{13}) será de

a) 91.
b) 74.
c) 63.
d) 58.
e) 89.

COMENTÁRIO

Na questão acima temos uma sequência, uma Progressão Aritmética de "Segunda Ordem", pois as diferenças entre cada par de termos formam entre si uma progressão aritmética, vejamos:

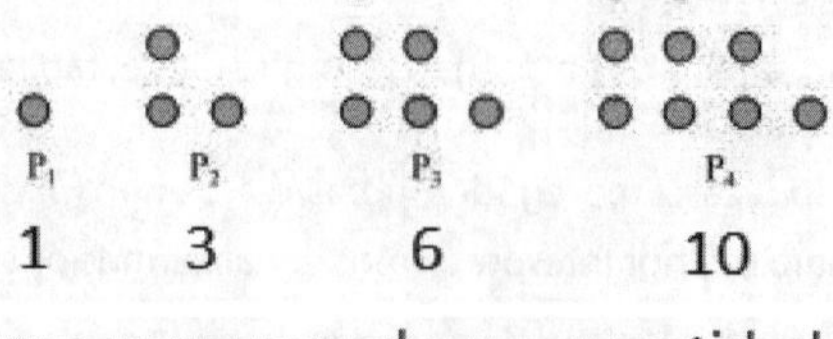

1 3 6 10

O números correspondem a quantidade de bolinas.

(1, 3, 6, 10, 15, 21, ...) Sequência inicial

+2 +3 +4 +5 +6 PA de razão 1

+1 +1 +1 +1

Os termos da PA de 2ª ordem são: ($a_1 = 1$ $a_2 = 3$ $a_3 = 6$ ...)

Deve-se então encontrar a_{13}.

Reescrevendo os termos, tem-se:

$a_1 = 1$

$a_2 = 1 + (2)$

$a_3 = 1 + (2 + 3)$

$a_4 = 1 + (2 + 3 + 4)$

....

$an = 1 + (2 + 3 + 4 + ... + n)$ Observação: Note que a sequência entre parênteses é uma soma de PA 1ª Ordem

Logo,

$a_{13} = 1 + (2 + 3 + 4 + ... + 13) = 1 + [(2+13)x12/2] = 1 + 90 = 91$

Resposta: A.

360.(CESGRANRIO/BNDES/TÉCNICO ADMINISTRATIVO / 2013)

Progressões aritméticas são sequências numéricas nas quais a diferença entre dois termos consecutivos é constante.

A sequência (5, 8, 11, 14, 17, ..., 68, 71) é uma progressão aritmética finita que possui

a) 67 termos

b) 33 termos

c) 28 termos

d) 23 termos

e) 21 termos

COMENTÁRIO

A questão refere-se a uma progressão aritmética, então:

Termo geral da PA: $a_n = a_1 + (n - 1).r$

Temos $a_1 = 5$

Razão: $r = 3$ e

O enésimo termo: $\alpha_n = 71$

Logo

$a_n = a_1 + (n - 1).r$

$71 = 5 + (n - 1). 3 = 5 + 3n - 3 \rightarrow n = 23$

Resposta: D.

---

361. (VUNESP/ SAP-SP/ AGENTE DE SEGURANÇA PENITENCIÁRIA/2013)

Ricardo esteve em um lançamento imobiliário onde a maquete, referente aos terrenos, obedecia a uma escala de 1:500. Ricardo se interessou por um terreno de esquina, conforme mostra a figura da maquete.

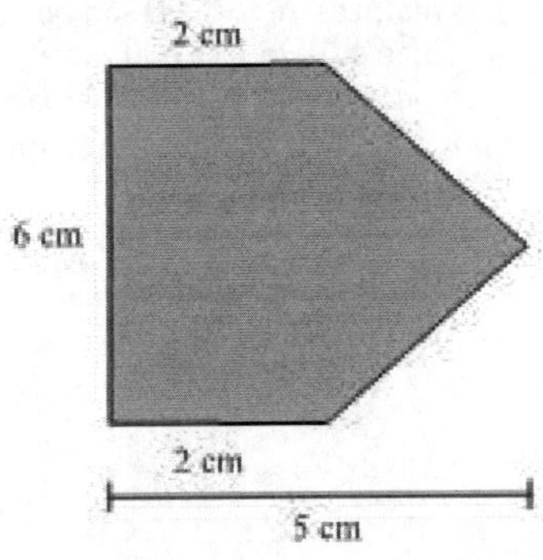

A área, em metros quadrados, desse terreno é de

a) 300.
b) 755.
c) 120.
d) 525.
e) 600.

COMENTÁRIO

É importante relembrar que nas escalas temos a seguinte razão:

$$ESCALA = \frac{Distância\ no\ mapa}{Distância\ real}$$

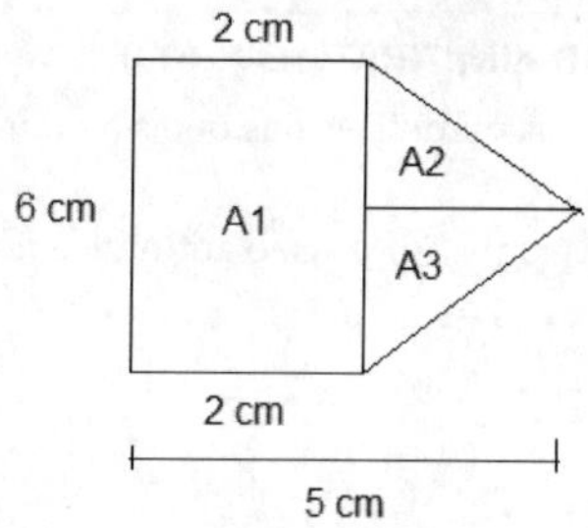

Separamos a figura em três partes, sendo 02(dois) triângulos idênticos e um retângulo.

1) Área do retângulo = base x altura = 2cm x 6cm = 12 cm².

Em metros (pela escala):

$\frac{1}{500} = \frac{2}{x}$, logo 2 cm equivale a 10 m

$\frac{1}{500} = \frac{6}{x}$, logo 6 m equivale a 30 m.

Sendo assim, a área em metros será (10 x 30) = 300 m².

2) Área dos dois triângulos retângulos = 2 x [(base x altura) / 2] = base x altura = 3 x 3 = 9 cm².

Em metros (pela escala):

$\frac{1}{500} = \frac{3}{x}$, logo 3 cm equivale a 15 m, então a área em metros será 225 m².

Somando (1) e (2) temos área total = 300 + 225 = 525 m².

Resposta: D

362.(ESAF / RECEITA FEDERAL /2012) As matrizes, A, B, C e D são quadradas de quarta ordem. A matriz B é igual a 1/2 da matriz A, ou seja: B = 1/2 A. A matriz C é igual a matriz transposta de B, ou seja: $C = B^t$. A matriz D é definida a partir da matriz C; a única diferença entre essas duas matrizes é que a matriz D tem como primeira linha a primeira linha de C multiplicada por 2. Sabendo-se que o determinante da matriz A é igual a 32, então a soma dos determinantes das matrizes B, C e D é igual a

a) 6
b) 4
c) 12
d) 10
e) 8

COMENTÁRIO

✪ **Nota do autor:** Nas questões envolvendo álgebra linear é importante conhecer as principais propriedades sobre determinantes que se encontram no final deste capítulo.

As matrizes A, B, C e D são quadradas de quarta ordem, sabemos que:

Matriz B= ½ A

Matriz C = B^t

Matriz D = Quando os elementos de uma coluna ou uma linha forem multiplicados por uma constante K, o seu determinante também ficará multiplicado por K, como K = 2, teremos que detD = 2. detC = 2.2 = 4

Segundo uma das propriedades das matrizes, quando uma matriz é multiplicada por uma constante C, o determinante fica multiplicado por C^n, e de acordo com o enunciado C = ½. Logo o determinante de B ou seja o nosso detB = $(1/2)^4$.

detA = (1/16).32 = 2

O determinante de uma matriz transporta é igual ao determinante de sua matriz, logo:

detB = detB^t = detC = 2

Quando os elementos de uma coluna ou uma linha forem multiplicados por uma constante K, o seu determinante também ficará multiplicado por K, como K = 2, teremos que detD = 2. detC = 2.2 = 4

Podemos então inferir que detB + detC + detD = 2 + 2 + 4 = 8

Resposta: E.

363.(FUNCAB/SEAD-PB/TÉCNICO ADMINISTRATIVO/2012) Marcos trabalha quatro horas por dia, e leva 18 dias para realizar um determinado trabalho. Quantas horas Marcos precisaria trabalhar diariamente para realizar o mesmo trabalho em seis dias?

a) 6

b) 8

c) 10

d) 12

e) 16

COMENTÁRIO

Temos uma questão de grandezas proporcionais, regra de três simples, pois temos apenas 02(duas) grandezas se relacionando.

Nesse caso as duas grandezas são: horas por dia e tempo (dias).

Tais grandezas se relacionam de maneira inversa proporcional, pois quanto mais horas por dia se gasta, menos dias serão necessários para realizar o trabalho.

Assim,

Teremos

Horas/dia **tempo (dias)**

4 -------------------------------- 18 dias

X ---------------------------------6 dias

Logo, como são inversamente proporcionais:

4 / X = 6 / 18 → X = (4.18) / 6 = 12 horas por dia.

Resposta: D.

364.(FUNCAB/SEAD-PB/TÉCNICO ADMINISTRATIVO/2012) Se 20 funcionários trabalhando 16 horas diariamente, atendem 1600 pessoas em 30 dias, calcule o número mínimo de funcionários que, trabalhando 10 horas por dia, durante 20 dias, atenderá 1200 pessoas.

a) 32

b) 36

c) 38

d) 40

e) 48

COMENTÁRIO

Temos uma questão de grandezas proporcionais, regra de três composta, pois temos mais de 02(duas) grandezas se relacionando.

Nesse caso as grandezas são: funcionários, horas por dia, dias e pessoas atendidas.

Para resolvermos as questões de regra de três compostas iremos aplicar um método muito eficiente, prático e rápido, o qual chamaremos de: MÉTODO - CAUSA – CONSEQUÊNCIA.

Primeiramente devemos saber quem são as causas e quem é a consequência, e para isto, basta na questão encontrarmos o sujeito (quem pratica a ação) e perguntarmos a ele o que ele está fazendo, a reposta será a consequência. As demais grandezas serão as causas.

Segundo a questão temos como sujeito os funcionários, o que eles estão fazendo? A resposta é " atendendo pessoas", logo a consequência será: PESSOAS ATENDIDAS.

As causas serão as seguintes grandezas: funcionários, horas por dia e dias

Vamos construir um esquema para melhor interpretarmos e realizarmos os cálculos.

CAUSAS	CONSEQUÊNCIA

Vamos preencher:

Causas			Consequência
Funcionários	**H/d**	**Tempo (dias)**	**Pessoas atendidas**
20	**16**	**30**	**1600**
X	**10**	**20**	**1200**

Ao preencher os valores basta apenas multiplicarmos os números seguindo as retas, da seguinte forma:

$\cancel{20} . 16 . 30 . 1200 = x. 10 . \cancel{20} . 1600$

572000=16000x

x= 572000 / 16000

x= 36 funcionários

Resposta: B.

365.(VUNESP/TJ-SP /ESCREVENTE TÉCNICO JUDICIÁRIO/2012) Do valor total recebido pela venda de um terreno, Ricardo separou 20% para custear uma pequena reforma em sua casa e reservou o restante para a compra de um carro novo. Sabe-se que 60% do valor separado para a reforma foi usado na compra de material de construção, e o restante, no pagamento da mão de obra. Sabendo-se que Ricardo gastou R$ 6.000,00 com a mão de obra empregada na reforma, pode-se afirmar que, para a compra do carro novo, Ricardo reservou

a) R$ 50.000,00.

b) R$ 65.000,00.

c) R$ 60.000,00.

d) R$ 75.000,00.

e) R$ 70.000,00.

COMENTÁRIO

Segundo o comando temos:

Valor total recebido: X

Valor utilizado para pequena reforma: 20% de X

Valor utilizado para compra do carro novo: 80% X

Temos ainda que:

Valor da pequena reforma utilizado para material de construção: 60% de (20%X)

Valor da pequena reforma utilizado para mão de obra: 40% de (20%X) = 6000 reais

Desta forma, tem-se:

40% x (20%X) = 6000

0,4 (0,2X) = 6000

0,08X = 6000

X= 75000 reais

Finalizando, o valor (V) utilizado para compra do carro novo é:

V = 80% X

V = 0,8 x 75000 = 60000 reais

Resposta: C.

366.(UPENET/ JUCEPE/TÉCNICO/2012) Uma bomba enche um tanque em 3 horas, e uma válvula colocada no fundo o esvazia em 5 horas. Estando o tanque vazio, a bomba ligada e a válvula aberta, em quanto tempo o tanque estará cheio?

a) 8 horas.

b) 8,5 horas.

c) 7 horas.

d) 7,5 horas.

e) 6 horas.

COMENTÁRIO

Podemos aplicar uma ideia bem interessante, ao qual definiremos como **"soma de esforços"** da seguinte maneira:

"SOMA DE ESFORÇOS IGUAL A SOMA DE FRAÇÕES"

Teremos na maioria das vezes a mesma tarefa sendo executada por pessoas, equipamentos, maquinários etc.

Esse esforço será expresso pela seguinte fração: $\frac{Tarefa}{Tempo}$

Na questão temos como tarefa o enchimento do tanque, que expressaremos por 100%, isto é, por 1.

Bomba: enche o tanque em 3 horas;

Esforço: $\frac{Tarefa = 1}{Tempo = 3}$

Válvula: esvazia o tanque em 5 horas.

Esforço: $\frac{Tarefa = 1}{Tempo = 5}$

Temos a seguinte equação, que x será o tempo necessário para que o tanque esteja cheio.

$$\frac{1}{3} + \left(-\frac{1}{5}\right) = \frac{1}{x}$$

Quanto ao sinal da segunda fração do 1º membro, será negativa pois está retirando água.

Resolvendo a equação:

$$\frac{5-3}{15}=\frac{1}{x}$$

$$\frac{2}{15}=\frac{1}{x}$$

$$x = 7{,}5 \text{ horas}$$

Resposta: D.

---

367. (FCC/TRF-2ª REGIÃO TÉCNICO JUDICIÁRIO/SEGURANÇA E TRANSPORTE/ 2012) Suponha que, pelo consumo de energia elétrica de uma máquina que, durante 30 dias funciona ininterruptamente 8 horas por dia, paga-se o total de R$ 288,00. Se essa máquina passar a funcionar 5 horas por dia, a despesa que ela acarretará em 6 dias de funcionamento ininterrupto será de

a) R$ 36,00.

b) R$ 36,80.

c) R$ 40,00.

d) R$ 42,60.

e) R$ 42,80.

COMENTÁRIO

✪ **Nota do autor:** É método utilizado é muito prático e proporciona ao candidato um melhor aproveitamento quanto ao tempo gasto durante a prova. Desta forma recomendo que pratique, uma vez que é comum esse tipo de assunto nas provas de concursos públicos.

Temos uma questão de grandezas proporcionais, regra de três composta, pois temos mais de 02 (duas) grandezas se relacionando.

Nesse caso as grandezas são: horas/dia, tempo (dias) e gastos (valor em reais).

Para resolvermos as questões de regra de três compostas iremos aplicar um método muito eficiente, prático e rápido, o qual chamaremos de: MÉTODO - CAUSA – CONSEQUÊNCIA.

Primeiramente devemos saber quem são as causas e quem é a consequência, e para isto, basta na questão encontrarmos o sujeito (quem pratica a ação) e perguntarmos a ele o que ele está fazendo, a reposta será a consequência. As demais grandezas serão as causas.

Segundo a questão temos como sujeito a máquina, o que ela está fazendo? A resposta é "gerando gastos", logo a consequência será: GASTOS.

As causas serão as seguintes grandezas: horas/dia e tempo (dias)

Vamos construir um esquema para melhor interpretarmos e realizarmos os cálculos.

Causas		Consequência
H/d	**Tempo (dias)**	**Gastos**
8	**30**	**288**
5	**6**	**x**

Ao preencher os valores basta apenas multiplicarmos os números seguindo as retas, da seguinte forma:

8 . 30 . x = 5 . 6. 288

240x = 8640

x= 8640/240

x= 36

Se essa máquina passar a funcionar 5 horas por dia, a despesa que ela acarretará em 6 dias de funcionamento ininterrupto será de 36,00.

Resposta: A.

368.(FCC/TRT-14 REGIÃO/2012) Sabe-se que, em outubro de 2007, os dias x e 3x ocorreram em um domingo. Lembrando que anos bissextos são números múltiplos de 4, então o próximo ano que os dias x e 3x de outubro ocorrerão novamente em um domingo será:

a) 2012

b) 2013

c) 2014

d) 2015

e) 2016

COMENTÁRIO

✪ **Nota do autor:** É método utilizado nada mais é do que uma aplicação de múltiplos de 7, logo é necessário praticar para proporcionar ao candidato um melhor aproveitamento quanto ao tempo gasto durante a prova. Tem sido comum tais tipos de questões nas provas de concursos públicos.

É importante sabermos sobre os anos bissextos, nas DICAS temos a explicação, porém de uma maneira mais prática podemos afirmar que os anos bissextos são os anos olímpicos.

Dessa forma o ano de 2007 não é bissexto, porém em fevereiro temos 28 dias.

O dia x/10 /2007 será um domingo, logo podemos inferir que o mesmo dia no próximo ano será sempre um dia a mais na semana, ou seja, ocorrerá em uma segunda, isso se, no período não ocorra fevereiro bissexto. Caso ocorra fevereiro bissexto a data ocorrerá dois dias a mais na semana. Vamos construir uma tabela para verificarmos os anos até que tenhamos novamente o dia x/10 acontecendo em um domingo.

x/10 /2007	x/10 /2008	x/10 /2009	x/10 /2010	x/10 /2011	x/10 /2012
Domingo	Segunda	Quarta	Quinta	Sexta	Domingo

Fevereiro bissexto (entre 2008 e 2009) — Fevereiro bissexto (entre 2011 e 2012)

Resposta: A.

369.(ESAF/MF/2012) Dadas as matrizes $A=\begin{pmatrix}2 & 3\\ 1 & 3\end{pmatrix}$ e $B=\begin{pmatrix}2 & 4\\ 1 & 3\end{pmatrix}$, calcule o determinante do produto *A.B*

a) 8

b) 12

c) 9

d) 15

e) 6

COMENTÁRIO

Temos uma propriedade que afirma que o determinante do produto de A.B é igual ao produto dos determinantes.

Desta forma iremos calcular o determinante de cada matriz e depois multiplicar os resultados.

$$A=\begin{pmatrix}2 & 3\\ 1 & 3\end{pmatrix} = (2 \times 3) - (1 \times 3) = 6-3 = 3$$

$$B=\begin{pmatrix}2 & 4\\ 1 & 3\end{pmatrix} = (2 \times 3) - (1 \times 4) = 6-4 = 2$$

Multiplicando os determinantes teremos: $3 \times 2 = 6$

Resposta: E.

370. (CESPE-RJ/DEGASE /PSICÓLOGO/2012) Observe atentamente o retângulo abaixo, no interior do qual se encontra um polígono ABCD:

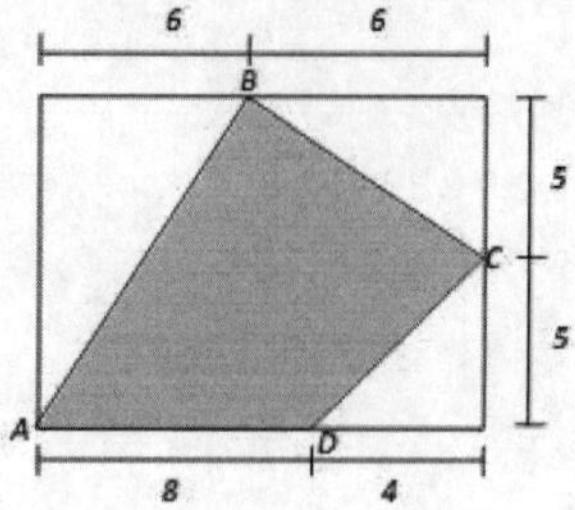

A área hachurada vale:

a) 55

b) 65

c) 90

d) 120

e) 150

COMENTÁRIO

Segundo a figura abaixo podemos verificar que temos 03 triângulos:

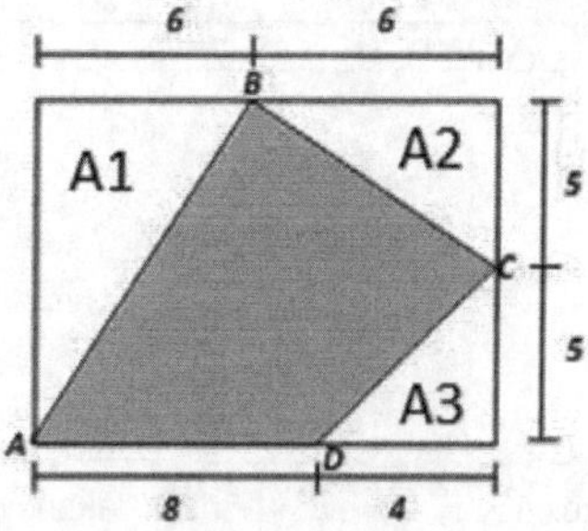

Vamos calcular as áreas dos triângulos (A1, A2 e A3), sabendo que a área do triângulo de dada por:

$$A = \frac{(base \times altura)}{2}$$

A1 = (6 x 10) / 2 = 30

A2 = (5 x 6) / 2 = 15

A3 = (4 x 5) / 2 = 10

Somando as áreas A1 + A2 + A3 = 55

Para encontramos a área hachurada temos que calcular a área do retângulo $A = base \times altura$, e logo após subtrair das somas (A1 + A2 + A3). Vejamos:

(Área do retângulo) – (áreas A1 + A2 + A3) = (12 x 10) – (55) = 120 – 55 = 65

Resposta: B.

371. (FCC / TRF – 2ª REGIÃO / TÉCNICO JUDICIÁRIO – SEGURANÇA E TRANSPORTE/ 2012) Considere que os termos da sucessão seguinte foram obtidos segundo determinado padrão.

(20, 21, 19, 22, 18, 23, 17, ...)

Se, de acordo com o padrão estabelecido, X e Y são o décimo e o décimo terceiro termos dessa sucessão, então a razão $^{Y}/_{X}$ é igual a

a) 44%.
b) 48%.
c) 56%.
d) 58%.
e) 64%.

COMENTÁRIO

✪ **Nota do autor:** É frequente nas provas realizadas pela Fundação Carlos Chagas, questões com sequências, logo torna-se necessário praticar, uma vez que os padrões utilizados são comuns em diversas questões nos processos seletivos.

Ilustrando a sequência temos termos que intercalam, onde alguns somam (01) uma unidade e outros subtraem (01)uma unidade.

-1 -1 -1 -1 -1 -1

(20, 21, 19, 22, 18, 23, 17, 24, 16, 25, 15, 26, 14...)

+1 +1 +1 +1 +1

Logo a razão $\frac{14}{25}$ =0,56 ×100 = 56%

Resposta: C.

372.(CESPE/TJ-RR / 2012) A caixa d'água de um hospital tem a forma de um cilindro circular reto com 10 metros de altura e capacidade para 30.000 litros de água. Considere que essa caixa d'água, completamente vazia, foi enchida à vazão constante e, 100 minutos depois de iniciado o enchimento, a água atingiu a altura de 3 metros. Com base nessas informações e supondo que nenhuma torneira abastecida pela caixa seja aberta durante o processo de enchimento, julgue os itens a seguir.

372.01. I. Quando a água no interior da caixa atingiu 3 metros de altura, mais de 10.000 litros de água haviam sido despejados na caixa.

COMENTÁRIO

Temos uma questão de grandezas proporcionais, regra de três simples, pois temos apenas 02(duas) grandezas se relacionando.

Tais grandezas se relacionam de maneira diretamente proporcional, pois quanto maior a altura, maior será a capacidade.

Assim,

Teremos

METROS	**LITROS**
10	30.000
3	x

10x = 90.000

x = 9000 litros

Resposta: Errado.

A caixa d'água de um hospital tem a forma de um cilindro circular reto com 10 metros de altura e capacidade para 30.000 litros de água. Considere que essa caixa d'água, completamente vazia, foi enchida à vazão constante e, 100 minutos depois de iniciado o enchimento, a água atingiu a altura de 3 metros. Com base nessas informações e supondo que nenhuma torneira abastecida pela caixa seja aberta durante o processo de enchimento, julgue os itens a seguir.

373.(CESPE/TJ-RR /AUXILIAR ADMINISTRATIVO/ 2012) Para que a caixa fique completamente cheia, serão necessárias mais de 5 horas.

COMENTÁRIO

Temos uma questão de grandezas proporcionais, regra de três simples, pois temos apenas 02(duas) grandezas se relacionando.

Tais grandezas se relacionam de maneira diretamente proporcional, pois quanto maior a tempo, maior será a capacidade.

Logo podemos ter:

Tempo (min)	Altura (m)
100	3
X	10

X= 1000 / 3 = 333,3... Podemos perceber que 333,33 divido por 60 para transformar em horas, já é maior que 5 horas, ou melhor, 5 h 33 min e 20 segs.

Resposta: Correto.

---

374. (CESPE/TJ-RR /AUXILIAR ADMINISTRATIVO/ 2012) O tempo necessário para que a água no interior da caixa d'água atinja determinada altura é proporcional a essa altura.

COMENTÁRIO

Podemos inferir conforme os outros itens que a cada 33 minutos temos um aumento de 1000 litros.

Resposta: Correto.

---

375. (CESPE/ PRF /AGENTE ADMINISTRATIVO/ 2012) Considere que o interior de um recipiente tenha a forma de um paralelepípedo retângulo de base quadrada de lado medindo 50 cm e altura, 40 cm. Considere, ainda, que esse recipiente tenha sido enchido com um combustível homogêneo composto de gasolina pura e álcool e que 40% do combustível constitua-se de álcool. Com base nessas informações, julgue os itens subsequentes.

375.01. I. Se o recipiente estiver assentado sobre um plano horizontal e 30 litros do combustível forem retirados, a altura do combustível que restou no recipiente será inferior a 30 cm.

COMENTÁRIO

Podemos aplicar o seguinte raciocínio de forma diretamente proporcional:

Volume total = (50.50.40) 100000cm^3 = 100 litros.

Se foram retirados 30 litros, isto significa que houve uma diminuição de 30%.

Logo, basta diminuirmos 30% da altura que será:

(30% de 40 = 0,3 x 40 = 12 cm)

40 cm - 12cm = 28 cm

Resposta: Correto.

375.02. II. Menos de 55 litros do combustível contido no recipiente constitui-se de gasolina pura.

COMENTÁRIO

Temos 60% de gasolina, isto é, 60% de 100 litros que é igual a 60 litros, ou seja, 0,6x100 = 60.

Resposta: Errado.

---

376. (CESPE/ PRF /AGENTE ADMINISTRATIVO/ 2012). Caso o teor de álcool do combustível homogêneo contido no recipiente seja diminuído para apenas 22%, retirando-se do recipiente determinada quantidade do combustível homogêneo e substituindo-a por gasolina pura, a quantidade do combustível homogêneo que deverá ser retirada do recipiente é superior a 40 litros.

COMENTÁRIO

Se tivermos a cada 100litros de mistura homogênea temos 40% de álcool.

Porém se queremos ter apenas 22%, teremos que reduzir em 18% a porcentagem desse álcool nessa mistura, assim 40-22=18.

Logo por uma regra de três simples:

100 litros _____ 40% álcool

X _____18%

X= 45 litros a serem retirados da mistura.

O item está correto, pois é acima de 40 litros, isto é, 45 litros.

Resposta: Correto.

---

377. (CESGRANRIO/BANCO DO BRASIL /ESCRITURÁRIO/ 2012) Uma sequência numérica infinita (e_1, e_2, e_3, ... , e_n, ...) é tal que a soma dos n termos iniciais é igual a $n^2 + 6n$.

O quarto termo dessa sequência é igual a

a) 9

b) 13

c) 17

d) 32

e) 40

COMENTÁRIO

✪ **Nota do autor:** É frequente nas provas realizadas pela CESGRANRIO, questões com sequências, logo torna-se necessário praticar, uma vez que os padrões utilizados são comuns em diversas questões nos processos seletivos.

Sabendo que a soma dos n termos é dada, da seguinte forma:

$$S_n = n^2 + 6n$$
$$S_1 = 1^2 + 6.1 = 7$$
$$S_2 = 2^2 + 6.2 = 16$$
$$S_3 = 3^2 + 6.3 = 27$$
$$S_4 = 4^2 + 6.4 = 40$$

Fazendo agora a diferença da seguinte maneira:

$e_1 = 7$

$e_2 = 16 - 7 = 9$

$e_3 = 27 - 16 = 11$

$e_4 = 40 - 27 = 13$

Resposta: B.

---

378. (CEPERJ/DEGASE /TÉCNICO DE SUPORTE E COMUNICAÇÃO – TI/ 2012) Na progressão aritmética 3, 6, 9, 12, 15, ..., o próximo elemento vale:

a) 9

b) 12

c) 15

d) 18

e) 27

COMENTÁRIO

Temos uma sequência onde podemos definir como uma PA de razão igual a 3, logo 3 será a razão para a diferença do número que após 15 o próximo termo que é 18.

Resposta: D.

379. (FCC/TRT4ª/ANALISTA/2011) Ao saber que alguns processos deviam ser analisados, dois Analistas Judiciários do Tribunal Regional do Trabalho – Sebastião e Johnny – se incumbiram dessa tarefa. Sabe-se que:

- Dividiram o total de processos entre si, em partes inversamente proporcionais a seus respectivos tempos de serviço no Tribunal: 15 e 5 anos;
- Sebastião levou 4 horas para, sozinho, analisar todos os processos que lhe couberam, enquanto que, sozinho, Johnny analisou todos os seus em 6 horas.

Se não tivessem dividido o total de processos entre si e trabalhassem simultaneamente em processos distintos, quanto tempo seria necessário até que todos os processos fossem analisados?

a) 5 horas e 20 minutos.

b) 5 horas.

c) 4 horas e 40 minutos.

d) 4 horas e 30 minutos.

e) 4 horas.

COMENTÁRIO

✪ **Nota do autor:** Essa questão é interessante, pois além que aplicarmos uma divisão proporcional, temos um detalhe importante que chamo de "soma de esforços", desta forma torna-se interessante praticar, uma vez que tem sido constante nas provas de concursos públicos.

Temos a saber que alguns processos deviam ser analisados, dois Analistas Judiciários do Tribunal Regional do Trabalho – Sebastião e Johnny – se incumbiram dessa tarefa da seguinte forma:

Para facilitarmos os cálculos vamos simular uma proporção 3 por 1, em relação aos processos divididos em partes inversas aos tempos de serviço entre Sebastião e Johnny:

Sebastião: 1

Johnny: 3

Sendo assim, temos que aplicar agora a **"SOMA DE ESFORÇOS IGUAL A SOMA DE FRAÇÕES".**

Teremos na maioria das vezes a mesma tarefa sendo executada por pessoas, equipamentos, maquinários e etc.

Esse esforço será expresso pela seguinte fração: $\frac{Tarefa}{Tempo}$

Na questão temos como tarefa a análise de processos: Sebastião + Johnny = 1 +3 = 4(100%).

Tempos para realizar suas tarefas:

Sebastião: 4 h

Johnny: 6 h

Sebastião: $\frac{Tarefa = 1}{Tempo = 4}$

Johnny: $\frac{Tarefa = 3}{Tempo = 6}$

Temos a seguinte equação, que X é o tempo necessário que todos os processos sejam analisados:

$$\frac{1}{4} + \left(\frac{3}{6}\right) = \frac{4}{X}$$

Resolvendo a equação:

$$\frac{3+6}{12} = \frac{4}{X}$$

$$\frac{9}{12} = \frac{4}{X}$$

$$9X = 48$$

$$X = 48/9$$

$$X = 5 \text{ h } 20 \text{ min}$$

Resposta: A.

380.(TJ-SC/TÉCNICO JUDICIÁRIO – AUXILIAR/ 2011) Dadas as matrizes

$A = (a_{ij})_{3x3}$ tal que $a_{ij} = i + j$,

$B = (b_{ij})_{3x3}$ tal que $b_{ij} = i - j$

$C = (c_{ij})_{3x3}$ tal que $c_{ij} = a_{ij} + b_{ij}$.

Sabendo que ***D*** é a matriz transposta de ***C***, assinale a alternativa que contém o elemento $\boldsymbol{d_{32}}$ da matriz ***D***.

a) 2
b) 6
c) 5
d) 4
e) 3

COMENTÁRIO

✪ **Nota do autor:** Nas questões envolvendo problemas matriciais é importante conhecer as operações com matrizes e os tipos de matrizes, pois temos várias condições para tais operações.

$A = (a_{ij})_{3x3}$ tal que $a_{ij} = i + j$,

$B = (b_{ij})_{3x3}$ tal que $b_{ij} = i - j$

$C = (c_{ij})_{3x3}$ tal que $c_{ij} = a_{ij} + b_{ij}$.

A forma genérica de uma matriz (3x3) é: $M = \begin{pmatrix} a_{11} & a_{12} & a_{13} \\ a_{21} & a_{22} & a_{23} \\ a_{31} & a_{32} & a_{33} \end{pmatrix}$.

Seguindo os cálculos do enunciado para construir as matrizes A, B, C e D:

Conforme as leis de formação, temos as seguintes matrizes:

$A = \begin{pmatrix} 2 & 3 & 4 \\ 3 & 4 & 5 \\ 4 & 5 & 6 \end{pmatrix}$, $B = \begin{pmatrix} 0 & -1 & -2 \\ 1 & 0 & -1 \\ 2 & 1 & 0 \end{pmatrix}$, $C = \begin{pmatrix} 2 & 2 & 2 \\ 4 & 4 & 4 \\ 2 & 4 & 6 \end{pmatrix}$ e finalmente a trasposta de C = D, onde linha se transforma em coluna:

$$D = \begin{pmatrix} 2 & 4 & 2 \\ 2 & 4 & 4 \\ 2 & 4 & 6 \end{pmatrix}$$

Resposta: D.

381.(CESPE / PC-ES/PERITO CRIMINAL ESPECIAL/ 2011) A soma de dois ângulos internos de um triângulo retângulo é iguala 120º. Sabendo que o lado menor desse triângulo mede 1 cm, julgue o item seguinte.

A área desse triângulo é superior a 1 cm².

COMENTÁRIO

Área do triângulo é dado por: A= (base x altura (a)) /2

A questão informa que o menor lado é igual a 1, isto significa que a= 1.

Desta forma temos o valor da altura e precisamos encontrar o valor da base, para posteriormente encontrarmos o valor da área do triângulo.

Sabendo que Sen 30º = cateto oposto/ hipotenusa, em que a é o cateto oposto ao ângulo de 30º, temos:

Sen 30º = cateto oposto/ hipotenusa

½ = 1 /c

C = 2

Sabendo que cos 30º = cateto adjacente/ hipotenusa

$\sqrt{3}/2 = b/2$

b= raiz de 3

b= 1,73

Assim temos que a área = b x h/2

Área = 1,73 x ½ = 0,865 cm²

Resposta: Errado

382.(CEPERJSEDUC-RJ/ PROFESSOR/MATEMÁTICA/2011) São dadas as matrizes $A = \begin{bmatrix} 2 & -1 \\ 1 & 0 \end{bmatrix}$ e $B = \begin{bmatrix} 3 & 1 \\ 1 & 2 \end{bmatrix}$. A matriz *X* é tal que *AX* = *B*.

A soma dos elementos da matriz *X* é:

a) 3

b) 5

c) 7

d) 9

e) 11

COMENTÁRIO

✪ **Nota do autor:** Nas questões envolvendo álgebra linear é importante conhecer sobre determinantes e suas propriedades para melhor desempenho nas provas de concursos.

Determinante da Matriz A = (2x0) – (-1x 1)

Det. A = 1

Determinante da Matriz B = (3x2) – (1x 1)

Det. B = 5

A.X = B

1. X = 5

X = 5

Resposta: B.

383.(FCC/TRT-22ª/ANALISTA/2010) Em julho de 2010, dois Analistas Judiciários receberam um lote com X licitações para emitir pareceres. No mês seguinte, indagados sobre quantos pareceres de tal lote haviam emitido em julho, eles responderam:

Anabela: " 6/11 do total das licitações receberam meu parecer."

Benivaldo: "A quantidade de licitações em que dei meu parecer corresponde a 3/5 do número de pareceres emitidos por Anabela."

Sabendo que cada licitação recebeu o parecer de apenas um desses Analistas e que a soma das quantidades que cada um emitiu era um número compreendido entre 100 e 150, então:

a) X < 50.

b) 50 < X < 100.

c) 100 < X < 150.

d) 150 < X < 200.

e) X > 200.

COMENTÁRIO

Temos uma questão que trata de razões, em que devemos analisar da seguinte forma:

Anabela: " *6/11 do* total *das licitações receberam meu parecer." A* = $\frac{6}{11}$

Benivaldo: *"A quantidade de licitações em que dei meu parecer corresponde a 3/5 do número de pareceres emitidos por Anabela."* $B = \frac{3}{5} \times \frac{6}{11} = \frac{18}{55}$

Dessa forma vamos gerar algumas frações equivalentes até que a soma dos numeradores de A e B fiquem compreendido entre 100 e 150:

$A = \frac{6}{11} = \frac{30}{55}$ *(multiplicamos por 5)*

$B = \frac{18}{55}$

Agora vamos multiplicar tanto A quanto B por 3.

Em que teremos:

$A = \frac{30x3 = 90}{55x3 = 165}$

$B = \frac{18x3 = 54}{55x3 = 165}$

Temos dessa forma um total de 165 pareceres (X), em que 144 foram emitidos pareceres.

Resposta: D.

384.(FCC/TRT-22ª/ANALISTA/2010) Dois funcionários de uma Unidade do Tribunal Regional do Trabalho – Moisés e Nuno – foram incumbidos da manutenção de n equipamentos de informática. Sabe-se que, Moisés é capaz de executar essa tarefa sozinho em 4 horas de trabalho ininterrupto e que Nuno tem 80% da capacidade operacional de Moisés. Assim sendo, se, num mesmo instante, ambos iniciarem simultaneamente a manutenção dos n equipamentos, então, após um período de duas horas,

a) o trabalho estará concluído.

b) ainda deverá ser feita a manutenção de 20% dos n equipamentos.

c) ainda deverá ser feita a manutenção de 10% dos n equipamentos.

d) terá sido executada a manutenção de $\frac{3}{8}$ dos n equipamentos.

e) terá sido executada a manutenção de $\frac{4}{5}$ dos n equipamentos.

COMENTÁRIO

✪ **Nota do autor:** Essa questão é interessante, pois além que aplicarmos uma regra de três simples, temos um detalhe importante que chamo de "soma de esforços", desta forma torna-se interessante praticar, uma vez que tem sido constante nas provas de concursos públicos.

Temos uma questão de regra de três simples inversamente proporcional para encontramos quanto tempo Nuno realiza a mesma tarefa que Moisés.

Grandezas: Tempo e capacidade.

Tais grandezas se relacionam de maneira inversa, pois quanto maior a capacidade, menor o tempo gasto.

Assim,

Teremos

	Capacidade	Tempo (horas)
Moises	100 ----------------------------	4
Nuno	80 ----------------------------	X

80 x =400

x= 5 horas

Sendo assim, temos que aplicar agora o que já visto antes:

"SOMA DE ESFORÇOS IGUAL A SOMA DE FRAÇÕES"

Teremos na maioria das vezes a mesma tarefa sendo executada por pessoas, equipamentos, maquinários e etc.

Esse esforço será expresso pela seguinte fração: $\frac{Tarefa}{Tempo}$

Na questão temos como tarefa a manutenção de n equipamentos (100%), isto é, por 1.

Moises: 4h

Nuno: 5 h

Nuno: $\frac{Tarefa = 1}{Tempo = 5}$

Moises: $\frac{Tarefa = 1}{Tempo = 4}$

Temos a seguinte equação, que x a tarefa realizada após duas horas juntos trabalhando.

$$\frac{1}{5} + \left(\frac{1}{4}\right) = \frac{X}{2}$$

Resolvendo a equação:

$$\frac{4+5}{20} = \frac{X}{2}$$

$$\frac{9}{20} = \frac{X}{2}$$

$$X = 0{,}9 = 90\%$$

Ainda deverá ser feita a manutenção de 10% dos n equipamentos.

Resposta: C.

---

385. (FCC/MPE-RS/AGENTE ADMINISTRATIVO/ 2010) Considere as progressões aritméticas:

P: (237, 231, 225, 219, ...) e Q: (4, 9, 14, 19, ...).

O menor valor de n para o qual o elemento da sequência Q localizado na posição n é maior do que o elemento da sequência P também localizado na posição n é igual a

a) 22.

b) 23.

c) 24.

d) 25.

e) 26.

COMENTÁRIO

Para a primeira sequência numérica temos P: (237, 231, 225, 219, ...), em que o primeiro termo é 237 e a razão r = -6 . Logo podemos inferir que $a_n = 237 + (n-1). -6$, uma vez que o termo gera da PA é dado por $a_n = a_1 + (n-1)r$.

Para a segunda sequência numérica temos Q: (4, 9, 14, 19, ...), em que o primeiro termo é 4 e a razão r = 5. Logo podemos inferir que $a_n = 4 + (n-1). 5$, uma vez que o termo gera da PA é dado por $a_n = a_1 + (n-1)r$.

De acordo com o comando temos que encontrar o menor valor de n para o qual o elemento da sequência Q localizado na posição n é maior do que o elemento da sequência P também localizado na posição n. Assim, qual será o menor valor de **n** que satisfaz 4 + 5(**n** - 1) > 237 - 6(**n** - 1).

Calculando:

4 + 5(**n** - 1) > 237 + (**n** - 1).- 6

11(**n** - 1) > 233

n - 1 > 21,1818...

n > 22,1818...

Como **n** é inteiro, o menor **n** que é maior que 22,1818... é 23.

Resposta: B.

386.(FCC/BANCO DO BRASIL/ESCRITURÁRIO/2010) Uma pessoa abriu uma caderneta de poupança com um primeiro depósito de R$ 200,00 e, a partir dessa data, fez depósitos mensais nessa conta. Se a cada mês depositou R$ 20,00 a mais do que no mês anterior, ao efetuar o 15º depósito, o total depositado por ela era

a) R$ 4 700,00.

b) R$ 4 800,00.

c) R$ 4 900,00.

d) R$ 5 000,00.

e) R$ 5 100,00.

COMENTÁRIO

É importante observar que o valor dos depósitos se trata de uma progressão aritmética (PA) crescente de razão 20.

Desta forma, para saber o total depositado ao ser realizado o 15° depósito, basta utilizar a fórmula do termo geral da PA:

$a_n = a_1 + (n - 1) . r$

a_n é o n-ésimo termo;

a_1 é o primeiro termo

n é a posição do termo desejado

r é a razão da PA

Aplicando temos:

$a_{15} = 200 + (15 - 1). 20 = 200 + 280 = 480$ (depósito de número 15)

Aplicando a fórmula da soma dos n termos de uma PA:

$S_n = (a_1 + a_n). n / 2$

$S_{15} = (200 + 480).15 / 2 = 10200/2 = 5100$

Resposta: E.

---

387. (ESAF/ANA/2009) O determinante da matriz $B = \begin{bmatrix} 2 & 1 & 0 \\ a & b & c \\ 4+a & 2+b & c \end{bmatrix}$ é:

a) 2bc + c – a

b) 2b – c

c) a + b + c

d) 6 + a + b + c

e) 0

COMENTÁRIO

✪ **Nota do autor:** Nas questões envolvendo problemas matriciais é importante conhecer sobre determinantes, suas propriedades e regras para melhor desempenho nas provas de concursos.

Esta questão pode ser resolvida de maneira rápida utilizando uma das propriedades que veremos à frente, mas como, no momento, estamos aprendendo a Regra de Sarrus, vamos aplicá-la:

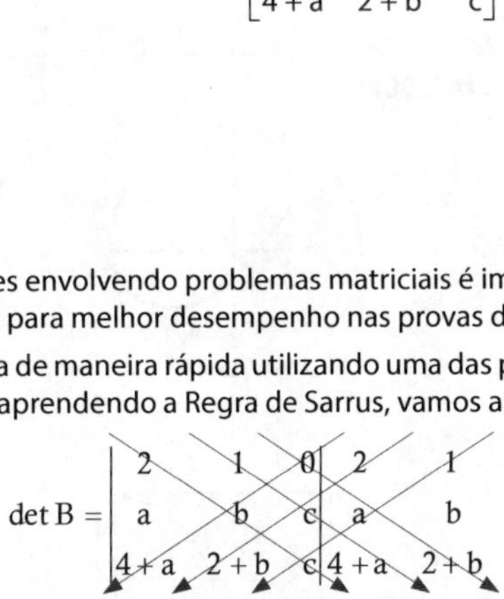

$$(2bc + 4c + ca + 0) - (0 + 4c + 2bc + ca) = 0$$

$$\cancel{2bc} + \cancel{4c} + \cancel{ca} - \cancel{4c} - \cancel{2bc} - \cancel{ca} = 0$$

Resposta: E.

388. (CESPE/PRF/AGENTE/2008) Julgue o item:

Em um posto policial, o pátio para depósito de veículos apreendidos tem a forma de um retângulo que mede 80 m × 50 m. Para circulação e patrulhamento da área, foi delimitada uma faixa uniforme, interna, paralela aos lados do retângulo, de modo que a área reservada para depósito fosse igual a 2.800 m². Nessa situação, a largura da faixa é superior a 6 m.

Considerando a largura da faixa de 6 m, conforme a questão indica, verificaremos se realmente a área interna reservada para depósito é igual a 2.800 m².

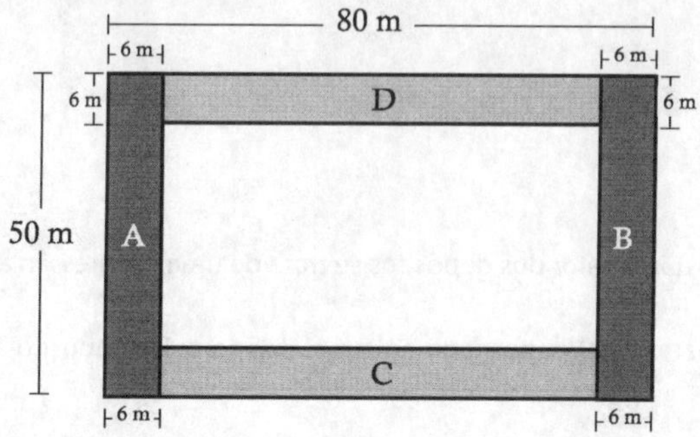

COMENTÁRIO

✪ **Nota do autor: Nas questões envolvendo problemas geométricos é importante saber os principais conceitos da geométrica plana envolvendo polígonos.**

Para calcular a área da figura inteira: A = b x h = 80 x 50 = 4.000 m².

Para cálculo da faixa lateral (A + B + C + D):

A = 50 x 6 = 300 m².

B = 50 x 6 = 300 m².

C = 68 x 6 = 408 m².

D = 68 x 6 = 408 m².

Somando as áreas acima temos: 1.416 m².

A área de depósito será a diferença da área total com a área da faixa lateral:

Área de depósito: 4.000 – 1.416 = 2.584 m².

O item afirma que a área de depósito é de 2.800 m².

Resposta: Errado.

389. (CESPE/PRF/AGENTE DE POLÍCIA/2008)

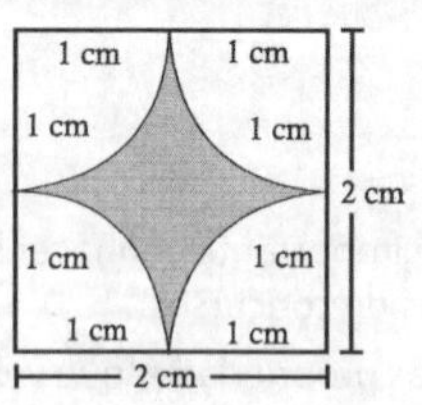

Figura I

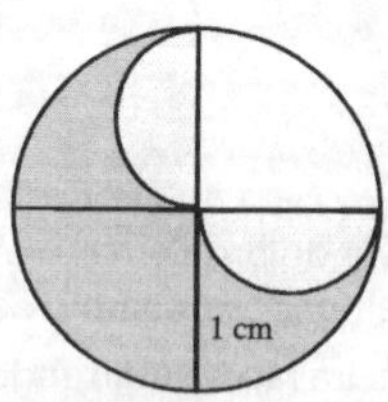

Figura II

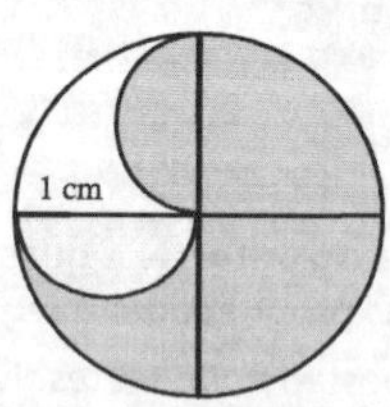

Figura III

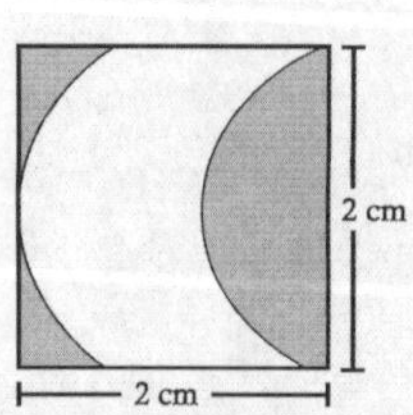

Figura IV

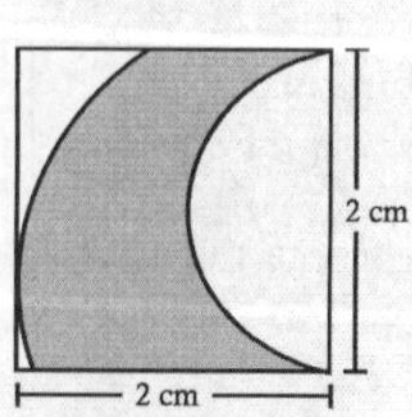

Figura V

Considerando, em relação às figuras acima, que, na figura I, as 4 curvas são quartos de círculo; nas figuras II, III e IV, as curvas são 2 semicírculos; na figura V, aparece 1 quarto de círculo e, interno a ele, um semicírculo, nessa situação, as figuras em que as partes sombreadas têm áreas iguais são:

a) I e IV.

b) I e V.

c) II e III.

d) II e V.

e) III e IV.

Calculando as Áreas Sombreadas *(As)* de cada figura temos:

COMENTÁRIO

✪ Nota do autor: Nas questões envolvendo problemas geométricos é importante saber os principais conceitos da geometria plana quanto a círculos e setores circulares.

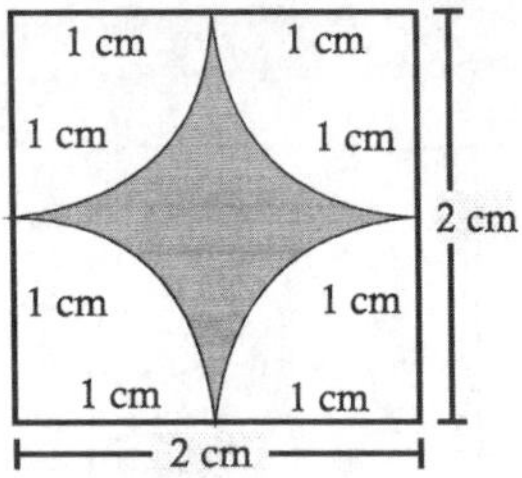

A área sombreada será a área do quadrado (lado 2 cm) subtraída da área de um círculo de raio 1 cm.

$As = 4 - \pi r^2$

$As = (4 - \pi)\ cm^2$

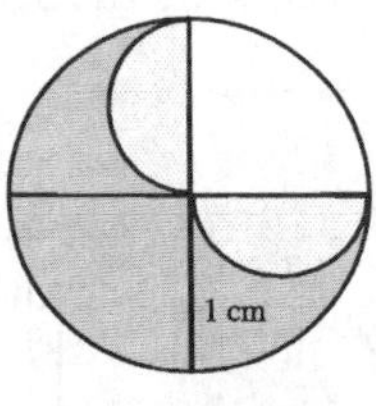

Figura II

A área sombreada será a área de ¾ do círculo maior (R = 1 cm) subtraída da área do círculo menor (r = 0,5 cm).

$$As = \left(\frac{3}{4}\pi R^2\right) - (\pi r^2)$$

$$As = \left(\frac{3}{4}\pi.1^2\right) - (\pi.0,5^2)$$

$$As = \left(\frac{3}{4}\pi\right) - \left(\frac{1}{4}\pi\right)$$

$$As = \frac{\pi}{2} cm^2$$

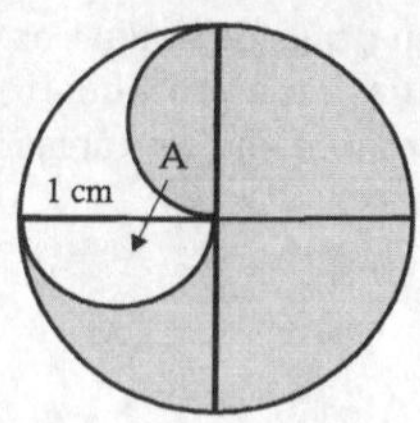

Figura III

A área sombreada será a área de ¾ do círculo maior (R = 1 cm), pois a região indicada pela letra será transferida, conforme a seta.

$$As = \frac{3}{4}\pi r^2$$

$$As = \frac{3}{4}\pi cm^2$$

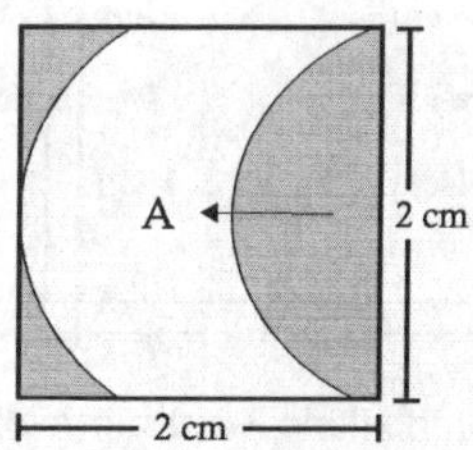

Figura IV

A área sombreada será a área do quadrado de lado 2 cm, pois a região (semicírculo) será transferida para região indicada por A e *l* o lado do quadrado.

$AS - l^2$

$AS = 2^2 = 4cm^2$

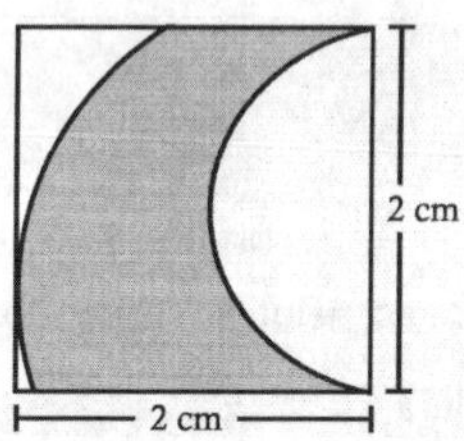

A área sombreada será a área de 1/4 do círculo de raio R = 2 cm subtraído do semicírculo de raio r = 1 cm.

$$As = \frac{\pi R^2}{4} - \frac{\pi r^2}{2}$$

$$As = \frac{\pi 2^2}{4} - \frac{\pi 1^2}{2}$$

$$As = \frac{4\pi}{4} - \frac{\pi}{2}$$

$$As = \frac{\pi}{2} cm^2$$

Resposta: D.

---

390. (CESPE/STF/2008) Em um tribunal, há 210 processos para serem analisados pelos juízes A, B e C. Sabe-se que as quantidades de processos que serão analisados por cada um desses juízes são, respectivamente, números diretamente proporcionais aos números a, b e c. Sabe-se também que a + c = 14, que cabem ao juiz B 70 desses processos e que o juiz C deverá analisar 80 processos a mais que o juiz A.Com relação a essa situação, julgue os itens seguintes.

I. O juiz A deverá analisar mais de 35 processos.

II. b = 7.

III. c < 10.

COMENTÁRIO

✪ **Nota do autor:** Nas questões de lógica matemática temos que dar ênfase em razões, proporções e divisão proporcional, uma vez que é comum nas provas de concursos públicos, devido sua aplicação concreta na rotina administrativa de muitos órgãos públicos.

Temos uma questão de problemas aritméticos, mais precisamente de divisão proporcional.

Quando se trata de divisão proporcional temos que construir uma proporção da seguinte forma:

$\frac{A}{a}=\frac{B}{b}=\frac{C}{c}$, em que A + B + C = 210, sendo B= 70 e que C = 80 + A , podemos inferir que:

A + B + C = 210

A + 70 + 80 + A = 210

2A = 210 – 150

2A = 60

A = 30. Desta forma temos que C = 110.

(A= 30 , B= 70 e C = 110) , substituindo na proporção temos:

$$\frac{3\not{0}}{a}=\frac{7\not{0}}{b}=\frac{11\not{0}}{c}$$

a = 3 p

b= 7 p

c= 11 p

Sabendo que a + c = 14, substituindo:

a + c = 14

3p + 11p = 14

14 p = 14

p = 1

Logo,

a = 3 p = 3

b= 7 p = 7

c= 11 p = 11

Julgando os itens temos:

I. O juiz A deverá analisar mais de 35 processos.

Resposta: Errado.

II. b = 7.

Resposta: Certo.

III. c < 10.

Resposta: Errado.

---

391. (CESPE/PRF/AGENTE/2008) Considere que um cilindro circular reto seja inscrito em um cone circular reto de raio da base igual a 10 cm e altura igual a 25 cm, de forma que a base do cilindro esteja no mesmo plano da base do cone. Em face dessas informações e, considerando, ainda, que h e r correspondam à altura e ao raio da base do cilindro, respectivamente, assinale a opção correta.

a) A função afim que descreve h como função de r é crescente.

b) O volume do cilindro como uma função de r é uma função quadrática.

c) Se A (r) é a área lateral do cilindro em função de r, então $A(r) = 50\pi r \left(1 - \frac{r}{10}\right)$.

d) É possível encontrar um cilindro de raio da base igual a 2 cm e altura igual a 19 cm que esteja inscrito no referido cone.

e) O cilindro de maior área lateral que pode ser inscrito no referido cone tem raio da base superior a 6 cm.

COMENTÁRIO

Ilustração das figuras geométricas: cilindro circular reto inscrito em um cone circular reto.

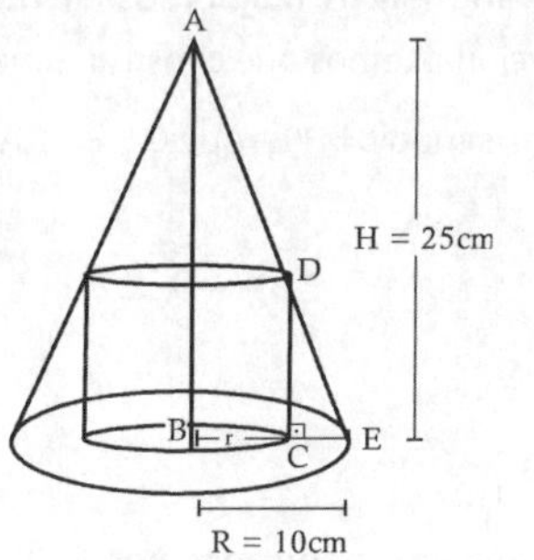

H = altura do cone;

h = altura do cilindro;

R = Raio do cone

r = raio do cilindro

a) A função afim que descreve h como função de r é crescente.

Considerando os triângulos formados pelos pontos ABE e DCE, respectivamente, em que são semelhantes (ângulos iguais e lados proporcionais), podemos construir a seguinte proporção:

$$\frac{CD}{25} = \frac{CE}{10}$$

$$\frac{h}{25} = \frac{10 - r}{10}$$

$$10h = 250 - 25r$$

$$h = \frac{250 - 25r}{10}$$

$$h = 2,5r + 25$$

Temos, dessa maneira, que a função é decrescente, uma vez que o coeficiente angular é negativo: h(r) = -2,5r + 25.

Resposta: Errado.

b) O volume do cilindro como uma função de r é uma função quadrática.

Temos que o volume do cilindro é dado por: $V = \pi r^2 h$, e que h(r) = -2,5r + 25.

$$V = \pi r^2(-2,5r + 25)$$

$$V = -2,5\pi r^3 + 25\pi r^2$$

O volume do cilindro não é dado por uma função quadrática, e sim cúbica.

O item está incorreto.

c) Se A(r) é a área lateral do cilindro em função de r, então A(r) = 50πr $\left(1-\frac{r}{10}\right)$

Considerando h = -2,5r + 25 e AL = Área lateral.

$$AL = 2\pi rh$$
$$AL = 2\pi r(-2{,}5r + 25)$$
$$AL = -5\pi r^2 + 50\pi r$$
$$AL = \mathbf{50\pi r.}\left(1-\frac{r}{10}\right)$$

O item está correto.

d) É possível encontrar um cilindro de raio da base igual a 2 cm e altura igual a 19 cm que esteja inscrito no referido cone.

Tomando o raio como 2 cm, de acordo com o item e utilizando a função da altura do cilindro: h= -2,5r + 25 temos:

$$h = -2{,}5r + 25$$
$$h = -2{,}5\ (2) + 25$$
$$h = -5 + 25 = 20\ cm$$

O item está incorreto.

e) O cilindro de maior área lateral que pode ser inscrito no referido cone tem raio da base superior a 6 cm.

Tomando a função descrita para área lateral do cilindro **A(r) = 50πr** $\left(1-\frac{r}{10}\right)$**, temos:**

$$A_L = 2\pi h$$
$$A_L = 2\pi r(-2{,}5r + 25)$$
$$A_L = -5\pi r^2 + 25\pi r$$

Segundo a função do 2º grau descrita, a maior área (valor máximo da função) será adquirida quando calcularmos o r do vértice.

r do vértice: $r_v = \frac{-b}{2a}$

Substituindo as incógnitas, temos: $r_v = \frac{-50}{2\times -5} = \frac{-50}{-10} = 5\,cm$

Observar que já foi simplificado o valor de Pi(π) que estava no numerador e no denominador da fração acima.

O item está incorreto.

Resposta: C.

---

392. (FUNRIO/2008) O polígono ABCDEF é um hexágono regular e AFGH é um quadrado em seu interior, como indica a figura abaixo. A medida do ângulo AHB é:

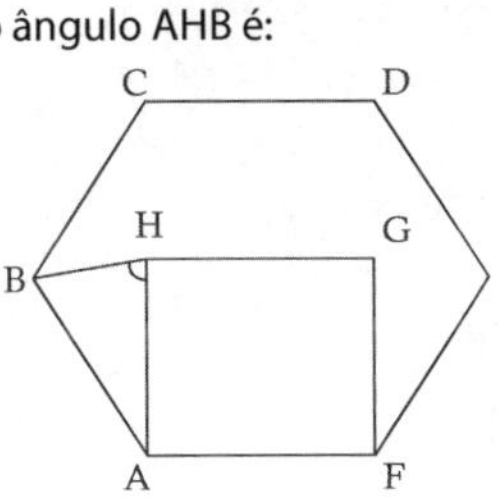

a) 75.
b) 76.
c) 77.
d) 78.
e) 79.

COMENTÁRIO

Conforme figura abaixo em que x é o lado do quadrado, temos:

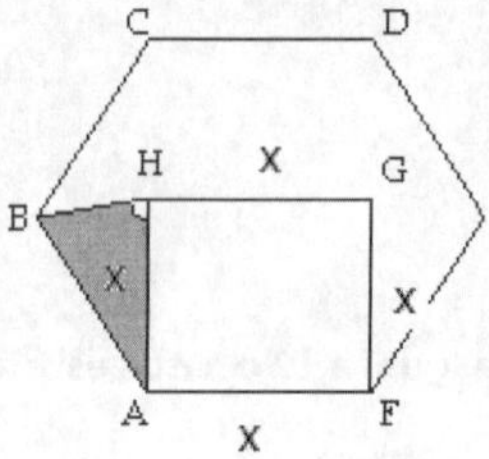

O triângulo ABH é isóscele uma vez que o lado do quadrado coincide com o lado hexágono, sendo os ângulos da sabe são iguais.

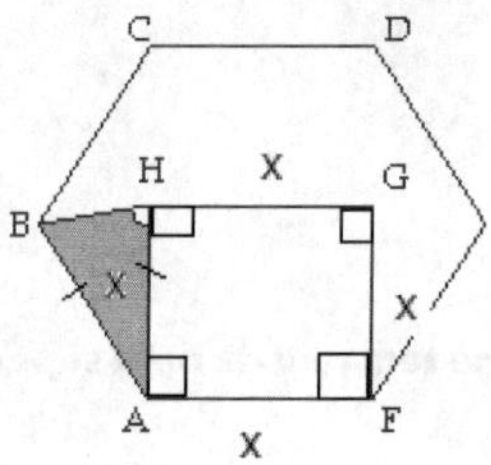

O ângulo interno do hexágono é 120° , sendo assim o ângulo A do triangulo ABH será:

120° - 90°= 30°. Desta forma podemos inferir que os ângulos B e H são iguais e como a soma dos ângulos internos é de 180°, teremos para o triangulo ABH os ângulos B e H igual a 75°.

Resposta: letra A.

---

393. (ESAF/CGU/2008) Geralmente qualquer elemento de uma matriz Z pode ser representado por zij, onde "i" representa a linha e "j" a coluna em que esse elemento se localiza. Uma matriz A = (aij), de terceira ordem é a matriz resultante da soma das matrizes X = (xij) = $i^{\frac{1}{2}}$ e que Yij = $(i\text{-}j)^2$, então a potência dada por $(a_{22})^{a_{12}}$ e o determinante da matriz X são, respectivamente, iguais a:

a) $\sqrt{2}$ e 2

b) $\sqrt{2}$ e 0

c) $-\sqrt{2}$ e 1

d) 2 e 0

e) $-\sqrt{2}$ e 0

COMENTÁRIO

x + y = a, como já visto anteriormente, para somarmos duas matrizes, elas devem possuir a mesma ordem, logo se os elementos são a_{22} e a_{12}, eles serão:

$a_{11} = X_{22} + Y_{22}$

$a_{12} = X_{12} + Y_{12}$

Pela lei de formação das matrizes X e Y, temos

$(Xij) = i^{\frac{1}{2}}$ $\qquad$ $Yij = (i–j)^2$

$X_{22} = 2^{\frac{1}{2}} = \sqrt{2}$ $\qquad$ $Y_{22} = (2–2)^2 = 0$

$X_{12} = 1^{\frac{1}{2}} = \sqrt{2}$ $\qquad$ $Y_{22} = (1–2)^2 = 1$

$a_{22} = \sqrt{2} + 0 = \sqrt{2}$

$a_{12} = \sqrt{1} + 1 = 2$

Logo teremos que $(a_{22})^{a_{12}} = (\sqrt{2})^2 = 2$

$$\det X = \begin{vmatrix} x_{11} & x_{12} & x_{13} \\ x_{21} & x_{22} & x_{23} \\ x_{31} & x_{32} & x_{33} \end{vmatrix} \begin{matrix} x_{11} & x_{12} \\ x_{21} & x_{22} \\ x_{31} & x_{32} \end{matrix}$$

Pela lei de Formação da Matriz X, temos:

$X(xij) = i^{\frac{1}{2}}$, para cada elementos teremos:

xij =

$X_{11} = \sqrt{1}$ $X_{12} = \sqrt{1}$ $X_{13} = \sqrt{1}$

$X_{21} = \sqrt{2}$ $X_{22} = \sqrt{2}$ $X_{23} = \sqrt{2}$

$X_{31} = \sqrt{3}$ $X_{32} = \sqrt{3}$ $X_{33} = \sqrt{3}$

Logo, a matriz X, será:

$X = \begin{bmatrix} \sqrt{1} & \sqrt{1} & \sqrt{1} \\ \sqrt{2} & \sqrt{2} & \sqrt{2} \\ \sqrt{3} & \sqrt{3} & \sqrt{3} \end{bmatrix}$ é o determinante de X por uma das propriedades que veremos mais à frente que será igual a zero, mas no momento iremos aplicar a regra de Sarrus.

$$\det X = \begin{bmatrix} \sqrt{1} & \sqrt{1} & \sqrt{1} \\ \sqrt{2} & \sqrt{2} & \sqrt{2} \\ \sqrt{3} & \sqrt{3} & \sqrt{3} \end{bmatrix} \begin{matrix} \sqrt{1} & \sqrt{1} \\ \sqrt{2} & \sqrt{2} \\ \sqrt{3} & \sqrt{3} \end{matrix}$$

$$[(\sqrt{1}.\sqrt{2}.\sqrt{3}) + (\sqrt{1}.\sqrt{2}.\sqrt{3}) + (\sqrt{1}.\sqrt{2}.\sqrt{3})]$$
$$-[(\sqrt{1}.\sqrt{2}.\sqrt{3}) + (\sqrt{1}.\sqrt{2}.\sqrt{3}) + (\sqrt{1}.\sqrt{2}.\sqrt{3})] = 0$$

Resposta: D.

394.(ESAF/AFC/2002) De forma generalizada, qualquer elemento de uma matriz *m* pode ser representado por *mij*, em que *i* representa a linha e *j* representa a coluna em que esse elemento se localiza. Uma matriz S(*sij*), de terceira ordem, é a matriz resultante da soma entre as matrizes A(*aij*) e B(*bij*), ou seja, S = A + B. Sabendo-se que $aij = i^2 + j^2$ e que $bij = (i+j)^2$, então a soma dos elementos da primeira linha da matriz S é igual a:

a) 17

b) 29

c) 34

d) 46

e) 58

COMENTÁRIO

✪ **Nota do autor:** Nas questões envolvendo problemas matriciais é importante conhecer as operações com matrizes e os tipos de matrizes.

Sabemos que para somarmos duas matrizes, as mesmas devem possuir a mesma ordem, logo tanto a matriz A quanto a matriz B são de terceira ordem. A matriz S, isto é, a matriz resultante de A+B, tem como elementos, a soma dos elementos da matriz com os elementos da matriz B.

Ilustrando, temos:

$$A=\begin{bmatrix} a11 & a12 & a13 \\ a21 & a22 & a23 \\ a31 & a32 & a33 \end{bmatrix} \qquad B=\begin{bmatrix} b11 & b12 & b13 \\ b21 & b22 & b23 \\ b31 & b32 & b33 \end{bmatrix}$$

A soma dos elementos da 1º linha da matriz A com os elementos da matriz B, respectivamente, sendo assim, teremos:

$$S=\begin{bmatrix} a11+b11 & a12+b12 & a13+b13 \\ \vdots & \vdots & \vdots \end{bmatrix}$$

Segundo a Lei de formação de cada elemento, podemos encontrá-los de acordo com a matriz.

$a_{ij} = i^2 + j^2$	$b_{ij} = (i + j)^2$
$a_{11} = 1^2 + 1^2 = 2$	$b_{11} = (1 + 1)^2 = 4$
$a_{12} = 1^2 + 2^2 = 5$	$b_{12} = (1 + 2)^2 = 9$
$a_{13} = 1^2 + 3^2 = 10$	$b_{13} = (1 + 3)^2 = 16$

$$S=\begin{bmatrix} 2+4 & 5+9 & 10+16 \\ \vdots & \vdots & \vdots \end{bmatrix}$$

$$S=\begin{bmatrix} 6 & 14 & 26 \\ \vdots & \vdots & \vdots \end{bmatrix}$$

A questão pergunta qual é a soma dos elementos da 1ª linha, ou seja, 6 + 14 + 26 = 46.

Resposta: D.

---

395. (CESPE/2014) As retas r e s são paralelas entre si. As retas t e u são perpendiculares a reta r. A interseções dessas 4 retas determinam o retângulo ABCD indicado na figura abaixo.

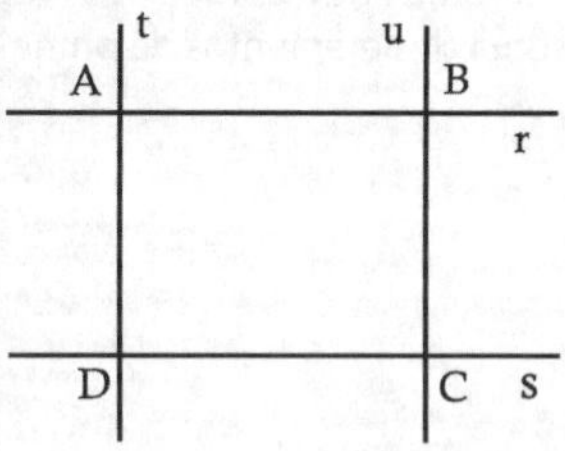

Se adicionarmos 3 retas l_1, l_2 e l_3 não coincidentes entre si nem coincidentes com as retas r, s, t , u e que, além disso, satisfaçam:

- l_1 é paralela a u;
- l_2 é perpendicular a r;
- l_3 é paralela a s;
- o segmento BC é interceptado no mínimo uma vez;
- o segmento AB não é interceptado.

Concluímos que o retângulo ABCD foi dividido por estas três retas em:

a) 2 ou 3 partes.
b) 3 ou 6 partes.
c) exatamente 2 partes.
d) exatamente 3 partes.
e) exatamente 6 partes.

COMENTÁRIO

Temos as possibilidades de retas que obedecem às condições estabelecidas pela questão, segundo a figura abaixo:

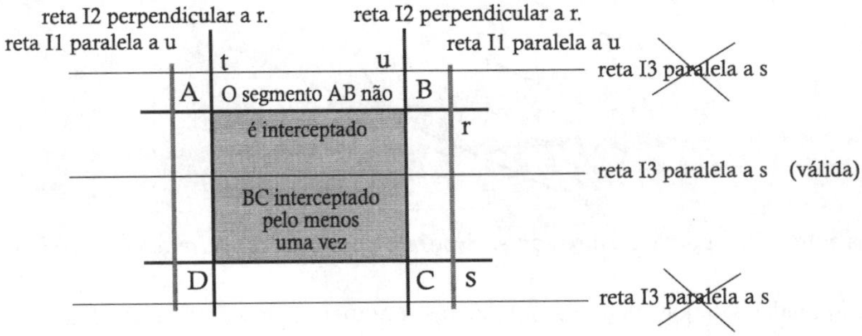

- I_1 é paralela a u.
- I_2 é perpendicular a r.
- I_3 é paralela a s.
- o segmento BC é interceptado pelo menos uma vez.
- o segmento AB não é interceptado.

Se o segmento AB não é interceptado não teremos segmentos que sejam perpendiculares a AB DC, logo, no retângulo ABCD não existem retas que o cortem verticalmente.

As retas I_3 (possibilidades) que se encontram paralelas às retas r e s são três, porém apenas uma das possibilidades é válida, sendo que uma das condições é AB ser interceptado no mínimo uma vez.

As retas I_2 (possibilidades) são perpendiculares a r e, da mesma forma que as retas I_1, não cortam a região interna das retas u e t.

Assim, o retângulo ABCD será interceptado apenas pelas retas I_3 que dividirá o quadrilátero em exatamente duas partes.

Resposta: C.

396.(FUVEST/2010) Seja ABCD é um quadrado. Três retas paralelas a, b e c passam pelos vértices A, B e C, respectivamente. A distância entre a e b é 5 cm, e a distância ente b e c é 7 cm.

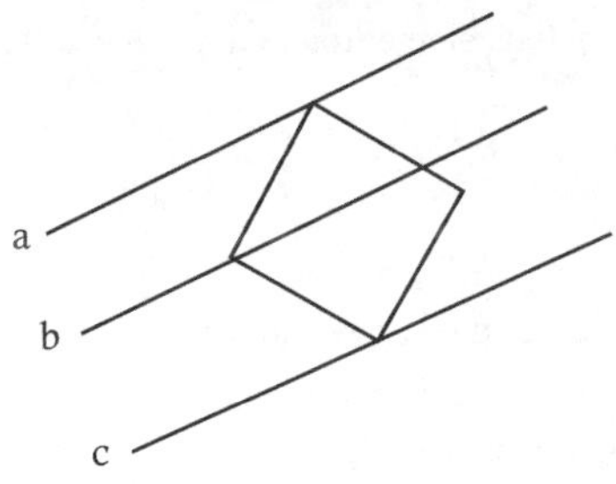

A área desse quadrado em cm^2 é:

a) 64.
b) 74.
c) 78.

d) 81.

e) 100.

COMENTÁRIO

ABCD é um quadrado. Três retas paralelas a, b e c passam pelos vértices A, B e C, respectivamente. A distância entre a e b é 5cm, e a distância entre b e c é 7cm.

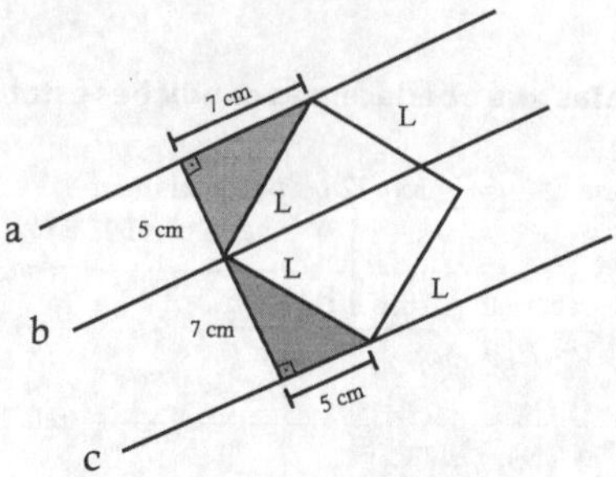

A distância entre as retas a, b e c é um segmento de reta perpendicular às retas citadas, conforme a figura acima.

As figuras formadas são dois triângulos retângulos congruentes, logo temos que L (lado do quadrado) será a hipotenusa do triângulo hachurado.

$L^2 = 7^2 + 5^2$

$L^2 = 49 + 25$

$L^2 = 74\ cm^2$

A questão solicita a área do quadrado (L^2), logo temos que $L^2 = 74\ cm^2$.

Resposta: B.

---

397. (AUTORAL/2018). Determine os valores de x e y, sabendo que as matrizes são iguais:

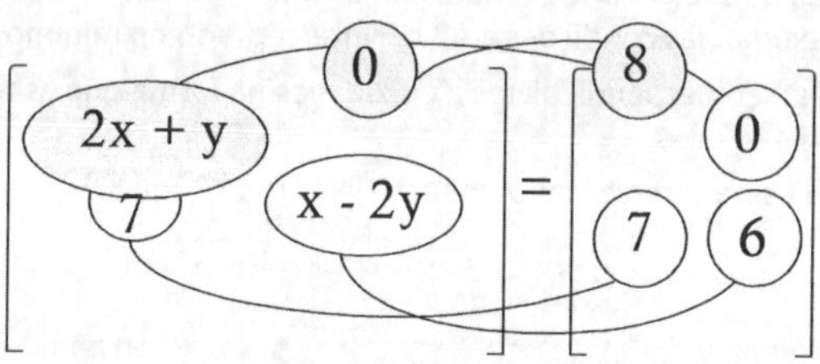

COMENTÁRIO

Sendo as matrizes iguais, temos que os elementos 2x + y = 8 e x – 2y = 6, construindo desta forma um sistema de equações:

$$\begin{array}{l} \text{I} \\ \text{II} \end{array}\begin{cases} 2x + y = 8 \\ x - 2y = 6X(-2) \end{cases} \qquad \begin{cases} 2x + y = 8 \\ -2x + 4y = -12 \end{cases}$$

Temos:

Multiplicando a equação por 2 teremos uma nova equação:

$$-2x + y = -12$$

Aplicando o método da adição teremos:

$$\begin{array}{c} 2x + y = 8 \\ \underline{-2x + 4y = -12} \\ 0 + 5y = -4 \end{array}$$

$$y = \frac{-4}{5}$$

Substituindo o valor de y na equação II teremos:

$$x - 2y = 6$$

$$x - 2.\left(\frac{-4}{5}\right) = 6$$

$$x + \frac{8}{5} = 6$$

$$x = 6 - \frac{8}{5}$$

$$x = \frac{30 - 8}{5} = \frac{22}{5}$$

$$x = \frac{22}{5}$$

398.(ESAF/AFC/ 2006) Genericamente, qualquer elemento de uma matriz *m* pode ser representado por *mij*, em que *i* representa a linha e *j* a coluna em que o elemento se localiza. Uma matriz X(*xij*), de terceira ordem, é a matriz resultante da soma das matrizes A(*aij*) e B(*bij*). Sabendo-se que (*aij*) = i^2 e que (*bij*) = $(i - j)^2$, então o produto dos elementos x_{31} e x_{13} é igual a:

a) 16

b) 18

c) 26

d) 65

e) 169

COMENTÁRIO

✪ **Nota do autor:** Nas questões envolvendo problemas matriciais é importante conhecer as operações com matrizes e os tipos de matrizes.

Sabemos que para somarmos duas ou mais matrizes, elas devem ser de mesma ordem. Sendo a matriz resultante também de mesma ordem. Se a questão solicita o produto dos elementos x_{31} e x_{13}, torna-se necessário encontrá-los, logo, temos:

$x_{31} = a_{31} + b_{31}$	$x_{13} = a_{13} + b_{13}$

De acordo com a Lei de formação de cada elemento em sua matriz, podemos (?)

$aij = i^2$	$bij = (i - j)^2$
$a_{31} = 3^2 = 9$	$b_{31} = (3 - 1)^2 = 4$
$a_{13} = 1^2 = 1$	$b_{13} = (1 - 3)^2 = 4$
$x_{31} = 9 + 4$	$x_{13} = 5$
$x_{31} = 13$	$x_{13} = 5$

Então, o produto $(x_{31} . x_{13}) = 13x5 = 65$

Resposta: D.

399.(UCDB-MT). Sendo $A = \begin{pmatrix} 2 & 3 & 5 \\ 4 & 5 & x \end{pmatrix}$, $B = \begin{pmatrix} -2 \\ y \\ 1 \end{pmatrix}$ e $C = \begin{pmatrix} 13 \\ 10 \end{pmatrix}$ matrizes reais e A.B = C, conclui-se que x + y é igual a:

a) -8

b) -4

c) 0

d) 4

e) 2

COMENTÁRIO

Multiplicando as matrizes temos:

$$A: \begin{vmatrix} 2 & 3 & 5 \\ 4 & 5 & x \end{vmatrix} \cdot \begin{vmatrix} -2 \\ y \\ 1 \end{vmatrix} = \begin{vmatrix} 13 \\ 10 \end{vmatrix}$$

Multiplicando os respectivos elementos da primeira linha da matriz A pelos elementos da coluna da matriz B, realizando as respectivas somas, temos como resultado o elemento 13 da matriz C, construindo a equação temos:

$$(2\text{-}2) + (3.y) + (5.1) = 13$$
$$-4 + 3y + 5 = 13$$
$$3y = 13 + 4 - 5$$
$$3y = 12$$
$$y = 4$$

$$A: \begin{vmatrix} 2 & 3 & 5 \\ 4 & 5 & x \end{vmatrix} \cdot \begin{vmatrix} -2 \\ y \\ 1 \end{vmatrix} = \begin{vmatrix} 13 \\ 10 \end{vmatrix}$$

$$[4.(-2)] + (5.y) + (x.1) = 10$$
$$-8 + 5y + x = 10, \text{ sendo } y = 4 \text{ temos:}$$
$$-8 + (5.4) + x = 10$$
$$-8 + 20 + x = 10$$
$$12 + x = 10$$
$$x = 10 - 12$$
$$x = -2$$

Podemos concluir então que x + y é igual a: -2 + 4 = 2

Resposta: E.

400.(CESGRANRIO/2010) Resolvendo a equação matricial abaixo:

$$\begin{vmatrix} 1 & 2 \\ 4 & 3 \end{vmatrix} \cdot \begin{vmatrix} x \\ y \end{vmatrix} = \begin{vmatrix} 5 \\ 10 \end{vmatrix}$$

encontramos para x e y valores respectivamente iguais a:

a) -2 e 1

b) -1 e 2

c) 1 e -2

d) 1 e 2

e) 2 e -1

COMENTÁRIO

Multiplicando os elementos da 1ª linha da matriz pelos elementos da coluna da segunda matriz temos:

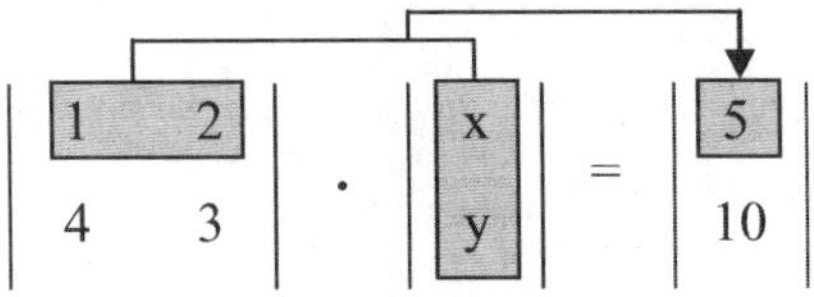

$$(1.x) + (2.y) = 5$$

$$x + 2y = 5 \text{ I}$$

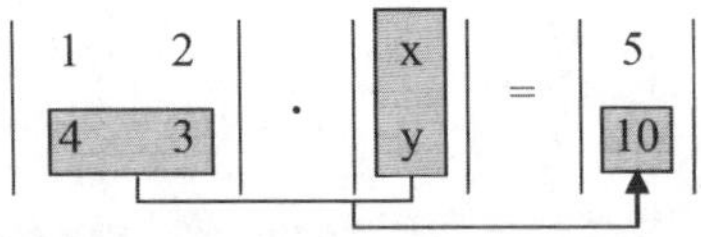

$$4x + 3y = 10 \text{ II}$$

Construindo o sistema de equação temos:

$$\begin{cases} x + 2y = 5 \\ 4x + 3y = 10 \end{cases}$$

Multiplicando a primeira equação por (-4), teremos:

$-4x - 8y \quad = -20$ (pelo método da soma)

$\underline{4x + 3y \quad = 10}$

$-5y \quad = -10 \qquad y = 2$

Substituindo o valor de y = 2 na primeira equação teremos:

$$x + 2y = 5$$

$$x + (2.2) = 5$$

$$x + 4 = 5$$

$$x = 1$$

Logo, os respectivos valores de x e y são 1 e 2.

Resposta: D.

---

401. (FCC/SSP/2013) Num armazém há dois lotes de grãos: um com 1152 Kg de soja e outro, com 2100 Kg de café. Todo o grão dos dois lotes deve ser acomodado em sacos iguais, de modo que cada saco contenha um único tipo de grão e seja usada a menor quantidade possível de sacos. Nessas condições, de quantas unidades o número de café excederá o de soja?

a) 12

b) 37

c) 48

d) 64

e) 79

COMENTÁRIO

É importante observar que nas questões que relatarem sobre dividir em grupos, equipes, pacotes, envelopes etc., em que a divisão dos agrupamentos exigirem as seguintes restrições:

- Os elementos de cada agrupamento devem possuir as mesmas características;
- Todos os agrupamentos devem possuir a mesma quantidade de elementos;
- Não sobram elementos.

E no final se perguntar o número máximo de elementos em cada agrupamento que leva a quantidade mínima de grupos, teremos uma questão de MDC.

Como já visto anteriormente podemos utilizar o seguinte esquema abaixo:

Números Primos

obs.: Para que possamos dividir é necessário que os números sejam divisíveis pelos números primos simultaneamente.

Soiá	Café	
1152 ,	2100	2
576 ,	1050	2
288 ,	525	3
96 ,	175	
		12

QUANTIDADE ← | → TAMANHO

Assim podemos inferir que possível dividir os dois lotes de grãos em sacos iguais de 12 kg, em que teremos 96 sacos de soja e 175 sacos de café. Nessas condições o número de unidades de café excederá o de soja será de 175-96 = 79 sacos.

Resposta: E.

402.(FCC/2007) Uma Repartição recebeu 143 computadores e 104 impressoras para distribuir a algumas de suas seções. Esses aparelhos serão divididos em lotes, todos com igual quantidade de aparelhos. Se cada lote deve ter um único tipo de aparelho, o menor número de lotes formados deverá ser:

a) 8

b) 11

c) 19

d) 20

e) 21

COMENTÁRIO

É importante observar que nas questões que relatarem sobre dividir em grupos, equipes, pacotes, envelopes etc., em que a divisão dos agrupamentos exigirem as seguintes restrições:

- Os elementos de cada agrupamento devem possuir as mesmas características;
- Todos os agrupamentos devem possuir a mesma quantidade de elementos;
- Não sobram elementos.

E no final se perguntar o número máximo de elementos em cada agrupamento que leva a quantidade mínima de grupos, teremos uma questão de MDC.

Como já visto anteriormente podemos utilizar o seguinte esquema abaixo:

Números Primos

obs.: Para que possamos dividir é necessário que os números sejam divisíveis pelos números primos simultaneamente.

computadores	impressoras	
143	104	13
11	8	
		13

QUANTIDADE ← | → TAMANHO

Assim podemos inferir que possível dividir os dois lotes com 13 equipamentos, sendo 11 lotes de computadores e 8 lotes de impressoras. Total de lotes é igual a 19.

Resposta C.

403.(FCC/2006) Dispõe-se de dois lotes de boletins informativos distintos: um, com 336 unidades e outro com 432 unidades. Um técnico judiciário foi incumbido de empacotar todos os boletins dos lotes, obedecendo as seguintes instruções:

- Todos os pacotes devem conter a mesma quantidade de boletins.
- Cada pacote deve ter um único tipo de boletim.

Nessas condições, o menor número de pacotes que ele poderá obter é

a) 12

b) 16

c) 18

d) 24

e) 32

COMENTÁRIO

É importante observar que nas questões que relatarem sobre dividir em grupos, equipes, pacotes, envelopes etc., em que a divisão dos agrupamentos exigirem as seguintes restrições:

- Os elementos de cada agrupamento devem possuir as mesmas características;

- Todos os agrupamentos devem possuir a mesma quantidade de elementos;

- Não sobram elementos.

E no final se perguntar o número máximo de elementos em cada agrupamento que leva a quantidade mínima de grupos, teremos uma questão de MDC.

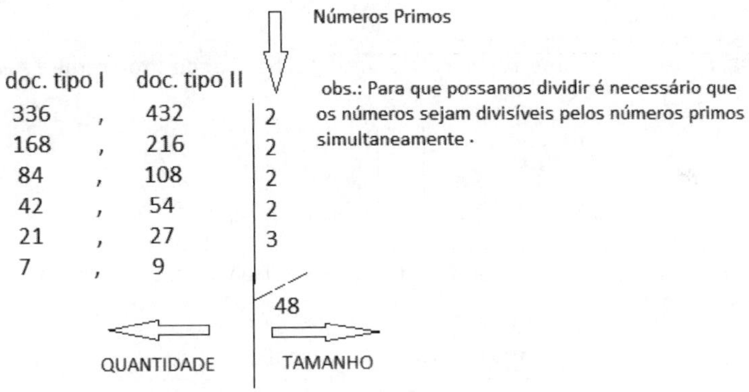

Assim podemos inferir que possível obter (7+9) 16 pacotes com 48 documentos dentro de cada pacote.

Resposta: B.

404.(FCC/2006) No almoxarifado de certa empresa havia dois tipos de canetas esferográficas: 224 com tinta azul e 160 com tinta vermelha. Um funcionário foi incumbido de empacotar todas essas canetas de modo que cada pacote contenha apenas canetas com tinta de uma mesma cor. Se todos os pacotes devem conter igual número de canetas, a menor quantidade de pacotes que ele poderá obter é

a) 8

b) 10

c) 12

d) 14

e) 16

COMENTÁRIO

É importante observar que nas questões que relatarem sobre dividir em grupos, equipes, pacotes, envelopes etc., em que a divisão dos agrupamentos exigirem as seguintes restrições:

- Os elementos de cada agrupamento devem possuir as mesmas características;
- Todos os agrupamentos devem possuir a mesma quantidade de elementos;
- Não sobram elementos.

E no final se perguntar o número máximo de elementos em cada agrupamento que leva a quantidade mínima de grupos, teremos uma questão de MDC.

Como já visto anteriormente podemos utilizar o seguinte esquema abaixo:

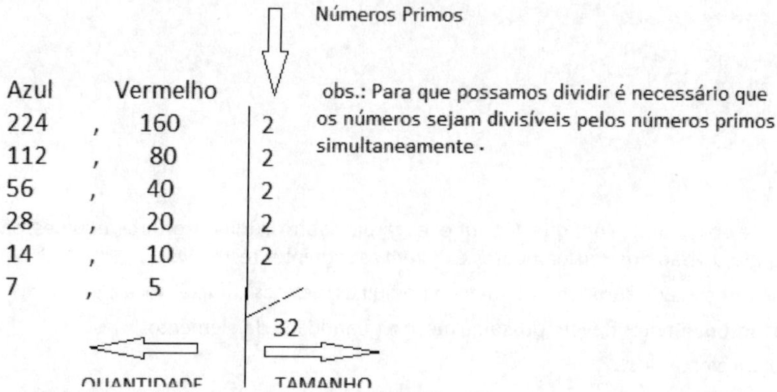

Assim podemos inferir que possível obter 12 (7+5) pacotes com 32 canetas em cada pacote.

Resposta: C.

405.(CESPE/2008) A matriz que fornece, em reais, o custo das porções de arroz, carne e salada usados num restaurante:

$$C = \begin{vmatrix} 1 \\ 3 \\ 2 \end{vmatrix} \begin{matrix} \text{Arroz} \\ \text{Carne} \\ \text{salada} \end{matrix}$$

A matriz P fornece o número de porções de arroz, carne e salada usados na composição dos pratos tipo P1, P2 e P3 desse restaurante:

$$P = \begin{vmatrix} \text{arroz} & \text{carne} & \text{salada} \\ 2 & 1 & 1 \\ 1 & 2 & 1 \\ 2 & 2 & 0 \end{vmatrix} \begin{matrix} \\ \text{prato P1} \\ \text{prato P2} \\ \text{prato P3} \end{matrix}$$

A matriz que fornece o custo de produção em reais, dos pratos P1, P2 e P3, está indicada na alternativa:

a) $\begin{pmatrix} 7 \\ 9 \\ 8 \end{pmatrix}$

b) $\begin{pmatrix} 4 \\ 4 \\ 4 \end{pmatrix}$

c) $\begin{pmatrix} 9 \\ 11 \\ 4 \end{pmatrix}$

d) $\begin{pmatrix} 2 \\ 6 \\ 8 \end{pmatrix}$

e) $\begin{pmatrix} 2 \\ 2 \\ 4 \end{pmatrix}$

COMENTÁRIO

A questão trata de uma multiplicação de matrizes, em que iremos fazer a multiplicação da matriz por PxC, assim teremos a matriz custo de produção em reais para os pratos P1, P2 e P3.

$$\begin{vmatrix} 2 & 1 & 1 \\ 1 & 2 & 1 \\ 2 & 2 & 0 \end{vmatrix} X \begin{vmatrix} 1 \\ 3 \\ 2 \end{vmatrix} = \begin{vmatrix} 2+3+2 \\ 1+6+2 \\ 2+6+0 \end{vmatrix} = \begin{vmatrix} 7 \\ 9 \\ 8 \end{vmatrix}$$

Resposta: A.

406.(AUTORAL/2018) Dada a matriz $A = \begin{vmatrix} 1 & -1 \\ 1 & 0 \end{vmatrix}$, se A^{-1} é a matriz inversa de A, então a soma de $A + A^{-1}$

é a matriz inversa de A, então a soma de $A + A^{-1}$ é igual a:

a) $\begin{vmatrix} 1 & 1 \\ 0 & 0 \end{vmatrix}$

b) $\begin{vmatrix} 1 & 0 \\ 0 & 1 \end{vmatrix}$

c) $\begin{vmatrix} 1 & 1 \\ -1 & 0 \end{vmatrix}$

d) $\begin{vmatrix} -1 & 1 \\ 0 & 2 \end{vmatrix}$

e) $\begin{vmatrix} 1 & 2 \\ 0 & -1 \end{vmatrix}$

COMENTÁRIO

Sendo a matriz $A = \begin{vmatrix} 1 & -1 \\ 1 & 0 \end{vmatrix}$, iremos calcular sua inversa pelo método mais prático, utilizando os quatro passos ensinados:

1ª passo: calcular o determinante de A(det_A)

$$A = \begin{vmatrix} 1 & -1 \\ 1 & 0 \end{vmatrix}, = (1x0) - (-1x1) = \mathbf{1}$$

$$0 - (-1)$$

2º passo: trocar os elementos da diagonal principal:

$$= \begin{vmatrix} 1 & -1 \\ 1 & 0 \end{vmatrix}$$

3º passo: trocar os elementos da diagonal secundário:

$$= \begin{vmatrix} 0 & -1 \\ 1 & 1 \end{vmatrix}$$

4º passo: dividir todos os elementos pelo determinante:

$$A^{-1} = \begin{vmatrix} \frac{0}{1} & \frac{1}{1} \\ \frac{-1}{1} & \frac{1}{1} \end{vmatrix} = A^{-1} = \begin{vmatrix} 0 & 1 \\ -1 & 1 \end{vmatrix}$$

A questão pede a soma de $A + A^1$, logo teremos:

$$\begin{vmatrix} 1 & -1 \\ 1 & 0 \end{vmatrix} + \begin{vmatrix} 0 & 1 \\ -1 & 1 \end{vmatrix} = \begin{vmatrix} 1 & 0 \\ 0 & 1 \end{vmatrix}$$

Resposta: B.

407. (CESPE/ TRE-MT/ANALISTA JUDICIÁRIO – TECNOLOGIA DA INFORMAÇÃO/ 2010) Suponha que um recipiente para líquidos seja formado pela junção de um cubo vazado e uma pirâmide (sem a base), cujas faces são triângulos equiláteros, conforme mostrado na figura a seguir.

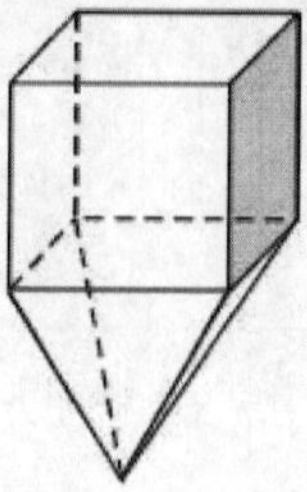

408. Ao se colocar 158,4 cm³ de um líquido nesse recipiente, o líquido ocupará o volume da pirâmide, chegando até a metade do volume do cubo. Nesse caso, considerando 1,4 como valor aproximado para $\sqrt{2}$, é correto afirmar que a altura ocupada pelo líquido no recipiente, medida desde o vértice da pirâmide até a metade da altura do cubo, será

a) inferior a 2,8 cm.
b) superior a 2,8 cm e inferior a 4,2 cm.
c) superior a 4,2 cm e inferior a 5,6 cm.
d) superior a 5,6 cm e inferior a 6,6 cm.
e) superior a 6,6 cm.

COMENTÁRIO

O volume da pirâmide é dado por:

$$\text{Volume} = \frac{1}{3} A \text{ (base)} \times \text{altura}$$

Considerando que o volume da pirâmide regular seja V = B x H/3, em que B seja a área da base da pirâmide que é dada por $B = L.L = L^2$.

A altura $H = L\sqrt{2}/2$, onde $\sqrt{2} = 1,4$

Volume = $(L^2 . 1,4 . L)/6$

$= (L^3.1,4) / 6$

Cubo = $(L^2.L/2)$

$= L^3 / 2$

Total: $(L^3.1,4) / 6 + L^3 / 2$

$(L^3.1,4) / 6 + L^3 / 2 = 158,4$

$L^3 = 216$

$L = 6$

Assim temos que:

$H = L\sqrt{2}/2$

$H = (6. 1,4) / 2$

H = 4,2 (Pirâmide)

H = L/2

H = 6/2 = 3 (cubo)

Altura total = 4,2 + 3 = 7,2cm

Resposta: E.

409. (CESPE / TRT – 16ª REGIÃO (MA) / AUXILIAR JUDICIÁRIO – SERVIÇOS GERAIS/ 2005) Duplicando-se as medidas dos lados do triângulo Y, a área desse triângulo também duplicará de valor.

COMENTÁRIO

$$A=\frac{2.base\times 2.altura}{2}=\frac{4(base\,X\,altura)}{2}=2(base\,X\,altura)$$

Temos que de $A=\frac{base\times altura}{2}$, para A= 2 (base X altura) a área foi quadruplicada.

Resposta: Errado.

410. (CESPE/TRT/2002) Julgue os itens.

410.01. I. Considere que uma pessoa toma 3 tipos de remédios regularmente, sendo o primeiro remédio de 6 horas em 6 horas, o segundo, de 4 horas em 4 horas, e o terceiro, de 3 horas em 3 horas. Se ela tomou os 3 remédios juntos hoje às 7 horas da manhã, então a próxima vez que ela tomará novamente os três remédios juntos será amanhã.

COMENTÁRIO

✪ **Nota do autor:** quando tivermos uma questão que relatar sobre tempo de encontro no futuro desde que haja o primeiro encontro iremos aplicar MMC (Mínimo múltiplo comum) .

Na questão uma pessoa deve tomar 3 tipos de remédios regularmente, sendo:

O primeiro remédio de 6 horas em 6 horas;

O segundo de 4 horas em 4 horas;

O terceiro de 3 horas em 3 horas.

Sabemos que os três são tomados juntos (primeiro encontro) às 7 horas, logo o próximo encontro será o MMC (6,4,3)

	Números Primos
6, 4, 3	2
3, 2, 3	2
3, 1, 3	3
1, 1, 1	12 horas

O próximo horário que a pessoa deverá tomar os três remédios simultaneamente será às 19h (7 +12).

Resposta: Errado.

410.02. II. Considere que, em uma pista circular, dois ciclistas partam juntos e que um deles faça cada volta em 6 minutos e o outro, em 8 minutos. Então, o tempo decorrido, em minutos, para que o ciclista mais veloz fique exatamente uma volta na frente do outro é o mínimo múltiplo comum dos números 6 e 8.

COMENTÁRIO

Dica: "Quando tivermos uma questão que relatar sobre tempo de encontro no futuro desde que haja o primeiro encontro iremos aplicar MMC (Mínimo múltiplo comum)".

Desta forma temos que o próximo encontro, ou seja, momento que o ciclista mais veloz fique exatamente uma volta na frente do outro é o mínimo múltiplo comum dos números 6 e 8.

Resposta: Certo.

410.03. III. Se o máximo divisor comum de dois números é 7, então, se cada um dos números for multiplicado por $2^2 \times 5$, o máximo divisor comum dos números obtidos será 70.

COMENTÁRIO

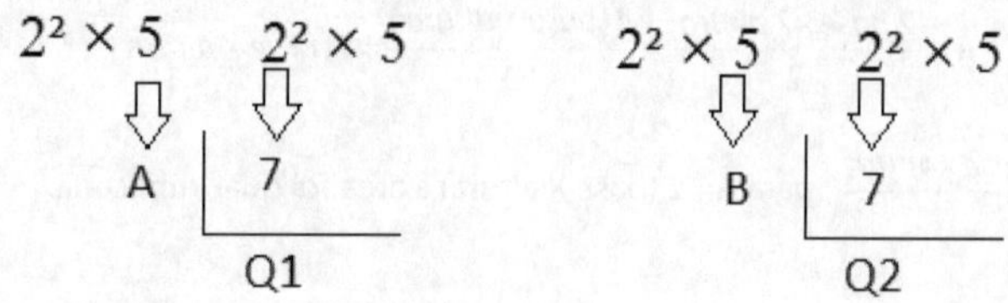

Se dois números (A e B) forem multiplicados por $2^2 \times 5$, então para que os quocientes não sejam alterados, devemos multiplicar os divisores também por $2^2 \times 5$.

Logo $(2^2 \times 5) \times 7 = 140$

Resposta: Errado.

410.04. IV. Se o máximo divisor comum de três números é 24, então, se cada um dos números for dividido por $2^2 \times 3$, então o máximo divisor comum dos números obtidos será 2.

COMENTÁRIO

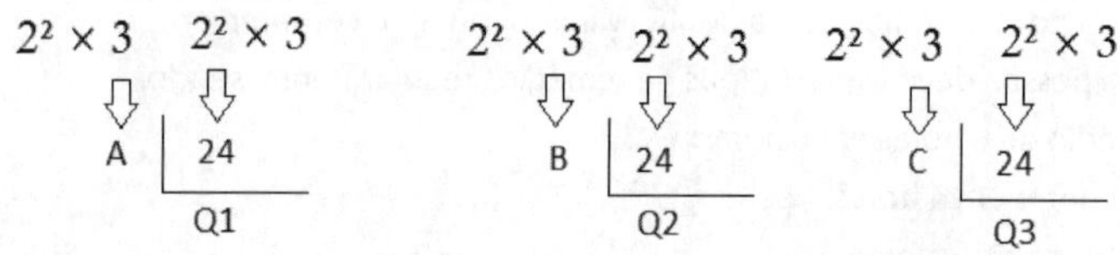

$24 / (2^2 \times 3) = 24 / 12 = 2$

Resposta: Certo.

410.05. V. O menor número de lápis que permite que sejam distribuídos, tanto para um grupo de 4 quanto para um de 6 pessoas, em cada caso, a mesma quantidade de lápis entre os indivíduos do grupo, é o máximo divisor comum dos números 4 e 6.

COMENTÁRIO

O menor número de lápis que possamos dividir tanto para 4 como para 6 será o MMC entre 6 e 4.

Logo MMC (6,4) = 12.

Resposta: Errada.

✦ DICAS

01 – PROBLEMAS GEOMÉTRICOS

CONCEITOS PRIMITIVOS

Ponto, reta e plano são noções primitivas dentro da geometria. Os conceitos geométricos são estabelecidos por meio de definições, porém as noções primitivas são apresentadas sem definição. Sendo assim, construiremos as ideias de ponto, reta e plano sem definição, ou seja, exemplificando:

Ponto: uma estrela, um pingo de lápis, um furo de alfinete etc.

Reta: arame esticado, lados de uma janela etc.

Plano: o quadro branco, a superfície de uma bancada etc.

Notações de Ponto, Reta e Plano

As representações de objetos geométricos podem ser expressas por letras usadas em nosso alfabeto:

Pontos C, H, P e L representados por letras maiúsculas latinas;

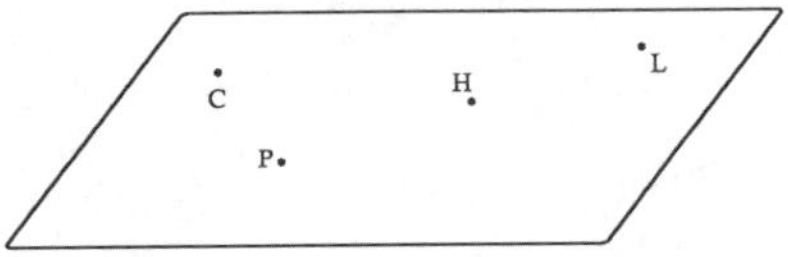

Retas r, s, x, p, q, u e v representados por letras minúsculas latinas

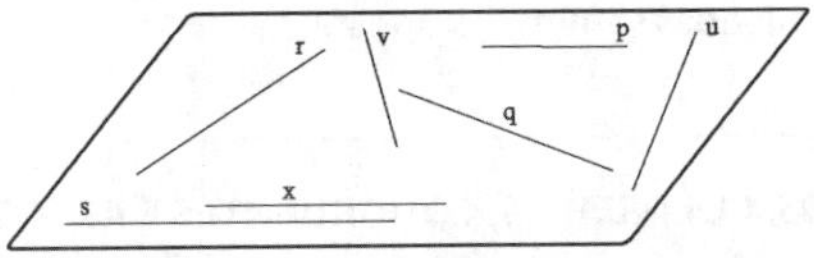

Planos Alfa, Beta e Gama representados por letras gregas minúsculas. Plano Alfa (α) figura I, Plano Beta (β) figura II e Plano Gama (γ) figura III.

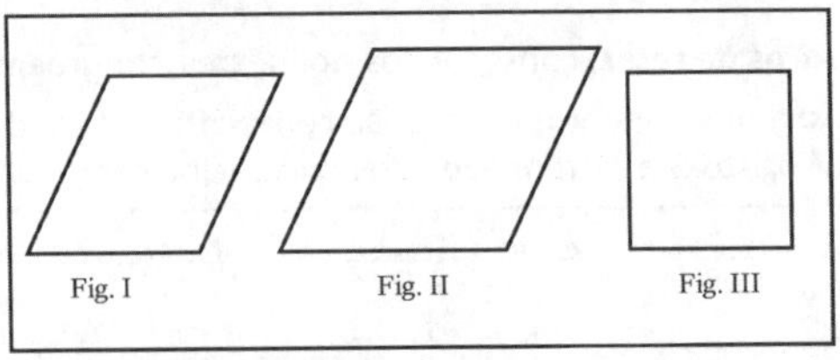

Por um único ponto passam infinitas retas (figura A). Em uma reta, bem como fora dela, há infinitos pontos, mas dois pontos distintos são suficientes para determinar única reta (figura C). Em um plano e também fora dele, há infinitos pontos e retas (figura B).

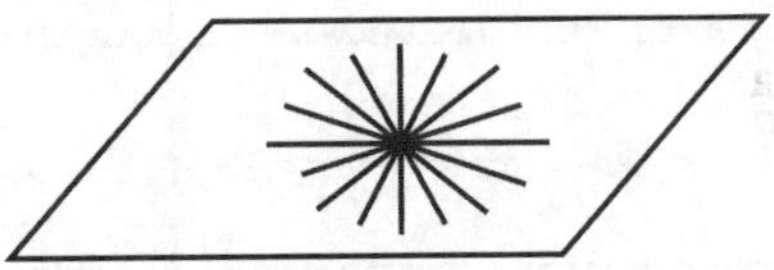

Fig. A

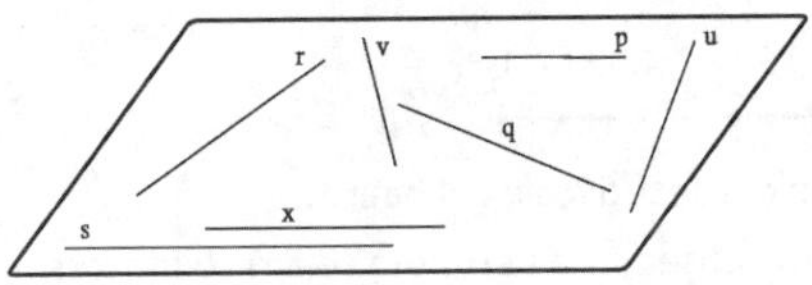

Fig. B

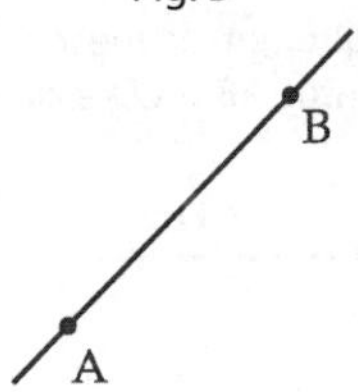

PONTOS COLINEARES E SEMIRRETAS

Pontos colineares: são pontos que pertencem a uma mesma reta. Na figura (I), os pontos R, S e T são colineares, pois todos pertencem à mesma reta u. Na figura (II), os pontos Y, G e Z não são colineares, pois G não pertence à reta w.

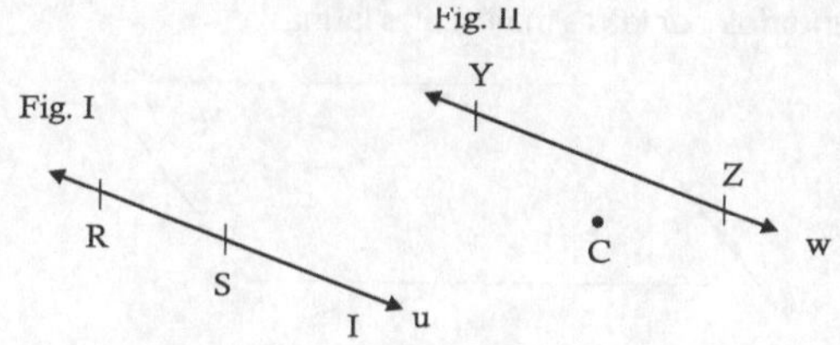

Semirretas: um ponto A sobre uma reta r, divide esta reta em duas semirretas. O ponto A é a origem comum as duas semirretas, denominadas semirretas opostas.

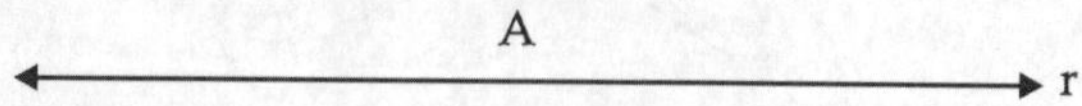

SEGMENTOS CONSECUTIVOS, COLINEARES, CONGRUENTES E ADJACENTES

Dada uma reta t e dois pontos distintos C e D sobre a reta, o conjunto de todos os pontos localizados entre C e D, inclusive os próprios C e D, recebe o nome de segmento de reta, neste caso, denotado por CD.

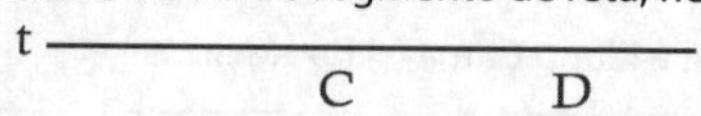

Classificação dos segmentos de retas: consecutivos, colineares, congruentes e adjacentes.

Segmentos Consecutivos: dois segmentos de reta são consecutivos quando a extremidade de um deles é também extremidade do outro, isto é, a extremidade de um coincide com a extremidade do outro.

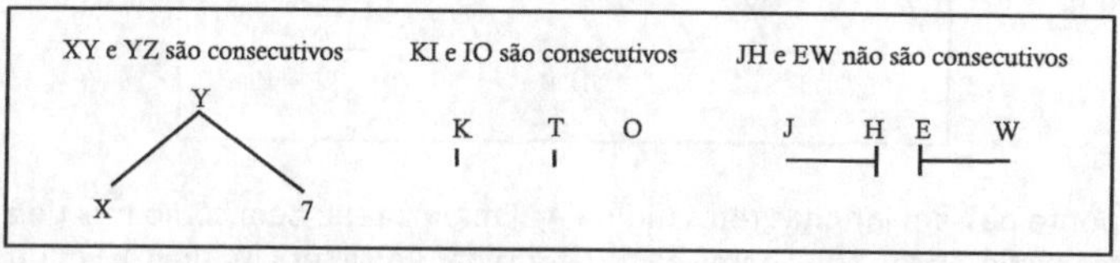

Segmentos Colineares: dois segmentos de reta são colineares se estão em uma mesma reta.

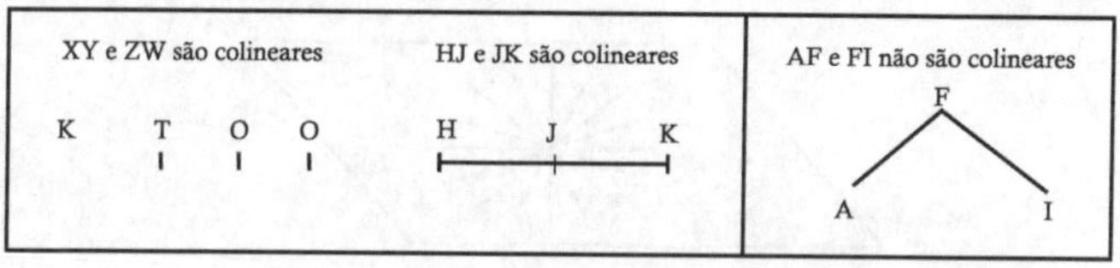

Sobre segmentos consecutivos e colineares, podemos ter algumas situações:

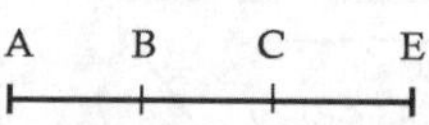

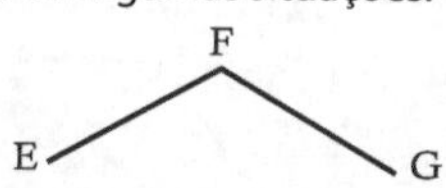

Os segmentos AB, BC e CD são consecutivos e colineares.

Os segmentos AB e CD não são consecutivos embora sejam colineares.

Os segmentos de reta EF e FG são consecutivos e não são colineares.

Segmentos Congruentes: são aqueles que têm as mesmas medidas. No desenho ao lado, AB e CD são congruentes. A congruência entre os segmentos AB e CD é denotada por AB~CD, onde "~" é o símbolo de congruência.

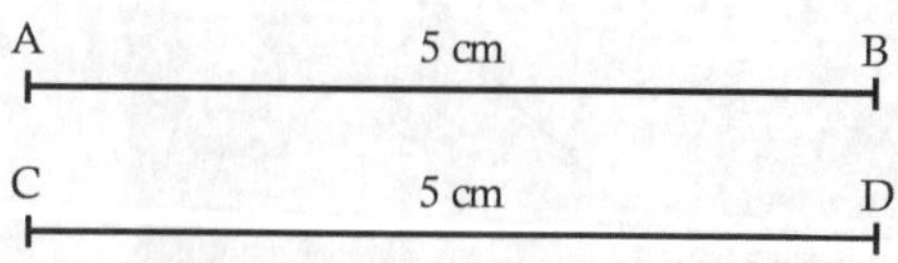

Segmentos Adjacentes: dois segmentos consecutivos e colineares são adjacentes se possuem em comum apenas uma extremidade e não têm outros pontos em comum. MN e NP são adjacentes, tendo somente N em comum. MP e NP não são adjacentes, pois existem muitos pontos em comum.

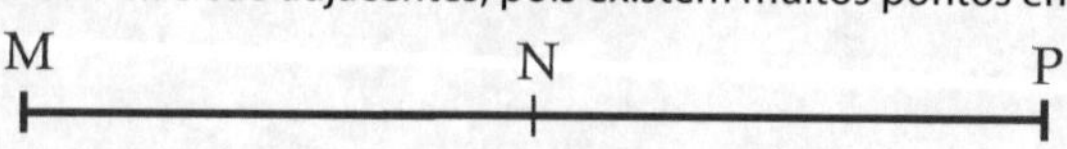

PONTO MÉDIO DE UM SEGMENTO

M é o ponto médio do segmento de reta AB se M divide o segmento AB em dois segmentos congruentes, ou seja, AM~MB. O ponto médio é o ponto de equilíbrio de um segmento de reta.

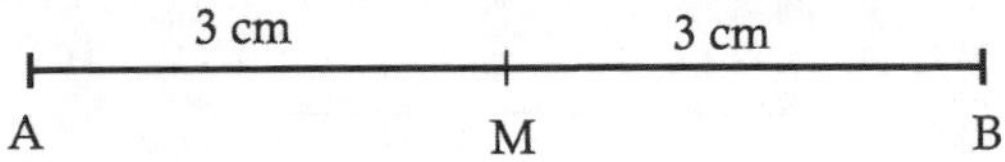

REPRESENTAÇÃO DAS RETAS EM UM PLANO

Retas paralelas: duas retas são paralelas quando pertencem ao mesmo plano (P) e não possuem qualquer ponto em comum. A interseção é vazia, ou seja, $a \cap b = \phi$.

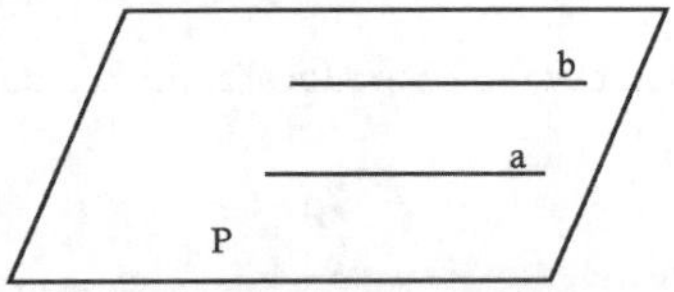

A notação para duas retas a e b, paralelas, é dada por a||b.

Propriedade das retas paralelas: na Geometria Euclidiana, em um plano, por um ponto localizado fora de uma reta (a) figura abaixo, pode ser traçada apenas uma reta paralela.

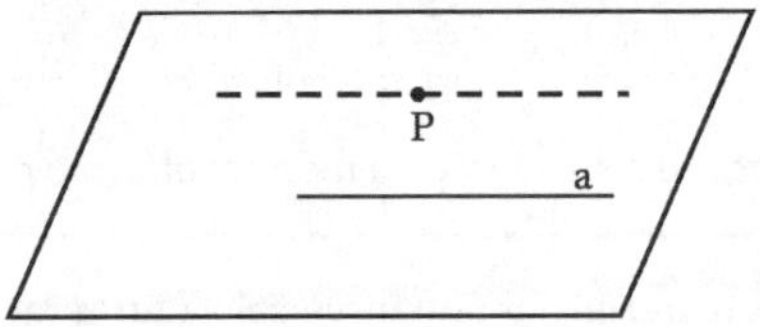

Retas concorrentes: duas retas são concorrentes se possuem um único ponto em comum $r \cap s = p$.

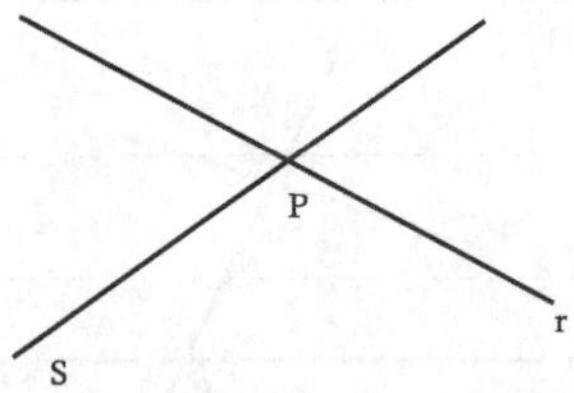

A notação para duas retas r e s que são concorrentes é dada por r × s.

Retas Perpendiculares: Ângulo reto: um ângulo cuja medida é 90 graus. Todos os ângulos retos são congruentes.

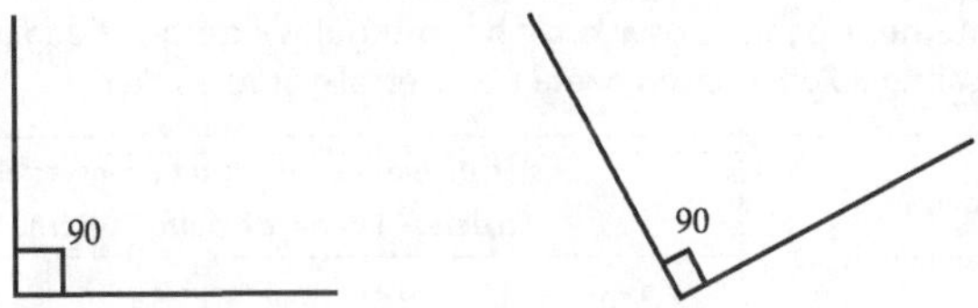

As retas perpendiculares são também retas concorrentes que formam ângulos de 90 graus. Para indicar que as retas são paralelas é usada a notação a ∧ b.

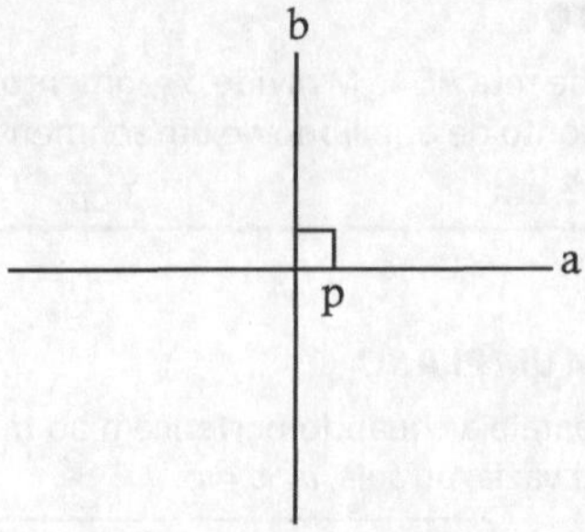

Propriedade da reta perpendicular: por um ponto localizado fora da reta dada, pode ser traçada apenas uma reta perpendicular.

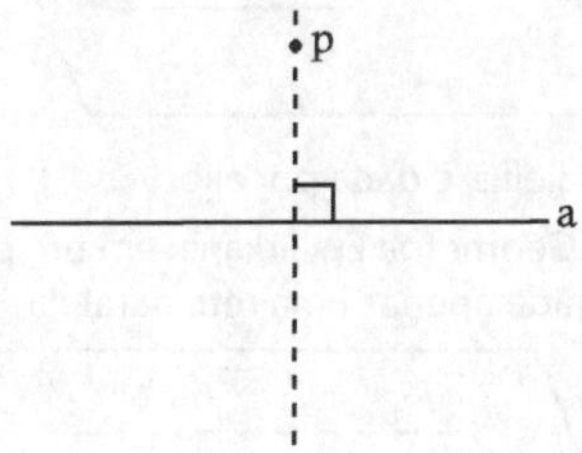

Retas Coincidentes: se as retas são coincidentes (a mesma reta), são paralelas.

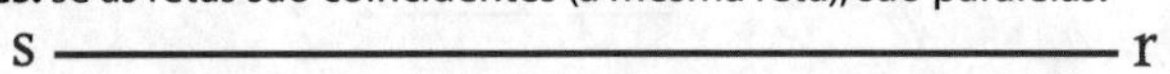

Retas transversais e ângulos especiais: reta transversal a outras retas é uma reta que tem interseção com as outras retas em pontos diferentes.

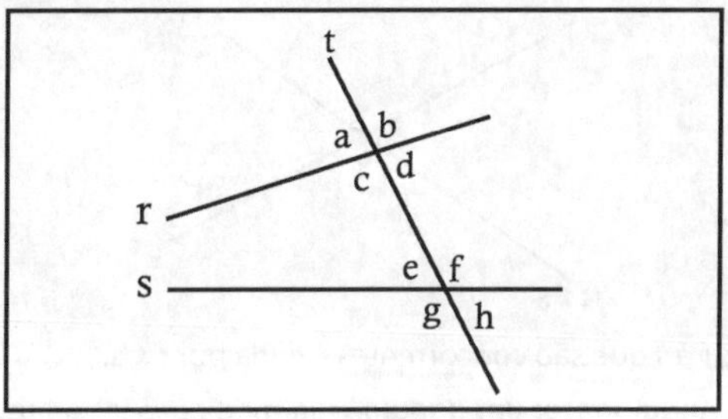

Na figura acima, a reta t é transversal às retas s e r e estas três retas formam 8 ângulos, sendo que os ângulos **c**, **d**, **e** e **f** são ângulos internos e os ângulos **a**, **b**, **g** e **h** são ângulos externos. Cada par destes ângulos recebe nome de acordo com a localização em relação à reta transversal e às retas s e r.

Ângulos Correspondentes	Estão do mesmo lado da reta transversal. Um deles é interno e o outro é externo.			
	a e e	**b e f**	**c e g**	**d e h**
Ângulos Alternos	Estão em lados opostos da reta transversal. Ambos são externos ou ambos são internos.			
	a e h	**b e g**	**c e f**	**d e e**
Ângulos Colaterais	Estão do mesmo lado da reta transversal. Ambos são externos ou ambos são internos.			
	a e g	**b e h**	**c e e**	**d e f**

Ângulos alternos e colaterais ainda podem ser internos ou externos:

alternos	alternos internos	c – f	d – e
	alternos externos	a – h	b – g
colaterais	colaterais internos	c – e	d – f
	colaterais externos	a – g	b – h

Propriedades das retas transversais

1 – Se duas retas paralelas são cortadas por uma reta transversal, os ângulos correspondentes são congruentes, isto é, têm as mesmas medidas.

2 – Se duas retas paralelas são cortadas por uma reta transversal, os ângulos alternos internos são congruentes.

3 – Quando duas retas r e s são paralelas e uma reta transversal t é perpendicular a uma das paralelas, então ela também será perpendicular à outra.

POLÍGONOS

Polígono: é a figura plana formada por três ou mais segmentos de reta que se intersectam dois a dois. Os segmentos de reta são denominados lados do polígono. Os pontos de intersecção são denominados vértices do polígono.

Polígono convexo:

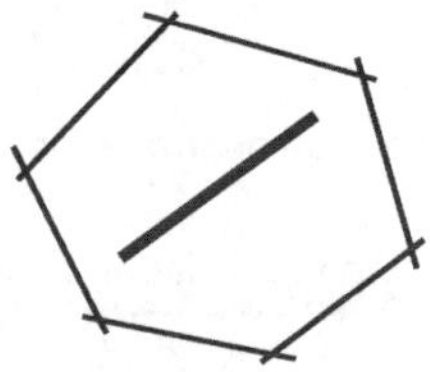

Convexo

É um polígono formado de modo que os prolongamentos dos lados (segmentos de reta) nunca ficarão na região interna da figura. Se dois pontos pertencem a um polígono convexo, então todos os segmentos formados por estes dois pontos como extremidades estarão na região interna do polígono.

Polígonos	Nº de lados	Polígonos	Nº de lados
Triângulo	3	Quadrilátero	4
Pentágono	5	Hexágono	6
Heptágono	7	Octógono	8
Eneágono	9	Decágono	10
Undecágono	11	Dodecágono	12

Polígono não convexo: ocorre quando, dados dois pontos do polígono, o segmento que tem estes pontos como extremidades possuir pontos que estão na região externa do polígono.

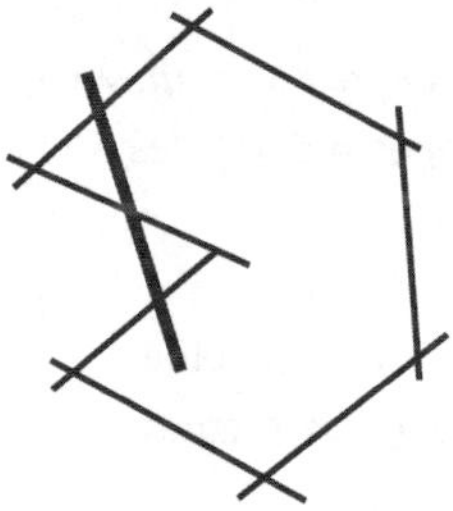

Não convexo

Segmentos congruentes: dois ângulos ou segmentos são congruentes quando possuem as mesmas medidas.

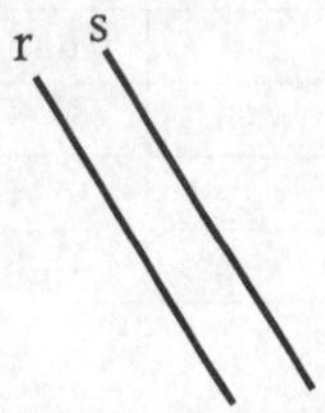

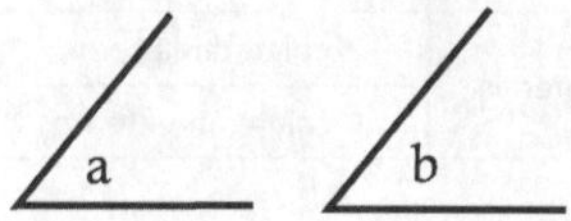

Segmentos congruentes r = s Ângulos congruentes a = b

Paralelogramo: é um quadrilátero em que os lados opostos são paralelos. Podemos observar em um paralelogramo que:

i – os lados opostos são congruentes;

ii – os ângulos opostos são congruentes;

iii – A soma de dois ângulos consecutivos vale 180°;

iv – As diagonais cortam-se ao meio.

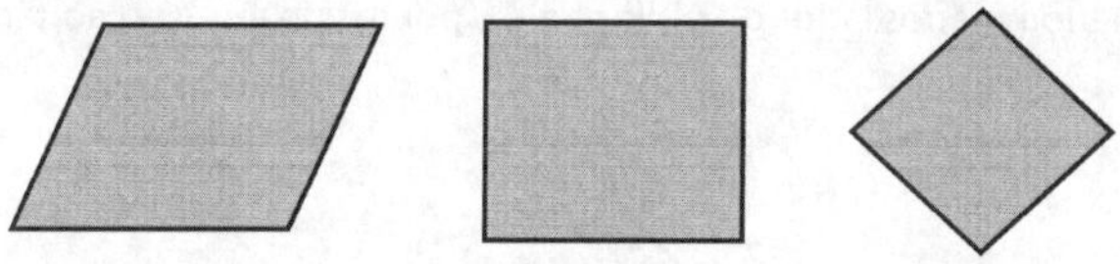

Losango: paralelogramo que possui todos os quatro lados congruentes. As diagonais desse polígono (losango) formam um ângulo de 90°.

Retângulo: é um paralelogramo com dois pares de lados paralelos e quatro ângulos retos.

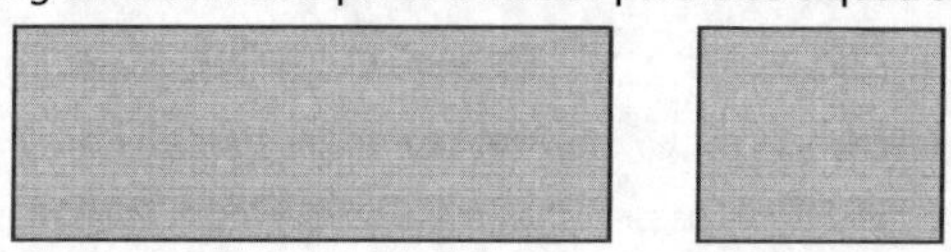

Quadrado: é um paralelogramo que é, ao mesmo tempo, um losango e um retângulo. O quadrado possui quatro lados com a mesma medida e também quatro ângulos retos.

Trapézio: quadrilátero que só possui dois lados opostos paralelos com comprimentos distintos, denominados base menor e base maior. O segmento que liga os pontos médios dos lados não paralelos de um trapézio é paralelo às bases e o seu comprimento é a média aritmética das somas das medidas das bases maior e menor do trapézio.

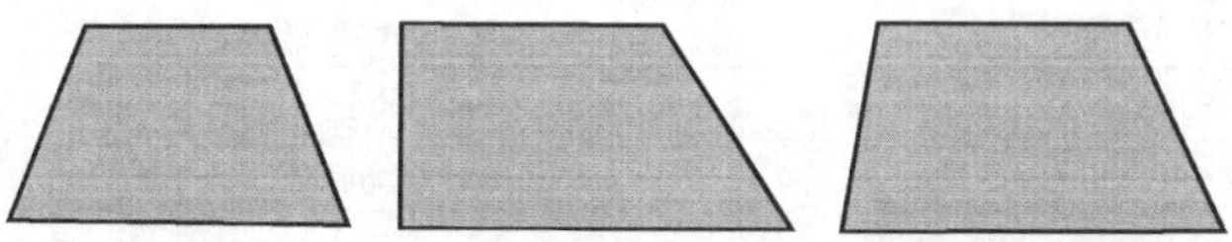

Trapézio Isósceles Trapézio retângulo Trapézio escaleno

Trapézio isósceles: trapézio cujos lados não paralelos são congruentes. Existem dois ângulos congruentes e dois lados congruentes.

Trapézio retângulo: trapézio que tem apenas dois lados paralelos e um ângulo reto.

Trapézio escaleno: trapézio que tem apenas dois lados paralelos e de comprimentos diferentes.

Propriedades de um Polígono:

- Um polígono regular de n lados tem n vértices.
- Um polígono regular de n lados tem n eixos de simetria.
- Um polígono regular de n lados tem n ângulos internos, sendo o valor de cada ângulo interno (i) é igual a $i = \frac{(n-2) \times 180}{n}$.
- O perímetro de um polígono regular de n lados é $n \times L$, onde L é o comprimento do lado do polígono.
- A fórmula para calcular a área de um polígono regular é $n \times \frac{l \times ap}{2}$, em que *n* é o número de lados, *l* o comprimento de cada lado e *ap* o **ap**ótema.

TRIÂNGULOS

Tipos de triângulos

Os triângulos podem ser classificados de acordo com o tamanho relativo de seus lados:

- **triângulo equilátero**: possui todos os lados congruentes, **isto é, iguais. Um triângulo equilátero é também equiângulo**, pois todos os seus ângulos internos são iguais (medem 60°), sendo, portanto, classificado também como um polígono regular;
- **triângulo isósceles**: possui pelo menos dois lados iguais e dois ângulos congruentes. **O triângulo equilátero é, consequentemente, um caso especial de triângulo isósceles, que apresenta não somente dois, mas todos os três lados iguais. Em um triângulo isósceles, o ângulo formado pelos lad**os congruentes é **chamado ângulo do vértice**. Os demais ângulos denominam-se ângulos da base e são iguais;
- **triângulo escaleno**: tem as medidas dos três lados diferentes. Os ângulos internos de um triângulo escaleno também possuem medidas diferentes.

Os triângulos também podem ser classificados de acordo com seus ângulos internos:

- **triângulo retângulo: possui um ângulo reto. Em um triângulo retângulo, denomina-se hipotenusa o lado oposto ao ângulo reto. Os demais lados chamam-se catetos. Os catetos de um triângulo retângulo são complementares.**

TEOREMA DE PITÁGORAS

O quadrado da hipotenusa é igual à soma dos quadrados dos catetos.

$$a^2 = b^2 + c^2$$

Exemplo:

Calcular, no triângulo ABC, os elementos: a, h, m e n.

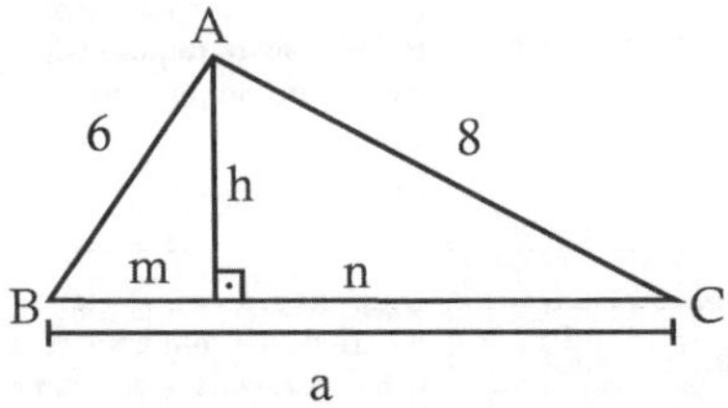

1) Pelo Teorema de Pitágoras: $a^2 = b^2 + c^2 \rightarrow a^2 = 6^2 + 8^2 \rightarrow a^2 = 100 \rightarrow a = 10$.
2) O produto dos catetos é igual ao produto da hipotenusa pela altura relativa à hipotenusa: $b \times c = a \times h \rightarrow 8 \times 6 = 10 \times h \rightarrow h = 48/10 = 4{,}8$.
3) O quadrado de um cateto é igual ao produto da hipotenusa pela projeção desse cateto sobre a hipotenusa: $c^2 = a \times m \rightarrow 6^2 = 10 \times m \rightarrow m = 36/10 = 3{,}6$.

   $b^2 = a \times n \rightarrow 8^2 = 10 \times n \rightarrow n = 64/10 = 6{,}4$

Os quadriláteros são classificados da seguinte forma:

Figuras	Figuras geométricas	Definições	Propriedades
Não Trapézios	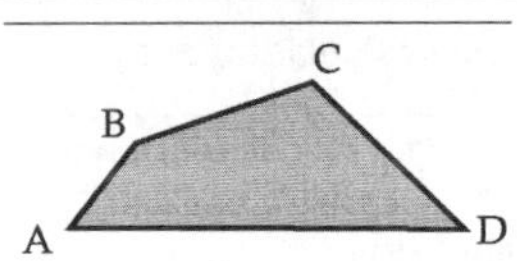		
Paralelogramo	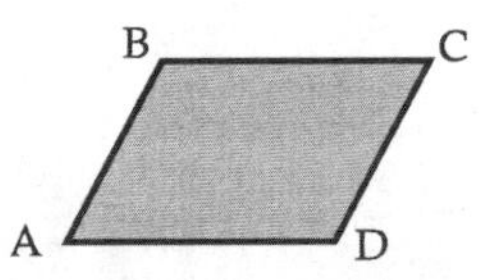	Paralelogramo é um quadrilátero em que os lados opostos são paralelos.	• A soma de dois ângulos consecutivos é 180º; • As diagonais cortam-se no ponto médio; • Os lados opostos são congruentes; • Os ângulos opostos são congruentes; • A área é base x altura.

Quadrado	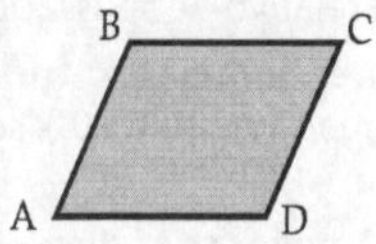	Quadrado é uma figura plana limitada por quatro segmentos, de forma que os seus lados sejam todos iguais entre si (AB.=BD=DC=CA).	• Os ângulos deste quadrilátero são todos de 90º; • As suas diagonais formam entre si ângulos de 90º; • Cada diagonal forma um triângulo isóscele; • A área é o quadrado do comprimento do lado (L x L) = L^2; • O perímetro é a soma de todos os seus lados (L + L + L + L) = 4L.
Retângulo		Retângulo é uma figura plana limitada por quatro segmentos, de forma a que os seus lados sejam iguais dois a dois (AC = BD e AB = CD).	• Os lados opostos de um retângulo são paralelos e iguais entre si; • As diagonais de um retângulo interceptam--se formando pares de ângulos opostos e iguais entre si; • A área é o produto de sua base pela a sua altura (base x h); • O perímetro é a soma de todos os seus lados.
Losango ou Rombo	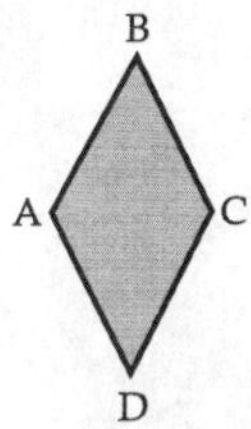	Losango é um quadrilátero com os lados opostos paralelos (paralelogramo), com os lados todos iguais entre si.	• As suas diagonais são perpendiculares; • As suas diagonais são bissetrizes dos ângulos; • A área é igual à área do paralelogramo; • O perímetro é a soma de todos os seus lados.
Trapézio Isósceles	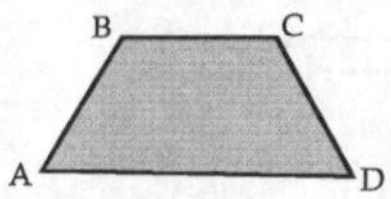	Trapézio isóscele é um quadrilátero que tem apenas dois lados paralelos e de comprimentos diferentes.	• Tem dois lados iguais; • Tem um eixo de simetria.
Trapézio Retângulo	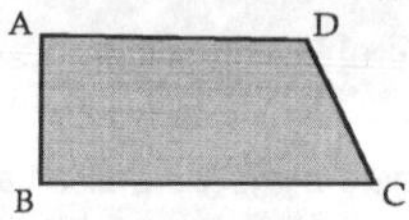	Trapézio retângulo é um quadrilátero que tem apenas dois lados paralelos e que tem um ângulo reto.	• Tem um ângulo reto; • Não possui eixo de simetria.
Trapézio Escaleno	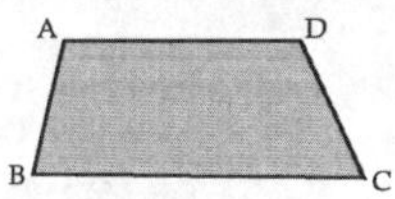	Trapézio escaleno é um quadrilátero que tem apenas dois lados paralelos, cujos lados são todos diferentes.	• Tem os lados todos diferentes; • Não possui eixo de simetria.

CIRCUNFERÊNCIA

A extensão da circunferência, ou seja, seu perímetro pode ser calculado por meio da equação:

$c = 2\pi r$, em que c é a circunferência e r é o raio da circunferência.

A constante π (pi) é o quociente da circunferência pelo diâmetro:

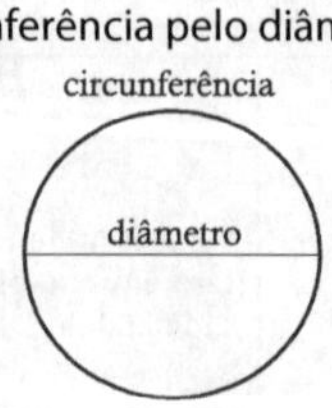

$$r = \frac{c}{d}$$

Círculo ou **disco** é o **conjun**to dos **pontos internos de uma circu**nferência.

A **área A** deum círculo pode ser expressa por: $A = \pi r^2$.

onde **r** é o **raio** da circunferência e π (pi) uma constante.

O **raio** é a metade de um diâmetro de uma circunferência: $r = \frac{c}{2}$.

O raio de uma circunferência ou círculo é dado pela a distância do centro a um ponto qualquer da circunferência.

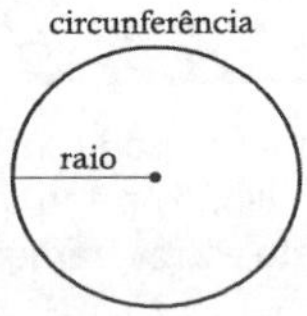

Diâmetro

Diâmetro de uma circunferência ou de um círculo é qualquer corda que passe pelo centro dessas figuras.

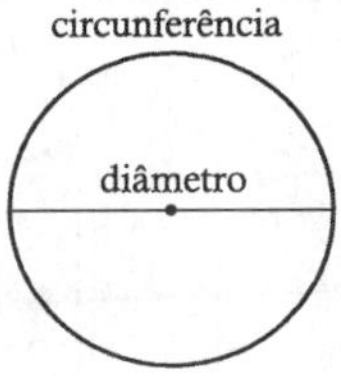

Corda

Uma corda é um segmento de reta que possui dois pontos (início e final) de uma circunferência.

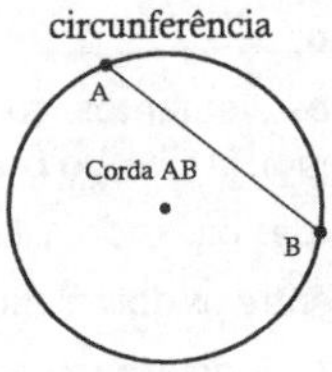

Se a corda em um círculo coincidir com o seu centro, recebe o nome de diâmetro. Se um raio, antes de tocar a circunferência de seu círculo, toca uma corda em seu ponto médio recebe o nome particular de apótema.

Setor circular

O setor de um círculo é uma região delimitada por dois segmentos de retas que partem do centro para a circunferência. Esses segmentos de reta são os raios do círculo, veja a figura:

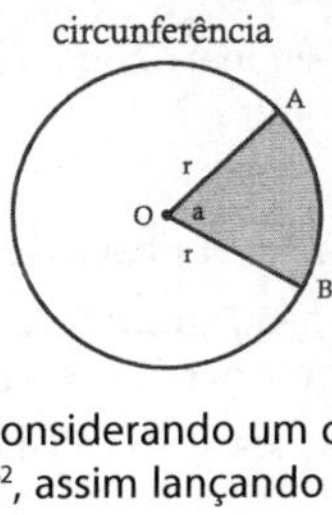

Para se calcular a área do setor circular considerando um círculo completo que possui 360° em que sua área total é calculada pela fórmula $A = \pi \times r^2$, assim lançando mão de grandezas proporcionais podemos a relação da área do setor circular:

360° πr^2

α Área do setor

$\alpha \times \pi r^2 = 360 \times$ Área do setor

Área do setor = $\frac{a \times \pi r^2}{360}$

CILINDROS

Seja Z um plano e nele construiremos um círculo de raio r e tomemos também um segmento de reta AC que não seja paralelo ao plano Z e nem esteja contido neste plano Z. Um cilindro circular é a reunião de todos os segmentos congruentes e paralelos a AC com uma extremidade no círculo.

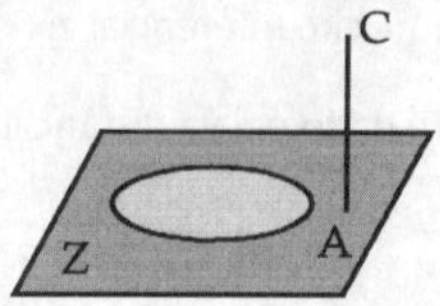

Um cilindro é uma superfície no espaço R^3, mas se pode considerar o cilindro como a região sólida contida dentro do cilindro. Quando nos referirmos ao cilindro como um sólido, será escrito dentro de aspas, isto é, *"cilindro"* e quando for à superfície, simplesmente escreveremos *cilindro.*

A reta que contém o segmento AC é denominada *geratriz* e a curva que fica no plano é a *diretriz.*

Com relação a da inclinação do segmento AC em relação ao plano, o cilindro será chamado reto ou oblíquo, respectivamente, se o segmento AC for perpendicular ou oblíquo ao plano que contém a curva diretriz.

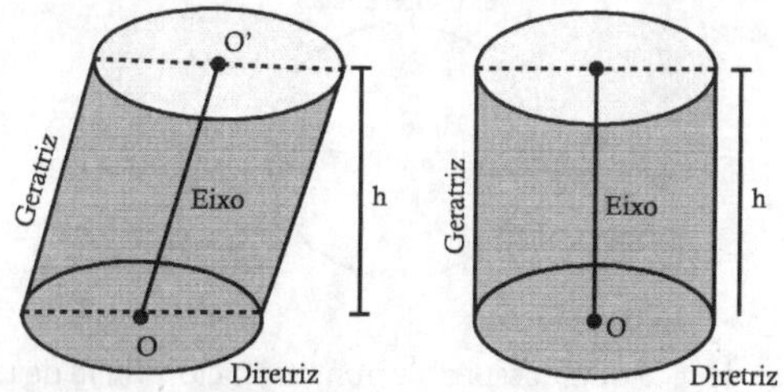

Elementos geométricos em um "cilindro"

1. Em um cilindro, podemos identificar vários elementos, conforme descritos a seguir. Base: região plana contendo a curva diretriz e todo o seu interior. O cilindro possui duas bases.
2. Eixo: segmento de reta que liga os centros das bases do "cilindro".
3. Altura: a altura de um cilindro é a distância entre os dois planos paralelos que contêm as bases do "cilindro".
4. Superfície lateral: conjunto de todos os pontos do espaço, que não estejam nas bases, obtidos pelo deslocamento paralelo da geratriz sempre apoiada sobre a curva diretriz.
5. Superfície total: conjunto de todos os pontos da superfície lateral reunido com os pontos das bases do cilindro.
6. Área lateral: medida da superfície lateral do cilindro.
7. Área total: medida da superfície total do cilindro.
8. Seção meridiana de um cilindro: região poligonal obtida pela interseção de um plano vertical que passa pelo centro do cilindro com o cilindro.

Classificação

1. Cilindro circular oblíquo: apresenta as geratrizes oblíquas em relação aos planos das bases.
2. Cilindro circular reto: as geratrizes são perpendiculares aos planos das bases. Este tipo de cilindro é também chamado de cilindro de revolução, pois é gerado pela rotação de um retângulo.
3. Cilindro equilátero: é um cilindro de revolução cuja seção meridiana é um quadrado.

Volume de um cilindro

Em um cilindro, o volume é dado pelo produto da área da base pela altura.

V = A(base) x h

Se a base é um círculo de raio r, e π =3,141593..., então:

$V = \pi \times r^2 \times h$

Área lateral e área total de um cilindro reto

Em um cilindro circular reto, a área lateral é dada por A(lateral) = $2\pi \times r \times h$, onde r é o raio da base e h é a altura do cilindro.

A área total é a soma da área lateral com o dobro da área da base.

Pirâmide:

Pirâmide Regular Reta

Tem a base poligonal regular e a projeção ortogonal do vértice V sobre o plano da base coincide com o centro da base.

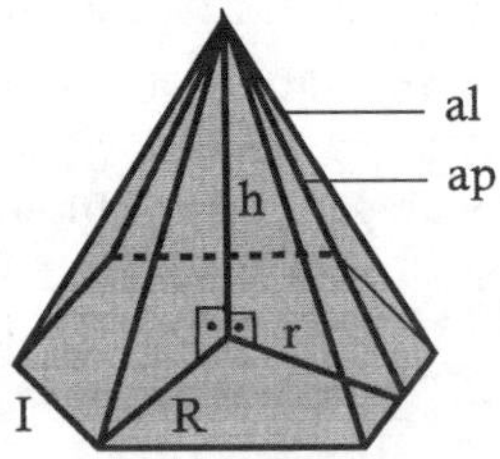

R	raio do círculo circunscrito
r	raio do círculo inscrito
l	aresta da base
ap	apótema de uma face lateral
h	altura da pirâmide
al	aresta lateral
As faces laterais são triângulos isósceles	

Área Lateral de uma pirâmide

Para calcularmos as áreas das superfícies que envolvem determinado sólido, torna-se viável por meio da planificação desse sólido.

Exemplo de uma planificação:

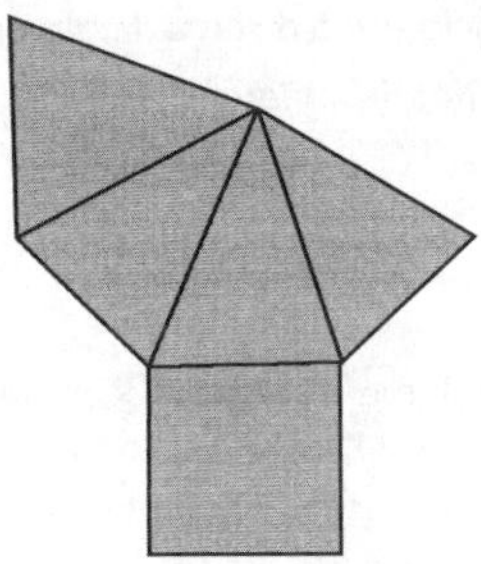

As regiões planas obtidas são congruentes às faces laterais e também à base da pirâmide.

Considerando uma pirâmide regular cuja base tem **n** lados e indicando por **A(face)** a área de uma face lateral da pirâmide, então a soma das áreas das faces laterais recebe o nome de área lateral da pirâmide e pode ser obtida por:

$$A(\text{lateral}) = n(\text{lados}) \times A(\text{face})$$

Exemplo: calcular a área lateral da pirâmide abaixo, sabendo que a aresta da base de uma pirâmide hexagonal regular mede 8 cm e a altura 10 cm.

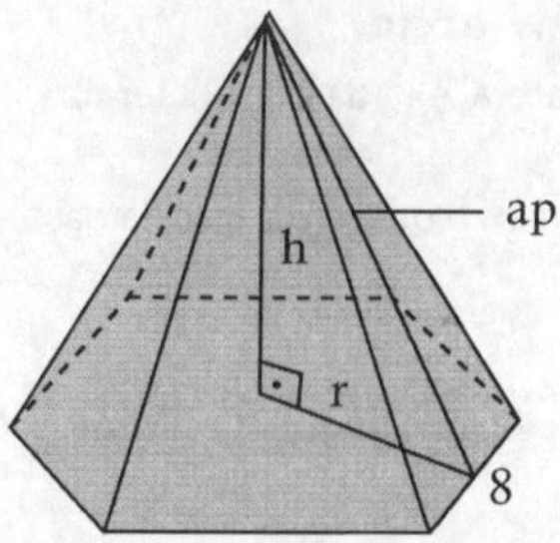

Tomando a aresta a = 8 cm e a altura com h = 10 cm primeiro calcularemos a medida do apótema da face lateral da pirâmide hexagonal.

Como a base da pirâmide é um hexágono regular, temos 6 triângulos equiláteros, logo o valor de r é dado por $r = \frac{a\sqrt{3}}{2}$, sendo igual a $r = \frac{8\sqrt{3}}{2} = 4\sqrt{3}$.

Pela relação de Pitágoras, temos que

$(ap)^2 = r^2 + h^2$, logo:

$$(ap)^2 = (4\sqrt{3})^2 + 10^2 = 48 + 100 = 148$$

$$(ap)^2 = 148$$

$$ap = 2\sqrt{37}\ cm$$

A área da face e a área lateral são dadas por:

$$\text{A(face)} = \frac{8 \times 2\sqrt{37}}{2} = 8\sqrt{37}$$

$$\text{A(lateral)} = \text{n} \times \text{A(face)} = 6 \times \frac{8 \times 2\sqrt{37}}{2} = 8\sqrt{37}$$

Área total de uma pirâmide

A área total de uma pirâmide é dada pela soma da área da base com a área lateral, isto é:

$$A(total) = A(lateral) + A(base)$$

Volume da pirâmide:

O volume de uma pirâmide pode ser obtido como um terço do produto da área da base pela altura da pirâmide, isto é:

$$\text{Volume} = \frac{1}{3} \text{A(base)} \times \text{altura}$$

02 – PROBLEMAS MATRICIAIS

Classificação das Matrizes

As matrizes são classificadas pelo número de linhas e o número de colunas, bem como pelos tipos de elementos que elas apresentam e suas disposições.

a) Matriz-coluna: são aquelas que apresentam apenas uma coluna e m linhas, denominadas de *Matriz-coluna,* possuindo sua ordem$_{m \times 1.}$

$$X = \begin{bmatrix} X_{11} \\ X_{12} \\ X_{13} \\ X_{14} \\ \dots \\ X_{m1} \end{bmatrix}$$

b) Matriz-linha: são aquelas que apresentam apenas uma linha e *n* colunas, denominadas de *matriz-linha*, possuindo sua ordem $_{1Xn}$.

$X = [x_{11}\ x_{12}\ x_{13} \ldots x_{1n}]$

c) Matriz Triangular: são aquelas que apresentam todos os elementos acima ou abaixo da diagonal principal iguais a zero, ou seja, $a_{ij} = 0$, para $i > j$.

c.1) **Triangular Inferior**

$$A = \begin{bmatrix} a_{11} & 0 & 0 & 0 & \cdots & 0 \\ a_{21} & a_{22} & 0 & 0 & \cdots & 0 \\ a_{31} & a_{32} & a_{33} & 0 & \cdots & 0 \\ a_{41} & a_{42} & a_{43} & a_{44} & \cdots & 0 \\ \vdots & \vdots & \vdots & \vdots & \vdots & \ldots \\ a_{m1} & a_{m2} & a_{m3} & a_{m4} & \cdots & a_{mn} \end{bmatrix}$$

c.2) **Triangular Superior**

$$B = \begin{bmatrix} b_{11} & b_{12} & b_{13} & b_{14} & \ldots & b_{1n} \\ 0 & b_{22} & b_{23} & b_{24} & \ldots & b_{2n} \\ 0 & 0 & b_{33} & b_{34} & \ldots & b_{3n} \\ 0 & 0 & 0 & b_{44} & \ldots & b_{4n} \\ \ldots & \ldots & \ldots & \ldots & \ldots & \ldots \\ 0 & 0 & 0 & 0 & \ldots & b_{mn} \end{bmatrix}$$

d) Matriz Quadrada: são aquelas em que a quantidade de linhas é igual à quantidade de colunas, isto é, $m = n$. Caso a matriz possua o número de linhas diferente do número de colunas, a matriz é chamada retangular.

Quando uma matriz é quadrada, podemos calcular o número de elementos (entradas) pela seguinte relação: n^2 = *número de elementos.*

$$A = \begin{bmatrix} a_{11} & a_{12} & a_{13} & \ldots & a_{1n} \\ a_{21} & a_{22} & a_{23} & \ldots & a_{2n} \\ a_{31} & a_{32} & a_{33} & \ldots & a_{3n} \\ \ldots & \ldots & \ldots & \ldots & \ldots \\ a_{m1} & a_{m2} & a_{m3} & \ldots & a_{mn} \end{bmatrix}$$

Observação: as matrizes quadradas possuem duas características importantes: **diagonal principal** e **diagonal secundária**.

Exemplo:

$$A = \begin{matrix} a_{11} & a_{12} & a_{13} & \ldots & a_{1n} \\ a_{21} & a_{22} & a_{23} & \ldots & a_{2n} \\ a_{31} & a_{32} & a_{33} & \ldots & a_{3n} \\ \ldots & \ldots & \ldots & \ldots & \ldots \\ a_{m1} & a_{m2} & a_{m3} & \ldots & a_{mn} \end{matrix}$$

Diagonal secundária Diagonal principal

e) Matriz Escalar: dada uma matriz diagonal, os elementos não nulos são todos iguais, é denominada matriz escalar, em que $a_{11} = a_{22} = M = a_{nm} = C$.

f) **Matriz Diagonal:** uma matriz será diagonal quando tivermos uma triangular superior e inferior em que todos os elementos que não estão na diagonal principal são todos iguais a zero.

Exemplo:

$$X = \begin{bmatrix} x_{11} & 0 & 0 & 0 & 0 \\ 0 & x_{22} & 0 & 0 & 0 \\ 0 & 0 & x_{33} & 0 & 0 \\ 0 & 0 & 0 & \cdots & 0 \\ 0 & 0 & 0 & 0 & x_{mn} \end{bmatrix}$$

g) **Matriz Nula:** são aquelas em que todos os elementos são iguais a zero.

Exemplo:

$$A = \begin{bmatrix} a_{11=0} & a_{12=0} \\ a_{21=0} & a_{22=0} \end{bmatrix}_{2x2}$$

h) **Matriz Identidade:** a matriz identidade é uma matriz quadrada em que os elementos da diagonal principal são todos iguais e os demais elementos são todos iguais a zero. É representada pela letra I.

Exemplo:

$$I: \begin{bmatrix} 1 & 0 & 0 & \cdots & 0 \\ 0 & 1 & 0 & \cdots & 0 \\ 0 & 0 & 1 & \cdots & 0 \\ 0 & 0 & 0 & \cdots & 1 \end{bmatrix}$$

i) **Matriz Transposta:** a transposição de uma matriz é dada pela troca da linha e da coluna do elemento, ou seja, a linha passa a ser a coluna e a coluna passa a ser a linha.

Exemplo:

Dada a matriz A $(aij)_{3x2}$, teremos $A^t(aji)_{2x3}$.

$$A = \begin{bmatrix} 2 & 3 \\ 1 & 4 \\ 7 & 8 \end{bmatrix} \quad A^t = \begin{bmatrix} 2 & 1 & 7 \\ 3 & 4 & 8 \end{bmatrix}$$

j) **Matriz Oposta:** a matriz oposta é dada quando trocamos os sinais de todos os elementos da matriz.

Exemplo:

$$A: \begin{bmatrix} 3 & 4 \\ -2 & -7 \end{bmatrix} \quad -A: \begin{bmatrix} -3 & -4 \\ 2 & 7 \end{bmatrix}$$

k) **Matriz Simétrica:** teremos uma matriz simétrica quando A= A^t ou seja, a matriz e sua transposta forem iguais.

Exemplo:

$$I: \begin{bmatrix} 1 & 0 & 0 \\ 0 & 1 & 0 \\ 0 & 0 & 1 \end{bmatrix} \quad I^t: \begin{bmatrix} 1 & 0 & 0 \\ 0 & 1 & 0 \\ 0 & 0 & 1 \end{bmatrix}$$

A Matriz Identidade é uma matriz simétrica.

l) **Matriz Antissimétrica:** uma matriz será antissimétrica quando tivermos $A^t = -A$, a matriz transposta igual a matriz oposta.

OPERAÇÕES COM MATRIZES

Igualdade de Matrizes

Duas matrizes serão iguais quando possuírem a mesma ordem e seus respectivos elementos também forem iguais.

Exemplo:

$$I:\begin{bmatrix} 2 & 3 \\ -1 & 4 \end{bmatrix} I:\begin{bmatrix} 2 & 3 \\ -1 & 4 \end{bmatrix}$$

Adição ou Subtração de Matrizes

Para somarmos ou subtrairmos duas matrizes, é necessário que elas sejam da mesma ordem.

$$A:\begin{bmatrix} 2 & 3 \\ 4 & -1 \end{bmatrix} \quad B:\begin{bmatrix} 0 & 3 \\ 7 & 9 \end{bmatrix} \quad C:\begin{bmatrix} -5 & 4 \\ 3 & 2 \end{bmatrix}$$

Exemplo:

$$A+B=\begin{bmatrix} 2 & 3 \\ 4 & -1 \end{bmatrix}+\begin{bmatrix} 0 & 3 \\ 7 & 9 \end{bmatrix}=\begin{bmatrix} -5 & 4 \\ 3 & 2 \end{bmatrix}$$

$$B-C=\begin{bmatrix} 0 & 3 \\ 7 & 9 \end{bmatrix}-\begin{bmatrix} -5 & 4 \\ 3 & 2 \end{bmatrix}=\begin{bmatrix} 2 & 3 \\ 4 & -1 \end{bmatrix}$$

Propriedades: sabendo que as matrizes possuem a mesma ordem teremos o seguinte:

a) Associativa: A + (B + C) = (A + B) + C.

b) Comutativa: A + B = B + A.

c) Elemento Neutro: A + 0 = A.

d) Elemento Oposto: A + (-A) = 0.

e) Transposição: $(A + B)^t = A^t + B^t$.

Produto de uma Escala por uma Matriz

O produto de uma escala por uma matriz dá-se quando multiplicamos o número (constante) por todos os elementos da matriz constituindo desta forma outra matriz.

Exemplo:

$$X=4.\begin{bmatrix} 3 & 8 & 9 \\ 4 & -1 & 3 \\ y & 7 & 2 \end{bmatrix} \Rightarrow \begin{bmatrix} 12 & 32 & 36 \\ 16 & -4 & -12 \\ 4y & 28 & 8 \end{bmatrix}$$

Propriedades: partindo de que X e Y são matrizes da mesma ordem e *a* e *b* números reais quaisquer, temos que:

- **Associativa:** a.(bx) = (a.b).x
- **Distributiva:** a.(x+y) = ax + by
- **Elemento Neutro:** 1.x = x

Produto de Matriz por Matriz

Para que possamos multiplicar duas matrizes, existe uma condição:

A quantidade de colunas da primeira Matriz.	=	A quantidade de linhas da segunda matriz.

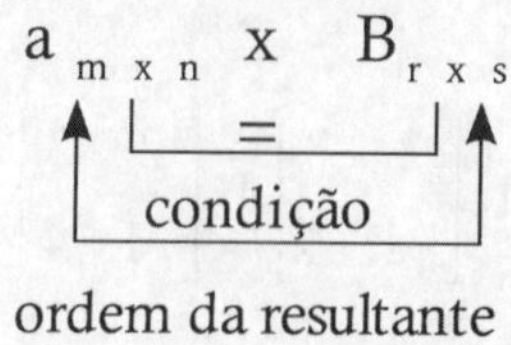

De acordo com a condição existente para multiplicarmos duas matrizes, é importante observar que o fato de A.B ocorrer não garante que seja possível B.A acontecer. Nesse caso, é notável que A.B ≠ B.A, ou seja, não possui a propriedade comutativa.

Exemplo: sejam as matrizes A, B e P a matriz produto.

Sejam:

$$A = \begin{vmatrix} 2 & -5 \\ 1 & 7 \end{vmatrix} \text{ e } B = \begin{vmatrix} 3 & 4 \\ 8 & 6 \end{vmatrix}$$

e seja P a matriz resultante de A x B

A matriz P será

$$P = \begin{vmatrix} p11 & p12 \\ p21 & p22 \end{vmatrix}$$

Calculando cada elemento da matriz produto:

Elemento p11: será o produto do primeiro elemento da primeira linha de A pelo primeiro elemento da 1ª coluna de B, somado ao produto do segundo elemento da primeira linha de A pelo segundo elemento da coluna de B.

$$A = \begin{vmatrix} 2 & -5 \\ 1 & 7 \end{vmatrix} \qquad B = \begin{vmatrix} 3 & 4 \\ 8 & 6 \end{vmatrix}$$

$$p11 = \underbrace{(2x3)}_{6} + \underbrace{(5x8)}_{40} = 46$$

Elemento p12: será o produto do primeiro elemento da primeira linha de A pelo primeiro elemento da 2ª coluna de B somado pelo produto da 2ª linha de B.

$$A = \begin{vmatrix} 2 & -5 \\ 1 & 7 \end{vmatrix} \qquad B = \begin{vmatrix} 3 & 4 \\ 8 & 6 \end{vmatrix}$$

$$p12 = \underbrace{(2x4)}_{8} + \underbrace{(5x6)}_{30} = 38$$

Elemento p21: será o produto do 1º elemento da 2ª linha de A pelo 1º elemento da 1ª coluna de B somado ao produto do 2º elemento da 2º linha de A pelo 2º elemento da 1ª coluna de B.

$$A = \begin{vmatrix} 2 & 5 \\ \boxed{1 \quad 7} \end{vmatrix} \qquad B = \begin{vmatrix} \boxed{3} & 4 \\ \boxed{8} & 6 \end{vmatrix}$$

$$p21 = \underbrace{(1x3)}_{3} + \underbrace{(7x8)}_{56} = 59$$

Elemento p22: será o produto do 1º elemento da 2ª linha de A pelo 1º elemento da 2ª coluna de B somado ao produto do 2º elemento da 2ª linha de A pelo 2º elemento da 2ª coluna de B.

$$A = \begin{vmatrix} 2 & 5 \\ \boxed{1 \quad 7} \end{vmatrix} \qquad B = \begin{vmatrix} 3 & \boxed{4} \\ 8 & \boxed{6} \end{vmatrix}$$

$$p22 = \underbrace{(1x4)}_{4} + \underbrace{(7x6)}_{42} = 46$$

Matriz Produto:

$$A \times B \begin{vmatrix} 46 & 38 \\ 59 & 46 \end{vmatrix}$$

Propriedades:

Associativa: (A.B). C = A (B.C)

Distributiva: A (B+C) = AB + AC

(A+B). C = AC + BC

Elemento Neutro: $A.I_n = I_n.A = A$, sendo I_n a matriz identidade de ordem *n*.

Matriz Inversa: é dada pela seguinte relação: A . A = I, isto é, o produto da matriz pela sua inversa será uma matriz identidade.

É importante ressaltar que para que uma matriz seja inversível, é necessário que seja quadrada e seu determinante seja diferente de zero.

Iremos utilizar dois métodos para calcular a matriz inversa, vejamos:

I – Pela relação $A . A^{-1} = I_n$

Seja:

$$A = \begin{matrix} a_{11} & a_{12} & a_{13} \\ a_{21} & a_{22} & a_{23} \\ a_{31} & a_{32} & a_{33} \end{matrix} \text{, logo teremos:}$$

$$\begin{vmatrix} a_{11} & a_{12} & a_{13} \\ a_{21} & a_{22} & a_{23} \\ a_{31} & a_{32} & a_{33} \end{vmatrix} \cdot \begin{vmatrix} y_{11} & y_{12} & y_{13} \\ y_{21} & y_{22} & y_{23} \\ y_{31} & y_{32} & y_{33} \end{vmatrix} = \begin{vmatrix} 1 & 0 & 0 \\ 0 & 1 & 0 \\ 0 & 0 & 1 \end{vmatrix}$$

Exemplo:

Dada a matriz

$$A=\begin{vmatrix} a_{11} & a_{12} \\ a_{2} & a_{22} \end{vmatrix}$$ teremos o seguinte:

$$\begin{vmatrix} 4 & 1 \\ 3 & 0 \end{vmatrix} \cdot \begin{vmatrix} a & b \\ c & d \end{vmatrix} = \begin{vmatrix} 1 & 0 \\ 0 & 1 \end{vmatrix}$$

Segundo já visto, iremos multiplicar matriz A pela sua inversa:

$$\begin{vmatrix} 4a + c & 4b + d \\ 3a + 0 & 3b + 0 \end{vmatrix} = \begin{vmatrix} 1 & 0 \\ 0 & 1 \end{vmatrix}$$

Fazendo a igualdade de matrizes temos

$4a + c = 1$ $\quad$ $4a + c = 1$

$4b + d = 0$ $\quad$ $4 . 0 + c = 1$

$c = 1$

$3a + 0 = 0$ $\quad$ $3a = 0$ $\quad$ $4b + d = 0$

$3b + 0 = 1$ $\quad$ $a = 0$ $\quad$ $4. \frac{1}{3} + d = 0$

$3b = 1$ $\quad$ $d = \frac{-4}{3}$

$b = \frac{1}{3}$

Organizando a matriz inversa:

$$A^{-1}=\begin{vmatrix} 0 & \frac{1}{3} \\ 1 & \frac{-4}{3} \end{vmatrix}$$

Dica: nas questões de concursos públicos, temos a frequência de questões de ordem 2, devido à complexibilidade, logo vamos agilizar a resolução da seguinte forma:

Passos a serem seguidos:

1º passo: calcular o determinante da matriz A:

$$A = \begin{vmatrix} 4 & 1 \\ 3 & 0 \end{vmatrix}$$

$$= (4x0) – (3x1) = -3$$

$$\det A = -3$$

2º passo: trocar os elementos da diagonal principal.

$$\begin{vmatrix} 4 & 1 \\ 3 & 0 \end{vmatrix} = \begin{vmatrix} 0 & 1 \\ 3 & 4 \end{vmatrix}$$

3º passo: trocar os sinais dos elementos da diagonal secundária.

$$\begin{vmatrix} 0 & -1 \\ -3 & 4 \end{vmatrix}$$

4º passo: dividir os elementos pelo determinante de A.

$$A^{-1} = \begin{vmatrix} \frac{0}{-3} & \frac{-1}{-3} \\ \frac{-3}{-3} & \frac{4}{-3} \end{vmatrix} \rightarrow A^{-1} = \begin{vmatrix} 0 & \frac{1}{3} \\ 1 & \frac{-4}{3} \end{vmatrix}$$

PROPRIEDADES DOS DETERMINANTES

Em questões de concursos, quando requerem o determinante de uma matriz, teremos a aplicação de uma das propriedades abaixo; logo é importantíssimo guardá-las, uma vez que não há cálculos.

PROPRIEDADE 1: se todos os elementos de uma fileira (linha ou coluna) de uma matriz forem todos iguais a zero, o determinante da matriz é nulo.

$$\det(A) = \begin{vmatrix} 1 & 2 & 3 \\ 0 & 0 & 0 \\ 7 & 8 & 9 \end{vmatrix} = 0 \qquad \det A = 0$$

$$\det(B) = \begin{vmatrix} 1 & 0 & 4 \\ 2 & 0 & 3 \\ 7 & 0 & -1 \end{vmatrix} = 0 \qquad \det B = 0$$

PROPRIEDADE 2: se duas fileiras (linha ou coluna) de uma matriz são iguais, o seu determinante será igual a zero.

$$\det(X) = \begin{vmatrix} 1 & 3 & -1 \\ 7 & 0 & 4 \\ 1 & 3 & -1 \end{vmatrix} = 0$$

$$\det(Y) = \begin{vmatrix} 7 & 4 & 7 \\ 8 & 0 & 8 \\ -1 & 2 & -1 \end{vmatrix} = 0$$

PROPRIEDADE 3: se os elementos de uma fila de uma matriz são combinações lineares dos elementos correspondentes de filas paralelas então seu determinante é igual a zero.

$$\det(A) = \begin{vmatrix} 3 & 0 & 3 \\ 6 & 11 & 28 \\ -2 & -1 & -4 \end{vmatrix} = 0$$

$C_3 = C_1 + 2C_2$ (os elementos da terceira coluna são iguais à soma dos elementos da primeira coluna com o dobro dos elementos da segunda coluna).

PROPRIEDADE 4: se duas filas de uma matriz são proporcionais, então o seu determinante é igual a zero.

$$\det(A) = \begin{vmatrix} 3 & 4 & 6 \\ -2 & 3 & -4 \\ 1 & 2 & 2 \end{vmatrix} = 0$$

$C_3 = 2 \cdot C_1$ (os elementos da terceira coluna é igual ao dobro dos elementos da primeira coluna)

$$\det(B) = \begin{vmatrix} 2 & 3 & 4 \\ -1 & 0 & 7 \\ 4 & 6 & 8 \end{vmatrix} = 0$$

$L_3 = 2 . L_1$ (os elementos da terceira linha é o dobro dos elementos da primeira linha)

PROPRIEDADE 5: o determinante de uma matriz e o determinante da sua transposta são iguais.

$\det A = \det A^t$

Dada a matriz $A = \begin{bmatrix} 1 & 2 & 3 \\ 4 & 1 & -1 \\ 3 & 0 & 2 \end{bmatrix}$

O $\det A = \begin{vmatrix} 1 & 4 & 3 \\ 2 & 1 & 0 \\ 3 & -1 & 2 \end{vmatrix} = 0$, $\det A^t = \begin{vmatrix} 1 & 4 & 3 \\ 2 & 1 & 0 \\ 3 & -1 & 2 \end{vmatrix} = 0$

PROPRIEDADE 6: se multiplicarmos por um número real todos os elementos de uma fila em uma matriz, o determinante também fica multiplicado por esse número.

Dada a matriz $X = \begin{bmatrix} 7 & 8 & 9 \\ 3 & 4 & 1 \\ 2 & 1 & 0 \end{bmatrix}$, multiplicando todos os elementos da primeira linha por 2 temos: $\mathbf{L_1 = 2 . L_1}$

$Y = \begin{bmatrix} 14 & 16 & 18 \\ 3 & 4 & 1 \\ 2 & 1 & 0 \end{bmatrix}$, calculando o det y:

$$\left|\begin{matrix} 14 & 16 & 18 \\ 3 & 4 & 1 \\ 2 & 1 & 0 \end{matrix}\right| \begin{matrix} 14 & 16 \\ 3 & 4 \\ 2 & 1 \end{matrix}$$

$(0 + 32 + 54) - (144 + 14 + 0)$

$$86 - 158 = \boxed{-72}$$

$$\det X = \left|\begin{matrix} 7 & 8 & 9 \\ 3 & 4 & 1 \\ 2 & 1 & 0 \end{matrix}\right| \begin{matrix} 7 & 8 \\ 3 & 4 \\ 2 & 1 \end{matrix}$$

$$(0 + 16 + 27) - (72 + 7 + 0) =$$

$$73 - 79 = -36$$

Logo, podemos concluir que

$$\boxed{\text{dey} = 2.\det X}$$

PROPRIEDADE 7: quando trocamos as posições de duas filas paralelas, o determinante da matriz muda de sinal.

$$\text{Dada a matriz } X = \begin{bmatrix} 1 & 2 & 3 \\ 5 & 0 & 1 \\ -1 & 1 & 2 \end{bmatrix}$$

$$\text{Seja a matriz } Y = \begin{bmatrix} -1 & 4 & 2 \\ 5 & 0 & 1 \\ 1 & 2 & 3 \end{bmatrix}$$

$$\det X = \left|\begin{array}{ccc|cc} 1 & 2 & 3 & 1 & 2 \\ 5 & 0 & 1 & 5 & 0 \\ -1 & 4 & 2 & -1 & 4 \end{array}\right.$$

(0 + (-2) + 60) – (0 + [illegible] + 20) =

$58 - 24 = \boxed{34}$

$$\det Y = \left|\begin{array}{ccc|cc} -1 & 4 & 2 & -1 & 4 \\ 5 & 0 & 1 & 5 & 0 \\ -1 & 2 & 3 & 1 & 2 \end{array}\right.$$

$(0 + 4 + 20) - (0 - 4 + 60) =$

$$\left|\begin{array}{ccc|cc} -1 & 4 & 2 & -1 & 4 \\ 5 & 0 & 1 & 5 & 0 \\ -1 & 2 & 3 & 1 & 2 \end{array}\right.$$

Logo, temos que $\boxed{\det X = -\det Y}$

PROPRIEDADE 8: quando todos os elementos que estão abaixo ou acima da diagonal principal são todos nulos, o determinante é igual ao produto dos elementos da diagonal principal.

$$\det C = \begin{bmatrix} 3 & 9 & 4 \\ 0 & -1 & 7 \\ 0 & 0 & 4 \end{bmatrix} = 3.(-1).4 = -12$$

PROPRIEDADE 9: Teorema de Binet

Para matrizes X e Y quadradas de mesma ordem m, temos que:

det (X.Y) = det X . det Y

$$X = \begin{bmatrix} 3 & 4 \\ 8 & 1 \end{bmatrix} \quad Y = \begin{bmatrix} 0 & 3 \\ 1 & 2 \end{bmatrix}$$

$$X\,.\,Y = \begin{bmatrix} 3 & 4 \\ 8 & 1 \end{bmatrix} \cdot \begin{bmatrix} 0 & 3 \\ 1 & 2 \end{bmatrix} =$$

$$\begin{bmatrix} (3.0)+(4.1) & (3.3)+(4.2) \\ (8.0)+(1.1) & (8.3)+(1.2) \end{bmatrix}$$

$$\det \begin{bmatrix} 4 & 17 \\ 1 & 26 \end{bmatrix} = (4 \times 26) - 1 \times 14)$$

$104 - 17 = \boxed{87}$

$$X = \begin{bmatrix} 3 & 4 \\ 8 & 1 \end{bmatrix} \quad Y = \begin{bmatrix} 0 & 3 \\ 1 & 2 \end{bmatrix}$$

$\det x = 3 - 32 = \boxed{-29}$ $\det y = 0 - 3 = \boxed{-3}$

det X . det Y

$-29 \cdot -24 = \boxed{+87}$

PROPRIEDADE 10: Teorema de Jacobi

O determinante de uma matriz não se altera quando somamos os elementos de uma fila uma combinação linear dos elementos correspondentes de filas paralelas.

Exemplo:

$$\text{Seja } X = \begin{bmatrix} 1 & 2 & 3 \\ 5 & 0 & 1 \\ -1 & 4 & 2 \end{bmatrix}$$

$$\det(X) = \begin{vmatrix} 1 & 2 & 3 \\ 5 & 0 & 1 \\ -1 & 4 & 2 \end{vmatrix} = 34$$

Substituindo a 1 coluna de x pela soma dela mesma com o dobro da 2 coluna, temos uma matriz Y:

$y^{11} = y_{11} + 2 . x_{12} = 1 + 2 . 2 = 5$

$y_{21} = y_{21} + 2 . x_{22} = 1 + 2 . 0 = 5$

$y_{31} = y_{31} + 2 . x_{23} = 1 + 2 . 4 = 7$

$$Y = \begin{bmatrix} 5 & 2 & 3 \\ 5 & 0 & 1 \\ 7 & 4 & 2 \end{bmatrix}$$

$$\det(Y) = \left|\begin{array}{ccc|cc} 5 & 2 & 3 & 5 & 2 \\ 5 & 0 & 1 & 5 & 0 \\ 7 & 4 & 2 & 7 & 4 \end{array}\right.$$

$(0 + 14 + 60) - (0 + 20 + 20)$

$74 - 40 = \boxed{34}$

logo podemos concluir que $74 - 40 = \boxed{34}$

PROPRIEDADE 11: seja K um mínimo real qualquer, então, temos que $\det(K.B) = k^n . \det(B)$, onde n é a ordem da matriz quadrada B.

$\text{Seja } B = \begin{bmatrix} 1 & -4 \\ 3 & 2 \end{bmatrix}$, calculando o det (B);

$$\det \begin{vmatrix} 1 & -4 \\ 3 & 2 \end{vmatrix} = 2 - (-12) = \boxed{14}$$

Sendo n = 2, tomando K = 3, temos a matriz $C = \boxed{3B}$

$$C = (K.B) = 3.B = \begin{bmatrix} 3 & -12 \\ 9 & 6 \end{bmatrix}$$

$\det 3B = \boxed{126}$, pela propriedade temos:

$k^n . \det(B)$

$3^2 . 14 = 9 \times 14 = \boxed{126}$

03– PROBLEMAS ARITMÉTICOS

3.1 QUESTÕES COM RACIOCÍNIO ESPACIAL (FIGURAS), SEQUENCIAL E TEMPORAL

Questões com numerações (comuns nas provas da FCC, CESGRANRIO e FGV)

Tomando o algarismo 2 como exemplo, mas serve para os demais com exceção do 0 (zero).

CONSTRUIREMOS UM PADRÃO PARA RESOLVERMOS
AS QUESTÕES QUE PERGUNTAM QUANTAS VEZES
APARECE UM DETERMINADO ALGARISMO

Do número 1 a 99 temos:

1 → 9 = aparece uma vez (número 2)

10 → 19 = aparece uma vez (número 12)

20 → 29 = aparece onze vezes (números: 20, 21, 22, 23, 24, 25, 26, 27, 28 e 29).

30 → 39 = aparece uma vez (número 32)

40 → 49 = aparece uma vez (número 42)

50 → 59 = aparece uma vez (número 52)

60 → 69 = aparece uma vez (número 62)

70 → 79 = aparece uma vez (número 72)

80 → 89 = aparece uma vez (número 82)

90 → 99 = aparece uma vez (número 92)

Sendo assim, temos o número 2 aparecendo **20 vezes**, ou seja, teremos (1) uma vez em cada dezena e na dezena do número desejado teremos **11 vezes.** O algarismo 0 (zero) aparece **9 vezes**.

Do número 100 ao 999 temos:

100 → 199 = aparecem 20 vezes, pois os números da centena não influenciam, demonstrado acima. (20)

200 → 299 = aparecem 120 vezes, pois os números da centena influenciam, logo temos 20 vezes das dezenas mais 100 vezes das centenas. (120)

300 → 399 = aparecem 20 vezes, pois os números da centena não influenciam, demonstrado acima. (20)

400 → 499 = aparecem 20 vezes, pois os números da centena não influenciam, demonstrado acima. (20)

500 → 599 = aparecem 20 vezes, pois os números da centena não influenciam, demonstrado acima. (20)

600 → 699 = aparecem 20 vezes, pois os números da centena não influenciam, demonstrado acima. (20)

700 → 799 = aparecem 20 vezes, pois os números da centena não influenciam, demonstrado acima. (20)

800 → 899 = aparecem vinte vezes, pois os números da centena não influenciam, demonstrado acima. (20)

900 → 999 = aparecem 20 vezes, pois os números da centena não influenciam, demonstrado acima. (20)

Sendo assim, temos o número 2 aparecendo 120 vezes na centena do número desejado e 20 vezes nas demais.

Do número 1000 ao 1999 temos:

1000 → 1099 = aparecem 20 vezes, pois os números da centena e unidade de milhar influenciam.

1100 → 1199 = aparecem 20 vezes, pois os números da centena e unidade de milhar não influenciam.

1200 → 1299 = aparecem 120 vezes, pois os números da centena influenciam e os da unidade de milhar não influenciam.

1300 → 1399 = aparecem 20 vezes, pois os números da centena e unidade de milhar não influenciam.

1400 → 1499 = parecem 20 vezes, pois os números da centena e unidade de milhar não influenciam.

1500 → 1599 = aparecem 20 vezes, pois os números da centena e unidade de milhar não influenciam.

1600 → 1699 = aparecem 20 vezes, pois os números da centena e unidade de milhar não influenciam.

1700 → 1799 = aparecem 20 vezes, pois os números da centena e unidade de milhar não influenciam.

1800 → 1899 = aparecem 20 vezes, pois os números da centena e unidade de milhar não influenciam.

1900 → 1999 = aparecem 20 vezes, pois os números da centena e unidade de milhar não influenciam.

A unidade de milhar influencia quando coincidir em ser o próprio número desejado.

Questões com numerações de páginas (comuns nas provas da FCC, CESGRANRIO e FGV)

CONSTRUIREMOS UM PADRÃO PARA RESOLVERMOS AS QUESTÕES QUE PERGUNTAM QUANTAS PÁGINAS PODEM SER NUMERADAS
COM UMA DETERMINADA QUANTIDADE DE ALGARISMOS

Do número 1 ao 100 temos:

1→ 10 – utilizou 11 algarismos
11→20 – utilizou 20 algarismos
21→30 – utilizou 20 algarismos
31→40 – utilizou 20 algarismos
41→50 – utilizou 20 algarismos
51→60 – utilizou 20 algarismos
61→70 – utilizou 20 algarismos
71→80 – utilizou 20 algarismos
81→90 – utilizou 20 algarismos
91→100 – utilizou 21 algarismos

} 192 ALGARISMOS Constante

Do número 101 ao 999 temos:

Para cada página teremos 3 algarismos, logo quando for calcular a quantidade de páginas é só dividir por 3.

Obs.: para as questões de concursos públicos, tendo como referência os seis últimos anos, já é o suficiente.

3.2 QUESTÕES COM APLICAÇÃO DE MÚLTIPLOS – CALENDÁRIOS

411. (FGV) Em certo ano, o dia primeiro de março caiu em uma terça-feira. Nesse ano, o último dia de abril foi:

a) quarta-feira.
b) sábado.
c) sexta-feira.
d) quinta-feira.
e) domingo.

COMENTÁRIOS

Sabemos que a semana possui 7 dias, e que, por exemplo, de uma segunda-feira para outra segunda-feira há um intervalo de 7 dias, isto é, podemos afirmar que acontece da seguinte maneira:

dias: M(7): (7, 14, 21, 28, 35, 42, 49,...) múltiplos de 7.

É necessário que saibamos quantos dias possui cada mês do ano, por isso é necessário falarmos um pouco sobre o ano bissexto.

"O ano de 2008 foi um **ano bissexto**. Em nosso calendário, chamado Gregoriano, os anos comuns têm 365 dias e os anos bissextos têm um dia a mais, totalizando 366 dias. Esta informação praticamente todo mundo sabe, mas o entendimento sobre o funcionamento dos anos bissextos ainda é recheado de dúvidas na cabeça de muita gente. Você saberia dizer quais são os **anos bissextos**?

Os anos bissextos são anos com um dia a mais, tendo, portanto, 366 dias. O dia extra é introduzido como o dia 29 de fevereiro, ocorrendo a cada quatro anos. O período de um ano se completa com uma volta da terra ao redor do sol. Como instrumentos de uso prático, os calendários adotam uma quantidade exata de dias para o período de um ano: 365 dias. Mas na realidade, a terra leva aproximadamente 365 dias e 6 horas para completar uma volta ao redor do sol.

Portanto, um calendário fixo de 365 dias apresenta um erro de aproximadamente 6 horas por ano, equivalente a 1 dia a cada quatro anos ou 1 mês a cada 120 anos. Um erro como esse tem sérias implicações nas sociedades, principalmente nas atividades que dependem de um conhecimento preciso das estações do ano, como a agricultura.

Para diminuir esse erro, foi adotado o ano bissexto, acrescentando-se 1 dia a cada quatro anos. Foi adotado pela primeira vez no Egito, em 238 a.C. O calendário Juliano, introduzido em 45 a.C., adotou a regra de que todo ano divisível por quatro era bissexto. Mas mesmo com essa regra ainda existia um erro de aproximadamente 1 dia a cada 128 anos. No final do século XVI foi introduzido o calendário Gregoriano, usado até hoje na maioria dos países, adotando as seguintes regras:

1 – Todo ano divisível por 4 é **bissexto.**

2 – Todo ano divisível por 100 não é **bissexto.**

3 – Mas se o ano for também divisível por 400 é **bissexto.**

Obs.: deixaremos um pouco prático dizendo assim: anos bissextos são anos Olímpicos.

Quantidade de dias em cada mês:

Janeiro – 31 dias

Fevereiro – 28 dias – (bissexto – 29 dias)

Março – 31 dias

Abril – 30 dias

Maio – 31 dias

Junho – 30 dias

Julho – 31 dias

Agosto – 31 dias

Setembro – 30 dias

Outubro – 31 dias

Novembro – 30 dias

Dezembro – 31 dias

Sendo assim, temos que calcular quantos dias existem do dia primeiro de março, que caiu em uma terça-feira, até o último dia de abril.

1º/03. Observação importante é que o primeiro dia não pode entrar, devendo manter uma sequência de sete dias (múltiplos de sete). Temos, assim, um total de 30 dias.

30/04. Conta-se o último dia. Temos, assim, 30 dias.

Total: 60 dias

$$\begin{array}{r|l} 60 & 7 \\ \underline{56} & 8 \text{ (passaram-se 8 semanas)} \\ 4 & \text{(sobraram 4 dias)} \end{array}$$

Como foi de terça a terça, então é só contar mais 4 dias, o que acontecerá sábado.

3.3 SISTEMA LEGAL DE MEDIDAS

3.3.1 Comprimento

O Sistema Internacional de Unidades (SI), a unidade padrão de medida de comprimento é o metro, representado pela letra "m".

Para melhor entendimento iremos construir uma tabela:

Quilômetro	Hectômetro	Decâmetro	Metro	Decímetro	Centímetro	Milímetro
km	hm	dam	m	dm	cm	mm

Para realizarmos as transformações temos que trabalhar com a vírgula, uma vez que, a vírgula indica a unidade daquela grandeza.

Por exemplo:

Exemplo 1.

10,3 m (a vírgula está na casa dos metros, logo o número está em metros)

Exemplo 2.

345,87 dm (a virgula está na casa dos decímetros, logo o número está em decímetros).

Vamos aprender agora a realizar as transformações:

FIQUE LIGADO NA DICA !!!

Utilizando a tabela acima mostrada com as unidades de medidas do comprimento, vamos seguir **03 passos** para realizar as transformações:

1. Coloque a vírgula na unidade respectiva (tabela).
2. Coloque o número, sendo um algarismo em cada casa.
3. Transfira a vírgula para a unidade que se deseja transformar a grandeza.

Para cada casa (unidade) iremos colocar somente um algarismo na tabela.

a) Transformar 34,6 m em km.

Quilômetro	Hectômetro	Decâmetro	Metro	Decímetro	Centímetro	Milímetro
km	hm	dam	m	dm	cm	mm
		3	4,	6		
Quilômetro	**Hectômetro**	**Decâmetro**	**Metro**	**Decímetro**	**Centímetro**	**Milímetro**
km	hm	dam	m	dm	cm	mm
0,	0	3	4	6		

Logo temos: 0,0346 km.

b) Transformar 5,89 dm em hm.

Quilômetro	Hectômetro	Decâmetro	Metro	Decímetro	Centímetro	Milímetro
km	hm	dam	m	dm	cm	mm
				5,	8	9
Quilômetro	**Hectômetro**	**Decâmetro**	**Metro**	**Decímetro**	**Centímetro**	**Milímetro**
km	hm	dam	m	dm	cm	mm
	0,	0	0	5	8	9

Logo temos: 0,0589 hm.

c) 2,45 m em dam.

Quilômetro	Hectômetro	Decâmetro	Metro	Decímetro	Centímetro	Milímetro
km	hm	dam	m	dm	cm	mm
			2,	4	5	
Quilômetro	**Hectômetro**	**Decâmetro**	**Metro**	**Decímetro**	**Centímetro**	**Milímetro**
km	hm	dam	m	dm	cm	mm
		0,	2	4	5	

Logo temos: 0,0245 dam.

3.3.2 Capacidade

O Sistema Internacional de Unidades (SI), a unidade padrão de medida de capacidade é o litro, representado pela letra l.

Observação: Para transformações de capacidade e massa teremos o mesmo raciocínio, mudando somente a simbologia.

Vejamos a tabela:

Quilolitro	Hectolitro	Decalitro	Litro	Decilitro	Centilitro	Mililitro
kl	hl	dal	l	dl	cl	ml

Logo temos: 0,0346 km.

Utilizando os 03 passos que aprendemos nas transformações de comprimento, iremos atuar da mesma forma, porém as unidades são as de capacidade.

Vejamos os exemplos:

a) Transformar 324,6 dl em kl.

Quilolitro	Hectolitro	Decalitro	Litro	Decilitro	Centilitro	Mililitro
kl	hl	dal	l	dl	cl	ml
		3	2	4,	6	
Quilolitro	**Hectolitro**	**Decalitro**	**Litro**	**Decilitro**	**Centilitro**	**Mililitro**
kl	hl	dal	l	dl	cl	ml
0,	0	3	2	4	6	

Logo temos: 0,03246 kl.

b) 5,43 hl em ml.

Quilolitro	Hectolitro	Decalitro	Litro	Decilitro	Centilitro	Mililitro
kl	hl	dal	l	dl	cl	ml
	5,	4	3			
Quilolitro	**Hectolitro**	**Decalitro**	**Litro**	**Decilitro**	**Centilitro**	**Mililitro**
kl	hl	dal	l	dl	cl	ml
	5	4	3	0	0	0,

Logo temos: 543 000 ml.

c) 2,9845 dal em cl.

Quilolitro	Hectolitro	Decalitro	Litro	Decilitro	Centilitro	Mililitro
kl	hl	dal	l	dl	cl	ml
		2,	9	8	4	5
Quilolitro	**Hectolitro**	**Decalitro**	**Litro**	**Decilitro**	**Centilitro**	**Mililitro**
kl	hl	dal	l	dl	cl	ml
		2	9	8	4,	5

Logo temos: 2984,5 cl.

3.3.3. Massa

O Sistema Internacional de Unidades (SI), a unidade padrão de medida de massa é o grama, representado pela letra g.

De forma análoga, temos o mesmo procedimento para a grandeza massa, por exemplo:

Transformar 45,87 g em kg

Quilograma	Hectograma	Decagrama	Grama	Decigrama	Centigrama	Miligrama
kg	hg	dag	g	dg	cg	mg
		4	5,	8	7	
Quilograma	**Hectograma**	**Decagrama**	**Grama**	**Decigrama**	**Centigrama**	**Miligrama**
kg	hg	dag	g	dg	cg	mg
0,	0	4	5	8	7	

Neste caso teremos que 45,87g equivale a 0,04587 Kg.

3.3.4 Superfície – área

O Sistema Internacional de Unidades (SI), a unidade padrão de medida de área é o metro ao quadrado, representado pela letra m^2.

Para melhor entendimento iremos construir uma tabela:

Quilômetro ao quadrado	Hectômetro ao quadrado	Decâmetro ao quadrado	Metro ao quadrado	Decímetro ao quadrado	Centímetro ao quadrado	Milímetro ao quadrado
km^2	hm^2	dam^2	m^2	dm^2	cm^2	mm^2

Para realizarmos as transformações temos que trabalhar com a vírgula, uma vez que, a vírgula indica a unidade daquela grandeza.

FIQUE LIGADO NA DICA !!!

Para cada casa (unidade) iremos colocar agora (02) dois algarismos.

Vamos seguir os seguintes passos para realizar as transformações:

- coloque a vírgula na unidade respectiva.
- coloque o número, sendo dois algarismos em cada casa.
- transfira a vírgula para a unidade que se deseja transformar a grandeza.

Exemplo:

a) 45,678 m^2 em km^2

b) 32,8 cm^2 em hm^2

COMENTÁRIOS

a) 45,678 m^2 em km^2

Quilômetro ao quadrado	Hectômetro ao quadrado	Decâmetro ao quadrado	Metro ao quadrado	Decímetro ao quadrado	Centímetro ao quadrado	Milímetro ao quadrado
km^2	hm^2	dam^2	m^2	dm^2	cm^2	mm^2
			45,	67	8	
Quilômetro ao quadrado	**Hectômetro ao quadrado**	**Decâmetro ao quadrado**	**Metro ao quadrado**	**Decímetro ao quadrado**	**Centímetro ao quadrado**	**Milímetro ao quadrado**
km^2	hm^2	dam^2	m^2	dm^2	cm^2	mm^2
0,	00	00	45	67	8	

Logo temos: 0,000045678 km^2

b) 32,8 cm^2 em hm^2

Quilômetro ao quadrado	Hectômetro ao quadrado	Decâmetro ao quadrado	Metro ao quadrado	Decímetro ao quadrado	Centímetro ao quadrado	Milímetro ao quadrado
km^2	hm^2	dam^2	m^2	dm^2	cm^2	mm^2
					32,	8
Quilômetro ao quadrado	**Hectômetro ao quadrado**	**Decâmetro ao quadrado**	**Metro ao quadrado**	**Decímetro ao quadrado**	**Centímetro ao quadrado**	**Milímetro ao quadrado**
km^2	hm^2	dam^2	m^2	dm^2	cm^2	mm^2
	0,	00	00	00	32	8

Logo temos: 0,000000328 hm^2

3.3.5 Volume

O Sistema Internacional de Unidades (SI), a unidade padrão de medida de volume é o metro ao cubo representado pela letra m^3.

Para melhor entendimento iremos construir uma tabela:

Quilômetro ao cubo	Hectômetro ao cubo	Decâmetro ao quadrado	Metro ao quadrado	Decímetro ao quadrado	Centímetro ao quadrado	Milímetro ao quadrado
km^3	hm^3	dam^3	m^3	dm^3	cm^3	mm^3

Para realizarmos as transformações temos que trabalhar com a vírgula, uma vez que, a vírgula indica a unidade daquela grandeza.

Para cada casa (unidade) iremos colocar agora três algarismos.

Vamos seguir os seguintes passos para realizar as transformações:

- coloca a vírgula na unidade respectiva.
- coloca o número, sendo três algarismos em cada casa.
- transferir a vírgula para a unidade que se deseja transformar a grandeza.

Exemplo:

a) 335,978 m^3 em dm^3

Quilômetro ao cubo	**Hectômetro ao cubo**	**Decâmetro ao quadrado**	**Metro ao quadrado**	**Decímetro ao quadrado**	**Centímetro ao quadrado**	**Milímetro ao quadrado**
km^3	hm^3	dam^3	m^3	dm^3	cm^3	mm^3
			335,	978		
Quilômetro ao cubo	**Hectômetro ao cubo**	**Decâmetro ao quadrado**	**Metro ao quadrado**	**Decímetro ao quadrado**	**Centímetro ao quadrado**	**Milímetro ao quadrado**
km^3	hm^3	dam^3	m^3	dm^3	cm^3	mm^3
			335	978,		

Logo temos: 335 978 dm^3

FIQUE LIGADO NA DICA !!!

Temos uma relação muito importante entre volume e capacidade:

- 1 m^3 equivale a 1000l.
- 1 dm^3 equivale a 1l.
- 1 cm^3 equivale a 1 ml.

ALGUMAS TRANSFORMAÇÕES IMPORTANTES

3.3.6 Grandeza: tempo

No Sistema Internacional de Medida temos: segundos "s"

1. 1min equivale a 60s
2. 60min equivale a 1hora
3. 1hora equivale a 3600s

3.3.7 Temperatura

No Sistema Internacional de Medida temos: Kelvin "K"

Escala absoluta

Conversão de Escalas:

1.1 Celsius para Kelvin, Kelvin para Celsius

A diferença entre as escalas Celsius (C) e Kelvin (K) é simplesmente o ponto 0. Assim para fazermos a conversão basta somar 273:

K=C+273

Ex.: Converta 36°C para a escala Kelvin.

$K = C + 273$

$C = 36°C$

$K = 36 + 273$

$K = 309\ K$

1.2 Celsius para Fahrenheit, Fahrenheit para Celsius

A diferença entre os pontos de fusão e de ebulição da água representam a mesma variação de temperatura. Assim para fazermos a conversão temos:

F= 1,8 C + 32

Ex.: Converta 37°C para a escala Fahrenheit.

F=1,8·37+32

F=66,6+32

F=98,6

Ex.: Converta 95°F para a escala Celsius:

C=95−321,8

C=631,8

C=35

1.3 Kelvin para Fahrenheit, Fahrenheit para Kelvin

Para converter da escala Kelvin para Fahrenheit, podemos converter de Celsius para Kelvin e então para Fahrenheit ou usar a fórmula:

$$\frac{K-273}{5}=\frac{F-32}{9}$$

Para convertermos valores de temperaturas de uma escala para outra, basta colocarmos na fórmula o valor conhecido e calcularmos a incógnita sabendo que:

C = Temperatura em Graus Celsius (°C)

F = Temperatura em Graus Fahrenheit (°F)

K = Temperatura em Kelvin (°K)

3.3.8 Ângulos

No Sistema Internacional de Medida temos: radiano "rad."

180º= π rad.

Para realizar as conversões, basta utilizarmos a regra de três simples que veremos ainda neste módulo. .

4. PORCENTAGEM

É comum o uso de expressões que refletem acréscimos ou reduções em preços, números ou quantidades, sempre tomando como referencial 100 unidades.

Exemplos:

- Os alimentos tiveram um aumento de 16%.
- Significa que em cada R$ 100 houve um acréscimo de R$ 16, 00.
- O freguês recebeu um desconto de 12% em todas as mercadorias.
- Significa que em cada R$ 100 foi dado um desconto de R$12, 00.
- Dos atletas que jogam no Santos, 80% são craques.
- Significa que em cada 100 jogadores que jogam no Grêmio, 80 são craques.

RAZÃO CENTESIMAL

Toda a razão que tem para consequente (denominador) o número 100 denomina-se razão centesimal.

Exemplos:

$$\frac{8}{100},\frac{34}{100},\frac{129}{100},\frac{300}{100}$$

Podemos representar uma razão centesimal de outras formas:

$$\frac{8}{100}=0{,}08=8\%$$

$\frac{34}{100} = 0{,}34 = 34\%$

$\frac{129}{100} = 1{,}29 = 129\%$

$\frac{300}{100} = 3{,}0 = 300\%$

As expressões 8%, 34% e 129% são chamadas taxas centesimais ou taxas percentuais.

Considere o seguinte exemplo:

João pagou uma prestação que corresponde a 50% do seu salário. Sabendo que seu salário é de 1.200,00 reais, qual o valor pago?

Para solucionar esse problema devemos aplicar a taxa percentual (50%) sobre o seu salário.

$$50\% \text{ de } 1200 = \frac{50}{100} \times 1200 = 600{,}00$$

PORCENTAGEM

Valor obtido ao aplicarmos uma taxa percentual a um determinado valor.

Dada uma razão qualquer $\frac{V}{P}$ denominamos de porcentagem do valor, quando aplicamos (multiplicamos) o valor pela razão centesimal, vejamos no exemplo abaixo.

Exemplo 01.

a) Calcular 10% de 200.

$10\% \text{ de } 200 = \frac{10}{100} \times 200 = 20$

b) Calcular 25% de 300kg.

$25\% \text{ de } 300 = \frac{25}{100} \times 300 = 75\text{kg}$

Logo, 75 kg é o valor correspondente à porcentagem procurada.

Exemplo 02:

Um jogador de futebol, ao longo de um campeonato, cobrou 50 faltas, transformando em gols 30% dessas faltas.

Quantos gols de falta esse jogador fez?

$30\% \text{ de } 50 = \frac{30}{100} \times 50 = 15$

Portanto, o jogador fez 15 gols de falta.

DICA: Em matemática, as preposições "de", "da" e "do" significam multiplicações.

FATOR DE MULTIPLICAÇÃO

É importante entendermos sobre os fatores de multiplicações, tanto quanto a acréscimos, quanto para descontos, pois em muitas provas de concursos públicos acontecem da banca examinadora exigir o valor referente ao fator, que pode ser expresso de maneira algébrica.

Dessa forma irei apresentar de maneira prática como se encontrar esse fator que também é responsável para calcular o valor desejado, montante, em juros e valor líquido, em descontos.

Observe a tabela abaixo referente a juros, acréscimo:

Acréscimo ou Lucro	Fator de Multiplicação
10%	1,10
12%	1,12
25%	1,25
48%	1,48
68%	1,68

Exemplo 1

a) Aumentando 20% no valor de R$ 15,00 temos:
15 x 1,20 = R$ 18,00.

b) Aumentar 12% no valor de R$ 200,00 temos:
200 x 1,12 = R$ 224,00

c) Majorar 48% em um capital de R$ 1250,00 temos:
1250 x 1,48 = R$ 1850,00

Observe a tabela abaixo referente a descontos, decréscimos:

Desconto	Fator de Multiplicação
10%	0,90
25%	0,75
35%	0,65
75%	0,25
90%	0,10

No caso de haver um decréscimo, o fator de multiplicação será:

Fator de multiplicação = 1 – taxa de desconto (na forma decimal)

Exemplo 2

a) Diminuir 20% no valor de R$ 15,00 temos: 15 x 0,8 = R$ 9,00

b) Diminuir 35% no valor de R$ 900,00 temos: 900 x 0,65 = R$ 585,00

c) Diminuir 75% no valor de R$ 340,00 temos: 340,00 x 0,25 = R$ 85,00

✦ REFERÊNCIAS

COPI, Irving M. Introdução à Lógica. 1. ed. São Paulo: Mestre Jou, 1974.

MORTARI, Cezar A. Introdução à Lógica. 1. ed. São Paulo: Unesp, 2001.

Enciclopédia de termos lógicos-filosóficos – 1 ed. São Paulo 2006. De João Branquinho/Desiderio Murcho e Nelson Gonçalves Gomes.

Provas:

Algumas abordagens teóricas que constam nesta obra foram retiradas de provas aplicadas pelo CESPE/UnB entre os anos 2000 e 2016.

ANOTAÇÕES

ANOTAÇÕES

ANOTAÇÕES

ANOTAÇÕES

ANOTAÇÕES

EDITORA
*Jus*PODIVM
www.editorajuspodivm.com.br

Impresso por:

Docuprint
CNPJ 01.036.332/0001-99

JUS4136